東京散步地圖

3

目錄

巢鴨　日暮里　谷中根津千駄木　湯島本鄉巨蛋　上野　淺草　東京晴空塔

池袋　神樂坂　神田御茶之水　秋葉原

吉祥寺　高田馬場　新宿　JR中央線　御茶之水　東京

下北澤　原宿青山　澀谷　六本木　皇居丸之內　銀座　築地月島

自由之丘　惠比壽代官山　JR山手線　品川　新橋　濱松町　台場

羽田機場

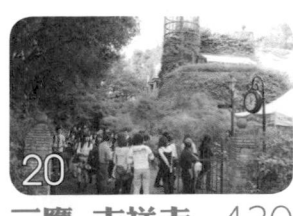
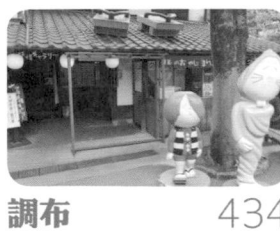
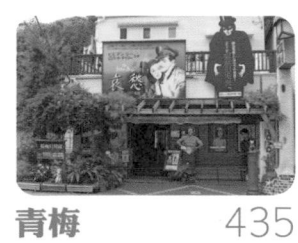
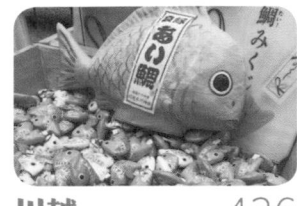
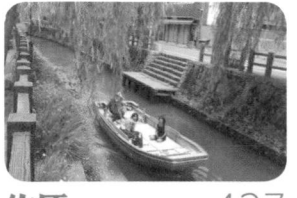
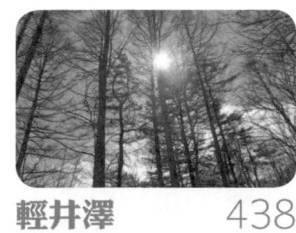
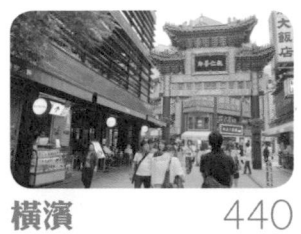
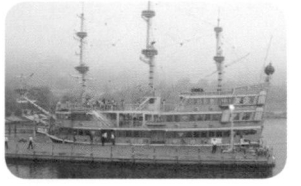
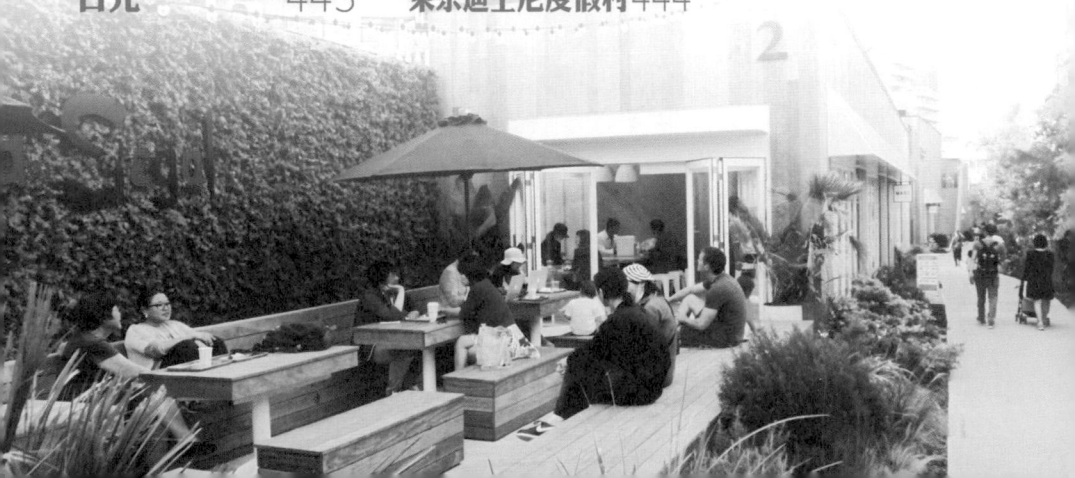

資訊、地圖icons使用說明

MAP	地圖位置	📷	觀光景點
✉	地址	🛍	購物商店
☎	電話	🍴	美食餐廳
FAX	傳真	🎭	表演場所
⏰	營業時間	🏤	郵局
休	休息時間	🏫	學校
$	費用	➕	醫院、診所
http	網址	Ⓜ	麥當勞
@	電子郵件	KFC	肯德基
➡	交通方式	🅜	摩斯漢堡
ⓘ	重要資訊	⭐	星巴克
⁉	注意事項	🅢	St Marc Cafe
f	FB社群網站	🍲	松屋
JR	JR線列車車站	🍜	吉野家
Ⓜ	東京Metro車站	🍛	すきや
🚇	都營地鐵車站	🍱	大戶屋
🚃	私營鐵道車站	7️⃣	7-11
🚌	巴士站	Family	FamilyMart
⚓	觀光船碼頭	Ⓛ	Lawson
🚻	公共廁所	🧴	松本清藥妝

本書使用說明

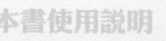
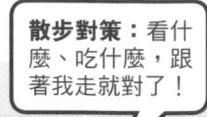
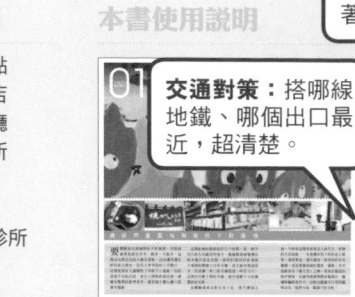

散步對策： 看什麼、吃什麼，跟著我走就對了！

交通對策： 搭哪線地鐵、哪個出口最近，超清楚。

詳細地圖： 跟著走，不怕迷路。

散步花序： 散步途中會發現哪些趣事呢？

散步街景： 該走多久、沿途有哪些景點、商店、美食。

精選景點、商店、餐廳： 超多、超精采！

5

編輯室提醒

出發前，請記得利用書上提供的Data再次確認

　　每一個城市都是有生命的，會隨著時間不斷成長，「改變」於是成為不可避免的常態，雖然本書的作者與編輯已經盡力，讓書中呈現最新最完整的資訊，但是，我們仍要提醒本書的讀者，必要的時候，請多利用書中的電話，再次確認相關訊息。

資訊不代表對服務品質的背書

　　本書作者所提供的飯店、餐廳、商店等等資訊，是作者個人經歷或採訪獲得的資訊，本書作者盡力介紹有特色與價值的旅遊資訊，但是過去有讀者因為店家或機構服務態度不佳，而產生對作者的誤解。敝社申明，「服務」是一種「人為」，作者無法為所有服務生或任何機構的職員背書他們的品行，甚或是費用與服務內容也會隨時間調動，所以，因時因地因人，可能會與作者的體會不同，這也是旅行的特質。

新版與舊版

　　太雅旅遊書中銷售穩定的書籍，會不斷再版，並利用再版時做修訂工作。通常修訂時，還會新增餐廳、店家，重新製作專題，所以舊版的經典之作，可能會縮小版面，或是僅以情報簡短附錄。不論我們作何改變，一定考量讀者的利益。

票價震盪現象

　　越受歡迎的觀光城市，參觀門票和交通票券的價格越容易調漲，但是調幅不大(例如倫敦)，若出現跟書中的價格有微小差距，請以平常心接受。

謝謝眾多讀者的來信

　　過去太雅旅遊書，透過非常多讀者的來信，得知更多的資訊，甚至幫忙修訂，非常感謝你們幫忙的熱心與愛好旅遊的熱情。歡迎讀者將你所知道的變動後訊息，善用我們提供的「線上讀者情報上傳表單」或直接來信taiya@morningstar.com.tw，讓華文旅遊者在世界成為彼此的幫助。

太雅旅行作家俱樂部

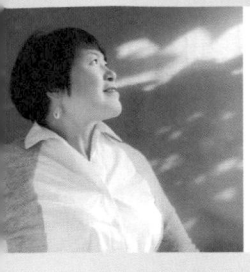

百變東京，現在是你的了！

　　太雅旅遊書在多年的千錘百鍊之後，走出一個自我的風格，就是作者個人特色結合太雅企畫優勢，外加邏輯感與美感兼具的美術設計，這三項在每一本太雅的旅遊書都同時被重視。

　　《Traveller's東京聖經》超凡之處，在於許志忠是太雅的「三鐵」，他是極少數太雅的作家群中，攝影、寫作、美術3項能力等優的旅行家。這本書首版一出來，在2個月內銷售一空，調皮的讀者評語：「這樣厚的書，像個磚塊，是導覽書兼具防身武器嗎？」；書店採購也被嚇到：「這是什麼書啊？」回顧這本書總共明查暗訪2年，其間還遇到大地震，等東京都復原後，重新又去採訪。所以為何這樣厚？因為太雅誕生20年了，我們的夢想就是保持市場的領先位子，繼續和讀者一起成長，豐富旅行的可能性。所以做的時候，沒有管書店採購皺眉頭(阿忠一本書，占掉書架3本書的空間，也沒有賣得比較昂貴)，阿忠也沒有算清楚旅費多貴！如果你擁有它，那你就是贏家！

　　許志忠上一本著作《個人旅行系列：紐約》在石油影響飛機票價的這幾年，竟然威力不減，每年再版，受肯定程度不言而喻。太雅也深感榮幸，可以與阿忠合作這2個國際城市的旅遊導覽書，讓太雅成為華人旅行世界的良伴與指引，這樣的使命感可以得到實踐與滿足。

　　作者的評選口味與引薦的角度一直是旅遊書的靈魂，阿忠在旅遊中，總是持開放態度，包容各種文化，他的探索涵蓋新潮的、叛逆的、搞笑的、傳統的、古典的、精緻的、前衛的，我們之所以邀請他寫紐約與東京，就是因為這兩個城市的多元與狂亂，適合由他來理出頭緒，讓你可以亂中有序，不慌不忙地投入這種城市的懷抱。去東京你千萬不要沒有行前準備，不然等你稍微搞清楚狀況，你就差不多要打道回府了，而最佳的行前預備與瞭解，我相信這一本書是必選的！

　　最後祝福你，讓東京帶給你說不完的旅行故事。

太雅總編輯 張芳玲

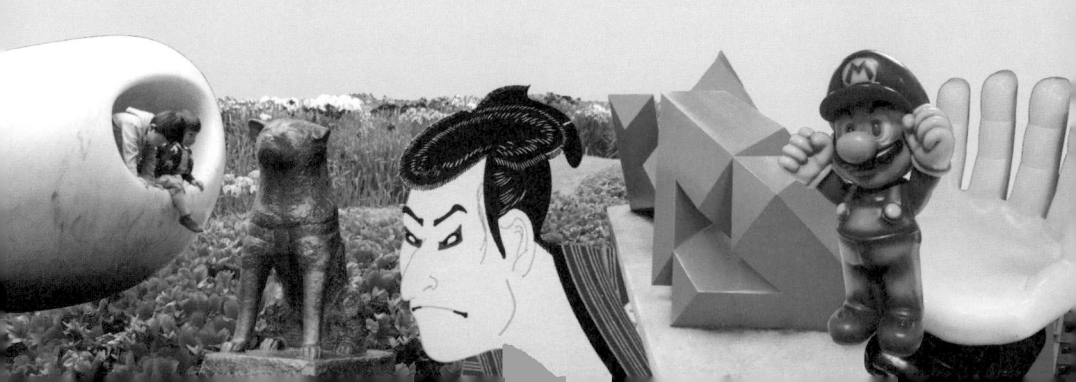

夢想的啟發與實現，就在東京！

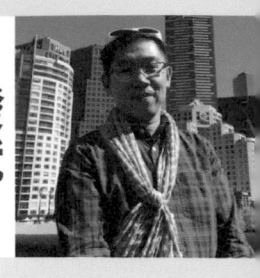

《Traveller's東京聖經》來到第三版了，幾乎2年一次的修訂採訪，包含接續的編輯、設計，一直到書本出版上市，這些繁重的工作內容著實占去我相當多的生活、工作時間。慌忙地開始著手準備，從繁忙的工作行程中挪出一整個月的時間後，接著買機票、訂住宿，才沒多久，我就已經在飛往東京的路上了。

再次住遊東京，她果真還是跟以往一樣，變化速度之快讓人難以跟上她的腳步，新的觀光景點不斷端上驚喜、流行時尚汰舊換新，許多百年老店也加入重新打造新形象的競爭行列，面對這樣隨時都有新鮮事發生的城市，只怕剛完成的新版修訂，還是趕不上東京這個多變的千面女郎。加上東京接下2020年的奧運會主辦城市，整個東京又旋起了一股新的動力，大張旗鼓地開始為奧運會而準備，不久的將來，你將再次遇見全新面貌的東京風景。

感謝太雅出版社讓我有再一次用雙腿走遍東京的機會，也謝謝讀者對《Traveller's東京聖經》的支持，希望東京帶給我的感動，能藉著《Traveller's東京聖經》這本書傳染給你。

許志忠

關於作者

許志忠，自助旅行的熱愛者，一個人旅行成了生活態度、住遊則是必須的旅行信仰。雖然護照上蓋滿了各國簽證與入出境章，但東京與紐約是他最愛的2個城市。作者從事美術設計的工作，出版旅遊著作對他而言，是一篇生活中的小插曲、本業裡的兼差副業，在太雅出版社出版了《個人旅行：紐約》《開始在紐約自助旅行》《Traveller's東京聖經》。

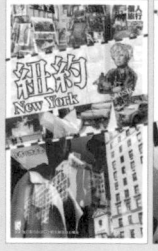
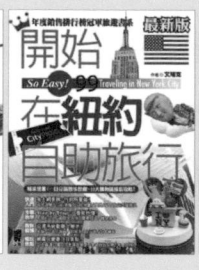
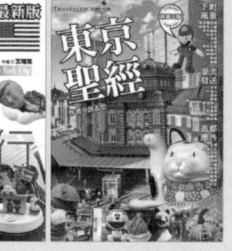

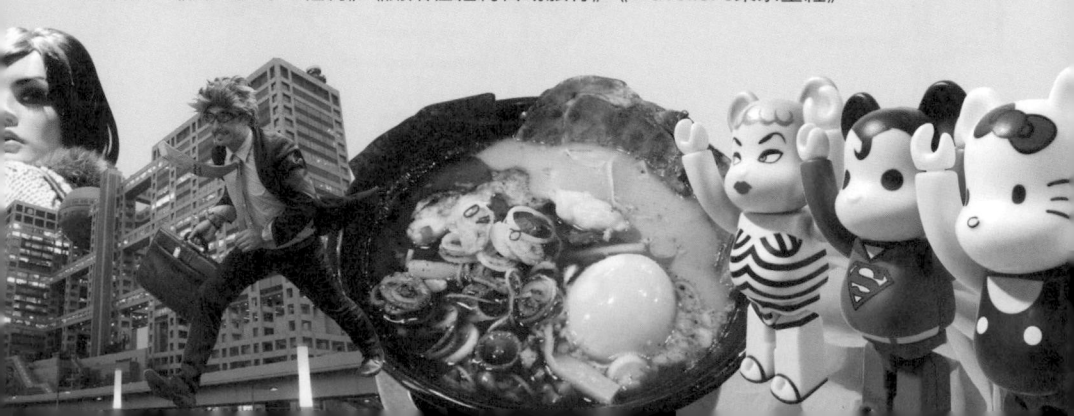

旅遊基本資訊—成田、羽田機場 1

成田國際機場
Narita Airport

航班情報 0476-34-8000 www.narita-airport.jp

成田機場位於千葉縣，距離東京市中心約80公里，大部分飛往東京的航空公司都在成田機場起降。成田機場共有3個航廈，基本上出入境都會是在同一個航廈，除非入出境搭乘不同航空公司，才需要特別注意出發的航廈。而開往成田機場的巴士或電車，會事先抵達第二航廈(前往第三航廈需在此站下車，轉搭航廈連接循環巴士或步行)，再抵達終點站第一航廈。第二與第三航廈間，步行約15分鐘。

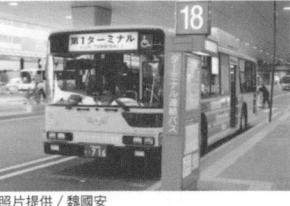

18
第1ターミナル
照片提供／魏國安

連絡航廈間的免費循環巴士共有3條路線：**一航廈→二航廈**、**二航廈→三航廈**、**一航廈→二航廈→三航廈**，車程約10～15分鐘，第一航廈在6號站牌、第二航廈則在1號、8號及18號站牌、第三航廈則在巴士專屬站牌搭乘；第二到第三航廈間有連絡通道，可步行前往。

如何從成田機場前往東京市區

www.narita-airport.jp/ch2/access/train/index.html

搭電車

連接成田機場與東京市區之間的鐵路公司有兩家：日本國鐵(JR)與京成鐵路(KEISEI)；在兩個機場航廈內都設有車站：「成田空港駅」(第一航廈)以及「空港第二ビル駅」(第二航廈)。均可以抵達市中心的主要轉運車站，方便旅客轉乘地鐵或火車前往目的地。從成田機場到東京市中心約需1～1.5小時。

日本國鐵(JR East)

www.jreast.co.jp/tc/nex/index.html

成田特快N'EX：可從機場直達東京、新宿、橫濱等主要車站，每隔30分鐘一班車，全車均為指定席，從機場第一、第二航廈到東京市區僅約需53分鐘，相當快速便利。

成田機場往市區交通路線圖

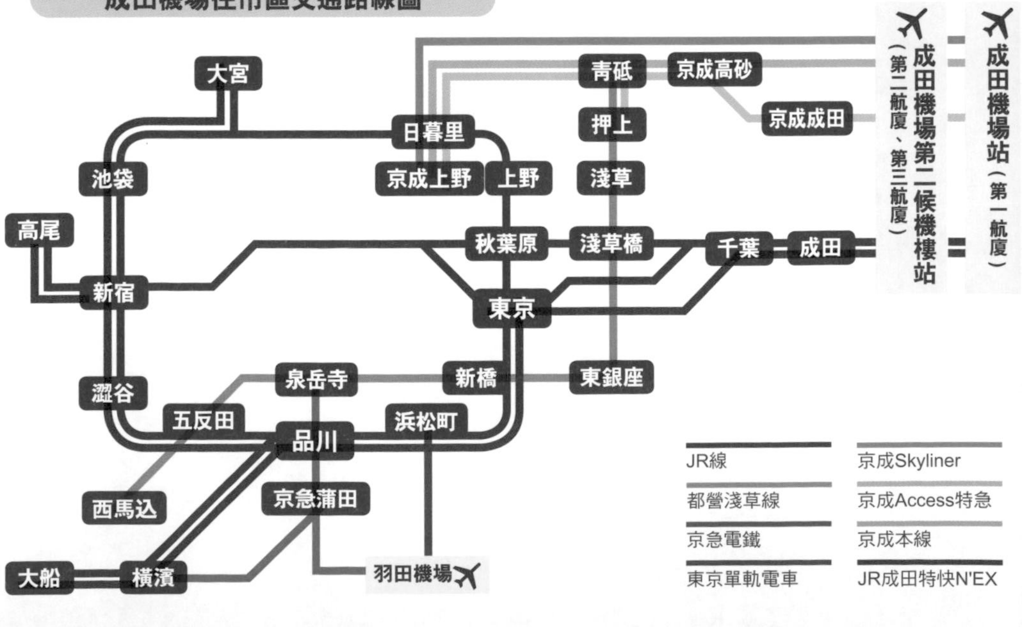
成田機場站(第一航廈)
成田機場第二候機樓站(第二航廈、第三航廈)
大宮
池袋
高尾
新宿
澀谷
五反田
品川
西馬込
大船
橫濱
京急蒲田
羽田機場
泉岳寺
浜松町
新橋
東京
秋葉原
上野
京成上野
日暮里
青砥
京成高砂
京成成田
押上
淺草
淺草橋
東銀座
千葉
成田
JR線
都營淺草線
京急電鐵
東京單軌電車
京成Skyliner
京成Access特急
京成本線
JR成田特快N'EX

出發站←→目的地	票價(單程)
成田機場←→東京	¥3,020
成田機場←→品川、澀谷、新宿、池袋	¥3,190
成田機場←→大宮	¥3,840
成田機場←→橫濱	¥4,290
成田機場←→大船	¥4,620

持非日本護照的外國籍旅客，可以在3個機場航廈大廳內的JR旅遊服務中心(JR East Travel Service Center)購買「N'EX超值來回票」(N'EX TOKYO Round Trip Ticket)，只要¥4,000(6～11歲¥2,000)就可以往返機場與市中心，以及大宮、橫濱、大船等地，票價非常划算。但需注意的是，票期14天內有效。

京成鐵路(KEISEI)
🌐 www.keisei.co.jp/keisei/tetudou/skyliner/tc

京成Skyliner(藍線)： 從機場直達日暮里及上野車站，每小時約有兩班車，從成田機場到上野僅需約41分鐘。台灣旅客可以在出發前向雄獅、東南等旅行社，預購單程優惠票¥2,200(來回¥4,300)，再到票務櫃檯兌換票券搭乘。另外也可以預購Skyliner+東京地鐵的聯票，除了前往市區外，還可全線自由暢乘東京Metro及都營地鐵，相當划算。

票券種類	票價
Skyliner	¥2,470(單程)
Skyliner+24小時地鐵票	¥2,800(單程) / 4,700(來回)
Skyliner+48小時地鐵票	¥3,200(單程) / 5,100(來回)
Skyliner+72小時地鐵票	¥3,500(單程) / 5,400(來回)

成田Sky Access(橘線)： 基本上分有兩條路線(時刻表上的發車時間上，寫著小字「上」表示前往上野，「羽」表示可以連接其他路線往羽田方向)，往上野的列車路線與Skyliner一樣，終點都是日暮里及上野車站；往羽田機場方向的分線，則開往押上站，可以在押上站連接地鐵都營淺草線，是前往東京下町地區或轉搭其他都營電車最方便省錢的路線，也可以在泉岳寺站再連接京濱急行線抵達羽田機場。

出發站←→目的地	票價(單程)
成田機場←→日暮里、上野	¥1,240
成田機場←→押上	¥1,170
成田機場←→淺草	¥1,290
成田機場←→日本橋、東銀座、新橋	¥1,330

京成本線： 分有快速特急、特急、通勤特急、快速與普通車幾種，票價最便宜，但停靠站較多，前往市中心的時間也較久。

出發站←→目的地	票價(單程)
成田機場←→日暮里、上野	¥1,030
成田機場←→押上	¥980
成田機場←→淺草	¥1,100
成田機場←→日本橋、東銀座、新橋	¥1,140

搭巴士

搭巴士前往市中心所需要的時間較久(約需時1.5～2.5小時)，遇上道路塞車的情形也較頻繁，若趕時間則不建議搭乘。不過若你購買的機+酒行程，有附贈免費的利木津巴士搭乘券，不妨選擇在入境日搭乘使用，以免回程使用時遇上塞車，延誤報到登機時間。部分高級飯店也會有訂房附送機場小巴士免費接送的服務，不妨在向飯店訂房時，或向旅行社購買行程時詢問清楚，都可以省下一些交通費用。

利木津巴士(Airport Limousine)
🌐 www.limousinebus.co.jp/ch2

利木津巴士停靠市中心許多主要車站的周邊飯店，甚至直達迪士尼、吉祥寺、羽田機場、橫濱等地，服務路線相當多，旅客可以在3個航廈入境大廳裡找到利木津巴士的服務台。若住宿在有利木津巴士飯店接送服務的飯店更方便，免去拖著大小行李上下搭電車的麻煩。

出發站←→目的地	票價(單程)
成田機場←→東京迪士尼度假區	¥2,450
成田機場←→東京市區、羽田機場	¥3,100
成田機場←→橫濱	¥3,600

利木津巴士也有為海外旅客推出搭配地鐵24、48或72小時的Pass套票，費用也很划算。

羽田國際機場
Haneda Airport

🌐 www.haneda-airport.jp/inter

　　飛往東京你也可以選擇搭乘起降點靠近市中心的羽田機場，尤其在2010年底，睽違31年的「松山↔東京」航線重新啟航，對於住在北部的民眾來說，相當方便；尤其羽田機場到市中心最快只要15分鐘，時間、交通費上都比起降在成田機場優。目前從台北松山機場直飛東京羽田機場的航空公司有：中華航空、長榮航空、日本航空，以及全日空航空，每日均有多個班次服務。

　　羽田機場共有3個航廈大樓，第一及第二航廈為日本國內線航班起降使用，國際線航班一律停靠雪白嶄新的「國際線旅客航廈」，而這3座航廈也是東京另一個觀光遊樂景點。

如何從羽田機場前往東京市區

🌐 www.haneda-airport.jp/inter/access/train.html

搭電車

　　羽田機場離市區相當近，最方便快速的方式就是搭乘電車，不到30分鐘，就可以抵達東京各大車站，而且交通費相當低。

京濱急行線(京急線，Keikyu)

🌐 www.haneda-tokyo-access.com/tc/info/discount ticket.html

　　你也可以選擇搭乘京急線電車，到泉岳寺站轉乘地鐵都營淺草線，到銀座、淺草地區最方便快速。或到品川站轉乘JR線電車前往其他地區，或轉搭新幹線到其他城市。

　　京急線電車也有推出單程票搭配1～3日地鐵聯票的優惠套票，除了前往市區外，還可以自由暢乘東京Metro及都營地鐵全線。

票券種類	票價
京急線單程票(至品川及泉岳寺)	￥410
京急線單程票+24小時地鐵聯票Pass	￥1,200
京急線單程票+48小時地鐵聯票Pass	￥1,600
京急線單程票+72小時地鐵聯票Pass	￥1,900

羽田機場往市區交通路線圖

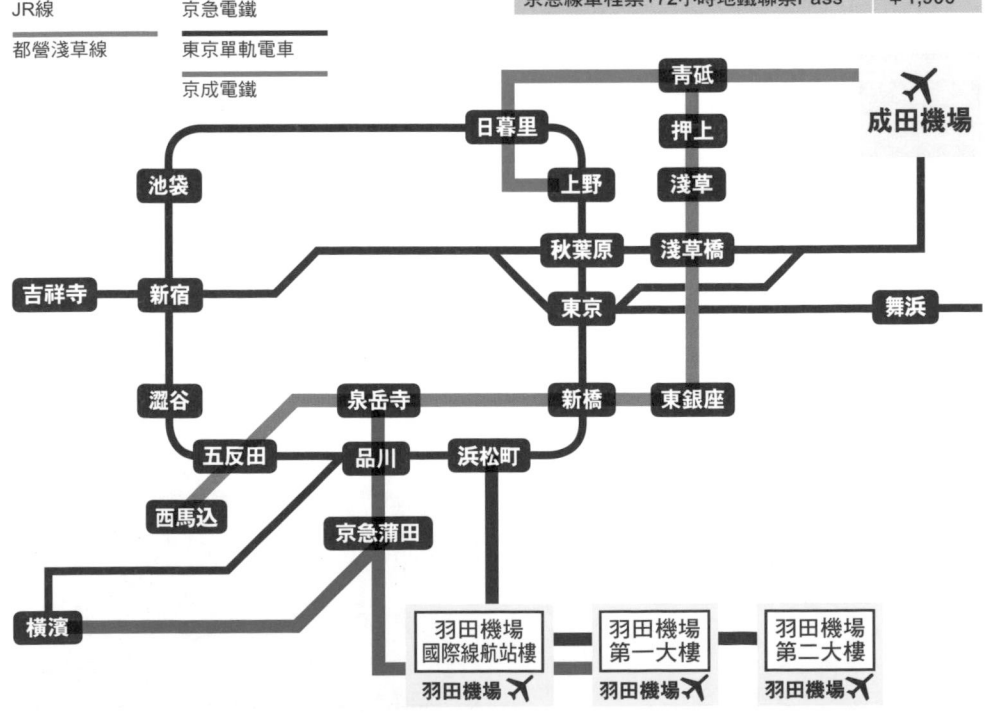

東京單軌電車(Tokyo Monorail)

🌐 www.tokyo-monorail.co.jp/tc

東京單軌電車是往來羽田機場與市區最簡便的方式，全線共11個車站，你可以選擇搭乘紅色的機場快速線，從機場航廈直達終點站濱松町站，只需要20分鐘。再從濱松町轉乘JR電車山手線前往東京、上野、新宿等目的地。

出發站↔目的地	票價
羽田機場↔濱松町	¥490
羽田機場↔東京	¥650
羽田機場↔上野	¥660
羽田機場↔澀谷、新宿	¥690
羽田機場↔池袋	¥750
羽田機場↔山手線任一站(限週末、假日)	¥500

搭巴士

利木津巴士可以直達市中心許多主要飯店，免去拖著行李轉搭地鐵、電車的不便，單程票價約¥720～1,230。

到羽田機場觀光一下

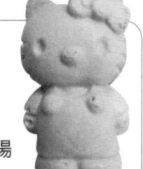

自從國際航廈啟用以來，羽田機場的3個航廈成為東京新的觀光勝地，不少人攜家帶眷來這裡度週末。這裡集合日本知名的餐廳、商店，等於是一個主題樂園！還有各大品牌知名伴手禮的中心，所以不用急著在市區買，大包小包提到機場。還可在寬廣的露天陽臺欣賞飛機起降的風景。建議可以提早幾個鐘頭先Check-in，或把行李寄放在置物櫃裡，再奔去吃喝玩樂，把錢花光，倒是要記得過海關、登機的時間喔！

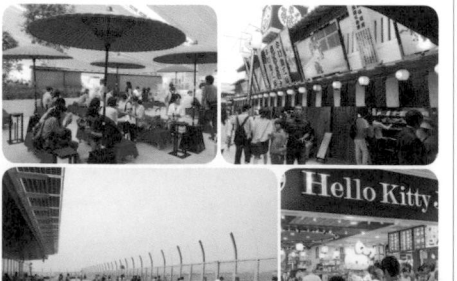

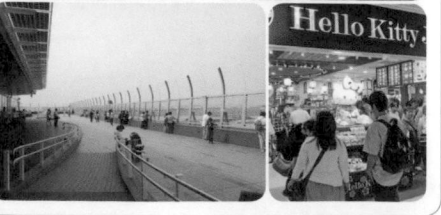

旅遊基本資訊— 簽證、入境日本 **2**

簽證
VISA

🌐 www.boca.gov.tw(旅外安全資訊→各國暨各地區簽證、旅遊及消費者保護資訊→日本Japan)

國人持有有效護照(護照上須有身分證字號)赴日觀光、商務、探親，可免簽證停留90天。

入境日本
Immigration

日本為加強反恐措施，針對入境日本之外國人士，均須在入境審查過程中實施指紋採集，及顏面攝影等兩項手續。請誠實完整填寫「出入境記錄卡」及「海關申報卡」(只需填寫正面，若有要申報的物品再填寫背面)，這兩張卡都備有中文版本，可以在飛機上及入境審查處取得，有填寫範例，也有服務人員指導，不用擔心填錯。

入境注意事項

2017年7月1日起關於搭乘民航機旅客電子產品的託運及攜帶，有嚴格的新規定，要特別注意。另外，對於攜帶貨幣入境的規定也需注意，超過限額請確實申報，以免觸法遭沒收。

JR電車
Japan Railway

☎050-2016-1603　🌐 www.jreast.co.jp/tc

東京的JR電車，屬東日本旅客鐵路株式會社，營運的範圍相當廣大，營運路線也多達37線。不過，在東京市中心旅行，大致上只會運用到約6～8條路線，或者大多數只利用最方便的山手線及中央線這兩條路線。

山手線(Yamanote Line)

山手線為東京都心的環狀線，共停靠29站，環繞一周約需1小時，東京大部分重要的觀光地區，如上野、秋葉原、東京、澀谷、原宿、新宿、池袋等，都在山手線上，是旅行東京時最常搭乘的路線。

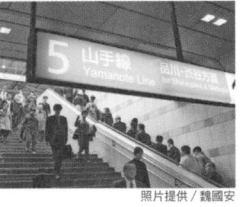

照片提供／魏國安

中央線(Chūō Line) 總武線(Sōbu Line)

中央線貫穿山手環狀線，是由東到西邊最快速的抵達方式，可到三鷹、吉祥寺。其中橘色的是中央線，東京到新宿間僅停靠3站；另外黃色的為總武線，秋葉原到新宿間停靠8站。

東海道線(Tōkaidō Line) 京濱東北線‧岸根線(Keihin-Tōhoku Line‧Negishi Line) 上野東京線(Ueno-Tōkyō Line)

主要行走於環狀線東半部，也是前往橫濱所需要搭乘的路線。

京葉線(Keiyō Line)

由東京車站出發，是前往東京迪士尼所需要搭乘的路線。

湘南新宿線(Shōnan-Shinjuku Line)

行走於環狀線西半部，往北可以連接到日光，往南則可以抵達橫濱、連接箱根地區。

東京Metro
Tokyo Metro

☎03-3941-2004　🌐 www.tokyometro.jp/tcn

東京Metro共營運有9條路線，是除了JR線以外最常運用的地鐵線，尤其是住宿的旅館不在JR電車山手線上，都需要用地鐵線來作連接，也是旅遊東京下町地區最方便的交通。東京Metro與都營地下鐵的交通系統互相連結，彼此轉乘相當便利。

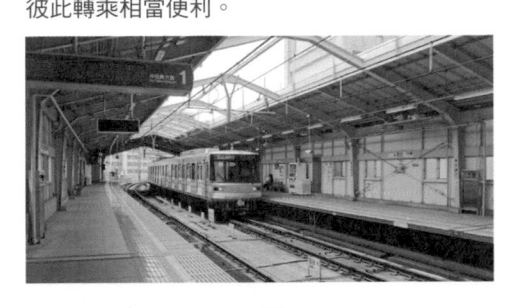

都營地下鐵
Toei Subway

☎03-3816-5700　🌐 www.kotsu.metro.tokyo.jp/ch_h

由東京都交通局所營運，共經營有4條地鐵線，以及都電荒川線、日暮里‧舍人線，同樣是旅遊東京下町地區最方便的交通，轉乘東京Metro的地鐵線也非常方便。

都營巴士

同樣由東京都交通局所營運，巴士路線涵蓋東京23區，是東京住民日常使用的交通工具，尤其是距離地鐵站較遠的地方，選擇搭乘公共巴士最方便。巴士同樣可使用Suica或Pasmo交通票卡搭乘，另外都營巴士上還裝設有免費的Wi-Fi供乘客使用，相當貼心便利呢！

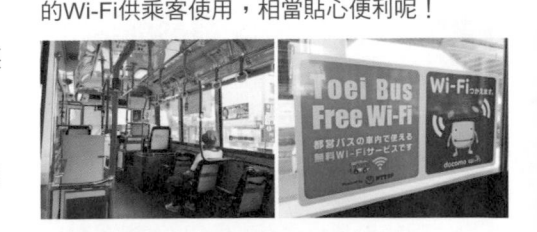

地鐵線轉乘

JR線列車：JR線列車轉乘比較簡單，不用刷票卡出站，只需要在站內換月台搭乘即可；不能轉乘其他系統的地鐵線。

東京Metro、都營地下鐵：不論你是買東京Metro或都營地下鐵的車票，這兩個系統的地鐵可以相互轉乘。特別需要注意的是，這兩個系統相互轉乘時，有些車站要走轉乘專用的閘口出站(橘色)轉乘，才不會發生無法通過或多扣款的情形發生；地鐵公司也建議乘客在30分鐘內轉乘，不少人會利用空檔，跑去小shopping一下。另外，這兩個地鐵系統的車票不能轉乘JR線，須另外再購買JR的車票，若使用IC票卡(Suica或Pasmo)轉乘，就是扣分別兩段的車資。

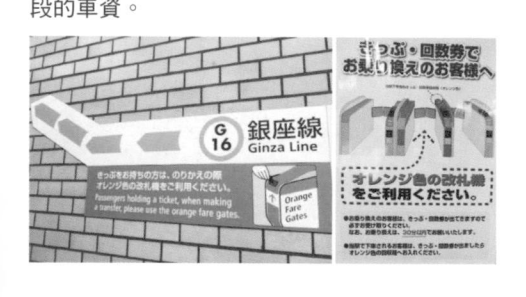

Suica・Pasmo

www.jreast.co.jp/suica，www.pasmo.co.jp

Suica是JR鐵道公司推出的交通票卡，用法跟台灣的悠遊卡一樣，是一張感應式的儲值票卡；另一張交通票卡Pasmo由另一家公司推出，同樣也是感應式的儲值票卡，用法與Suica相同，適用於都營及東京Metro地鐵。

這兩張IC卡原本各自屬不同系統，互不通用，不過在2007年已經完成整合，只要持有任何一張票卡，JR、都營、東京Metro所有的地鐵都可以搭乘，也可以搭乘火車、巴士，或用來消費付款，連自動販賣機也都可以使用，等於是只要有了這兩張IC卡的任何一張，你就暢行無阻了。不過仍屬JR推出的Suica使用範圍最大、最方便。

Suica在JR的自動售票機購買，Pasmo則可在都營及東京Metro的自動售票機購買，首次購買每張最低金額為¥1,000(其中¥500為票卡押金)，離開東京前可持票卡至特定服務中心交還，會退還押金及餘額(但會扣除手續費)。使用上要注意：1.一張卡僅限1人使用；2.餘額不足時可加值，每次加值最低金額¥1,000；3.使用這兩張IC卡搭車都有優惠，比現金買票便宜一點點。

若當日搭乘次數會比較多，不妨選擇購買當日一日券或24小時Pass會比較划算。

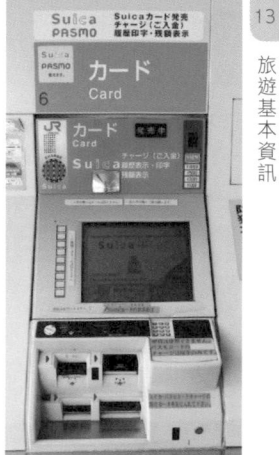

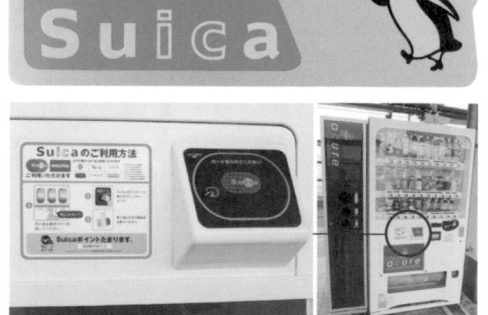

一日券交通票卡

如果計畫在1天內前往多個地點，距離遠、進出站次數多、而且都在同系統的地鐵線上，就可以考慮買張「一日乘車券」，不僅使用方便、也能省下一些交通費。要注意的是票卡可

搭乘的交通車種，還有適用的距離範圍，若搭超過適用距離，只要在出站時向窗口或「精算機」(補票機)補足該趟的差額即可。

東京旅遊一日通票

🌐www.jreast.co.jp/tc/pass/tokyo_free.html
💲成人￥1,590，兒童￥800
ℹ️在JR售票處、售票機，或旅遊服務中心購買

東京23區內的普通車或快車，均可無限次搭乘：JR線列車、東京Metro地鐵、都營地鐵、日暮里舍人線、都電荒川線，以及都營巴士。

JR都區內一日自由券

🌐www.jreast.co.jp/tc/pass/tokunai_pass.html
💲成人￥750，兒童￥370
ℹ️在JR售票處、售票機，或旅遊服務中心購買

可在免費區域內，無限次搭乘JR線列車，若超過免費區域，則出站時要另外補足超過的車資。

東京Metro 24小時自由券

🌐www.tokyometro.jp/tcn/ticket/value/1day
💲成人￥600，兒童￥300
ℹ️在東京Metro地鐵各站的售票機購買

可在24小時內無限制乘坐東京Metro地鐵。

都營一日自由券

🌐www.kotsu.metro.tokyo.jp/ch_h/tickets/value.html
💲成人￥700，兒童￥350
ℹ️在都營地鐵及日暮里舍人線各站的自動售票機和都營巴士、都電的車廂內購買

購票使用當日內，可不限次數地乘坐都營地鐵、都營巴士、都電荒川線、日暮里舍人線。

東京地鐵通票

🌐www.tokyometro.jp/tcn/ticket/value/travel
💲一日票(24小時有效)：成人￥800，兒童￥400；二日票(48小時有效)：成人￥1,200，兒童￥600；三日票(72小時有效)：成人￥1,500，兒童￥750
ℹ️在成田機場、羽田機場、部分飯店及部分BIC CAMERA商店裡憑護照購買；也可搭配京成鐵路Skyliner成田機場來回票，在台灣提前購買(見P.9)

在車票上記錄的有效期限內，任選1～3天(24～72小時有效)使用，可無限制乘坐東京Metro全線地鐵，和都營全線地鐵。

旅遊基本資訊—
東京觀光巴士
4

東京觀光巴士
Sky Bus

📞03-3215-0008 🌐www.skybus.jp ℹ️市區營業處：千代田區丸之內 2-5-2 三菱大廈1F(MAP P.159／B7)

紅色車體的Sky Bus是雙層豪華敞篷巴士，觀光路線多為1～2小時左右的行程，非常適合只有短時間停留東京的觀光客；也有提供1～2天可以自由上下車的巴士路線，頗受歐美觀光客青睞，發車時間請上官網查詢。

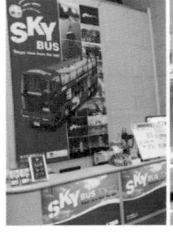
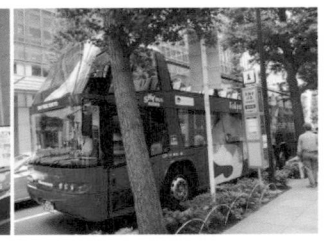

Sky Bus Tokyo
ℹ️巴士搭乘處：丸之內三菱大廈

沒有下車觀光的行程，車上導覽觀光路線為1～2小時左右，有4條觀光路線可搭乘。

行程路線	所需時間	票價(大人／兒童)
皇居、銀座、丸之內	50分鐘	￥1,600／700
表參道、澀谷	80分鐘	￥2,000／1,000
東京鐵塔、彩虹大橋	60分鐘	￥1,800／800
台場夜景	120分鐘	￥2,100／1,000

Sky Hopbus
ℹ️巴士搭乘處：丸之內三菱大廈

可自由上下車，每個停靠站都有固定發車時間，錯過了就要等上1個小時左右，不過一張票可搭乘全部共3條觀光路線(24小時有效)，詳細發車時間與停靠點請上官網查詢。

行程路線	成人1日票	兒童1日票
淺草、晴空塔	￥3,500	￥1,700
東京鐵塔、六本木	￥3,500	￥1,700
台場	￥3,500	￥1,700

哈多觀光巴士
Hato Bus

☎ 03-3435-6081　🌐 www.hatobus.com　ℹ 巴士搭乘處：濱松町巴士總站、新宿站東口(📍 P.306 / C4)

　　Hato Bus是東京經營悠久、口碑也相當好的觀光巴士公司，專門提供東京市區1日遊、近郊1~2日遊的行程，有多語言的導覽行程，也有專為華人推出的全中文導覽行程。Hato Bus的行程內容相當多樣，若你想深度地探索東京或近郊，參加Hato Bus的一日遊是最佳的方式，有些行程還包含午餐或(及)晚餐，絕對物超所值。

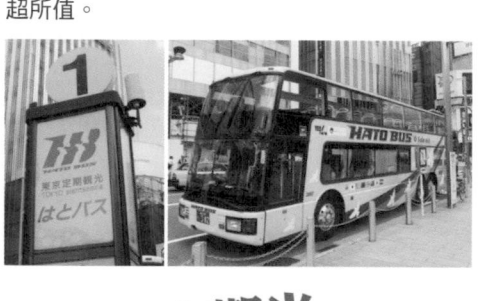

日本巴士觀光
Club Tourism YOKOSO Japan Tour

🌐 www.yokoso-japan.jp/tc　ℹ 可直接於網站上報名；巴士團集合搭乘處：上野、新宿

　　這是一家專門經營東京近郊巴士團的公司，針對季節風景、當季採果以及地方特產，設計出許多受歡迎的一日遊、二日遊的行程，若想往離東京稍遠的郊外走走，又不想花精神在交通安排上，參加這類的團體遊是個不錯的選擇。報名的費用大致都已包含交通、門票及午餐費，所以整體下來可說是省時省事又划算。

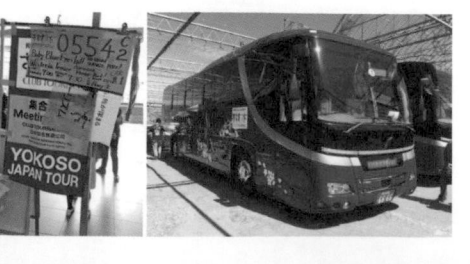

時差　比台灣快1小時

　　只要將台灣時間+1小時就是東京(日本)時間，而將東京(日本)時間-1小時就是台灣時間囉，相當容易換算。

氣候　夏天悶熱、冬天乾冷

　　最適宜的天氣仍屬春天(3~5月)、秋天(9~11月)，賞櫻或賞楓最佳季節，但早晚溫差稍大，保暖還是很重要。東京夏天相當酷熱，尤其近來更是年年破紀錄，甚至5月就飆高到30度以上了。冬天氣溫低，帽子、圍巾、手套是必備品，若遇上下雪，防滑、防潮的靴子最便利，可以在當地買雙高筒雨鞋。

國定假日　商店、餐廳照常營業

　　銀行等辦公機構休息，商店、餐廳、景點等照常營業，美術館、博物館及部分景點，若假日適逢公休日則會延至假日的隔天休息。4月底~5月初是日本的黃金週，旅遊人潮多。

1月1日	元旦
1月的第2個星期一	成人日
2月11日	建國紀念日
3月20日(或21日)	春分日
4月29日	昭和日
5月3日	憲法紀念日
5月4日	綠之日
5月5日	兒童日
7月的第3個星期一	海之日
8月11日	山之日
9月的第3個星期一	敬老日
9月23日(或24日)	秋分日
10月的第2個星期一	體育日
11月3日	文化日
11月23日	勞動感謝日
12月23日	天皇誕生日

日圓匯兌 匯率隨時變動，低點買進

日圓(¥／円／Yen／JPY)：紙鈔有1萬圓、5千圓、2千圓及1千圓，硬幣有500圓、100圓、50圓、10圓、5圓及1圓。

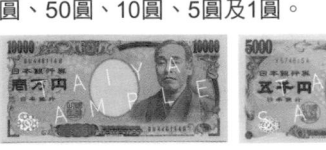
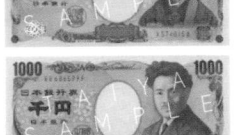
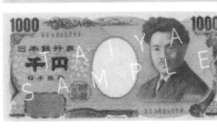
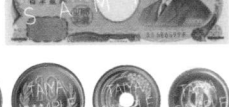
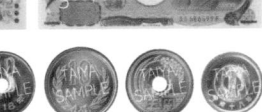
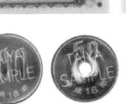
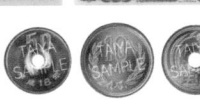
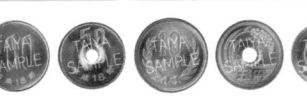
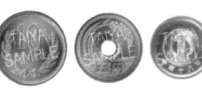
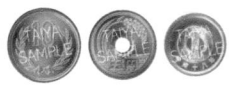
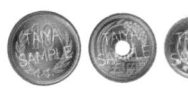
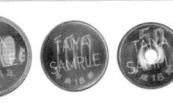
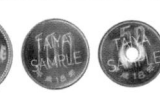

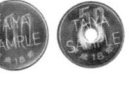

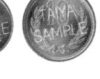

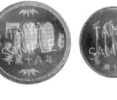
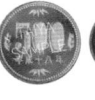

匯兌：出發旅行前記得在國內銀行，或在桃園、松山機場的銀行櫃檯兌換日幣，若旅行當中日幣現金不足，也可使用新台幣在當地的匯兌服務處兌換，所以不妨也帶一些新台幣出遊，以備不時之需，雖匯率稍微比銀行高些，但方便應急(Travelex：www.travelex.co.jp，在新宿、秋葉原等地區，都設有匯兌處)。

郵寄 寄包裹回台灣，EMS最方便快速

從東京航空郵寄信件、包裹回台灣，明信片¥70，賀卡¥90，信件郵資¥90(25g)起，EMS包裹¥2,100(1,000g)起，郵局有販售專用紙箱，方便包裝寄送；若要寄送書籍、印刷品，則可使用郵局特別郵袋，¥3,800(5kg)起。另外，郵局也有寄行李到機場的服務(約¥2,040／1件)；而郵局所販售的郵票小全張，印製精美，相當適合買來收藏或當有特色的伴手禮送給朋友。

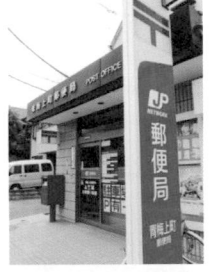

http 日本郵政官網
www.post.japanpost.jp

電器 不需要帶變電器或轉換插頭

日本的電壓是100伏特，插座孔也與台灣相同，而目前的電器商品大都是寬頻電壓，所以使用上不會有問題。

電話通訊 3G、4G手機可漫遊

手機：3G、4G手機，已經可以在日本漫遊，省去以往需租門號或買日頻手機的費用與麻煩。只要持續按著0號鍵約2秒，直到+號出現就可以開始撥號了，而市話區域號碼及手機號碼開頭的0都不用撥。例：
打回台灣手機：**+-886-9＊＊-＊＊＊-＊＊＊**
打回台灣市話：**+-886-2-＊＊＊＊-＊＊＊＊**

公用電話：公用電話除了飯店、百貨公司、車站比較容易找到外，在馬路上已經越來越難看到了，可找標有International and Domestic Telephone(國際、國內電話)的公用電話，只要投¥100的硬幣就可以直撥通話，可以使用預付費電話卡打國際電話的公用電話機很少見。日本的電信公司多，所以有許多國際通話碼，如001、101、0031、0041等。例：
打回台灣手機：**010-886-9＊＊-＊＊＊-＊＊＊**
打回台灣市話：**010-886-2-＊＊＊＊-＊＊＊＊**

通訊APP：LINE、WhatApp、Skype等通訊軟體，都有免費通話功能，可以多多利用。

網路Wi-Fi 免費Wi-Fi真便利

在台灣坊間、機場，或東京的成田、羽田機場都可買到純上網或包含可打電話的網卡，或租用可多人一起使用的Wi-Fi分享器。此外，除了飯店有提供免費網路外，東京也有相當多公共區域有免費Wi-Fi供觀光客使用，如：都營巴士、JR車站、百貨公司、旅客服務中心等，只要下載相關APP，或搜尋可連結的Wi-Fi，登記後便可使用，但還是一句老話，免費的最難用。

消費 小額付現，大筆刷卡

信用卡：商店、餐廳、買車票可使用，但一般的食堂餐廳、雜貨店、小攤商等，只能以現金交易，跟在台灣使用信用卡的習慣差不多。

小費：日本當地消費沒有給小費的制度習慣，不必特地給小費。

中文服務：由於來自中國的遊客大增，許多百貨公司、大型電器商店等，都特別設有會說

中文的服務人員，協助顧客找尋、解說商品或幫忙退稅服務，相當方便。

折扣：東京的折扣期，大致在1月與7月，其他時間除了假日、節日有折扣外，均不二價。

點餐：許多餐廳備有中、英文，或有照片的菜單，看著餐廳外的食物模型點餐也很便利。

退稅　滿5,000日圓可辦理退稅

日本消費稅為8%，商品標價有內含及外加消費稅兩種標法，每家商店的標示不同，「稅込」是含稅價，「稅抜、稅別」則表示是未稅價。除了免稅店購物免稅外，在百貨公司、大型電器商店、名牌店等，甚至便利商店消費，持有護照正本就可辦理退稅，有免稅服務的店家都會在店前貼有免稅標誌。

不過，即使百貨公司、商場有提供退稅，但也不是每個專櫃、品牌都有參加免稅服務，要特別問清楚再消費；而部分百貨公司、商場、商店也不是8%全額退稅，有些會收取1.1%的手續費，所以只能退到6.9%的稅金，這點也要特別注意。還有，若你在日本停留時間達6個月以上，是不能享有免稅服務的；在網路上購買的物品也不在免稅的計畫內喔！

退稅條件：不論非消耗商品(如：電器、服飾、鞋子、包包等)，或消耗商品(如：食品、飲料、藥品、化妝品等)，只要當日當店或收據累計在¥5,000(或¥5,400)以上，即可當日辦理退稅。若購買的是消耗商品，店家會將所購物品包裝於透明密封袋中，出境前是不能開封的。

簡化程序：如要將購買的免稅品直接寄送回台灣或至機場(或機場提貨)，也可憑護照當場辦理退稅，不需再填寫購買記錄等。

增加窗口：部分商店街也加入退稅制度，只要在同一個商店街，在有加入免稅服務的不同商店購物，只要消費達¥5,000(或¥5,400)以上，也可辦理退稅。

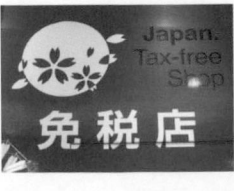

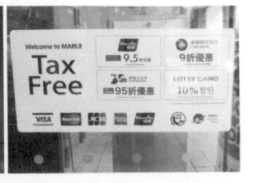

緊急求助　國人旅外求助電話隨身帶

台北駐日經濟文化代表處
- www.taiwanembassy.org/JP
- 東京都港區白金台5-20-2
- 03-3280-7811 / (FAX) 03-3280-7934
- 急難救助專線：**03-3280-7917**(24小時)
  080-6557-8796(日本境內直撥)
- 受理領務申請時間：週一～五09:00～17:00
- 1.搭JR電車山手線至目黑站，徒步10分鐘；2.搭地鐵南北線、三田線至白金台站(1號出口)，徒步5分鐘

旅外國人急難救助免付費專線：
010-886-800-0885-0885

經濟住宿　旅館、民宿最經濟實惠

除了買機+酒行程可以住高級飯店外，若你不嫌棄離市區稍遠、房間小一點、衛浴要共用、沒有供應早餐，選擇住小旅館、民宿，可以省下不少費用，稍微比商務旅館便宜一些，不少是台灣人所經營，訂房、溝通都很方便，有些只要住3晚以上還有優惠價。

壽陽飯店：www.juyoh.co.jp
新紅陽民宿：www.newkoyo.jp/china.html
池袋之家：www.housejp.com.tw
上野之家：www.uenohouse.com.tw
青春之家：www.young-house.com/young
丸忠：www.hotelmaruchu.com

或者你也可以使用Agoda、Hotel.com、樂天、一休、Jalan等訂房網站或APP，用優惠的價格訂到不錯的商務旅館或飯店，如國人喜歡入住的東橫INN、APA系列等的連鎖商務旅館等。而近年來頗受西方遊客歡迎的是平價膠囊旅館，是體驗嘗鮮的選擇之一；另一個人氣住宿選項則是以多元經營、具有時髦特色的設計風格旅店。不妨以個人喜好與預算來預訂。

回國入境　可攜帶商品及數量要注意

台灣機場關稅局的入境品規定也越來越嚴格，除了蔬果、植物、肉品等違禁品嚴禁攜帶入境外，貨幣、藥品數量的規定也日趨嚴謹，記得出門或回國前了解相關規定，以免觸法。

- 財政部關務署：web.customs.gov.tw，點選「旅客服務」選單下的「入境報關須知」

634m
自立式電波塔

晴空塔
TOKYO SKYTREE

東京眾所矚目的地標景點「東京晴空塔」，高達634公尺的鐵塔於2012年5月22日落成開幕啓用。東京晴空塔位於東京的墨田區，由東武鐵道公司所籌建，是公共建設結合商業、觀光、地方發展最成功的案例，也改變了東京的天際線焦點，幾乎在下町地區的每個角落，只要一抬頭就看得見它的身影。

東京晴空塔主要的功能在於電波發送，不過附屬的商業價值才是它受到廣大青睞的原因，既然建了高塔，展望台的設置不可或缺。共

450m
第2展望台
天望回廊

350m
第1展望台
天望露台

電梯分速**600m**
約50秒抵達第1展望台

以日本傳統藍染裡最淺的「藍白」顏色塗裝，綻放織細的光輝。

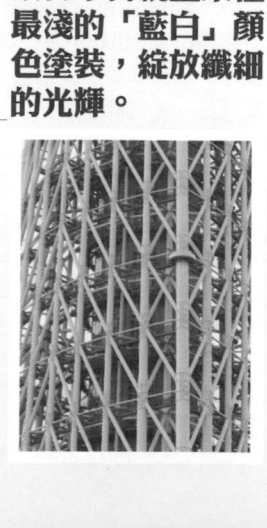

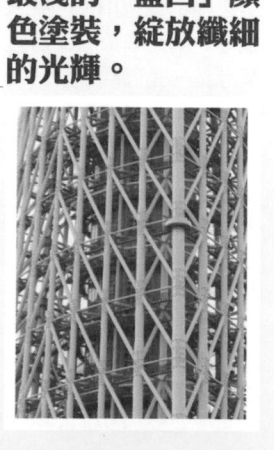

設置有兩處觀景展望台，各位於350公尺（340～350樓）的「天望露台」，及450公尺（445～450樓）「天望回廊」，除了登高賞景外，天望露台還開設有餐廳、咖啡廳及商店。

東京晴空塔不僅結合觀光，高塔周邊還有購物中心、水族館、天文館等，一座嶄新的島嶼，為原本以金屬加工廠為重心的墨田區，帶來全新的生活面貌。當東京晴空塔尚在建設時，熱愛旅遊的日本人，老早就規畫出完整的觀光計畫了，紀念品、吉祥人物，禮品店，老早就已展開宣傳營業；而周邊各餐廳、商店也順勢推出以晴空塔為想像，堆疊成高高尖塔的美食、產品。

尤其押上地區就鄰近東京最熱鬧的淺草，而以下町老風景聞名的向島地區也在附近，儼然形成一個新的觀光圈。

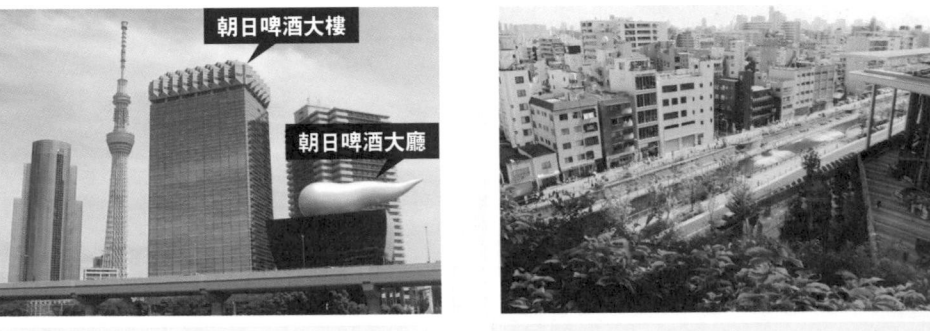

朝日啤酒大樓

朝日啤酒大廳

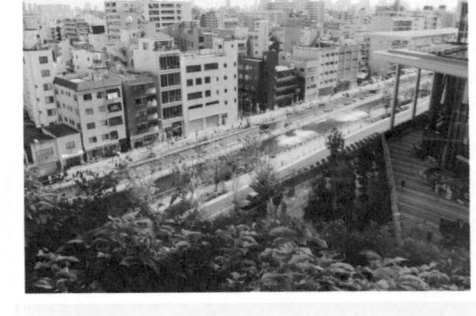

曳舟
Hikifune

D 櫻橋 P.23
C 櫻橋通り P.23
E 墨堤通り P.23

交│通│對│策

1. 搭乘地鐵都營淺草線，到「押上」站
2. 搭乘地鐵東京Metro半藏門線，到「押上」站
3. 搭乘私鐵京成押上線，到「押上」站
4. 搭乘私鐵東武伊勢崎線(又稱為東武晴空塔線)，到「東京晴空塔」站

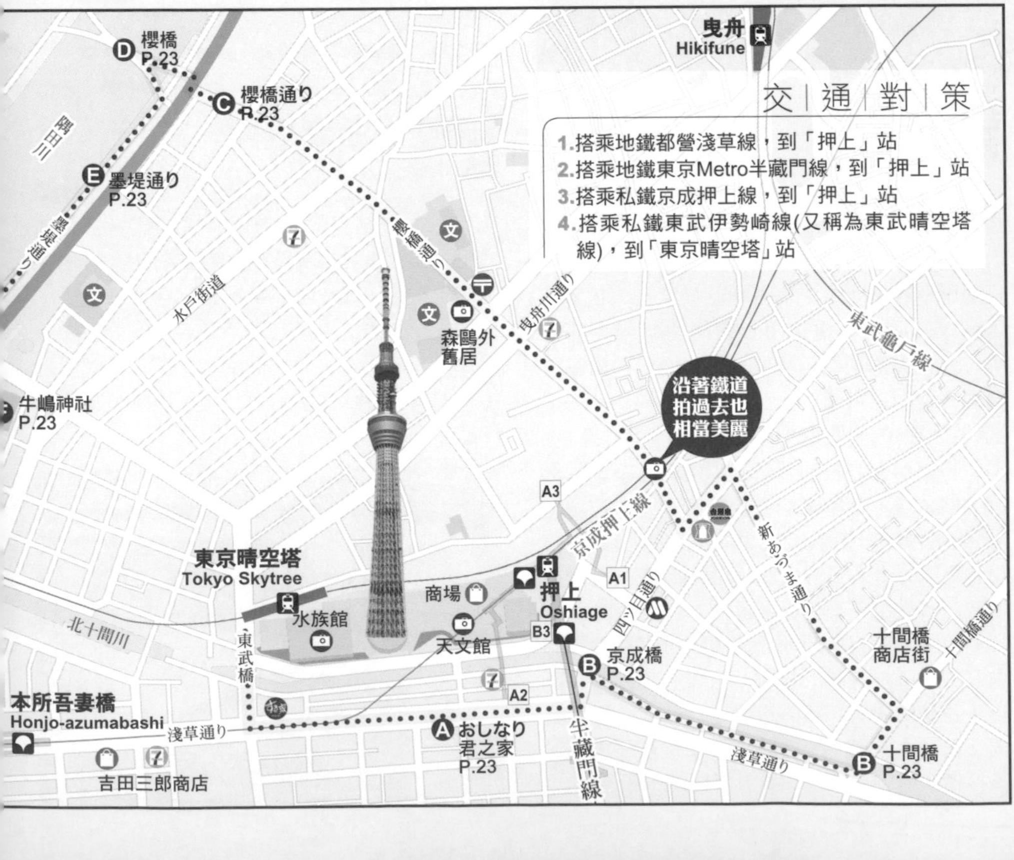

森鷗外舊居

沿著鐵道拍過去也相當美麗

牛嶋神社 P.23

東武龜戶線

A3

京成押上線

東京晴空塔
Tokyo Skytree

商場
水族館
天文館

押上
Oshiage
B3

A1

四ツ目通り

新あづま通り

十間橋商店街

本所吾妻橋
Honjo-azumabashi

北十間川

東武橋

A2

B 京成橋 P.23

半藏門線

A おしなり君之家 P.23

吉田三郎商店

淺草通り

淺草通り

B 十間橋 P.23

晴空塔
Skytree

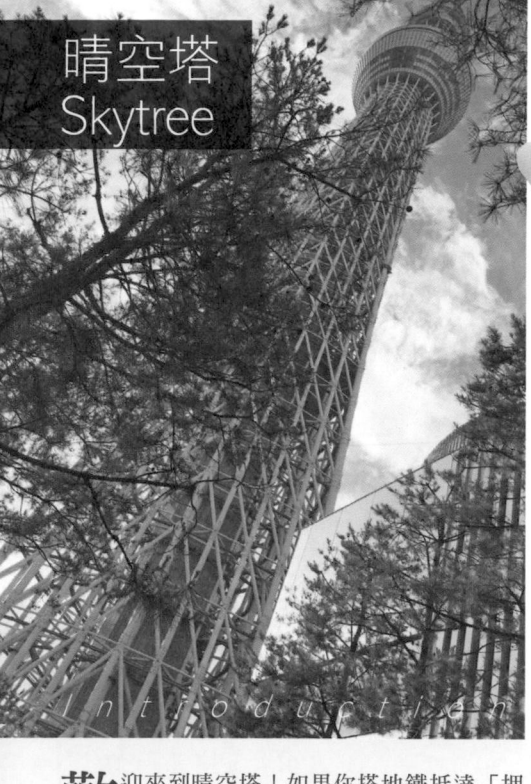

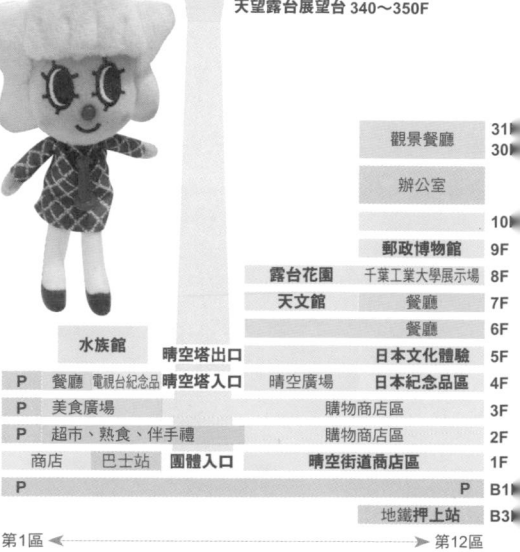

天望回廊展望台 445～450F

天望露台展望台 340～350F

		觀景餐廳		31
				30
		辦公室		
				10
		郵政博物館		9F
	露台花園	千葉工業大學展示場		8F
	天文館	餐廳		7F
		餐廳		6F
水族館		日本文化體驗		5F
	晴空塔出口			
P	餐廳 電視台紀念品	晴空塔入口	晴空廣場	日本紀念品區	4F
P	美食廣場		購物商店區		3F
P	超市、熟食、伴手禮		購物商店區		2F
商店	巴士站	團體入口	晴空街道商店區		1F
P					B1
			地鐵押上站		B3

第1區 ←　　　　　→ 第12區

■ 停車場　■ 商店　■ 食品　■ 餐廳　■ 景點

歡迎來到晴空塔！如果你搭地鐵抵達「押上」站，直接依照月台指示前進，你將會從地下樓層的入口進入，搭乘長長的手扶梯往1樓的大廳前進。挑高的大廳裡，你會直接看到旅客服務櫃檯，別急著逛、搶著買，先拿份樓層地圖吧！晴空塔占地超級狹長，很容易逛到不知身在何處，可以將晴空塔當中心位置，分為東西兩側，重要精采的商店、景點、餐廳都集中在東側。

1樓大廳位置在最東側（地圖上的第12區），不妨將服務台身後的「晴空街道商店區」當作第一站，若你想將晴空塔全樓層逛遍，建議從1樓的第12區逛到第1區，再上2樓從第1區逛回第12區，以此方式往上逛，看到想仔細逛的區域或店家先記下來，之後再一一回去探買。

至於上展望台的時間該怎麼安排，端看你想欣賞的是可以遠眺的日景、染成一片橘黃的落日，還是如鑽石閃耀的夜景了。若有計畫參觀天文館或水族館，不妨將兩者安排在最後，之後打道回飯店，或找間餐廳好好吃一頓。

晴空街道商店街
Solamachi

1F

以日本最常見的商店街形式打造，全長約120公尺，集合東京及各地知名的店家、小吃、餐廳等，如：淺草的甜點名店「梅園」、自由之丘的生活雜貨品牌「私の部屋」、藥妝店「松本清」等，共35間的大小店鋪。除了逛街，還有公共休息區，可以坐下來吃點東西，休息休息，補充體力。

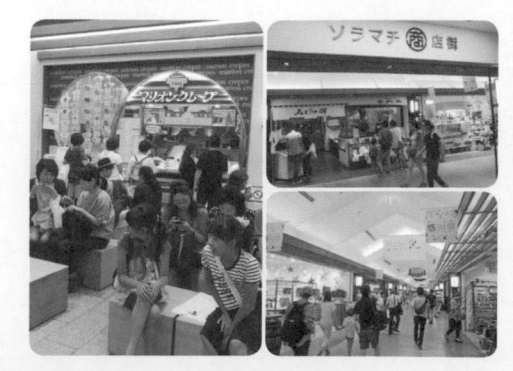

天望露台、天望回廊展望台
Tembo Deck、Tembo Galleria

🌐 www.tokyo-skytree.jp ⏰ 08:00～22:00 🚫 不定休(視天候隨時決定關閉或再開放) 💲 **350m天望露台**：成人￥2,060、12～17歲￥1,540、6～11歲￥930、4～5歲￥620；**450m天望回廊**：成人￥1,030、12～17歲￥820、6～11歲￥510、4～5歲￥310(天望回廊參觀券，需要另外於350m天望露台購票) ℹ️ **網路預購**：可以在官網上預購指定日期、參觀時段的票券，但票券預購只有日文介面，而更改時間、退票手續對一般旅客來說也是麻煩事一件，不太建議使用；**當日購票**：當日至4樓購票，需依於所拿到的時段前往買票上天望露台；**外國旅客快速通關票**：外國旅客只要持護照，就可在專用的售票櫃檯(4樓)購買快速通關票，隨時買票隨時上展望台參觀，時間上相當自由，不過快速通關票價比排隊買票的票價高了許多，**天望露台**：12歲以上、成人￥3,000、4～11歲￥1,500；**天望露台＋天望回廊**：12歲以上、成人￥4,000、4～11歲￥2,000

　　兩個展望台是晴空塔最主要的參觀景點，站在東京的制高點，360度地欣賞整個東京地區，若遇上超級好天氣，還有可能望見富士山喔！人潮最多最瘋狂的不外乎夕陽正要西下的時段，記得提前到正確的位置卡位，不然你只能看前面人的後腦勺而興嘆了。

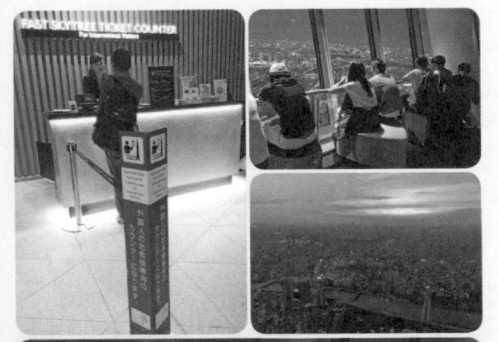

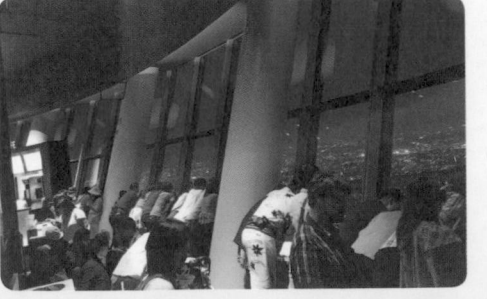

墨田水族館
Sumida Aquarium

`5F`

🌐 www.sumida-aquarium.com ⏰ 09:00～21:00 🚫 無休 💲 成人￥2,050，高中生￥1,500，中小生￥1,000，3歲以下兒童￥600

　　一片藍色的空間，如同置身海底與魚兒同游般的夢幻，水族館裡最受歡迎的就是模樣逗趣的企鵝了；偌大的水槽裡，千百種魚類、珊瑚礁，美麗又有趣，讓人無比放鬆。

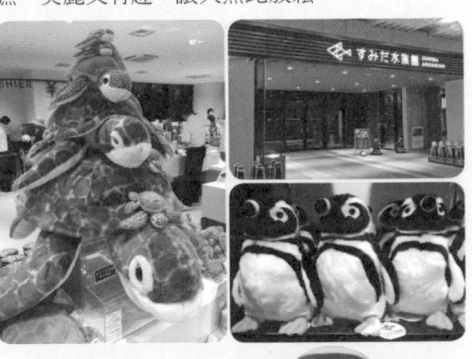

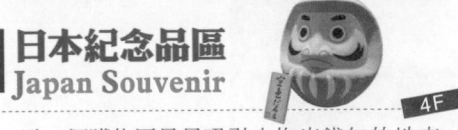

日本紀念品區
Japan Souvenir

`4F`

　　這一個購物區是最吸引人掏出錢包的地方，集合了近40間充滿日本風味的禮品店、食品店、伴手禮店，讓你怎麼逛都出不去的好玩。若要前往晴空廣場、晴空塔入口，你得先通過這裡，只能說日本人真會設計空間動線啊！

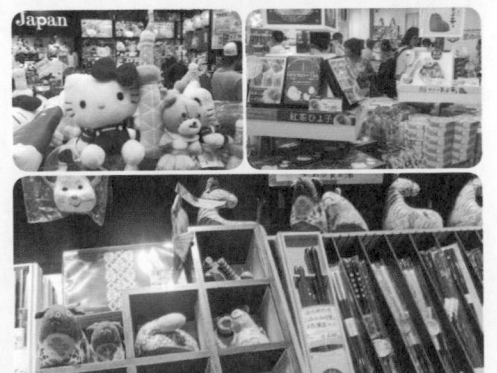

天空天文館
Planetarium Tenku
`7F`

🌐 www.planetarium.konicaminolta.jp 🕐 11:00
～21:00(週末、假日10:00開館) 休 無休 💲 影片
需分開購票，票價有所不同 ❶ 約有3部影片，每
個整點播放1部，可依想看的影片選擇時段，不妨
先買好票券，等時間到了再回來看

播放有關天文的精
采影片，讓你有如置
身繁星點點的美麗時
空，另外在池袋的太
陽城還有另一座天文
館——滿天(P.335)。

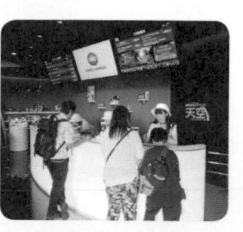

日本文化體驗
Japan Experience Zone
`5F`

這一區展現日本傳統文化之美，也介紹日本
職人技藝給海外的遊客，除了精美的傳統工匠
作品，也有設計新穎
的摩登商品。但是，
看了令人讚歎、買了
讓荷包膽顫，叫人又
愛又恨！

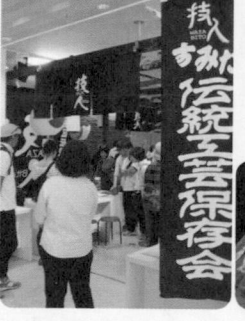

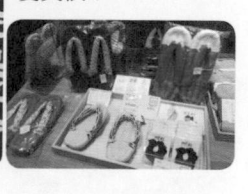

露台花園
Dome Garden
`8F`

這裡其實是天文館的屋頂，但是有大片的草
皮及休息座椅，來這裡主要是可以近距離地欣
賞晴空塔，而且沒有遮蔽物擋住視線，最適合
買了便當在這裡用餐休息。

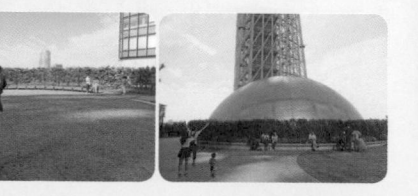

日本郵政博物館
Postal Museum Japan
`9F`

🌐 www.postalmuseum.jp 🕐 10:00～17:30 休 不
定休 💲 成人￥300，學生、兒童￥150

有關日本郵政的歷史、文物，與願景發展，
都可以從博物館內豐富的展示，還有互動性的
裝置上清楚了解。當
然，郵政禮品部是最
後要駐足拜訪的，買
張紀念明信片從這裡
寄出給自己吧！

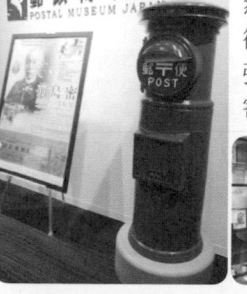
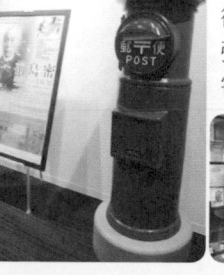

晴空塔紀念品店
The Skytree Shop
`345F`
`5F`
`1F`

來晴空塔怎能空手而歸呢！晴空塔專屬的禮
品店當然不會放過你的信用卡，位於1樓的最
大間，商品最多樣，吃的、穿的、用的、擺好
看的、你不知要幹嘛用的都有，其中當然以晴
空塔與吉祥物「天空醬」造型的商
品最熱門，而且3處禮品店都還
有各自的限定商品。「**限定**」，
這個、那個我都要了！

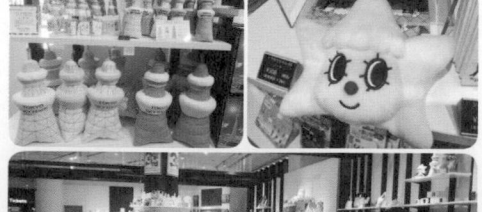

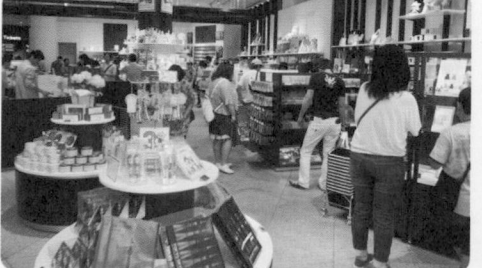

晴空塔周邊散步對策

　　如果遊逛晴空塔後，你還有多餘的體力或時間，不妨可以安排晴空塔周邊散步，看看整理過後美麗又悠閒的十間川兩岸，還有越來越熱鬧的商店街，也順便把晴空塔的美景全部收在相機裡。而鄰近的向島地區，同樣適合散步遊逛。

　　自從晴空塔興建開始，附近的商店、餐廳就開始推出各種相關食品、商品，甚至招牌也請高塔來吸睛。這些生意人真是有生意頭腦，懂得趁機製造話題、開拓商機呢！

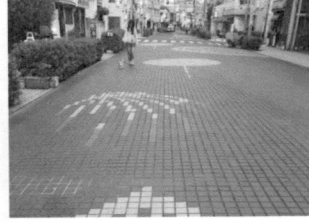

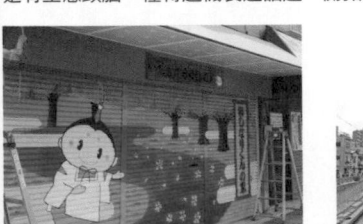

Ⓐ おしなり君之家

　　頭頂高塔的商店街代表人物，有販售紀念商品，提供商店、觀光資訊及休憩空間，週二休息。

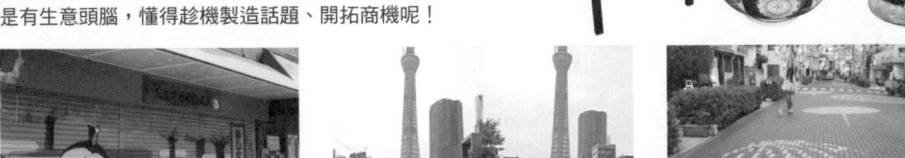

Ⓑ 京成橋、十間橋

　　可以在橋上拍出晴空塔映在河面上完美的垂直倒影，晴天時最美，是攝影師最愛的拍照地點。

Ⓒ 櫻橋通り

　　有森鷗外的故居、日本人形工房，及多家可愛的咖啡餐廳，以接近櫻橋路面上的花火圖案最美。

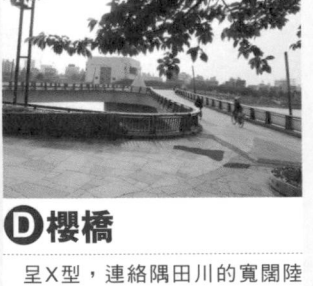

Ⓓ 櫻橋

　　呈Ⅹ型，連絡隅田川的寬闊陸橋，單車可以通行，櫻橋也是每年夏季舉辦隅田川花火大會的地方。

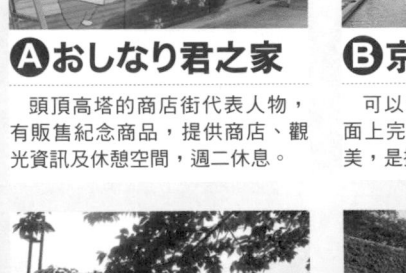

Ⓔ 墨提通り

　　隅田川的河岸公園，規畫相當合宜，路面地磚、圍欄都以花火圖案點綴，不過有許多流浪漢的帳篷。

Ⓕ 牛嶋神社

　　神社以「撫牛」著名，據說只撫摸石牛，你相同部位的病痛就會減輕，有販售日本加油的御守。

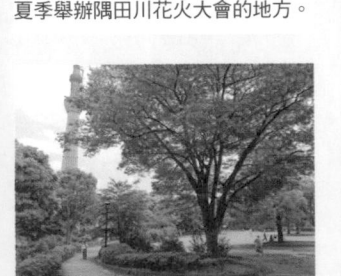

Ⓖ 隅田公園

　　從公園各角落都可以看到晴空塔從綠樹後竄了出來，跨北十間川典雅的石橋「枕橋」也相當漂亮。

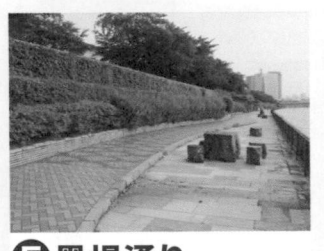

Ⓗ 朝日啤酒大樓

　　1樓大廳內有互動性的展示，22樓則有觀景餐廳，可以悠閒地遠眺整個隅田川，以及淺草地區。

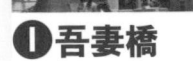

Ⓘ 吾妻橋

　　欣賞對岸朝日大樓群，以及晴空塔最佳的位置，橋頭也是搭乘隅田川交通船的碼頭。

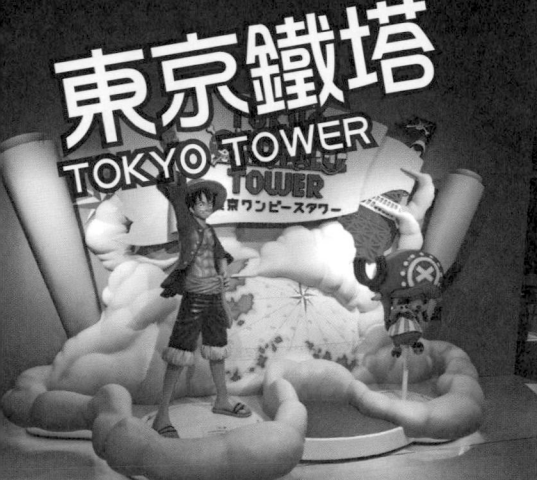

東京鐵塔
TOKYO TOWER

333m

250m 特別展望台

150m 大展望台

週末、假日開放民眾爬樓梯登鐵塔，爬完600階，會頒發證明書喔！

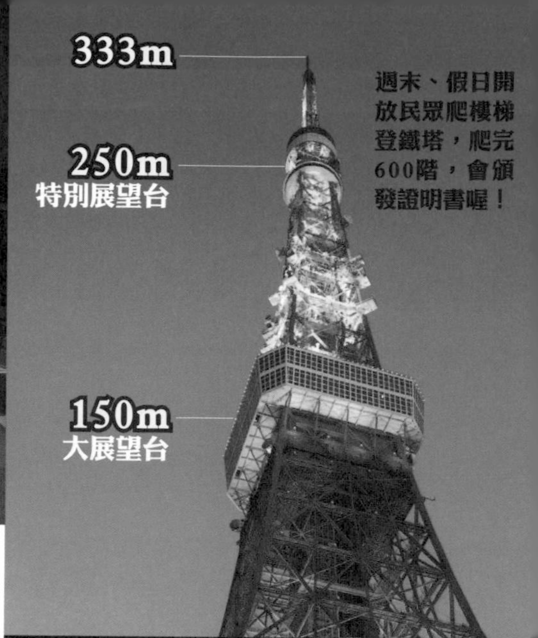

✉港區芝公園4-2-8 ☎03-3433-5111 🌐www.tokyotower.co.jp / **150m大展望台：** ◎09:00～23:00 休無休 $成人¥900，兒童¥400、500 / **250m特別展望台：** ◎09:00～23:00 休無休 $成人¥700，兒童¥400、500 / **150m大展望台＋海賊王特展套票：** $成人¥2,900，兒童¥900～2,500 / **海賊王特展＋觀賞表演：** ◎10:00～22:00 休無休 $成人¥3,200，兒童¥1,600 🌐onepiecetower.tokyo / **水族館：** ◎10:30～19:00 休無休 $成人¥1,080、兒童¥600 🌐www.suizokukan.net

交│通│對│策

1. 搭乘JR電車山手線，到「浜松町」站(北口出站)
2. 搭乘地鐵東京Metro日比谷線，到「神谷町」站(1號出口)
3. 搭乘地鐵都營大江戶線，到「赤羽橋」站(赤羽橋口出站)；三田線到「御成門」站(A1出口)

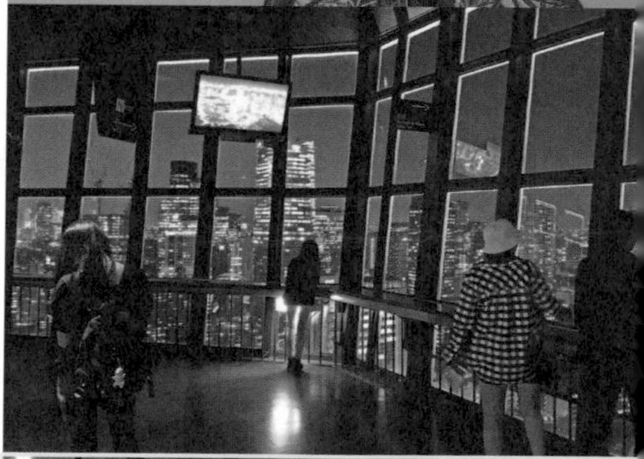

紅白兩色的東京鐵塔，從東京多處地點都看得到，尤其是當夜晚點上燦爛的燈光後，如同是城中一根閃亮的蠟燭。每年約有300萬人以上來參觀，是東京一向最受歡迎的觀光景點；鐵塔除了兩個展望台外，還有展覽館、水族館、餐廳、商店等，相當熱鬧；若想看夜景，等晚上再來吧！若來早了，塔裡也有水族館可以買票參觀。

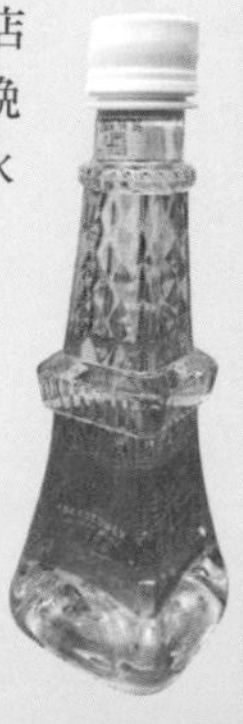

東京鐵塔內目前最熱門的就是海賊王特展，各種場景造型、遊戲，還有主題餐廳，吸引大人小孩特地前往參觀，當然免不了要買海賊王紀念商品囉！

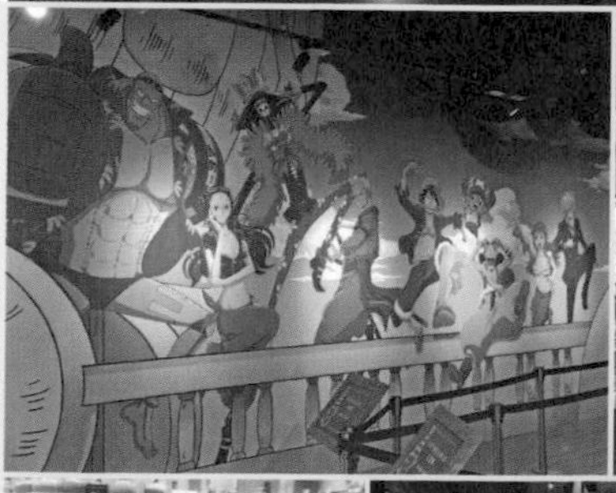

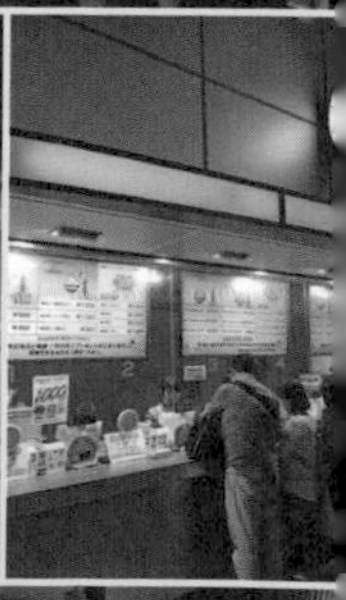

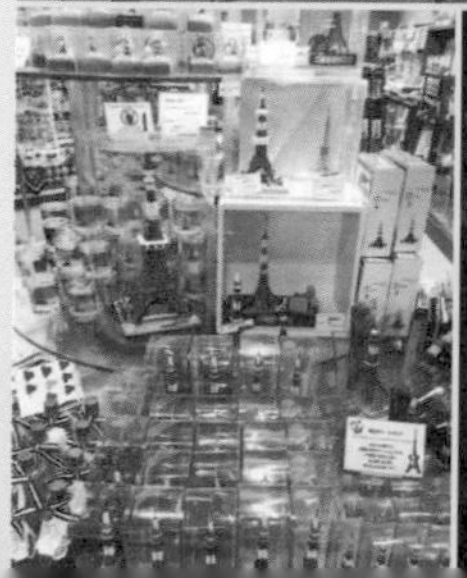

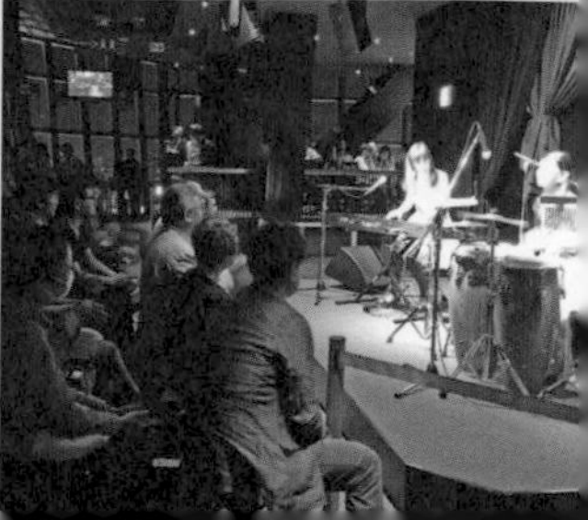

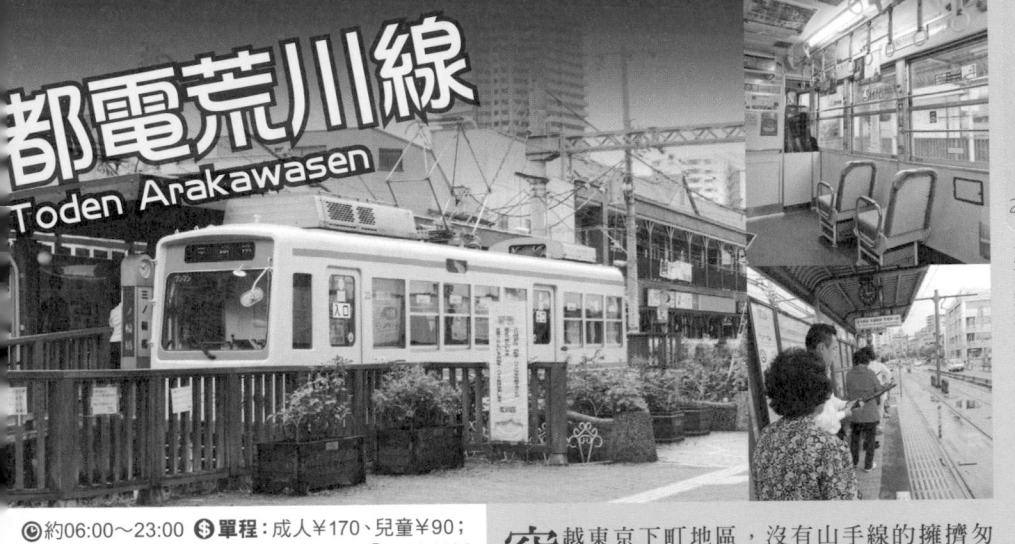

都電荒川線
Toden Arakawasen

ⓒ 約06:00〜23:00　$ 單程：成人¥170、兒童¥90；
一日乘車券：成人¥400、兒童¥200　ℹ 三之輪橋
←→早稻田(全線共30站，全程約53分鐘，約6〜7分
鐘一班)　http www.kotsu.metro.tokyo.jp/toden

交 | 通 | 對 | 策

1. 搭乘地鐵東京Metro日比谷線，到「三之輪」
站；千代田線到「町屋」站；南北線到「王
子」站；有樂町線到「東池袋」站；副都心線
到「雜司が谷」站
2. 搭乘地鐵都營三田線，到「西巢鴨」站
3. 搭乘JR電車山手線，到「大塚」站
4. 搭乘都營電車日暮里・舍人線，到「熊野」站

荒川遊園地前　　小台
　荒川車庫前　　　宮之前
　　　榮町　　　　熊野前
王子駅前
　　　　飛鳥山　東尾久三丁目
滝野川一丁目　　　　町屋二丁目
　　西ケ原四丁目
庚申塚　新庚申塚　　町屋駅前
　　　　　　　　荒川七丁目
巢鴨新田　　　　荒川二丁目
　　　　　　荒川區役所前
大塚駅前　　　荒川一中前
　向原
東池袋四丁目　　　三之輪
都電雜司が谷
鬼子母神前
學習院下
面影橋
早稻田

穿越東京下町地區，沒有山手線的擁擠匆
忙、沒有觀光人潮、沒有舒適冷氣、沒有
新穎車廂，沿途也沒有時髦的商圈百貨公司；都
電荒川線慢慢地行駛在最貼近東京人生活的街
道，放眼盡是窄小簡單的月台、聚首閒談的街坊
鄰居，還有人情味十足的傳統商店街。

月台上沒有售票機，一律在上車時投幣(可使
用Suica搭乘)，若可以計畫一整天在路線附近
玩，不妨向司機購買一日券，可以隨時上下車到
處走走看看；荒川線屬窄軌電車，車廂不寬，也
只有單節，常常一下子就客滿，所以要遵守「前
門上車、後門下車」的規矩喔！

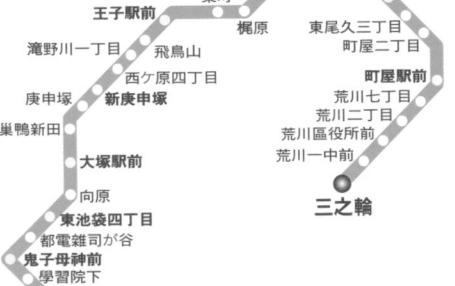

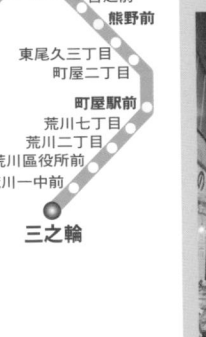

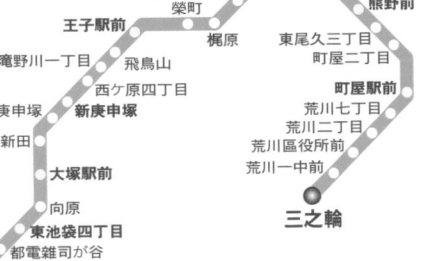

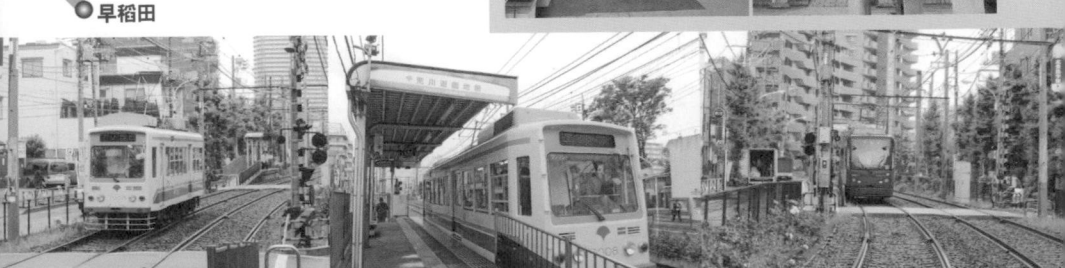

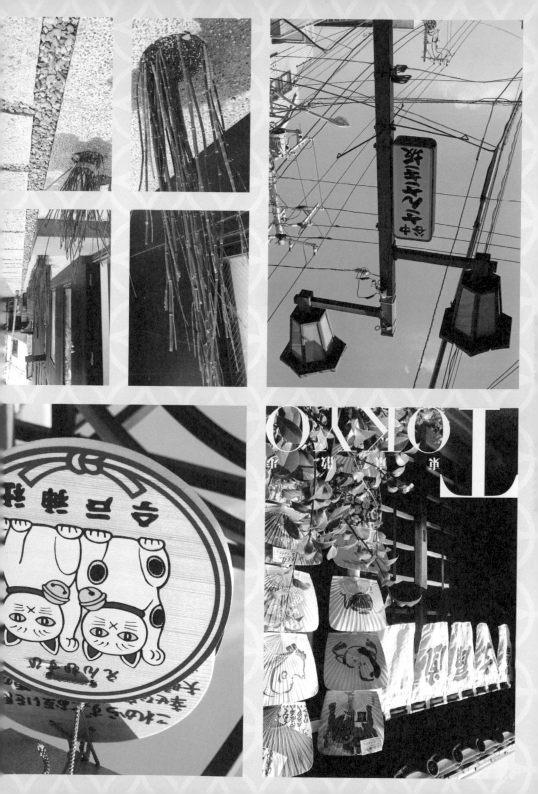

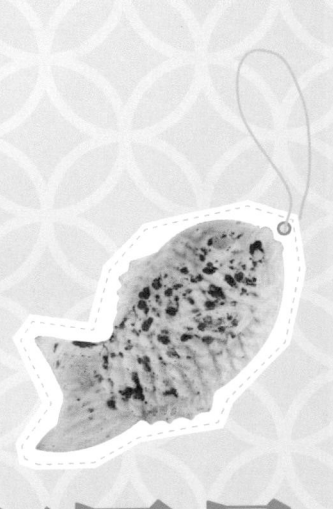

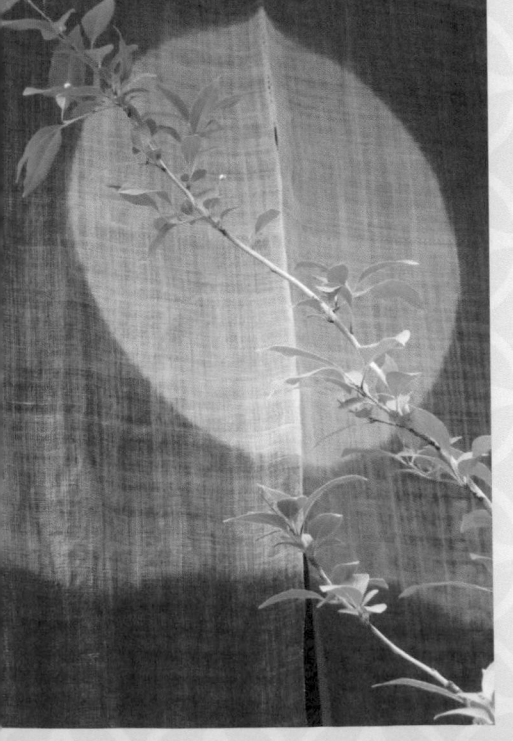

下町風景

01 谷中·根津·

TOKYO 東京散步

Yanaka · Nezu · Sendagi

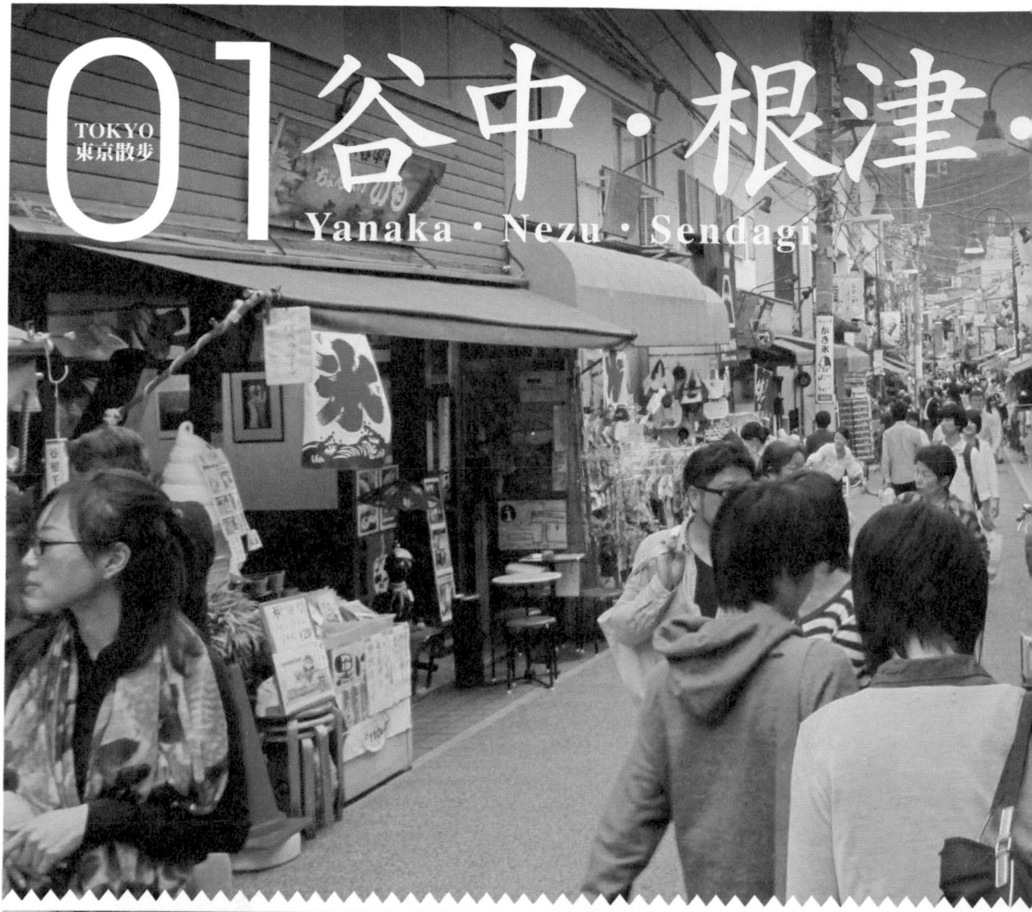

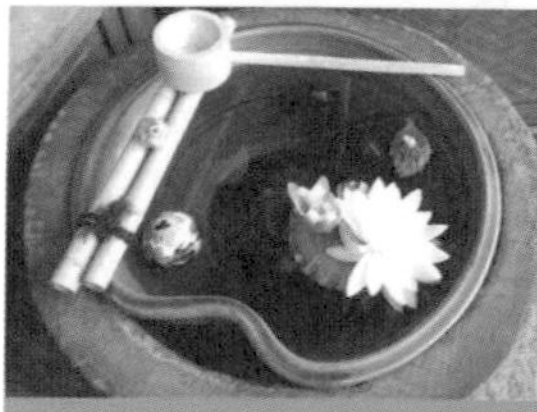

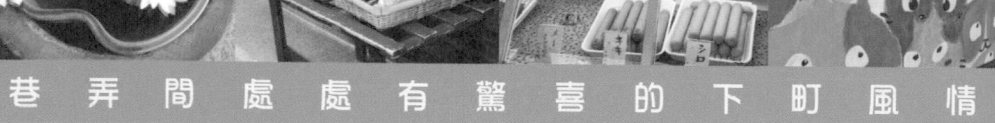

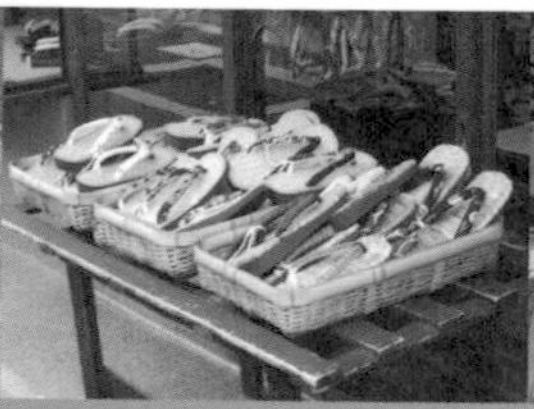

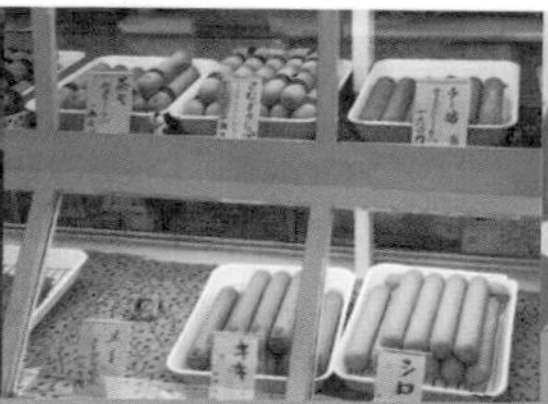

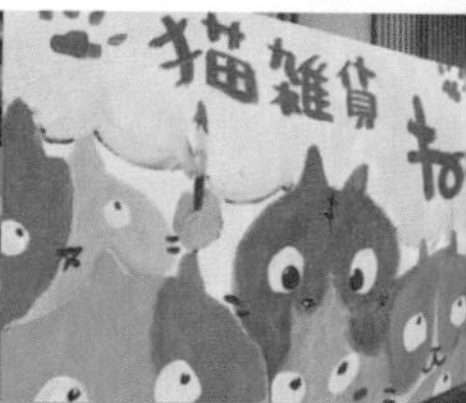

巷弄間處處有驚喜的下町風情

要體驗東京最純粹的下町風情，首站請跟著我前往谷中、根津、千駄木。這裡沒有閃亮亮的大廣告看板、沒有潮男潮女的時裝百貨店、沒有人車爭道的十字路口；這裡是東京人口中暱稱的「谷根千」地區，有的是最平凡的民居、富有人情味的商店街、處處有驚喜的狹窄巷弄，還有頭上橫七疊八的架空電線。

這個區域的發展始於江戶時期，是一般平民百姓生活起居的地方，處處都是兩層樓高的木製民房及長屋，當時的幕府於此地區大規模地興建上百所寺廟，加上區內坡道甚多，形成獨一無二的寺廟坡道。時至今日，這裡仍有數十間的寺廟，還有為數不少的靈園彼此夾雜。

在體驗過東京的五光十色、現代潮流之

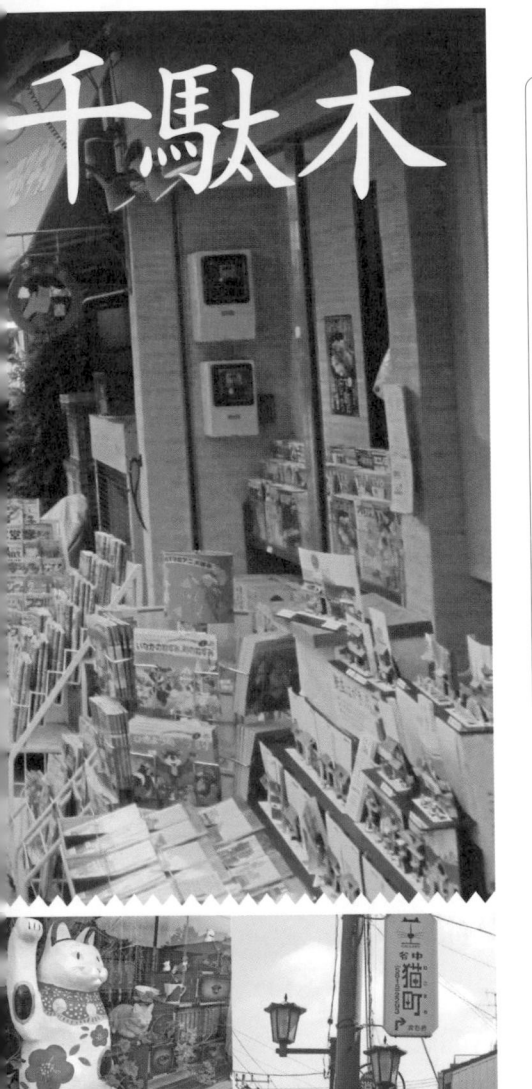

千駄木

散｜步｜對｜策

由日暮里車站北口出發，經過「御殿坂」及著名的「夕陽階梯」，散步前往谷中銀座商店街，嘗美味、購好物；之後沿著安靜的「蛇小徑」散步前往根津神社參拜，再到「あかぢ坂(明治坂)」上的芋甚吃碗黑糖蜜豆，儲存足夠的卡路里，一鼓作氣地爬上陡坡「三浦坂」，尋找貓咪蹤影，再繞進「貓町美術館」參觀；然後沿著「三崎坂」往寺廟區及谷中靈園前進，沿途欣賞街景、老木造樓房、寺廟，與各家特色商店；最後，踏上櫻花樹列隊歡迎的「櫻木道」，以夕陽當背景，漫步谷中靈園，回到日暮里車站南口作為終點。

你也可視交通方便，以千駄木站為起點；若想起個大早出門，那就以清晨就開放的根津神社作為散步的起點吧！畢竟商店都要11:00左右才開門營業。

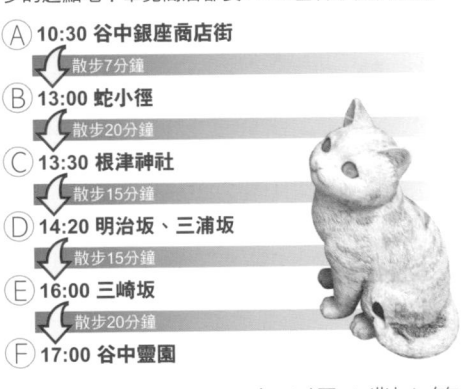

- (A) **10:30 谷中銀座商店街**
  - ↓ 散步7分鐘
- (B) **13:00 蛇小徑**
  - ↓ 散步20分鐘
- (C) **13:30 根津神社**
  - ↓ 散步15分鐘
- (D) **14:20 明治坂、三浦坂**
  - ↓ 散步15分鐘
- (E) **16:00 三崎坂**
  - ↓ 散步20分鐘
- (F) **17:00 谷中靈園**

交｜通｜對｜策

1. 搭乘JR電車山手線、常磐線、京濱東北線，或私鐵京成本線，到「日暮里」站(北口出口)
2. 搭乘地鐵東京Metro千代田線，到「千駄木」站(1號出口)
3. 搭乘地鐵東京Metro南北線，到「東大前」站(1號出口，往根津神社方向)

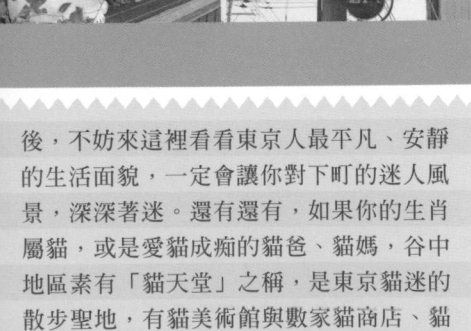

後，不妨來這裡看看東京人最平凡、安靜的生活面貌，一定會讓你對下町的迷人風景，深深著迷。還有還有，如果你的生肖屬貓，或是愛貓成痴的貓爸、貓媽，谷中地區素有「貓天堂」之稱，是東京貓迷的散步聖地，有貓美術館與數家貓商店、貓咖啡廳散落其中，沿路也不時可以看到貓咪出沒，牠們可是一點都不怕生呢！

散步花絮

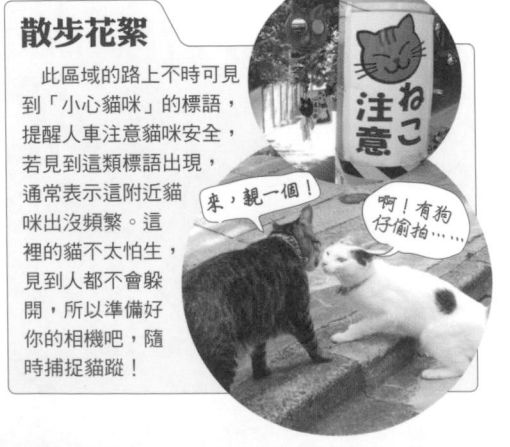

此區域的路上不時可見到「小心貓咪」的標語，提醒人車注意貓咪安全，若見到這類標語出現，通常表示這附近貓咪出沒頻繁。這裡的貓不太怕生，見到人都不會躲開，所以準備好你的相機吧，隨時捕捉貓蹤！

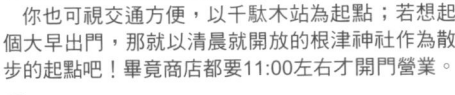

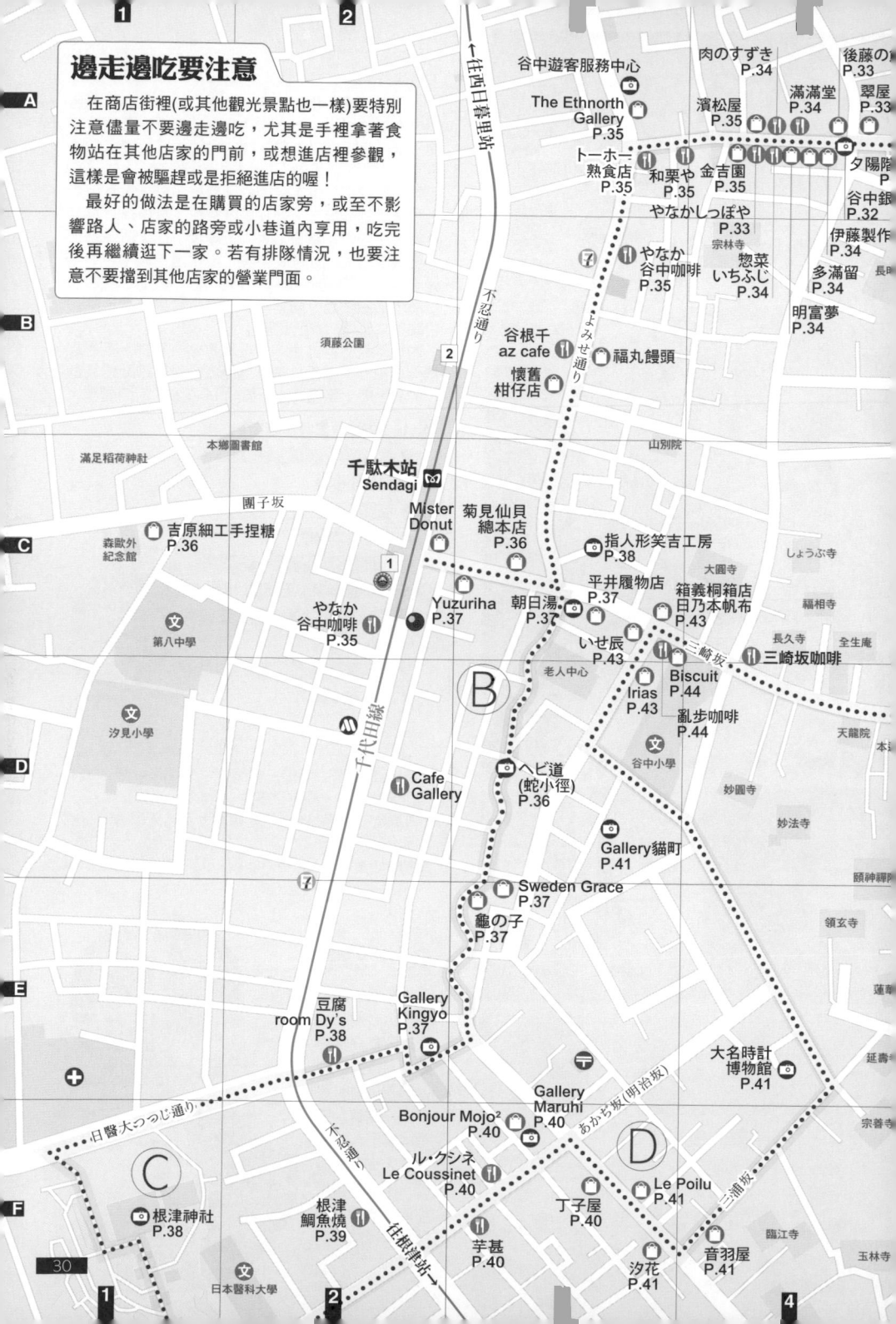

邊走邊吃要注意

　　在商店街裡（或其他觀光景點也一樣）要特別注意儘量不要邊走邊吃，尤其是手裡拿著食物站在其他店家的門前，或想進店裡參觀，這樣是會被驅趕或是拒絕進店的喔！

　　最好的做法是在購買的店家旁，或至不影響路人、店家的路旁或小巷道內享用，吃完後再繼續逛下一家。若有排隊情況，也要注意不要擋到其他店家的營業門面。

谷中遊客服務中心

肉のすずき P.34

後藤 P.33

The Ethnorth Gallery P.35

濱松屋 P.35

滿滿堂 P.34

翠屋 P.33

トーホー熟食店 P.35

和栗や P.35

金吉園 P.35

夕陽階

やなかしっぽや P.33

谷中銀 P.32

宗林寺

伊藤製作 P.34

やなか谷中咖啡 P.35

やなかいちふじ P.33

惣菜 P.34

多滿留 P.34

須藤公園

谷根千 az cafe

よみせ通り

福丸饅頭

長

明富夢 P.34

不忍通り

懷舊柑仔店

山別院

満足稻荷神社

本鄉圖書館

しょうぶ寺

千駄木站 Sendagi

團子坂

森鷗外紀念館

吉原細工手捏糖 P.36

Mister Donut

菊見仙貝總本店 P.36

指人形笑吉工房 P.38

大圓寺

福相寺

第八中學

やなか谷中咖啡 P.35

Yuzuriha P.37

朝日湯 P.37

平井履物店 P.37

箱義桐箱店 日乃本帆布 P.43

長久寺

全生庵

いせ辰 P.43

三崎坂

三崎坂咖啡

汐見小學

Ⓑ

老人中心

Irias P.43

Biscuit P.44

天龍院

Cafe Gallery

ヘビ道（蛇小徑）P.36

谷中小學

亂步咖啡 P.44

妙圓寺

本

Gallery貓町 P.41

妙法寺

頤神神

Sweden Grace P.37

龜の子 P.37

領玄寺

豆腐 room Dy's P.38

Gallery Kingyo P.37

大名時計博物館 P.41

延壽

蓮如

旧醫大つつじ通り

Bonjour Mojo² P.40

Gallery Maruhi P.40

あかぢ坂（明治坂）

Ⓓ

三浦坂

宗善

ル・クシネ Le Coussinet P.40

Le Poilu P.41

根津神社 P.38

根津鯛魚燒 P.39

丁子屋 P.40

臨江寺

芋甚 P.40

汐花 P.41

音羽屋 P.41

玉林寺

日本醫科大學

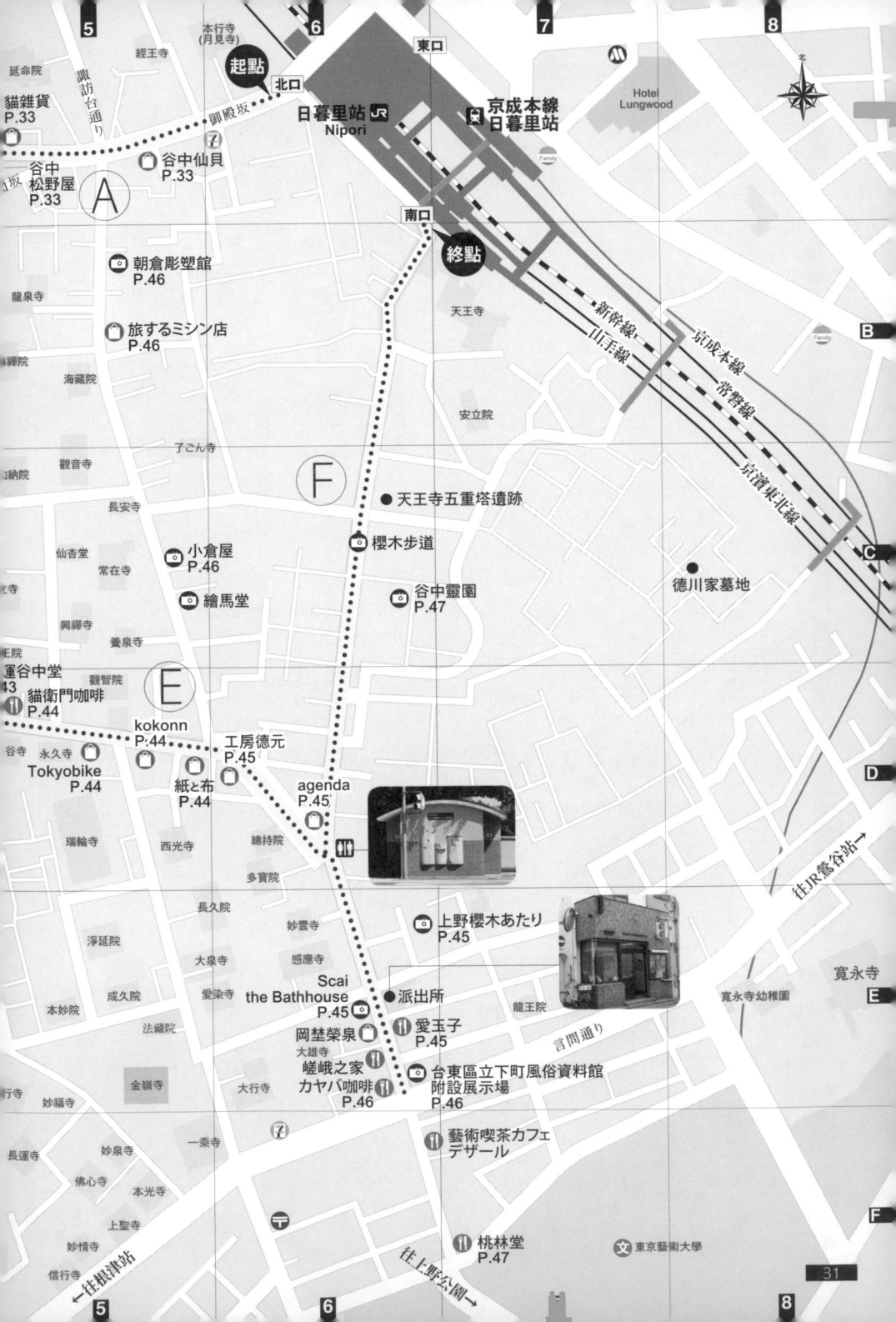

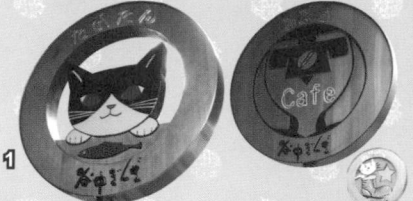

谷中銀座

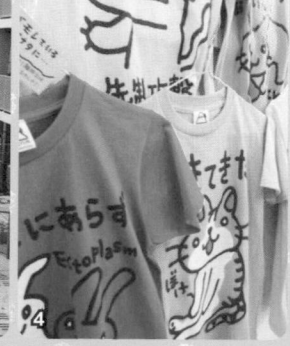

http://www.yanakaginza.com

當你踏出繁忙吵雜的日暮里車站，在北口出口迎接你的正是樹蔭下清涼閑靜的緩坡道「御殿坂」（MAP P.31／A6），還尚未來得及開始今天的散步之旅，路口一旁幽靜的「月見寺」就已在向你招手了。而不遠處飄來一陣現烤仙貝的香氣，鼻子隨著聞香向前，玻璃櫃裡的酥脆仙貝正等著你購買品嘗，忍著忍著，買個兩片邊散步邊吃就好，後頭好吃的還多著呢！往前來到路口，不妨順道繞進左手邊的巷道裡，「朝倉彫塑館」（P.46）的庭園頗值得欣賞。

回主道向前行，右邊一家貓雜貨、左邊一家生活雜貨，才一早就已經讓人逛得暈頭轉向，這個吊飾可愛、那個提包好看，記得招緊預算，以免失血過多。好不容易從購物的失心瘋回神，腳前的下坡階梯就是有名的「夕陽階梯」（MAP P.30／A4），從命名來猜，當然是夕陽時分陽光撒落、將階梯染成一片金黃時最美麗囉！而在階梯盡頭展開的就是「谷中銀座」（MAP P.30／A4）商店街。

谷中銀座商店街是當地居民的生活機能中心，吃的、用的、穿的，一應俱全。很多地方的商店街都會出現銀座兩個字，因

為東京銀座是日本早期最時髦的購物區，地方商店街為了沾點時髦的邊，都會取用銀座之名。谷中銀座商店街是早期發展最有規模的地方商店街，曾幾度面臨經濟低潮，所幸經過幾番文化改造後，重生成為具有特色的商店街，NHK還曾以這裡為場景拍攝晨間連續劇，因而風靡一時。谷中銀座最值得欣賞的是各店家純手工刻製的木頭看板，在購物、試吃時不妨抬頭多注意。

你可以挑家餐廳，在這裡吃午餐；或者到商店街的最尾端，買個現做的好吃便當當午餐，然後轉個彎，到「やなか谷中咖啡」（P.35）喝杯新鮮、香醇又便宜的美味咖啡。

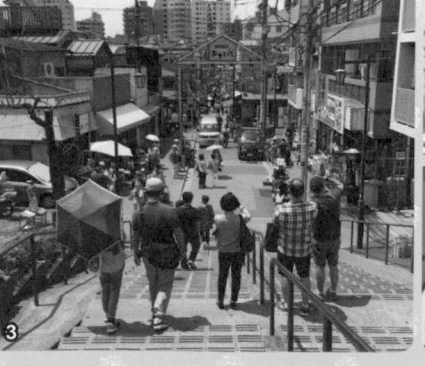

1.谷中銀座商店街的木製招牌最有特色／2.被陽光染成金黃色的夕陽階梯／3.週末假日人潮爆滿的商店街／4.谷中銀座新名物——貓T恤／5.商店街入口左邊的小吃「花枝燒」，相當有人氣／6.谷中銀座必吃名物「炸肉餅」店家

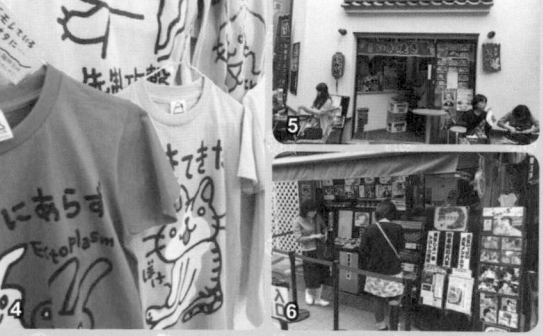

32

谷中仙貝せんべい

🗺 P.31／A5 🏠 台東區谷中7-18-18 📞 03-3821-6421 🕐 09:30～18:30 🏖 週二 💲 仙貝一片¥65起

曾經在4年一度的全國點心博覽會中，6度得獎的谷中仙貝，品質、口味毋庸置疑。店內所販售的的仙貝都是自家手工燒製，選用最優良的稻米及精心調配的祕製醬油，一口咬下，香脆可口。

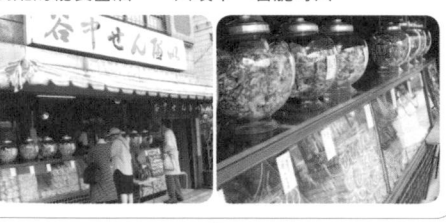

谷中松野屋

🗺 P.31／A5 🏠 荒川區西日暮里3-14-14 📞 03-3823-7441 🕐 11:00～19:00 🏖 週二 🌐 yanakamatsunoya.jp

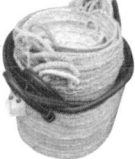

這裡不賣工廠大量生產的商品，店內所販售的都是少量生產，或是與藝術家合作的限量手工製品，有杯碟、皮件、木製食器、藤籃等生活雜貨用品，不僅品味獨特，且設計精美。尤其以帆布包、編織包及藤籃廣受推崇，有些款式還需預約等待呢！

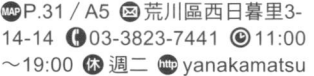

貓雜貨 ねこあくしょん

🗺 P.31／A5 🏠 荒川區西日暮里3-10-5 📞 03-5834-8733 🕐 11:00～18:00 🏖 週一 🌐 www.necoactionproject.com/neco.html

以貓咪為主角的生活雜貨用品小店，所有商品的設計都跟貓有關，手機吊飾、文具用品、生活雜貨，還有店家設計自製的貓T恤等，都是相當受歡迎的人氣商品。

後藤の飴

🗺 P.30／A4 🏠 荒川區西日暮里3-15-1 📞 03-3828-0880 🕐 10:30～19:00 🏖 週三

創業於1922年的糖果店，店面雖不大，但糖果口味多，會隨季節製作推出，一年四季都可嘗到不同甜蜜滋味。

竹工藝 翠屋

🗺 P.30／A4 🏠 荒川區西日暮里3-13-3 📞 03-3828-7522 🕐 11:00～18:00 🏖 週一

傳統手工竹製工藝品店。從竹子種類的選擇、染色、設計到製作，都經過嚴格的品質要求，有價格較高的竹籃、花器、餐具、竹杯，也有平價的各種小動物、筷子、書籤、竹耳扒等，非常具有日本風味，送禮、自用都相當適合。

やなかしっぽや 貓尾巴甜甜圈

🗺 P.30／A4 🏠 台東區谷中3-11-12 📞 03-3822-9517 🕐 10:00～19:00 🏖 不定休 💲 ¥100起 🌐 yanakasippoya.com

這間小烘焙店製作販賣的點心，全都跟貓有關，長條形的貓尾巴甜甜圈、餅乾是店裡的主打商品，共有十多種口味；霜淇淋也有著可愛的貓臉、貓掌，真是超級卡哇依呢！

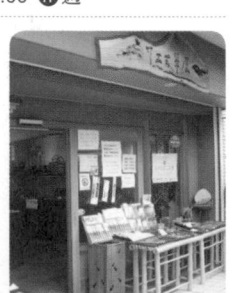
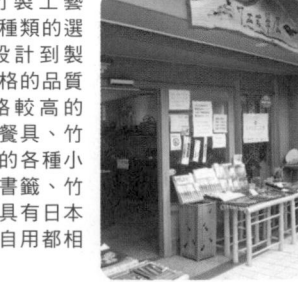
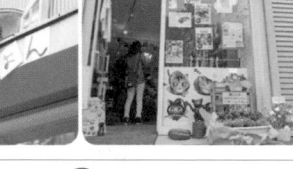
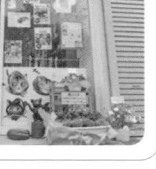
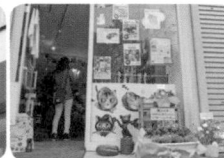
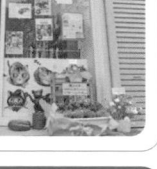
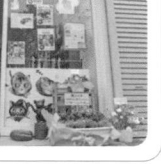
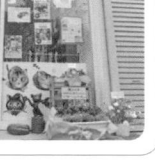
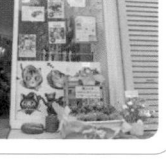
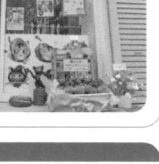
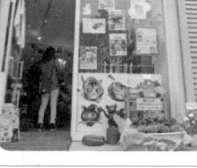
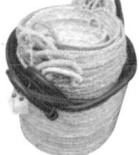

明富夢

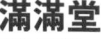

🗺 P.30／A4 ✉ 台東區谷中3-11-14 ☎ 03-3823-2076 🕐 10:00～19:00 🛌 週一、二 🌐 www.atom-bakery.com

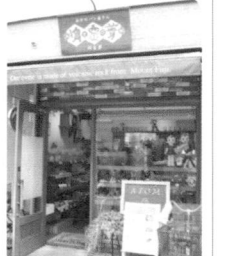

　　商店街內的小麵包屋，每日約有60種人氣麵包出爐，其中最受歡迎的是奶油可頌。除了麵包，店內還有店主人最喜歡的原子小金剛招徠客人，甚至連店名都與原子小金剛的名字讀音相同呢！此外，店家也強調他們的烤爐是使用富士山的火山石所製作的喔！

滿滿堂

🗺 P.30／A4 ✉ 荒川區西日暮里3-15-4 ☎ 03-3824-4800 🕐 10:30～18:30 🛌 週一 💲 咖啡￥430起，蘿蔔咖哩套餐￥1,000，味噌絞肉咖哩套餐￥1,100 🌐 www.facebook.com/cafe.manmandou

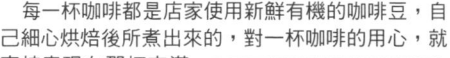

　　每一杯咖啡都是店家使用新鮮有機的咖啡豆，自己細心烘焙後所煮出來的，對一杯咖啡的用心，就直接表現在那杯充滿炭燒香氣的美味咖啡裡。此外，還有推出每日各10套限定的咖哩午餐，點套餐有附甜點及咖啡，也可單點，想吃手腳要快。

肉のすずき

元氣炸肉排

🗺 P.30／A4 ✉ 荒川區西日暮里3-15-5 ☎ 03-3821-4526 🕐 10:30～18:00 🛌 週一 💲 元氣炸肉排￥220，咖哩可樂餅￥130

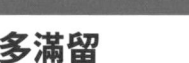

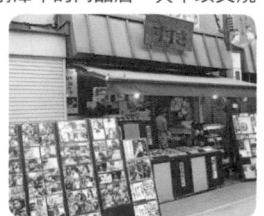

　　專賣高級松阪牛與前澤牛的肉品店，其中以叉燒肉、炸物相當受歡迎，多汁的炸肉排還曾獲選為下町美食的第一名呢！到底有多好吃呢？看看店門口那一大片媒體、名人前來光顧的照片牆就知道了。

多滿留

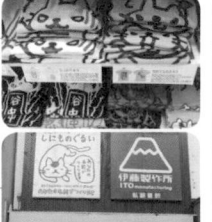

🗺 P.30／A4 ✉ 台東區谷中3-11-15 ☎ 03-5814-4425 🕐 11:00～20:30 🛌 週一 🌐 yanakatamaru.blog79.fc2.com

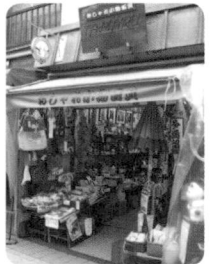

　　被各種和風小物堆滿的一家商店，販賣「落語」(日本傳統的表演藝術，類似單口相聲)的周邊商品是它的最大特色，還提供落語表演的相關訊息，連招牌都是表演落語的圖案呢！店中有各種達摩(不倒翁)、貓咪、河童造型的物品，大大小小都很可愛。

惣菜いちふじ

🗺 P.30／A4 ✉ 台東區谷中3-11-13 ☎ 03-3827-6582 🕐 不明 🛌 不明 💲 烤雞肉串￥50、可樂餅￥30、炸燒賣￥19、炸肉排￥150、便當￥216

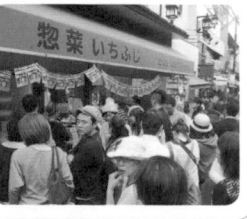

　　2013年開店，是谷中銀座目前最熱門的熟菜店，由於價格便宜，因此顧客不少，加上遊客，所以店前排隊的人潮頗可觀。**注意：**這家店對相機較不友善，店頭貼有禁止攝影的告示，偷拍被發現可是會招來店家咆哮的，食物照還是請買了再拿到別處拍吧！

伊藤製作所

🗺 P.30／A4 ✉ 台東區谷中3-11-15 ☎ 050-5899-6102 🕐 10:30～18:00 🛌 不定休 🌐 www.ito51.net/shop

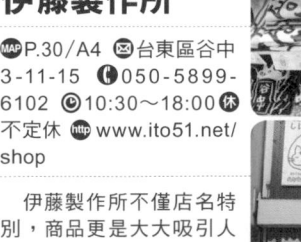

　　伊藤製作所不僅店名特別，商品更是大大吸引人駐足呢！手繪圖案的貓T恤、有著兔耳朵的帽T外套等，貓奴們怎能不買呢！隔壁還有圖案、名字自己選的可愛日本印章，可以當場訂製。

濱松屋

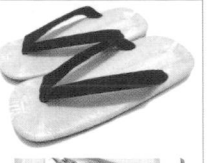

MAP P.30／A4　🏠荒川區西日暮里3-15-5　📞03-3828-1301　🕐10:00～19:00　🚫週一　💲日本拖鞋￥1,500起

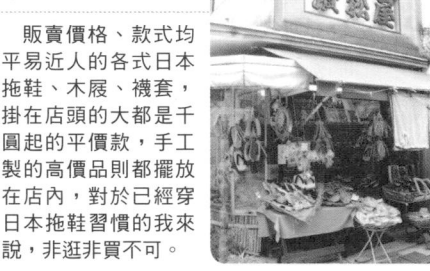

　　販賣價格、款式均平易近人的各式日本拖鞋、木屐、襪套，掛在店頭的大都是千圓起的平價款，手工製的高價品則都擺放在店內，對於已經穿日本拖鞋習慣的我來說，非逛非買不可。

The Ethnorth Gallery

MAP P.30／A3　🏠台東區谷中3-13-6　📞03-5834-2583　🕐11:00～19:00　🚫週一　🌐ethnorthgallery.com

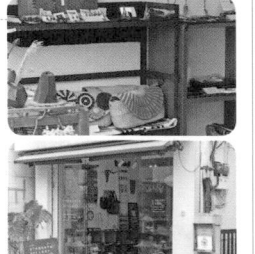

　　販售來自世界各地民族手工製品及飾品，喜歡民族風生活雜貨的朋友可以來逛一逛，店裡也有許多精選日本職人製作的食器、用品，此外還有自家品牌的精油及音樂CD。隔壁遊客中心提供谷中地區觀光資訊，也可駐足瞧瞧。

金吉園

MAP P.30／A4　🏠台東區谷中3-11-10　📞03-3823-0015　🕐10:00～19:00　🚫週日　💲抹茶風味玄米茶￥630(100g)

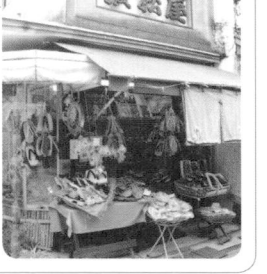

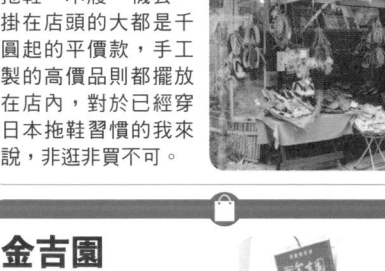

　　日本高級茶葉專賣店，還兼賣日本陶瓷器皿、和風織物等，店內牆面金色的白鶴細工畫，帶出老店的氣勢。當你入內參觀時，那杯立刻奉上的日本茶，讓人霎時覺得賓至如歸，不買個什麼都不行。

トーホー熟食店

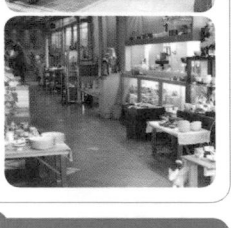

MAP P.30／A3　🏠台東區谷中3-8-11　📞03-5814-8868　🕐10:00～21:00　🚫1/1～1/3　💲各式便當￥500起

　　日本商店街裡少不了的家常小菜熟食店，有炸肉、滷菜、煎餃、炸雞、沙拉等中、西、和式菜肴，提供忙碌的家庭主婦，減少烹煮三餐的時間。每天都有70種左右的菜色，多達40種的便當，熱食、冷吃都美味，當中餐或晚餐都划算。大約晚上7點過後開始降價，所以通常也是我逛谷根千的最後一站。

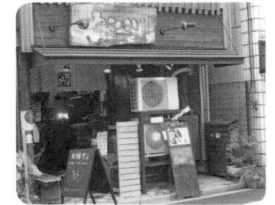

和栗や

MAP P.30／A3　🏠台東區谷中3-9-14　📞03-5834-2243　🕐11:00～19:00　🚫週一(遇假日休週二)　💲栗子泡芙￥800，薰栗子蒙布朗￥700　🌐waguriya.com

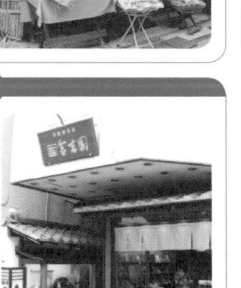

　　少見完全以栗子為主角的甜點店，全部採用產自茨城縣的生栗子、茶葉，北海道的牛奶、砂糖，製作出細緻的西式、和風甜點，與日本茶搭配果真是最佳拍檔。

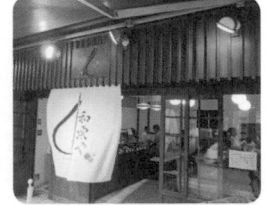

やなか谷中咖啡

MAP P.30／B3　🏠台東區谷中3-8-6　📞03-5834-0811　🕐10:00～20:00　🚫每月第三個週四　💲招牌熱咖啡￥240　🌐www.yanaka-coffeeten.com

招牌熱咖啡

　　專營生咖啡豆烘焙銷售，需要先預訂才會代客烘焙，店內空間非常狹小，只有3個座椅，但是咖啡非常地香醇，值得經過時品嘗一番，順便歇息一下。另外在千駄木地鐵站附近(MAP P.30／C2)也有分店。

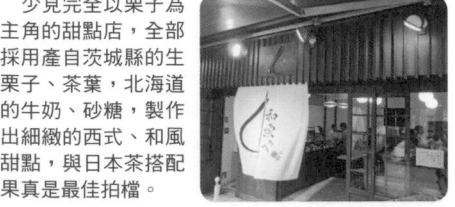

蛇小徑

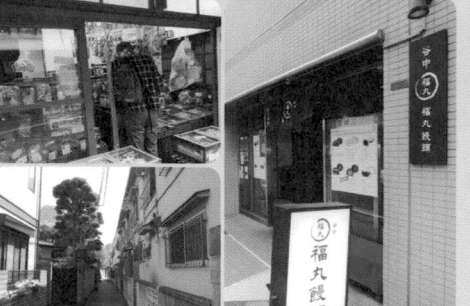
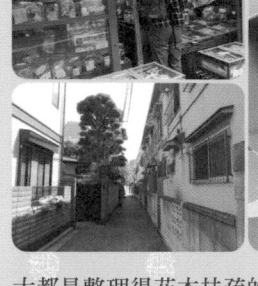
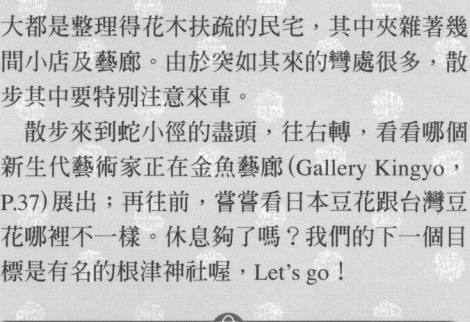

中午在谷中銀座商店街吃飽喝足後，請沿著「よみせ通り」(MAP P.30 / B3)繼續散步，街道的右側有和菓子店「福丸饅頭」，左邊還有間古早味的柑仔店(MAP P.30 / B3)喔！來到三崎坂路口，轉入左手邊岔斜的小巷，這裡有一間手指人偶工作室，可順道參觀一下；若對吃還是比較有興趣，來來來，路口右轉就是此地最有名的仙貝老店，快把錢包掏出來吧！

跨過馬路，前面就是夾在住宅區內彎彎曲曲的狹窄小徑，當地暱稱為「ヘビ道」的蛇小徑了(MAP P.30 / D3)，是以往藍染川流經的河道。彎曲的小路十分安靜，兩旁

大都是整理得花木扶疏的民宅，其中夾雜著幾間小店及藝廊。由於突如其來的彎處很多，散步其中要特別注意來車。

散步來到蛇小徑的盡頭，往右轉，看看哪個新生代藝術家正在金魚藝廊(Gallery Kingyo，P.37)展出；再往前，嘗嘗看日本豆花跟台灣豆花哪裡不一樣。休息夠了嗎？我們的下一個目標是有名的根津神社喔，Let's go！

菊見仙貝總本店

MAP P.30 / C3　✉ 文京區千駄木3-37-16　☎ 03-3821-1215　🕐 10:00～19:00　休 週一　💲 仙貝一枚¥50～60

1875年(明治8年)創業的百年老店，站立於屋簷上的大招牌、裝仙貝的懷舊玻璃罐，以及屋前的柳樹，整體非常有風味，而在店內販售、包裝的都是親切的婆婆。店內販售的都是自家手工燒製的仙貝，有醬油、抹茶、糖霜、唐辛子等口味，片片酥脆美味；有袋裝、也可單片購買。菊見仙貝已經成為當地的地標名店之一，不乏聞名而來購買的遊客，生意非常好，不妨買個2、3片，坐在店門前的椅子上享用，更有一番風情。

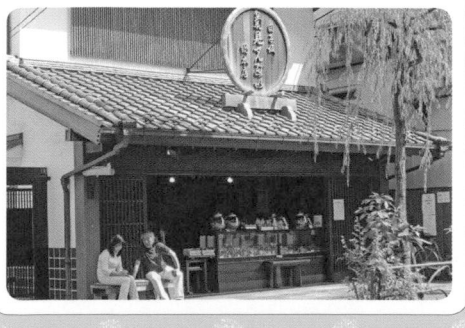

吉原細工手捏糖

MAP P.30 / C1　✉ 文京區千駄木1-23-5　☎ 03-6323-3319　🕐 12:00～19:00　休 週二　¥ 1,000～2,000　http ame-yoshihara.com

懷念小時候街頭巷尾最受小朋友喜愛的捏糖(吹糖)嗎？2008年，吉原孝洋開設了日本第一家傳統手工捏糖的專門店，經過電視、報章雜誌等媒體的相繼報導，如今已是小有人氣的一家小店。店內有販售動物、植物、人物、妖怪等各式手工捏糖，現場沒看到喜歡的嗎？別急，一旁的目錄可提供現點現做，總共有上百種的花樣讓你慢慢做選擇，現場備有捏糖職人，透過玻璃窗表演給你看。谷中分店還有提供捏糖的體驗課程，詳情可上官網查詢。

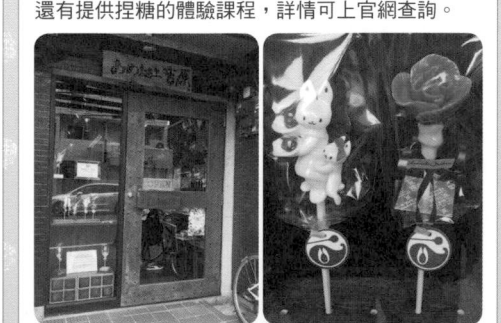

朝日湯

MAP P.30／C3 🏠台東區谷中2-18-7 📞03-3821-5849
🕐週一～五14：00～01：30，週六～日10：00
～01：30 🈺無休 💲成人¥460，租毛巾¥80 🔗ww
w.asahiyuplus.com

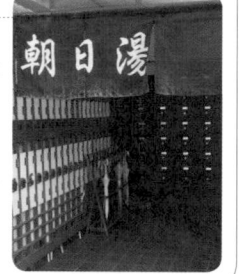

　　在步入蛇小徑之前，切莫錯過路口左手邊的錢湯。朝日湯最特別之處是每日不同的澡湯，有紅茶湯、牛奶湯、日本酒湯、漢方湯等，約有10種風味澡湯每天替換，相當特別。當日風味可參考官網所公布的溫泉月曆。

Sweden Grace

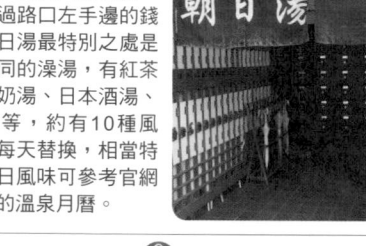

MAP P.30／E3 🏠台東區谷中2-5-15 📞03-5834-8709 🕐週四～日11：00～18：00 🈺週一～三 🔗swedengra ce.com

　　轉入巷內，這是一家充滿北歐風情的小店，店內的商品幾乎都來自北歐、瑞典設計製造，也有日本職人的手作品。不論是文具、生活雜貨、食器、擺飾等，都兼具美感與實用，讓人愛不釋手，雖然價格不低，但頗值得購買。

亀の子束子

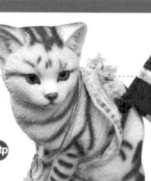

MAP P.30／E3 🏠台東區谷中2-5-14C 📞03-5842-1907 🕐11：00～18：00 🈺週一 💲www.kamenoko-tawashi.co.jp

　　位在蛇小徑裡，以天然鬃刷為主力商品的小店，百年歷史的龜之子，是日本棕櫚刷的創始製造商，品牌深受大眾喜愛。有不同硬度刷毛的鬃刷，可刷鍋子、可刷身體，也有天然成分的海綿，連可愛的吊飾也是鬃刷造型呢！

Gallery Kingyo

MAP P.30／E2 🏠文京區千駄木2-49-10 📞050 7573 7890 🕐12：00～19：00 🈺週一 💲參觀免費 🔗www.gallerykingyo.com

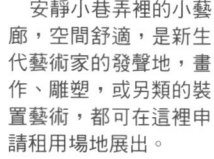

　　安靜小巷弄裡的小藝廊，空間舒適，是新生代藝術家的發聲地，畫作、雕塑，或另類的裝置藝術，都可在這裡申請租用場地展出。

Yuzuriha

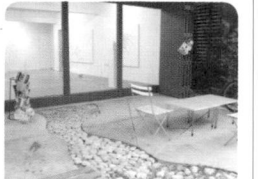

MAP P.30／C3 🏠文京區千駄木2-34-5 📞03-5832-9720 🕐10：00～20：00 🈺無休

　　店裡販售的生活、食器商品，幾乎都是老闆親自精挑細選來的，碗盤、匙筷、巾包等，件件精緻。我買了祝賀用的鯛魚盤，馬上用來裝晚餐的點心鯛魚燒，真是再適合不過了。

平井履物店

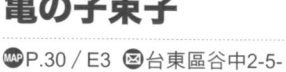

MAP P.30／C3 🏠台東區谷中2-18-8 📞03-3822-7691 🕐11：00～18：00 🈺週日、三 🔗www.getaya-net.com

　　日本傳統和服用鞋、拖鞋專賣店，真材實料、製作精美，雖然在一般商店街都可買到相似的商品，但想找價格中上的手工高級貨，平井絕對值得你特別跑一趟，保證讓你穿得舒適又美麗。

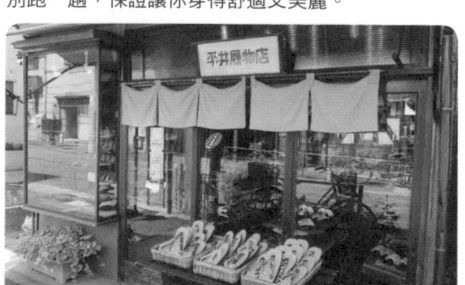

指人形笑吉工房

📷 P.30 / C3 ✉ 台東區谷中3-2-6 ☎ 03-3821-1837 🕐 10:00～18:00 ❌ 週一、二 💲 參觀免費，劇場演出￥500(30分鐘) 🌐 shokichi.main.jp

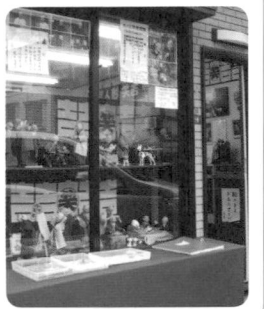

　　一律都是頂著光頭、身著傳統衣服的日本歐吉桑布偶，表演方式其實就是用手操弄，跟我們傳統的布袋戲一樣，曾在無數的電視節目中演出。指人形可以購買，也可以訂做跟你長得一模一樣的人偶。劇場每日演出7場，每個整點的30分，只要3個人買票就立即開演！

豆腐room Dy's

📷 P.30 / E2 ✉ 文京區千駄木2- 48-18 ☎ 03-3824-2447 🕐 11:30～16:00，18:30～22:00 ❌ 週四 💲 豆腐三明治套餐￥1,420，豆花￥900，豆乳拿鐵￥650 🌐 www.yoshikoshi.co.jp/dys

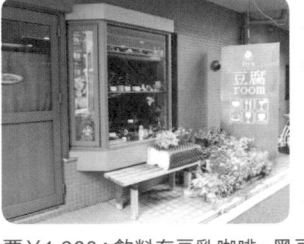
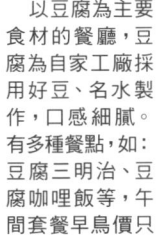

　　以豆腐為主要食材的餐廳，豆腐為自家工廠採用好豆、名水製作，口感細膩。有多種餐點，如：豆腐三明治、豆腐咖哩飯等，午間套餐早鳥價只

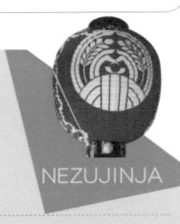

要￥1,260；飲料有豆乳咖啡、黑豆豆乳、豆乳奶茶等；甜點則有豆花、豆腐起士蛋糕，口味非常特別。

根津神社

NEZUJINJA

📷 P.30 / F1 ✉ 文京區根津1-28-9 ☎ 03-3822-0753 🕐 06:00～18:00 ❌ 無休
🌐 www.nedujinja.or.jp

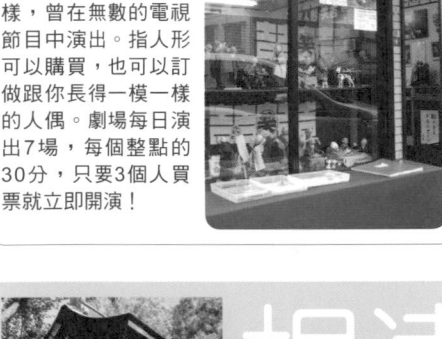

　　根津神社最早的歷史可推溯到1千9百多年前，目前的寺廟規模為江戶時期，由五代將軍德川綱吉所奉建，於1706年完工，是江戶時期神社建築中，現存規模最大的一間。寺中有6處日本國家重要的文化財產，包括本殿、幣殿、拜殿、唐門、透屏及樓門；而綠色的神橋與乙女稻荷神社的紅色鳥居，也都是參觀的重點。每年的9月19～21日是根津神社的重要祭典活動日，以21日的神社例祭活動最盛大，附近商家都會張燈結綵，共同加入祭典的慶祝活動，非常熱鬧。

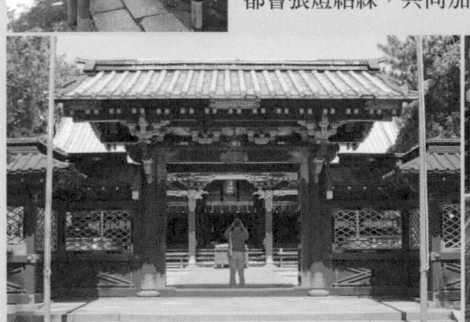
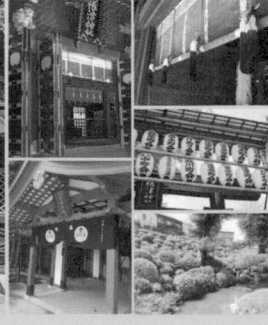
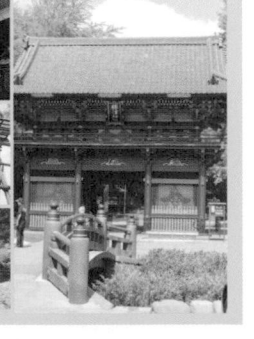

明治坂·三浦坂

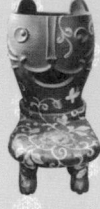

根津神社正門入口的對面，有家日式傳統點心花林糖(就是台式麻花捲的原型)專賣店「菓寮花小路」，拜訪過根津神社後可以買一包來解解饞。沿著街道往前，靠近神社的兩側商店大都是經營與神社有關的行業，靠近路口則有幾家咖啡餐廳；不過，先別急著歇腳，把口袋及胃袋留給更美味的。

來到不忍通り路口請先左轉，往前幾步之遙有一家好吃的排隊名店「根津のたいやき」，皮脆餡飽的鯛魚燒你絕不能錯過。回頭橫過馬路，接著推開「芋甚」(P.40)的甜點大門，來碗黑糖蜜豆沙加冰淇淋，或往前一點來份「Le Coussinet」(P.40)的法式泡芙，先儲備好足夠的卡路里。順著兩旁都是懷舊民家的石磚道來到路口，眼前的上坡道就是「明治坂」(MAP P.30 / E3)，不過我們不浪費體力爬這個陡坡，先右

轉，「丁子屋」(P.40)的傳統印染手巾、布袋怎能錯過購買呢！Shopping比較重要！

但也別只顧著買，這附近有不少跟丁子屋一樣有著上百年歷史的古宅，這要是在台灣，早被拆光了，趁機多拍一些照片。往前來到下個路口，左手邊的上坡道就是有貓咪出沒的「三浦坂」(MAP P.30 / F4)。坡道中段原有一家知名的貓咪咖啡館，可惜目前已經結束營業，未來將以經營民宿的方式再次跟大家見面。

三浦坂的右側及盡頭就是集合幾十間大小寺院的寺廟區，不過還沒到盡頭時先左轉，這附近有個時鐘博物館可以參觀；這段散步行程的最後一站是「貓町美術館」(P.41)，來看看愛貓的藝術家們有哪些有趣的新創作。

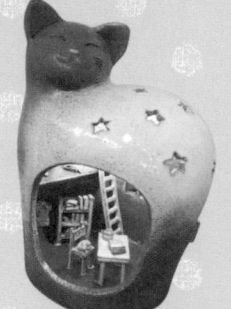

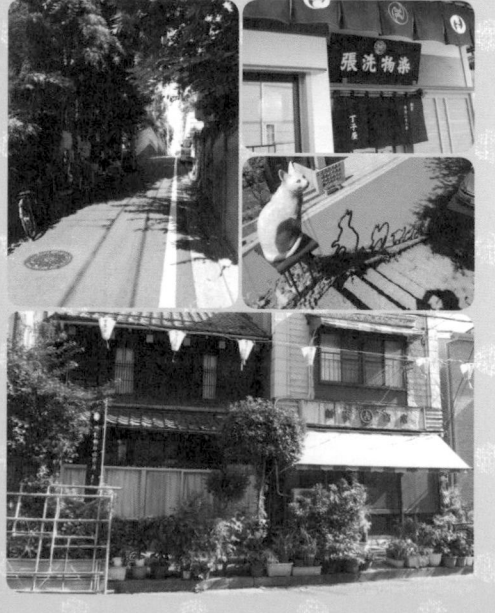

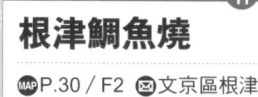

根津鯛魚燒

(MAP)P.30 / F2 (⊠)文京區根津 1-23-9 (◷)10:30〜售完(約12:30 〜14:00) (休)不定休(見FB上的公告) ($)鯛魚燒 ¥170 (http)www.facebook.com/nezunotaiyaki

這間鯛魚燒小店鋪，在根津地區相當有名，想要一嘗知名的鯛魚燒，需要有點耐心排隊，因為人潮從沒斷過，而且每日的營業時間相當短，通常中午過後就會售完休息，尤其是週末假日更是搶手，記得早點來排隊。鯛魚燒只有紅豆餡單一口味。

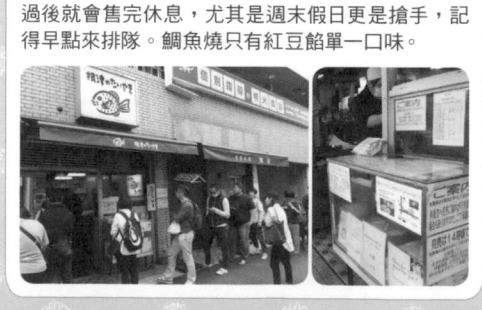

芋甚

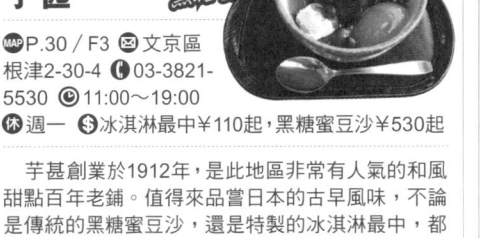
黑糖蜜豆沙

🗾 P.30 / F3 ✉ 文京區根津2-30-4 📞 03-3821-5530 ⏰ 11:00～19:00
🚫 週一 💲 冰淇淋最中¥110起，黑糖蜜豆沙¥530起

芋甚創業於1912年，是此地區非常有人氣的和風甜點百年老舖。值得來品嘗日本的古早風味，不論是傳統的黑糖蜜豆沙，還是特製的冰淇淋最中，都是必嘗，週末假日可是一位難求呢！

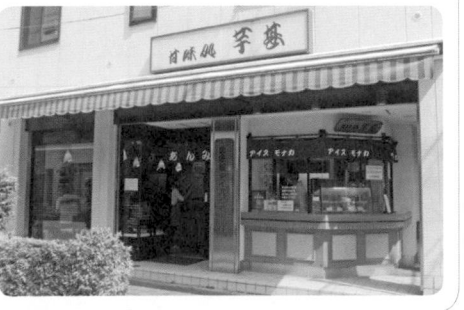

ル・クシネ Le Coussinet

🗾 P.30 / F3 ✉ 文京區根津2-34-24 ⏰ 11:00～19:00(週日至17:00) 🚫 不定休 💲 飲料¥300起，甜點¥250起 🌐 www.facebook.com/KingLeCoussinet

沒招牌的日式老屋，賣的卻是道地的法式甜點，有窯烤泡芙、草莓蛋糕、香蕉焦糖蛋糕等，小小的店裡幾乎沒有座位，不少人直接站在店外品嘗。

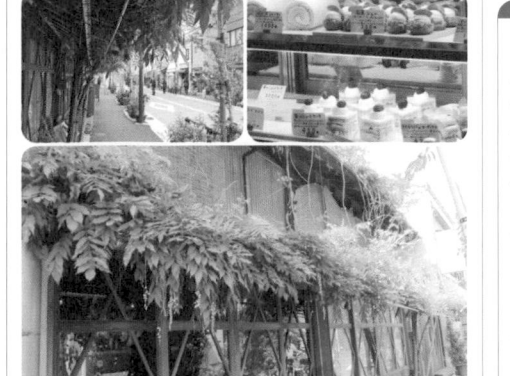

Bonjour Mojo²

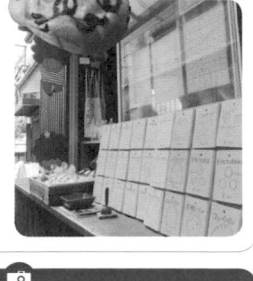

🗾 P.30 / F3 ✉ 文京區根津2-33-2 📞 03-5834-8278 ⏰ 09:00～售完 🚫 週一、二 💲 動物麵包¥180、200 🌐 www.bonjourmojo2.net

藏身在窄小巷子裡的可愛麵包店，若沒有路口顯眼的招牌，根本沒有機會走進去瞧瞧。共有十幾種可愛動物造型的小麵包，每個動物麵包都有不同的餡料，有紅豆、克林姆、地瓜、栗子、巧克力等。

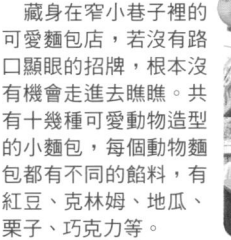

Gallery Maruhi

🗾 P.30 / F3 ✉ 文京區根津2-33-1 📞 03-5832-9911 ⏰ 11:30～18:30 🚫 週一 💲 看展覽免費 🌐 konoike.org/maruhi

由一間建於1917年，躲過關東大地震及二次大戰轟炸毀壞的古民宅所改建的藝廊，可以趁機一窺木造古宅內部陳設的精緻之美，藝廊也設有優雅的咖啡餐廳，享受閑靜午後時光。

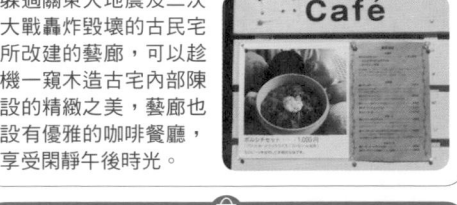
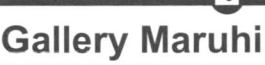
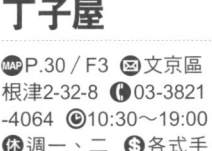

丁子屋

🗾 P.30 / F3 ✉ 文京區根津2-32-8 📞 03-3821-4064 ⏰ 10:30～19:00 🚫 週一、二 💲 各式手染巾¥630起

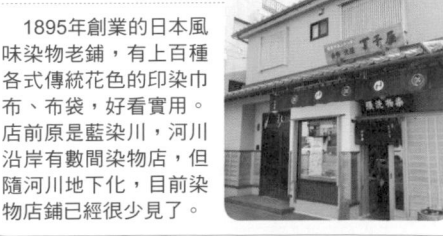

1895年創業的日本風味染物老舖，有上百種各式傳統花色的印染巾布、布袋，好看實用。店前原是藍染川，河川沿岸有數間染物店，但隨河川地下化，目前染物店舖已經很少見了。

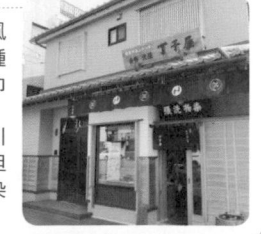

Le Poilu

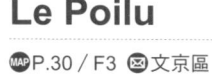
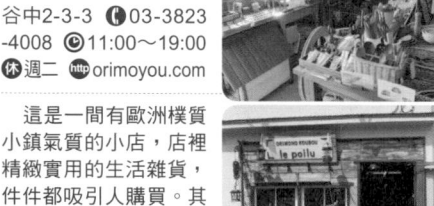

MAP P.30／F3 ⊠文京區
谷中2-3-3 ☎03-3823
-4008 ⏰11:00～19:00
休週二 http orimoyou.com

　　這是一間有歐洲樸質
小鎮氣質的小店，店裡
精緻實用的生活雜貨，
件件都吸引人購買。其
實Le Poilu主要在推展
手工編織品，除了販售
圍巾等外，店內後半設
有編織教室，還有手工
織布機，相當用心。

大名時計博物館

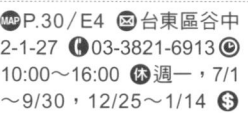
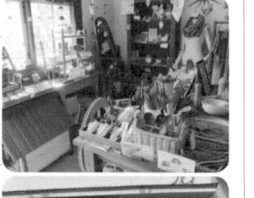

MAP P.30／E4 ⊠台東區谷中
2-1-27 ☎03-3821-6913 ⏰
10:00～16:00 休週一，7/1
～9/30，12/25～1/14 💲
￥300 http burari2161.fc2w
eb.com/daimyoudokei.htm

　　博物館外觀有如民
家別墅，展示陶藝家
上口愚朗的收藏品，
幕府時代諸侯們所玩
賞的珍貴時鐘，約有
200個各種形狀、大小
各異的特色時鐘。

汐花

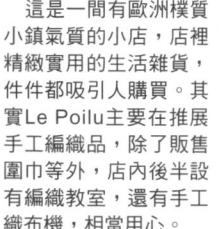

MAP P.30／F3 ⊠文京區
根津2-24-3 ☎03-5815
-8280 ⏰11:30～18:30
休週一 http www.sekka-
jp.com/gallery

　　雖然販售的同樣是生
活食器，但汐花展示出
除了實用外，藝術的美
感更增添生活氣質。這
裡每一件都是純手工創
作，長得都不一樣，雖
然價格高些，但還是讓
人心癢想買幾件回家。

Gallery貓町

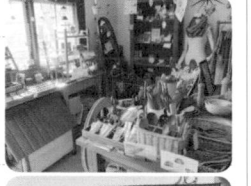

MAP P.30／D3 ⊠台東區谷中2-6-24
☎03-5815-2293 ⏰11:00～18:00
休週一～三 💲參觀免費 http gallery.
necomachi.com/nekomachi02.htm

　　貓町藝廊位在住宅區安靜的巷弄
裡，從入口的石梯開始就讓人感受
到貓咪的無窮魅力，這裡展示貓咪藝術家的多樣創
作，藝廊內部仍維持古民家的樣貌，進門後得先
換拖鞋，這裡不時有畫作、陶器、木雕、寫真等創
作展示，參觀展覽好比到藝術家裡做客般，若與展
覽的作品看對眼，歡迎詢問、買回家收藏。

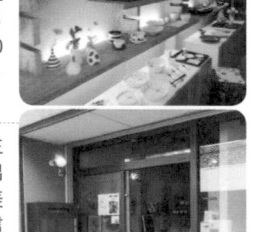
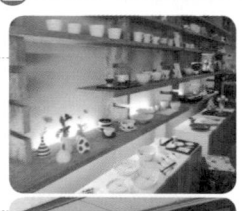
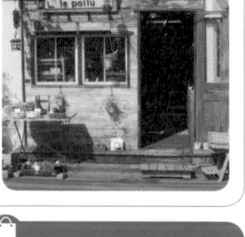

音羽屋

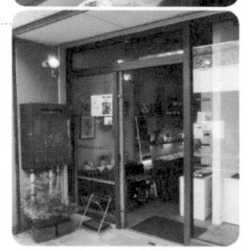
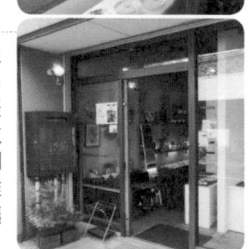
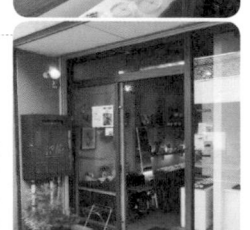
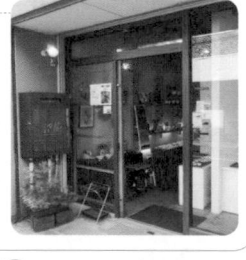
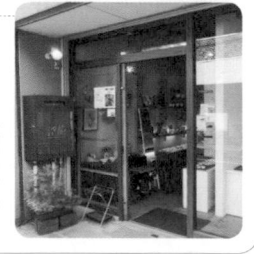

MAP P.30／F4 ⊠文京區
谷中1-4-16 ☎03-3822
-0551 ⏰11:00～18:00
休週五

　　音羽屋以手捏陶器、
小物吸引人，店面小、
商品也mini，動物造型
超級吸引人，尤其是貓
咪小雕像擺飾、手機吊
飾最可愛，但是價格就
不太可愛了，雖然小貴
了些，但藝術是無價的
啦！老闆，買單！

三崎坂

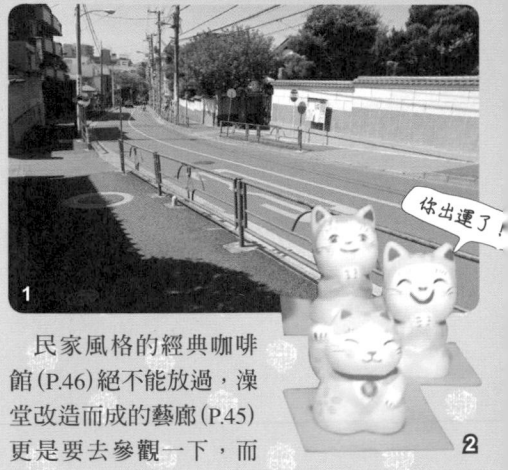

1

你出運了！

2

穿過了小徑、小巷後，終於回到主要馬路上了，繞了一大圈，我們又回到稍早才經過的蛇小徑附近，不過我們要往右轉，順著「三崎坂」的坡道向前，沒錯，又是坡道……但先別急，路口左邊有必逛必買的和風小物店「いせ辰」(P.43)、製作精美的和服拖鞋店「平井履物店」(P.37)，若你錯過這2家店就太可惜了；純欣賞不買也沒關係，不過似乎會跟良心過意不去，像我就完全淪陷下去……

右手邊則是另外一家有名的貓咪咖啡館「亂步」(P.44)，隨著坡道往前，右手邊多的是寺廟、佛院，但我們要找的是「開運谷中堂」(P.43)會開運招福的黃貓，隔壁新開的貓咪咖啡館「貓衛門」(P.44)，還可以體驗手繪招財貓的樂趣。

來到三崎坂盡頭，這裡有間可愛的公共廁所(MAP P.31 / D6)，可以先去解放一下，接著，我們要往右手邊一路逛下去。

民家風格的經典咖啡館(P.46)絕不能放過，澡堂改造而成的藝廊(P.45)更是要去參觀一下，而「下町風俗資料館」(P.46)則是拍照留念的好場所喔！若不嫌累，多走一小段路品嘗「桃林堂」(P.47)精緻的和菓子，而從桃林堂跨過馬路再往前，就是上野公園囉！

散步了一整天，我們即將朝終點前進。記得回頭朝原路走，來到可愛的廁所路口，跨過馬路去皮件店「agenda」(P.45)逛一下，不管買或不買，我們一起漫步穿過一點也不陰森的「谷中靈園」(P.47)，而終點日暮里車站就在不遠之處，加油！

或者，轉個彎再繞回谷中銀座商店街，趁熟食店低價特賣時段，買個便當回旅館吃。

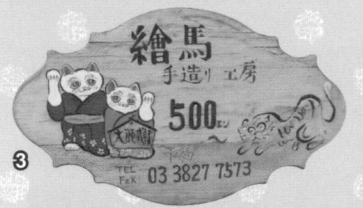

繪馬
手造り工房
500en
TEL
FAX 03 3827 7573

3

1.三崎坂是谷中地區最主要的坡道，兩旁有寺廟與商店 / 2.開運谷中堂的名物──開運小貓 / 3.繪馬堂是少見的繪馬繪製教室，若有空閒不妨體驗看看(MAP P.31 / C5) / 4.三崎坂咖啡廳小巧有fu(さんさき坂，MAP P.30 / C4) / 5.三崎坂頭上的景色同樣佈滿著縱橫交錯的電線 / 6.這個區域有許多生活雜貨商店，不要錯過了 / 7.嵯峨之家也是一間仙貝老店(MAP P.31 / E6)

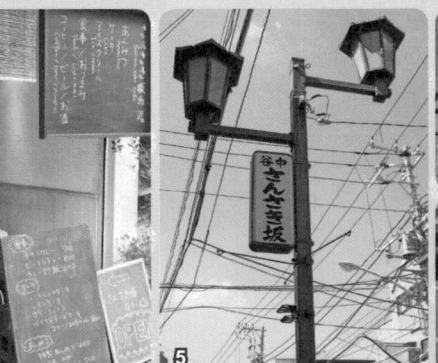

4

5

6

7

いせ辰

MAP P.30／C3 ☒台東區谷中2-18-9 ☎03-3823-1453 ⏰10:00～18:00 休無休 http www.isetatsu.com

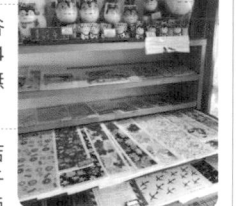

1864年創業的和風老店鋪，是東京唯一的江戶千代紙專門店，將早期江戶時期所流行的圖案花紋重新復刻，製成各類的和風小物、錦織布袋，尤其日木刻版畫的千代和紙最值得購買，美麗得讓人想全部帶回家。

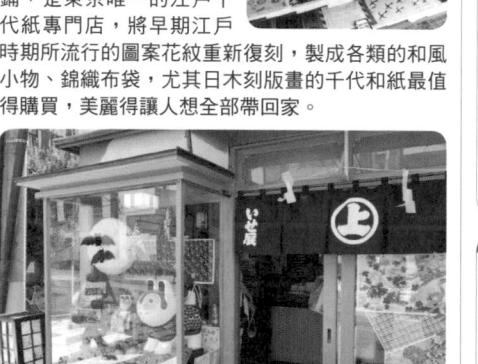

開運谷中堂

要來買喔～

MAP P.31／D5 ☒台東區谷中5-4-3 ☎03-3822-2297 ⏰10:30～17:30 休無休 http www.yanakado.com/m_yanakado.html

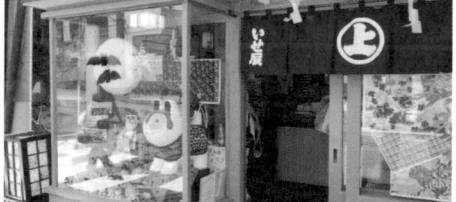

這裡的招牌黃貓不招財，主要任務是幫主人招來福氣，也讓好運up up、災難離身喔！大大小小的黃色招福貓是店家特有的手製商品，是必買貓物，另外還有以12生肖為主題的各類可愛小物可選購。想買招財的？這裡當然也有。

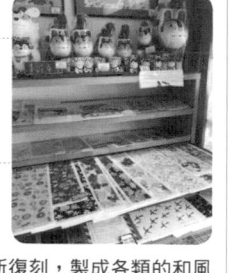

Irias

MAP P.30／D3 ☒台東區谷中2-9-12 ☎03-3827-2722 ⏰11:00～19:00 休週三 http irias.sub.jp

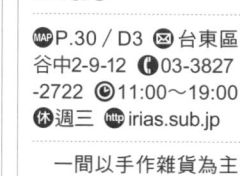

一間以手作雜貨為主題的商店，有食器、胸針、貼紙、禮品等，小小的店裡，擺滿許多讓人愛不釋手的小商品。也有販售手工皮件、帆布包，設計、品質都是上等佳作，是值得投資的品項。

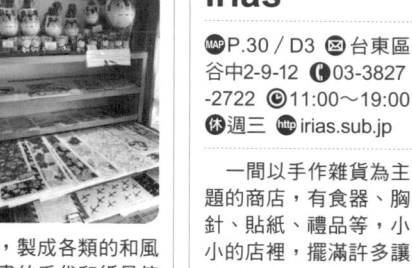

日乃本帆布

MAP P.30／C3 ☒台東區谷中3-1-5 ☎03-5834-7315 ⏰11:00～19:00 休不定休 http www.sankodo-sac.jp

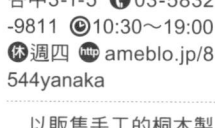

日乃本的純手工帆布包，比起其他品牌更具時髦感，實用又好看，帆布的質感也不會生硬無表情，雖然價格稍高於其他品牌，但頗值得購買。除了包包，也有實用的背心、帽子等。

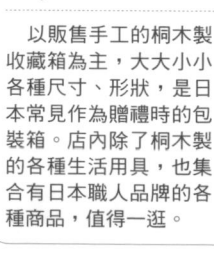

箱義桐箱店

MAP P.30／C3 ☒台東區谷中3-1-5 ☎03-5832-9811 ⏰10:30～19:00 休週四 http ameblo.jp/8544yanaka

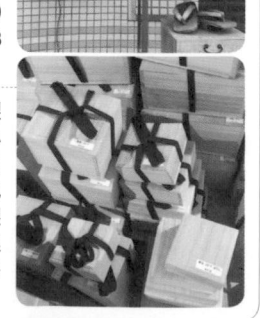

以販售手工的桐木製收藏箱為主，大大小小各種尺寸、形狀，是日本常見作為贈禮時的包裝箱。店內除了桐木製的各種生活用具，也集合有日本職人品牌的各種商品，值得一逛。

亂步咖啡 Cafe Rampo

🗺 P.30 / C3 📧 台東區谷中2-9-14 📞 03-3828-9494 🕙 10:00～20:00 🈴 週一 💲 起士蛋糕+咖啡套餐￥740

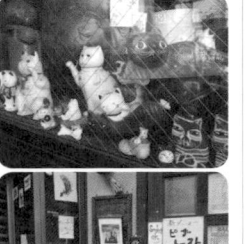

有貓咪坐檯陪客的咖啡店，良介君與鯉太郎君是亂步咖啡招徠客人的「扛棒貓」。店內到處都是貓咪的圖像畫作與小物擺飾，是一間當地頗有名氣的貓咪咖啡店，遊客也慕名而來。

Tokyobike

🗺 P.31 / D5 📧 台東區谷中4-2-39 📞 03-5809-0980 🕙 10:00～19:30 🈴 週三 🌐 tokyobikerentals.com

一家可以租單車的腳踏車用品店(租車細則可參考網站)，以精緻的高單價用品、服飾商品為主，也有平價的單車小物，店內也有香醇的咖啡吧台，以古民家的店家外觀最吸引人。

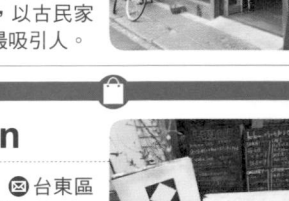

貓衛門咖啡 Nekoemon

🗺 P.31 / D5 📧 台東區谷中5-4-2 📞 03-3822-2297 🕙 11:00～19:00 🈴 週一 💲 午餐￥880，甜點+飲品套餐￥756 🌐 www.yanakado.com/c_nekoemon.html

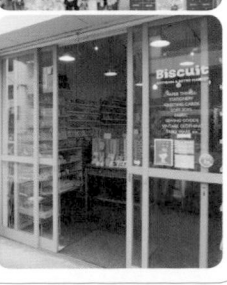

谷中地區新開幕的貓主題咖啡廳，以有著貓咪圖案的餅乾、甜點虜獲人心，除了用餐、休息，店內也提供招財貓上色的體驗，￥1,620附點心、飲料，需時約30～60分鐘。

kokonn

🗺 P.31 / D5 📧 台東區谷中6-3-8 📞 03-5834-2977 🕙 11:00～19:00 🈴 週三 🌐 kokonnyanaka.wixsite.com/kokonn

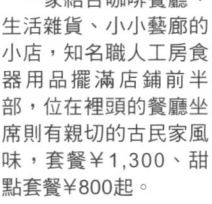

一家結合咖啡餐廳、生活雜貨、小小藝廊的小店，知名職人工房食器用品擺滿店鋪前半部，位在裡頭的餐廳坐席則有親切的古民家風味，套餐￥1,300、甜點套餐￥800起。

Biscuit

🗺 P.30 / C3 📧 台東區谷中2-9-14 📞 03-3823-5850 🕙 11:00～18:00 🈴 無休 🌐 www.biscuit.co.jp

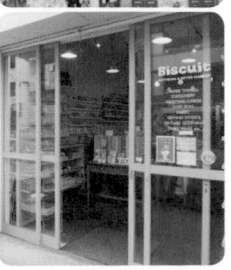

一間充滿童趣的可愛店家，販售歐洲及日本的復古文具、玩具、布料、卡片、書籍、緞帶及包裝用品等，有復刻版的、也有歲月痕跡的古物，是一間會讓人喜歡的小店。

紙と布

🗺 P.31 / D5 📧 台東區谷中6-3-10 📞 03-5832-9671 🕙 11:00～18:00 🈴 週三 🌐 www.kamitonuno.com

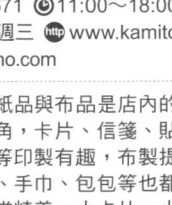

紙品與布品是店內的主角，卡片、信箋、貼紙等印製有趣，布製提袋、手巾、包包等也都相當精美。小卡片、小手帕價格平時，送禮自用兩相宜，路過時不妨踏進店裡逛逛。

工房德元

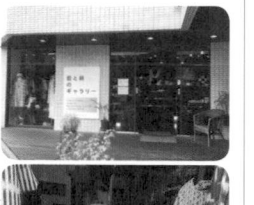

📍 MAP P.31／D6 ✉ 台東區谷中6-4-6 📞 03-3827-3411 🕐 11:00～18:00 🚫 週一、二 🌐 tokugen.co.jp

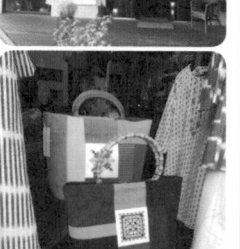

　日本知名藍染與綿、麻、絲的最佳組合，各種深淺、不同花樣的日本藍，相當令人著迷。德元以傳統和服製作起家，所以在剪裁與布料圖案設計都屬一流，以圍巾最深得我心。

agenda

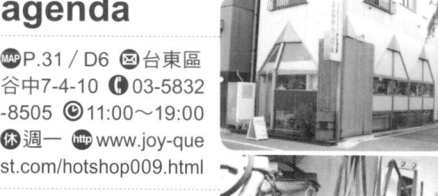

📍 MAP P.31／D6 ✉ 台東區谷中7-4-10 📞 03-5832-8505 🕐 11:00～19:00 🚫 週一 🌐 www.joy-quest.com/hotshop009.html

　設計時尚、用色大膽、質感高級的皮件店，從選料、設計到縫製都特別用心，有別於一般的大眾品牌或名牌包，獨特性100%，但高貴不貴，就連手機吊繩都很有個性。

Scai the Bathhouse

📍 MAP P.31／E6 ✉ 台東區谷中6-1-23 📞 03-3821-1144 🕐 12:00～18:00 🚫 週日、一，假日 💲 參觀免費 🌐 www.scaithebathhouse.com

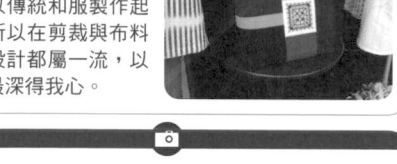

　藝廊由一間具200年歷史的錢湯(澡堂)改建而成，特地保留錢湯原來的外觀面貌，高大的煙囪遠遠的就看得到。藝廊展出日本及國外先進藝術作品，也發掘許多新潮的當代藝術家，記得走進這間特殊的藝廊，看看新與舊、傳統與前衛的衝突之美。

愛玉子

📍 MAP P.31／E6 ✉ 台東區上野櫻木2-11-8 📞 03-3821-5375 🕐 10:00～18:00 🚫 不定休 💲 甜品￥400起

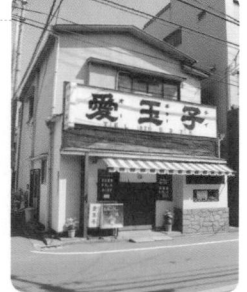

　店家鮮黃色的大招牌非常搶眼，讓你要不注意到它都很難；而店裡的招牌甜點就是來自台灣的愛玉，是店家早期在台灣學會製作而帶回日本的，目前已經是谷中地區的名店了，而店名的讀音就是愛玉子的台語念法喔！

上野櫻木あたり

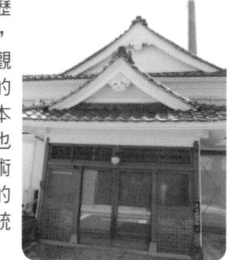

📍 MAP P.31／E6 ✉ 台東區上野櫻木2-15-6 📞 03-3342-1111 🕐🚫 各店不同 🌐 uenosakuragiatari.jp

　上野櫻木あたり是這裡的地名稱呼，在江戶時期就已經有店家、工坊等在這裡生活，2012年開始展開重建，並於2015年春天落成，展現當時3間古民房的面貌，也為谷中地帶帶來另一個休閒的去處，舒適的空間相當宜人。目前這裡集合了數家店鋪，有啤酒屋、雜貨鋪、麵包店、鹽與橄欖油專賣店，也設有活動場地與信息中心。

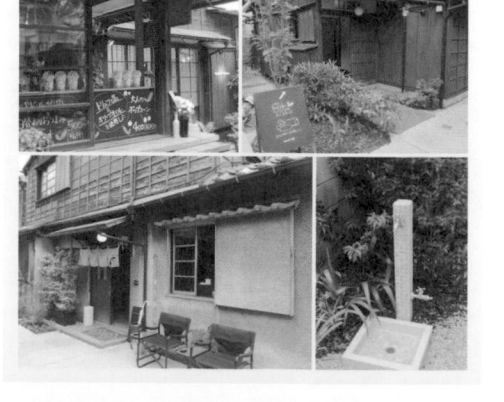

カヤバ珈琲

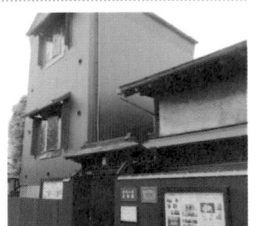

MAP P.31／E6　✉台東區谷中6-1-29
📞03-3823-3545　🕐08:00～22:30
(週日至18:00)　**休**無休　**$**招牌
咖啡¥450(續杯¥200)，甜點¥300起，午餐套餐
¥1,000　**http**kayaba-coffee.com/top.html

開業於1938年，是當地的老牌喫茶店，沒有時髦
的外觀，而是傳統的木造建築。曾於2006年一度歇

業，在眾多有心
人士的努力下，
於2009年再度
重新營業。由於
鄰近東京藝術大
學，所以有不少
大學師生前來光
顧，讓這裡多了
一分文藝氣息。

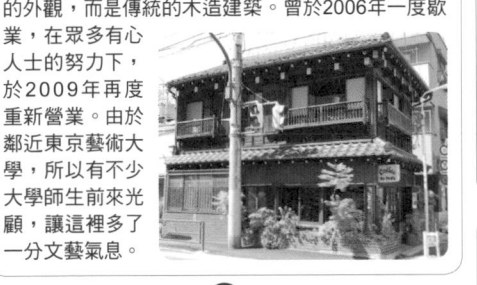

台東區立下町風俗資料館附設展示場

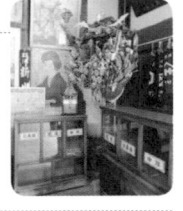

MAP P.31／E6　✉台東區上野櫻
木2-10-6　📞03-3823-4408　🕐
09:30～16:30　**休**週一　**$**參
觀免費　**http**www.taitocity.net/
zaidan/shitamachi/shitama
chi_annex

這裡是上野公園內風俗資料館的別館，樓高兩
層的傳統木造建築，是原酒商吉田屋店鋪改造而成
的歷史展示場。1樓保留了當時商店營業的面貌，
讓參觀者了解當時商店的裝潢、文物及歷史風俗。

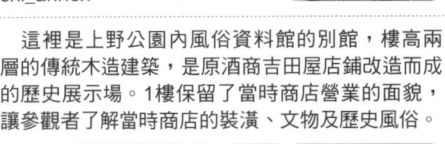

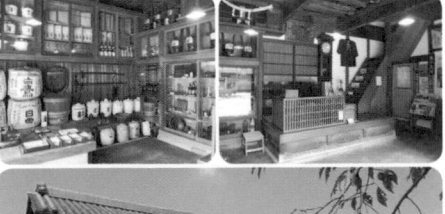

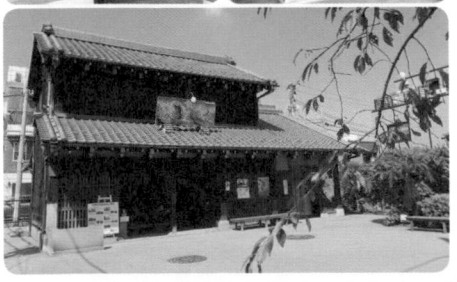

小倉屋

MAP P.31／C5　✉台東區谷中7-6-8　📞03-3828-
0562　🕐10:30～16:30　**休**週一～三，2～3月，7～
9月　**$**參觀免費　**http**www.oguraya.gr.jp

小倉屋在江戶時期
是一家經營當鋪的店
鋪，大正時期改建為
倉庫使用，1994年改
造成為目前的歷史展
示場及商店。除了可
欣賞古早建築內部陳
設，也可以在這裡購
買各種素材所製作的
傳統手工民俗藝品。

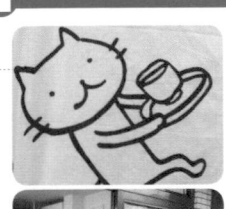

旅するミシン店

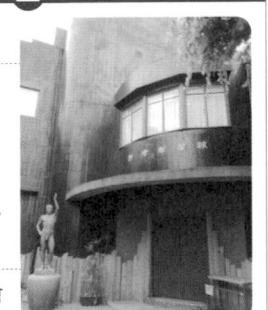

MAP P.31／B5　✉文京區谷
中7-18-7　📞03-5834-73
15　🕐週五11:00～19:00
週六～日、假日10:00～
17:00　**休**週一～四　**http**ta
bisurumishinten.com

以旅行與裁縫為主題
的個性小店，將手繪的
貓咪、小狗插圖，製成餐
墊、行李布牌、胸針、
書套、吊飾等，十足可
愛，還有一些與旅行有
關的手繪插畫書本。

朝倉彫塑館

MAP P.31／B5　✉台東
區谷中7-18-10　📞03-
5828-8731　🕐09:30
～16:30　**休**週一、四，
12/29～1/3　**$**¥500
httpwww.taitocity.net/
taito/asakura

由日本雕塑家朝倉
文夫的住宅所改建，
結合西洋與東洋風格的庭園美術館，充滿明治、大
正、昭和時期的歷史風味。館內收藏展示許多雕刻
作品，與屋主的掛軸、陶瓷等收藏，但是最讓人印
象深刻的還是獨特的庭園造景。

散步花絮

　　沿著三崎坂一路上坡散步來到盡頭，路口往左就是谷中靈園，往右可以一路通往上野公園，先別急著往左或往右，馬路對面有一間可愛的公共廁所（^{MAP}P.31／D6），先解決一下生理需求，再繼續散步下去吧！

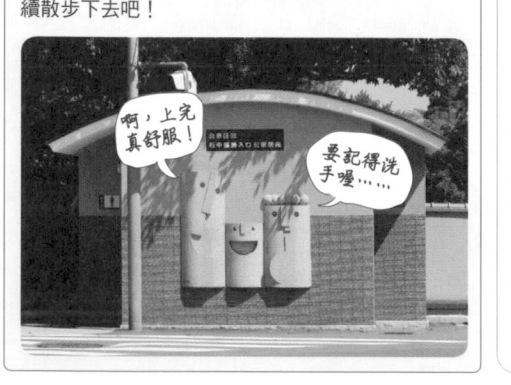

> 啊，上完真舒服！

> 要記得洗手喔⋯⋯

桃林堂

^{MAP}P.31／F7　⊠台東區上野櫻木1-5-7　☎03-3828-9826　◷09:00～17:00　㉯1/1～1/3　⑤小鯛燒¥210、水羊羹¥242　^{http}www.tourindou100.jp/shop/ueno.html

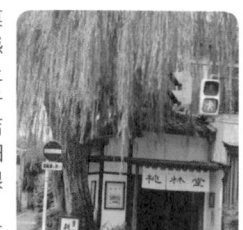

　　桃林堂專營日本和菓子，以做工精緻、口感細緻出名，這家名為上野店，剛好位於谷根千地區的邊際，小巧的店面如同它的和菓子般細緻，小鯛燒（真的是很小一隻呢！）最有人氣，水羊羹細滑順口，有紅豆、抹茶口味。店內也設有喫茶坐席。

谷中靈園

YANAKA REIEN

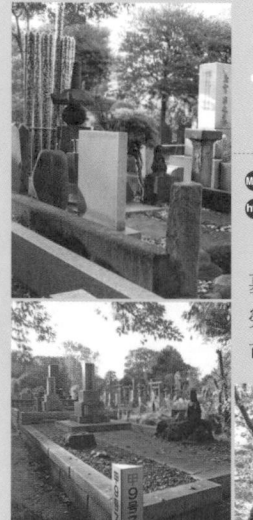

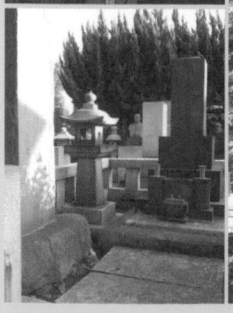

^{MAP}P.31／C6　⊠台東區谷中7-5-24　☎03-3821-4456　⑤參觀免費
^{http}www.tokyo-park.or.jp/park/format/index073.html

　　建於1874年的谷中靈園，占地約10萬平方公尺，目前約有6,500座墳墓。靈園內有不少名人的墓碑，如德川第十五代將軍德川慶喜、澀澤榮一、橫山大觀等。靈園中有一條綠色隧道的櫻木步道（^{MAP}P.31／C6），可連接到日暮裡車站南口，景色尤以春天櫻花盛開時最為美麗。

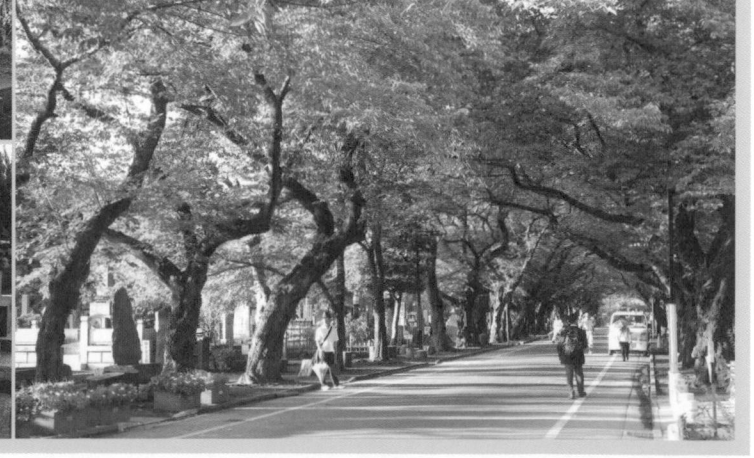

02 淺草 Asakusa

TOKYO 東京散步

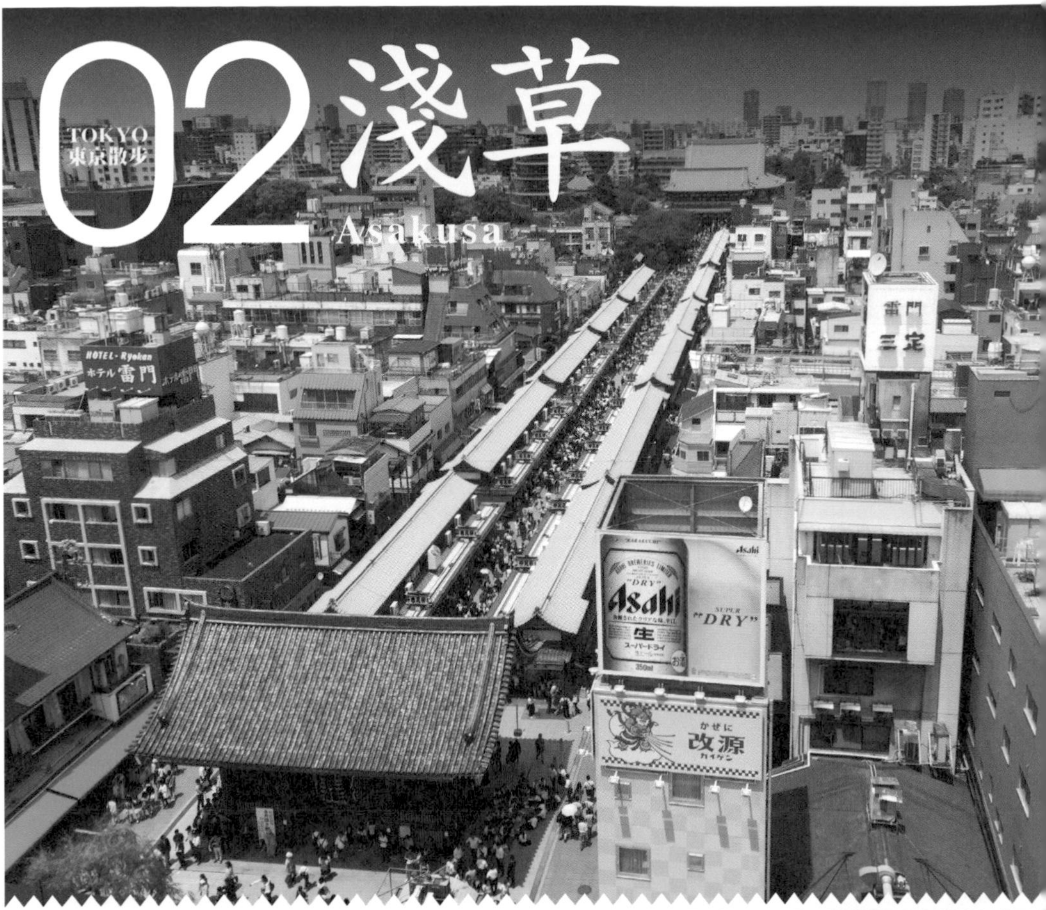

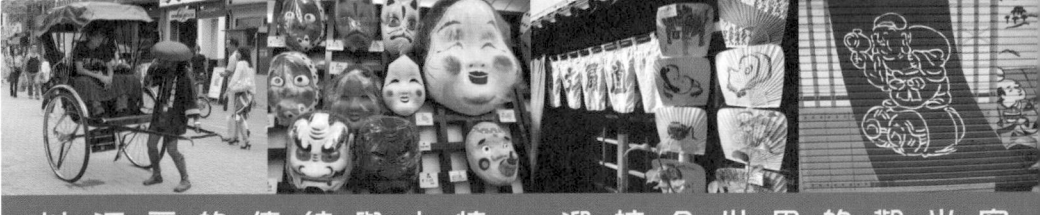

以江戶的傳統與人情，迎接全世界的觀光客

東京最富江戶風景的地方就數淺草最濃郁了，這裡是國外觀光客踏進東京後第一個最想造訪的地方，儘管這裡總是人擠人，但濃濃的下町風景人情，任誰都想來湊一下熱鬧。對外國人來說，淺草就等於日本，紅色的大燈籠、氣派的觀音寺、熱鬧的商店街、美味的傳統點心，都是讓人醉心日本的第一印象。

淺草是最容易貼近東京庶民生活的地方，傳統的祭典、市集都是不可錯過的活動，如5月淺草寺的三社祭、7月入谷的朝顏市、隅田川的花火大會、11月以開運招福、商售繁昌爲主的酉市，以及12月歲末的羽子板市。淺草也是百年老店最多的區域，不論是餐廳、和菓子店、生活用品店，均仍然維持傳統的手藝，加上現代的研發，老店不但沒有從此

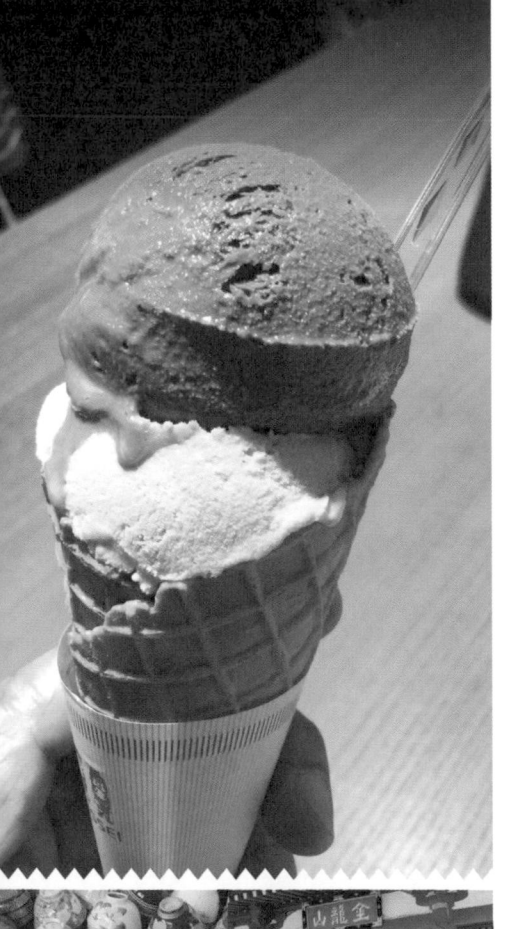

以淺草車站當作出發點吧！一早趁商店尚未開門營業之前，先來搭公車或人力車，前往今戶神社參拜求姻緣，買好結緣御守再散步回雷門；這時仲見世的商店街也已經熱鬧起來了，跟著人潮沿著仲見世邊買邊吃，一路逛到淺草寺排隊參拜求平安，倒是仲見世真的很難讓人在短時間內脫身，每家店都讓人想靠過去看看！中午可以到大黑家本店品嘗有名的炸蝦天麩羅蓋飯，不過通常在仲見世就已經不自覺地吃飽喝足了，炸蝦蓋飯不妨就先留著，等晚餐時再來好好品嘗一番。在淺草寺休息一下，從側門沿路散步到日本最早的遊樂園「花屋遊樂園」，玩玩特殊、懷舊的遊樂設施。

有懷舊風味的六區通、傳法院通也不能錯過，接下來的觀音通、新仲見世更是逛街購物天堂，紀念品、生活用品、小吃攤，熱鬧極了，很容易讓人逛到忘了時間。記得控制好行程，預留時間前往道具街逛逛，買個食物模型當紀念品、伴手禮，然後回淺草寺附近的居酒屋街暢飲吃晚餐，或到大多福吃道地大阪風味的關東煮，或品嘗大黑家的炸蝦蓋飯；最後欣賞完淺草的夜景，再回飯店泡個熱茶，享用白天買的日式點心。

(A) 09:00 **今戶神社**
　　散步20分鐘
(B) 10:30 **雷門‧仲見世通り**
　　散步50分鐘
(C) 11:30 **淺草寺**
　　散步15分鐘
(D) 12:00 **花屋遊樂園**
　　散步20分鐘
(E) 14:30 **六區通り‧傳法院通り‧淺草柳通り**
　　散步20分鐘
(F) 15:00 **メトロ通り‧觀音通り‧新仲見世通り**
　　散步30分鐘
(G) 16:30 **合羽橋道具街**

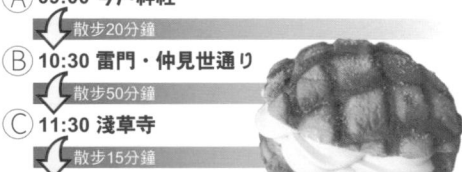

交｜通｜對｜策

前往雷門仲見世通、淺草寺周邊
1. 搭乘地鐵都營淺草線，到「淺草」站下車，往雷門方向出站(A3出口)
2. 搭乘地鐵東京Metro銀座線，到「淺草」站下車，往雷門方向出站(1號出口)
3. 搭乘私鐵東武伊勢崎線，到「淺草」站下車，往雷門方向出站(3號出口)

前往合羽橋道具街周邊
1. 搭乘地鐵東京Metro銀座線，到「田原町」站下車(3號出口)
2. 搭乘私鐵つくばエクスプレス(Tsukuba Express)線，到「淺草」站下車(3號出口)

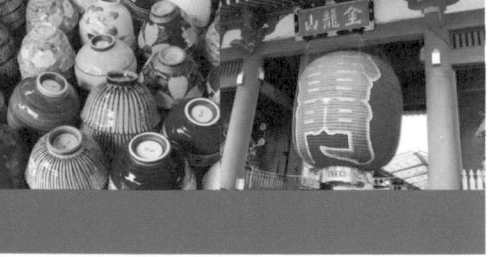

沒落，反而更受到當地人、觀光客的青睞，排隊等位子也成了這些百年老店的一項傳統了。

淺草好吃、好逛、好買、好玩的太多了，難怪來東京的觀光客，大都是選擇淺草當作旅行的第一站。不如，你也來湊個熱鬧，將旅行的興致high到最高點吧！

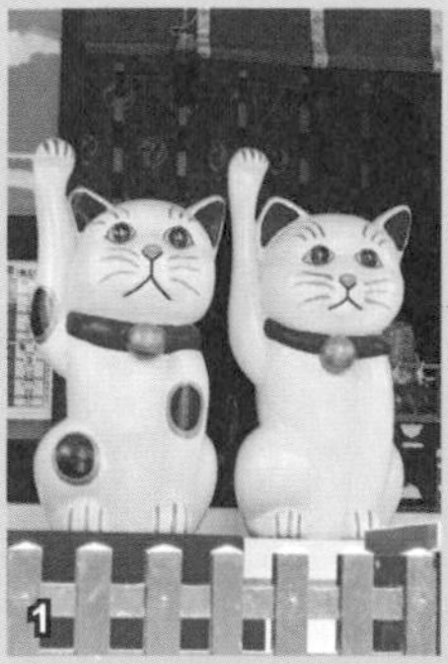

今戶神社

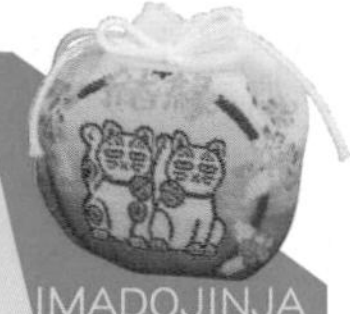

IMADOJINJA

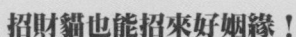

📍P.51 ✉台東區今戶1-5-22 ☎03-3872-2703 🕐09:00～17:00 🈵無休 💲參觀免費，結緣御守￥800，繪馬￥700 🌐www.gotokyo.org/tc/kanko/taito/spot/40680.html ➡於東武淺草車站東側巴士站搭乘台東區循環巴士「北めぐりん」路線(www.city.taito.lg.jp/index/kurashi/kotsu/megurin)，在Riverside Sports Center前下車(第4站，循環巴士搭乘費用每次￥100／人)；若由車站步行前往約需20分鐘；乘坐人力車往返，拉車的小哥還可以順道沿路介紹，也是不錯的好點子喔

1.今戶神社鎮殿雙貓／**2.**參拜別忘了先搖鈴喔／**3.**男女老少都來排隊參拜求好運／**4.**單身的人一定要來求好姻緣／**5.**連寺內的座椅椅墊都是心型的，超浪漫／**6.**掛到滿出來的祈願牌，求姻緣、求幸福、求健康，你想得到的都可寫上／**7.**今戶神社入口，這對情侶乘坐人力車來參拜呢／**8.**雙雙對對的情侶，一起參拜濃情蜜意／**9.**別忘了買個結緣御守

招財貓也能招來好姻緣！

　　這是一間創建於1063年的老神社，但期間幾次再建，並歷經關東大地震、東京大空襲毀損後，而成今日的面貌。今戶神社以結緣貓出名，不過仔細一看，那不就是招財貓嗎？沒錯，這裡就是日本招財貓的發祥地，有名的今戶燒招財貓就是此處的名物之一。招財貓通常都是單隻出現，但今戶神社的貓卻是出雙入對，因此也成為招姻緣的由來，不論是情侶或單身者，都會來此參拜以求得好姻緣。觀光淺草時，建議不妨起個大早，在商店還未開店營業前，先來今戶神社走一趟，讓你招來財富也招來好姻緣喔！

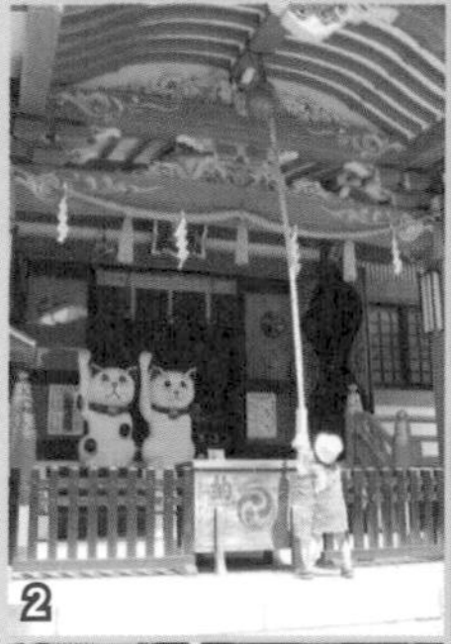

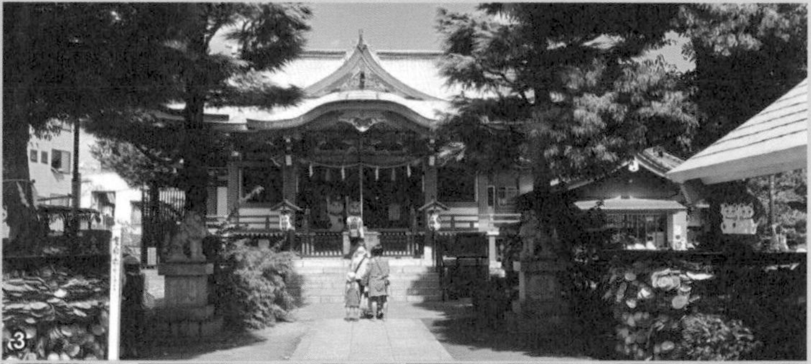

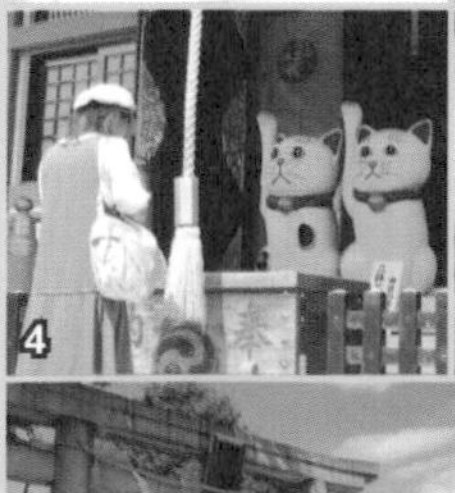

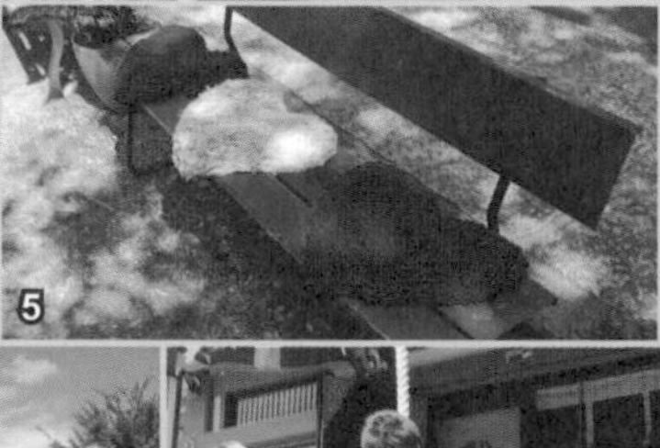

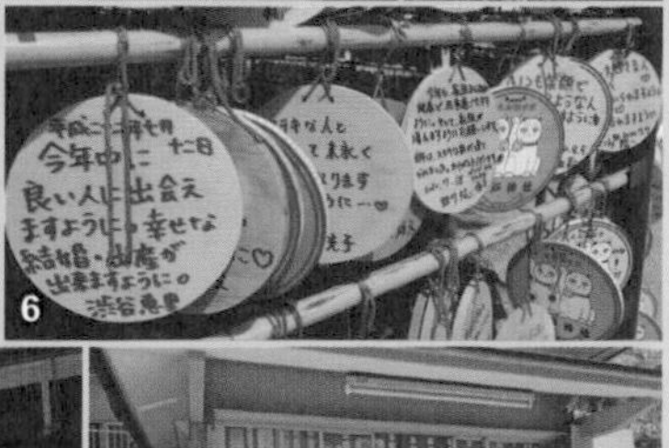

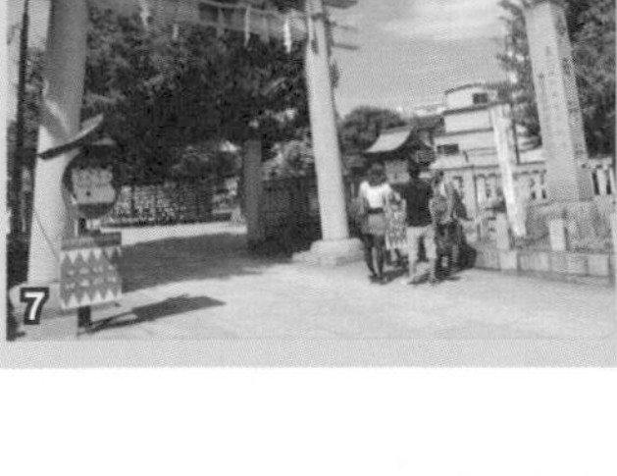

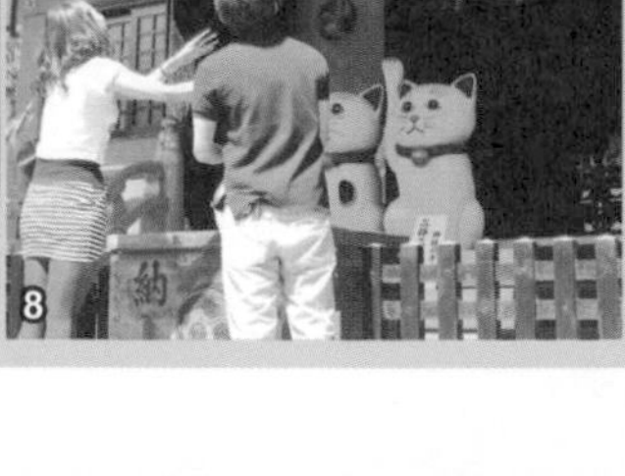

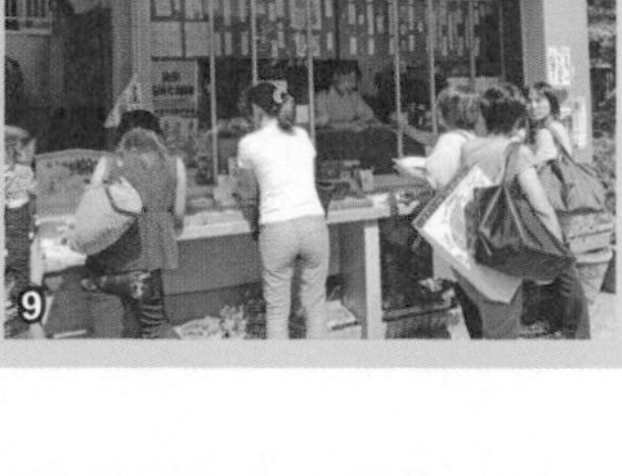

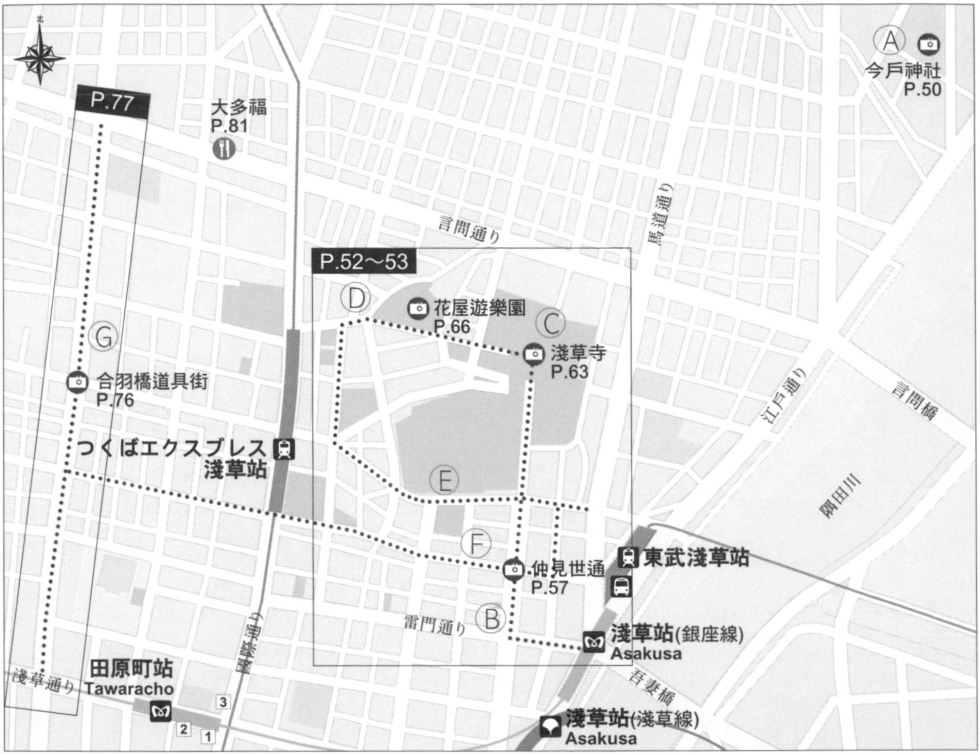

北

P.77

大多福
P.81

言問通り

馬道通り

A
今戸神社
P.50

P.52～53

D
花屋遊樂園
P.66

C
淺草寺
P.63

G
合羽橋道具街
P.76

江戸通り

言門橋

つくばエクスプレス
淺草站

E

隅田川

F

仲見世通
P.57

東武淺草站

雷門通り

B

淺草站(銀座線)
Asakusa

田原町站
Tawaracho

淺草通り

3
2 1

吾妻橋

淺草站(淺草線)
Asakusa

淺草傳統人力車的小哥們！

若你不想在仲見世人擠人，若你想貼身體驗淺草的風俗民情，那麼，搭乘傳統人力車是最佳方案。由親切熱情、穿著傳統服裝的小哥們(最近也出現了不少女性的車手呢！)親自為你服務，載著你玩淺草重點，還能為你做深入的導覽(日、英)，小哥們個個親切又開朗，能讓你從頭開心到結束！把它當成由甲地到乙地的交通工具，也是一項不錯的方式。

人力車多集中於觀音通り前及雷門附近攬客，有幾家不同的人力車公司 價位、時間都明確的標示在立牌上，搭乘前可再確認時間、價錢及路線

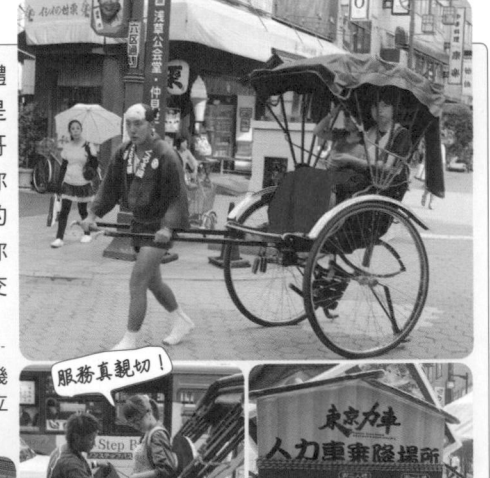

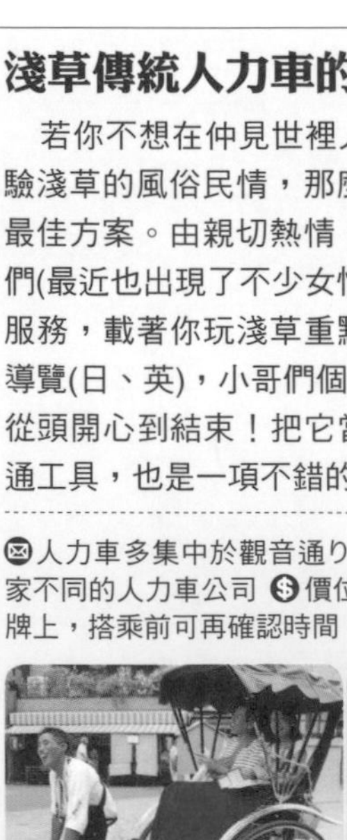

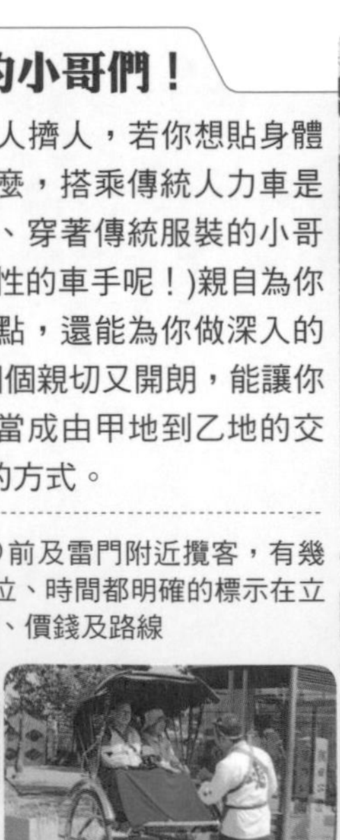

服務真親切！

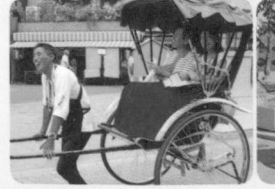

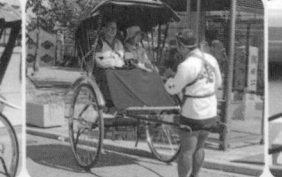

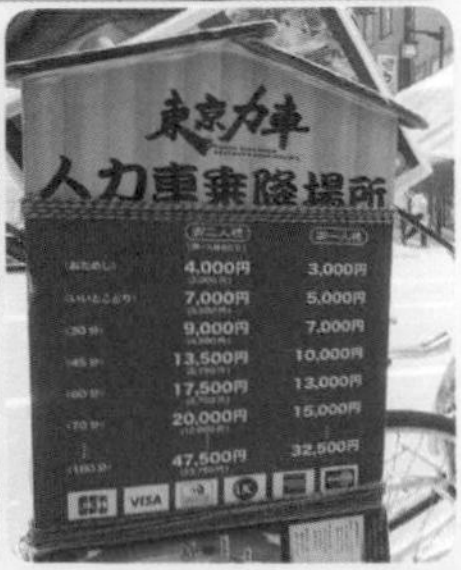

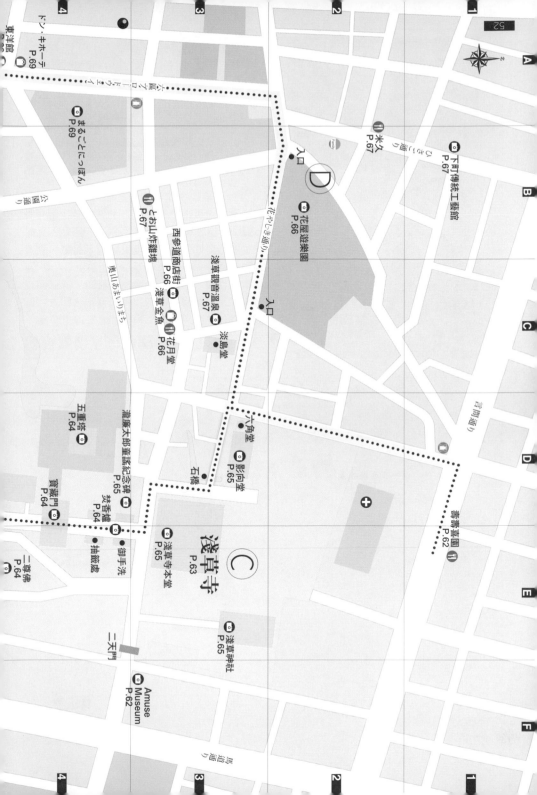

東洋館 P.69

ビア・キホーテ P.69

まるごとにっぽん P.69

下町傳統工藝館 P.67

米久 P.67

花屋遊樂園 P.66

D

入口

入口

とお山炸雞塊 P.67

花月堂 P.66

淺草金魚 P.66

西參道商店街 P.66

淺草觀音温泉 P.67

淡島堂

五重塔 P.64

瀧廉太郎童謡紀念碑 P.65

梵香爐 P.64

六角堂

石橋

影向堂 P.65

寶藏門 P.64

抽籤處

御手洗

淺草寺本堂 P.65

淺草寺 C P.63

二尊佛 P.64

二天門

淺草神社 P.65

Amuse Museum P.62

壽喜喜園 P.62

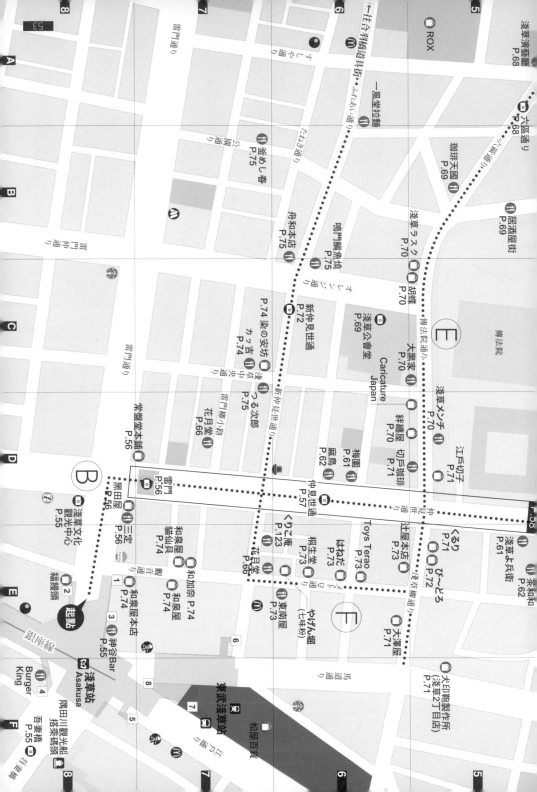

雷門・仲見世通

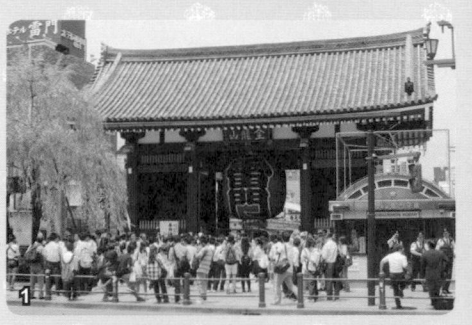

一早前往今戶神社參拜，不管你是去求財、求運或求桃花，相信都能心想事成。若時間還充裕，建議你可以跨過馬路，沿著隅田川公園，散步回淺草。

當你散步到江戶通與雷門通路口的「吾妻橋」（P.55），一定可以看到人群齊聚橋頭猛拍照，沒錯，這裡的確是到淺草一遊必拍的地點，背景就是造型獨特的大樓，趕快把相機拿出來吧，這是淺草名景之一，一定要拍照留念的。橋頭一旁遊船搭乘處有因人潮而熱賣的冰淇淋，拍完紀念照再來品嘗一下吧！在吾妻橋不要停留過久喔，記得把時間留給仲見世。

沿著雷門通り往前，路過觀音通り（這裡也是人力車小哥攬客的集中地之一，想搭乘可以直接詢問），經過超有名的天麩羅名店「三定」（P.56），雷門就到囉！這裡總是人頭竄動，黑壓壓一片，各國觀光客好像都說好到這裡集合般，呼！人潮真不是蓋的，找好沒有人擋前站後的時機（不過很困難），卡位拍照囉！

穿過雷門，你面對的是更多的人潮，長長的仲見世幾乎看不到地面，而兩側的商店則讓人不自主地一直買、一直吃，喜愛買透透的你可以背個較大的包包，或準備個小行李箱來逛，保證你大豐收。「評判堂」的燈籠米香要買、「あづま」的小丸子要嘗、「舟和」的豆餡點心要購、「和泉屋」的辣仙貝要試、「木村家」的人形燒更是不能錯過，當然大大小小的特色紀念品也不能少，送禮自用兩相宜。

仲見世其實是淺草寺的表參道，在這裡買夠吃足後，再往前就是淺草地區的參觀重點——香火鼎盛的淺草寺了。

1.人潮洶湧的雷門／2.仲見世滿到爆的人潮／3.人形燒是仲見世的人氣名物／4.古裝造型頭套，尾牙表演就靠它了／5.小玩意種類多，價格不高，當小禮物最合適

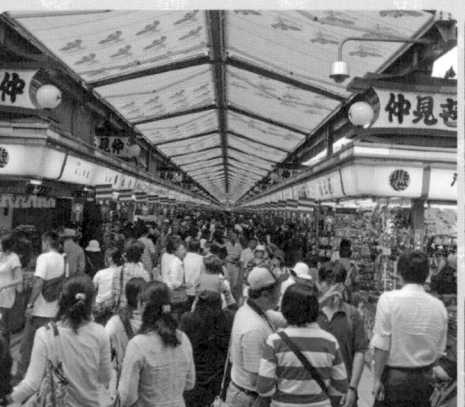

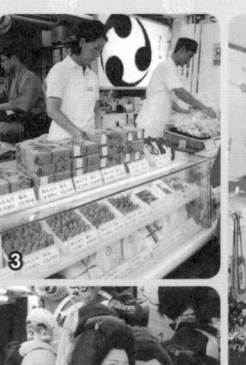

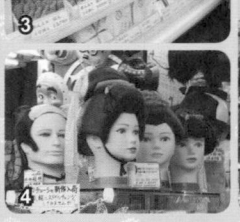

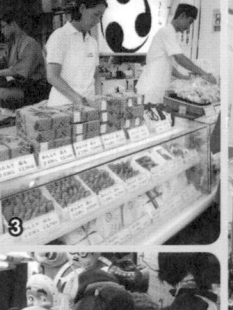

吾妻橋

MAP P.53 / F8

AZUMABASHI

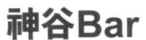

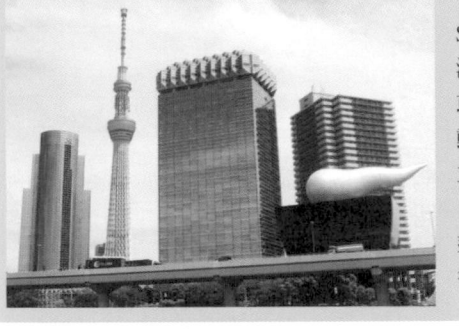

這座橫跨隅田川的紅色大橋，長150公尺，連接台東區與對岸的墨田區，來到橋頭賞景的人很多，不外乎是欣賞對岸的奇特建築。金色外觀貌似一杯冒泡啤酒的大樓，是啤酒品牌Asahi的辦公大樓「アサヒビール」（朝日大樓）；一旁由法國建築師Philippe Starck設計，屋上有著金色火焰的是Asahi朝日啤酒大廳「スーパードライホール」（Super Dry Hall或Flamme d'Or），1～3樓為餐廳、4樓是舉辦活動的場地。後方的高塔就是於2012年5月落成，並開放觀景展望台的電波發送塔「東京晴空塔」（Tokyo Skytree）。位於橋頭左手邊的建築，是搭乘隅田川觀光船的碼頭，從這裡可以搭觀光船前往台場海濱公園、日之出棧橋等地。

淺草文化觀光中心

MAP P.53 / D8　台東區雷門2-18-9　03-3842-5566　09:00～20:00(8樓咖啡廳、展望露台至22:00)　休無休　http www.city.taito.lg.jp/index/bunka_kanko/oyakudachi/kankocenter/index.html

當你踏出地鐵車站，準備開始逛遊淺草前，不妨先到這裡繞一圈，有關台東區、淺草的旅遊資訊都可以在這裡詢問、索取。可以直接搭電梯上8樓的露台觀景，將整個淺草放入鏡頭當中，觀光中心裡也有展覽、視聽室，當然還有免費的Wi-Fi可連線使用，1樓還有一整個台東區的景觀模型。

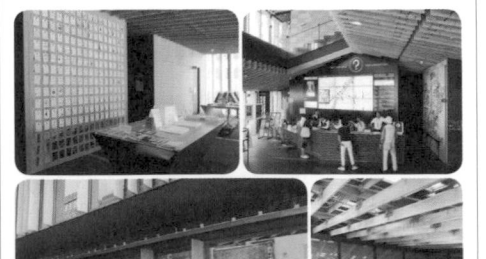

神谷Bar

MAP P.53 / E8　台東區淺草1-1-1　03-3841-5400　11:30～22:00　休週二　$ デンキブラン¥270　http www.kamiya-bar.com

淺草隨便一家老店都有百年以上的歷史，神谷也是，它還是日本第一家酒吧。1樓是飲料吧、2樓為西餐餐廳、3樓是日式料理，尚未開店營業就有人開始排隊準備用餐了。神谷Bar歷史最悠久也最受歡迎的酒類飲料就是「デンキブラン」(電氣Brown)，在飲料單上已經賣超過百年了。

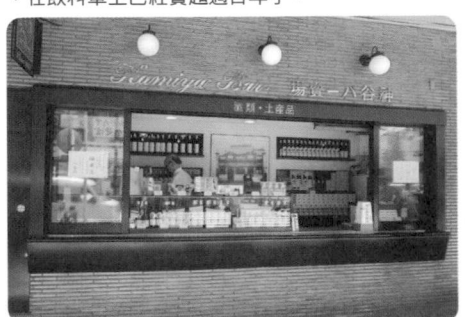

三定

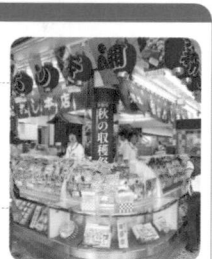

🅼 P.53 / D8 ✉台東區淺草1-2-2 ☎03-3841-3400 🕙11:30～22:00 🈺無休 💲上天丼¥1,820、上天ぷら¥2,420 🌐 www.tempura-sansada.co.jp

「一淺草、二觀音、三三定」從這句淺草諺語中，就可見這家創業自1838年，淺草第一家天麩羅店的地位。三定的天麩羅為關東風味的做法，以海鮮天麩羅為主，有炸蝦、炸牡蠣、炸烏賊等，用特製的麻油將麵衣炸得酥脆，有單純的天麩羅餐、蓋飯、也有當季新鮮食材製作的天麩羅。

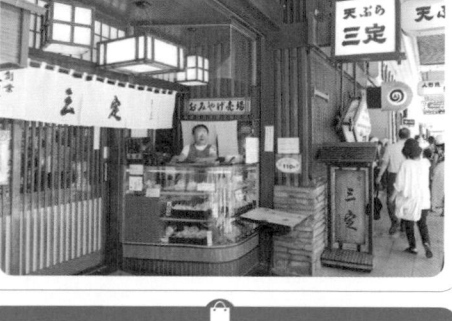

常盤堂本鋪

🅼 P.53 / D7 ✉台東區淺草1-3-2 ☎03-3481-5656 🕙09:00～20:30 🈺無休 🌐 tokiwado.com

位在面對雷門的左手邊，一向都是人潮最多的傳統點心專賣店，創業於江戶時代末期，已經有250年歷史的老店，可以欣賞到製作的過程。以傳統的米菓「雷おし」(類似台灣的米香)最出名，一個一口的小包裝，有白砂糖、黑砂糖、海苔、抹茶4種口味，以綜合包最有買氣，一包¥540。

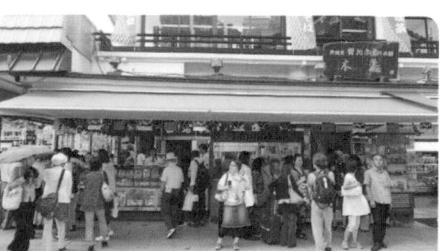

雷門

🅼 P.53 / D7

提到淺草，印象中自然會聯想到上面寫著「雷門」的紅色大燈籠。重約700公斤的紅色大燈籠，是淺草寺參道的入口，也是淺草的標誌，燈籠兩旁分別是風神與雷神，其實雷門只是簡稱，它的正確稱呼為「風雷神門」。這裡是淺草最知名的觀光地點，無論你什麼時間來，觀光客總是絡繹不絕，連要找個好角度、好時機拍照留念的機會都很難。通過雷門，踏進有400多年歷史的寺廟參道「仲見世」，好買的、好吃的、好逛的都在這裡。不過一入夜，商店關門後就顯得冷清不少，這時只有周邊的料亭還熱鬧著，運氣好還可在路上遇見工作中的藝伎。

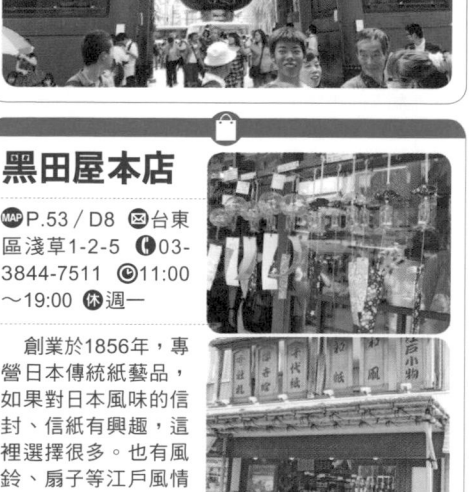

黑田屋本店

🅼 P.53 / D8 ✉台東區淺草1-2-5 ☎03-3844-7511 🕙11:00～19:00 🈺週一

創業於1856年，專營日本傳統紙藝品，如果對日本風味的信封、信紙有興趣，這裡選擇很多。也有風鈴、扇子等江戶風情的小物品，位在仲見世入口的右手邊，用江戶風味的門面招徠大量的外國觀光客，人潮總是非常熱情。

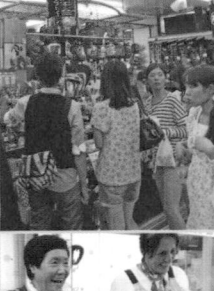
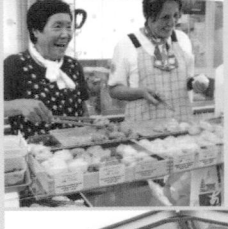

仲見世通

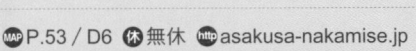

NAKAMISE DORI

MAP P.53 / D6　休 無休　http asakusa-nakamise.jp

　　仲見世通可以說是淺草寺的表參道，早在17世紀德川幕府時代就已經成為淺草的繁盛街道，店鋪林立、人聲鼎沸。仲見世曾於1946年被炸毀於東京大空襲，它跟淺草寺一樣，都是戰後重新整建而成為現在的規模。目前共計有近90家的商店，店鋪各具特色，以販售各式紀念品、玩具、生活用品及和風小點心為主。如人形燒、仙貝、豆餡饅頭等，是購買紀念品的好地方，不但選擇多，價格也便宜。仲見世是來東京觀光的旅客必定拜訪的地方，人潮多到讓人無以招架。記得靠左邊前進，以免老是被撞到。

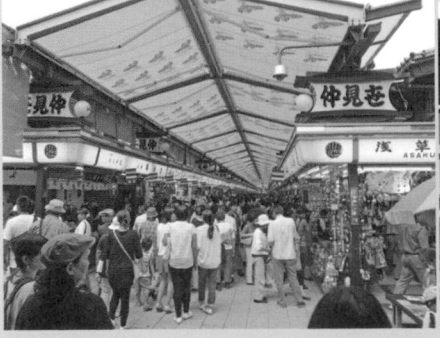
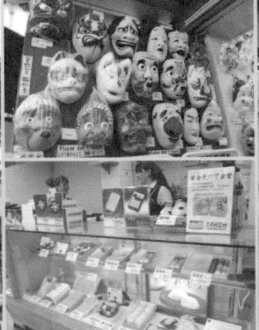
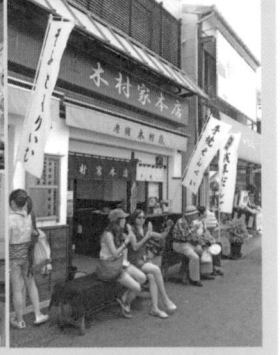

本家梅林堂

MAP P.58　台東區淺草1-18-1　03-3843-5409　08:30～18:00　休 不定休

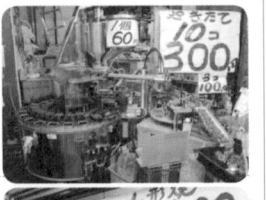

　　仲見世入口賣人形燒的店家，全程從麵漿、填料、燒烤到包裝，全靠店裡那台機器，一貫化作業，吸引遊客駐足觀賞。仲見世裡這一家的人形燒賣得最便宜，10個一盒只要￥300，買越多還越便宜呢，生意真的好得不得了。

小丸子あづま

MAP P.58　台東區淺草1-18-1　03-3843-0190　09:00～19:00　休 無休　5串小丸子￥300，抹茶冷飲￥100

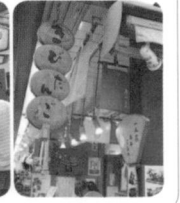

　　店前現做現賣裹上黃豆粉的小丸子，是仲見世人氣小吃之一，甜而不膩，分量嘗鮮剛剛好，再配上抹茶冷飲，味道絕佳，難怪排隊購買的人潮不斷。

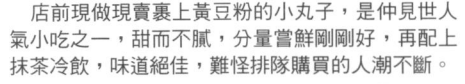
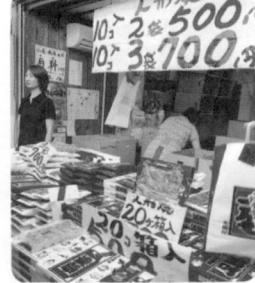
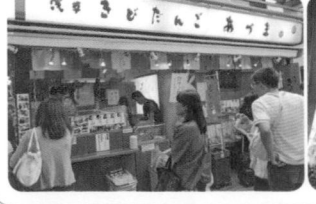

淺草寺

傳法院

傳法院通り

(包包)ヨロヅヤ
(紀念品)マサモト
(紀念品)岡田商店
(食品)なかつか
(和小物)三美堂
P.60 (人形燒)三鳩堂 ◯
(紀念品)はなや
(食品)中富商店 ◯
(鞋子)トヨダヤ

梅園 🍴 小山商店
P.61　(紀念品)
(傘)もりた
(筷子)淺草たけや
(紀念品)川崎屋
(和小物)瓢たん屋
P.60 (寵物用品)安立屋 ◯

(扇子)銀花堂
(線香)かもめや
P.59 (扇子)荒井文扇屋 ◯
P.59 (仙貝)杵屋 ◯
(和小物)小池商店
(紀念品)しみづや鎰田
(和點心)舟和2號店

新仲見世通り

(和點心)舟和3號店
P.59 (和點心)舟和1號店 ◯
P.59 (招財貓)むさしや人形店 ◯
(紀念品)スミレ
(食品)いせ勘
(醬菜)海老屋總本舖
(紀念品)マキノ玉森堂
(和服)帶のみやした

雷門柳小路

P.57 (和點心)小丸子あづま ◯
(紀念品)バニー
(日本拖鞋)サンエス
P.57 (人形燒)本家梅林堂 ◯
(紀念品)こいけ
P.58 (和點心)豆鋪梅林堂 ◯

仲見世通り

木村家本店(人形燒)
助六(傳統玩具) P.60 ◯
淺草九重(炸饅頭) P.61 ◯
ツルヤ(鼈甲珊瑚專門店)
スズヤ(和服)
かもひだ玩具店(紀念品)

ミノリヤ(紀念品)
わらびや(紀念品)
平尾商店(紀念品)
ヒラノヤ(紀念品)
木村家人形燒本舖 P.61 ◯

コマチヘア3號店(假髮)
れんがや(包包)
金龍山(饅頭餡餅)
ちょうちんもなか(冰淇淋最中)
三花(紀念品)
前田商店(紀念品)

淺草柳通り

Toys Terao(紀念品) P.73 ◯
中山商店(衣服)
やつめ(扇子)
和泉屋(仙貝) P.60 ◯
バッグのマツウラ(包包)
壽々免堂(紀念食品)
稻葉玩具店(紀念品)
カワチヤ(仙貝)
龜屋(仙貝、人形燒) P.60 ◯

松ヶ枝屋(和小物)
壹番屋(仙貝) P.59 ◯
飯田屋(日本舞用品)
靜岡屋(紀念品)
コマチヘア2號店(假髮)
淺草中屋(紀念品)

松壽堂(紀念食品)
富士屋(和服)
かづさや支店(和小物)
西島商店(紙傘)
遊膳(筷子)
松崎屋(帽子)
かづさや(和小物)
菊水堂(炸饅頭)

タカイシ(包包)
フジヤ(和服、和小物)
トヨシマ(包包)
喜久屋(大福)
壽々喜屋本舖(霜淇淋)
たかしま(包包)
酒井好古堂(浮世繪) P.58 ◯

いなば(紀念品)
かづさや(和小物)
評判堂(和點心) P.58 ◯
大海屋昆布
福光屋(紀念品)

常盤堂 ◯
P.56

雷門 📷
P.56

黑田屋 ◯
P.56

豆鋪梅林堂

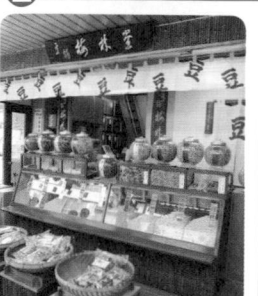

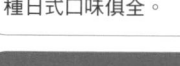 P.58　✉台東區淺
草1-18-2　📞03-384
1-6197　🕐10:00～
18:00　休週二

　位於仲見世入口，
五顏六色的煎豆、豆
菓子、米香，放滿店
前透明的玻璃櫃，各
種日式口味俱全。

酒井好古堂

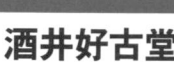 P.58　✉台東區淺
草1-20-1　📞03-3841
-0850　🕐09:00～
18:00　休不定休

　專營浮世繪藝術的
老鋪，有各種印有浮
世繪的商品，如明信
片、文具用品、木版
畫等。尤其明信片使
用日本浮世繪博物館
的原畫複製，精細程
度不在話下，最值得
購買。

評判堂

照片提供/魏國安

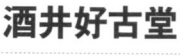 P.58　✉台東區淺草1-18-1
📞0120-37-8557　🕐09:30～
20:00(週四到18:30)　休無休
http www.hyoubandou.com

　販賣多種江戶下町的糖果點心，包括金平糖、加
林糖、仙貝、米香等，以雷門紅色大燈籠為造型的
特殊包裝，特別地受到歡迎，很多人特地買來當作
伴手禮，充滿淺草的氣氛。

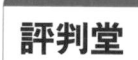

舟和1號店

MAP P.58 台東區淺草1-20-1 03-3844-2781 10:00～19:00 無休 綜合小禮盒￥907 funawa.jp

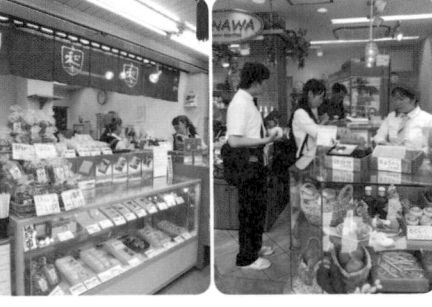

舟和光在仲見世就有3間連續的店面,分別為1號店、3號店、2號店,另外在雷門通、新仲見世通西口也都有大間的店面,可見是當地老字號。舟和是和菓子專門店,所製作的甜點以甜豆沙餡為主,主要商品為蕃薯羊羹,及有6種口味的豆餡寒天涼丸,近年開發許多不同以往的點心,均非常受歡迎。新開張的3號店,主要以販售冰品點心為主。

荒井文扇堂

MAP P.58 台東區淺草1-30-1 03-3844-9711 10:30～18:00 每月20日之後的週一

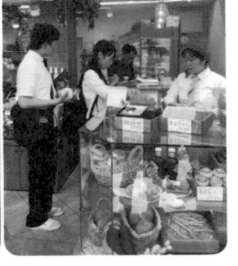

專門販售江戶傳統扇子的店鋪,扇子形狀依場合使用而有所不同,如舞扇、禮代扇、及夏天最實用的涼扇等,圖案則有山水、花鳥、浮世繪等花樣,價格則依材質及製作方式有所差異。

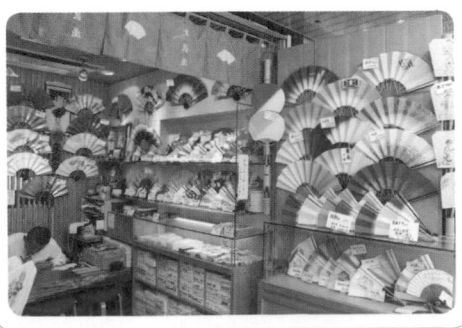

むさしや人形店

MAP P.58 台東區淺草1-20-1 03-3841-5451 10:00～19:00 無休

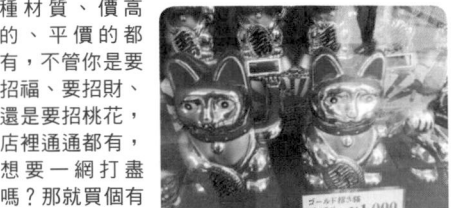

這間是招財貓專賣店,大大小小整間都是貓,各種材質、價高的、平價的都有,不管你是要招福、要招財、還是要招桃花,店裡通通都有,想要一網打盡嗎?那就買個有全包的貓吧!

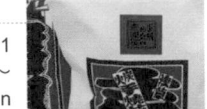

壹番屋

MAP P.58 台東區淺草1-31-1 03-3842-5001 08:00～19:00 無休 www.senbei-yaketayo.com

照片提供/魏國安

仲見世內現烤現賣的仙貝店,師傅以鐵鉗將仙貝一片片反覆翻面、燒烤至金黃色後沾上一層醬油,以黑胡椒口味最受歡迎。此外,也有販售人形燒或米香等傳統點心。

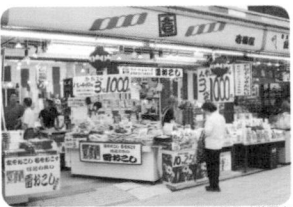

照片提供/魏國安

杵屋

MAP P.58 台東區淺草1-30-1 03-3844-4550 09:00～19:00 無休 仙貝一枚約￥60

手燒仙貝的老店,經過特選的米、油、調味料所燒烤出來的仙貝,片片酥脆可口,店內約有60種由高級米製作而成的傳統點心。

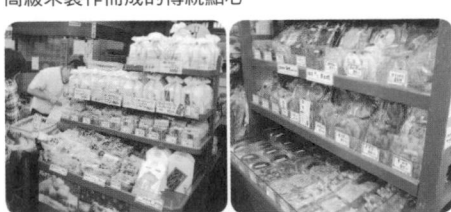

安立屋

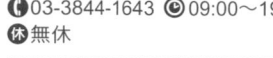

🗺 P.58 ✉台東區淺草1-31-3
📞03-3844-1643 🕐09:00～19:30
🚫無休

　　創業有120年的犬貓寵物專門店，除了經營各類犬貓樣式的禮品、雜貨外，還有販售犬貓用品，並附設有犬貓美容服務，算是仲見世裡的另類商店，服務人、也服務你的寵物，尤其是給貓狗穿戴的江戶假髮最讓人會心一笑。

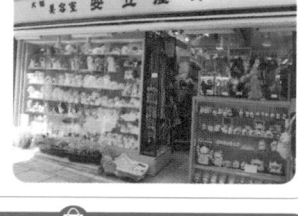

三鳩堂

🗺 P.58 ✉台東區淺草1-37-1 📞03-3841-5079
🕐08:00～20:30 🚫不定休 💲現烤人形燒2個
¥100、10個¥400，真空包裝人形燒禮盒¥1,000
(內有20個)

　　仲見世內另一家以販售人形燒為主的店家，同樣是現做現賣，最特別的是有推出真空包裝的人形燒，保鮮可維持1個月，最適合買回台灣當伴手禮品。可以先買一個試吃看看，合口味再買回家吧！

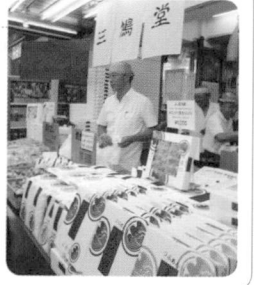

助六

🗺 P.58 ✉台東區淺草
2-3-1 📞03-3844-0577
🕐10:00～18:00 🚫無
休

　　源自江戶時代的助六，已經有130年的歷史，是東京都內殿堂級的江戶趣味小玩具店。店內的玩具都是以和紙製作，從巨大的人偶到迷你的商店模型，大大小小約有3千多種，擺滿小小的店面。雖然小玩意匠心獨具、精緻有趣，但是價格並不便宜。

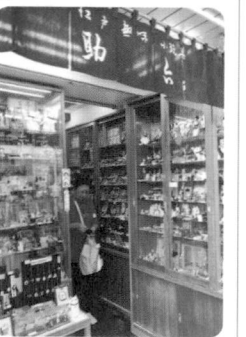

龜屋

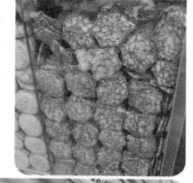

🗺 P.58 ✉台東區淺草1-37-
1 📞03-3844-7915 🕐09:30
～19:00 💲¥500 🚫不定休

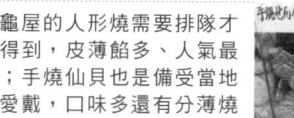

　　龜屋的人形燒需要排隊才買得到，皮薄餡多、人氣最旺；手燒仙貝也是備受當地人愛戴，口味多還有分薄燒及厚燒，其中以烏龜造型的仙貝最特殊，是該店的招牌商品，觀光客必買的點心。

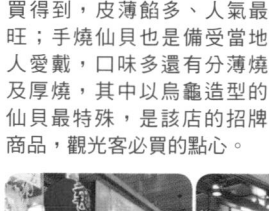
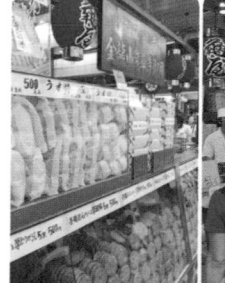

和泉屋

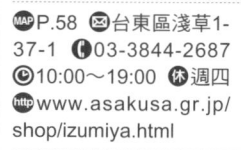

🗺 P.58 ✉台東區淺草1-
37-1 📞03-3844-2687
🕐10:00～19:00 🚫週四
🌐www.asakusa.gr.jp/
shop/izumiya.html

　　和泉屋也是專營手燒仙貝，但是它的口味、花色種類最多樣，有小到如柿種子的柿種仙貝、大到比人臉還大的特大丸仙貝(¥1,600／枚)，辣味仙貝還分小辣、中辣及大辣，特地來選購的人潮很多。和泉屋本店位在人潮較少的觀音通上(🗺P.53／E7)。

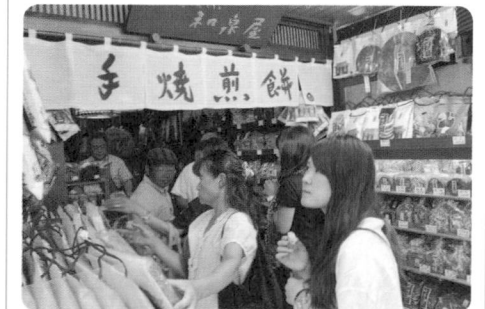

木村家人形燒本鋪

MAP P.58 ✉ 台東區淺草2-3-1 ☎ 03-3844-9754 ⏰ 09:30～18:30 休 無休

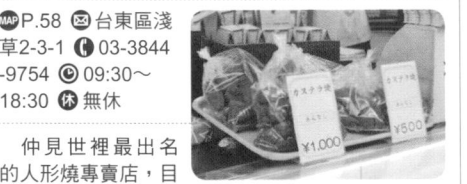
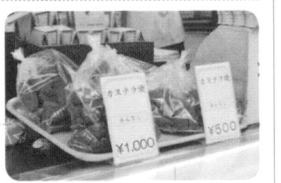

仲見世裡最出名的人形燒專賣店，目前人形燒的圖案：鴿子、燈籠、五重塔、雷神，就是這家店創始的。可以透過玻璃窗欣賞師父現場烘烤，人形燒除了有紅豆餡的，還有無餡的人形燒，稱為「カステラ燒」，都是8個¥500。

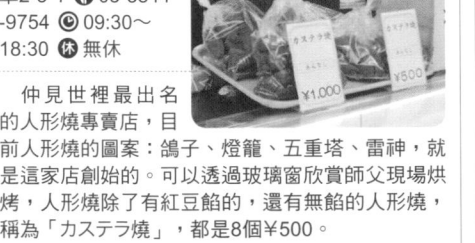

九重

MAP P.58 ✉ 台東區淺草2-3-1 ☎ 03-3841-9386 ⏰ 09:30～19:00 休 無休 http www.facebook.com/Agemanju

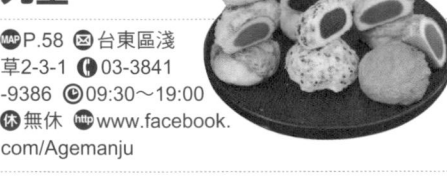

新鮮現炸、熱呼呼的甜饅頭，採用日本國產小豆及砂糖製作，共有抹茶、南瓜、卡士達、櫻花等7種豆餡口味，價格依口味而定，從¥120～200不等，生意好得不得了，可買一盒7個¥1,140。

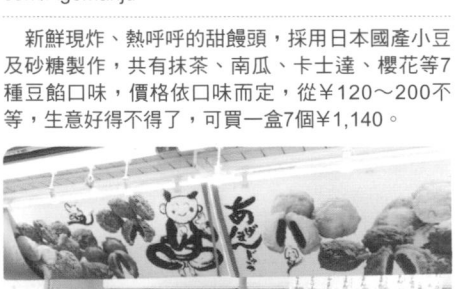

淺草よ兵衛

MAP P.53／E5 ✉ 台東區淺草2-2-7 ☎ 03-3841-0868 ⏰ 08:00～18:00 休 不定休 ⑤ 霜淇淋¥350、麻糬糰子串¥150 http www.agemochi-yohei.com

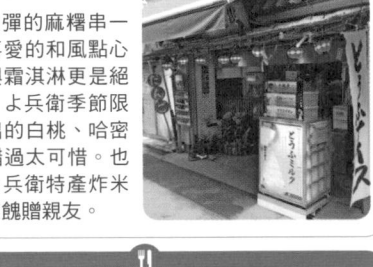

口感Q彈的麻糬串一向是我喜愛的和風點心之一，與霜淇淋更是絕妙搭配，よ兵衛季節限定所推出的白桃、哈密瓜口味錯過太可惜。也可以買よ兵衛特產炸米果，回家餽贈親友。

梅園

MAP P.53／D6 ✉ 台東區淺草1-31-12 ☎ 03-3841-7580 ⏰ 10:00～20:00 休 週三（每月2天，不定休）⑤ 蜜豆湯圓¥756 http www.asakusa-umezono.co.jp

由1854年的江戶茶屋營業至今的梅園，已經是國際知名的日式甜點店，無論何時，門口總是排著長長的人龍。梅園以蜜豆湯圓(あんみつ)最為有名，有蜜汁、抹茶等口味，冬天建議來碗熱熱的白玉紅豆湯，夏天則有各種蜜豆湯圓剉冰推出，紅豆冰淇淋也不要錯過。梅園另一樣知名的創始甜點是，有紅豆泥與黍米糕的「栗善哉」(あわぜんざい)¥777。

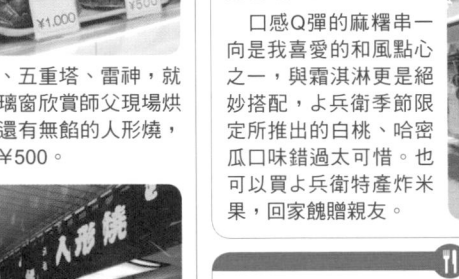

麻鳥釜鍋飯

MAP P.53／D6　台東區淺草1-31-2　03-3844-8527　11:00～21:30　無休　帆立貝釜鍋飯￥1,600、螃蟹釜鍋飯￥1,700、蝦釜鍋飯￥2,000

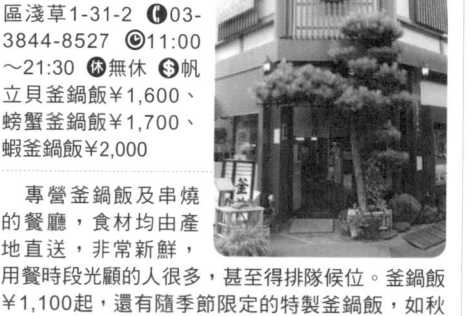

專營釜鍋飯及串燒的餐廳，食材均由產地直送，非常新鮮，用餐時段光顧的人很多，甚至得排隊候位。釜鍋飯￥1,100起，還有隨季節限定的特製釜鍋飯，如秋天的松茸釜鍋飯、冬天的牡蠣釜鍋飯等。此外，還有各類海鮮、肉類串燒，￥160起。

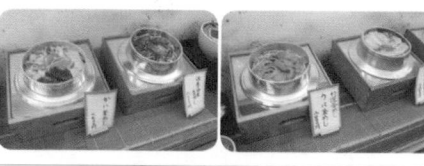

Amuse Museum

MAP P.52／F3　台東區淺草2-34-3　03-5806-1181　10:00～18:00(Bar Six 18:00～02:00)　週一(遇假日休週二)　￥1,080，學生￥864，兒童￥540　www.amusemuseum.com

收藏和服文化與浮世繪的美術館，2009年在淺草寺旁開幕，展現日本文化的「和」、「美」與「技術」。美術館的入口位在1樓商店裡的一角，商店裡有各種精美的布藝品、日本手工藝品，也有兼賣各地的特產，若對日本和服歷史、浮世繪藝術有興趣，不妨安排時間參觀。美術館6樓開設有酒吧，可以一邊飲紅酒、一邊欣賞淺草寺安靜美麗的夜景，夏天還可以上頂樓賞景。

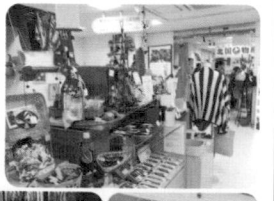

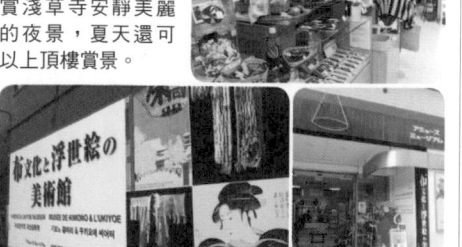

淺草 茶和和

MAP P.53／E5　台東區淺草2-2-10　03-6231-6044　10:00～18:00　無休　抹茶霜淇淋￥380、杯裝抹茶蕨餅￥300

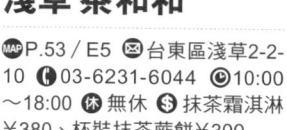

來自小江戶川越的抹茶專門店，有各種抹茶口味的和風點心、西洋甜點，尤其以抹茶霜淇淋最受遊客青睞，幾乎人手一支。但茶和和最出名的點心還是抹茶蕨餅，軟Q的蕨餅裏滿香味濃郁的抹茶粉，真是絕配啊！讓人一口接一口地停不下來。

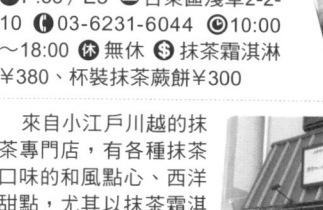

壽壽喜園

MAP P.52／E1　台東區淺草3-4-3　03-3873-0311　10:00～17:00　每月第三個週三　餅乾裝2球冰淇淋￥680　www.tocha.co.jp/tea/index.html

近年在淺草地區掀起抹茶冰淇淋旋風的壽壽園，原本只是一間販售日本茶的專門店，沒想到一推出「世界第一濃郁的抹茶冰淇淋」後，成為鐵定要排隊才能品嘗到的美食名店，店面也幾乎變成了冰淇淋專賣店了。

壽壽園的抹茶冰淇淋分成了7個等級，其中必嘗的當然是7號深綠色的最濃口味，微苦的濃抹茶竟然如同巧克力一般地在口中化開，香濃好吃到讓人嘖嘖稱奇呢！而玄米茶冰淇淋也是我相當推薦的口味。當你逛完了淺草寺，別忘了多走幾分鐘，到這家位在淺草寺後方的抹茶冰淇淋名店，品嘗這世界最濃郁的美味。

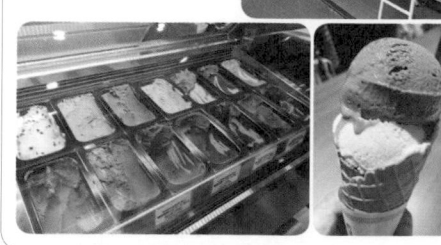

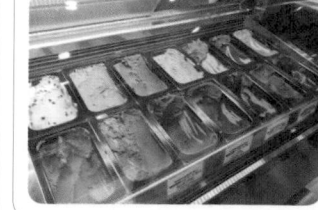

淺草寺
SENSOJI

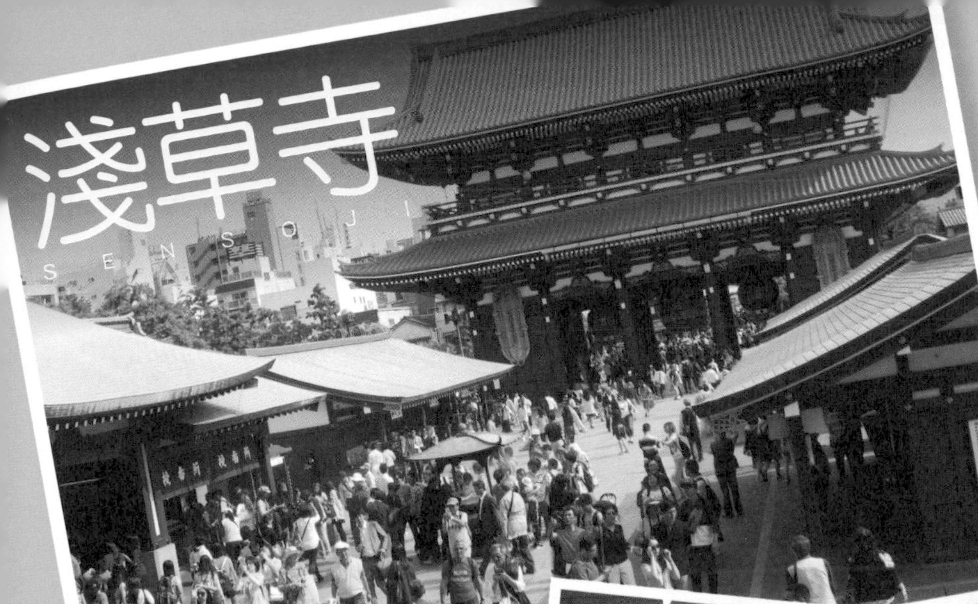

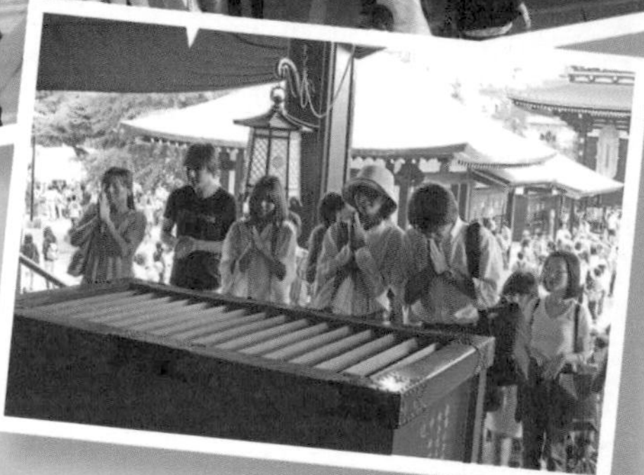

淺草地區的代表
觀光人氣No.1

建於西元628年的淺草寺,是東京最古老的觀音寺。據說是當年有兩位漁夫,檜前濱成與檜前竹成兩兄弟,在隅田川捕魚時網上了一尊觀音菩薩像,當地地方官士師中知將自宅改建為寺廟供奉。淺草寺於二次大戰毀於東京大轟炸,現在所見的淺草寺建築群,及仲見世商店街都是戰後重建的。三社祭是淺草寺每年5月中旬的重要例行祭典,約有150萬人參與,3座本社神轎與上百座町寺神轎,繞行淺草周圍,萬頭攢動、熱鬧無比。

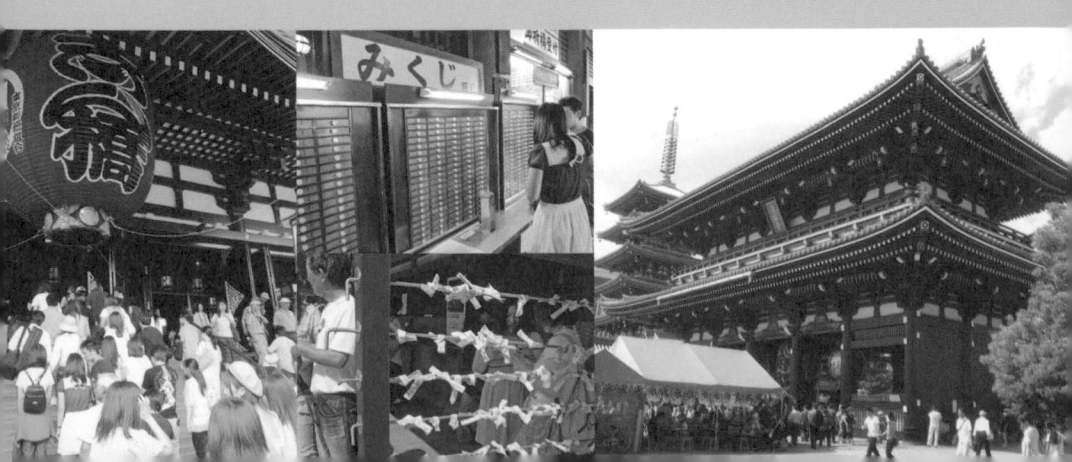

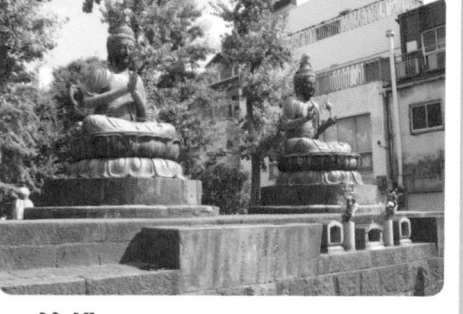

二尊佛 🗺P.52 / E4

位於寶藏門右前側的兩尊青銅觀音座像，連同蓮花座共高達有4.5公尺高。

五重塔

🗺P.52 / D4

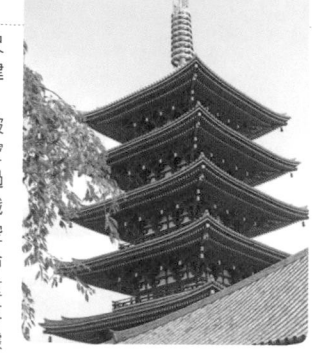

高達50公尺的五重塔，始建於西元942年，曾在1911年被日本指定為國寶建築之一，不過仍難逃二次大戰時遭到東京大空襲被燒毀的命運。目前的五重塔是1973年再度重建成的，據說上頭收藏有釋迦牟尼佛的舍利子。

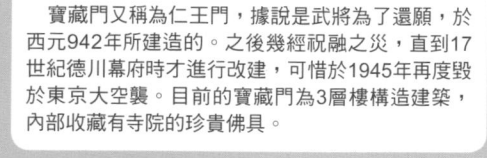

寶藏門 🗺P.52 / D4

寶藏門又稱為仁王門，據說是武將為了還願，於西元942年所建造的。之後幾經祝融之災，直到17世紀德川幕府時才進行改建，可惜於1945年再度毀於東京大空襲。目前的寶藏門為3層樓構造建築，內部收藏有寺院的珍貴佛具。

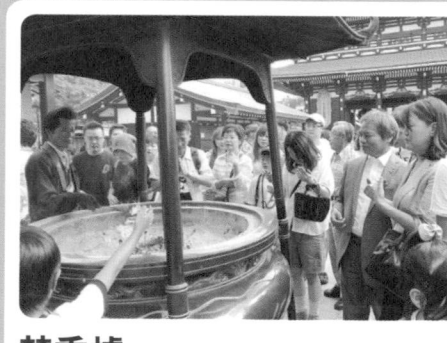

焚香爐 🗺P.52 / E4

淺草寺的焚香爐相當出名且具有高人氣，前來參拜的信眾無不往此聚集，爭將香火的裊裊薰香直往身上撲攬，據說身體哪裡有病痛，只要攬過薰香就能些許地減輕病痛。不妨學著當地民眾依樣畫葫蘆，心誠則靈，說不定有效喔！

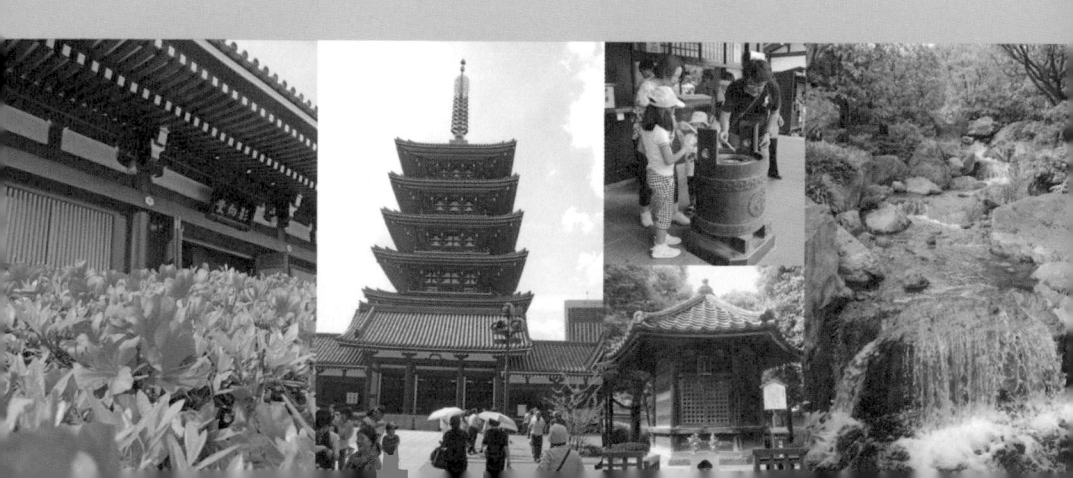

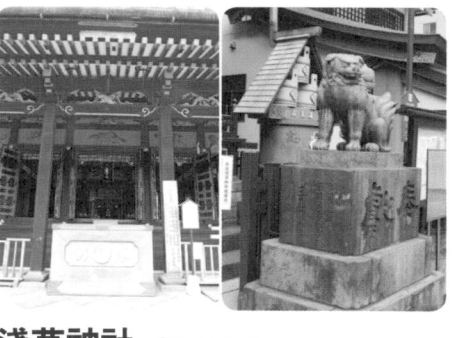

淺草寺本堂 MAP P.52 / E3

　　原為木造的本堂，燒毀後於1958年重建完成。新的本堂為鋼筋水泥的架構，屋瓦也採用新式建材，但外觀仍然維持以往的樣貌。本堂的最大特徵在於屋頂，尤其從側面看，傾斜度非常大，屋脊相當高聳，整個寺廟也顯得非常雄偉。寺內設有御宮殿設置聖觀音菩薩，天井還彩繪有龍及天女的畫像，參拜之餘不要忘了抬頭欣賞。

淺草神社 MAP P.52 / E3

　　這裡祭祀的是發現觀音像的濱成與竹成兩兄弟，以及建寺供奉的士師中知。淺草寺有名的三社祭所指的「三社」，就是指這3個人。

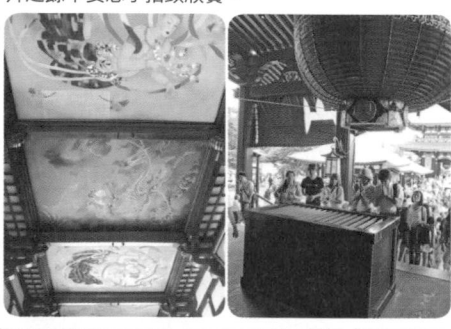

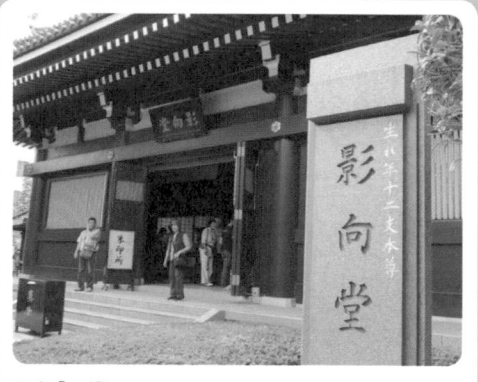

影向堂 MAP P.52 / D3

　　影向堂是建於1994年的新寺院建築，供奉聖觀音菩薩像，是為了紀念名僧圓仁誕辰1,200年而建。寺院後方有一座建於室町時代的六角亭，是淺草寺內最古老的建築物；而前方水塘上的石橋，則是東京都內最古老的石橋，建於1618年，獲得日本文部省的國家重要美術品認定。

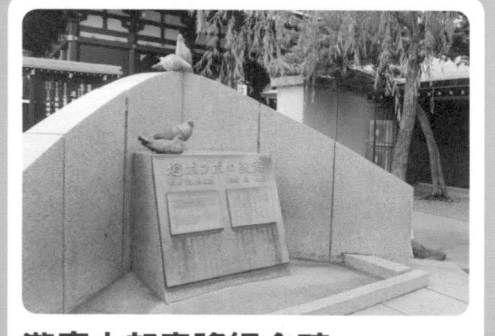

瀧廉太郎童謠紀念碑 MAP P.52 / D4

　　紀念明治時期的音樂大師——瀧廉太郎(1879～1903年)，是日本西洋音樂的啟蒙代表之一，「鳩ぽっぽ」是他於1900年所創作的童謠，描寫鴿子在寺廟飛上飛下、啄食地面豆子的情景。

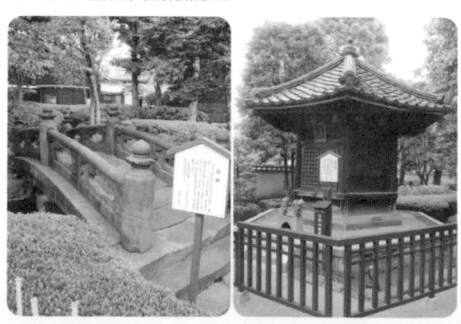

花屋遊樂園

HANAYA SHIKI

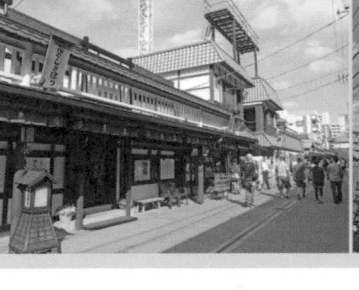
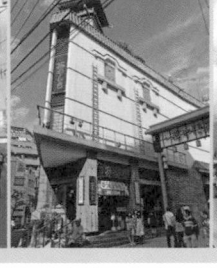
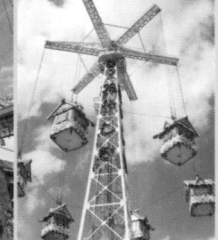

MAP P.52 / B2　✉台東區淺草2-28-1　☎03-3842-8780　◎10:00～18:00　休不定休　$門票：成人￥1,000、兒童￥500，Free Pass：成人￥2,300、兒童￥2,000　http www.hanayashiki.net

花屋是日本最早的遊樂園，早在1853年即以花園的形式開放，直到1949年才以遊樂園的形式營業。目前園內最為古老的設施爲「幸福橋」，而它的雲霄飛車是日本歷史最悠久的，已經娛樂大眾有50年以上了。花屋遊樂園小雖小，但是驚險的遊樂設施也不少，每項設施只需要￥200～500，或買Free Pass來個全園玩透透，不用遠征迪士尼，就可以在市區內用平民的價格玩樂歡笑一下午。

而花屋通沿路都是古風的木造民家、商店，相當具有美感，請放慢腳步欣賞。

西參道商店街

MAP P.52 / C3　http www.asakusaomatsuri.com/mall

西參道商店街是淺草最新一條以江戶風景為主題的商店街，入口以歌舞伎座的樣貌設計，整體的氣氛以「祭典」為風格改建，仿古的建築細節相當有味道。而西參道也是日本第一條以木頭鋪成地板的商店街，商店也大都販售日本傳統日常生活用品，相當吸引外國遊客造訪。

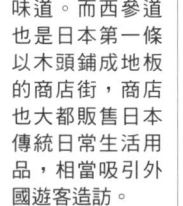
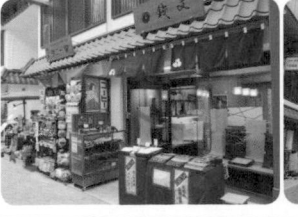
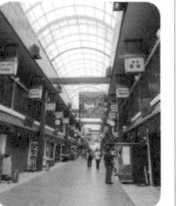

花月堂

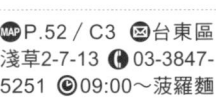

MAP P.52 / C3　✉台東區淺草2-7-13　☎03-3847-5251　◎09:00～菠羅麵包售完　休無休　$巨型菠羅麵包(ジャンボめろんぱん)￥220，特製蘋果派￥220　http www.asakusa-kagetudo.com

花月堂以它的原創商品「超大的菠羅麵包」聞名，就連刨冰、霜淇淋的分量也都很大一份，菠羅麵包外酥內軟特別好吃，排隊搶購的人潮不少，尤其是週末簡直是人山人海，一天可賣掉2,000個以上呢！2樓開設有茶室雅座，可以坐下來品嘗日式甜點、刨冰等，也可點冷麵、烏龍麵等餐點。花月堂在雷門附近有分店(**MAP** P.53 / D7，靠近雷門；**MAP** P.53 / E7，在觀音通上)。

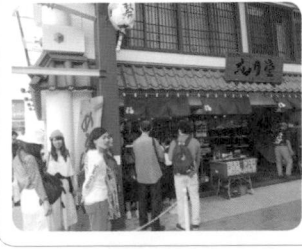

とお山 炸雞塊

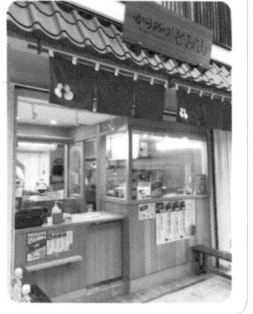

MAP P.52 / B3 台東區淺草2-7-13 03-3843-1729 10:00～18:00 不定休 炸雞5個¥400、炸雞便當¥600 http to-yama.tokyo/karaage

從商店街的另一頭飄來炸雞的香氣，立刻快步往前看個究竟，原來是家小巧的炸雞塊店，店家全部現點現炸，花時間等待時值得的，酥香多汁、美味逼人，讓人吃不停口啊！

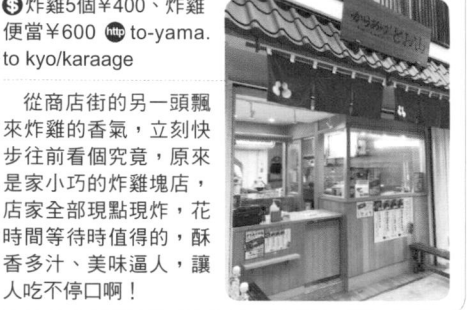

江戶下町傳統工藝館

MAP P.52 / B1 台東區淺草2-22-13 03-3842-1990 10:00～20:00 無休 參觀免費 http www.city.taito.lg.jp/index/shisetsu/bunkashisetsu/kuritsu/dentoukougeikan.html

江戶時代，在德川幕府的職人政策下，將日本各地的職人(技術民工)召集於東京，致使日本各地的民藝生產技術成為東京下町特色之一。江戶下町傳統工藝館展示了上百件手工精湛的傳統民藝品，如燈籠、七寶燒、友禪、木雕、銀器、風鈴、羽子板等，館內除了播放傳統工藝的製作過程影片外，更不時舉辦現場的專人表演，遇上了可別錯過喔！

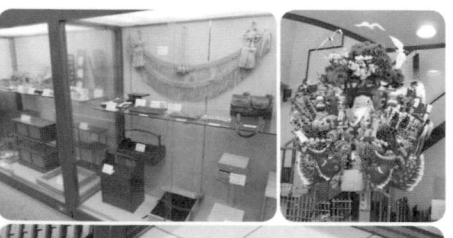

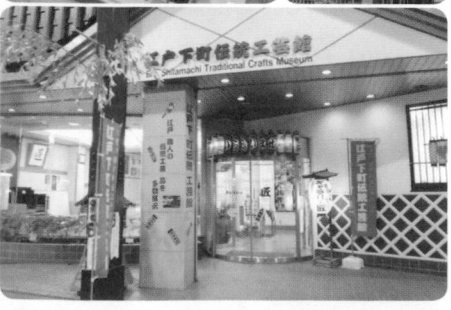

米久本店

MAP P.52 / B2 台東區淺草2-17-10 03-3841-6416 12:00～21:00 週三 特選牛肉壽喜鍋¥3,790 http asakusa-ryoin.jp/yonekyu

於1886年創業的米久，是淺草地區碩果僅存的壽喜鍋百年老店，也是首家選用「近江和牛」為食材的餐廳。當年在高級牛肉的號召下，短短數年間分店數曾增加至26家之多，每天更是以平均賣出40頭牛分量的牛肉壽喜鍋創下紀錄！時至今日，其富有下町風情的外觀及內部陳設，以及「咚咚」作響、用以歡迎顧客的太鼓聲，都已經成為淺草地區飲食文化的歷史遺物。

米久選用近江和牛中最高等級的牛里脊肉，單看其霜降紋理在特製的醬油中躍動，就已經叫人按捺不住，嘗在口中更是非同小可；先不要咀嚼，讓柔軟的霜降油脂在你的舌頭上輕抹、鮮香的肉汁在你口內遊走，最後細細咬下一兩口，肉片就已經靜悄悄地滑入腹中了。這種細緻的口感，連日本著名的雕刻家兼詩人「高村光太郎」都在《米久的晚餐》一詩中，大加讚賞。

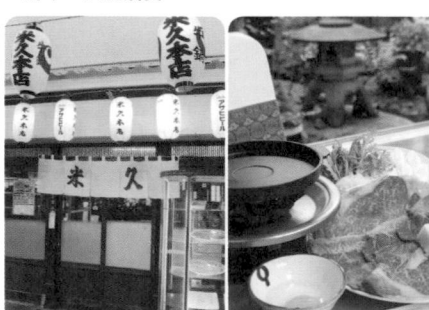

照片提供／麴國安

淺草觀音溫泉

MAP P.52 / C3 台東區淺草2-7-26 03-3844-4141 06:30～17:00 週四 ¥700

這裡是早期的公共澡堂(錢湯)，雖然已經不再流行，但是仍有不少老人家喜歡早上或傍晚前來洗澡泡湯。1樓是大眾浴池、2樓有個別房間按摩服務(¥4,000)、3樓則有個寬敞的表演場地，週末有開放使用。

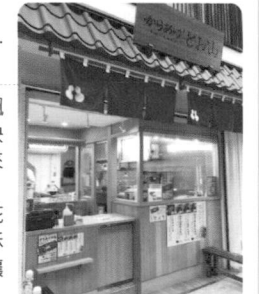

六區通・傳法院通 淺草柳通

68

接著沿「六區通ブロードウエイ」（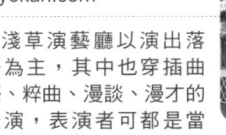P.53／A5）往下走，這裡有電影院、劇場，所以有Broadway之稱。熱鬧的路口有以演出相聲為主的劇場「東洋館」與「淺草演藝廳」，我們順著左手邊的「六區通り」「傳法院通り」及「淺草柳通り」前進，這三段街道連接成一條長長的散步觀光街道，以懷舊的江戶風情為噱頭，吸引遊客。

六區通り這個區域從以前就是以劇場出名，許多出名的演員都在這裡演出過，街道上也是以劇場為主的商店街，道路兩旁14根的燈柱上，有33位演藝名人的照片。

而位於淺草寺前的傳法院通、柳通，近年來經過重新整理後，以江戶時代的風貌企圖吸引來仲見世的觀光客。木製的看板招牌、懷古的建築外觀，規畫得非常用心，與仲見世擁擠的人潮相比，這裡別有一番休閒風情。

遊逛之餘，還是要提醒你，小心荷包超支，還有別忘了轉到馬道通り，參觀「犬印鞄製作所」（P.72）的帆布包製作工房。

淺草演藝廳・東洋館

MAP P.52／A4、A5　台東區淺草1-43-12　淺草演藝廳03-3841-6545，東洋館03-3841-6631　11:40～21:00　無休　成人¥2,800，兒童¥1,500　淺草演藝廳www.asakusaengei.com，東洋館www.asakusa-toyokan.com

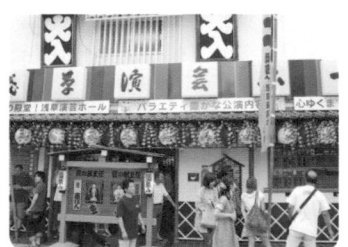

淺草演藝廳以演出落語為主，其中也穿插曲藝、粹曲、漫談、漫才的表演，表演者可都是當今有名的藝術家。東洋館在淺草演藝廳樓上，以演出雙人笑料相聲為主，是目前廣受日本人喜愛的演出方式，東洋館有「爆笑的發信基地」的稱呼。來這裡體驗下町庶民的日常娛樂，邊吃便當邊看表演，內行的看門道，外行的來湊個熱鬧也無妨。

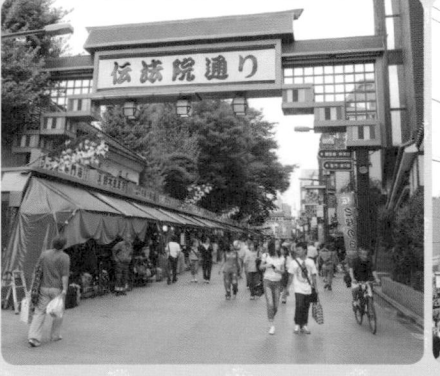

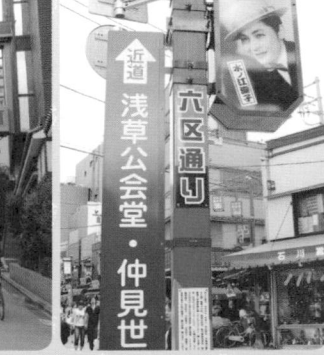

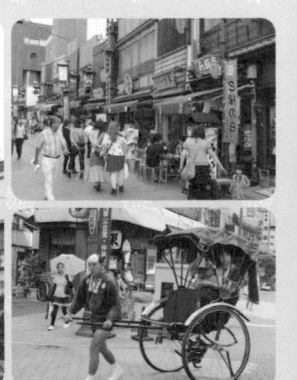

まるごとにっぽん

🗺 P.52／A4　📍 台東區淺草2-6-7　🕐 1～2樓10:00～20:00、3樓10:00～21:00、4樓11:00～23:00　🈳 無休　🌐 marugotonippon.com

　由舊的遊樂場改建，結合商店、餐廳、飯店，於2015年年底開幕，是淺草最大型的綜合商場大樓。樓高13層，1樓有專售日本精選的特色食材超市，也有可以現買現吃的食品攤位；2樓有各種日本工藝生活用品，不只好用且更加美觀；3樓則可以買到日本各府縣的地方特色物產；4樓為美食餐廳；而5～13樓則是Richmond Hotel。這裡是遊淺草寺最方便的投宿地點，也為淺草帶來更多人潮與錢潮。

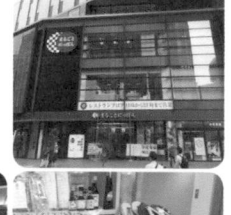
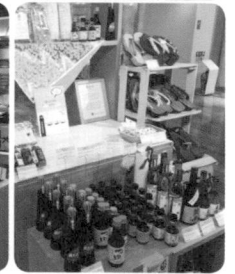

珈琲天國

🗺 P.53／B5　📍 台東區淺草1-41-9　📞 03-5828-0591　🕐 11:30～18:30　🈳 週二　💲 招牌咖啡￥550、手燒鬆餅套餐￥1,000、熱狗堡套餐￥800

　只有15個座位的精緻小咖啡廳，經常都需要跟著排隊等座位，不外乎都是要來一嘗那好吃的手燒鬆餅，還有超大的熱狗堡。店內有許多自創的商品，咖啡杯組、T恤等賣得非常好，還有天國自家的招牌咖啡豆￥1,500。

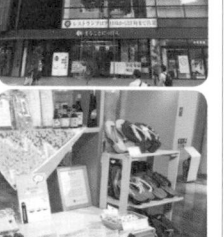

居酒屋街

🗺 P.53／B5　🕐 18:00～00:00

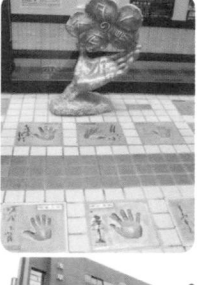

　一條短短的街道卻開滿了大大小小的居酒屋，白天跟一般街景沒兩樣，一入夜那可就熱鬧了。客人從店裡坐到店外，燒烤、滷煮、煎炸、小菜、啤酒，每家都有特色料理，一家接著一家續攤，真是像極了台灣的夜市。

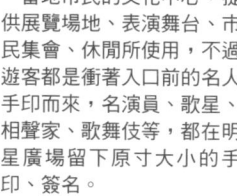

淺草公會堂

🗺 P.53／C6　📍 台東區淺草1-38-6　📞 03-3844-7491　🕐 09:00～21:00　🈳 12/28～1/4　💲 參觀免費　🌐 asakusa-koukaidou.net

　當地市民的文化中心，提供展覽場地、表演舞台、市民集會、休閒所使用，不過遊客都是衝著入口前的名人手印而來，名演員、歌星、相聲家、歌舞伎等，都在明星廣場留下原寸大小的手印、簽名。

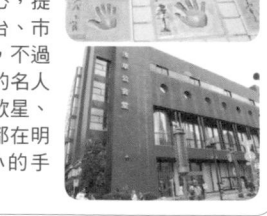

ドン・キホーテ Don Quijote

🗺 P.52／A4　📍 台東區淺草2-10　📞 03-5826-2511　🕐 24小時營業　🈳 無休　🌐 www.donki.com

　新開幕的淺草分店，賣場規模猶如百貨公司般，商品千萬種，有路過就順道進來逛逛吧！

胡蝶

MAP P.53 / C5 ⊠ 台東區淺草1-39-11 ☎ 03-3843-7606 ⏰ 10:00～19:00 休 無休

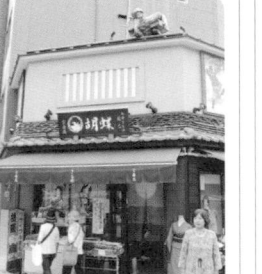

　如果你喜歡懷舊風格的和服，這裡有大正、昭和時期花樣的各式二手和服，價格適中，其他搭配用的配件也相當好看。別忘了抬頭找一下抱著銀兩箱正要逃跑的「鼠小僧」(江戶時代對小偷的稱呼)，它就幽默地出現在屋頂的一角。

淺草ラスク

MAP P.53 / C5 ⊠ 台東區淺草1-39-10 ☎ 03-6231-7311 ⏰ 10:00～19:00 休 無休 💲 綜合口味16枚裝￥1,188 🌐 www.asakusarusk.jp

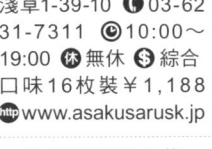

　自稱淺草新名物，販賣洋風的點心伴手禮，由法國麵包切片烘製成的餅乾，有伯爵茶、奶油、藍莓3種口味，酥脆好吃，尤其是藍莓口味還含有果肉呢！禮盒共有24、36、48、60及72枚裝的，買的人還真不少。

天麩羅大黑家本店

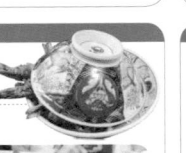

MAP P.53 / C5 ⊠ 台東區淺草1-38-10 ☎ 03-3844-1111 ⏰ 11:00～20:30 休 無休 💲 炸蝦蓋飯￥1,550 起 🌐 www.tempura.co.jp

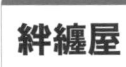

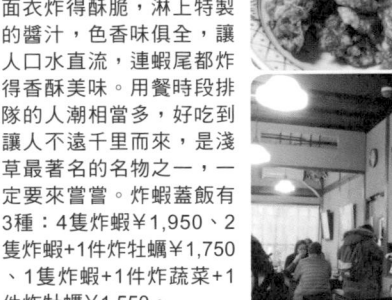

　於1887年創業的百年天麩羅老店，以麻油將炸蝦面衣炸得酥脆，淋上特製的醬汁，色香味俱全，讓人口水直流，連蝦尾都炸得香酥美味。用餐時段排隊的人潮相當多，好吃到讓人不遠千里而來，是淺草最著名的名物之一，一定要來嘗嘗。炸蝦蓋飯有3種：4隻炸蝦￥1,950、2隻炸蝦+1件炸牡蠣￥1,750、1隻炸蝦+1件炸蔬菜+1件炸牡蠣￥1,550。

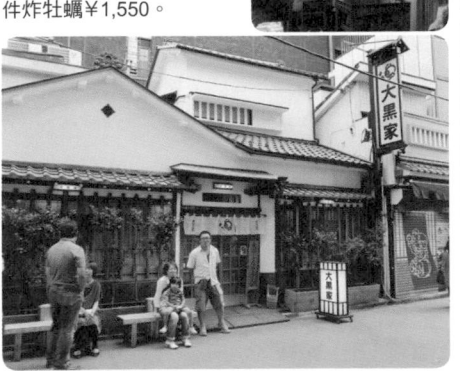

絆纏屋

MAP P.53 / D5 ⊠ 台東區淺草1-37-11 ☎ 03-5827-0852 ⏰ 10:00～18:00 休 週三 🌐 www.hantenya.co.jp

　以販賣江戶時期庶民穿著衣物為主的商店，拖鞋、襪子、腰帶、圍裙、外掛衣等，商品種類很多，傳統的小物總是吸引不少外國觀光客參觀。來看看江戶時期一般老百姓都穿些什麼、用些什麼，買件外掛衣回家當外套穿也相當酷。

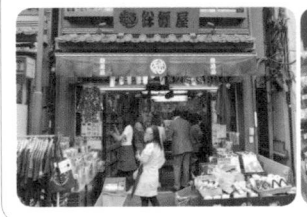 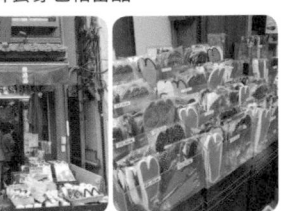

淺草メンチ

MAP P.53 / D5 ⊠ 台東區淺草2-3-3 ☎ 03-6231-6629 ⏰ 10:00～19:00 休 無休 💲 炸肉餅￥200 🌐 www.asamen.com

　販賣日本人最愛吃的炸肉餅，小小攤位但生意超好，採用高級牛肉及有「幻の豚」的「高座豬肉」，混合做成的炸肉餅。外層酥脆、內層多汁，再加上特製的醬汁，讓人一口接一口，難怪不少人乾脆買冷凍品，帶回家自己炸再慢慢享用。

江戶切子おじま

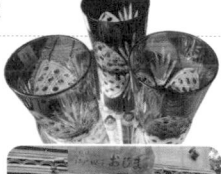

🗺 P.53／D5 ✉ 台東區淺草2-3-2 ☎ 03-4285-9664 🕐 09:00～17:00 🈺 無休 🌐 www.edokirik o.jp/edokiriko-annai.html

沿自於西洋的傳統玻璃技藝，將內層透明、外層染色的玻璃，以手工打磨雕刻出不同的花紋，日本的切子圖案不外乎菊葉、麻葉、龍眼及棋盤貌的市松等，有杯、碗、瓶等商品。製作精美的切子，價格並不便宜，但非常值得收藏。

切戶珈琲

🗺 P.53／D5 ✉ 台東區淺草1-37-12 ☎ 03-6231-6629 🕐 09:00～19:00 🈺 每月第二個週二 💲 咖啡¥400起、蛋糕套餐¥650、吐司套餐¥450起、義大利麵¥700

淺草寺老牌的喫茶店，相當受當地人歡迎，遇到週末的人潮，總是一位難求。除了咖啡外，也提供有簡單的輕食，如義大利

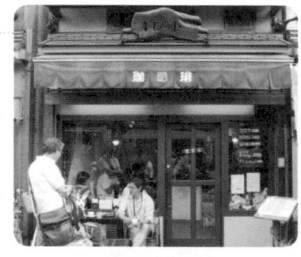

麵、奶油濃湯等，逛累了就推門進來坐坐吧！

大澤屋

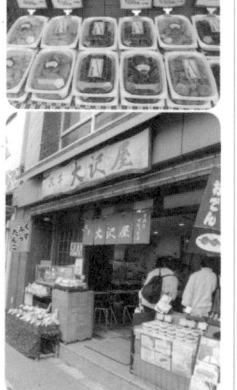

🗺 P.53／E6 ✉ 台東區淺草1-35-6 ☎ 03-3841-6815 🕐 10:00～18:00 🈺 無休 💲 200g約¥550

手工製作的甘納豆專賣店，不同豆類、多種口味、不甜不膩，歡迎顧客試吃到滿意為止，其中賣最好的是大蠶豆黃豆粉口味。此外也有兼售多種傳統醃漬小菜，不妨買個甜納豆及鹹的小菜回飯店，配上冰涼的啤酒最對味。

くるり

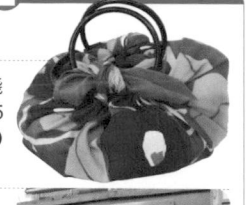

🗺 P.53／E5 ✉ 台東區淺草2-2-2 ☎ 03-5830-3567 🕐 09:30～18:30 🈺 無休 🌐 www.kururi.jp

受到日本女性喜愛的一家店，以販售和風布料做成的手巾、布包、錢包、衣服、飾品等，將傳統花色、樣式改良而成新的時髦用品，只要一條花布巾加兩個提環，就可以變化出多種的布提包，尤其以日本畫家竹久夢二的畫作所複製出來的花樣，最受青睞。這間不大的店面總

是擠滿了購買的人潮；若想買有和風特色的紀念小物，這裡很適合，選擇的種類非常多。

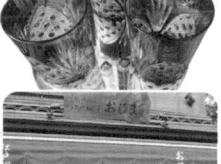

犬印鞄製作所

🗺 P.53／F5 ✉ 台東區淺草2-1-16(2F) ☎ 03-5806-0650 🕐 09:00～18:30 🈺 無休 🌐 www.inujiru shikaban.jp

帆布包近來重回主流市場，不論是哪個品牌都賣得嚇嚇叫。犬印鞄製作所以淺草為家，共有兩家店面，馬道通上這家位於2樓的分店，是它主要的製作工作室，可以邊選購邊看他們是如何使用硬挺的帆布，以純手工製作出一個個精美實用的帆布包。由於太受歡迎，許多款式、顏色都處於缺貨狀態，但店家接受預訂製作，不妨先上網查看、詢問。另一家展售店面位於合羽橋道具街上(🗺 P.77)。

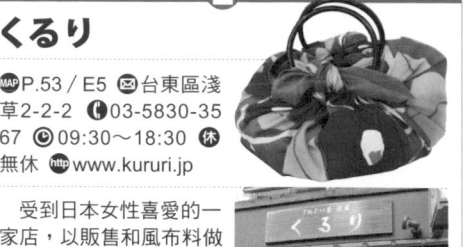

メトロ通・觀音通 新仲見世通

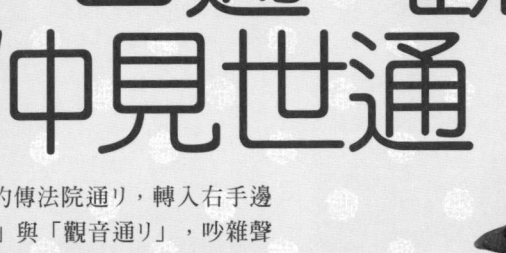

72

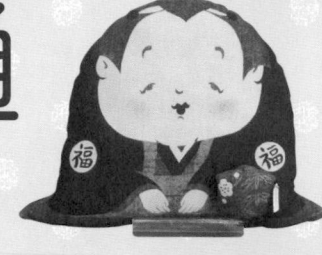

遊逛完熱鬧的傳法院通り，轉入右手邊的「メトロ通り」與「觀音通り」，吵雜聲一下子減少不少，雖然這條商店街就位在仲見世的隔壁，不過顯然安靜很多，人潮也比較少。這裡主要客層爲當地的居民，但還是有幾間適合觀光客逛街購物的和風小物店家、餐廳，尤其是「東南屋」（P.73）的江戶風味鍋物料理，相當受到當地人歡迎。

而橫向的「新仲見世通り」也是一處熱鬧的商店街，這裡也是以當地居民爲主客層，有許多生活用品店、藥妝店、鞋店等。不過，隨著觀光客越來越多，商店街裡也有不少以販賣紀念品的商店出現，規模也越來越大，從「馬道通り」一直延伸到「國際通り」都屬於「新仲見世商店街」，共分有5個段落，越接近國際通，餐廳、小吃店越多，在國際通的路口還有一家百貨公司「ROX」。

越過國際通再往前前進，就可以直達淺草散步的最後景點「合羽橋道具街」囉！

淺草び〜どろ

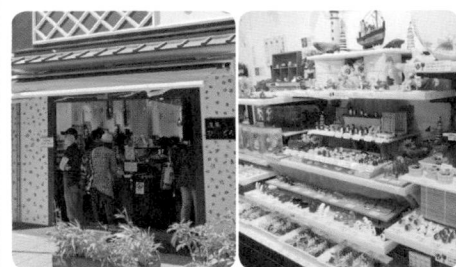

MAP P.53 / E5　台東區淺草2-2-2　03-5830-5030　09:30～18:30　無休　kamakura-bidoro.blogspot.jp

這家可愛的工藝品店，販售以玻璃製成的小玩意，各種小動物、金魚、摩天輪、美人魚等，也有玻璃御守、生肖，雖只有指尖的大小，卻件件精緻可愛，讓人愛不釋手。

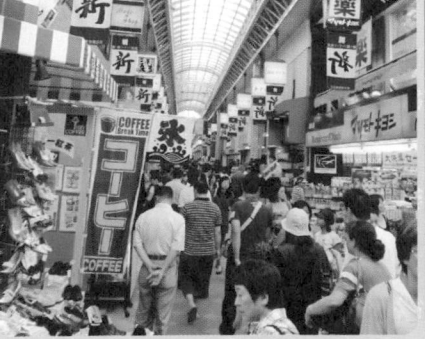

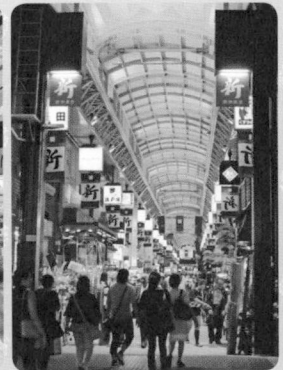

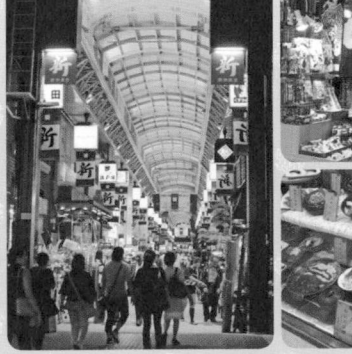

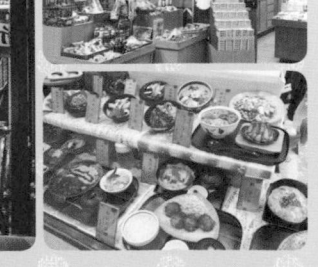

辻屋本店

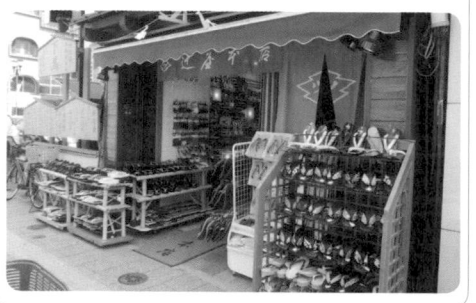

🗺 P.53／E6 ✉ 台東區淺草
1-36-8 ☎ 03-3844-1321 🕐
10:00～19:00 ✖ 無休 🌐 ge
taya.jp

日本和服用鞋、和式拖鞋
專賣店，純手工日製，材質
做工都沒話說的優質，有高
價的、也有適合觀光客買回家日常穿用的平價款，
買一雙回家吧，一旦穿上你就會愛上它。

Toys Terao

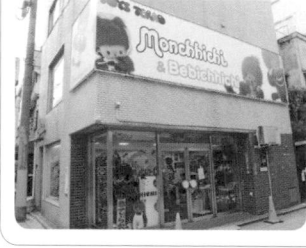

🗺 P.53／E6 ✉ 台東區淺草
1-36-1 ☎ 03-3841-0147 🕐
週一～五12:00～16:00，週
六～日、假日11:30～17:30
✖ 不定休 🌐 toysterao.com

可愛的Monchhichi專賣
店，Monchhichi誕生於1974
年，是熱銷38年純正日本血統的不敗玩偶，吸吮
大拇指是它的招牌動作。記得小時候我也有一隻，
不過當時的造型只有圍兜，現在則是各種服裝、角
色造型都有，還開發出許多文具、禮品等周邊商

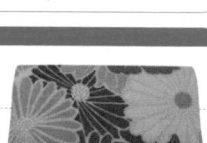

品。另外開在
仲見世的店鋪
(🗺 P.58)，也是
Mochhichi的專
賣店，要買淺
草限定款Moch-
hichi，就非得
來這兩家分店
才買得到喔！

東南屋

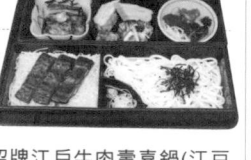

🗺 P.53／E6 ✉ 台東
區淺草1-33-5 ☎ 03-
3842-7373 🕐 11:30
～22:00 ✖ 無休 💲
季節江戶鍋￥1,900，招牌江戶牛肉壽喜鍋(江戶
すき焼き牛すき鍋)￥3,000，泥鰍鍋(どじょう鍋)
￥1,500 🌐 kiwa-group.co.jp/restaurant/264

古民家風格的和風鍋物料理餐廳，採榻榻米座位
方式用餐，以江戶風味的鍋物料理最為出名，若一
個人前往用餐，建議點分量較小的江戶鍋；若多人
同行可點分量較大的招牌鍋。另外，東南屋的泥鰍
料理也頗有名氣。東南屋用餐的價位中上，不妨選
擇午餐時段消費，有特製午餐，費用也稍低一些。

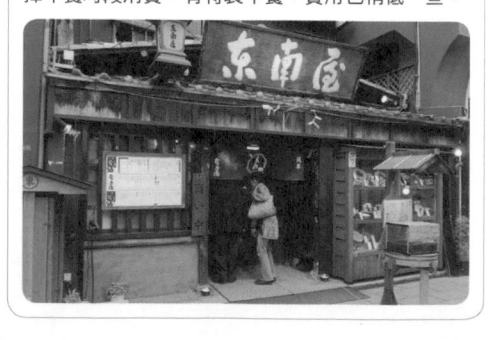

桐生堂・はねだ

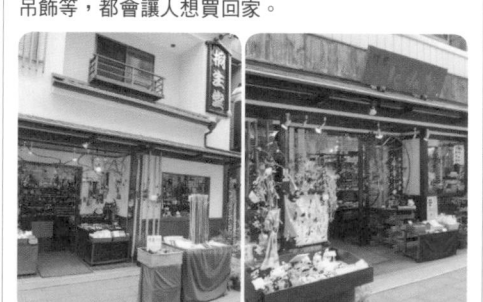

🗺 P.53／E6 ✉ 台東區淺草
1-32-12 ☎ 03-3847-2680
🕐 10:30～19:00 ✖ 無休
🌐 www.ab.auone-net.jp/~kiryudo

以日本傳統和服腰帶繩結、絹結鈕扣起家，創
業於1876年(明治9年)，目前除了專營各種繩結飾
品、和服絹絲腰帶外，還有以日式染布、縮緬布所
縫製的雜貨、娃娃、季節性裝飾品、配件等和風小
物。而相鄰、位在路口的「はねだ」(🌐 P.53／E6)
則是桐生堂的姊妹店，兩家店所販售的商品差不
多，若想買純正日製和風的布製小物，來逛逛這兩
家店就對了，不論是胸花、零錢包、眼鏡盒、手機
吊飾等，都會讓人想買回家。

和泉屋本店

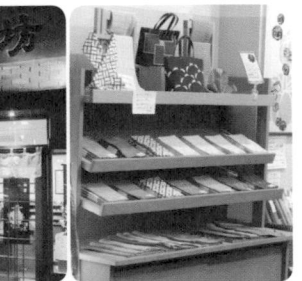

MAP P.53／E8　✉台東區淺草1-1-4　☎03-3841-5501　◷10:30～19:30　㊡週四　http www.asakusa-senbei.com

創業於西元1926年，是淺草地區的仙貝老店之一，醬油仙貝是這家店的招牌口味。近年來不斷研發出多種新奇口味的仙貝，吸引不少愛嘗鮮的年輕族群。和泉屋在仲見世也開有分店，但店面小、人潮多，建議可以移往空間舒適的本店選購，和泉屋在觀音通共有3間店面，一間附有茶座，一間以貓仙貝收服貓迷的心，有時間可以來逛逛。

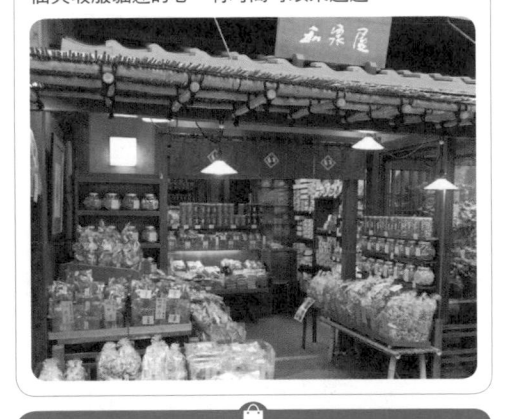

カツ吉

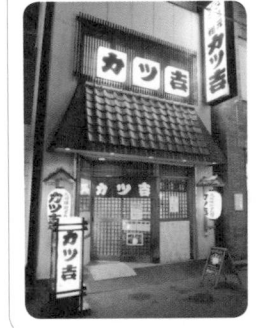

MAP P.53／C7　✉台東區淺草1-21-12　☎03-3841-2277　◷11:00～14:30，17:00～21:00　㊡週四　💲元祖味噌炸豬排¥1,250，紫蘇炸豬排¥1,300　http asakusa-katsukichi.gourmet.coocan.jp/top.html#

照片提供／魏國安

カツ吉以東京風味的「味噌炸豬排」風靡淺草，多年來得到眾多媒體報導，聲名大噪，聲勢直逼百年歷史的老鋪。カツ吉味噌炸豬排的奧祕在於把優質的白味噌夾入兩片豬排肉當中，味噌炸豬排一送上桌，立刻香氣撲鼻，讓人食慾大增。當你一口咬下，一道帶有微微日本酒香的軟滑味噌流溢出來，加上酥脆的麵衣及多汁的肉排，滿嘴美味的合奏，好吃到叫人停不了口。

カツ吉的大廚原修習法式料理，他將法式調理方式帶入傳統的炸豬排，東西融會貫通的創意，把這道味噌炸豬排提升到了另一個層次。除了味噌炸豬排外，也研發出餃子、起士、生薑、納豆、椎茸、大蒜等口味獨特的炸豬排，非常值得品嘗看看。

和加奈

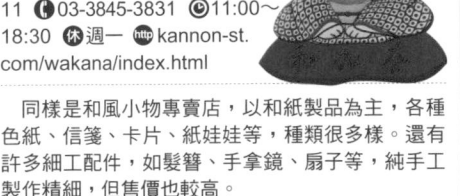

MAP P.53／E7　✉台東區淺草1-2-11　☎03-3845-3831　◷11:00～18:30　㊡週一　http kannon-st.com/wakana/index.html

同樣是和風小物專賣店，以和紙製品為主，各種色紙、信箋、卡片、紙娃娃等，種類很多樣。還有許多細工配件，如髮簪、手拿鏡、扇子等，純手工製作精細，但售價也較高。

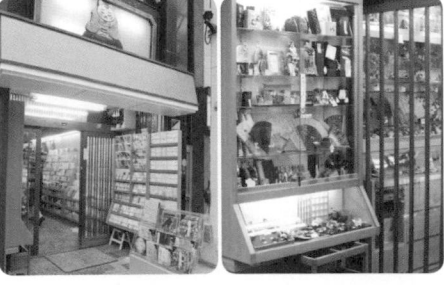

染の安坊

MAP P.53／C7　✉台東區淺草1-21-12　☎03-5806-4446　◷10:30～19:00　㊡無休　http www.anbo.jp

店裡所販賣的染布，均是由熟練的職人純手工一枚一枚染出來的，將傳統的圖案重新布局成具現代風的時髦感，每幅染布有35公分寬，可以用來當手巾、頭巾、布包、門簾等，店家也將其做成許多生活小物販售，實用又好看。

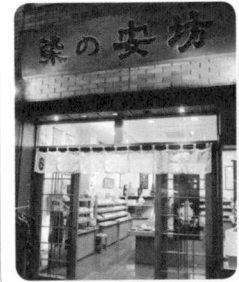
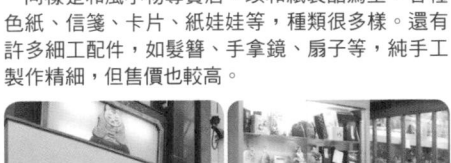

つる次郎

MAP P.53 / C7 ✉ 台東區淺草1-20-8 ☎ 03-5755-5888 ⏰ 11:30～15:00，17:00～22:00 ⚋ 週三 💲 大阪燒￥1,220起、文字燒￥980起、牛肉漢堡排￥1,180、鐵板牛排￥980起 🌐 www.tsurujirou.com

　　裝潢時髦的つる次郎，以供應大阪燒、鐵板燒料理為主，均有店家特製的獨特口味，不妨嘗試看看，價位中等，非常受到年輕人的歡迎。

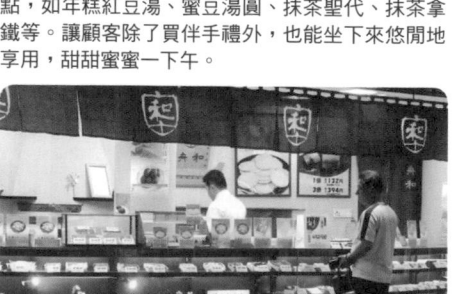

舟和本店喫茶室

MAP P.53 / B6 ✉ 台東區淺草1-22-10 ☎ 03-3842-2781 ⏰ 10:00～19:30 ⚋ 無休 💲 鬆餅￥600、聖代￥850 🌐 funawa.jp/shop/contents?contents_id=228730

　　在淺草起家，以販售和菓子為主。創業即將進入百年的舟和，除了本店外還有6家分店，光仲見世裡就有3家，可見其受歡迎的程度，點心好吃不在話下。本店的2、3樓為喫茶店，有供應各種日式甜點，如年糕紅豆湯、蜜豆湯圓、抹茶聖代、抹茶拿鐵等。讓顧客除了買伴手禮外，也能坐下來悠閒地享用，甜甜蜜蜜一下午。

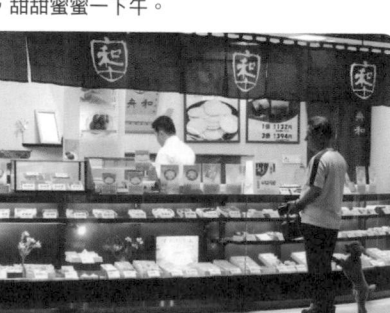
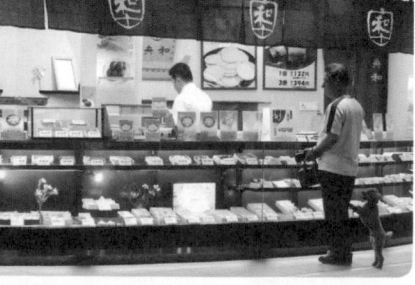

釜めし春

MAP P.53 / B7 ✉ 台東區淺草1-14-9 ☎ 03-3842-1511 ⏰ 11:00～21:00 ⚋ 無休 💲 螃蟹釜鍋飯￥1,300、鯛魚釜鍋飯￥1,690、松茸釜鍋飯￥1,690(9～11月)、牡蠣釜鍋飯￥1,080(10～3月) 🌐 r.gnavi.co.jp/g511100

　　釜めし春是1929年由矢野女士開設創業的，在一人一鍋的特殊吃法下廣受歡迎至今。釜鍋飯原是大正時期關東大地震後，當時逃到上野山上避難的難民，以沒有被地震燒毀的鐵鍋，加上殘留的米飯及蔬菜，煮成一鍋食用而延伸而來。

　　釜めし春的釜鍋飯在食材不斷地改良下，米飯混合了兩種東北新瀉產的優質米，在作法上不像一般餐廳那樣，將事先預煮好的拌飯放在鐵鍋中蒸熱而已，而是現點現做，只要你一打開木鍋蓋，一股混合了各樣新鮮食材的米飯香氣，就把人蒸得食指大動，等不及大快朵頤一番。釜めし春的釜鍋飯有五目、螃蟹、蝦子、雞肉等口味，還有隨季節限時推出的竹筍、松茸、牡蠣、栗子釜鍋飯等。

照片提供／魏國安

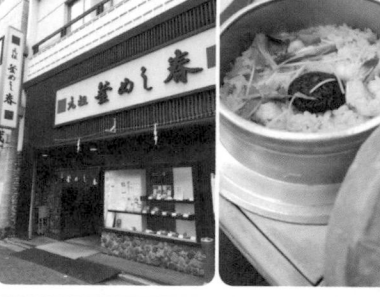
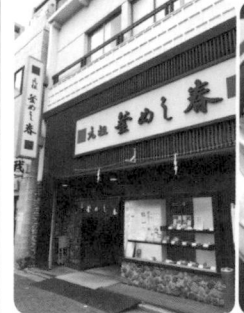

鳴門鯛魚燒

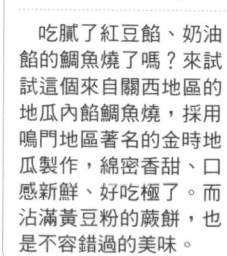

MAP P.53 / C6 ✉ 台東區淺草1-28-1 ☎ 03-5830-7668 ⏰ 10:00～20:00 ⚋ 無休 💲 鯛魚燒￥200 🌐 www.taiyaki.co.jp

　　吃膩了紅豆餡、奶油餡的鯛魚燒了嗎？來試試這個來自關西地區的地瓜內餡鯛魚燒，採用鳴門地區著名的金時地瓜製作，綿密香甜、口感新鮮、好吃極了。而沾滿黃豆粉的蕨餅，也是不容錯過的美味。

合羽橋道具街

76

逛遊完淺草，希望你沒有買太多，因為接下來要前往的合羽橋道具街，也是很難抗拒誘惑，所以，握緊荷包，Let's go！

合羽橋道具街近來為了振興商業街而加了個新別名「河童橋道具街」，因為「合羽」與「河童」在日文的念法一樣，而街道上原本就有許多店家的看板以河童做造型，還有一尊金色的河童雕像，順水推舟，多了河童多了話題。道具街約有800公尺長，兩旁均是以販售餐具、廚房設備用品、食品模型、招牌看板、櫥窗展示、商業道具等為主，主要是做大宗批發，但也歡迎一般零售的顧客，價格一樣便宜。

道具街約有170多家商店，其中以路口的「ニイミ洋食器店」巨大廚師招牌最為吸睛；對街的「田窯」則以精緻和風餐具讓顧客駐足；而最受外國觀光客青睞的，不外乎是販售製作唯妙唯肖食品模型的「東京美研」、「まいづる」與「サンプル屋」。

大型的鍋具、陶瓷碗盤不方便帶回家，買個精巧的食物模型，不論送禮或自用都會讓人愛不釋手。這裡的店家也以「巨大」為噱頭吸引顧客，如最大的鐵鍋、茶壺、研磨器、壽司船等等，商品樣式之豐富，讓每家店都有如博物館一般。

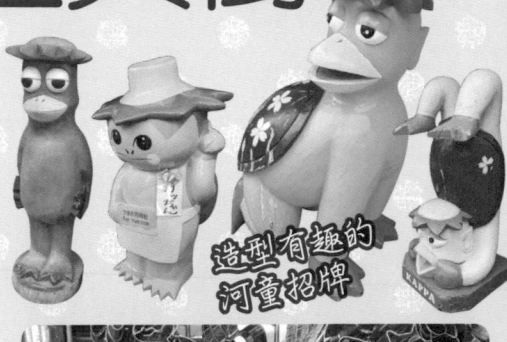

造型有趣的河童招牌

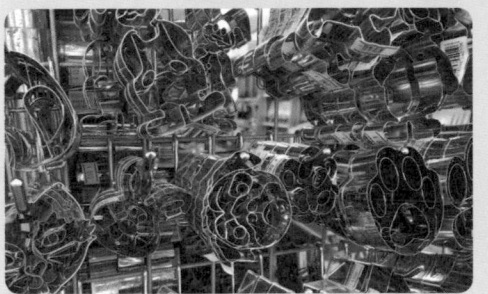

當你逛到「合羽橋珈琲」時，淺草的散步行程就快要結束囉！也正當晚餐時刻，不妨往前多走些，「大多福」(P.81)關西風味的關東煮，絕對值得一嘗；或者繞回淺草寺旁的「居酒屋街」(P.69)跟著當地人熱鬧地吃喝；或到「大黑家」(P.70)嘗嘗淺草名物之一的炸蝦蓋飯。嗯～我也跟著餓了起來！

www.kappabashi.or.jp

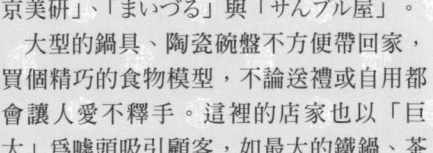

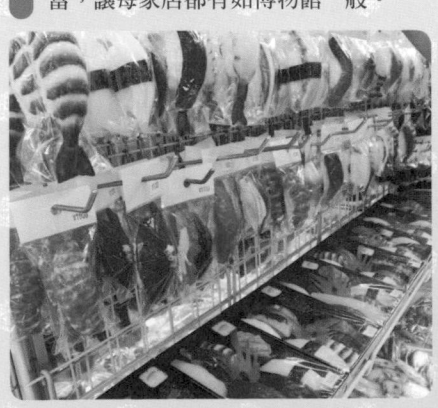

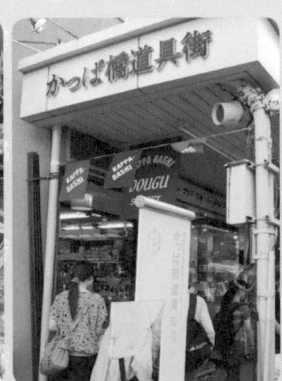

Niimi ニイミ 洋食器店

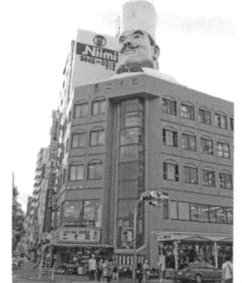

🅼P.77 ✉台東區松が谷1-1-1 📞03-3842-2130
🕙10:00～18:00 ㊡週日 💲新幹線餐盤￥2,772

　　Niimi是道具街的老字號，而屋頂上那尊超巨大的廚師像早已經成為道具街的地標物。Niimi以洋食器為大宗，和食器裡有艘日本最大的壽司船，記得要去欣賞一下。Niimi最熱賣的就是以汽車、火車為造型的兒童餐盤，可惜是中國製，上色不夠細緻。

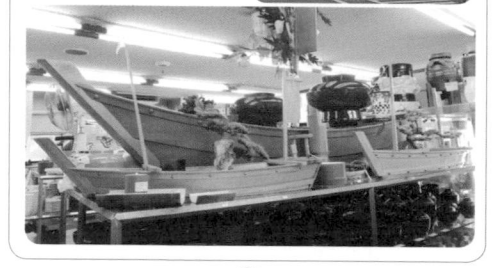

Kitchen World TDI

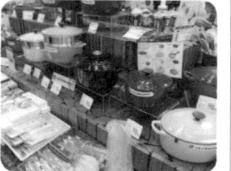

🅼P.77 ✉台東區松が谷1-9-12 📞03-5827-3355
🕙09:30～18:00 ㊡無休
🔗www.kwtdi.com

　　專賣與廚房用品相關的商品，國際知名設計品牌的物品這裡也找得到，咖啡壺、計時器、榨汁機等，應有盡有。樓層面積大，來選購的人潮不少，是道具街裡最具人氣的店家，Kitchen World TDI在道具街裡還有專賣刀具、餐具的分店。

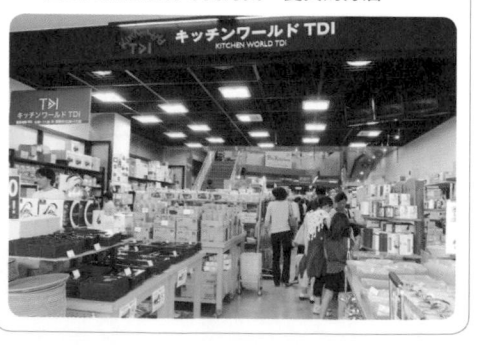

言問通り

P.81 ⑪ 合羽橋珈啡
往花屋遊樂園→

合羽橋道具街

P.81 ⃝ 川原商店

Bridge ⑪ P.79
近藤商店 ⃝ P.78　　P.81 ⃝ Tableware co-bo-no
　　　　　　　　　P.81 ⃝ 元祖食品サンプル屋

P.80 ⃝ ユニオン Union
往淺草寺→

河童雕像 ㉒ P.78

釜淺商店 ⃝ P.78　　P.80 ⃝ キャニオン Canion
釜淺商店 ⃝ P.78
　　　　　　　　　　鍋子博物館 P.80

犬印鞄製作所 ⃝ P.71
　　　　　　　　　P.80 ⃝ 風和里

　　　　　　　　　P.80 ⃝ 吉田菓子道具店
BAI-SE 白色 ⃝ P.78

往雷門→

志村製作所 ⃝ P.78
　　　　　　　　　P.80 ⃝ まいづる

　　　　　　　　　P.79 ⃝ 東京美研

　　　　　　　　　P.79 ⃝ かなや刷子
Kitchen World TDI ⃝ P.77　P.79 ⃝ Dr. Goods
田中漆器店 ⃝ P.78　　P.79 ⃝ 陶庵やぶきた

Niimiニイミ洋食器店 ⃝ P.77　派出所 ● ⃝ 田窯 P.79
　　　　　　　　　淺草通り　往田原町地鐵站→

田中漆器店

MAP P.77 ✉台東區松が谷1-9-12 ☎03-3841-6755 ⏰09:00～17:30 休週日

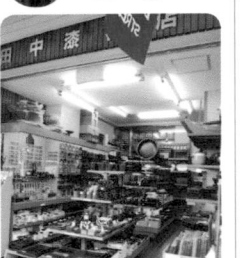

　以黑、紅、金描繪精細的漆器，有碗、盤、便當盒、筷子等，是本地顧客挑選高檔禮品的首選商店，集合全國各地的著名漆器，製作手法各有特色。除了價高的高級品，也有中低價位的餐具，讓一般人也可以體驗漆器的優點。

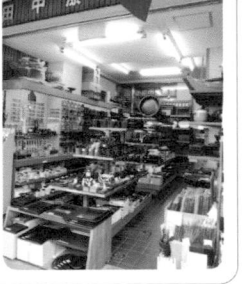

志村製作所

MAP P.77 ✉台東區松が谷1-11-8 ☎03-3841-2993 ⏰09:00～17:30 休週日 🌐www.shimura-s.co.jp

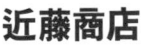

　霓虹燈、電唱機、吧檯、可口可樂……店裡充滿1950、60年代的懷舊氣氛，是一家會讓收藏迷瘋狂的商店。可惜的是，行李打包不下，只好打消購買念頭，純欣賞就好，等哪天有錢又有緣，再來買回家。

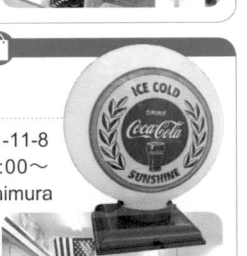

BAI-SE 白色

MAP P.77 ✉台東區松が谷2-1-12 ☎03-3847-8818 ⏰09:30～18:00 休無休 🌐www.kwtdi.com

　以北歐風格為主題的一家店鋪，店內商品一律都是白色的餐具、鍋具與家飾用品，琺瑯、陶瓷、木器製品都有，簡單幹練的線條，相當適合喜歡極簡風格的你靠過來逛逛，打包幾件回家。

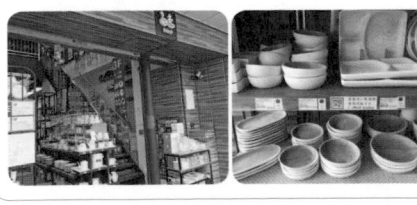

釜淺商店

MAP P.77 ✉台東區松が谷2-24-1 ☎03-3841-9355 ⏰09:30～17:30 休無休 🌐www.kama-asa.co.jp

　百年老店釜淺以販售南部鐵器出名，不論是鐵鍋或茶壺都相當精美，產自岩手縣的南部鐵器，用來煮火鍋最合適，刀具則是料理人最熱愛的商品，買氣相當旺。隔個巷道還開有一家料理器具店。

河童雕像

MAP P.77 🌐www.kappabashi.or.jp/home/kawataro.html

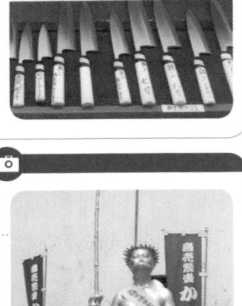

　2003年10月為慶祝合羽橋商店街成立90週年紀念，所立的金色河童雕像，由雕刻家「西村祐一」與工藝家「北村真一」所共同製作，以道具街底下「新堀川」的河童傳說為設計基礎，祈求商店街的生意興隆而設立。

近藤商店

MAP P.77 ✉台東區松が谷3-1-13 ☎03-3841-3372 ⏰09:30～17:30 休週日

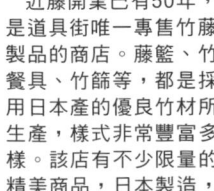

　近藤開業已有50年，是道具街唯一專售竹藤製品的商店。藤籃、竹餐具、竹簍等，都是採用日本產的優良竹材所生產，樣式非常豐富多樣。該店有不少限量的精美商品，日本製造，非常值得購買，不妨多注意看看。

Bridge

🗺 P.77 ✉ 台東區松が谷3-1-12 ☎ 03-6231-6781 🕙 10:00～19:00 休 週二、三 💲 手沖咖啡￥400、冰淇淋2球￥450 🌐 brdg.jp

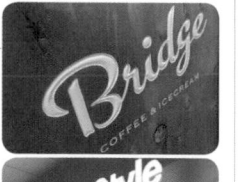

由建築事務所經營的時髦咖啡廳，原木的簡約裝潢，是合羽橋道具街上最新穎的休憩地點，不花俏但香氣十足的咖啡與冰淇淋，是店裡最佳的搭配組合。

Dr. Goods

🗺 P.77 ✉ 台東區西淺草1-4-8 ☎ 03-3847-9002 🕙 09:30～17:30 休 週日 🌐 www.dr-goods.com

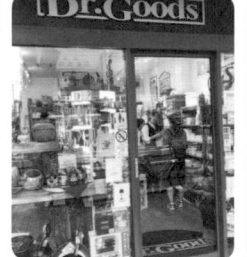

外觀與商品均走歐洲高格調路線，銷售的餐具、廚具等商品皆來自歐洲製造商，不僅設計獨特、品質也有保證。店內主打金、銅、銀等貴金屬精緻的高價商品，將餐飲文化帶入另一個高格調品味，手工玻璃製品也值得選購。

田窯

🗺 P.77 ✉ 台東區西淺草1-4-3 ☎ 03-5828-9355 🕙 10:00～19:00 休 1/1～3 🌐 www.dengama.jp

田窯專營和風陶瓷食器，店門口擺放的商品最實用、便宜。1樓是標價一般的碗盤、杯碟等，樣樣好看，讓人件件想買；2樓則有來自日本各地較為少量，或純手工限量的精緻陶瓷商品，售價較高但絕對值得收藏。

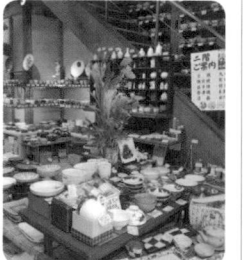

かなや刷子

🗺 P.77 ✉ 台東區西淺草1-5-9 ☎ 03-3841-1113 🕙 10:30～17:30 休 無休 🌐 www.kanaya-brush.com

各種刷毛、刷子專門店，不論是化妝用、清潔用、職人用、料理用、繪畫用等，店內商品一應具全，還有天然刷毛及木製握柄的搭配選擇。店內最熱銷的是以馬毛製成的牙刷，最可愛的則是動物造型的鞋底清潔大棕櫚刷。

陶庵やぶきた

🗺 P.77 ✉ 台東區西淺草1-4-8 ☎ 03-3842-2221 🕙 09:30～17:30 休 週日、祭日

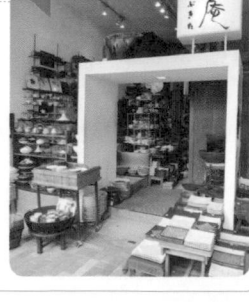

店面有一座白色的時尚拱門通道，相當與眾不同，販售以和風的陶瓷、漆器食器為主，商品設計也相當具有現代的簡潔風格，許多日式餐廳業者都到這裡來尋找合適的餐具，以店門口特價區最便宜划算。

東京美研

🗺 P.77 ✉ 台東區西淺草1-5-15 ☎ 03-3842-5551 🕙 09:00～18:00 休 無休 💲 手機吊飾￥800起 🌐 www.office-web.jp/tokyobiken/pc

正如店前廣告看板說的「食欲的演出家」，這裡的食品模型確實能讓人食欲大增，各種料理、壽司、甜點等，外型或色澤都相當寫實逼真，尤其是啤酒杯中的泡沫，把「清涼」兩字直接演給你看。

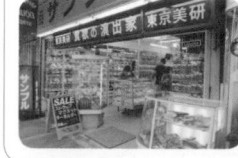
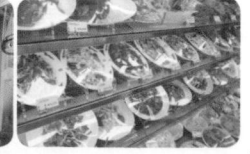

まいづる

MAP P.77 台東區西淺草1-5-17 03-3843-1686
09:00～18:00 無休 手機吊飾￥850起
www.maiduru.co.jp

這家的食品模型以「可愛風」吸引顧客，是外國觀光客最多的一家，無時無刻都是人潮。壽司、甜甜圈、蛋糕、冰淇淋等，小巧精緻、人見人愛，不買實在是太對不起自己了！隔壁不遠處還有分店。

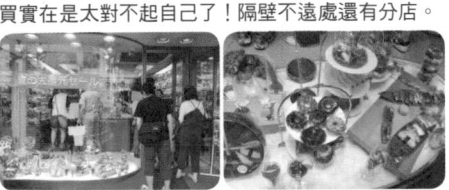

鍋子博物館

MAP P.77 台東區西淺草2-21-4 03-5830-2513
10:00～18:00 無休 www.nakao-alumi.jp

說自己是博物館絕非自大，而是真材實料，千百種各式各樣的鍋具、廚具展示在店內的4個樓層裡，而門口的迎賓茶壺則是我見過最大的一只。

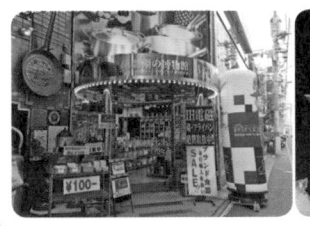

吉田菓子道具店

MAP P.77 台東區西淺草2-6-5 03-3841-3448
09:00～17:30 週六～日

吉田是糕點製作工具的專門店，有進口西式的機器，以及日本製造的和式點心工具，種類有千百種之多可選擇，不論是專業級烘焙師傅，或純為興趣製作甜點的人，都可以在吉田找到適合的工具。

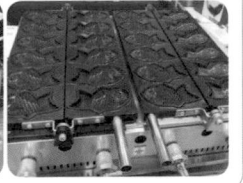
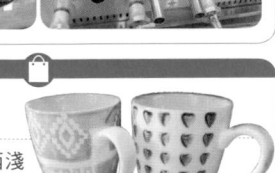

キャニオン Canion

MAP P.77 台東區西淺草2-21-5
03-3845-0450 10:00～
19:00 無休 www.canion.jp

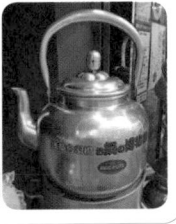
照片提供／魏國安

Canion是以販售西洋進口餐具為主的專賣店，店裡不乏鑲描金邊的名貴白瓷、或彩繪典雅的高貴骨瓷等餐盤、杯具，讓用餐氣氛顯得氣派非凡。當然也有平價的國產或進口餐具可以選購，是西餐廳最常來選購餐具的商店。

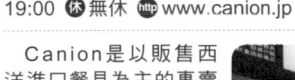
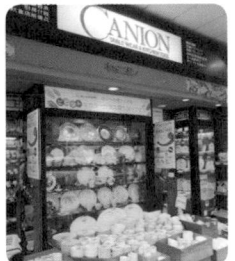

風和里

MAP P.77 台東區西淺草2-6-6 03-5806-8588 09:30～18:00
無休

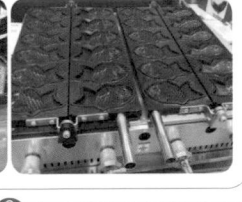

專賣實用餐具的風和里，是World Kitchen TDI的2號店，有復古、有現代圖案的碗盤，有各種色彩亮麗的餐桌用品，選擇多、價格也非常平易近人，吸引許多東京人、餐廳業者前來採購，生意相當好。

ユニオン UNION

MAP P.77 台東區西淺草2-22-6 03-3842-4041 09:00～18:00 無休

開業已有50年，以紅茶、咖啡為主的專賣店，商品包括壺具、杯具、及咖啡廳的裝飾品等，店內也提供新鮮烘焙的咖啡豆，可以現買現研磨，遠遠地就會讓你聞到一股濃郁的咖啡香氣。

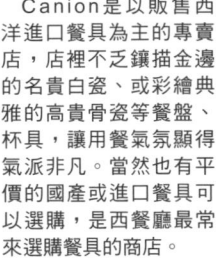
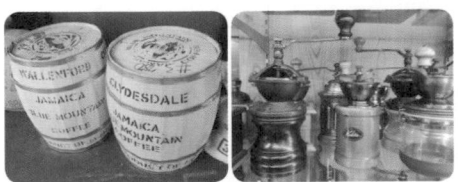

元祖食品サンプル屋

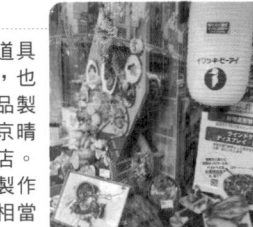

🗺 P.77 ✉台東區西淺草3-7-6
📞0120-17-1839 🕐10:00～
17:30 🈺無休 🌐www.ganso-
sample.com

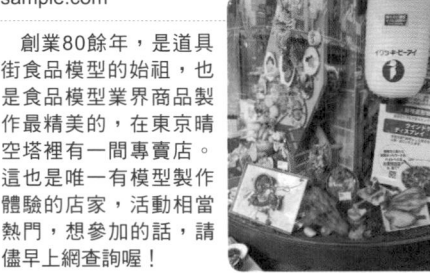

　創業80餘年，是道具
街食品模型的始祖，也
是食品模型業界商品製
作最精美的，在東京晴
空塔裡有一間專賣店。
這也是唯一有模型製作
體驗的店家，活動相當
熱門，想參加的話，請
儘早上網查詢喔！

Tableware co-bo-no

🗺 P.77 ✉台東區西淺草3-7-8 📞03-6231-7851
🕐10:00～19:00 🈺無休

　色彩活潑亮麗是這家餐具店的特色，北歐簡潔的
線條風格，最適合日常餐桌使用。想找厚實穩重的
陶瓷或輕盈明亮的琺瑯製品，就不要錯過這家店，
尤其是標價，保證讓你買得心滿意足。

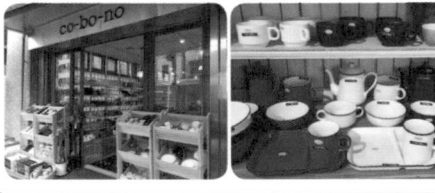

川原商店

照片提供／魏國安

🗺 P.77 ✉台東區西淺草3-9-2
📞03-3842-0841 🕐09:00～17:30
🈺週日、假日

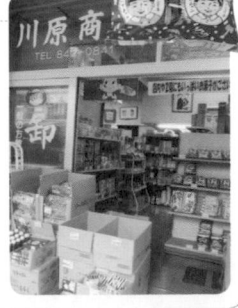

　一家傳統零食的批發
商店，濃濃的懷舊氣息
從糖果、餅乾的包裝及
口味散發開來，讓人一
吃上癮，帶你回到小時
候在巷口柑仔店度過的
歡樂時光。店內零食的
種類非常多，也有飲品
及冰品等等，很多人都
會特地過來買回家。

合羽橋珈琲

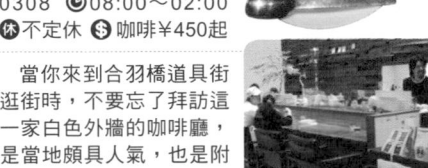

🗺 P.77 ✉台東區西淺草
3-25-11 📞03-5828-
0308 🕐08:00～02:00
🈺不定休 💲咖啡￥450起

　當你來到合羽橋道具街
逛街時，不要忘了拜訪這
一家白色外牆的咖啡廳，
是當地頗具人氣，也是附
近店家一致推薦的最佳歇
腳處。店內空間舒適、溫
暖，使用諸多再生利用的建材，尤其以吧台正面那
片來自新潟民家古建材所堆砌出來的牆壁，最有特
色。除了香醇咖啡、甜點，這裡也供應餐點。

　另外，店內部分空間是販售手作陶器的商店，而
入夜後咖啡廳則改為酒吧方式，繼續營業至凌晨。

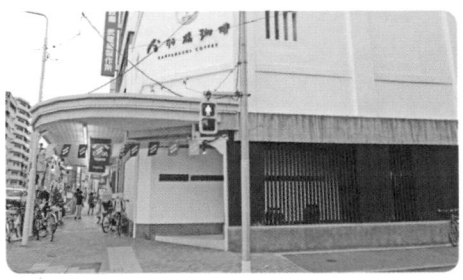

大多福

🗺 P.51 ✉台東區千束1-6-2 📞03-3871-2521
🕐3～10月17:00～23:00，11～2月12:00～14:00
、16:00～22:00 🈺3～10月的週一 💲關東煮
￥110～530／樣 🌐www.otafuku.ne.jp

　1916年開業至今，已經是淺草地區的百年老店之
一了。大多福的關東煮湯汁清透鮮香，大約有40種
煮到入味的關東煮在
你面前滷煮，還有好
幾樣自家製的下酒小
菜。大多福的店面像
料亭，但店內為溫暖
的木造裝潢，親切又
舒適，想吃什麼直接
跟師傅點，沾料是頗
為嗆辣的黃芥末，小
心不要沾太多。基本
上大多福的關東煮不
算便宜，但是非常好
吃，值得造訪品嘗。

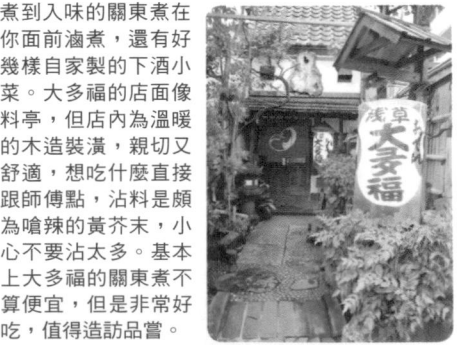

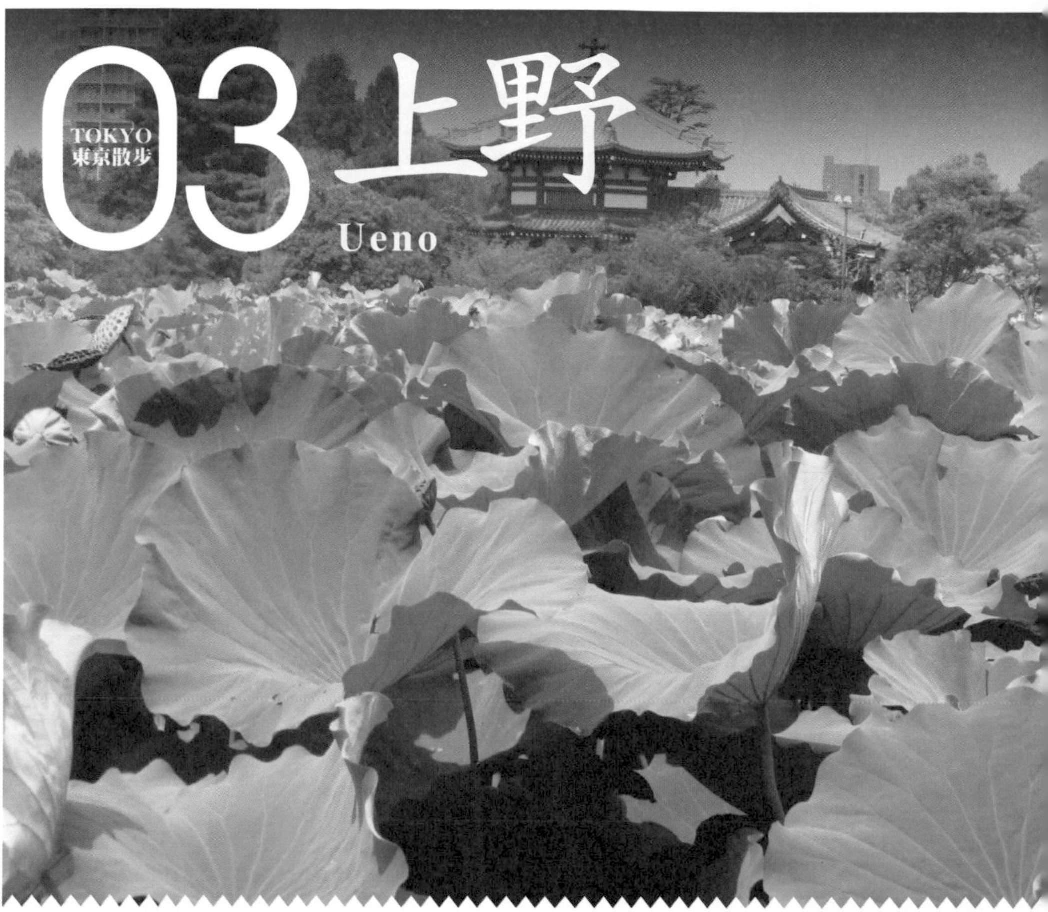

03 上野

TOKYO 東京散步

Ueno

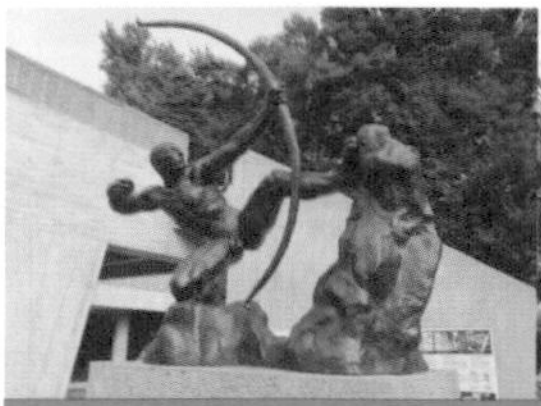

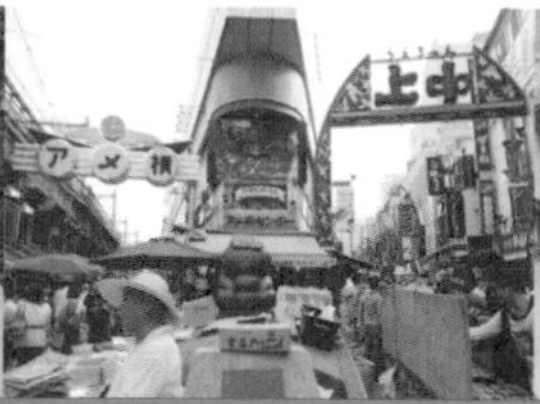

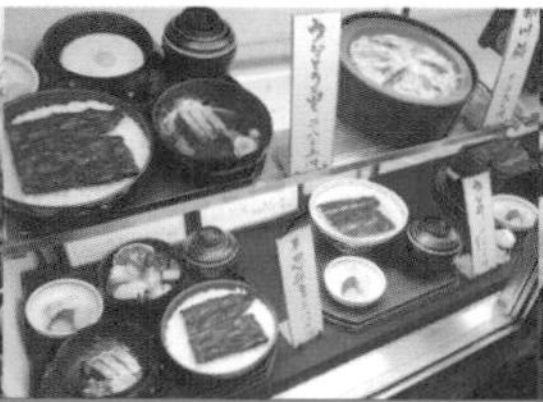

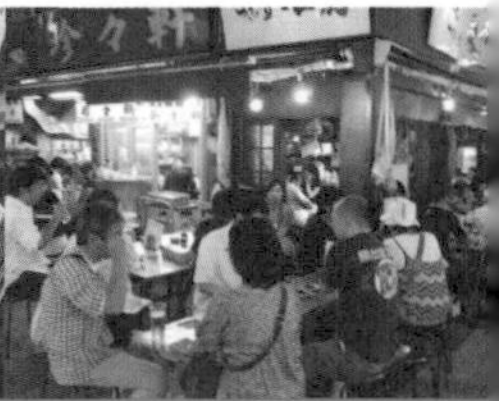

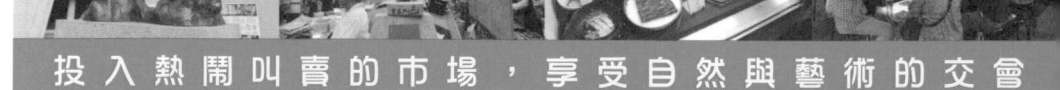

投入熱鬧叫賣的市場，享受自然與藝術的交會

江戶下町文化的另一個代表地區就是上野，發展得早，所以百年以上的老店鋪很多，各家都維持傳統江戶口味，是東京人品嘗庶民美食的去處之一，親切如鄰家大伯、大嬸的店家服務方式，更是下町地區的特色。

以往國人接觸東京的第一站就是上野，不論你是搭哪條路線的火車，從成田機場出發前往市中心，第一個抵達的就是上野車站。上野車站以「大」出名，是鐵路交通的轉運樞紐，設施、商店一應俱全，讓你在候車時，還可以買東西、吃東西，一點也不會覺得無聊呢！

來上野遊玩的，都是直接往上野公園走，占地6萬2千平方公尺的上野公園，是東京都內文化、歷史、藝術與歡樂並存的市民休憩

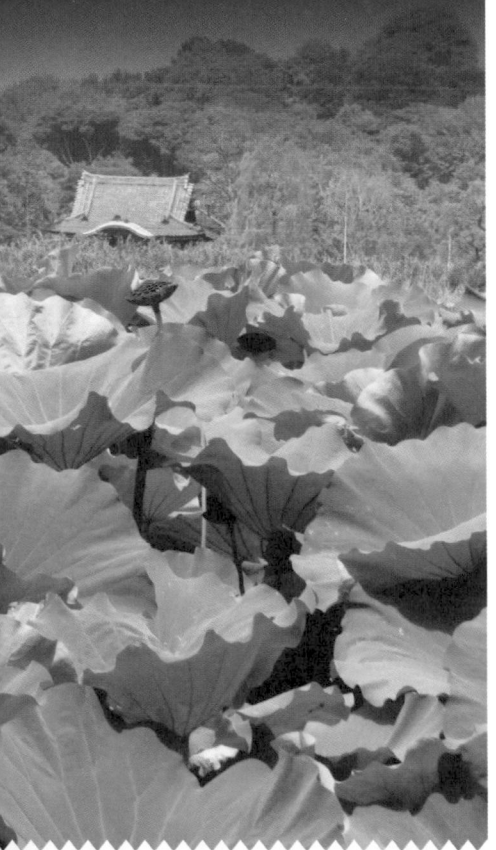

上野可大分為2個區域：上野公園及阿美橫丁周邊，其中又以上野公園需時最久，若要每個博物館、美術館都仔細逛遊，1天的時間絕對不夠用，礙於旅遊時間有限，挑著參觀即可。不妨藉著公園開放的時間早，起個大早，以上野公園為散步的首站，由公園的右手邊開始今天的散步行程。

整個上野公園繞一圈下來，會陸續經過6個博物館、美術館、數個神社，以及占地頗大的動物園、不忍池，天啊，大到足以逛到斷腿，光東京國立博物館就能讓你花掉一半的時間。所以囉，不必勉強照著路線一一走完，看個人體力、腿功來計畫會比較輕鬆喔！**要注意的是：博物館、美術館均週一公休，若有計畫參觀，請避開安排週一玩上野公園。**

阿美橫丁我們擺在傍晚的時候再來，7點店家打烊前都很熱鬧，超多的店讓人逛都逛不完，但打烊後就顯得冷清，只剩下熱鬧的居酒屋。不過，我們可轉往還在營業的「丸井百貨」（Ol City），或位在阿美橫丁另一頭的UNIQLO旗艦店（❿P.85／D8），把今日的預算通通花掉，不夠的刷卡。

Ⓐ **09:30 上野公園**
　↓ 散步20分鐘
　10:30 東京國立美術館
　↓ 散步10分鐘
　13:30 上野動物園
　↓ 散步15分鐘
　15:30 不忍池
　↓ 散步20分鐘
Ⓑ **16:30 阿美橫丁**

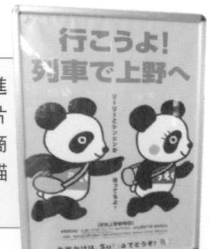

交｜通｜對｜策

JR上野車站是鐵道交通的集散中心，是極為方便的轉乘車站，出口非常靠近2大景點，是前來上野最方便的交通方式。
1. JR電車山手線、常磐線、京濱東北線、高崎線、上越線、信越本線，到「上野」站(山下口、西鄉口或不忍口出站)
2. 搭乘地鐵東京Metro銀座線、日比谷線，到「上野」站，往京成上野站方向出站(6號出口)
3. 搭乘地鐵都營大江戶線，到「上野廣小路」站(A3或A5號出口)
4. 搭乘私鐵京成本線，到「京成上野」站(正面口出口)

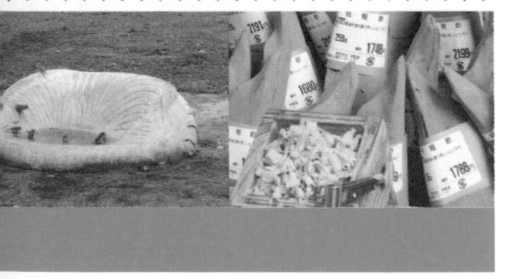

地，不管你是要作歷史散步、或是藝術之旅、或是來個全家郊遊都非常適合。另一個吸引觀光客的當然就是「阿美橫丁」，熱鬧的叫賣、便宜又大碗的零食、超低價的衣服、新鮮美味的生鮮等，從早熱鬧到晚，能空手而退的人少之又少。記得帶足盤纏，多準備個大購物袋，將能買的、好帶的通通包回家。

散步花絮

上野瘋熊貓：隨著新熊貓住進上野動物園，上野再次掀起一片熊貓熱潮，所到之處都是熊貓商品，就連JR鐵路公司也拿熊貓打起廣告，可愛極了。

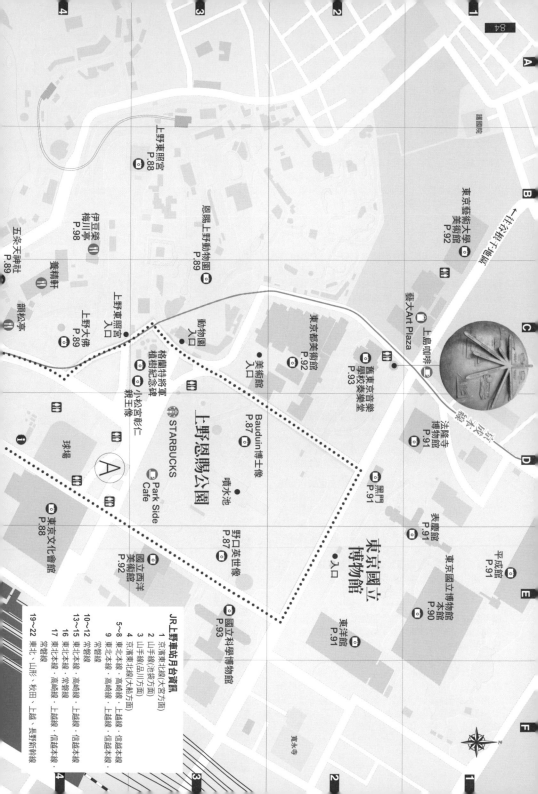

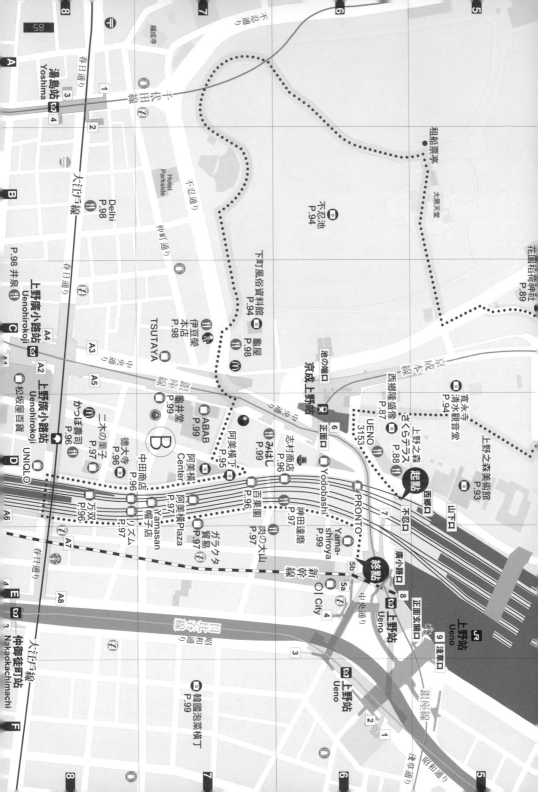

湯島站
Yoshima

Hotel Parkside

Delhi
P.98

TSUTAYA

伊豆榮 本店
P.98

龜屋
P.98

下町風俗資料館
P.94

不忍池
P.94

不忍通り

大黑天堂

花園稻荷神社 P.89

稻荷船票亭

京成上野站
京成本線

池の端口

正面口

上野廣小路站
Uenohirokoji

上野廣小路站
Uenohirokoji

松坂屋百貨
UNIQLO

ABAB
P.99

銀座 井堂 P.99

德大寺 P.96

中田商店

二木の菓子 P.96

三木商店

かっぱ壽司 P.96

阿美橫丁

みはし P.99

志村商店

百果園 P.96

阿美橫Plaza P.97

Yamanasan 帽子店 P.97

リズム P.97

万双 P.96

ガラクタ 貿易 P.97

神田達磨 P.97

肉の大山 P.97

上野之森美術館 P.93

富永寺 清水觀音堂 P.94

上野之森 さくらテラス

上野之森 P.88 P.87

西鄉隆盛像 P.87

UENO 3153

Yodobashi

PRONTO

Yama-shiroya P.99

5b

5a

City

上野站
Ueno

正面玄關口
Ueno

上野站
Ueno

上野站
Ueno

韓國泡菜橫丁 P.99

仲御徒町站
Nakaokachimachi

大江戶線

春日通り

新幹線

山手線

京成本線

西鄉口

西鄉口

山下口

廣小路口

不忍口

總點

8

9

浅草口

中央通り
Ueno

JR
上野站
Ueno

銀座線

大江戶線

仲町通り

中央通り

春日通り

昭和通り

千代田線

不忍通り

上野恩賜公園

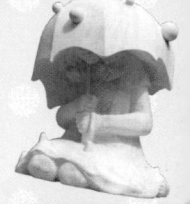

公園早晨的空氣最新鮮了，不要賴床，帶著美味早餐，出發前往上野公園野餐吧！漫步踏上公園入口緩坡的階梯，在盡頭展開的是以「西郷隆盛」雕像（P.87）為主角的廣場，記得先跟他來張到此一遊合照，悠閒地吃完早餐後，就要以「上野之森美術館」（P.93）開始今日行程滿檔的藝術之旅。

沿著右手邊主要的馬路前進，我們會先看到的主要建物是「東京文化會館」（P.88），不過時間還太早，沒有表演可看，倒是可以在中午回這裡吃午餐；「國立西洋美術館」（P.92）是下一個參觀目標，館內可以跳過，但館外的雕塑廣場可不能錯過，這裡擺放的可都是雕塑大師羅丹的大作呢！若你帶著小朋友同行，隔壁的「國立科學博物館」（P.93）互動式的展覽相當適合親子同遊。

午餐有吃飽嗎？等會兒要去的「東京國立博物館」（P.90）可是需要足夠的體力喔！在買票進去參觀前，可以先去逛逛它前面的噴水池廣場，兩側日本名人的雕像跟噴水池，都是日本人合照的重點位置。

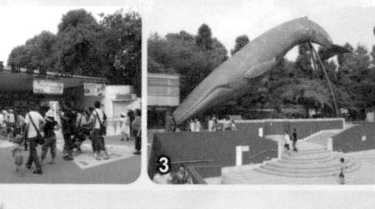
①

參觀完博物館，不妨在博物館附設的咖啡廳先吃點東西補充體力。若時間允許，附近還有兩間美術館可參觀，或乾脆輕鬆一下，一起來「恩賜上野動物園」（P.89）看看人氣No.1的熊貓情侶，與小熊貓「香香」。動物園順路下來是寺廟區，「上野東照宮」、「上野大佛」、「五条天神社」、「清水觀音寺」可以順道一一參觀，若遇到花季景色就更美了。來到最後一站「不忍池」（P.94），趁「下町風俗資料館」（P.94）關門前先來參觀，然後踩著天鵝船欣賞一下池畔風光。

http www.kensetsu.metro.tokyo.jp/toubuk/ueno/index_top.html

1.上野公園入口開闊的階梯 / 2.上野動物園是公園內的明星景點 / 3.適合親子同遊的國立科學博物館 / 4.西郷隆盛像駐點的廣場，就是遊上野公園的起點 / 5.東京國立博物館本館裡氣派的階梯，是日劇、電影經常借景的地方 / 6.寺廟區相當幽靜

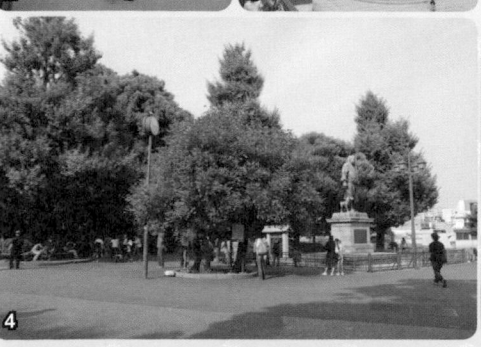
②

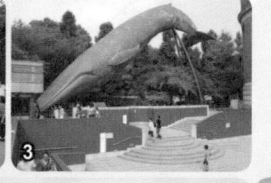
③

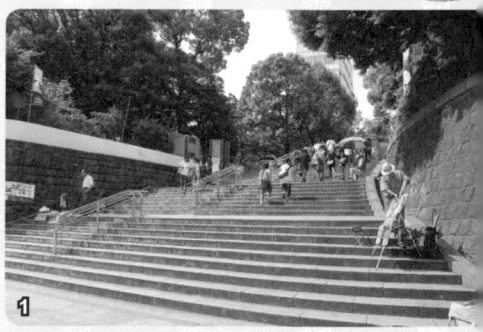
④

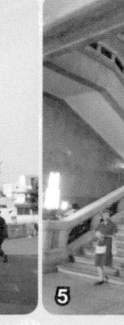
⑥

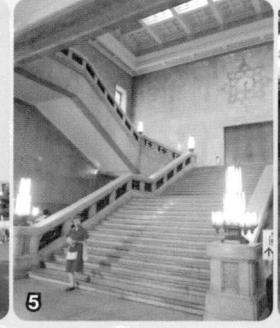
⑤

若你想一天內多跑幾個景點、玩得緊湊一點，這邊建議你可以將上野與「谷根千」地區安排在一起，因為這兩個區域相鄰，一路逛過來也相當順路。不妨上午先拜訪谷根千，下午再一路往上野公園散步過來，遊覽公園後，傍晚再轉往阿美橫丁。這兩個地區相連通的地方，可以參照地圖上的標示：P.31／F7、P.84／B1。

公園內休憩好去處

(MAP)上島咖啡 P.84／C1，星巴克STARBUCKS P.84／D3，Park Side Cafe P.84／D3

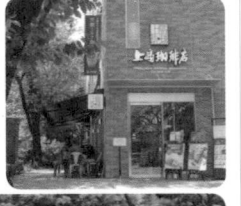

除了博物館、美術館內有飲食部可以坐下來好好吃東西外，公園內也有幾處不錯的咖啡餐廳可以讓你稍作歇腳之處，除了美食、佳飲，更可欣賞公園景色。

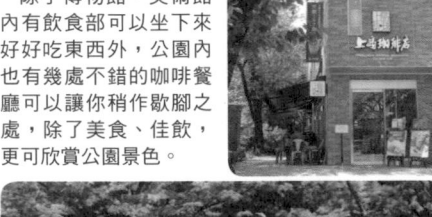

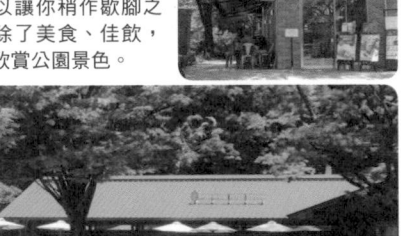

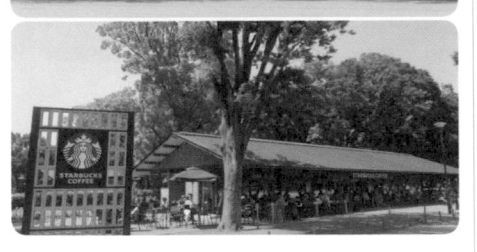

STARBUCKS與Park Side Cafe就位在噴水池廣場前端的兩側，2家咖啡廳的後方都是樹林，相當漂亮。若週末假日有市集活動，也幾乎都在這裡舉辦，而噴水池的正後方就是「東京國立博物館」。

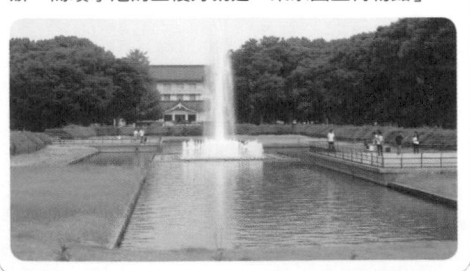

公園內知名的銅像

(MAP)西鄉隆盛像 P.85／D6，野口英世像 P.84／E3，Baduin博士像 P.84／D3

西鄉隆盛像

西鄉隆盛（1828～1877年），是江戶末期薩摩藩（今鹿兒地區島）的武士、政治家，曾任明治政府的陸軍大將，也是實行明治維新的要員之一。這尊塑像於1898年完成，由高村光雲所雕塑，他一手牽著薩摩犬，一手握著腰間的日本刀。

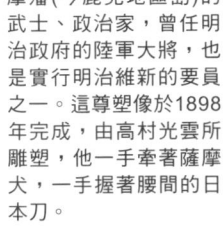

野口英世像

野口英世（1876～1928年），是日本重要的醫學、細菌學家，曾被3度提名諾貝爾生理學醫學獎。野口英世一生專研病菌研究，卻也因為研究黃熱病時不幸感染黃熱病而過世。如今我們接觸他的機會，就是刻印在1000日圓鈔票上的肖像。

Bauduin博士像

Dr. Anthonius Franciscus Bauduin（1820～1885年），曾滯日數年擔任醫學講師，1870年前來上野地區視察醫學校與醫院預定地時，向日本政府提出在此地興建公園的建議。1873年日本第一座公園誕生，因此，Bauduin博士也被稱為上野公園之父。

上野公園內除了以上3處知名的雕像外，尚還有「小松宮彰仁親王像」（(MAP)P.84／C3），以及「格蘭特將軍（Ulysses S. Grant，1822～1885年）植樹紀念碑」（(MAP)P.84／C3），格蘭特是美國南北戰爭的北軍將軍、也曾任美國第18、19任總統（1869～1877年），退任後曾於1879年訪日（是第一位訪日的美國總統，日本政府於上野公園盛大舉辦歡迎會），訪日期間與其夫人在上野公園內一同種植下檜木，以作為訪日紀念。

上野之森さくらテラス

MAP P.85／D6　台東區上野公園1-54　11:00～23:30　無休　ueno-sakura.jp/index.html

　　Sakura Terrace是上野2015年開幕的景點，不過這裡除了開闊的視野外，只有約20家的中、西、日餐廳，與隔壁幢同樣餐廳林立的大樓UENO 3153(MAP P.85／D6)，形成上野最佳的用餐場所。

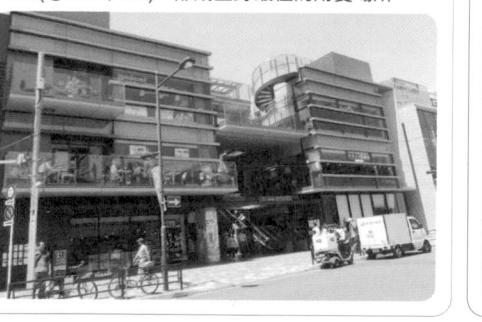

東京文化會館

MAP P.84／D4　台東區上野公園5-45　03-3828-2111　11:00～19:00　無休　www.t-bunka.jp

　　文化會館提供藝文表演的場地，戲劇、音樂會或各種市民活動都可以租用，館內有餐廳、咖啡廳、禮品店等，是遊逛公園時休息、用餐、上廁所的好去處，若遇上喜歡的表演，也可以買票進去欣賞。

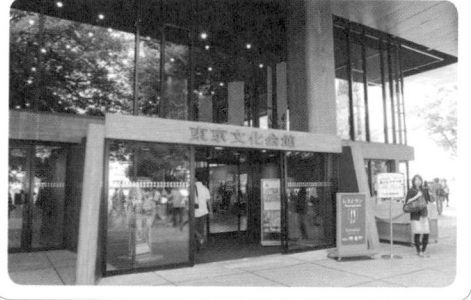

上野東照宮
UENO TOSHOGU

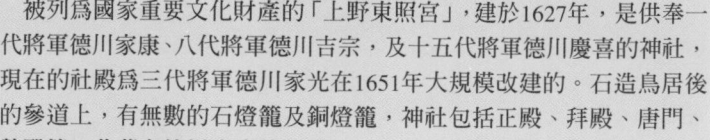

MAP P.84／B3　台東區上野公園9-88　03-3822-3455　境內免費　www.uenotoshogu.com；御拜觀：10～2月09:00～16:30，3～9月09:00～17:30　¥500；牡丹苑：1/1～2月中旬09:30～16:30，4月中旬～5月中旬09:00～17:00　¥700；御拜觀+牡丹苑共通券¥1,100

　　被列爲國家重要文化財產的「上野東照宮」，建於1627年，是供奉一代將軍德川家康、八代將軍德川吉宗，及十五代將軍德川慶喜的神社，現在的社殿爲三代將軍德川家光在1651年大規模改建的。石造鳥居後的參道上，有無數的石燈籠及銅燈籠，神社包括正殿、拜殿、唐門、弊殿等，收藏有德川家康的物品，這是江戶時期的宮祠建築樣貌，唐門與日光神社群的建築風格類似，值得參觀。

　　上野東照宮特有的牡丹苑，每年春、多各有一次的牡丹花祭典，各品種的牡丹花盛開，相當漂亮，全東京只有這裡看得到。而東照宮也是春賞櫻、秋賞楓的好地方，不要錯過了。

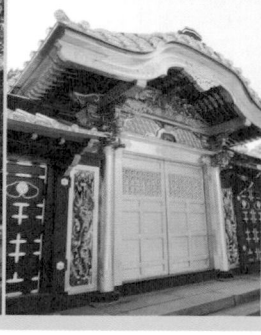

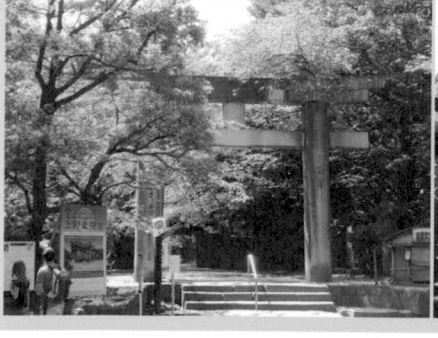

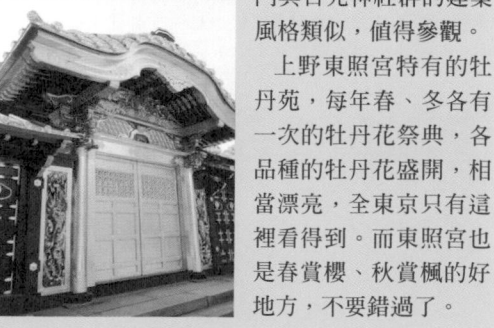

恩賜上野動物園

MAP P.84 / C3 台東區上野公園5-45 03-3828-2111 09:30～17:00 休週一(遇假日休週二)，12／29～1／1 成人¥600、12歲以下免費；3/20、5/4、10/1入園免費 http www.tokyo-zoo.net/zoo/ueno

占地廣大的動物園，分有東園及西園，兩園以短程的單軌電車連接，深受小朋友喜愛。東園有獅子、猩猩、老虎、丹頂鶴、北極熊等，但這些人氣都不如中國熊貓。自從上一代的2隻熊貓相繼過世後，動物園人氣低迷了一陣子，不過隨著2隻新來到的熊貓「力力」與「真真」，以及新誕生的「香香」，讓整個上野地區瀰漫著瘋狂的熊貓瘋，吃的穿的用的都有熊貓的影子。西園則以可愛動物區、爬蟲類動物為主，提醒你可以靠近撫摸小動物喔！

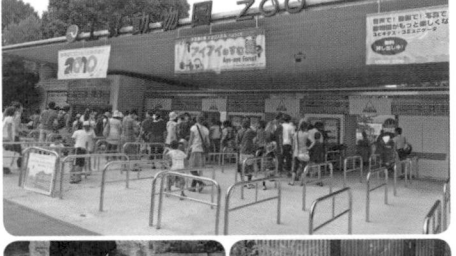

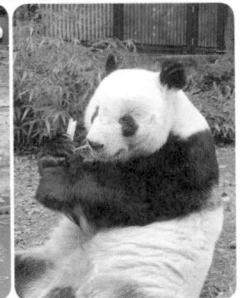

照片提供／魏國安

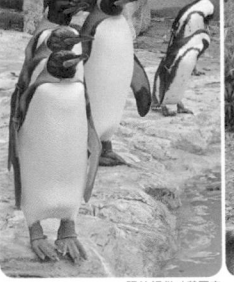

照片提供／魏國安

散步花絮

親子單車當道：日本最流行的就是這種方便媽媽載物、載小孩在街道穿梭自如的親子單車了，所以又稱為媽媽單車。媽媽單車的款式相當多，不僅前後都有兒童座，還可加上遮陽遮雨棚呢，尤其在公園的單車停車處，大概90%都是親子單車。

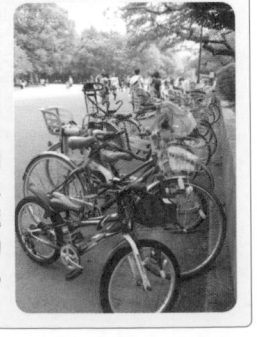

上野大佛

MAP P.84 / C4

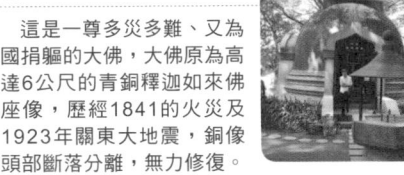

這是一尊多災多難、又為國捐軀的大佛，大佛原為高達6公尺的青銅釋迦如來佛座像，歷經1841的火災及1923年關東大地震，銅像頭部斷落分離，無力修復。二次大戰因金屬資源缺乏，而將頭部及身體捐給國家，僅留下目前我們看到的臉部在原地供奉。若想要考試、升遷順利，來摸摸大佛參拜吧，祂可是有「合格大佛」的稱呼呢！

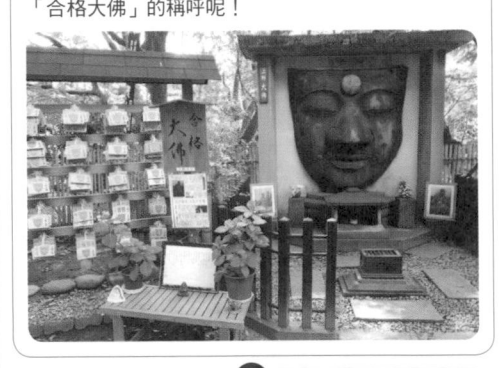

五条天神社、花園稻荷神社

MAP P.84 / C4、P.85 / C5

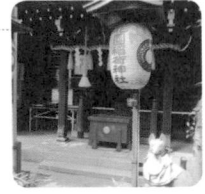

這是一座歷史很悠久的神社，1928年定社於此地之前，曾數度遷移社址。五条天神社主祭「醫藥祖神」，每月10日寺方有舉行「醫藥祭」，可以把姓名寫在紙人偶上，寺方會為信眾的健康祈願。五条天神社境內還有一座同樣歷史悠久的「花園稻荷神社」。

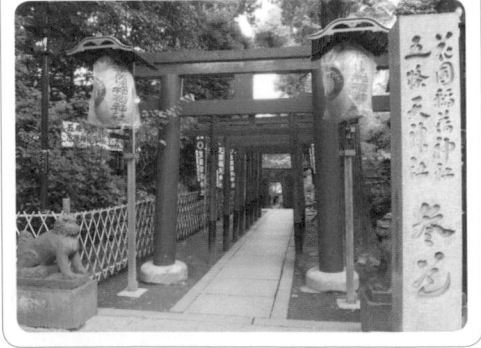

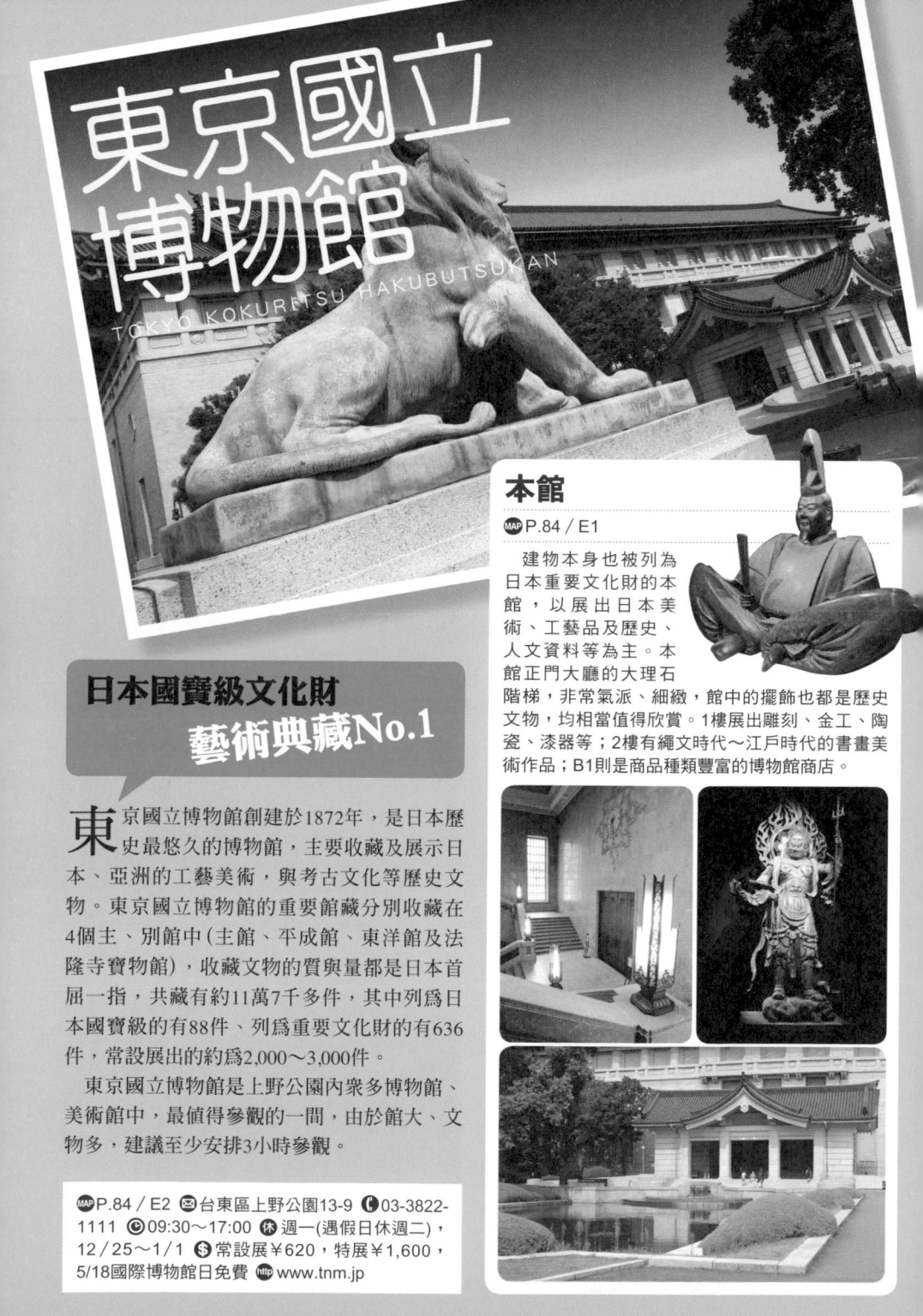

東京國立博物館
TOKYO KOKURITSU HAKUBUTSUKAN

本館
MAP P.84 / E1

　　建物本身也被列為
日本重要文化財的本
館，以展出日本美
術、工藝品及歷史、
人文資料等為主。本
館正門大廳的大理石
階梯，非常氣派、細緻，館中的擺飾也都是歷史
文物，均相當值得欣賞。1樓展出雕刻、金工、陶
瓷、漆器等；2樓有繩文時代～江戶時代的書畫美
術作品；B1則是商品種類豐富的博物館商店。

日本國寶級文化財
藝術典藏No.1

　東京國立博物館創建於1872年，是日本歷
　　史最悠久的博物館，主要收藏及展示日
本、亞洲的工藝美術，與考古文化等歷史文
物。東京國立博物館的重要館藏分別收藏在
4個主、別館中(主館、平成館、東洋館及法
隆寺寶物館)，收藏文物的質與量都是日本首
屈一指，共藏有約11萬7千多件，其中列為日
本國寶級的有88件、列為重要文化財的有636
件，常設展出的約為2,000～3,000件。

　　東京國立博物館是上野公園內眾多博物館、
美術館中，最值得參觀的一間，由於館大、文
物多，建議至少安排3小時參觀。

MAP P.84 / E2　台東區上野公園13-9　03-3822-
1111　09:30～17:00　休週一(遇假日休週二)，
12/25～1/1　常設展￥620，特展￥1,600，
5/18國際博物館日免費　www.tnm.jp

東洋館 MAP P.84 / E2

東洋館主要展出亞洲其他國家的雕刻、美術、工藝、考古等藝術品，豐富的收藏中，以印度的石刻佛像最值得欣賞。

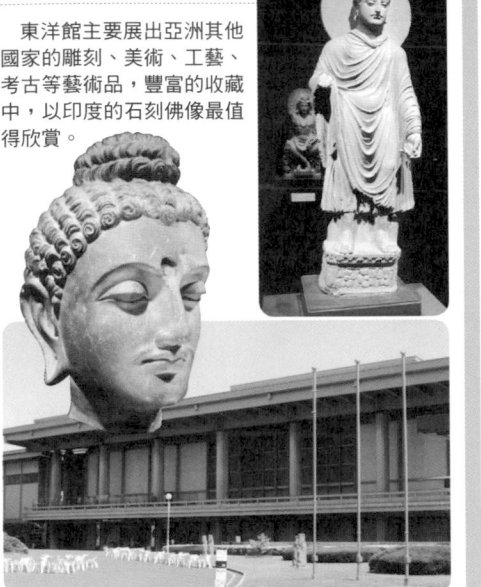

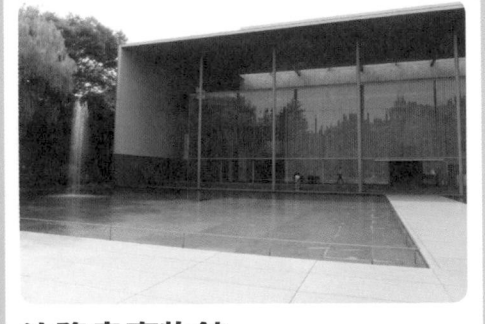

法隆寺寶物館 MAP P.84 / D1

同樣是在1999年開設的新館，由名建築師谷口吉生設計，現代的外觀裡，展出的是奈良法隆寺於1878年獻給日本皇室的寶物，寶物有3百多件，為6～8世紀時期的金銅佛像、織品、法器、金工、佛畫等。以第2展室的小金銅佛像群最壯觀，還有位於樓梯間、2層樓高的灌頂金幡最引人注意。

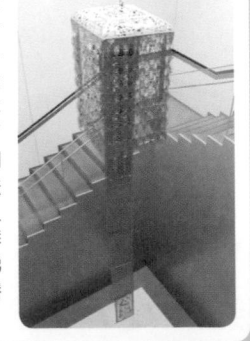

平成館 MAP P.84 / E1

平成館是平成11年(1999年)慶祝皇太子結婚所開設的新館，以展示日本古繩文時代、彌生時代、古墳時代的考古文物為主。常設展在1樓，2樓是特展區。

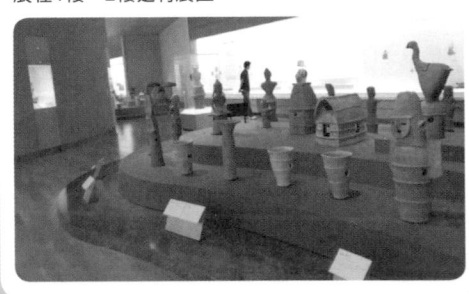

黑門・表慶館 MAP P.84 / D2、E1

東京國立博物館內除了欣賞館藏外，還有兩處的建築也值得看：黑門及表慶館。黑門木造雄偉的大門、屋梁，是江戶時代地區諸侯在東京的宅邸正門，原位於丸之內地區，於1954年遷移至此處。表慶館則是1900年為慶祝明治大正天皇結婚紀念所設計興建的，為明治末期西洋風格建築的代表，大廳的環繞圓柱、圓頂，兩側的廊翼、門前的獅子，兼具氣勢與美感。這兩處都被列為日本重要的文化財。

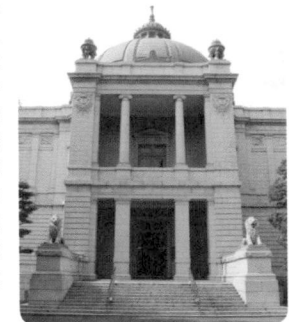

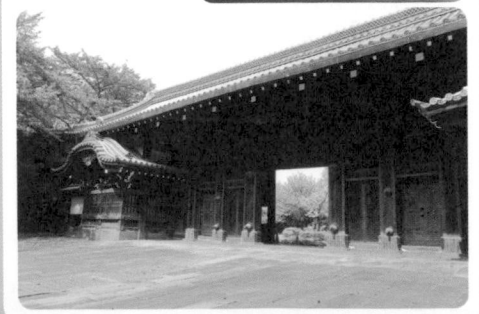

上野公園內其他美術館

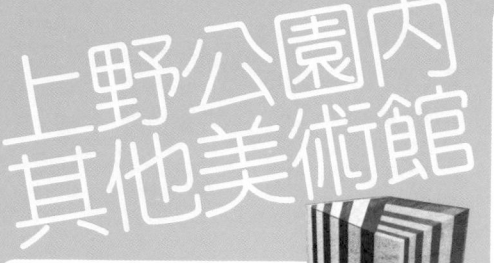

東京都美術館

MAP P.84／C2 台東區上野公園8-36 03-3823-6921 09:30～17:30 不定休(上網查詢) 視展覽而不同 www.tobikan.jp

東京都美術館以收藏、展示近代美術為主，除了常設展出館藏，也提供館外的藝術界展示場地，如重量級的「日展」、「二科展」等，都在這裡展示其美術作品。美術館曾於2010年進行全面的修建，嶄新的美術館則在2012年4月重新開幕。

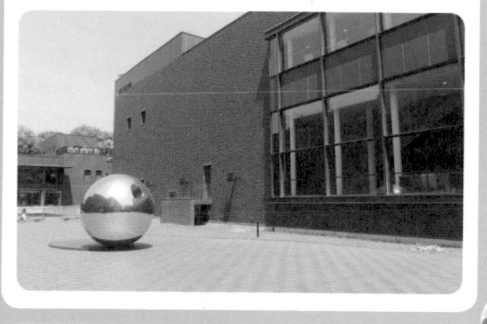

東京藝術大學美術館

MAP P.84／B1 台東區上野公園12-8 050-5525-2200 10:00～17:00 週一(遇假日休週二) 視展覽而不同 www.geidai.ac.jp/museum

隸屬於東京藝術大學，主要館藏約2萬8千件，其中有22件被列為國寶、重要文化財產，藏品非常豐富多樣，近代美術為其主要強項，尤其經常舉辦各種重量級藝術展，非常受到重視，來觀展的人潮很多。

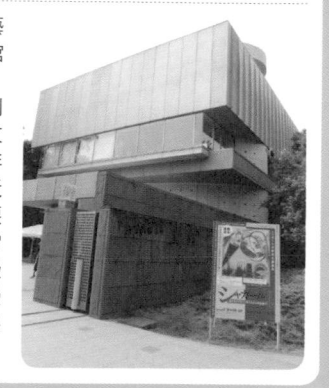

國立西洋美術館

MAP P.84／E3 台東區上野公園7-7 03-5777-8600 09:30～17:30(週五至20:00) 週一(遇假日休週二)，12/28～1/1 常設展￥500，特展￥1,600 www.nmwa.go.jp

國立西洋美術館是以企業家松方幸次郎(1865～1950年)，於1920～1923年在歐洲所收藏到的作品為主，本館展出14～18世紀的歐洲繪畫、雕刻，1樓有羅丹的雕刻作品《永遠的青春》；新館以19～20世紀的近代歐洲繪畫、雕刻為主，有梵谷、莫內的作品；而在美術館外的廣場，則有好幾件羅丹的大型雕刻作品《沉思者》、《加來市民》以及創作靈感來自於但丁神曲的《地獄之門》等，許多羅丹的作品，都可以在地獄之門上看到，如《沉思者》就位在中央的門框上。

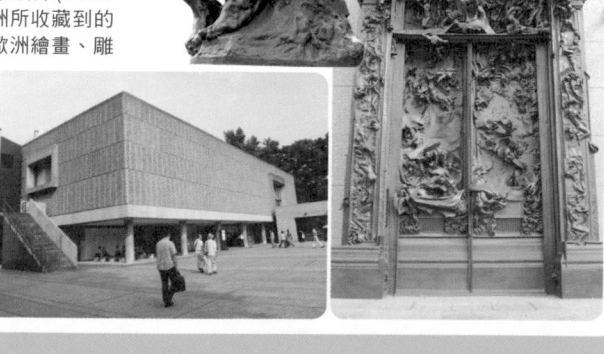

國立科學博物館

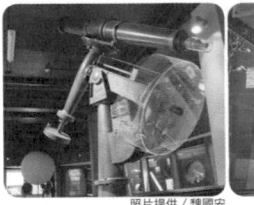
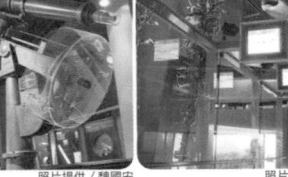

照片提供／魏國安　　照片提供／魏國安

MAP P.84 / E3 台東區上野公園7-20 03-5777-86
00 09:00～17:00(週五至20:00) 休週一(遇假日休
週二)，12/28～1/1 ￥620 http www.kahaku.go.jp

　　這是日本唯一國立的綜合科學博物館，分有日本館
及地球館。日本館(本館)主要展示與日本有關的科學
觀察，以B1的360度球形劇院最受歡迎；地球館(新
館)則是以地球生態為主題，恐龍的誕生與滅絕、海
洋生物的演化等等，豐富真實的標本，非常地吸引觀
眾。科學博物館除了用眼參觀，還能親手參與互動，
非常適合親子同遊。此外，館外的廣場上還有巨型鯨
魚模型、老蒸汽火車、日製的人造衛星等開放展示，
也是人群聚集處。

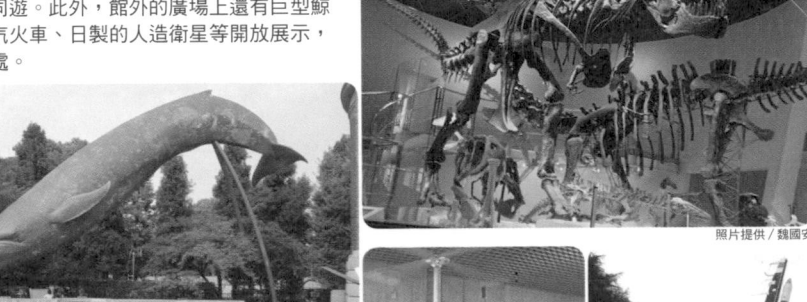

照片提供／魏國安

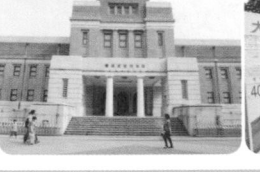

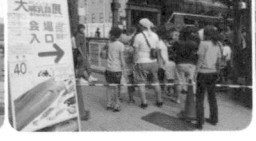

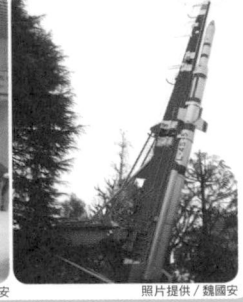

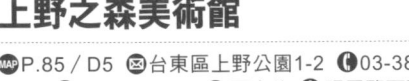

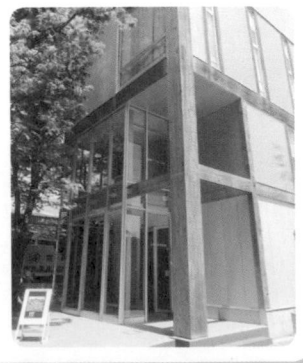

照片提供／魏國安　　照片提供／魏國安

上野之森美術館

MAP P.85 / D5 台東區上野公園1-2 03-3833-
4191 10:00～17:00 休不定休 $視展覽而不同
http www.ueno-mori.org

　　美術館屬租借
式的展覽場地，
提供藝術展覽、
甚至時裝表演之
用。於每年春天
所舉辦的「上野
之森美術館大賞
展」更被視為可
以一登畫壇龍門
的展覽盛會，作
品盡為極品，若
剛好遇上展期，
絕不能錯過喔！

舊東京音樂學校奏樂堂

MAP P.84 / C2 台東區上野公園8-43 03-3824-
1988 10:00～16:30 休週一(遇假日休週二)，
12/29～1/3 $￥300 http www.taitocity.net/taito/
sougakudou

　　建於明治23年
(1890年)，是日本
最早的西洋音樂
廳。館內有歷史悠
久的鋼琴、管風琴
等樂器，也收藏有
由雕塑大師「朝倉
文夫」所雕塑，譜
曲家「瀧廉太郎」
的雕像，及瀧廉太
郎生前所使用過的
鋼琴等。

清水觀音堂

MAP P.85 / C5

被列為國家重要文化財的清水觀音堂，建於1631年，供奉有千手觀音，比較特別的是，它有供奉人形(娃娃)，有許多信眾將家中的娃娃放置此處，供奉回向。

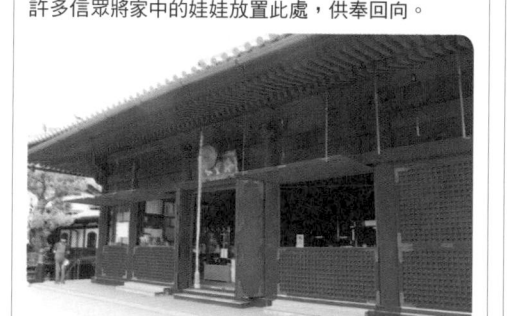

不忍池

MAP P.85 / B6 ◎4～9月 10:00～18:00，10～3月09:00～17:00 休12～2月的週三 ⑤划船¥600 / 60分鐘，腳踏船¥600 / 30分鐘，天鵝船¥700 / 30分鐘

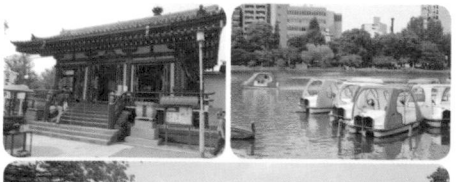

占地11萬平方公尺，池塘周圍達兩公里的不忍池，占了上野公園南端的一大部分。池中廣植蓮花，一到夏季，碩大的荷葉蓋滿池面，蓮花盛開相當漂亮。池塘東側設有一處廣大的戲水池，遊客可以租手划船或腳踏船遊玩。不忍池中央的「中之島」上，有七福神之一的「不忍弁天堂」、「大黑天堂」兩座寺廟，還有許多商家特別供奉的石碑。

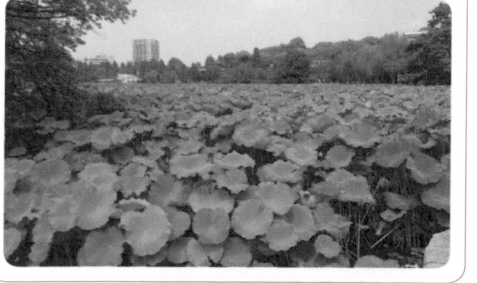

下町風俗資料館

MAP P.85 / C7 ⊠台東區上野公園2-1 ☎03-3823-7451 ◎09:30～16:30 休週一(遇假日休週二)，12/29～1/1 ⑤¥300 http www.taitocity.net/taito/shitamachi

為保存日漸消失或因地震而殘缺不全的下町庶民文化，資料館將明治時期至昭和30年代的文物規畫展示，重現庶民生活的下町風情。複製了平日生活情景，就連小角落的水井、小祠堂等都是原汁重現；還有各式商店的內部陳設，店內的營業場所、工具擺設等，都可以讓參觀者入內就近體驗。像是奧山商店的陳設樣貌，自大正時期至今都沒有改變。還有販售懷舊玩具、糖果的店家，復古風味的包裝，叫人不買也難。

此外，還有精細的模型展示，將各種娛樂生活、祭祀慶典的場景，以迷你的方式重現，非常精彩；是一處除了眼觀外，還能動手體驗的有趣場所，相信也能挑起你小時候的種種有趣記憶。

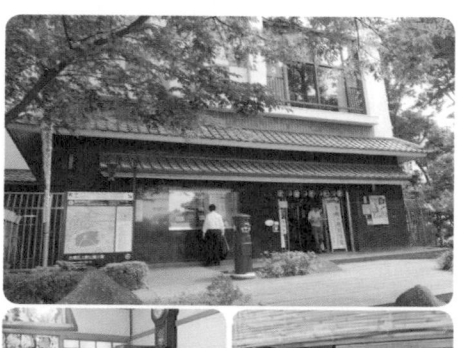

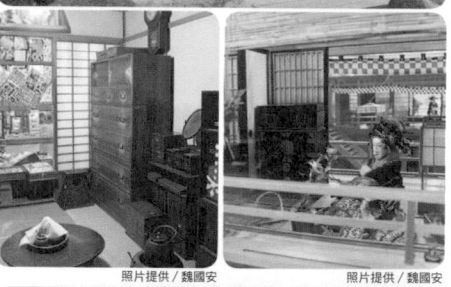

照片提供／魏國安   照片提供／魏國安

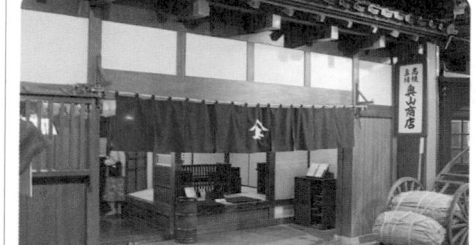

照片提供／魏國安

阿美橫丁

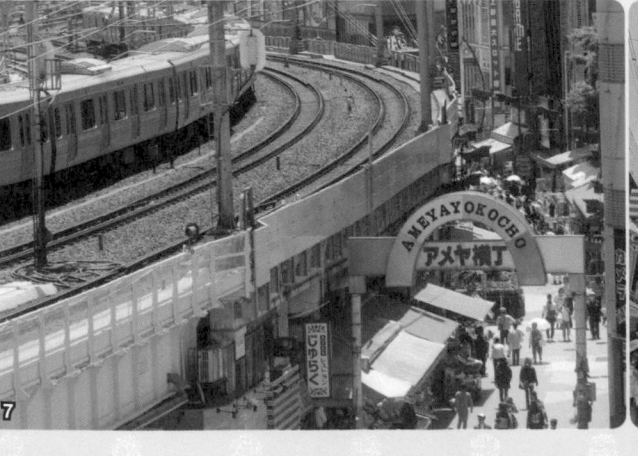

　　踏著階梯往下出了上野公園，左轉穿越馬路到對街，阿美橫丁的招牌早已遠遠地在跟你打招呼囉！但或許你早被路口的Yodobashi的3C商品吸引過去了，別急，等逛完阿美橫丁再來逛Yodobashi也不遲。

　　阿美橫丁是二次大戰後興起的商店街，各種小商店聚集在JR火車高架橋的下方。吃的、穿的、用的樣樣都有，就像逛台灣夜市般的熱鬧。以東京的高物價來說，這裡的售價便宜不少，選擇性也多，而附近的居酒屋則是越晚越熱鬧，尤其是烤肉串的香味實在是太誘人。

　　阿美橫丁的名稱由來有兩種說法，一是該街道早年集結許多賣糖果的店家而得名；二是戰後以販售美國留下各種物資的商家多分布於此而得名。不管哪種說法對，高興地吃、用力地買才是我們來逛的重點，握緊錢包，跟著人潮前進。

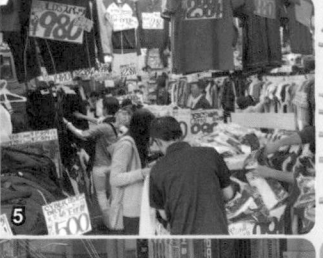
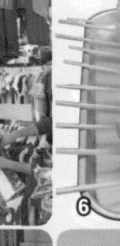

1.阿美橫丁的小吃名物之一「阿美橫燒」/ 2.販售生鮮海產的小哥，攬客特別熱情有勁 / 3.無時無刻都是處於座無虛席的居酒屋小店 / 4.「二木の菓子」是購買糖果餅乾伴手禮的最佳去處 / 5.服飾店裡的花車堆得像座小山，除了便宜還是便宜 / 6.阿美橫丁另一項小吃名物「水果串」/ 7.阿美橫丁就為在JR鐵道橋下 / 8.這裡可以一次買足日常生活所需

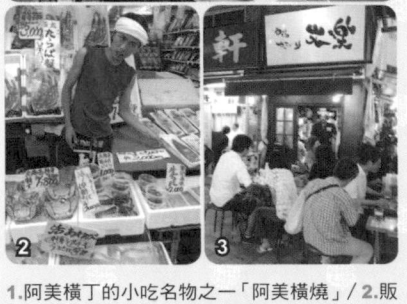
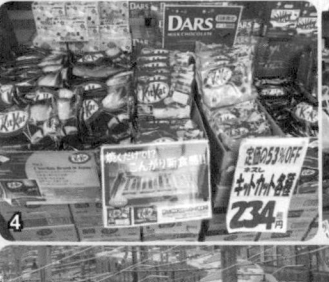
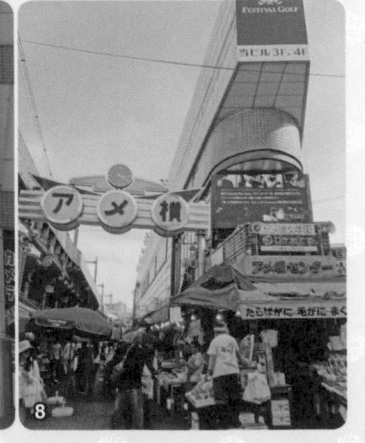
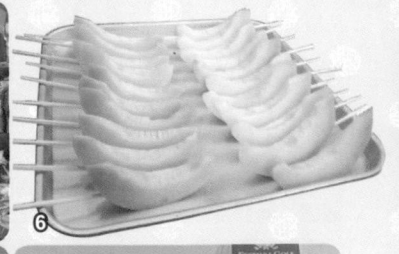
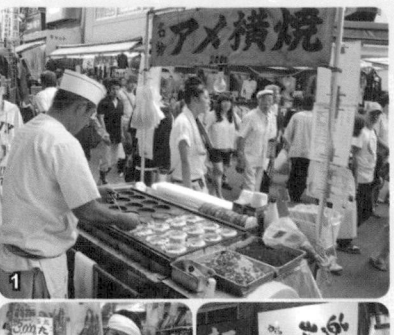

志村商店

MAP P.85 / D6 ✉ 台東區上野6-11-3 ☎ 03-3831-2454 ◷ 09:00～18:30 休無休 http ameyoko.la.coocan.jp

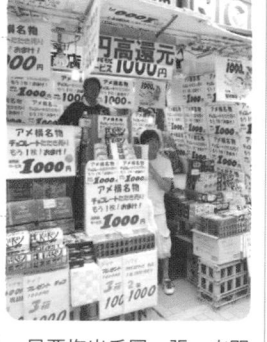

　志村商店是這裡最有名的一家店，店裡滿滿的各色糖果、巧克力，熱鬧的叫賣表演吸引不少顧客及路人，只要掏出千圓一張，老闆就會將各種糖果、巧克力不斷地裝進購物袋裡，現場氣氛越high，老闆越大方，你賺的就越多喔！

万双

MAP P.85 / D8 ✉ 台東區上野6-4-7 ☎ 03-3832-6461 ◷ 10:30～19:30 休年末年始 http www.mansaw.net

　歐洲進口的皮料，但成品都是商家自行開發、設計、手工製作，造型簡潔、顏色大方、質感一流。若你想在東京買公事包或手提包，建議先來這裡看看，獨一無二的款式、顏色，絕不撞包。當然，一分錢一分貨，雖然售價稍高，還是非常值得投資。

百果園

MAP P.85 / D7 ✉ 台東區上野6-10-13 ☎ 03-3832-2625 ◷ 10:00～19:00 休週四

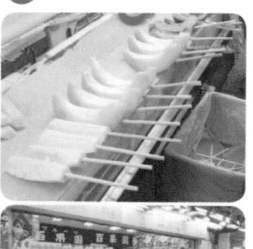

　這是阿美橫丁的流行名物之一——水果串，紅肉哈蜜瓜、草莓￥200，其他均為￥100，幾乎所有的水果店都擺攤在賣。比起台灣，日本水果的售價貴很多，如果想買水果回飯店吃，來阿美橫丁買就對了。

摩利支天 德大寺

MAP P.85 / D8

　歷史非常悠久的德大寺，座落在熱鬧的商店街裡，位在「二木の菓子」的對面。一踏上參道階梯，馬上從吵雜轉為安靜。每天正午、傍晚在阿美橫丁都可以聽到寺廟的鐘聲。當你搭乘JR列車往返上野時都看得到，位置幾乎跟鐵道一樣高。

中田商店

MAP P.85 / D8 ✉ 台東區上野6-4-10 ☎ 03-3831-5154 ◷ 10:00～20:00 休無休 http www.nakatashoten.com

　阿美橫丁裡有名的軍用品專賣店，軍服、軍鞋及各種軍用配備，以美國及德國的款式最多，各種圖案的電繡臂章貼布也不少。田中商店是許多軍事迷來這裡必逛的商店之一，店內以迷彩裝、T恤最熱賣，軍用背袋也是好看實用。

かっぽ壽司

MAP P.85 / D8 ✉ 台東區上野4-1-10 ☎ 03-3831-3712 ◷ 11:30～23:00 休無休

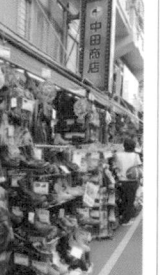

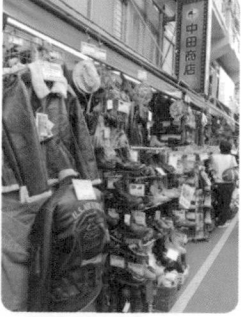

　上野有名便宜又好吃的壽司店，現點現捏，絕對比迴轉壽司好吃數倍。下午6點半以前，店內的壽司、生魚片都有幾近對折的特價，非常划算，難怪總是看到排隊的人潮。

二木の菓子

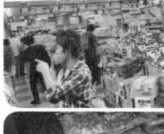

MAP P.85／D8 ✉台東
區上野4-1-8 ☎03-
3833-3911 ⏰10:00
～20:00 😴無休 http
www.nikinokashico.
jp

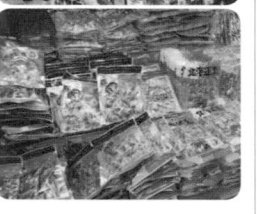

　兩個店面隔街相對
望，商店內的糖果、
餅乾、特產有千百種
之多，售價又特別便
宜，各國觀光客都知
道門路來選購禮品，
國人喜愛購買的干貝糖，這裡的選擇非常多。

ガラクタ貿易

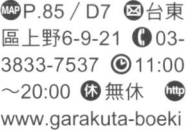

MAP P.85／D7 ✉台東
區上野6-9-21 ☎03-
3833-7537 ⏰11:00
～20:00 😴無休 http
www.garakuta-boeki
.com

　這家店什麼都賣，
小玩意兒特別多，高
檔的、低價的、新潮
的、古怪的通通混在
一起賣，登山用品、摔角面具、宗教趣味玩具、兒
童餐具、設計商品、小飾品等等，常常一轉身，就
會發現讓人意想不到的驚喜商品。

リズム

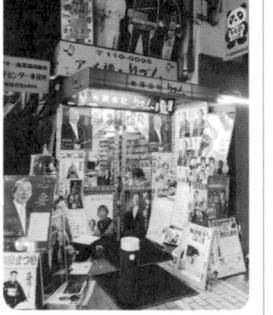

MAP P.85／D8 ✉台東
區上野6-4-12 ☎03-
3831-5135 ⏰11:00
～19:00 😴週一 http
open2.sesames.jp/
ameyoko_rhythm/ht
ml/ameyoko_rhythm

　小小的店擺滿了演
歌的CD、DVD、海
報，演歌也一曲曲地
放送給路過的大眾欣
賞，只能說老闆夫婦太熱愛演歌了，甚至參與詞曲
創作呢，「隅田川慕情」就是他們的大作喔！

肉の大山

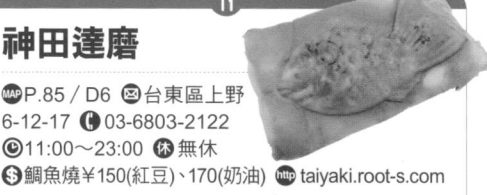

MAP P.85／E7 ✉台東
區上野6-13-2 ☎03-
3831-9007 ⏰11:00
～23:00 😴無休 http
www.ohyama.com/
ueno

　由肉商所經營的餐
廳，每回走過總是
飄來濃濃炭燒肉的
美味，啤酒＋美味的烤雞串，任誰都會忍不住流口
水，很多人直接點了就站在外頭的桌子旁享用。而
它的炸肉餅(やみつきメンチ)¥130、可樂餅¥60也
非常有名，牛排定食(¥950)則是老顧客最愛。

阿美橫Plaza　MAP P.85／D7

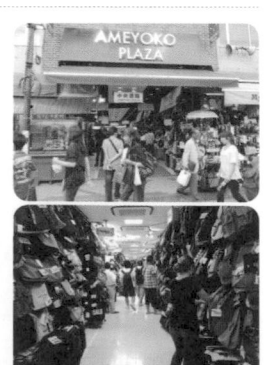

　這個區塊位於高架
鐵道的正下方，整理
得非常明亮整齊，裡
頭集合了無數家的小
商店，包包、手錶、
飾品、衣服、雜貨等
等，想得到的應有盡
有，價格也便宜。不
過裡面小巷道不少、
商店又多，很容易讓
人失去方向感，倒也
不用太緊張，左走右
走都可以找到出口，
要不然直接問老闆。

神田達磨

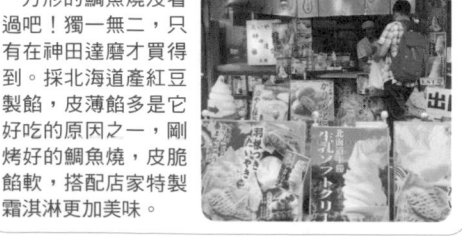

MAP P.85／D6 ✉台東區上野
6-12-17 ☎03-6803-2122
⏰11:00～23:00 😴無休
💲鯛魚燒¥150(紅豆)、170(奶油) http taiyaki.root-s.com

　方形的鯛魚燒沒看
過吧！獨一無二，只
有在神田達磨才買得
到。採北海道產紅豆
製餡，皮薄餡多是它
好吃的原因之一，剛
烤好的鯛魚燒，皮脆
餡軟，搭配店家特製
霜淇淋更加美味。

伊豆榮本店

🗺 P.85 / C7 ✉ 台東區上野2-12-22 📞 03-3831-0954 🕐 11:00～22:00 休 無休 💲 鰻重、鰻丼 ¥2,700起 http www.izuei.co.jp

創業至今已有270年以上的知名老店，以蒲燒鰻魚征服東京人的胃，也吸引無數的外地遊客前來一嘗美味無比的鰻魚飯。伊豆榮以和歌山的備長炭，搭配祕製的醬油燒烤肥美的鰻魚，紅色的漆木盒裡裝著色澤油亮、充滿炭味的蒲燒鰻魚，香味四溢，讓人肚子馬上餓了起來。除了在店內用餐，也提供有外帶的便當，由於太受歡迎，店家建議晚餐時間最好於3天前就預約，以免向隅。伊豆榮也在上野公園內開設有分店「梅川亭」(🗺 P.84 / B4)，方便到公園散步、賞櫻花的遊客。

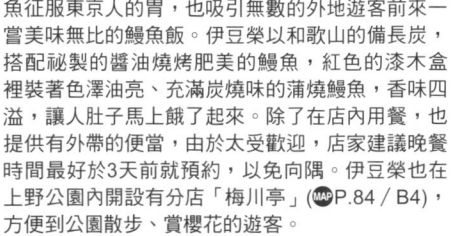

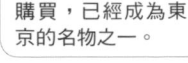
照片提供 / 魏國安

Delhi

🗺 P.85 / B8 ✉ 文京區湯島3-42-2 📞 03-3831-7311 🕐 11:50～21:30 休 年末年始 💲 單點¥950～1,050，套餐¥1,700 http www.delhi.co.jp

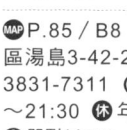
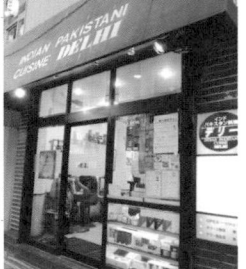

明亮的用餐空間提供純正風味、以洋蔥為基底的印度、巴基斯坦咖哩，有甜的、辣的、湯咖哩、咖哩炒飯等，學生常來光顧，若喜歡他們的口味，也可以購買料理包回家繼續回味齒頰留香的美味。

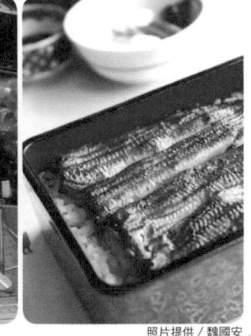

龜屋 一睡亭

🗺 P.85 / C7 ✉ 台東區上野2-13-2 📞 050-3469-4607 🕐 11:30～22:00 休 無休 💲 蒲燒御膳 ¥5,900，鰻重¥3,600，鰻丼¥2,600，旬菜御膳 ¥3,500 http r.gnavi.co.jp/g121600

位在伊豆榮對街，同樣以蒲燒鰻魚飯出名，店家強調使用的是國產半天然飼養的鰻魚，及有機栽培米，美味的鰻丼相當受到歡迎。另外也有以當季食材烹製的料理，新鮮豐富。

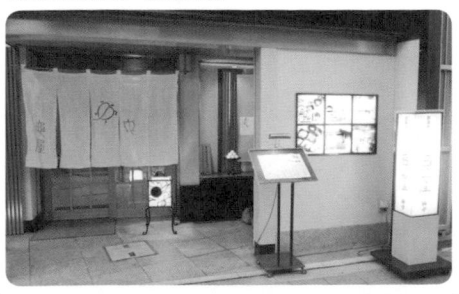

井泉本店

🗺 P.85 / C8 ✉ 文京區湯島3-40-3 📞 03-3834-2901 🕐 11:30～20:50 休 週三 💲 炸豬排定食 ¥1,350～1,950，特製炸豬排丼¥2,000，炸豬排三明治¥1,350 http isen-honten.jp

1930年創業的上野在地老店，井泉是一家相當有名氣的炸豬排餐廳，用料、烹調都很講究，雖比起一般餐廳的炸豬排貴些，但絕對物超所值，外香酥、內多汁，好吃極了，推薦給各位美食饕客們。尤其是炸豬排三明治，在設於百貨公司的食品專櫃，經常都要排隊購買，已經成為東京的名物之一。

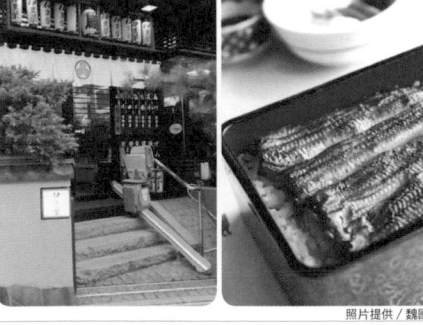

龜井堂

MAP P.85 / D7　🏠台東區上野4-5-6　📞03-3832-1001　🕙11:00～19:00　🚫週一　http www.kamei-do.co.jp

百年老店龜井堂，最有名的就是屋瓦型的煎餅，最大片的達22公分之大，還有放上西元年分的小煎餅也很特別。而以傳統娛樂的文樂人形頭像為造型的「文樂人形燒」，純古法燒烤是龜井堂的註冊商標，別家可是買不到的喔！

ABAB

MAP P.85 / D7　🏠台東區上野4-8-4　📞03-3833-3111　🕙10:00～21:00　🚫無休　http abab.ababakafudado.co.jp/store_ueno.php

ABAB是在地已有30年的流行百貨店，但販賣的可是青春洋溢的少女服飾呢！8個樓層涵蓋各個年齡層的女性商品，流行時髦，購物人潮將店裡擠得滿滿的，新商品的替換率非常快，是OI City以外，上野另一處流行百貨店。

Yamashiroya

MAP P.85 / E6　🏠台東區上野6-14-6　📞03-3831-2320　🕙10:00～21:30　🚫無休　http e-yamashiroya.com

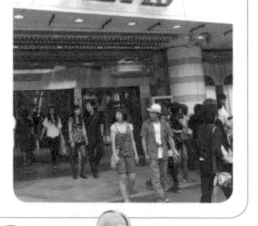

東京的玩具店越來越少，大型的除了玩具反斗城、原宿Kiddy Land、銀座博品館外，就是上野的Yamashiroya，商品豐富，年齡層比較廣，連大朋友也可以買得很高興呢！喜歡扭蛋的朋友，Yamashiroya的店頭及5樓都有許多扭蛋機。

みはし

MAP P.85 / D7　🏠台東區上野4-9-7　📞03-3831-0384　🕙10:30～21:30　🚫無休　💲白玉クリームあんみつ(湯圓冰淇淋蜜豆)¥720　http www.mihashi.co.jp

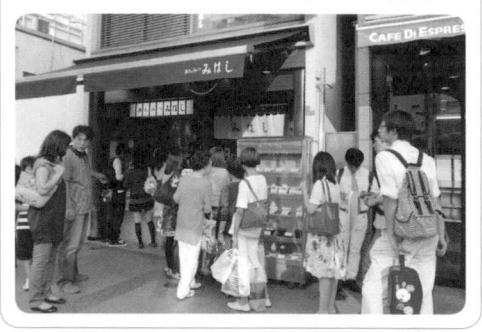

又是一家百年老店，漢字店名是「三橋」，取名來自江戶時代的地景，是上野地區非常受歡迎的甜點店鋪，店門口總是大排長龍，想一嘗它的甜蜜滋味，只能跟著排隊就是了。店家不吝在各種食材上使用高級的原料，豆餡、黑糖蜜、寒天、求肥、蜜柑等，都是使用日本國產的原料製作，也會隨著季節推出特定甜點，如春天的草莓冰淇淋蜜豆、夏天的湯圓抹茶剉冰、冬天的麻糬紅豆湯，都是賣得嚇嚇叫的點心。既然來到上野，錯過它就太可惜了。

韓國泡菜橫丁

MAP P.85 / F7

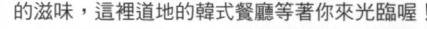

這個街區集結了20～30間專售韓國特產、生鮮雜貨及燒肉餐廳，店頭也大都是寫著韓文的廣告看板，空氣中飄著濃濃的韓國風味。若突然想念起韓國烤肉、辣泡菜、人蔘雞的滋味，這裡道地的韓式餐廳等著你來光臨喔！

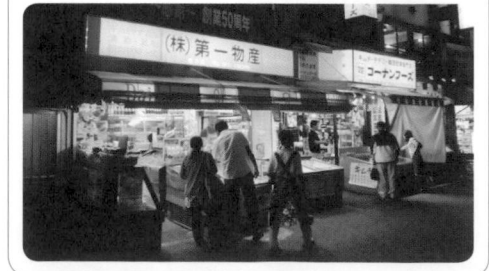

TOKYO
東京散步

04 湯島·本鄉·

Yushima · Hongo · Tokyo Dome

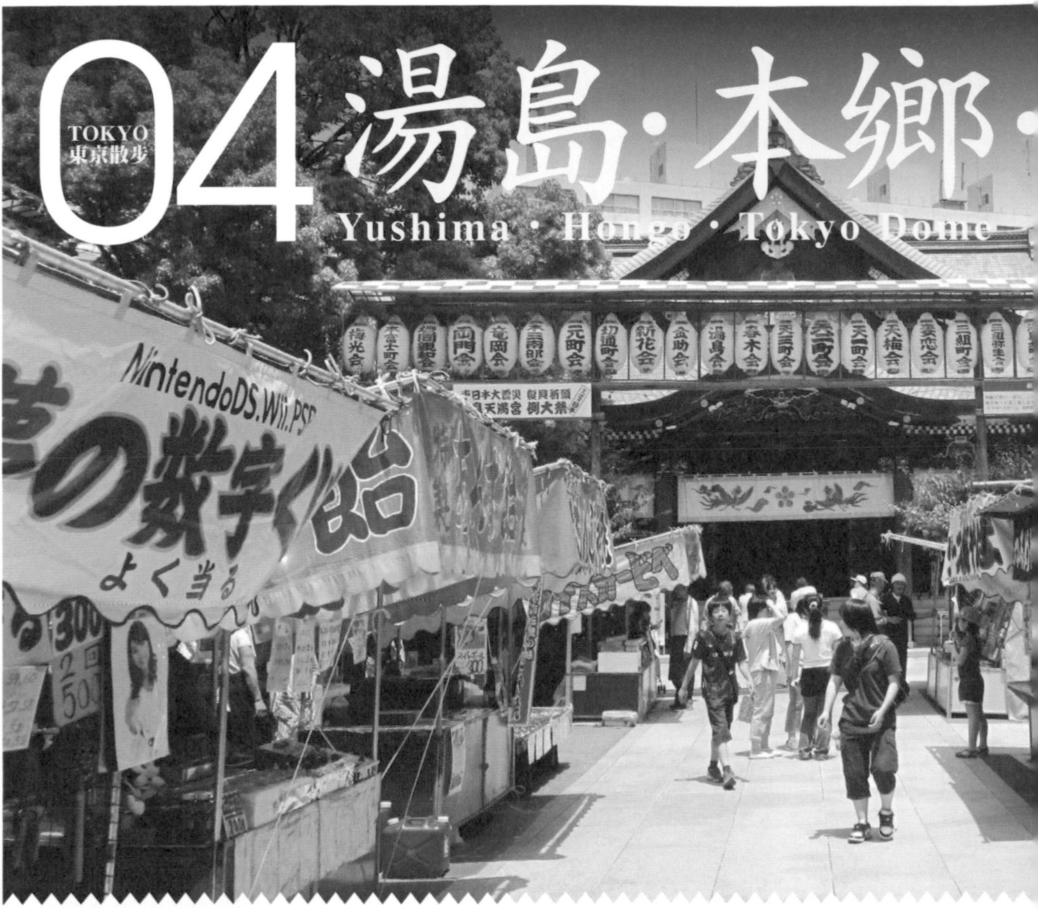

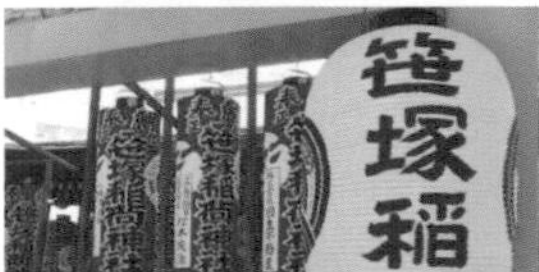

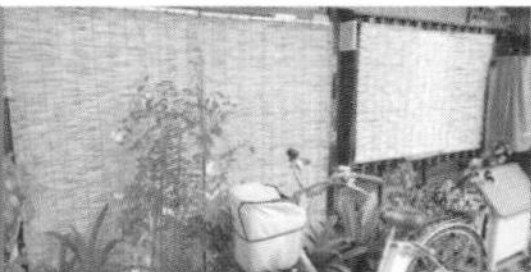

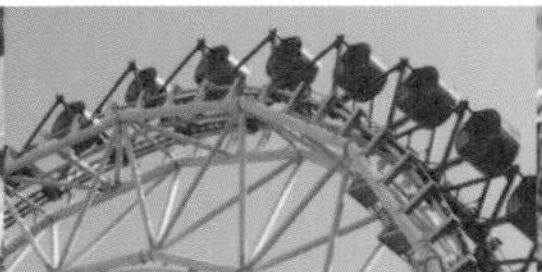

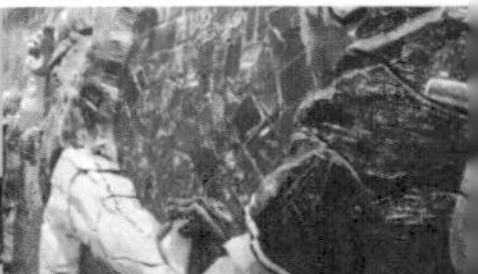

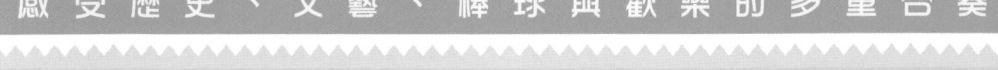

感受歷史、文藝、棒球與歡樂的多重合奏

進東大不用上東大特訓班，你也可以輕鬆地跨過那道「赤門」，在東大校園裡漫步，想像自己就是東大新鮮人，除了做做當一流學府學生的白日夢，還能把東大紀念品買回家，簡直就是「有夢最美，紀念品相隨」，一舉兩得呢！

這個散步區域仍屬下町，湯島屬文京區，與上野的台東區相鄰，而「舊岩崎邸庭園」、「橫山大觀紀念館」仍在台東區，就位在上野公園隔壁而已，所以跟上野的氣氛相當相似。但到了「彌生美術館」整個感覺就不一樣了，比較有文教的斯文氣氛，跟東大就在對面比較有直接的關係。

菊坂的味道又是另一番風情，這裡的木造民房幾乎沒有改變過，巷道、坡道都很狹小，衣物晒在外頭的景色是我們最熟悉的，

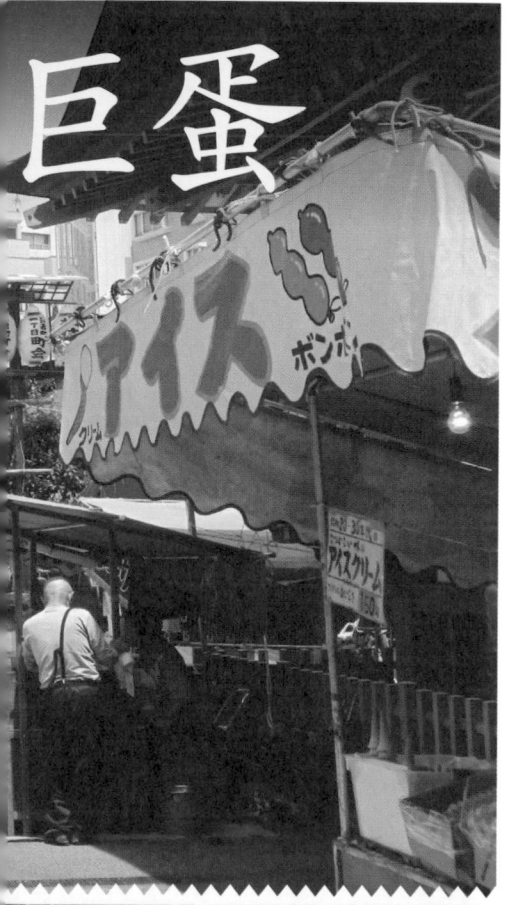

這段路線以幾個大景點串連而成，景點分布遠、路程比較長，需要足夠的腳力才能走完全程，若遇到夏日豔陽，則需要更大的毅力。景點大，所以參觀的時間會增長，除非你善於控制時間，不然很容易跟我一樣，都還沒走到終點，天已經黑了。若對購物比較有興趣，不妨只選擇有興趣的景點參觀即可，把較多的時間留給「東京巨蛋」，東京巨蛋範圍廣、商場大，可以參觀「棒球博物館」，也有許多餐廳可以吃晚餐，是需要花費較多時間、體力及購物金的地方。

Ⓐ 09:00 湯島天滿宮
　　　↓ 散步10分鐘
　　10:00 舊岩崎邸庭園
　　　↓ 散步10分鐘
　　11:00 橫山大觀紀念館
　　　↓ 散步15分鐘
　　13:00 彌生美術館
　　　↓ 散步3分鐘
Ⓑ 14:20 東京大學
　　　↓ 散步10分鐘
Ⓒ 15:30 菊坂
　　　↓ 散步20分鐘
Ⓓ 16:30 東京巨蛋

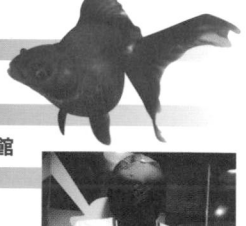

前往湯島神社周邊
1. 搭乘地鐵都營大江戶線，到「湯島」站(3號出口)
2. 搭乘地鐵東京Metro千代田線，到「湯島」站(3號出口)

前往東京大學、菊坂周邊
1. 搭乘地鐵都營大江戶線，到「本鄉三丁目」站(4號出口)
2. 搭乘地鐵東京Metro南北線，到「東大前」站(1號出口)
3. 搭乘地鐵東京Metro丸ノ內線，到「本鄉三丁目」站(2號本鄉通り方面出口)

前往東京巨蛋周邊
1. 搭乘地鐵都營大江戶線，到「春日」站(4a號出口)
2. 搭乘地鐵都營三田線，到「春日」站(A1號出口)，或到水道橋下車(A3正面入口出口)
3. 搭乘地鐵東京Metro南北線，到「春日」站(4a號出口)
4. 搭乘地鐵東京Metro丸ノ內線，到「後樂園」站(1或2號出口)
5. 搭乘JR電車中央線、總武線，到「水道橋」站(西口出口)

前往小石川後樂園周邊
1. 搭乘地鐵都營大江戶線、或東京Metro南北線，到「飯田橋」站(C3號出口)

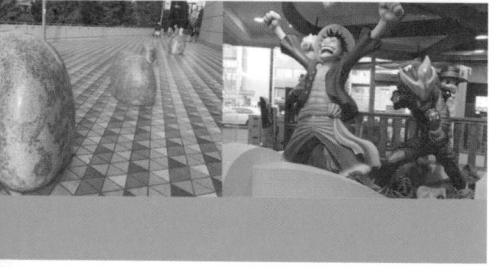

可以說一巷一風景，以「柳暗花明又一村」來形容最為貼切。

而東京巨蛋除了熱情看棒球、瘋狂玩雲霄飛車外，還可以盡情地購物跟逍遙放鬆洗SPA，有「衝衝衝」的青春氣息，是目前相當熱門的情侶出遊約會地點。

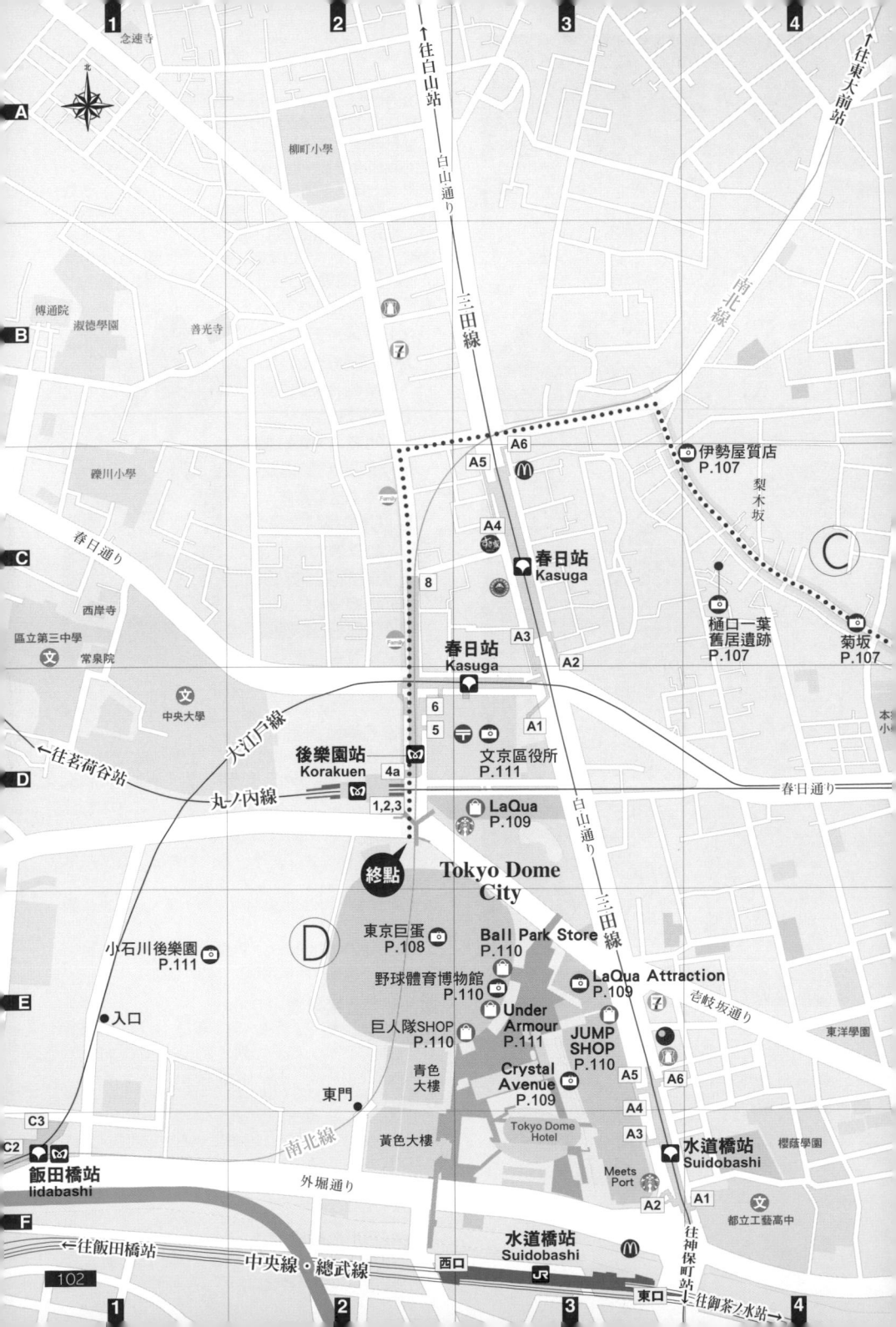

地圖

A
念速寺 ①
北

B
傳通院
淑德學園
善光寺
往白山站→
三田線
白山通り
南北線
往東大前站→

柳町小學

C
春日通り
磯川小學
西岸寺
區立第三中學
常泉院 ⽂
中央大學 ⽂
大江戶線
往茗荷谷站→
丸ノ内線

A6
A5
A4
春日站
Kasuga
A3
春日站
Kasuga
A2
A1

伊勢屋質店
P.107
梨木坂
樋口一葉
舊居遺跡
P.107
菊坂
P.107
本

D
後樂園站
Korakuen
4a
1,2,3
⽂京區役所
P.111
LaQua
P.109
白山通り
三田線
春日通り

E
終點
Tokyo Dome
City
小石川後樂園
P.111
東京巨蛋
P.108
野球體育博物館
P.110
巨人隊SHOP
P.110
青色
大樓
●入口
Ball Park Store
P.110
Under
Armour
P.111
Crystal
Avenue
P.109
LaQua Attraction
P.109
JUMP
SHOP
P.110
壹岐坂通り
東洋學園
A5
A6
A4
A3

F
C3
C2
飯田橋站
Iidabashi
南北線
往飯田橋站→
中央線・總武線
東門
黃色大樓
西口
外堀通り
Tokyo Dome
Hotel
Meets
Port
水道橋站
Suidobashi
水道橋站
Suidobashi
都立工藝高中
櫻蔭學園
A2
A1
⽂
都立工藝高中
往神保町站→
東口 →往御茶之水站→

1　　2　　3　　4

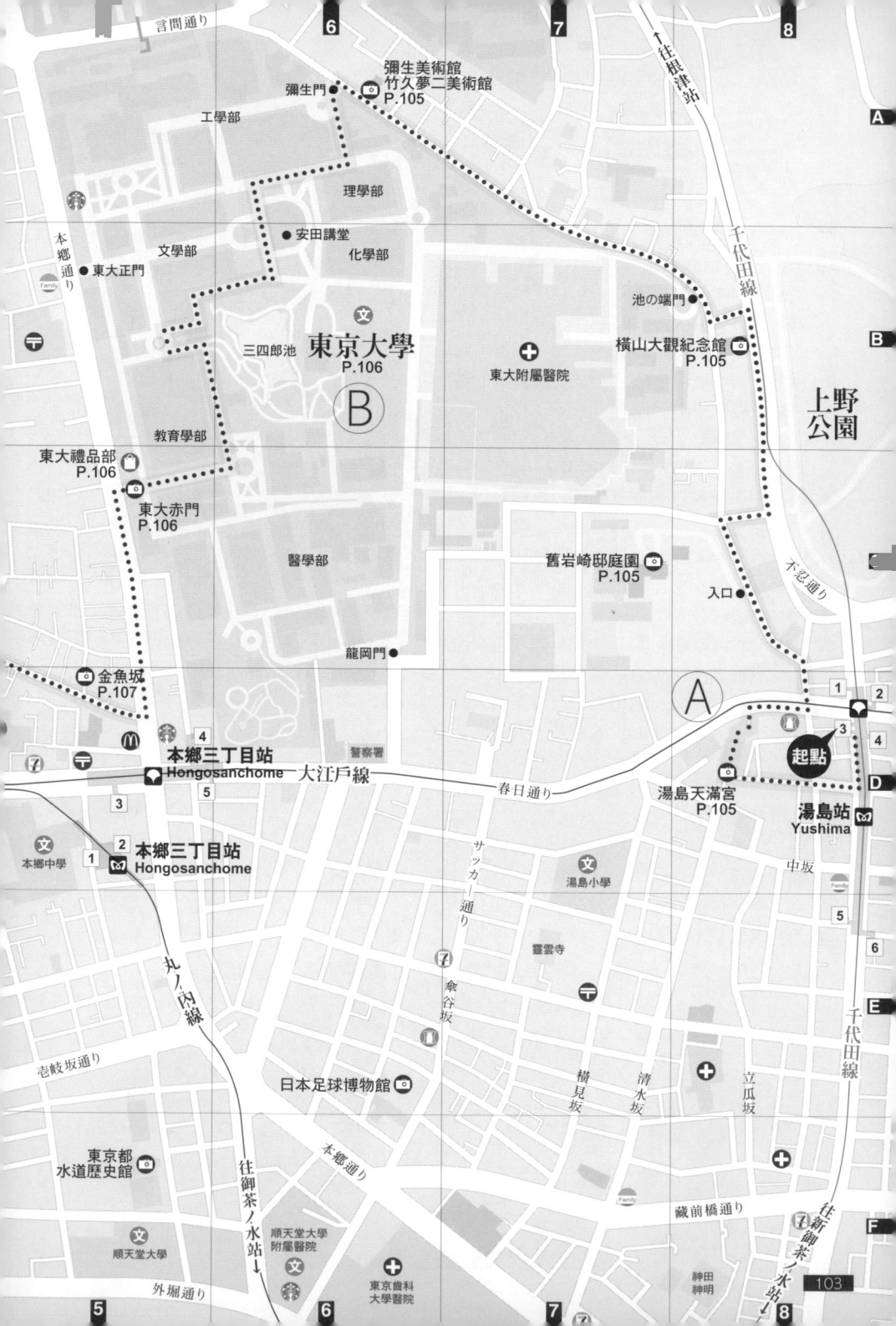

言問通り 6 7 8

彌生美術館
竹久夢二美術館
P.105

彌生門

工學部

理學部

往根津站

A

千代田線

星巴克

本鄉通り

本鄉通り

東大正門

文學部

理學部

安田講堂

化學部

三四郎池

東京大學
P.106

B

池の端門

橫山大觀紀念館
P.105

B

上野
公園

東大附屬醫院

教育學部

東大禮品部
P.106

B

舊岩崎邸庭園
P.105

不忍通り

東大赤門
P.106

醫學部

入口

龍岡門

A

1 2

金魚坂
P.107

3 4

起點

本鄉三丁目站
Hongosanchome

警察署

4

大江戶線

春日通り

湯島天滿宮
P.105

D

湯島站
Yushima

本鄉三丁目站
Hongosanchome

3

2

1

本鄉中學

中坂

5

湯島小學

Family

6

丸ノ内線

サッカー通り

靈雲寺

E

壹岐坂通り

傘谷坂

橫見坂

清水坂

立瓜坂

千代田線

日本足球博物館

往御茶ノ水站

東京都
水道歷史館

本鄉通り

藏前橋通り

神田
神明

順天堂大學

順天堂大學
附屬醫院

東京齒科
大學醫院

往新御茶ノ水站

往御茶ノ水站

外堀通り

F

103

5 6 7 8

湯島

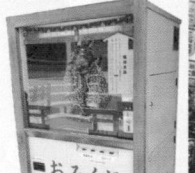

起個大早，先朝「湯島天滿宮」（P.105）前進，出了湯島站，從「男坂」階梯往上，春天求學業、冬天賞梅花。祈求平安健康了嗎？我們從「夫婦坂」階梯往下，接著要去參觀庭院如公園般大的豪宅「舊岩崎邸庭園」（P.105）。

從大馬路路口左轉進入小街道，豪宅入口就在不遠處，順著寬敞的碎石子路緩坡往前，在售票亭買票就可以進入參觀。對了，進入豪宅得先脫鞋子喔！內部裝潢格局氣派的不得了，如同在參觀英國古宅般。如果覺得藝術家跟民宅比較親切，跟著我前往下一個目的地就對了！

「橫山大觀紀念館」（P.105）由藝術家的民宅改造而來，有生活、有藝術，連入口的小庭院都很有禪味，進來看看日本畫壇大師如何過生活。紀念館面對的就是上野公園的不忍池（P.94），趁參觀上野公園時順道繞過來參觀也行。

這一個散步段落的小路兩旁，一邊是寺廟、民家的風景，另一邊築起圍牆的就是鼎鼎大名的「東京大學」（P.106）。沿著圍牆走，來到清幽的「彌生美術館」（P.105），看看插畫家們心中的世界，夢幻的、奇幻的、

寫真的，好不精彩，還能遇見大正浪漫派設計大師「竹久夢二」的藝術創作，讓人覺得好幸福啊！而彌生美術館正對面就是下一個參觀目標──東京大學。

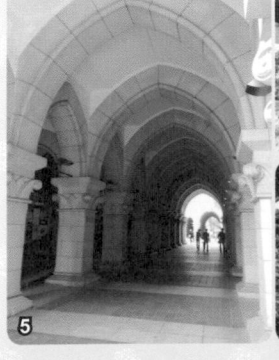
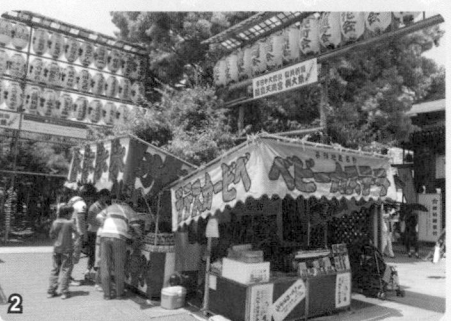
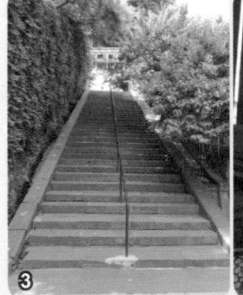
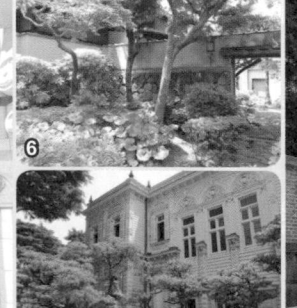
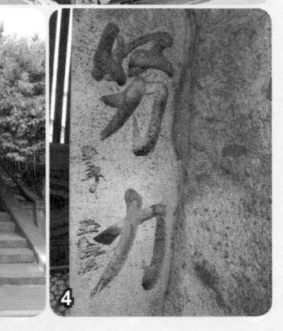

1.寺院內經常可以見到奇特有趣的籤詩販售機 / 2.夏季週末通常都有大小祭典在寺院內舉辦 / 3.石階「男坂」/ 4.湯島天滿宮內有王貞治題寫的「努力」二字石碑 / 5.東京大學內盡是古典的建築 / 6.橫山大觀紀念館內幽靜小巧的日本庭院 / 7.舊岩崎宅邸內外都是風景 / 8.這一段的散步路徑是長長的坡道

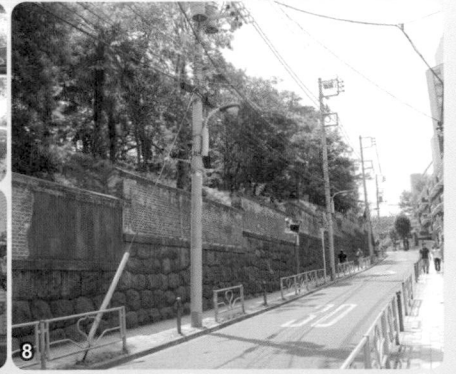

湯島天滿宮

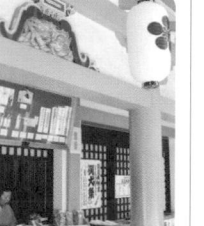

🅜P.103／D8 🏣文京區湯島 3-30-1 📞03-3836-0753 ⏰ 06:00～20:00 休無休 🌐 www.yushimatenjin.or.jp

　湯島天神因祭祀學問之神「菅原道真」，每年春天升學考試旺季有無數的學生來參拜，寺院內總是掛滿了祈求考試順利合格的繪馬，盛況有如台灣的文昌廟一般。這裡最美麗的季節是梅花盛開時，院內的日本庭園相當漂亮，寺廟旁還有王貞治題寫「努力」二字的石碑。

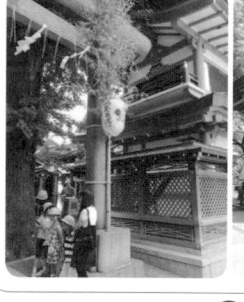

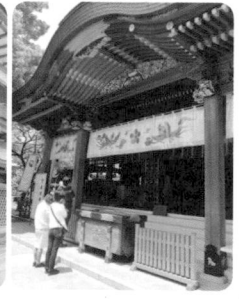

舊岩崎邸庭園

🅜P.103／C7 🏣台東區池之端端3-3-45 📞03-3823-8340 ⏰09:00～17:00 休12/29～1/1 💲¥400 🌐www.tokyo-park.or.jp/park/format/index035.html

　落成於1896年的英式洋館，有占地廣大的庭園，原為三菱財團岩崎家住處，現為日本國有財產，於2003年整修後開放參觀。可一窺早期有錢人家的住屋格局，用的都是高級建材，連壁紙都是純手工製作、精雕細琢的「金唐革紙」，洋館旁還有一間國寶級的「撞球室」，但內部不開放。

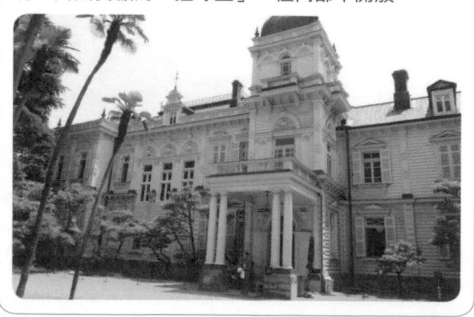

橫山大觀紀念館

🅜P.103／B8 🏣台東區池之端1-4-24 📞03-3821-1017 ⏰10:00～16:00 休週一～三，不定休 💲¥800 🌐taikan.tokyo/index.html

　橫山大觀(1868～1958年)是日本美術運動的革新者，結合水墨、西畫與日本野獸畫派風格，發展出新式的日本畫作，將近代日本畫帶往新的方向。紀念館原為橫山大觀生前的住處，於1976年將此處連同大師的遺物、畫作一起，原封不動地展示。

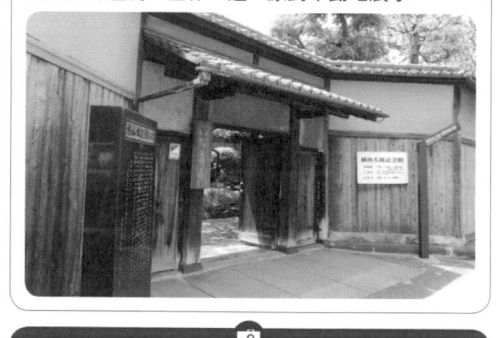

彌生美術館・竹久夢二美術館

🅜P.103／A6 🏣文京區彌生2-4-3 📞03-3812-0012 ⏰10:00～17:00 休週一(遇假日休週二) 💲¥900 🌐www.yayoi-yumeji-museum.jp

　彌生美術館以展出國內外知名插畫藝術家的作品為主，漫畫、童書經常在展出主題之內。竹久夢二美術館則以展出日本近代美術設計大師「竹久夢二」(1884～1934年)的藝術創作為主，信封、火柴盒等設計作品，相當生活化。這兩個相連的美術館精緻小巧，參觀起來相當輕鬆，1張票券兩館共同參觀。

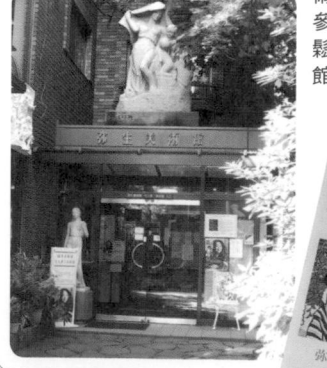

東京大學

TOKYO DAIGAKU

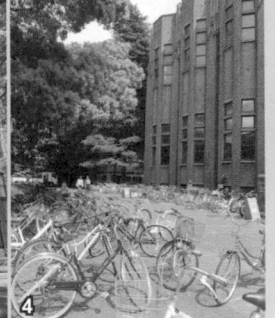

MAP P.103 / B6　http www.u-tokyo.ac.jp

　東京大學起源於西元1684年，曾為江戶幕府的教育機關，正式設置成為大學是在1877年，而由東京帝國大學改稱為東京大學，則是在二次大戰後的1947年。東大校區占地廣闊，校園內教學大樓各具特色，多為英國貴族學校的建築風格，盡展東京首屈一指大學的風範。其中最有名氣的，為鐘樓建築樣式的「安田講堂」，它是1960年代學生運動大本營，一舉成名為東大的標誌，可惜內部沒有開放，僅供畢業典禮等重要儀式之用。而講堂前的銀杏大道非常壯觀，每年秋天是它最美的時候。大學部有10個學系，而研究所則有15個部門，是日本人心中的最高學府，幾乎所有學子都擠破頭想成為東大人，光耀門楣。

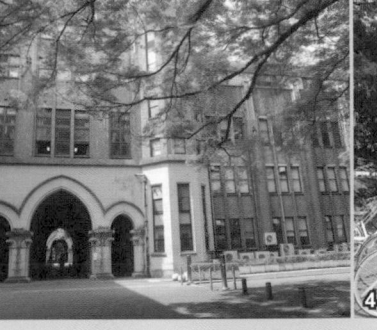

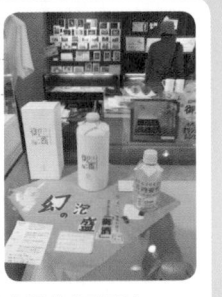

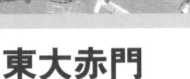

1.鼎鼎有名的安田講堂(照片提供／魏國安)／**2.**校園內常見寫生的團體／**3.**教學大樓充滿歐洲風情／**4.**校園＋單車是大學常見的風景

東大禮品部

MAP P.103 / C5

　現在就連大學也要商品化，參觀的人多，當然不能錯過這個龐大的商機，吊飾、T恤、提袋等文創商品都很熱門，但賣得最好的算是東大自行研發的酒類、香水，東大人不僅頭腦好會讀書、做起生意來也是嚇嚇叫呢！

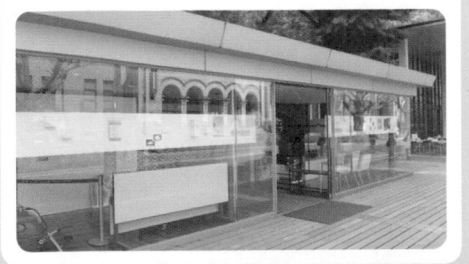

東大赤門

MAP P.103 / C5

　這道紅色大門簡直是東大的代表，比正門還出名，看過日劇《東大特訓班》的戲迷都應該在電視上看過它，它就是那道入學的窄門，還好我們只要輕鬆參觀就好了。赤門建於1827年，是江戶時期名門豪宅的遺跡。

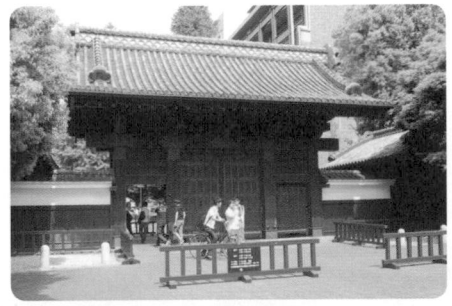

菊坂

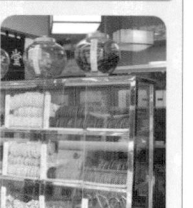

　菊坂自明治時期以來就是條充滿文藝氣息的坂道，留下樋口一葉、宮澤賢治、竹久夢二、石川啄木等文豪大師的足跡，至今仍是散步迷尋蹤的話題。

　我們從坡上東大這頭往下坡逛去，首先就會遇上以金魚批發為業的「金魚坂」，來撈個金魚重拾童趣，順便吃個「金魚御膳」。坂道綿延約有1公里之長，沿途多是舊時下町的庶民區，至今仍保留了不少明治、大正時期的木造民房，轉個彎，瓦片、石牆、昏黃的木屋、推門……種種遇見，都使人深深為之著迷、沉浸在下町巷道之中。

　其中以接近坂下的樋口一葉居住過的巷道最讓遊人津津樂道，若不是靠著地圖指引，還真的找不到呢！

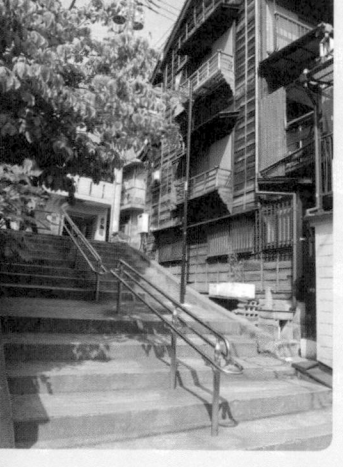

伊勢屋質店

MAP P.102 / C4

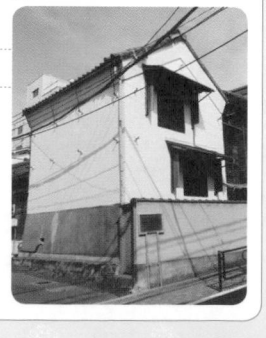

　「質店」就是當鋪，樋口一葉於生活貧困時也曾來過伊勢屋，也在她的著作裡提及伊勢屋，但昔日風光的當鋪，目前也僅剩下倉庫的遺跡供人想像當時的情景了。

金魚坂

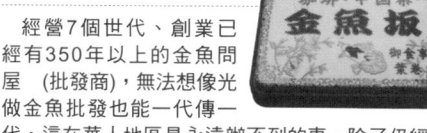

MAP P.103 / D5 　文京區本鄉5-3-15 　03-3815-7088
　11:30～21:30　休週一、12/30～1/4
http www.kingyozaka.com

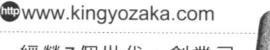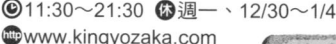

　經營7個世代、創業已經有350年以上的金魚問屋（批發商），無法想像光做金魚批發也能一代傳一代，這在華人地區是永遠辦不到的事。除了仍經營批發外，也提供遊客撈金魚的娛樂，大大小小玩得不亦樂乎。此外，金魚坂也兼營咖啡餐廳，午茶約￥1,000、牛肉黑咖哩￥2,000頗有名氣。金魚坂在一條非常不起眼的小巷道內，請注意看電線桿上的指示招牌，以免一不小心就錯身而過。

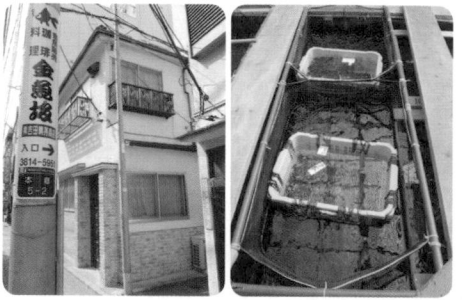

樋口一葉舊居遺跡

MAP P.102 / C4

　樋口一葉(1872～1896年)，東京人，是日本明治初期主要的女性小說家，她的作品多為仿古文形式，一般人較難看懂，曾有「現代紫式部」之譽，可惜英才早逝，在日本文壇上僅曇花一現。至於我們對她的印象就是5千日圓上的肖像，她的舊居位在一條不顯眼的狹小巷道內，昔日使用的水井仍持續服務現今附近的居民，是散步迷必訪景點。

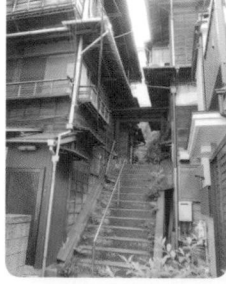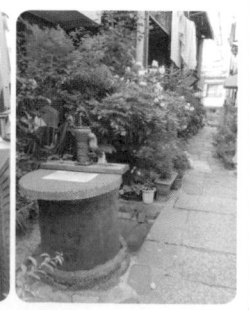

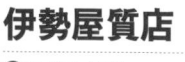

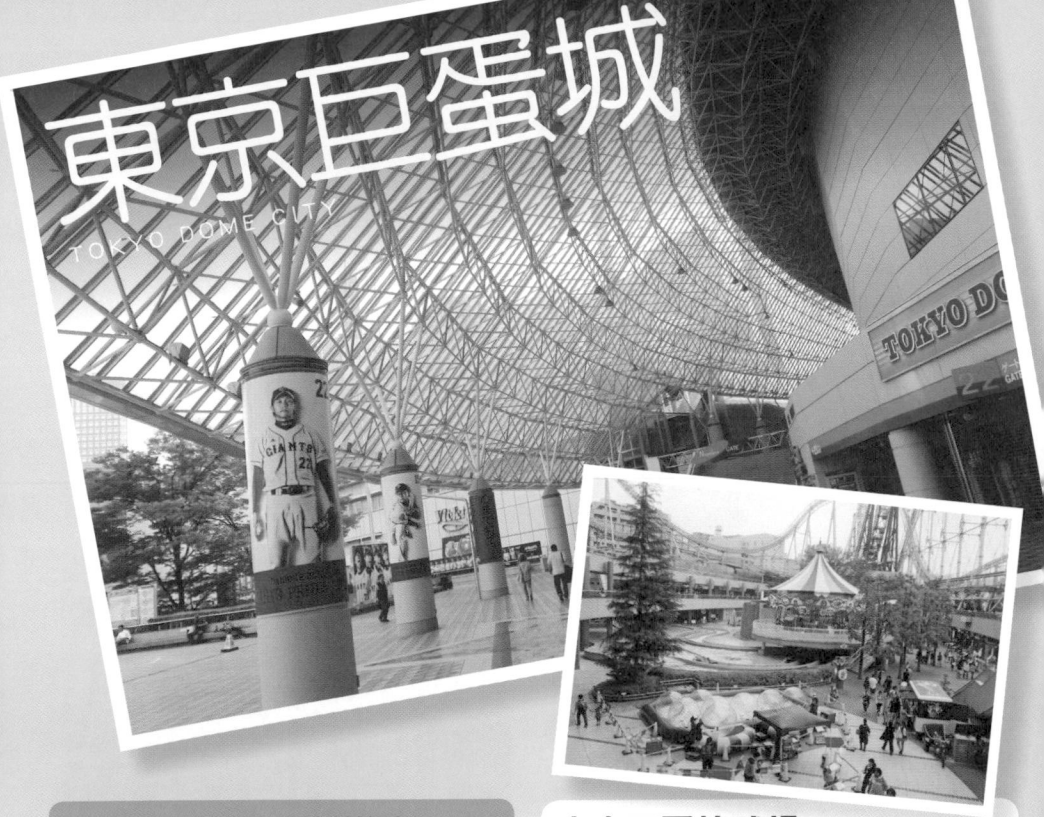

東京巨蛋城
TOKYO DOME CITY

購物、棒球、遊樂園
玩樂指數No.1

東京巨蛋城結合體育、娛樂、購物、美食，將已經退流行的後樂園，重新打造成一個隨時適合全家出遊、情侶約會的流行新地標，一改只有棒球可看的舊印象。所謂人潮就是錢潮，靠著看棒球的廣大人口，將整個區域重新定位，更適合年輕人或全家人出遊，要買流行、要吃美味、要玩刺激、要做SPA，這裡通通都有，東京巨蛋城不怕你來消費，就怕你時間不夠用。

由於周邊的地鐵交通相當便利，只要一出地鐵站，連成一氣的通道路面設計，四通八達，很容易就能前往區內的各個商店、景點。可以想見，當球賽結束後，廣大的腹地帶著人群往四周的地鐵站四散，不會有動彈不得的景象出現。若你沒有時間前往郊區的遊樂園，記得東京市內還有這一處好玩的地方。

東京巨蛋棒球場

MAP P.102／E2 ✉購票處：22號出入口前總合案內所 ☎03-5800-9999 ◷11:00～19:00 ㊡無休
🔗 www.tokyo-dome.co.jp/dome

東京巨蛋是日本首座室內型的棒球場，於1988年落成啟用，是一座能容納5萬多人的多功能體育館，目前是日本職棒巨人隊的主場。球場只有在賽事進行時才開放，若遇巨人隊的賽事，還會推出7款限定的便當(約¥1,550)，相當受到棒球迷們的歡迎呢！球場1樓有多家運動用品店，均販售與棒球相關的體育用品、服裝。

LaQua

MAP P.102 / D3 📧文京區春日1-1-1 📞03-5800-9999
🕐商店11:00～21:00，餐廳11:00～23:00 ⏸無休
http www.laqua.jp；**Spa LaQua**：📞03-3817-
4173 🕐11:00～翌日09:00 💲￥2,850(01:00～
06:00過夜加收￥1,944)

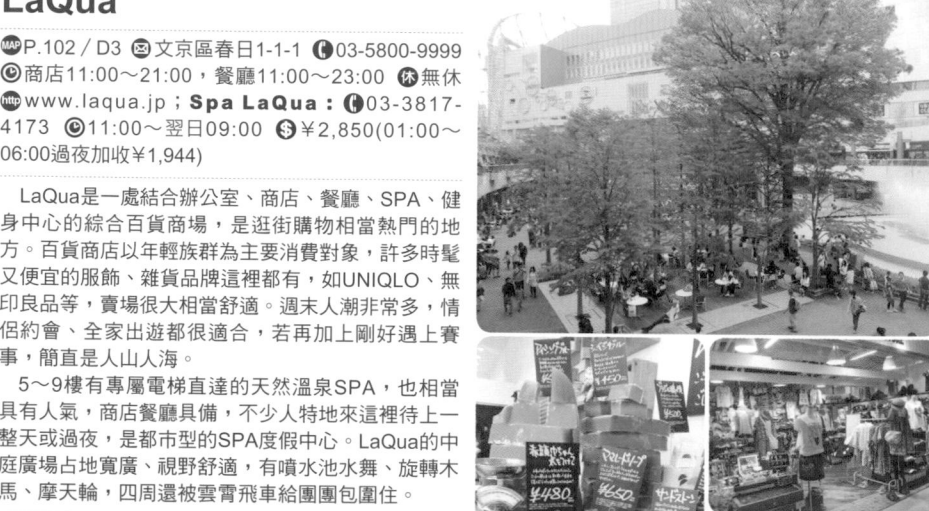
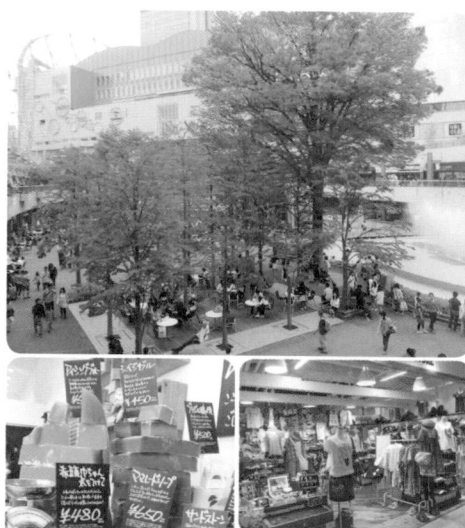

　　LaQua是一處結合辦公室、商店、餐廳、SPA、健
身中心的綜合百貨商場，是逛街購物相當熱門的地
方。百貨商店以年輕族群為主要消費對象，許多時髦
又便宜的服飾、雜貨品牌這裡都有，如UNIQLO、無
印良品等，賣場很大相當舒適。週末人潮非常多，情
侶約會、全家出遊都很適合，若再加上剛好遇上賽
事，簡直是人山人海。

　　5～9樓有專屬電梯直達的天然溫泉SPA，也相當
具有人氣，商店餐廳具備，不少人特地來這裡待上一
整天或過夜，是都市型的SPA度假中心。LaQua的中
庭廣場占地寬廣、視野舒適，有噴水池水舞、旋轉木
馬、摩天輪，四周還被雲霄飛車給團團包圍住。

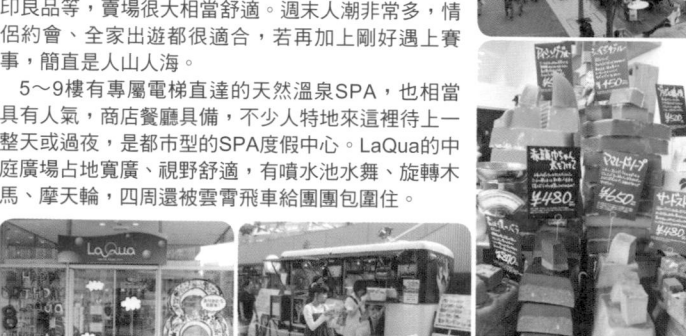
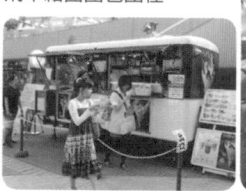
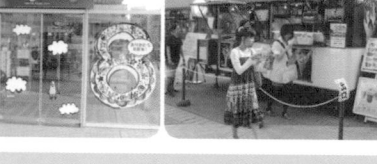
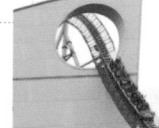
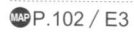

LaQua Attraction

MAP P.102 / E3 📞03-5800-9999 🕐10:00～
21:00 ⏸無休 💲入園免費，搭乘遊樂設施須付費
http www.laqua.jp/attraction

　　前身是後樂園，目前為
東京市內最大型的遊樂設
施，以雲霄飛車環繞整個
商場園區、穿過建築而大
受歡迎，驚險刺激度滿
分。2011年初因雲霄飛車發生重大意外事故，整
個園區曾全面停止營業，目前已再次開園營業，主
要遊樂設施雲霄飛車，仍是最受遊客歡迎的項目。

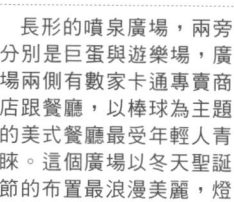
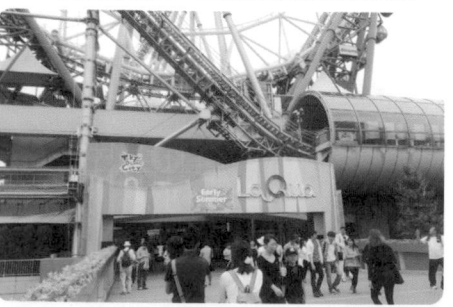

Crystal Avenue

MAP P.102 / E3

　　長形的噴泉廣場，兩旁
分別是巨蛋與遊樂場，廣
場兩側有數家卡通專賣商
店跟餐廳，以棒球為主題
的美式餐廳最受年輕人青
睞。這個廣場以冬天聖誕
節的布置最浪漫美麗，燈
海下、花海旁都是情侶約
會的最佳場地，整個To-
kyo Dome City非常熱鬧。

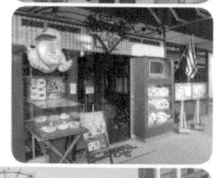
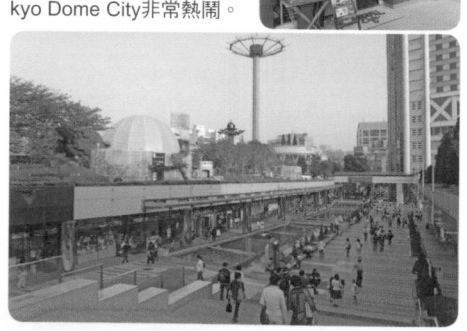

野球體育博物館

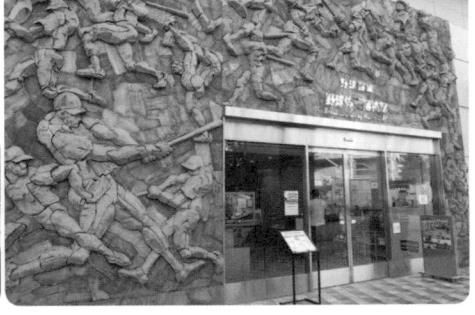

📍P.102／E3 ✉文京區後樂1-3-61 ☎03-3811-3600 🕙10:00～18:00(10～2月到17:00) 🚫週一(遇假日、開賽日則開館)、12/29～1/1 💲￥600
🌐www.baseball-museum.or.jp

　　日本的棒球歷史已有百年以上，是舉國上下最喜愛的體育活動，棒球博物館1959年開館，隨著東京巨蛋落成也跟著落腳於目前的館址，明亮寬敞，展示項目清晰有條理，很容易讓對棒球不熟的參觀者也跟著熱情起來。館內展示世界棒球的歷史、日本職業棒球的歷史文物，如各球隊的球衣、球具、獎盃等，也能看到王貞治、鈴木一朗、松井秀喜、松坂大輔等我們也認識的明星球員用品，也有歷史性的畫面轉播，並設有偉大的棒球殿堂向日本棒球界的名人致敬，日本人真的很用心在體育活動推廣與保存。

　　除了靜態的展示，也有互動式的體驗，可以來嘗試打擊名投手投出的球，非常適合大小同遊。

Ball Park Store

📍P.102／E3 🕙10:00～18:00 🚫無休

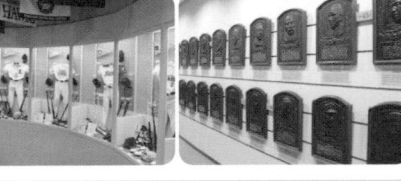

　　商品琳琅滿目的棒球紀念品專賣店，除了本地主巨人隊的商品外，也有各大球團的禮品，什麼千奇百怪的紀念品都買得到，大人的、兒童的、吃的、穿的、用的、玩的、萌的、看爽的、買了浪費錢的……應有盡有，只能說日本人的商業頭腦真是了得，花錢的人也買得很爽快。

巨人隊SHOP

📍P.102／E3 🕙10:00～18:00 🚫無休

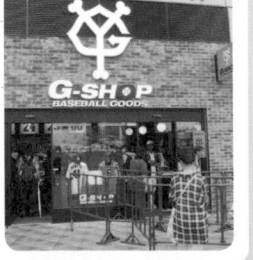

　　這是巨人隊獨家商品的專售店，球衣、球棒、吉祥物、扇子、簽名球等，應有盡有，若遇上賽事，可得排隊才進得了店呢！

JUMP SHOP

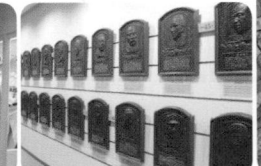

📍P.102／E3 ✉文京區後樂1-3-61 ☎03-5842-6844 🕙10:30～19:00 🚫無休 🌐www.shonenjump.com/j/jumpshop

　　由集英社人氣漫畫雜誌「JUMP」所衍生出來的公式商店，有許多熱門漫畫的周邊商品，其中以海賊王最熱賣，商品種類也最多。除了東京車站與晴空塔設有小店外，市區內就只有這家旗艦店，動漫迷們千萬不要錯過購買的機會囉！

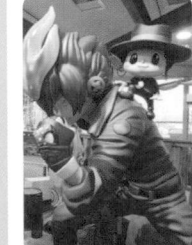
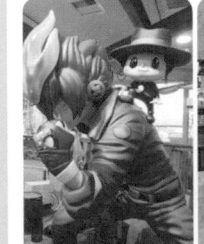

小石川後樂園

MAP P.102／E1 ✉文京區後樂1-6-6 ☎03-3811-30
15 ⏰09:00～17:00 休12/29～1/1 ￥300(5/4
、10/1免費入園) http teien.tokyo-park.or.jp/hk/koi
shikawa/index.html

占地約7萬平方公尺，建於寬永6年(1629年)，原
是江戶時期水戶德川家的花園，經二代藩主擴建
後，成為日本古庭園的代表作。取名後樂園是從中
國的岳陽樓記中的「先天下之憂而憂，後天下之
樂而樂」而來，而庭園中央的山水為「迴遊式築山
泉水庭園」，仿建中國名勝地景及京都嵐山的渡月
橋等，名列日本七大名園之一。每年有2月的梅花
祭、5月的種田祭及9月的割稻祭。

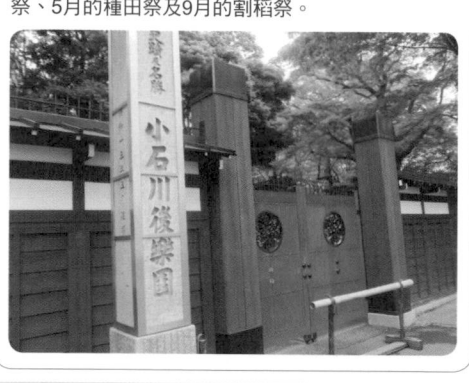

文京區役所

MAP P.102／D3 ✉文京區春
日1-16-21 ☎03-3812-71
11 ⏰08:30～17:15 http w
ww.city.bunkyo.lg.jp

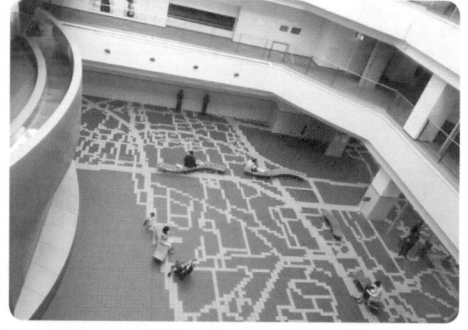

區役所就是當地居民的
區公所、文化中心、市民
中心，文京區役所為辦公
大樓，內部中庭相當寬
敞，採光自然柔和，牆面、地磚都具有藝術裝飾。
這裡也提供市民休憩、辦展覽、辦活動的場地，還
設有一個露天小花園，以民為主，無障礙設施非常
完善，跟台灣生硬冰冷的公家辦公機關差很多。

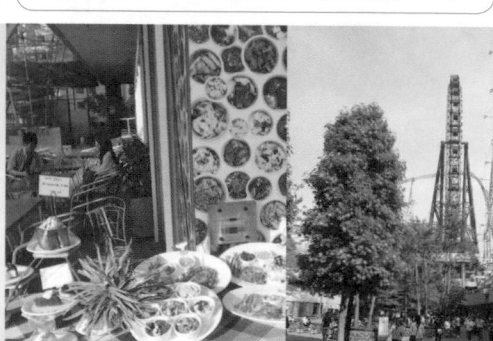

Under Armour vs 巨人隊

MAP P.102／E3 ⏰10:00
～18:00 休無休

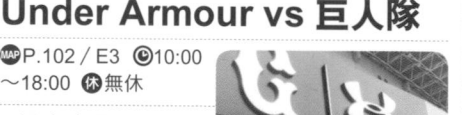

這家店最獨特之處
就是有巨人隊與Under
Armour合作的獨家
商品專售，別處沒得
買，巨人隊或Under
Armour的迷哥、迷姊
們不要錯過囉！

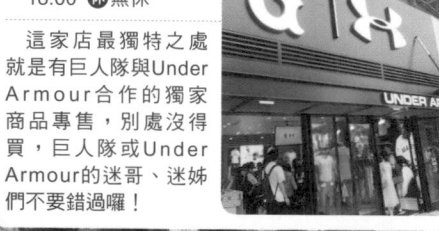

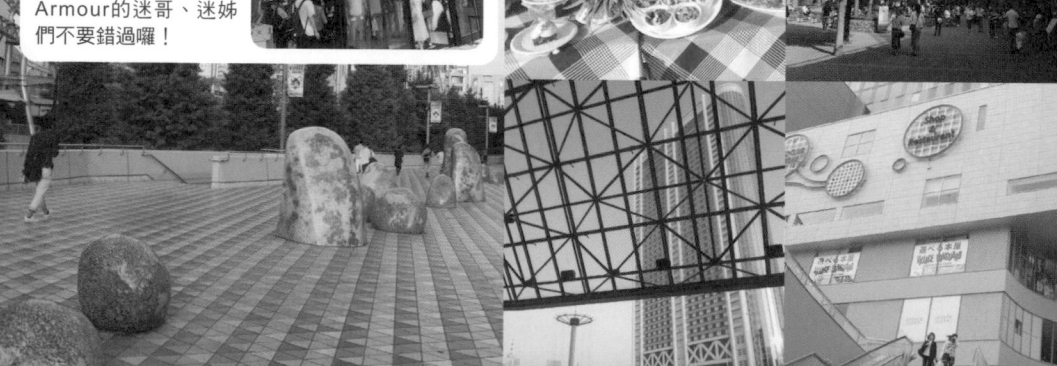

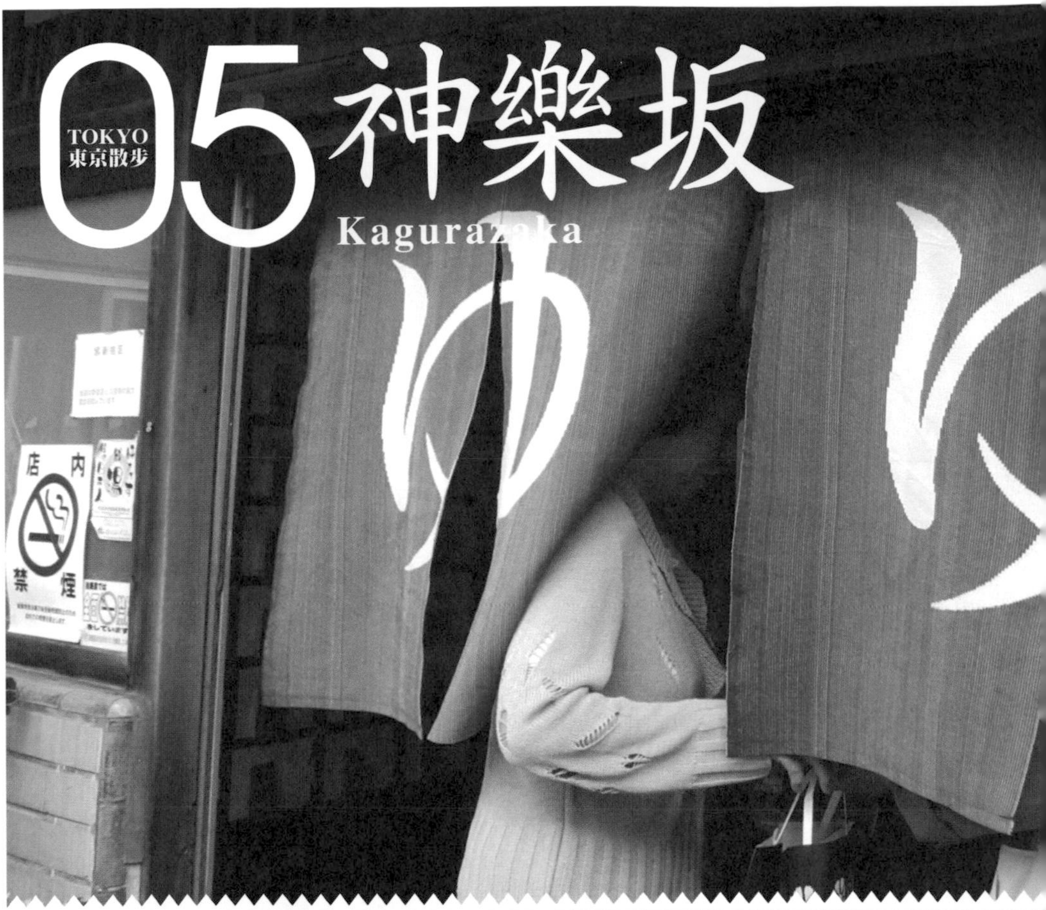

05 神樂坂

TOKYO 東京散步

Kagurazaka

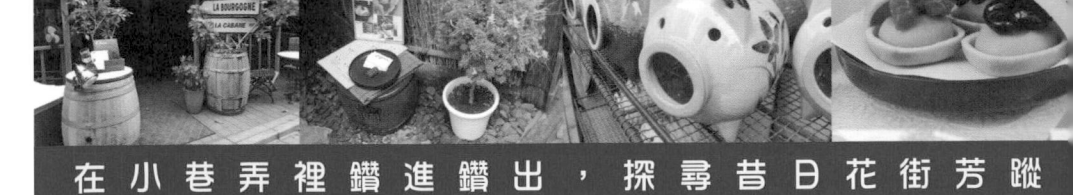

在小巷弄裡鑽進鑽出，探尋昔日花街芳蹤

明治時期就發展得頗為繁盛的神樂坂，是當時著名的花街地區，充斥著高級料亭、娛樂場所、骨董店、喫茶店等，政商、藝文人士聚集，熱鬧一時。但在二次大戰東京大空襲時，遭到破壞而盡成頹垣敗瓦，快速重建後雖恢復往日風采，但時光的變遷還是使得花街沒落，這裡風華不再，逐漸成為安靜的民家小巷弄。

今日的神樂坂有許多新式商店、餐廳、居酒屋，大都集中在神樂坂通り上，是地區居民的商業中心。但我要介紹的主角並不是這裡，它不是我們散步神樂坂地區的重點，在神樂坂最有味道的就是那些，由神樂坂通り兩旁岔出去，左彎右拐、狹小僻靜，夾雜著高級料亭、喫茶店、民居，有著懷舊氛圍的小巷弄。

神樂坂只有一條主要道路——神樂坂通り(早稻田通り)，是兩側均為商店、餐廳的商店街，為此區域住民的生活中心，基本上很容易逛，也不會迷路。此區最精彩的是由主道路兩旁分岔出去的小巷道，彎彎曲曲、上上下下，看似死巷子，但卻又冒出狹小的巷道，真是讓人邊走邊懷疑是否走對路了呢！

散步神樂坂可以從「飯田橋站」B2a出口為出發點，地鐵以南北線、有樂町線，或JR電車中央線比較靠近路口，東西線及大江戶線則需要花點時間才能走到出口；或從B4a、B4b出口出站，穿過有著昭和風情的「神樂小路」到神樂坂通り。或反過來以大江戶線的「牛辻神樂坂站」、東西線的「神樂坂站」當出發點，都能將整個路線走透透。

神樂坂區域不大，規畫半天的時間就足夠了，但記得規畫在上午時間喔，因為老街區商店的關門時間較早，把傍晚及晚上的時間留給鬧區吧！

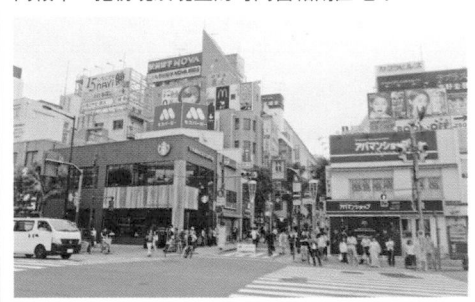

10:30 飯田橋站

散步20分鐘

11:00 かくれんぼ橫丁

散步20分鐘

11:30 兵庫橫丁

散步20分鐘

12:00 早稻田通り

散步30分鐘

14:00 小栗橫丁、藝者小道

散步30分鐘

15:00 紀之善

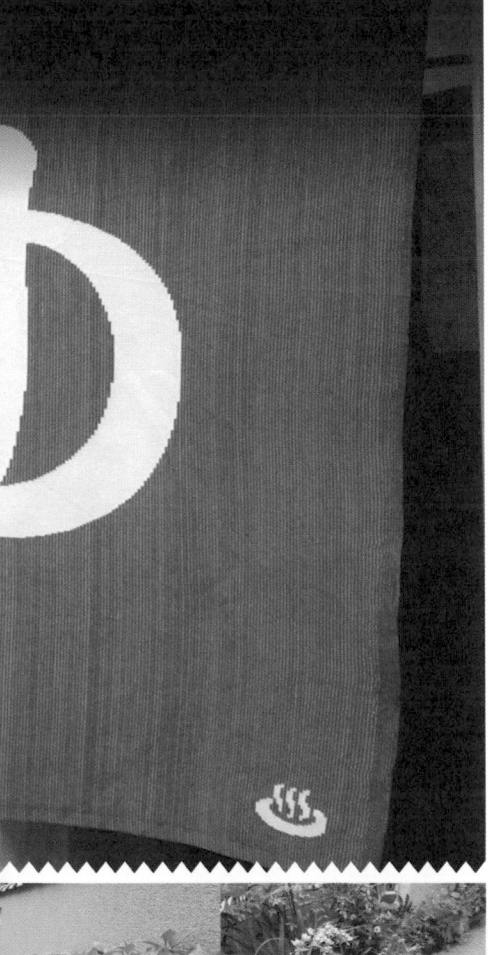

這裡也是東京散步迷們必定造訪的老街區之一，來買買小東西、嘗個傳統點心，慢慢走、細心逛，品味樸拙的石磚道、欣賞庭院角落的花花草草，在小巷道裡鑽進鑽出，感受老街的安靜悠閒及昔日的風華。

交｜通｜對｜策

1. JR電車中央線、總武線，到「飯田橋」站(西口出口)
2. 搭乘地鐵東京Metro南北線、有樂町線、東西線，到「飯田橋」站(B2a或B3出口)
3. 搭乘地鐵都營大江戶線到「飯田橋」站(B2a或B3出口)；或到「牛辻神樂坂」(A3出口)

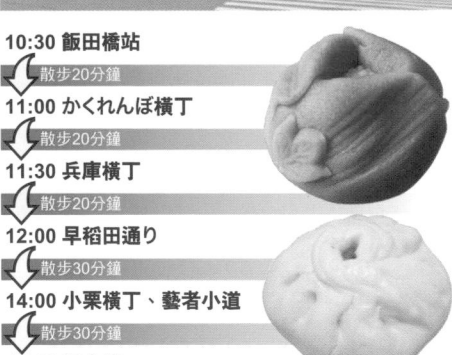

B2a出口

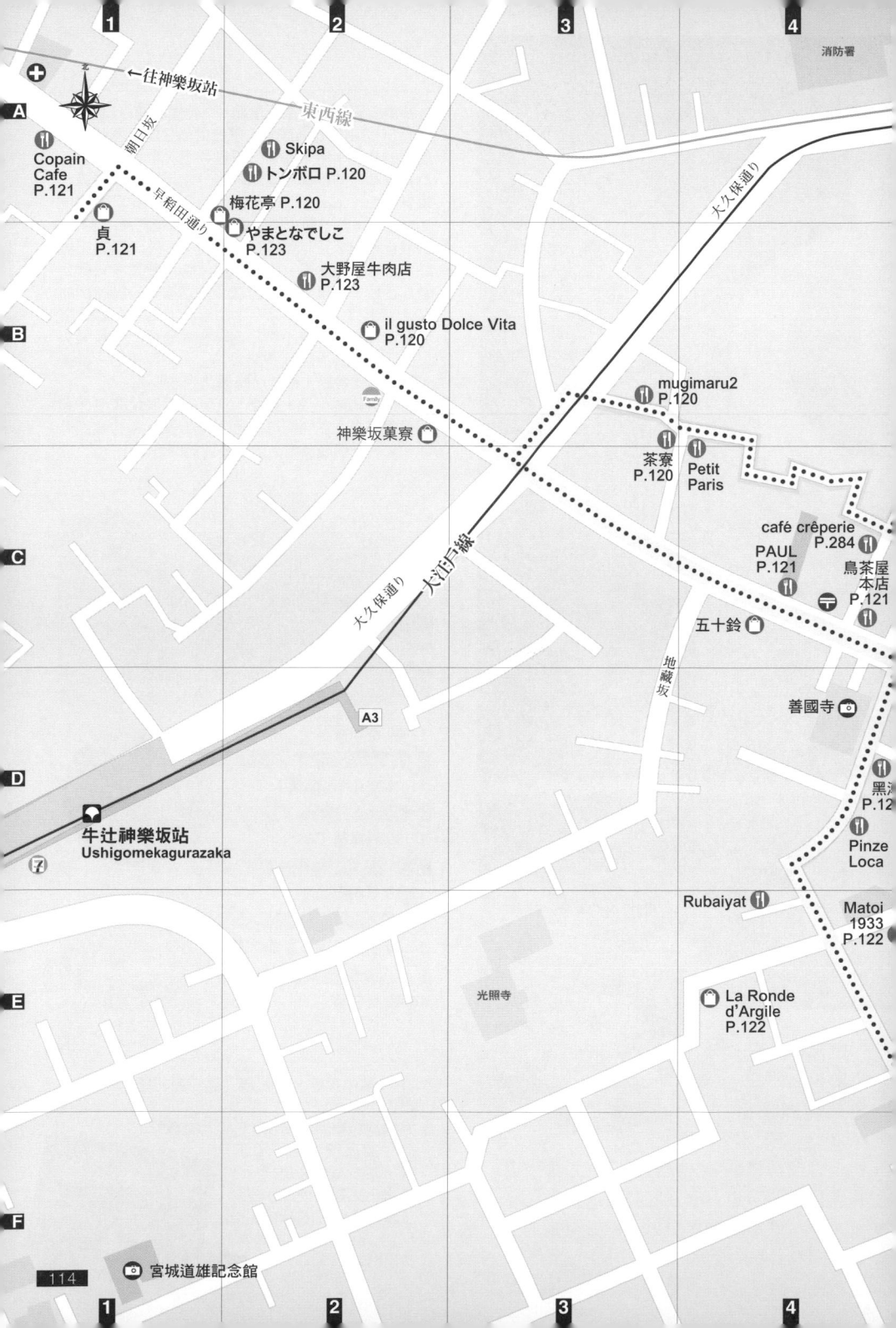

A

消防署

往神樂坂站

東西線

大久保通り

Copain
Cafe
P.121

朝日坂

Skipa
トンボロ P.120

梅花亭 P.120
貞
P.121

早稲田通り

やまとなでしこ
P.123

大野屋牛肉店
P.123

B

il gusto Dolce Vita
P.120

Family

mugimaru2
P.120

神樂坂菓寮

茶寮
P.120

Petit
Paris

café crêperie
P.284

C

大久保通り

大江戸線

PAUL
P.121

鳥茶屋
本店
P.121

五十鈴

善國寺

A3

地藏坂

黑澤
P.12

D

牛込神樂坂站
Ushigomekagurazaka

Pinze
Loca

Rubaiyat

Matoi
1933
P.122

E

光照寺

La Ronde
d'Argile
P.122

F

宮城道雄記念館

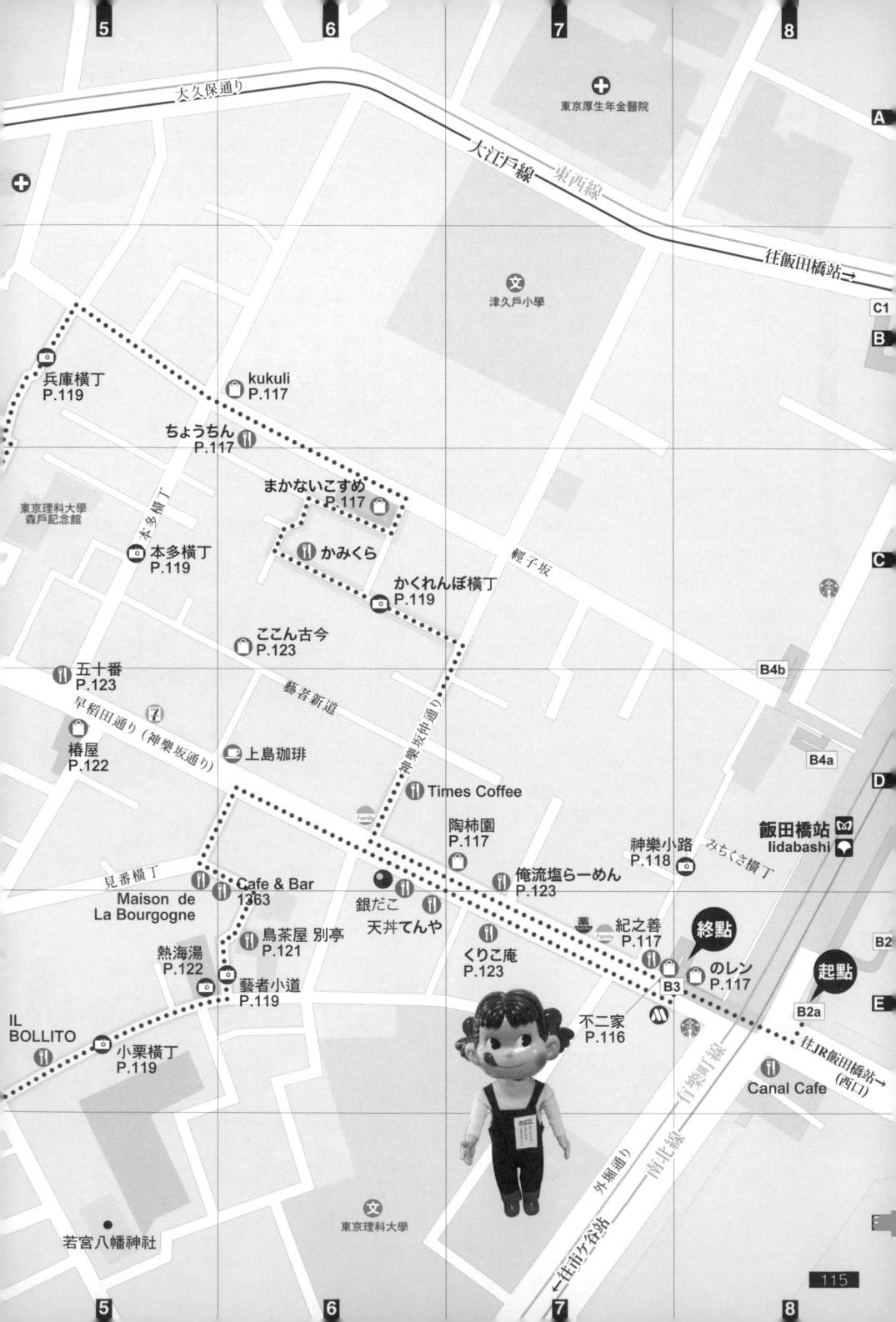

大久保通り

東京厚生年金醫院

大江戸線 — 東西線

往飯田橋站→

文 津久戸小學

C1
B

兵庫横丁
P.119

kukuli
P.117

ちょうちん
P.117

東京理科大學
森戸記念館

本多横丁

まかないこすめ
P.117

本多横丁
P.119

かみくら

かくれんぼ横丁
P.119

幌子坂

C

ここん古今
P.123

五十番
P.123

藝者新道

B4b

早稲田通り（神樂坂通り）

椿屋
P.122

上島珈琲

神樂坂仲通り

Times Coffee

Family

B4a

D

飯田橋站
Iidabashi

陶柿園
P.117

俺流塩らーめん
P.123

神樂小路
P.118

みちくさ横丁

見番横丁

Cafe & Bar
1363

Maison de
La Bourgogne

銀だこ
天丼てんや

鳥茶屋 別亭
P.121

くりこ庵
P.123

Family

紀之善
P.117

終點

のレン
P.117

起點

B3

B2

B2a

E

熱海湯
P.122

藝者小道
P.119

IL
BOLLITO

小栗横丁
P.119

不二家
P.116

Canal Cafe

往JR飯田橋站→
（西口）

外堀通り

南北線

有樂町線

文 東京理科大學

若宮八幡神社

往市ヶ谷站→

神樂坂

鑽出地鐵站，看到右手邊長無盡頭的上坡道就是「神樂坂通り」，跨過外堀通り，遇到的第一家店就是「不二家」(P.116)，若遇到排隊買牛奶妹燒的隊伍，跟著等就對了。隔壁的「紀之善」先不急著進去，等回程時再來光顧，店旁的神樂小路可以先進去逛逛看看，有昭和的時代風情。

往前，全家便利商店前右轉，「かくれんぼ橫丁」就快到了，鋪石小路、傳統料亭、竹屏花牆，有鄰家小巷的親切感，前頭看似死巷，但右手邊有條小道可以繞出去，左手邊是一間民宅，不要誤闖喔！順著路線走過「輕子坂」，左手邊接近轉角處的是巷道更狹小的「兵庫橫丁」，感覺像是走在人家的後巷般，有一小段更像是穿過防火巷，左拐右彎，看到「茶寮」(P.120)就表示離大馬路很近了。

順著神樂坂通り往前逛到朝日坂，之後再往回走，到法式麵包店「PAUL」(P.121)買好吃的麵包當明天的早餐。前面的善國寺右轉進去，順著路線往有著懷舊風情的「小栗橫丁」前進；「熱海湯」(P.122)到了，進來體驗日式澡堂的樂趣，之後再踏上旁邊的「藝者小道」充滿舊日情懷的石階。

路走多肚子餓得快，「鳥茶屋」(P.121)的

烏龍麵、親子丼，都值得點來嘗嘗看；神樂坂散步來到尾端囉，記得去「紀之善」(P.117)品嘗一下日式甜點，或到「くりこ庵」(P.123)買個鯛魚燒再離開。

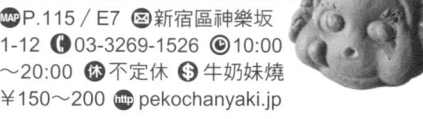
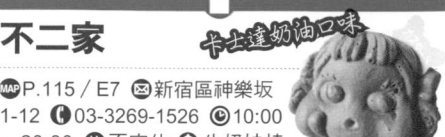

不二家 卡士達奶油口味

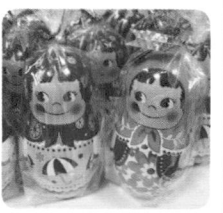

MAP P.115 / E7 新宿區神樂坂 1-12 03-3269-1526 10:00～20:00 不定休 牛奶妹燒 ¥150～200 pekochanyaki.jp

生於1950年，年齡永遠是6歲的ペコちゃん，台灣家喻戶曉的「牛奶妹」，在神樂坂店推出「牛奶妹燒」，裡頭裝填有紅豆、巧克力、起士、奶油、抹茶等，多達21種口味的餡料(隨月分、季節更換)。店頭現烤，外香酥、內濃郁，不惜花點時間排隊也要買來嘗嘗看，可以透過玻璃窗欣賞師傅烘烤的製作過程，店內也有許多餅乾、糖果可以選購。

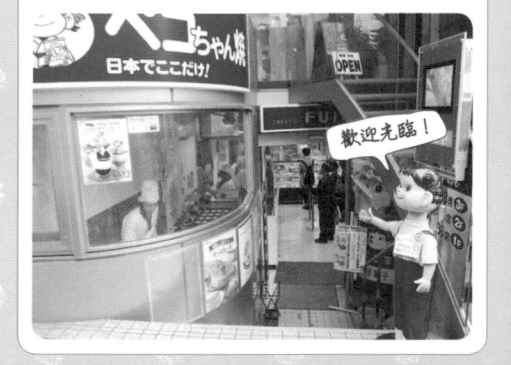

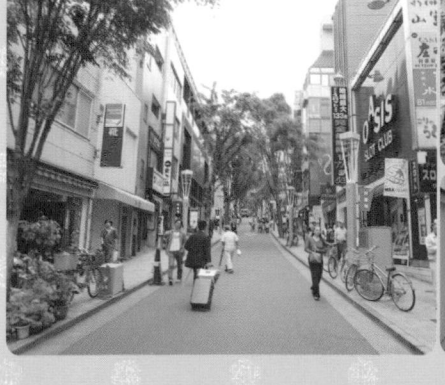
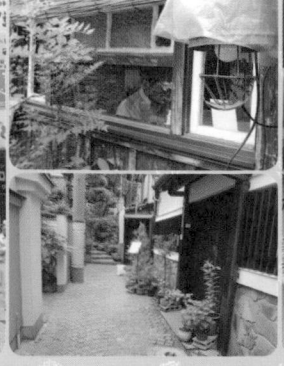
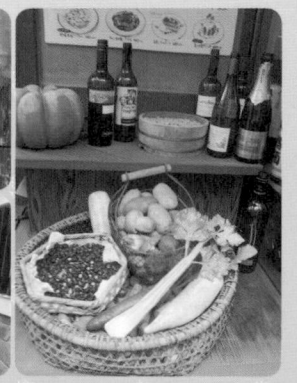

紀之善

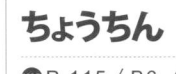

🅜 P.115／E7 ✉ 新宿區神樂坂1-12 ☎ 03-3269-2920 🕐 11:00～20:00(週日、假日11:30～18:00) 🈺 週一 💲 日式甜點￥650～1,000 🌐 www.kinozen.co.jp

神樂坂老鋪的代表之一，隨季節推出不同的日式甜點，宇治金時剉冰、紅豆湯圓、黑糖蜜豆等都是紀之善的招牌點心，吸引許多忠實的老顧客，用料實在，好吃沒話說。當你要離開神樂坂之前，不妨來這裡品嘗一下傳統的甜蜜滋味。

ちょうちん

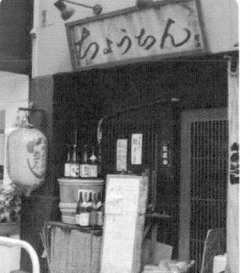

🅜 P.115／B6 ✉ 新宿區神樂坂3-1 ☎ 03-3268-5253 🕐 17:00～23:30(週六16:00～23:00) 🈺 週日、國定假日 💲 約￥2,000～3,500／人

門面一點都不起眼的居酒屋，卻經常客滿，尤其是週末，生意好要預約，還限定用餐時間呢！最多人點的不外乎店家主打的關東煮，燉牛肉、海鮮拼盤、生魚片拼盤等下酒菜，也是酒客最愛。居酒屋適合多人同行，費用分攤下來較划算。

のレン NOREN

🅜 P.115／E8 ✉ 新宿區神樂坂1-12 ☎ 03-5579-2975 🕐 10:00～21:00 🈺 無休 🌐 noren-japan.jp

來自京都的和風生活雜貨專門店，濃濃的日本傳統風味生活小物、擺飾、文具、衣物等，叫人不想帶回家都難，最適合買來送給親朋好友當伴手禮。

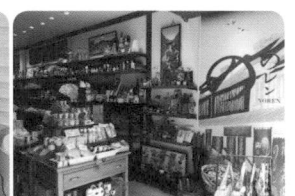

まかないこすめ

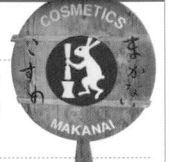

🅜 P.115／C6 ✉ 新宿區神樂坂3-1 ☎ 03-3235-7663 🕐 10:30～20:00 🈺 無休 🌐 e-makanai.com

創業於1899年的金箔鋪，改經營以特別的天然素材如馬油、竹炭、綠茶、米、紅莓、柑橘等所製造的清潔美妝用品，不可缺少的還是經營百年的金箔，各種含金箔的商品都賣得很好。此外，也設有甜點茶屋，有喝了可以美肌的各種茶及茶點。

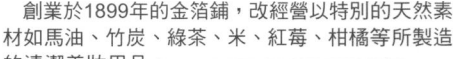

陶柿園

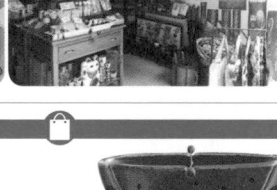

🅜 P.115／D7 ✉ 新宿區神樂坂2-12 ☎ 03-260-6940 🕐 11:00～19:00 🈺 週日、一 🌐 www.toushien.net

陶柿園也是神樂坂在地的老店鋪之一，兩個樓層裡有各種和風、洋風陶瓷器皿、切子玻璃、生活雜貨、動物造型擺飾等，也有藝術家手作限量品。店內商品種類很多，讓人看得不亦樂乎，相當吸引我這個杯盤迷掏出錢包來。

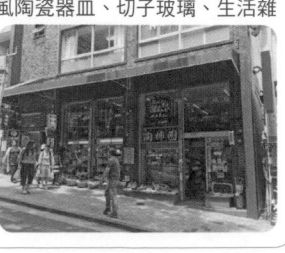

kukuli

🅜 P.115／B6 ✉ 新宿區津久戶町1-10 ☎ 03-6280-8462 🕐 11:00～19:00 🈺 不定休 🌐 www.kukuli.co.jp

店內的布包、提袋、和風小物、雜貨等，都是以獨特的印染與織法的布料所製成，日本典雅的風味在每一件物品上浮現，零錢包或毛巾很適合送禮。

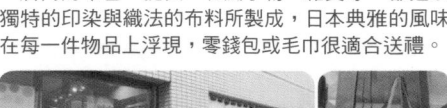

神樂巷道風景

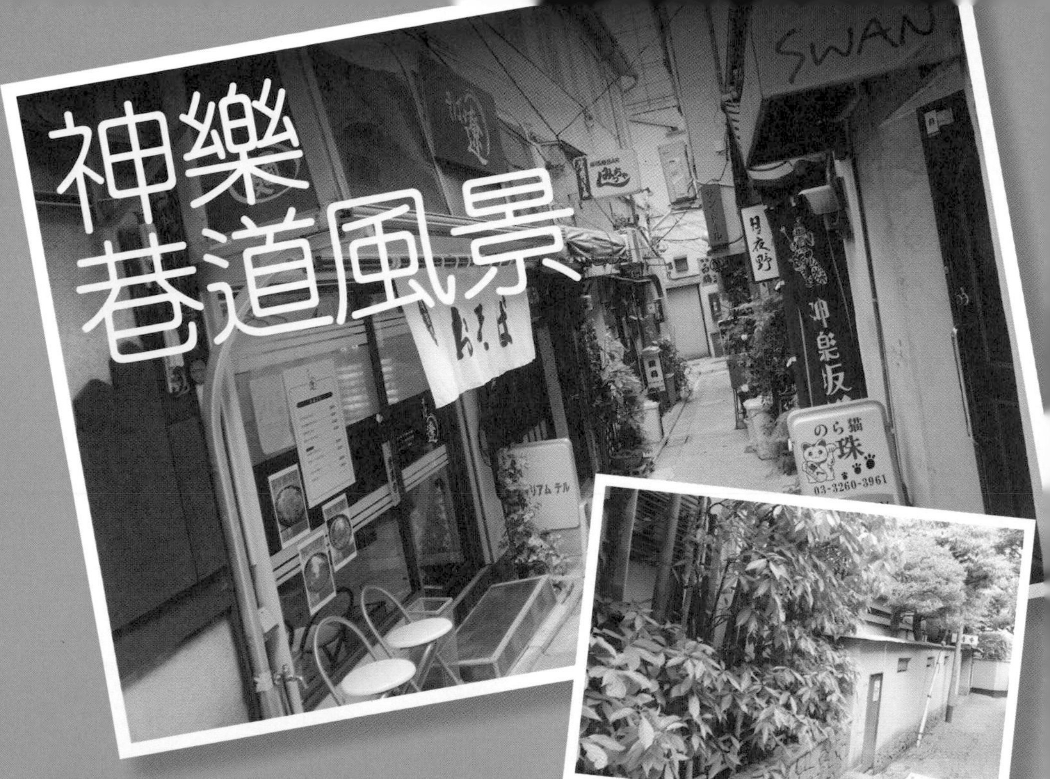

彎曲狹窄的小巷道
懷舊風情No.1

神樂坂最多的就是小巷道，最精采的風景也在左彎右拐的巷弄內，竹籬笆、石磚道、矮樹牆，甚至雜亂的角落都是一片安靜的風景。在這些巷道內散步，走著走著，你很可能就穿過民家的後巷、或兩棟房屋中間的通道、或一不小心就誤闖人家的院子，而且這些小巷道都十分安靜，非週末假日，遊客也相當少見，若全程都遇不到其他遊人的話，也不必太訝異，一個人安靜的賞景也是一種享受。

神樂坂留有相當多的料亭，高級的、民家的，外觀均相當有意思。看厭了單調的水泥叢林，神樂坂的巷道內有純樸的懷舊風景，讓你懷念起小時候的生活氣味。

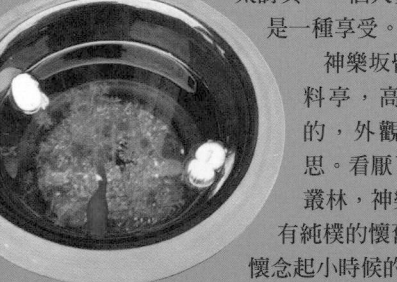

神樂小路

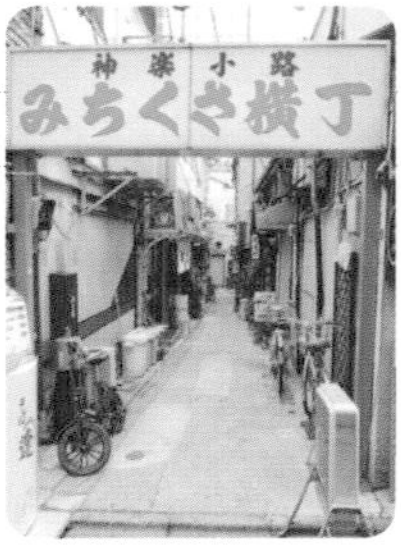

MAP P.115 / D8

神樂小路就位在紀之善旁邊，是一條充滿昭和時代風情的巷子，若你從B4出口出站，就可以穿過這條小巷道抵達神樂坂通り。神樂小路內有一條懷舊的小巷道「みちくさ横丁」，裡頭有好幾家小餐館，是當地上班族常來用餐的地方，復古風情滿點，非常有日劇場景的fu。

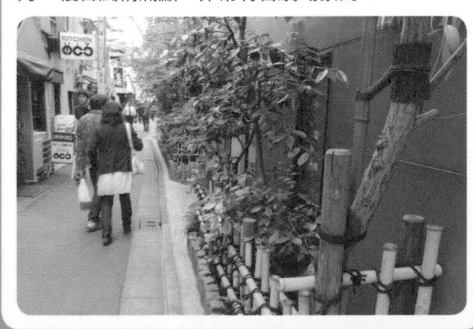

かくれんぼ横丁

MAP P.115 / C6

這是一條幽靜的巷道，石磚堆疊的路面、竹編的圍牆、黑色的窗屏，加上綠竹與數家有小庭園造景、氣氛高級的料亭，散步起來真是賞心悅目，說它是神樂坂最佳巷道，一點也不為過。當你覺得好像到了盡頭，右手邊的小巷道又將你吸引了過去，轉到另一條美麗的小徑。

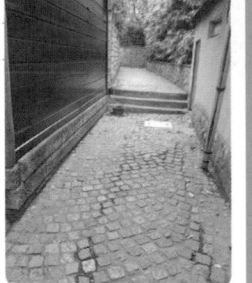

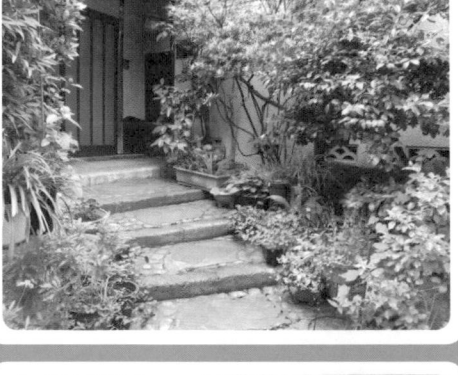

本多横丁

MAP P.115 / C5

本多横丁得名自江戶時期本多家宅邸位居此地而來，目前商店街的樣貌是二次大戰後重新修建的，大都是新的建物，但仍保有昔日懷舊風情，部分店家的裝潢也以復古為主題，是一條頗有歷史的商店街。

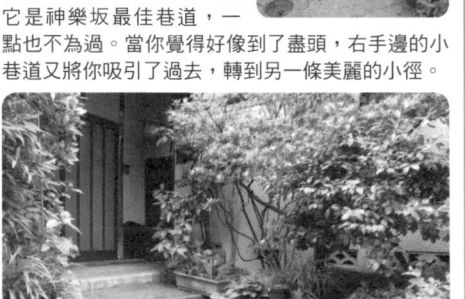

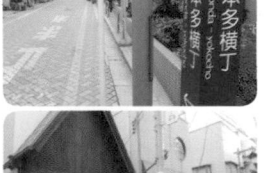

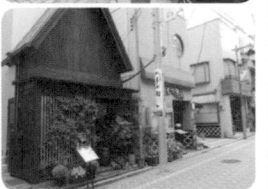

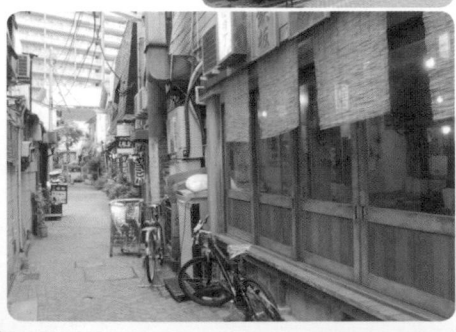

兵庫横丁

MAP P.115 / B5

兵庫横丁是以早期武器商人多居於此地而得名，為神樂坂另一條經典巷道的代表。這條石磚巷道頗為狹窄，沿途大都是有著古早風味的民家，還夾雜著幾間民宿跟料亭，非常安靜。

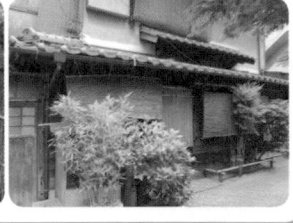

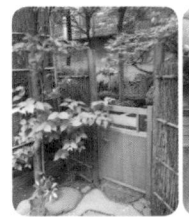

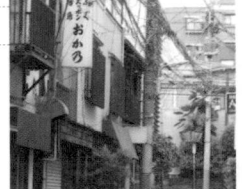

小栗横丁

MAP P.115 / E5

因江戶時期巷道兩端為小栗姓的旗本屋敷而得名，目前多為民房並夾雜有數家餐廳及小商店，巷道中段有一間從昭和初期經營至今的澡堂「熱海湯」(P.122)，不少遊客慕名前來。

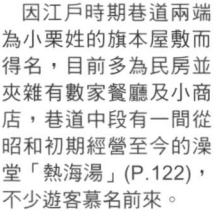

藝者小道　MAP P.115 / E6

由於早期附近娛樂場所豐富，在這裡表演的藝者在這條小巷道上上下下出入頻繁，因而有了藝者小道的稱呼。拾級而上的彎曲巷道，有數家傳統料亭點綴其間，仍保有濃濃的昔日風采，也因位於「熱海湯」的旁邊，所以又有「熱海湯階段」的別稱。

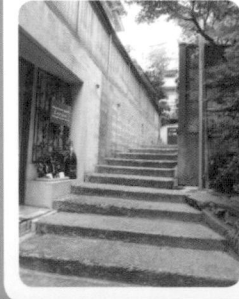

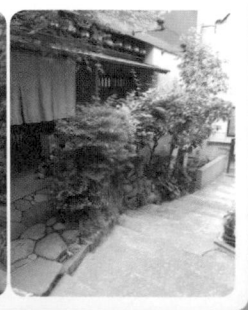

茶寮

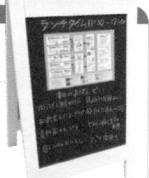

MAP P.114 / B3 🏠 新宿區神樂坂5-9
📞03-3266-0880 🕐11:30～23:00
🈳不定休 💲午茶套餐約¥1,100，
特製咖哩套餐¥1,200 🌐www.saryo.jp

隱藏在巷弄裡，由民家改建的和風咖啡館，有
提供午餐、晚餐，但
是品嘗甜點才是我們
來茶寮的目的。來個
濃郁的抹茶起士蛋糕
¥770，或當店人氣
No.1的抹茶牛奶布丁
和風百匯¥810，都是
下午茶的好選擇。

トンボロ

MAP P.114 / A2 🏠 新宿區神樂坂
6-16 📞03-3267-4538 🕐09:30
～19:00 🈳週四 💲招牌咖啡¥500

同樣是藏在巷子裡民家
風格的咖啡廳，焦色原木
的結構，頗有山中小屋的
氣氛，連招牌都很有味道
呢！這些民家式的店，座
位一般都不多，顧客也都
以當地人為主，所以服務
特別親切。甜點以基本的
布丁、起士蛋糕為主，也
供應有三明治簡餐。

il gusto Dolce Vita

MAP P.114 / B2 🏠 新宿區神樂坂6-8-30 📞03-3235-
7780 🕐11:00～20:00 🈳無休 🌐www.facebook.
com/pages/DOLCE-VITA/165362316981956

販售義大利進口的食品店，店內不時都有起士、
橄欖油、醃漬小菜的試吃，喜歡起士、橄欖油的我
當然不能錯過，順便買些起士回飯店配咖啡。

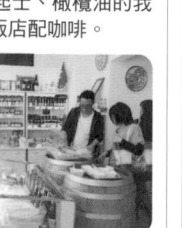

梅花亭

浮き雲

MAP P.114 / A1 🏠 新宿區神樂坂
6-15 📞03-5228-0727 🕐10:00
～20:00 🈳不定休 💲生和菓子
¥410，浮き雲¥230 🌐www.baikatei.co.jp

採用國產食材所創作的季節感和菓子，精緻、可
愛，幾個店家獨創的點心相當受歡迎。如以神樂坂
石磚路為靈感的「神樂坂石疊」、使用蛋白烘製的
「浮き雲」、一口吃的「古梅最中」、包著北海道豌
豆餡的「神樂銅鑼燒」等。小小的店面裡有五顏六
色的糖果、點心，生意相當好，店員的服務親切、
貼心，店頭前半部販售點心，後半則是點心製作工
房，現做現賣，完全不加防腐劑，請放心購買。

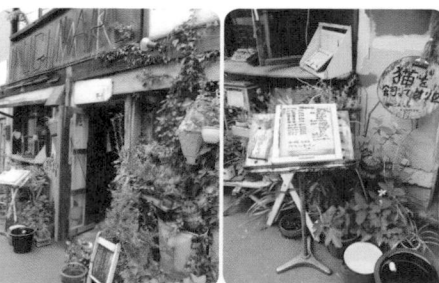

mugimaru2

MAP P.114 / B3 🏠 新宿區神樂坂5-
20 📞03-5288-6393 🕐12:00～
21:00 🈳週三 💲小麥饅頭¥140
飲料¥520～650 🌐www.mugimaru2.com

這是家外觀很詭異的咖啡館，門面的擺飾有歲月
的痕跡，物品也頗雜亂，根本像是堆滿廢棄物的破
屋子，很難讓人聯想到它是家有在營業的咖啡店，
而且已經營業有十多年之久了，風評也還不錯呢！
店家的點心只有日式小饅頭，共有9種口味，飲料
有咖啡、茶等，若你夠好奇，大膽地走進去吧！

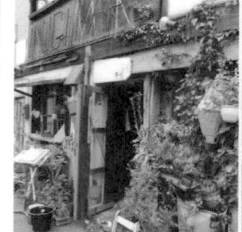

Copain Cafe

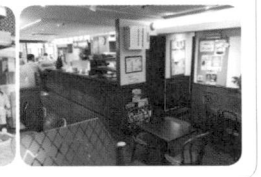

📍P.114／A1 ✉新宿區神樂
坂6-50 📞03-3267-7779 🕐07:00
～21:00 休無休 💲飲料＋泡芙￥450起，飲料＋義
大利麵￥850 ⊕ www.copain-cafe.net

頗受當地居民歡迎的咖啡簡餐店，曾獲雜誌票選
出名、有著雙重內餡泡芙(￥250)，是該店的招牌甜
點，再怎麼趕時間都值得你坐下來品嘗。

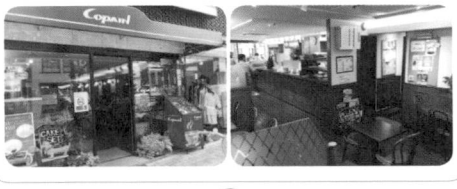

PAUL

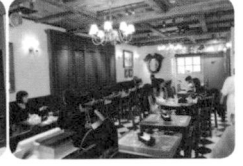

📍P.114／C4 ✉新宿區神樂
坂5-1-4 📞03-6280-7723 🕐
10:00～21:00 休無休 ⊕ www.pasconet.co.jp/
paul/index.html

來自法國的百年歷史麵包店，以傳統的古法製作
高品質、好吃的麵包，擺在櫥窗裡可口極了。店內附
設有餐廳，歐風裝潢相當高雅，可用餐、享下午茶。

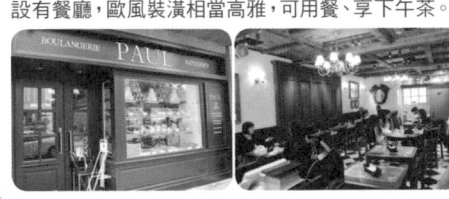

貞

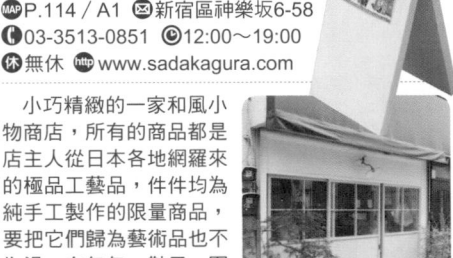

📍P.114／A1 ✉新宿區神樂坂6-58
📞03-3513-0851 🕐12:00～19:00
休無休 ⊕ www.sadakagura.com

小巧精緻的一家和風小
物商店，所有的商品都是
店主人從日本各地網羅來
的極品工藝品，件件均為
純手工製作的限量商品，
要把它們歸為藝術品也不
為過。有包包、鞋子、圍
巾、手帕、蠟燭等等，好
看到讓人想全部帶回家，
麻紗的黑貓手巾則是店老
闆自創的商品，非常值得
購買。這家店唯一的缺點
就是太不明顯了，超小的
看板加上關起來的店門，
很容易錯過，若營業時間
前去拜訪，直接推門入內
參觀選購吧！

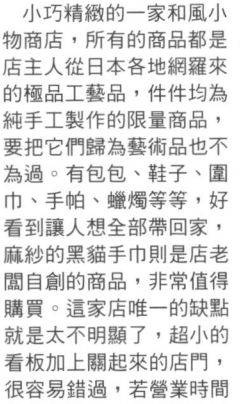

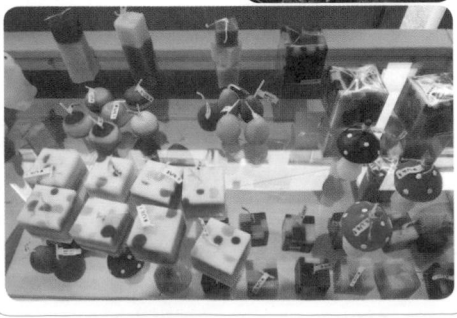

鳥茶屋

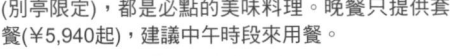

本店：📍P.114／C4 ✉新宿區神樂坂2-4；別亭：
📍P.115／E6 ✉新宿區神樂坂3-6 📞03-3260-
6661 🕐11:30～14:30、17:00～22:30 休12/31
～1/3 💲午餐：名代烏龍麵壽喜鍋￥1,480(本店、
別亭)，雞肉壽喜丼￥1,230(本店)，親子丼￥1,230
(別亭) ⊕ www.torijaya.com

許多老東京人來神樂坂，都會選擇以雞肉料理聞
名的鳥茶屋來用餐，鳥茶屋有兩家：本店與別亭。
烏龍麵壽喜鍋(名代うどんすき)是它最有名的一道料
理，寬版的烏龍麵與鮮蝦、雞肉，蔬菜一同入鍋，
香Q鮮甜好滋味；還有炭烤香味十足的雞肉壽喜丼
(とりすき丼，本店限定)及滿滿土雞蛋香的親子丼
(別亭限定)，都是必點的美味料理。晚餐只提供套
餐(￥5,940起)，建議中午時段來用餐。

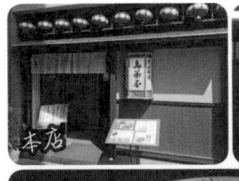
本店

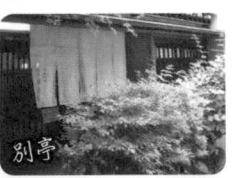
別亭

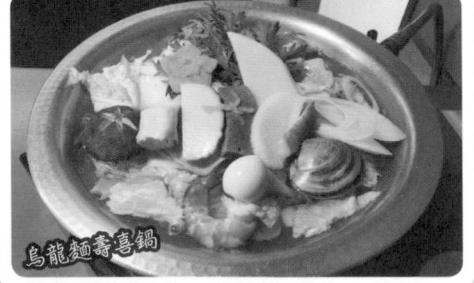
烏龍麵壽喜鍋

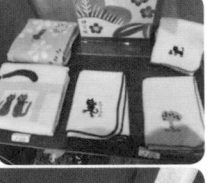

La Ronde d'Argile

MAP P.114 / E4　**✉** 新宿區若宮町11　**☎** 03-3
260-6801　**🕐** 11:30～18:30　**休** 週日、週一
http la-ronde.com

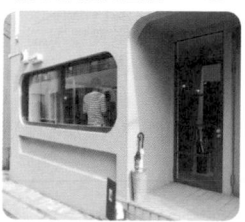

　　藝廊兼生活用品商店，手創藝術家的
個展在這裡輪番上陣，幾乎都是與生活
用品、食器相關的創
作。藝廊除了提供展
覽空間，也提供販售
的管道，都是屬於具
有藝術性的獨特限量
商品，若看上眼、並
有足夠預算，心動也
要馬上行動。

黑潮 相撲火鍋

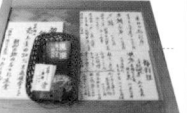

MAP P.114 / D4　**✉** 新宿區神
樂坂3-6-3　**☎** 03-3267-18
16　**🕐** 17:00～23:00　**休** 週
日　**$** 相撲鍋￥2,490、相
撲鍋套餐￥5,150起　**http** ch
anko-kuroshio.jp

　　精燉細熬的白色湯頭，
加上雞肉丸子、蘿蔔、豆
腐、洋蔥等十多種的美味
配料，就是分量大又豐富
的相撲鍋，相撲鍋強調的
就是要吃飽也要營養，熱
呼呼的最適合冬天享用。套餐需要事前預約。

Matoi 1993

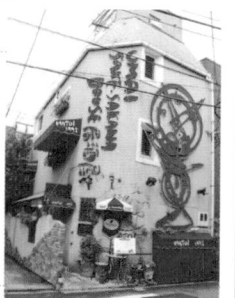

MAP P.114 / E4　**✉** 新宿區
神樂坂3-6-49　**☎** 03-323
5-2995　**🕐** 17:00～02:00
(週日、假日16:00～23:30)
休 無休　**$** 餐點約￥500
～1,380，330ml啤酒
￥780～1,480　**http** kagur
azaka-matoi.com

　　內外裝潢都是南歐風
情的Matoi 1993，餐點也以地中海料理為主，招牌
海鮮湯鍋(ブイヤベース)￥2,400或海鮮飯(シーフード
パエリア)￥2,400，都是Matoi強力推薦，相當受顧
客歡迎的料理。店內也備有12款的比利時啤酒。

熱海湯

MAP P.115 / E5　**✉** 新宿區
神樂坂3-6　**☎** 03-3260-
1053　**🕐** 15:00～00:30
休 週六　**$** ￥460

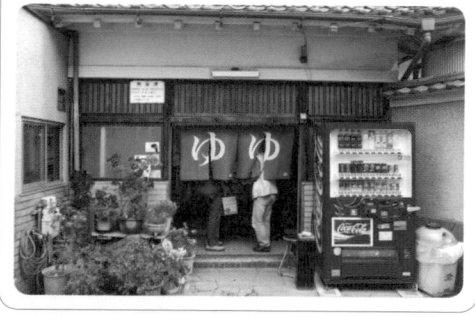

　　從昭和初期經營至今
的傳統澡堂，外觀風貌仍維持原樣，尤其是屋頂
壯觀模樣非常好看，公共澡堂現在也只有在下町地
區還偶爾看得到，像這類具有純純懷舊風的更是少
見。若想看看內部樣貌，不妨花個幾百日圓進去洗
個澡，放鬆一下，不然就跟外觀合照一張。傳統的
澡堂通常都會有一根恨天高的煙囪，若幸運地躲過
被高樓擋住的命運，從遠遠的地方就能看到它。

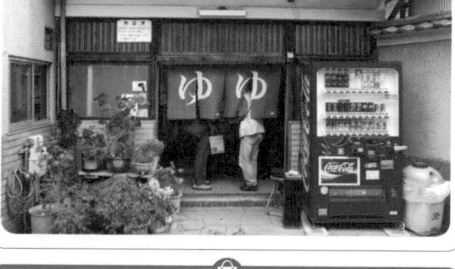

椿屋

MAP P.115 / D5　**✉** 新宿
區神樂坂3-6　**☎** 03-5
261-0019　**🕐** 10:00～
20:00　**休** 無休　**http** per-
fume.jp

　　在門口就能聞到一股清新薰香的香鋪老店，以天
然植物的草根、木皮為原料，散發自然的香氣。店
裡以各種精緻的香包、香盒最吸引人購買，鑄造精
細的小香爐、瓷盤則是充滿日本風味；此外也販售
和紙製品，漆工藝、扇子、江戶友禪等和小物。

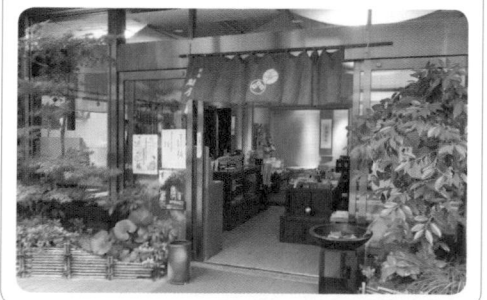

大野屋牛肉店

(MAP) P.114／B2 (地址) 新宿區神樂坂6-8 (電話) 090-1842-2311 (時間) 11:00～22:00 (公休) 無休 (價格) 雞蛋炸肉餅￥350、日光豬炸肉餅￥180、松坂牛炸肉餅￥210

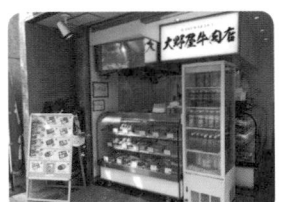

沒有大口吃和牛的預算嗎？介紹你這間可以用少少日圓滿足你大胃口的熱食專賣店。除了各式各樣的炸肉餅、可樂餅、炸肉串等；還有價格不到￥1,000的各式和牛便當。但最為熱賣的是包有一整顆雞蛋的雞蛋炸肉餅(スコッチエッグ)。

やまとなでしこ

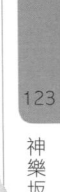

(MAP) P.114／B2 (地址) 新宿區神樂坂6-15 (電話) 03-3266-1641 (時間) 11:00～19:00 (公休) 無休 (網址) www.yamatonadeshiko-tokyo.com

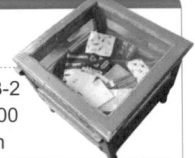

將古早傳統布巾加入現代流行元素，除了可綁成手提包外，還可當圍巾用，或拿來包裝禮品，高雅又大方，是近來日本女性重拾傳統文化的創新手法之一。布巾的材質與花色也很多樣，傳統的花草圖案、現代風格的幾何設計、或可愛的貓狗插圖等，黑的、白的、花的，任君選擇。店裡還有用布巾製作的各種小飾品，也很漂亮。

俺流塩らーめん

(MAP) P.115／D7 (地址) 新宿區神樂坂2-11 (電話) 03-3266-1050 (時間) 10:00～06:00 (公休) 無休 (價格) 招牌拉麵(俺流塩らーめん)￥670、招牌沾麵(俺流特製つけめん)￥900、名物男盛り￥950

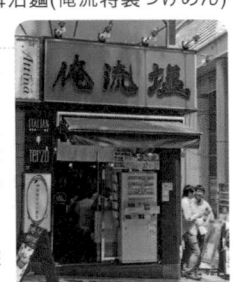

這是目前在東京頗熱門的拉麵店，從招牌上就可知道它賣的是清爽的鹽味湯頭拉麵，用餐時間要排隊是不可避免的。熱門餐點為「名物男盛り」，配料有叉燒肉、半熟蛋及炸肉塊，紫蘇擔擔麵也相當受歡迎。

ここん 古今

(MAP) P.115／C6 (地址) 新宿區神樂坂3-2 (電話) 03-5228-2602 (時間) 12:00～19:00 (公休) 不定休 (網址) www.coconchi.com

隱身在巷弄內公寓2樓的工藝品店，若不靠著路邊招牌，很容易閃身錯過，店內有許多原創與骨董商品、也有藝術家的創作品。店內空間相當狹小，可將包包擺在中央的座椅上，再慢慢看、慢慢挑。

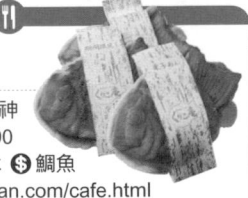

五十番

辣味噌肉包

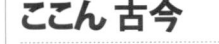

(MAP) P.115／D5 (地址) 新宿區神樂坂4-3-2 (電話) 03-3260-0066 (時間) 11:30～22:30 (公休) 無休 (價格) 包子￥360～580 (網址) www.50ban.jp

開業50年以上的老店鋪，以尺寸超大的肉包最受青睞，是神樂坂的代表名物之一，你可以買個熱騰騰現蒸好的現吃，或買冷凍的回飯店再加熱享用。其中我最喜歡的是辣味噌肉包，干貝肉包的味道也相當不錯，裡頭包著半熟蛋目前最熱賣。

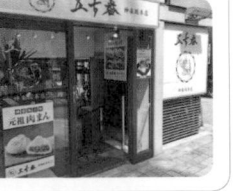

くりこ庵

(MAP) P.115／E7 (地址) 新宿區神樂坂2-6 (電話) 03-6280-8990 (時間) 10:00～21:00 (公休) 無休 (價格) 鯛魚燒￥136～210 (網址) kurikoan.com/cafe.html

這家鯛魚燒店雖然在秋葉原、淺草仲見世、品川等地區都有分店，但要吃到皮薄餡多的就只有到神樂坂這間了。幾十種的口味隨季節推出，春櫻、夏桃、秋栗、冬莓等相當獨特，你也可以坐在店內悠閒品嘗，鯛魚燒+飲品的套餐只要￥538。

06 神保町・御

Jimbocho・Ochanomizu

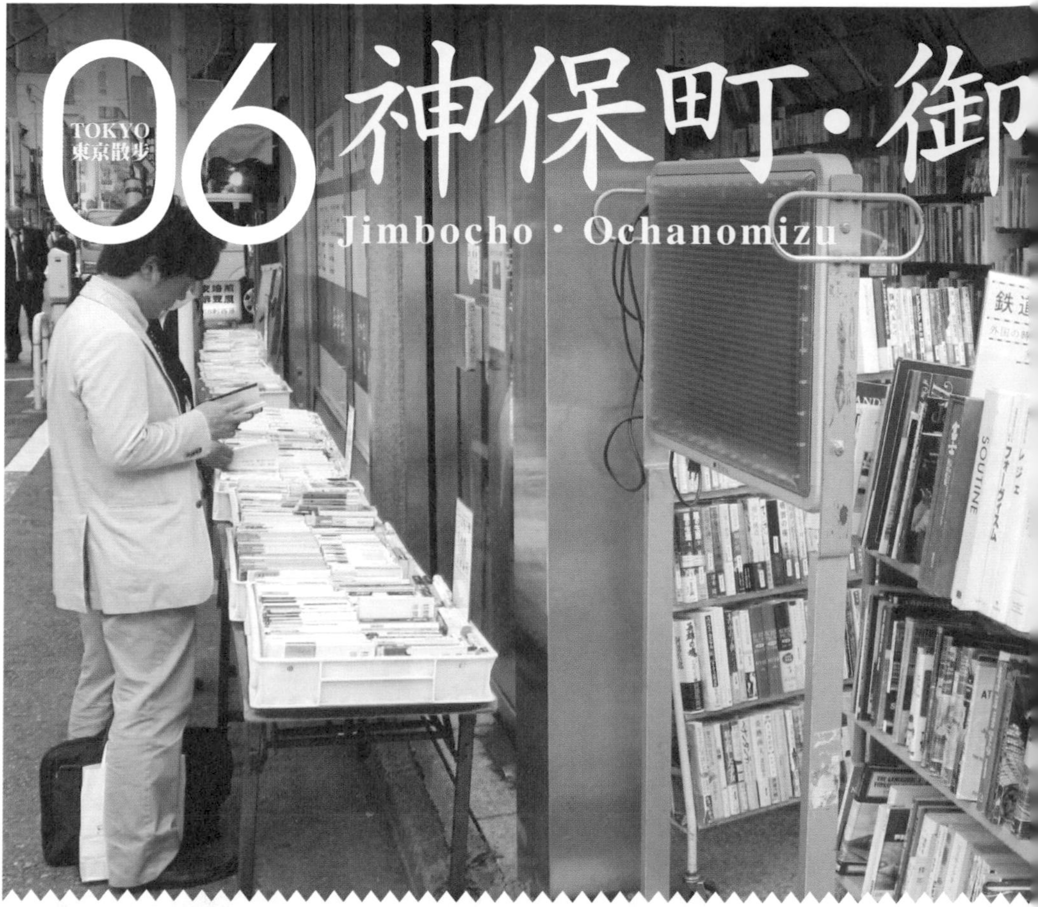

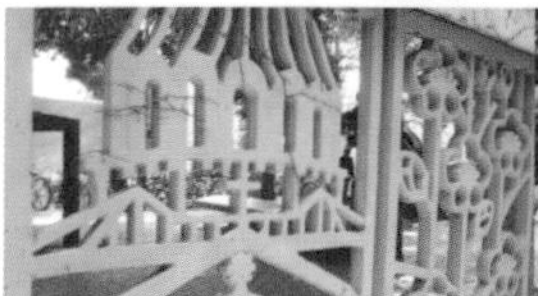

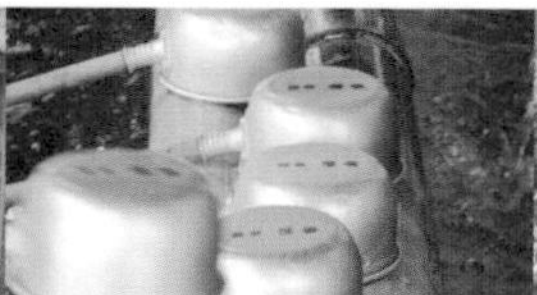

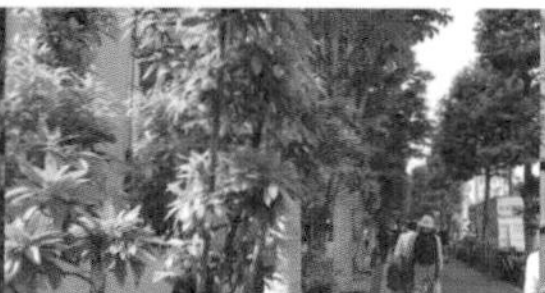

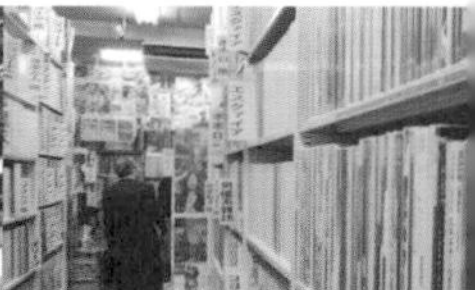

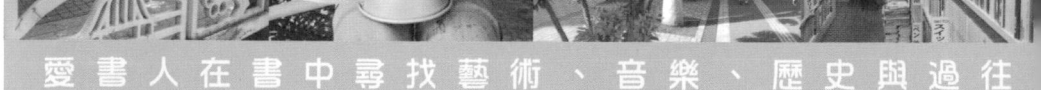

愛書人在書中尋找藝術、音樂、歷史與過往

御茶之水可以看見江戶時期大興文教的風采，有著歷史的痕跡，從教堂跨過橋到孔廟，再到人民信仰中心的神社，不難想像這裡也曾是人聲鼎沸的下町地區，更曾是諸侯大宅邸的落腳處。如今明治大學、東京醫科齒科大學、順天堂大學等，在聖橋的兩岸集結成日本最大的學生街。

而淡路町有著許多躲過戰爭轟炸、而存留下來的木造老房舍，這些房舍如今多半仍是傳統日本料亭，不但可賞純樸之美的古蹟、也嘗一代傳一代的古味，在安靜的午後遊走其間，我們試著用相機捕捉、尋找當年的風華歲月。

神保町地區除了以書店街聞名世界，附近因是學府林立的區域，所以以學生爲顧客的餐廳、書店、樂器店、體育用品店也特別

茶之水

散|步|對|策

　　從聖橋出發，先在「東京復活大聖堂」點根蠟燭祈禱旅途平安，再回頭跨過「聖橋」前往「湯島聖堂」及「神田神社」參觀，可以在神社的參道上選家餐廳吃午餐，養足精神後再繼續散步。從神社到淡路町的路段比較沒有特別之處，直到過了昌平橋才會有數家日式餐廳，你也可以先忍著肚子餓，來這裡吃午餐，選擇多、建築本體也有味道。

　　從淡路町到明治大學比較值得逛的是體育用品店，這一段街道有「Sport街」之稱，尤其是台灣少見的衝浪用品店、滑板用品店等，逛起來很有意思；而免費的「明治大學博物館」可以花點時間參觀。最後來到重點的「神田古書街」，上百家書店逛都逛不完，書很重小心別買過頭了；這裡的餐廳也很多樣，吃了咖哩餐再離開吧！

　　若沒有足夠的時間，大可刪去淡路町部分的路程，先參觀過「神田神社」後直接往回走，前往「東京復活大聖堂」跟「明治大學博物館」參觀，然後直接從有「樂器街」之稱的明大通り前往「神田古書街」，這樣就可以省去很多的時間跟路程囉！

Ⓐ **09:00 御茶之水**
　　散步10分鐘
10:00 淡路町
　　散步10分鐘
Ⓑ **11:00 明治大學**
　　散步15分鐘
Ⓒ **13:00 神保町古書店街**

交|通|對|策

前往御茶之水周邊
1. 搭乘地鐵東京Metro千代田線，到「新御茶ノ水」站(B1出口)
2. 搭乘地鐵東京Metro丸ノ內線，到「御茶ノ水」站(1號東京齒科大學方面出口)
3. 搭乘JR電車中央線、總武線，到「御茶ノ水」站(聖橋口出口)

前往淡路町周邊
1. 搭乘地鐵都營新宿線，到「小川町」站(A1出口)
2. 搭乘地鐵東京Metro丸ノ內線，到「淡路町」站(A1出口)

前往明治大學周邊
1. 搭乘JR電車中央線、總武線，到「御茶ノ水」站(聖橋口出口)
2. 搭乘地鐵東京Metro千代田線，到「新御茶ノ水」站(B1出口)

前往神田古書街周邊
1. 搭乘地鐵都營新宿線、三田線，到「神保町」站(A5、A6、A7出口)
2. 搭乘地鐵東京Metro半藏門線，到「神保町」站(A5、A6、A7出口)

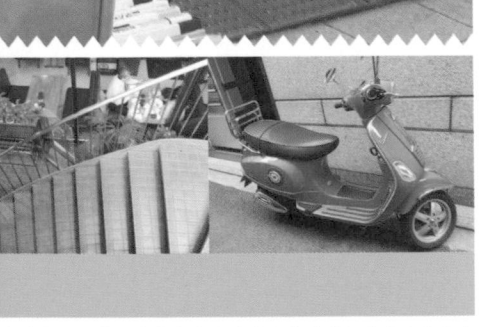

多。另外，神保町還以咖哩激戰區出名，地區內咖哩餐廳相當多，各有各的風味，但最大得利者不外乎附近的大學生及上班族，能以最划算的價格吃到最美味的咖哩。你都已經來到神保町了，吃過咖哩餐才能算是滿載而歸，書買不買已經不重要了，滿足胃口比較重要。

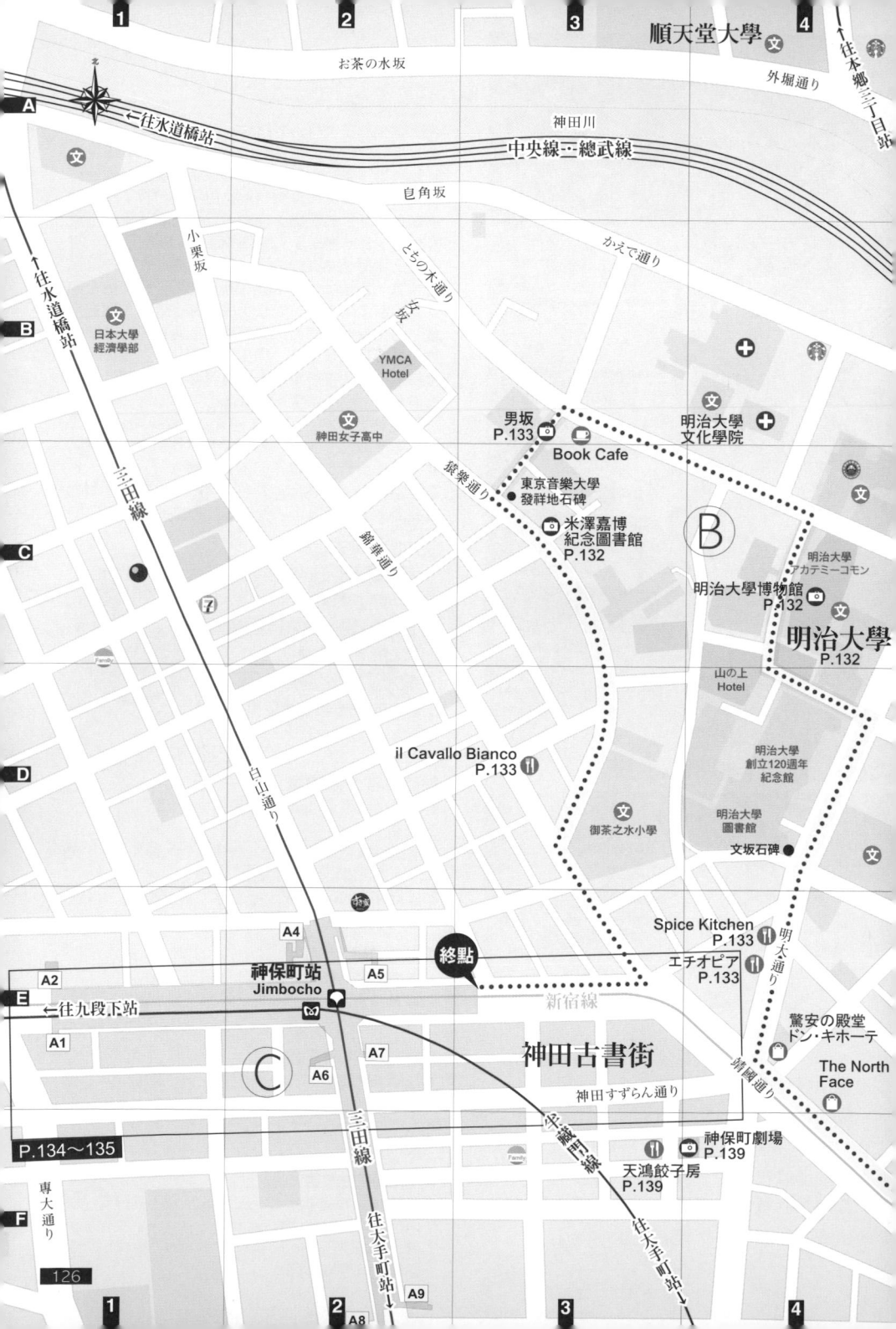

順天堂大學 文

←往本鄉三丁目站

お茶の水坂

外堀通り

←往水道橋站

神田川

中央線＝總武線

皀角坂

とちの木通り

女坂

かえで通り

小栗坂

文

日本大學
經濟學部

YMCA
Hotel

男坂
P.133

明治大學
文化學院

文

神田女子高中

Book Cafe

猿樂通り

東京音樂大學
發祥地石碑

米澤嘉博
紀念圖書館
P.132

B

明治大學
アカテミーコモン

明治大學博物館
P.132

文

菊華通り

明治大學
P.132

山の上
Hotel

il Cavallo Bianco
P.133

白山通り

明治大學
創立120週年
紀念館

御茶之水小學
文

明治大學
圖書館

文坂石碑

三田線

Spice Kitchen
P.133

明
大
通
り

←往九段下站

A2

A4

神保町站
Jimbocho

A5

終點

エチオピア
P.133

靖
國
通
り

驚安の殿堂
ドン・キホーテ

A1

C

A6

A7

新宿線

神田古書街

The North
Face

P.134～135

神田すらん通り

天鴻餃子房
P.139

神保町劇場
P.139

專
大
通
り

126

三田線
往大手町站

往水手町站

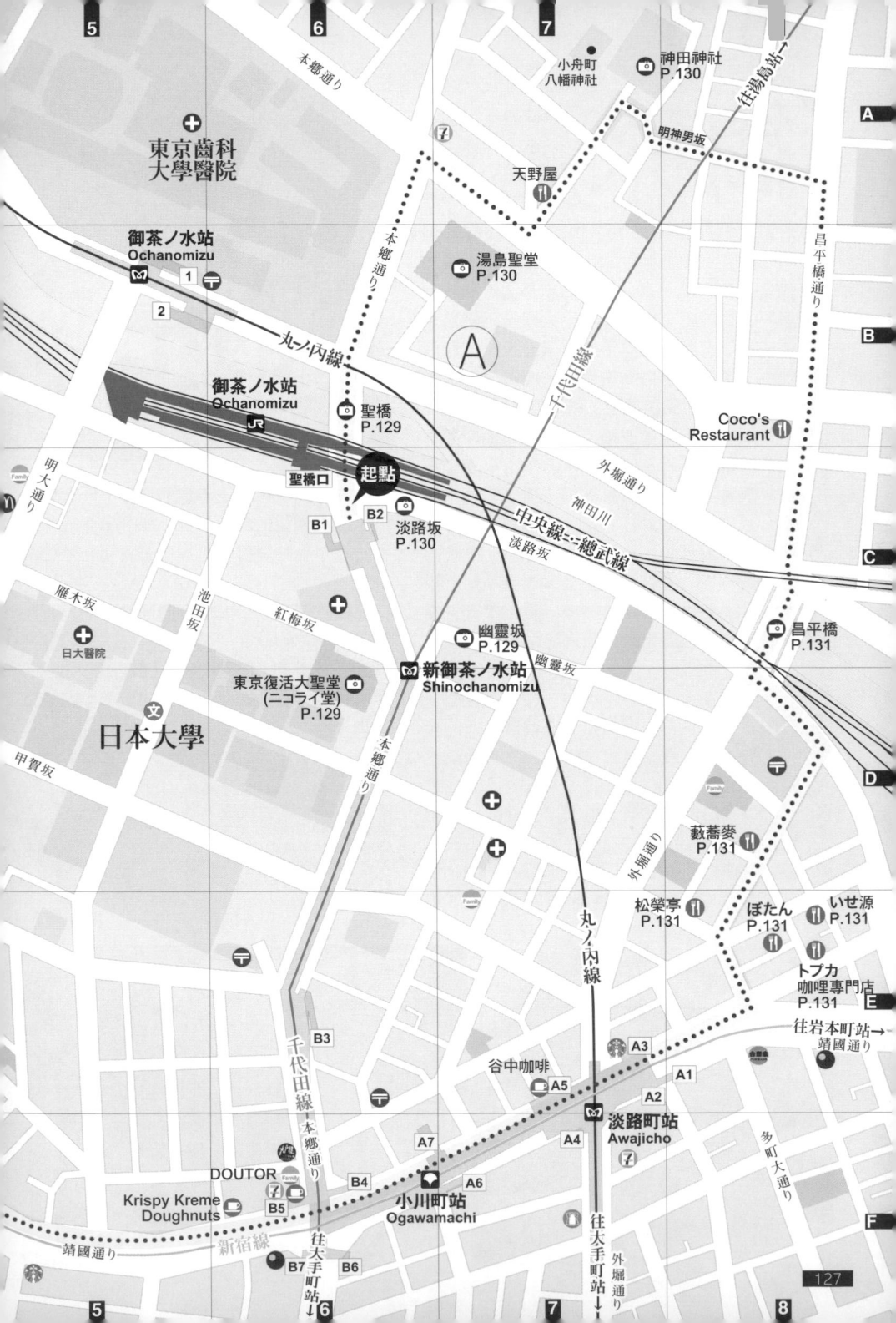

東京齒科
大學醫院

御茶ノ水站
Ochanomizu

丸ノ内線

本鄉通り

小舟町
八幡神社

神田神社 P.130

往湯島坂→

明神男坂

天野屋

昌平橋通り

A

湯島聖堂
P.130

御茶ノ水站
Ochanomizu

聖橋
P.129

Coco's
Restaurant

千代田線

聖橋口

起點

B1 B2

淡路坂
P.130

中央線・・・總武線

外堀通り

神田川

淡路坂

昌平橋
P.131

明大通り

雁木坂

紅梅坂

池田坂

幽靈坂
P.129

新御茶ノ水站
Shinochanomizu

幽靈坂

日大醫院

東京復活大聖堂
(ニコライ堂)
P.129

藪蕎麥
P.131

日本大學

甲賀坂

本鄉通り

丸ノ内線

松榮亭
P.131

ぼたん
P.131

いせ源 P.131

Family

トプカ
咖哩專門店
P.131

E

千代田線

本鄉通り

往岩本町站→
靖國通り

B3

谷中咖啡

A3

A5

A1

A2

DOUTOR

A7

A4

淡路町站
Awajicho

Krispy Kreme
Doughnuts

B5

B4

A6

小川町站
Ogawamachi

往大手町站↓

多町大通り

B7 B6

往大手町站↓

新宿線

靖國通り

外堀通り

御茶之水

　　從地鐵站鑽了出來，眼前就是聖橋的橋頭，先拍個紀念照，然後前往「東京復活大聖堂」(P.129)參觀，不過教堂早上不開放內部，或許等下午要參觀明治大學前再繞過來也可以。有著洋蔥屋頂的東正教教堂，色彩沉穩，不似俄羅斯的教堂金光閃閃、繁複多彩；在小教堂點根蠟燭，祈求旅行平安囉！

　　回頭，我們跨過聖橋，在橋上欣賞靜靜的神田川水流，以及忙碌不停的JR電車來來去去，跟著上班族在樹蔭下稍作休息，喝水乘涼。過了馬路記得往右走，莊嚴的孔廟「湯島聖堂」(P.130)就在前面，或直走由側門進入也可以；看看歷經東京大地震存留下來大門、台灣捐贈的孔子銅像、蔣公墨寶、肅靜的黑色莊嚴的正殿，也別忘了祈求學業進步、考試合格。

　　接著朝名社「神田神社」(P.130)前進，當你看到青銅色的大鳥居，那就是參道的入口！沿途有好幾家餐廳、禮品店，其中最受到推薦的就是位於路口的「天野屋」(P.130)，可以在離開神社前，推門進去嘗個日式甜點。眼前朱紅色的神社很壯觀華麗吧！買個御守再參拜，討平安、求姻緣都可以。

　　順著路線走、跨過昌平橋，這裡有不少躲過轟炸的老民居，木造的房舍、小巧的庭院，加上傳統的料亭，好有懷舊風的fu呢！不妨把午餐時間留給這裡，嘗嘗百年不變的古早味。

　　最後我們往明治大學方向前進，雖路程稍長了些，但沿途也不會讓你閒著沒事做，有便宜又香醇的「谷中咖啡」(MAP P.127 / E7)，靖國通上還有數家運動用品店可以順路參觀選購。

1.淡路町裡百年料亭的懷舊招牌 / 2.聖橋上滿是綠蔭的休憩空間 / 3.神田神社 / 4.抽到不好的籤運？不要帶回去喔，綁在廟裡讓神明幫你化解 / 5.運動品牌旗艦店商品齊全 / 6.新刊舊本應有儘有的神田古書街

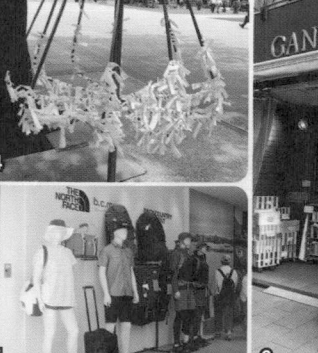
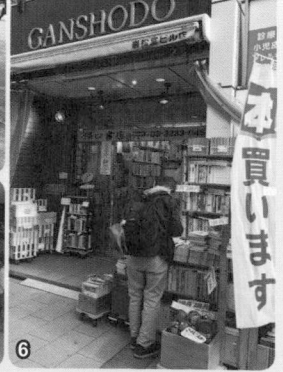
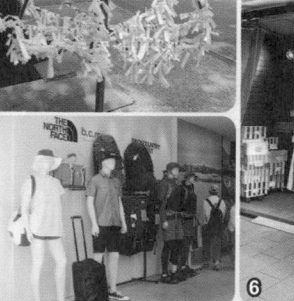
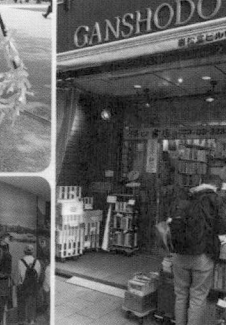

東京復活大聖堂(ニコライ堂)

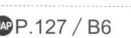

MAP P.127 / D6 千代田區神田駿河台4-1-3 03-3295-6879 4～9月13:00～16:00，10～3月13:00～15:30；週一13:00～17:00 無休 參觀禮拜建議奉獻￥300 nikolaido.org

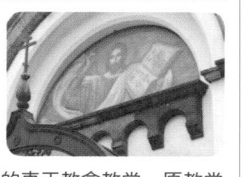

由傳教士尼古拉(ニコライ)召集、採俄羅斯建築家Michael A. Shchurupov的設計，共花了7年時間建造完成。於1891年落成啟用的東京復活大聖堂，是日本最大的東正教會教堂，原教堂採十字形建築，紅磚牆、青銅瓦、八角形的圓頂以及有著尖塔的鐘樓，但是在1923年毀損於關東大地震，圓頂及鐘樓整個倒塌；目前的外觀樣貌為震災後重新整建，圓頂及鐘樓的樣式也與毀損前不同，高度也低了許多。教堂內部目前只有下午時間才有短暫開放。

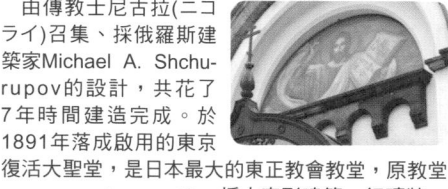

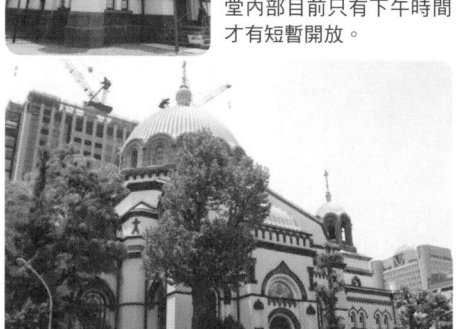

幽靈坂

MAP P.127 / C7

把坡道取名「幽靈」，這也太猛了吧，不去瞧一下實在對不起我的好奇心。不出所料，街道名字果真是沿襲當地別稱而來，因為當初樹木林立，夜間特別陰暗，以有幽靈出沒的氣氛而得名。不過現在的幽靈坂已經沒有往日的fu了。

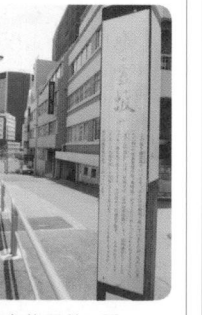

聖橋

MAP P.127 / B6

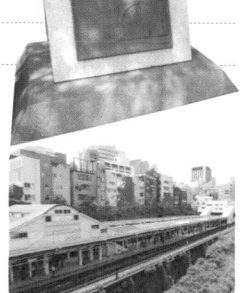

架設於神田川上的鋼筋水泥拱橋，1927年落成，為關東大地震後所建，因為兩邊橋頭分別連接東京復活大聖堂與湯島聖堂，而有「聖橋」之稱。在聖橋上可以俯瞰整個懷舊風的JR「御茶之水」車站，而觀賞聖橋的最佳位置則在JR車站月台上囉！

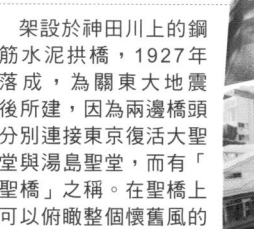

散步花絮

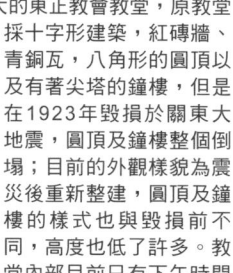

這是鐵道迷的口袋景點，也是只有在聖橋上才看得到，由JR御茶之水站月台兩側的中央線、總武線，以及穿過JR線底下而過的東京Metro丸之內線列車，所構成的獨特風景。要看到三線列車完美交叉而過，完全得靠耐心等待，還要站對位子，天氣好的日子，你一定可以遇到鐵道攝影迷在這裡駐足，等待鏡頭裡最完美的那一刻。

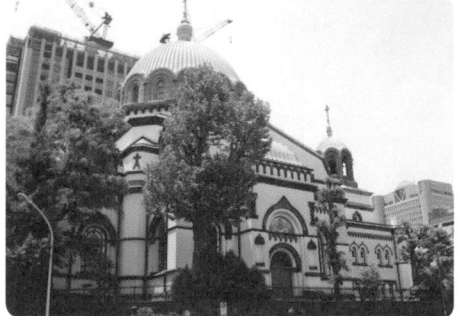

淡路坂

MAP P.127 / C6

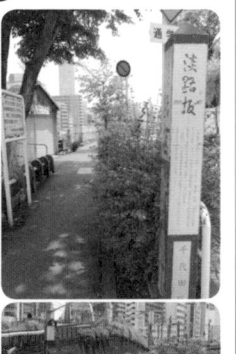

淡路坂與JR線列車的鐵道，只有一道鐵欄杆之隔，可以邊散步邊欣賞JR列車進站、出站、快駛而過。沿著淡路坂下坡前行，中途會接上另一道名橋「昌平橋」，若順著淡路坂再繼續往下走，約15分鐘的路程即可抵達秋葉原地區，這是一條當地上班族、學生們經常使用的通勤坡道。

天野屋

MAP P.127 / A7　⊠千代田區神田外神田2-18-15 ☎03-3251-7911 ⊙10:00～18:00 ㉻4～12月每月第一個週日、7月第三個週一(海之日)、8月10～17日 ⑤熱甜酒¥400，黑糖蜜豆¥550起，剉冰¥500～1,000 http www.amanoya.jp

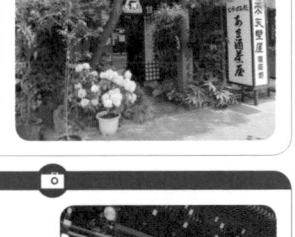

位於神田神社鳥居旁的「天野屋」，的確有著門前茶屋(寺院門前的店舖)的老店風格，店內懷舊的氛圍，封存過去美好的時光。來店不可錯過品嘗有名的甜酒(甘酒)，還有各種的黑糖蜜豆及剉冰。

湯島聖堂

MAP P.127 / B7　⊠文京區湯島1-4-25 ☎03-3251-4606 ⊙09:30～17:00，大成殿週六～日、假日10:00～17:00；冬天16:00關門 ㉻8/13～17、12/29～31 ⑤參觀免費 http www.seido.or.jp

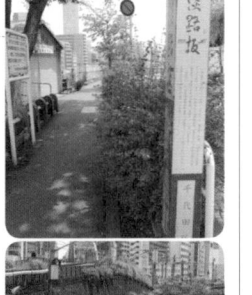

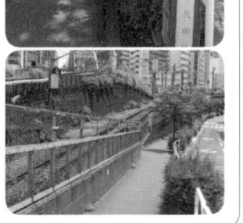

湯島聖堂為1690年江戶時期，由五代將軍德川綱吉公為振興儒學所創建的孔子廟、神農廟，當時並設有「昌平坂學問所」(昌平校)，原建物同樣毀於1923年的關東大地震，原址遺跡僅剩下入德門與水屋，其餘均為重建後鋼筋水泥的架構。院內立有一尊孔子銅像，是由台北的國際獅子會於1974年為感念日方對中華文化之尊重，所提議、並集資鑄造捐贈的，一旁還有蔣中正先生所題的「有教無類」墨寶石板。湯島聖堂最主要的建物是大成殿，僅在週末假日開門，有許多學子會前來祈求學運昌隆。

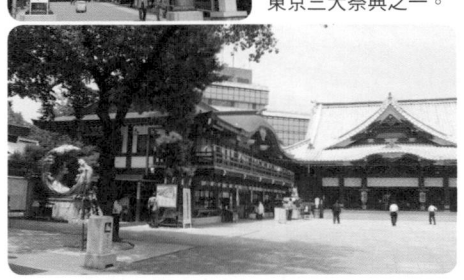

神田神社

MAP P.127 / A7　⊠千代田區外神田2-16-2 ☎03-3254-0753 ⊙神社境內自由，資料館：週末、假日10:00～16:00 ㉻無休 ⑤資料館¥300 http www.kandamyoujin.or.jp

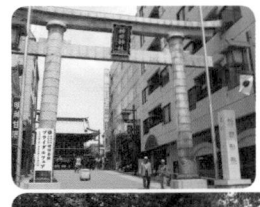

舊稱神田明神，創建於西元730年，是相當有歷史的名社之一，不過仍不敵地震及戰爭所帶來的波及，目前境內的建物大都是1945年東京大空襲之後所重建的。朱紅色的寺門、本殿等，細部雕刻、配色均非常華麗，與參道口青銅色的鳥居相輝映，寺廟境內大小神社有好幾處，相當值得參觀。而每年5月中旬的神田祭，是最大的慶典活動，也是東京三大祭典之一。

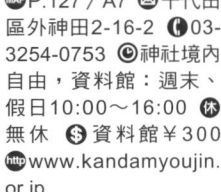

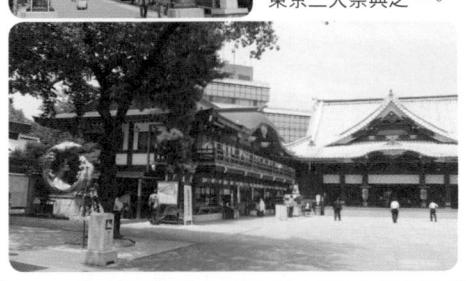

昌平橋

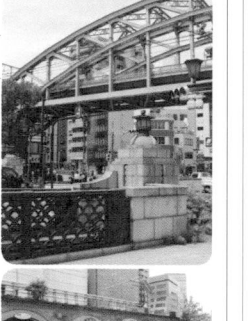

MAP P.127 / C8

　昌平橋得名於1691年興建湯島聖堂之際，五代將軍以孔子的誕生地魯國昌平鄉而賜名。目前的昌平橋為1928年重新架設的，由橋上可看見鐵道橋墩下一整排的紅磚建築，是舊萬世橋車站的舊址，部分還改為餐廳經營。而昌平橋前後都有JR線的高架鐵道跨橋而過，景象相當特別。

トプカ咖哩專門店

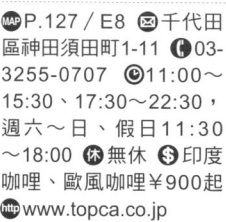

MAP P.127 / E8 ⊠千代田區神田須田町1-11 ☎03-3255-0707 ⏰11:00～15:30、17:30～22:30，週六～日、假日11:30～18:00 休無休 ＄印度咖哩、歐風咖哩￥900起 www.topca.co.jp

　純正印度風味的咖哩食堂，別看它外觀不起眼，在好口碑的口耳相傳下，生意超好，對於喜歡吃辣味咖哩的人來說，最適合不過了。若不嗜辣，就點口味溫和的歐風咖哩，推薦會牽絲的起士咖哩。

藪蕎麥

MAP P.127 / D8 ⊠千代田區神田淡路町2-10 ☎03-3251-0287 ⏰11:30～21:00 休週三(遇假日不休) ＄冷麵(せいろうそば)￥670，南蠻鴨肉麵(かも南ばん)￥1,720 www.yabusoba.net/index.html

　1880年創業的蕎麥麵老店，木造的老屋有典雅的日本庭園，石磚道引著顧客走進歷史的記憶，服務生用念唱的方式跟廚房點餐，相當有意思，據說是自古早沿用至今。除了蕎麥麵，也提供好幾樣下酒的傳統小菜，用餐時段通常都會出現排隊的人潮。

いせ源

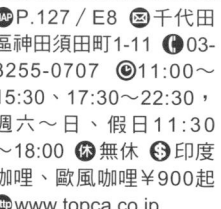

MAP P.127 / E8 ⊠千代田區神田須田町1-15 ☎03-3251-0577 ⏰11:30～14:00、17:00～22:00 休4～10月的週六、日 ＄鮟鱇魚鍋￥3,500，鰻魚飯￥3,400，鮟鱇魚午間特餐￥1,600 www.isegen.com

　1830年創業，是東京都內唯一一間鮟鱇魚料理專門店，將鮟鱇魚肉、魚肝與野菜、醬油一同烹煮，以古法料理，傳承百多年的傳統美味，饕客絡繹不絕。7～9月有供應美味的鰻魚料理，11～3月的午餐時段僅供應鮟鱇魚料理。

松榮亭

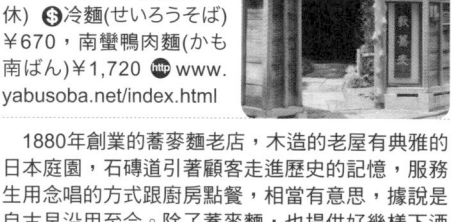

MAP P.127 / E8 ⊠千代田區神田淡路町2-8 ☎03-3251-5511 ⏰11:00～14:00、16:30～19:30 休週日、假日 ＄特價午餐約￥1,000，炸牡蠣餐￥950 www.facebook.com/shoeitei

　創業百年以上的老店，松榮亭賣的是西洋風料理，以炸物為主賣點，據說它是日本炸牡蠣料理的始祖店家，雖是百年老店，但用餐價格平易近人，可以放心大膽地走進去。松榮亭另一個話題就是，它是日本文豪夏目漱石生前喜歡光顧的餐廳之一。

ぼたん 牡丹

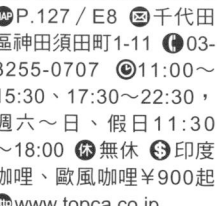

MAP P.127 / E8 ⊠千代田區神田須田町1-11 ☎03-3251-0577 ⏰11:30～21:00 休週日、假日、8月休2週 ＄雞肉壽喜燒餐￥7,600，烤雞串￥700

　位於巷道內創業百餘年的雞肉壽喜燒料理專門店，將雞肉、內臟、雞皮、豆腐、蔥等，淋上獨門醬汁一起放在備長炭上以鐵鍋烹煮，熱呼呼的加上雞蛋風味絕佳。為傳統的高級料亭，餐廳內為日式榻榻米的跪坐席，只提供雞肉壽喜燒料理，用餐費不低，最好事先預約。

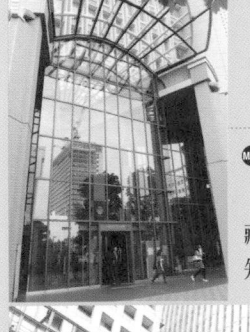

明治大學

MEIJI DAIGAKU

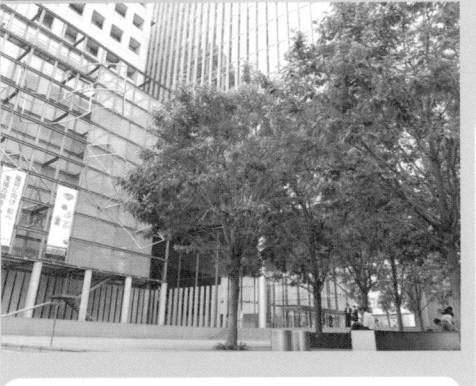

📍P.126 / C4　🌐www.meiji.ac.jp

　　明治大學設立於1928年，前身爲法律學校，由岸本辰雄、宮城浩藏、矢代操於1881年所創立，共有9個學部，學風自由、獨立、強調新知識的創造。明治大學沒有明顯的校區，也非西洋風格的舊建築，主要教學都是由數棟新式的大樓所組成，是一所市區即校區的名校，樓高23層的Liberty Tower是該校區的地標建築，相當嶄新。

明治大學博物館

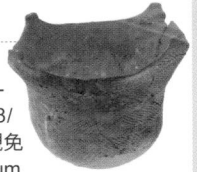

📍P.126 / C4　✉千代田區神田駿河台1-1　📞03-3296-4448　🕐10:00～17:00　休8/10～16、12/26～1/7　💰參觀免費　🌐www.meiji.ac.jp/museum

　　位於Academy Common大樓的B2，分有3大部門的展示室：商品、刑事與考古。商品部門蒐集日本傳統手工製藝品，將商品的材料與製作過程公開展示；刑事部門展出江戶時期各種刑具、捕具及文獻紀錄，還收藏有真實的斷頭台及鐵處女，讓人看得頭皮發麻；考古部門專攻日本舊石器時代、古墳時代等各種遺跡的調查研究，考古收藏相當豐富，不由得令人佩服日本人對考古的專業及尊重。難得有免費參觀的博物館，展覽主題也非常有意思，值得開一下眼界。

米澤嘉博紀念圖書館

📍P.126 / C3　✉千代田區猿樂町1-7-1　📞03-3296-4554　🕐週一、五14:00～20:00，週六、日、假日12:00～18:00　休週二～四、年末年始　💰1樓展示室參觀免費；2樓閱覽室採會員制：1日會員￥300、1個月會員￥2,000、1年會員￥6,000；可影印但須購買點數卡，黑白50點/張、彩色200點/張(1點＝￥1)　🌐www.meiji.ac.jp/manga/yonezawa_lib/index.html

　　2009年10月開幕，館藏為已故漫畫評論家米澤嘉博先生的生前收藏：數萬冊的漫畫、同人誌、卡通動畫，還有許多珍貴的相關資料。1樓為展示室，展出動漫書籍、相關商品等，相當精彩；2

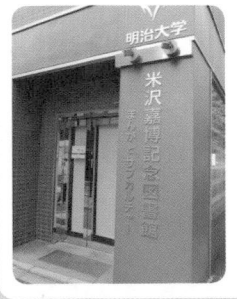

樓為閱覽室，可以借閱漫畫雜誌在館內看；3～5樓為閉架式的書庫，只供欣賞無法拿下來閱讀。這是明治大學為了2014年「東京國際漫畫展」而設立的圖書館，相信會是動漫迷們，除了秋葉原外，另一個必定要造訪朝聖的地方。

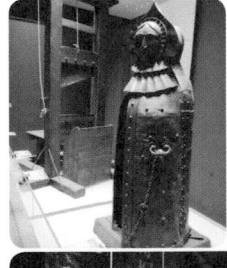
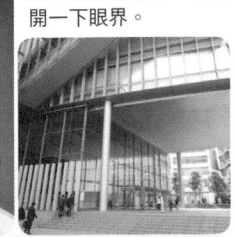
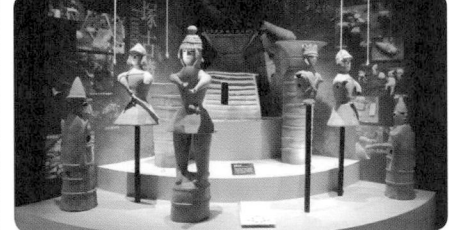

男坂

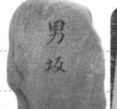

MAP P.126 / B3

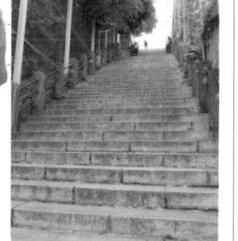

　男坂是一段連接猿樂町陡急的石階梯道，階頂立有一顆刻著路名的小石碑，階底下兩側分別是校舍以及醫學部的健診中心，與猿樂通的路口附近，還立有「東京音樂大學發祥地」的石碑。男坂往前約100公尺處還有「女坂」，比較起來陡度比男坂緩很多。

はなまるうどん

MAP P.135／A5　☒千代田區神田神保町1-9-7-1　☏03-5283-7870　🕐08:00～23:00　休無休　http www.hanamaruudon.com

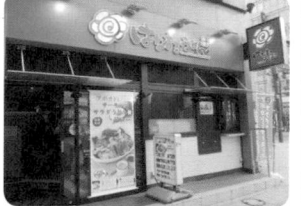

　便宜又好吃的烏龍麵快餐店，麵條選用聞名的香川縣讚岐烏龍麵，香Q滑順的麵條搭配清爽簡單的湯頭，就是填飽肚子的最佳美味，而且只要¥300～650；炎熱的夏天來一碗沙拉烏龍麵(¥430～630)最清涼。此外，還有關東煮、御飯糰、炸天麩羅、咖哩飯等。

il Cavallo Bianco

MAP P.126 / D3　☒千代田區猿樂町1-2-4　☏03-3294-9366　🕐午餐11:30～14:30，晚餐18:00～21:00　休週日　$午間特餐¥900(+¥500附咖啡)，晚餐義大利麵約¥1,200　http www.il-cavallo-bianco.jp

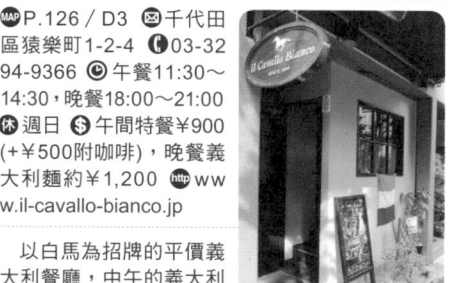

　以白馬為招牌的平價義大利餐廳，中午的義大利麵特餐、鹹派特餐、三明治特餐最划算，附上麵包與沙拉，好吃又便宜，千圓有找，是學生最愛；晚餐主要提供義大利麵。

Spice Kitchen

MAP P.126 / E4　☒千代田區神田小川町3-10-3　☏03-5282-2377　🕐11:00～22:00　休無休　$午餐¥780起，晚餐¥1,180起　http www.spicekitchen.co.jp

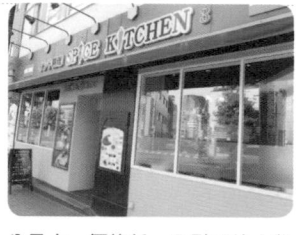

　有學生的地方一定就會有專賣咖哩的餐廳，而且生意都嚇嚇叫。這家賣的是正統印度咖哩，大都是搭配印度麵餅(Nan)為主的套餐，以口味多、分量大、價格低，吸引明治大學的學生來用餐。也有單點的沙拉、印度風炸物等。

Bagel & Bagel

MAP P.135／A6　☒千代田區猿樂町1-8-5　☏03-3295-3100　🕐08:00～20:00(週六、日、假日10:00～20:00)　休無休　$Bagel+飲料套餐¥540～1,040　http www.bagelbagel.jp

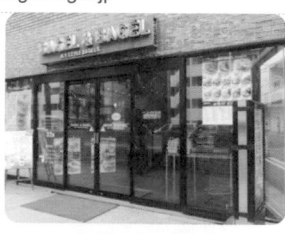

　我喜歡有嚼勁的麵包，所以這家Bagel快餐廳最合我意，不論是選擇夾甜的奶油果醬，或是鹹的鮭魚火腿都很對味，也有夾7種蔬菜+豆腐漢堡佐黑醋醬汁的Bagel素三明治。

エチオピア

MAP P.126 / E4　☒千代田區神田小川町3-10-6　☏03-3295-4310　🕐11:00～22:30　休無休　$咖哩飯約¥880　http www.ethiopia-curry.com

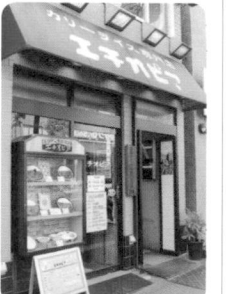

　從學生到上班族都愛的咖哩料理餐廳，在神田地區相當有名，用餐時段的人潮一向很多，可見是掛保證的好吃。採用數十種辛香料調製的咖哩醬汁，可以隨客人喜愛添加辣度，有勇氣的不妨來挑戰70倍超激辣咖哩，店家也有單獨販賣咖哩包，若合你口味，歡迎買回家。

神保町古書店街

JINBOCHO BOOK TOWN

潮流新刊、陳年古本 世界第一No.1

集結上百家大小書店，各有專精、各有風景、各有味道；古書的陳年味、藝術書的油彩味、漫畫書的歡樂味、音樂書的韻律味，以及從街角不時傳出的咖啡香味，在空氣中交織出神保町特有的文雅風味。神保町從明治時期起，即是書店集結的地區，發展至今是世界第一的書店主題街道。**神保町書店大部分週日不營業，安排造訪請避開週日、假日。**

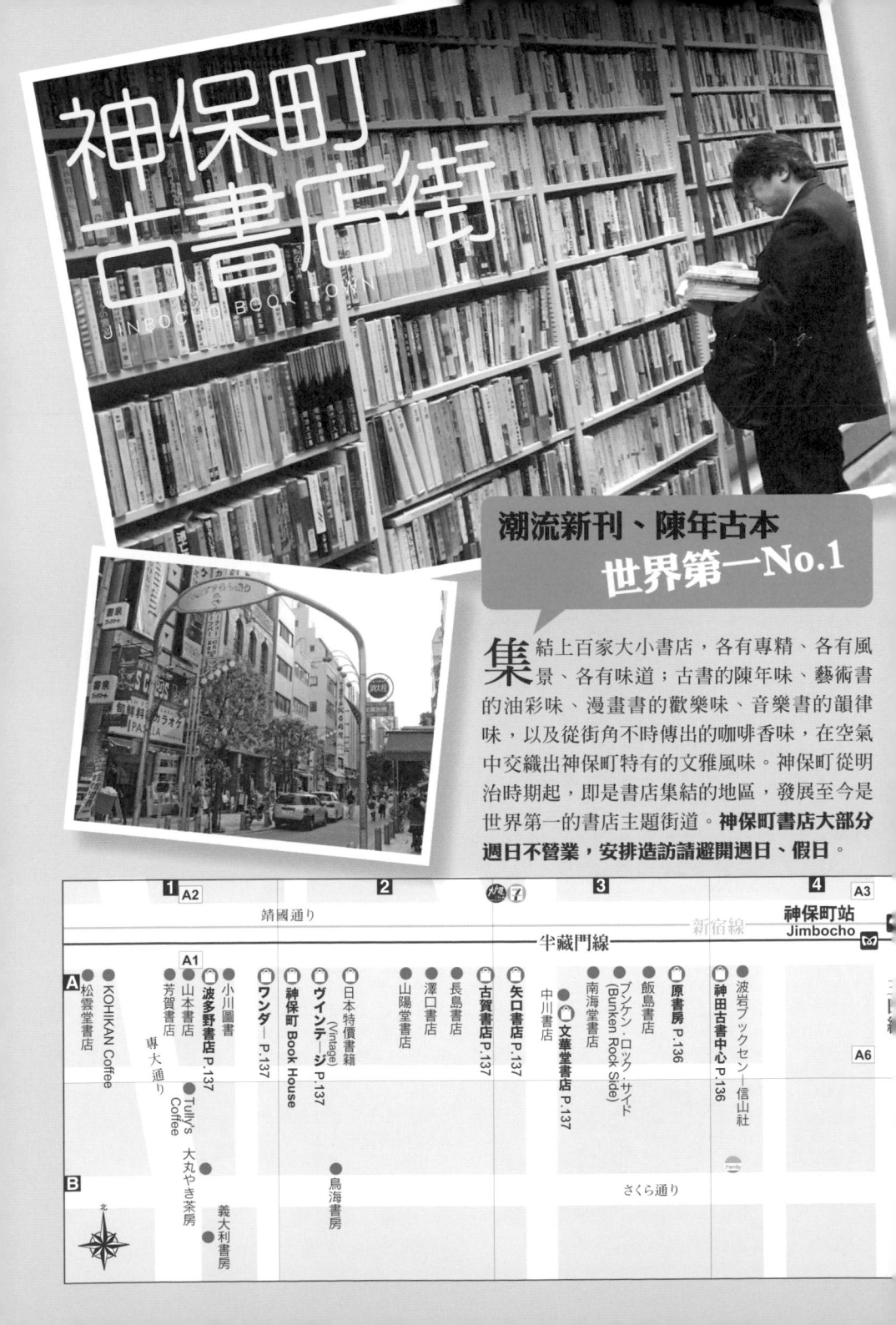

	1 A2		**2**	🚶7	**3**		**4** A3
	靖國通り					新宿線	神保町站 Jimbocho Ⓜ
				半藏門線			
A	A1	小川圖書	日本特價書籍	山陽堂書店 長島書店	矢口書店 P.137	南海堂書店	波岩ブックセンー信山社 A6
松雲堂書店 KOHIKAN Coffee 芳賀書店 山本書店 波多野書店 P.137 ワンダー P.137 神保町 Book House ヴインテージ〈Vintage〉 P.137				澤口書店 古賀書店 P.137	中川書店	ブンケン・ロック・サイド〈Bunken Rock Side〉 飯島書店 原書房 P.136	神田古書中心 P.136
専大通り						文華堂書店 P.137	
B	Tully's Coffee 大丸やき茶房	義大利書房	鳥海書房		さくら通り		
北							

三省堂書店

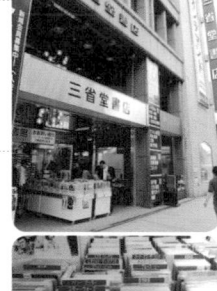

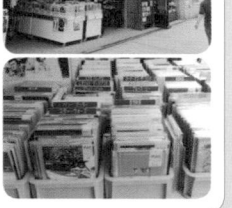

📍 P.135／A8、B8 ✉ 千代田區神田神保町1-1 ☎ 03-3233-3312 🕐 10:00～20:00 休 1/1 http www.books-sanseido.co.jp

三省堂是古書街內最大型的綜合書店，樓高8層，有最齊全的新刊書籍、雜誌，大樓裡也設有咖啡廳，提供顧客小憩片刻。大門口擺放有許多懷舊電影劇照及宣傳海報，價格不高，可購買收藏。

玉英堂書店

📍 P.135／A8 ✉ 千代田區神田神保町1-1 ☎ 03-3294-8044 🕐 10:30～18:30 休 週日、假日 http gyokueido.jimbou.net/catalog

創業百年，以專營日本文學書籍為主，藏書有7千冊以上，質與量都相當豐富，尤其以擁有名作家手稿及許多重要文學作品的首印版為豪，這些珍品動輒數十萬、甚至百萬日圓，可說是玩家級的夢幻逸品，不是隨便可見的。

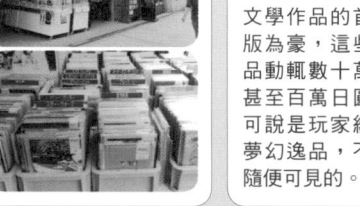

大屋書房

📍 P.135／A8 ✉ 千代田區神田神保町1-1 ☎ 03-3291-0062 🕐 10:00～18:00 休 週日、假日 http www.ohya-shobo.com

1882年創業的大屋書房，專營江戶時代的古籍、古物，店內有大量的古地圖、浮世繪，以及以針線裝的文學、醫學、藝術等古本書籍。其中以精美的浮世繪、版畫插圖古本最受外國觀光客的青睞，但售價可一點都不便宜。

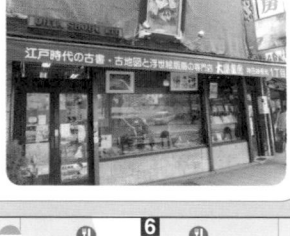

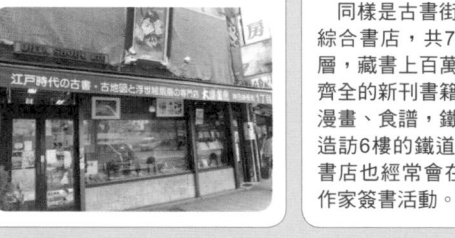

書泉グランデ

📍 P.135／A7 ✉ 千代田區神田神保町1-3-2 ☎ 03-3295-0011 🕐 10:00～21:00(週末至20:00) 休 無休 http www.shosen.co.jp

同樣是古書街內大型的綜合書店，共7個賣場樓層，藏書上百萬冊，有最齊全的新刊書籍、雜誌、漫畫、食譜，鐵道迷務必造訪6樓的鐵道專門區，書店也經常會在7樓舉辦作家簽書活動。

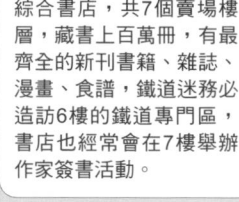

神田伯剌西爾

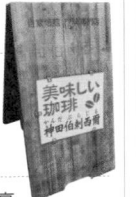

📍P.135／A6 ✉千代田區神田神保町1-7 ☎03-3291-2013 🕐11:00〜21:00 休無休 💲招牌咖啡￥550，蛋糕￥450 http brazil.nobody.jp

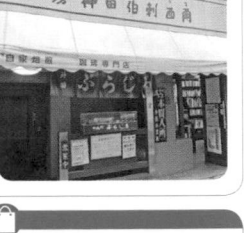

　　位於地下一樓，以自家烘焙的咖啡為豪的咖啡廳，店內裝潢相當舒適溫馨，許多愛書人士都會買了書後，再來這裡慢慢品味書香及咖啡香，可點咖啡+蛋糕組合￥850。伯剌西爾其實是巴西「Brazil」的日式英文讀法。

本と街の案内所

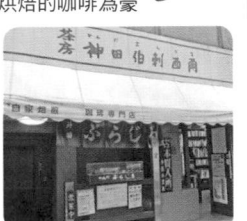

📍P.135／A6 ✉千代田區神田神保町1-7-7 🕐11:30〜18:00 休週日、假日 http www.navi-bura.com/special/annaijo.php

　　這裡是神保町書店街的資訊服務處，由舊長屋改建而成，外觀仍維持當年的懷舊模樣，有關書店街的地圖、訊息、傳單，都可以在這裡索取，還設有電腦提供使用查詢。工作人員也都非常熱心，舉凡有任何問題、或找不到神保町區域內的店家在哪裡，都可以請教他們喔！

田村書店

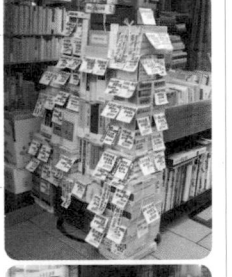

📍P.135／A6 ✉千代田區神田神保町1-7-1 ☎03-5577-4226 🕐10:00〜18:00 休週日、假日 http www.tamurashoten.com

　　書堆得比人還高，貼滿滿的黃色標籤非常顯眼，要不注意都很難，黃色標籤上寫明了書籍名稱及價格，大都是以整套販售，單本出售的很少見。田村主要以文學、哲學書籍為主，外文、日文的都有。

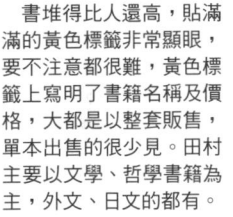
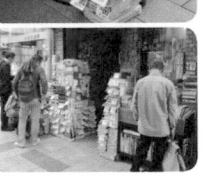
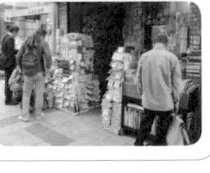

神田古書中心

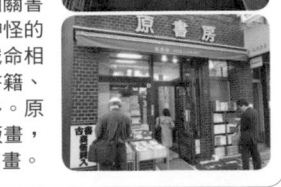

📍P.134／A3 ✉千代田區神田神保町2-3 🕐10:00〜18:30 休週日

　　由數家書店所組成的書店大樓，共有9個樓層，有文學、哲學、音樂、藝術、綜藝娛樂、漫畫童書等主題，展現各店家不同的風貌。其中みわ書房以懷舊童書為主；中野書店主攻新、舊漫畫雜誌；鳥海書房則專售與自然科學相關的圖鑑、工具書等。

古瀨戶咖啡

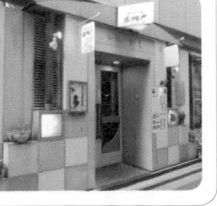
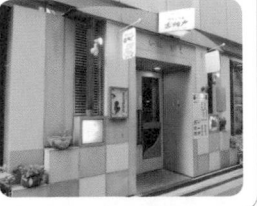

📍P.135／A6 ✉千代田區神田神保町1-7 ☎03-3294-7941 🕐10:00〜23:00(週日、假日至21:00) 休無休 💲招牌咖啡￥540，雞肉咖哩套餐￥1,070

　　一家有藝術氣息的咖啡餐廳，店內、店外到處都有藝術品，整片牆的大壁畫相當獨特，是目前頗活躍的藝術家——城戶真亞子的作品。招牌炭燒咖啡香醇，咖哩料理也非常有人氣，是家相當受女性歡迎的餐廳。

原書房

照片提供／魏國安

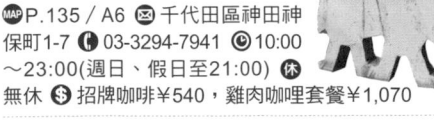
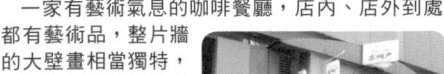

📍P.134／A3 ✉千代田區神田神保町2-3 ☎03-3230-1158 🕐10:00〜18:00 休週日〜一、假日 http www.harashobo.com

　　這是一家專門販售算命卜卦、占星占卜相關書籍的書店，有許多神怪的占卜書籍，如果想找命相學、風水、星座等書籍、用具，這裡選擇最多。原書房也經營浮世繪版畫，樓梯間掛滿了江戶圖畫。

文華堂書店

MAP P.134 / A3 ✉千代田區神田神保町2-3 ☏03-3262-0422 ◷10:00～18:00 休週日 http bunkado.jimbou.net

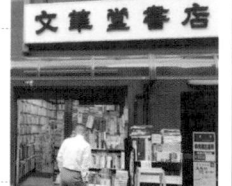

店裡有大量與軍事戰爭有關的書籍，中日戰爭、太平洋戰爭、世界大戰，或歐洲各國戰爭的歷史圖書、近代歷史書籍等都有。相信軍事迷會愛上這家書店，把戰機圖鑑、戰爭照片全部買回家。

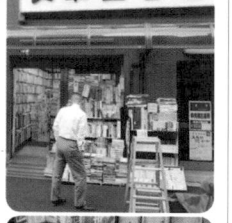

ヴィンテージ

MAP P.134 / A2 ✉千代田區神田神保町2-5 ☏03-3261-3577 ◷11:00～19:00（週日、假日12:00～19:00）休無休 http www.jimboucho-vintage.jp

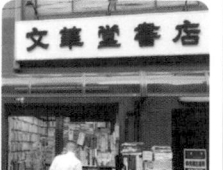

想找懷舊西洋、日本影劇書籍、雜誌、海報等，就要來這家書店感受一下被好萊塢巨星圍繞的感覺。物品多到把走道縮成狹小一條，但分類非常清楚，2樓以音樂、流行、偶像雜誌居多；店如其名，就是英文「Vintage」的日文念法。

矢口書店

MAP P.134 / A3 ✉千代田區神田神保町2-5-1 ☏03-3261-5708 ◷10:00～18:30（週五～六至19:00）休無休 http yaguchi.movie.coocan.jp

喜歡寶塚歌劇團的華麗舞台嗎？1920年創業的矢口書店有最多的相關書籍、雜誌、宣傳冊、海報，其他與日本電影、舞台劇有關的刊物、書籍也不少，喜愛日本戲劇、舞台劇的朋友不要錯過了。

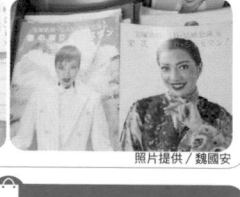

照片提供／魏國安

ワンダー

MAP P.134 / A1 ✉千代田區神田神保町2-5-4 ☏03-3238-7415 ◷11:00～18:00 休無休 http atwonder.blog111.fc2.com

書籍種類相當多樣，科幻、偵探、怪奇小說不少，懷舊漫畫、寫真書也有，店內不夠放，乾脆把整個巷道的牆面都拿來展示，一大片書牆相當壯觀，晚上只要將帆布蓋下來，防風又擋雨。

古賀書店

MAP P.134 / A2 ✉千代田區神田神保町2-5 ☏03-3261-1239 ◷10:30～18:00 休週日、假日

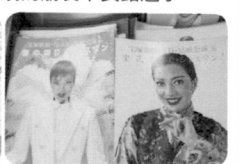

照片提供／魏國安

專營與古典音樂有關的書店，除了一些介紹古典音樂的書刊、雜誌外，樂譜的數量也很多，有鋼琴譜、交響樂譜等，當然日劇主題曲的樂譜也少不了。專業的音樂研究、理論書籍也有，提供音樂系學生或專業人士鑽研。

照片提供／魏國安

波多野書店

MAP P.134 / A1 ✉千代田區神田神保町2-7 ☏03-3261-7596 ◷11:00～18:30 休週日

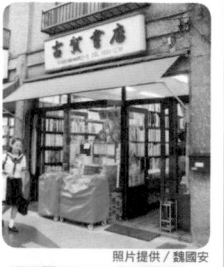

店內的舊書並沒有特別分類，卻經常有大批顧客光顧，將狹小的走道擠得水洩不通。書籍的種類非常廣，設計類、旅遊類、文學類等等，甚至JR火車時刻表都有，其中最吸引人的是擺放在門口的超特價書籍，有的只要原價的10%，就可以讓你帶回家了！

文房堂

🅜P.135 / B8 ✉千代田區神田神保町1-21 ☎03-3291-3441 🕙10:00～19:30 休無休 httpwww.bumpodo.co.jp

創業已有120年的老店，經營畫材工具、文具用品，B1有設計、漫畫、文具商品；1樓販售畫具、畫材；2樓為版畫、雕塑製作的工具材料；3樓挑高明亮的空間裡有藝廊咖啡館，相當有氣質；4樓還設有藝廊，供新生代藝術家展出創作品；6樓則以相框、畫框工坊為主。

包子餃子

照片提供／魏國安

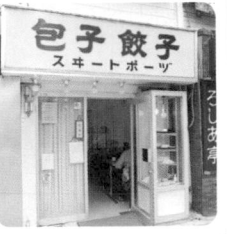

🅜P.135 / B5 ✉千代田區神田神保町1-13 ☎03-3295-4084 🕙11:30～15:00、17:00～20:00 休週日～一 💲煎餃白飯套餐¥820，天津包子¥810／5個，水餃¥700／8個

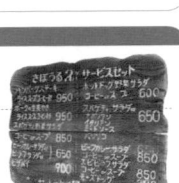

裝潢相當簡單，有香港茶餐廳的味道，只賣2種餐點，就是小籠包與餃子。日本的餃子就是台灣的鍋貼，而我們熟悉的水餃日本稱「水餃子」(用水煮過的餃子)，這一點一定要先認識。

magnif

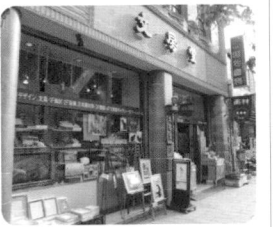

🅜P.135 / B7 ✉千代田區神田神保町1-17 ☎03-5280-5911 🕙11:00～19:00 休不定休 httpwww.magnif.jp

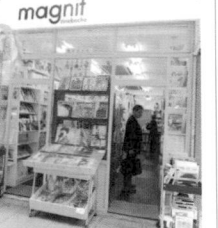

店內非常明亮，鮮黃色的門框相當亮眼，最主要是專營與設計、時裝、流行相關的雜誌，最對具職業的味，不買很難。LIFE、流行通信、攝影集……很佩服老闆可以收集得如此齊全！

さぼうる

🅜P.135 / B5 ✉千代田區神田神保町1-11 ☎03-3291-8404 🕙09:00～23:00 休週日～一

位在狹窄的巷道內，外觀是黑黑暗暗的木屋，還有圖騰的木柱，店內也是不修飾的原木裝潢，加上昏黃的燈光，整個原民風格，非常有神祕感，但餐廳賣的卻是熱狗餐、咖哩飯等洋風的料理。由於生意太好，在隔壁開起了2號分店，感覺明亮許多。

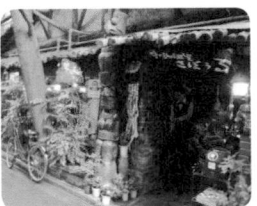

Paper Back Cafe

🅜P.135 / B7 ✉千代田區神田神保町1-17 ☎03-3291-5181 🕙10:00～18:00 休無休 💲咖啡、茶飲¥200起，甜點¥370，三明治¥380起 httpwww.tokyodo-web.co.jp/cafe

屬於東京堂書店的咖啡廳，就位在書店1樓裡，是處相當舒適的休憩場所，加上飲品、餐點的費用比起其他咖啡廳低上許多，飲料種類選擇也很多樣，所以也吸引上班族來用餐，推薦燒烤咖哩義大利麵¥750。

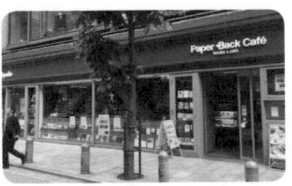

TAM TAM Coffee

🅜P.135 / A5 ✉千代田區神田神保町1-9 ☎03-3295-4787 🕙11:00～22:30(週日12:00～21:30) 休不定休 💲飲料¥480起，鬆餅、法式土司¥600，燒烤咖哩¥870，燉牛肉¥1,180

這是書店街裡最具人氣的一家餐廳，用餐時間鐵定是大排長龍，幾乎80%是女性朋友，很多人是衝著它的石板烤法式土司、石板煎鬆餅而來，通常法式土司都是率先完售，想品嘗就要儘早，不然就先訂位。

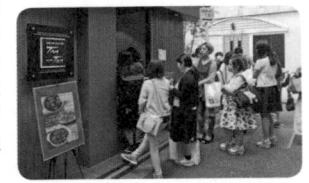

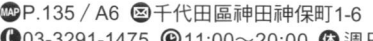

キッチン南海

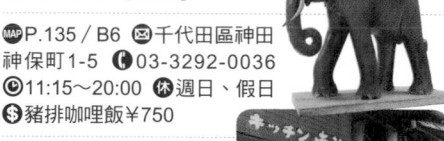
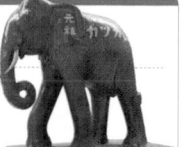

🗺️P.135／B6 ✉千代田區神田
神保町1-5 📞03-3292-0036
🕐11:15～20:00 🈺週日、假日
💲豬排咖哩飯￥750

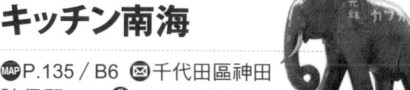

這是家熱鬧的食堂，
用餐時間總是呈現爆滿
的情況，原因不外乎好
吃又便宜。菜單非常簡
單，10種都是炸物餐，
最出名的就是炸豬排咖
哩飯，黑到發亮的黑咖
哩，香味濃稠、好吃到
爆，遠遠地就能聞到香味，肚子馬上餓了起來。

共榮堂

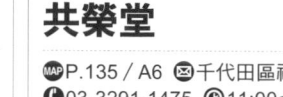

🗺️P.135／A6 ✉千代田區神田神保町1-6
📞03-3291-1475 🕐11:00～20:00 🈺週日、假日
💲牛肉咖哩飯￥1,350 🌐www.kyoueidoo.com

位在B1的咖哩專門餐廳，創業於西元1926年，
是在咖哩激戰區的神保町中，最受大眾推薦的老
店，它同時也是東
京地區歐風咖哩的
始祖。使用了20
種以上的辛香料熬
煮的咖哩醬汁，味
道香、入口濃，讓
你一口接一口，好
吃到欲罷不能。

LADRIO

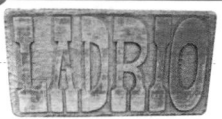

🗺️P.135／B7 ✉千代田
區神田神保町1-3 📞03-
3295-4788 🕐11:00～
22:00 🈺週日、假日 💲
維也納咖啡￥480

創業60年的咖啡廳
老店，紅磚牆的建物相
當樸實堅固，連店名也
取自西班牙文的紅磚之
意，鮮紅的座椅搭配暗
紅的磚牆，氣氛相當沉
穩溫暖。這裡最有名的就是加了鮮奶油的「維也納
咖啡」，也是這家店首創的花式咖啡。

天鴻餃子房

🗺️P.126／F3 ✉千代田區
神田神保町1-24 📞03-3233-
0666 🕐11:00～05:00(週日11:00～23:00) 🈺無休
💲元祖餃子定食￥650 🌐www.gyouzaya.co.jp

曾被電視節目選為日本
最美味的餃子，電視畫面
重複在店頭播送，連我都
被迷得推門進去品嘗一
番。果真煎得香酥好吃，
用餐人潮還不斷湧入。日
本人吃餃子一定會配白
飯，很容易吃飽，所以不
要一下點太多喔！

ミロンガ・ヌオーバ

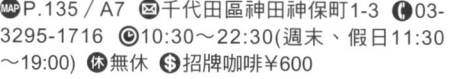
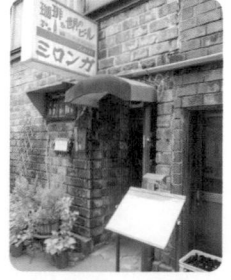

🗺️P.135／A7 ✉千代田區神田神保町1-3 📞03-
3295-1716 🕐10:30～22:30(週末、假日11:30
～19:00) 🈺無休 💲招牌咖啡￥600

氣氛跟隔壁的LADRIO
非常相似，同樣是昏黃
的燈光，喝起咖啡來最
有感覺。店家的炭燒咖
啡採現點現秤烘焙，有多
種豆子可以選擇，現煮
咖啡相當香醇，比較下
來這裡年長的客人比較
多，能抓住老顧客的味
蕾，表示真的很有一套。

神保町劇場

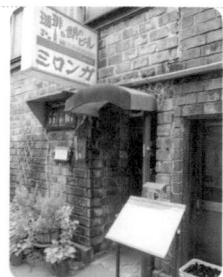

🗺️P.126／F4 ✉千代田區
神田神保町1-23 📞03-52
81-5132 🕐11:00～21:00
🈺不定休 💲電影票￥1,200
🌐www.shogakukan.co.
jp/jinbocho-theater

這棟造型奇特的怪建築
其實是個劇場，不定時
有吉本興喜劇上演，設有吉本興業的禮品專賣區；
裡頭還有專門放映日本懷舊黑白電影的電影院，設
備超級新穎，是懷舊電影迷的福音，也經常舉辦影
展，吸引不少人特地前來看電影，享受高級的軟硬
體設備所帶來的聲光娛樂效果。

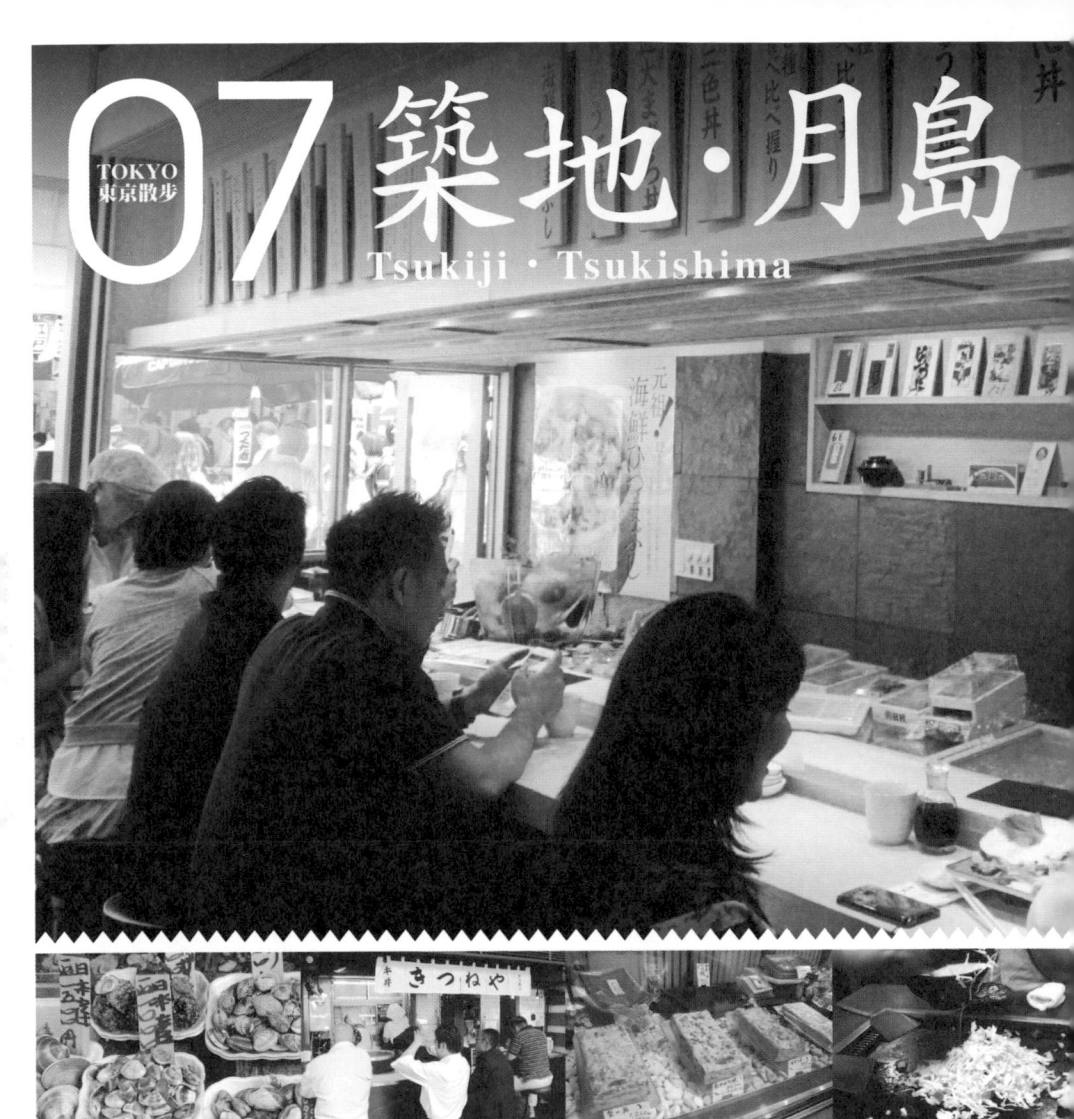

07 築地·月島
Tsukiji · Tsukishima

東京人的中央廚房，鮮度No.1的江戶握壽司

東京清早最忙碌的地點，非築地市場莫屬，市場內放眼所見，比人還高的大魚、東奔西跑的特製貨車、爽朗的叫賣聲，還有混雜在空氣中新鮮濃郁的海潮味，日復一日地在這裡忙碌上演。從江戶時期起，東京的魚市場原位於日本橋地區，因毀於1923年的關東大地震，之後才於1935年遷建至目前的地點。

築地市場是東京人的廚房，也是遊客的美食天堂，幾百間店鋪從清早便開門營業，跟著批發商、觀光客一起忙碌到中午。逛夠買足後，記得趁早前往排隊，品嘗鮮度100分的江戶風味握壽司喔！至於最吸引觀光客的鮪魚競標交易，因長期以來觀光客越來越多，影響交易市場的進行，目前採有限名額登記方式的對外開放參觀。

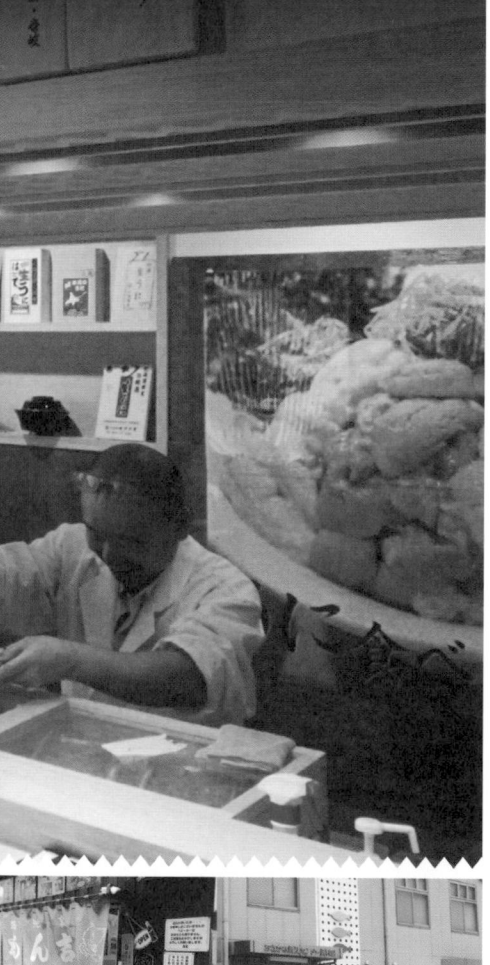

從築地站1號出口鑽出地面，最靠近的景點就是「築地本願寺」，可以繞進去參觀一下這座石造的寺廟，不過早上的行程重點是在熱鬧的築地市場。首先抵達的是築地外市場，這裡人潮最多、最熱鬧，但要找新鮮美味，需要往更裡面的內市場前進，找有人排隊的地方就對了。

品嘗過必吃的美味握壽司後，不妨沿著隅田川河岸散步，可以輕鬆賞景兼消化整腸，途中記得登上聖路加大樓的最高樓層，居高臨下、一覽無遺地看遍築地、月島的景色，接著走過大橋前往月島。傍晚過後的月島最熱鬧，餐館都有營業，三五成群特地來吃文字燒的上班族也來了，美食果然還是要靠氣氛來加分。

築地市場最熱鬧的時段是早上，大部分店家只營業到中午過後，太晚來，熱鬧感就減分不少。而月島地區的文字燒街，除非週末，否則中午時比較冷清，沒有什麼人潮。所以建議早上提早出發先去築地市場，中午過後再前往月島。

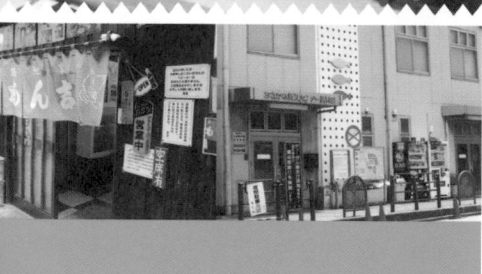

Ⓐ **08:00 築地本願寺**
　　↓ 散步10分鐘
08:30 築地市場
　　↓ 散步10分鐘
Ⓑ **12:00 隅田川露台**
　　↓ 散步30分鐘
Ⓒ **13:00 月島文字燒街**

交｜通｜對｜策

前往築地市場周邊
1. 搭乘地鐵東京Metro日比谷線，到「築地」站(1號出口)
2. 搭乘地鐵都營大江戶線，到「築地市場」站(A1出口)

前往月島周邊
1. 搭乘地鐵東京Metro有樂町線或都營大江戶線，到「月島」站(7號出口)
2. 搭乘地鐵都營大江戶線，到「勝どき」站(A1出口)

登記地點：魚類普及中心資料館1樓(MAP P.142／C3)；每日開放120名，分2梯次參觀
登記時間：05:00開始，採現場先到先登記，額滿為止；不接受預約登記
參觀時間：05:25～05:50，05:50～06:15
參考網站：www.shijou.metro.tokyo.jp/kengaku/tsukijikengaku/
注意事項：拍照不可使用閃光燈；由於時間早，外國人又多採遊覽車前往，就算搭首班地鐵也來不及搶到名額，所以搭計程車是最佳方式(須考慮高額車資)。

散步花絮

築地中央市場要搬家囉！

原本將於2016年11月搬遷至3公里外豐洲地區的築地中央市場，因工程弊案及土壤污染問題而一再延期，新公告的日期為2018年5月(預計)。而觀光客最愛的築地場外市場，會繼續留在原地經營，遊客不用擔心築地的美食好味會跟著消失。

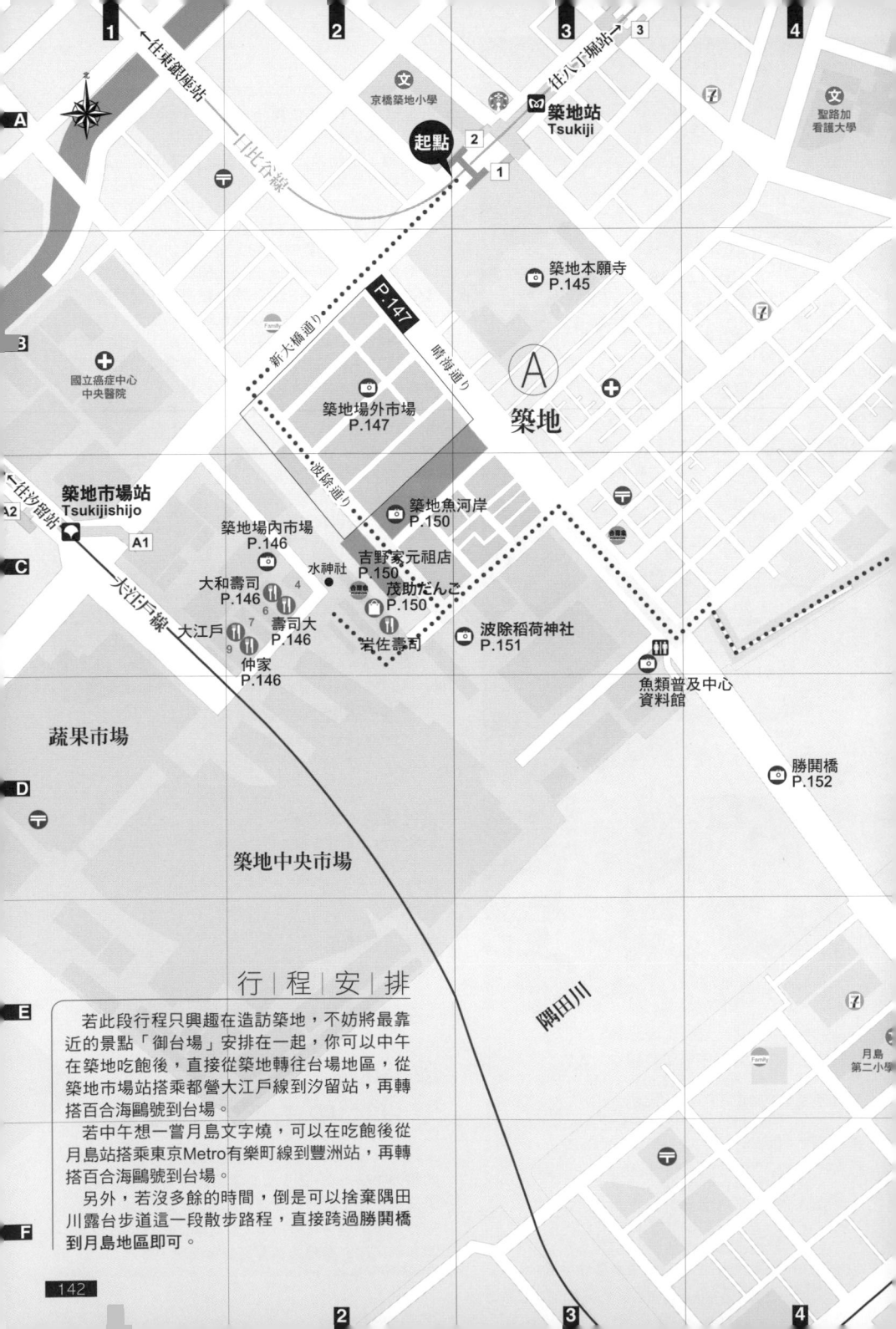

A

往東銀座站

日比谷線

起點

京橋築地小學

築地站
Tsukiji

聖路加
看護大學

B

Family

築地本願寺
P.145

新大橋通り

晴海通り

P.147

A

築地

國立癌症中心
中央醫院

波除通り

築地場外市場
P.147

築地魚河岸
P.150

築地市場站
Tsukijishijo

A1

C

大江戶線

築地場內市場
P.146

水神社

吉野家元祖店
P.150

大和壽司
P.146

茂助だんご
P.150

波除稻荷神社
P.151

壽司大
P.146

魚類普及中心
資料館

仲家
P.146

岩佐壽司

蔬果市場

勝鬨橋
P.152

D

築地中央市場

行 | 程 | 安 | 排

若此段行程只興趣在造訪築地，不妨將最靠
近的景點「御台場」安排在一起，你可以中午
在築地吃飽後，直接從築地轉往台場地區，從
築地市場站搭乘都營大江戶線到汐留站，再轉
搭百合海鷗號到台場。

隅田川

月島
第二小學

Family

E

若中午想一嘗月島文字燒，可以在吃飽後從
月島站搭乘東京Metro有樂町線到豐洲站，再轉
搭百合海鷗號到台場。

另外，若沒多餘的時間，倒是可以捨棄隅田
川露台步道這一段散步路程，直接跨過勝鬨橋
到月島地區即可。

F

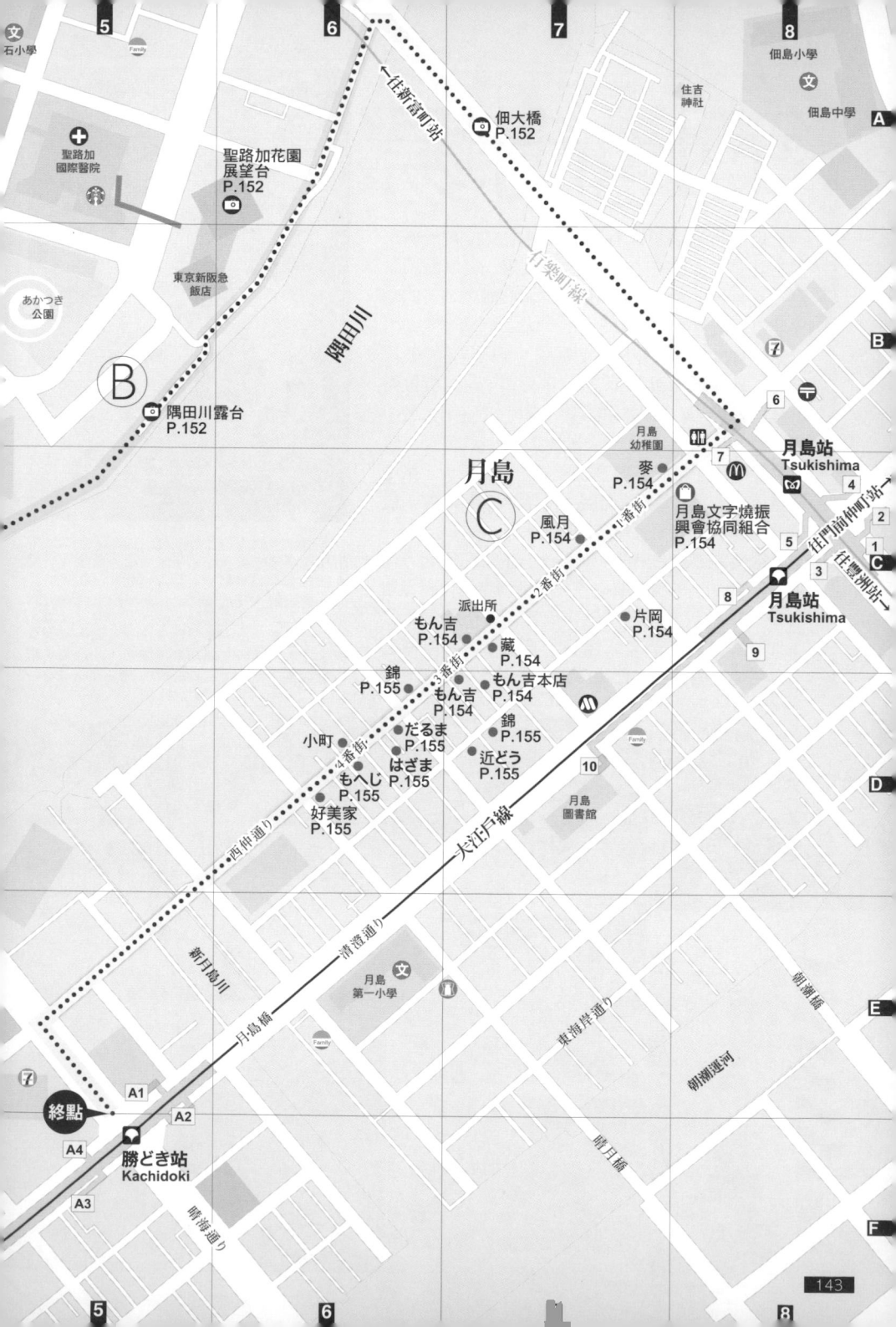

石小學

Family

5

聖路加
國際醫院

東京新阪急
飯店

あかつき
公園

B

隅田川露台
P.152

聖路加花園
展望台
P.152

隅田川

佃大橋
P.152

住吉
神社

佃島小學

佃島中學

A

B

月島
C

月島
幼稚園

月島站
Tsukishima

月島文字燒振
興會協同組合
P.154

麥
P.154

風月
P.154

もん吉
P.154

藏
P.154

派出所

錦
P.155

もん吉
P.154

小町

もへじ
P.155

だるま
P.155

はざま
P.155

好美家
P.155

もん吉本店
P.154

錦
P.155

近どう
P.155

片岡
P.154

Family

月島
圖書館

月島站
Tsukishima

大江戶線

清澄通り

月島
第一小學

Family

新日島川

月島橋

終點

勝どき站
Kachidoki

A1

A2

A4

A3

晴海通り

東海岸通り

朝潮運河

朝潮橋

勝どき橋

C

D

E

F

6
7
8
9
10
1
2
3
4
5
6

143

TSUKIJISHIJO

築地市場

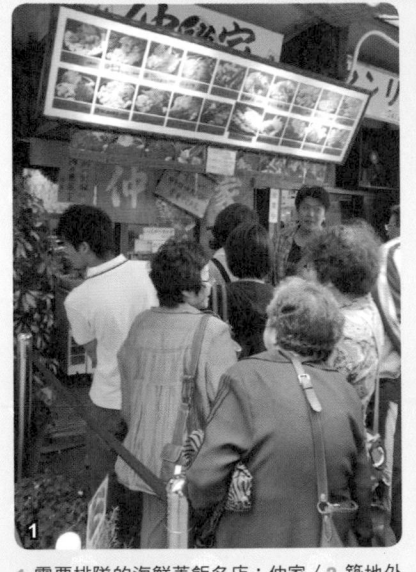

若你是搭地鐵日比谷線前來築地，位在地鐵出口的「築地本願寺」(P.145)就是第一個參觀的景點。若你起床晚了，大可跳過，直接往主要目的地築地市場前進吧！

築地市場大略可分為幾個區域：不開放給一般民衆的「水產仲卸業者賣場」(中央市場，魚貨競標批發中心)，與「青果仲卸業者賣場」(蔬果批發中心)；「魚かし横丁」(場內市場)為一般魚貨、雜貨批發商店，排隊名餐廳也多集中在這裡；「築地場外市場」(場外市場)跟台灣的傳統市場頗像，但乾淨許多，是觀光客最多的地方。

築地場外市場最熱鬧，最吸引人的是店家大方提供的試吃。中午請速速移步往築地內市場，因為想一嘗美味壽司的人，早就來店家門口排隊了，這些人氣食堂頂多營業到14:00，來晚了可就沒得吃了；或是趕個大早，把美味壽司當早餐搶先享用。

1.需要排隊的海鮮蓋飯名店：仲家／2.築地外市場有許多的美食小店／3.大樓外牆掛著一條大鯛魚／4.乾貨攤有著台北迪化街的fu／5.好大一隻螃蟹，物美價廉／6.可以現買現吃的大牡蠣／7.新鮮便宜的魷魚絲，不怕你來試吃，合口味再買／8.肉品店擺得一絲不苟，美觀又衛生／9.築地外市場店多、攤多、人也多，讓人逛到腿痠

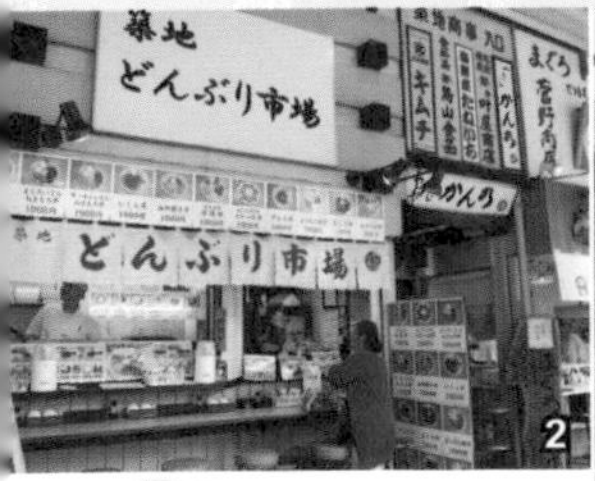

2

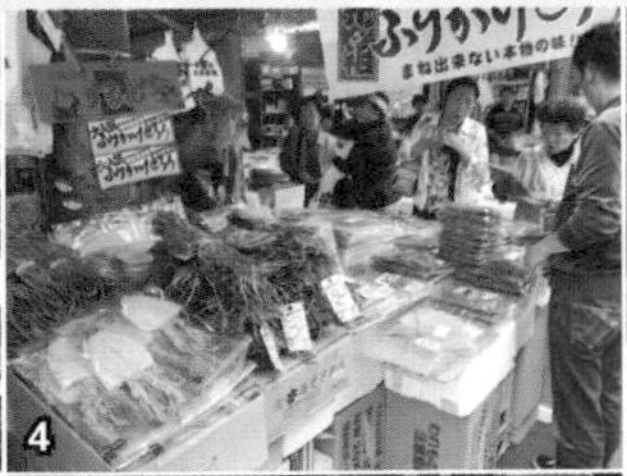

4

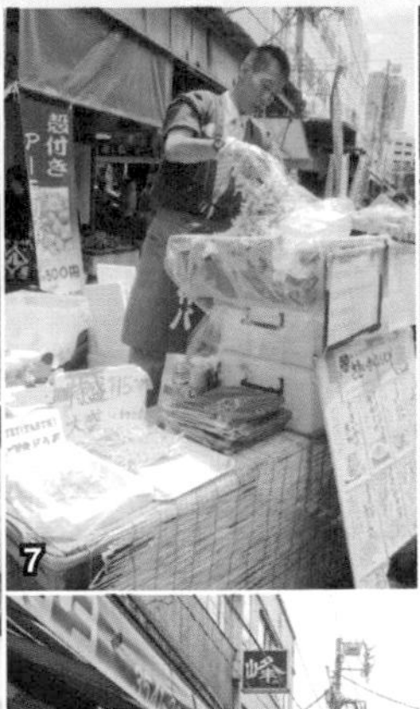

7

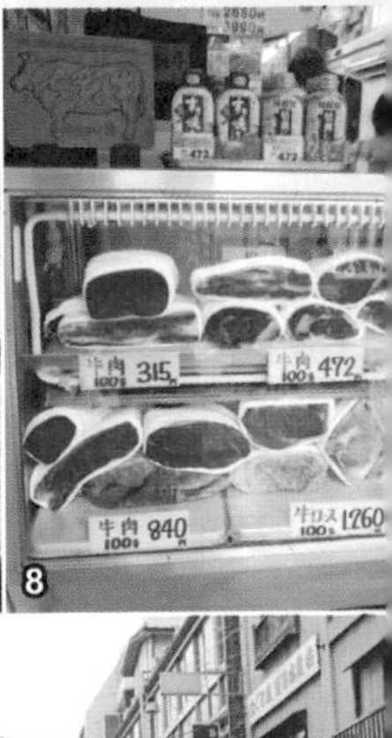

8

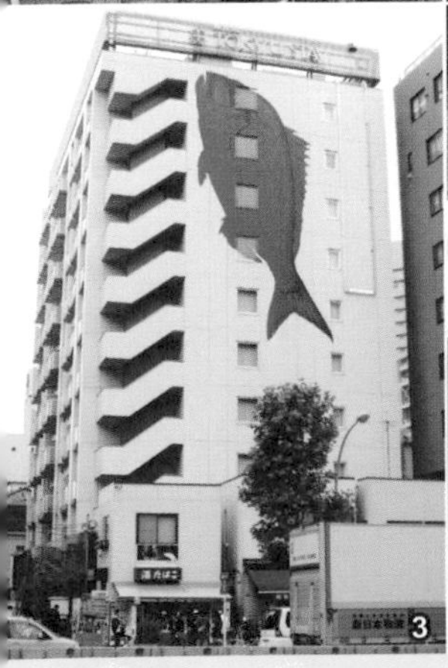

3

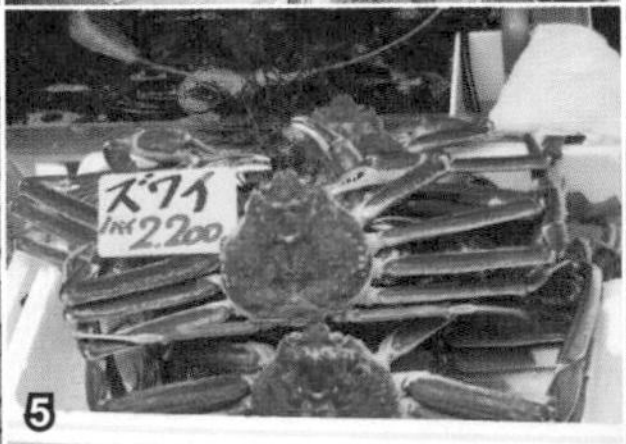

5

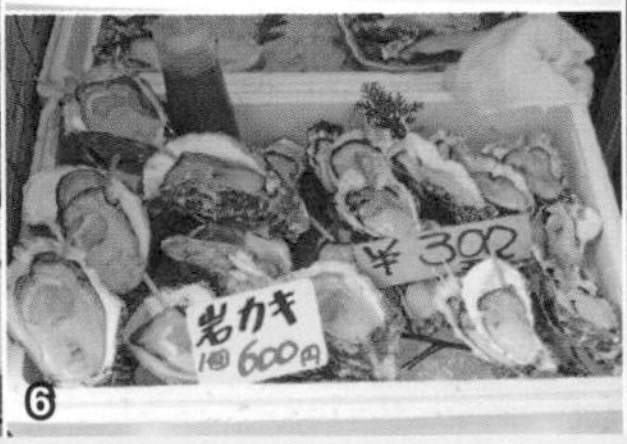

6

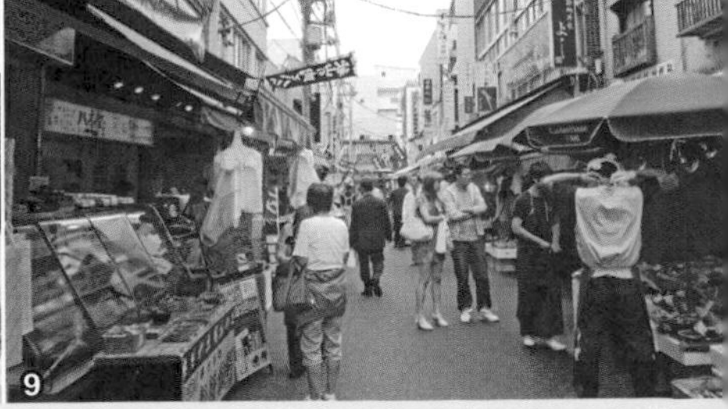

9

築地本願寺

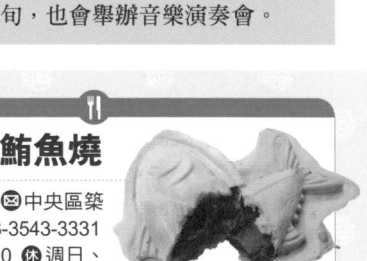

TSUKIJI HONGWANJI

🗺 P.142 / B3 ✉ 中央區築地3-15-1 📞 03-3541-1131 🕐 06:00～17:30 休 無休
💲 參觀免費 http www.tsukijihongwanji.jp

外型貌似印度建築物的築地本願寺，原本建於淺草地區的橫山町，之後才遷建至築地。於1934年落成的本堂，參照了古代印度教的建築風格，石造的建築也與其他木造的傳統寺廟都不同，而成為獨樹一格的寺廟。築地本願寺的庭院很寬廣，不時都有前來參拜或參觀的遊覽車，而寺廟非常靠近前往築地市場的地鐵站出口，往往成為觀光客來築地的首個停留景點。

設計者是東京帝國大學工學部教授——伊東忠太博士，本堂內供奉本尊如來，每年10月上旬，也會舉辦音樂演奏會。

築地市場小吃名物
日式煎蛋&烤扇貝

外 市場最熱門的就是各種小吃，其中最受遊客歡迎的不外乎日式高湯煎蛋（玉子燒），軟嫩多汁，好吃的不得了，玉子燒名店介紹請見P.149；另一樣是新鮮現烤的奶油扇貝，香味隨風飄來，怎能不買來嘗嘗呢，豪華一點的可在上面加上更美味的海膽，而擠上檸檬汁的生鮮大牡蠣，人氣也很旺；當然還要嘗嘗紅豆餡飽滿的築地名物——鮪魚燒。

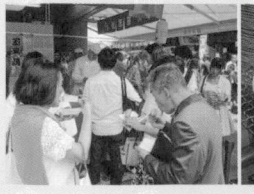
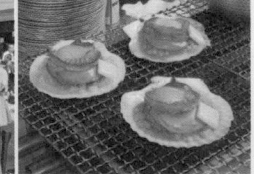

さのきや鮪魚燒

🗺 P.147 / A2 ✉ 中央區築地4-11-9 📞 03-3543-3331 🕐 07:00～15:00 休 週日、假日、市場公休日

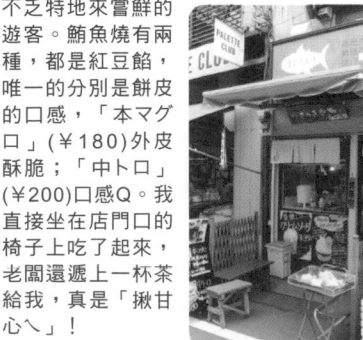

人家賣的都是鯛魚燒，只有築地這裡賣的是獨家的「鮪魚燒」，還成為築地市場的名物之一，不乏特地來嘗鮮的遊客。鮪魚燒有兩種，都是紅豆餡，唯一的分別是餅皮的口感，「本マグロ」（￥180）外皮酥脆；「中トロ」（￥200）口感Q。我直接坐在店門口的椅子上吃了起來，老闆還遞上一杯茶給我，真是「揪甘心ㄟ」！

築地 場內 市場 ⓂP.142 / C2

築地除了熱鬧的場外市場有好吃、好買的外，內行的饕客可都是直接往場內市場去，場內市場有好幾棟，店家以販售各種專業的魚市場用品為主，但最吸引人的就是各家美味的餐館、食堂，日式、西式都有。

介紹3家這裡最受歡迎的壽司店、海鮮蓋飯店，每家店門前總是大排長龍，連老外都慕名而來，雖然價格稍高，但鮮度十足，保證物超所值。由於店家大都只營業到中午，而午餐時間正是人潮最多的時候，通常得排個30分鐘以上才能輪到你，所以記得早點來排隊喔，還要注意休市日，以免撲了個空，會很嘔的。

場內市場休市日查詢 ⓗ www.tsukijigourmet.or.jp

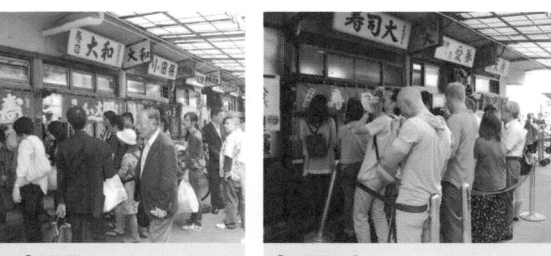

大和壽司

ⓂP.142 / C2 ⓧ中央田築地5-2-1 ☏03-3547-6807 ⊙05:00～13:30 ⓗ週日、假日、市場公休日 ⓢ預算￥3,000起

套餐內容為當日最頂級握壽司7貫＋海苔捲＋味噌湯，握壽司單點依食材不同從￥300～800不等。

壽司大

ⓂP.142 / C2 ⓧ中央田築地5-2-1 ☏03-3547-6797 ⊙05:00～16:00 ⓗ週日、假日、市場公休日 ⓢ預算￥2,600～4,000

店長套餐內容為當日最頂級握壽司10貫＋海苔捲＋味噌湯，贈送握壽司1貫(客人指名)＋日式煎蛋。

仲家

ⓂP.142 / C2 ⓧ中央田築地5-2-1 ☏03-3541-0211 ⊙05:00～14:00 ⓗ週日、假日、市場公休日 ⓢ預算￥1,500起

海鮮丼專門店，滿到碗公外的鮮甜海鮮，有各種組合可以選擇，也可單點炸大蝦￥1,200。

散步花絮

認真的男人最帥氣：走在築地市場，不時可以看見迎面駛來的電動載貨車，忙碌地穿梭在人群裡，車體設計得比較窄，方便貨車在市場內移動、載貨，幾乎每個商家都有一台，內市場、外市場處處可見，不過車型似乎長得都一樣，差別只在於顏色，與貨車身上的店家名。另外，在市場工作的標準裝備之一就是「黑色長筒膠鞋」，據說膠鞋私底下還有等級之分呢！新手可不敢隨便穿上老鳥等級的鞋款。若有興趣買雙專業級的長筒膠鞋穿回家，市場內有專賣店喔！

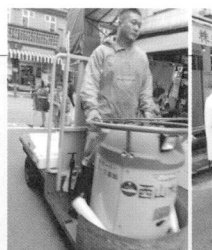
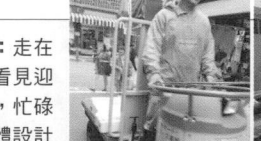
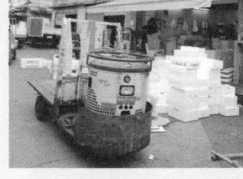
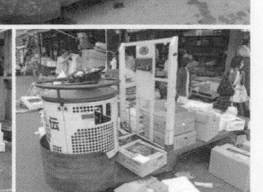

築地 場外 市場 MAP P.142 / B2

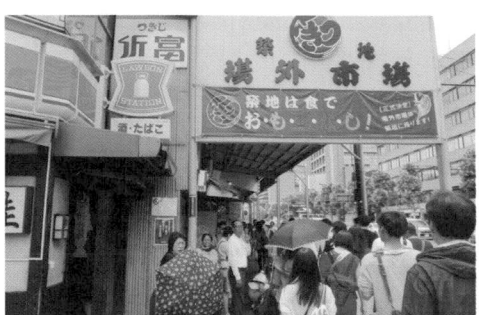

想要嘗頂級美味的江戶握壽司，請往內市場走；若預算吃緊，又想吃鮮度十足的壽司，外市場有好多家平價壽司店。築地外市場主打的就是便宜與新鮮，店家多、種類齊、叫賣聲此起彼落，就像在台灣逛傳統市場般熱鬧有趣，好嘗美味的你，當然不能錯過每家店的試吃機會。魚板、海苔、醬菜等，店家也很大方，切得大大一塊，讓你吃得高興、買得也安心。

外市場有相當多的壽司、海鮮食堂，價格也較爲便宜，「虎杖」(介紹見P.151)店數最多，是目前較熱門的店之一。

Ⓐ 新鮮海產	Ⓕ 茶葉、海苔	Ⓚ 壽司、海鮮丼
Ⓑ 乾貨海產	Ⓖ 蔬菜、水果	Ⓛ 餐廳、小吃
Ⓒ 食品、食材	Ⓗ 雜糧乾貨	Ⓜ 其他
Ⓓ 醬菜、小菜	Ⓘ 肉類、雞蛋	
Ⓔ 日式煎蛋	Ⓙ 廚房用具	

場外市場休市日查詢 🌐 tsukiji.or.jp/walk/map

↑往築地站

↑↓往築地市場站

新大橋通り

❶

近富 Ⓑ　はいばら Ⓒ　松澤 Ⓖ
伊勢友 Ⓐ
Ⓚ おかめ　八百金 Ⓖ
Ⓚ 又こい家　田中商店 Ⓖ
Ⓖ 豐吉　壽司一番 Ⓚ　三宅水產
Ⓚ かんの　鳥藤 Ⓐ
井上 Ⓚ　Ⓚ 番　中川家 Ⓚ
Ⓚ 有次　Ⓙ 江戶屋
Ⓛ CYA CYA　Ⓙ 大野屋　世界屋
Ⓛ 井上 P.148　サンワミーイ
Ⓓ 內野　山茂　日高　嘉根 Ⓕ
Ⓛ 折松
Ⓓ 菊屋中村
Ⓑ　廣洋 Ⓓ
海寶　北洋　まるきた Ⓚ

Ⓚ 蓋飯市場　たねいち
Ⓚ かんの　Ⓚ かんの　ヤマカ
Ⓐ 大金　濱茂　虎杖
Ⓚ 丸宮　Ⓜ 虎杖本店 P.151　虎杖
Ⓜ 島屋　Ⓒ 丸北
Ⓑ 吉澤　製麵所　早多　成東 Ⓐ
Ⓚ かんの　フナミ Ⓒ
Ⓚ きつねや　Ⓚ 壽司鮮 P.148
Ⓖ しおだ　山庄
Ⓚ 瀬川　若葉　虎杖 Ⓚ
若葉 P.148　Ⓐ 魚昇　マコ Ⓚ
まるよ　瀧澤 Ⓛ
深大寺そば P.148　小宮山 Ⓚ
Ⓓ 田храм　Ⓚ 幸陽
Ⓒ 佃權 P.148　山福　大鹿 Ⓚ
Ⓚ 關根　興伸　正石井　丸豐

❷ 晴海通り

Ⓗ 吹田　Ⓕ 高島屋　Ⓗ 鈴木
Ⓒ 喜多品　東山堂 Ⓚ　米本　伊勢啟 Ⓗ
Ⓛ さのきや 鮪魚燒 P.145　東急ステイ東銀座 Ⓜ
Ⓒ 花岡商店　富士ハム Ⓛ
すしざんまい　喜代村 Ⓚ　國虎 Ⓚ　大興
Ⓒ ベジタブル Ⓕ 藤本商店 Ⓚ 菅 Ⓛ
石橋　ざんまい　Ⓘ 鳥藤　おがし銘茶 Ⓚ
Ⓙ 鯨の登美粹　虎杖 Ⓚ　虎杖の日 Ⓚ
Ⓐ 藤榮　むさしや
Ⓖ 五幸
Ⓓ 浪コシ　虎杖 Ⓚ
丸二　虎杖中通店 P.151
Ⓒ 川口　深谷 Ⓚ　ざんまい Ⓚ
Ⓒ 北島　幸軒 Ⓜ
Ⓒ 喜代村　堂央 Ⓓ
Ⓛ ざんまい　コーエー Ⓘ 幸修園 Ⓛ
Ⓛ 築地食堂
關根　榮壽司 Ⓛ　山本
Ⓛ 多喜　虎杖 Ⓚ　かき常 Ⓚ　玉友
半久 Ⓑ　虎杖 Ⓚ
Ⓛ TAMATOMI　彥兵衛　ヤマハチ
Ⓜ 東仙　Ⓒ 丸二 Ⓚ　神樂
Ⓜ 黑龍
吉矢妻ば　丸丸代　丸ナカムラ 武二村　丸伊鳩山 武屋本屋長
江澤定屋
Ⓒ 大膳　高知家　涂添通り

❸ 銚子屋　長峰

Ⓒ サカエ商會
板前DINING斬
Ⓚ　Ⓚ 河岸頭
圓正寺 Ⓒ
ナカトウ 都水產 Ⓚ　山野井 Ⓚ
カネサ Ⓑ
仁科　味の濱藤 Ⓒ
Ⓚ 紀文 P.149　北の旬 Ⓒ
酒井　タカラ　金田屋 Ⓖ
杉本 P.148
Ⓐ 齊藤　うなぎ食堂 P.150
川名　Ⓚ まるきた
Ⓚ 齋藤　Ⓚ ともゑ
Ⓚ 折峰
Ⓚ 虎杖本店 P.151
Ⓑ 中島　青空三代目hafu Ⓚ
Ⓓ 江戶一飯田　ヤスタ電氣 Ⓜ
Ⓛ はいばら
Ⓛ 壽司一番　壽屋 Ⓛ
Ⓒ 吉澤　有次 Ⓙ
Ⓒ 幸軒　すし好 Ⓚ
稱揚寺　東源正久 Ⓙ
Ⓚ しらす家　吉岡屋 Ⓛ
Ⓒ 昭和食品　青空三代目 Ⓚ
Ⓒ 信濃屋
Ⓛ つきぢ松露 P.149　八千代 Ⓚ
神樂 Ⓚ　マルタ Ⓙ　壽司清 Ⓛ
信州屋　吉植　吉野 Ⓖ　吉傳
丸瀨和
おぐま屋

❹ 築地中通り　築地西通り　築地東通り

Ⓓ 中川
かねよし Ⓜ　Ⓒ ヤマザキ　長生庵
佃權 Ⓚ　Ⓑ 伊勢正
茂助 Ⓒ　木村家　秀德紀之重 Ⓒ
丸美屋 Ⓚ　常陸屋 Ⓒ　Ⓘ 近江屋
光泉 Ⓒ　やの屋　Ⓒ 味幸堂
Ⓒ 濱田　Ⓒ 大倉
スタンド　Ⓚ つきじや
江戶一飯田　Ⓒ セブンミリオン
Ⓑ 濱作　深川 Ⓚ　酒美工場
米本咖啡　Ⓗ 三榮商會
Ⓒ 茂助だんご P.150
清新館　Ⓒ 江戶市
Ⓕ みの家
Ⓒ ケーマート
Ⓛ フォーシーズン
Ⓒ 江戶番屋
Ⓕ 丸山
Ⓚ つな男
秋山 P.150
Ⓕ 鳩屋　Ⓚ 秀德
Ⓒ 北海番屋
Ⓚ 鮨國
Ⓒ スギヨ
Ⓑ 魚がし北田
Ⓜ 味高　Ⓑ
Ⓑ 原　司　丸勝
Ⓚ 神樂
Ⓛ 南ばら亭
Ⓐ 伊藤　Ⓗ 神樂鮨　Ⓒ 鹽田　おき　多美屋
魚雅　丸勝　ルバン　雅

長崎漁連 Ⓛ　網代定置網 Ⓐ Ⓐ Ⓐ
蟹俱樂部　新潟中央水產市場
Ⓛ 漁港食堂
築地遊客中心休憩室 P.151
ヤマト

日本病院給食

井上拉麵

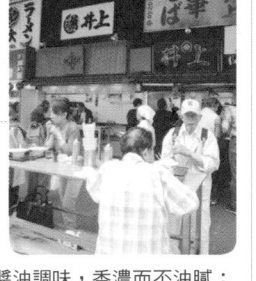

MAP P.147／B1 中央區築地4-9-16 **C** 03-3542-0620 **C** 04:30～13:30 **休** 週日

是新大橋通上數一數二有名的拉麵店，生意好到顧客要排隊，桌子擺到馬路邊，還只能站著吃。傳統湯底以豬骨及昆布熬煮，加上祕製醬油調味，香濃而不油膩；叉燒肉亦選用日本鹿兒島高級黑豬肉烘製，肉質滑嫩、入口即化，再加上拉麵一碗只要¥600，相當划算，難怪人潮不斷。

若葉拉麵

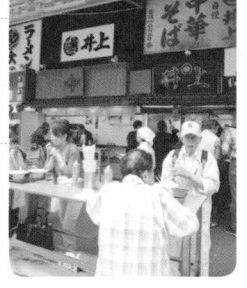

MAP P.147／D1 中央區築地4-9-11 **C** 03-3546-6589 **C** 05:00～13:00 **休** 週日、假日、市場公休日

開業已經有50年的若葉，是間只有3張座椅、營業店面非常窄小的麵店，吃麵時跟老闆面對面。若葉以加了特製醬油的豬骨濃湯頭，搭配超細的麵條，口感好、叉燒肉也好吃。

照片提供／魏國安

深大寺蕎麥麵

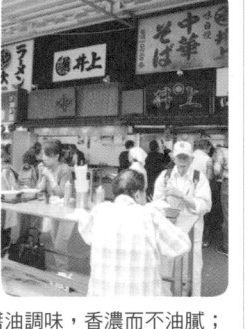

MAP P.147／D1 中央區築地4-9-11 **C** 03-3542-1777 **C** 05:00～14:00 **休** 週日、假日、市場公休日

照片提供／魏國安

1921年開業，是築地出名的蕎麥麵店，以平價供應在築地工作的朋友。炸蝦麵¥750、海帶芽麵¥550、炸牡蠣麵¥650等，都非常受歡迎，同樣都生意好到把座位排到馬路邊。

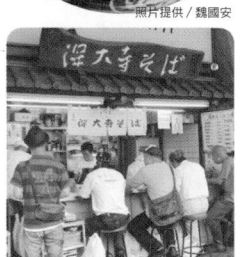

佃權

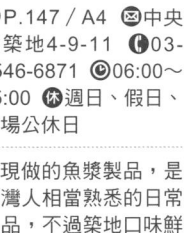

MAP P.147／A4 中央區築地4-9-11 **C** 03-3546-6871 **C** 06:00～15:00 **休** 週日、假日、市場公休日

照片提供／魏國安

現做的魚漿製品，是台灣人相當熟悉的日常食品，不過築地口味鮮度又更升級。創業百年的老字號佃權，有炸到金黃香酥的章魚丸、蝦餅等小吃，入口鮮香彈牙，現買現吃最過癮。

杉本

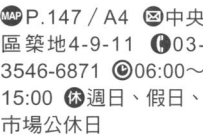

照片提供／魏國安

MAP P.147／B2 中央區築地4-10-2 **C** 03-3541-6980 **C** 07:00～16:00 **休** 週日、假日、市場公休日 **http** www.sugimoto-hamono.com

從江戶時代經營至今的刀具老店，專業用、廚房用、切生魚片用、剁肉用，長的、短的各式各樣的刀具有好幾十種，每把刀具都打上店家名掛保證，店內還有打磨服務。

築地壽司鮮

MAP P.147／C2 中央區築地4-9-7 **C** 03-6226-3860 **C** 24小時營業 **休** 無休 **http** sakanaya-group.com/01sushisen/03ichiba4/main.html

築地市場內少數無休營業的店家，每日取用在地最新鮮食材，價格從最便宜的煎蛋壽司¥98、到價高的天然鮪魚握壽司¥498，有好幾十種不同食材供客人點用。最受歡迎的當然是切得大大片的天然鮪魚囉！

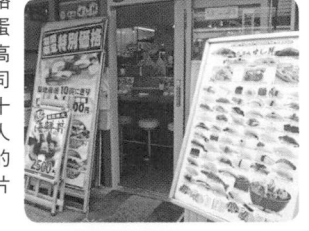

諏訪商店

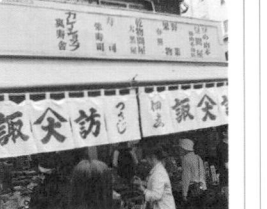
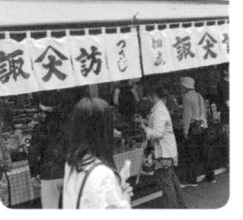

🗺 P.147／C3　✉ 中央區築地4-10-8　☎ 03-3541-6871　🕐 04:00～12:00　休 週日、假日、市場公休日

日式醃漬物、滷煮小菜、醬菜專賣店，購買人潮不斷，生意相當地好。店家也不吝嗇地擺上多種食品讓客人試吃，所以吸引更多人擠在店頭，免費的試吃誰不愛呢！經過小小觀察，凡試吃過的大都會買個幾樣帶走，顧客店家都受惠。當然我也在試吃人群裡，還買了兩包方便帶回台灣的烤黑豆。

紀文總本店

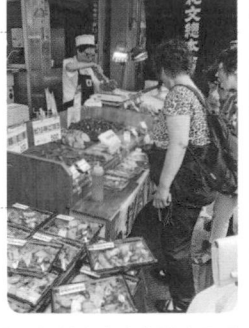

🗺 P.147／B3　✉ 中央區築地4-13-18　☎ 03-3541-3321　🕐 07:00～15:00，週日、假日、市場公休日08:00～15:00　休 無休

位在三角窗的好位子，總是擠滿購買的人潮，攤子後就是現場製作的工廠，熱騰騰的一直端出新的油炸魚漿製品，切得大大塊的試吃品最受歡迎，超級好吃。還有炸得香酥的辣味牛蒡，也是好吃的不得了，錯過太可惜囉！

丸玉

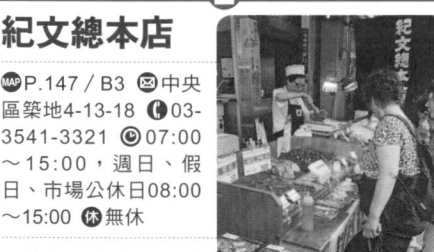
照片提供／魏國安

🗺 P.147／D3　✉ 中央區築地4-13-13　☎ 03-3541-6879　🕐 05:30～13:00　休 週日、假日、市場公休日

丸玉提供各大餐館魚漿製品，新鮮現做的各種丸子，有綜合蔬菜絲丸、包著整隻小章魚的章魚丸、豆腐包等等，遊客不妨跟著買袋店家熱賣，紙袋內有許多種類的綜合包(盛り合せ，¥500)，熱熱的最好吃。

照片提供／魏國安

玉子燒山長

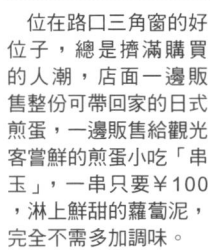

🗺 P.147／D3　✉ 中央區築地4-10-10　☎ 03-3248-6002　🕐 06:00～15:30　休 無休

位在路口三角窗的好位子，總是擠滿購買的人潮，店面一邊販售整份可帶回家的日式煎蛋，一邊販售給觀光客嘗鮮的煎蛋小吃「串玉」，一串只要¥100，淋上鮮甜的蘿蔔泥，完全不需多加調味。

玉子燒松露

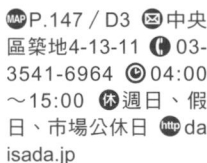

🗺 P.147／D3　✉ 中央區築地4-13-13　☎ 03-3543-0582　🕐 04:00～15:00，週日、假日10:00～15:00　休 市場公休日　🌐 www.shouro.co.jp

松露是築地市場裡人氣最盛的日式煎蛋店之一，是當地壽司店及在地老主顧的最佳選擇，店前總是有長長的排隊隊伍。店家的招牌「松露煎蛋」是以8～10個雞蛋，加上祕製醬油燒製而成，關東風味獨樹一格，是相當熱賣的商品。

玉子燒大定

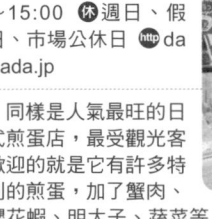

🗺 P.147／D3　✉ 中央區築地4-13-11　☎ 03-3541-6964　🕐 04:00～15:00　休 週日、假日、市場公休日　🌐 daisada.jp

同樣是人氣最旺的日式煎蛋店，最受觀光客歡迎的就是它有許多特別的煎蛋，加了蟹肉、櫻花蝦、明太子、蔬菜等，口味相當多變，很多人還買來當送禮用。建議觀光客買半條即可，坐在店前的座椅上，嘗嘗多汁的香嫩好滋味。

うなぎ食堂

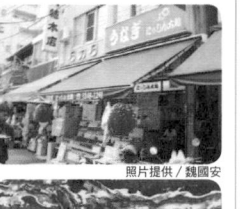

MAP P.147／B3　中央區築地4-13-18　03-3248-1291　07:00～15:00　週日、假日、市場公休日　www.nisshintasuke.co.jp

照片提供／魏國安

店頭飄來一陣陣的炭烤鰻魚香味，讓人不湊過去聞個夠都不行，夏天是吃肥美鰻魚的好季節，不妨買個一盒或一串蒲燒鰻，現烤的炭烤鰻魚香噴噴，當成零食吃，過癮極了。

照片提供／魏國安

秋山商店

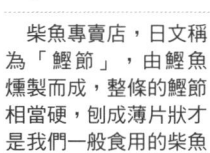

MAP P.147／C4　中央區築地4-14-16　03-3541-2724　05:30～13:30　週日、假日、市場公休日　akiyamashouten.com

照片提供／魏國安

柴魚專賣店，日文稱為「鰹節」，由鰹魚燻製而成，整條的鰹節相當硬，刨成薄片狀才是我們一般食用的柴魚片。經過店門前，飄來一股柴魚香，真想當下來個章魚燒！

照片提供／魏國安

築地魚河岸

MAP P.142／C2　中央區築地6-26-1　1樓市場05:00～15:00，3樓食堂07:00～14:00　週日、假日、市場公休日　www.tsukiji.or.jp/forbiz/uogashi

築地最新開幕的室內市場，明亮、乾淨的空間，涼爽又舒適。築地魚河岸由空橋連接兩棟建築組成，小田原橋棟與海幸橋棟的1樓由約60家商店所組成的市場；小田原橋棟3樓有食堂，提供海鮮、咖哩、中華料理等，兩棟建築的3樓也都有屋頂廣場，可將築地的風景盡收眼裡，相當受遊客歡迎。

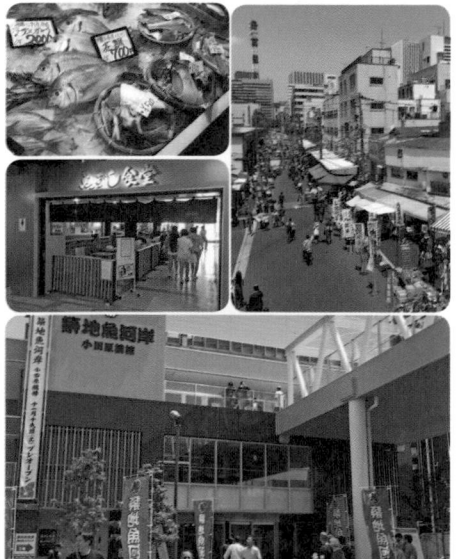

吉野家元祖店

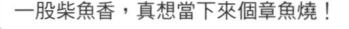

MAP P.142／C2　中央區築地5-2-1　03-5550-8504　05:00～13:00　市場公休日　www.yoshinoya.com

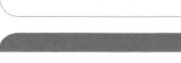

征服全球的吉野家牛丼連鎖餐廳，就是從築地這一間小小的店鋪開始，1899年於日本橋的魚市場創業，1926年隨著魚市場一起遷移至築地。記得來這裡來品嘗一下最初的美味。

茂助だんご

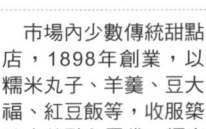

MAP P.147／B4　中央區築地5-2-1　03-3549-8730　05:00～13:00　週日、假日、市場公休日　www.fukumo.jp

市場內少數傳統甜點店，1898年創業，以糯米丸子、羊羹、豆大福、紅豆飯等，收服築地人的點心胃袋。糯米丸子1串￥150，看大家幾乎買的都是一盒6串裝的(￥870)，一下子來了許多搶購的人潮，輸人不輸陣，還好搶到一盒。

虎杖

🅜P.147 / C2(中通店) ✉中央區築地4-10-5 ☎03-6327-5874 🕐07:00～23:00(週日、假日至16:30) 🈺無休 🌐itadori.co.jp/shop/unitora_nakadori.html

　虎杖是築地目前生意最好的海鮮丼食堂，光在築地外市場裡，就有大大小小12間店面(可上官網查詢詳細資訊)。虎杖中通店以「五種海膽蓋飯」(うに食べ比べ丼，￥6,458)吸引饕客，點餐率最高；另一樣餐點「元祖！海鮮ひつまぶし」(￥2,570，海膽加量￥3,110)，用滿滿的海鮮、貝類，讓人垂涎三尺。據朋友說，位在2樓的虎杖本店「うに虎本店」(P.147 / B3)價格最實惠，但分量美味不減。

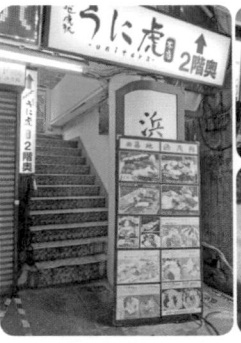

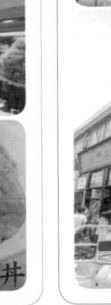

築地市場休憩室

🅜P.147 / D3

　貼心的市場商會幫大家準備了這個寬敞的休息室，不論是腳逛累了、手買痠了、眼看花了，你都可以進來坐坐。裡面擺放有數台飲料販賣機，涼的、熱的、零食都有，種類選擇超多，而且價格遠比其他地方都便宜，休息室後面走道的盡頭就有廁所，隔壁的遊客中心也有簡地圖可以索取。

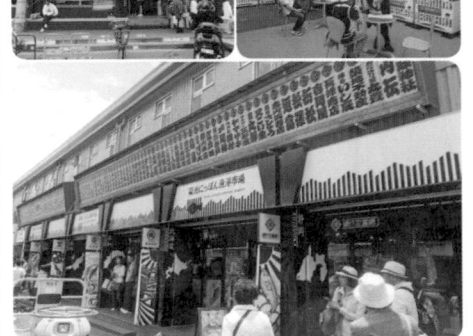

波除稻荷神社

NAMIYOKE INARIJINJA

🅜P.142 / C3 ✉中央區築地6-20-37 ☎03-3541-8451 🕐09:00～17:00 🈺無休 💲參觀免費 🌐www.namiyoke.or.jp

　這是築地地區相當出名的一間老神社，據說距今3百多年前仍是汪洋一片的築地，由於海面風浪大，填海造地的工程一直無法順利完成，直到有天夜裡，有人看到海面上出現一道亮光，尋著光源方向出海找到了稻荷大神的神體，而自從供奉稻荷大神後，填海造地的工程也順利地完工，所以有了「波除」這個別稱。波除稻荷神社以除災厄、求商業繁盛、工事平安出名，最特別的是神社境內立有好幾座造型特別的食物墓塚，如雞蛋塚、壽司塚、蝦子塚、活魚塚等。

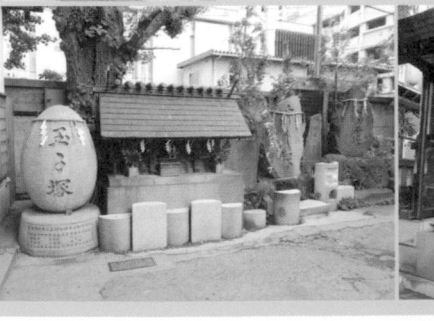

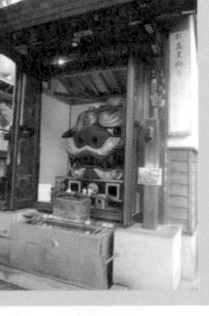

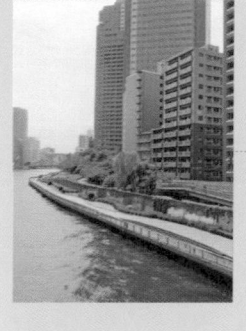

隅田川露台

SUMIDA-GAWA TERRACE

MAP P.143 / B5

隅田川沿岸，從築地的勝鬨橋沿路往上至淺草的吾妻橋之間，是一條連續的河濱公園散步道。有綠地、有長椅、有花壇，尤其在花開的季節最美，可以沿途欣賞河岸風光、跨河橋梁，以及往來的船隻。

聖路加花園展望台

MAP P.143 / A6　中央區明石町8-1　03-3248-6820　09:00～20:30　無休　參觀免費　www.sltowers.co.jp/towers，餐廳Luke：restaurant-luke.com

聖路加花園大樓，由兩棟高塔所組成的住辦大樓，裡頭有餐廳、書店、郵局、健身中心、藥局、診所，簡直就是一個小社會。其中位於南邊較低的那一棟，從32～38樓是東京新阪急飯店，地下2樓是健身中心，其他都是私人高級公寓樓層。

照片提供／魏國安

位於北邊較高47層的高樓，主要都是辦公室，其中唯一開放免費參觀的是47樓的展望室，居高臨下，可以看到東京鐵塔、彩虹大橋、台場的摩天輪，以及底下一覽無遺的河川景色、築地風光、還有對岸月島地區、甚至遠至迪士尼夜間的煙火秀都看得到。

展望台雖然只開放到20:30，不過仍可到一旁的高級餐廳「Luke」，邊用餐邊欣賞美麗東京夜色，這家餐廳甚至設有結婚禮堂呢！

照片提供／魏國安

照片提供／魏國安

勝鬨橋　MAP P.142 / D4

1940年落成的勝鬨橋，是沿著隅田川由東京灣進入東京看見的第一道橋梁，分別由兩個拱型支柱支撐，中間部分原可升降，讓大型船隻進出隅田川，是日本現存少數的可動橋之一，但現在已經沒有使用了。勝鬨橋的兩頭分別是築地與月島地區，原本是預定作為將於月島舉辦「日本萬國博覽會」的連絡橋梁，不過博覽會因為發生了二次大戰而停辦。

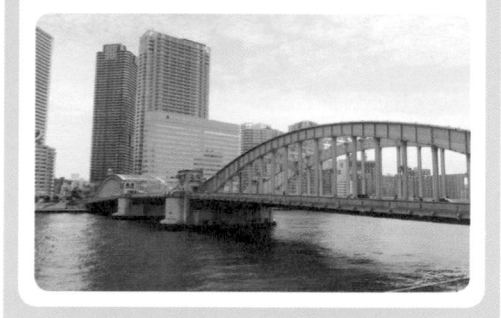

佃大橋　MAP P.143 / A7

1964年落成的佃大橋，屬於二次戰後所急速建設的新式大橋，主要作為連絡道路使用，所以沒有什麼特別的藝術美感，它屬於東京都道473號的一部分。

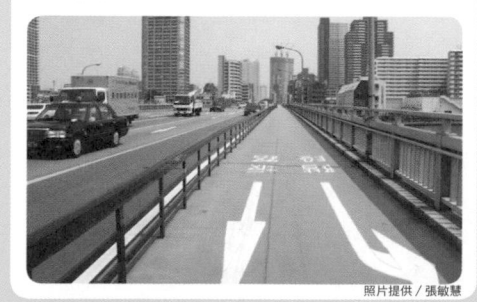

照片提供／張敏慧

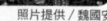

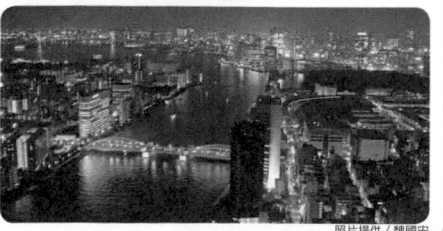

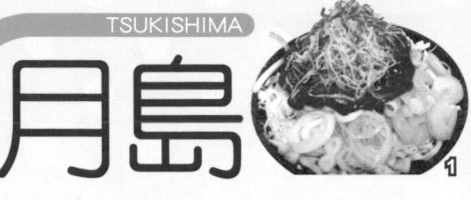

TSUKISHIMA

月島

1.文字燒配料好豐富啊(照片提供／張敏慧) / 2.熱鬧的文字燒商店街(照片提供／張敏慧) / 3.許多文字燒店隱身在這些小巷子裡 / 4.店家自製可愛的暖簾來招攬顧客 / 5.商店街上有間狹小又可愛的派出所 / 6.剛煎好的文字燒，熱呼呼的，鏟下一口直接往嘴裡送(照片提供／張敏慧)

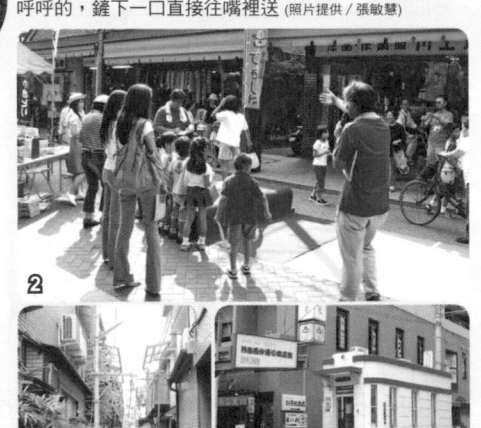

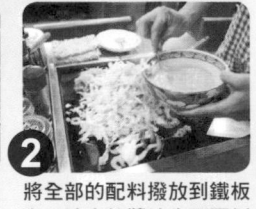

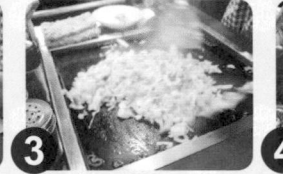

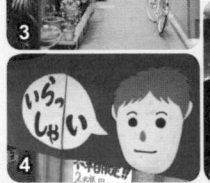

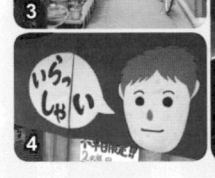

提到月島，所有人一致的反應都是「文字燒」，不過事實也是如此，月島除了文字燒文化外，其他部分幾乎不為人所熟悉。

月島地區是大正時期，利用整建東京灣所產生的砂石而填築出來的新生地，起初發展時，月島被規畫為重工業的區域，有許多的鐵工廠，因而帶動商業契機。

知名的文字燒則源自於昭和初期，東京下町地區的零食店，由於物資缺乏，所以只有麵粉加水及香料所煎成的簡單麵餅，賣給小朋友當零食。文字燒發展到後來，才有如今的配料豐富、口味多變，成為大人的美食，還發展出各種相關禮品。

別管它源自哪裡，走了一大段路來到月島，不為別的，為的就是要把文字燒通通吃進肚子裡！

153

築地‧月島

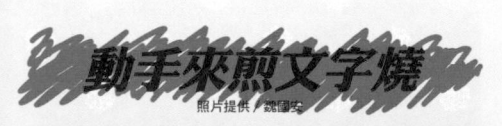

動手來煎文字燒

照片提供／魏國安

文字燒跟大阪燒將配料層層堆疊不同，文字燒是將所有材料拌在一起，口感也是黏稠糊狀，快來與朋友圍著鐵板，說說笑笑，一起體驗動手煎燒的樂趣。

1 等待鐵板熱度到位。

2 將全部的配料撥放到鐵板上，碗底的醬汁先不要倒下去喔！

3 把鐵板上的配料翻炒到半熟的狀態，可以邊炒邊切配料。

4 將配料排成一個火山口的形狀。

5 接著把碗內的醬汁全部倒進火山口裡。

6 待醬汁開始冒泡呈現成糊狀後，把邊邊的配料與醬汁拌勻炒到熟透。

7 最後刷上醬料，撒上柴魚片或海苔就完成囉！

8 可以用鏟子鏟到盤子裡，或者用小鏟子從鐵板上鏟起一小片直接往嘴裡送！

月島文字燒振興會協同組合

MAP P.143 / C8 ✉ 中央區月島1-8-1
☎ 03-3532-1990 ⏰ 12:00～20:00
休 無休 http www.monja.gr.jp

照片提供／魏國安

這是由月島文字燒街約60間的店家所組成的商會組織，主要為推廣文字燒文化而設立，是一處可以提供遊客地圖等的資訊處，以及可以購買文字燒相關商品的禮品店。以文字燒禮盒￥1,200賣得最好，可以買回家自己動手做。

風月

MAP P.143 / C7 ✉ 中央區月島1-19-4 ☎ 03-5166-0888 ⏰ 11:00～22:30 休 不定休 ⑤ 特製咖哩文字燒￥1,200，

風月有多種咖哩風味的文字燒，及特殊口味的披薩文字燒、炒麵文字燒等，都相當受歡迎。風月除了文字燒有名外，它的雞肉餐點「地鶏のバター焼き」也非常受到稱讚，而充滿焦香醬汁的炒麵也是熟客必點，招牌「風月もんじゃ」則是牛肉、雞蛋、蝦子、玉米的美妙組合。

麥

MAP P.143 / C7 ✉ 中央區月島1-9-15 ☎ 03-3534-7795 ⏰ 11:30～22:00 休 週一 ⑤ 招牌文字燒￥1,500

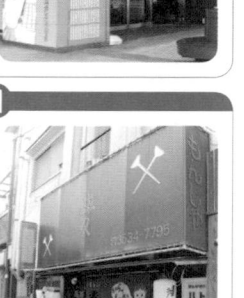

人氣頗旺的文字燒餐館，經常可見排隊的人潮，生意超好還在巷口開了家分店。店家招牌文字燒「スペシャルもんじゃ」，由海鮮、蔬菜、肉類等10種食材搭配而成，相當受歡迎；而另一道店家推薦的獨門菜色「麥燒」￥1,100，是以麵皮包上配料以及起士下去煎烤，味道類似披薩。

もん吉本店

照片提供／魏國安

MAP P.143 / D7 ✉ 中央區月島3-8-10 ☎ 03-3531-2380 ⏰ 11:00～22:00 休 無休 ⑤ 招牌文字燒￥1,500

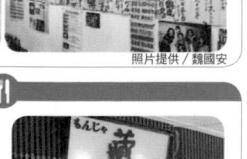

店外貼滿海內外的報導，及眾多名人來用餐的留影；店內則是貼滿文字燒口味多達百種的菜單，若不知點哪道好，可參考店內的人氣Top 10告示榜，當然招牌「もん吉スペシャル」是榜上的No.1啦！

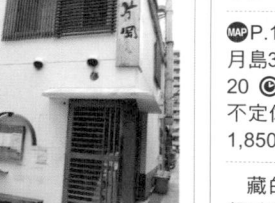

照片提供／魏國安

片岡

MAP P.143 / C7 ✉ 中央區月島1-25-9 ☎ 03-5560-8989 ⏰ 17:00～22:00(週六～日、假日12:00～22:00) 休 無休 ⑤ 招牌文字燒￥1,200 http kaisen-kataoka.co.jp/top

以海鮮為主要口味的文字燒餐館，招牌文字燒「片岡スペシャル」有章魚、鮮蝦、扇貝等，切得大大塊的海鮮食材。另外一道「明太子もんじゃ＋もち＋チーズ」￥1,400，則是明太子+年糕+起士的口味，口感香Q；還有以紅豆餡+法式薄餅包著冰淇淋的甜點￥700，也相當受歡迎。

藏

MAP P.143 / C7 ✉ 中央區月島3-9-9 ☎ 03-3531-5020 ⏰ 11:00～23:00 休 不定休 ⑤ 招牌文字燒￥1,850(大份)

藏的生意特別好，用餐時間排隊的人最多，招牌文字燒「藏スペシャルもんじゃ」共有10種配料，大份￥1,850的適合2人食用，小份的是￥1,350；泡菜豬肉「豚肉キムチ」(￥1,250)同樣是人氣餐點。另外，綜合大板燒「ミックス天」(￥1,100)也賣得很好，是來店客人必點的人氣餐點。

錦

照片提供／魏國安

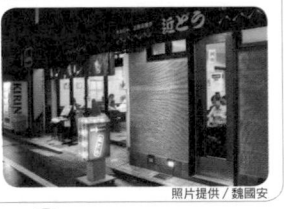

🗺 P.143／D6、D7 ✉中央區月島3-11-10 📞050-3466-8421 🕐17:00～22:00(週六～日、假日11:30～22:00) 🈺週二 💲招牌文字燒¥1,550

　　一樣是以「もち明太子」口味為招牌，但同樣熱賣的還有加了鮭魚與玉米的「お！石狩」¥1,660，以及鐵板牛排為主菜的「King of the もんじゃ」¥2,070，是男性用餐的菜單首選。

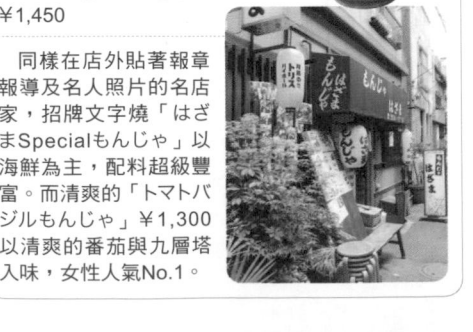

もへじ

🗺 P.143／D6 ✉中央區月島3-16-9 📞03-6204-2314 🕐11:00～23:00 🈺無休 💲招牌文字燒¥1,680 🌐retty.me/area/PRE13/ARE2/SUB204/100001230502

　　もへじ是月島文字燒街裡有著懷舊氛圍的店家，店家與築地魚市場相當有淵源，每日的海鮮用料都是築地直送。推薦值得一試的文字燒「明太子もち」(¥1,480)，明太子搭配年糕、櫻花蝦等，海味十足。

近どう

照片提供／魏國安

🗺 P.143／D7 ✉中央區月島3-12-10 📞03-3533-4555 🕐17:00～22:00 (週六～日、假日12:00～22:00) 🈺無休 💲招牌文字燒¥1,370

　　由糖果店轉變經營成一家頗富盛名的文字燒店，生意超好。特製的招牌文字燒「特製近どうもんじゃ」有花枝、鮮蝦、章魚、牛肉、櫻花蝦等豐富配料；另一道有特色的文字燒為古早風味的「昔なつかしもんじゃ」¥700。

照片提供／魏國安

だるま

🗺 P.143／D6 ✉中央區月島3-17-9 📞03-3531-7626 🕐11:30～23:00 🈺無休 💲招牌文字燒¥1,460 🌐monjadaruma.com

　　由舊屋子改裝的食堂，有著濃濃的昭和懷舊氛圍，店家有2種特製高湯「海鮮風味」或「雞骨風味」可選擇。招牌文字燒「たこもくん」有花枝、鮮蝦、章魚、螃蟹等豐富的配料；10～3月有季節食材限定的牡蠣文字燒(¥1,330)，別錯過囉！

はざま

照片提供／魏國安

🗺 P.143／D6 ✉中央區月島3-17-8 📞03-3534-1279 🕐11:00～22:00 🈺無休 💲招牌文字燒¥1,450

　　同樣在店外貼著報章報導及名人照片的名店家，招牌文字燒「はざまSpecialもんじゃ」以海鮮為主，配料超級豐富。而清爽的「トマトバジルもんじゃ」¥1,300以清爽的番茄與九層塔入味，女性人氣No.1。

元祖好美家

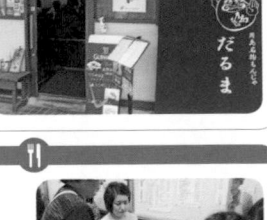

🗺 P.143／D6 ✉中央區月島3-15-10 📞03-3531-7061 🕐17:00～22:00 🈺週二 💲特製文字燒¥1,540

照片提供／魏國安

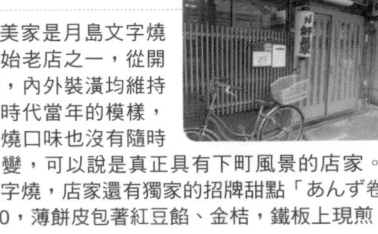

　　好美家是月島文字燒的創始老店之一，從開業起，內外裝潢均維持昭和時代當年的模樣，文字燒口味也沒有隨時代改變，可以說是真正具有下町風景的店家。除了文字燒，店家還有獨家的招牌甜點「あんず卷」¥650，薄餅皮包著紅豆餡、金桔，鐵板上現煎。

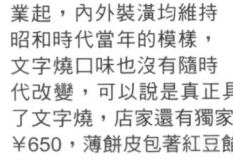

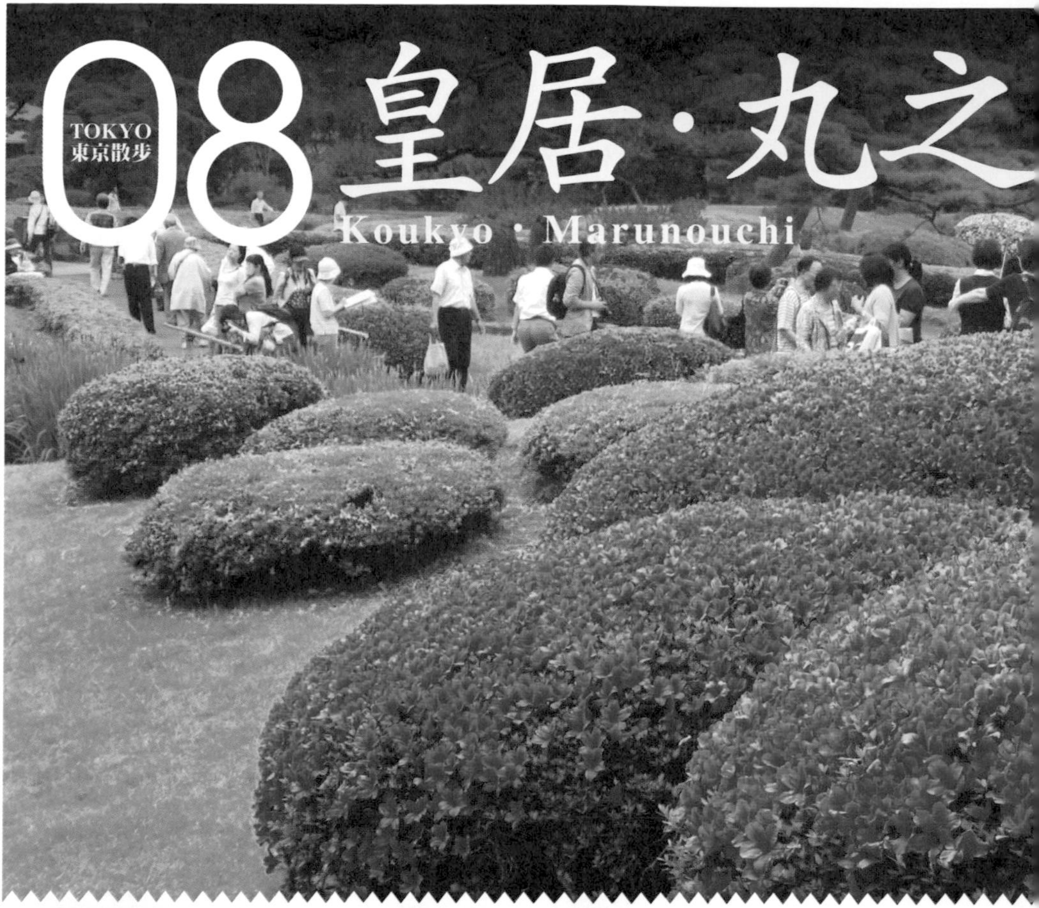

TOKYO
東京散步

08 皇居·丸之

Koukyo · Marunouchi

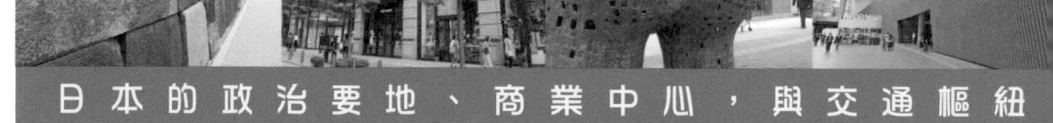

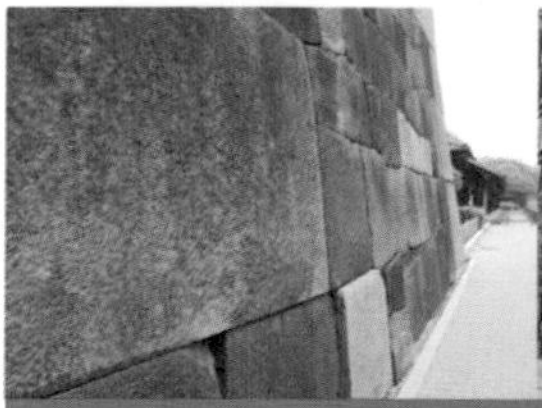
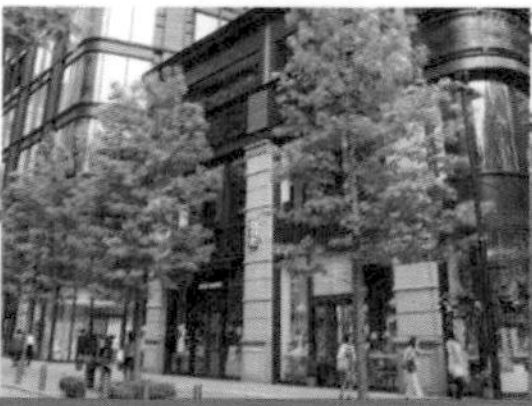
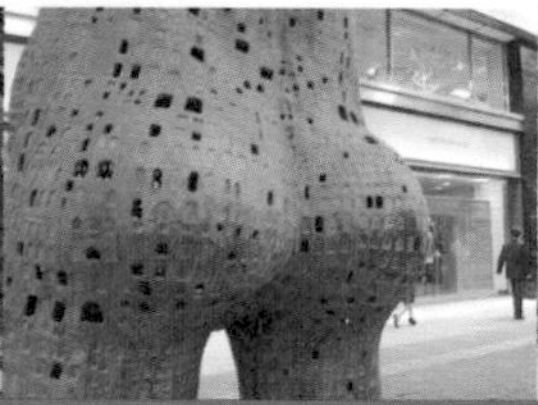
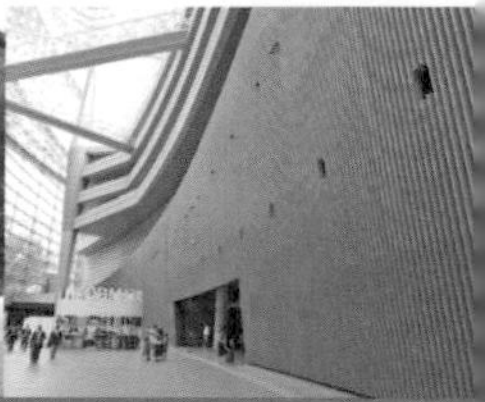

日本的政治要地、商業中心，與交通樞紐

丸之內，除了典雅的火車站外，皇居就是歷史最悠久的建築。目前皇居的位置，早於12世紀就開始發展，是江戶最初的輪廓；15世紀開河築城，江戶城才逐漸成型；直到日本戰國時代德川家康入主江戶城，規模才整個建設擴大，以江戶城爲中心的江戶幕府時代終於展開。

目前皇居周邊丸之內的高樓大廈，在江戶時代可都是重臣諸侯的豪華宅邸，至明治以後經濟發展、維新西化，才發展爲商業區域。面對護城河這一邊仍是典雅大器的石造建築，但後方已經都是重建新興的鋼骨、玻璃帷幕高樓；如東京車站前的丸大樓與新丸大樓、後方的OAZO、右側的大丸百貨，還有日本郵政大樓改建的新商場「KITTE」等，這些大樓商場的地下通道都與車站相連接，

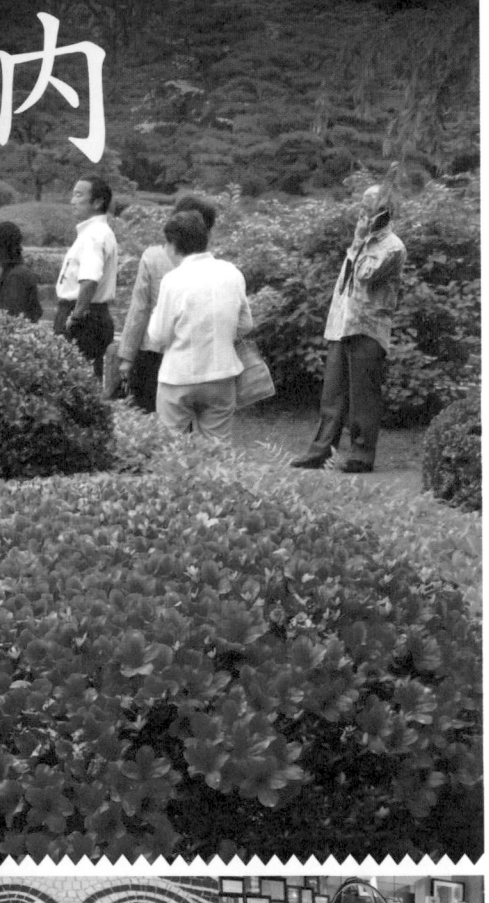

内

這區範圍廣，一天的時間絕對走不完，我建議分成兩條散步路線，路線1：皇居部分主要行程是公園景點，約略傍晚之前可走完，結束之後可選擇其他鬧區繼續觀光、購物；路線2：丸之內則以逛街購物為主，這附近購物大樓相當多，若逐一逛需要相當的時間，且東京車站內更是有好幾處的主題商店街，可以在這裡吃晚餐，然後搭JR電車離開。

路線1

Ⓐ **09:50 皇居導覽**

　　散步5分鐘

　　11:30 皇居東御苑

　　散步7分鐘

Ⓑ **14:00 北之丸公園**

　　散步10分鐘

　　16:00 昭和館

路線2

Ⓒ **10:00 日比谷公園**

　　散步10分鐘

Ⓓ **12:00 有樂町**

　　散步8分鐘

Ⓔ **14:00 丸之內**

　　散步30分鐘

Ⓕ **17:30 東京車站**

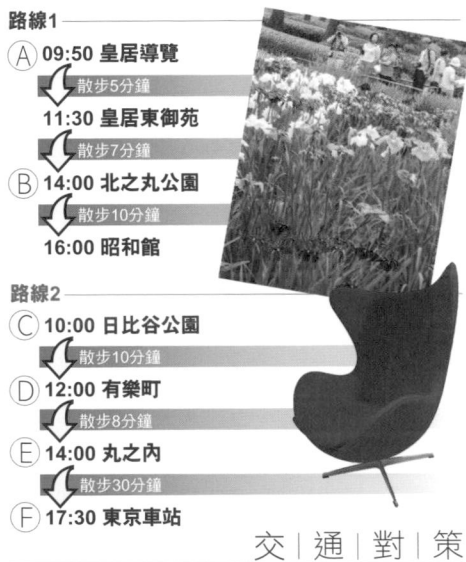

交｜通｜對｜策

前往皇居導覽行程
1.搭乘地鐵東京Metro千代田線，到「二重橋前」站（2號出口）
2.搭乘JR電車，到「東京」站（京葉線6號出口）

前往皇居東御苑
大手門入口（MAP P.158／C4）
1.搭乘地鐵東京Metro千代田線、東西線，到「大手町」站（C10出口）
2.搭乘地鐵都營三田線，到「大手町」站（C10出口）
平川門、北桔橋門入口（MAP P.158／B3）
1.搭乘地鐵東京Metro東西線，到「竹橋」站（1號出口）

前往日比谷公園周邊
1.搭乘地鐵東京Metro千代田線、日比谷線，到「日比谷」站（A10出口）
2.搭乘地鐵都營三田線，到「日比谷」站（A10出口）

前往有樂町、丸之內周邊
1.搭乘JR電車，到「東京」站（丸之內南口出口）；到「有樂町」站（中央口出口）／JR電車京葉線，到「東京」站（6號出口）
2.搭乘地鐵東京Metro有樂町線，到「有樂町」站（D1出口）
3.搭乘地鐵東京Metro千代田線，到「二重橋前」站（1、B7出口）

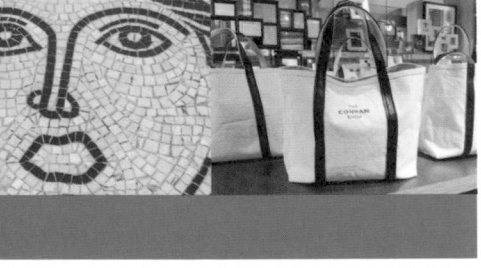

再加上名牌購物街「丸之內仲通」，形成一處被辦公大樓群包圍的高級商圈。

　　但是，目前最有人氣的就是不斷推陳出新的有樂町，以話題美食、潮流時尚，還有大型的「BIC CAMERA」旗艦店，緊緊抓住年輕消費族群的胃口，加上銀座就在隔壁，這一大片的購物商圈，就是逛街哥、購物姊，最熱的瞎拼戰場。

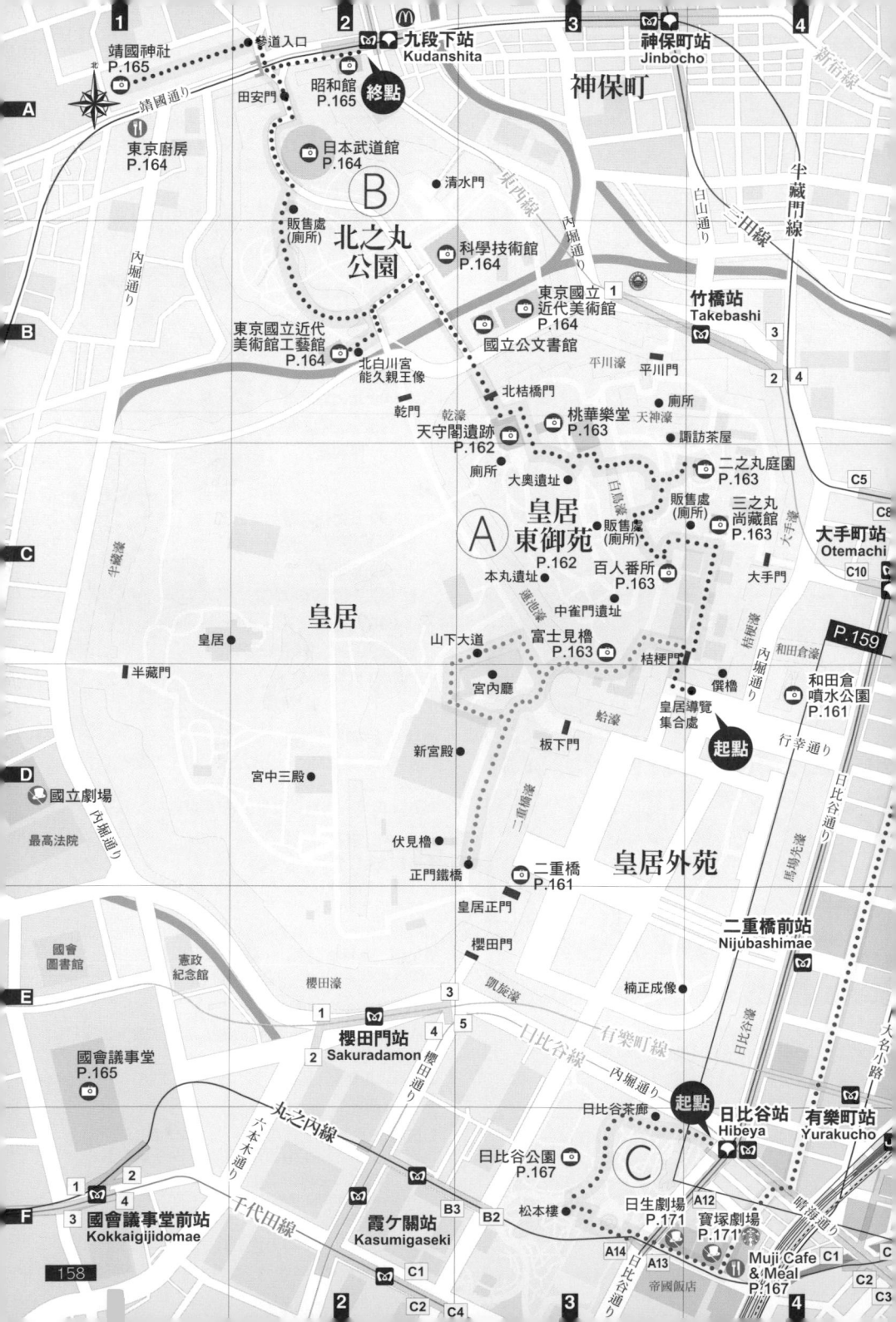

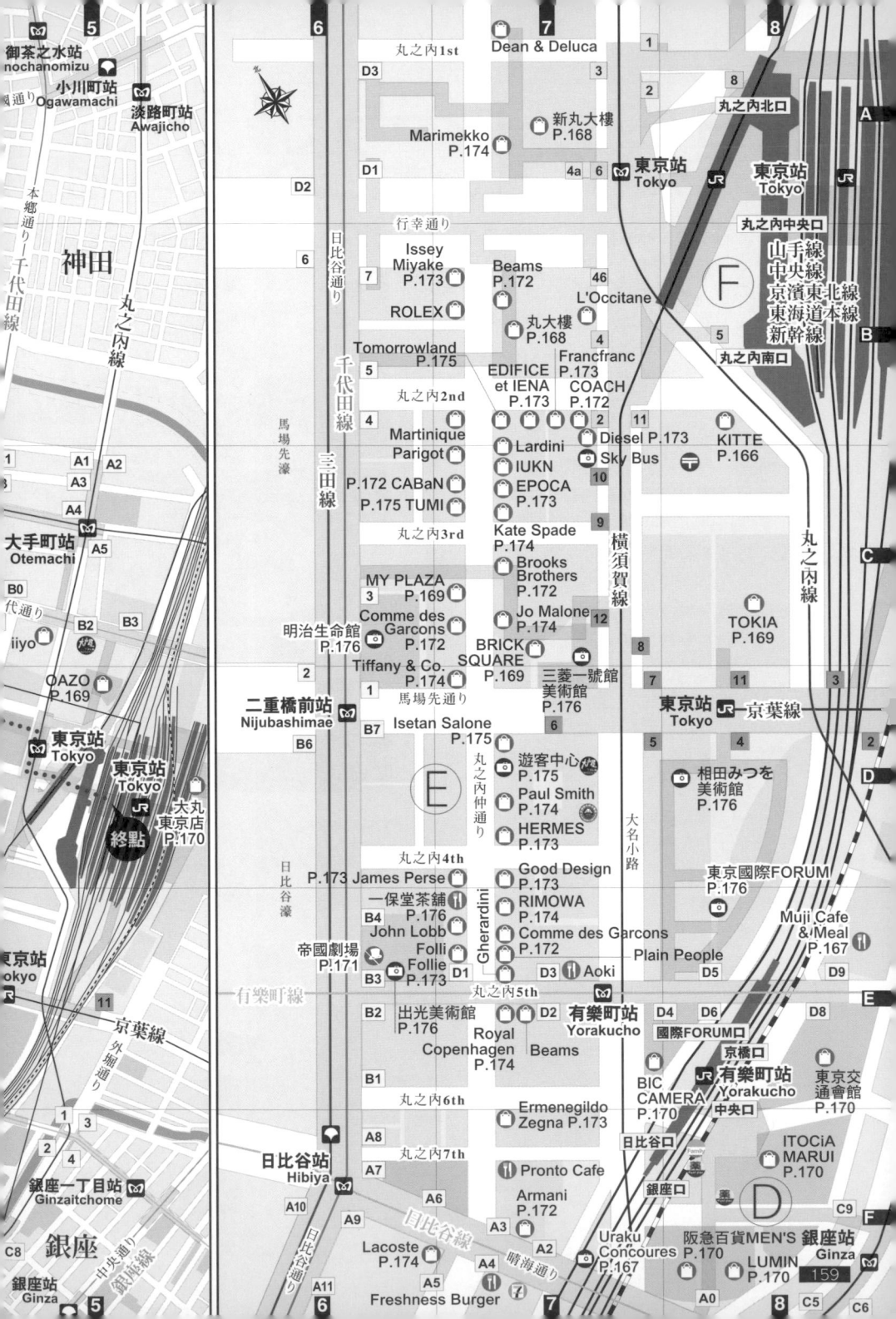

御茶之水站
nochanomizu

小川町站
Ogawamachi

淡路町站
Awajicho

本郷通り−千代田線

神田

丸之内線

丸之内1st

Dean & Deluca

新丸大樓
P.168

Marimekko
P.174

東京站
Tokyo

東京站
Tokyo

丸之内北口

丸之内中央口

山手線
中央線
京濱東北線
東海道本線
新幹線

丸之内南口

千代田線

三田線

馬場先濠

行幸通り

Issey
Miyake
P.173

ROLEX

Beams
P.172

L'Occitane

丸大樓
P.168

Francfranc
P.173

COACH
P.172

Tomorrowland
P.175

丸之内2nd

EDIFICE
et IENA
P.173

Diesel P.173

Sky Bus

KITTE
P.166

Martinique
Parigot

P.172 CABaN

P.175 TUMI

Lardini

IUKN

EPOCA
P.173

Kate Spade
P.174

丸之内3rd

Brooks
Brothers
P.172

Jo Malone
P.174

TOKIA
P.169

大手町站
Otemachi

MY PLAZA
P.169

明治生命館
P.176

Comme des
Garcons
P.172

BRICK
SQUARE
P.169

三菱一號館
美術館
P.176

東京站
Tokyo

京葉線

OAZO
P.169

iiyo

Tiffany & Co.
P.174

馬場先通り

二重橋前站
Nijubashimae

Isetan Salone
P.175

丸之内仲通り

遊客中心

Paul Smith
P.174

HERMES
P.173

相田みつを
美術館
P.176

東京國際FORUM
P.176

東京站
Tokyo

大丸
東京店
P.170

終點

丸之内4th

P.173 James Perse

一保堂茶舖
P.176

John Lobb

帝國劇場
P.171

Folli
Follie
P.173

Gherardini

Good Design
P.173

RIMOWA
P.174

Comme des Garcons
P.172

Plain People

Aoki

Muji Cafe
& Meal
P.167

東京站
Tokyo

京葉線

外掘通り

有樂町站
Yorakucho

國際FORUM口

出光美術館
P.176

Royal
Copenhagen
P.174

Beams

丸之内5th

丸之内6th

京橋口

有樂町站
Yorakucho

東京交通會館
P.170

BIC
CAMERA
P.170

中央口

日比谷口

日比谷站
Hibiya

丸之内7th

Ermenegildo
Zegna P.173

Pronto Cafe

Armani
P.172

銀座口

ITOCiA
MARUI
P.170

銀座站
Ginza

銀座一丁目站
Ginzaitchome

Lacoste
P.174

Freshness Burger

Uraku
Concoures
P.167

阪急百貨MEN'S
P.170

LUMIN
P.170

159

銀座

銀座站
Ginza

中央通り−銀座線

目比谷線

晴海通り

日比谷線

日比谷濠

Family

皇居・北之丸公園

160

起了個大早，跟著通勤族來到東京車站，不要遲疑，立刻前往已經報名好的皇居導覽。雖然人多、導覽員解說也有聽沒有懂（有中文導覽耳機），還是乖乖地跟著大隊人馬前進，看看平時難以接近的皇居內部。導覽結束不要急著離開，工作人員會帶大家就近前往值得散步參觀的「東御院」。

東御院相當廣大，記得拿地圖，才知道身在何處。春天的二之丸庭院最美，菖蒲、杜鵑華麗盛開，大家都跑來賞花了；參觀過天守閣遺跡就可以從北桔橋門出來，跨過天橋往「北之丸公園」散步過去。

北之丸公園早期仍是皇居的範圍，四周都還有城牆、城門、護城河；若時間有限，挑近代工藝館參觀就好，把時間留在公園內漫步，看看武道館，欣賞美麗的田安門，來去吃午飯囉！

來到靖國通，先往左走，「東京廚房」經濟實惠又好吃，填飽肚子再去參觀靖國神社，若靖國神社對你來說太敏感，直接前往有濃濃懷舊氣氛的「昭和館」，看看二次大戰前後日本人的生活景象。接下來要去哪好呢？可以從九段下站搭地鐵新宿線、東西線或半藏門線，到新宿、澀谷繼續玩樂。

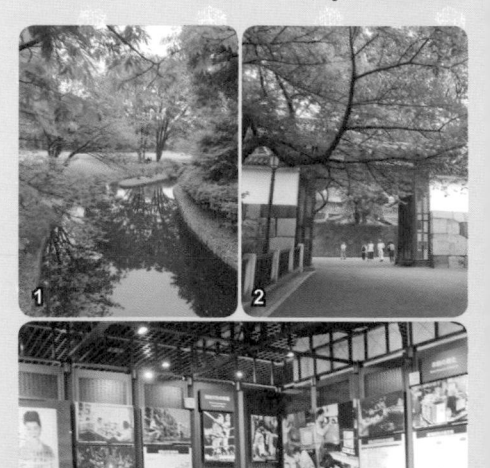

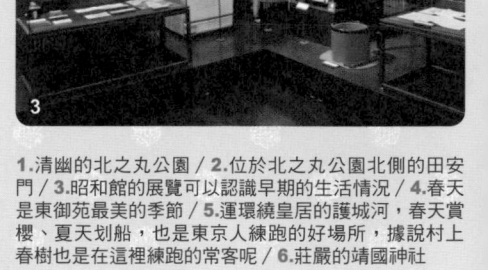

1.清幽的北之丸公園 / 2.位於北之丸公園北側的田安門 / 3.昭和館的展覽可以認識早期的生活情況 / 4.春天是東御苑最美的季節 / 5.運環繞皇居的護城河，春天賞櫻、夏天划船，也是東京人練跑的好場所，據說村上春樹也是在這裡練跑的常客呢 / 6.莊嚴的靖國神社

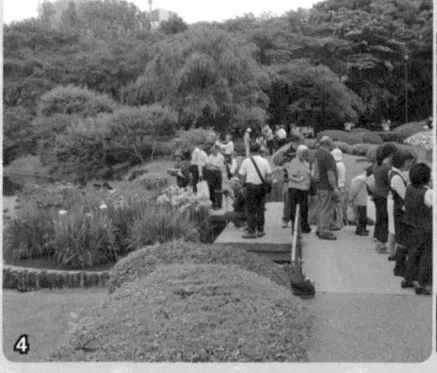

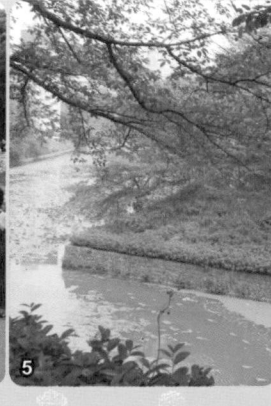

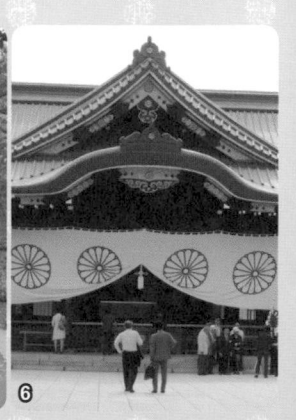

皇居導覽

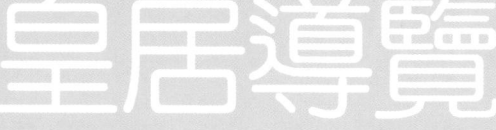

KOKYOTSUA

MAP P.158／D3(地圖上黃底綠點路線) **✉** 皇居導覽集合地點：桔梗門前廣場P.158／D4 **☎** 03-3213-1111 **◷** 10:00、13:30(每天2梯次，提前10分鐘前往集合，導覽行程約需1小時15分) **休** 週日、週一、國定假日、12/28～1/4；7/21～8/31只有上午行程 **$** 參加導覽免費 **ℹ** 須提前至少一週申請登記，外國人可以經由網路申請；當日排隊登記08:30、12:00，依排隊順序發號碼牌，額滿為止 **⑫** 建議選擇非「東御苑」的休園日參加，才能順便參觀東御苑 **http** sankan.kunaicho.go.jp，導覽申請：sankan.kunaicho.go.jp/order/index_EN.html

被護城河團團圍住的皇居，一般人很難進入一窺深宮內苑，參加皇居所辦的免費導覽行程，是參觀不對外開放區域的最佳方式。不過導覽行程並不是那麼深入，跟著參觀的也只是能遠遠地欣賞部分建築，

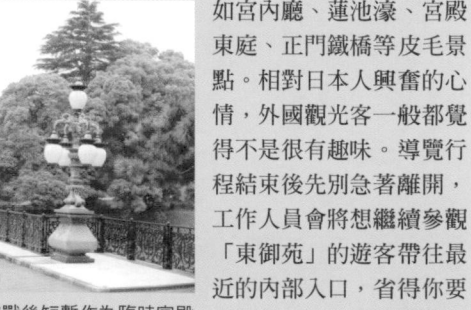

如宮內廳、蓮池濠、宮殿東庭、正門鐵橋等皮毛景點。相對日本人興奮的心情，外國觀光客一般都覺得不是很有趣味。導覽行程結束後先別急著離開，工作人員會將想繼續參觀「東御苑」的遊客帶往最近的內部入口，省得你要出皇居，再繞一大圈找大手門的入口。

1.近距離欣賞「富士見櫓」，這個角度最美／2.曾在二次戰後短暫作為臨時宮殿的「宮內廳」／3.宮殿東庭，這裡是天皇接待外賓、召開記者會、公開露面等公開活動的地點／4.正門鐵橋，可以居高臨下欣賞「眼鏡橋」

二重橋(正門石橋)

MAP P.158／D3

連接皇居正門的石橋，因護城河水上的倒影加上石橋本身，一上一下形成一個眼鏡的樣子，所以又有「眼鏡橋」的別稱。其實前方高處的鐵橋才是二重橋，不過名氣沒有石橋大，大多數的遊客也都是在這座石橋前留影紀念，將護城河以及後方天守閣型的瞭望塔一起入鏡，是典型的皇居印象。

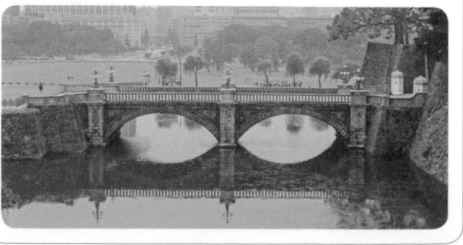

和田倉噴水公園

MAP P.158／D4 **✉** 千代田區皇居外苑1-1 **☎** 03-3213-0095 **◷** 餐廳11:00～14:00(自助午餐)、14:00～17:00(午茶) **休** 無休 **$** 參觀免費 **http** www.env.go.jp/garden/kokyogaien/1_intro/his_07.html，餐廳：www.w-funsuikouen-r.com

公園建於1961年，是為了天皇陛下的結婚紀念而建，面積廣達1萬5千平方公尺。目前公園的樣貌則是1995年為紀念皇太子殿下結婚，而重新整建而成，噴泉造景不論白天或晚上都很漂亮，公園內有一家餐廳，是逛遊皇居時用餐最好的去處。

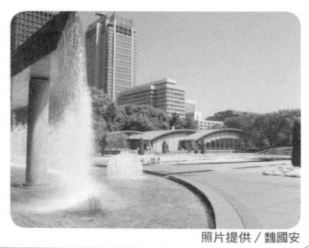

照片提供／魏國安

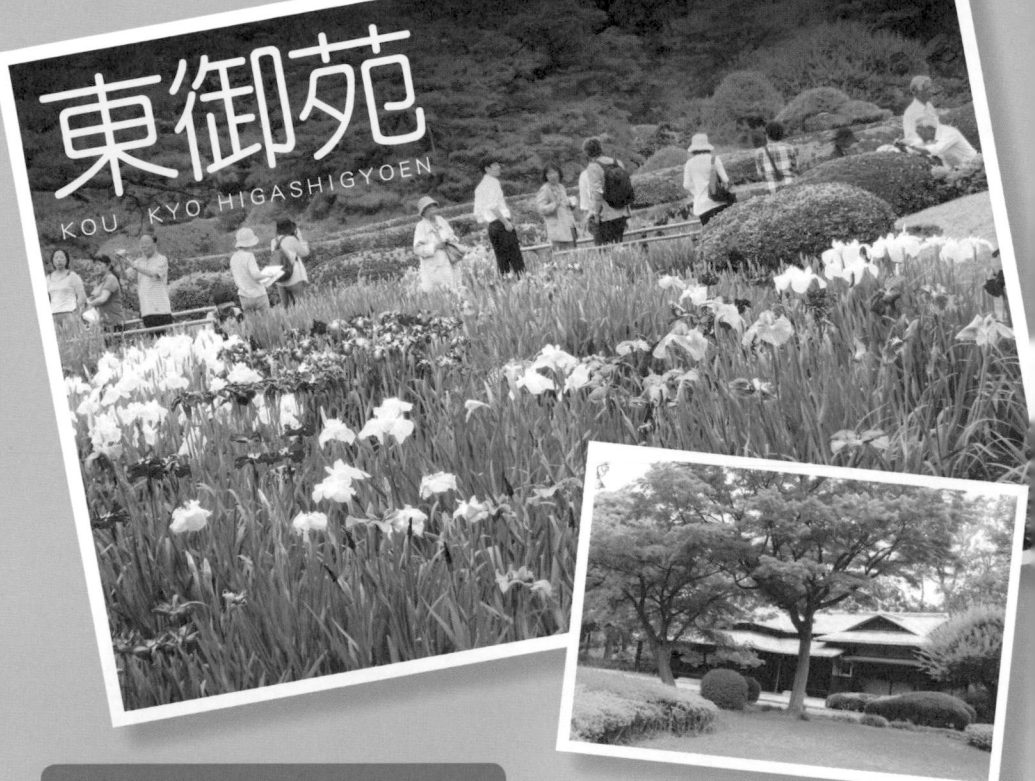

東御苑
KOU KYO HIGASHIGYOEN

德川將軍的大奧後宮
菖蒲杜鵑No.1

東御苑是皇居開放給民眾參觀的公園，它在護城河圈住的範圍內，是屬於舊江戶城的遺跡，整理維護得相當完善。公園內多是有歷史的建築，如城牆、天守閣遺跡、中雀門遺跡、茶屋、番所、櫓樓等，還有已經改建為庭園而不見原貌的本丸遺跡(幕府將軍住所)、大奧遺跡(幕府將軍後宮)。公園占地廣大，非常值得參觀，也有販售皇室紀念品。

東御苑共有3個出入口，其中以大手門靠近地鐵出口最為便利，而北桔橋門則可以連接到北之丸公園，直通靖國神社。

MAP P.158 / C3 ✉出入口：大手門、平川門、北桔橋門 ☎03-3213-1111 ⊙09:00～16:30(4～8月至17:00、11～2月至16:00) 休週一(遇假日休週二)、週五、12/28～1/3 $參觀免費 www.hls-j2006.com/koukyo/002/201

天守閣遺跡
MAP P.158 / B3

天守閣為江戶城的主城樓，於1607年由二代將軍德川秀忠所建，後由三代將軍德川家光擴建為外觀5層，內部6層的城樓，是當時日本最大的天守閣建築，也是江戶幕府權威的象徵。可惜天守閣於1975年的大火中燒毀，僅存高10公尺巨大的基石底座，仍可以在目前的遺跡上看見當年火燒的痕跡。

百人番所

MAP P.158 / C3

　　江戶城遺留下來的三大番所之一，百人番所的規模最大，番所主要作為值班守衛武士的場所，由甲賀組、伊賀組、根來組等，每組100名武士輪值守衛江戶城，同時也作為檢查及監視入城諸侯所用。另2座番所，同心番所及大番所，就位在附近販售處的旁邊。

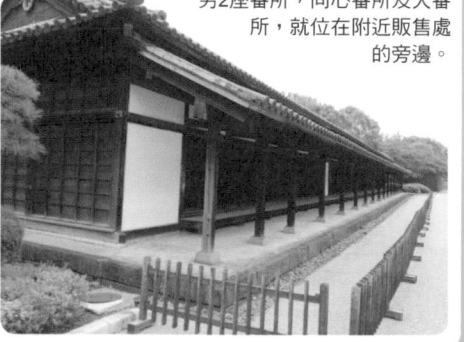

二之丸庭園

MAP P.158 / C4

　　由三代將軍德川家光所修建的庭園，曾歷經火災及荒廢，才於1968年參照九代將軍德川家重所繪製的設計圖，重新整建而呈現今迴遊式的庭園。二之丸庭園有池塘、小橋，綠意盎然，但以6月菖蒲花季時最美，形色各異的菖蒲盛開，以及滿園的造景杜鵑花叢相當漂亮，吸引很多人前來賞花。

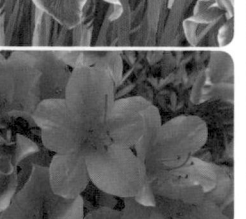

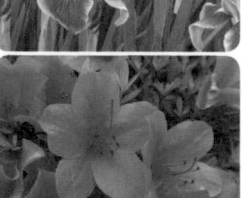

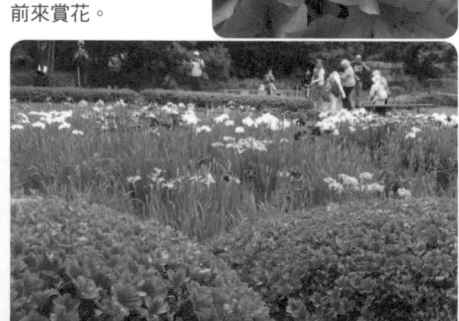

三之丸尚藏館

MAP P.158 / C4

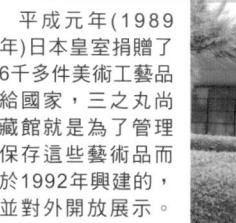

　　平成元年(1989年)日本皇室捐贈了6千多件美術工藝品給國家，三之丸尚藏館就是為了管理保存這些藝術品而於1992年興建的，並對外開放展示。其後經過其他皇室成員的陸續捐贈，目前館藏約有9,500件的藝術品，非常值得參觀，而且免費！

富士見櫓

MAP P.158 / C3

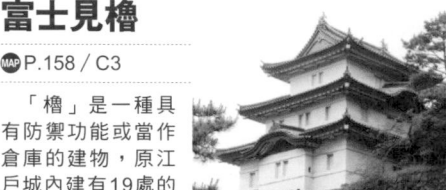

　　「櫓」是一種具有防禦功能或當作倉庫的建物，原江戶城內建有19處的櫓樓，可惜目前僅存3處，而富士見櫓是江戶城遺跡中最古老的3層櫓樓，高高地處在城牆之上，儼如一個小天守閣。此櫓樓曾是將軍前來眺望兩國煙火表演，以及瞭望品川灣之用，可惜富士見櫓目前並沒有開放參觀，只能遠遠地欣賞它的美。

桃華樂堂　MAP P.158 / B3

　　八角形的桃華樂堂，是1966年為了紀念皇后60大壽所修建的音樂廳，屋頂仿造線蓮的形狀，四周的牆壁則使用了華麗的陶片、瓷磚來裝飾，每個牆面都有不同的主題故事，相當漂亮。

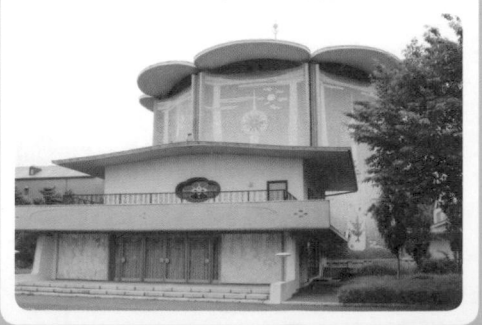

東京國立近代美術館

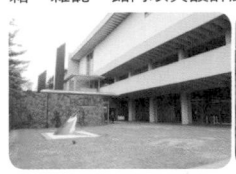 P.158 / B3 ✉千代田區北之丸公園3-1 ☎03-57
77-8600 ⏰10:00～17:00(週五～六至20:00) 休週
一(遇假日休週二)、換展期間、12/28～1/1 ＄¥430
，18歲以下免費 http www.momat.go.jp/am

　1969年開幕的美術館，以展出日本近代藝術家
的作品為主，及有超過10萬冊與近代美術相關的書
籍、雜誌，館內以具設計風格的餐廳最有人氣。

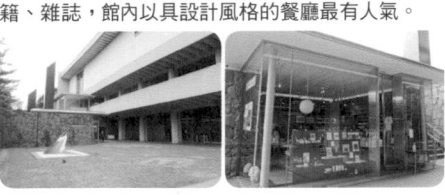

東京國立近代美術館工藝館

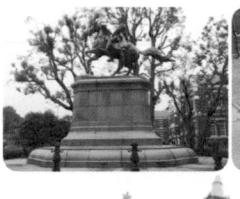 P.158 / B2 ✉千代田區北之丸公園1-1 ☎03-57
77-8600 ⏰10:00～17:00 休週一(遇假日休週二)、
換展期間、12/28～1/1 ＄¥210，18歲以下免費
http www.momat.go.jp/cg

　這裡是近代美術館的別館，古典的紅磚建築原是
舊近衛師團司令部的廳舍，館內收藏有近3千件日
本與外國的近代工藝製品，包括陶瓷器、玻璃、織
染、金工等，還有現代工業設計，光建築外觀也比
美術館精采，若沒時間都參觀，建議把時間留給工
藝館；工藝館路口立有一座能久親王的銅像。

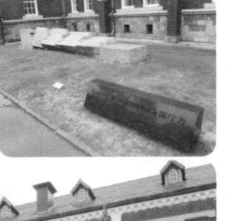
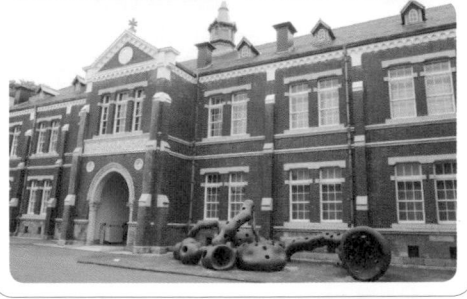

科學技術館

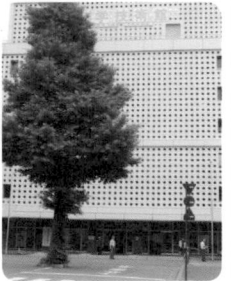 P.158 / B2 ✉千代田區北之丸公園2-1 ☎03-32
12-8544 ⏰09:30～16:50 休週三(遇假日休週四)、
12/28～1/3 ＄成人¥720，兒童¥260 http www.jsf.
or.jp

　展示日常生活中的科
學知識與實驗，透過各
種互動性的遊戲設施，
解析科學原理；也有地
球環境現況的展示，大
螢幕4D顯示非常有趣。
科學技術館是日本學生
旅行必參觀之處，遊覽
車可是一台接一台呢！

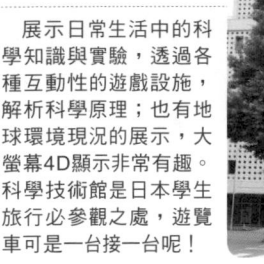

東京廚房

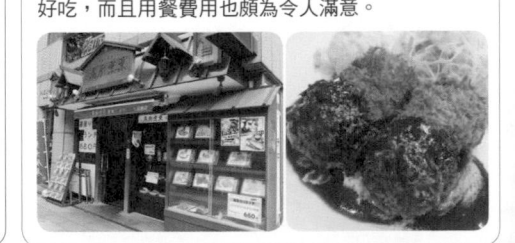

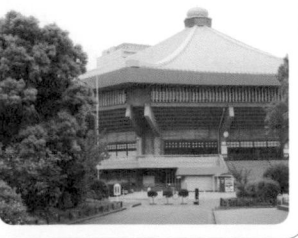 P.158 / A1 ✉千代田區
九段南2-3-21 ☎03-5215-6750 ⏰11:00～21:30
休無休 ＄餐點約¥700～1,000，甜點約¥350 http
r.gnavi.co.jp/a410702

　東京廚房供應的西式定食料理，都是日本人平時
在家或上食堂最愛吃的洋式餐點，像是澆上香濃醬
汁與起士的蛋包飯、外酥內軟稠的蟹肉可樂餅、美
味多汁的漢堡排、祕醬醃漬的香酥雞塊等等，不僅
好吃，而且用餐費用也頗為令人滿意。

日本武道館

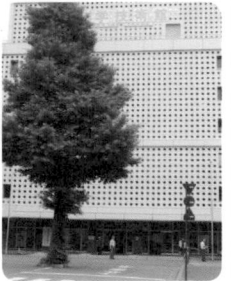 P.158 / A2 ✉千代田區北之丸公園2-3
http www.nipponbudokan.or.jp

　八角形的日本武道館，是為了1964年舉辦的東
京奧林匹克所建會場之一，作為柔道、劍道、武道
等活動使用。不
過最知名的是作
為職業拳擊、摔
角格鬥技與明星
的演唱會場地，
演藝人員都夢想
能在這裡出道演
唱；可惜內部不
開放參觀。

靖國神社

📍P.158 / A1 ✉千代田區九段北3-1-1 ☎03-3261-8326 🕐06:00〜17:00(11〜2月)、06:00〜18:00(3〜10月) 休無休 💲神社境內參觀免費，遊就館￥800 🌐 www.yasukuni.or.jp

前身是建於1869年的「東京招魂社」，1879年由明治天皇改名為靖國神社，供奉戊辰戰爭、甲午戰爭、日俄戰爭、二次大戰等，為國捐軀的軍人。儘管它在中、日、台的政治議題上相當敏感，不妨將它當成一般神社景點來參觀；尤其幾乎週日都有骨董市集在神社境內舉辦，相當熱鬧有意思。

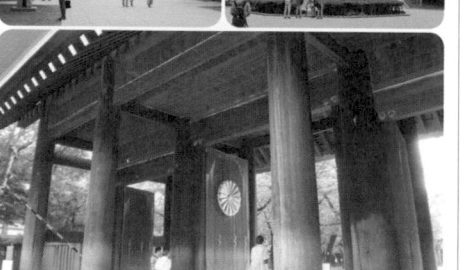

昭和館

📍P.158 / A2 ✉千代田區九段南1-6-1 ☎03-3222-2577 🕐10:00〜17:30 休週一(遇假日休週二)、12/28〜1/4 💲￥300，學生￥150，國中生以下免費 🌐 www.showakan.go.jp

當你從北之丸公園的田安門步出，右手邊望去，外觀像銀白色大煙囪的建物就是昭和館。昭和館主要展示日本二次大戰前後的生活狀態，從徵召、戰時到戰後的社會現象，1〜5樓有圖書、影像免費參觀，主要場景、物品展示則設在6〜7樓，需要購買票券，但相當值得參觀，會勾起長輩的回憶。

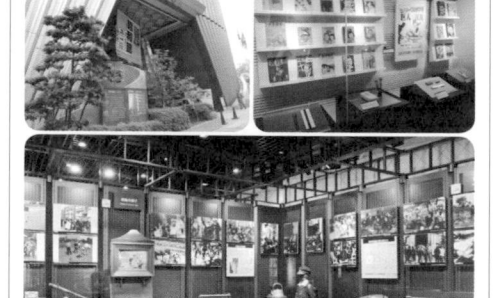

國會議事堂 KOKKAI-GIJIDO

📍P.158 / E1 ✉千代田區永田町1-7-1 ☎03-5521-7445 🕐導覽：週一〜五09:00〜16:00(每整點1梯次，約需1小時，請提前在參議院西通用門服務窗口報名登記)，遇議會會議期間時間會有變動，行前請先上網查詢 休週六〜日、假日 💲參加導覽免費 🌐 www.sangiin.go.jp/japanese/taiken/bochou/kengaku.html

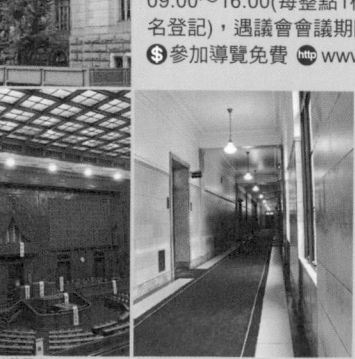

這座西式石造建築，落成於1937年，作為國會殿堂使用，除了參加導覽行程，一般是不對外開放的。行程裡可以參觀參議院裡最主要的場所，像華麗如歌劇院般的議會室、歐風奢華的天皇御用休息室、大理石打造如羅馬宮殿的中庭，以及莊嚴肅穆的議事堂前亭等。由於國會乃是政府重要機關，參觀、拍照都有規定，參觀時請務必遵從導覽人員的指示喔！

(以上圖片提供／魏國安)

有樂町・丸之內

166

不妨起個大早，先去參加「國會議事堂」(P.165)的導覽，看看日本典雅肅穆的國會殿堂，再回頭來日比谷公園散步乘涼、賞花、看新娘子。中午可選在無印良品餐廳用餐，順便欣賞寶塚劇場外的風景，或到有樂町車站高架橋下的洞穴餐廳，或到最有人氣的ITOCia用餐兼逛逛最有氣氛的丸井百貨。

吃飽了，也休息夠了，朝著筆直的名牌大道「丸之內仲通」一路刷卡通關，買個過癮。20多家名牌服飾、用品店，還有數幢商場大樓，很難讓人一一逛透透，特別推薦新丸大樓、KITTE，這兩幢有超多精采的生活雜貨品項，一定會讓你大包小包提回家。

若時間還很多，挑個一、兩間美術館參觀一下，也可以好好逛逛東京車站、還有那些有趣的主題商店街(P.177)，買伴手禮、買小玩意兒；也正好來拉麵主題街吃一碗有名又好吃的拉麵當晚餐，滋味讓人回味無窮。然

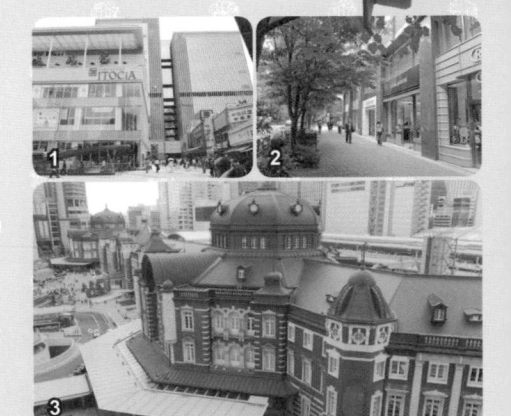

1.熱鬧人潮的有樂町廣場 / 2.丸之內仲通有東京第五大道之稱 / 3.典雅的東京車站

後直接從東京站搭地鐵前往東京鐵塔賞景，或買張帝國劇場、寶塚劇場的票券，欣賞舞台劇、音樂劇，悠閒又有氣質地度過晚上時光，也是不錯的選擇。

丸之內
KITTE キッテ

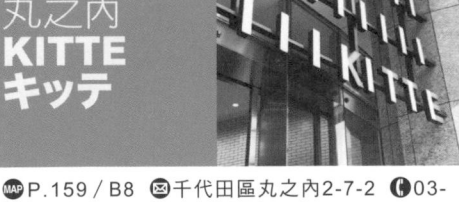

MAP P.159 / B8 ⊠千代田區丸之內2-7-2 ◖03-3216-2811 ◉商店11:00～21:00，餐廳11:00～23:00(週日、假日提早1小時關門) ◑無休，博物館休週一 http jptower-kitte.jp

由郵政大樓所改建，是東京最值得一逛的商場大樓，這裡集合的都是具和風精神的日本品牌，精緻、實用，讓人很難不買回家。大樓內你絕對要參觀的，是由東京大學所計畫展出的博物館，精采的收藏品，精湛的展示空間，讓人驚豔絕倫。地下樓層有國際旅客資訊中心，也有天台可以欣賞東京車站，而商場另一側還有郵政服務。

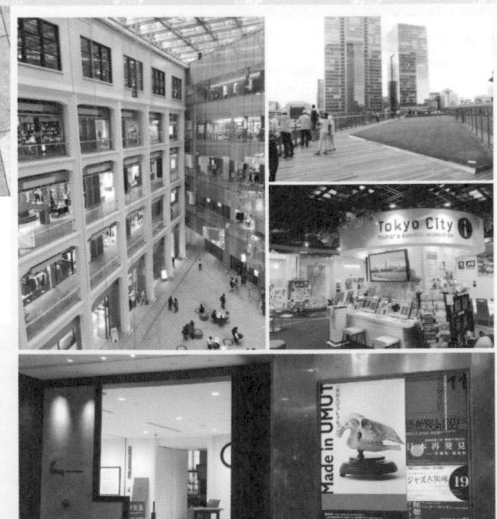

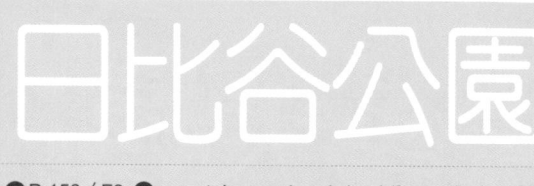

日比谷公園

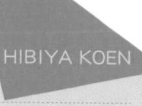
HIBIYA KOEN

📍 P.158 / F3　🌐 www.tokyo-park.or.jp/park/format/index037.html

位在皇居旁的日比谷公園，前身是幕府、明治時代的軍事用地，於1893年開園，占地相當寬廣，高大綠樹也多達3千棵以上，是日本最早的一座「洋風近代式公園」。公園內有4處規模大小不一的噴水池，噴水形態都不同；也看得到江戶時代諸侯豪宅的石牆遺跡；而位於公園內的「松本樓」與「日比谷茶廊」，也經常有婚禮、婚宴，增添公園的熱鬧與浪漫，大小兩座音樂舞台，週末假日常舉辦活動。

洋風花園以玫瑰花盛開時最美麗，而和風池塘景色則是最安靜的角落；要逛有樂町、丸之內，不妨一早從空氣清新的日比谷公園開始。

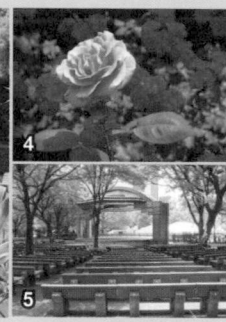

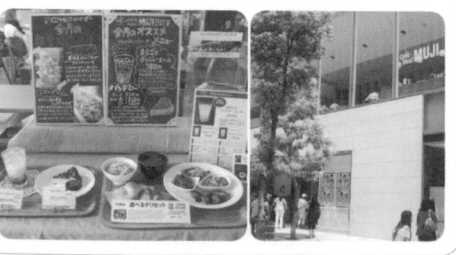

1.位於公園內的「松本樓」餐廳／2.在日比谷公園內舉行婚禮、宴客，景色美、氣氛佳／3.公園內有西式花園，也有和風庭園／4.春天的玫瑰花季最美，玫瑰品種相當多／5.公園內的廣場、表演舞台，夏天的週末最熱鬧，經常舉辦各種活動

Muji Café & Meal

📍 P.158 / F4、P.159 / E8(有樂町店)　✉ 千代田區有樂町1-2-1(2F)　☎ 03-5501-1510　🕐 06:30～22:00　🈺 無休　💲 餐點約¥850～1,000，甜點約¥380～500　🌐 cafemeal.muji.com/jp

就位在寶塚劇場與知名五星級帝國飯店對面，由無印良品所開設的餐廳，同樣秉持簡單而不馬虎的精神，提供顧客精心調製的餐點，所用的食材也都以日本國產與健康取向為主，像是十穀米、千葉有機蔬菜、東京牛奶、鳥取豆腐、沖繩糖等。

Uraku Concoures

📍 P.159 / F7

「平成的昭和」正是時下日本最流行的懷舊風情，這股風潮像流行感冒般四處蔓延；這條位於鐵道下短短的通道，數家小食堂接連排開，斑駁的老電影海報，一股濃濃的昭和風景。其實沿著有樂町站的高架鐵道橋下，有很多特色的「洞穴」餐廳，各國風味美食一應俱全，相當受到當地上班族的歡迎。

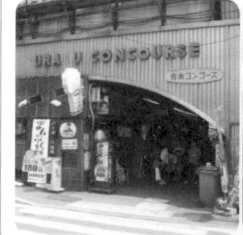

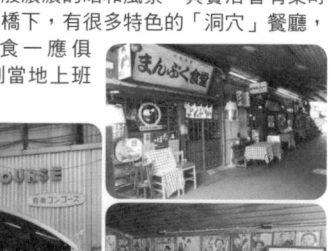

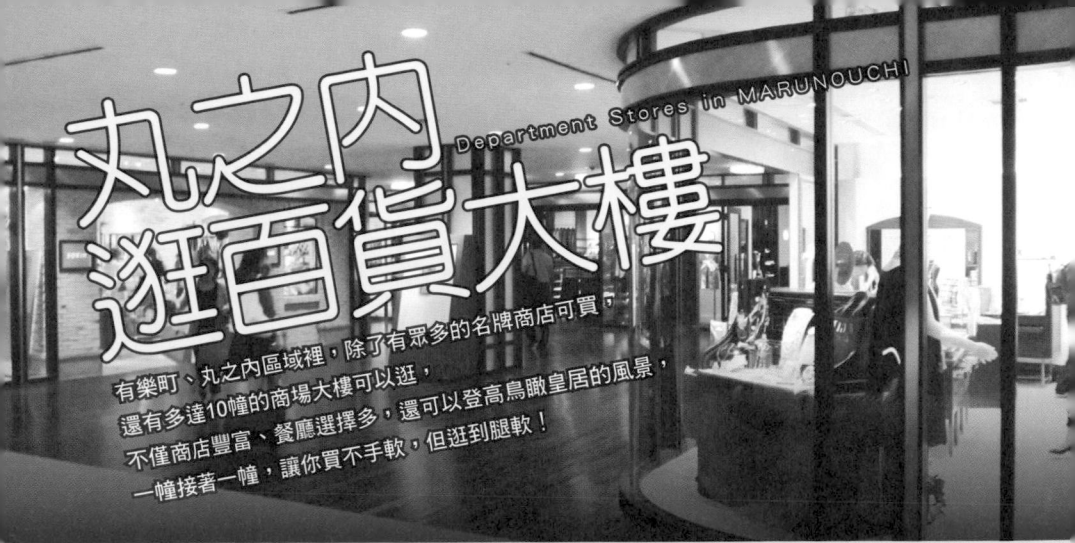

丸之內逛百貨大樓
Department Stores in MARUNOUCHI

有樂町、丸之內區域裡，除了有眾多的名牌商店可買，
還有多達10幢的商場大樓可以逛，
還可以登高鳥瞰皇居的風景，
不僅商店豐富、餐廳選擇多，
一幢接著一幢，讓你買不手軟，但逛到腿軟！

丸之內
丸大樓 Marunouchi Building

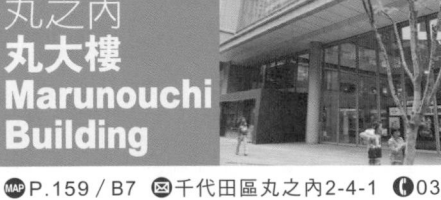
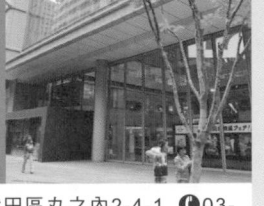

MAP P.159／B7　✉千代田區丸之內2-4-1　☎03-5218-5100　🕐商店11:00～21:00，餐廳11:00～23:00(週日、假日提早1小時關門)　休無休
http www.marunouchi.com/top/marubiru

樓高36層，是商店、餐廳、辦公的複合式大樓，超挑高的中庭相當大氣，1～4樓的商店以日本品牌的服飾、生活雜貨為主；5、6、35、36樓則集合多家知名餐廳。商店的精采度雖不及新丸大樓，但你一定不要錯過搭乘電梯來到35樓，這裡有一整牆的透明玻璃窗，可以居高臨下將皇居風景一覽無遺地盡收眼底，比逛商店樓層有意思。

丸之內
新丸大樓 Shin-Marunouchi Building

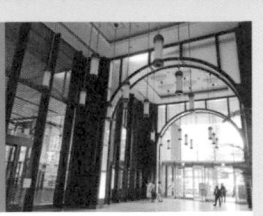

MAP P.159／A7　✉千代田區丸之內1-5-1　☎03-5218-5100　🕐商店11:00～21:00，餐廳11:00～23:00(週日、假日提早1小時關門)　休無休
http www.marunouchi.com/top/shinmaru

同樣是複合式商業大樓，挑高的空間與手扶電梯交織出一幅美妙的畫面。新丸大樓最精彩的就是集合非常多家國內外知名的生活雜貨品牌，如Afternoon Tea、The Conran Shop、IDÉE、土屋鞄製作所、私的部屋等。和風的、洋式的、手作的、現代設計感的，商品包羅萬象，件件吸引目光，會讓人一不小心就掏出信用卡，買到眉開眼笑。

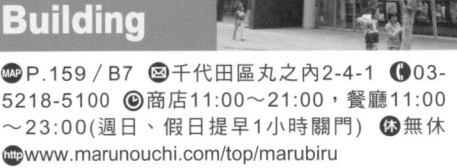
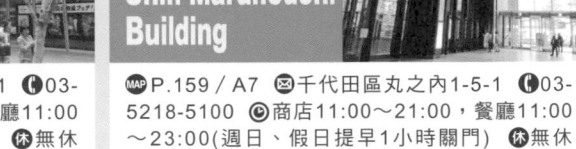
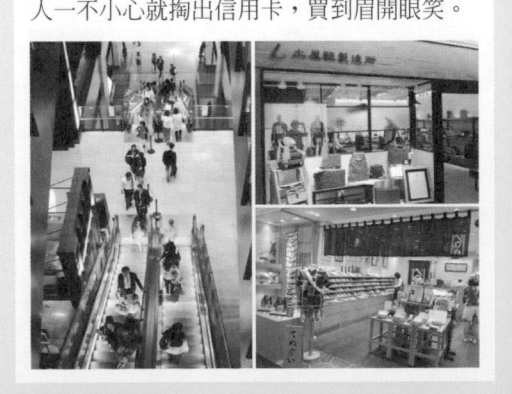

丸之內
MY PLAZA

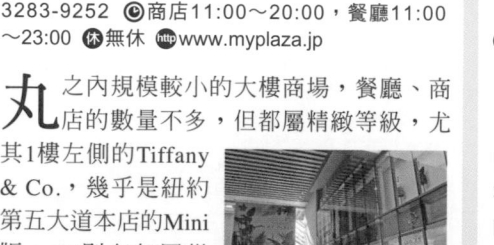

📍 P.159 / C7　✉ 千代田區丸之內2-1-1　☎ 03-3283-9252　🕐 商店11:00～20:00，餐廳11:00～23:00　🈵 無休　🌐 www.myplaza.jp

丸 之內規模較小的大樓商場，餐廳、商店的數量不多，但都屬精緻等級，尤其1樓左側的Tiffany & Co.，幾乎是紐約第五大道本店的Mini版，B1則有如同從紐約中央車站搬來的Oyster Bar餐廳。My Plaza幾乎有1/3被「明治生命館」（P.176）占據，4樓則有專業級的表演廳。

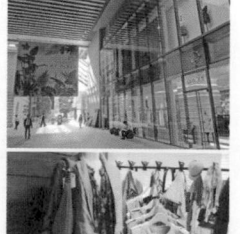

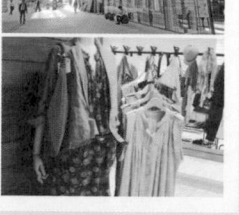

丸之內
BRICK SQUARE

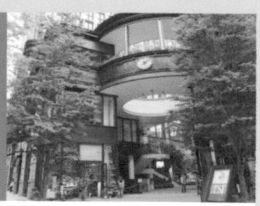

📍 P.159 / C7　✉ 千代田區丸之內2-6-1　☎ 03-5218-5000　🕐 商店11:00～21:00，餐廳11:00～23:00　🈵 無休　🌐 www.marunouchi.com/top/bricksquare

丸 之內最美的商場，綠意盎然、花開處處的露天中庭，宛若英國的玫瑰花園。商店集中在地面樓層，都是大有來頭的品牌，像英國的Jo Malone、Cath Kidston，美國紐約的Brooks Brothers等，還有人氣點心店Cheier-Maison du Beurre，而其他的樓層則都是精緻高雅的美食餐廳。

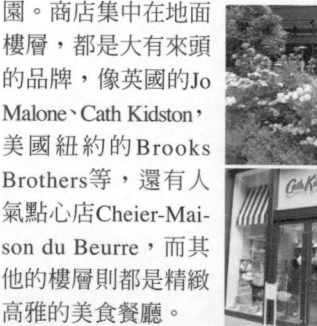

丸之內
TOKIA

📍 P.159 / C8　✉ 千代田區丸之內2-7-3　☎ 03-5218-5100　🕐 11:00～23:00(週日、假日至22:00)　🈵 無休　🌐 www.marunouchi.com/top/tokia

這 座玻璃建築裡，上上下下都是餐廳，就是沒有商店可以逛，會介紹它，無非它是用中餐的好去處，只要¥1,000就能讓你吃好又吃飽。TOKIA算是丸之內最有氣質的玻璃大樓。B1的美食街妝點著森田恭通所設置的藝術光廊，而夜晚以燈光打造最明亮迷人的建築外觀。

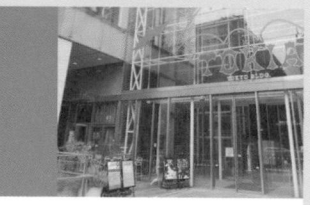

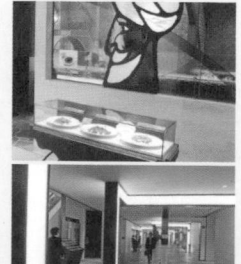

丸之內
OAZO
オアゾ

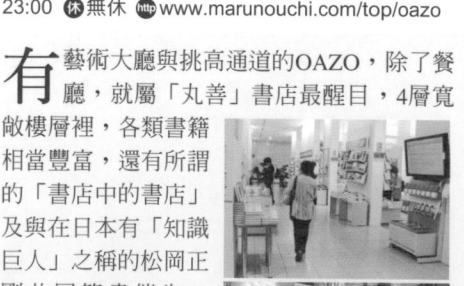

📍 P.159 / D5　✉ 千代田區丸之內1-6-4　☎ 03-5218-5100　🕐 商店11:00～21:00，餐廳11:00～23:00　🈵 無休　🌐 www.marunouchi.com/top/oazo

有 藝術大廳與挑高通道的OAZO，除了餐廳，就屬「丸善」書店最醒目，4層寬敞樓層裡，各類書籍相當豐富，還有所謂的「書店中的書店」及與在日本有「知識巨人」之稱的松岡正剛共同策畫催生，設在4樓的「松丸本鋪」，整個書櫃空間有如藝廊般，展示精緻獨特，不可錯過。

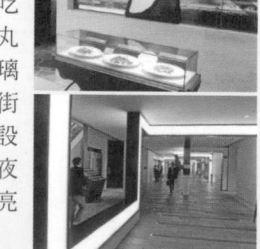

丸之內
大丸百貨
東京店
Daimaru

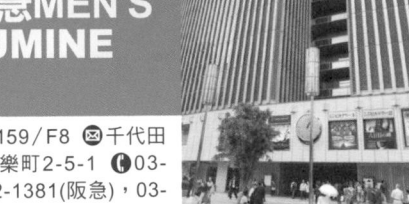

📍 P.159 / D5　✉ 千代田區丸之內1-9-1　☎ 03-3231-8011　🕐 商店10:00～20:00，餐廳11:00～23:00　🚫 無休　🌐 www.daimaru.co.jp/tokyo

大丸百貨與東京車站最繁忙的出入口（八重洲北口）相連接，無時無刻都是人潮洶湧，尤其是1樓買伴手禮的甜點區，或是B1買便當、晚餐的熟食區，是最熱鬧有趣的地方。

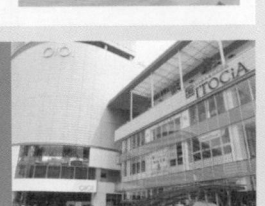

有樂町
ITOCiA
MARUI

📍 P.159 / F8　✉ 千代田區有樂町2-7-1　☎ 03-6267-0800　🕐 11:00～21:00(每家商店、餐廳略有不同)　🚫 無休　🌐 www.itocia.jp，www.0101.co.jp

這座透白的商業大樓，自2007年開幕以來，就一直是超高人氣的地標，為落寞的有樂町地區，重新帶來人潮與錢潮。ITOCiA由地面樓層的「丸井〇丨百貨」「ITOCiA Plaza」，以及B1的「ITOCiA Food Avenue」所組成，東京都內以這家〇丨最有氣氛、最潮流，1～8樓裡有相當多人氣品牌；而ITOCiA Plaza與Food Avenue則是集合多家食堂、餐廳、點心店家，其中以B1來自美國紐約的Krispy Kreme甜甜圈最具人氣。

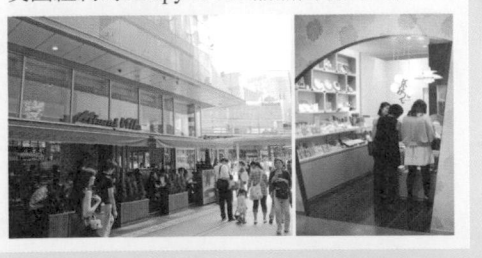

有樂町
阪急MEN'S
LUMINE

📍 P.159 / F8　✉ 千代田區有樂町2-5-1　☎ 03-6252-1381(阪急)，03-6268-0730(LUMINE)　🕐 商店11:00～21:00，餐廳11:00～23:00　🚫 無休　🌐 www.hankyu-dept.co.jp/mens-tokyo (阪急) www.lumine.ne.jp/yurakucho (LUMINE)

由兩幢高樓組成的百貨商場，在2011年底易主後重新改裝，由阪急與LUMINE百貨重新帶動人氣。這家阪急百貨全部以男性商品為主（終於有百貨公司尊重男性了），而LUMINE向來以年輕客層為主力；大樓裡附設影城也是這裡受歡迎的原因之一。

有樂町
東京交通
會館

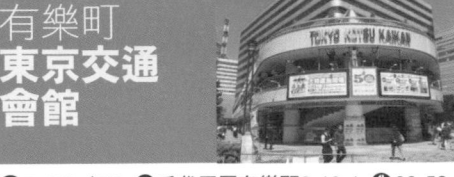

📍 P.159 / E8　✉ 千代田區有樂町2-10-1　☎ 03-5293-0831　🕐 10:00～19:00　🚫 不定休　🌐 www.kotsukaikan.co.jp

商場裡最大的商店就屬三省堂書店，還有各縣市的特產展售店，推薦3樓的屋頂花園，可賞花並觀看車站忙碌的月台。

有樂町
BIC
CAMERA
ビックカメラ

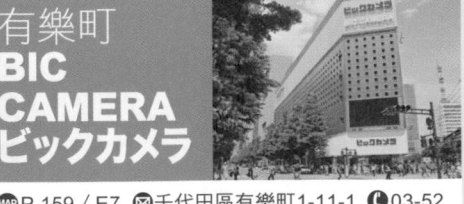

📍 P.159 / E7　✉ 千代田區有樂町1-11-1　☎ 03-5221-1111　🕐 11:00～22:00　🚫 無休　🌐 www.biccamera.co.jp/shoplist/shop-014.html

旗艦店級的3C家電百貨，BIC CAMERA幾乎在各個車站商圈都看得到，但以有樂町這家最具氣勢，8樓還設有電影院。

內行看門道，外行湊熱鬧
到劇場體驗人生

日本的劇場文化、工作環境、看戲人口都很成熟，除了專門演出日文版百老匯音樂劇的「四季劇團」較為台灣所知道外，還有許多演出舞台劇的劇團，以及提供場地的劇場，不乏企業化的經營或辦演藝學校支持。在日比谷、丸之內就存在有日本三大劇場：日生劇場、帝國劇場，以及受歡迎的寶塚劇場。不妨買張票，體驗一下在東京看表演、有聽沒有懂的奇特樂趣。

東京寶塚劇場
Tokyo Takarazuka Theater

MAP P.158／F4 ✉千代田區有樂町1-1-3 ☎03-5251-2001 ◎⑤開演時間、場次、票價依表演而不同 http kageki.hankyu.co.jp

日本最膾炙人口，影迷最多、最瘋狂的就是寶塚歌劇，清一色由女性擔當演出各種歷史、奇幻、青春、時裝的歌舞劇，舞台上少不了絢麗的服裝，以羽毛、花朵、珠寶裝飾得閃耀奪目，搭配輕快的歌舞，任誰都會沉迷其中；而劇中的男性角色也都是由女性反串，帥氣十足，影迷最多。藝能界一線的女星，如天海祐希、黑木瞳等，都是出身於寶塚。東京寶塚劇場於1934年開幕，2001年重建新大樓啟用，劇場外頭不時都有影迷站崗。

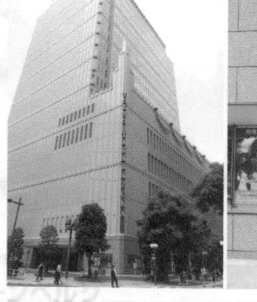

日生劇場
Nissay Theater

MAP P.158／F3 ✉千代田區有樂町1-1-1 ☎03-3503-3111 ◎⑤開演時間、場次、票價依表演而不同 http www.nissaytheatre.or.jp

由知名建築師村野藤吾設計，於1963年落成，是日本生命日比谷大樓內的一部分。劇場內曲線的天井，以兩萬片的貝殼磚貼飾，有高第的味道；經常上演兒童劇、話劇、芭蕾舞劇等等。

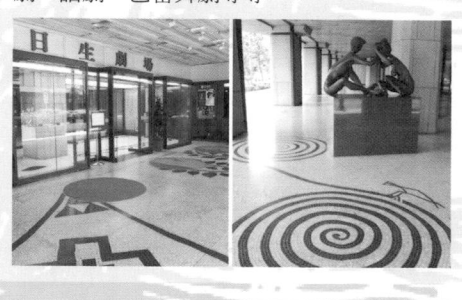

帝國劇場
Imperial Theater

MAP P.159／E6 ✉千代田區丸之內3-1-1 ☎03-3201-7777 ◎⑤開演時間、場次、票價依表演而不同 http www.toho.co.jp/stage/teigeki/index.php

於2011年迎接帝劇100周年，歷史悠久，是日本第一座西式劇場，可說是當時流行的表徵，目前的建築是1966年重建啟用至今，是日本最具代表性的藝術表演舞台之一。帝國劇場以上演百老匯形態的音樂劇爲主，其中上演最久、最多場的應屬百老匯音樂劇《悲慘世界》，從1987年開演至今，早已超過3千個場次以上。

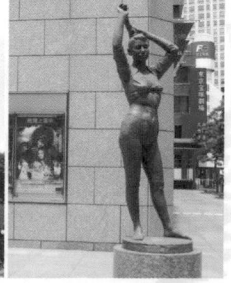
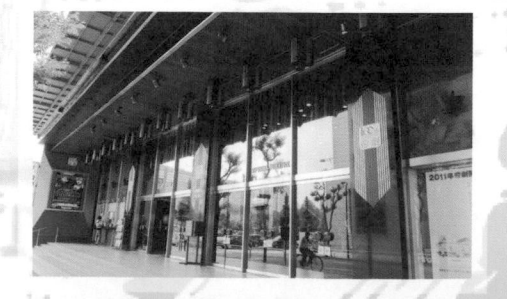

皇居・丸之內

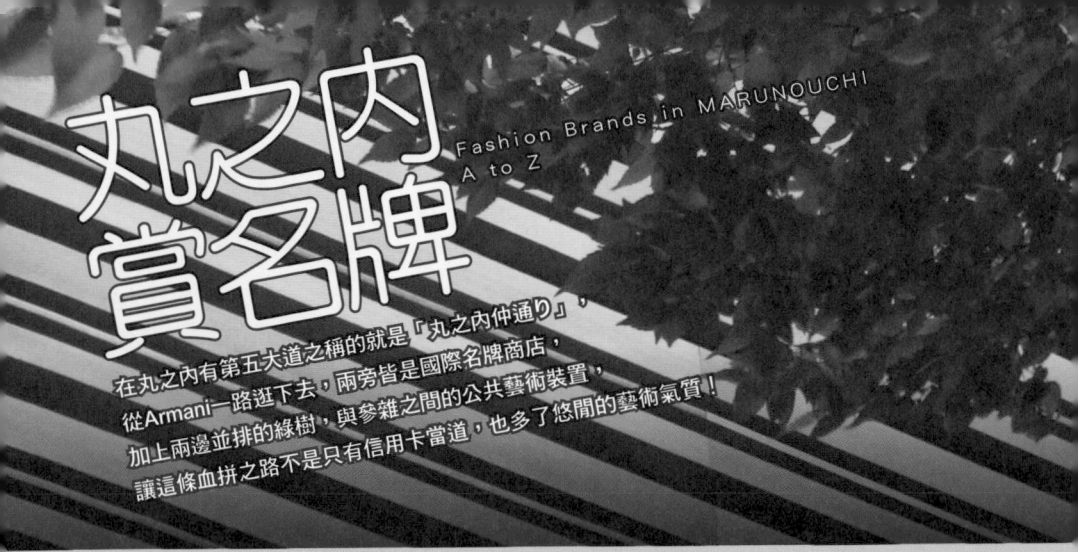

丸之內賞名牌

Fashion Brands in MARUNOUCHI
A to Z

在丸之內有第五大道之稱的就是「丸之內仲通り」，
從Armani一路逛下去，兩旁皆是國際名牌商店，
加上兩邊並排的綠樹，與參雜之間的公共藝術裝置，
讓這條血拼之路不是只有信用卡當道，也多了悠閒的藝術氣質！

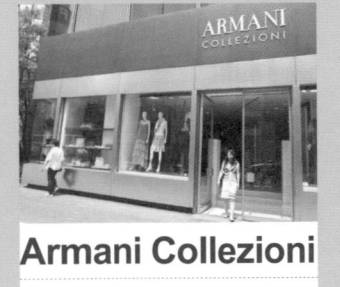

Armani Collezioni

MAP P.159 / F7 千代田區有樂町
1-7-1 03-3211-3100 11:00
～20:00 休無休 www.armani.
com/jp

　針對白領階層推出的副線，保有
正牌的優雅剪裁，更富新的創意。

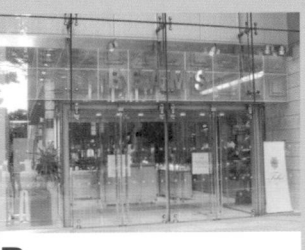

Beams

MAP P.159 / B7 千代田區丸之內
3-2-1 03-5220-3151 11:00
～20:00 休不定休 www.bea
ms.co.jp

　日本最有名氣的潮流品牌，除
了自家品牌，還網羅名牌服飾。

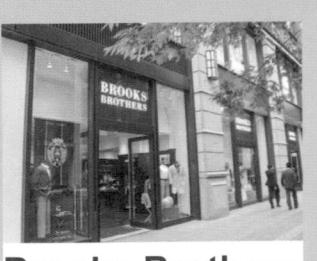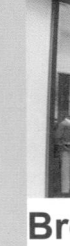

Brooks Brothers

MAP P.159 / C7 千代田區丸之內
2-6-1 03-3218-7901 11:00
～20:00 休無休 shop.brooks
brothers.co.jp

　美國知名的高級男裝品牌，適
合上班族正式、休閒的穿著。

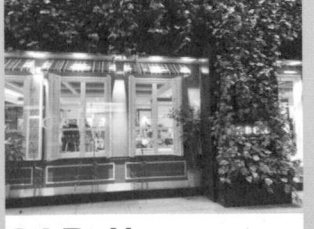

CABaN

MAP P.159 / C7 千代田區丸之內
2-2-3 03-3286-5105 11:00
～20:00 休無休 caban.jp/ma
runouchi

　優雅、年輕有活力的流行服飾
品牌，也有優質的生活用品。

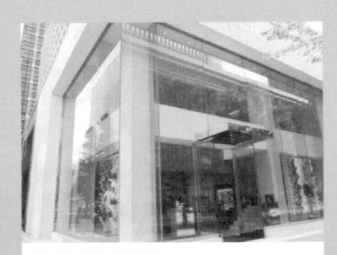

COACH

MAP P.159 / B7 千代田區丸之內
2-5-2 03-5221-8600 11:00
～20:00 休無休 japan.coach.
com

　丸之內店的規模也屬於旗艦店
等級，全系列商品相當齊全。

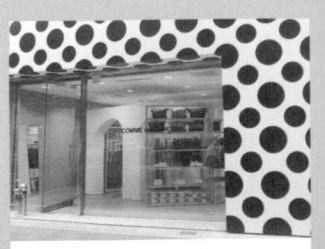

Comme des Garçons

MAP P.159 / C7、E7 千代田區丸
之內 2-1-1 03-3216-0016
11:00～20:00 休無休 www.
comme-des-garcons.com

　丸之內仲通上共開有兩家，My
Plaza分店走T恤、球鞋休閒路線。

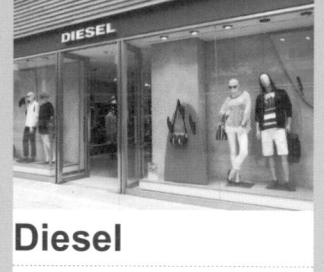

Diesel

📍P.159／B7 ✉千代田區丸之內
2-5-2 📞03-5220-3610 🕙11:00
～20:00 🚫無休 🌐www.diesel.
co.jp

　DIESEL的直營店面，有著舒適
的購物空間，牛仔褲最為暢銷。

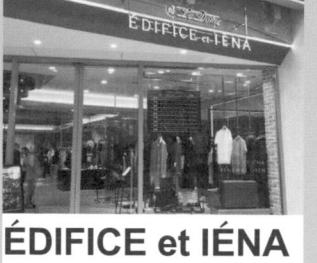

ÉDIFICE et IÉNA

📍P.159／B7 ✉千代田區丸之內
2-5-2 📞03-6212-2460 🕙11:00
～21:00 🚫不定休 🌐iena.jp/iena
/feature/328

　結合男裝品牌與女裝品牌的時
裝店，時尚高感度十足。

EPOCA

📍P.159／C7 ✉千代田區丸之內
2-5-1 📞03-5224-3457 🕙11:00
～20:00 🚫無休 🌐www.epocain
fo.com/epoca-the-shop

　網羅知名休閒女裝，俐落的剪
裁與印花巧妙使用，相當實穿。

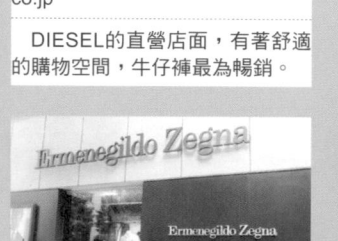

Ermenegildo Zegna

📍P.159／F7 ✉千代田區有樂町
3-10-1 📞03-5220-0111 🕙11:00
～20:00 🚫無休 🌐www.zegna.
com/jp/home.html

　義大利頂級男裝品牌，重視剪裁
與布料，是白領階級穿著的代表。

Folli Follie

📍P.159／E7 ✉千代田區丸之內
3-1-1 📞03-3212-5801 🕙11:00
～20:00 🚫無休 🌐www.follifol-
lie.co.jp

　希臘腕表、飾品、包包知名品
牌，設計風格強、搭配性相當高。

Francfranc

📍P.159／B7 ✉千代田區丸之內
1-6-5(B1) 📞03-5224-3457 🕙11:00
～20:00 🚫無休 🌐www.franc
franc.com

　開設在地下一樓，空間精緻，
家飾品、生活雜貨都值得購買。

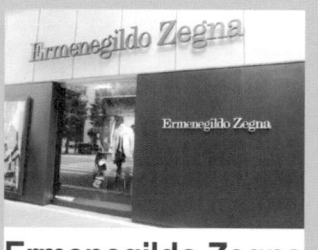

Good Design

📍P.159／D7 ✉千代田區丸之內
3-4-1 📞03-6273-4414 🕙11:00
～20:00 🚫無休 🌐www.g-mark.
org/gdm

　由日本設計振興會營運，展示日
本優良的工業、商業設計產品。

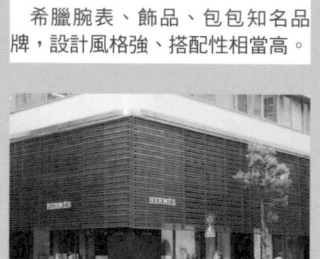

HERMÈS

📍P.159／D7 ✉千代田區丸之內
3-3-1 📞03-3213-8041 🕙11:00
～19:00 🚫無休 🌐lesailes.her
mes.com

　外觀最有日本禪風的旗艦店，以
橘色木條編織愛馬仕的精品空間。

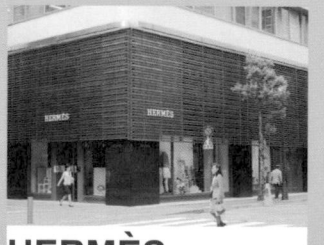

Issey Miyake

📍P.159／B7 ✉千代田區丸之內
2-3-2 📞03-5221-9900 🕙11:00
～20:00 🚫無休 🌐www.isseymi-
yake.com

　日本前衛時尚之父，三宅一生正
牌服飾系列的旗艦店，值得一逛。

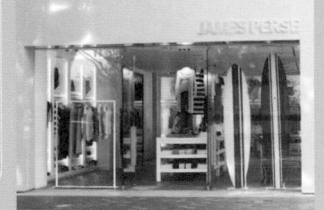

James Perse

📍P.159 / D7 ✉千代田區丸之內 3-1-1 📞03-3213-1501 🕐11:00 ～20:00 ⓧ無休 🌐www.james perse.com

　美國洛杉磯的時尚品牌，自然 休閒的都會風格，頗受歡迎。

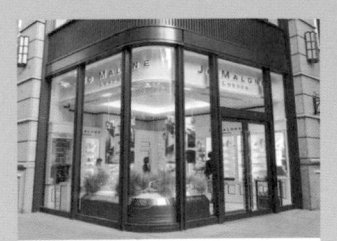

Jo Malone

📍P.159 / C7 ✉千代田區丸之內 2-6-1 📞03-5218-8000 🕐11:00 ～20:00 ⓧ無休 🌐www.jomalo ne.jp

　全球知名英國倫敦香氛品牌， 香水、精油、乳液都是暢銷品。

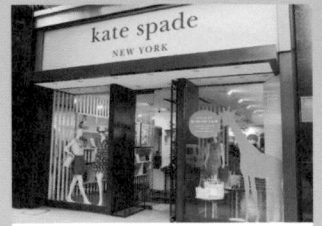

Kate Spade

📍P.159 / C7 ✉千代田區丸之內 2-5-1 📞03-5208-1807 🕐11:00 ～20:00 ⓧ無休 🌐www.katesp ade.jp

　美國紐約高級女裝品牌，以多 樣性的時尚流行包款最熱門。

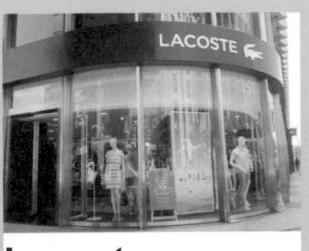

Lacoste

📍P.159 / F6 ✉千代田有樂町1- 5-2 📞03-3595-4566 🕐11:30～ 20:00 ⓧ無休 🌐www.lacoste.jp

　這個經典的品牌真是越來越年 輕，設計、款式都符合時下時尚 新貴的品味，相當亮麗。

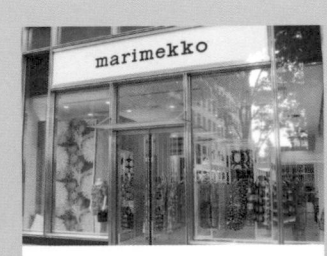

Marimekko

📍P.159 / A7 ✉千代田區丸之內 1-5-1 📞03-5224-3103 🕐11:00 ～21:00 ⓧ無休 🌐www.marime kko.jp

　北歐的居家品牌Marimekko，越 來越受歡迎，絕對值得投資。

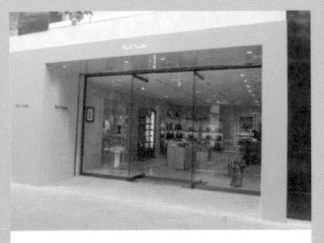

Paul Smith

📍P.159 / D7 ✉千代田區丸之內 3-3-1 📞03-3240-0223 🕐11:00 ～20:00 ⓧ不定休 🌐www.paul smith.co.jp

　螢光綠的門面搶眼到極點，休 閒的、正式的男性服飾、配件。

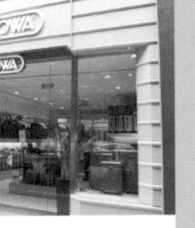

RIMOWA

📍P.159 / E7 ✉千代田區丸之內 3-4-1 📞03-5224-3377 🕐11:00 ～20:00 ⓧ不定休 🌐www.haya shigo.co.jp/rimowa

　風靡台灣的高檔行李箱，旗艦 店裡款式最齊全。

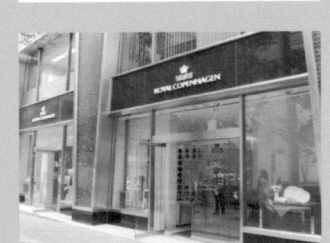

Royal Copenhagen

📍P.159 / E7 ✉千代田區有樂町 1-12-1 📞03-3211-2888 🕐11:00 ～19:00 ⓧ不定休 🌐www.royal copenhagen.jp

　以唐草圖案紅遍全球，近年來也 開始生產禮品系列，相當受歡迎。

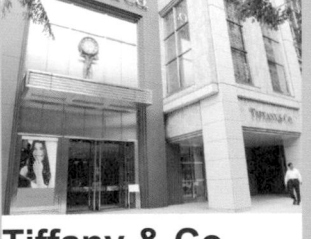

Tiffany & Co.

📍P.159 / D7 ✉千代田區丸之內 2-1-1 📞03-5220-4711 🕐11:30 ～20:00 ⓧ無休 🌐www.tiffany. co.jp

　打造紐約第五大道本店質感的 旗艦店，藍色小盒子打動你心。

Tomorrowland

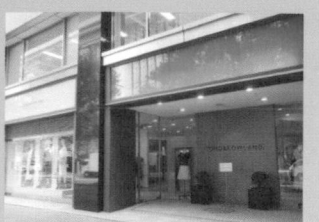

MAP P.159／B7　✉千代田區丸之內
2-5-1　☎03-5220-2391　🕐11:00
～20:00　休不定休　🌐www.tomo
rrowland.jp

創業近40年的時尚品牌，高雅
的男女裝，以針織品最為知名。

TUMI

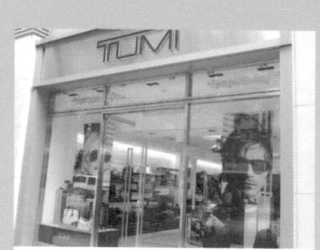

MAP P.159／C7　✉千代田區丸之內
2-2-3　☎03-5220-6607　🕐11:00
～20:00　休無休　🌐www.tumi.
co.jp

TUMI的行李箱一向受歡迎，近
年來則以筆電專用背包最為熱賣。

丸之內遊客中心

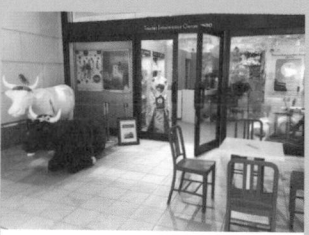

MAP P.159／D7　✉千代田區丸之內
3-3-1　☎03-3201-3331　🕐09:00
～17:00　休1/1　🌐www.marunou
chi.com/shop/detail/9511

日本觀光局營運的遊客中心，
丸之內區域的資料可免費索取。

散步花絮

在丸之內仲通
與藝術並行

這條國際精品大道上，除了服裝精彩、配件好
看，散置於街道兩旁綠蔭下的雕刻藝術，也同樣
話題十足。由三菱地所公司策畫，將箱根雕刻之
森美術館的藝術品，搬到你我生活的空間裡，讓
刷卡不再俗氣，還可以用眼睛、心靈，將藝術氣
質免費帶回家，一舉兩得！

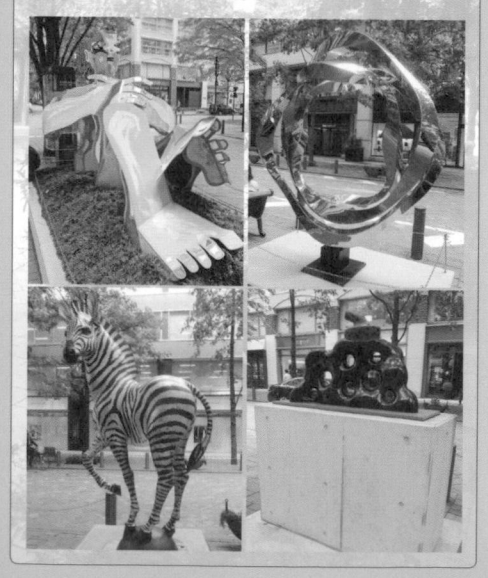

丸之內 ISETAN SALONE

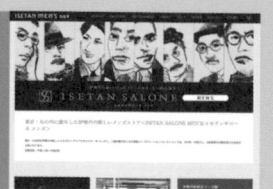

MAP P.159／D7　✉千代田區丸之內3-14-1　☎03-
6206-3190　🕐0:30～20:00　休無休　🌐www.imn.
jp/feature/ISETAN-SALONE-MENS-marunouchi

由本店在新宿的百貨業老品牌伊勢丹所
經營，於2015年年底開幕，以丸之內
男性顧客為服務對象的百貨店。店內集合國
際以及日本的一流品牌，可以說是本店男士
部門的精華濃縮店，從服飾、配件到生活用
品，件件商品都是精挑萬選的好物，高品質
的擺設陳列，讓人可以感受到經營者的用
心。店內也有花店、伴手禮專區，以及高級
巧克力專櫃，讓男士們除了專心打理自己的
門面外，還可以選購精美的禮物。

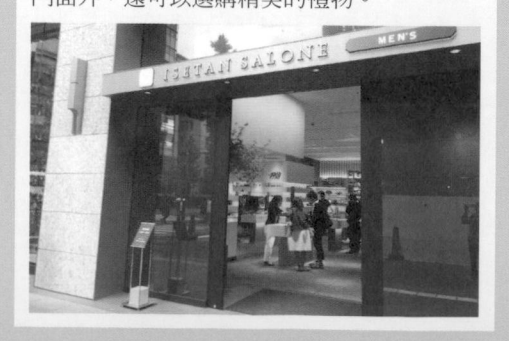

明治生命館

📍 P.159／C6　✉ 千代田區丸之內2-1-1　☎03-3283-9252　🕐 週六、日11:00～17:00，週三～五16:30～19:30　🚫 週一～二、12/31～1/3　💰 參觀免費　🌐 www.meijiyasuda.co.jp/meiji_seimeikan

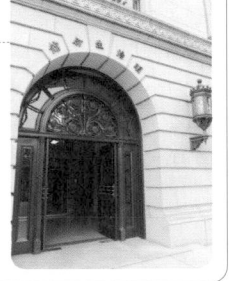

建於西元1934年，是一幢採希臘石柱的古典主義樣式建築，1997年被指定為日本的重要文化財，大樓目前為明治安田生命保險公司的辦公室，內部裝潢華麗、金碧輝煌，部分空間開放給民眾參觀。

三菱一號館美術館

📍 P.159／C7　✉ 千代田區丸之內2-6-2　☎03-5777-8600　🕐 10:00～18:00(週五、展期結束前的最後一週至21:00)　🚫 週一、12/31～1/1　💰 隨展覽而有所不同　🌐 mimt.jp

美術館開幕於2010年，這幢建於1894年紅磚瓦洋式建築，與以西洋近代19世紀末為主的畫作、美術工藝品為主的館藏，簡直是絕配，藝術、建築均美。除了從馬場先通的正門入館外，也可從Brick Square內的側門入館。

出光美術館

📍 P.159／E6　✉ 千代田區丸之內3-1-1(9F)　☎03-5777-8600　🕐 10:00～17:00(週五至19:00)　🚫 週一(遇假日休週二)、換展期間、12/28～1/3　💰 成人¥1,000，高中以上¥700，中學以下免費　🌐 idemitsu-museum.or.jp

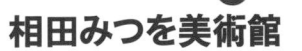

出光美術館位在帝國劇場9樓，展出實業家「出光佐三」長年所蒐集的藝術品，以東洋古美術、陶瓷為主，件件都屬國寶等級，曾在1983年以32億日圓購入「伴大納言繪卷」造成話題。

東京國際論壇 FORUM

📍 P.159／E8　✉ 千代田區丸之內3-5-1　☎03-5221-9000　💰 參觀免費　🌐 www.t-i-forum.co.jp

東京的國際會議中心，提供場地供各業界商展、徵才、展示等使用，整個建築如同玻璃溫室，透亮舒適，中庭更如同戶外公園，還有商店、美術館。

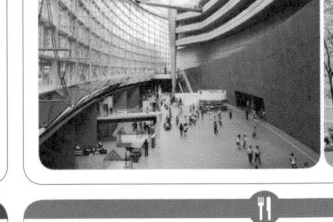

相田みつを美術館

📍 P.159／D8　✉ 千代田區丸之內3-5-1(東京國際Forum B1)　☎03-6212-3200　🕐 10:00～17:30　🚫 週一(遇假日休週二)　💰 成人¥800，中學以上¥500，小學以下¥200　🌐 www.mitsuo.co.jp

禪味十足的美術館，展示日本書道家兼詩人「相田みつを」(Mitsuo Aida)生前所留下的詩詞，與書法作品，他以「自己的言語、自己的書法」樹立個人獨特風格，創作出許許多多的作品。

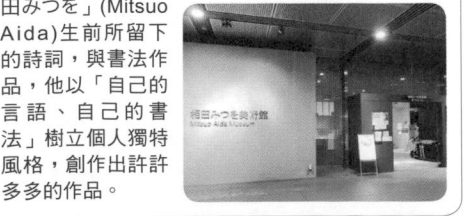

一保堂茶舖

📍 P.159／E7　✉ 千代田區有樂町3-1-1　☎03-6212-0202　🕐 11:00～19:00　🚫 無休　☕ 茶點約¥1,080～2,376　🌐 www.ippodo-tea.co.jp

來自京都，一保堂專營抹茶、玉露、煎茶、番茶等日本茶(京銘茶)，2010年在丸之內開店，一旁還設有喫茶室「嘉木」，以京菓子搭配好喝的茶品。

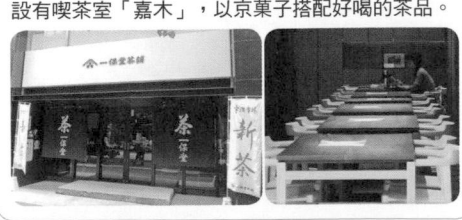

好看、好買、好吃
東京車站新樂園

東京車站除了搭乘新幹線、JR電車、轉車外，地下樓層可是有很多各具特色的美食街、商店街，加上一旁的大丸百貨，可說是相當熱鬧，讓你逛上一天也逛不透。近年來將美食街、商店街主題化，此招奏效，果然吸引更多人來遊玩，還出專書帶你逛遊東京車站呢！這裡介紹集中大部分主題街道的「東京駅一番街」，建議從大丸百貨連接，比較不會迷路喔！

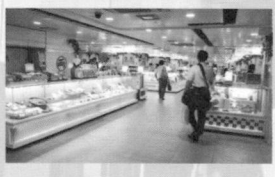

http www.tokyoeki-1bangai.co.jp

1F
伴手禮廣場 TOKYOME+

集合32家洋風、和風的點心名店，打造伴手禮中心，讓搭車的旅客買得方便、買得快速，不用特地繞到遠處去買東京名產。

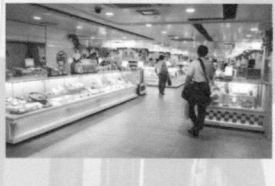

B1
角色主題街 キャラクターストリート

近30家的玩具雜貨商店，海賊王的JUMP、小丸子的富士電視台、麵包超人的日本電視台都有在這裡開店；還有鹹蛋超人、龍貓、樂高、Snoopy Town等，讓人瘋狂地買不停。

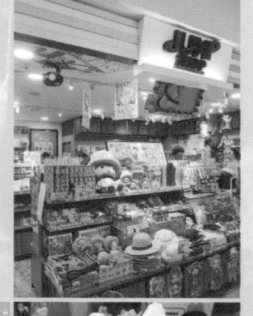

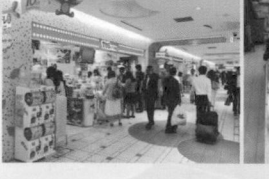
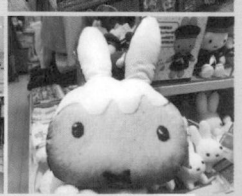

B1
零食主題街 おかしランド

森永、Calbee、ぐりこ・や這日本3大零食公司所組成的禮品購物區，有許多東京車站限定商品，Calbee還設有洋芋片小吃部。

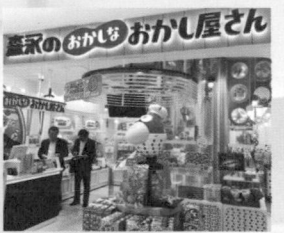

B1
拉麵主題街 ラーメンストリート

有8家目前最具人氣的拉麵店，各有好吃之處，用餐時間可是每家都大排長龍呢！拉麵價格¥900～1,000。

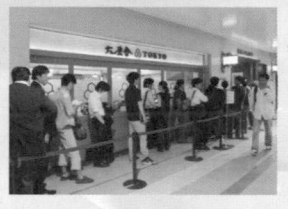

B1
黑屏橫丁 Kurobei Yokocho

打造黑牆、木窗，超有fu的日本料亭風貌美食街，有各國風味美食，讓你吃好味、也賞好景。

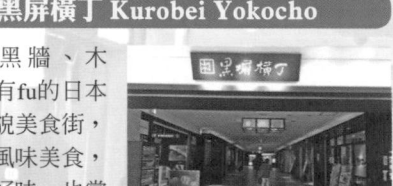

散步花絮

東京車站是日本新幹線鐵路匯集的主要車站，大部分的鐵路、地鐵也都有停靠此站，可謂外地進入東京的玄關，也是東京地區規模最大車站，地下通道網路複雜，仿如立體迷宮般常讓人迷路。東京車站早於1914年就開始營運，紅磚搭配大理石的洋式建築，外型有點像台灣的總統府，可惜毀於1945年的東京大空襲，目前的車站是在二次大戰後重建完成的，仍保有當時的氣勢與古典風貌，2012年再度完成翻新修建，重現往日光彩。

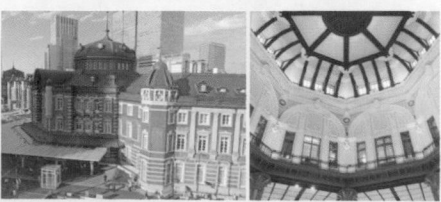

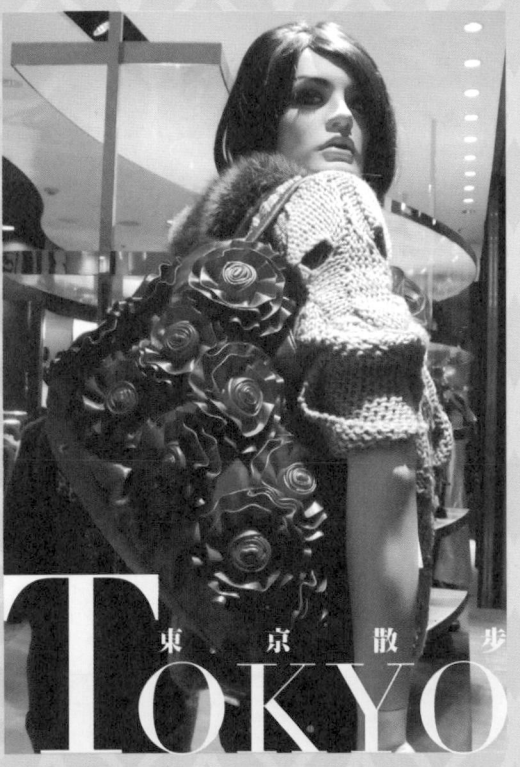

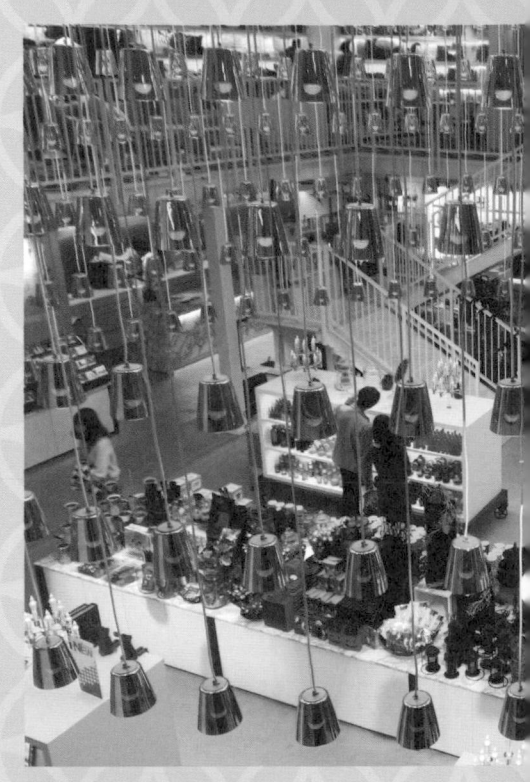

TOKYO

東　京　散　歩

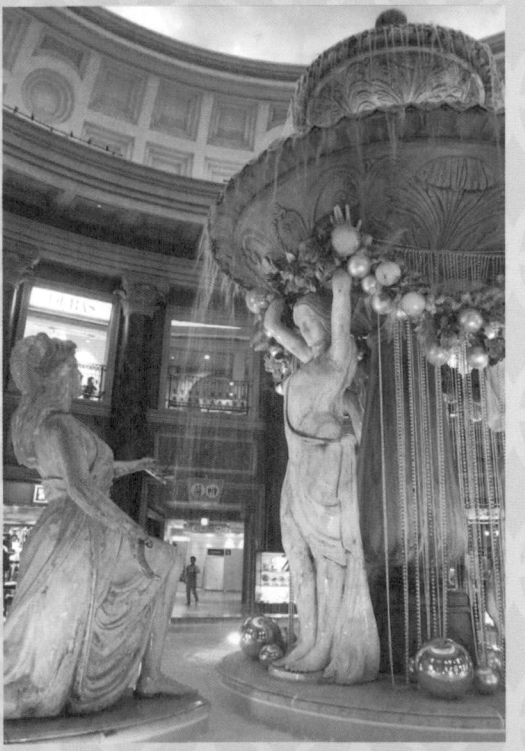

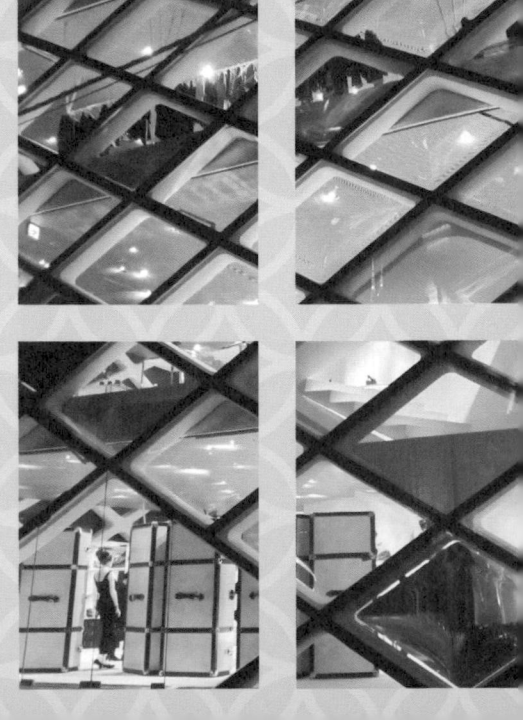

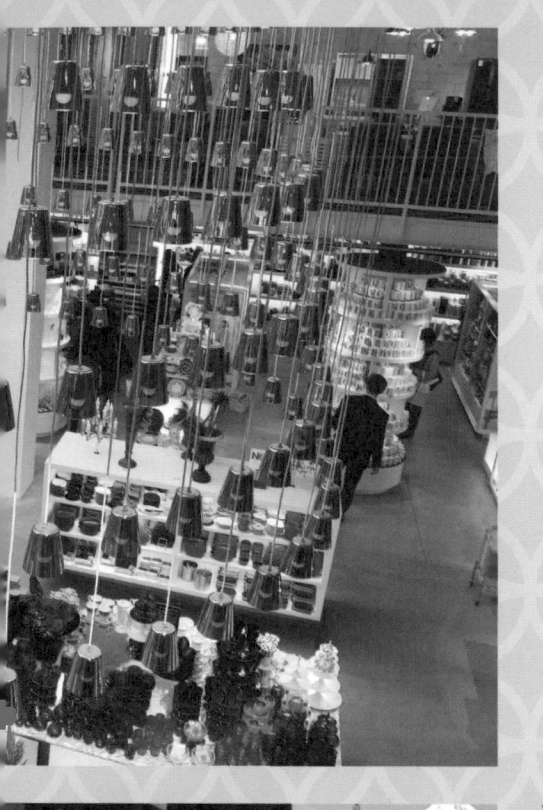

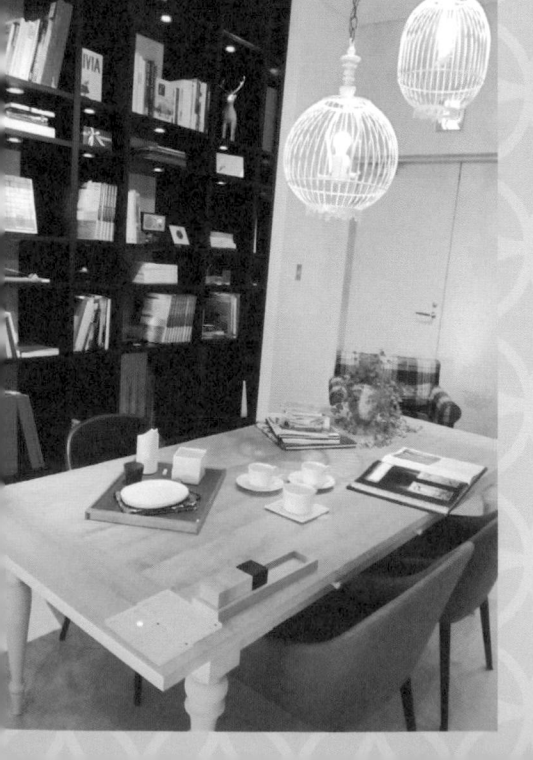

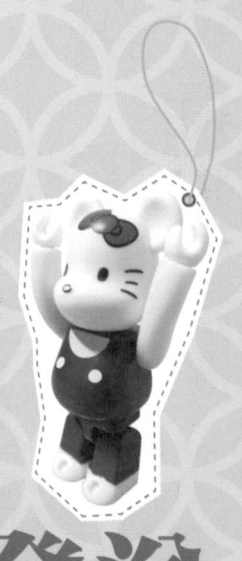

潮流發送

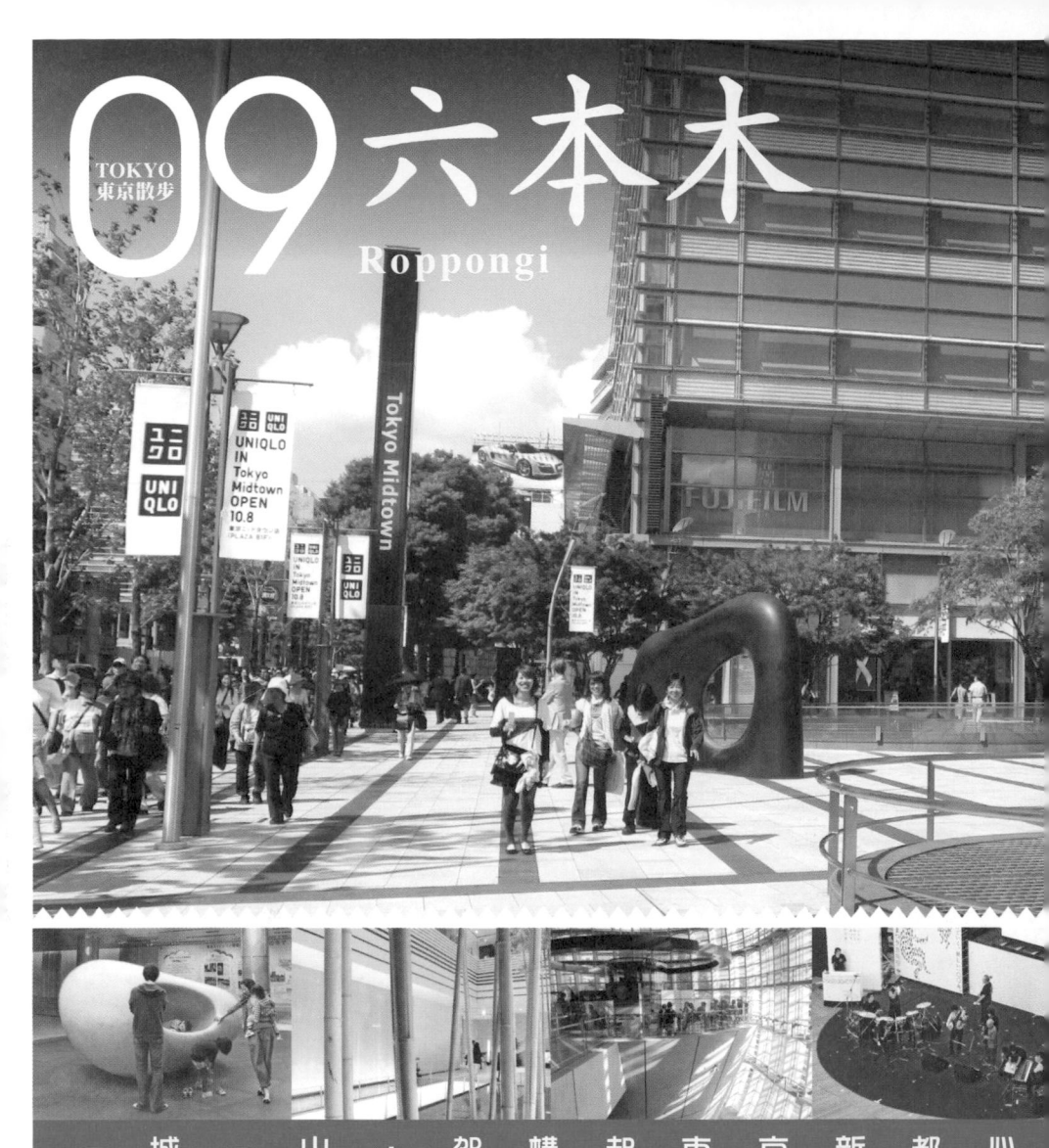

一 城 一 山 ， 架 構 起 東 京 新 都 心

1990年代遊東京，台場是必遊的約會經典勝地；但2000年代，向來以夜店聞名的六本木，在經過大規模的重建與改造後，搖身一變，成為東京目前熱門的觀光景點、約會勝地以及消費天堂。這裡有最具地標性的商業大樓群、複合式的大型百貨商場、最具前瞻性的美術館，還有頂尖的餐廳及時尚文化，改變之大，讓人耳目一新，如果來東京卻沒有拜訪這個地區，那你的東京之旅就遜掉了！

自從2004年起，「六本木Hills」、「東京Midtown」以及「國立新美術館」先後接續整建開幕後，六本木的精采，就不再只限於它的夜店文化。「六本木Hills」、「東京Midtown」這兩座複合式建築群的大型商場，把全天候的尖端潮流、多面向的藝術文化、國

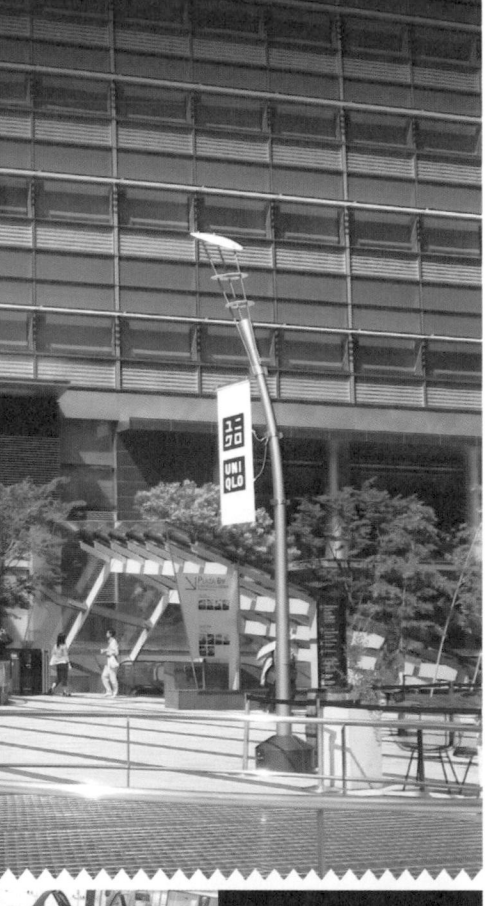

六本木可分成3個大的景點區，只要找對地鐵出口，都可以輕鬆抵達，尤其是六本木Hills及東京Midtown，都有地鐵出口通道直接連接，即使下雨也不怕淋溼，相當方便。尤其這3個景點的建築體都相當醒目，將它們當作地標，再配合地圖的使用，不至於會逛到迷路，讓你輕輕鬆鬆遊六本木。

建議不妨早上先前往參觀國立新美術館，等逛到肚子餓了，再往六本木Midtown前進；記得先到地下樓美食街吃碗美味的烏龍麵、燉牛肉飯或日式飯盒，把體力養足再逐層逛個過癮、買個高興；再把營業時間到凌晨的六本木Hills留到最後，來這裡吃晚餐、逛購物中心、逛美術館，等夜深、城市燈火全點亮了，再爬上最高樓的平台，欣賞東京美妙的鑽石夜色。

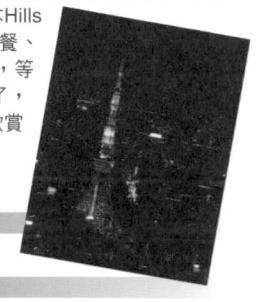

Ⓐ **10:00 國立新美術館**

↓ 散步10分鐘

Ⓑ **13:00 東京Midtown**

↓ 散步10分鐘

Ⓒ **17:00 六本木Hills**

前往國立新美術館周邊
1. 搭乘地鐵東京Metro千代田線，到「乃木坂」站(6號出口)
2. 搭乘地鐵都營大江戶線、東京Metro日比谷線，到「六本木」站(7號出口，再沿著往國立新美術館的指標前進，會經過東京Midtown的地下樓商場)

前往東京Midtown周邊
1. 搭乘地鐵都營大江戶線、東京Metro日比谷線，到「六本木」站(7號出口)

前往六本木Hill周邊
1. 搭乘地鐵都營大江戶線，到「六本木」站(1號出口)
2. 搭乘地鐵東京Metro日比谷線，到「六本木」站(1號出口)

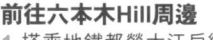

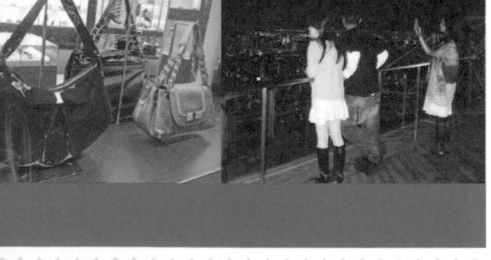

際級的餐廳美食，以及全家大小出遊的場景，都帶到六本木來。

而「國立新美術館」則裡裡外外都是藝術，就算你對藝術展覽沒有興趣，它那極具視覺震撼力的建築細節，以及創意無限的紀念品店，都值得你特地前來造訪。一時之間，六本木變身成東京最具話題性、最具人氣的時髦景點。

散步花絮

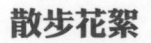

路口金髮碧眼的帥哥美女們：六本木雖然已是醜小鴨變天鵝，但它的夜生活文化依然精采不變，酒店、舞廳仍然藏身於大樓當中，一入夜，各大十字路口就是各酒店的拉客據點。別意外，那位說著流利日文向你攬客的，就是西裝筆挺的老外(尤其以黑人居多)。

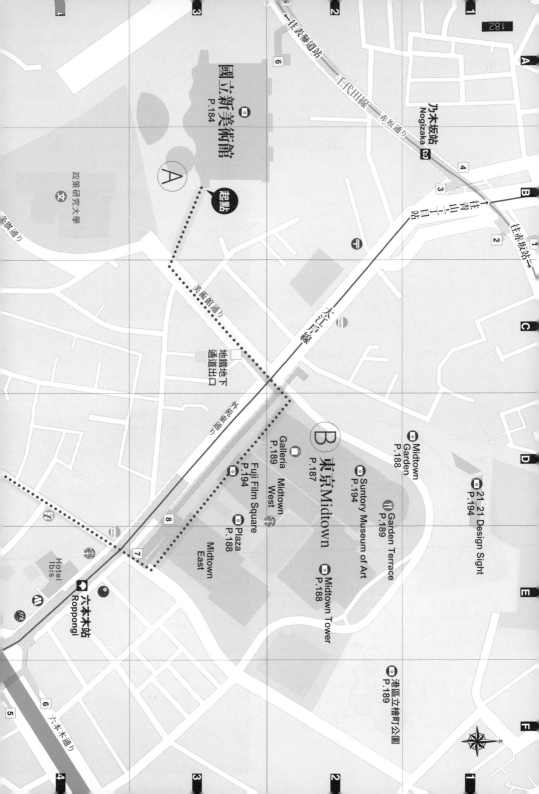

國立新美術館
P.184

A

起點

政策研究大學

乃木坂站
Nogizaka

千代田線　赤坂通り

青山一丁目站

←住赤坂站→

美術館通り

地鐵地下
通道出口

大江戶線

B 東京Midtown
P.187

Galleria
P.189

Fuji Film Square
P.194

Midtown
West

Plaza
P.188

Midtown
East

Midtown
Garden
P.188

Suntory Museum of Art
P.194

Garden Terrace
P.189

Midtown
Tower
P.188

21_21 Design Sight
P.194

港區立檜町公園
P.189

Hotel
Ibis

六本木站
Roppongi

六本木通り

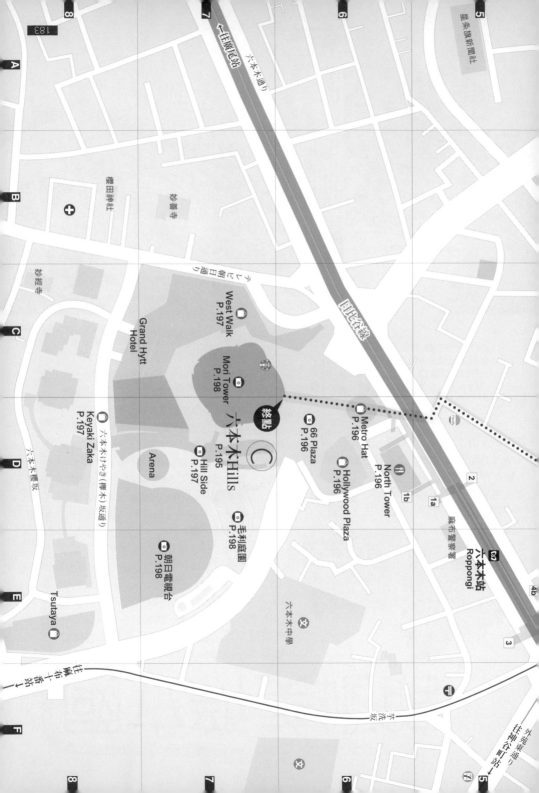

←往箱根湯本
六本木通り

朝日新聞社

櫻田神社

妙善寺

テレビ朝日通り

妙經寺

West Walk
P.197

Grand Hytt
Hotel

Mori Tower
P.198

総點 六本木Hills

六本木櫻坂

Keyaki Zaka
P.197

六本木けやき（欅木）坂道り

Arena

Hill Side
P.197

P.195

朝日電視台
P.198

毛利庭園
P.198

66 Plaza
P.196

Metro Hat
P.196

Hollywood Plaza
P.196

North Tower
P.196

1b

1a

2

麻布警察署

4b

3

六本木中學

外苑東通り
往神谷町站→

往麻布十番站↓

Tsutaya

芋洗坂

1a

六本木站
Roppongi

國比谷線

KOKURITSU SHINBIJUTSUKAN

國立新美術館

2007年開館，占地3萬平方公尺，以玻璃建材構成波浪形新潮外觀的「國立新美術館」，爲日本目前樓板面積最大的美術館，是已故日本建築師「黑川紀章」的作品。以冷硬的建材築成柔軟圓潤的線條，美術館本身就是一件激發視覺感官的現代藝術作品。在尚未進入美術館，它外觀的形貌就已經吸引人拍照留念了，只要光線一變化，室內、外的光影風景就全然不同。

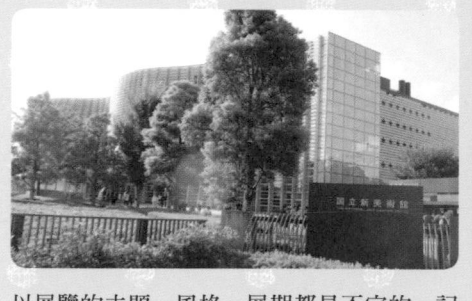

波浪形的外觀固然吸引人，但大廳中兩座高達兩層樓及3層樓的大型倒圓錐體，更是令人咋舌，任誰都會好奇及驚訝這樣的建築風格。圓錐體的頂部各是有格調的法式餐廳Brasserie Paul Bocuse Le Musée、咖啡廳Salon de Thé Rond，而洗手間則巧妙地隱藏在倒圓錐體的底部，設計相當有巧思。

國立新美術館本身沒有館藏藝術品，所以沒有常設的展覽，館內所有的展覽都是由各美術團體承租場地不定期舉辦的藝術展，所

以展覽的主題、風格、展期都是不定的，記得前往參觀之前先上官網查詢最新的展覽訊息。另外，美術館的3樓設有藝術圖書館，館內藏有幾萬冊日本及海外有關近代美術、設計、建築等的雜誌、書籍、畫冊等，免費入場。

MAP P.182／A3 ✉港區六本木7-22-1 ☎03-5777-8600 ⏲10:00～18:00 休 週二(遇假日休週三)，12/20～01/10(每年年末年初的修館日稍有不同) $依展覽而票價不同 http www.nact.jp

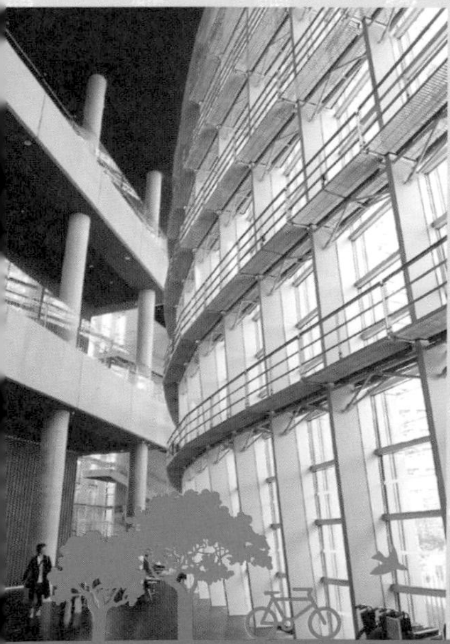

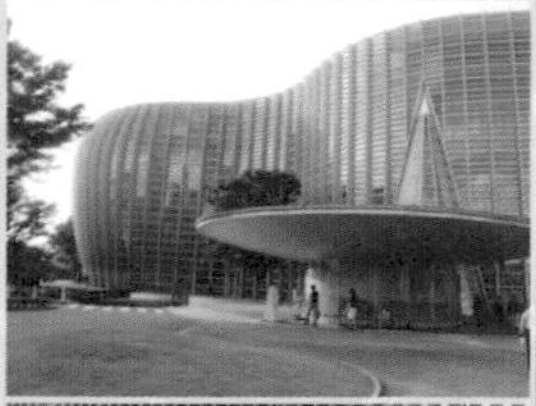

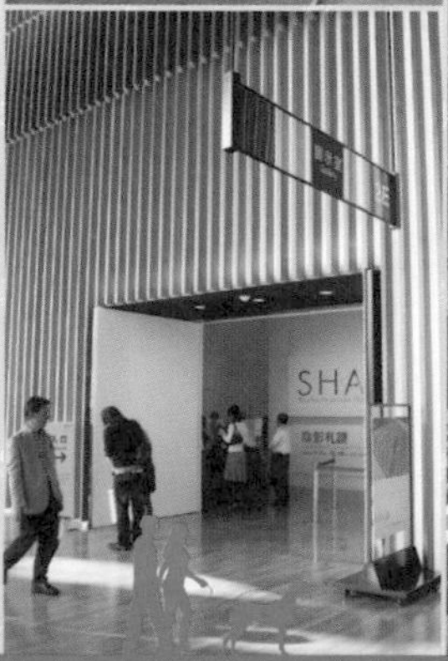

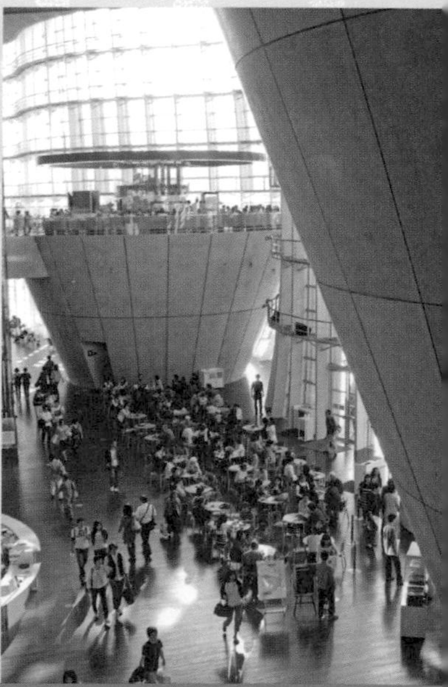

美術館紀念品店

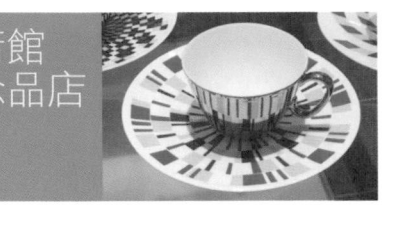

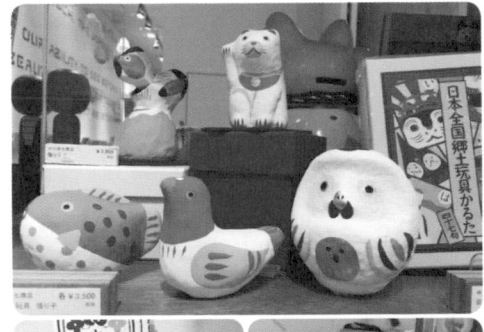

雖然美術館沒有館藏及常設展,但重要的禮品店可是少不了,位於B1,來自世界各地的商品,都跟「設計與藝術」有關。這裡的商品創意十足、獨特少見,有不少是日本當地藝術家的寄賣作品,可說是獨一無二,甚至是僅此一件呢!是我逛過其他美術館、博物館後,覺得最特別的一處,錯過就太可惜囉!

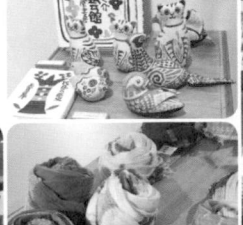

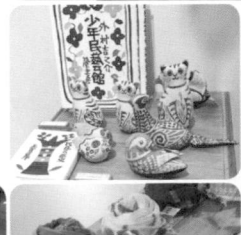

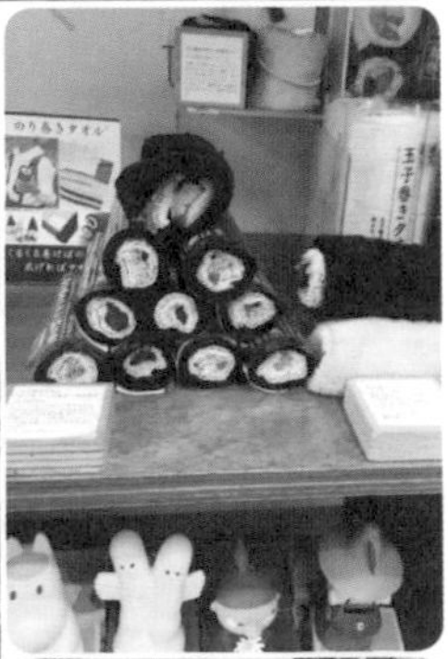

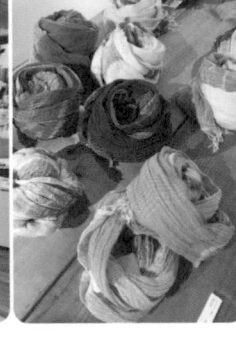

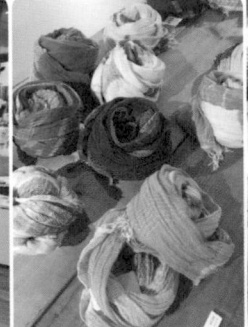

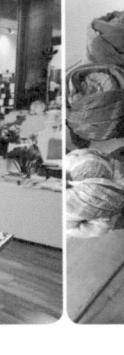

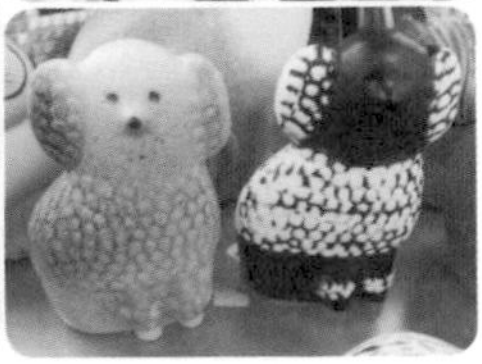

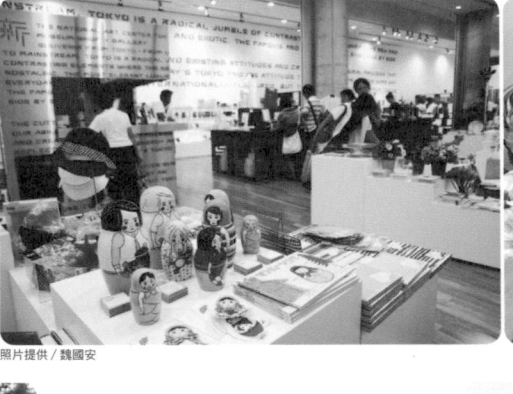

照片提供／魏國安

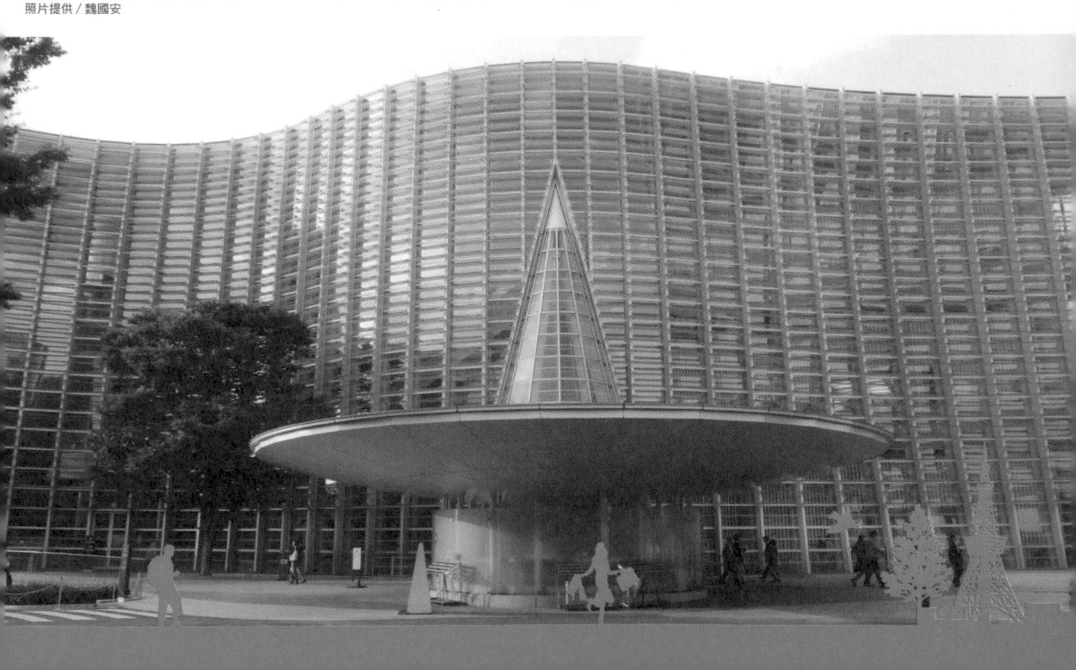

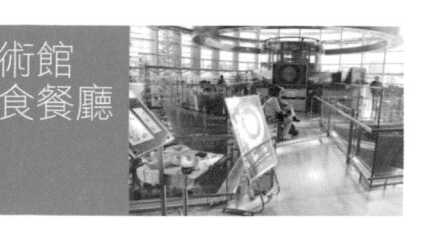

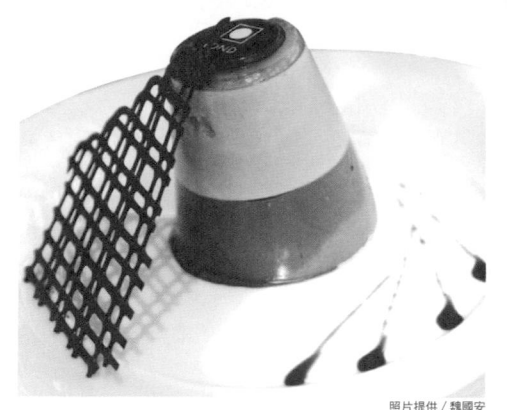

照片提供／魏國安

美術館內共設置有4家的餐廳及咖啡廳,從高格調的到經濟型的,主題的設定也都相當地具有巧思。

Brasserie Paul Bocuse Le Musée

位在3樓,主題為「創造」。以米其林三星名廚Paul Bocuse的正統法國料理為主的高格調餐廳,強調「最佳食材、最佳烹調、最佳美味」,是相當具有人氣的餐廳。營業時間到21:00(週五至22:00),即使美術館已閉館,仍可悠閒地品味細緻的浪漫晚餐。午餐套餐￥2,500,主廚推薦套餐￥3,800;晚餐套餐￥3,800,主廚推薦套餐￥5,000。

Salon de Thé Rond

位在2樓,主題為「發現」。法文的Rond就是圓形之意,咖啡廳將廚房、吧檯置於中央,座椅則安排在外緣周圍,讓每張桌子的顧客都可以居高臨下欣賞美術館內的空間設計。上等紅茶搭配精緻蛋糕,是高優質的下午茶最佳去處。蛋糕+紅茶套餐￥1,260;三明治+咖啡或湯品套餐￥1,260。

Café Coquille

位在1樓大廳,主題為「見面」。法文的Coquille是貝殼之意,將波浪形的玻璃外牆形容為海浪,拍打著岸邊貝殼(置於牆邊的用餐桌椅),是不是相當浪漫呢?巨大的開放感是大廳咖啡廳最佳空間,當陽光灑進,明亮又溫暖。主要提供咖啡、三明治等輕食餐點。

Cafétéria Carré

位在B1樓,主題為「對話」。法文的Carré是寬廣的方形空間之意,提供參觀累了的遊客一個輕鬆、寬敞的用餐空間。有多種簡餐、三明治、飯糰、日式飯盒等,也有兒童餐點。

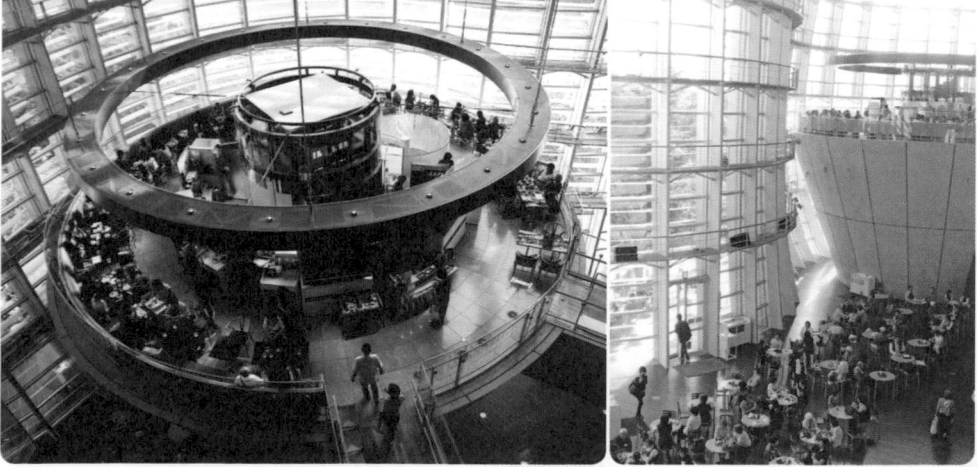

照片提供／魏國安

東京Midtown

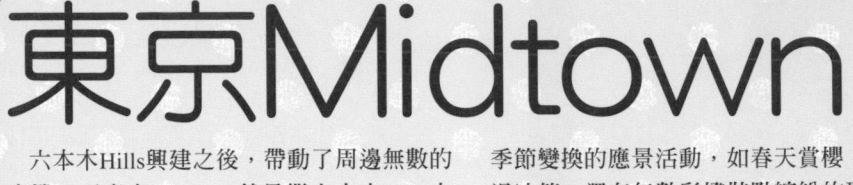

　　六本木Hills興建之後，帶動了周邊無數的商機，而東京Midtown就是繼六本木Hills之後，緊接著登陸在六本木的超大型複合式商業大樓群，集合了辦公大樓、公寓住宅、商店、餐廳、飯店、美術館、會議中心、醫療中心，以及公園、庭園等，將東京都內最潮流的購物、美食、藝術，全集中在一處，可說是東京的城中城。

　　東京Midtown除了以高級、舒適的購物商場，及美味的世界美食吸引無數的人潮外，在建築群裡還藏有3家主題各異的美術館，分別是以展示日本傳統藝術之美的「三得利美術館」、介紹相機及攝影歷史的「富士攝影廣場」，以及集合了三宅一生、佐藤卓、深澤直人這3位日本知名設計師理念的現代美術館「21_21 Design Sight」。

　　此外，東京Midtown也不時舉辦匯集世界的設計活動、傳遞東京流行趨勢的時裝週，以及無數企業的嶄新商品發表展示。還有隨

季節變換的應景活動，如春天賞櫻、冬天的滑冰節，還有無數彩燈裝點繽紛的聖誕節，是東京目前最時尚、最熱門的約會場所。

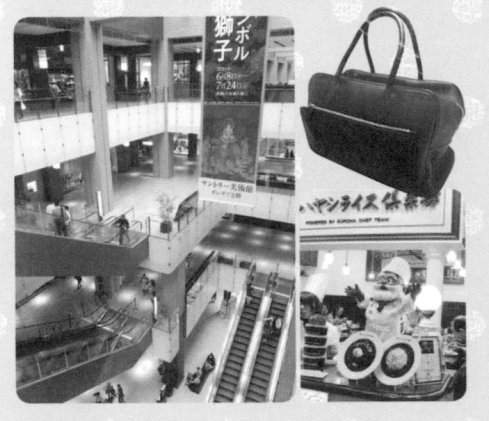

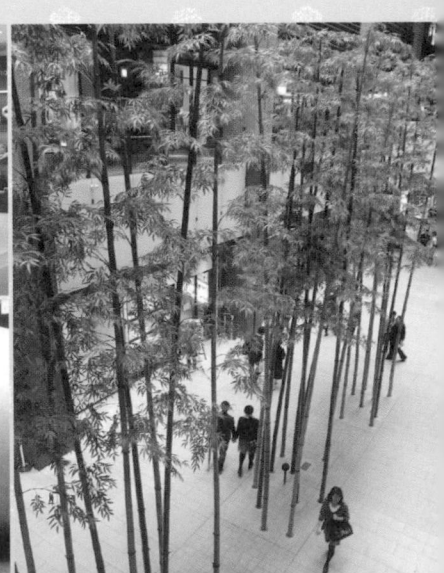

MAP P.182 / D2　港區赤坂9-7-1　03-3475-3100　商店11:00～21:00，餐廳11:00～00:00，超市24小時營業　休1/1　http www.tokyo-midtown.com

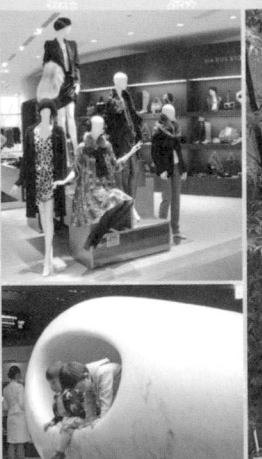

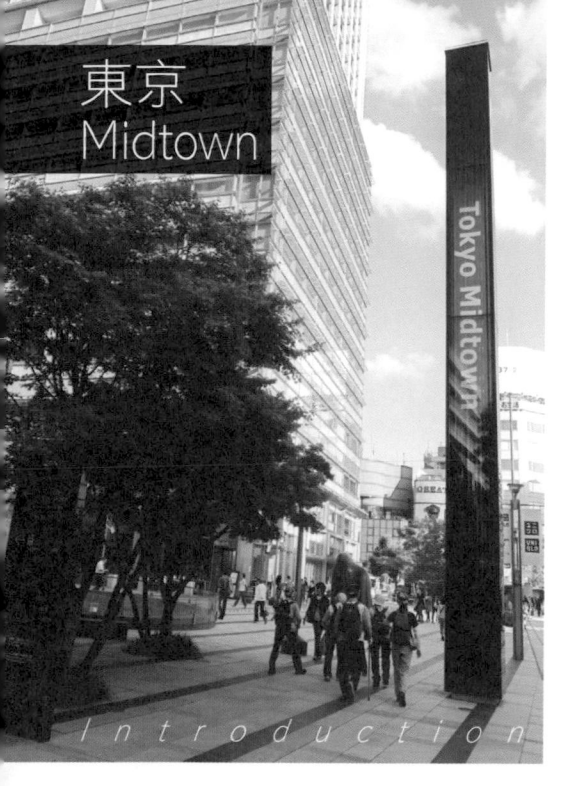

東京 Midtown

Introduction

▌Plaza | MAP P.182 / D3

位於地面樓層，是進入東京Midtown的廣場通道，左右兩邊的大樓各是Midtown East與Midtown West，廣場裡有許多竹林、藝術品，相當具有綠色禪意，通道中央有電扶梯可通往地下樓層廣場。向裡走一點就是東京Midtown建築群的中心，上方置有高25公尺的超大玻璃天幕，一旁則有星巴克咖啡、甜點店、書店等，而前方最高的大樓就是Midtown Tower。

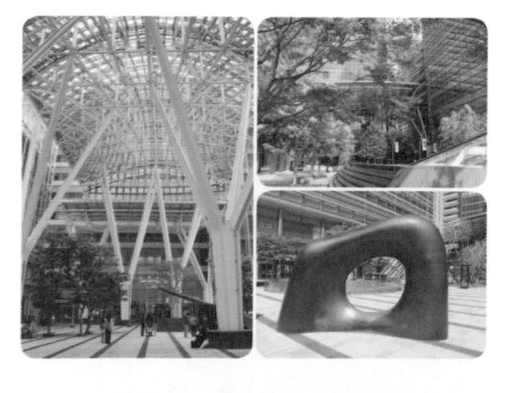

▌Midtown Garden | MAP P.182 / D1

東京Midtown後方整個被公園綠地環抱著，左邊屬於東京Midtown的庭園，規畫得相當舒適宜人，有大型的藝術創作、美術館，還有餐車及紀念品販售，以及無線上網的服務。不論是春賞櫻、夏野餐、秋賞楓、冬聖誕，這裡都很熱鬧，美術館「21_21 Design Sight」也位在這個公園內。

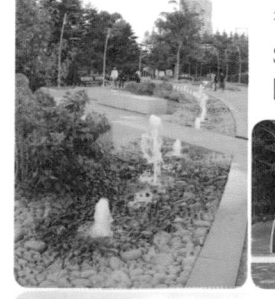

照片提供／魏國安

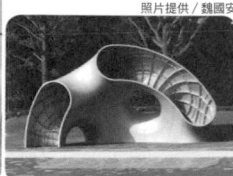

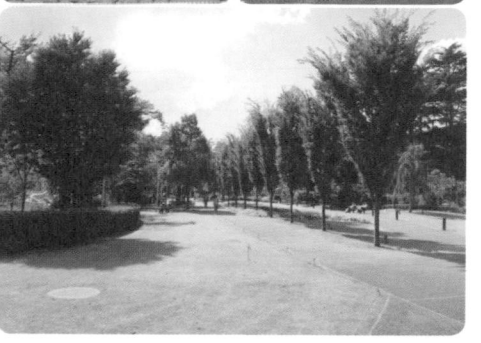

▌Midtown Tower | MAP P.182 / E2

Midtown Tower高248公尺，是一棟複合式商業大樓，裡面除了一般辦公室、大型電子公司本部、醫療中心外，還有數個設計協會或學校，而45～53樓則為五星級的高空飯店——麗池卡爾登（The Ritz-Carlton Tokyo），飯店全部248間客房都能眺望東京景色，包括東京鐵塔，天氣晴朗時更可以有機會遠眺到富士山的美景。

照片提供／魏國安

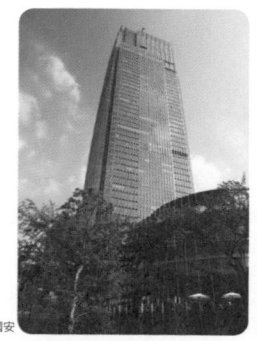

Galleria | MAP P.182 / D2

Galleria摩登的和風設計，是東京Midtown最主要的購物商場，B1～3樓共有超過百家從世界各地精挑匯集的商店及餐廳，其中不乏一級的國際大品牌店。B1樓層以甜點店、餐廳、超市為主，日本知名的食堂、餐廳都有它的一個角落，如日本點心老店「虎屋」、法國巧克力名店「Jean-Paul Hévin」，還有美國高級超市「Dean & Deluca」；另外，UNIQLO在B1樓層也開了間大型分店。

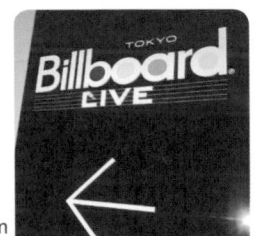

1～2樓有來自世界各地的國際大品牌服飾店、珠寶店、彩妝店，時尚與奢華全都匯集於此，如Burberry、Bottega Veneta、Issey Miyake、Boss等等。3樓則是以生活雜貨為重心，家具、電器、生活用品；和風的、洋風的、復古的、摩登的，全都經過精心巧思的設計，讓生活用品也能具有獨特的美感與趣味，是最值得逛的一個樓層，衣服可以去別處買，這裡的生活雜貨則是讓你非買不可。

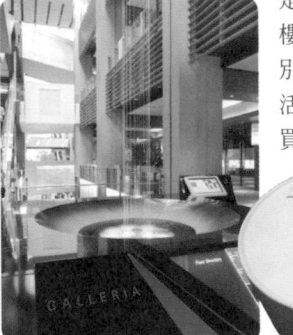

Garden Terrace | MAP P.182 / D2

外觀猶如一個多層的蛋糕般，每一層就是一家餐廳的露天座位，讓用餐的顧客可以在享用精緻美食的同時，欣賞綠色的庭園風景。Garden Terrace 5個樓層裡共集合了多家知名餐廳，有日式的、義式的、中式的、法式的等等，選擇非常多，是屬於正式用餐的高格調餐廳。此外，B1樓層有MUJI無印良品，而4樓則有一家大型的Live音樂吧Billboard Live Tokyo，大型的專業舞台，每晚都有日、洋知名的爵士樂手、POP歌星的專業演出，如Marc Almond、倖田來未等等，可邊用餐、邊欣賞國際級的專業演出。如果喜歡聆賞演出，不妨上網查看節目內容，入場需要以電話或網路提前預約購票。

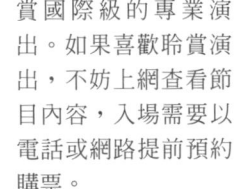
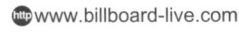

http www.billboard-live.com

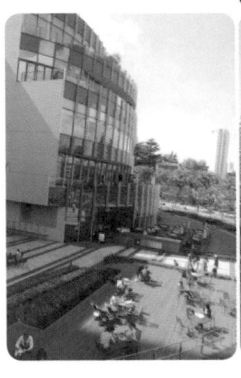
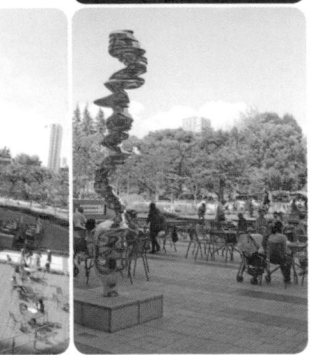

港區立檜町公園 | MAP P.182 / F2

因為過去這裡曾有許多的檜木林，所以稱為檜町，而公園現址則是毛利家族以往的庭園「清水亭」，至今仍維持著江戶時期的庭園景色，開放給市民大眾休憩使用。

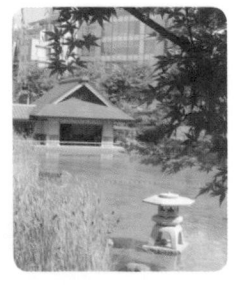

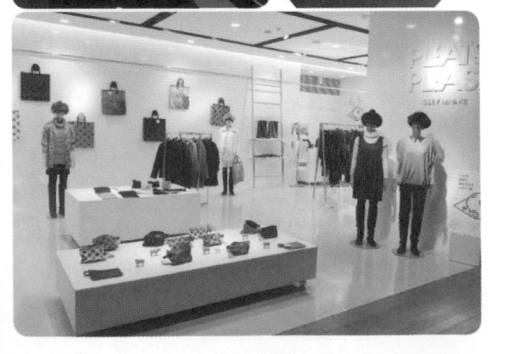

到東京Midtown 吃美食買好物

NIRVANA New York

✉Garden Terrace 1F ☎03-5647-8305 ⏰週一
～六11:00～15:30(週六至16:00)、17:00～00:00；
週日、假日11:00～16:00、17:00～23:00 休無休
💲自助午餐¥2,300，晚餐約¥3,000起，晚餐套餐
¥8,250 🌐www.nirvana-newyork.jp/nvny

NIRVANA提供有多
種印度風味的咖哩料
理，創業自1970年，
原開在紐約的知名印
度料理餐廳，餐廳於
2002年結束經營後，
便遠渡來到日本重新開
張營業，繼續傳承其數
十年來享負盛名的印度
原味。NIRVANA的裝
潢並非你想像中印度餐
廳的既有印象，而是摩
登又富設計感的大都會
風格、開放式的廚房、
優雅又帶點活潑生氣的
用餐環境，其中以面對
檜町公園的露天座位最
受歡迎。

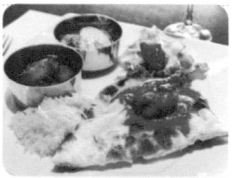
照片提供／魏國安

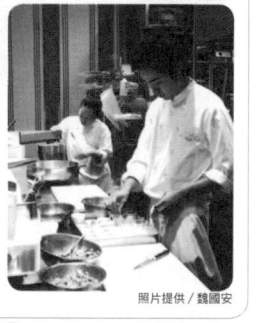
照片提供／魏國安

Maison Kayser

✉Galleria B1 ☎03-6804-6285 ⏰11:00～21:00
休無休 🌐maisonkayser.co.jp

從法國巴黎紅回日本的法式烘焙店，展店的速
度相當快速，就連台北也有百貨專櫃。Maison
Kayser以各種歐式麵包、長棍麵包，及曾獲雜誌
評薦為第一名
的法式可頌，
擄獲眾多麵包
迷的胃。而小
蛋糕類的瑪德
蓮及費南雪也
都是Maison
Kayser的招牌
必嘗品項。

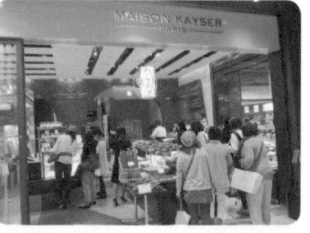

Pâtisserie Sadaharu AOKI paris

✉Galleria B1 ☎03-5413-7112 ⏰11:00～21:00
休無休 💲甜點¥450起，飲料¥630起 🌐www.sa
daharuaoki.com/boutique/tokyo-en.html

由巴黎著名的日籍糕點師傅「青木定治」所開設
的法式糕點鋪，青木在巴黎打響了名號後，便將這
股高級的法式糕點風潮帶回日本，至今在東京已開
設有數家分店。店面設計簡潔俐落，明亮的櫥窗擺
滿各式各色，揉合法式
風格與日式素材的特製
糕點，具有法國的浪漫
與日本的禪意。店內設
有約10個座位，你可
以選擇優雅地坐下來品
嘗，不過經常都是一位
難求的情況。

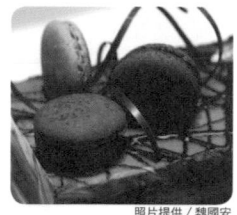
照片提供／魏國安

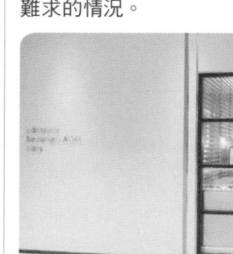

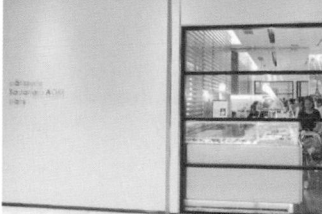

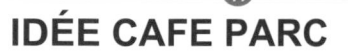

IDÉE CAFE PARC

✉Galleria 3F ☎03-5413-3455 ⏰11:00～21:00
休無休 💲咖啡¥360，甜點¥550，三明治¥
480 🌐www.idee.co.jp/shop/tmd

著名的時尚生活家具店IDÉE所開設的咖啡廳，
咖啡廳其實就開設在店內，除了逛設計家具、買
時尚生活用品外，
還可悠閒地喝咖啡
小憩一下。既然販
售家具是本業，店
內的桌椅當然也是
IDÉE出品，簡潔
又摩登。咖啡廳有
部分露天座位，可
以在享受餐點的同
時，欣賞Midtown
迷人的戶外風景，
想當然的，露天座
位可遇不可求。

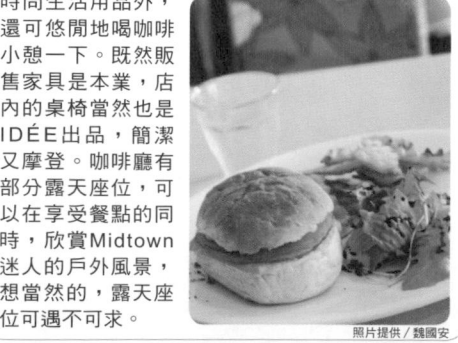
照片提供／魏國安

Jean-Paul Hévin

✉Galleria B1 ☎03-5413- 3676
🕐11:00～21:00 休無休 💲Club
三明治￥1,599，甜點￥1,000
起，午茶套餐￥1,890 🌐 www.jph-japon.co.jp

照片提供／魏國安

創業超過50年，是世界知名的巴黎巧克力店，單這個品牌，就足以讓許多巧克力迷瘋狂不已。店面裝潢高雅，一顆顆的巧克力就如同名貴鑽石般，被精心陳列在玻璃櫥櫃內，即使你只買一顆，店員仍會為你小心翼翼地包裝。店內部分巧克力更是每週特別從巴黎空運到東京，店內設有巧克力甜點餐廳，你也可以在吧檯前或是悠閒的座椅上，細細品嘗尊貴等級的巧克力料理。

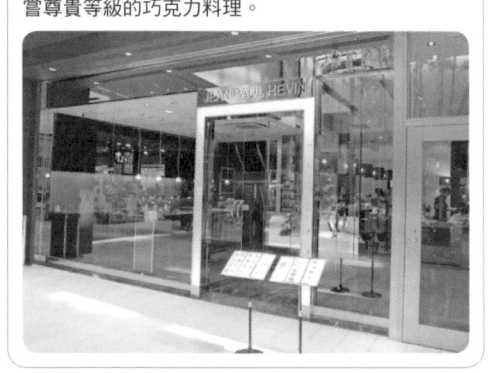

Toshi Yoroizuka

✉Midtown Plaza 1F ☎03-5413-
3650 🕐11:00～21:00 休無休 💲單
品甜點約￥540，特製甜點盤￥1,300
起🌐grand-patissier.info/ToshiYoroizuka

照片提供
／魏國安

Toshi Yoroizuka是東京相當具話題的甜點店，由名廚鎧塚俊彥所主持，他曾於歐洲各國實習長達8年，並曾多次獲得重要獎項。每逢下午茶時間，或是週末，店外可以看到許多華麗貴婦跟著排隊呢！你可以在店內選購糕點，或是悠閒地坐在店內的吧檯前，欣賞廚師當場為你製作高雅的甜點，再搭配上為甜點所特選的飲料或酒，霎時讓人感動地覺得，品嘗甜點也能這樣的高級雅致。

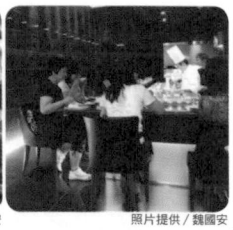

照片提供／魏國安　　　照片提供／魏國安

DEAN & DELUCA

✉Galleria B1 ☎03-5413-3580 🕐11:00～21:00
休無休 💲午餐餐盒￥840，特製餐點￥750起
🌐www.deandeluca.co.jp

1977年在紐約SOHO區創立的食品店。東京Midtown分店同樣是家集合了世界各地美味食材的高級超市，如紅酒、起士、咖啡、培根等，這裡都可以買得到。超市內附設有小餐廳，可以品嘗到

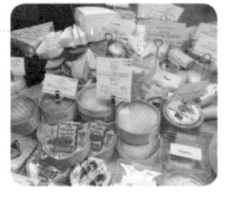

特製的國際料理，以及道地的日式料理，午餐時間還會推出精緻又美味的餐盒，有沙拉、兩種自選主菜，甜點等，相當豐富，非常受到OL的歡迎。

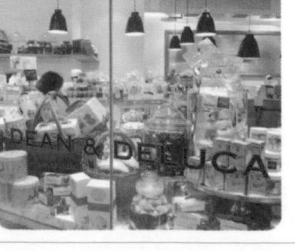

IDÉE SHOP

✉Galleria 3F ☎03-
5413-3455 🕐11:00
～21:00 休無休 🌐
www.idee.co.jp

發源自南青山的著名生活居家雜貨店，在表參道、新丸大廈及自由之丘都開有分店，是東京都內生活雜貨的名店。IDÉE SHOP主題構思是「生活之探求」，即在日常居家生活中尋求美感意識，店內有許多日本製商品，及網羅世界各地的特色家具、飾品、禮品、文具及生活用品等，逛起來相當有趣。

虎屋

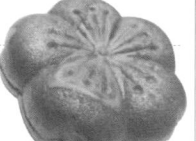

✉Galleria B1 ☎03-5413-3541 ◷11:00～21:00 ㊡無休 💲虎屋菓寮餐點約¥1,200 🌐www.toraya-group.co.jp

　　創業自1520年代，虎屋是京都和菓子的歷史名店，是日本天皇御用的老牌糕餅鋪，1980年遠渡法國巴黎開起分店，虎屋的名氣響遍海內外。

　　虎屋東京Midtown分店於2007年開幕，把京都傳統的和風文化，以「新和風」重新包裝，將傳統圖案以現代的線條詮釋，不論是手巾、信箋、點心盤，甚至是虎屋的和菓子名物「羊羹」，全都展現新世紀的風貌，讓人很難空手走出店鋪。

　　虎屋的賣場就如同美術館一般，和菓子製作也是匠心別具，從沒見過「羊羹」被如同藝術品般地展示，精緻得讓人不忍心吃下肚呢！另外，虎屋在商店的一旁開設了「虎屋菓寮」喫茶店，你可以坐下來細細品嘗傳統的京都風味和菓子及日式甜點。

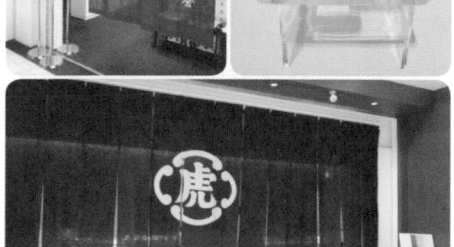

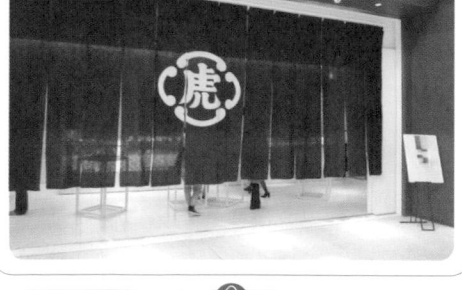

伊東屋

✉Galleria 3F ☎03-3423-1108 ◷11:00～21:00 ㊡無休 🌐www.ito-ya.co.jp

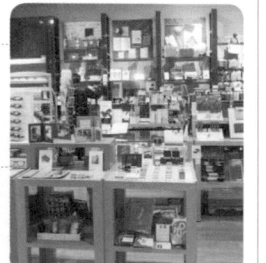

　　來自銀座的專業文具用品店，實用的各種辦公用品，五顏六色、選擇相當多。若你沒空前往銀座伊東屋大樓拜訪，不妨在這裡逛逛，買個最新最in的文具用品帶回家。

Nicolai Bergmann Sumu

✉Galleria 3F ☎03-5647-8331 ◷11:00～21:00 ㊡無休 🌐www.nicolaibergmann.com

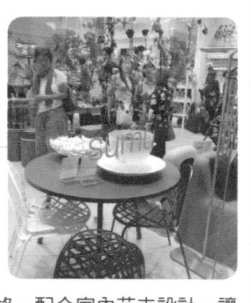

　　由丹麥花卉設計師Nicolai Bergmann所開設的時尚花店，提出綠色植物為室內裝潢主要元素的新生活概念。以丹麥的生活風格，配合室內花卉設計，讓Life Style這件事，變得耳目一新。店內除了有多種賞心悅目的盆栽擺飾或花藝設計，也有多款清新簡潔的生活雜貨，及設計時尚的家具用品。

Flagship 212 Kitchen Store

✉Galleria 3F ☎03-5413-7686 ◷11:00～21:00 ㊡無休 🌐www.212kitchenstore.com

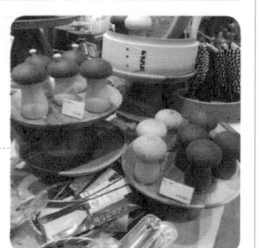

　　將改善生活素質的提案注入在廚房之中，對廚房用品極度挑剔的人而言，這裡有超過百款、來自世界各地的廚房精品，件件精緻、件件可愛，絕對能讓你逛到樂而忘返，種類多到讓人無從選擇起。

Time & Style Midtown

✉Galleria 3F ☎03-3541-3321 ◷11:00～21:00 ㊡無休 🌐www.timeandstyle.com

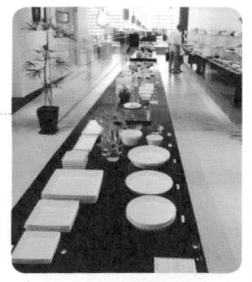

　　在東京Midtown 3樓眾多時尚生活用品店中，它可算是占地最大的一家，商店內的生活居家用品，從設計到製作生產都強調是Made in Japan，小至餐具、大至沙發桌椅，都在表現日本的現代時尚之美，不僅能點綴居家環境，也能提升生活的美感。

Wise・Wise tools

✉ Galleria 3F ☎ 03-5647-8355 🕚 11:00～21:00 休無休
🌐 wisewise.com/about/shop/tools

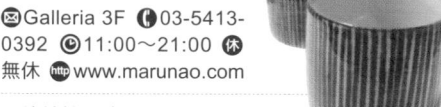

不論何時，這家生活用品店總是有最多的人潮，因為店內的各種生活雜貨實在是太讓人愛不釋手了。布包、木屐、餐具、擺飾等，以各種材質出現，樣樣都是設計時尚又好用，連一個小小的磨薑(芥末)器，都是工匠用心製作的商品。推薦購買的是繪圖街景的立體明信片組，一張張折疊並列後，就是一幅有趣的懷舊街道景色。

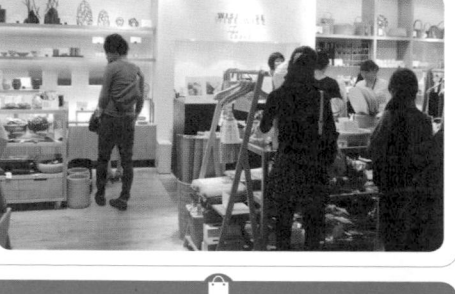

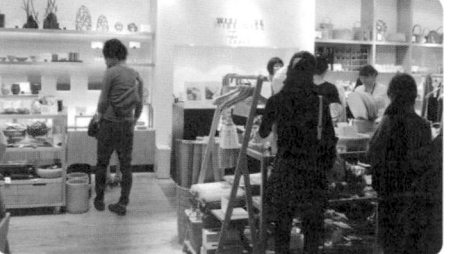

箸長

✉ Galleria 3F ☎ 03-5413-0392 🕚 11:00～21:00 休無休
🌐 www.marunao.com

傳統筷子店，百千款不同材質、功能、花色、款式的筷子，都擠進這家小小的店內，其中以黑檀木製作的16角筷子的價格最高，要價￥14,700，一分錢一分貨，高級品好得讓人沒話說；一般平價的筷子也有，花樣選擇最多。此外，店內也販售有許多可愛的和風擺飾、文具、餐具等工藝品，最讓人愛不釋手。

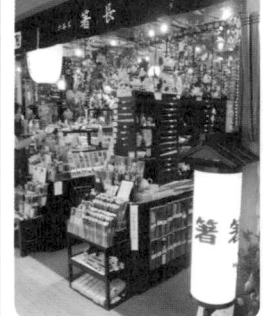

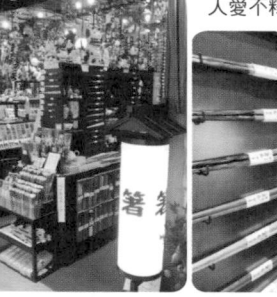

菱屋

✉ Galleria 3F ☎ 03-5413-0638 🕚 11:00～21:00 休無休
🌐 www.calenblosso.jp

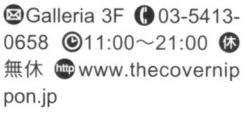

來自大阪，以傳統日本和服拖鞋創業的老店鋪，延續傳統的精神，將現代風格注入新的商品當中。提倡「和」的感性、技術，加上「洋」的機能性，菱屋新一代的商品精神「洋風和裝」儼然誕生。店內不論是拖鞋、布包、和風雜貨，樣樣精緻亮眼，雖然售價不低，總還是讓人不自主地掏出錢包來，其中最值得購買的就是日本拖鞋囉！

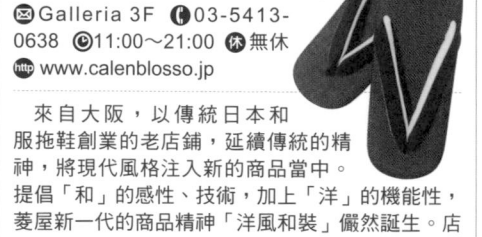

The Cover Nippon

✉ Galleria 3F ☎ 03-5413-0658 🕚 11:00～21:00 休無休 🌐 www.thecovernippon.jp

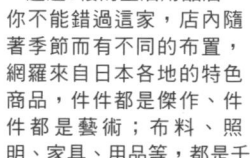

逛遍3樓的生活用品店，你不能錯過這家，店內隨著季節而有不同的布置，網羅來自日本各地的特色商品，件件都是傑作、件件都是藝術；布料、照明、家具、用品等，都是千挑萬選，將日本傳統的產業提升至現代的藝術美感。店內經常都是人潮洶湧，有不少僅此一件的商品，想當然爾，售價不會太便宜，但是如果看到極度喜歡的物品，而又有足夠的預算，大方地掏出信用卡把它刷回家吧！

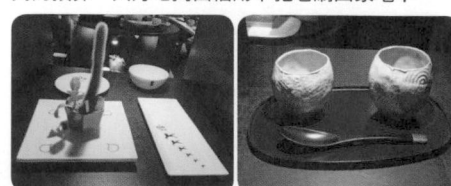

到東京Midtown
用藝術洗滌心靈

Suntory Museum of Art

MAP P.182 / D2 ✉Galleria 3F ☎03-3479-8600 🕐10:00～18:00(週五～六至20:00) 休週二(遇假日休週三)，1/1，更換展覽期間 💲門票費用依展覽而有不同 http www.suntory.co.jp/sma

自1961年開始，美術館就收藏了許多日本國寶級，或重要文化財的藝術作品，是日本頗具知名度的美術館。美術館自赤坂見附的舊址搬遷到東京Midtown後，繼續其開館以來的理念「生活中的美」，並以「美的連結、

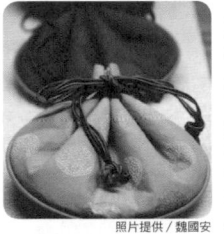

照片提供／魏國安

美的展開」成為新美術館的新方向。

新美術館找來了著名建築師「隈研吾」，以「傳統與現代的融合」為概念，將和式的建築細節，揉合在現代建築之中，傳達「和的摩登」的設計理念。美術館附屬的傳統茶室「玄鳥庵」位在6樓，設有「點茶席」，只在隔週的週四11:30～17:30營業(每月2天)，13:00、14:00、15:00共3個時段可體驗日本傳統茶道文化，費用為¥1,000，每日限定50名，可在3樓櫃檯報名，額滿為止。費用包括品茶與和菓子，相當值得參加，點茶席的營業日請上網查詢www.suntory.co.jp/sma/program/tencha.html。

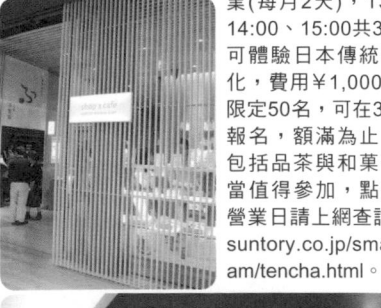

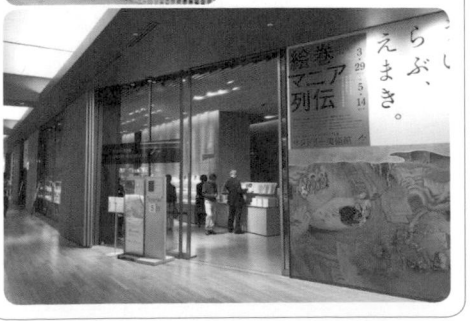

Fuji Film Square

MAP P.182 / D3 ✉Midtown West 1F ☎03-6271-3350 🕐10:00～19:00 休無休 💲參觀免費 http fujifilmsquare.jp

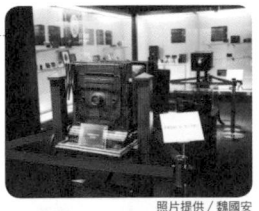

喜歡攝影的人，一定不能錯過這個由富士軟片開設的攝影廣場，在這裡你可以看到富士軟片最新開發的攝影技術與攝影產品，也有小小的藝廊空間，展出日本攝影師的精采作品。館內最值得看的就是「寫真歷史博物館」，博物館依年代順序，陳列出富士在過去所生產的照相機、攝影機

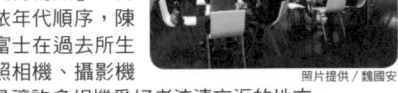

照片提供／魏國安

等，是讓許多相機愛好者流連忘返的地方。

21_21 Design Sight

MAP P.182 / D1 ✉Midtown Garden ☎03-3475-2121 🕐10:00～19:00 休週二，更換展覽期間 💲¥1,100 http www.2121designsight.jp

「20_20」在英美代表看得最遠的視力標準，而美術館所提出的「21_21」，即透過這種設計的視野「Design Sight」，會比20_20的Vision Sight看得更遠。參與美術館建築與發展的都是大有來頭，在日本設計界獨當一面的設計大師，擔任美術館藝術總監的是三宅一生、佐藤卓及深澤直人；而負責建築設計的則是世界知名的安藤忠雄。

安藤忠雄在設計時，捨棄了一貫的清水混凝土風格，以鐵板摺紙的技巧，折出了兩大片三角形的立面建築出來。就如同美術館的理念一樣，站在建築物前，彷彿就能夠幫助你看得更寬更遠一樣。美術館沒有常設展，所有展覽都是不定期的，在前往參觀前可以先上網查詢。

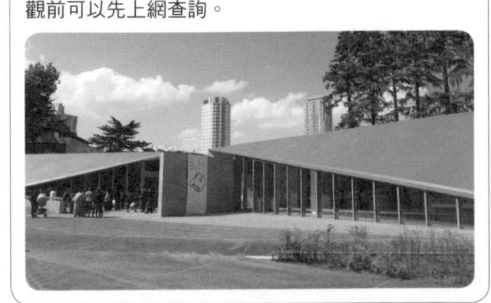

六本木Hills

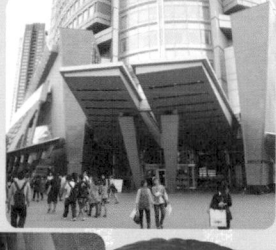

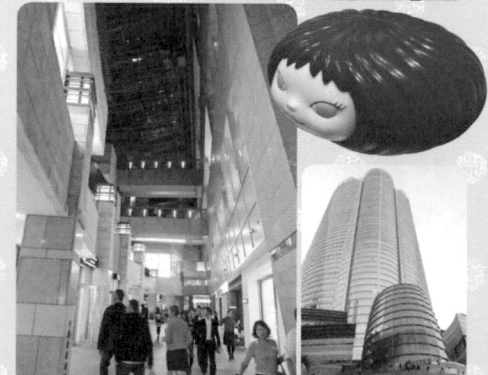

　歷經17年籌畫，以及斥資2,700億日圓興建而成的六本木Hills，就如同惠比壽花園廣場或表參道Hills一樣，都是東京都舊市區重新建設的計畫之一。六本木Hills由數棟的大樓所結合而成，集合了高級住宅、商業大樓、大型購物中心、美術館、音樂廳，以及電影院等，走在其中，就如置身於東京都內的城中之城，著實讓人感受到東京新興的澎湃生命力。

　在六本木Hills內，除了美食餐廳的選擇超多外，還有超過200家的商店、名牌旗艦店可逛可買，一家家比豪華、比寬敞，一層接著一層，讓人逛到腿軟、刷到卡爆。此外，位於53樓，號稱全球最高的美術館「森美術館」、52樓及屋頂的觀景天台「東京City View」，還有「朝日電視台」、「毛利庭園」，都是來六本木Hills絕不能錯過的觀光景點。

　六本木Hills劃分五大區域，商店、餐廳各有各的風格規畫，讓你能依照嗜好、需求、時間來進行逛街。

MAP P.183 / D7　港區六本木6-10-1　03-6406-6000　商店10:00～21:00，餐廳10:00～23:00　無休　www.roppongihills.com

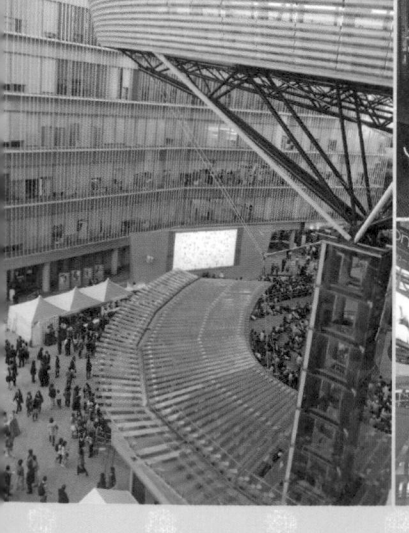

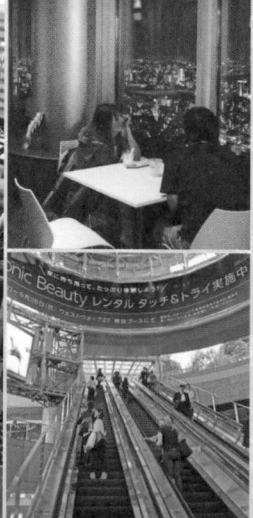

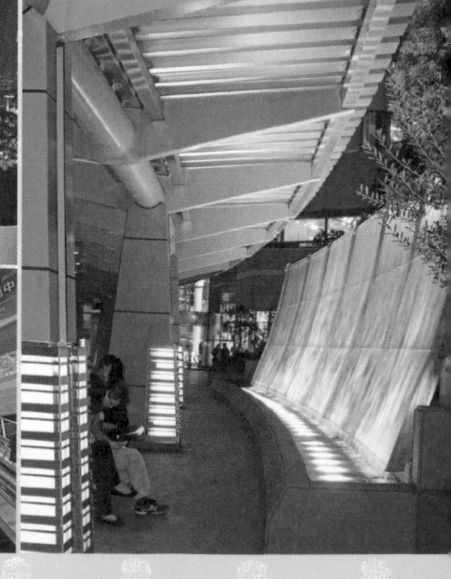

六本木
Hills

Introduction

Metro Hat / Hollywood Plaza | MAP P.183 / D6

與六本木Hills入口相連，可搭乘手扶電梯直接抵達「66廣場」及「森大廈」。Metro Hat因外形像一頂帽子而聞名，商店以販售運動、休閒服裝爲主，地下樓層有價格合宜的餐廳及咖啡廳，這裡設有旅客服務中心，遊客可在這裡取得六本木Hills內的資訊及手冊。Hollywood Plaza則有大型的運動品牌商店、健身中心、SPA，以及美髮沙龍。

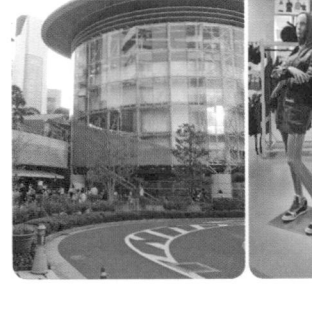
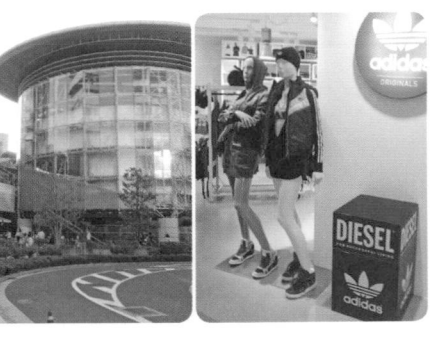

North Tower | MAP P.183 / D6

大樓與地鐵東京Metro日比谷線六本木車站相鄰，共有3個樓層，店鋪多以和風的小餐廳、日常生活用品店、超商爲主，唯一的服飾店爲知名的Banana Republic。North Tower主要功能爲提供上班人潮快速方便的餐點及購物服務，地下樓通道連接地鐵車站，也連接Metro Hat大樓通往「66廣場」的手扶電梯。這裡是六本木Hills內用餐花費最低的區域，若你的用餐預算不多，這裡最適合填飽肚子。

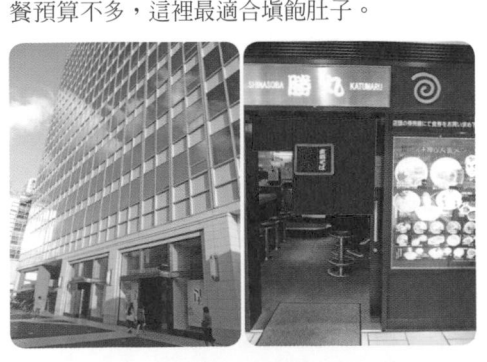

66 Plaza | MAP P.183 / D6

當你從Metro Hat搭乘手扶電梯往上而來，映入眼簾的就是人潮最多的六本木Hills入口廣場「66 Plaza」，廣場內最醒目的不外乎是那座「大蜘蛛」塑像，正式名稱爲《Maman》，是雕塑藝術大師Louis Bourgeois（1911～2010）的作品，遊客總是聚集在這裡拍張「到此一遊」的紀念照呢！廣場上綠意盎然、水波蕩漾，規畫得相當舒適，而這裡也是眺望東京鐵塔的最佳位置。

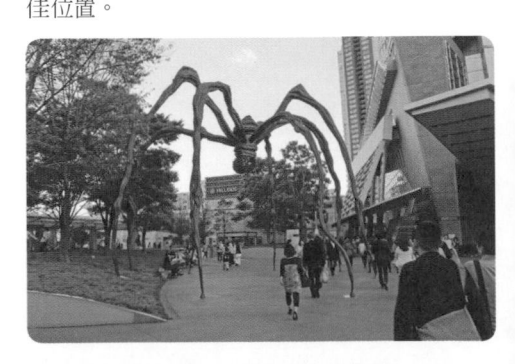

▎Hill Side ▎ MAP P.183 / D7

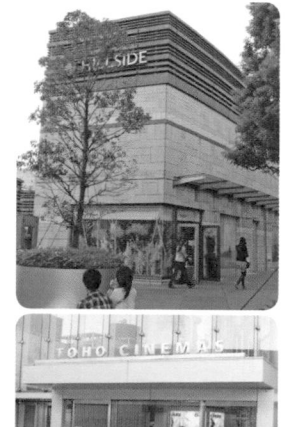

悠閒的商業步行區，美麗舒適的露天街道，設計呈現有高有低的層次感，要觀景、要購物、要美食，這裡全部到位。還有東京規模最大、設備最先進的電影院「TOHO影城」；有集合各國風味的美食餐廳，也有不少國際品牌的時裝店，如Vivienne Tam、Kate Spade

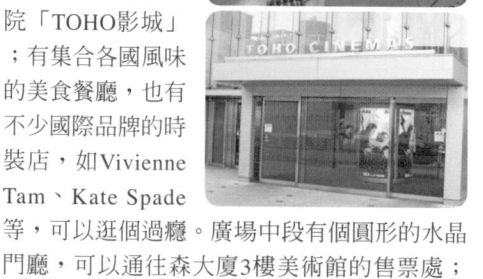

等，可以逛個過癮。廣場中段有個圓形的水晶門廳，可以通往森大廈3樓美術館的售票處；一旁的階梯往下，地面層有開放性的大型表演場地「Arena」，經常有音樂會或大型的活動在這裡舉辦，人山人海的景象不時可見。

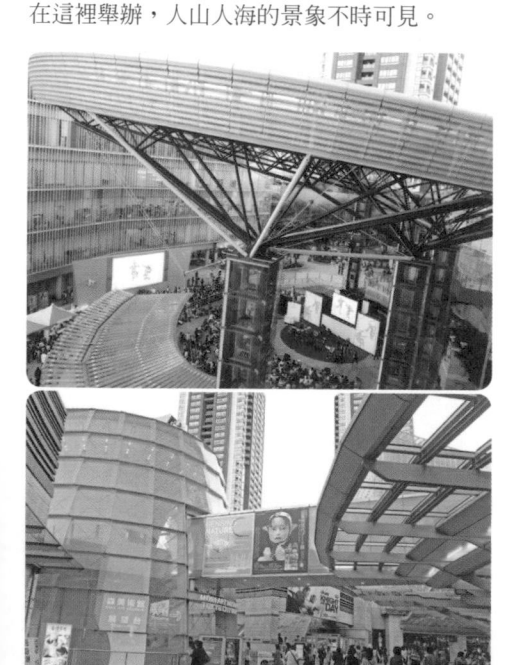

▎West Walk ▎ MAP P.183 / C7

West Walk購物中心是區域內最受歡迎的購物區，3個樓層裡，好幾十家的日本品牌、國際名牌商店，如United Arrows、Armani Jeans、Zara等，讓你逛到欲罷不能，陷入瘋狂刷卡的陣線裡；更有多家的咖啡廳供你歇腳、回神。

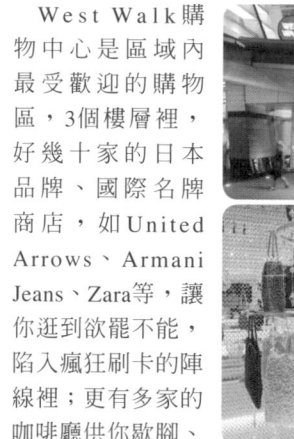

▎Keyaki Zaka ▎ MAP P.183 / D8

這條長約400公尺的林蔭大道——欅木坂，貫穿六本木Hills，街道兩旁盡是世界知名的高檔名牌店，只要你想得到的大品牌都集中在這裡，如Louis Vuitton、Escada、Hugo Boss、Giorgio Armani、Tiffany & Co.等；另外還有許多高級餐廳、咖啡館與甜點店，如Toraya Cafe、Le Chocolat de H、屬家榮等等；也有知名的書籍、CD、DVD連鎖店「Tsutaya」。

此外，街道旁還置有許多大型的藝術座椅，相當吸睛。一條短短的街道，充滿設計感、奢華風，別有一番高格調風味。

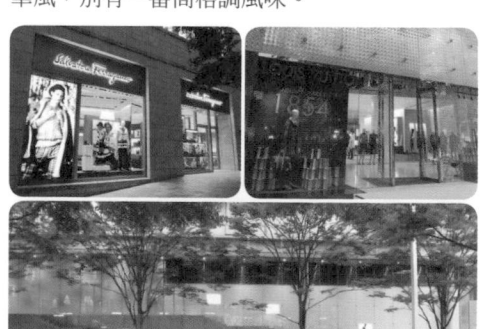

▌朝日電視台 | 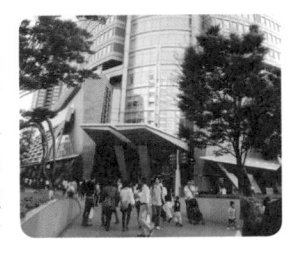 P.183 / E7

這個以玻璃帷幕建成的現代建築，是日本朝日電視台的總部，落成於2003年，與六本木Hills比鄰而居，觀光人潮因而增加不少。朝日電視台最為台灣遊客所知的就是知名的卡通「哆啦A夢」、「蠟筆小新」；現場音樂節目「Music Station」；受歡迎的綜藝節目「男女糾察隊」、「珍奇百景鑑定團」、「黃金傳說」等等。在電視台入口大廳，有一尊比人還高大的哆啦A夢歡迎你的光臨，人氣100分，是絕對要合照的對象。

另外設於一旁的禮品店，也是人潮不減，各個節目的紀念商品應有盡有，其中還是以「哆啦A夢」的最具買氣囉！

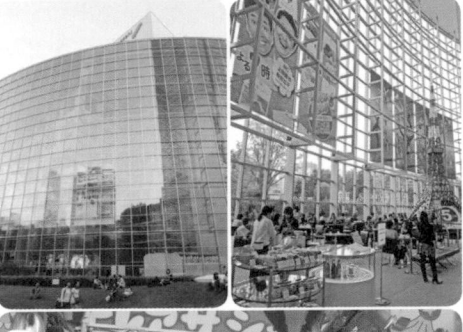

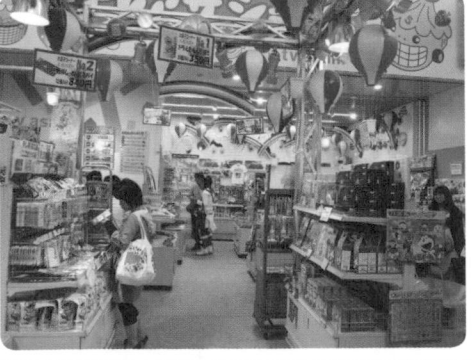

✉ 港區六本木6-9-1　☎03-6406-5555　🕐09:30～20:30(禮品店10:00～19:00)　休 不定休　🌐www.tv-asahi.co.jp

▌Mori Tower | P.183 / C7

眼前一柱擎天的「森大廈」，是六本木Hills內最高的商業大樓，2～4樓為West Walk的一部分；美食餐廳則集合在5樓，可以吃到新宿中村屋的咖哩飯；6樓則有銀行、郵局、顧客服務中心、醫務室等設施，相當人性化；而6樓以上的樓層都提供為企業辦公室使用。但森大廈最吸引遊客的就是位於53樓的「森美術館」，及52樓和屋頂的展望台（Tokyo City View）了，

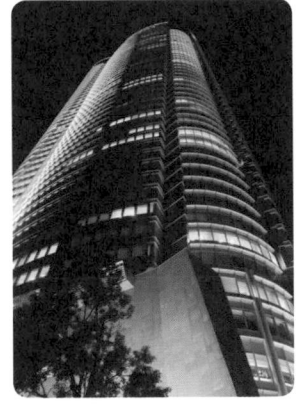

只要在3樓購買一張票券，就可以參觀美術館及展望室。順序為先參觀森美術館，接著登上屋頂寬廣的展望台360度將東京映入眼裡，最後至52樓的展望室悠閒地賞景。

▌毛利庭園 | P.183 / D7

六本木Hills的一部分，占地4,300平方公尺，曾屬於江戶時期的諸侯領地，至今已有350多年的歷史了，在開發六本木Hills時，特地將之保留下來，供大眾休憩使用。庭園設計精巧、有溪流、瀑布、小橋、池塘等，四季風景各有特色，是傳統的迴遊式日本庭園，相當值得一遊，參觀免費。

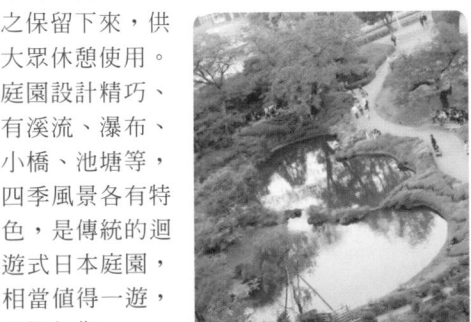

六本木Hills
森美術館

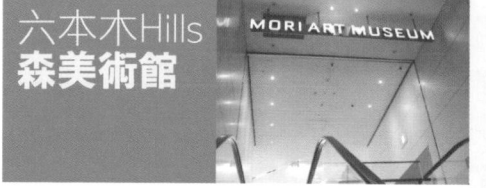

📧 Mori Tower 53F 📞03-5777-8600 🕙10:00
～22:00(週二10:00～17:00) 🚫不定期(換展期
間) 💲約¥1,800(門票費用依展覽而有不同，票價
包含52樓展望室) 🌐www.mori.art.museum

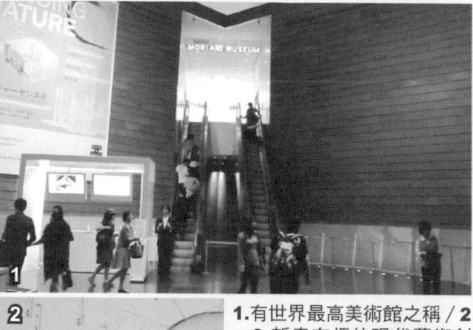

森美術館有全球最高美術館之稱號，全
年均展出不同主題及最尖端的現代藝
術，展出的藝術創作經常讓人驚呼新奇，不
僅大型且前衛，有趣得讓你的腦子一下子全
都清醒了過來。而美術館最受歡迎的就是禮
品店，你千萬不要錯過喔！知名藝術家如村
上隆、奈良美智等的商品，這裡都有販售，
插畫、公仔、書籍、海報、文具、玩具等，
樣樣精美有趣，不怕你通通買回家，就怕你
卡片早已刷爆了！若是你對參觀美術館沒有
興趣，3樓售票處附近也開設一家美術館禮品
店，無論如何就是要你掏出錢包來啦！

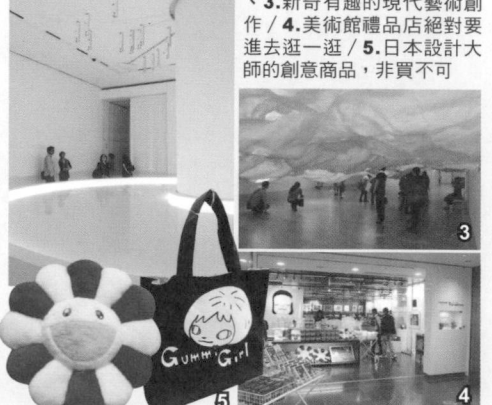

1.有世界最高美術館之稱 / 2
、3.新奇有趣的現代藝術創
作 / 4.美術館禮品店絕對要
進去逛一逛 / 5.日本設計大
師的創意商品，非買不可

六本木Hills
Tokyo
City View

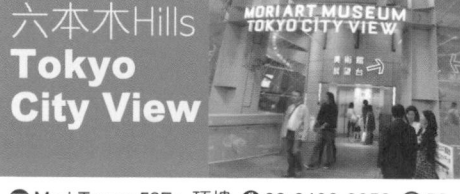

📧 Mori Tower 52F、頂樓 📞03-6406-6652 🕙52
樓展望室：10:00～23:00(週五、六及假日前一天
10:00～01:00)；屋頂展望台(Sky Deck)：11:00
～20:00 🚫無休 💲同森美術館，參觀屋頂展望
台(Sky Deck)需另外購票¥500 🌐tcv.roppongi
hills.com/jp

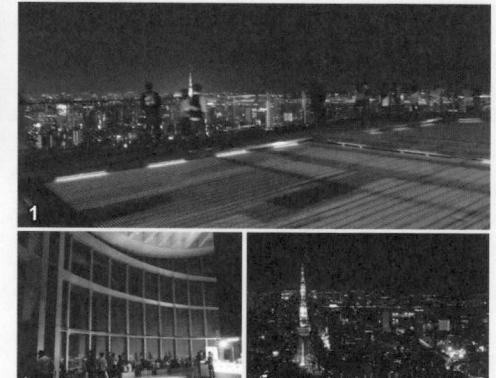

位於52樓的展望室，全玻璃的迴廊設
計，讓你走一圈，就能夠以360度觀賞
東京景色的室內觀景室，無論是東京鐵塔、
新宿都廳大樓、台場摩天輪等，都能一覽無
遺地映入眼簾；如果想要看無限的天空，再
加買¥500的票券，登上高270公尺的屋頂露
天展望台。若遇上好天氣來訪，建議將Tokyo

1.頂樓的觀景台景色一望無際，是情侶約會的熱門場
所 / 2.52樓的室內展望室讓你不怕雨天淋溼 / 3.東京的
夜色一覽無遺，東京鐵塔無疑是最吸引遊客目光的焦點

City View放在六本木Hills最後的行程，當燈
火點點亮起，有誰會不想欣賞東京迷人的夜
色呢？

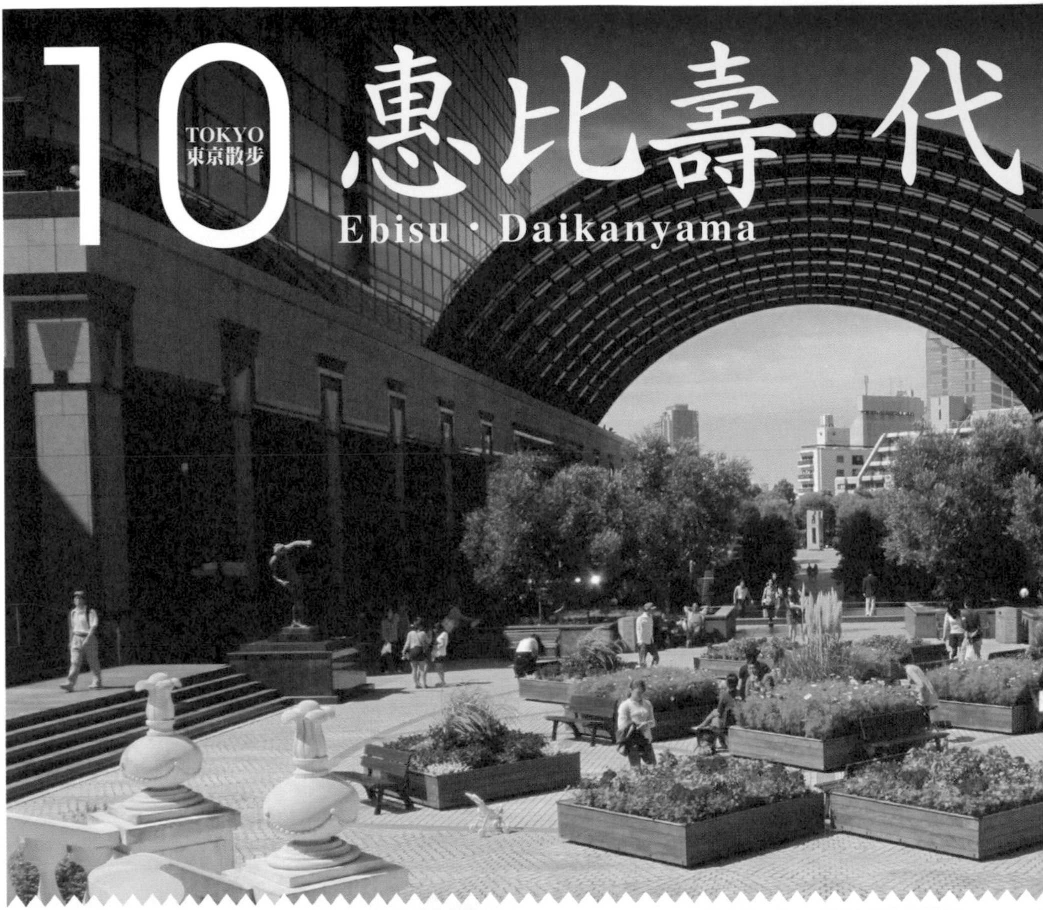

惠比壽・代

Ebisu・Daikanyama

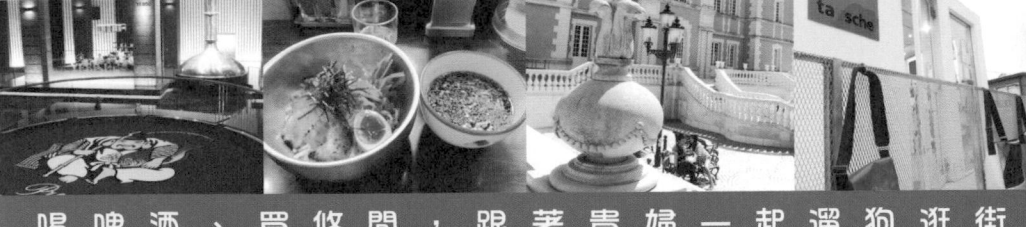

喝啤酒、買悠閒，跟著貴婦一起遛狗逛街

對東京人而言，以往的惠比壽除了拉麵外，就是啤酒。自從西元1994年札幌啤酒公司，將興建於1887年的惠比壽啤酒工廠改建成大型綜合商場「惠比壽花園廣場」後，這裡就成了東京都內另一處新興的觀光勝地。集合了餐廳、百貨公司、飯店、美術館、啤酒場，加上歐風的寬廣休閒空間，一時之間會讓你有置身歐洲的fu，立刻擄獲東京情侶的心，成為當時逛悠閒、買潮流、享美食的約會首選地點。

但隨著其他新興區域的崛起，惠比壽花園廣場也漸漸失去了光環，雖然人擠人的盛況不再，但是這裡仍是一處有著異國風味、美麗優雅的空間；而周邊還是有一些不錯的餐廳、商店。

而位在惠比壽不遠處的代官山，同樣是一

官山

惠比壽的散步路線非常簡單，景點目標只有一個「惠比壽花園廣場」，只要從車站直線前進即可，而且還有自動步道(Yebisu Sky Walk)幫你省體力呢！如果搭乘JR電車山手線，從東口出站最近，直接連接arté百貨公司的3樓；若從西口出站，或搭乘日比谷線，就需要搭乘西口長達3層樓高的手扶梯。連接惠比壽花園廣場的自動步道就設在arte百貨公司的3樓，只要踏上去，長長的自動步道就會把你帶往目的地了。

惠比壽花園廣場大概只需要兩小時就可以逛完了，不妨在這裡先用午餐，知名的日式漢堡排、需要排隊的美味拉麵，或是創新的炸豬排，都是不可錯過的美食。用餐之後你可以散步前往高級住宅區的購物勝地「代官山」，這裡的商店可是多到讓你花一整天也逛不完呢！

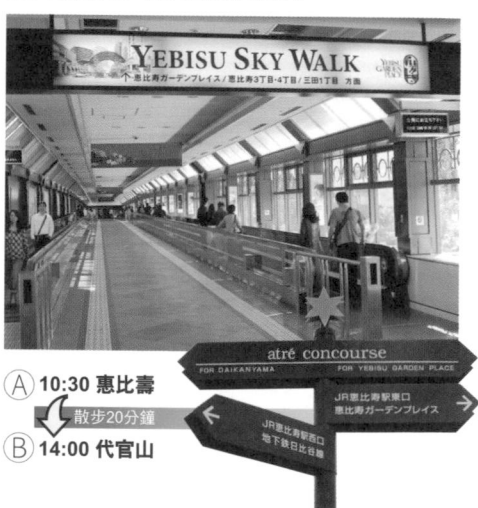

Ⓐ 10:30 惠比壽
散步20分鐘
Ⓑ 14:00 代官山

處充滿悠閒歐風的高級購物商圈，這裡是東京最高級的住宅區，高貴的豪宅大樓就坐落在安靜的巷弄內。若要說這裡誰最幸福？那就是嬌貴的狗兒們了！不僅吃的好，連穿的、用的都高級！

逛膩了那些國際大品牌服飾了嗎？來代官山打造你的新造型，採購原汁原味的日本風格吧！

交 | 通 | 對 | 策

前往惠比壽周邊
1. 搭乘JR電車山手線，到「惠比壽」站(東口出口，arté百貨3樓)
2. 搭乘地鐵東京Metro日比谷線，到「惠比壽」站(1號出口，JR線西口廣場)

前往代官山周邊
1. 搭乘私鐵東急東橫線，到「代官山」站(正面口出口)
2. 由惠比壽車站散步前往，約15分鐘

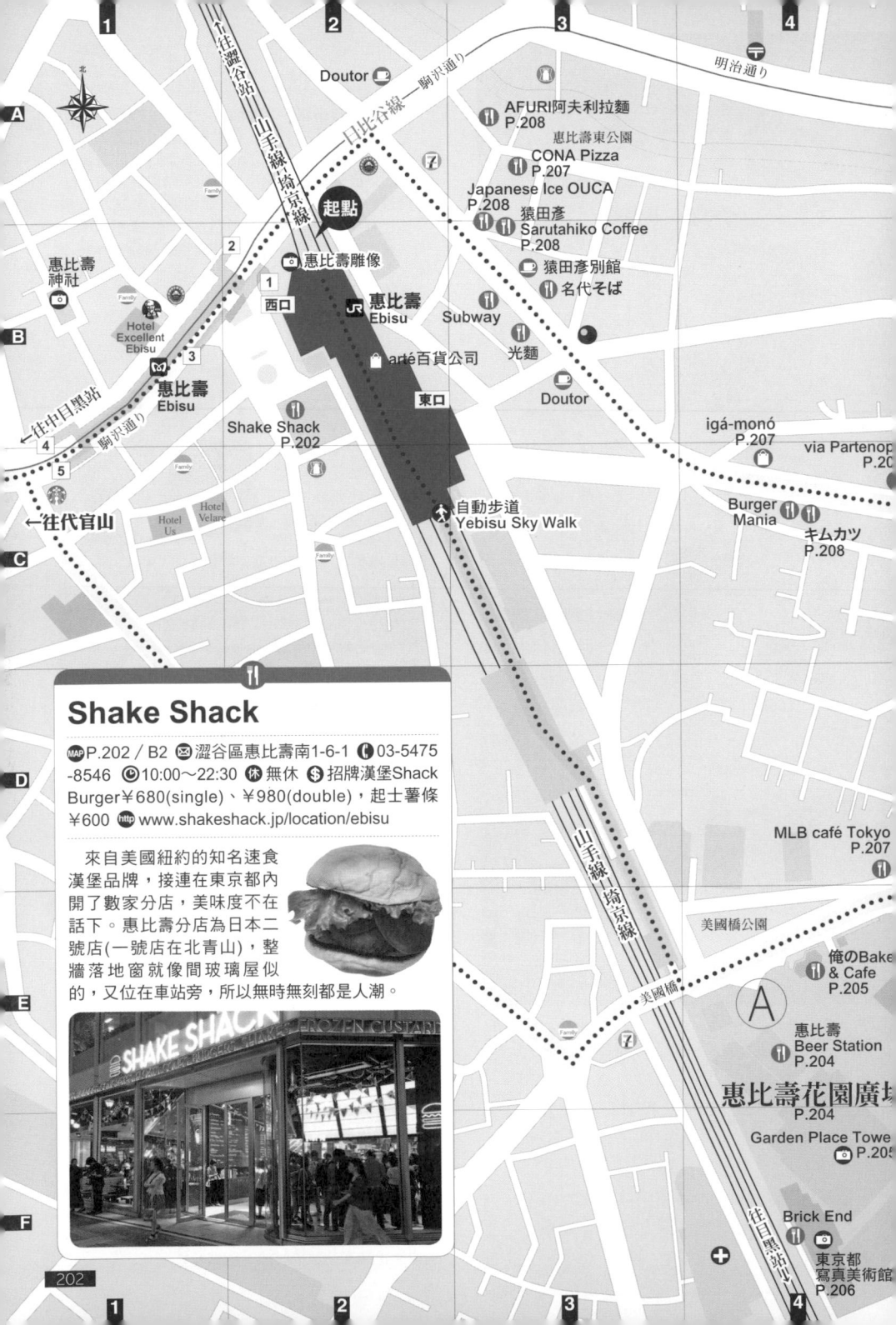

A ← 往北

1 Doutor

2 往渋谷站 山手線―埼京線 日比谷線―駒沢通り

明治通り **3**

4

A

AFURI阿夫利拉麵
P.208

惠比壽東公園

CONA Pizza
P.207

Japanese Ice OUCA
P.208

猿田彦
Sarutahiko Coffee
P.208

起點

惠比壽雕像

猿田彦別館

B
惠比壽
神社

Hotel
Excellent
Ebisu

西口
1

JR 惠比壽
Ebisu

名代そば

Subway

arté百貨公司

光麵

B

3

惠比壽
Ebisu

← 往中目黑站

駒沢通り

東口

Doutor

igá-monó
P.207

via Partenop
P.20

4

Shake Shack
P.202

5

← 往代官山

Hotel
Us

Hotel
Velars

自動步道
Yebisu Sky Walk

Burger
Mania

キムカツ
P.208

C

D

Shake Shack

MAP P.202 / B2 ☒ 澀谷區惠比壽南1-6-1 ☎ 03-5475
-8546 ◎10:00～22:30 ㈭ 無休 ⑤ 招牌漢堡Shack
Burger￥680(single)、￥980(double)，起士薯條
￥600 http www.shakeshack.jp/location/ebisu

來自美國紐約的知名速食
漢堡品牌，接連在東京都內
開了數家分店，美味度不在
話下。惠比壽分店為日本二
號店(一號店在北青山)，整
牆落地窗就像間玻璃屋似
的，又位在車站旁，所以無時無刻都是人潮。

山手線―埼京線

MLB café Tokyo
P.207

D

美國橋公園

E

美國橋

A

俺のBake
& Cafe
P.205

惠比壽
Beer Station
P.204

惠比壽花園廣場
P.204

E

F

SHAKE SHACK FROZEN CUSTARD

Garden Place Towe
P.205

Brick End

往目黑站

東京都
寫真美術館
P.206

F

1 **2** **3** **4**

往廣尾站→

A

B

C

reizh Café
Crêperie 🍴

山本のハンバーグ
P.207 🍴

D

加計塚小學 文

派出所

Rue
Favart 🍴

E

惠比壽啤酒紀念館
P.206

惠比壽三越百貨
P.205

中庭廣場
P.205

Yebisu Garden
Cinema
P.206

露台廣場
P.205

Joël Robuchon
Restaurant
P.206

F

he Garden
all / Room
.205

Westin Hotel
Tokyo

プラタナス通り

EBISU

惠比壽

　若你從山手線的西口出地鐵站，可以先跟位在西口廣場一角那尊「右手拿釣竿、左手抱鯛魚」，日本七福神之一的「惠比壽」雕像（🗺 P.202／B2）來個合照，這個小廣場可是當地相約碰面的熱門地點，等人的、抽菸的，都集中到這裡來了。

車站西口廣場上的惠比壽塑像

　轉身登上3層樓高的手扶梯，百貨公司不逛無所謂，但是屋頂的露天花園倒是可以上去瞧一瞧；然後再踏上電動步道，你就會抵達惠比壽最大的景點「惠比壽花園廣場」，廣場很大，室外遮陽的地方不多，日照強時記得要做好防曬。除了要跟歐風滿點的景色合照，最主要的景點「惠比壽啤酒紀念館」可以去參觀，時間夠的話，歡迎報名參加導覽。

　有計畫在惠比壽用午餐，可以沿著規畫的路線往下坡走，沿途有幾家風評、口味都不錯的餐廳，美式、和食、歐風都有，若沒有用餐準備，則可以跨過「美國橋」，抄近路散步前往代官山；不過若遇上雨天、豔陽天，或者懶得走了，請直接沿著原路，讓電動步道把你送回車站吧！

　在散步前往代官山逛街購物之前，車站附近有一間位在坡道上，小小安靜的「惠比壽神社」（🗺 P.202／B1），除了祈求商業興隆、工作順利外，據說這間神社的戀愛運也是頗強的喔！不妨來試試看！

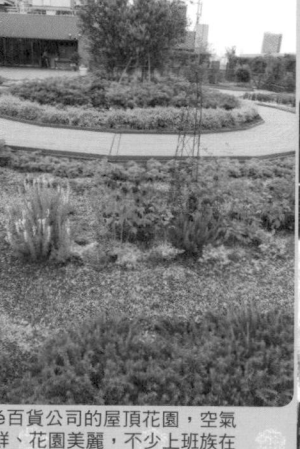

arté百貨公司的屋頂花園，空氣新鮮、花園美麗，不少上班族在這裡度過午休時間

位在車站附近，小巧樸拙的惠比壽神社，相當安靜

惠比壽花園廣場

EBISU GARDEN PLACE

YEBISU GARDEN PLACE

1887年，「惠比壽啤酒」在這裡設廠生產，更興建有專屬火車站運送啤酒到日本各地，原稱為「目黑村三田」的惠比壽，也因此聞名全日本。一個世紀之後，由於工廠的規模已不敷使用，且基於都市環境保護的限制下，啤酒場不得不遷往他處，而荒廢的舊廠區經過大規模的重新規畫改建後，於1994年搖身一變成為集合美術館、百貨公司、飯店、餐廳等的新型商場，惠比壽花園廣場(Ebisu Garden Place)儼然誕生。新的摩登商廈，帶來新的人潮及商機，是1990年代最美麗的約會場所，不時都會在偶像劇裡出現，想當年我也是慕名前來朝聖的呢！

MAP P.202／E4 ✉ 澀谷區惠比壽4-20-3 ☎ 03-5423-7111 休 無休 http gardenplace.jp

惠比壽Beer Station

MAP P.202／E4 ☎ 03-3442-9731 ⊙ 11:30～23:00 (週日、假日11:30～22:00) 休 無休 http gardenplace.jp/shop/detail.php?id=82

紅磚建築的啤酒餐廳，每天都供應有工廠直送最新鮮的啤酒，餐廳內有放置一座銅製的製酒槽，讓顧客猶如置身在啤酒工廠中用餐一般，相當新奇有趣。餐廳有提供多道適合佐啤酒的餐點，如德國香腸、披薩、花枝圈等，也有提供各類牛排、燒烤等食物，相當受歡迎。

俺のBakery & Cafe

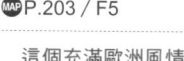 P.202 / E4 ☏03-6277-0457 ⏰08:00～21:00 (麵包販售10:00開始) 休不定休 http www.oreno.co.jp/restaurant/bakery_cafe_ebisu

為「俺の株式會社」餐飲集團旗下的麵包咖啡店品牌，以純牛奶與小麥製作烘焙的美味吐司麵包，造成排隊購買的熱潮，受歡迎的商品通常中午時就賣完，想品嘗一定要請早。除了賣剛出爐的吐司麵包，店家也推出生麵團，讓顧客在家烘焙。

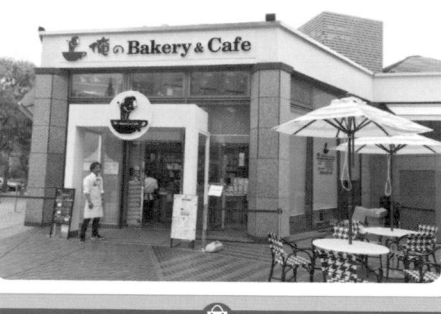

惠比壽三越百貨

✉P.203 / E5 ☏03-5423-1111 ⏰11:00～20:00 休無休 http mitsukoshi.mistore.jp/store/ebisu

惠比壽花園廣場內最大的百貨商場，老牌子的三越百貨共有4個樓層，B2為超市、食品部；B1及1樓是時裝、配件及咖啡廳；2樓有書店。跟市區其他的三越百貨比較起來，這家顯得相當小巧精緻，其中以食品部最吸引我了！

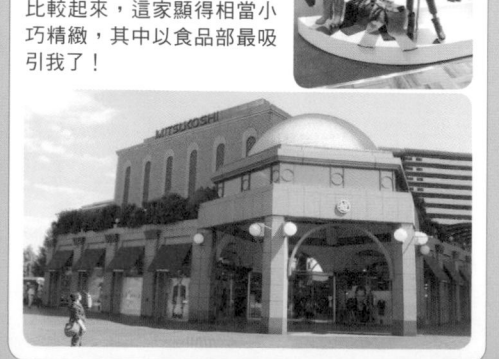

中庭廣場

MAP P.203 / E5

整個惠比壽花園廣場裡，最熱鬧的就屬位在三越百貨，以及Garden Place Tower之間，不時都有活動上場的中庭，中庭上頭的圓弧形天幕，讓遊客避豔陽、躲風雨。

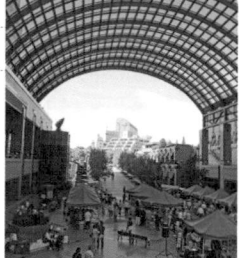

露台廣場

MAP P.203 / F5

這個充滿歐洲風情的白色露台，是最受遊客喜愛的空間，石磚地、公園長椅、雕花燈柱，加上美麗的花圃，讓你如同置身歐洲城堡一般，若要拍紀念照，非這裡莫屬了。

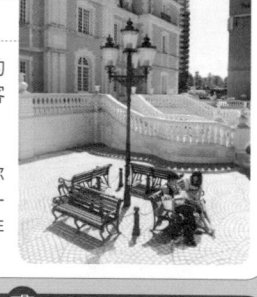

Garden Place Tower

MAP P.202 / F4

為176公尺高的商業大樓，大部分為企業辦公室使用，地面樓層連接中庭廣場，有商店、咖啡廳；但最吸引東京人前往的，就是位於38及39樓的中、日、西式餐廳。尤其是晚餐時段最受歡迎，可以在享用美食之際，由高處細細欣賞周邊的夜色。不必一定要在此用餐，你也可以上來眺望景色。

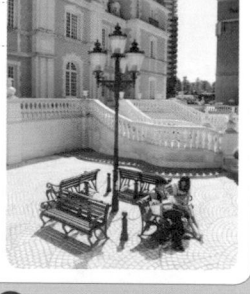

The Garden Hall / Room

MAP P.203 / F5

兩個活動會場，提供會議、派對、婚禮、表演活動等的租用，可容納上千人的廣大會場。

Joël Robuchon Restaurant

MAP P.203 / F5　📞 03-5424-1347　🕐 12:00～16:00 (LO 14:00)，18:00～00:00(LO 21:00)　休 不定休　$ 套餐￥12,000～45,000　ℹ️ 需提前預約，並有服裝上的規定　http www.robuchon.jp/joelrobuchon

　　典雅的歐式建築外觀，裡面其實是一家榮獲米其林三星評鑑的高級法式料理餐廳，由法國名廚Joël Robuchon監督指導。餐廳共3個樓層，各有各的主題設定，裝潢、氣氛都是高規格，讓人有如在歐洲城堡中用餐呢！不要問我有沒有品嘗過，這可不是我負擔得起的啊！只能推薦給讀者朋友們，若真有興趣前往用餐，記得上網查看一下當季風味料理，並記得提前預約用餐時間喔！另外在六本木Hills、日本橋，及丸之內地區都開有分店。

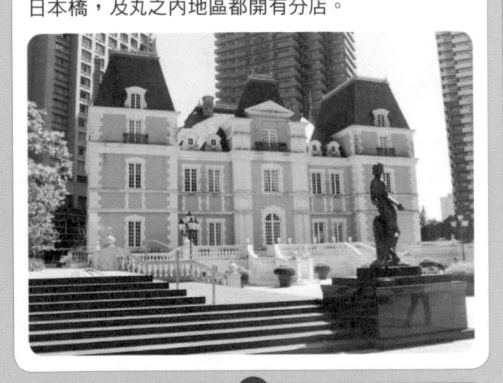

東京都寫眞美術館

MAP P.202 / F4　📞 03-3280-0099　🕐 10:00～18:00 (週四～五10:00～20:00)　休 週一(遇假日休週二)，12/29～1/1，換展期間　$ 門票費用依展覽而有不同　http www.syabi.com

　　展覽以攝影、影片藝術為主題。B1為映像展示室，有動畫、影片、幻燈片等的播放；2～3樓展出攝影藝術作品；4樓是圖書室。禮品店設在1樓，即使你不想買票入內參觀，也歡迎你來買個紀念品回家，有攝影、影片書籍，與各種新鮮有趣的商品。

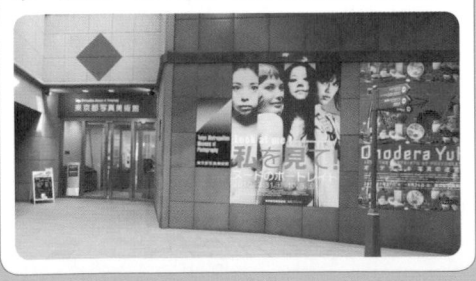

惠比壽啤酒紀念館

MAP P.203 / E5　📞 03-5423-7255　🕐 11:00～19:00；導覽行程約40分鐘：週一～五每個鐘點的10分、40分，週六、日、假日每個鐘點的10分、30分、50分，每日最後一梯次為17:10，導覽為現場登記報名　休 週一(遇假日休週二)，12/29～1/4　$ 參觀免費，導覽行程￥500(包括啤酒試喝)，吧檯沙龍每樣￥400(需先至自動販售機構買專用硬幣)　http www.sapporobeer.jp/brewery/y_museum

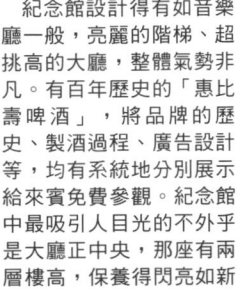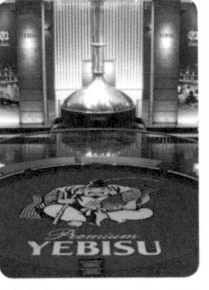

　　紀念館設計得有如音樂廳一般，亮麗的階梯、超挑高的大廳，整體氣勢非凡。有百年歷史的「惠比壽啤酒」，將品牌的歷史、製酒過程、廣告設計等，均有系統地分別展示給來賓免費參觀。紀念館中最吸引人目光的不外乎是大廳正中央，那座有兩層樓高，保養得閃亮如新的麥芽汁加熱銅鍋爐，不來給它合照個一張才怪呢！若想讓參觀行程更有趣味，不妨報名導覽行程，只要￥500硬幣一枚，不僅有人解說、還有啤酒可以試喝。若試喝不過癮，大廳一旁設有吧檯沙龍，有啤酒、有小菜，坐下來喝個痛快。結束參觀行程前，還是記得要逛一下禮品店，有各種懷舊的紀念品，看對眼就把它買回家吧！

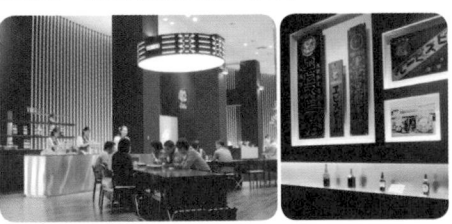

Yebisu Garden Cinema

MAP P.203 / E5　http gardenplace.jp/culture/cinema.php

　　有復古風情的電影院重新落成啟用，兩個放映廳上映各國藝術電影、獨立製片影片。

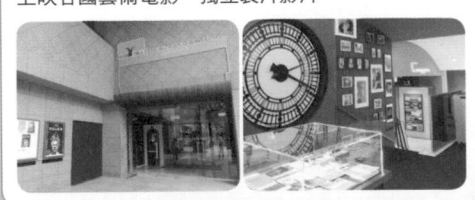

山本のハンバーグ

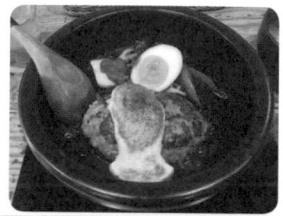 P.203 / D5 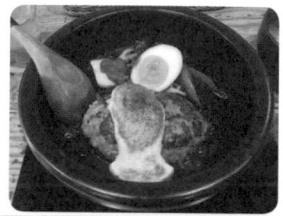 澀谷區惠比壽4-23-12 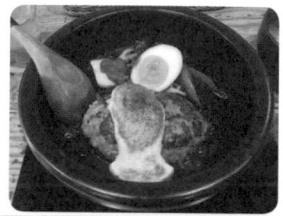 03-5475-5701 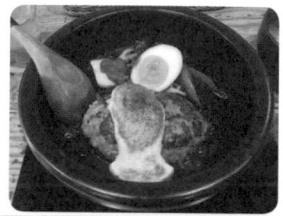 11:30〜15:30，17:30〜22:30 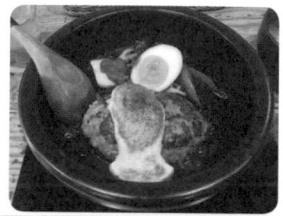 無休 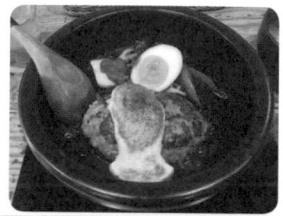 招牌漢堡排(山本のハンバーグ)￥1,750，雙份漢堡排+￥600 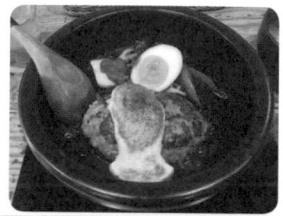 www.yamahan.tokyo

以提供漢堡排為主的食堂，不起眼的門面，經過各家雜誌的報導後，迅速火紅了起來，女性顧客可說是有增無減。各種風味的漢堡排，均採用日本國產牛肉及蔬菜，先煎烤再入醬汁烹煮，軟嫩多汁、入口即化。而隨著季節也會推出以派皮包裹烘焙的漢堡排，最當季的食材趁鮮享用。

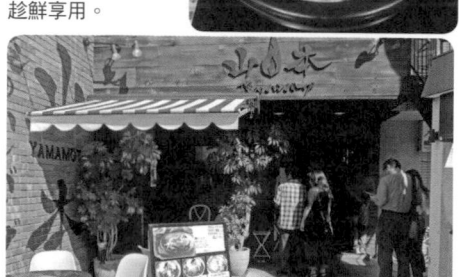

via Partenope

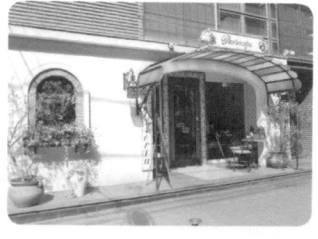 P.202 / C4 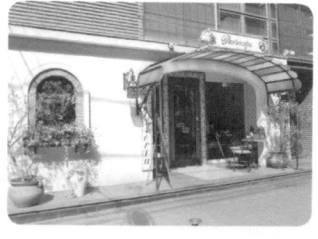 澀谷區惠比壽1-22-20 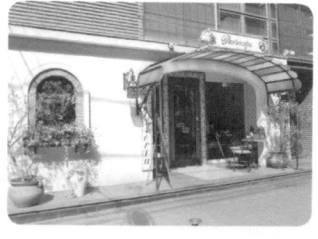 03-5791-5663 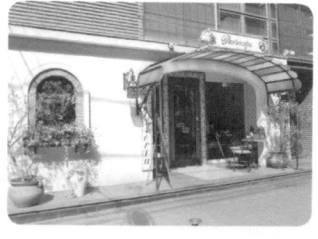 午餐：週二〜五11:30〜14:30，週六〜日、假日12:00〜15:00；晚餐：18:00〜23:00 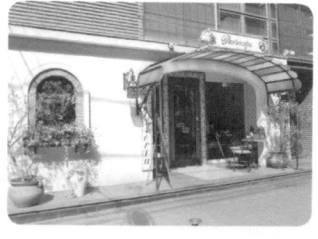 週一，12/31〜1/2 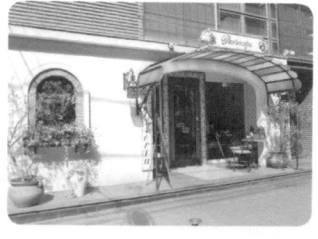 披薩、義大利麵￥1,295起，午間特餐￥2,160 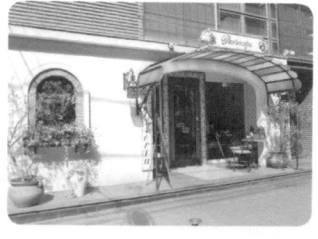 partenope.jp/ebisu

南義風味的義式料理餐廳，沙拉、披薩、義大利麵都是推薦主食，但最受食客讚賞的，則是純正磚窯烤的拿坡里風味披薩，還榮獲「純正拿坡里披薩協會」的認證，通過認證需要具有材料、手工製麵、柴火窯烤等6個完備條件呢！推薦點用午間特別套餐，包括前菜拼盤、自選口味披薩、甜點及飲料，價格相當划算。

MLB café Tokyo

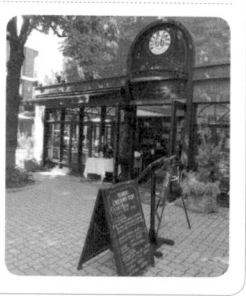 P.202 / D4 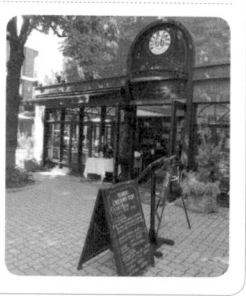 澀谷區惠比壽4-19-19 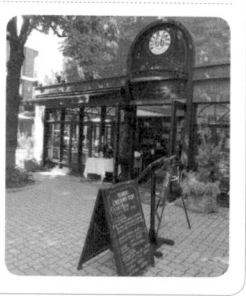 03-3448-8900 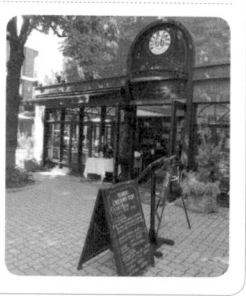 11:00〜23:00 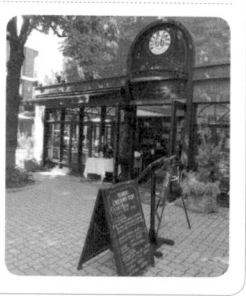 無休 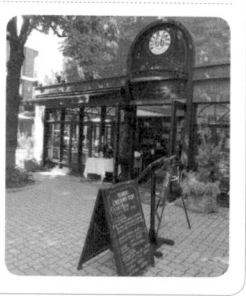 披薩￥1,250起，漢堡￥1,550，牛排￥2,250起 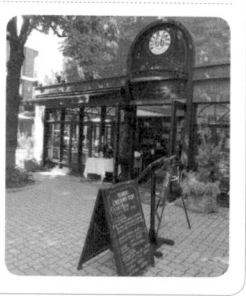 www.mlbcafe.jp/ebisu

以MLB美國職棒為主題的體育餐廳，裝潢、食物都是美式風格，漢堡、牛排、啤酒通通不缺，可邊用餐邊看賽事的播放。餐廳還推出不少MLB禮品，馬克杯、領帶、紀念棒球等，都是這裡才買得到的獨家商品。

igá-monó

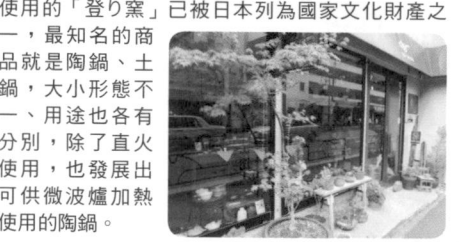 P.202 / C4 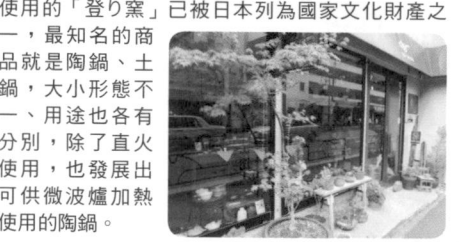 澀谷區惠比壽1-22-27 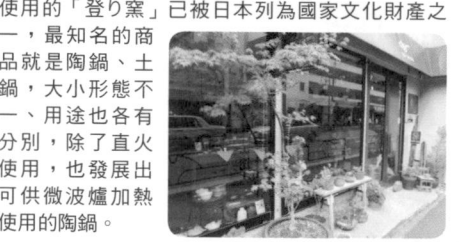 03-3440-7071 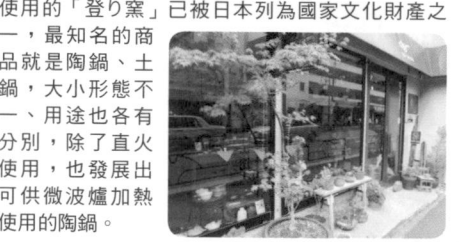 11:00〜20:00 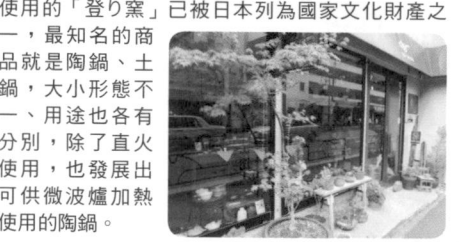 週三 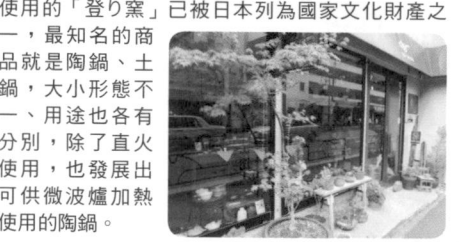 www.igamono.co.jp/about/tokyo_igamono.html

此店來自三重縣伊賀燒名窯店家──長谷園，所使用的「登り窯」已被日本列為國家文化財產之一，最知名的商品就是陶鍋、土鍋，大小形態不一，用途也各有分別，除了直火使用，也發展出可供微波爐加熱使用的陶鍋。

CONA Pizza

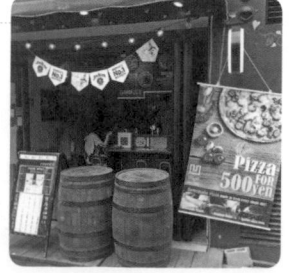 P.202 / A3 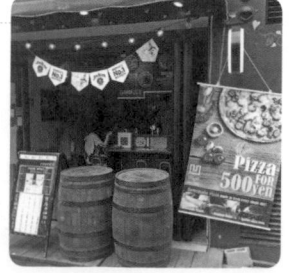 澀谷區惠比壽1-6-1 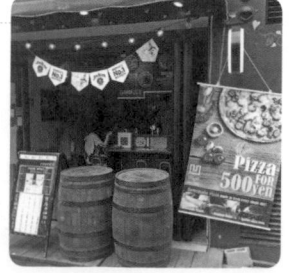 03-3447-8929 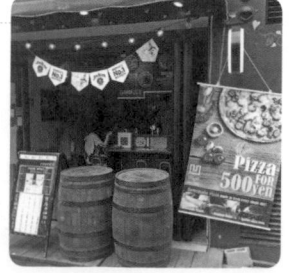 週一〜四11:00〜02:00，週五〜日、假日11:00〜04:00 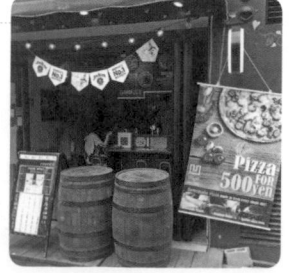 無休 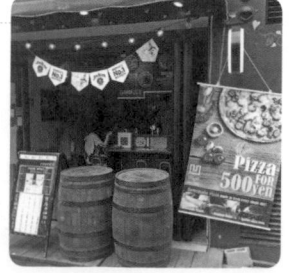 r.gnavi.co.jp/10hrvc6z0000

沒看錯，這家位於惠比壽公園旁的小店，20多種以番茄醬汁為基底、烤得酥脆牽絲的披薩通通只要￥500！令人難以置信地便宜，用餐時間可是人潮不斷呢！

キムカツ

MAP P.202 / C4 ☒ 澀谷區惠比壽4-9-5 ☎ 03-5420-2929 ⏰ 週一～五11:00～15:30、17:30～23:00，週末、假日11:00～23:00 ⊘ 無休 💲 招牌炸豬排餐¥1,980起，小菜¥380～680 🌐 kimukatsu.com

這家店的炸豬排不叫とんかつ(donkatsu)，而是自稱為超越とんかつ的「キムカツ」(kimukatsu)。它的炸豬排最不一樣的地方是，並非一整塊的豬排直接油炸，而是以25片的肉片層層相疊而成，所以口感更加鬆軟，深受女性、兒童及老人家的喜愛。炸豬排除了原味外，還有黑胡椒、大蒜、起士、蔥鹽、紫蘇梅子、柚子胡椒口味；炸豬排餐包含白飯、小菜、味噌湯、高麗菜絲，相當豐富划算。

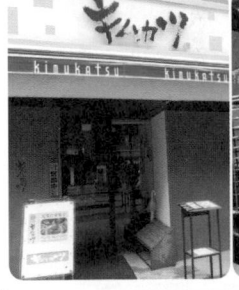
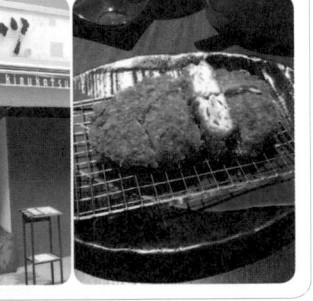

Japanese Ice OUCA

MAP P.202 / A3 ☒ 澀谷區惠比壽1-6-6 ☎ 03-5449-0037 ⏰ 11～2月12:00～23:00、3～10月11:00～23:30 ⊘ 無休 💲 冰淇淋¥380～1,200，咖啡、紅茶、牛奶¥350～450 🌐 www.ice-ouca.com

冰淇淋店的漢字為「櫻花」，所以不少商品都以櫻花的名字命名，頗有創意。店內販售和風口味冰淇淋，如抹茶、紅豆、芝麻、黑糖蜜、南瓜等，連冰淇淋色調都非常的日本味。每杯冰淇淋可選3或4種口味，小杯的稱作「山櫻」、中杯為「枝垂櫻」、大杯是「八重櫻」，是不是相當有趣味呢！隨著季節也會推出不同的限時甜點，一年四季都吃不膩。

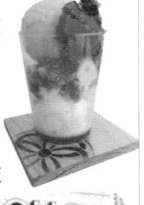
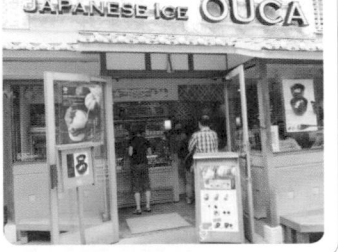

猿田彥 Sarutahiko Coffee

MAP P.202 / B3 ☒ 澀谷區惠比壽1-6-6 ☎ 03-5422-6970 ⏰ 08:00～00:30 ⊘ 無休 💲 手沖咖啡¥370～550，咖啡拿鐵¥430 🌐 sarutahiko.co

猿田彥是東京目前最熱門的個人咖啡品牌，短時間內已經擴店多家分店，惠比壽是1號店，不少人慕名而來，一位難求，所以看見門口排滿人潮是正常的。店內除了咖啡、餅乾以外，基本上沒有花俏的甜點，若咖啡合你的口味，也可以買豆子回家繼續品嘗(100g/¥580起、250g/¥1,320起)。

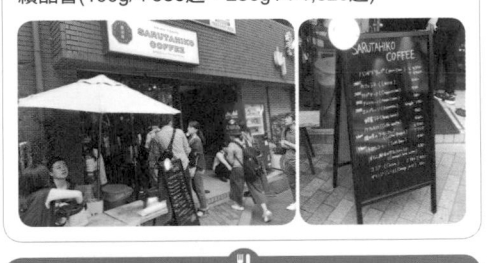

AFURI 阿夫利拉麵

MAP P.202 / A3 ☒ 澀谷區惠比壽1-1-7 ☎ 03-5795-0750 ⏰ 11:00～05:00 ⊘ 無休 💲 拉麵¥880～1,350，沾麵¥960～1,340 🌐 afuri.com/findus

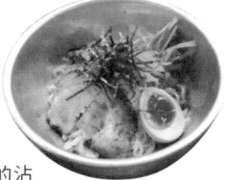

若你在用餐尖峰的時段來，肯定是大排長龍的景象，不過排隊還是值得的，這裡的拉麵好吃到讓人讚不絕口，口味種類也相當新鮮，如辣油、柚子鹽等。店內的沾麵非常受歡迎，有甜味、辣味、柚子等風味可以選擇，一碗吃不夠可再加麵條或配料，不時還會推出當季新奇的拉麵，像是栗子拉麵之類的。

記得排隊時先在門邊的自動販賣機上購買餐券，看圖買票，很容易的，在原宿、新宿等也有分店。

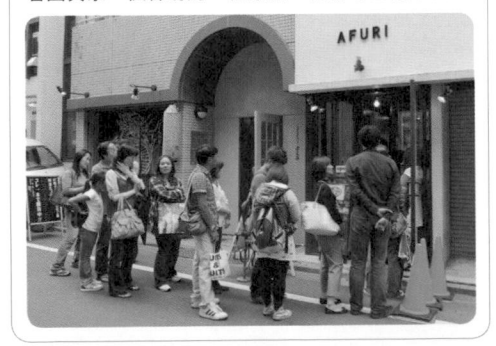

代官山

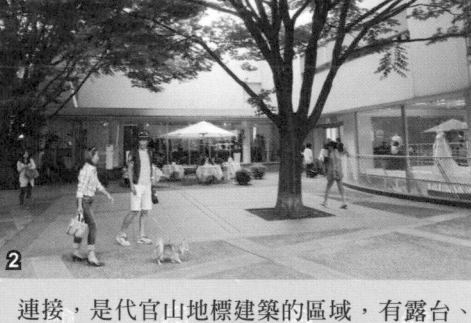

代官山是東京都內首屈一指的高級住宅區，是有錢人與外國人居住的地段，你在路上看到正在遛狗的，不外乎是有錢有閒的貴婦囉！與青山、澀谷同樣都是熱門的購物地段，而

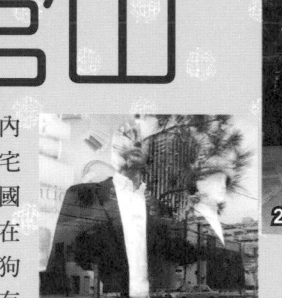

不同的是，代官山以日本品牌為主，相較之下，國際品牌在這裡就相當少見。代官山最大的特色就是擁有相當多的集合建築群，外觀新潮前衛，以及擁有別處所沒有的悠閒氛圍，單是逛街散步，或走進歐風滿點的咖啡餐廳，都可以感受到不一樣的文化雅致。

代官山主要逛街路段為「舊山手通り」、「八幡通り」與車站周邊；在舊山手通り上有幾幢大使館、教堂、咖啡廳及高級時裝店；八幡通り上則是一路由幾座集合建築群商場所

連接，是代官山地標建築的區域，有露台、廣場中庭、公園；另外，區域內的小巷道也很多，上坡下坡、階梯、彎彎曲曲，形成有趣的面貌，如同大都市裡的小鄉村景致，讓整個代官山充滿不一樣的魅力。

代官山除了我們所認識的高級住宅、購物區外，其實這裡也是日本的古蹟區域，存在著西元6、7世紀時期的古墳，以及日本彌生時代後期的豎穴式住宅遺跡，有其考古歷史上的重要性。

1.代官山的風景映在櫥窗高級時裝上／2.悠閒雅緻的逛街空間，也是遛狗的最佳場所／3.八幡通上的公共藝術地標／4.巷弄裡的小精品店也具有藝術氣息／5.台灣人氣No.1的Blythe娃娃專賣店就在代官山喔／6.有歐洲風情的建築中庭／7.代官山氣質出眾，連新人都要來這裡宴客／8.代官山有不少用餐氣氛滿分的餐廳

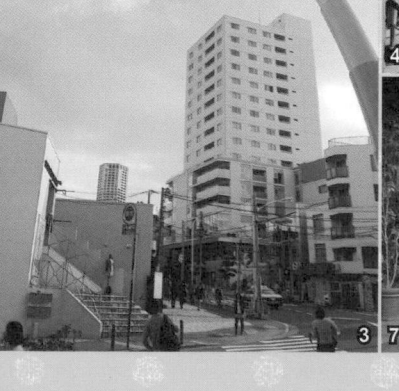

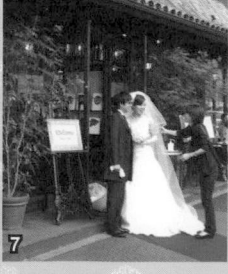

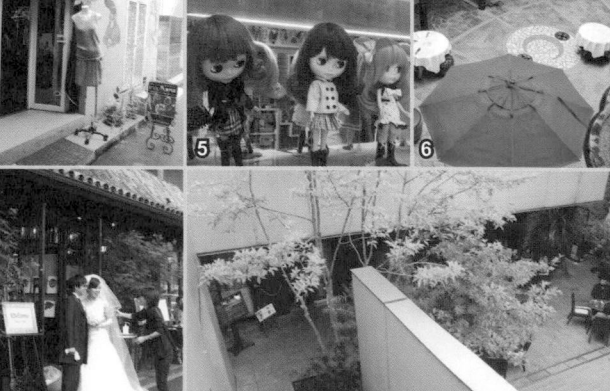

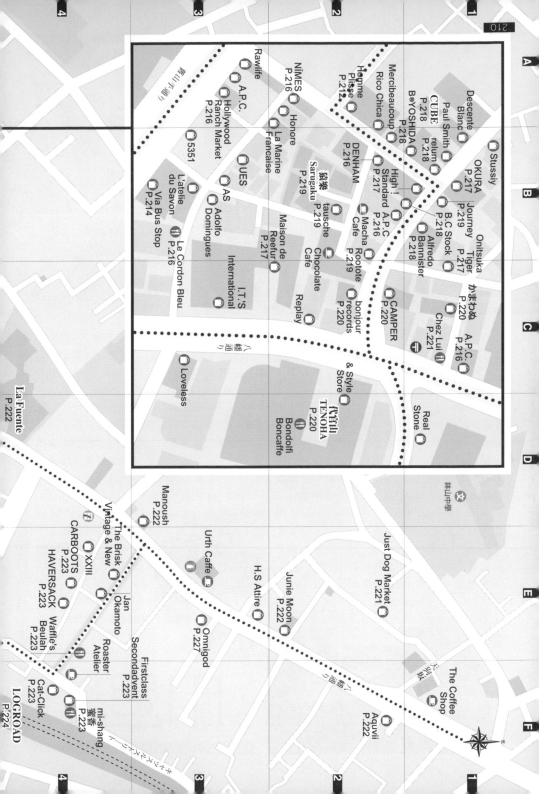

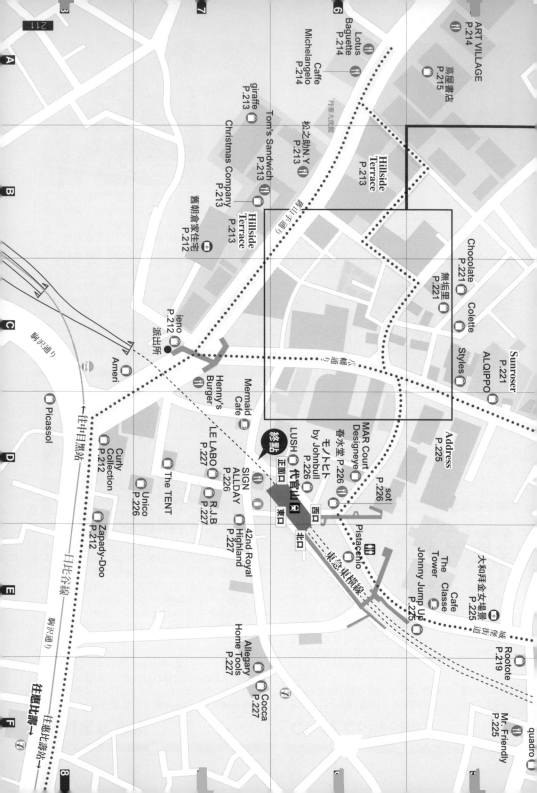

ART VILLAGE P.214

Lotus Baguette P.214

Caffe Michelangelo P.214

高屋書店 P.215

giraffe P.213

松之助N.Y P.213

内幸大使館

Tom's Sandwich P.213

Christmas Company P.213

Hillside Terrace P.213

Chocolate P.221

Colette ALQIPPO P.221

無垢里 P.221

舊朝倉家住宅 P.212

Hillside Terrace P.213

Styles P.221

Sunroser P.221

Ameri

ieno P.212
派出所

Mermaid Cafe

Henny's Burger

Address P.225

Picassol

Curly Collection P.212

LE LABO P.227

Mermaid Cafe

春水堂 Designeye

MAR Court P.226

モノトヒ by Johnbull P.226

sot P.226

LUSH
総點

正面口

代官山驛
西口

北口

裏口

大和拜金女場景 P.225

城堡街道

The TENT

Unico P.226

SIGN ALLDAY P.226

R.J.B P.227

42nd Royal Highland P.227

Pistachio

Johnny Jump Up P.225

The Classe

Cafe Tower

Zapady-Doo P.212

東急東横線
東急東横線

Rootote P.219

Allegary Home Tools P.227

Cocca P.227

Mr. Friendly P.225

駒沢通り

←住中目黒站

日比谷線

駒沢通り

住惠比壽站→

住惠比壽→

quadro

舊朝倉家住宅

⒨P.211／B7 　澁谷區猿樂町29-20 　03-3476-1021 　3～10月10:00～18:00，11～2月10:00～16:30 　週一(遇假日休週二)，12/29～1/3 　¥100 　www.city.shibuya.tokyo.jp/est/asakura.html

這裡應該算是代官山唯一可參觀的景點了，木造的日式傳統建築，建於1919年，為大正時期東京府議會議長「朝倉虎治郎」的住宅，主屋、倉庫，還有迴遊式庭園等，在重新整理之後，於2008年起開放給民眾參觀。舊朝倉家住宅也被日本政府列為重要文化財之一，想要一窺古豪門名家的生活面貌，不妨前往參觀。

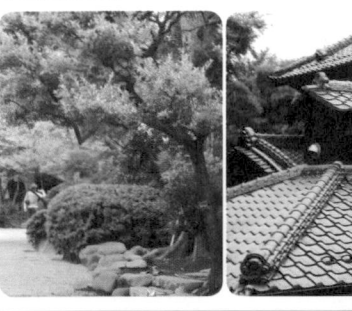

Zapady-Doo

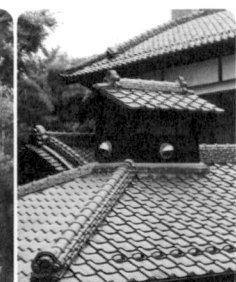

⒨P.211／D8 　澁谷區惠比壽西1-33-15 　03-5458-4050 　11:00～20:00 　無休 　www.dulton.co.jp/stores/daikanyama

位在從惠比壽前往代官山的路上，是DULTON生活雜貨品牌旗下一家以廚房、園藝、餐具為主的生活雜貨商店，在當地頗具有知名度，店內販售的商品也很精緻實用，許多的餐廳都會特地來選購用品，店內設計精巧的文具、廚房用品，都讓人恨不得可以通通打包回家呢！

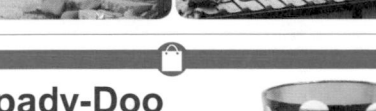

Curly Collection

⒨P.211／D8 　澁谷區惠比壽西1-34-15 　03-3770-7661 　11:00～19:00 　無休 　curlycollection.jp

小小的商店以販售小巧、可愛、迷人的手藝雜貨為主，有濃濃的少女童話風格，雖商品是為兒童所設計，卻令不少少女及媽媽們為之瘋狂，擁有高人氣的支持度，熱度還延燒到海外，近年甚至出版了手藝書籍及專刊雜誌，是到代官山不可錯過的生活雜貨店。

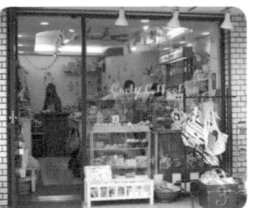

ieno

⒨P.211／C7 　澁谷區猿樂町30-3 　03-5784-1657 　11:00～19:00 　週三 　ienotextile.com

以繽紛的織品生活雜貨為主打的品牌，使用印度純手工編織、天然染色的布料，加上日本精湛的工藝技術，ieno製作出許多精美的商品，靠枕、毛毯、窗簾布、燈罩等，都值得慢慢挑選，買幾件回家。ieno位在2樓，1樓也是一家具雜貨店。

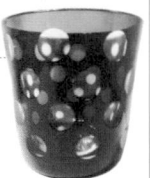

Homme Plisse

⒨P.210／A2 　澁谷區猿樂町19-8 　03-6277-5085 　11:00～20:00 　無休 　www.isseymiyake.com/en/brands/hommeplisse

三宅一生男裝的副牌，採用Issey Miyake獨特的褶皺技術，大量運用於現代風格的日常男子服裝上，展現立體結構的結構的美觀。三宅一生的服裝一向以輕盈、好攜帶、不怕皺聞名。

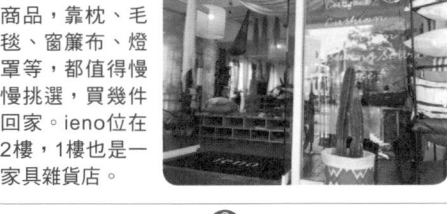
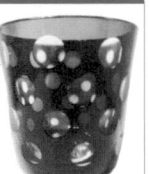

代官山 Hillside Terrace

MAP P.211 / B6、B7　http www.hillsideterrace.com

由知名建築家「槇文彥」所設計興建的 Hillside Terrace，誕生於1969年，是一處住宅、商店群聚的集合建築群，幾何的外觀設計，白色水泥的外牆，至今仍相當摩登，空間也非常舒適；Hillside Terrace的誕生，帶動了代官山地區的發展，成為當時新一代的文化生活圈。Hillside Terrace除了有幾間商店、餐廳外，在建築群內還有一處古墳，以及2千多年前彌生時代人類的居住遺跡，稱為「猿樂塚」，也是目前町名的由來，古墳丘隱身在建築物後方，記得也繞過去走走。

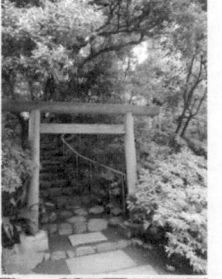

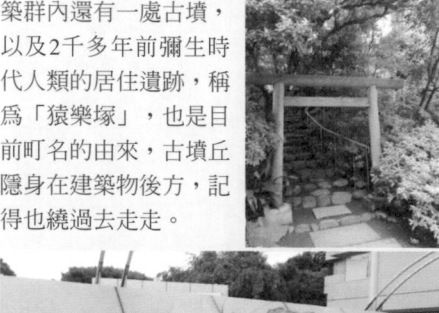

Tom's Sandwich

MAP P.211 / B7　區 澀谷區猿樂町29-10　03-3464-3045　11:30～15:00　不定休　三明治¥1,750～4,500　http www.tom-s.com

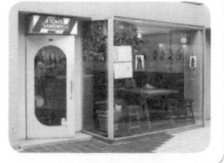

供應美式三明治，多達20種不同配料的組合讓你點，經典的BLT或牛排三明治，均相當美味，也可以選擇多加配料，增添風味口感。

Christmas Company

MAP P.211 / B7　澀谷區猿樂町29-10　03-3770-1224　11:00～19:00　無休　http www.christmas-company.com

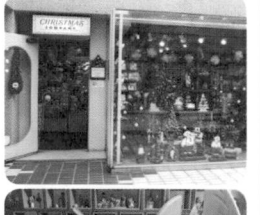

小小的商店裡擺滿了來自歐洲、美國的聖誕節裝飾品，如果你喜歡華麗的歡樂氣氛，來自美國的聖誕老公公、天使等最適合你，售價也算中上；若你偏好安靜溫暖的感覺，歐洲手工製作的木頭飾品，是最佳選擇，遇上純手工，標價下得一點都不手軟；若礙於預算有限，純欣賞就好。

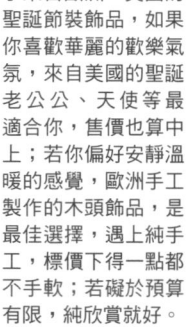

giraffe

MAP P.211 / A7　澀谷區猿樂町29-9　03-5941-5675　12:00～19:00　無休　giraffe-tie.com

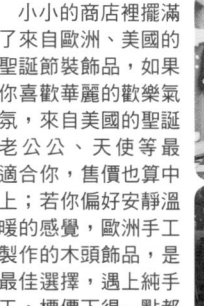

男士若想添購幾條上班行頭領帶，giraffe總是有出人意料的花樣設計，讓嚴謹的西裝穿著多了些俏皮元素。

松之助N.Y

MAP P.211 / B6　澀谷區猿樂町29-9　03-5728-3868　09:00～18:00　週一　甜點¥310～850　http www.matsunosukepie.com

喜歡吃美式的甜點蛋糕，就要走一趟這一家以紐約起士蛋糕、水果派、鬆餅、咖啡蛋糕等，風靡代官山的甜點餐廳。老闆平野顯子以美國東岸著名的甜點，作為店家的招牌蛋糕，選材用料都特別講究，濃濃的Cheese蛋糕、酸甜交錯的蘋果派、水果百匯的鬆餅，都是必嘗的美味。

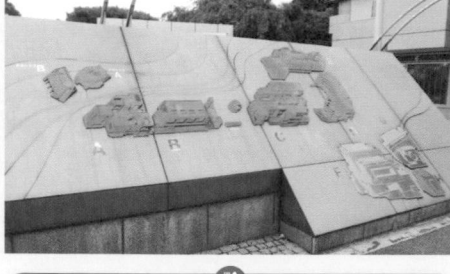

Caffè Michelangelo

📍P.211／A6 ✉澀谷區猿樂町29-3 📞03-3770-9517 🕐11:00～22:30 休無休 💲套餐￥1,400～1,800，餐點￥1,000～2,200，甜點套餐￥1,100起 🌐www.aso-net.jp/michelangelo

位於舊山手通上的一家歐風咖啡餐廳，內外布置得綠意盎然，散發著代官山典型的高貴氣質，門前還設有一整列的露天座位，天氣爽朗的時候這裡最搶手。而進到餐廳內就彷彿置身溫室中一般，整家餐廳就在一個偌大的玻璃屋中，當陽光從中央那棵有300歲樹齡的老櫸樹的樹梢中透射下來，灑落在舒適的座椅上，溫暖又寫意。

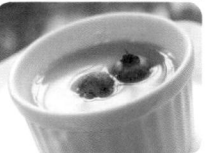
照片提供／魏國安

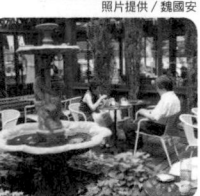
照片提供／魏國安

Caffè Michelangelo非常受到當地貴婦的喜愛，來一探究竟的遊客也是絡繹不絕，週末、假日的人潮更是一波接一波呢，熱鬧極了！

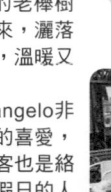
照片提供／魏國安

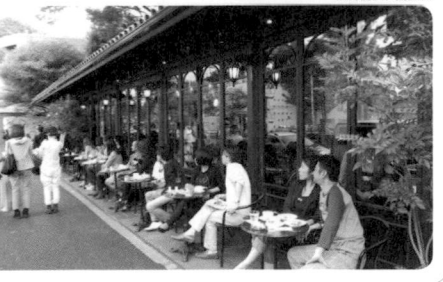

Lotus Baguette

📍P.211／A6 ✉澀谷區猿樂町29-1 📞03-3462-0801 🕐09:00～18:00 休無休 💲炒麵麵包￥280 竹炭吐司￥500 🌐www.lotusbaguette.com

使用有機栽培的食材以及天然酵母長時間的發酵，製作口感、香味十足的麵包。Lotus的麵包並不花俏，反而是最樸實的傳統樣式，買個炒麵麵包來吃吃看吧！

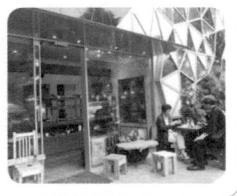

Via Bus Stop Museum

📍P.210／B3 ✉澀谷區猿樂町28-14 📞03-5459-1567 🕐11:00～20:00 休無休 🌐www.viabusstop.com/museum.html

玻璃帷幕的外觀，3個樓層的明亮賣場，這間Via Bus Stop是全日本最大、商品最齊全的旗艦店，所以有「Museum」之稱。新潮前衛的時裝搭配，擄獲不少日本現代女性的心，除了自家生產的品牌之外，Via Bus Stop也延攬了許多國際時尚名牌的時裝及配件，如Jean Paul Gaultier、Alexander Wang、Chloe、Marc Jacobs、Tom Ford等，都是精選過的高級時尚精品。

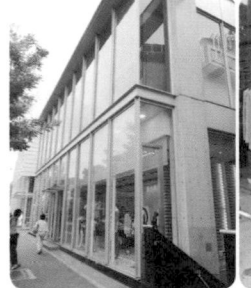
照片提供／魏國安

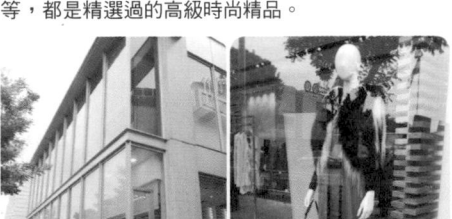

ART VILLAGE

📍P.211／A5 ✉澀谷區猿樂町17-10 🕐約11:00～23:00(各店鋪不同) 休無休 💲午餐約￥1,200，晚餐約￥2,500

由住宅改建而成的餐廳商場，有夏威夷風味餐廳Aloha Table、烘焙咖啡餐廳Le Pain Quotidien，及1家高爾夫用品專賣店。ART VILLAGE就位在蔦屋書店旁，是許多人選擇用午餐的地方，餐後再逛逛代官山最熱門的景點商店——蔦屋書店。

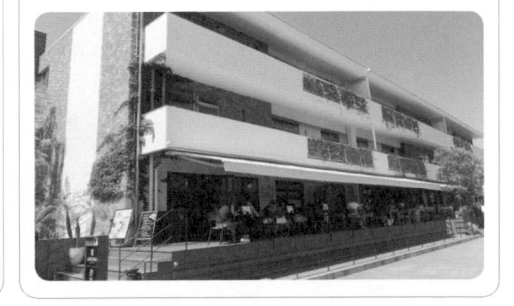

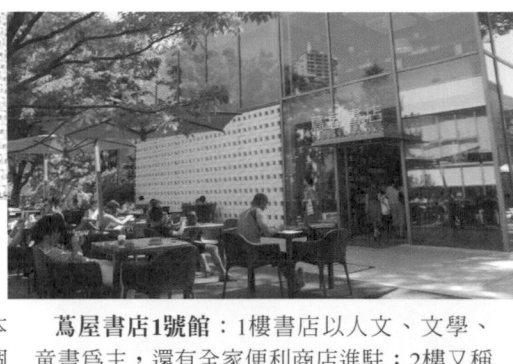
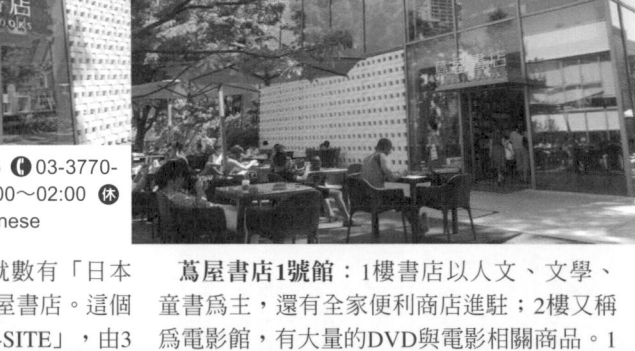

代官山 蔦屋書店 Tsutaya Books

MAP P.211／A5　渋谷區猿樂町17-5　03-3770-2525　1樓07:00～02:00，2樓09:00～02:00　休無休　http real.tsite.jp/daikanyama/chinese

代官山目前最熱門景點，就數有「日本最美書店」稱號的——蔦屋書店。這個集合群商業開發稱為「代官山T-SITE」，由3幢蔦屋書店建築，加上後方錯落在廣大庭院裡的餐廳、商店所組成。綠意盎然的悠閒氣氛，吸引東京人、外地人、遊客前來朝聖，不過若要說起書店規模，台灣的誠品書店還是略勝一籌，但蔦屋書店則以高雅氣質取勝。

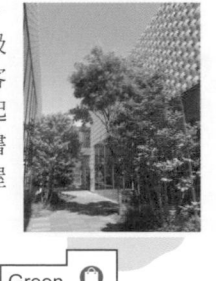

蔦屋書店1號館：1樓書店以人文、文學、童書為主，還有全家便利商店進駐；2樓又稱為電影館，有大量的DVD與電影相關商品。1～3館的2樓，建有空中走廊串聯，可以讓你一館接一館輕鬆逛透透。

蔦屋書店2號館：1樓書店以美術、攝影、建築、設計方面的書籍為主；2樓為咖啡餐廳Anjin，還有許多知名的雜誌收藏。

蔦屋書店3號館：1樓書店以料理、旅行方面的書籍為主，也有文具用品及餐具食材販售，後方還有星巴克進駐；2樓又稱為音樂館，有大量的CD、唱片，可以悠閒地試聽。

IVY Place：有咖啡、餐廳及飲料吧，坐落於綠樹庭園中，悠閒氣氛滿點，週末假日可是一位難求呢！

Garden Gallery：不時有各種定期、非定期的活動舉辦，如展覽、手創市集、農夫市集等，尤其是週末假日最為熱鬧。

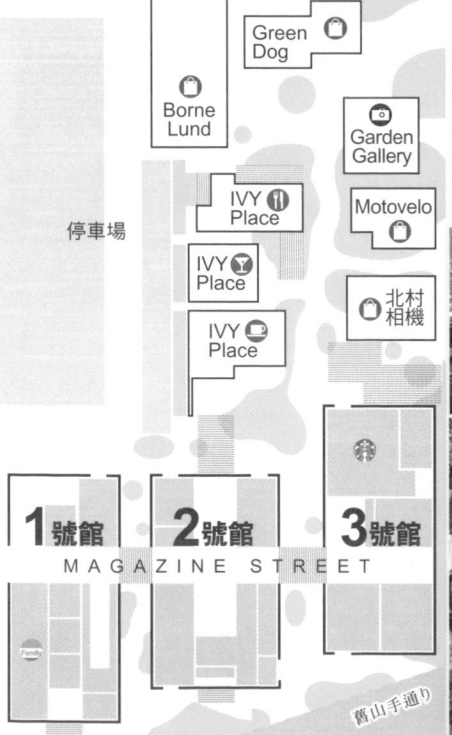

Green Dog

Borne Lund

Garden Gallery

IVY Place

Motovelo

停車場

IVY Place

IVY Place

北村相機

1號館　2號館　3號館

MAGAZINE STREET

Family

舊山手通り

Hollywood Ranch Market

🗺P.210／A3 ✉澀谷區猿樂町28-17 ☎03-3463-5668 🕐11:00～20:30 ㉺無休 🌐www.hrm.co.jp/hrm/index.html

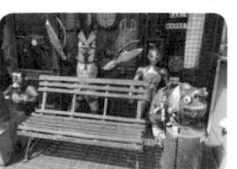

代官山地區相當知名的雜貨、服裝店，門前的大樹以及紅色的遮雨棚，非常容易辨認。店內所販售的物品以美式生活雜貨為主，服裝也是走美式休閒風格，有大量的二手衣可以選購，商品大都是進口商品，嬉皮風、夏威夷風等應有盡有，樣式琳琅滿目，而且售價均不高，相當受到年輕人的喜愛。

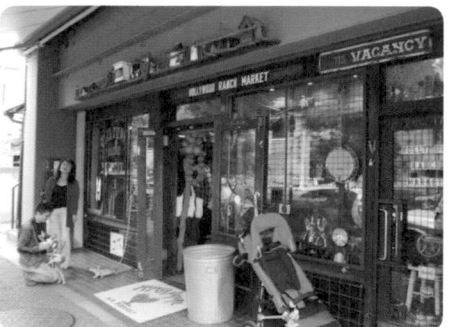

NÎMES

🗺P.210／A2 ✉澀谷區猿樂町26-11 ☎03-3463-0526 🕐11:30～20:00 ㉺無休 🌐press.innocent.co.jp/brand/nimes

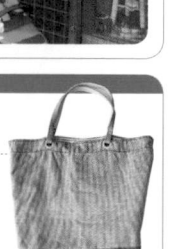

照片提供／魏國安

以法國南部小鎮Nîmes(尼姆)為其店名及品牌的服飾店，兩層樓高的木造白色平房，散發出悠閒小鎮的風情，與品牌精神相呼應，強調法國悠閒的便服路線。1993年創業，藍白色的條紋、水手服款式的剪裁都是它的標準印象，襯托出一股地中海度假氛圍，棉布、麻布大量地運用在服裝、鞋子、飾品、包包上，讓人有一種禁不住想要馬上躺到沙灘上享受陽光的衝動呢！

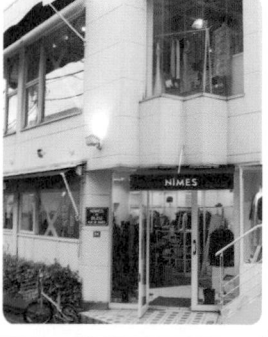

Le Cordon Bleu

🗺P.210／B3 ✉澀谷區猿樂町28-13 ☎03-5457-2407 🕐10:00～19:00 ㉺週一(遇假日休週二) 💲蛋糕￥500～720，麵包￥160～500 🌐www.cordonbleu.co.jp/tokyo/cafelaboutique/jp

由法國藍帶廚藝學校所開設的咖啡餐廳，提供簡單的餐點、新鮮麵包、精緻甜點，當日新鮮現烤現做，是當地貴婦們最喜愛的去處之一，你也來享用一下悠閒的蛋糕時光吧！順道買點香噴噴的麵包，當作明日的早餐。

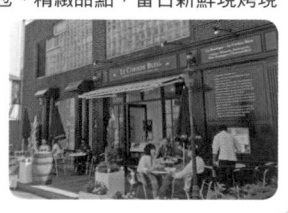

DENHAM

🗺P.210／B2 ✉澀谷區猿樂町25-8 ☎03-3463-2258 🕐12:00～20:00 ㉺無休 🌐www.denhamthejeanmaker.com

來自荷蘭，商標是一把剪刀的丹寧品牌，牛仔褲前衛的設計剪裁，相當新穎，而布料、車線、釘扣等也非常講究，屬於牛仔褲的貴族等級。北歐清潔感的店面陳設，如同東京精緻畫廊一般，連門前馬路上的分隔柱都套上品牌牛仔布料。

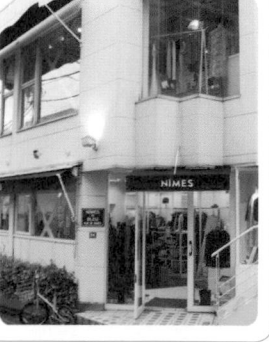

A.P.C. Homme

🗺P.210／B2 ✉澀谷區猿樂町25-2 ☎03-3496-7570 🕐12:00～20:00 ㉺無休 🌐www.apcjp.com

法國時尚品牌，在藝人及模特兒的吹捧下，多年來一直是代官山重要的時尚指標之一，乾淨的線條、經典的配色，具有都會的幹練風格。店內裝潢比照巴黎總店，展現簡潔俐落的黑白色系。而女裝店則開設在八幡通上(🗺P.210／C1)，可順道過去逛逛。

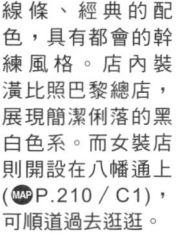

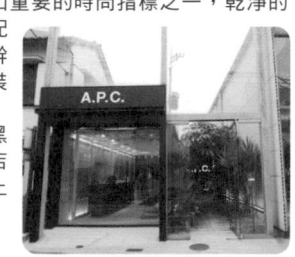

High! Standard

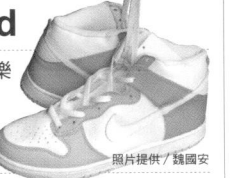

📍P.210／B1 ✉澀谷區猿樂
町25-1 ☎03-3464-2109
🕐11:30～20:00 休無休
🌐www.hrm.co.jp/hsd

照片提供／魏國安

這間位於路口的半石頭、半鐵皮小屋，就是自
1982年開業至今，代官山知名度高的美式服裝店
「High! Standard」。跨進窄到只能一人通過的店
門，想不到小小的店內別有洞天，商品擺滿了整間
商店，外套、褲子、棒球帽也都高高地掛在牆上、
天花板上，有種被衣服淹沒的感覺，看起來酷酷的
店員其實很親切啦，要試穿哪件、哪個size儘管大
方提出來。店裡的商品為十足的美國Hip Hop街頭
風味，也有些復古的工作服、運動裝等，大部分都
是從美國進口的牌子，人氣買氣都很強。

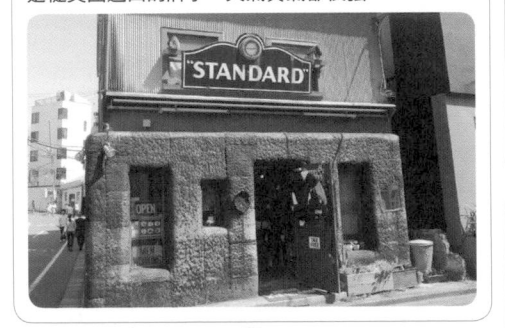

Onitsuka Tiger

📍P.210／C1 ✉澀谷區猿樂町20-7
☎03-5489-1711 🕐11:30～20:00
休無休 🌐www.onitsukatiger.com/ja-jp

誕生於1949年的純日本血統品
牌，從棒球運動中嗅出日後體育商
品的商機，從棒球鞋開始，一路跨
足到籃球、滑雪、路跑等運動商
品，甚至是日本奧運代表隊的指定
用鞋。時至今日Onitsuka Tiger不僅
只是生產運動用品，最大的商機當
然不會錯過，
把運動風潮帶
入街頭潮流
風，新穎的設
計引起日本年
輕男女的搶購
風潮，外套、
球鞋、T恤都
賣得嚇嚇叫。

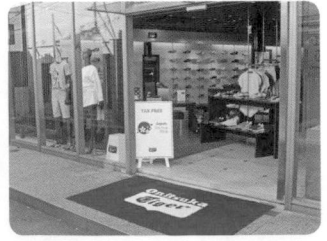

Maison de Reefur

📍P.210／C2 ✉澀谷區猿樂町27-7 ☎03-3461-
0921 🕐11:00～20:00 休不定休 🌐www.maison
dereefur.com/home

Maison de Reefur同樣是一家綜合國際時尚品牌
商店，店內裝潢具有藝術性，是代官山貴婦們熱門
的購物商店，無時無刻都是購物人潮。除了名牌
服飾精品配件外，店裡也有不少精挑細選的生活用
品，對於平常百姓來說，價位稍嫌高了一些。

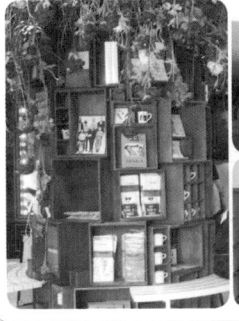

OKURA

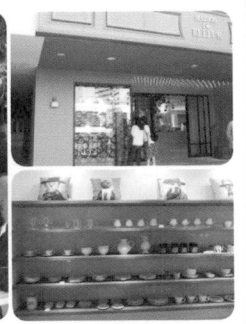

📍P.210／B1 ✉澀谷區猿樂
町20-11 ☎03-3461-8511
🕐11:30～20:00 休無休
🌐www.hrm.co.jp/okura

打著「新和風」旗號的OKURA，與對街的
「High! Standard」同屬一家經營集團，但商品路
線全然不同，OKURA外觀為傳統的倉庫建築，裡
裡外外傳統和風。而店內的服飾雖大都是西洋剪
裁，但以樸拙傳統布料與牛仔布料作搭配，加上扎
染技術的設計運用，在T恤、襯衫、外套、領帶、
襪帕上，以藍染、泥染、炭染、漸層染等，做出花
火、竹葉、富士山、家紋、海波等圖案，新潮又復
古，讓和風也時尚了起來，不買太可惜了。

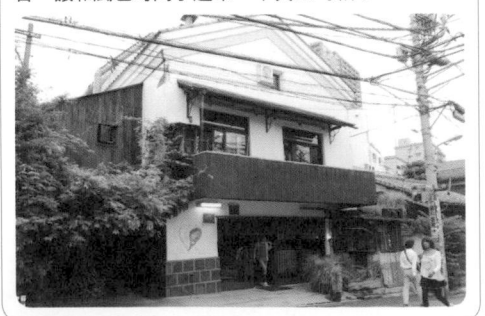

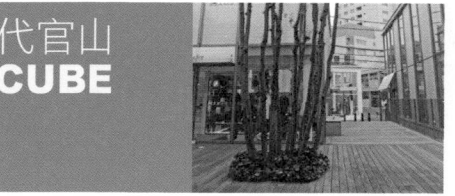

代官山 CUBE

MAP P.210 / A1

這是由數棟兩層樓高、以商業租用的鋼骨集合建築群，四四方方的全玻璃外觀，如同建築名稱CUBE（積木），而建築群中庭則是以木板搭建起來的露台，有涼椅、有綠樹，開放的空間相當舒適。這裡原是日本時裝品牌Beams的大本營，不過隨著經營重點移轉他處，這裡目前只有以販售吉田包與配件為主的「B@Yoshida」；而知名服飾品牌Paul Smith、Descente Blanc（MAP P.210 / B1）等，也陸續進駐此競爭商圈。

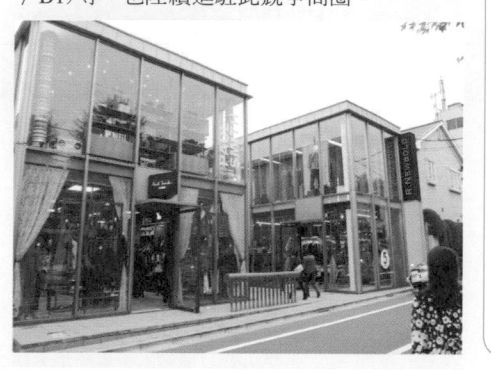

B@YOSHIDA

MAP P.210 / B1 📧 澀谷區猿樂町19-6 ☎03-5428-5951 🕐11:00～20:00 ❌不定休 🌐www.beams.co.jp/shop/byd

這個品牌是Beams與名牌包「Porter」製造商吉田(Yoshida)所合作設計生產的，除了可買到人氣一流的Porter包外，店裡還有不少特製包款，好看得不得了，讓我有全部帶回家的衝動呢！

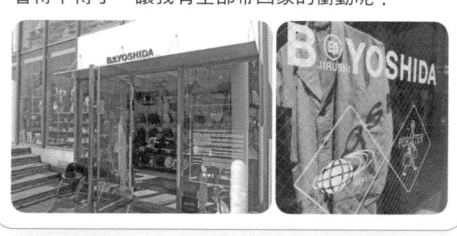

relume

MAP P.210 / B1 📧 澀谷區猿樂町19-5 ☎03-5428-3115 🕐11:00～20:00 ❌不定休 🌐journal-standard.jp/relume

relume由日本潮流品牌Journal Standard所經營，男女裝同樣走街頭流行風格，輕鬆的剪裁最為日常實穿，一向受到日本年輕人的喜愛。

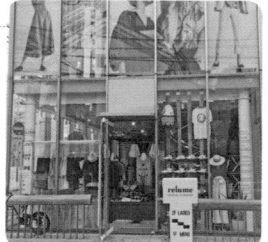

B.C Stock

MAP P.210 / B1 📧 澀谷區猿樂町25-1 ☎03-5428-5065 🕐11:00～20:30 ❌不定休 🌐bcstock.jp

集合Deuxième Classe、Journal Standard、La Totalité、léna、Simplicité等眾多知名品牌的折扣服飾店，售價約為原價的7折左右，但若遇上特別折扣期，則可以買到4折的低價，店內商品雖並非都是當季新款，但仍物美價優，還是能吸引不少追求流行的省錢一族，週末假日總是有滿滿的搶購人潮。

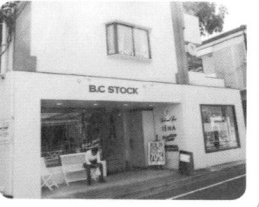

Alfredo Bannister

MAP P.210 / B1 📧 澀谷區猿樂町20-9 ☎03-5458-5010 🕐11:30～20:00 ❌無休 🌐abahouse.co.jp/men/alfredo-bannister-men

屬於時尚品牌經營集團ABA-HOUSE旗下的鞋子品牌，所販賣的鞋款，均使用高級皮革，並以日本人的腳型來設計製作，非常適合東方人穿，既舒適又有新潮感，雖然價格稍微高一些，但可以買到有特色的時尚潮鞋。

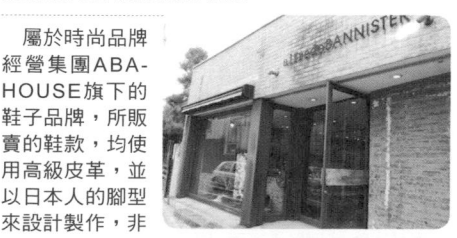

代官山 Sarugaku 猿樂

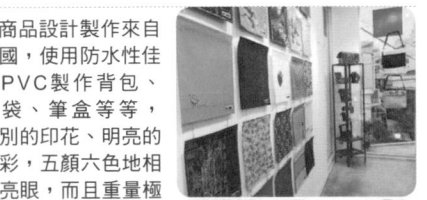

MAP P.210 / B2　http www.sarugaku.jp

由 知名建築家「平田晃久」所設計興建的Sarugaku，誕生於2007年，同樣是一處商業集合建築群，大小高低形狀不一，幾何如積木的外觀設計，兩層樓高的白色水泥外牆，搭配大片的玻璃牆面，堆疊如同山丘一般，讓逛街來往的人潮有如山谷中流動的活水。Sarugaku是僅供出租使用的商業圈，

裡頭有不少有趣好逛的商店，也有數家美容院、餐廳，建築群位在彎曲的巷弄中，週間人潮少時，格外顯得相當安靜。

tausche

MAP P.210 / B2　✉ 猿樂Sarugaku F棟　☎ 03-6802-7668　🕐 週一、四12:00～20:00，週五～日、假日11:00～19:00　休 週二、三　http www.tausche.jp

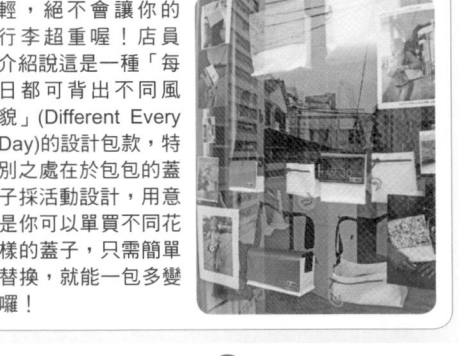

商品設計製作來自德國，使用防水性佳的PVC製作背包、手袋、筆盒等等，特別的印花、明亮的色彩，五顏六色地相當亮眼，而且重量極輕，絕不會讓你的行李超重喔！店員介紹說這是一種「每日都可背出不同風貌」(Different Every Day)的設計包款，特別之處在於包包的蓋子採活動設計，用意是你可以單買不同花樣的蓋子，只需簡單替換，就能一包多變囉！

Journey

MAP P.210 / B1　✉ 澀谷區猿樂町20-10　☎ 03-3461-8506　🕐 11:30～20:00　休 無休　http www.hrm.co.jp/journey

由日本舊木造民宅改裝的時裝店，大部分仍保留民宅原本風貌，由店面一旁的小道往裡走，可一窺舊宅庭院的樣貌，也有冰品、甜點販售。Journey在西服款式加入和風細節設計，讓人穿出不一樣的風格，而店面的櫥窗展示則是它最精采的部分。

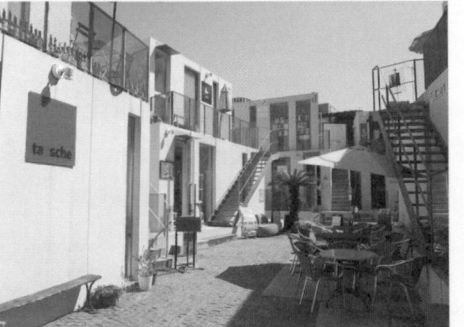

Rootote

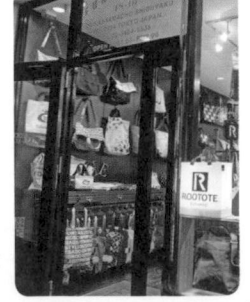

MAP P.210 / B2　✉ 澀谷區猿樂町25-3　☎ 03-6416-1986　🕐 11:00～20:00　休 無休　http rootote.jp

創立於2001年的日本品牌，將簡單實用的手提袋，賦予流行的新風貌，款式、花色相當多樣貌。它的品牌精神，就是希望使用者可以隨時攜帶，減少紙袋、塑膠袋的使用量，不僅時尚又兼顧環保，是日本超人氣的包包品牌。在城堡街道，靠近LOGROAD還有一家專賣店面(MAP P.211 / F5)，台灣近年也設有直營專賣店了。

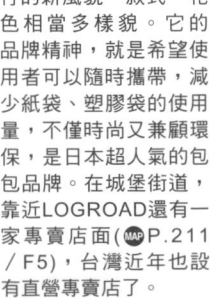

代官山 TENOHA テノハ

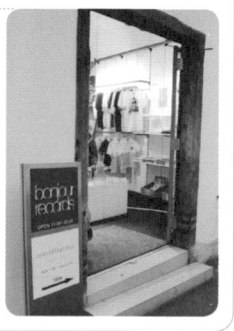

MAP P.210 / D2 ✉澀谷區代官山町20-23 **☎**各店不同 **◉**商店11:00～20:00，餐廳11:30～23:00，咖啡廳09:00～23:00 **休**無休 **http** tenoha.jp

位在代官山車站旁的綜合商場，可以說是逛遊代官山的入口，最大的特徵是有個舒適的中庭廣場，是民眾聚集休憩的去處，是代官山的重要地標。有時尚生活用品店、餐廳、咖啡廳，還有可租用的臨時辦公室。TENOHA於2014年底開幕，前身是Loveria商場，改裝重新開幕後更加綠意盎然，就如同祕密花園般美麗。

& Style Store：店內集合了日本藝術家所創作的生活用品、服裝飾品，件件都是實用的藝術品，還有精選的食材、食品，是一間處處有驚喜，讓人狂掏錢包的好店。

& Style Restaurant：精緻的義大利料理餐廳，用餐價位實惠，套餐¥2,800～5,000。

Bondolfi Boncaffe：來自義大利羅馬，有150年歷史的咖啡店，日本第一家海外分店，從羅馬空運而來的咖啡豆，無論是卡布奇諾或是濃縮咖啡，都讓人一再回味。

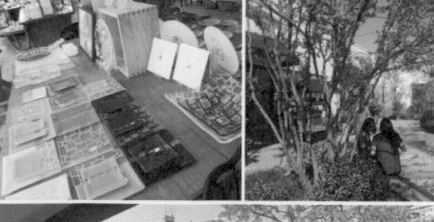

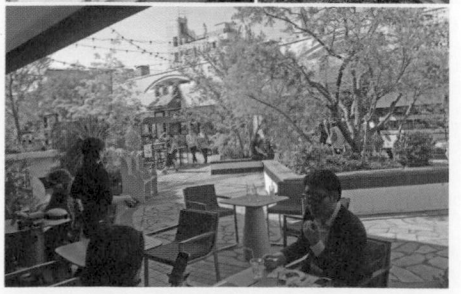

bonjour records

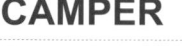

MAP P.210 / C2 ✉澀谷區猿樂町24-1 **☎**03-5458-6020 **◉**11:00～20:00 **休**無休 **http** www.bonjour.jp

一間結合音樂與時尚的概念商店，在代官山相當有名，以獨特的品味為顧客精選出許多非主流意識的音樂，而服飾品牌「bonjour records BOYS」也以簡潔的街頭風格為主。除了音樂、服飾外，店裡也有相當多的雜誌、藝術書籍，是東京唯一一家專賣店。

CAMPER

MAP P.210 / C2 ✉澀谷區猿樂町23-6 **☎**03-3770-4466 **◉**11:00～20:00 **休**無休 **http** www.camper.com/ja_JP

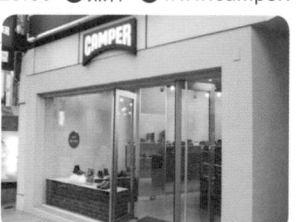

來自西班牙有120年歷史的老品牌，以創意造型的鞋子收買人心及口袋銀兩，舒適好穿、美觀好看，在台灣也相當具有人氣，相信你早已經有一雙在鞋櫃裡了。除了鞋子掛保證外，皮件、包包也是設計大方，值得選購的配件，來看看是否剛好有特別的款式吧！

かまわぬ KAMAWANU

MAP P.210 / C1 ✉澀谷區猿樂町23-1 **☎**03-3780-0182 **◉**11:00～19:00 **休**年末年始 **http** www.kamawanu.co.jp

已在代官山開業近30年，門上掛著暖簾的傳統屋舍，裡頭販賣的也是和風十足的布巾、手帕、錢包、浴衣等，純手工印染製作的布製品。商品的樣式花色全都是復古風味，把阿嬤時代的流行風貌重新呈現，好看的不得了，很難讓人兩手空空地走出店外。

Chez Lui

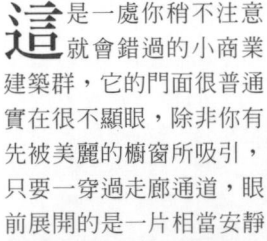

MAP P.210 / C1 📮澀谷區猿樂町23-2 📞03-3476-3853 🕐09:00～22:00 休不定休 http www.chez-lui.com

1975年於代官山開業，把高級的法國風味麵包、甜點帶進貴婦家中，近年以各種口味的可麗露最熱賣。代官山店於2015年1月改裝後重新開業。

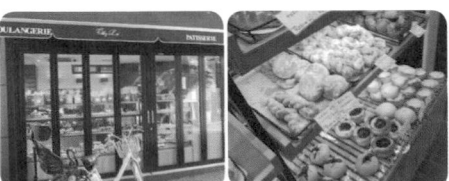
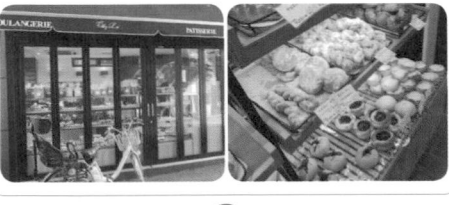

Chocolate

MAP P.211 / C5 📮澀谷區猿樂町23-6 📞03-3477-7909 🕐12:00～19:00 休週二 http yaplog.jp/dk-chocolate

店名稱為巧克力，但店內賣的卻是女裝，艷紅色門簾的小店，隱身在狹窄、充滿綠意的巷子裡，以販售連身

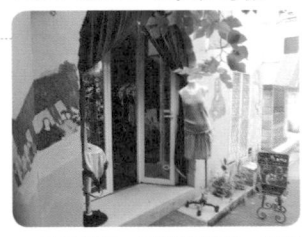

洋裝為主，新品、二手品都有，可以悠閒逛、慢慢挑。這間店的外牆也非常可愛，看似畫到一半便停手的名畫壁畫，則是相機鏡頭下的焦點。

無垢里

MAP P.211 / C5 📮澀谷區猿樂町20-4 📞03-5458-6991 🕐11:00～19:00 休週四 http www.geocities.jp/mukuri_d/gallery-all.html

無垢里是一家藏身在狹窄、充滿綠意巷子裡，有古民宅味道的藝廊，金工、陶藝、漆器等混雜在一個空間展覽、販售。藝廊裡有喫茶室，提供輕食、甜點、飲料，蛋糕套餐￥900；也設有每月開課兩次的陶藝教室，及各種手作體驗課程。

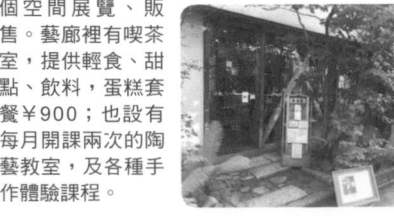

代官山 Sunroser サンローゼ

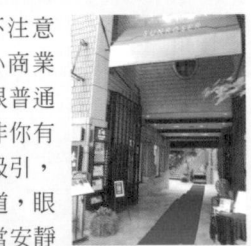

MAP P.211 / C5 📮澀谷區猿樂町11-6

這是一處你稍不注意就會錯過的小商業建築群，它的門面很普通實在很不顯眼，除非你有先被美麗的櫥窗所吸引，只要一穿過走廊通道，眼前展開的是一片相當安靜的歐式風景，開放的露天小廣場、涼廊、水池、交錯的石階、欄杆、街燈、咖啡座，如同置身歐洲般。這個商業中心以餐廳居多，也有酒吧及少數的商店，走進這裡買啥、吃

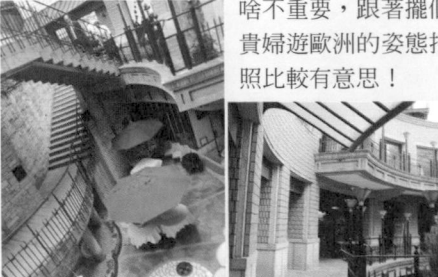
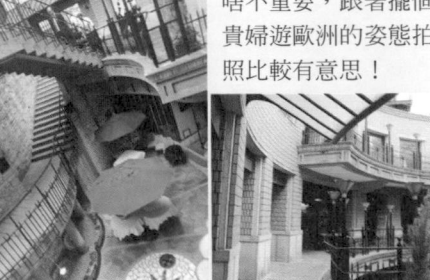

啥不重要，跟著擺個貴婦遊歐洲的姿態拍照比較有意思！

Just Dog Market

MAP P.210 / E2 📮澀谷區猿樂町5-7 📞03-3496-0557 🕐12:00～19:00 休週一 http www.justdogmarket.com

同樣是一家藏在住宅區安靜巷道內的小店，這是寵物用品專賣店，也是柯基犬主題收藏品小物店，而店內就以3隻熱情的柯基犬來迎賓。店內空間小，但有不少種類的寵物用品、道具，還有很多與狗狗相關的擺飾、用品、小物等，相當可愛。

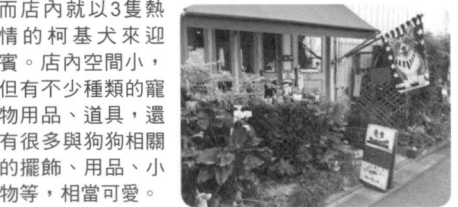

代官山 La Fuente ラ・フェンテ

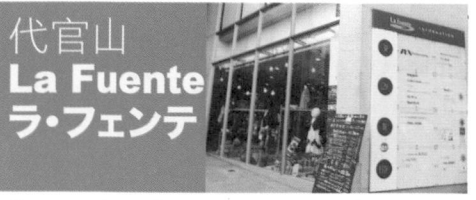

MAP P.210 / D4 　🖂 澀谷區猿樂町11-1 　📞 03-3462-8401 　🕐 商店11:00～20:00，餐廳11:00～04:00 　休 無休 　http www.lafuente-daikanyama.com

八幡通上的大型百貨商場，以玻璃帷幕加上空間感豐富的建築形態，彎曲的巷道、高低的階梯、錯落的廣場、綠畫的圍牆，盡顯其時代個性。本館商場4個樓層裡，將近有20家店鋪以及多家餐廳、酒吧。1樓有6家品牌服飾駐店；2樓有許多高級品牌的兒童服飾、用品；餐廳、酒吧則集中在3樓與B1樓層。而位於後方的ANNEX別館則有法式料理餐廳。

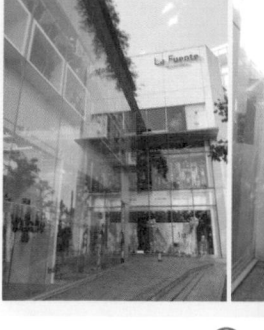

Junie Moon

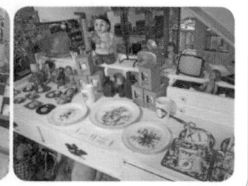
哈囉，我是GODIVA！

MAP P.210 / E2 　🖂 澀谷區猿樂町4-3 　📞 03-3496-0740 　🕐 11:00～19:00 　休 週一 　http daikanyama.juniemoon-shop.com/

Junie Moon是「Blythe」娃娃專賣店，是國內許多娃娃迷的朝聖地，除了可以買到一般款娃娃，最主要是要搶購限定款。不只有娃娃，店裡還有許多娃娃配件商品，但最令人讚歎的不外乎那些由玩家改造，獨一無二的展示品，只可惜大都為非賣品，即使有販售也是在天價之列。Blythe原為1972年美國Kenner公司出品的玩具，但只銷售1年便銷聲匿跡，直到2001年經日本Takara公司重新發行，馬上成為炙手可熱的商品，雖定價不低，但是搶購風潮不減，除了在日本暢銷，更紅遍台灣及世界各國呢！是小布娃娃迷們絕對要造訪的勝地。

店內也有販售以美國紐約知名插畫家Jeffrey Fulvimari的畫作所製作的皮夾、毛巾、飾品等商品，Jeffrey Fulvimari曾幫台灣歌手周蕙繪製CD封面插圖，及為瑪丹娜繪製童書繪本《英倫玫瑰》。

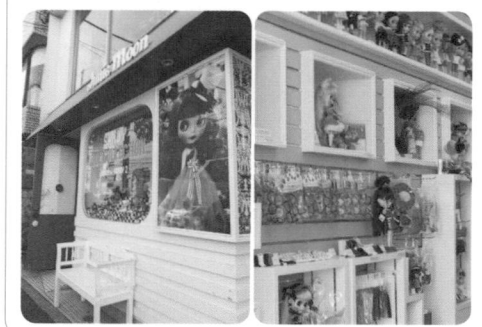

Manoush

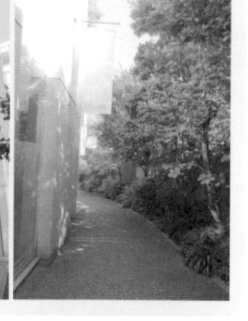

MAP P.210 / D3 　🖂 澀谷區猿樂町9-3 　📞 03-3476-2366 　🕐 11:00～20:00 　休 無休 　http www.manoush.com

來自法國的時裝品牌，誕生於2004年，是設計師於2003年旅行摩洛哥所產生的靈感而創設的品牌。Manoush有吉普賽之意，華麗的波西米亞風服飾，精美的刺繡是不可或缺的元素，設計師個人的風格強烈。這個品牌還有著一股甜美的華麗風，色彩活潑外，還加入了些許的童話元素，尤其是配件飾品更是可愛到破表，甚受歡迎。

Aquvii

MAP P.210 / F2 　🖂 澀谷區代官山町2-5 　📞 03-3462-5044 　🕐 12:00～20:00 　休 無休 　http www.aquvii.com

以「禮物」為主題的骨董小物店，有許多設計師手作飾品，以及各地蒐集來的二手骨董物品、泰迪熊等，讓人越逛越有趣。2樓設有小小藝廊，不時都有特別的藝術作品在這裡發表、展覽。

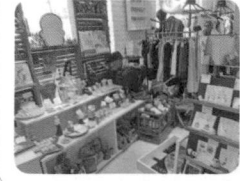

Waffle's Beulah

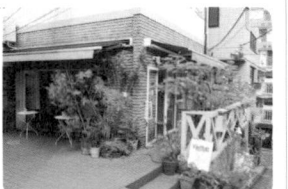

MAP P.210／E4 ⊠澀谷區代官山町10-3 ☎03-3476-6721 🕐11:30～18:30(週末、假日至19:00) 休無休 💲鬆餅￥680～1,000，午間鬆餅特餐￥1,036 🌐FB搜尋：Waffle's beulah

位在坡道窄巷裡明亮、有氣氛的鬆餅餐廳，在代官山頗為知名，提供約有10種不同口味的鬆餅，以當季新鮮水果搭配冰淇淋的鬆餅(季節のフルーツ＆ホイップクリーム＆アイスクリーム，￥920)點餐率最高，你也來嘗嘗看吧！

mi-shang 蜜香

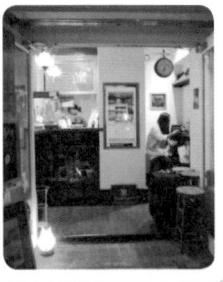

MAP P.210／F4 ⊠澀谷區代官山町13-8 ☎03-5456-3858 🕐13:00～19:00 休週三 💲蜜香杏仁￥390 (一盒3個￥1,100) 🌐www.mi-shang.com

相當迷你的香港點心店，販售日本人最愛港式甜點的No.1：杏仁豆腐，香味濃厚的杏仁豆腐淋上以桂花酒熬製的糖水，讓不少人特地跑來購買，你也可以再點杯蜜香特調港式奶茶。店家另一項也賣得很好的，就是跟甜點無關的「辣油」。

CARBOOTS

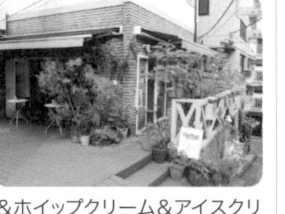

MAP P.210／E4 ⊠澀谷區代官山町14-5 ☎03-3464-6868 🕐12:00～21:00 休無休 🌐www.carboots.org

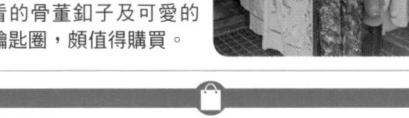

以19世紀～1980年代的歐洲二手服裝、飾品、配件為主的舊貨古著店，生活用品也不少，就好像在逛歐洲跳蚤市場般。店內也有好看的骨董釦子及可愛的鑰匙圈，頗值得購買。

Firstclass Secondadvent

MAP P.210／F4 ⊠澀谷區代官山町13-8 ☎03-3464-2337 🕐12:00～20:00 休無休 🌐niteklub.jp

位於城堡街道上，就在「蜜香」的隔壁，由2位20多歲年輕人所開的男性服飾店，店名簡稱「F.C.S.A」，以休閒風格、牛仔服飾、T恤為主，款式經典細緻，非常實穿，是時下日本年輕人喜歡的穿著風格，在口耳相傳下，成為代官山小有人氣的服飾店。

HAVERSACK

MAP P.210／E4 ⊠澀谷區代官山町14-5 ☎03-3477-0521 🕐12:00～21:00 🌐haversack.jp

相當有質感的日本時裝品牌，看似古著，但剪裁設計卻很時尚，以高質感的布料、精緻的做工及精簡的設計，受到都會男女的青睞，絕對不會有過季的疑慮，雖然單價稍微高一些，但非常值得投資。代官山2家店都是旗艦店，商品最完整，另一家店H.S Attire在八幡通上(MAP P.210／E3)。

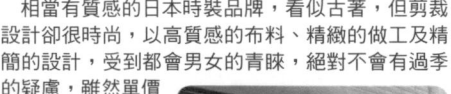

Cat-Click

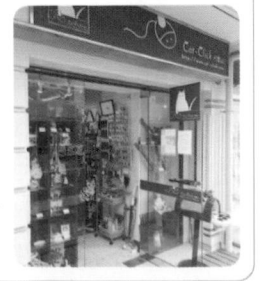

MAP P.210／F4 ⊠澀谷區代官山町13-8 ☎03-6416-1622 🕐13:00～19:00(只在週末、假日營業) 🌐www.cat-click.com

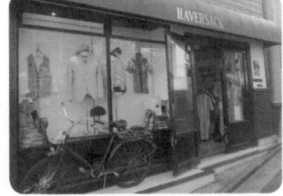

有著貓咪玩滑鼠的可愛招牌，這是一家以貓為主角的生活雜貨店，小小空間裝了滿滿的商品，反正就是無論什麼物品，上面一定都會有貓咪的身影，喵～喵～喵～的，真是可愛極了。注意：店家週間可是不營業的喔！

代官山 LOGROAD ログロード

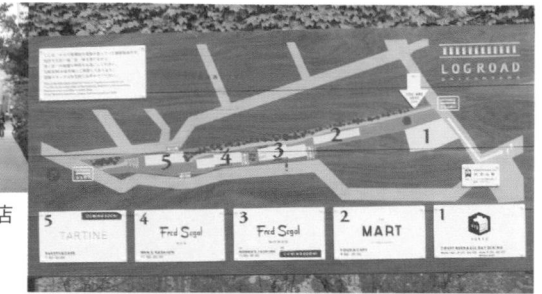

📍 P.210 / F4 📧 澁谷區代官山町13-1 🕐🅒 各店不同 ❌ 無休 🌐 www.logroad-daikanyama.jp

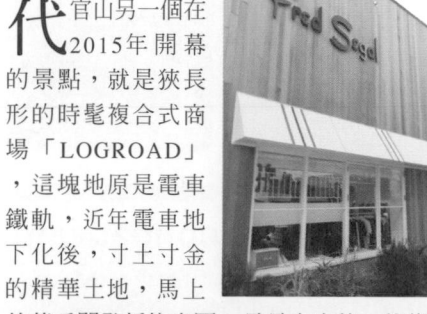
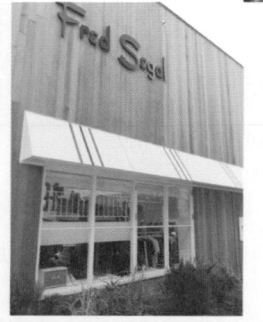

代官山另一個在2015年開幕的景點，就是狹長形的時髦複合式商場「LOGROAD」，這塊地原是電車鐵軌，近年電車地下化後，寸土寸金的精華土地，馬上就著手開發新的商圈。長長窄窄的一條街道裡，建有5間兩層樓的木造建築，坐落在綠樹、花草之中，加上大量的戶外空間，這裡宛如是座城市公園，一開幕立刻吸引人潮前來一探究竟。

LOGROAD以美國西岸風景為設計，進駐的商店也是來自美國西岸，都是首次引進日本的品牌，相當新鮮。

Spring Valley Brewery Tokyo：由麒麟啤酒經營的精緻啤酒館，可以品嘗到6種風味不同的啤酒，及多種搭配的食物，除了用餐，這裡還設有小型啤酒釀造廠，可以參觀。

The Mart at Fred Segal：由服飾名店Fred Segal所開設的禮品店，店內除了可以買到具有美國風格的各種生活用品，也可以品嘗到口感新鮮特殊、來自美國波特蘭超人氣的甜甜圈名店「Camden's Blue Donuts」，週末假日鐵定要排隊，人氣口味也都很快銷售一空，所以要嘗鮮請記得趁早喔！

Fred Segal女裝館、男裝館：除了集合各大小品牌的男女服飾外，也引進許多戶外活動用品、保養清潔用品等。

Garden House Crafts：2015年6月底才開幕的餐廳，除了用餐，還有烘焙坊可以購買，餐點一律採用當季最新鮮的食材料理。

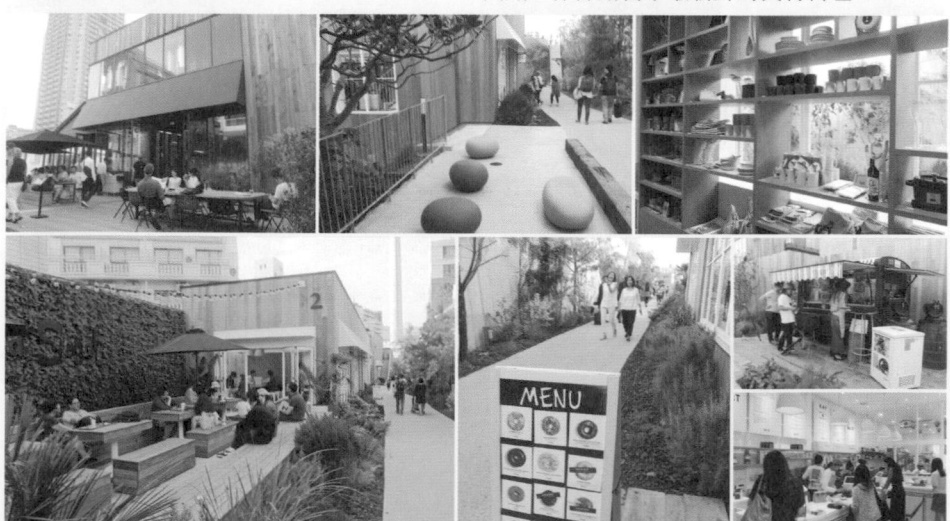

代官山
Address
アドレス

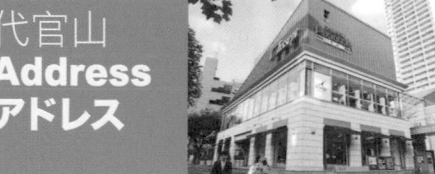

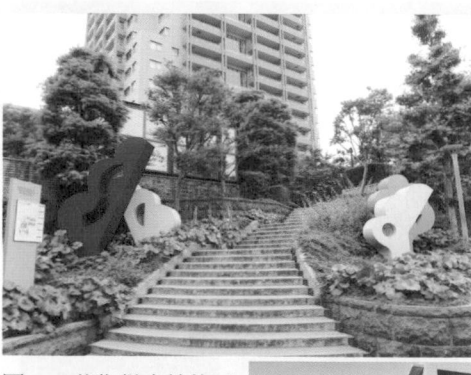

MAP P.211／D5　✉ 澀谷區代官山町17-6　☎ 03-346
2-8401　🕐10:00～22:00　休 1/1～1/2　http www.17
dixsept.jp

代官山Address是由「舊同潤會代官山公寓」所改建而成，落成於2000年，由商場、高級公寓大樓、公園所組成的集合建築群。樓高3層的商場由「17dixsept」所經營，是代官山最大型的購物商場，有商店、餐廳、超市，商場後方有個寬闊的廣場「Address Plaza」，以及綠意盎然的「代官山公

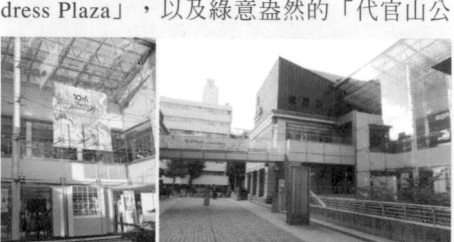

園」，若你從車站的西口出站，就可經過天橋直達代官山Address。

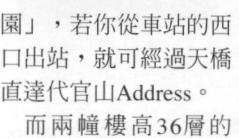

而兩幢樓高36層的大樓「The Tower」，就是純住宅的高級公寓，你看看它的入口（MAP P.211／E5），是不是在哪裡見過？很眼熟呢？沒錯，它就是曾出現在日劇《大和拜金女》裡，女主角謊稱她住家的高級公寓大樓，劇迷們不妨來朝聖一下吧！

🍴 Mr. Friendly Cafe

MAP P.211／F5　✉ 澀谷區惠比壽西2
-18-6　☎ 03-3780-0968　🕐11:00～
20:00　休 無休　http www.mrfriendly.jp

陪伴我一起長大的Mr.Friendly，在代官山開起了專賣店及咖啡餐廳，商店裡裡外外都有Mr.Friendly在歡迎你，連門把都是Mr.Friendly，超可愛的！所開設的餐廳Love & Peace Cafe，在餐點上也會遇見Mr.Friendly，特別強調環保愛地球，牆面是由廢棄的滑板所組成，相當特別，店內也隨處可見提醒你省電絕招的海報。記得繞過來逛逛、喝個午茶吧！若沒空坐下來，也可買方便外帶的Mr.Friendly小蛋糕(¥572／9個)回家品嘗。

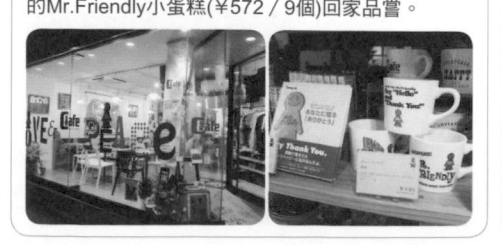

🛍 Johnny Jump Up

MAP P.211／E5　✉ 澀谷區代官山町18-3　☎ 03-5458-
1302　🕐12:00～20:00　休 不定休　http www.johnny
jumpup.net

這是一間可愛的小店，以販售東歐、俄羅斯風格的懷舊小物、玩具、用品、繪本為主。店內擺滿各式各樣的商品，其中以木製的俄羅斯套娃組最吸引人，各種傳統或現代的造型，應有盡有，繪製精緻一點的售價也就高一些，還有許多店主人親赴歐洲跳蚤市場帶回來的雜貨小物，都是在台灣相當難得一見的，不妨來逛一逛這家有趣的小店。

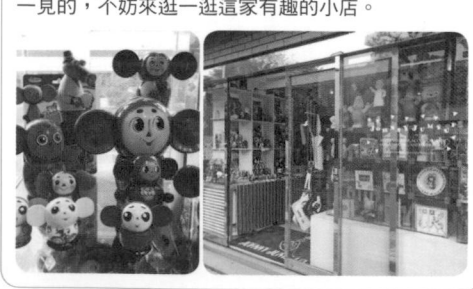

sot

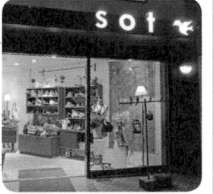

MAP P.211 / D6 ✉ 澀谷區代官山町20-9 ☎ 03-3476-8016 ⏰ 12:00～20:00 休無休 http sot-web.com

手工皮件店，包包、皮夾、鞋子等，都是由專業技師手工製作的，當然售價不低，一分錢一分貨，摸摸看你就知道。上等皮料搭配優雅的色調，以小羊皮不收邊呈現自然皺褶的皮夾最好看，小巧精緻的馬蹄形零錢包，是店家招牌商品。原宿還有另一間店鋪(MAP P.250 / F3)。

モノトヒト by Johnbull

MAP P.211 / D6 ✉ 澀谷區代官山町20-9 ☎ 03-5728-1284 ⏰ 11:30～20:00 休無休 http www.johnbull.co.jp

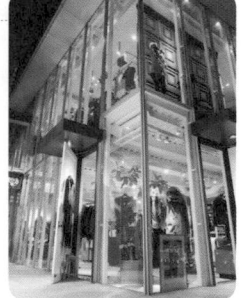

Johnbull品牌始於1967年，以工作休閒服起家，近年來受到日本藝人穿著在電視上曝光加持，成為頗受注目的品牌，尤其以牛仔服、軍裝風服飾詢問度最高。モノトヒト是Johnbull有職人在店服務的新形態商店。

春水堂

MAP P.211 / D6 ✉ 澀谷區代官山町20-9 ☎ 03-6809-0234 ⏰ 11:00～21:00 休不定休 $ 珍珠奶茶￥500，珍珠水果豆花￥700 http www.chunshuitang.jp

台灣知名的茶飲名店「春水堂」，也開始大張旗鼓搶進東京市場，首家店面就選在高級住宅區——代官山，以招牌茶飲珍珠奶茶號召東京的茶友；除了茶飲，也推出在東京少見的台灣麵以及肉粽。目前在原宿、六本木、新宿等地，春水堂也都開有分店。

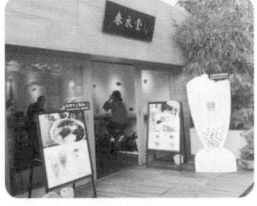

SIGN ALLDAY

MAP P.211 / D7 ✉ 澀谷區代官山町19-4 ☎ 03-3780-9570 ⏰ 09:00～23:00 休不定休 $ 餐點￥700～1,400，飲料￥500起，甜點￥560～730 http www.transit-web.com/shop/sign_allday

咖啡餐廳就開在車站出口，因地利之便，所以不論什麼時段這裡經常都是滿座的情況，很多人在這裡喝咖啡、看書殺時間，非常受歡迎。店內的咖哩飯、蛋包飯等簡餐，都是熱賣的餐點，用餐時段人潮不斷，尤其是下午茶時間，簡直是一位難求，若點蛋糕再多加個￥280，就是有包含飲料的甜點套餐，相當划算。週末時人潮更是爆多，但逛街不就是人多才熱鬧嗎？

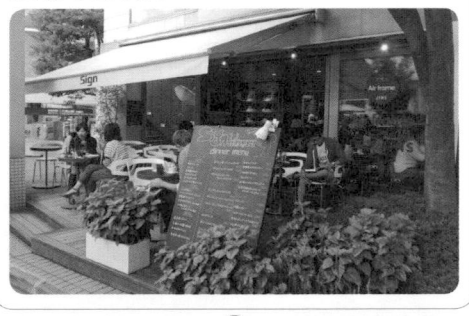
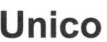

Unico

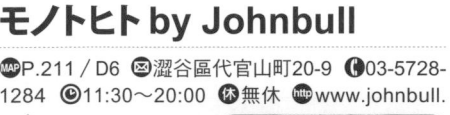

MAP P.211 / D7 ✉ 澀谷區惠比壽西1-34-23 ☎ 03-3477-2205 ⏰ 11:00～20:00 休不定休 http www.unico-fan.co.jp

1998年開幕的1號店，是日本家居用品連鎖店，蒐集來自世界各地的原創設計商品，為因應日本的小型公寓，所以尺寸比起歐美家具都小了一號，擺設方式也是以小坪數公寓方式展示，比起北歐來的宜家，Unico的材質、設計、品質更為精緻許多，是許多日本人選購家具的首選商店。店裡除了各式家具外，設計有型的生活雜貨也不少，只可惜大型的家具搬不回台灣，買買生活雜貨解悶吧！

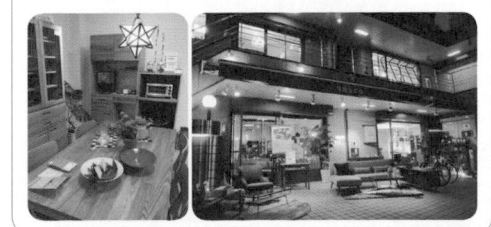

226

42nd Royal Highland

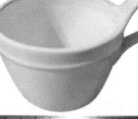 P.211 / D7 澀谷區惠比壽西1-34-29 03-3477-7291 12:00～20:00 休 週三 http www.42nd.co.jp/store

進口法國、英國、義大利等知名品牌的紳士男鞋，如Paraboot、Sassetti Silvano、Francesco Benigno、Walker & Gunn、Church's等，適合搭配正式的穿著，休閒的短靴、休閒鞋也不少，款款設計有型。另外也有陳列休閒服飾、包包配件等。

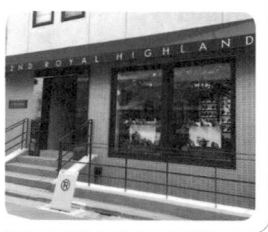

LE LABO

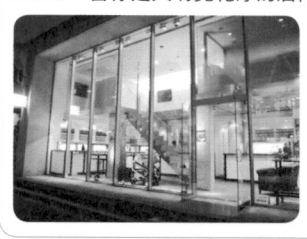 P.211 / D7 澀谷區惠比壽西1-35-2 03-5459-2770 11:00～20:00 休 無休 http www.lelabofragrances.jp

發跡紐約，來自法國葛拉斯的香水品牌LE LABO，當你走入明亮乾淨的店內，有如踏入科學實驗室一般，每一款香水都是在店內的實驗室現場調製而成，可以為你調製專屬的香味，在瓶子上貼上配方、名字，相當特別。

Allegary Home Tools

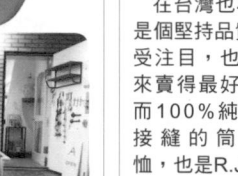

P.211 / F7 澀谷區惠比壽西1-32-29 03-3496-1516 12:00～19:00 休 無休 http www.allegory.co.jp

一家溫暖樸素的生活餐具店，所販售的商品都是單色的大地色系，造型均相當簡潔，沒有多餘的裝飾、花紋，尤其以純手工捏製的陶杯、陶盤等，溫暖的手感最讓人恨不得可以全部帶回家。

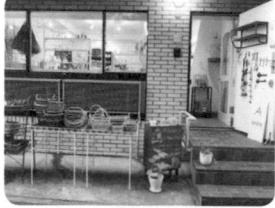

R.J.B

P.211 / D7 澀谷區惠比壽西1-34-26 03-3461-1005 11:30～19:30 休 無休 http www.rjb.jp

在台灣也小有名氣的美式休閒風格服飾R.J.B，是個堅持品質的日本製造品牌，以牛仔褲、皮衣最受注目，也是向來賣得最好的；而100%純棉無接縫的筒型T恤，也是R.J.B的招牌商品，講求高品質、不易變形，但不太便宜就是了。

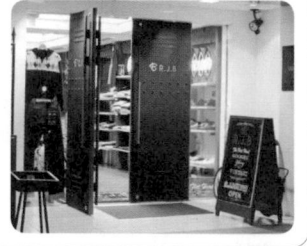

Cocca

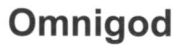

P.211 / F7 澀谷區惠比壽西1-31-13 03-3463-7681 11:00～19:00 休 週一 http www.cocca.ne.jp

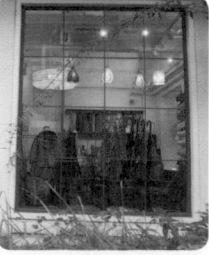

有著白色外牆、綠色庭院，如同英國般的鄉村景致，是在手工藝界相當知名的手工布製品專賣店，販售衣服、飾品，及印花布縫製的文具、包包、圍裙等，而原創花色的布料才是內行人購買的重點。

Omnigod

P.210 / E3 澀谷區代官山町1-1 03-5457-3625 12:00～20:00 休 每月第一及第三週的週三 http www.omnigod.jp

材質、做工、設計都適合東方人體型穿著的服飾品牌，以都會的簡約風格、不退流行的款式，頗受到上班族的青睞，不論工作或休閒穿著都很適宜。在日本只有東京、橫濱與大阪3家直營店。

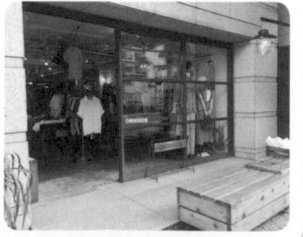

11 TOKYO 東京散步 澀谷 Shibuya

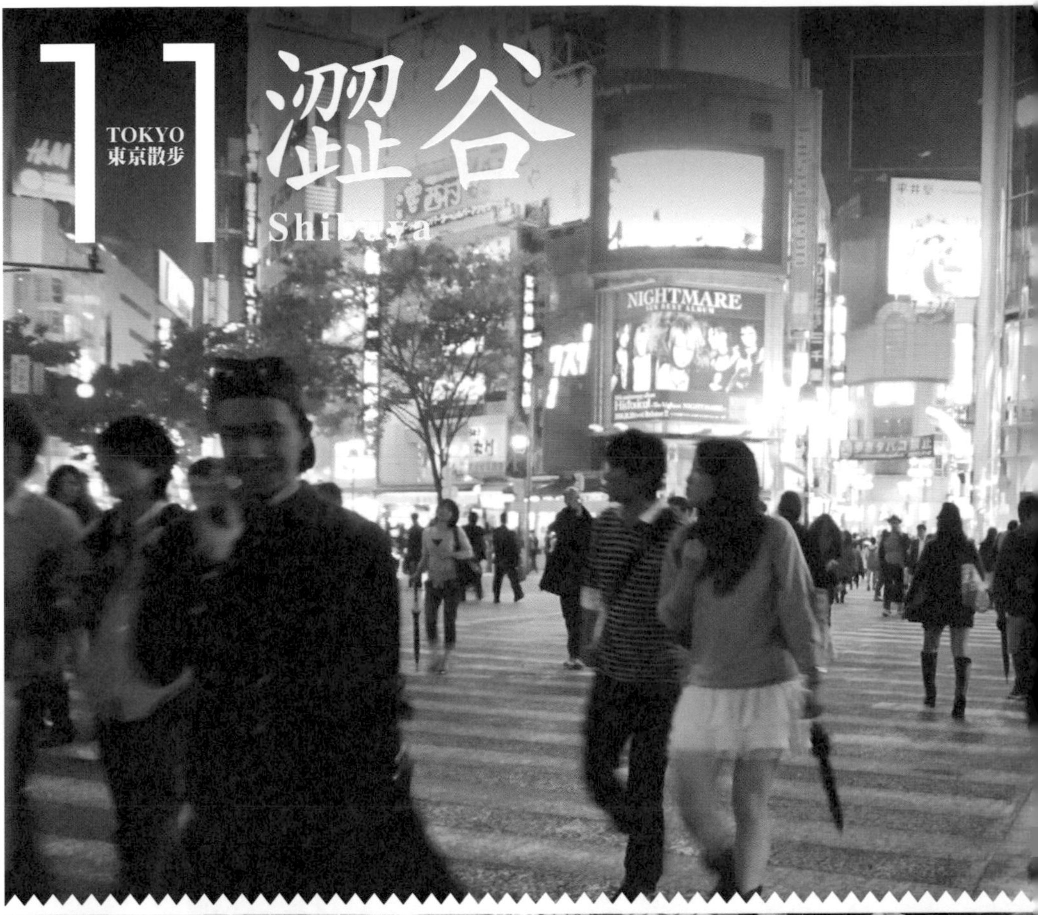

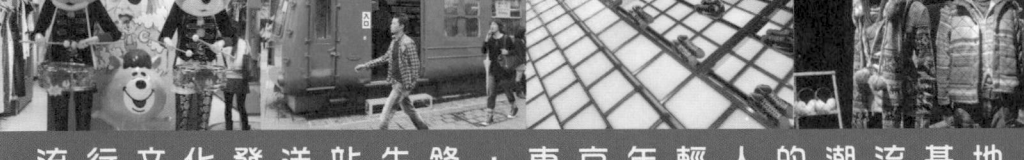

流行文化發送站先鋒，東京年輕人的潮流基地

要買東京最辣、最in、最潮流的裝扮，必定要到「澀谷」，這個引領著日本潮流轉向，發布新一代年輕流行文化的基地。一出澀谷車站，全日本最忙碌的十字路口如同流行文化的發射站，將你送往這放射開來的流行迷宮裡。

當你跟著排山倒海的人潮，從JR澀谷車站「八チ公口」出站，你所在的位置就是「八チ公前廣場」(MAP P.231 / E7)，廣場裡最有名的就是忠狗「小八」的銅像，這裡是澀谷車站相約等人的著名地標。銅像是紀念一頭忠心的秋田犬——八チ(Hachi)，在主人過世後仍然每天風雨無阻地到車站前，等候主人回家的事蹟。而廣場前就是全球知名，最忙碌擁擠的十字路口，尤其是尖峰時段，人潮比車潮還要壯觀，總是讓來自海外的觀光客歎

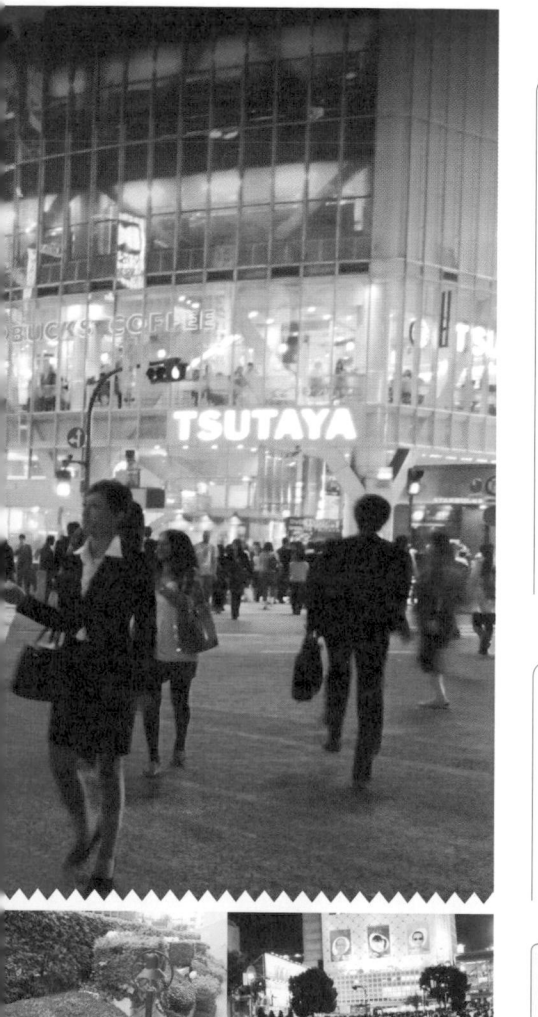

澀谷地區是個小緩坡，以車站周邊地勢最低，一路往上緩坡至公園通り頂端。NHK公共電視台可算是澀谷與原宿的交界地帶，兩個區域其實是緊緊相連接的，步行都可到達。不妨早上趁著商店尚未開門營業之前，先安排參觀NHK STUDIO PARK，中午再從上坡延著公園通り順道而下，轉進西班牙坂一路往下逛，再連接到中央街道的下坡區，可以省掉不少體力。澀谷的購物區大致可分為3個商圈：

1. 井之頭通り及文化村通り之間的區塊，這裡大多是大眾品牌及連鎖餐廳，較大的商店如ZARA、Forever 21、109百貨、adidas、H&M等。

2. 井之頭通り及オルガン坂(管風琴坂)間的區塊，以大型百貨公司最多，如西武、丸井、PARCO、東急手等，也是澀谷人潮最多的區域，有名的西班牙坂就在其中。

3. オルガン坂以北、公園通り以東的日本潮牌精品區，這一帶集合了目前最具人氣的熱門品牌，如Beams、Ships、United Arrows、Journal Standard等，還有許多個性商店及餐廳。

交｜通｜對｜策

前往NHK電視台周邊

1. 搭乘JR電車山手線，到「原宿」站，往明治神宮出站(2號出口)

前往澀谷車站周邊

1. 搭乘地鐵東京Metro銀座線、副都心線、半藏門線，到「澀谷」站(8號出口，八チ公口)

2. 搭乘JR電車山手線，到「澀谷」站(8號出口，八チ公口)

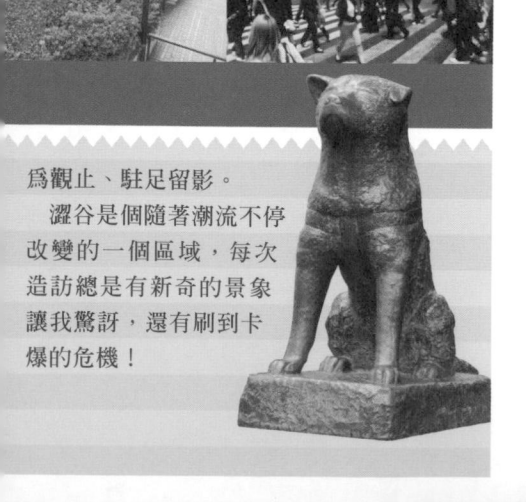

為觀止、駐足留影。

澀谷是個隨著潮流不停改變的一個區域，每次造訪總是有新奇的景象讓我驚訝，還有刷到卡爆的危機！

散步花絮

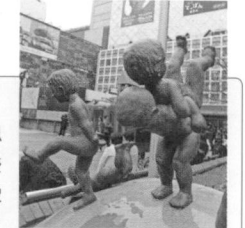

訪完忠犬看摩艾像：站前廣場除了有名的忠犬像外，其實還有一些藝術雕像可以欣賞，像是一群兒童站在地球上嬉戲的「地球のうえにあそぶこどもたち」，還有在另一側靠近南口的「モヤイ像」摩艾像(Moai)，都是澀谷車站的藝術重點，最吸引民眾合影留念，但這些公共區域也是吸菸族聚集的地方，少不了的就是隨風飄來，讓人躲避不及的二手菸味。

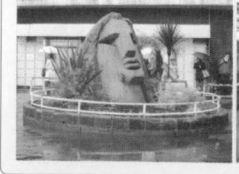

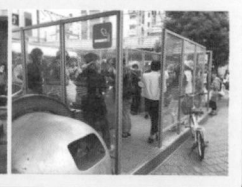

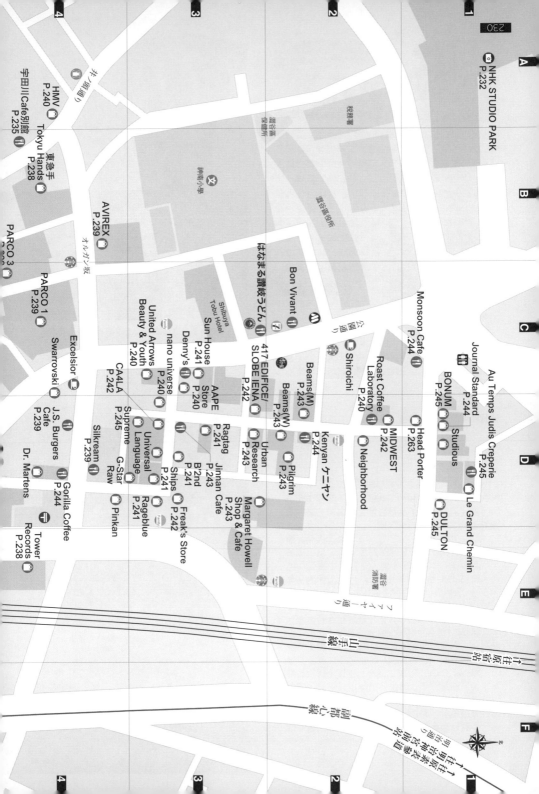

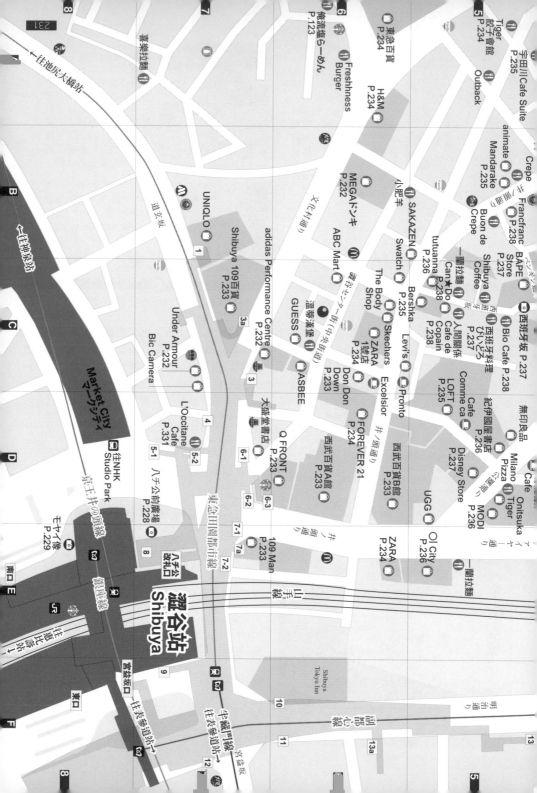

NHK STUDIO PARK

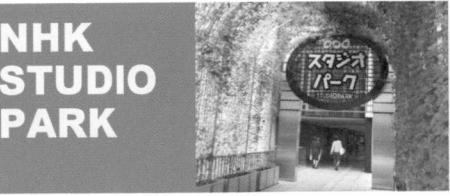

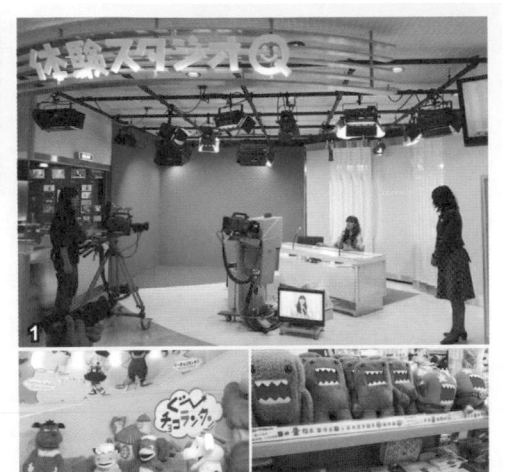

(MAP) P.230／A1 　澀谷區神南2-2-1 　03-3485-8034 　10:00～18:00 　每月第四個週一，12/28～31 　¥200，18歲以下免費 　www.nhk.or.jp/studiopark 　搭乘地鐵於原宿站、明治神宮前站、代代木公園站下車，步行前往需12分鐘；搭乘地鐵於澀谷站下車，步行前往約需20分鐘；或於車站前巴士站(澀谷馬克城市前2號乘車處，(MAP)P.231／D8)搭乘直達巴士前往(大人¥210，兒童¥110)，時刻表可上網查詢

你也可以成為電視台新聞主播！

位於代代木公園側的日本公共電視台NHK，在大樓內設有以製作電視節目為主題的樂園，一向都是具高度人氣的旅遊景點，館內共有21個參觀點，可以讓遊客體驗電視節目的製作過程。入口處架設一台專業攝影機，凡進入館內都會被拍攝，然後轉播到一旁的巨大螢幕上，讓你享受一下當大明星走紅地毯的滋味。只要跟著指標前進參觀，沿途廊道都有照片、電視歷史的展示，也會經過各種攝影棚場景，可以動手體驗不同的樂趣。

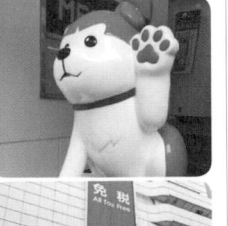
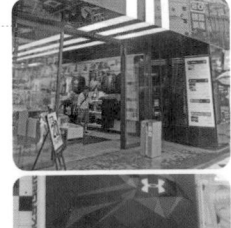

1. 體驗一下當個美女主播播報新聞的滋味／**2.** 各種拍攝節目的實景展示，合照一下，讓你有當特別來賓的fu／**3.** 當然不能錯過禮品店shopping的樂趣

主要的體驗包括，幫影片配音、當新聞主播報導新聞；還有參觀大河劇的場景、道具展示，實景攝影棚的現場直播，還有3D的影片免費欣賞。最後一站當然是免不了要前往禮品店，將大河劇商品、NHK的吉祥物多摩君等，吃的、用的、玩的全部買回家。休息區的霜淇淋及只要¥100的牛肉可樂餅，當然也要嘗過再離開喔！

MEGAドンキ

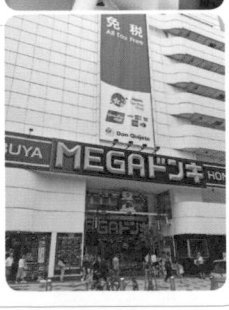

(MAP) P.231／B6 　澀谷區宇田川町28-6 　03-5428-4086 　24小時營業 　無休 　www.donki.com

超大型平價百貨店「唐吉訶德」，就是要讓觀光客可以一次買好順便完成退稅。澀谷店最特別的是有招財狗小八當門面迎賓，店內還推出以它為主題的小吃，如小八蛋糕、小八熱狗等，也有招牌企鵝的爆米花桶。

adidas、Under Armour

(MAP) P.231／C7 　澀谷區宇田川町23-5 　03-5456-6810 　11:00～22:00 　無休 　shop.adidas.jp

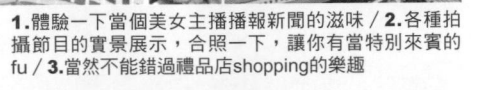

adidas大型直營店，從B1～3樓，賣場面積廣、各類商品齊全，還有澀谷才買得到的原創限定「mi adidas」系列商品，絕對值得你特別跑一趟來採購。

對街則是最熱門、最具人氣、展店速度相當快的美國運動品牌「Under Armour」旗艦店((MAP)P.231／C7)。

Shibuya 109百貨

(MAP)P.231／C7　🏬澀谷區道玄坂 2-29-1　📞03-3477-5111　🕙10:00～ 21:00　🚫無休　🌐www.shibuya109.jp

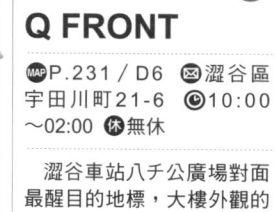

　提到澀谷的流行風潮，位在道玄 坂與文化村通り的三角地帶，這一 棟外觀醒目有如一支大唇膏的109 百貨商場，絕對是重量級的要角之一。

　早些年前，當黑臉辣妹流行當道時，澀谷就是她 們的聚集地，而109百貨就是提供這些少女流行的 地方，所以她們也稱為「109辣妹」。如今，辣妹 風格已隨潮流改變，取而代之的是另一波崇美風辣 妹，新一代的109辣妹以好萊塢的性感裝扮，搭配 古銅膚色及誇張閃亮的飾品、踩著及膝的長靴出現 在街頭。

　日本少女最潮的流行風格，109都給你最新、最 快的第一手訊息，從B2～8樓的10層商場裡，集合 了近百家的少女流行服飾品，大部分為中價位品 牌，不論是金屬搖滾系、可愛系、浪漫系、街頭 系、明星系等辣妹風格，在109裡都可以找到，而

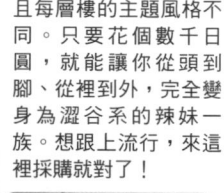

且每層樓的主題風格不 同。只要花個數千日 圓，就能讓你從頭到 腳、從裡到外，完全變 身為澀谷系的辣妹一 族。想跟上流行，來這 裡採購就對了！

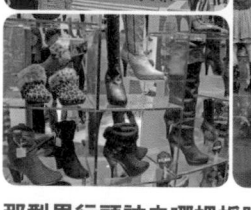

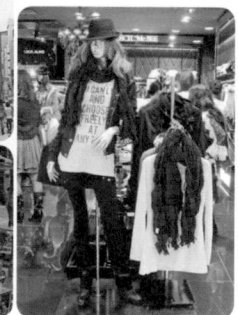

那型男行頭該去哪裡採購呢？

　109也開設有型男館「109-②」(MAP)P.231／E7) 雖然面積比起本館小很多，但是該有的都不缺，

東京型男流行的搭配 穿著，這裡最能聞到 味道，龐克風、哥德 風、街頭風都有，絕 對能讓你從頭到腳穿 出日系型男的帥勁； 台灣的藝人也都會來 此採購行頭呢！

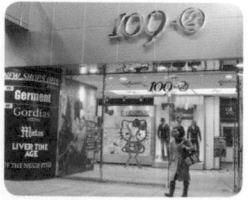

Q FRONT

(MAP)P.231／D6　🏬澀谷區 宇田川町21-6　🕙10:00 ～02:00　🚫無休

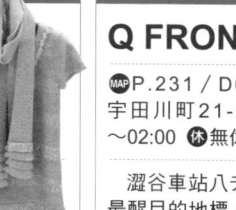

　澀谷車站八チ公廣場對面 最醒目地標，大樓外觀的 巨大螢幕「Q's EYE」，不 停地播放廣告、企業活動、 氣象外，還可以替戀人、親 朋好友們傳遞個人訊息，有如一面巨大的多媒體留 言板。整幢Q FRONT幾乎都由日本最大影音租借 連鎖店「TSUTAYA」所占據，販售最新及二手的 CD、DVD、遊戲等。但最多人潮的還是位於1、2 樓的星巴克咖啡，從清早到深夜隨時都很熱鬧，是 欣賞車站前十字路口忙碌風景的最佳場地；位於6 樓的Wired Cafe也是非常受歡迎的網路咖啡廳。

西武百貨

(MAP)P.231／D6　🏬澀谷區宇田川町21-1　📞03-3462 -0111　🕙週一～六10:00～21:00，週日、假日10:00 ～20:00　🚫無休　🌐www.sogo-seibu.jp/shibuya

　西武百貨重新裝修後，於2015年8月底開幕，有 A、B兩館，A館以女性商品為主，還有超市、餐廳

及美食街；B館則以男 性商品較多，7樓為家 具樓層。西武百貨在3 樓及5樓設有通道連接 A、B兩館，而退稅服 務櫃檯則設在A館的7 樓，及B館1樓。

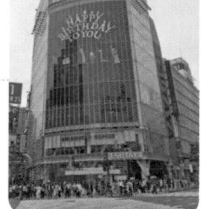

Don Don Down Wednesday

(MAP)P.231／C6　🏬澀谷區宇田川町25-2　📞03-6455 -1830　🕙11:00～22:00　🚫無休　🌐www.dondon down.com

　店名很奇特的二手 服飾店，以一般生活 穿著的衣物為主，商 品、尺寸都整理得很 清楚，最有趣的是標 價以水果來區分。基 本上物品標價都算便 宜，但就如店名已經 說明的，每週三會更 便宜喔！

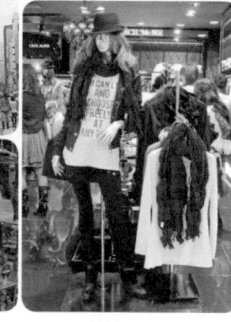

FOREVER 21

P.231 / D6 ✉ 澀谷區宇田川町24-1 ☎ 03-3463-4750 🕐 10:00～22:00 休 無休 http www.forever21.co.jp

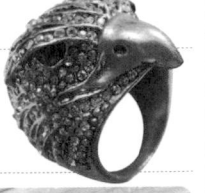

澀谷店於2010年開幕，共有6個樓層，1～4樓女性服飾、5樓男性服飾、6樓配件、內衣、鞋子；FOREVER 21以低價位搶攻東京年輕族群，尤其特賣的商品才幾百日圓，策略非常奏效，採購及結帳的人潮都很多。特別推薦FOREVER 21的首飾配件，樣式新穎、選擇多，最主要是價格便宜又流行好看。

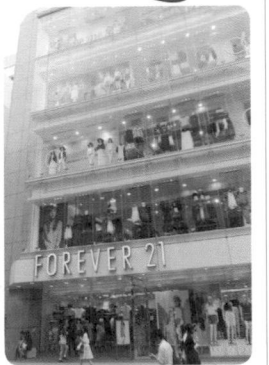

ZARA 1號店

P.231 / C6 ✉ 澀谷區宇田川町25-10 ☎ 03-3496-0411 🕐 10:00～21:00 休 無休 http www.zara.com/jp

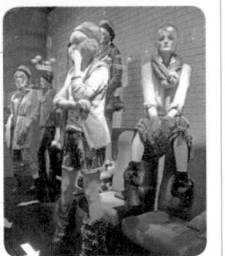

1998年日本第一間ZARA就開設於澀谷，這個來自西班牙的流行品牌，以潮流的男女時裝在日本非常受歡迎，日本ZARA的設計與剪裁特別適合亞洲人，款式多樣、價格中等，絕對值得購買。澀谷另一間分店於2009年底開幕，這間位於公園通上的ZARA，賣場面積約有1,500平方公尺，離1號店不遠(P.231 / E6)。

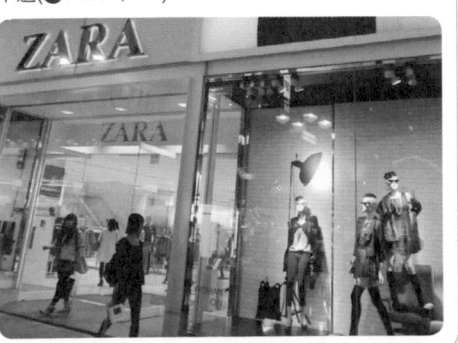

Tiger餃子會館

P.231 / A5 ✉ 澀谷區宇田川町37-35 ☎ 03-6427-0427 🕐 週一～五、假日11:30～15:30、17:30～23:30，週六11:30～04:00，週日11:30～23:30 休 無休 💰 餃子￥580～830、家常菜￥880 http kiwa-group.co.jp/tiger_udagawa

大正、招和風貌的復古裝潢，主打煎餃、蒸餃為招牌主食的中華料理餐廳，有多類酒類選擇，店家也推出酒類喝到飽的服務。

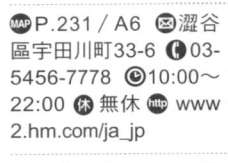

H&M

P.231 / A6 ✉ 澀谷區宇田川町33-6 ☎ 03-5456-7778 🕐 10:00～22:00 休 無休 http www2.hm.com/ja_jp

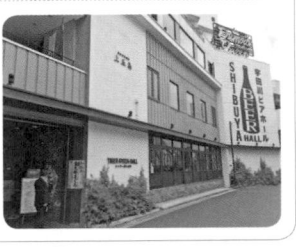

澀谷這間H&M是東京最大的旗艦店，共有4個樓層，1～3樓為女裝、4樓為男裝部，展示空間相當寬廣、商品款式也最為齊全，以中低的價位吸引顧客上門，生意非常好。

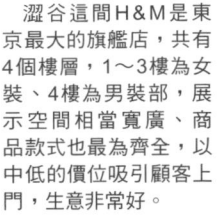

東急百貨

P.231 / A6 ✉ 澀谷區道玄坂3-24-1 ☎ 03-3477-3111 🕐 商店10:00～21:00，商店10:00～22:30 休 無休 http www.tokyu-dept.co.jp

開業於1967年，東急百貨是澀谷地區的老品牌百貨公司，近年來積極地更新，澀谷本店共有9個營業樓層，還有屋頂花園公民眾休憩。百貨公司的另一側是綜合表演場地「Bunkamura」，有演藝廳與展覽室，提供多元的文化展演。

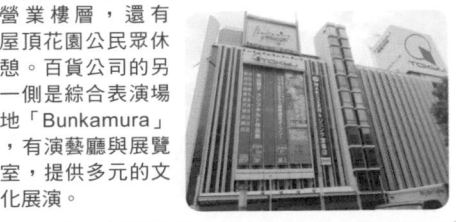
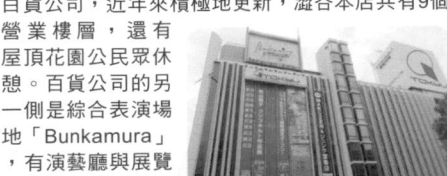
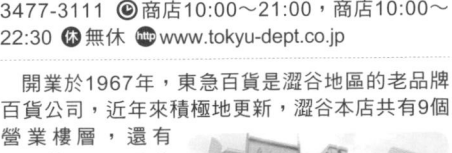

宇田川Cafe Suite

🗺️P.231／A5 ✉️澀谷區宇田川町36-12 ☎️03-3464-4020 🕐12:00～00:00 休無休 💲中午套餐¥900，招牌咖啡¥530 🌐www.udagawacafe.com/suite

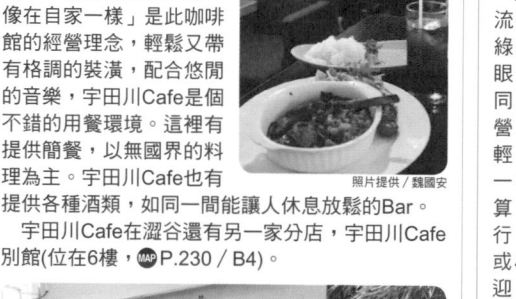

是澀谷頗有名氣的咖啡館，「悠閒舒適的空間，像在自家一樣」是此咖啡館的經營理念，輕鬆又帶有格調的裝潢，配合悠閒的音樂，宇田川Cafe是個不錯的用餐環境。這裡有提供簡餐，以無國界的料理為主。宇田川Cafe也有

照片提供／魏國安

提供各種酒類，如同一間能讓人休息放鬆的Bar。

宇田川Cafe在澀谷還有另一家分店，宇田川Cafe別館(位在6樓，🗺️P.230／B4)。

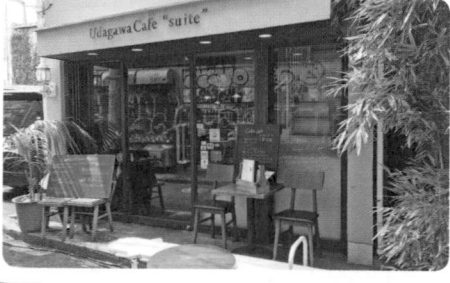

Mandarake

🗺️P.231／B5 ✉️澀谷區宇田川町31-2 ☎️03-3477-0777 🕐12:00～20:00 休無休 🌐www.mandarake.co.jp

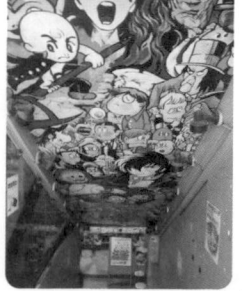

日本最大的漫畫、同人誌專門店，除了書籍也有玩具、DVD、CD等相關商品，新品、舊品都有，連老外都慕名而來。店鋪位在B2，入口處乍看之下有點像鬼屋的入口，徐徐吹來的風，伴著叩叩叩的腳步聲，讓人走得膽顫心驚呢！店內的商品多又齊全到讓人讚歎，不下來逛一下太可惜。

Bershka

🗺️P.231／C5 ✉️澀谷區宇田川町16-9 ☎️03-3464-7721 🕐11:00～21:00 休無休 🌐www.bershka.com/jp

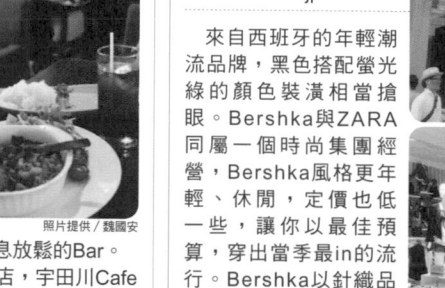
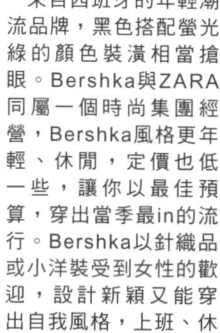

來自西班牙的年輕潮流品牌，黑色搭配螢光綠的顏色裝潢相當搶眼。Bershka與ZARA同屬一個時尚集團經營，Bershka風格更年輕、休閒，定價也低一些，讓你以最佳預算，穿出當季最in的流行。Bershka以針織品或小洋裝受到女性的歡迎，設計新穎又能穿出自我風格，上班、休閒、跑趴都很適合。

LOFT

🗺️P.231／D5 ✉️澀谷區宇田川町21-1 ☎️03-3462-3807 🕐10:00～21:00 休無休 🌐www.loft.co.jp

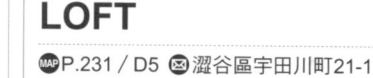

位在西武百貨B館後方的小坡道上，附屬於西武百貨的停車場大樓，LOFT以販售設計時尚且新奇有趣的家庭用品、家具、雜貨、文具出名，商品種類選擇多又新，是它一向受到日本年輕人歡迎的原因之一。澀谷店屬於大型商店，共7個營業樓層，最熱門、新鮮的商品幾乎都集中在1樓，還有針對外國人推薦的10大伴手禮。B1為文具用品專區、2樓有餐廳「City Lounge」(營業到23:00)、6樓集合許多現代設計風格的雜貨、用品，退稅櫃檯也設在6樓。

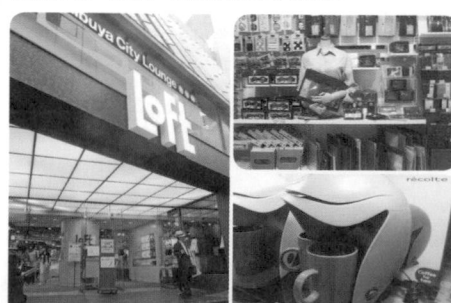

MODI

MAP P.231／D5 ✉ 澀谷區神南1-21-3 ☎ 03-4336-0101 🕐 B1～4樓商店11:00～21:00，5～7樓書店10:00～22:00，8樓卡拉OK 11:00～05:00，9樓餐廳11:00～23:30 🈵 無休 🌐 shibuya.m-modi.jp

　　MODI位居醒目的路衝，是澀谷的主要地標建築之一，曾是OI City百貨，2015年春天進行全面整建，以全新面貌重新開幕，再次引領澀谷流行文化。MODI樓高9層，除了服飾、設計生活雜貨外，還有占了3個樓層的書店、DVD店，其中還夾雜著命相攤、咖啡廳、小藝廊，還有韓國偶像文化交流區，相當新奇。MODI一側有Onitsuka Tiger的直營店，款式齊全，店內放眼望去，幾乎都是亞洲遊客來光顧，買氣可是相當熱呢！

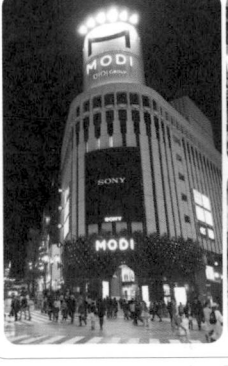

tutuanna

MAP P.231／C5 ✉ 澀谷區宇田川町13-7 ☎ 03-3461-5688 🕐 11:00～22:00 🈵 不定休 🌐 www.tutuanna.jp/shoplist/detail/79

　　熱賣的女性平價服飾店，襪子、內衣、飾品等，都是時下最流行、最熱賣的款式，花樣設計非常受到東京年輕女性的喜愛，火到連流行雜誌都競相報導。澀谷店就位在西班牙坂的路口，由於地段超佳，這裡經常都是顧客滿堂，選購的人很多。

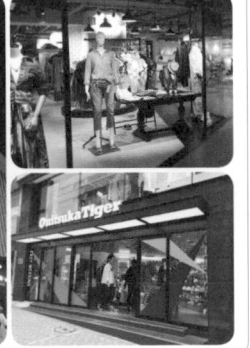

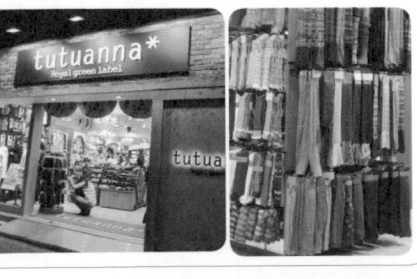

OI City

MAP P.231／E5 ✉ 澀谷區神南1-22-6 ☎ 03-3464-0101 🕐 11:00～21:00 🈵 無休 🌐 www.0101.co.jp/013

　　搬到新地點的OI City，與新館MODI共同雄據了公園通下段，是澀谷夜間最閃亮的十字路口。OI City樓高8層，以日本知名流行品牌為主，不論是上班族或潮流族的服裝配件，在OI City都找得到。1樓有個熱賣的奶油爆米花專櫃，不妨也跟著排隊，買份來嘗鮮看看。

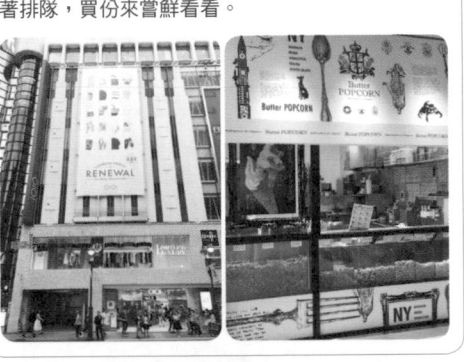

紀伊國屋書店

MAP P.231／D5 ✉ 澀谷區宇田川町21-1 ☎ 03-5784-3561 🕐 10:00～21:00 🈵 無休 🌐 www.kinokuniya.co.jp/c/store/Seibu-Shibuya-Store、**Cafe Comme Ca**：www.cafe-commeca.co.jp

　　紀伊國屋西武澀谷分店賣場雖不大，但該有的雜誌、漫書、熱門叢書、文庫等都有，路口的三角窗還設有以卡通人物商品為主的小店面「Ani Cute Mini」，而靠近LOFT的側門旁，有時尚咖啡廳「Cafe Comme Ca」（**MAP** P.231／D5），以漂亮的新鮮水果塔吸引人駐足小憩一下；書店內也可以直通隔壁的無印良品及LOFT。

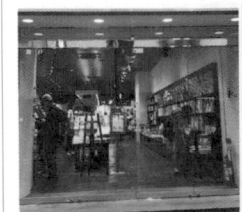

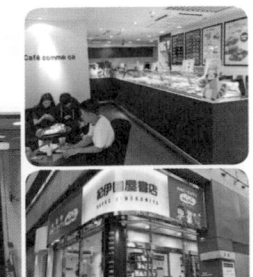

Disney Store

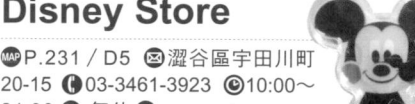

MAP P.231 / D5　⊠ 澀谷區宇田川町
20-15　☎ 03-3461-3923　🕐 10:00～
21:30　休 無休　http www.disney.co.
jp/store/storeinfo/101.html

　　正牌迪士尼商品專賣店，不用去
迪士尼樂園，也能買到限定商品，童話般的外觀及
內部，充滿迪士尼色彩，但只見來選購的幾乎都是

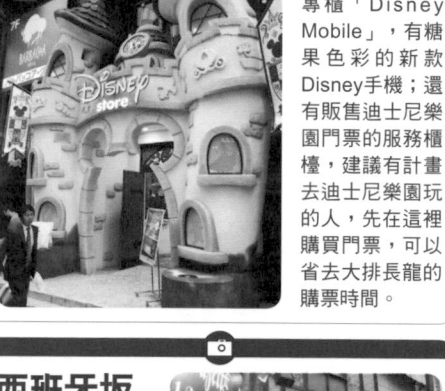

成人。3樓有迪
士尼手機服務
專櫃「Disney
Mobile」，有糖
果色彩的新款
Disney手機；還
有販售迪士尼樂
園門票的服務櫃
檯，建議有計畫
去迪士尼樂園玩
的人，先在這裡
購買門票，可以
省去大排長龍的
購票時間。

BAPE Store

MAP P.231 / C5　⊠ 澀谷區
宇田川町13-17　☎ 03-64
15-6041　🕐 11:00～21:00
休 無休　http www.bape.com/
storelist/content.php?je=1&u=2

　　在台灣、日本都非常有名的街頭風流行服飾品
牌，整家店裝修的如同夜店般，連地板、樓梯都
閃著霓虹燈。但店內卻十分安靜，賣場展示也很空
曠，絲毫沒有擁擠感，其實這個品牌的衣服並不便
宜，但大手筆採購的人不算少，可見它紅的程度。

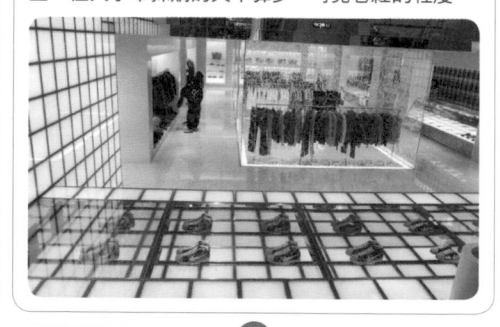

西班牙坂

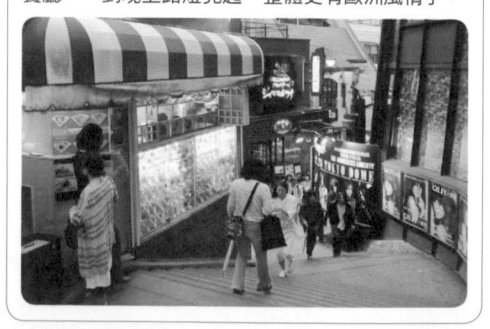

MAP P.231 / C5

　　西班牙坂是一條
有階梯的蜿蜒小
徑，已經是澀谷的
觀光地標，年輕
人、觀光客都會聚
集在這裡。西班牙坂名稱的由來，是原來當地的咖
啡廳老闆，因為這裡的小徑景色跟西班牙風景明信
片相似而取的，而老闆也將店內重新以南歐風情裝
潢，之後附近商家陸續以南歐風改裝營業，而有了
現在的風景。西班牙坂小徑上有各種的禮品小店、
餐廳，一到晚上路燈亮起，整體更有歐洲風情了。

西班牙料理びいどろ

MAP P.231 / C5　⊠ 澀谷區宇田川町16-13(2F)　☎ 03-
3463-4774　🕐 午餐：11:30～16:00，晚餐：週一
～六17:00～23:00(週日、假日～22:00)　休 無休　💲
午間套餐￥1,500起，2人份西班牙燴飯￥3,100起
http www.vidriog.co.jp/vidrio/index.html

　　30年經營的在地老牌西班牙料
理餐廳，以道地的口味聞名，
是西班牙坂上唯一一家提供西
班牙料理的餐廳。其中以西班牙
燴飯Paella最為
有名好吃，口味
有海鮮、墨魚、
蔬菜或大明蝦
等，最適合一群
好友聚餐共享。
另外，其他西班
牙風味的小菜、
餐點也別錯過，
單點從￥980～
2,350不等。另
外在銀座、池
袋、吉祥寺也都
開有分店。

Bio Cafe

🗺P.231／C5 🏠澀谷區宇田川町16-14 📞03-5428-3322 🕐11:00～23:00 休無休 💲午餐約¥1,000～1,400、下午茶約¥1,200、晚餐約¥1,350～2,500 🌐www.biocafe.jp

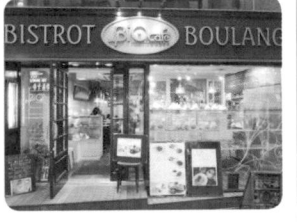

　　以健康、有機為重點的烘焙坊兼餐廳，以焙果Bagle好吃出名，有南瓜、吸血鬼、鹽蜜、煉乳等特殊口味的焙果。餐廳提供午、晚餐及下午茶，人氣很旺，座無虛席。

Tokyu Hands

🗺P.230／B4 🏠澀谷區宇田川町12-18 📞03-5489-5111 🕐10:00～21:00 休無休 🌐shibuya.tokyu-hands.co.jp

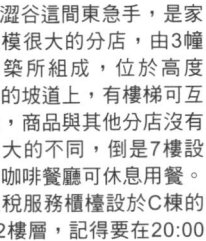

　　澀谷這間東急手，是家規模很大的分店，由3幢建築所組成，位於高度差的坡道上，有樓梯可互通，商品與其他分店沒有太大的不同，倒是7樓設有咖啡餐廳可休息用餐。退稅服務櫃檯設於C棟的B2樓層，記得要在20:00之前辦理退稅手續喔！

人間關係 Café de Copain

🗺P.231／C5 🏠澀谷區宇田川町16-12 📞03-3496-5001 🕐09:00～23:30 休無休 💲平均預算¥1,000～2,000 🌐www.kumagaicorp.jp/brand/ningenkankei

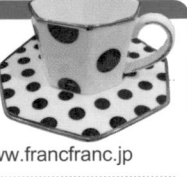

　　有簡餐的南歐風情酒館餐廳，適合歇歇腿，喝點小酒配點小菜。價位不高，頗受顧客歡迎的聖代¥580。

Can★Do

🗺P.231／C5 🏠澀谷區宇田川町16-11 📞03-6712-7905 🕐10:00～21:00 休無休 🌐www.cando-web.co.jp

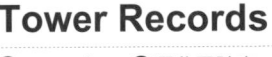

　　小巧精緻的百元商店，生活雜貨、美妝保養、糖果餅乾等應有盡有，便宜又好吃好用，絕對是挑選伴手禮的最佳選擇店家之一。

Francfranc

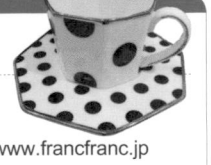

🗺P.231／B5 🏠澀谷區宇田川町12-9 📞03-6415-7788 🕐11:00～21:30 休無休 🌐www.francfranc.jp

　　東京的Francfranc每間分店都相當有規模，商品種類選擇也豐富，整體展示清爽舒適，澀谷這一間Francfranc，有4個展示樓層，在B1設有咖啡區，自製的烤蛋糕配上香醇咖啡，很對味。

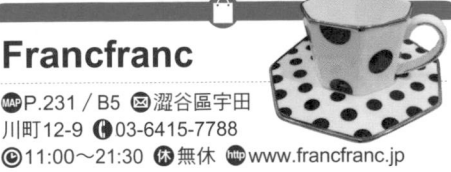

Tower Records

🗺P.230／E4 🏠澀谷區神南1-22-14 📞03-3496-3661 🕐10:00～23:00 休不定休 🌐tower.jp/store/Shibuya

　　在HMV等唱片行陸續收攤後，Tower Records成了唯一的大型影音購物中心，賣場以商品數量、分類整理取勝，可以找到不少絕版、限量商品。日本的音樂CD或DVD比起台灣的售價貴上很多，但若遇上尋找已久的物品還是很值得購買，其他周邊商品也是非常多樣。

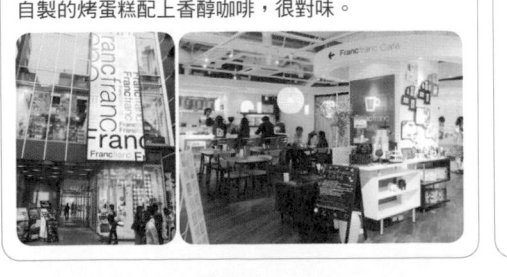

PARCO

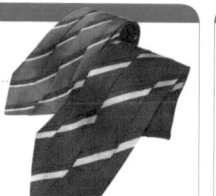

MAP P.230 / C4　✉澀谷區宇田川町12-18　☎03-3464-5111　🕙10:00～21:00　休無休　http shibuya.parco.jp/page2

　　PARCO早期是流行訊息的先鋒，是澀谷成為東京舉足輕重的流行購物商圈之一的主要元素。雖然PARCO已經卸下領導流行先鋒的頭銜，但它仍是前衛藝術發聲的重要場地。

　　PARCO由幾幢不同的購物大樓集合成的一個年輕生活購物地段，主要有PARCO 1、PARCO 3及ZERO GATE。目前PARCO 1、PARCO 3正大張旗鼓地全面改建，預計2019年重新盛大開幕，迎接2020年的東京奧運。ZERO GATE則以西班牙潮流品牌Bershka(MAP P.231 / C5)為主。

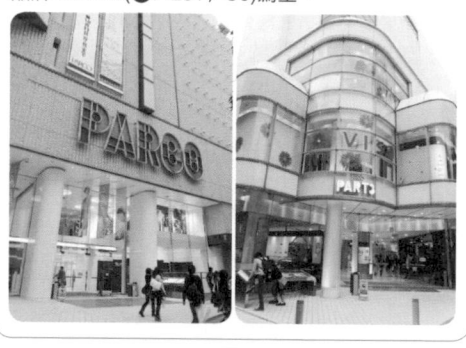

AVIREX

MAP P.230 / B4　✉澀谷區宇田川町4-3　☎03-3461-7705　🕙11:30～21:00　休無休　http www.avirex-usa.com/shop

　　1975年創業的AVIREX，以二次大戰空軍戰鬥機夾克為設計樣本，發展出一系列的街頭風潮夾克。這種既復古又現代的簡潔夾克，非常受到日本年輕人的青睞，在這家旗艦店裡，有各種圖案設計、顏色、材質的飛行夾克，穿起來拉風又時髦。以男性夾克為主，女性夾克比較少量，就連狗狗的飛行夾克，AVIREX也出手設計生產呢！

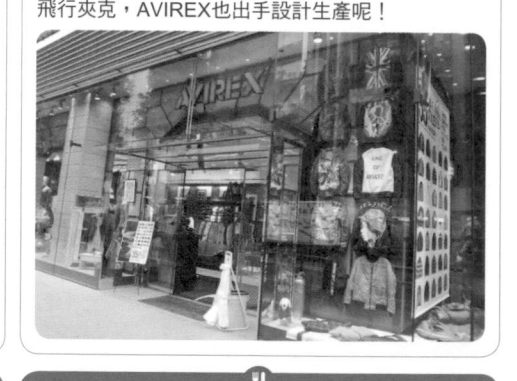

J.S. Burgers Cafe

MAP P.230 / D4　✉澀谷區神南1-20-13(2F)　☎03-6415-2017　🕙11:00～22:30　休不定休　🍔漢堡￥920起、飲料￥380起　http burgers.journal-standard.jp

　　流行服飾品牌Journal Standard跨界經營越來越廣，連漢堡餐廳都開起來了，打著服飾品牌的響亮名聲，讓漢堡、熱狗、沙拉、炸雞也跟著時尚起來，新式口味的漢堡讓你口目一新，味道當然也不能太馬虎。漢堡有附薯條。

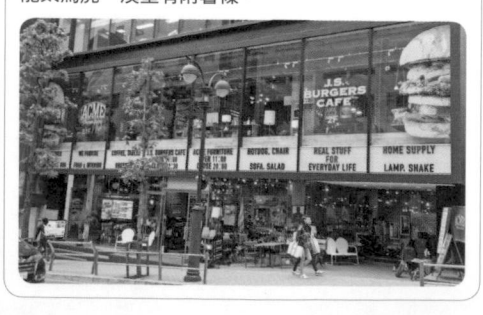

Silkream

MAP P.230 / D4　✉澀谷區神南1-19-3　☎03-3464-4900　🕙11:00～21:00　休不定休　🍴法式薄餅￥1,020，午餐￥1,020，晚餐￥2,580　http www.nissei-com.co.jp/silkream

　　北歐風味的裝潢，加上創意滿分的美味甜點，讓不少粉絲不遠千里搭電車來一飽口福。不論是草莓聖代、烤蘋果派、焦糖布丁霜淇淋、或香蕉可可法式薄餅、提拉米蘇法式薄餅等，都是必嚐的幸福美味。而這裡所提供的午、晚餐的套餐餐點，豐富可口，也是值得一試。

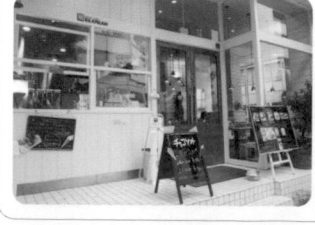

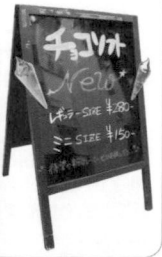

Roasted Coffee Labortory

MAP P.230 / D2　◎ 澀谷區神南1-6-3　📞 03-5428-3658　🕐 週一～五09:00～20:00，週末、假日11:00～20:00　休 無休　http www.roasted-coffee.jp

神南區域裡非常受文青歡迎的一家咖啡店，香醇的咖啡均來自自家烘焙的咖啡豆，除了美式、義式咖啡，也有手沖及時髦的蒸氣壓力機咖啡。

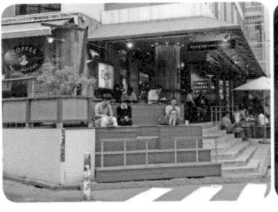
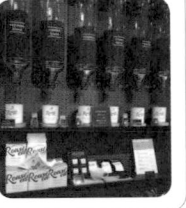

AAPE Store

MAP P.230 / C3　◎ 澀谷區神南1-16-3　📞 03-6455-0896　🕐 11:00～21:00　休 無休　http aape.jp

AAPE是知名街頭潮牌BAPE的副牌，設計上更年輕化，但大多還是沿用BAPE的款式，差別較大的是表現在售價上，可以說是平價版的BAPE，讓年輕人更容易接觸這個品牌精神。

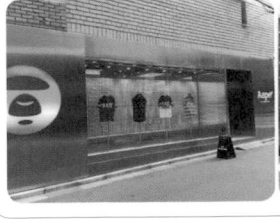
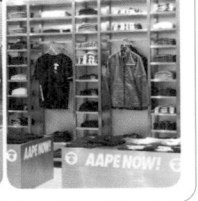

HMV Record Shop

MAP P.230 / A4　◎ 澀谷區宇田川町36-2　📞 03-5784-1390　🕐 11:00～22:00　休 無休　http www.hmv.co.jp/store/SHU

目前市場上要找到一家專營的音樂專門店，已經不是件容易的事了，曾退出市場的大型連鎖音樂品牌HMV，又悄悄開起店來了，這家店專營黑膠唱片，也有新品及二手CD。

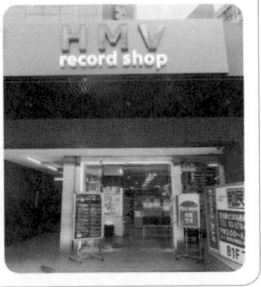

United Arrows Beauty & Youth

MAP P.230 / C3　◎ 澀谷區神南1-19-11　📞 03-5428-1893　🕐 11:00～21:00　休 無休　http store.united-arrows.co.jp/shop/by/storelocator/bsk.html

United Arrows是以小型百貨公司的概念經營，走的是高品質的精品路線，服飾的剪裁都很簡單俐落，保有復古風味的創新剪裁，相當受歡迎。United Arrows旗下有相當多的品牌路線，Beauty & Youth是較貼近年輕人的品牌，商品選擇上比較輕鬆活潑，又不失優雅俐落的風格。United Arrows在東京有許多的直營店及百貨公司專櫃，屬於高價位的服飾。

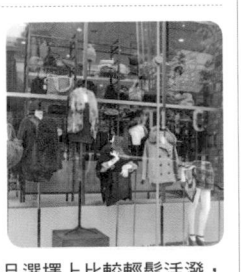
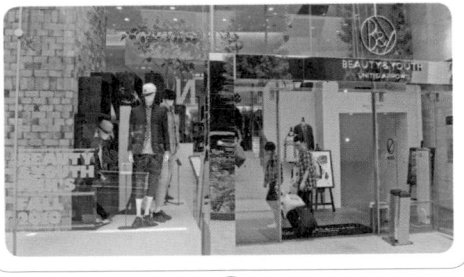

nano universe

MAP P.230 / D3　◎ 澀谷區神南1-19-14　📞 03-5456-8172　🕐 11:00～20:30　休 不定休　http www.nanouniverse.jp

1999年在澀谷誕生，網羅日本品牌的時裝店，重視機能性與都市的幹練簡潔風格，充滿紳士、淑女的流行風；騎士外套、西裝、洋裝，或者T恤、牛仔褲，件件都是最in的潮流設計，甚受東京人的喜愛。兩個樓層均採整片透明落地窗的時尚設計，是一家相當受年輕朋友青睞的服飾店。

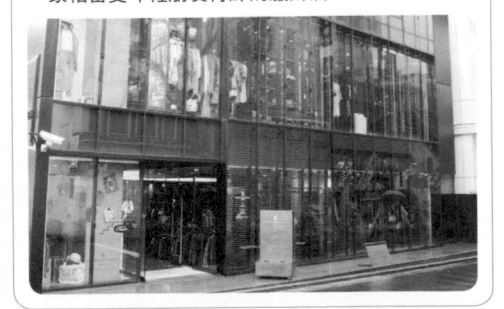

B'2nd

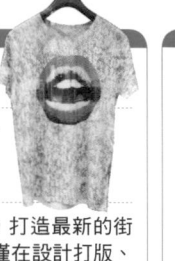

MAP P.230 / D3 ✉澀谷區神南1-17-4
☎03-3770-2921 ⏰11:00～20:30
休不定休 http www.b-2nd.com

　　B'2nd以經典與現代的流行理念，打造最新的街
頭潮流、運動休閒的服飾風格，不僅在設計打版、
印花布料上特別用心，也採用許多酷炫的元素在圖
案設計上，話題性非常高，是時尚雜誌經常報導的
品牌之一，雖然售價有點偏高，但還是值得投資。

Ships

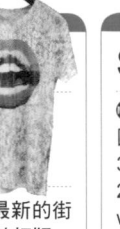

MAP P.230 / D3 ✉澀谷
區神南1-18-1 ☎03-
3496-0481 ⏰11:00～
20:30 休無休 http ww
w.shipsltd.co.jp

　　創業自1977年的日
本本土品牌，旗下擁
有許多風格的系列品
牌，有休閒風格、運
動風格、經典風格等，商品設計非常多樣性，是目
前在東京年輕人的流行品牌中，非常熱門的一個。
澀谷的這家Museum for Ships共有5個營業樓層，
是東京最大的一家，商品系列、款式也最齊全。

Rageblue

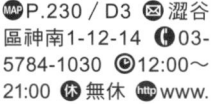

MAP P.230 / D3 ✉澀谷
區神南1-12-14 ☎03-
5784-1030 ⏰12:00～
21:00 休無休 http www.
dot-st.com/rageblue

　　Rageblue是個中價
位、且相當受歡迎的男
裝品牌。年輕、休閒、
簡約的設計風格，平民
的標價，深受日本年輕男性喜愛，從衣服、帽子、
鞋子到配件，全方位、高質感的造型，讓你全身散
發時尚的東京味。

Ragtag

MAP P.230 / D3 ✉澀谷區神南1-
17-7 ☎03-3476-6848 ⏰12:00
～21:00 休無休 http www.ragta
g.jp/shop/shibuya.html

　　男女二手時裝店，可以找
到知名品牌如Zucca、森津
千里、Marc Jacobs、Journal Standard、Paul
Smith、川久保玲等，也有30～70年代的骨董二手
衣。這裡的二手衣並非都是穿過的舊衣，也有過季
退櫃下來的新品，品牌家具這裡也買得到。Ragtag
對於二手衣的態度相當嚴謹，都會做整體的清潔，
店面也是光鮮時髦，外觀與一般服飾店沒兩樣，讓
人看不出是間二手衣店，也有收購二手衣。原宿
Cat Street上也有分店(**MAP** P.250 / C4)。

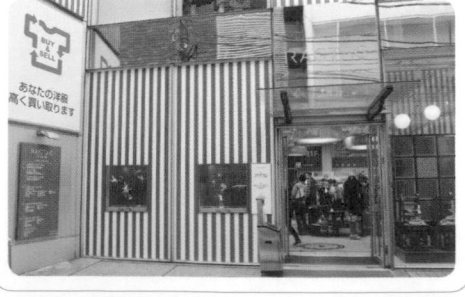

Sun House

MAP P.230 / C3 ✉澀谷區神南1-16-3 ☎03-3464-
3801 ⏰11:00～21:00 休無休 http www.hinoya-
ameyoko.com/sunhouse

　　由位於上野阿美橫的Hinoya所成立的選品店，以
「家」為本，把好用、美感帶入日常生活中，不僅
有自己的品牌
商品，更網羅
了歐美、日本
等知名服飾品
牌。店內有天
然染色的布料
服飾，以及結
合傳統工作服
的款式，相當
特別與實穿。

Freak's Store

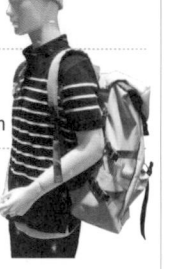

🅜 P.230 / D3 ✉ 澀谷區神南1-13-1 ☎ 03-6415-7728 🕐 12:00～20:00 休 無休 🌐 www.freaksstore.com/area/shibuya.php

　以運動休閒風格為主的服飾店，各大運動品牌在這裡大致都找得到，如adidas、Converse、Nike、Burton、The North Face等20幾個知名品牌。店內也販售男性時裝、休閒雜誌，是東京時下年輕人最喜歡的穿著風格。裏原宿店（🅜 P.249 / D6）。

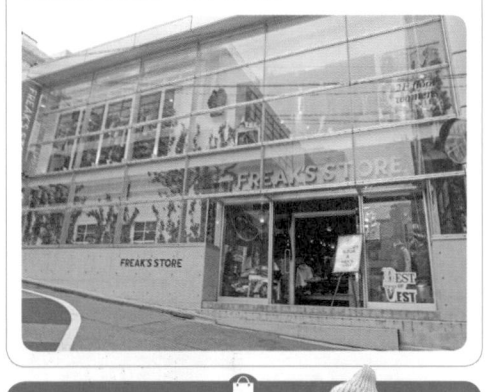

417 EDIFICE / SLOBE IENA

🅜 P.230 / D3 ✉ 澀谷區神南1-15-5 ☎ 03-5456-6971 🕐 11:30～20:30 休 無休 🌐 edifice.baycrews.co.jp

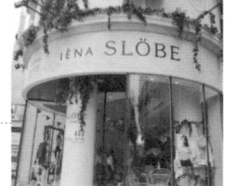

　417以時尚男裝引起話題，有南法港口風情的悠閒氛圍，剪裁、用料、設計都屬上乘，非常細緻，店員們也都很時髦。這是一間與女裝IÉNA SLÖBE合營的複合商店，同樣都是都會休閒風格的服飾，兩者非常搭調。

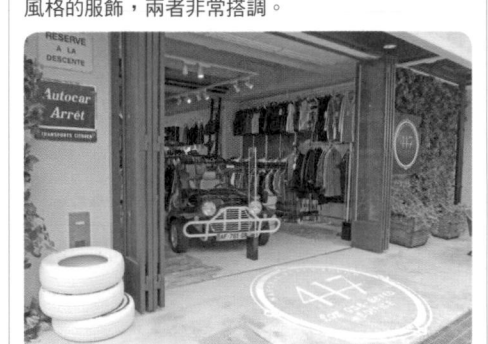

MIDWEST

🅜 P.230 / D2 ✉ 澀谷區神南1-6-1 ☎ 03-5428-3171 🕐 12:00～20:00 休 無休 🌐 fashioncore-midwest.com

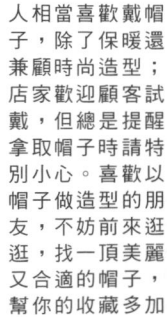

　MIDWEST是一個集合近百個國際、日本時尚品牌的商店，要正式、要休閒，MIDWEST都能滿足你的需求，但單價顯然比較高。MIDWEST分有男裝店與女裝店，對街而立，裝潢風格也針對服務客層、性別，而各具特色。

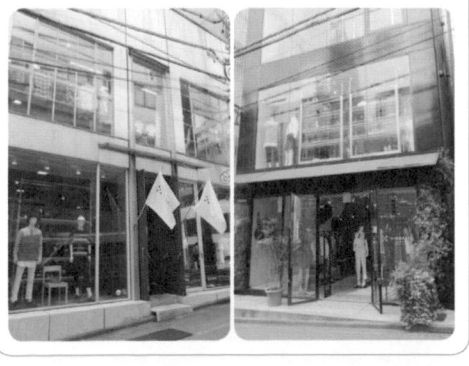

CA4LA

🅜 P.230 / D3 ✉ 澀谷區神南1-18-2 ☎ 03-3770-5051 🕐 11:00～20:00 休 無休 🌐 www.ca4la.com/shop/shibuya

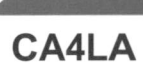

　以精品店形態經營的帽子店，款式相當多樣時髦，澀谷店有2個樓層的賣場，裝潢得宛如帽子博物館一般。日本人相當喜歡戴帽子，除了保暖還兼顧時尚造型；店家歡迎顧客試戴，但總是提醒拿取帽子時請特別小心。喜歡以帽子做造型的朋友，不妨前來逛逛，找一頂美麗又合適的帽子，幫你的收藏多加一分。

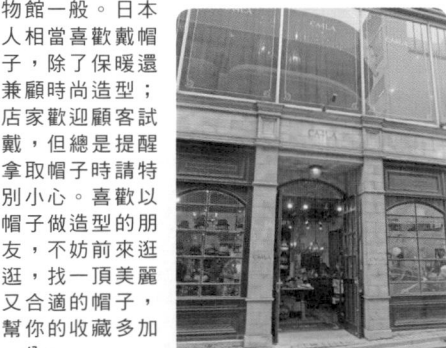

Urban Research

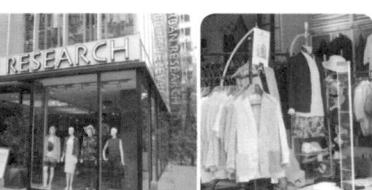 P.230 / D3 ✉ 澀谷區神南1-14-5 ☎ 03-6455-1971 ⏰ 11:00～20:30 休 不定休 http www.urban-research.jp

　　網路生意更勝店面的綜合品牌時裝店，平價的時尚，提供最潮的男女新銳時裝，設計風格具魅力及創意；3樓有品牌咖啡廳，買流行順便喝悠閒。

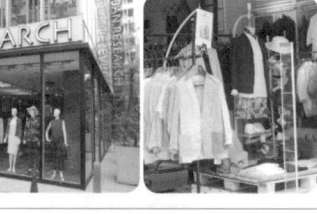

Jinnan Cafe 神南咖啡

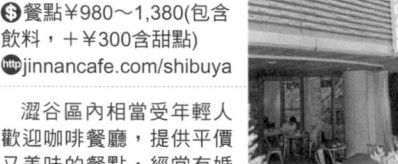 P.230 / D3 ✉ 澀谷區神南1-17-5 ☎ 03-5728-3786 ⏰ 11:00～23:00 休 無休 $ 餐點¥980～1,380(包含飲料，＋¥300含甜點) http jinnancafe.com/shibuya

　　澀谷區內相當受年輕人歡迎咖啡餐廳，提供平價又美味的餐點，經常有婚宴在這裡包場輕鬆宴客。

Margaret Howell Shop&Cafe

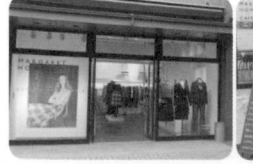 P.230 / D3 ✉ 澀谷區神南1-13-8 ☎ 03-5459-3721 ⏰ 11:00～20:00 休 不定休 $ 餐點¥1,200～1,500，各式蛋糕¥130～370 http www.margaret howell.jp

　　來自英國的設計品牌服飾店，是一間邊賣衣服、邊開咖啡廳的複合式商店。以英式簡潔風格的男女時裝為主，但是咖啡廳似乎比服飾店更受到歡迎，大概是那英式風味的餐點跟蛋糕，好吃到大家口耳相傳，紛紛來報到。

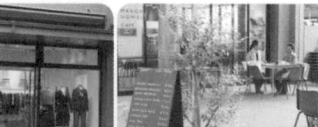

Beams

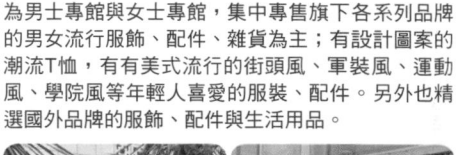 P.230 / D2 ✉ 澀谷區神南1-15-1 ☎ 03-3780-5500 ⏰ 11:00～20:00 休 不定休 http www.beams.co.jp

　　Beams澀谷店近年來將旗下的品牌分館重整為男士專館與女士專館，集中專售旗下各系列品牌的男女流行服飾、配件、雜貨為主；有設計圖案的潮流T恤，有有美式流行的街頭風、軍裝風、運動風、學院風等年輕人喜愛的服裝、配件。另外也精選國外品牌的服飾、配件與生活用品。

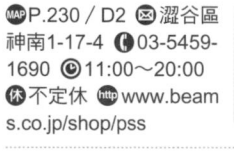
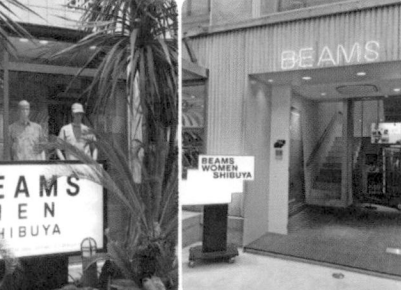

Pilgrim

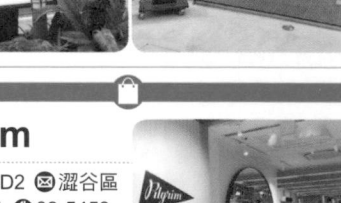 P.230 / D2 ✉ 澀谷區神南1-17-4 ☎ 03-5459-1690 ⏰ 11:00～20:00 休 不定休 http www.beams.co.jp/shop/pss

　　Pilgrim是Beams集團旗下的一個新品牌，主打高機能性的戶外休閒服飾，並結合戶外活動與衝浪的主題，店內也有銷售衝浪板即單車用品，是Beams目前話題性最高的品牌系列。Pilgrim的店內裝潢全部採用木料，以及溫暖的色調，讓你如同躺在豔陽的沙灘上一般，值得一逛並採購當季最in的行頭。

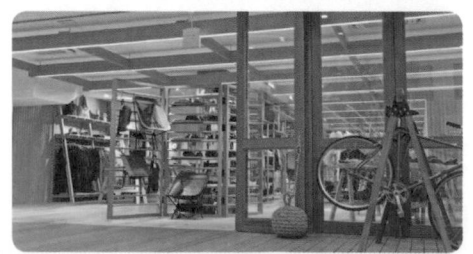

Kenyan ケニヤン

MAP P.230 / D2　✉ 澀谷區神南1-14-8　☎ 03-3464-2549　🕐 11:30～22:00　休 12/31～1/1　💲 茶飲¥400～700，蛋糕¥300～600，餐點¥1,100～1,400　🌐 kenyan.co.jp

　　澀谷地區營業已有30年的老牌茶館，有來自世界各地的茶飲，還經日本紅茶協會認證為「好喝的紅茶店」。該店的鎮店茶飲「アイミティ(冰奶茶)」¥400(大杯¥500)，香濃好喝，人氣最旺；此外還有提供精緻的蛋糕及午、晚餐。近年重新裝潢後，店內變得更舒適時髦，擁有許多老顧客。

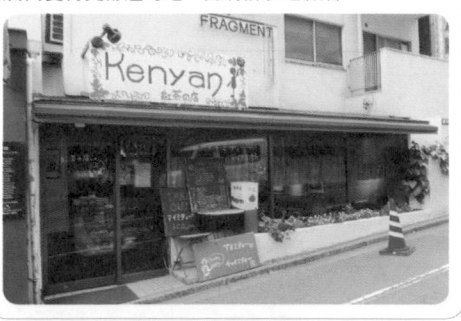

Monsoon Cafe

MAP P.230 / C1　✉ 澀谷區神南1-6-8(4F)　☎ 03-5489-1611　🕐 11:30～03:30　休 無休　💲 約¥1,500～2,500　🌐 www.monsoon-cafe.jp

　　是一間頗受附近上班族歡迎的餐廳，主要提供東南亞風味的餐點，以越南及印尼料理為主，越南生春卷(Goi Cuon，¥360)及印尼香料炒飯(Nasi Goreng，¥1,250)都是這裡的熱門菜色。午間特餐只要¥1,000～1,800相當划算。

　　而位在2樓的Zest Cantina，是一間美式餐廳，有受歡迎的牛排、漢堡，及墨西哥風味餐飲。

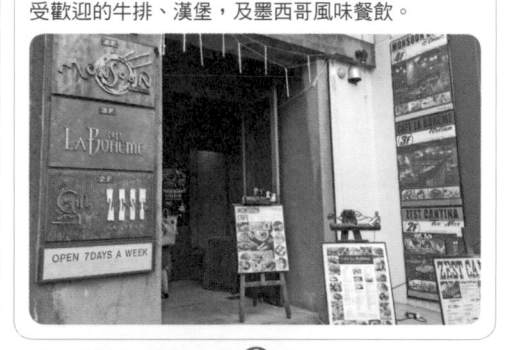

Gorilla Coffee

MAP P.230 / D4　✉ 澀谷區神南1-20-17　☎ 03-5784-2747　🕐 週一～五07:30～22:00，週末、假日10:00～22:00　休 不定休　💲 咖啡¥330起，三明治¥680～1,280、甜點¥560　🌐 gorillacoffee.jp

　　來自美國紐約布魯克林的咖啡品牌，以香醇的咖啡及輕鬆的氣氛吸引人，一致推薦的起士蛋糕必吃，但不可錯過的還有特別的餅乾三明治(Biscuit Sand)。Gorilla Coffee只有澀谷這間直營店，另外兩分店在池袋Esola百貨與六本木Hills大樓裡。

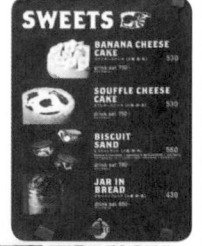

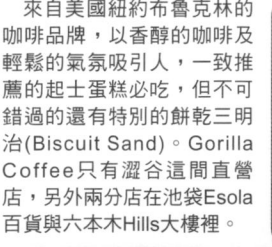

Journal Standard

MAP P.230 / D1　✉ 澀谷區神南1-5-6　☎ 03-5457-0700　🕐 11:30～20:00　休 無休　🌐 journal-standard.jp/shoplist/js_shibuya.html

　　Journal Standard是一個年輕且簡約時尚的流行品牌，是目前非常紅的品牌，以街頭流行時尚風潮為主軸，發展出許多系列商品，在東京各大鬧區都有分店，屬中高價位，但設計、剪裁都非常時尚，值得選購。

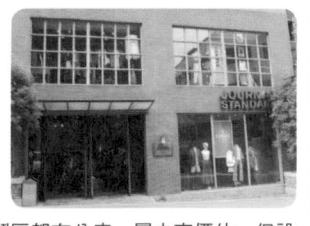

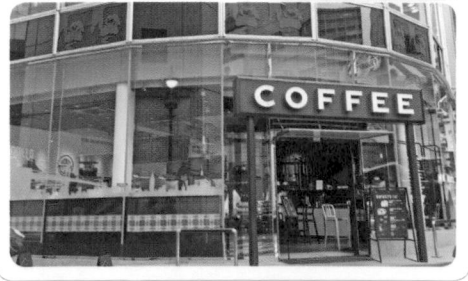

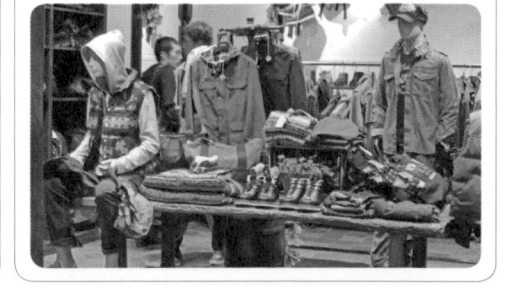

DULTON

🗺 P.230 / D1　🏠 澀谷區神南1-4-8　📞 03-5728-2552　🕐 11:00～20:00　🈺 無休　🌐 www.dulton.com

DULTON是日本知名的生活雜貨品牌，大至家具、小至五金配件都有，每件物品除了機能性外，都還兼具設計感，搭配鮮豔豐富的顏色，十分適合都會生活的居家布置。DULTON店內的商品雖然也有台灣店家帶進來賣，但兩地價格相較下，當然還是直接在日本買最為划算了。DULTON在自由之丘還有一家燈光美、氣氛佳的旗艦分店，有空也可以安排去逛逛(P.417)。

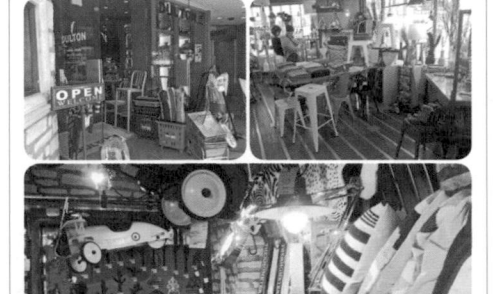

BONUM TOKYO

🗺 P.230 / D1　🏠 澀谷區神南1-5-7　📞 03-5428-6520　🕐 11:00～19:30　🈺 週日、假日　🌐 bonum.jp

以單寧布為創作的服飾品牌，充滿日式美感的設計剪裁，穿著舒適，缺點就是價格高了些。澀谷店空間狹小，加上堆到天花板高的牛仔褲堆，及隨處掛的服裝展示，實在讓人搞不清楚哪個才是商品，但就是這奇妙的氣氛特別吸引人。若想舒服地逛逛這個品牌的細節，不妨轉往原宿(🗺 P.251 / C5)或下北澤(🗺 P.390 / C3)分店慢慢試穿。

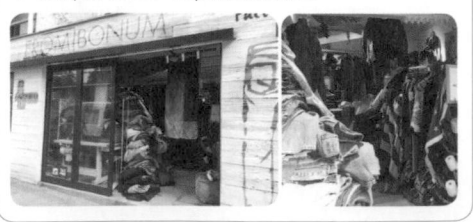

Au Temps Judis Creperie

🗺 P.230 / D1　🏠 澀谷區神南1-5-4　📞 03-3770-2457　🕐 11:00～20:00　🈺 週二～四　💲 午餐約¥1,500，晚餐約¥2,500　🌐 www.many.co.jp/jadis

餐廳位於安靜的小巷道內，典雅紅磚建築的地下樓，以法國布列塔尼地區文明的法式薄餅Creperie出名，1985年創業的澀谷老店，口味傳統中兼具創意，不論是口味簡單甜中帶鹹的奶油薄餅，或是香草冰淇淋的香橙薄餅等，都受到食客青睞。轉角的「Le Grand Chemin」，販售歐洲鄉村風格的園藝用品、廚房用品、家具，手藝品等，麻質布料的手工藝品相當值得購買。

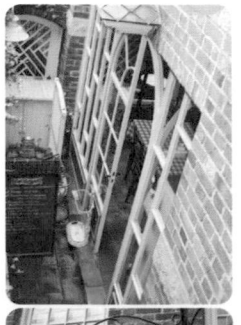
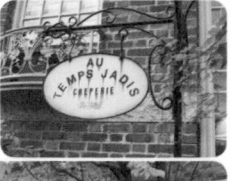
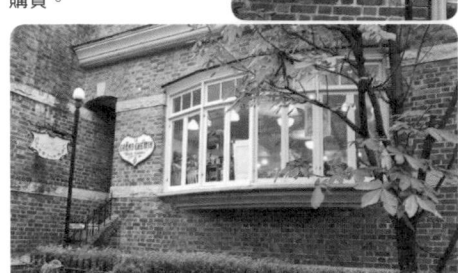

Supreme

🗺 P.230 / D3　🏠 澀谷區神南1-18-2　📞 03-5428-4393　🕐 11:00～20:00　🈺 無休　🌐 www.supreme-newyork.com/stores/japan

來自美國紐約的街頭風潮流品牌，以滑板運動的時尚風格打響知名度，在全世界都相當有人氣，年輕人口耳相傳，沒穿Supreme你就輸了。

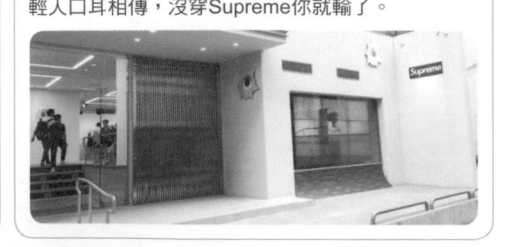

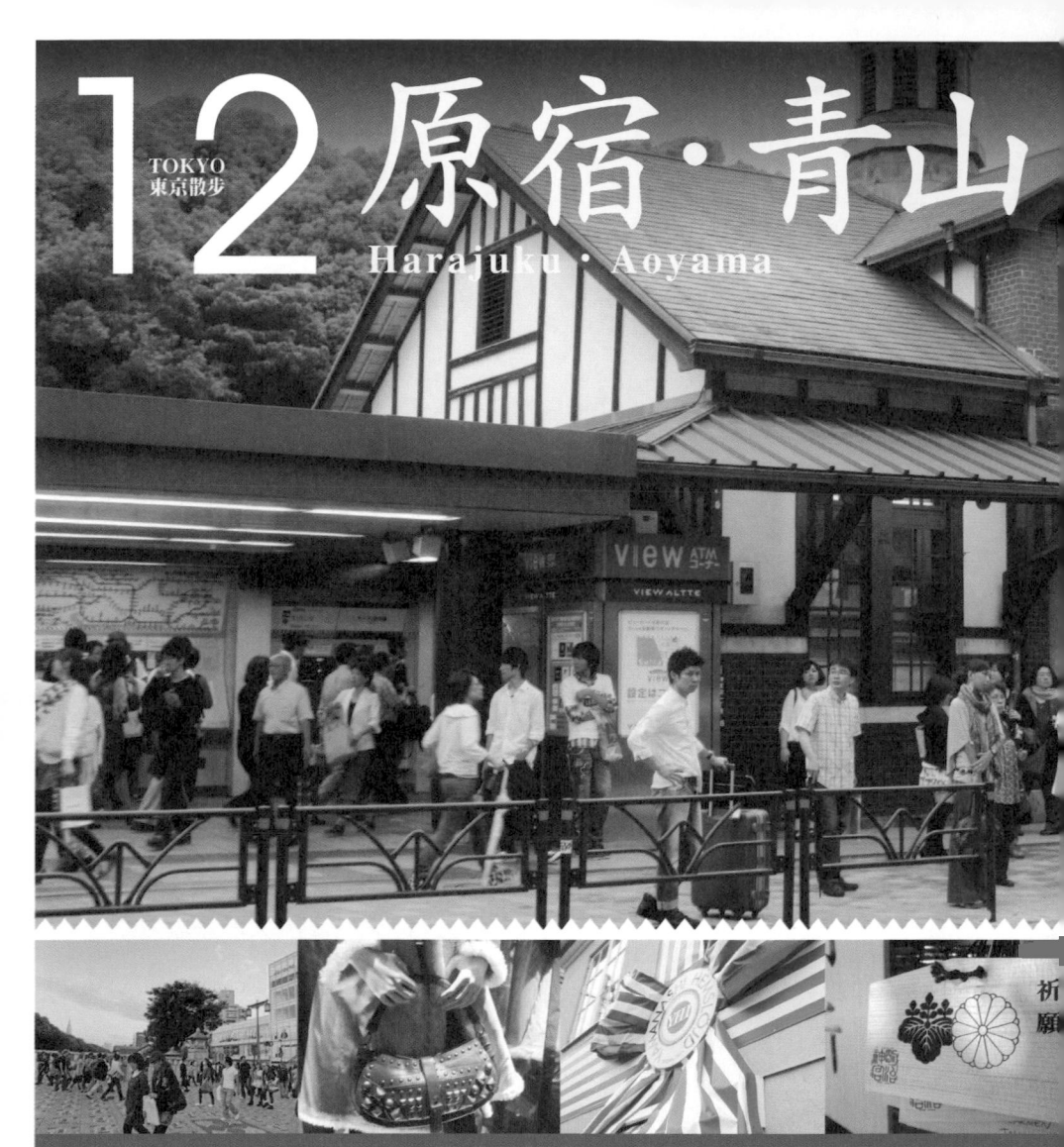

兩個購物區、多種購物形態，展現全面的東京潮流

同樣是購物區，原宿、青山不像其他區域以大型的百貨公司群為主，而是由許多小型的個性品牌商店，與名牌旗艦店所組成。從原宿車站前，以少女流行、偶像明星、文化創意領先的竹下通；到明治通後段，日本新興潮流源頭、特色品牌尋寶勝地的裏原宿；以至於國際名牌櫛次鱗比，有東京香榭里舍大道之稱的表參道；再延伸至以優質生活為態度，建築比服裝還時尚的青山通、檜家通、古董通的青山地區；這些流行文化精神趨勢，無論放到世界的哪個城市裡，都別具一格。

原宿、青山的每條街道各有特色，顧客層不同、流行風格不同、消費等級不同、生活態度也不同，可以看到東京潮流的轉變，以及國際潮流的趨勢。而除了時尚流行以外，

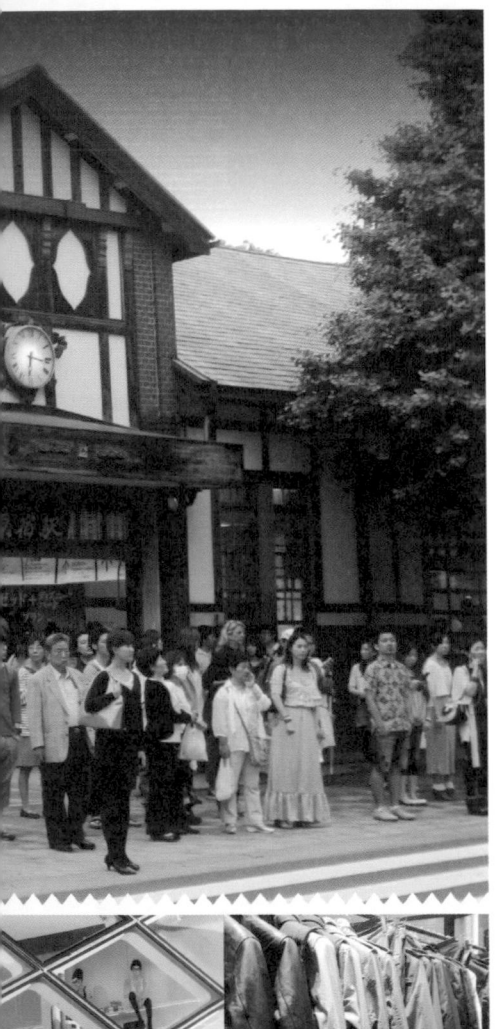

大部分的旅遊書都把原宿、青山劃成一個旅遊購物區，不可諱言的，這兩個區域緊緊相鄰，都是包含高檔、潮流、趣味商店於一身。不過，想要以一天的行程逛透原宿、青山，幾乎是不可能的任務，建議讀者至少安排兩天(我可是花了近一週的時間才踏遍這兩區呢！)，才能較悠閒地逛透每個角落。

第一天早上可以先朝「明治神宮」前進，參拜、許願、買過御守後，再來逛原宿最熱鬧的「竹下通」，嘗嘗竹下通的名物「可麗餅」；接著循著舊澀谷川遊步道，把原宿年輕人的潮流勝地「裏原宿」，逛個透徹、買個徹底；最後沿著「明治通」將Laforet、Tokyu Plaza、H&M、Forever 21等逛個盡興，不用客氣，試穿不用錢。

第二天從原宿最有名的林蔭大道「表參道」左側開始逛起，從頭到尾給它仔細地散步一遍，記得把下午留給「青山」地區喔！榆家通上的各名牌店，建築物可是跟衣服一樣好看，逛累了再去吃碗美味的咖哩烏龍麵，買足吃飽再離開青山。之後再循著表參道另一側一路往上欣賞夜間美麗的櫥窗；若還買不夠，盡頭的ZARA可是亮著燈等著你來呢！

第一天

Ⓐ 10:30 明治神宮
    散步20分鐘
Ⓑ 11:30 竹下通
    散步10分鐘
Ⓒ 13:00 裏原宿(舊澀谷川遊步道)
    散步5分鐘
Ⓓ 17:00 明治通

第二天

Ⓔ 11:00 表參道
    散步20分鐘
Ⓕ 14:30 青山地區

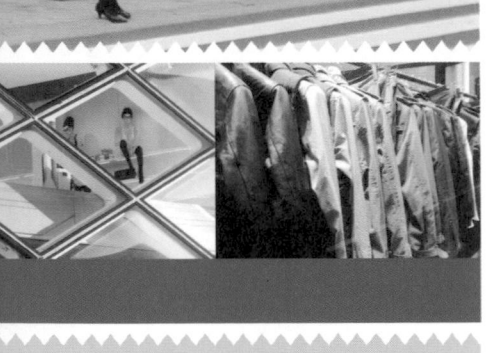

交｜通｜對｜策

前往明治神宮、竹下通り周邊
1. 搭乘JR電車山手線，到「原宿」站(往明治神宮：表參道口出口，往竹下通：竹下口出口)
2. 搭乘地鐵東京Metro千代田線，到「明治神宮前」站(2號出口)

前往表參道、明治通り周邊
1. 搭乘JR電車山手線，到「原宿」站(表參道口出口)
2. 搭乘地鐵東京Metro千代田線，到「明治神宮前」站(4、5號出口)
3. 搭乘地鐵東京Metro半藏門線、銀座線，到「表參道」站(A4、A5號出口)(見P.292青山地圖)

前往青山地區周邊(見P.292青山地圖)
1. 搭乘地鐵東京Metro千代田線、半藏門線、銀座線，到「表參道」站(A1、A2號出口)

原宿也是帶動日本各世代流行的要地之一，無論是車站旁的竹下通、神宮橋，或是再過去一點的代代木公園，都曾見證過每個不同世代年輕人所帶動的新潮流文化，「Harajuku」一詞甚至成了外國人對東京流行文化的稱呼，也成為來日本的必遊之地。

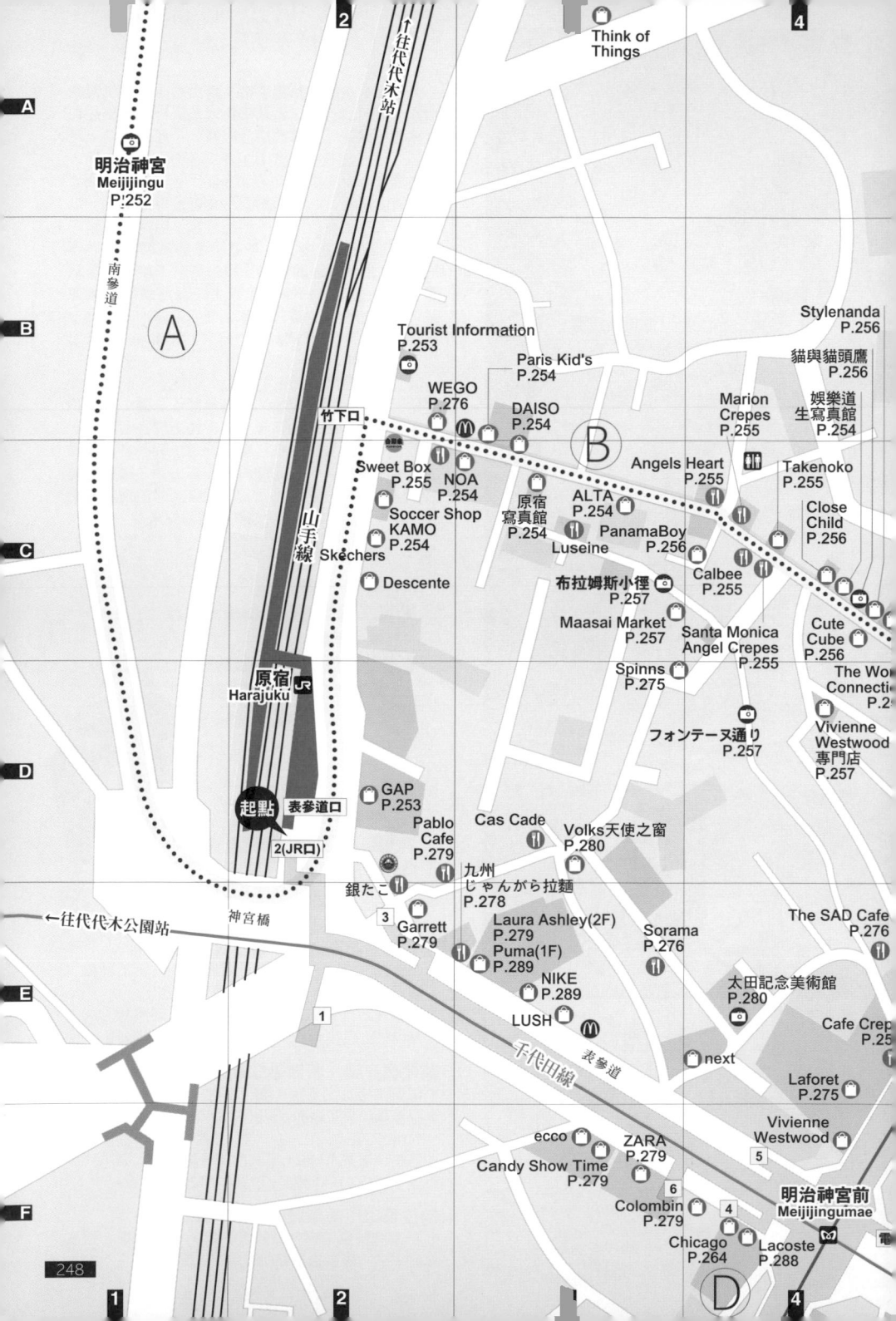

A

2

4

Think of
Things

明治神宮
Meijijingu
P.252

南参道

介往代代木站

Stylenanda
P.256

貓與貓頭鷹
P.256

Tourist Information
P.253

Paris Kid's
P.254

娛樂道
生寫真館
P.254

竹下口

WEGO
P.276

DAISO
P.254

Marion
Crepes
P.255

B

Sweet Box
P.255

NOA
P.254

原宿
寫真館
P.254

ALTA
P.254

Angels Heart
P.255

Takenoko
P.255

Soccer Shop
KAMO
P.254

PanamaBoy
P.256

Close
Child
P.256

山手線

Skechers

Luseine

Calbee
P.255

Descente

布拉姆斯小徑
P.257

Cute
Cube
P.256

Maasai Market
P.257

Santa Monica
Angel Crepes
P.255

The Wo
Connecti
P.2

原宿
Harajuku JR

Spinns
P.275

D

起點 表参道口

GAP
P.253

2(JR口)

Pablo
Cafe
P.279

Cas Cade

Volks天使之窗
P.280

Vivienne
Westwood
專門店
P.257

←往代代木公園站

神宮橋

銀たこ

九州
じゃんがら拉麺
P.278

Garrett
P.279

Laura Ashley(2F)
P.279

Sorama
P.276

The SAD Cafe
P.276

Puma(1F)
P.289

E

1

NIKE
P.289

千代田線

LUSH

next

太田記念美術館
P.280

Cafe Crep
P.25

表参道

Laforet
P.275

ecco

ZARA
P.279

Vivienne
Westwood

Candy Show Time
P.279

Colombin
P.279

明治神宮前
Meijijingumae

Chicago
P.264

Lacoste
P.288

F

1

2

D

4

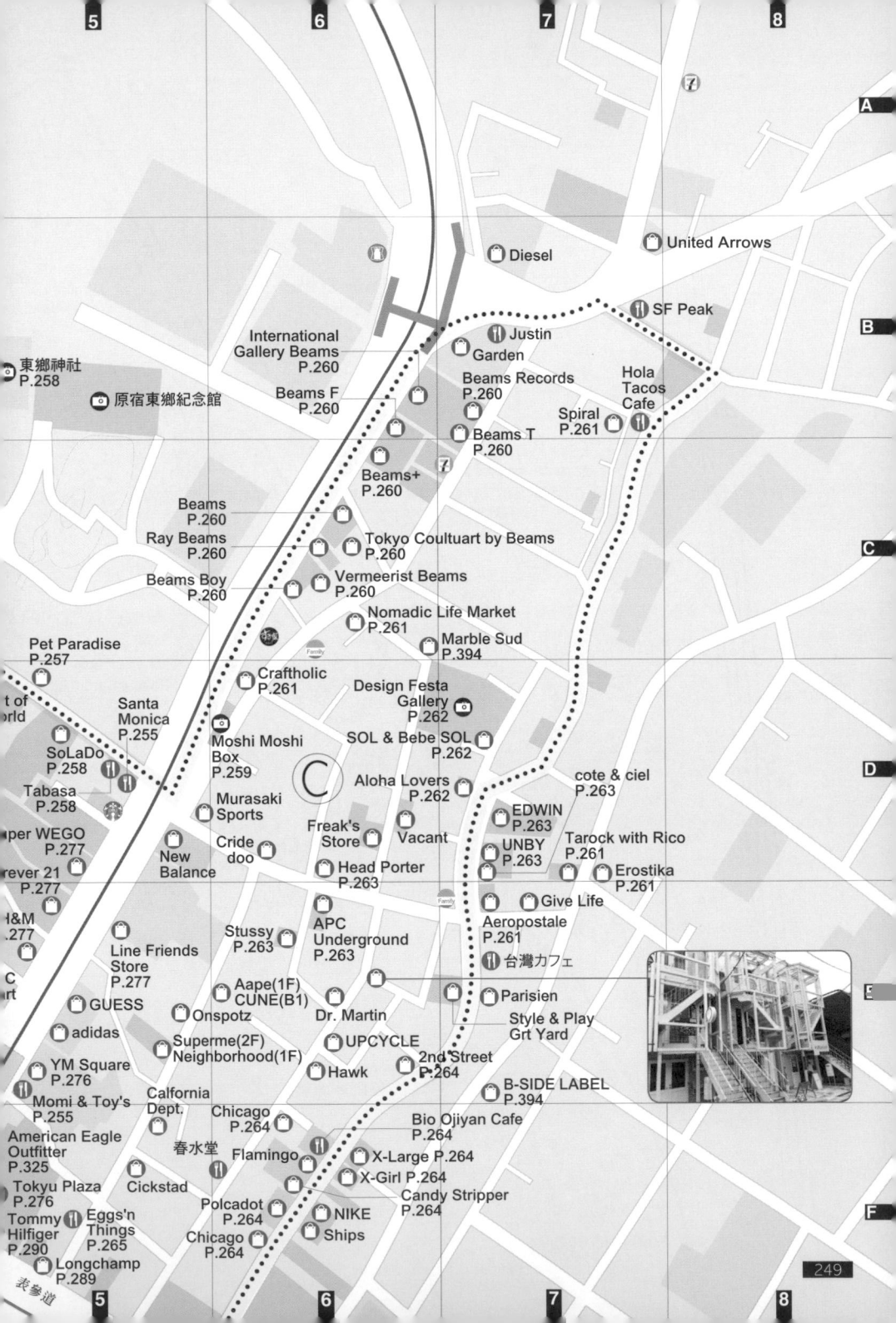

Diesel

United Arrows

SF Peak

International Gallery Beams P.260

Justin Garden

Beams Records P.260

Hola Tacos Cafe

東鄉神社 P.258

Beams F P.260

Beams T P.260

Spiral P.261

原宿東鄉紀念館

Beams+ P.260

Beams P.260

Ray Beams P.260

Tokyo Coultuart by Beams P.260

Beams Boy P.260

Vermeerist Beams P.260

Nomadic Life Market P.261

Pet Paradise P.257

Marble Sud P.394

Craftholic P.261

t of rld

Design Festa Gallery P.262

cote & ciel P.263

Santa Monica P.255

SoLaDo P.258

Moshi Moshi Box P.259

SOL & Bebe SOL P.262

Aloha Lovers P.262

EDWIN P.263

Tarock with Rico P.261

Tabasa P.258

Murasaki Sports

Freak's Store

Vacant

UNBY P.263

Erostika P.261

per WEGO P.277

Cride doo

New Balance

Head Porter P.263

Give Life

Aeropostale P.261

rever 21 P.277

台灣カフェ

l&M .277

Stussy P.263

APC Underground P.263

Parisien

Line Friends Store P.277

Aape(1F) CUNE(B1)

Style & Play Grt Yard

C rt

GUESS

Onspotz

Dr. Martin

adidas

Superme(2F) Neighborhood(1F)

UPCYCLE

2nd Street P.264

B-SIDE LABEL P.394

YM Square P.276

Hawk

Momi & Toy's P.255

Calfornia Dept.

Chicago P.264

Bio Ojiyan Cafe P.264

American Eagle Outfitter P.325

春水堂

Flamingo

X-Large P.264

X-Girl P.264

Candy Stripper P.264

Tokyu Plaza P.276

Cickstad

Tommy Hilfiger P.290

Eggs'n Things P.265

Polcadot P.264

Chicago P.264

NIKE

Ships

Longchamp P.289

表参道 P.289

249

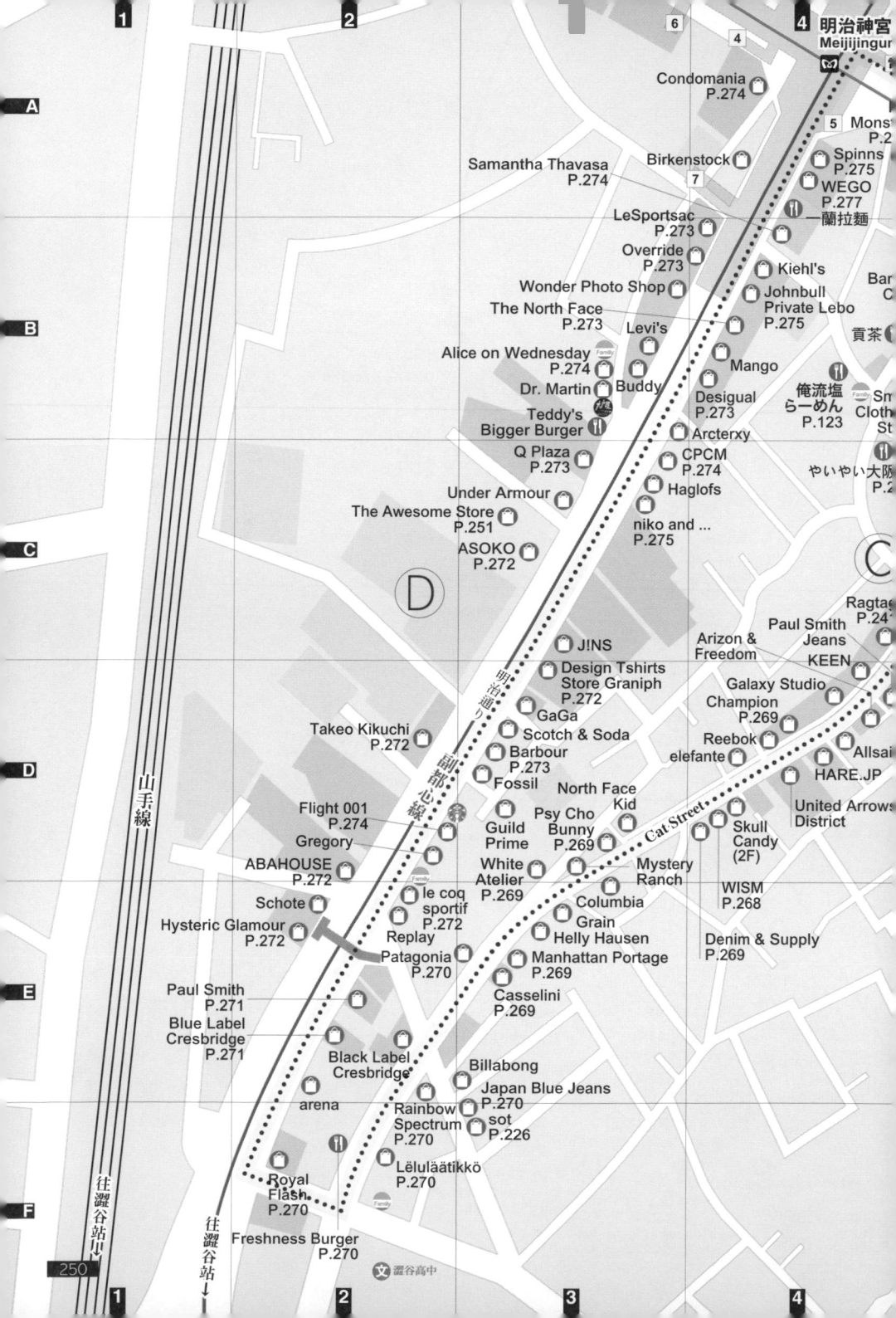

Happy Socks
P.260

FENCH JAPAN
P.265

Ted Baker
P.290

Saint Laurent Gallery
P.290

Camper
P.287

BOOKMARC
P.260

Onitsuka Tiger
P.265

CA4LA
P.280

Journal
Standard
Relume
P.266

RUGBY

Marimekko
P.265

IL Bisonte
P.265

Knot
P.431

agnès b.
Voyage
P.287

Ralph Lauren
P.289

BAPE Store
P.266

Alice
and Olivia
P.287

Addition Adelaide
P.266

光麺

A

Kiddy
Land
P.280

E

Bottega
Veneta
P.287

神宮前小學

B

TGI
Friday

Delvaux

MAC

植村秀

宿餃子樓
267

Lanvin
en Bleu
P.266

CHANEL
P.288

Dior
P.288

Dolce &
Gabbana
P.288

表參道
Hills
P.283

Very Berry
Soup
P.267

GYRE
P.281

千代田線

Valentino
P.290

Luke's
Lobster
P.266

Journal Standard
P.266

Oriental
Bazaar
P.281

TAG
Heuer

表參道

O Vince

C

PYRO
P.268

BONUM

RIMOWA
P.290

You
Cha

Ben & Jerry's
P.283

同潤館
P.283

ndy
ow
e

Cat Street

inhabitane

New Balance

TUMI
P.290

Paul
Stuart
P.290

Michael
Kors
P.289

Wara Tako 笑たこ
P.268

JS Luxe
P.290

Paris Miki
P.268

The Awesome Store
P.251

Missoni
P.289

Columbia

The Tintin Shop
P.267

Bambooe
P.281

Louis Vuitton
P.289

Onassis

Number Suger
P.267

Burberry
P.287

Oakley
adidas

Dominique Ansel Bakery
P.282

Gallarda Galante
P.282

Max & Co.
P.289

TOD'S
P.290

RTON
68

Six Harajuku Terrace
P.268

BUPO

Yoshida
P.282

Hugo Boss
P.288

D

GANZO
P.282

Vivienne
Westwood
P.290

Neal's Yard Remedies
P.282

Brown Rice

Chums

IBIZA
P.284

HP DECO
P.284

De Longhi

TY

往表參道站→

Issey Miyake x United Nude
P.284

Crayon
House
P.284

E

Huygens

The Awesome Store

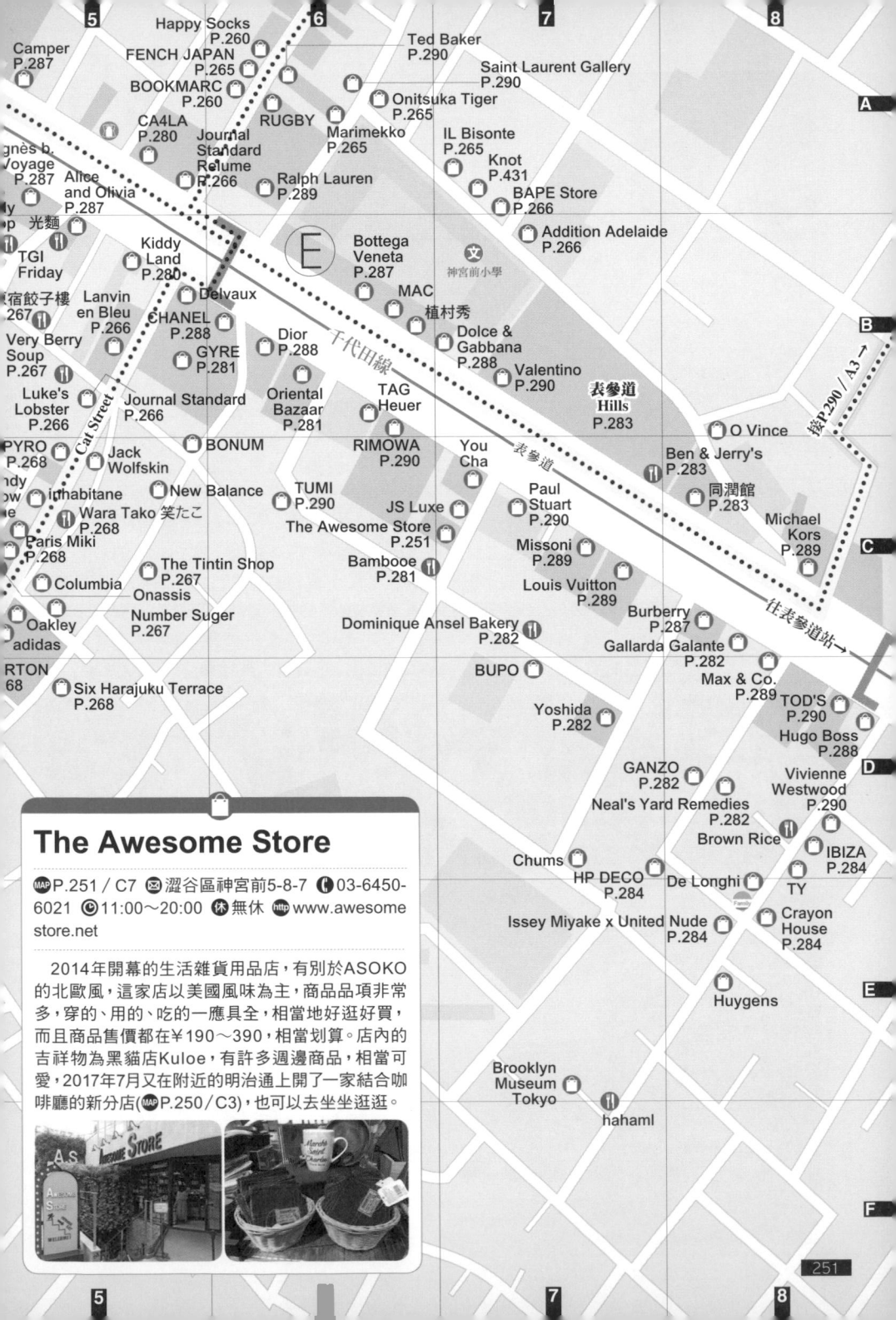

MAP P.251 / C7　⊠ 澀谷區神宮前5-8-7　☎03-6450-6021　⏰11:00〜20:00　休無休　http www.awesomestore.net

　2014年開幕的生活雜貨用品店，有別於ASOKO的北歐風，這家店以美國風味為主，商品品項非常多，穿的、用的、吃的一應具全，相當地好逛好買，而且商品售價都在¥190〜390，相當划算。店內的吉祥物為黑貓店Kuloe，有許多週邊商品，相當可愛，2017年7月又在附近的明治通上開了一家結合咖啡廳的新分店(MAP P.250／C3)，也可以去坐坐逛逛。

Brooklyn
Museum
Tokyo

hahaml

F

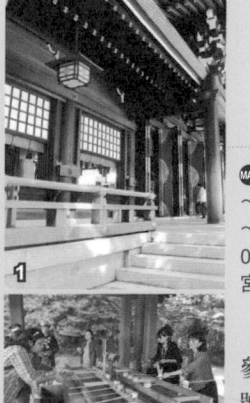

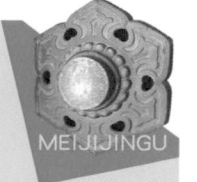

明治神宮
MEIJIJINGU

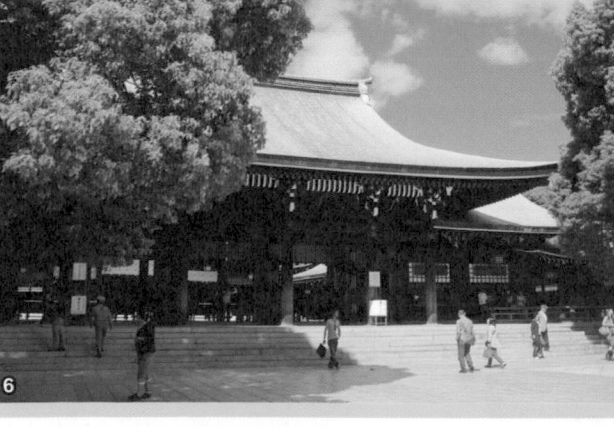

1

2

1.莊嚴的神社正殿，切記不要大聲喧譁喔／2.進入神社前請先洗手、漱口／3.參道上有各大酒公司所供奉的日本酒、洋酒大酒尊／4.明治神宮也是舉行傳統婚禮儀式的熱門神社／5.掛得滿滿的祈願板，載著來自各國的願望／6.雄偉的神社正殿／7.日本最大的木造鳥居，以購自台灣的巨木重建而成

MAP P.248／A1 ◎明治神宮：1月06:40～16:20、2月06:20～16:50、3月05:40～17:20、4月05:10～17:50、5月05:00～18:10、6月05:00～18:30、7月05:00～18:20、8月05:00～18:00、9月05:20～17:20、10月05:40～16:40、11月06:10～16:10、12月06:40～16:00，寶物殿：09:00～16:30 **休**無休 **$**明治神宮免費參拜，寶物殿¥500，明治神宮御苑¥500 **http** www.meijijingu.or.jp

　　明治神宮是除了皇居外，東京最大的一片綠林，也是東京每年新年參拜(初詣)人數最多的神社。當你從原宿車站的「表參道口」或「2號JR口」出站，跨過在週日會有許多Cosplay團體聚集，與街頭樂團表演的「神宮橋」，沿著寬廣的石子路「南參道」(也稱為裏參道)往正殿前進，沿途都是巨木森林，還有購自台灣的扁柏巨木所建造的大鳥居。微風、綠蔭夾雜著石子路的沙沙聲，與來自各國的觀光客一同前往參拜、買御守，誠心地寫下許願板。

　　明治神宮供奉的就是1912年過世的明治天皇，與1914年過世的昭憲皇太后，大部分建物曾毀於二次大戰的轟炸，目前所見的大都是重建於1958年，改建過的明治神宮，將一部分規畫成代代木公園，圍牆外還建有「明治神宮棒球場」，與1964年東京奧運的舉辦場地「國立代代木競技場」。明治神宮以每年12月31日的跨年參拜，人潮最多。

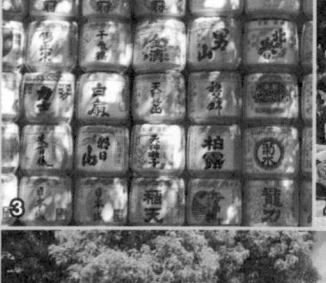

3

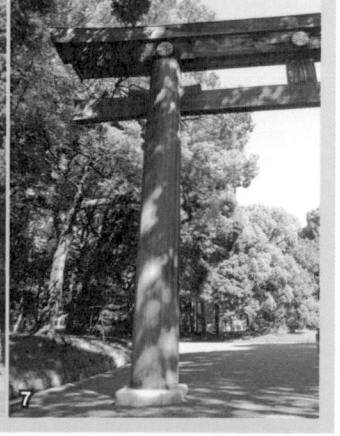

4

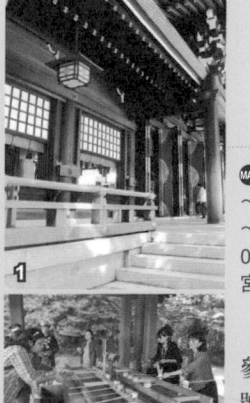

5

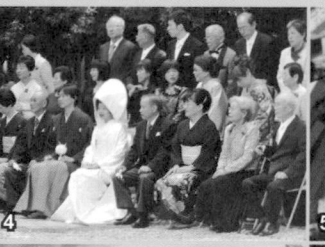

6

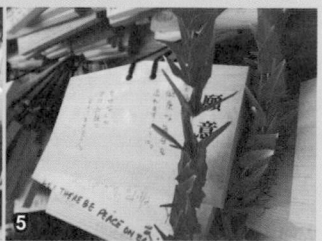

7

竹下通

　搭JR電車山手線來到狹小擁擠的原宿站，記得從「竹下口」這個古色古香的出口出站，而對面喧譁的小街道，就是鼎鼎有名的「竹下通」；跨過馬路，找個人少的空檔，在世界知名的入口拍張紀念照，順便欣賞一下街頭藝人精湛賣力的演出吧！

　一路逛過發展自1974年的竹下通，可以看到代表不同時代文化精神的店家，有1970年代末就開店經營的可麗餅攤、華麗舞台服裝「竹の子」；1980年代吹起偶像風潮下的寫眞館；1990年代後半興起的羅莉塔風格服飾店；2000年代中期起逐漸增多的低價飾品、生活用品店；還有近年來陸續進駐的時尚服飾店，以及陸續開幕的綜合開發商場。竹下通可以說是整個東京文化歷史的縮影，逛起來相當有趣！

1. 週末的逛街人潮，將竹下通擠得水泄不通 / 2. 竹下通的入口處經常有各種街頭表演，停下腳步欣賞一下吧 / 3. 可麗餅可說是竹下通的小吃名物，以這兩家最有名 / 4. JR原宿車站的竹下通出口，仍保持原有的古典樣貌 / 5. 安靜悠閒的布拉姆斯小徑，記得繞進來晃晃 / 6. 竹下通最知名的太陽門入口

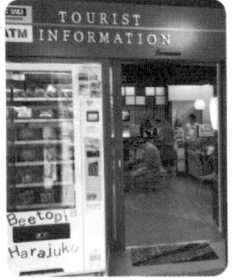

Tourist Information Center

MAP P.248 / B2 ✉ 澀谷區神宮前1-19-11 ☎ 03-5770-5131 🕐10:00〜17:00 休 無休 http www.his-j.com/japan-tourist/tyo

　原宿遊客中心提供原宿地區內的各種資訊消息，想找店家、想租Wi-Fi機、想報名體驗文化活動等，都可以在這裡得到親切的解答與辦理。甚至可以報名各種一日遊的行程，包括富士山、箱根等。

GAP旗艦店

MAP P.248 / D2 ✉ 澀谷區神宮前1-14-27 ☎ 03-5786-9200 🕐10:00〜21:00 休 無休 http www.gap.co.jp

　GAP開設在東京的旗艦店之一，所以賣場寬大、商品系列也最齊全，位在車站出口最明顯的位置，人潮一向都非常多，如果你喜歡美式的休閒服飾，中價位的GAP是不錯的選擇，它的童裝系列也一樣選擇多，從剛出生的嬰兒到10歲，都有齊全的服飾配件可添購。

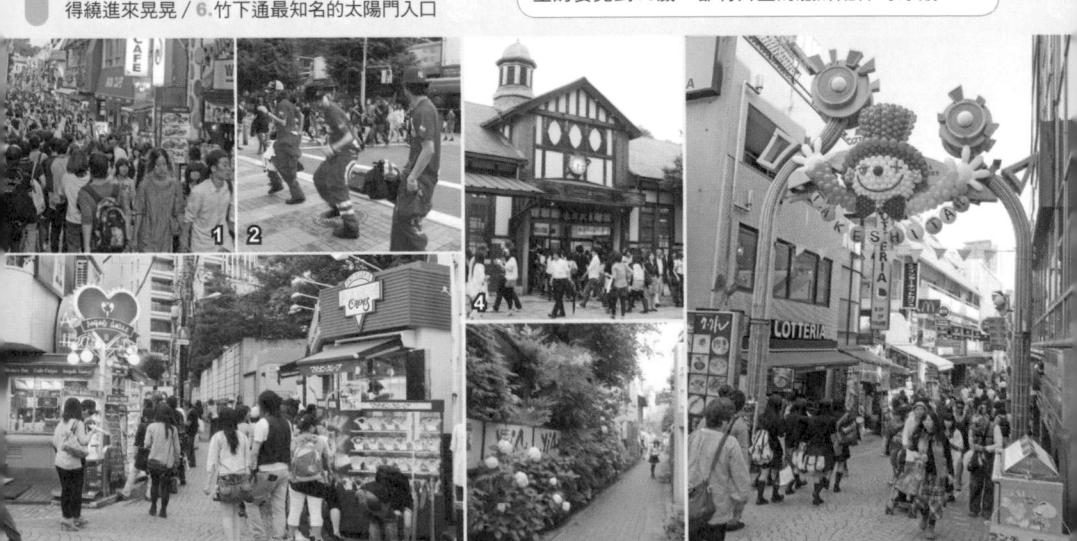

Soccer Shop KAMO

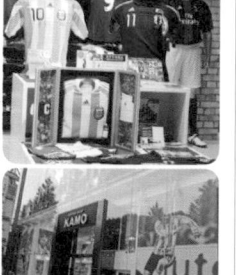

(MAP) P.248／C2 ✉澀谷區神宮前1-14-35 ☎03-3478-5350 🕐11:00～21:00 休無休 🌐www.sskamo.co.jp

1968年創業於大阪的足球體育用品專門店，國內外各球隊的系列限定商品非常豐富多樣。原宿店1976年開業，是足球用品的老龍頭，相關商品相當齊全，賣得也是嚇嚇叫！

偶像寫真館

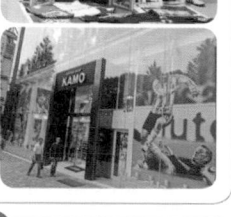

(MAP)原宿寫真館：P.248／C3 娛樂道：P.248／C4 🕐10:00～20:00 休無休

原宿寫真館(原「生寫真館」)是竹下通專售偶像照片的老字號，照片有些是非官方的，有不少是側拍、偷拍來的照片，所以品質不一，不過仍可滿足偶像迷的收藏欲望。另一家「娛樂道」比較專業，以傑尼斯專門為號召，專售官方照片、海報、周邊商品。

NOA

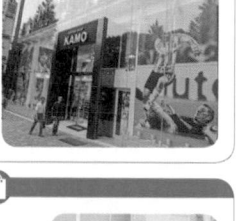

(MAP) P.248／C3 ✉澀谷區神宮前1-17-5 🕐08:00～23:30 休無休 🌐www.printclub.jp

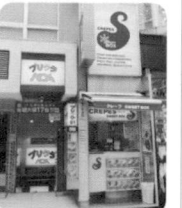

原宿有口碑的拍貼店，想要拍出偶像風、雜誌fu的美美大頭貼，就是這一家了，有最新最in的大型機種，讓人拍得樂此不疲呢！這裡也是日本中學生來東京畢業旅行必到之處，1樓還開有專屬咖啡廳。

ALTA

(MAP) P.248／C3 ✉澀谷區神宮前1-16-4 ☎0570-07-5500 🕐10:30～20:00 休無休 🌐www.altastyle.com/harajuku

知名的流行商場也開到原宿囉！集合年輕人喜愛的流行服飾品牌外，樓上還有可愛的咖啡廳，以及受歡迎的迪士尼商店進駐，地下樓層則以懷舊昭和商品與零食吸引顧客，這層樓讓我逛了好久。

Paris Kid's

(MAP) P.248／B3 ✉澀谷區神宮前1-19-8 ☎03-3423-3251 🕐10:00～19:30(週末至20:00) 休無休 🌐www.pariskids.jp

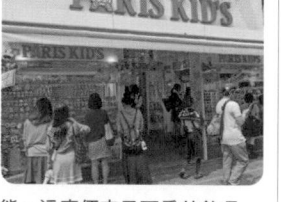

每樣只要￥324的少女飾品專賣店，這家算是當地經營得有聲有色、生意非常好的一家店，尤其是週末假日的人潮，店裡店外隨時都是客滿的狀態，這麼便宜又可愛的飾品，買來當小禮物非常適合，不過別因為便宜而挑了一堆，積少成多結帳下來的金額，也是很可觀的呢！

Daiso タイソー

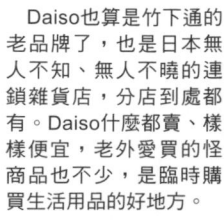

(MAP) P.248／C3 ✉澀谷區神宮前1-19-2 ☎03-5775-9641 🕐10:00～21:00 休無休 🌐www.daiso-sangyo.co.jp

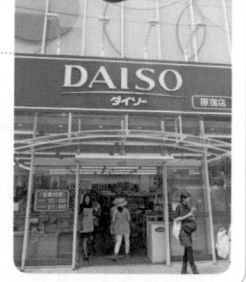

Daiso也算是竹下通的老品牌了，也是日本無人不知、無人不曉的連鎖雜貨店，分店到處都有。Daiso什麼都賣、樣樣便宜，老外愛買的怪商品也不少，是臨時購買生活用品的好地方。

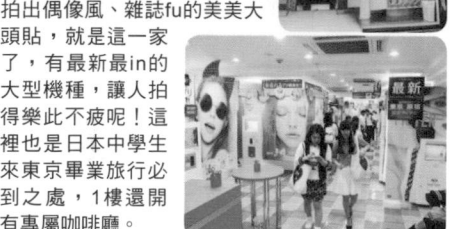

竹下通名物 可麗餅Crêpe

1970年代開始發展起來的竹下通，除了是次文化的聖地，也是日本可麗餅流行的基地，到竹下通吃可麗餅變成了來原宿必做的事情之一，也由原本的1家發源，慢慢變成兩家互搶生意，到現在有不下7家賣可麗餅的攤子，各有各的花招、特色，競爭可說是非常激烈。

Marion Crepes

MAP P.248／C4 ☒ 澀谷區神宮前1-6-15 ☎ 03-5489-1611 ◎ 10:00～22:00 休 不定休 $ ￥350～550 http www.marion.co.jp

Marion是原宿可麗餅的始祖，自1977年起就在當時商店仍寥寥無幾的竹下通擺攤。目前有80多種不同的口味，冷的、熱的、簡單的、豪華的，全部同樣好吃，每年還會隨四季推出限定口味，把當季蛋糕、水果、冰淇淋全部包在一起，相當特殊，只要￥500硬幣一枚，讓你甜入心裡。

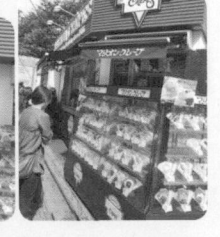
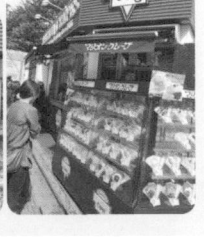
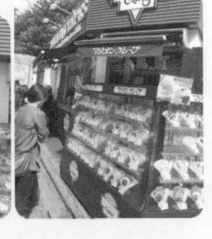

Angels Heart

MAP P.248／C4 ☒ 澀谷區神宮前1-20-6 ☎ 03-3497-0050 ◎ 10:00～22:00 休 不定休 $ ￥350～550 http www.cafe-crepe.co.jp

與Marion正面PK，同樣是老字號的可麗餅店，據說也是同時期就在這裡擺攤起家，口味跟Marion差不多，至於誰的較好吃呢？兩家各有各的支持者。

除了以上兩家老牌的可麗餅店外，近年來有更多的可麗餅品牌也進來搶地盤，加上許多咖啡廳也推出可麗餅搶客，原宿成了可麗餅的一級戰區。

Sweet Box (MAP P.248／C2)
Angel Crepes (MAP P.248／C4)
Santa Monica (MAP P.248／C4、P.249／D5)
Cafe Crepe (MAP P.248／E4)
Momi & Toy's Crêpes (MAP P.249／E5)

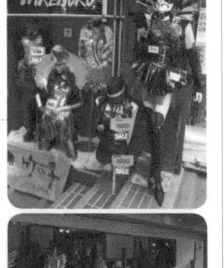

Takenoko

MAP P.248／C4 ☒ 澀谷區神宮前1-6-15 ☎ 03-3402-0329 ◎ 11:00～20:00 休 無休

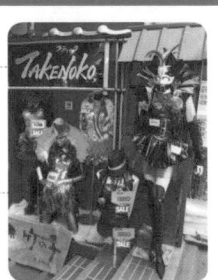

1978年開業至今，是竹下通早期文化代表，店內製作的服裝閃亮華麗如秀服，被當時的年輕人穿上街而集合在代代木公園跳舞，因此有了「竹筍族」的世代之稱。如今它是派對服裝的最佳選擇，華麗的小配件也頗適合穿戴。

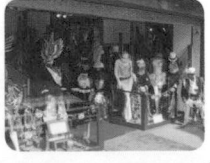

Calbee

MAP P.248／C4 ☒ 澀谷區神宮前1-16-8 ◎ 09:30～20:30 休 無休 http www.calbee.co.jp/calbeestore/shop

零食大品牌加樂比開起了實體店面，除了販售現有商品，更開發了精緻的伴手禮組合，但最受顧客歡迎的還是現場調味的洋芋片餐，淋上起士、巧克力、加上冰淇淋等，想一飽口福就跟著排隊吧！

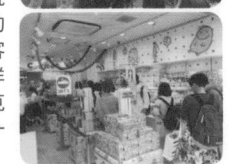

Stylenanda

🗺️P.248／C4 ✉渋谷區神宮前1-6-9 📞03-6721-1612 🕙10:00～21:00 休無休 🌐www.stylenanda.com

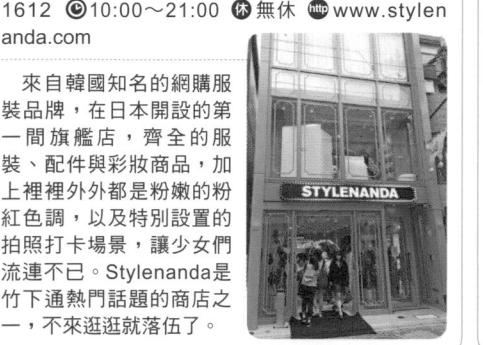

　　來自韓國知名的網購服裝品牌，在日本開設的第一間旗艦店，齊全的服裝、配件與彩妝商品，加上裡裡外外都是粉嫩的粉紅色調，以及特別設置的拍照打卡場景，讓少女們流連不已。Stylenanda是竹下通熱門話題的商店之一，不來逛逛就落伍了。

Close Child

🗺️P.248／C4 ✉渋谷區神宮前1-6-11 📞03-3403-4106 🕙12:00～20:00(週末11:00～20:00) 休無休 🌐www.closet-child.com

　　原宿新一代的穿著文化代表「羅莉塔」，蓬裙、蝴蝶結、長襪、蕾絲、厚底靴，不論是阿爾卑斯風、公主風，或者哥德風等，都可以在這家共有3個樓層的店裡找到，有二手及全新品的服飾、假髮。

Cute Cube

🗺️P.248／C4 ✉渋谷區神宮前1-7-1 🕙10:00～20:00 休無休 🌐cutecubeharajuku.com

　　竹下通上又一處新的綜合商場，1樓最受歡迎的店就是門口大排長龍的點心店「ザクザク」，還有五彩繽紛的糖果店「Candy A-Go-Go!」；2樓平價服飾店「スピンズ(Spinns)」；3樓以可愛的布丁狗主題咖啡餐廳最熱門。

The World Connection

🗺️P.248／C4 ✉渋谷區神宮前1-6-8 📞03-6438-0901 🕙10:00～21:00 休無休 🌐the-world-connection.com

　　原本是專營可口可樂雜貨的專門店，有可口可樂博物館之稱，近年來慢慢轉營生活雜貨類，連店名也悄悄地改了，雖然還是有可口可樂的商品，但比起以往少了很多，有點可惜。

Panama Boy

🗺️P.248／C4 ✉渋谷區神宮前1-16-6 📞03-3402-2425 🕙10:30～20:30 休無休 🌐www.panamaboy.co.jp

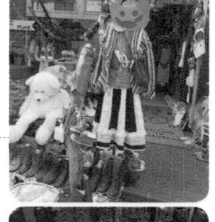

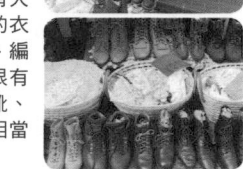

　　專營販售進口的二手衣物，男女裝都有，擁有大量的鄉村、西部風格的衣服、配件，印花布裙、編織披肩、蕾絲巾等都很有味道；還有許多舊皮靴、生活雜貨等，價格均相當優惠，適合尋寶。

貓與貓頭鷹森林

🗺️P.249／C4 ✉渋谷區神宮前1-6-10 📞03-6447-4265 🕙11:00～18:30 休無休 💲單館¥680，2館共通券¥1,350 🌐owls-cats-forest.com/free/owls-harajuku

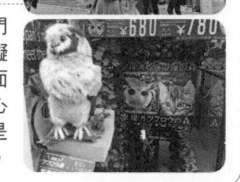

　　寵物咖啡館目前的熱門寵物就是貓頭鷹，在模擬樹林裡與可愛的貓頭鷹面對面合照，不管是少女心或少男新都會大開。B1是貓頭鷹館，3樓為貓咪館。

竹下通 布拉姆斯小徑 ブラームスの 小径

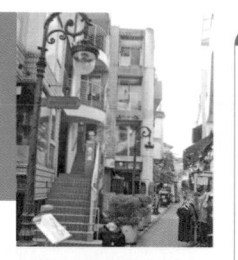

MAP P.248 / C3

從Santa Monica可麗餅店旁的巷子走進來，隱身竹下通身後的就是寧靜閒適、滿有歐洲風情的石磚小巷道「布拉姆斯小徑」，小徑兩旁有數家特色商店、咖啡廳、餐廳等，充滿綠意，尤其春天花開的時候，更是漂亮。而另一頭的巷道則是「フォンテーヌ通り」（**MAP** P.248 / D4），同樣有著歐式風景，拱型窗、壁燈、噴泉小廣場等，無不散發慵懶的氣息，這裡多半是高級美髮沙龍、SPA中心，還有甜點店。

想要逃出竹下通擁擠喧囂，只要幾步路、拐個彎，就能抒懷寫意地放鬆一下。

Maasai Market

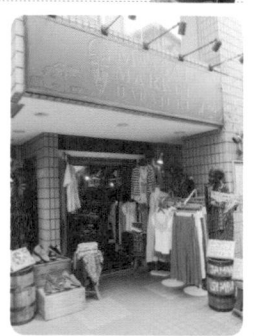

MAP P.248 / C3 ✉渋谷區神宮前1-15-1 ☎03-6438-9918 ⏰11:00～19:00 休無休 http www.maasai.jp

由曾是富士電視台受歡迎的實境節目「戀愛巴士」裡的名人「阿英Hide」所經營的非洲飾品店，店內的物品都是老闆親自遠赴非洲採買、開發生產的特有商品，有許多少見好看的非洲風飾品，開幕當初，有不少人都是衝著看老闆本人而來的呢！

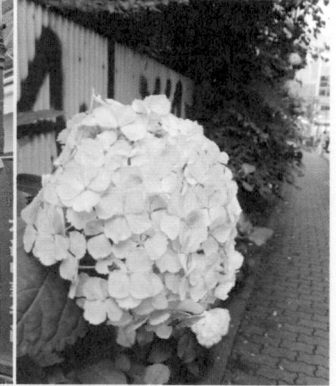

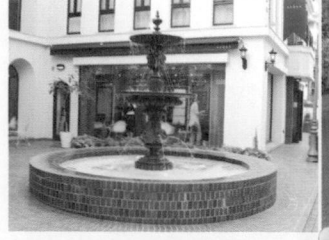

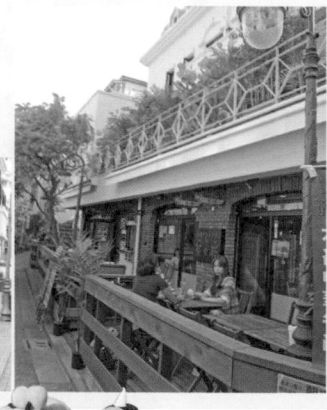

Pet Paradise

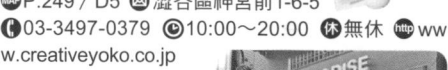

MAP P.249 / D5 ✉渋谷區神宮前1-6-5 ☎03-3497-0379 ⏰10:00～20:00 休無休 http www.creativeyoko.co.jp

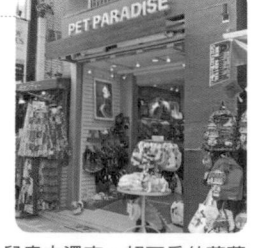

專營寵物用品，人用的、寶貝狗用的通通都有，想把愛犬打扮成公主、恐龍、蜜蜂或草莓嗎？這裡的衣服款式有超多的選擇，設計、品質真的還不錯，都是知名品牌，不過價格還比真的兒童衣還高。超可愛的草莓寵物床，真的讓人想塞進行李箱帶回家呢！

Vivienne Westwood專門店

MAP P.248 / D4 ✉渋谷區神宮前1-7-6 ☎03-3403-4119 ⏰12:00～20:00 休無休 http www.closet-child.com/sell/vw

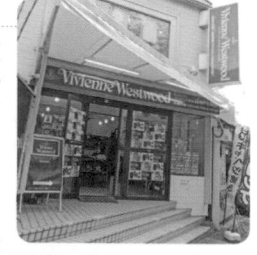

由Closet Child所經營，專門販售Vivienne Westwood的商品，新品多為過季品，但大部分是二手商品，包包、衣服、配件、飾品的狀況都還不錯，是尋找Vivienne Westwood過去限定商品的好地方，若你有二手舊品，也可以拿來這裡估價，轉當給店家。

SoLaDo

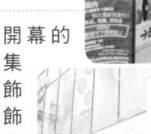

MAP P.249 / D5 涩谷區神宮前1-8-2 03-6440-0568 10:30～20:30 無休 www.solado.jp

是竹下通最早開幕的大型百貨商場，集合多家知名的服飾品牌，如街頭服飾WEGO、少女風潮Pinklatte等，2樓有美食廣場，3樓也引進了甜點吃到飽名店Sweets Paradise。

Tabasa

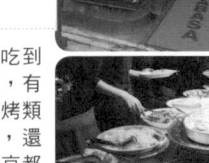

MAP P.249 / D5 涩谷區神宮前1-8-3 03-3404-3740 11:30～21:30 無休 男性￥1,242、女性￥1,080 tabasa.vacco.net

「食べ放題」美食吃到飽餐廳，義式的餐點，有義大利麵、披薩、焗烤類等等，約15種美食，還有甜點、飲料，是東京都內吃到飽餐廳最超值的一家，晚上也有音樂表演。

照片提供／魏國安

東鄉神社

TOGO-JINJA

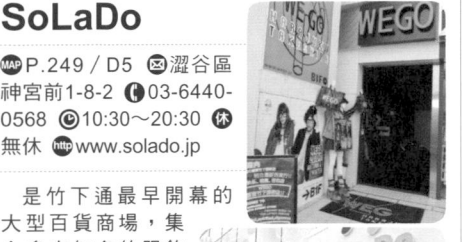

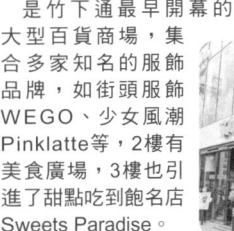

MAP P.249 / B5 涩谷區神宮前1-5-3 03-3403-3591 24小時 無休 參觀免費 www.togojinja.jp

花了3年興建，於1940年落成的東鄉神社，主要為紀念並供奉於1934年去世的日本海軍名將「東鄉平八郎」，與象徵日本海軍的勝利事蹟，神社境內多與海軍相關；東鄉平八郎的貢獻在於帶領日本海軍，贏得日清戰爭與日俄戰爭，使得日本海軍成為當時亞洲的強權。

東鄉神社與熱鬧的竹下通僅一街之隔，卻相當地安靜，觀光客也很少，建議由明治通的入口前往，你會穿過幽靜的樹林、曲橋，也能欣賞一旁紀念館的日式庭園。在東鄉神社可以買到特別的勝利御守「勝守」，而這裡的春櫻也相當漂亮，是東京賞櫻名所之一。

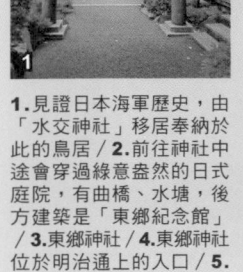

1.見證日本海軍歷史，由「水交神社」移居奉納於此的鳥居／2.前往神社中途會穿過綠意盎然的日式庭院，有曲橋、水塘，後方建築是「東鄉紀念館」／3.東鄉神社／4.東鄉神社位於明治通上的入口／5.神社內的御手洗，「洗心」兩字特別發人省思

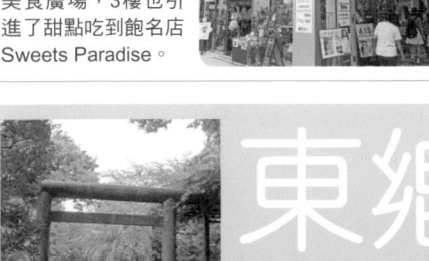

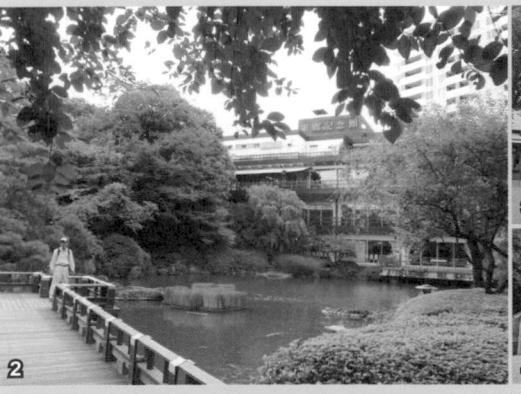

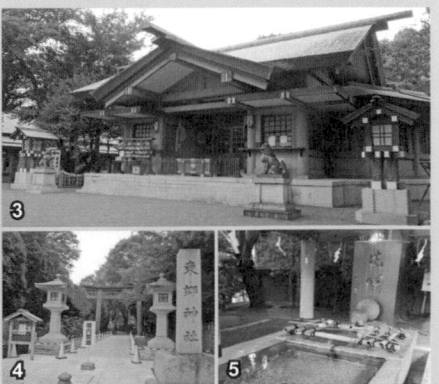

裏原宿

裏原宿是指夾在明治通、表參道，與舊澀谷川遊步道之間，東北方一帶的區域，不過因應逛街路線，我把跨過表參道的Cat Street部分也一併規畫進來。

裏原宿起源於1980年代後期，為代表東京服裝品牌產業的次文化，原本都是名不經傳、招牌不顯眼、位在巷弄裡毫不起眼的自創品牌小店；當今幾個有名的潮流品牌，如Undercover、APE、Head Porter等，都發跡於裏原宿。近年來國際品牌風行，陸續占據這個區域，許多受歡迎的日本、國際品牌幾乎都在這裡看得到。

逛裏原宿，可以從Beams集團開始，再沿著規畫良好的舊澀谷川遊步道一路往下逛，巷弄裡多得是你早已耳聞的潮流服飾店，或是從沒聽過的小品牌。而當你跨過表參道，Cat Street這一區域多以國際知名品牌為主，Ralph Lauren的單寧品牌Denim & Supply，也選在這裡開設旗艦店面。

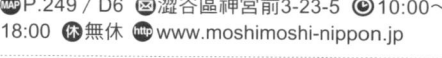

Moshi Moshi Box

MAP P.249 / D6　⊠ 澀谷區神宮前3-23-5　◷ 10:00～18:00　休 無休　http www.moshimoshi-nippon.jp

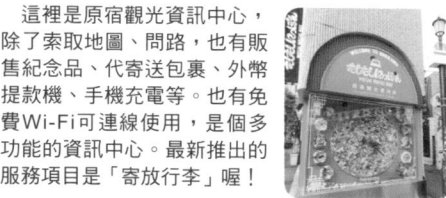

這裡是原宿觀光資訊中心，除了索取地圖、問路，也有販售紀念品、代寄送包裹、外幣提款機、手機充電等。也有免費Wi-Fi可連線使用，是個多功能的資訊中心。最新推出的服務項目是「寄放行李」喔！

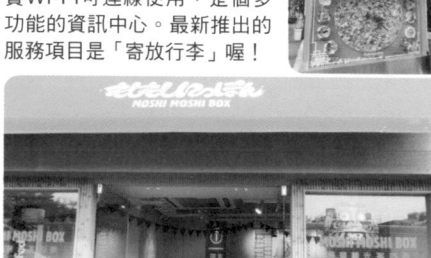

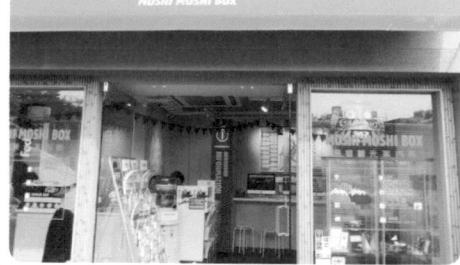

1.這片外觀造型特別的建築裡，藏著許多小巧服飾店(MAP P.249 / E6) / 2.裏原宿有許多新奇的生活雜貨商店 / 3.裏原宿以自創的品牌商店最好逛 / 4.有趣的塗鴉作品，是在巷弄逛街時最驚喜的遇見 / 5.日本潮流時裝品牌Beams的大本營就在原宿，各品牌系列全到位 / 6.這家Dr. Martens專門店有許多平時不常見的款式、顏色與花色(MAP P.249 / E6) / 7.Cat Street規畫得相當舒適，悠閒不吵雜

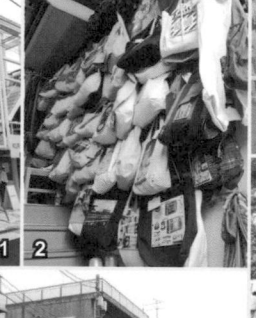

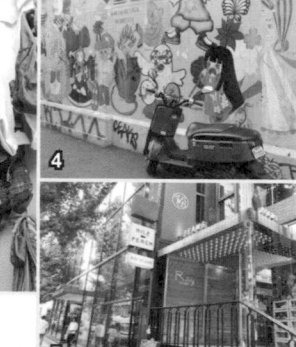

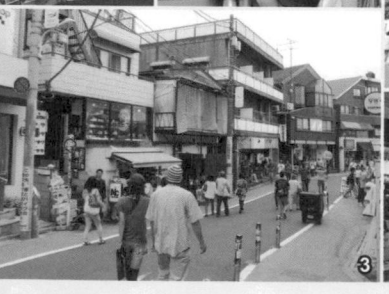

Happy Socks

🛍 P.251 / A6 ✉ 澀谷區神宮前4-26-3 📞 03-6438-9638 🕐 11:00～20:00 🈺 無休 🌐 www.happysocks.com/gl/conceptstores

　　來自北歐瑞典，在歐美相當受歡迎的襪子品牌Happy Socks，也來到東京開店囉！除了在新宿及丸之內設有百貨專櫃外，原宿店是Happy Socks在東京的第一家旗艦店。Happy Socks向來以鮮豔的色彩、俏皮的圖案打動消費者的心，很難讓人手空空地走出店外。除了買襪子以外，也有內褲可以和襪子搭配成套呢！

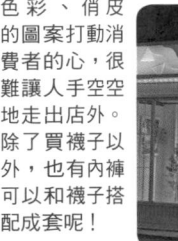

BOOKMARC

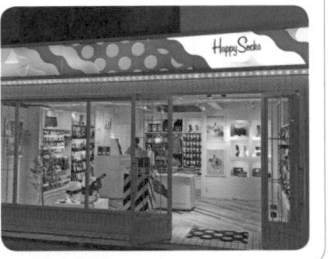

🛍 P.251 / A6 ✉ 澀谷區神宮前4-26-14 📞 03-5412-0351 🕐 11:00～20:00 🈺 無休 🌐 ja-jp.marcjacobs.com/#/ja-jp

　　這是Marc Jacobs的書店品牌，大都是藝術、設計、流行與攝影的書籍，店內也兼賣品牌風格的紀念禮品，售價不高的鑰匙圈、鋼珠筆、零錢包、化妝鏡、帆布袋等，都相當適合買來送給朋友，名牌加持，大方好看外，應該沒有人不喜歡。

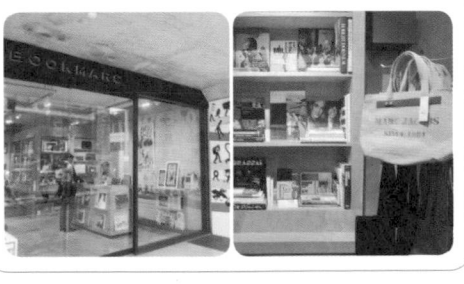

裏原宿 BEAMS Harajuku

🛍 P.249 / B6、C6 🕐 11:00～22:00 🈺 各店休日不一 🌐 www.beams.co.jp

　　要說哪個服飾品牌在這裡最大咖，那就非「BEAMS」莫屬了。光在這個區域就接連有Beams Boy、Ray Beams、Vermeerist Beams、Tokyo Cultuart by Beams、Beams、Beams+、Beams F、International Gallery Beams、Beams Records，與Beams T一口氣壯觀地排列開來，再加上另一個距離稍遠的Uniform Circus Beams，共有11個系列品牌分店，各有其風格與內涵。

　　其中最大的一家分店是集合國際時尚的「International Gallery Beams」、還有音樂經過Beams精選的唱片行「Beams Records」、結合書籍、藝術與文化的「Tokyo Cultuart by Beams」，與專門替企業、體育團體訂製制服商品的「Uniform Circus Beams」，這幾家都是只有在原宿才看得到的品牌系列。

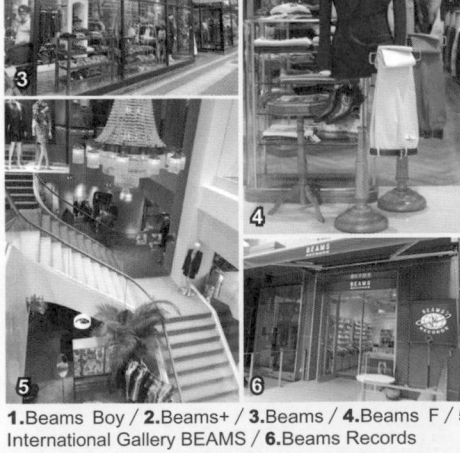

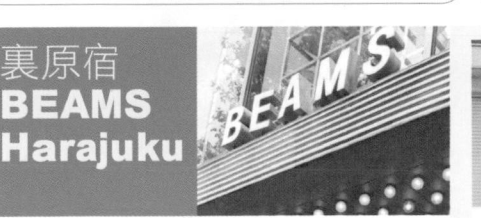

1.Beams Boy / **2.**Beams+ / **3.**Beams / **4.**Beams F / **5.**International Gallery BEAMS / **6.**Beams Records

　　要逛裏原宿，當然得從「BEAMS」逛起，一探這個時尚品牌為東京人所帶來的新靈感、新文化，以及新的時尚態度。

Craftholic

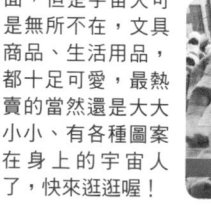
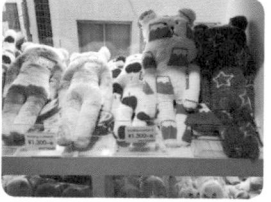

MAP P.249 / D6　⊠ 澀谷區神宮前3-23-6
☎ 03-6804-5674　◎ 11:30～ 20:00
休 無休　http www.craftholic.com

在台灣也非常紅的宇宙人，在原宿也有旗艦店囉！雖然只是一間小小的店面，但是宇宙人可是無所不在，文具商品、生活用品，都十足可愛，最熱賣的當然還是大大小小、有各種圖案在身上的宇宙人了，快來逛逛喔！

Spiral

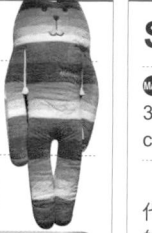

MAP P.249 / B7　⊠ 澀谷區神宮前3-27-17　☎ 03-3479-1262　◎ 12:00～20:00　休 無休　http spiral-toy.com

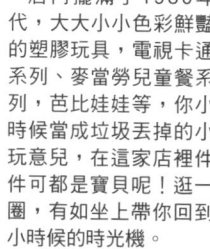

店內擺滿了1980年代，大大小小色彩鮮豔的塑膠玩具，電視卡通系列、麥當勞兒童餐系列、芭比娃娃等，你小時候當成垃圾丟掉的小玩意兒，在這家店裡件件可都是寶貝呢！逛一圈，有如坐上帶你回到小時候的時光機。

Aeropostale

MAP P.249 / E7　⊠ 澀谷區神宮前3-18-22　☎ 03-3404-5565　◎ 12:00～20:00　休 無休　http aeropostale.jp

美國著名的校園、戶外風格服飾品牌，在美國是年輕的平價服飾，不過到了日本，精緻度似乎提高了不少，售價也是向上攀升。日本店集合了許多不同品牌的商品，其中以鋪棉背心、登山短靴、登山背包、連帽外套等戶外穿著最為熱賣。

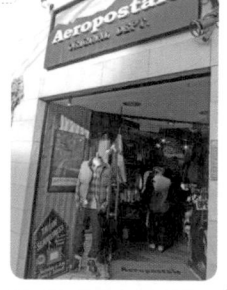

Erostika

MAP P.249 / D7　⊠ 澀谷區神宮前3-15-8　☎ 03-5775-0924　◎ 12:00～20:00　休 無休　http www.erostika.net

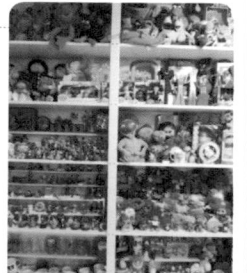

情色藝術家Rocking Jelly Bean的原創品牌，T恤為最暢銷的商品，也有帽子、鑰匙圈等，近年來也與玩具公司合作推出立體公仔。但最值得收藏的還是手工絹印的情色插畫海報，Erostika的商品售價不低，但相當受歡迎。

Tarock with Rico

MAP P.249 / D7　⊠ 澀谷區神宮前3-18-18　☎ 03-3479-7029　◎ 12:00～20:00　休 每月第三個週四　http tarocktokyo.tumblr.com

藏身於民家內的骨董二手服飾店，入口還位在車庫裡，還好路口擺有明顯的招牌。店裡所選購回來的，都是具有相當歷史的物品，二手衣、老照片、舊雜貨等，許多名牌的骨董衣這裡也看得到，物品狀況不算新，但就是有人偏愛這個味道。

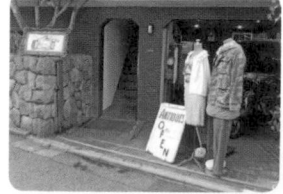

Nomadic Life Market

MAP P.249 / C6　⊠ 澀谷區神宮前3-21-1　☎ 03-3403-2772　◎ 12:00～20:00　休 無休　http www.nlm.tokyo

這是一間以戶外休閒品牌為主的選品店，除了有各種與露營、單車、健行等相關用品，店內也有不少知名品牌休閒服飾，不可錯過的還有北歐風格的生活雜貨用品、餐具等，以及Vintage的織品等，相當豐富。店內一角還附設了咖啡廳。

SOL & BeBe SOL

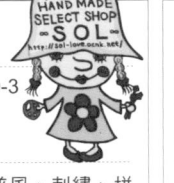

MAP P.249 / D7 ✉ 澀谷區神宮前3-20-3
☎ 090-6016-7335 🕐 11:30～20:30
休 不定休 http sol-love.ocnk.net

1970年代生活雜貨專門店，普普風、刺繡、拼貼、印花，還有鮮豔的顏色都是最大的特色，商品大都是特地從美國挖寶進來的二手商品，還有不少骨董丹寧褲、軍服、運動服等，也有手作的精美雜貨飾品，這個品牌也專營骨董GUCCI包的販售。

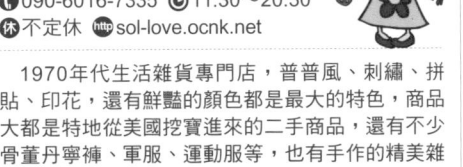

Aloha Lovers

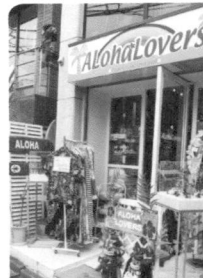

MAP P.249 / D7 ✉ 澀谷區神宮前3-20-5
☎ 03-3404-0801 🕐 12:00～20:00
休 不定休 http www.alohalovers.com

「阿囉哈！」這就是我逛到這家店時不經意喊出來的話！店內的生活雜貨、服飾、紀念品等，部分是直接從夏威夷進口來的，有些是經過設計生產的，但全部都充滿夏威夷風味，再加上店內播放的夏威夷風情音樂，跳草裙舞的樣子就立刻浮現在你眼前了。

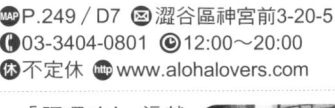

裏原宿 Design Festa Gallery

MAP P.249 / D7 ✉ 澀谷區神宮前3-20-18 ☎ 03-3479-1442 🕐 11:00～20:00 休 無休 💲 參觀免費
http www.designfestagallery.com

這個有著奇特外觀藝術的建築，是文創者最喜歡的地方，以黑色鋼管構成的立體牆面藝術，要叫你不去注意它都很難，唯一你能做的動作，就是移動你的雙腿，朝著它快步地往門內鑽進去，瞧瞧這個有趣的怪異空間裡，有哪些新奇的創作。

它其實是個開放的藝廊，沒有門、不用票，隨時歡迎你參觀新潮藝術家的最新創作。一間接著一間如小教室般的場地，除了會舉辦企劃展外，展場空間也開放給創作者出租使用，你可以用來辦個人畫展、音樂會，或販售創作商品、服裝等，甚至生活照都有人拿來展示呢！基本上只要是創作，都歡迎租用。若你有計畫辦個展覽兼販售，可上網查詢場地出租細則，邀個三五好友一起來計畫個不僅是吃喝玩樂的東京之旅喔！

藝廊有兩個出入口，但中間是個相通的開

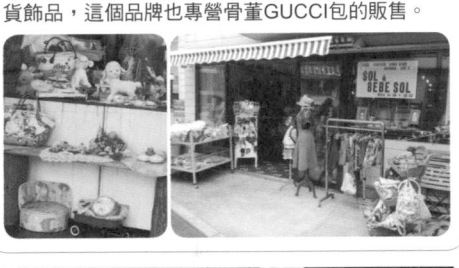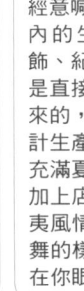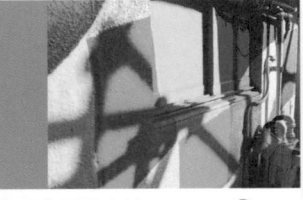

1、4.裡裡外外無處不藝術 / 2.藝廊裡也有咖啡餐廳 / 3.看看藝術家還邊展出還邊創作呢 / 5.展覽也可以擺成像個小商店般 / 6.搶眼詭異的外觀，太有吸引力了

放空間，還開有露天咖啡餐廳「DF Cafe」及大阪燒餐廳「櫻花亭」（さくら亭），週末假日這裡可是人潮洶湧呢！。

EDWIN

📍P.249 / D7 ✉渋谷區神宮前3-18-23 📞03-644
7-0330 🕐11:00～20:00 ㊡無休 http www.edwin.
co.jp

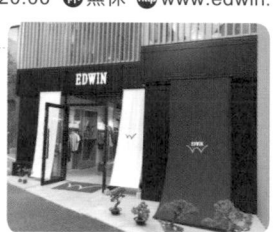

這是大家再熟悉
不過的牛仔褲品
牌，雖然沒有這麼
吸引人，但這家
原宿直營旗艦店不
逛太可惜。店內外
不但是以和風來裝
潢，還有歐州來的限定商品，最主要的是有許多以
舊牛仔褲來重新製作的牛仔褲，每一件都是獨一無
二，，而且是原宿店才買得到的獨家商品。

APC Underground

📍P.249 / E6 ✉渋谷區神宮前4-27-6(B1) 📞03-
5775-7216 🕐12:00～20:00 ㊡無休 http www.apc
jp.com

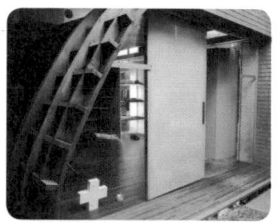

這家店不好找，
沒有明顯的招牌，
店面也開設在地下
室，一不留意就很
容易錯過。店內裝
潢相當前衛，山洞
形的入口，加上緣
廊、白石造景，有日本的禪味。APC是來自法國的
品牌，簡單的設計與色彩，相當實穿，因模特兒與
藝人的加持宣傳，多年下來成為搶眼的時尚品牌。

côte&ciel

📍P.249 / D7 ✉渋谷區神
宮前3-18-22 📞03-3475-
7030 🕐11:00～20:00 ㊡
無休 http www.coteetciel.jp

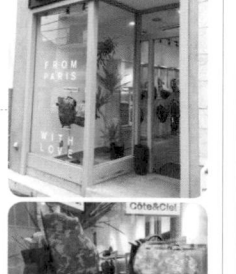

這個來自法國，原為以
攜帶APPLE商品所設計
的機能背包，是目前連在
台灣都很紅的品牌！容量
大、符合人體工學、設計
細節講究、造型新潮前
衛，正是它最大的賣點。
原宿店為東京第一家直營
展售店。

Head Porter

📍P.249 / D6 ✉渋谷區神宮前3-21-12 📞03-
5771-2621 🕐12:00～19:00 ㊡無休 http www.
headporter.co.jp

Head Porter是Por-
ter吉田包的副牌，
為裏原宿教父藤原浩
與吉田合作推出的品
牌。Head Porter除了
兼具Porter包的實用
性外，做工精緻、設
計款式也比Porter時

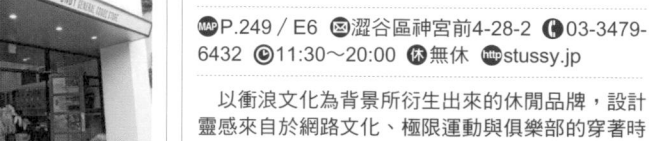
照片提供／魏國安

尚，除了大小包均販售外，也有推出少量的服裝及
飾品，渋谷最近也開了一家分店(📍P.230 / D1)。

UNBY

📍P.249 / D7 ✉渋谷區神
宮前3-18-23 📞03-6328-
0577 🕐11:00～20:00 ㊡
無休 http www.unby.jp

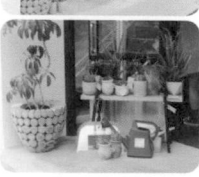

是一間以戶外、園藝、
露營、旅行用品為主的選
品店，精選各品牌適合店
內展售的精品，讓顧客買
到最適用的物品。店內的
Cordura Dobby背包相當
受歡迎，而露營用的餐
具、小物也是設計感十
足，可以好好選購。

Stussy

📍P.249 / E6 ✉渋谷區神宮前4-28-2 📞03-3479-
6432 🕐11:30～20:00 ㊡無休 http stussy.jp

以衝浪文化為背景所衍生出來的休閒品牌，設計
靈感來自於網路文化、極限運動與俱樂部的穿著時
尚，在口耳相傳下打開街頭潮流，成為時下年輕人
的熱門品牌，
尤其在東京特
別受到歡迎，
許多DJ、藝
人、滑板玩
家，年輕藝術
家等，都喜歡
穿這個品牌。

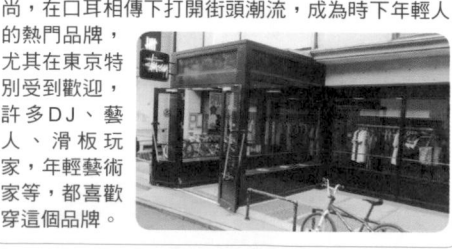

Bio Ojiyan Cafe

MAP P.249 / F6 ⊠ 澀谷區神宮前4-26-28 ☎ 03-3746-5990 ⏰ 11:00～22:00 休 不定休 $ 餐點¥1,000起,咖啡¥550 http mfs11.com/brand/bio-ojiyan-cafe-harajuku

在裏原宿小有名氣的咖啡餐廳,奇特如西班牙高第般的建築外觀,相當搶眼,內部採溫暖的木質裝潢,一旁兼售衣服及雜貨。提供的餐點大部分是日式,像是薑燒豬肉定食、納豆泡菜沙拉等。

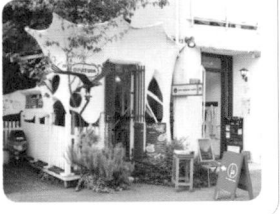

Candy Stripper

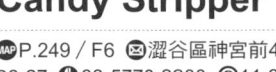

MAP P.249 / F6 ⊠ 澀谷區神宮前4-26-27 ☎ 03-5770-2200 ⏰ 11:00～20:00 休 不定休 http candystripper.jp

照片提供／魏國安

自1995年起就在裏原宿開店的在地老品牌之一,以鮮紅色的外觀搭配大大小小的銀色圓球,一直都是裏原宿的地標門面之一。Candy Stripper是由板橋及菊地兩位當時年僅20歲的少女所開創,以色彩繽紛的少女服飾,及可愛的龐克風格走紅。

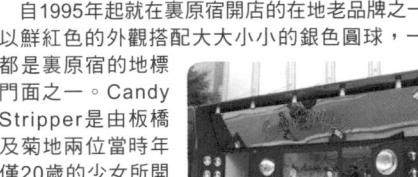

Chicago 二手服飾店

MAP P.249 / F6 ⊠ 澀谷區神宮前6-31-15 ☎ 03-5414-5107 ⏰ 11:00～20:00 休 無休 http www.chicago.co.jp

這間分店品項多、擺放整齊,可以仔細地選購,和服部門的選擇也相當多。但規模最大的一間是2017年12月重整後開幕的表參道店(MAP P.248／F4)。

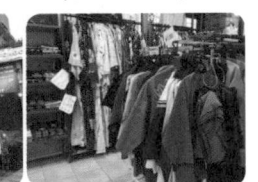

Polcadot

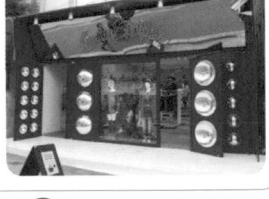

MAP P.249 / F6 ⊠ 澀谷區神宮前4-26-27 ☎ 03-3401-1971 ⏰ 10:30～21:00 休 不定休 http polcadot.com

要說哪家店的帽子最華麗,除了竹下通裡以鑲滿亮片勝出的「竹之子」外,這家可排名第二,不同的是,Polcadot以色彩鮮豔,圖案大膽的印花布取勝,搭配以亮片、花朵、蝴蝶結等做重點裝飾,讓帽子從配角變成了主角,來買一頂回家吧!

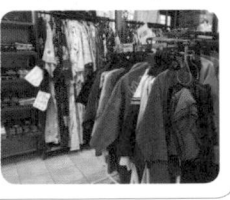

X-Large・X-Girl

MAP P.249 / F6 ⊠ 澀谷區神宮前4-25-29 ☎ 03-3475-5696 ⏰ 11:00～20:00 休 無休 http www.xlarge.jp、www.x-girl.jp

X-Large於1991年由設計師Adam Sliverman於加州好萊塢開店,到日本後獲得流行服裝界青睞,幾乎成為滑板族的街頭制服。副牌X-Girl創立於1994年,成為年輕女生的潮流指標之一。

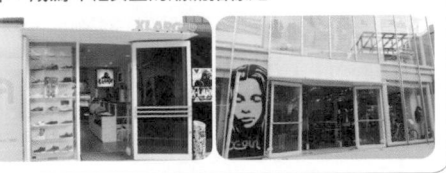

2nd Street 二手服飾店

MAP P.249 / E6 ⊠ 澀谷區神宮前4-26-4 ☎ 03-5772-3427 ⏰ 11:00～21:00 休 無休 http www.2ndstreet.jp

同樣是一家大型的二手服飾店,但外觀有如一般的服飾店,擺設比其他店家整齊、品相也佳,但價格稍微高一點,可以找到許多知名品牌的服飾。

Eggs'n Things

MAP P.249／F5 📧澀谷區神宮前4-30-2 📞03-5775-5735 🕐08:00～22:30(17:00後的時段可提前上網預約) 🈂不定休 💲餐點¥880～1,680，歐姆蛋Omeles¥930～1,350，蛋糕、鬆餅¥790～1,530，咖啡¥450 🌐www.eggsnthingsjapan.com

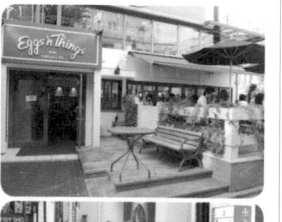

來自夏威夷的人氣餐廳，以全天候提供早餐「All Day Breakfast」的點子經營而受到當地人歡迎。2009年引進原宿，廣受饕客好評，每天排隊等位子的隊伍不斷，90％都是女性朋友呢！想吃點鹹的填飽肚子，臘腸

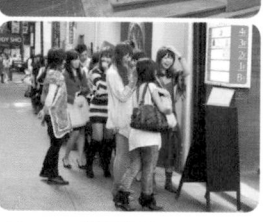

歐姆蛋(Sausage & Eggs，¥1,230)、培根菠菜班乃迪克蛋(Spinach & Bacon，¥1,450)都相當美味；若想吃甜的解解饞，草莓鮮奶油鬆餅(Strawberry Whip - Cream，¥1,080)是店內點餐率最高的一道餐點。

Marimekko

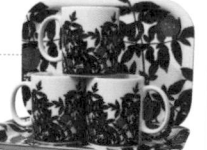

MAP P.251／A6 📧澀谷區神宮前4-25-18 📞03-5785-2571 🕐11:30～20:00 🈂無休 🌐www.marimekko.jp

照片提供／魏國安

引進自北歐芬蘭的布藝服飾品牌，以各種鮮豔又富童心的花卉、圓點圖案最為出名，商品包羅萬象，包括布匹、生活雜貨、沙發布套、寢具、文具、杯盤、服飾、書刊等居家生活用品。原宿店是在日本開設的首家Marimekko旗艦店，3個樓層的賣場，明亮寬敞，既然在日本開設分店，針對日本的特別設計或復刻紀念款，當然是不能夠缺席的。

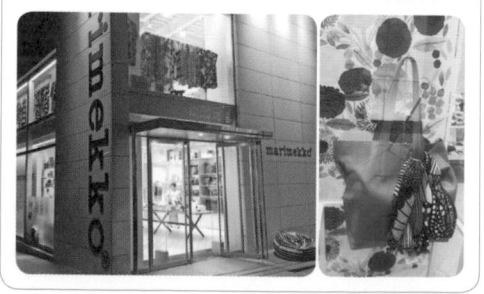

FENCH JAPAN

MAP P.251／A6 📧澀谷區神宮前4-26-22 📞03-6438-9568 🕐11:30～20:30 🈂無休 🌐fench.shop

店名FENCH(取自friendly、enjoy、new、culture、happy的頭一個字母而成)，以重製、再利用、減少浪費為品牌理念，店內的商品多是以全新或二手的古著牛仔褲、丹寧服，加上日本古布再行設計縫製而成，樸實的和風味道相當吸引人。同樣是丹寧服飾品牌，我推薦這一家店給大家。

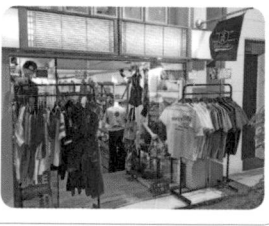

Onitsuka Tiger

MAP P.251／A6 📧澀谷區神宮前4-24-14 📞03-3405-6671 🕐11:00～21:00 🈂無休 🌐www.onitsukatiger.com

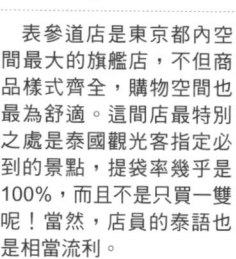

表參道店是東京都內空間最大的旗艦店，不但商品樣式齊全，購物空間也最為舒適。這間店最特別之處是泰國觀光客指定必到的景點，提袋率幾乎是100％，而且不是只買一雙呢！當然，店員的泰語也是相當流利。

IL Bisonte

MAP P.251／A7 📧澀谷區神宮前4-21-8 📞03-5786-0321 🕐11:30～20:00 🈂無休 🌐www.ilbisonte.jp

義大利高級皮件品牌，以粗獷、未經染色的野牛原皮色澤，最令人印象深刻，尤其是經過長期使用後所出現的豐富色澤層次，更表現出每件皮件的不同表情，這也是這個品牌最為人所喜愛的原因之一，其他如焦糖色、咖啡色，都是經典的顏色。

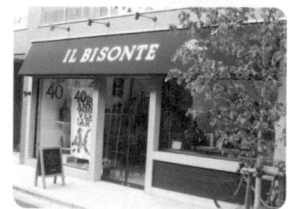

BAPE Store

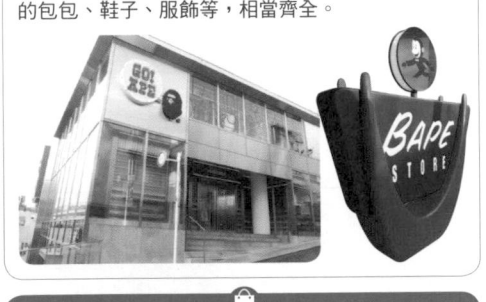

📍P.251／A7 ✉澀谷區神宮前4-21-5 ☎03-5474-8869 🕐11:00～20:00 ❌無休 🌐bape.com

　　1993年由裏原宿教父之一的長尾智明所創立，以電影《決戰猩球》(Planet of The Apes)猿人為品牌設計的概念，品牌名也是由此而來。Bathing Ape在剛推出時，並未受到廣大的歡迎，後來經過時裝媒體雜誌報導，加上木村拓哉在日劇裡有穿過，一夕之間聲勢暴漲，店外經常是大排長龍的盛況。

　　近年來，Bathing Ape在紐約、倫敦、香港及台灣都開有分店，成為一個舉足輕重的國際街頭服飾品牌，原宿表參道店於2008年開幕，商品包括正牌的包包、鞋子、服飾等，相當齊全。

Journal Standard

📍P.251／A5 ✉澀谷區神宮前6-7-1 ☎03-6418-7961 🕐11:00～20:00 ❌不定休 🌐journal-standard.jp

　　這間嶄新的店鋪是日本潮流大品牌Journal Standard的旗艦店，商品、品牌相當齊全，是喜歡簡約設計的朋友不能錯過的一家店。另外，位在表參道與舊澀谷川遊步道道口，也有另一個系列品牌Journal Standard Relume的店面(📍P.251／A5)，同樣相當受歡迎，而在另一個巷道裡，還有一個副牌Luxe的分店(📍P.251／C7)。

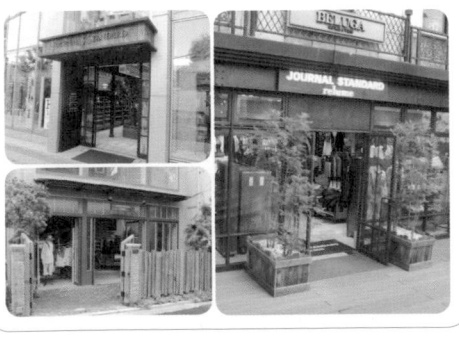

Addition Adelaide

📍P.251／B7 ✉澀谷區神宮前4-19-8 ☎03-5786-0157 🕐11:30～20:00 ❌無休 🌐www.adelaide-addition.com

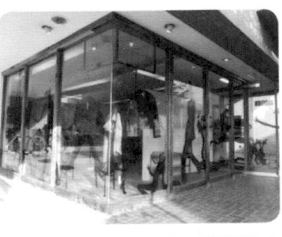

　　2002年開店，集合世界新興設計品牌，專門蒐集稀有價值高、且不受潮流影響的時裝，許多都是你未曾聽聞的牌子，特別的剪裁設計帶有藝術性。另一間姊妹店Adelaide(📍P.292／E3)，以「Art Museum」的型態重新開幕，展現時尚多方面的意識型態美。

Lanvin en Bleu

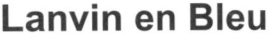

📍P.251／B5 ✉澀谷區神宮前6-1-3 ☎03-3486-5858 🕐11:00～20:00 ❌不定休 🌐www.lanvin-en-bleu.com

　　由法國高級時尚品牌Lanvin在日本所設立的男裝牌，延續Lanvin的優雅，但設計上更年輕、實穿，價格也比正牌低許多，而所生產的商品都是日本地區限定。近年來Lanvin en Bleu開始出現女裝系列，人氣上有超越男裝的氣勢，相當受歡迎。

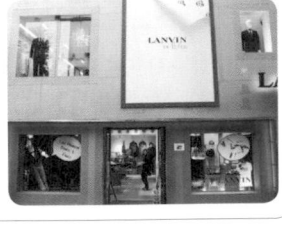

Luke's Lobster

📍P.251／B5 ✉澀谷區神宮前6-7-1 ☎03-5778-3747 🕐11:00～20:00 ❌不定休 💲龍蝦熱狗堡¥980起，飲料¥350起 🌐lukeslobster.jp

　　來自美國紐約受歡迎的龍蝦熱狗堡品牌Luke's，也悄悄地登陸日本囉！選在原宿開設日本1號店，小小的店面，可以品嘗到滿滿的龍蝦鮮味，老饕們再也不用特地飛到美國東岸囉！

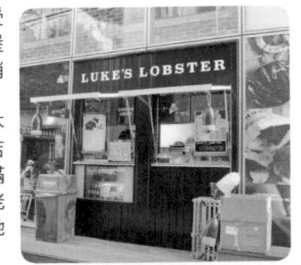

原宿餃子樓

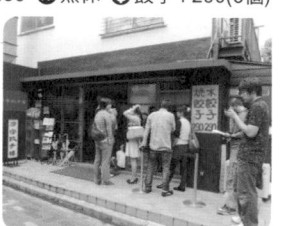

MAP P.251／B5 📧 澀谷區神宮前6-2-4 ☎03-3406-4743 🕐11:00～04:30 🈚無休 💲餃子￥290(6個)
蔬菜、白飯￥180

　　原宿最經濟划算的餐廳，菜單雖只有水餃、煎餃，及幾樣簡單的蔬菜，但單純的美味、低廉的用餐預算，吸引很多人來乖乖排隊等座位。當地人的點法不外乎：水餃+煎餃+白飯(附湯)，吃飽只要￥760，對於預算較緊的人來說，實在太划算了。

Very Berry Soup

MAP P.251／B5 📧 澀谷區神宮前6-7-16(2F) ☎03-6434-1437 🕐11:00～22:00 🈚週二 💲湯品￥480～1,380，義大利麵￥780 🌐www.soup-innovation.co.jp

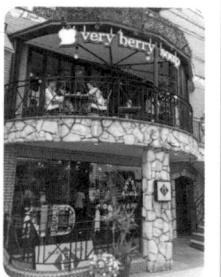

　　以各類湯品為主食的餐廳，總是頗受女性顧客的青睞，餐廳位在2樓，而戶外露台的座位是最搶手的。雖說是湯品，但碗裡的食材還真是不少，豐富有料，蔬菜湯、牛肉湯、海鮮湯等，選擇多達20種，也有推出每日特餐。

Number Sugar

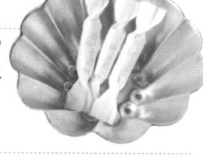

MAP P.251／C5 📧 澀谷區神宮前5-11-11 ☎03-6427-3334 🕐11:00～20:00 🈚週二 🌐www.numbersugar.jp

　　近來相當熱賣的手工焦糖牛奶糖專賣店，有時甚至提早完售關店，所以不要太晚去喔！牛奶糖共有十多種口味，全部以編號標示，小小一塊牛奶糖要價￥300，不算便宜，但禮盒包裝大方，適合買來當伴手禮送給重要的人。

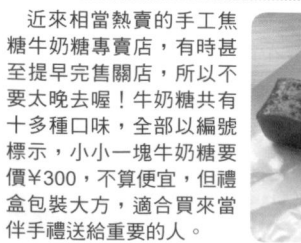

やいやい大阪燒

MAP P.250／C4 📧 澀谷區神宮前6-8-7 ☎03-3406-8181 🕐15:00～01:00(週末、假日12:00～23:00) 🈚無休 💲大阪燒￥880～2,500，鐵板麵Omeles￥880～1,300，小點￥280～880，甜點￥380 🌐www.opefac.com/yaiyai

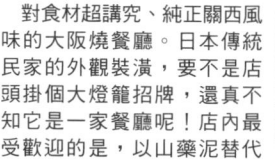

　　對食材超講究、純正關西風味的大阪燒餐廳。日本傳統民家的外觀裝潢，要不是店頭掛個大燈籠招牌，還真不知它是一家餐廳呢！店內最受歡迎的是，以山藥泥替代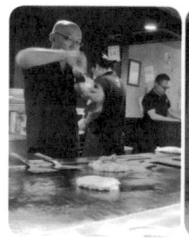麵粉的山藥燒(山芋燒き，￥1,480起)，及味道最正統以蔥與豬肉為主的大阪燒(まぜ燒き，￥880起)。店內雖然有包廂座位，但最佳的位置還是坐在鐵板前，欣賞師父為你煎燒的酷帥樣，只是夏天會很熱就是了；店裡有英文菜單可參考。

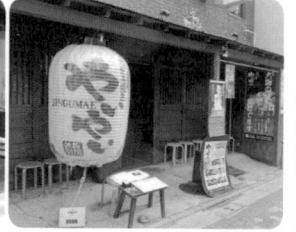

The Tintin Shop

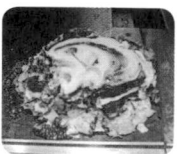

MAP P.251／C5 📧 澀谷區神宮前5-12-12 ☎03-5774-9905 🕐11:00～19:00 🈚無休 🌐www.tintin.co.jp

　　誕生於比利時的丁丁，在1999年落腳東京原宿，小小一間的直營專賣店，在店家搬遷多變的原宿，算是在地的老牌子了，店內除了書籍，許多原創的文具、禮品、T恤都值得購買，尤其是日本設計生產的限定品，可遇不可求，要趁機入手。

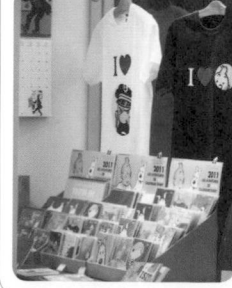
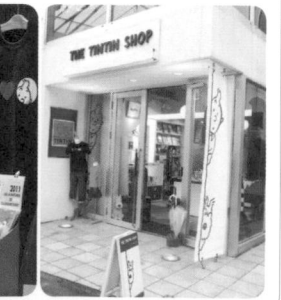

PYRO

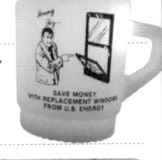

📍 P.251 / C5 ✉ 澀谷區神宮前6-7-11 ☎ 03-6427-7386 🕐 12:00～20:00 😴 不定休 🌐 pyromug.com

這間小店專營Fire-King馬克杯買賣，Fire-King生產於1942～1976年，以硼玻璃製作，質地堅硬、抗冷耐熱，2011年轉到日本重新生產。若是骨董、花樣又稀少的，售價通常頗高，剛入門的可考慮買價格較親切的新品。小店位在2樓，有點難找。

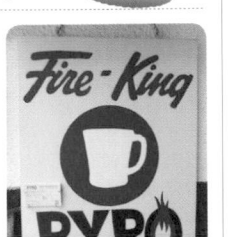

BURTON

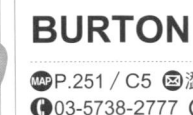

📍 P.251 / C5 ✉ 澀谷區神宮前5-17-4 ☎ 03-5738-2777 🕐 11:00～20:00 😴 不定休 🌐 burton-store.jp

BURTON是美國第一大滑雪用品品牌，專業級的配備裝束，均是使用頂級材質與精緻做工製造生產，不僅完全符合人體工學，設計上也是時髦多變，相當受到滑雪愛好者的支持。原宿店為東京旗艦店，明亮寬敞，雖不會滑雪也會想進去逛逛。

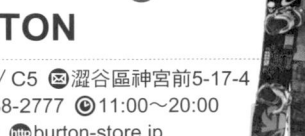

笑たこWara Tako

📍 P.251 / C5 ✉ 澀谷區神宮前5-11-3 ☎ 03-3406-4743 🕐 12:00～21:00 😴 無休 💲 章魚燒￥420～600(8個)，飲料￥100 🌐 waratako.com/wp

裏原宿最受歡迎的小吃攤，賣的就是簡單的章魚燒，搭配不同的配料，共有7種風味。小小的攤子總是人潮不斷，座位有限，所以大家都是買了站在一旁吃，外酥內稠、小心燙嘴喔！推薦明太子美奶滋(明太マヨネーズ)、煎蛋(オムたこ)口味。

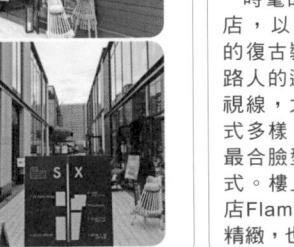

WISM

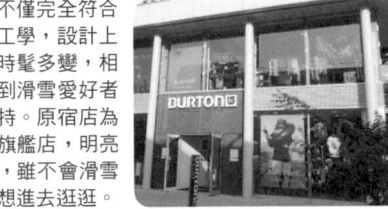

📍 P.250 / D4 ✉ 澀谷區神宮前5-17-20 ☎ 03-6418-5034 🕐 11:30～20:00 😴 無休 🌐 wism-tyo.jp

店名WISM是World Interest Souvenir Market的縮寫，以簡單、實用、有型的生活價值為商品精神，店內大部分商品也以適合單車族的穿著為考量設計，例如褲腳、鞋底、背包等，除了功能性也有好時尚。這家店也有租借單車服務喔！

Six Harajuku Terrace

📍 P.251 / D5 ✉ 澀谷區神宮前5-16-3 ☎ 🕐 😴 依店鋪而不同

2015年春天開幕的綜合型商場，有商店、餐廳等，優雅舒適、氣氛佳的空間，相當適合拍照，雖然店鋪數不是很多，但讓人逛起來舒適無比，其中「MSPC PRODUCT sort」以日本職人工藝為賣點，是我最喜歡的一家店。

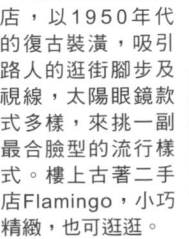

Paris Miki

📍 P.250 / C5 ✉ 澀谷區神宮前6-7-10 ☎ 03-6419-7315 🕐 11:00～20:00 😴 無休 🌐 store.paris-miki.co.jp

時髦的眼鏡專門店，以1950年代的復古裝潢，吸引路人的逛街腳步及視線，太陽眼鏡款式多樣，來挑一副最合臉型的流行樣式。樓上古著二手店Flamingo，小巧精緻，也可逛逛。

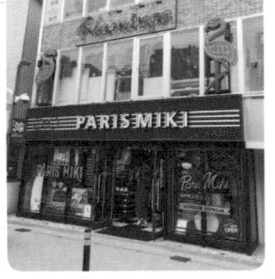

Denim & Supply

MAP P.250／D4 　☒ 澀谷區神宮前5-17-13　☎ 03-6438-5802　🕙 11:00～20:00　休 無休　http www.ralphlauren.co.jp

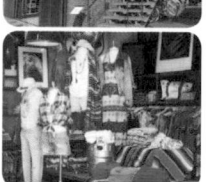

Ralph Lauren旗下的丹寧服飾品牌，款式設計好看得沒話說，任何一件你都會想要拿進試穿間，原宿店是日本第一間實體旗艦店鋪，3個樓層個有風景，不僅服飾時尚，連店鋪外觀也很搶眼。

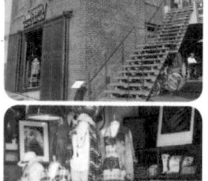

White Atelies

MAP P.250／D3　☒ 澀谷區神宮前6-15-5　☎ 03-5778-4170　🕙 11:00～20:00　休 不定休　http whiteatelier-by-converse.jp

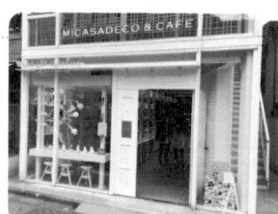

由Converse所開設的概念店，除了有最新的款式，東京限定款也只有這裡買得到。但這家店的重點，在於可以客製專屬的Converse球鞋，從選擇鞋面設計、增加文字、選鞋帶到加飾品，不多久時間後就能擁有一雙獨一無二的球鞋囉！但客製鞋只有一個款式，也只有白色。

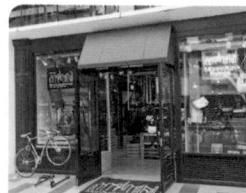

Champion

MAP P.250／D4　☒ 澀谷區神宮前6-14-6　☎ 03-5468-8451　🕙 11:00～20:00　休 不定休　http www.championusa.jp

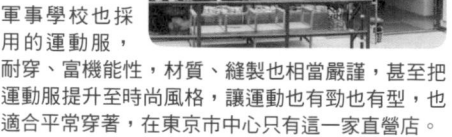

1919年誕生於美國紐約的運動服品牌，在美國幾乎是人手一件，連軍事學校也採用的運動服，耐穿、富機能性，材質、縫製也相當謹嚴，甚至把運動服提升至時尚風格，讓運動也有勁也有型，也適合平常穿著，在東京市中心只有這一家直營店。

Manhattan Portage

MAP P.250／E3　☒ 澀谷區神宮前5-27-8　☎ 03-6419-0025　🕙 12:00～20:00　休 無休　http www.manhattanportage.co.jp

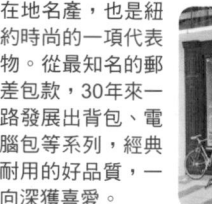

1980年代誕生於美國紐約的包包品牌，以曼哈頓摩天高樓天際線為logo，可以說是紐約的另一項在地名產，也是紐約時尚的一項代表物。從最知名的郵差包款，30年來一路發展出背包、電腦包等系列，經典耐用的好品質，一向深獲喜愛。

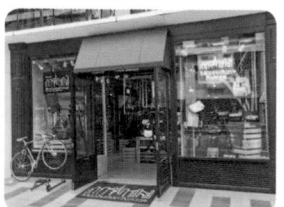

Psycho Bunny

MAP P.250／D3　☒ 澀谷區神宮前6-15-9　☎ 03-5485-0560　🕙 11:00～20:00　休 不定休　http www.psychobunny.jp/shop

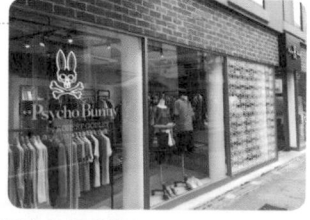

來自美國紐約，以休閒風格的服飾紅遍世界，Polo衫是它的招牌商品，純棉製作、款式簡潔時尚，是許多影體名人的愛牌之一。而品牌商品都會看到商標「骷髏兔」的刺繡標誌，雖然售價稍微高了些，但還是相當搶手。東京直營店只有這家。

Casselini

MAP P.250／E3　☒ 澀谷區神宮前5-27-8　☎ 03-3400-5584　🕙 12:00～20:00　休 不定休　http www.casselini.com

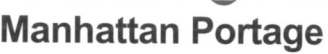

一家有南歐度假風格雜貨用品的品牌直營店，旗下共有4個系列品牌商品，以編織風格的包包、帽子、涼鞋最出色，搭配以緞帶、蕾絲、刺繡、流蘇等手感縫製點綴，設計上充滿各種新鮮趣味，風格別具，價格中上，頗值得選購。

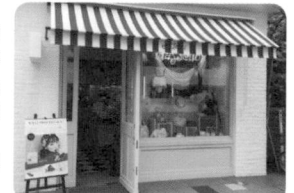

Patagonia

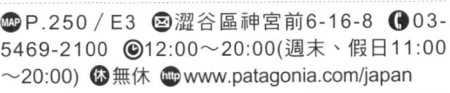

🗺️P.250／E3 ✉澀谷區神宮前6-16-8 ☎03-5469-2100 🕐12:00～20:00(週末、假日11:00～20:00) 🚫無休 🌐www.patagonia.com/japan

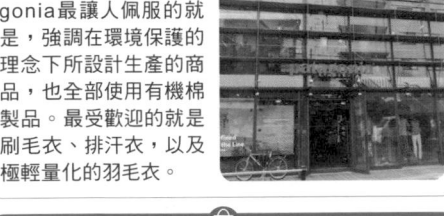

來自美國加州，以登山、攀岩專門而出名的服飾、用品店，Patagonia最讓人佩服的就是，強調在環境保護的理念下所設計生產的商品，也全部使用有機棉製品。最受歡迎的就是刷毛衣、排汗衣，以及極輕量化的羽毛衣。

Rainbow Spectrum

🗺️P.250／E2 ✉澀谷區神宮前5-29-1 ☎03-6450-5825 🕐11:00～20:00 🚫無休 🌐www.rainbowspectrum.com

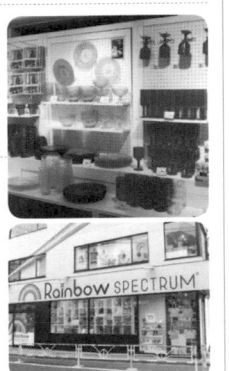

五彩繽紛的生活雜貨，就如同店名般，不僅實用、設計也相當有趣味，件件都讓人驚喜。店內商品大都是海外進口，但售價卻比原出口地還便宜，店鋪面積雖然不大，但商品數量可一點都不少。

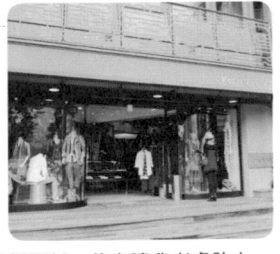

Japan Blue Jeans

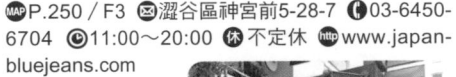

🗺️P.250／F3 ✉澀谷區神宮前5-28-7 ☎03-6450-6704 🕐11:00～20:00 🚫不定休 🌐www.japanbluejeans.com

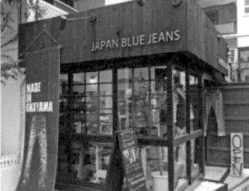

這個日本丹寧服飾品牌在台灣的潮流服飾圈裡相當知名，是行家衣櫃中必備的服飾，尤其是剪裁經典、染色適宜的牛仔褲，以及好穿百搭的丹寧外套，都是值得投資的紳士好物。千萬別錯過，因為比起在台灣購買，這裡的售價可是漂亮的很。

Royal Flash

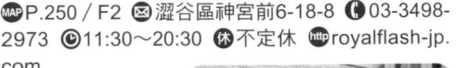

🗺️P.250／F2 ✉澀谷區神宮前6-18-8 ☎03-3498-2973 🕐11:30～20:30 🚫不定休 🌐royalflash-jp.com

屬於視覺系的潮流服飾品牌，設計、剪裁都相當特別，旗下有幾個系列品牌均採手工限定製作。搖滾、哥德或前衛的時尚風格兼具藝術價值，雖然值得收藏，但標價不低，著實讓我考慮許久，若你喜歡這個味道的服飾，歡迎前來試穿選購。

Lëluläätikkö

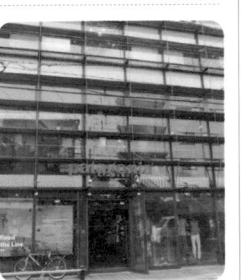

🗺️P.250／F2 ✉澀谷區神宮前5-29-12 ☎03-5469-2101 🕐12:00～20:00 🚫無休

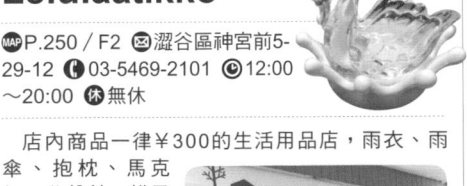

店內商品一律￥300的生活用品店，雨衣、雨傘、抱枕、馬克杯、收納箱、襪子等，沒錯，你看得到的都只要￥300而已，而且品質、設計都相當不錯，絕對好過百圓商店，不買一些回家太說不過去了。

Freshness Burger

🗺️P.250／F2 ✉澀谷區神宮前6-18-3 ☎03-5774-1525 🕐08:00～22:00 🚫無休 💲漢堡￥350起，飲料￥250起 🌐www.freshnessburger.co.jp

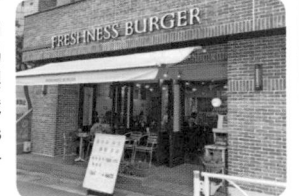

這一區逛到了尾聲，不妨坐下來好好休息一下，Freshness Burger是東京速食漢堡店裡，我吃過最滿意的，食材新鮮，也不過於油膩，連咖啡都好喝很多，尤其是酪梨漢堡，真是深得我心啊！Freshness Burger有相當多分店，各區域都有。

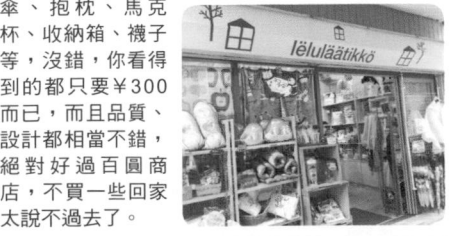

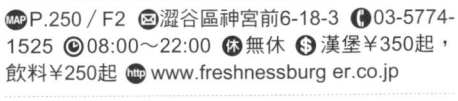

明治通

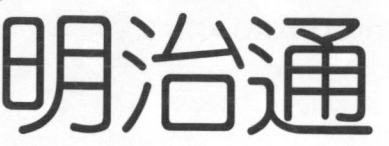

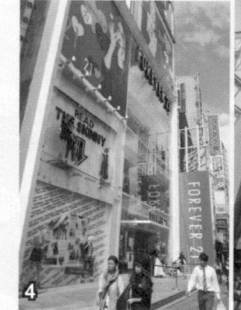

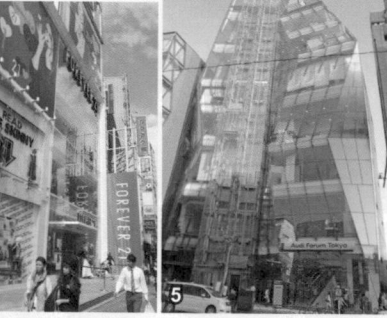

從Cat Street的小街道繞了出來，眼前就是車輛往來繁忙、舒適寬敞的明治通，其實若反方向再往下走一點，只要跨過JR鐵道就是澀谷鬧區囉！

明治通以國際品牌以及日本潮流品牌大型商店為主，Burberry、Paul Smith、The North Face、Hysteric Glamour等，都是人氣商店，「niko and .....」是家有趣的複合式商場，是來原宿必逛的重點商店。

此外，也有平價服飾店WEGO、H&M、Forever 21等，還有超便宜的二手服飾店Spinns、Chicago等，可大大採購一番。

1.明治通上多的是國際知名品牌的旗艦店／2.空間造型都很特別的小型商場「Q Plaze」／3.日本各大潮流品牌服飾店，在明治通上也都看得到／4.熱賣的國際平價流行品牌H&M、Forever 21的旗艦店也都位在明治通上／5.外型奇特的玻璃帷幕建築，是Audi汽車的展售中心／6.明治通上不是只有新大樓，這種小舊的老房子也部分被保留下來

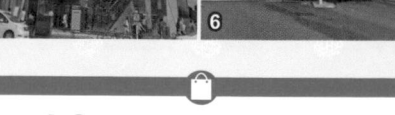

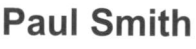

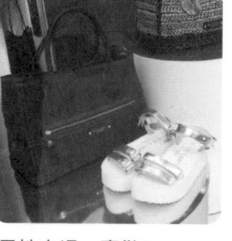

Blue Label Crestbridge

MAP P.250／E2　☒澀谷區神宮前6-18-12　☎03-3406-8681　🕐11:00～20:00　休不定休　http www.crestbridge.jp/s/b/bluelabel

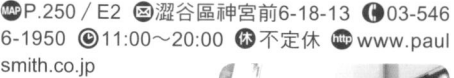

Crestbridge這個新品牌，是由原日本限定的藍標、黑標Burberry轉化而來，雖然改了名稱，但服飾精神與經典格紋幾乎仍完整保留，而且持續使用藍標與黑標的分別，只是藍標主打女裝，而黑標則是專供男性市場，喜歡Burberry風格的朋友不要錯過了，黑標(MAP P.250／E2)。

Paul Smith

MAP P.250／E2　☒澀谷區神宮前6-18-13　☎03-5466-1950　🕐11:00～20:00　休不定休　http www.paulsmith.co.jp

2個樓層的大型旗艦店，舒適的空間吸引相當多的PS粉絲來朝聖，1樓是日常時裝、2樓為西裝部門，但除了服裝、飾品外，還有一些骨董雜貨的陳列，是與其他分店較不一樣的部分，可說是博物館等級的Paul Smith。

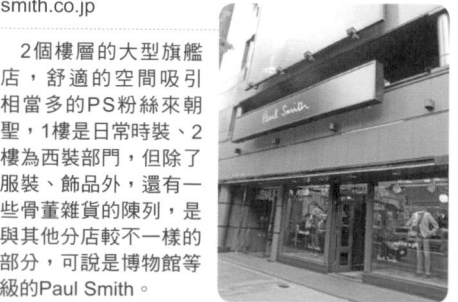

Hysteric Glamour

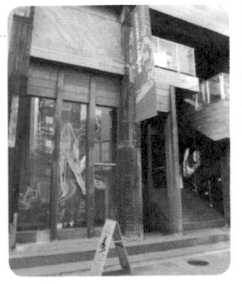

🅜 P.250／E2 ✉ 澀谷區神宮前6-23-2
☎ 03-3409-7227 🕐 11:00～20:00 休 無休 http ww
w.hystericglamour.jp

　　由北村信彥設計創立
的品牌，充滿1970年代
的美國搖滾嬉皮風潮，
性感圖像、霓虹燈、搖
滾音樂，都是品牌的標
準印象。服裝以牛仔褲
最受到推崇，也是最讓
女性朋友又愛又恨的單
品，深怕稍微胖了一點
就擠不進那條能讓你展現性感翹臀的牛仔褲。

Takeo Kikuchi

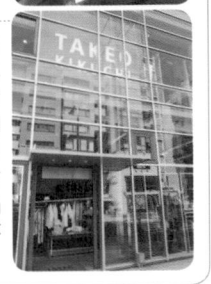

🅜 P.250／D2 ✉ 澀谷區神宮
前6-25-10 ☎ 03-5778-6255
🕐 11:00～20:00 休 無休 http
www.takeokikuchi.com

　　以年輕男性為客層對象的
休閒服飾品牌，從衣服、包
包、配件全部自己設計，實
穿又有流行感，滿足男性朋
友休閒兼具正式的穿著需
要，在日本、台灣都相當有
名氣。菊池武夫的任何時尚
單品都很好穿搭，帽子是不
可或缺的造型重點。

ABAHOUSE

🅜 P.250／D2 ✉ 澀谷區神宮前6-25-16 ☎ 03-546
6-5700 🕐 11:30～20:30 休 無休 http abahouse.co.jp

　　ABAHOUSE旗下的品牌多達十幾個，從衣服、
配件、鞋子等一手包辦設計與生產，向來也以個性

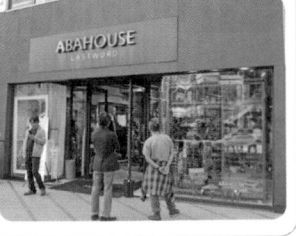

化的男裝擄獲日
本都會男性，時
尚的剪裁設計、
復古仿舊的質地
處理，都是這個
品牌最擅長的。
價位屬中等，是
男性上班族的最
佳選擇。

Design Tshirts Store Graniph

🅜 P.250／C3 ✉ 澀谷區神宮前6-12-17 ☎ 03-6419-3
053 🕐 11:00～20:00 休 無休 http www.graniph.com

　　潮流T恤的大品牌，與各藝術家合作的商品通常
引起話題與搶購，近年來也在台北開了海外分店。
以可愛、幽默的
圖案打開市場，
一件T恤的售價
約為¥2,100，
平價頗受年輕人
歡迎，比在台灣
購買稍便宜一
些。在許多商業
區都有分店。

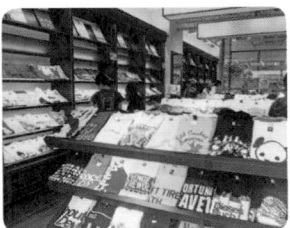

le coq sportif

🅜 P.250／E2 ✉ 澀谷區神宮前6-17-10 ☎ 03-64
18-0588 🕐 11:00～20:00 休 無休 http www.lecoq
sportif-jp.com

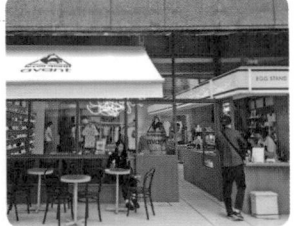

　　法國著名的運
動品牌，以具機
能性與流行性廣
受歡迎，旗下分
有高爾夫球系列
與運動系列，明
治通上的這間旗
艦店於2017年春
天重新開幕，店內空間更加時尚，還結合了咖啡吧
台，讓運動休閒服多了些許的文青風貌。

ASOKO

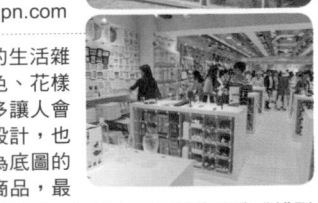

🅜 P.250／C3 ✉ 澀谷
區神宮前6-27-8 ☎ 03-
6427-9965 🕐 11:00
～20:00 休 不定休
http www.asoko-jpn.com

　　有北歐風味的生活雜
貨店，五顏六色、花樣
選擇多，有許多讓人會
心一笑的有趣設計，也
買得到以人頭為底圖的
商店獨家限定商品，最
主要的是一點都不貴。這間店曾在開幕時造成排隊
的熱潮，連新聞記者都來採訪排隊的民眾。

Override

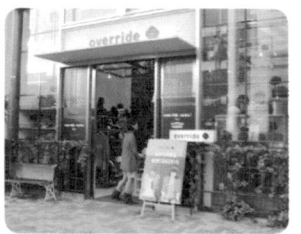

MAP P.250 / B4　✉澀谷區神宮
前6-29-3　📞03-5467-0047
🕐11:30～20:00　休無休　http www.ovr.jp

　　同樣是一家帽子專門店，帽型採經典的復古風
格，布料、素
材使用新穎，使
得帽款多了些新
鮮感，摩登不退
流行。品牌旗下
還分有好幾個帽
子品牌，各有特
長，歡迎試戴，
但小心拿取喔！

Q Plaza

MAP P.250 / C3　✉澀谷區神
宮前6-28-6　📞03-5469-66
61　🕐11:00～20:00　休無休
http www.q-plaza.jp/harajuku

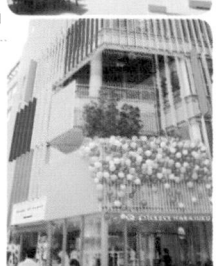

　　是一間空間開放式的綜
合商場，以女性為客層導
向，集合餐廳、商店、攝
影棚、SPA等。露天的
手扶電梯，交錯的階梯空
間，加上綠意盎然的樹林
庭院，或許你不用來這裡
購物，但值得特地來欣賞
設計突出的建築空間。

Barbour

MAP P.250 / D3　✉澀谷區神宮前6-17-15　📞03-645
0-5993　🕐11:00～20:00　休無休　http www.japan.
barbour.com

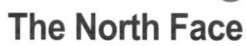

　　Barbour是英
國戶外生活服飾
的代表品牌，以
防水、防風、保
暖聞名。高機能
性的設計，從戰
時提供英軍著用
到1960年代廣受民眾的喜愛，以致今日甚至是潮牌
選品店爭相爭取的一個品牌，尤其是風衣外套，絕
對是時尚潮男衣櫃中不可或缺的一件。

The North Face

MAP P.250 / B4　✉澀谷區神
宮前6-10-9　📞03-5464-28
31　🕐11:00～20:00　休無
休　http www.goldwin.co.jp/tnf

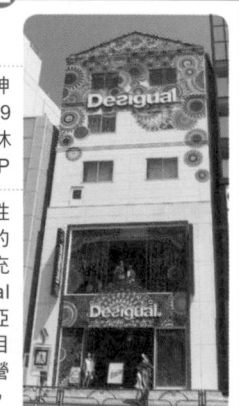

　　1966年以登山用品起
家的專賣店，以傑出的設
計與精良的品質，深受戶
外活動愛好者的喜愛，至
今已是一個國際大品牌。
從登山用品跨足滑雪、攀
岩、健行、慢跑等領域，
大小用品、服裝一應俱
全，在日本相當熱賣。

LeSportsac

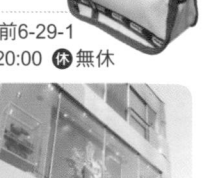

MAP P.250 / B4　✉澀谷區神宮前6-29-1
📞03-3407-4343　🕐11:00～20:00　休無休
http www.lesportsac.co.jp

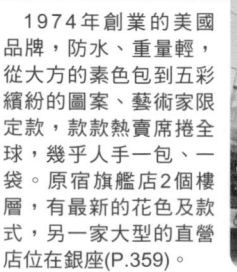

　　1974年創業的美國
品牌，防水、重量輕，
從大方的素色包到五彩
繽紛的圖案、藝術家限
定款，款款熱賣席捲全
球，幾乎人手一包、一
袋。原宿旗艦店2個樓
層，有最新的花色及款
式，另一家大型的直營
店位在銀座(P.359)。

Desigual

MAP P.250 / B4　✉澀谷區神
宮前6-10-8　📞03-5774-79
41　🕐11:00～21:00　休無休
http www.desigual.com/ja_JP

　　一個熱情、奔放的個性
潮流服飾品牌，就像它的
西班牙血統一樣，服裝充
滿陽光與歡樂。Desigual
在歐美相當有知名度，亞
洲市場起步較晚，東京目
前也僅有這一間實體直營
店鋪，花俏的門面裝飾，
很難讓人不去注意它。

Samantha Thavasa

📍P.250／B4 ✉澀谷區神宮前6-5-6 ☎03-5774-0666 🕙11:00～21:00 休無休 🌐www.samantha.co.jp

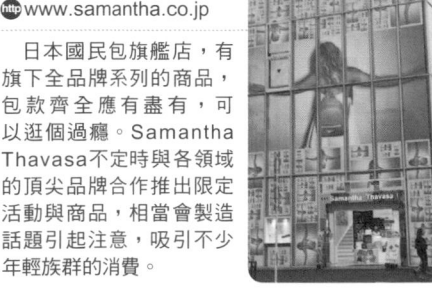

日本國民包旗艦店，有旗下全品牌系列的商品，包款齊全應有盡有，可以逛個癮。Samantha Thavasa不定時與各領域的頂尖品牌合作推出限定活動與商品，相當會製造話題引起注意，吸引不少年輕族群的消費。

Condomania

📍P.250／A4 ✉澀谷區神宮前6-30-1 ☎03-3797-6131 🕙11:00～21:30 休無休 🌐condomania.jp

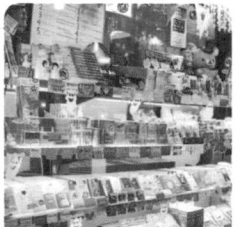

這家保險套專賣店在原宿已經是在地老牌子了，從1992年開始就站在這個現在最熱鬧的十字路口，是日本最早的保險套專賣店，也成為外國觀光客要造訪的觀光地標商店。店內百千款顏色、造型、口味不一的保險套商品，還開發出千奇百怪、新奇有趣的各種包裝。

Fligh 001

📍P.250／D2 ✉澀谷區神宮前6-17-11 ☎03-3486-7001 🕙11:00～20:00 休無休 🌐www.flight001.jp

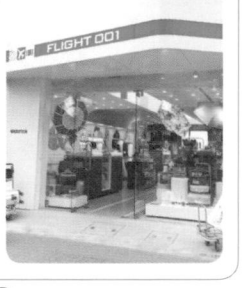

以航空旅行為主題的商店，當然，店內所有的商品都跟旅行有關，行李箱、收納包、購物袋、名牌、背包等，一應具全。不僅講求高功能性，美觀也同樣重要，顏色、花樣一點都不馬乎，一秒讓你變成文青旅行家。

明治通 Alice on Wednesday

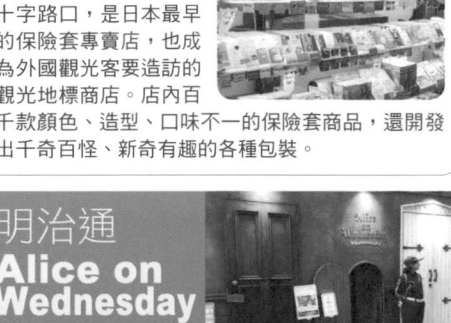

📍P.250／B3 ✉澀谷區神宮前6-28-3 ☎03-6427-9868 🕙11:00～20:00 休無休 🌐www.aliceonwednesday.jp

以愛麗絲夢遊仙境為主題的商店，首先得通過世界最小的店門，才能一窺仙境的奧秘。其實內部的空間並不大，3個樓層分別販售不同的商品，唯一相同的是樣樣可愛、件件想買，1樓「白色女王的廚房」有美味食品；2樓「紅心女王的裁判所」有可愛飾品；3樓「帽子屋的創作室」有衣服、提袋等。

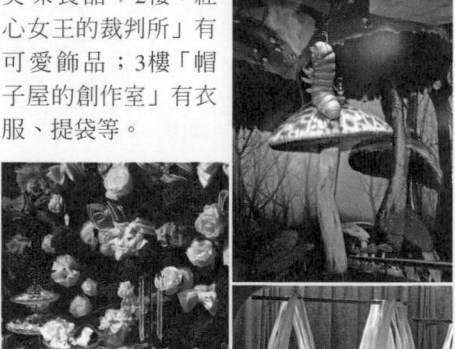

CPCM

📍P.250／C3 ✉澀谷區神宮前6-12-22 ☎03-3406-1104 🕙11:00～21:00 休無休 🌐cpcm-shop.com

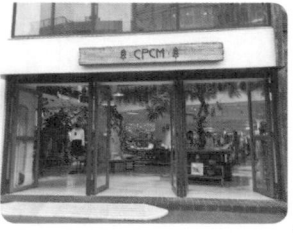

這家超精采的選品店，你絕對不能錯過，店內有許多你不曾聽過的品牌及沒見過的商品。1樓有日本職人製作的各種生活用品，及好看的服飾；2樓則有來自南美洲的各種收藏品及生活器物，有如到了博物館一般，每件物品都讓我端詳好久。

Johnbull Private Lebo

🗺P.250／B4　✉澀谷區神宮前6-10-11　📞03-379
7-3287　🕐11:30～20:00　休無休　🌐www.johnbull.
co.jp

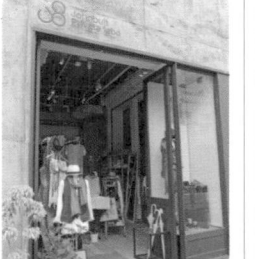

　Johnbull受到日本藝人穿著在電視上曝光，成為頗受注目的品牌，以牛仔服、軍裝風服飾詢問度最高。Private Lebo已加入其他國際品牌，使其完整度更高、更豐富，背心、西服、騎士皮衣、風衣都是值得投資的單品。

Spinns古著屋

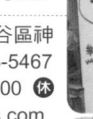
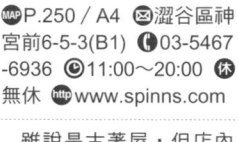

🗺P.250／A4　✉澀谷區神宮前6-5-3(B1)　📞03-5467
-6936　🕐11:00～20:00　休無休　🌐www.spinns.com

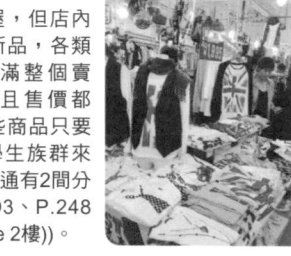
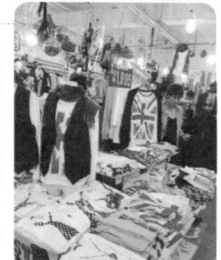

　雖說是古著屋，但店內商品幾乎都是新品，各類衣物、配件擺滿整個賣場，走道，而且售價都相當低廉，有些商品只要￥100，吸引學生族群來逛街購物；竹下通有2間分店(🗺P.248／D3、P.248／C4(Cute Cube 2樓))。

明治通
niko and ...

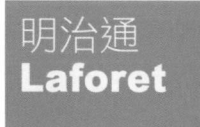

🗺P.250／C3　✉澀谷區神宮前6-12-20　📞03-5778-3304　🕐11:00～22:00　休無休　🌐www.dot-st.com/nikoand

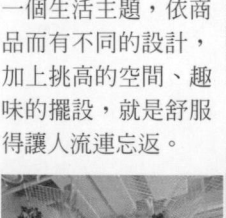

同樣是複合式商場，但niko and ...硬是比別人有趣多了，商品多樣、新鮮外，裝潢布置也與眾不同，有生活雜貨、露營用品、精選書籍、園藝用品、精緻服飾，還有咖啡廳與餐廳。最主要的是，每個角落都是一個生活主題，依商品而有不同的設計，加上挑高的空間、趣味的擺設，就是舒服得讓人流連忘返。

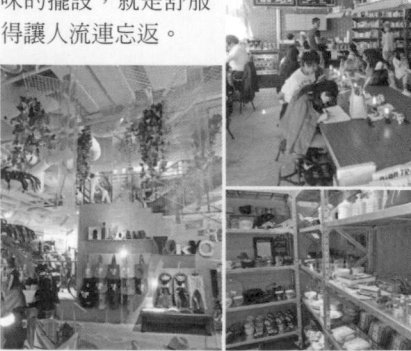
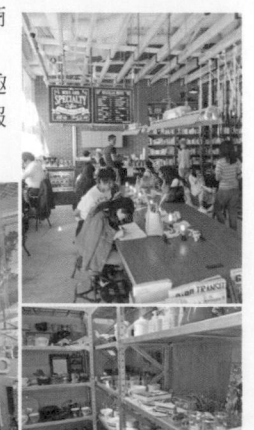

明治通
Laforet

🗺P.248／E4　✉澀谷區神宮前1-11-6　📞03-3475-0411　🕐11:00～21:00　休無休　🌐www.laforet.ne.jp

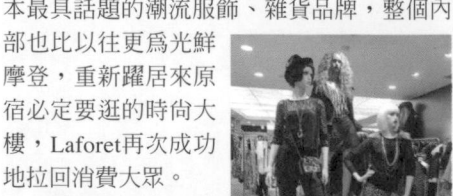

坐落在原宿最忙碌的十字路口，Laforet創業已經快30年了，一向是原宿的地標及年輕人購買潮流的集散地，曾以三線的品牌為主，近年來重新整頓，集合了重量級流行品牌，如Vivienne Westwood等，還有日本最具話題的潮流服飾、雜貨品牌，整個內部也比以往更為光鮮摩登，重新躍居來原宿必定要逛的時尚大樓，Laforet再次成功地拉回消費大眾。

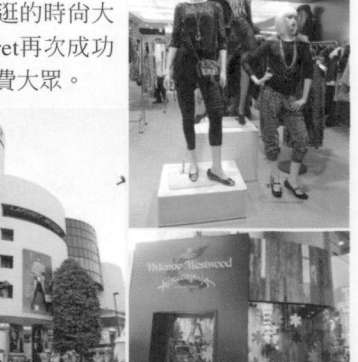

the SAD cafe

🗺 P.248／E4 ✉ 澀谷區神宮前1-9-12 ☎ 03-6804-5657 🕐 11:00～00:00 🈚 無休 💲 套餐￥1,000，甜點套餐￥750 🌐 www.sadcafe.com/about

開業近30年，是原宿地區的老店之一，以1970、1980年代的美國流行文化做裝潢擺設，相當有復古的味道。店內餐點也以美式風格為主，樸實不華麗，搭配店內的氣氛剛剛好，而用餐價格也頗為划算，特價套餐只要￥1,000。

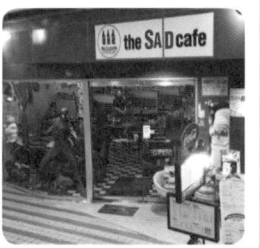

Sorama

🗺 P.248／E3 ✉ 澀谷區神宮前1-12-6 ☎ 03-3423-2370 🕐 09:30～19:00 🈚 週一、二，假日 💲 招牌咖啡￥500，抹茶拿鐵￥550，飛驒牛奶￥400 🌐 sorama.tokyo

若你想躲開人多吵雜的表參道、明治通，只想簡單地喝杯咖啡休息一下，建議你往巷子內走，這裡有間藝廊兼賣咖啡，小小的店面沒幾個座位，卻無比地安靜，叫人身心都輕鬆。

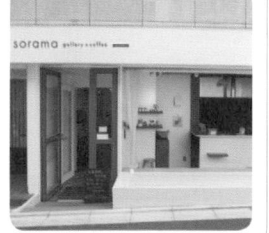

明治通 YM Square

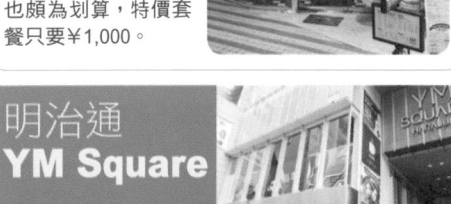

🗺 P.249／E5 ✉ 澀谷區神宮前4-31-10 ☎ 03-5785-2600 🈯 依各商店而不同 🈚 無休

這幢綜合商場大樓，自2001年落成就開始營業至今，集合餐廳、商店，曾因GAP旗艦店開設而風靡一時，不過隨著GAP搬家，光環也隨之暗了下來，被對街的Laforet、H&M、Forever 21旗艦店，搶盡風采。YM Square有大型商店adidas、I.T.'S. International，比較值得逛的是B1 KINJI的二手衣，以及3～4樓占地極廣的個性古著服飾店Hanjiro。

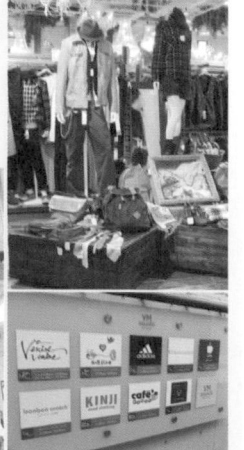

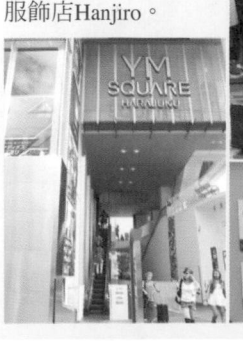

明治通 Tokyu Plaza

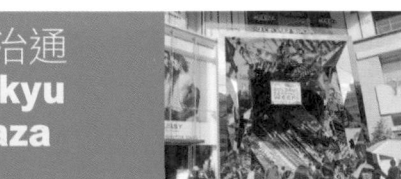

🗺 P.249／F5 ✉ 澀谷區神宮前4-30-3 ☎ 03-3497-0418 🈯 商店11:00～21:00，餐廳08:30～23:00 🈚 無休 🌐 omohara.tokyu-plaza.com

位於表參道與明治通的路口，是最顯眼的地標位置，這幢新型的綜合品牌商場，已經搶走不少風采，光入口的造型就非常吸睛，好比迪士尼樂園的設施般新奇有趣。進駐的店家也都是受歡迎的熱門品牌，也有國際大品牌American Eagle Outfitter、Tommy Hilfiger加持，是到原宿不能錯過的商場。

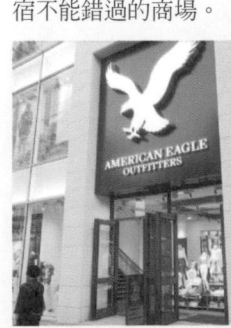

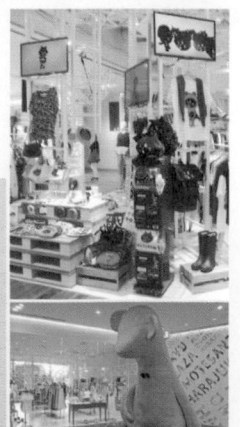

Super WEGO

📍P.249／D5　✉澀谷區神宮前6-5-3　📞03-3400-7625　🕙10:00～21:00　💺無休　🌐www.wego.jp/access/tokyo

以低價位的新品及二手衣，攻占日本年輕人的WEGO，分店越開越多，光在原宿地區就找得到5處。來自歐美、日本當地的二手衣，是年輕人搶購的目標，而WEGO也順勢推出自創性的品牌Lucy及Browny，是個相當有人氣的平價服飾品牌店。竹下通裡有2處，靠近車站的以精采的配件為主(📍P.248／B2)；靠近竹下通尾端的SoLaDo裡也有一家分店(見P.258)；而位在表參道與明治通路口的原宿本店，是經營最久的一家店(📍P.250／A4)；還有在My Square(見P.276)2樓也設有最新櫃位。

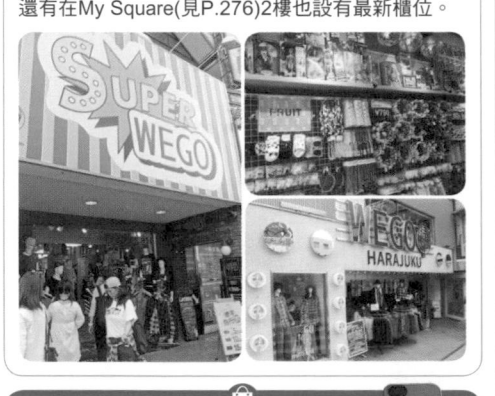

Line Friends Store

📍P.249／E5　✉澀谷區神宮前4-32-13　📞03-6434-0597　🕙10:00～21:00　💺無休　🌐fs.line.me/ja/harajuku

眾人喜愛的Line，在東京開設了第一間實體店面囉，多樣的Line商品供你選購，也可以跟個角色的塑像、與超大熊大布偶一起合照。

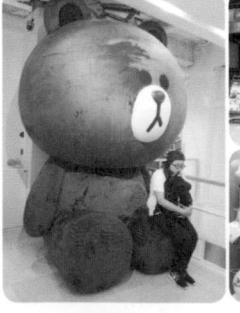
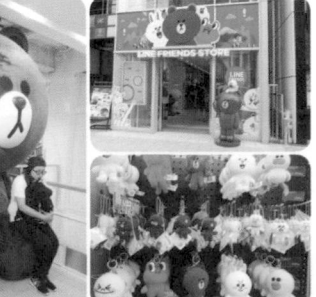

H&M

📍P.249／E5　✉澀谷區神宮前1-8-10　📞03-5413-3633　🕙10:00～21:00(週末至22:00)　💺無休　🌐www.hm.com/jp

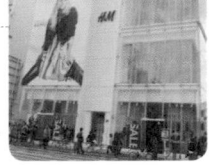

H&M原宿旗艦店占地相當大，商品種類最為齊全，也位在明治通上最熱鬧的地段，從竹下通出來右轉到了。H&M雖然打著低價流行的策略，物品還是得仔細挑，畢竟一分錢一分貨，一定要試穿與檢查瑕疵；也有推出較為高價的上班族系列服飾。

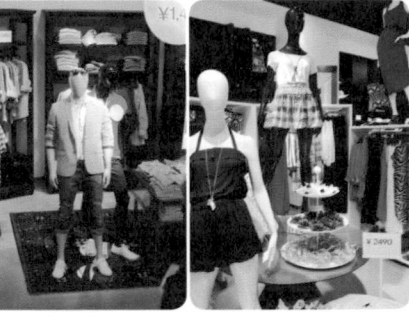
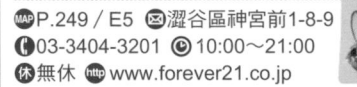
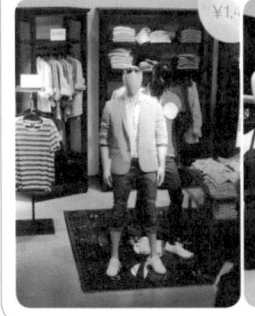

Forever 21

📍P.249／E5　✉澀谷區神宮前1-8-9　📞03-3404-3201　🕙10:00～21:00　💺無休　🌐www.forever21.co.jp

Forever 21在東京越開越多家，也越大間，原宿旗艦店你不要錯過了，雖然也有男裝系列，不過只占一個小樓層而已，女裝系列則多采多姿，內衣、飾品等分層別類，相當好逛，不過人潮任何時間總是爆多狀態。同樣是低價的時尚流行，Forever 21以飾品、配件最值得購買，便宜又好看。

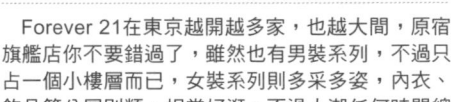
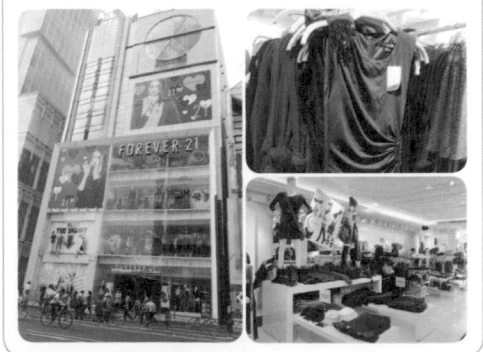

表參道

278

表參道是1920年創建明治神宮時所規畫興建的道路，透過神宮橋與明治神宮裏參道相連接，現今你看到的豪華規模，是二次大戰東京大空襲之後，從毀壞中重新再整頓新建出來的。

表參道不算長，從JR原宿車站延伸至青山通為止，4個線道的馬路，加上兩旁寬闊的人行道上，還種植了兩列高大的欅木，加上國際名牌商店林立，表參道也被曠稱為「東京的香榭里舍大道」。其中最出名的就是建築物本身精采過商店的「表參道之丘」，這個商場的開發帶動了國際品牌陸續進駐表參道，不到幾年時間已經是國際知名的購物大道之一，更是外國遊客來東京必定會造訪的旅遊勝地。

1.週末假日的表參道，人潮特別洶湧，黑壓壓一片，幾乎看不到地面／2.各名牌商店的櫥窗都值得駐足，雖買不起，但欣賞也是一種時尚態度／3.表參道之丘是最著名的綜合商場，建築設計比商店還精采／4.表參道是一條美麗的林蔭大道／5.NIKE旗艦店將商品展示得好比美術館一般，充滿藝術性

九州じゃんがら拉麺

MAP P.248／E3　涉谷區神宮前1-13-21　03-3404-5572　10:45～00:00　無休　拉麺￥700～1,000　http kyusyujangara.co.jp

原宿的表參道分店自1993年開店至今，店門外經常都有排著隊伍，等候座位品嘗拉麺的饕客，原宿分店分有1樓及2樓，店門口同樣是貼滿手寫風格的廣告菜單，相當熱鬧；九州じゃんがら在東京共有6家分店，秋葉原本店介紹請見P.342。

九州じゃんがら最受歡迎的拉麺，不外乎是與店同名的創店招牌拉麺「九州じゃんがら」（￥1,000），7種豐富的配料：紅燒扣肉、溫泉蛋、明太子、黑木耳、叉燒肉、筍乾與青蔥，視覺、口感與味道都是一流。夏天熱呼呼，不妨點碗加了開胃梅子的冷沾麺，降溫又清爽，或者來碗火熱的辣味拉麺「からぼん」，以熱治熱，大大出汗暢快一下。

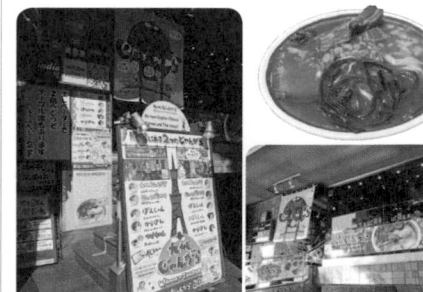

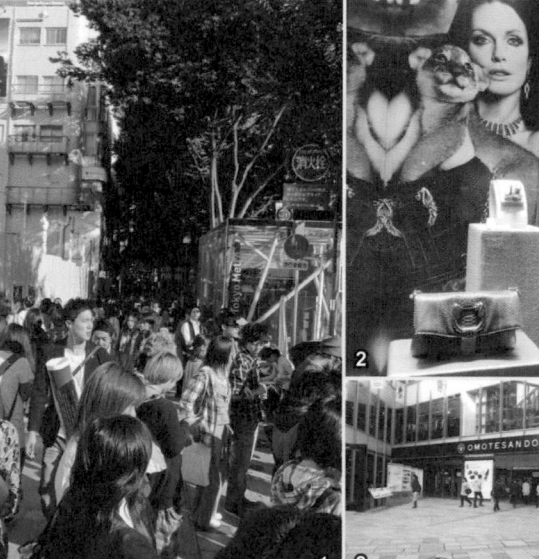

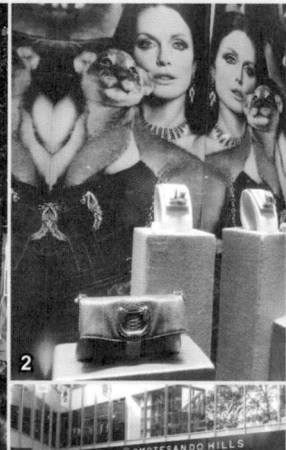

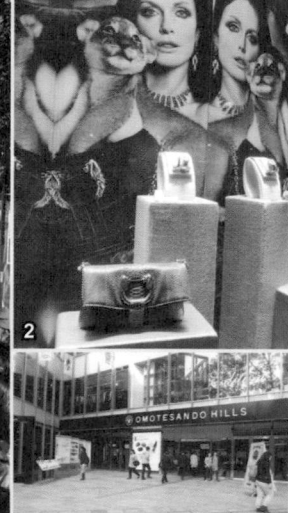

Pablo

MAP P.248 / D2 渋谷區神宮前1-14-21 03-3478-0826 10:00～21:00 不定休 切片起士塔￥500，飲料￥350起，爽淇淋￥350 www.pablo3.com

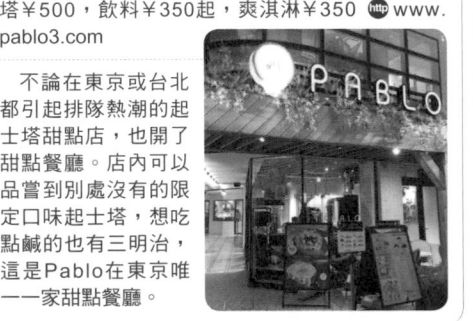

　不論在東京或台北都引起排隊熱潮的起士塔甜點店，也開了甜點餐廳。店內可以品嘗到別處沒有的限定口味起士塔，想吃點鹹的也有三明治，這是Pablo在東京唯一一家甜點餐廳。

Laura Ashley

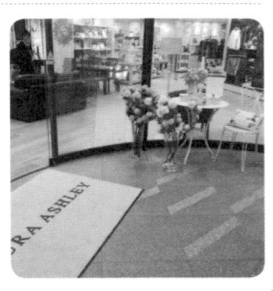

MAP P.248 / E3 渋谷區神宮前1-13-14(2F) 03-5772-6905 11:00～20:00 無休 www.laura-ashley.co.jp

　位在2樓的英國知名生活雜貨品牌，以鄉村印花風格為主，甚受日本人喜愛，商品種類相當多樣，居家生活用品、散發著英國鄉村風的寢具系列，或以獨家印花布所縫製的泰迪熊，都值得選購收藏。

Colombin

MAP P.248 / F4 渋谷區神宮前6-31-19 03-3400-3838 11:00～21:00 無休 www.colombin.co.jp

　1924年創業於銀座的老店鋪，近年來以「原宿卷」￥1,080重新引起話題，尤其是蜂蜜口味的原宿瑞士卷￥1,620，原料是採用自家頂樓的養蜂園，每日採現量販售，也可在店內用餐。

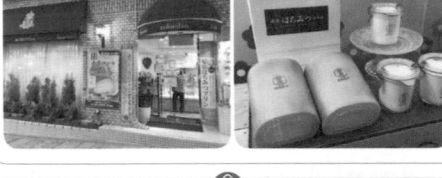

Candy Show Time

MAP P.248 / F3 渋谷區神宮前6-31-15 03-6418-5334 11:00～20:00 無休 candy-showtime.com/omotesando

　新潮的糖果店，販售的糖果都是店內手工現做的，不僅可邊選購邊欣賞製作過程，還可以試吃，相當熱鬧有趣，而且每個糖果都有獨特的圖案喔！

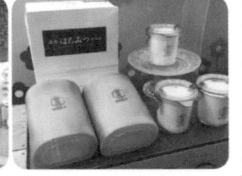

Garrett

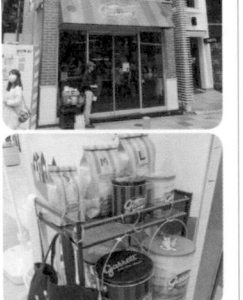

MAP P.248 / E2 渋谷區神宮前1-13-18 10:00～21:00 無休 jp.garrettpopcorn.com/accessinfo/harajuku

　熱度持續不減、來自美國的爆米花店，店門永遠排有長長的隊伍，等著進店裡買回一大桶又脆又甜的爆米花。7種會讓你上癮、一口接一口的神奇口味，各買一點來嘗嘗吧！

ZARA

MAP P.248 / F3 渋谷區神宮前6-31-17 03-5464-2100 11:00～20:00 無休 www.zara.com/jp

　ZARA原宿旗艦店，是東京市區裡面積最大的一家，挑高的天花板讓整個購物空間更寬廣舒服。位在表參道上的ZARA原宿店也是國外觀光客最多的一家，任何時候都是人潮，試穿、結帳都要排一下隊，就忍耐一下吧！

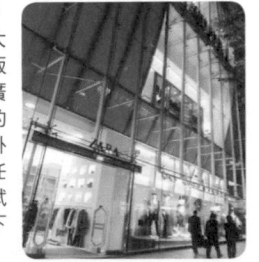

太田記念美術館

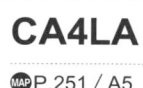
照片提供／鍾閩安

🗺 P.248／E4　📮 澁谷區神宮前1-10-10　☎ 03-340 3-0880　🕐 10:30～17:30　🈺 週一、年末年始、換展 期間　💲 企劃展￥700、特別展￥1000　🔗 www.uki yoe-ota-muse.jp

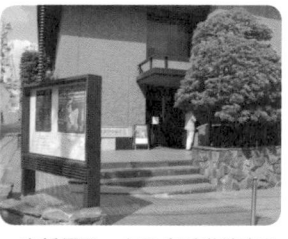

展示已故館長 太田先生生前所 收藏的上萬件浮 世繪作品，幾乎 每個月都會更新 展品，及舉辦特 展。館內1樓採 日式石頭庭園設計，安靜優雅，在眾多浮世繪畫作 中，以葛飾北齋及歌川廣重兩位的作品最出色。

Volks 天使之窗

🗺 P.248／D3　📮 澁谷區神宮前1-12-1　☎ 03-3401-3113　🕐 11:00～20:00　🈺 週三、每月第三個週二 🔗 www.volks.co.jp/jp/tenshinomado

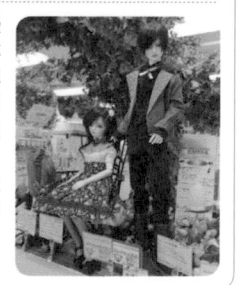

白色的歐風建築，浪漫 又夢幻，這裡就是日本 球體關節娃娃第一品牌 Volks在原宿的城堡。1 樓展示有最新推出的娃 款、配件；2樓是賣場， 可以購買、預訂娃娃、配 件；B1設有茶座以及舉辦 活動的空間，SD娃爸、 娃媽一定要來走走喔！

Ice Monster

🗺 P.250／A4　📮 澁谷區神宮前6-3-7　☎ 03-64 27-4100　🕐 11:00～21:00　🈺 無休　💲 鮮果冰磚 ￥1,010～1,550，爽淇淋￥550　🔗 ice-monster. co.jp

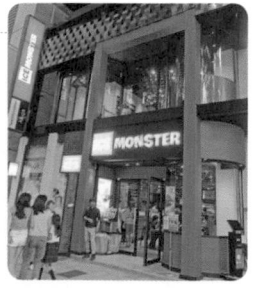

台北來的冰品店， 以水果剉冰迷倒日本 人，是日本旅客遊台 北必到的名店，若你 沒空到台北品嘗，直 接殺到表參道店吧， 有珍珠奶茶、芒果、草 莓等口味，還有日本 限定的烏龍茶剉冰。

CA4LA

🗺 P.251／A5　📮 澁谷區神宮前4-26 -18　☎ 03-3497-3163　🕐 11:00～20:00　🈺 無休 🔗 www.ca4la.com/shop/omotesando.html

開設在表參道上的旗艦店，價位從平民級到貴族 級的都有，材質、帽型種類相當多選擇，適合喜歡 用帽子作造型的朋友，也有藝術家的手工配件。

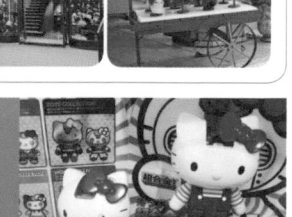

表參道 KIDDY LAND

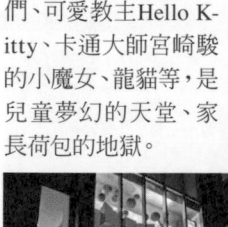

🗺 P.251／B5　📮 澁谷區神宮前6-1-9　☎ 03-3409-3431　🕐 10:30～21:00　🈺 無休　🔗 www.kiddyland. co.jp

即使沒來過原宿，也會知道這裡有一間玩 具百貨公司Kiddy Land；就算你已經是 原宿通，還是每次都會來逛個一趟，看看這次 又有哪些新奇有趣的新商品。Kiddy Land的 玩具，都是你我認識的造型角色，迪士尼眾星 們、可愛教主Hello K-itty、卡通大師宮崎駿 的小魔女、龍貓等，是 兒童夢幻的天堂、家 長荷包的地獄。

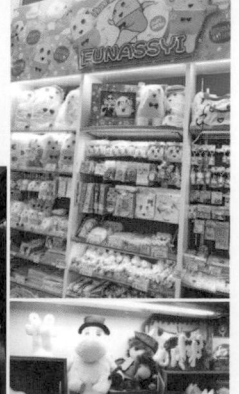

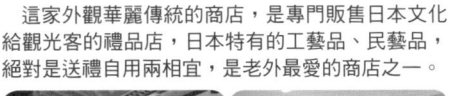

Oriental Bazaar

🛍 P.251／B6 ✉澀谷區神宮前5-9-13
📞03-3400-3933 🕐10:00～19:00
🈺週四 🌐www.orientalbazaar.co.jp

這家外觀華麗傳統的商店，是專門販售日本文化給觀光客的禮品店，日本特有的工藝品、民藝品，絕對是送禮自用兩相宜，是老外最愛的商店之一。

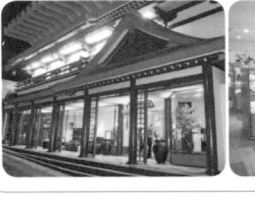

Bamboo

🍴 P.251／C6 ✉澀谷區神宮前5-8-8 📞03-3407-8427 🕐11:00～22:30 🈺無休 💲套餐￥6,000～12,000，單點主餐￥1,700～3,800 🌐www.bamboo.co.jp/omotesando

藏在安靜巷道內的玫瑰花園餐廳，從門口就可看見玫瑰花處處，浪漫極了，這裡可是貴婦們最喜愛的餐廳之一。餐廳裡同時也是婚禮與宴客會場，經常可以看見新人幸福的模樣。

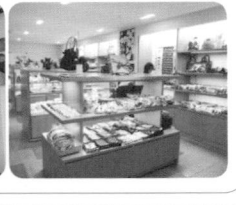

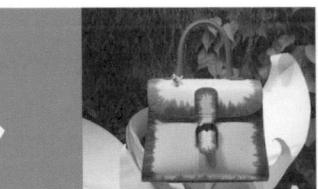

表參道 GYRE ジャイル

🛍 P.251／B5 ✉澀谷區神宮前5-10-1 📞03-3498-6990 🕐商店11:00～20:00，餐廳11:30～24:00 🈺不定休 🌐gyre-omotesando.com

表參道上最新的綜合百貨商場，就是這一幢有著新潮建築外觀的GYRE，提倡時尚態度、摩登生活、品味美食的精神，引進幾個國際知名時尚、生活品牌，規模雖遠不及對街的「表參道之丘」，但小巧精緻的路線，以及獨一無二的品牌經營，也在表參道上擁有一席重要地位。

其中以國際時尚品牌「Chanel」進駐1樓，是GYRE的時尚門面；也引進「川久保玲」的服裝、生活用品系列，進駐1、2樓的重要角落，絕對是必逛品牌。而GYRE裡最值得一逛的商店就是位在3樓的「MoMA Design Store」，這是紐約現代美術館在海外的唯一一間分店，你可以不用飛到紐約，也能在東京買到充滿現代設計風格精美的生活用品。

GYRE在B1、4樓、5樓，設有餐廳、麵包蛋糕店，可坐下來享用精緻的和食、西餐；或來杯香濃的咖啡，搭配美味麵包、蛋糕，優雅地休息一下。

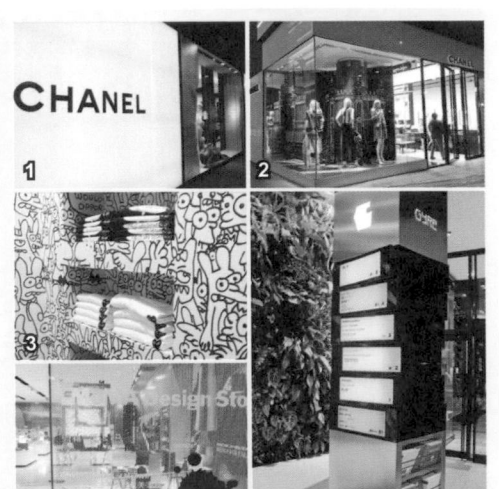

1、2.Chanel是GYRE最醒目、體面的鎮店之寶／3.GYRE近來也將日本國寶川久保玲納入它的重點品牌之一／4.引自紐約現代美術館的設計精品店，是GYRE的一項創舉／5.GYRE展現小巧精緻的百貨魅力／6、7.MoMA Design Store以富設計創意的家電、生活用品聞名

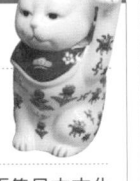

Dominique Ansel Bakery

🗺 P.251 / C7 ✉ 澀谷區神宮前5-7-14 📞 03-3486-1329 🕐 10:00～19:00 休 無休 💲 甜點￥320起、飲料￥370起 🌐 dominiqueanseljapan.com

紐約最熱門的名物之一「可頌甜甜圈」也展店到東京囉！這可是連你人在紐約也是不太有機會吃到的甜點，想品嘗，就要搶在開店時間就來卡位，第2家分店就開在銀座的三越百貨內(B2樓層)。

GLACIEL

🗺 P.251 / D7 ✉ 澀谷區神宮前5-2-23 📞 03-6427-4666 🕐 11:00～19:00 休 無休 💲 午餐(含飲料、甜點)￥2,400，單份冰淇淋￥440 🌐 www.glaciel.jp

躲在巷子裡的話題甜點店，蛋糕色彩繽紛、造型可愛華麗，吸引無數少女、OL、貴婦前來品嘗。1樓販售餅乾、果醬、義大利冰淇淋；2樓則是餐廳，午餐時段的單點餐點只要￥1,000喔，相當划算。

Yoshida 吉田包

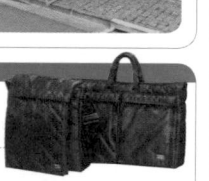

🗺 P.251 / D7 ✉ 澀谷區神宮前5-6-8 📞 03-5464-1766 🕐 12:00～20:00 休 不定休 🌐 www.yoshidakaban.com

日本國民包的旗艦店，幾乎包辦所有系列或與其他品牌合作的商品，款式選擇相當多，讓人一逛就很難空手踏出店門口，雖然台灣也有專賣店，但選擇上少了相當多，喜歡Porter的朋友一定要特地來逛一下。

Neal's Yard Remedies

🗺 P.251 / D8 ✉ 澀谷區神宮前5-1-17 📞 03-5778-3706 🕐 11:00～20:00 休 無休 🌐 www.nealsyard.co.jp

NYR是英國倫敦知名的精油香氛品牌，以自己種植的有機植物製造各種化妝品、乳液、精油等，無色素、香料、無基因改造材料，相當受到崇尚自然人士的推崇。NYR以防紫外線氧化的藍色玻璃瓶當作容器，最好辨認。

Gallarda Galante

🗺 P.251 / C8 ✉ 澀谷區神宮前5-2-2 📞 03-5766-1855 🕐 11:00～21:00 休 不定休 🌐 www.gallardagalante.com

有南歐陽光度假風景的女裝品牌，純淨、簡潔、幹練的風格，洋裝、外套、襯衫都好看，休閒、出遊都相當適合穿著，尤其以包包設計最受顧客青睞，款式、材質也相當多樣，值得徹底地逛個一圈。

GANZO

🗺 P.251 / D8 ✉ 澀谷區神宮前5-2-7 📞 03-5774-6830 🕐 11:00～20:00 休 每月第三個週二 🌐 www.ganzo.ne.jp

高品質的皮件品牌，少量的純手工商品，以簡約的設計、精湛的手工，獨特的皮革色澤與處理，打造出具有日本精神與風味的皮夾、包包等，件件都是精品，當然在售價上就不會太便宜，但絕對是值得投資的皮件，好看實用。

表參道
表參道之丘
Omotesando Hills

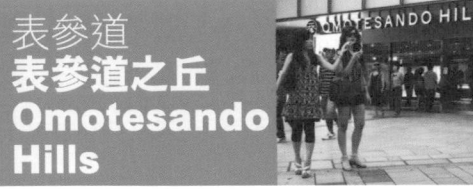

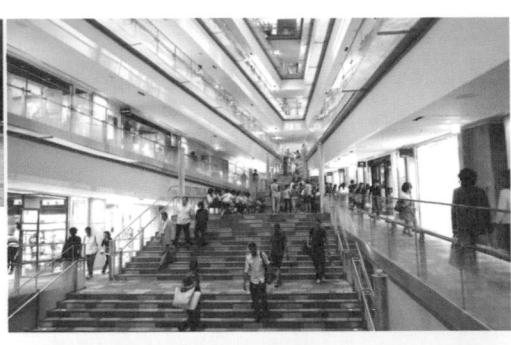

MAP P.251／B7 ⊠澀谷區神宮前4-12-10 ☎03-3
497-0310 ◎商店11:00～21:00，餐廳11:00～
23:30(週日均提早1小時關店) 休無休 http www.omo
tesandohills.com

(表參道Hills單元，照片提供／魏國安)

早年在表參道林蔭大道旁，有著一整排建自1927年，樓高3層的平房公寓「同潤會青山Apartment」，從住宅轉變成許多藝術家的工作室、個人設計品牌小店所在，路旁也多是素人手作品地攤，相當精采有趣。

直到2006年，由著名建築師「安藤忠雄」設計，以及由開發六本木之丘的「森ビル」集團投資200億日圓下，一個嶄新摩登的複合式商場「表參道之丘」，站上國際知名舞台。

表參道之丘分為西館、本館及同潤館，三者都是商場，以本館最值得參觀，繞著館內的長形迴廊步道，只要走上而下、由下至上跟著繞個5圈，就能一一看遍來自日本、世界各地的高級品牌，同時也集合相當多的餐廳。遊客來到原宿，都是特地要來逛一下表參道之丘。

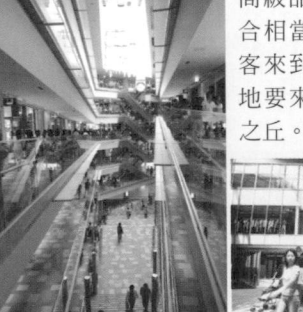

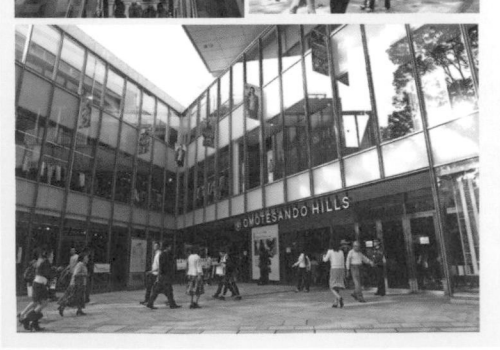

同潤館 Dojunkan

同潤館(**MAP** P.251／C8)就是表參道之丘的前身「同潤會青山Apartment」，是設計師特別保留下來的老公寓建築，展現新舊之間的文化融合。同潤館仍保留以往的形式經營，有商店、藝廊，1樓有美國知名的冰淇淋Ben & Jerry's。

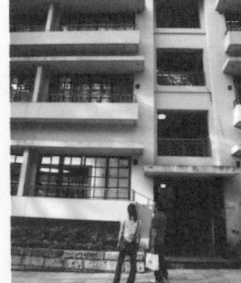

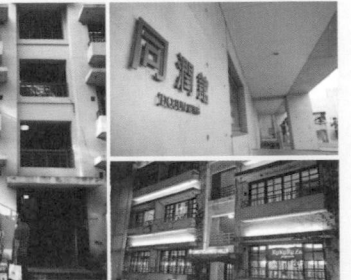

Ben & Jerry's

MAP P.251／C7 ⊠澀谷區神宮前4-12-10 ☎03-
5772-1724 ◎11:00～21:00 休無休 http www.
benjerry.jp

記得停下來嘗一嘗美國知名、口碑第一的冰淇淋，Ben & Jerry's向來以口味奇特、種類特多而聞名，來這裡當然要吃日本限定的特殊口味囉！

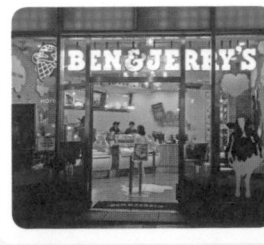

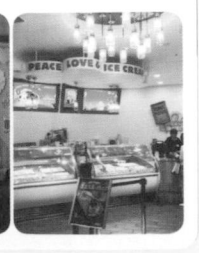

IBIZA

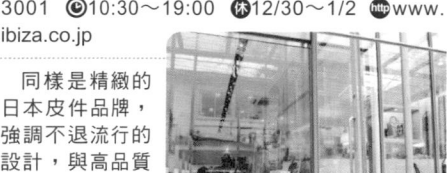

🗺P.251／D8 ✉港區北青山3-8-18 ☎03-3400-3001 🕙10:30～19:00 🚫12/30～1/2 🌐www.ibiza.co.jp

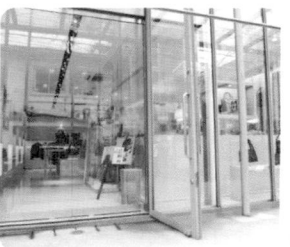

　同樣是精緻的日本皮件品牌，強調不退流行的設計，與高品質的皮料、做工，一律都是日本國產，輕量、機能性強的設計，造型也大方好看。表參道店店內設有皮件製作工房，可以一窺IBIZA製作包包的用心與巧思。

Issey Miyake✕United Nude

🗺P.251／D8 ✉澀谷區神宮前5-2-14 ☎03-6380-6385 🕙11:30～20:00 🚫無休 🌐www.united-nude.com/limited-edition/issey-miyake.html

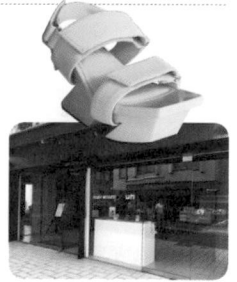

　由三宅一生與United Nude聯手設計發表的聯名鞋款，此系列Wrap鞋款的概念來自於三宅一生整片材料包覆的概念；而Rock涼鞋的靈感則來自於日本的傳統木屐。不論在結構設計或色彩運用上，都充滿了前衛的個性。

Crayon House

🗺P.251／E8 ✉港區北青山3-8-15 ☎03-3406-6308 🕙書店11:00～19:00，餐廳11:00～23:00 🚫無休 🌐www.crayonhouse.co.jp

　一家以童書為主的書店，3個樓層滿滿都是童書、玩具，還很貼心地設有哺乳室；B1還設有餐廳，以及有機蔬菜市場，經營方式相當特別。

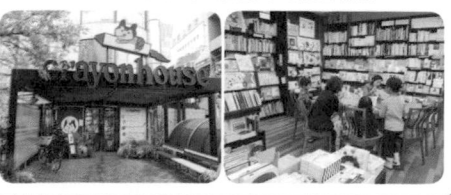

HP DECO

🗺P.251／D7 ✉澀谷區神宮前5-2-11 ☎03-3406-0313 🕙11:00～19:30 🚫不定休 🌐www.hpdeco.com

　充滿藝術氣息的生活用品選品店，有古物有新品，從家具、餐具到文具小物，件件精緻，尤其是蛋糕造型的蠟燭，惟妙惟肖到令人想一口咬下。

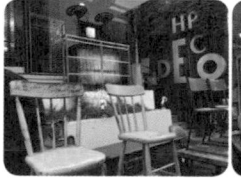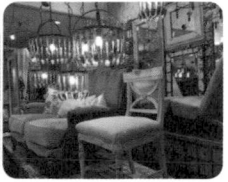

Anniversaire Café

🗺P.292／B3 ✉港區北青山3-5-30 ☎03-5411-5988 🕙11:00～23:00(週末、假日09:00～23:00) 🚫無休 💲午餐套餐￥1,500起，甜點飲料套餐￥1,300起，晚餐約￥2,000～3,500 🌐cafe.anniversaire.co.jp

　散步在歐洲時尚品牌接連的表參道上，過了表參道之丘後，會發現一整幢樓高5層的歐風建築，其實這是一家婚禮顧問公司總部，經營層面相當多，其中以位在1樓的露天咖啡廳最引人注意。歐洲拱廊、藤椅洋傘，加上午後陽光及綠色林蔭，巴黎優雅街景立即浮現眼前，香濃咖啡香隨風飄來，讓人不立刻坐下來欣賞一下，穿著入時的帥哥美女往來的風景都不行。Anniversaire Café幾乎整天都是下午茶時間，每天都會推出特製的蛋糕、布丁甜點，而中午或晚餐時段也有提供美味餐點，搭配免費的悠閒街景，可以說是經濟實惠。

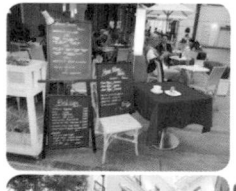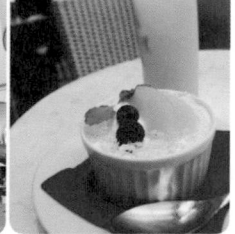

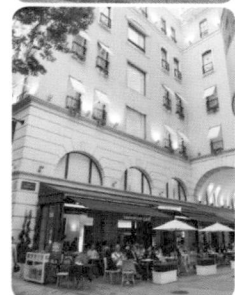

夏野・小夏

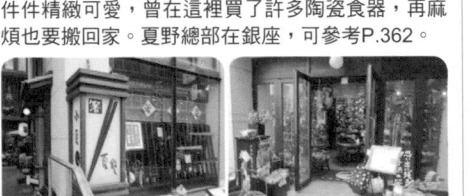

MAP P.292 / B3　✉ 澀谷區神宮前4-2-17　☎ 03-3403-6033　🕐 10:00～20:00　休 無休　http www.e-ohashi.com

筷子、筷架、和風食器專賣店，千百款式。夏野以成人使用、送禮為主，小夏則是專為兒童開設，件件精緻可愛，曾在這裡買了許多陶瓷食器，再麻煩也要搬回家。夏野總部在銀座，可參考P.362。

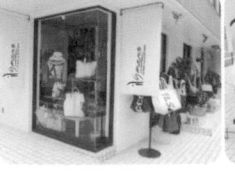
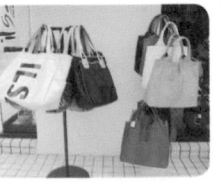

Flying Tiger

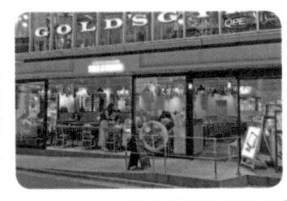

MAP P.292 / A3　✉ 澀谷區神宮前4-3-2　☎ 03-6804-5723　🕐 11:00～20:00　休 無休　http www.flyingtiger.jp

日本崇尚簡單優雅的北歐風雜貨，這家同樣是來自丹麥的生活用品店，以平價的高質感，搶進日本人的生活風格，件件好用、件件便宜。

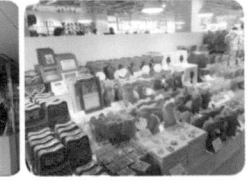
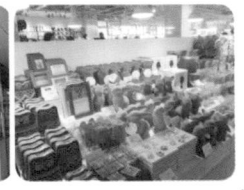

ilsacco

MAP P.292 / A2　✉ 澀谷區神宮前4-4-9　☎ 03-3478-0772　🕐 11:00～20:00　休 不定休　http www.ilsacco.jp

精緻的皮件店，平易近人的擺設方式，有許多義大利進口的高級皮件，不論是托特包、公事包、晚宴包或零錢包，設計大方實用，高級感不輸給名牌包，售價也相當平實，店頭有推出許多特價包款。

Afternoon Tea

MAP P.292 / A2　✉ 澀谷區神宮前4-3-2　☎ 03-6447-1411　🕐 09:00～22:00　休 無休　💲 蛋糕￥660起，法式土司￥1,080起，飲料￥460起　http www.afternoon-tea.net/tearoom/love-and-table

Love & Table以爭取女性客源為主，甜點的擺飾都以成熟可愛風貌呈現，開動之前絕對要拍照。推薦它的花草奶茶，奶茶裡浸泡著美麗的花草香料，風味相當好。這裡提供的餐點中也是有滿滿的生菜，頗受上班族女性喜愛。

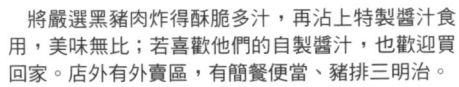

とんかつまい泉 Maisen

MAP P.292 / B2　✉ 澀谷區神宮前4-8-5　☎ 0120-428-485　🕐 11:00～22:45　休 無休　💲 炸豬排丼￥1,630 黑豬肉炸豬排餐￥3,100起　http mai-sen.com

將嚴選黑豬肉炸得酥脆多汁，再沾上特製醬汁食用，美味無比；若喜歡他們的自製醬汁，也歡迎買回家。店外有外賣區，有簡餐便當、豬排三明治。

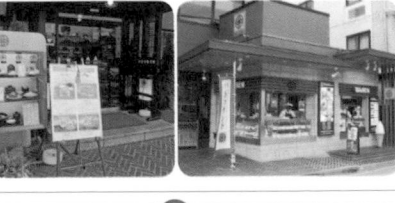
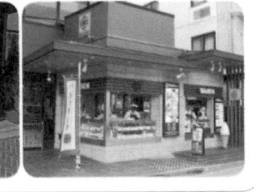

Heart Bread Antique

MAP P.292 / B2　✉ 澀谷區神宮前4-8-2　☎ 03-6721-0417　🕐 09:30～20:30　休 無休　💲 可頌圈￥680 / 個，￥340 / 半個　http www.heart-bread.com

小巧溫馨的烘焙坊，以土司麵包與可頌圈廣受熱賣，尤其是口味多樣的可頌圈，裡外都有料，讓你每一口都咬得到好滋味，推薦你來嘗嘗看。

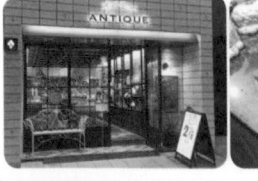
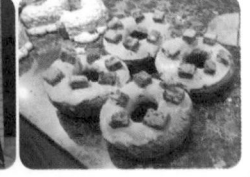

文具房咖啡

🗺 P.292 / B2 ✉ 澀谷區神宮前4-8-1 ☎ 03-3470-6420 🕙 11:00～22:00 ㊡ 無休 💲 招牌咖啡¥550，甜點¥584 🌐 www.bun-cafe.com

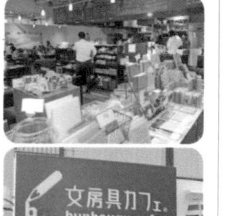

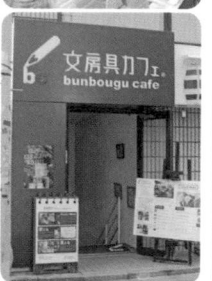

位在地下樓，以文具用品為咖啡廳的主題，相當有特色，不僅買得到精緻有趣的實用文具，還可以坐下來喝咖啡、吃餐點，而且餐點的價位也不高，頗受附近上班族青睞。

OPA Gallery

🗺 P.292 / C1 ✉ 澀谷區神宮前4-1-23 ☎ 03-5785-2646 🕙 11:00～19:00 ㊡ 週四、換展期間 🌐 opagallery.net

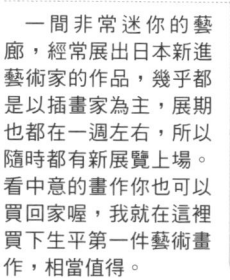

一間非常迷你的藝廊，經常展出日本新進藝術家的作品，幾乎都是以插畫家為主，展期也都在一週左右，所以隨時都有新展覽上場。看中意的畫作你也可以買回家喔，我就在這裡買下生平第一件藝術畫作，相當值得。

Lotus

🗺 P.292 / B1 ✉ 澀谷區神宮前4-6-8 ☎ 03-5772-6077 🕙 11:00～02:00 ㊡ 無休 💲 特價午餐¥950起，Brunch¥1,300起 🌐 www.heads-west.com/shop/lotus.html

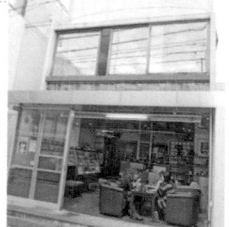

表參道巷內有名的時尚咖啡餐廳，店內裝潢相當有味道，咖啡只要¥250，這個區域幾乎找不到這麼便宜又好喝的咖啡了，由於餐點價格不高，中餐時間最忙碌，週末早午餐時間的人潮也是很多。

doinel

🗺 P.292 / D1 ✉ 港區北青山3-2-9 🕙 12:00～20:00 ㊡ 週三 🌐 doinel.net

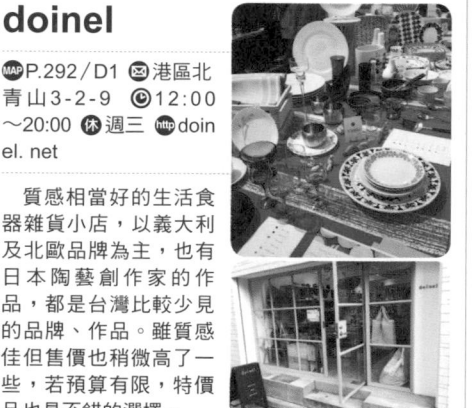

質感相當好的生活食器雜貨小店，以義大利及北歐品牌為主，也有日本陶藝創作家的作品，都是台灣比較少見的品牌、作品。雖質感佳但售價也稍微高了一些，若預算有限，特價品也是不錯的選擇。

Breizh Café-Crêperie

🗺 P.292 / B1 ✉ 澀谷區神宮前3-5-4 ☎ 03-3478-7855 🕙 11:30～22:30 ㊡ 無休 💲 甜法式薄餅¥500～1,250，鹹法式薄餅¥800～1,680 🌐 www.le-bretagne.com/j/creperies/omotesando.html

純正法式風味薄餅專門餐廳，不但有甜的口味，還有日本最先引進的鹹口味，有起士、雞蛋、菠菜、火腿等多達20多種選擇，可以當成餐點來享用，以蕎麥粉製作，非常特別。

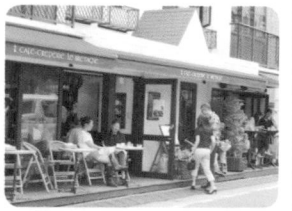

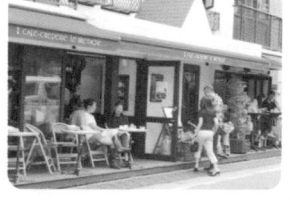

Temma Curry

🗺 P.292 / D2 ✉ 港區南青山3-8-40 ☎ 03-6434-0590 🕙 11:00～22:00 ㊡ 無休 💲 咖哩麵包¥250

天馬(Temma)是著名的咖哩餐廳，在東京地區有許多不同分店，咖哩餐好吃眾所皆知，但店頭的咖哩麵包絕對是解饞的最佳選擇，尤其以炸麵包裡包著一顆半熟蛋，濃稠的蛋黃與咖哩最麻吉了。

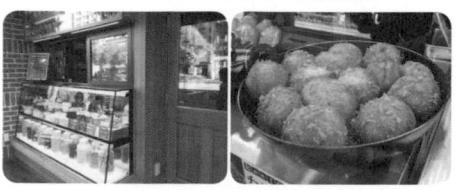

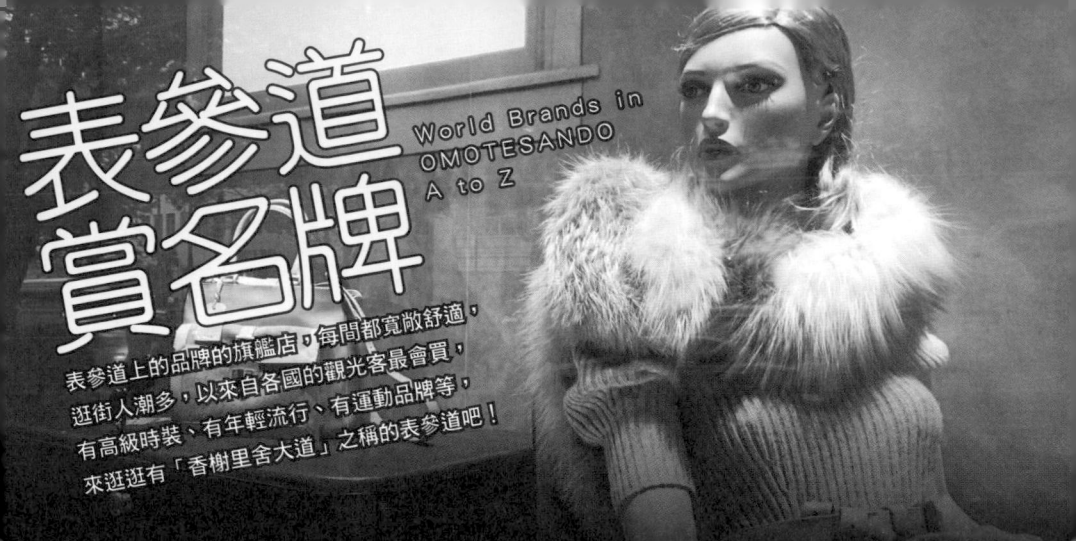

表參道賞名牌

World Brands in OMOTESANDO A to Z

表參道上的品牌的旗艦店，每間都寬敞舒適，
逛街人潮多，以來自各國的觀光客最會買，
有高級時裝、有年輕流行、有運動品牌等，
來逛逛有「香榭里舍大道」之稱的表參道吧！

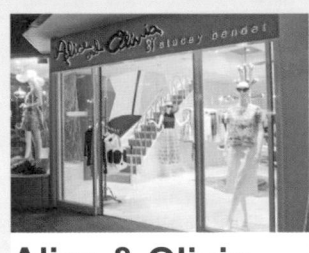

agnès b. Voyage

📍P.251 / A5 ✉澀谷區神宮前6-3-10 ☎03-5485-1400 🕚11:00～20:00 休無休 🌐japan.agnesb.com/ja

　以包包、旅行袋為主要商品，與正牌一樣，都採簡約實用的風格。

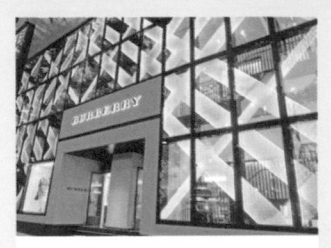

Burberry

📍P.251 / C8 ✉澀谷區神宮前5-2-29 ☎03-5778-7891 🕚11:00～20:00 休無休 🌐jp.burberry.com/store

　黑標Burberry旗艦店，樣式齊全，明治通也有分店(見P.271)。

Alice & Olivia

📍P.251 / B5 ✉澀谷區神宮前6-2-9 ☎03-3486-0502 🕚11:00～20:00 休無休 🌐www.aliceandolivia.com

　紐約年輕、時尚、新奇的女裝設計，以Dina Pump鞋款出名。

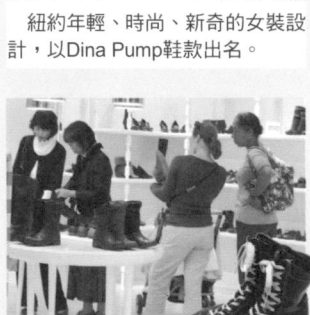

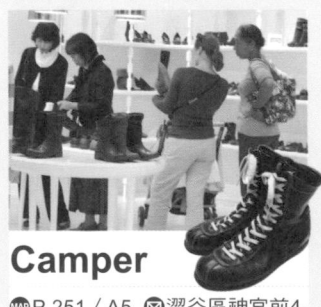

Bottega Veneta

📍P.251 / B6 ✉港區北青山4-12-10 ☎03-5785-0511 🕚11:00～21:00 休無休 🌐www.bottegaveneta.com/jp

　義大利最受歡迎時尚品牌，機車包、編織包讓人愛不釋手。

Camper

📍P.251 / A5 ✉澀谷區神宮前4-30-4 ☎03-6440-9922 🕚11:00～20:00 休無休 🌐www.camper.com/ja

　Camper相當受國人喜愛，售價不低，實穿耐看，日本也熱賣。

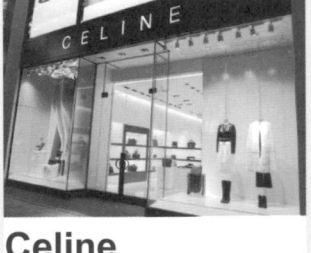

Celine

📍P.292 / B4 ✉港區北青山3-5-29 ☎03-5771-4801 🕚11:00～20:00 休無休 🌐www.celine.com/ja-jp/home

　大型旗艦店，一個永遠不會過時的品牌，以中性風格最耐看。

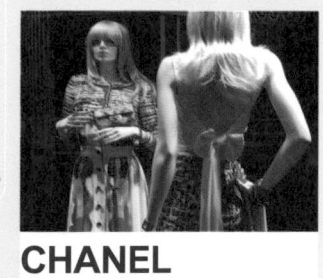

CHANEL

📍P.251 / B6 ✉澀谷區神宮前5-10-1 ☎03-6418-0630 🕐11:30～20:00 休無休 http www.chanel.com/ja_JP

櫥窗展示精采好看的表參道旗艦店，全系列品牌商品齊全。

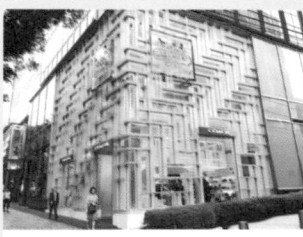

COACH

📍P.292 / A3 ✉港區北青山3-6-1 ☎03-5468-7121 🕐11:00～20:00 休無休 http japan.coach.com

COACH在表參道開設的旗艦大店，全系列品牌商品齊全，新穎搶眼的外觀，相當吸睛。

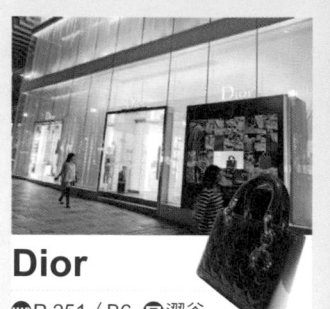

Dior

📍P.251 / B6 ✉澀谷區神宮前5-9-11 ☎03-5464-6260 🕐11:00～20:00 休無休 http www.dior.com/home/ja_jp

透白的外觀，在夜晚最漂亮，旗艦店裡男女裝系列相當齊全。

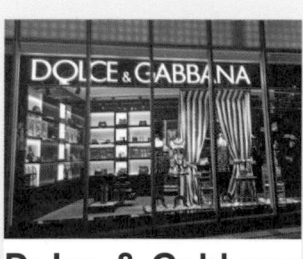

Dolce & Gabbana

📍P.251 / B7 ✉澀谷區神宮前4-12-10 ☎03-5785-0853 🕐11:00～20:00 休無休 http store.dolcegabbana.com/ja

位在表參道Hill西館，隔壁還有2大彩妝品牌，MAC與植村秀。

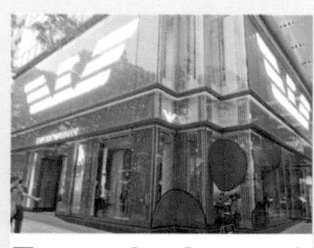

Emporio Armani

📍P.292 / A4 ✉港區北青山3-6-1 ☎03-5778-1631 🕐11:00～20:00 休無休 http www.armani.com/jp

搬遷改裝後更加氣派，還開設有品牌專屬咖啡廳，話題十足。

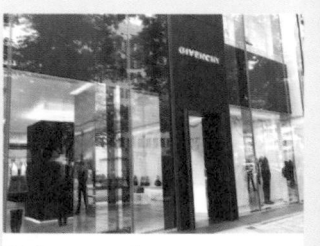

Givenchy

📍P.292 / B4 ✉港區北青山3-5-29 ☎03-3404-0360 🕐11:00～20:00 休無休 http www.givenchy.com/apac/ja/homepage

紀梵希以優雅經典建立形象，曾為奧黛麗赫本打造時尚風範。

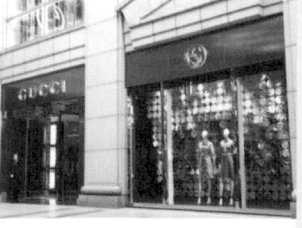

GUCCI

📍P.292 / A4 ✉港區北青山3-6-7 ☎03-5469-1911 🕐11:00～20:00 休無休 http www.gucci.com/jp/ja

表參道旗艦店相當寬敞，也位在比較安靜的區段，以男女包包、鞋子最值得選購收藏。

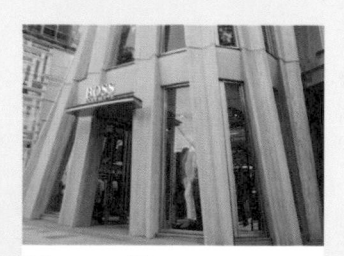

Hugo Boss

📍P.251 / D8 ✉澀谷區神宮前5-1-3 ☎03-5774-7670 🕐11:00～20:00 休無休 http www.hugoboss.com

團紀彥設計的建築比時裝本身還精采，是日本唯一的旗艦店。

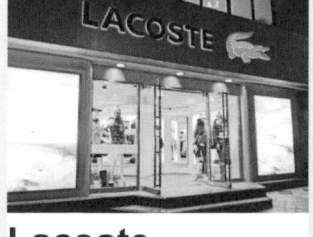

Lacoste

📍P.248 / F4 ✉澀谷區神宮前6-31-21 ☎03-3407-2077 🕐11:30～20:00 休無休 http www.lacoste.jp

從熟男級躍進年輕潮流，造型時尚，基本Polo衫是必敗單品。

LOEWE

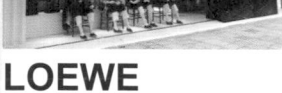

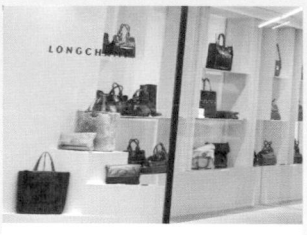

🅜 P.292／B4 ✉ 港區北青山3-5-29 ☎ 03-5771-4811 🕐 11:00～20:00 🈺 無休 🌐 www.loewe.com/jap/ja/home

西班牙皇室愛用的高級皮件品牌，奢華、貴氣、內斂、優雅。

Longchamp

🅜 P.249／F5 ✉ 澀谷區神宮前4-30-4 ☎ 03-3405-5100 🕐 11:00～20:00 🈺 無休 🌐 jp.longchamp.com

從1970年代風靡至今，在法國有國民包美譽的皮件品牌。

Louis Vuitton

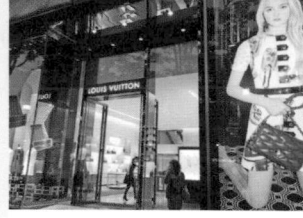

🅜 P.251／C7 ✉ 澀谷區神宮前5-7-5 ☎ 0120-00-1854 🕐 11:00～20:00 🈺 無休 🌐 jp.louisvuitton.com/jpn-jp/homepage

不論是哪間LV旗艦店，店面都是最醒目的，要漏看錯過很難。

Max & Co.

🅜 P.251／C8 ✉ 澀谷區神宮前5-2-5 ☎ 03-3498-7203 🕐 11:00～20:00 🈺 無休 🌐 world.maxandco.com

Max Mara旗下的副牌，偏向較年輕的風格，設計相當多樣性。

Missoni

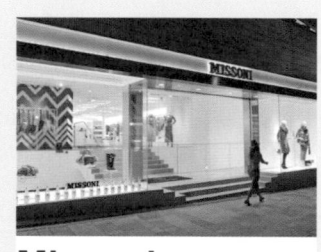

🅜 P.251／C7 ✉ 澀谷區神宮前5-7-4 ☎ 03-5468-5678 🕐 11:00～20:00 🈺 無休 🌐 www.missoni.com/jp

以既複雜又和諧的色彩、圖案著稱，尤其以針織單品最有名。

Michael Kors

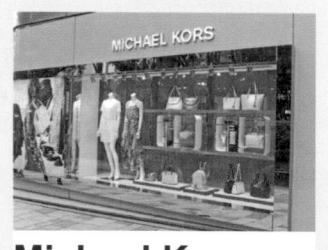

🅜 P.251／C8 ✉ 澀谷區神宮前4-11-6 ☎ 03-5772-5325 🕐 11:00～20:00 🈺 無休 🌐 www.michaelkors.com

來自紐約的高級女裝品牌，以多樣性的流行包款最熱門。

NIKE

🅜 P.248／E3 ✉ 澀谷區神宮前1-13-12 ☎ 03-6438-9203 🕐 11:00～20:00 🈺 無休 🌐 www.nike.com/jp/ja_jp

3個樓層的空間有許多獨特的設計，是賣場也是概念展示中心。

PUMA

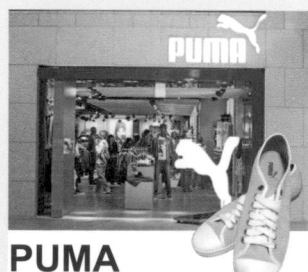

🅜 P.248／E3 ✉ 澀谷區神宮前1-13-14 ☎ 03-3401-6100 🕐 11:00～20:00 🈺 無休 🌐 jp.puma.com/jp/ja/home

近年來在服飾或鞋款上的設計都年輕很多，讓品牌起死回生。

Ralph Lauren

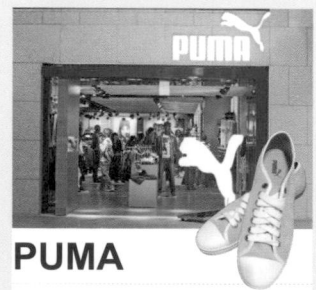

🅜 P.251／A6 ✉ 澀谷區神宮前4-25-15 ☎ 03-6438-5800 🕐 11:00～20:00 🈺 無休 🌐 www.ralphlauren.co.jp/ja

美國時尚設計的代表品牌，旗下有相當多風格不同的副牌。

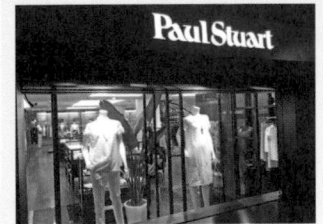

Paul Stuart

📍P.251／C7 ✉澀谷區神宮前5-7-20 📞03-3406-8121 🕐11:00～20:00 休不定休 🌐www.paulstuart.jp/storelocation

以蘇格蘭羊毛織品聞名，開在表參道最有味道的石牆建築裡。

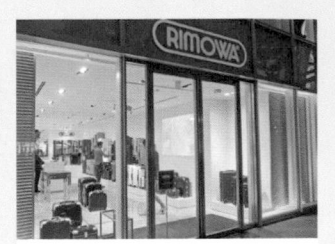

RIMOWA

📍P.251／B6 ✉澀谷區神宮前5-8-2 📞03-6433-5037 🕐11:00～20:00 休無休 🌐www.rimowa.com/ja-jp

媲美LV等級的旅行箱，不論哪種系列、材質，都是上上之選。

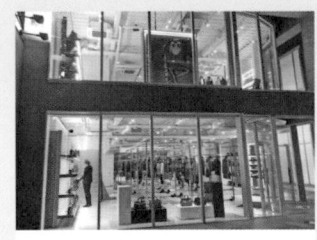

Saint Laurent

📍P.292／A3、P.251／A6 ✉澀谷區神宮前4-3-10 📞03-6863-9898 🕐11:00～20:00 休無休 🌐www.ysl.com/jp

位在表參道Hill後方是Gallery概念店，表參道上的為最新開幕。

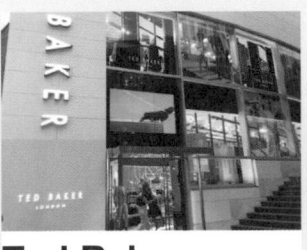

Ted Baker

📍P.251／A6 ✉澀谷區神宮前4-25-14 📞03-6447-1755 🕐11:00～20:00 休無休 🌐tedbaker.jp/store

英國出身的中高價服飾品牌，以講求材質、細節、高品質聞名。

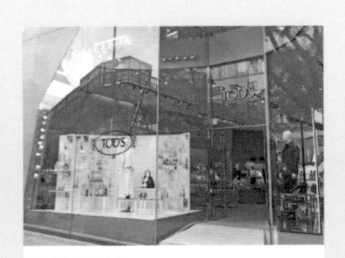

TOD'S

📍P.251／D8 ✉澀谷區神宮前6-4-1 📞03-6419-2055 🕐11:00～20:00 休無休 🌐www.tods.com

以豆豆鞋聞名全球的高級皮件品牌，高價位、高品質、高人氣，任誰都想擁有一雙經典的豆豆鞋。

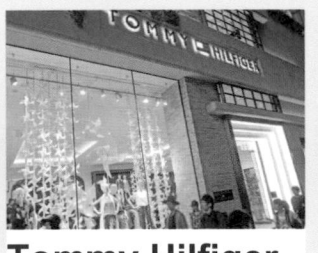

Tommy Hilfiger

📍P.249／F5 ✉澀谷區神宮前4-30-3 📞03-6365-1985 🕐11:00～21:00 休無休 🌐japan.tommy.com

打造美國精神，廣受各個年齡層都喜愛的休閒服飾，紅遍全球。

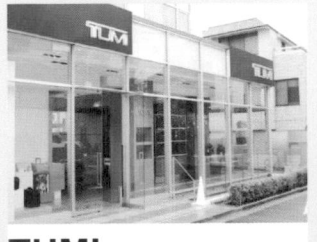

TUMI

📍P.251／C6 ✉澀谷區神宮前5-9-17 📞03-3797-0052 🕐11:00～20:00 休無休 🌐www.tumi.co.jp

以商務旅行商品起家，TUMI的行李箱、旅行袋一向受歡迎，近年來則以筆電專用背包最為熱賣。

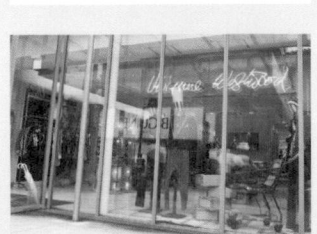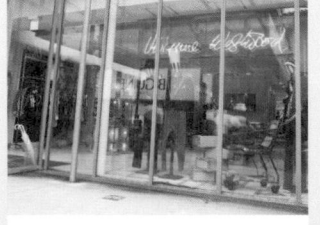

Vivienne Westwood

📍P.251／D8 ✉澀谷區神宮前5-49-2 📞03-5774-5939 🕐11:00～20:00 休無休 🌐www.vivien-newestwood-tokyo.com

以搞怪出名的英國時尚品牌，以包包、配件最受日本人歡迎。

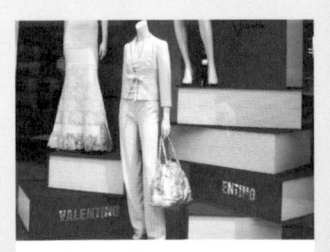

Valentino

📍P.251／B7 ✉澀谷區神宮前4-12-10 📞03-6434-9927 🕐11:00～20:00 休無休 🌐www.valentino.com/jp

一線的服裝品牌在表參道之丘的大型旗艦店，禮服最為經典。

青山

當你從原宿的表參道一路隨著人潮逛下來，再跨過青山通，你就抵達青山購物區了。很難想像只隔了一條大馬路，就轉變成不同風景，從人多熱鬧的環境，一下子悠閒、安靜了起來，路面也從寬廣的表參道變成狹窄的楡家通了。

逛青山就要從楡家通開始，這裡不但有著名的PRADA、miu miu旗艦店的建築要看，最重要的還可以探訪三宅一生、川久保玲、山本耀司、津森千里，這4位日本時尚大師的商店。而夾在楡家通與古董通的巷道裡，更是名牌時尚店的天下，大家四處搶地盤，經常一段時間就來個大搬風，熱不熱賣一看便知。

另外，來青山除了買時尚，藝術體驗也是很重要的喔！有展出古文物的「根津美術館」，有抽象風格的「岡本太郎紀念館」，也有懷舊可愛的骨董玩具店，都不可錯過。而藝術展場「Spiral」，除了欣賞

Steiff

MAP P.292／C3 ✉ 港區南青山3-13-24 ⏰ 11:00～19:30 休 無休 http www.steiff.co.jp

德國金耳扣在東京唯一的直營店，除了具收藏價值的泰迪熊，也有適合兒童日常玩耍的填充動物，也可以選購可愛童裝及其他小玩具。

藝術展覽、聆聽音樂會外，也有日本設計的精緻生活用品可以買回家。

此外，來自美國的知名咖啡品牌「Blue Bottle」（**MAP** P.292／C4），與台灣來的鳳梨酥伴手禮名店「微熱山丘」（**MAP** P.292／E4），也都選擇在青山落腳展店，尤其是聘請名建築設計師設計興建的微熱山丘青山店，更是吸引往來行人的目光，不妨繞過去看看、坐坐。

1.日本時尚女王「川久保玲」的旗艦本店就位在青山地區／2.最流行的品牌商品，青山都有／3.青山最值得參觀的「岡本太郎紀念館」／4.國際品牌miu miu的旗艦店相當寬敞／5.建築與時尚一樣精采的PRADA旗艦店／6.安靜悠閒又具藝術性，是在青山逛街最大的享受

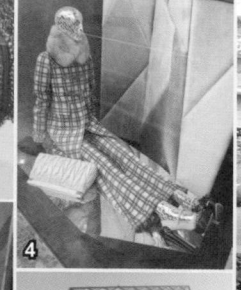
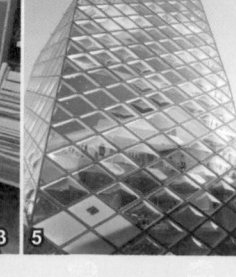
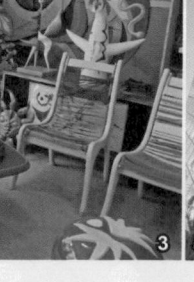
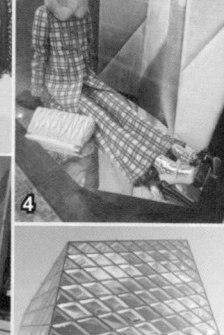
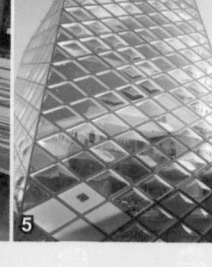
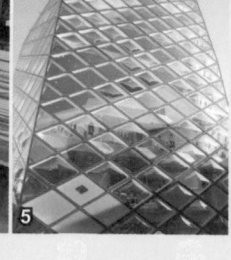
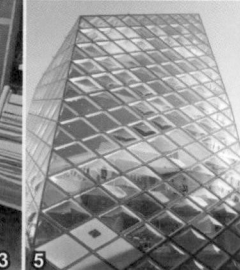

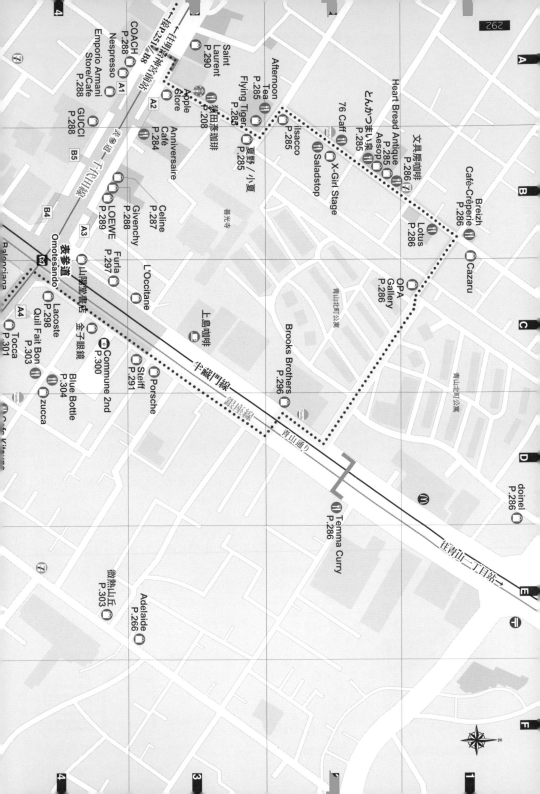

COACH
P.288

Nespresso

Emporio Armani
Store/Cafe
P.288

GUCCI
P.288

A1

A2

B5

B4

A3

A4

Saint
Laurent
P.290

Apple
Store

蜷田珈琲
P.208

Anniversaire
Café
P.284

LOEWE
P.289

Givenchy
P.288

Furla
P.297

L'Occitane

山陽堂書店
P.298

Lacoste
P.298

Quil Fait Bon
P.300

金子眼鏡
P.300

Blue Bottle
P.304

zucca

Tocca
P.301

表参道
Omotesando

Balenciaga

Afternoon
Tea
P.285

Flying Tiger
P.285

夏野 / 小夏
P.285

Celine
P.287

Heart Bread Antique

とんかつまい泉
P.285

Aesop
P.285

76 Caff

Ilsacco
P.285

Saladstop

X-Girl Stage

Commune 2nd

Steiff
P.291

Porsche

上島珈琲

半蔵門線

銀座線

文具房珈琲
P.286

Lotus
P.286

OPA
Gallery
P.286

Brooks Brothers
P.296

青山通り

Breizh
Café-Crêperie
P.286

Cazaru

青山北町公園

青山北町公園

往青山二丁目站

Temma Curry
P.286

doinel
P.286

微熱山丘
P.303

Adelaide
P.266

A

B

C

D

E

F

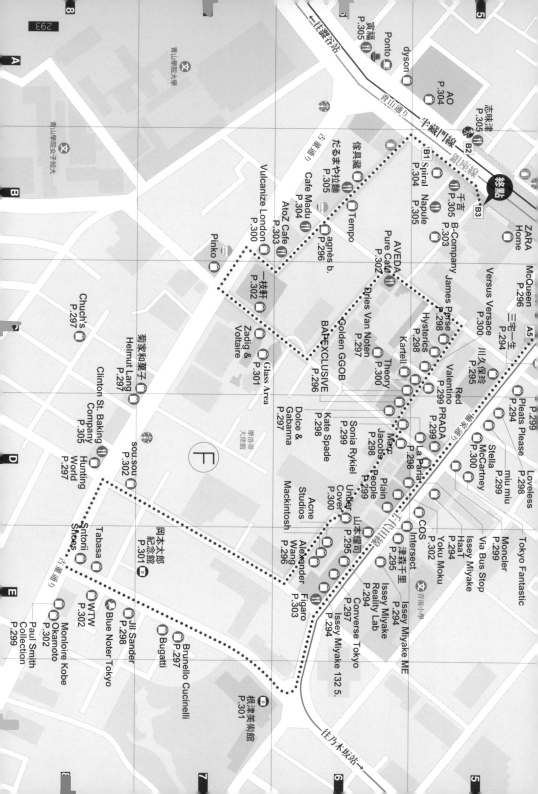

夏福 P.305
Ponto
dyson
AO P.304
志味津 P.305
B2
B1 Spiral P.304
千音 P.305
Napule P.305
B-Company James Perse P.298
ZARA Home
McQueen P.296
三宅一生 P.294
A5
Versus Versace P.300
佈具藏 P.304
だるまや拉麺 P.305
Tempo
agnès b. P.296
AtoZ Cafe P.303
Cafe Madu P.304
Pinko
Vulcanize London P.300
AVEDA Pure Cafe P.302
Dries Van Noten P.297
Hysterics P.298
Red Valentino P.299
PRADA P.299
川久保玲 P.295
Pleats Please P.294
Loveless P.299
miu miu P.299
Stella McCartney P.300
一枝軒 P.302
Zadig & Voltaire P.301
Golden GGOB
Theory P.300
Kartell
BAPE EXCLUSIVE P.296
Dolce & Gabbana P.297
Kate Spade P.298
Marc Jacobs P.298
People P.299
Sonia Rykiel P.299
La Parla
Plain People P.299
Moncler P.299
Via Bus Stop
Issey Miyake HaaT P.294
Yoku Moku
COS
Tokyo Fantastic
Chuch's P.297
菊家和菓子 P.297
Helmut Lang P.297
Glass Area
Acne Studios
UnUer Cover P.300
COS
Intersect
津森千里 P.295
Issey Miyake Reality Lab P.294
Issey Miyake ME
Clinton St. Baking Company P.305
Hunting World P.297
sou.sou P.302
岡本太郎記念館 P.301
山本耀司 P.295
Alexander Wang P.296
Figaro P.303
Issey Miyake 132 5.
Converse Tokyo P.294
Tabasa
Sntorii Shoes
Jil Sander P.298
Bugatti
Brunello Cucinelli P.301
Issey Miyake 132 5. P.294
Paul Smith Collection P.299
Monloire Kobe Okamoto P.302
WTW P.302
Blue Note Tokyo
根津美術館 P.301
F

日本四大時尚品牌在青山

日本的時尚大道除了原宿的表參道外，還有青山的檜家通，
檜家通最大的特色，就是集合了日本四大國際時尚品牌，
三宅一生、川久保玲、津森千里，及以黑色時尚著名的山本耀司，
正牌商品經典有格調，副牌則走年輕潮流派，
這幾個純日本血統的品牌，都相當值得你一一造訪！

三宅一生

Issey Miyake

Issey Miyake

P.293 / C5 港區南青山3-18-11 03-3423-
1408 11:00～20:00 無休 www.isseymiya
ke.com/brand/issey_miyake.html

Pleats Please

P.293 / C5 港區南青山3-17-14 03-5772-
7750 11:00～20:00 無休 www.isseymiya
ke.com/brand/pleats_please.html

HaaT

P.293 / D5 港區南青山4-21-29 03-5785-
0400 11:00～20:00 無休 www.isseymiya
ke.com/brand/haat.html

ME

P.293 / E6 港區南青山4-21-24 03-3479-
3133 11:00～20:00 無休 www.isseymiya
ke.com/ja/brands/me

Reality Lab

P.293 / E6 港區南青山5-3-10 03-3499-
6496 11:00～20:00 無休 www.isseymiya
ke.com/reality_lab_issey_miyake

132 5. Issey Miyake

P.293 / E6 港區南青山5-3-10 03-3499-
6476 11:00～20:00 無休 www.isseymiya
ke.com/brand/132_5.html

1970年代創立品牌的三宅一生，可以說是日本時尚界最偉大的藝術大師，獨特及無限的創意，是西方世界的服裝界也無法想像的，幾乎是唯一足以與之抗衡的東方品牌。三宅一生的特長在於立體的服裝設計，一件平面的布料，卻有著無限的穿著可能，極盡前衛的服裝也有著日本傳統服飾的精神，他也樂於與前衛藝術家們激發創意於時尚當中。

Pleats Please的褶子衣，可以說是三宅一生最鮮明的創作，極精確地將圖案壓褶在曲線的人體上，幾乎是將藝術穿在身上，也把便於旅行的衣物重新詮釋。而另一個新展開的品牌「132 5.」，則更是將2D的褶子衣推向3D的全立體面貌，有如是日本的時尚摺紙藝術，讓人不得不佩服的時尚創意。三宅一生可以說是你畢身一定要擁有一件的時尚收藏藝術品牌。

津森千里
Tsumori Chisato

山本耀司
Yohji Yamamoto

Tsumori Chisato

🅜 P.293／E6 ✉ 港區南青山4-21-25 📞 03-3423-5170 🕚 11:00〜20:00 🈺 不定休 🌐 www.tsumorichisato.com

曾經是三宅一生的得力助手的津森千里，不難從她的設計當中發現三宅一生慣用的褶子元素。津森千里善用印花、雪紡布料，打造女性的浪漫特質，並以多層次的手法，賦予時尚更多面貌，是當今相當受歡迎的日本時尚品牌。津森千里有男裝系列，也推出了廣受喜愛的少女系列副牌「Cat's Tsumori Chisato」，同樣熱賣。

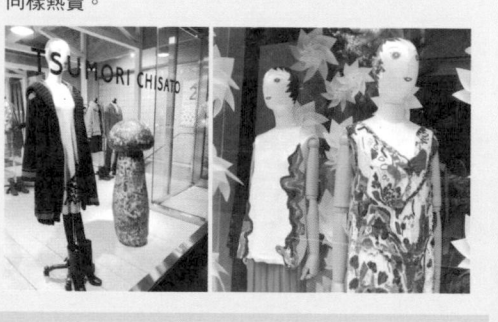

Yohji Yamamoto

🅜 P.293／E6 ✉ 港區南青山5-3-6 📞 03-3409-6006 🕚 11:00〜20:00 🈺 無休 🌐 www.yohjiyamamoto.co.jp/yy

品牌創立已有40年的山本耀司，曾在1980年代與川久保玲一起風靡國際時尚圈，線條流暢、前衛奔放又內斂的黑色時裝，成為山本耀司的招牌。山本耀司喜歡在日本傳統服飾中找尋靈感，不同黑色布料的質感搭以點睛的色彩，創意十足、剪裁微妙，如同將藝術品穿在身上；而近幾年來風靡街頭潮流的品牌「Y-3」，更是山本耀司的創意剪裁，加上adidas的嚴謹製作所合作推出的，成功地將運動服推向時尚流行。

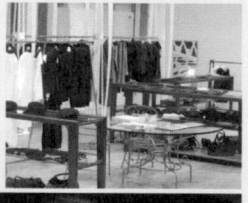

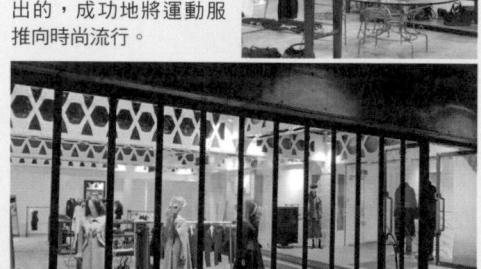

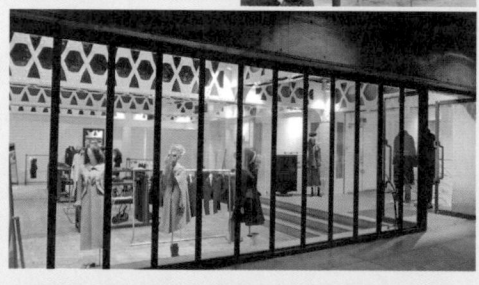

川久保玲
Rei Kawakubo

Comme des Garçons

🅜 P.293／C5 ✉ 港區南青山5-3-1 📞 03-3406-3951 🕚 11:00〜20:00 🈺 無休 🌐 www.comme-des-garcons.com

同樣以黑色時尚為主軸的川久保玲，以獨特的概念與創作，曾在1980年代引起一陣新時尚旋風，幾何立體構造、破碎拼貼、不對稱、不規則的寬鬆穿著，讓「乞丐裝」蔚為潮流。2008年與平價品牌H&M合作，2011年更推出與中國藝術家「艾未未」合作的限量時尚T恤，造成話題與熱賣。川久保玲的時尚風格簡約沉靜，著重於剪裁創新與穿著上的格調，他的前衛服裝風格，讓他長期以來都被譽為另類設計師，這位自學出生的設計師，可以說是日本的時尚教母。

位在青山的旗艦店，同樣是極簡的前衛風格，錐形的外觀，如同迷宮般的隔間擺設，讓店內有如美術館一般，一間一風景，2012年4月重新改裝後，更多系列的時尚，讓這個前衛品牌再次造成風潮。

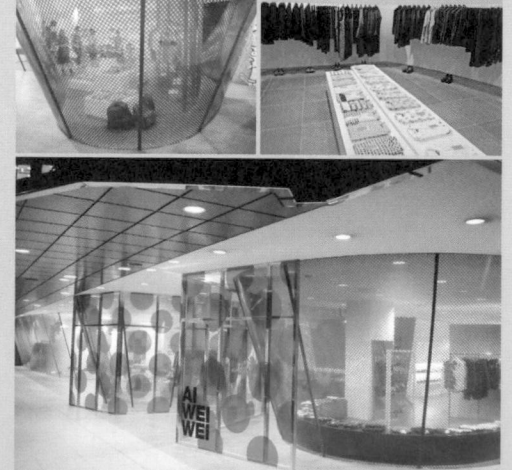

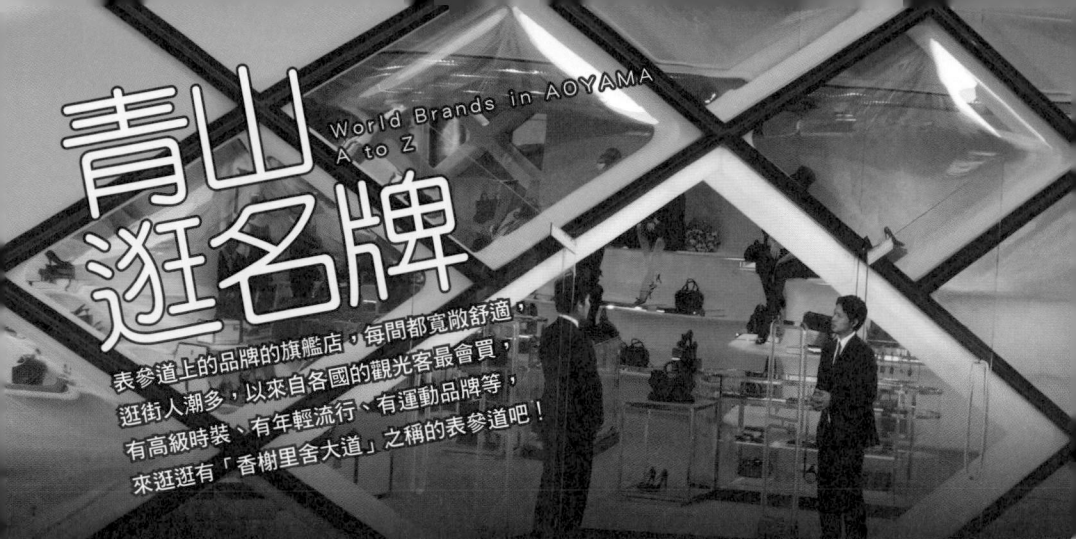

青山逛名牌
World Brands in AOYAMA
A to Z

表參道上的品牌的旗艦店，每間都寬敞舒適，
逛街人潮多，以來自各國的觀光客最會買，
有高級時裝、有年輕流行、有運動品牌等，
來逛逛有「香榭里舍大道」之稱的表參道吧！

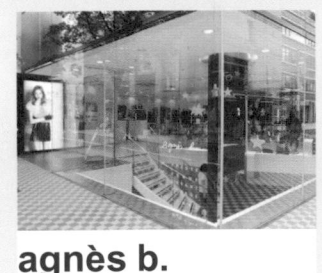

agnès b.

📍P.293／B6 ✉港區南青山5-7-25 ☎03-3797-6830 🕐11:00～20:00 休無休 🌐japan.agnesb.com/ja

日本相當喜愛這個簡約休閒的品牌，青山旗艦店有全系列的商品。

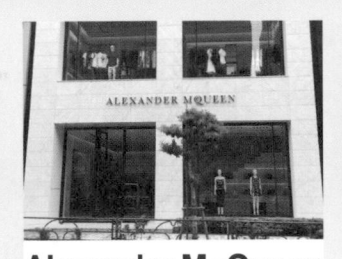

Alexander McQueen

📍P.293／C5 ✉港區南青山5-1-3 ☎03-6861-0910 🕐11:00～20:00 休無休 🌐www.alexandermcqueen.com

時裝設計界鬼才，以無限創意引領時尚界，可惜英年早逝。

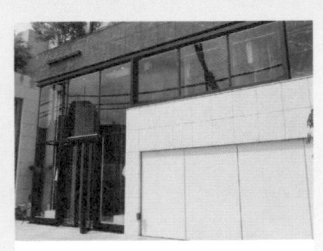

Alexander Wang

📍P.293／E6 ✉港區南青山5-3-20 ☎03-6418-5174 🕐11:00～20:00 休無休 🌐www.alexanderwang.com/jp

當紅華裔設計師王大仁，擅長顛覆傳統，結合特殊材質著稱。

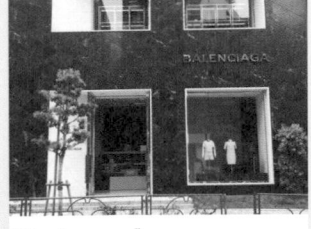

Balenciaga

📍P.292／C4 ✉港區北青山5-1-3 ☎03-6696-6000 🕐11:00～20:00 休無休 🌐www.balenciaga.com/jp

西班牙知名時尚品牌，剪裁俐落大方，受好萊塢名人喜愛。

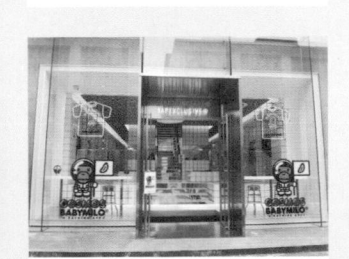

BAPEXCLUSIVE

📍P.293／D6 ✉港區南青山5-5-8 ☎03-3407-2145 🕐11:00～20:00 休無休 🌐www.bape.com

風靡日本、亞洲地區的潮流大牌「Bathing APE」的限定專賣旗艦店，商品、賣場設計都精采。

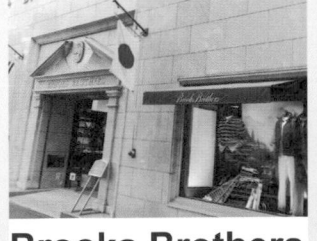

Brooks Brothers

📍P.292／D2 ✉港區北青山3-5-6 ☎03-3404-4295 🕐11:00～19:30 休無休 🌐shop.brooksbrothers.co.jp

美國知名的高級男裝品牌，適合上班族正式、休閒的穿著。

Brunello Cucinelli

MAP P.293／E7 港區南青山6-4-14 03-5467-5155 11:00～20:00 無休 www.brunellocucinelli.it

來自義大利的時尚品牌，向來以高品質的cashmere製品出名。

Church's

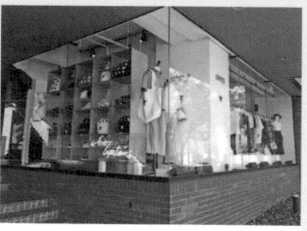

MAP P.293／C8 港區南青山5-14-2 03-5466-3445 12:00～20:00 無休 www.british-made.jp/fs/british/c/churchs

上百年經典歷史，是英國皇家御用高級男鞋、男裝品牌。

Converse Tokyo

MAP P.293／E6 港區南青山5-3-10 03-6427-4048 11:00～20:00 無休 converse-tokyo.jp

百年品牌結合日本技術，創造全新的形象開創新的局面。

Diesel

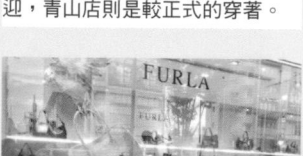

MAP P.293／C6 港區南青山5-5-24 03-6712-6810 11:30～20:00 無休 www.diesel.co.jp

從牛仔褲到休閒服都受到歡迎，青山店則是較正式的穿著。

Dolce & Gabbana

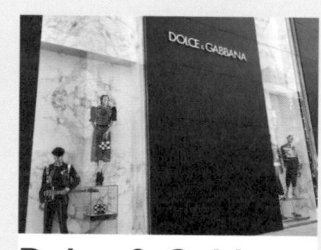

MAP P.293／D6 港區南青山5-5-8 03-5468-7611 11:00～20:00 無休 store.dolcegabbana.com/ja

氣派十足的旗艦店，全系列商品齊全，來欣賞當季流行風格。

Dries Van Noten

MAP P.293／C6 港區南青山5-5-4 03-5766-8607 11:00～20:00 無休 www.driesvannoten.jp

來自比利時時尚重鎮，設計師有「安特衛普六君子」的頭銜，時裝常見於頒獎典禮的紅地毯上。

Furla

MAP P.292／C4 港區北青山3-5-20 03-5772-6827 11:00～20:00 無休 www.furla.com/jp

受到上流名人愛用加持，而廣受女性喜愛的義大利高級皮件品牌，包包、皮夾等暢銷全球。

Hunting World

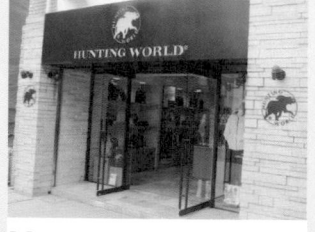

MAP P.293／D8 港區南青山5-17-2 03-3486-8818 11:00～19:00 無休 www.huntingworld.com/japanese

1965年創立，品牌源自非洲狩獵，結合自然保育與探險理念。

Helmut Lang

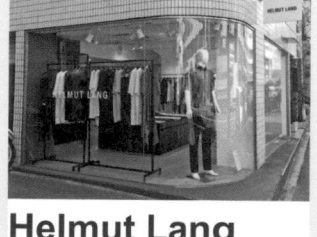

MAP P.293／D8 港區南青山5-13-2 03-6419-8144 11:00～19:00 無休 www.helmutlang.com

充滿實驗精神的品牌，極簡的線條、大膽的剪裁，令人折服。

Hysterics

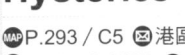

📍P.293／C5 ✉港區南青山5-5-3
📞03-6419-3899 🕐11:00～20:00
休無休 🌐www.hystericglamour.
jp/store/hysteric-glamour/aoyama

　具強烈個性的搖滾風格潮流品
牌男裝，美式的時尚穿著代表。

James Perse

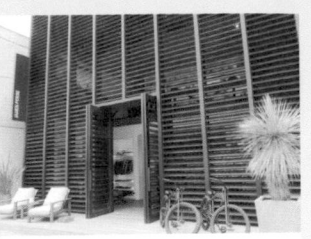

📍P.293／C5 ✉港區南青山5-5-2
📞03-6418-0928 🕐11:00～20:00
休無休 🌐www.tomorrowland.co.
jp/jamesperse

　以南加州的休閒風格為靈感，
簡單大方好穿著，是最大優點。

Jil Sander

📍P.293／E8 ✉港區南青山6-3-
16 📞03-5778-0601 🕐11:00～
20:00 休無休 🌐www.jilsander.
com

　以極簡設計著名的德國時尚品
牌，連店面設計都相當低調。

Kate Spade

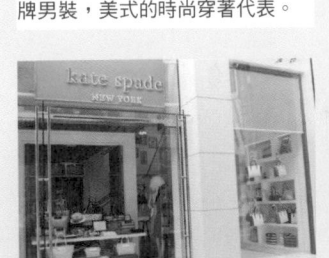

📍P.293／D5 ✉港區南青山5-2-
12 📞03-5468-8161 🕐11:00～
20:00 休無休 🌐www.katespade.jp

　美國紐約的高級女裝品牌，以
多樣性的皮革包，或緞面尼龍材
質的手袋等流行包款最熱門。

Lacoste

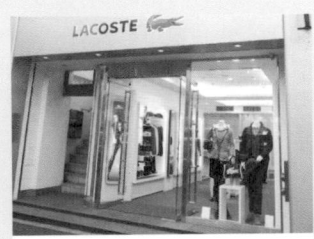

📍P.292／C4 ✉港區南青山3-18
-19 📞03-5785-2088 🕐11:00～
20:00 休無休 🌐www.lacoste.
co.jp/univers

　運動用品老品牌，在服飾或鞋
款上的設計都比以往年輕很多。

La Perla

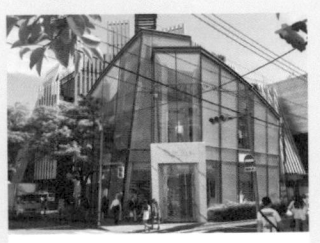

📍P.293／D5 ✉港區南青山5-3-
2 📞03-6712-6125 🕐11:00～
20:00 休無休 🌐www.laperla.
com/jp

　義大利高級內衣及泳裝品牌，
是女性朋友夢寐以求的精品。

Loveless

📍P.293／D5 ✉港區南青山3-17-
11 📞03-3401-2301 🕐12:00～
20:00 休無休 🌐www.loveless-
shop.jp

　流行時尚零售品牌，創新的穿著
態度，吸引東京的年輕消費族群。

Marc Jacobs

📍P.293／D6 ✉港區南青山5-3-
27 📞03-6418-1188 🕐11:00～
20:00 休無休 🌐ja-jp.marcjaco
bs.com

　熱門包款一包難求的紐約時尚品
牌，設計師精湛的創意令人讚賞。

Max Mara

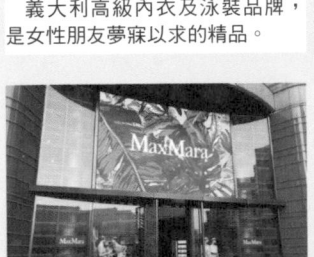

📍P.293／D5 ✉港區南青山5-9-
19 📞03-5467-5604 🕐11:30～
20:00 休無休 🌐maxmara.com

　以大衣風靡世界的義大利時裝，
幹練簡潔的線條，不過時好搭配，
深受都會上班女性喜愛。

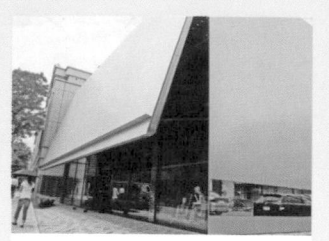

miu miu

🅜P.293／D5 ✉港區南青山3-17
-8 📞03-6434-8591 🕐11:00～
20:00 休無休 🔗www.miumiu.
com/ja

為義大利時裝增添青春氣息，青
春的風格吸引童心未泯的女性。

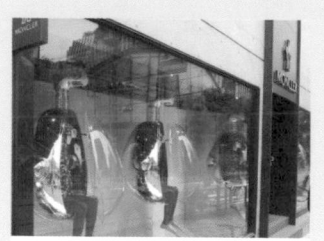

Moncler

🅜P.293／D5 ✉港區南青山3-19-
6 📞03-3405-1952 🕐11:00～
20:00 休無休 🔗www.moncler.
com/jp

法國戶外運動風格最顯著，以實
穿為基礎，加上趣味的細節設計。

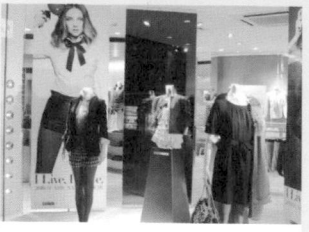

Nara Camicia

🅜P.293／D5 ✉港區南青山3-17-
15 📞03-3479-8954 🕐11:00～
20:00 休無休 🔗www.naracam
icie.jp

專為都會女性量身打造的時裝品
牌，以襯衫為中心的單品最暢銷。

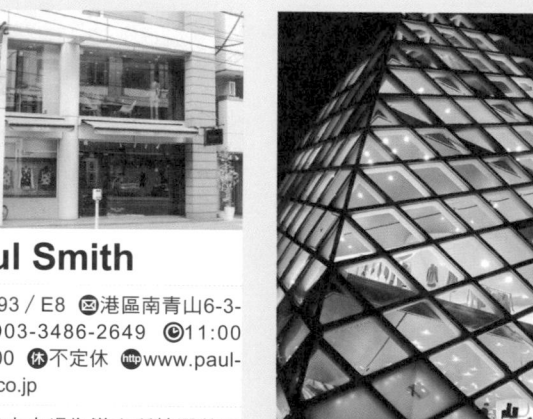

Paul Smith

🅜P.293／E8 ✉港區南青山6-3-
10 📞03-3486-2649 🕐11:00
～20:00 休不定休 🔗www.paul-
smith.co.jp

以日本市場為導向所精選的男
裝系列，日本才有的限定商品。

PRADA

🅜P.293／D5 ✉港區南青山5-2-6 📞
03-6418-0400 🕐11:00～20:00 休
無休 🔗www.prada.com

來自義大利的PRADA，是無人不
知曉的世界知名時尚大牌，向來以鞋
子、包包最為女性熱愛。這座於2003
年開幕，外觀造型特別，夜晚如同寶
石閃耀的旗艦大樓，來自於建築大
師Jacques Herzog與Pierrede Meu-
ron，北京奧運的鳥巢也是出自二人
之手。樓高6層，外牆菱形的玻璃在
陽光下相當耀眼，內部又像蜂巢般多
變，即使沒有預算購買，也要來這裡
逛一逛。

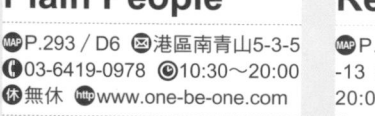

Plain People

🅜P.293／D6 ✉港區南青山5-3-5
📞03-6419-0978 🕐10:30～20:00
休無休 🔗www.one-be-one.com

以衣食住的生活格調為主題，網
羅國內外有藝術性、有機的、舒適
的各類商品，提升你的生活態度。

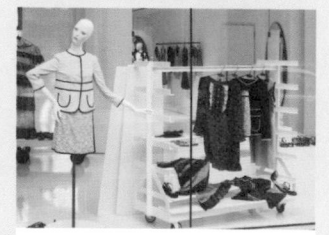

Red Valentino

🅜P.293／C5 ✉港區南青山5-2
-13 📞03-6427-9174 🕐11:00～
20:00 休無休 🔗www.redvalen-
tino.com/jp

Valentino的副牌，以蝴蝶結、
荷葉邊，打扮青春洋溢的女性。

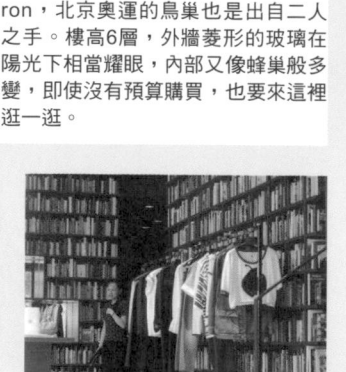

Sonia Rykiel

🅜P.293／D6 ✉港區北青山5-2-
12 📞03-6892-2433 🕐11:00～
20:00 休無休 🔗www.soniaryki
el.com

把時裝店當書店來設計裝潢，
這個法國品牌總有無限的創意。

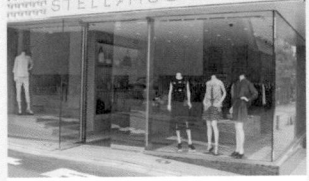

Stella McCartney

🅼P.293 / D5 ✉港區南青山5-5-4 ☎03-5485-2011 🕙11:00～20:00 🈳無休 🌐www.stellamccartney.com

有搖滾血統的時尚女裝，堅持環保，商品中不用皮革、皮草。

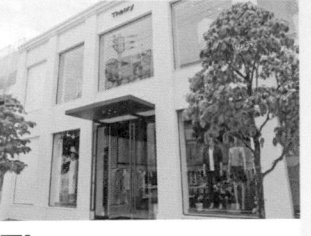

Theory

🅼P.293 / C5 ✉港區南青山5-5-5 ☎03-5766-5270 🕙11:00～20:00 🈳無休 🌐www.theory.co.jp

時尚風格一如它的出生地──紐約，以洗練精準的風格，永遠都不退流行的剪裁線條著稱。

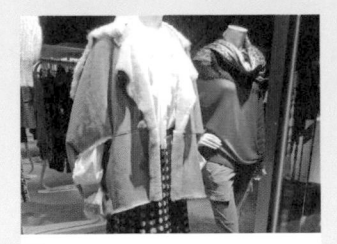

Tocca

🅼P.292 / C4 ✉港區南青山3-8-14 ☎03-3423-0830 🕙11:00～20:00 🈳無休 🌐www.tocca-japan.com

1994年創立的義大利品牌，強調舒適且具設計感的時尚女裝。

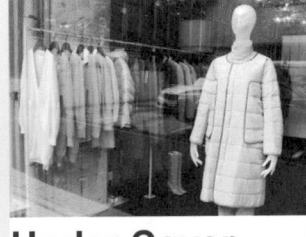

Under Cover

🅼P.293 / D6 ✉港區南青山5-3-22 ☎03-3407-1232 🕙11:00～20:00 🈳不定休 🌐www.undercoverism.com

裏原宿出生的街頭潮流品牌，大膽創意的男女裝有獨特格調。

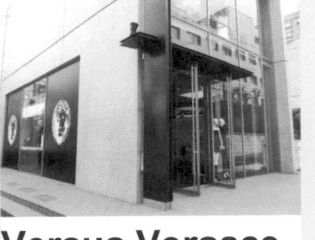
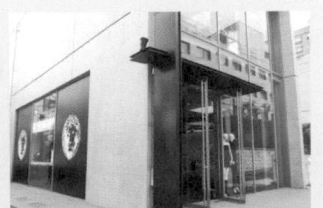
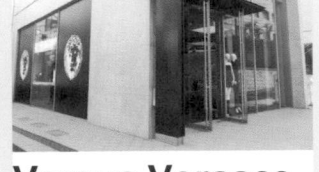
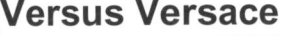

Versus Versace

🅼P.293 / C5 ✉港區南青山5-5-4 ☎03-6712-5800 🕙11:00～20:00 🈳無休 🌐www.versusversace.com

義大利熱門品牌之一，梅杜莎不知已迷死多少忠實粉絲了。

Vulcanize London

🅼P.293 / B7 ✉港區南青山5-8-5 ☎03-5464-5255 🕙11:00～20:00 🈳無休 🌐vulcanize.jp

網羅許多英國頂尖精品、時尚的高級零售店，人氣高的最新英倫風情，在青山古董通上開賣。

青山 Commune 2nd

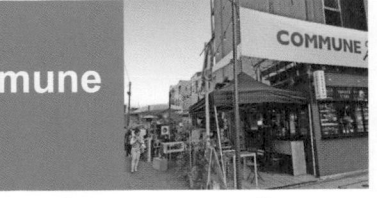
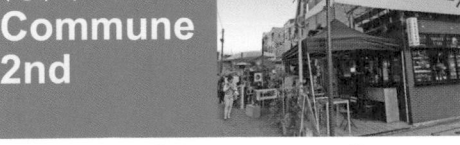

🅼P.292 / C4 ✉港區南青山3-13 🕙11:00～22:00 🈳無休 🌐commune2nd.com

於2017年誕生的全開放式空間，集合了多家美食餐廳、咖啡名店，悠閒的氣氛大受西方遊客的歡迎，隨性的坐在餐車旁，喝杯啤酒、配盤小食，可以盡興地聊天休息，是青山地區最新的休閒好去處。

青山通
根津美術館
Nezu Museum

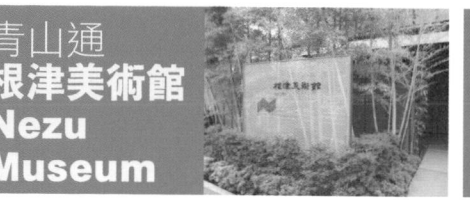

MAP P.293／F7　港區南青山6-5-1　03-3400-2536　10:00～17:00　週一、換展期間、年末年始　常設展¥1,100，特展¥1,300　www.nezu-muse.or.jp

根津美術館開館於1941年，主要展示前東武鐵道社長「根津嘉一郎」生前所收藏的日本古文物、藝術品。目前的新館於2009年底落成啓用，由東京Midtown的建築師限研吾所設計，將舊有的倉庫建築重新改建，除了館內精緻無價的藝術品值得參觀外，竹林造景的日式庭園也是美不勝收。

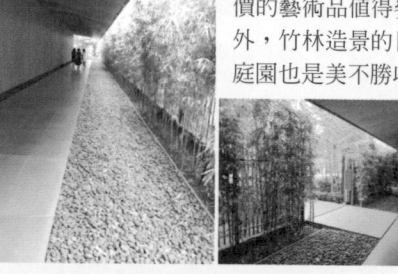

青山
Glass Area
グラッセリア

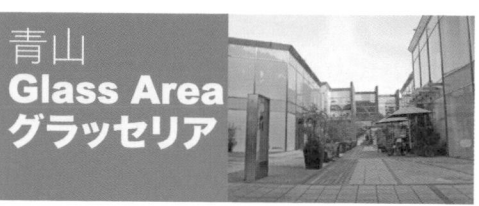

MAP P.293／C7　港區南青山5-4-41　03-3770-8109　約11:00～20:00(各商店、餐廳不一)　依商店、餐廳而有所不同　www.glassarea.com

舒適開放空間的集合商場，由3幢兩層樓高的鋼骨玻璃建築所組成，集合數家流行時裝品牌，也有悠閒的咖啡餐廳「Flamingo Cafe」。最特別的是設有福井縣的特產展售館，可以買到福井縣產的酒、工藝品等，2樓還有體驗蕎麥麵製作的活動。

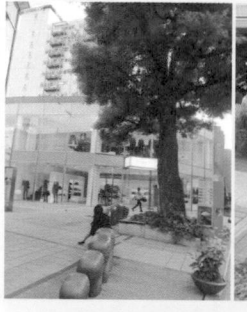

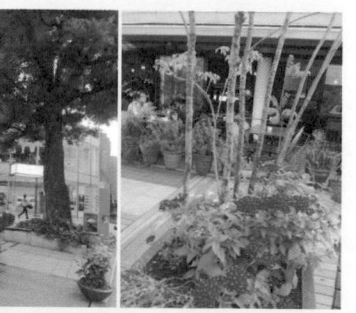

青山
岡本太郎
紀念館

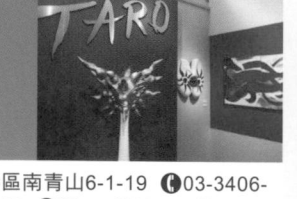

MAP P.293／E7　港區南青山6-1-19　03-3406-0801　09:30～17:00　週一　¥500　www.taro-okamoto.or.jp，www.taromuseum.jp(美術館)

由藝術大師岡本太郎(1911～1996年)生前的居所兼工作室，所改造而成的紀念館，於1998年開幕，展示岡本太郎的藝術創作，及生前居所的樣貌。岡本太郎的抽象藝術創作色彩豐富，充滿無限想像的空間，他最著名的創作就是1970年大阪萬國博覽會上的太陽塔，以及長形巨幅的藝術創作「明日的神話」(2008年永久設置於澀谷車站)。離東京市中心約30分鐘車程的川崎市，有岡本太郎美術館。

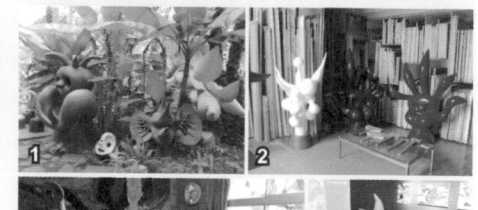

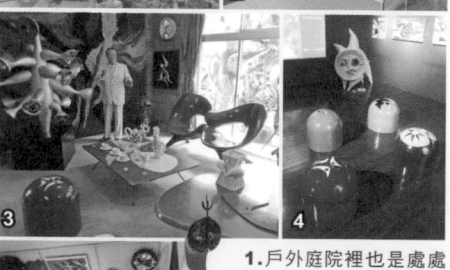

1.戶外庭院裡也是處處藝術／2.大師畫室原樣展出／3.藝術家生前居家擺設的模樣／4.2樓開闢有幾個不同主題的展覽室／5.設在入口處的禮品店，販售有最著名的「太陽塔」擺飾

Monloire Kobe Okamoto

🗺 P.293／E8 ✉ 港區南青山6-3-10 📞0120-232-747 🕚11:00～19:00 🈔無休 🌐www.monloire.co.jp/shop_aoyama.html

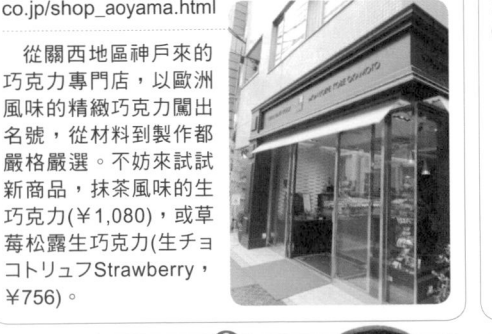

從關西地區神戶來的巧克力專門店，以歐洲風味的精緻巧克力闖出名號，從材料到製作都嚴格嚴選。不妨來試試新商品，抹茶風味的生巧克力(¥1,080)，或草莓松露生巧克力(生チョコトリュフStrawberry，¥756)。

WTW

🗺 P.293／E8 ✉ 港區南青山6-3-15 📞03-5468-2560 🕚11:00～21:00 🈔無休 🌐www.wtwstyle.com

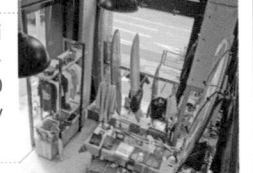
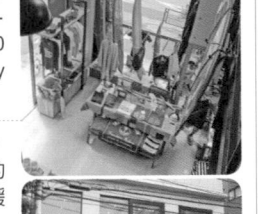

從海洋而來的靈感，打造出度假休閒風格的生活用品、家飾店。緩慢悠閒的氣氛，在店內每個角落蔓延開來，把自然帶入忙碌的都會生活中，所網羅的用品或服飾等，都相當精緻。

Yoku Moku

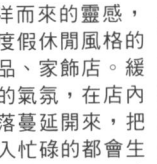

🗺 P.293／D6 ✉ 港區南青山5-3-3 📞03-3330-3340 🕚10:00～19:00 🈔無休 🌐www.yokumoku.co.jp/store/aoyama-honten.html

精緻西洋點心品牌，最暢銷的是名為「Cigare」的夾心捲心餅乾(¥972／14捲一盒)，有原味、巧克力，及咖啡歐蕾3種，配茶、配咖啡最對味。

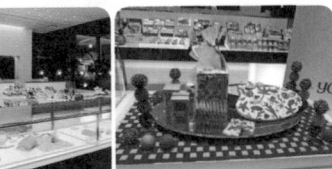
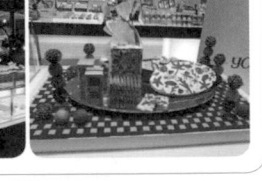

AVEDA Pure Cafe

🗺 P.293／C6 ✉ 港區南青山5-5-21 📞03-5466-2611 🕚08:30～22:30 🈔無休 💲早餐¥680，午餐¥1,200，晚餐¥1,200起，午茶組合¥900 🌐www.pure-cafe.com

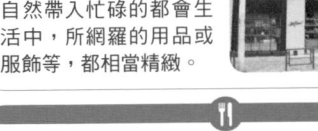

以美髮、保養用品出名的AVEDA，也開起了同樣精緻優雅的咖啡廳，提供美味早、午、晚餐，讓來AVEDA剪頭髮、作SPA的顧客，也可以悠閒地用餐休息。可以試試以天然酵母烘焙的麵包(¥350／個)。

sou.sou

🗺 P.293／D8 ✉ 港區南青山5-4-24 📞03-3407-7877 🕚11:00～20:00 🈔無休 🌐sousou.co.jp

來自京都，有著濃濃和風的品牌，以改良的和服、足袋、手巾等，搭配設計感十足的圖樣，將傳統的衣物賦予全新的新時代面貌，也將這些獨特的設計放在手機殼上，叫人不下手買都難。

一枝軒

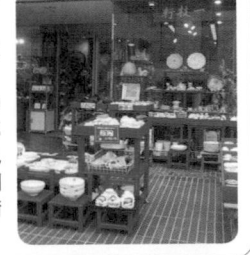

🗺 P.293／C7 ✉ 港區南青山5-7-17 📞03-3406-3936 🕚11:00～19:00 🈔每月最後一個週日 🌐www.issiken.com

和風陶瓷碗盤的專門店，大大小小的杯、盤、碗，都有著有趣或傳統、典雅的和風圖案，可以挑選個擺在外頭的特價品買回家。店內都是比較精緻的商品，也有一些純手工捏製的創作品，非常具有藝術性，好不叫人心動。

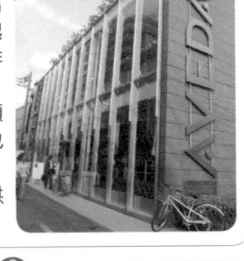

Quil Fait Bon

MAP P.292 / C4 ✉ 港區南青山3-18-5 ☎ 03-5414-7741 ◷ 11:00～20:00 休 無休 $ 單切水果派 ¥768 http www.quil-fait-bon.com

　喜歡甜點的朋友絕對不可錯過這一家店，各種鋪上滿滿新鮮草莓、芒果、洋梨的水果派，讓人垂涎三尺，想在店內優雅地品嘗，可得排隊等位子。

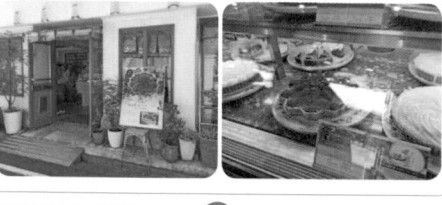

B-Company

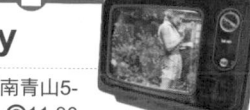

MAP P.293 / B5 ✉ 港區南青山5-6-4 ☎ 03-5774-8848 ◷ 11:00～20:00 休 無休 http onlineshop.b-company.co.jp

　相當知名的生活雜貨品牌，在東京地區有許多分店，以鄉村風格的商品為主，集合許多知名雜貨，也有木製櫥櫃或沙發等，甚至飾品。基本上標價不算高，所以來逛街採購的人不少，像我買的普普風電視相框就很特別。

Figaro

MAP P.293 / E6 ✉ 港區南青山5-3-10 ☎ 03-3499-6786 ◷ 10:30～22:00 休 無休 $ 午餐¥1,300起，蛋糕set¥1,080 http www.french-figaro.com

　燈光美、氣氛佳的法式餐廳，若有用餐預算，美味的法式料理晚餐是好選擇，若只是逛街路過，經濟實惠的午餐、午茶則是最佳選擇。一份法式甜點+一杯紅茶、咖啡+免費的美麗街景，有誰不愛呢！

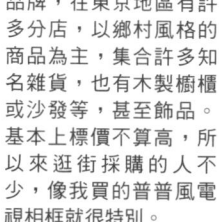

微熱山丘

MAP P.292 / E4 ✉ 港區南青山3-10-20 ☎ 03-3408-7778 ◷ 11:00～19:00 休 無休 http www.sunnyhills.com.tw/index/ja-jp

　來自台灣的知名鳳梨酥品牌，第一家海外分店就選在東京南青山地區，特別聘請知名日本建築家隈研吾打造搶眼的外觀。來到附近，不妨繞進巷子內，欣賞這棟奇特別緻的建築，也可以坐下來休息一下。

A to Z Cafe

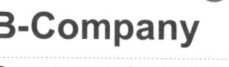

MAP P.293 / B6 ✉ 港區南青山5-8-3(5F) ☎ 03-5464-0281 ◷ 12:00～23:30 休 無休 $ 甜點¥550～1,250 餐點¥800～1,100 http atozcafe.exblog.jp

照片提供／魏國安

　喜歡奈良美智作品的讀者，就不能錯過這一家隱身於大廈5樓內的主題咖啡餐廳，餐廳內處處都可見到奈良美智作品中，那位大頭而且有著一對上吊眼尾的臭臉小女生，或者竊笑的小狗。店名A to Z源自奈良美智某次日本國內巡迴展的名稱，所以餐廳裡有不少當時的展覽作品，像是店中央的小木屋；而你也可以在櫃檯旁，買到奈良美智的明信片或小飾品。咖啡廳提供西式輕食，不過來到這裡當然是朝聖藝術家比用餐要重要得多了。

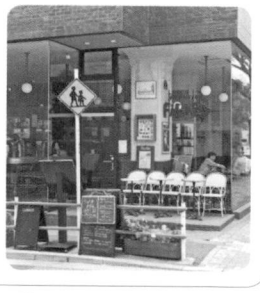

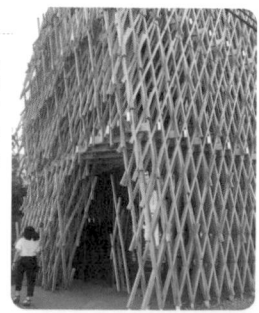

照片提供／魏國安

照片提供／魏國安

照片提供／魏國安

Cafe Madu

MAP P.293 / B6　港區南青山5-8-1　03-3498-2971　11:00～23:00　無休　午茶約¥1,000(蛋糕+飲料)，餐點¥945～1,365　www.madu.jp

　　由生活雜貨店Madu所開設的咖啡廳，露天的座椅、歐風的閒情逸致，Madu自1994年開店至今，已是青山地區相當知名的咖啡廳，不僅可以品嘗香醇的咖啡、精美的蛋糕，也有生活雜貨可以購買。

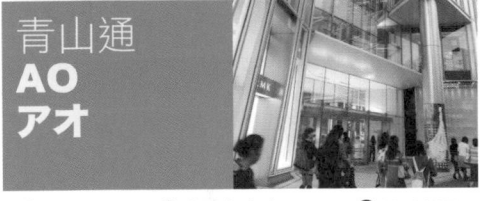

上、下照片提供／魏國安

Blue Bottle Coffee

MAP P.292 / C4　港區南青山3-13-14　03-5413-5380　08:00～19:00　無休　馬克杯¥2,160　bluebottlecoffee.jp/cafes/aoyama

　　這是Blue Bottle咖啡店在日本開設的2號店。清澄白河1號店稍遠、新宿3號店電人多吵雜，青山2號店小巧僻靜，門口的綠意是最吸引我的地方，絕對是品嘗美味咖啡、購買藍瓶紀念品最佳的地方。

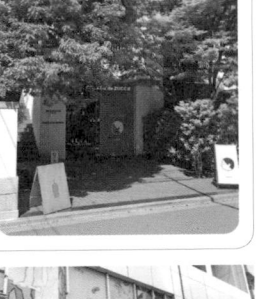

青山通 Spiral スパイラル

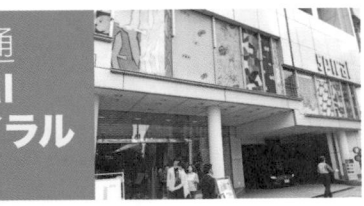

MAP P.293 / B5　港區南青山5-6-23　03-3498-1171　商店10:00～21:00，餐廳11:00～23:00　無休　www.spiral.co.jp

　　青山通上新的去處，這裡有的是滿滿的藝文氣息，要優雅、買生活，就來逛一逛。Spiral主要是以活動場地為中心，不同類型的展覽或表演活動，都陸續在這裡上檔，1樓大廳有咖啡廳、2樓商店販售日本製造、藝術家品牌的生活雜貨、用品等，喜歡購買高質感的用品，就不能錯過這個會讓人刷卡的商店。

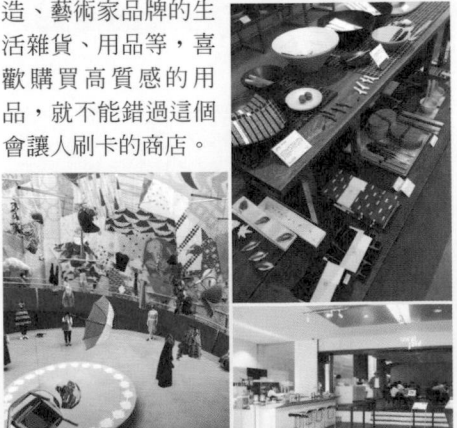

青山通 AO アオ

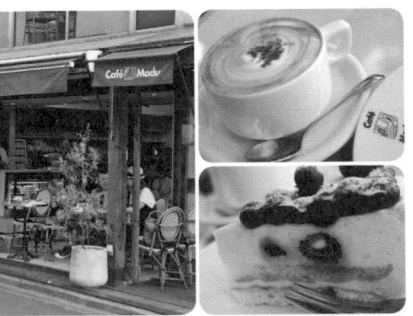

MAP P.293 / A5　港區北青山3-11-7　03-6427-9196　11:00～20:00　無休　www.ao-aoyama.com

　　青山、原宿地區唯一一家大型百貨商場，位在車輛來來往往的青山通上，獨特的玻璃帷幕外觀非常醒目，商場內以日本的服飾、生活雜貨品牌為主，也有許多國際知名品牌，像是ecco、Folli Follie、Keyuca等，而大樓內也有美髮沙龍、紀伊國屋超市，及台灣也有的知名烘焙店DONQ，不妨來逛一逛，也可以吹吹冷氣消消暑。

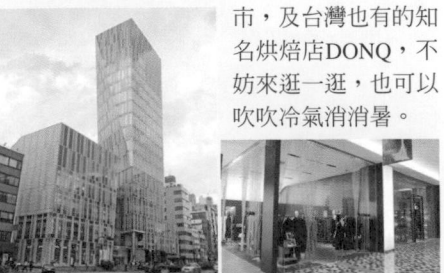
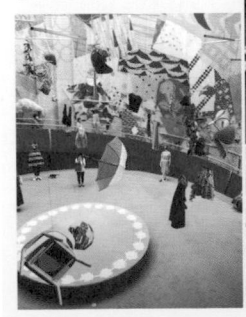

Clinton St. Baking Company

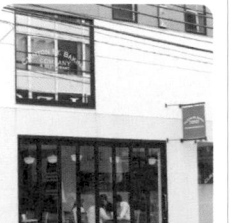

MAP P.293 / D8 港區南青山5-17-1 03-6450-5944 08:00～22:30 不定休 餐點¥1,000～2,400 clintonstreetbaking.co.jp

　紐約的早餐之王、鬆餅名店，也展店到東京了。Clinton以烘焙店創業，以美味的鬆餅轟動紐約餐飲界，是紐約最受歡迎的餐廳之一，知名鬆餅餐點Pancakes with warm maple butter (¥1,600)，只要飛來東京即可就近品嚐到。

寅福

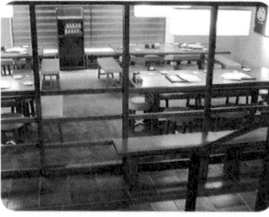

MAP P.293 / A6 港區北青山3-12-9(B1) 03-5766-2800 11:30～15:00，17:30～23:30 年末年始 鐵鍋飯Set¥740，配菜¥480～980，午餐¥1,000起 www.four-seeds.co.jp/torafuku

　日本的米飯特別好吃眾所皆知，而這家餐廳就是以白米飯為主角，除了千挑萬選的米，還以古早的大灶鐵鍋手法炊製，就是要好吃到讓人「再來一碗」啦！點道菜配白飯，就是滿足的一餐。

だるまや拉麵

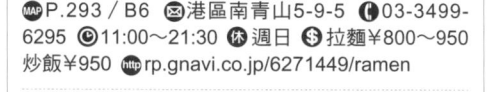
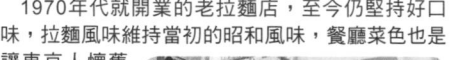

MAP P.293 / B6 港區南青山5-9-5 03-3499-6295 11:00～21:30 週日 拉麵¥800～950 炒飯¥950 rp.gnavi.co.jp/6271449/ramen

　1970年代就開業的老拉麵店，至今仍堅持好口味，拉麵風味維持當初的昭和風味，餐廳菜色也是讓東京人懷舊的親切風。雖說是和風拉麵餐廳，但我覺得較像中華餐館，有煎餃、麻婆豆腐、炒豬肝等。

志味津

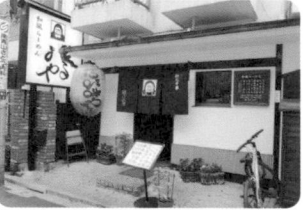

MAP P.293 / B5 港區北青山3-10-8 03-3409-0481 11:00～22:30 無休 特選炸豬排定食¥1,400

　門口窄小，位在地下樓的炸豬排餐廳，從地鐵B2出口出站就看得到它了。這家炸豬排餐廳同樣堅持簡單的好口味，香酥的豬排，不油不膩，這幾年多了許多不同的定食組合，比起以前，選擇性更多了。

Napule

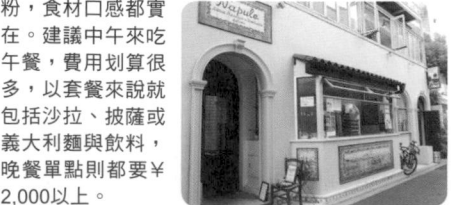

MAP P.293 / B5 港區南青山5-6-24 03-3797-3790 11:30～14:00，17:30～22:00 無休 午間套餐¥1,400起，晚間套餐¥4,800起，披薩¥1,800起 napule-pizza.com/minamiaoyama

　道地的義大利披薩餐廳，使用義大利進口的小麥粉，食材口感都實在。建議中午來吃午餐，費用划算很多，以套餐來說就包括沙拉、披薩或義大利麵與飲料，晚餐單點則都要¥2,000以上。

千吉

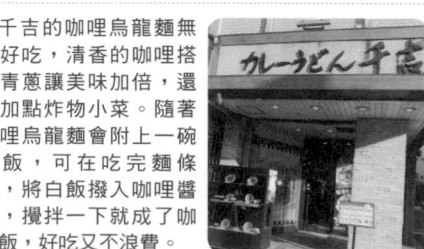
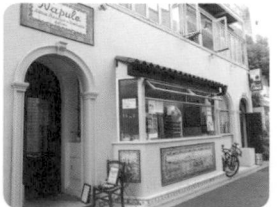

MAP P.293 / B5 港區南青山5-6-25 03-3400-4920 11:00～03:00 無休 咖哩烏龍麵¥700～950，配菜¥90～250 hitosara.com/fe_421465

　千吉的咖哩烏龍麵無敵好吃，清香的咖哩搭配青蔥讓美味加倍，還可加點炸物小菜。隨著咖哩烏龍麵會附上一碗白飯，可在吃完麵條後，將白飯撥入咖哩醬裡，攪拌一下就成了咖哩飯，好吃又不浪費。

13 新宿

TOKYO 東京散步

Shinjuku

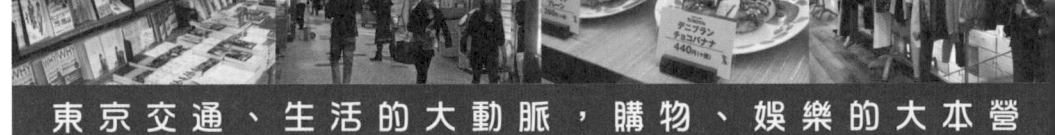

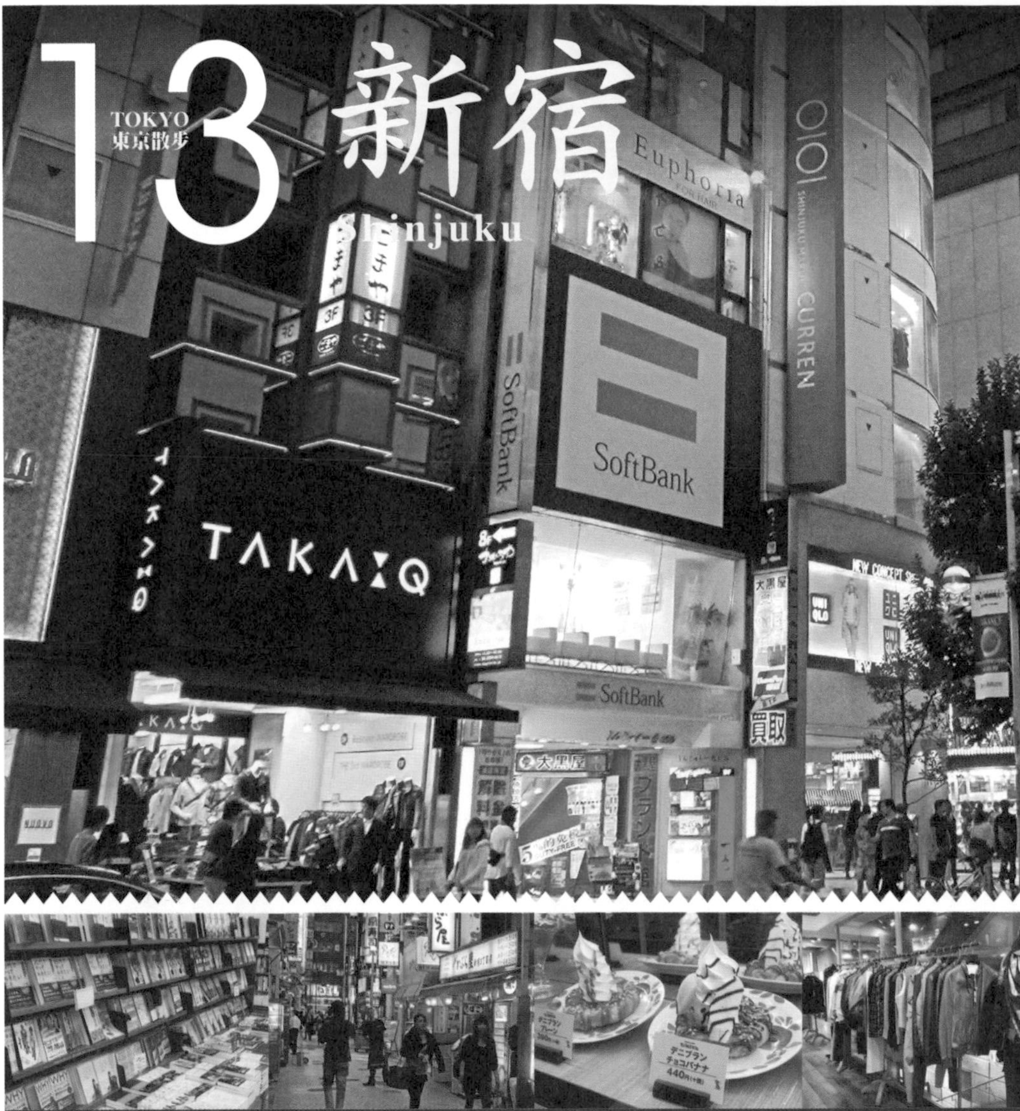

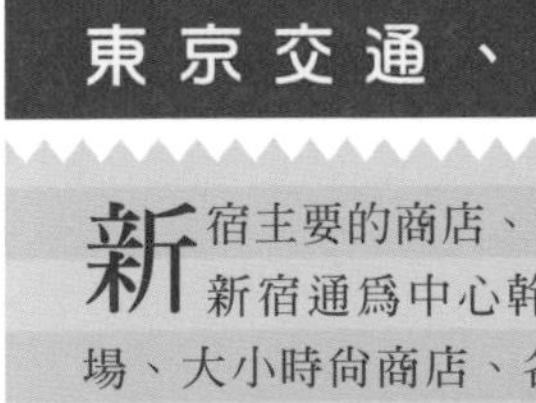

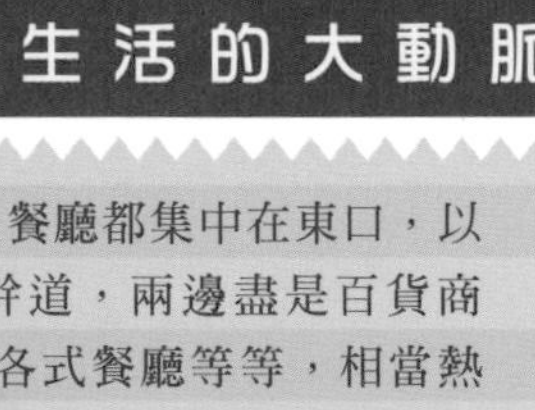

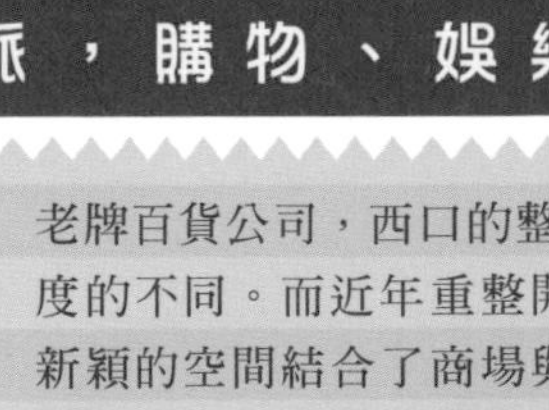

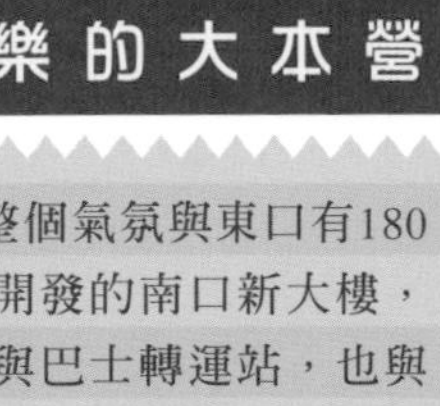

東京交通、生活的大動脈，購物、娛樂的大本營

新宿主要的商店、餐廳都集中在東口，以新宿通爲中心幹道，兩邊盡是百貨商場、大小時尚商店、各式餐廳等等，相當熱鬧，也是觀光客最多的區段。還有越晚越熱鬧的歌舞伎町，也在東口鬧區的邊緣，東口可以說是新宿地區，購物、娛樂的大本營。

西口則擁有新宿最主要的景點，可以免費登高賞景的「新宿都廳舍」，還有兩家當地老牌百貨公司，西口的整個氣氛與東口有180度的不同。而近年重整開發的南口新大樓，新穎的空間結合了商場與巴士轉運站，也與JR電車站、百貨公司連結，不論搭車、逛街都很方便；天橋下的旅客咨詢處、餐廳，也都相當受遊客歡迎。此外，新宿另一個大景點則是位在南邊的「新宿御苑」，是東京賞春櫻的名所。

散｜步｜對｜策

　　新宿車站是東京主要的大站之一，交通路線、地下通道之複雜，可以列為「一不小心就會迷路」的車站之首，時常讓人在車站內團團轉，還找不到想去的出口，至於會迷路的第二名，我給東京車站。

　　逛新宿，建議可以分成東口、西口、南口及新宿御苑4部分，不妨先以東口的新宿通為中心逛起，光東口你就可以花上個大半天的時間，還不夠用，尤其在新宿通與靖國通之間，還有好多家超好逛的二手名牌店及藥妝店。西口、南口若沒時間逛也無所謂。至於新宿御苑，你可以一大早趁商店都還未開門營業前先去參觀；而新宿都廳可以晚一點再上去展望室看夜景，之後回飯店休息，或前往歌舞伎町周邊續攤，拉麵、居酒屋，吃吃喝喝熱鬧一番。

交｜通｜對｜策

前往新宿西口、新宿都廳舍周邊
1.搭乘JR電車山手線、中央線、總武線、湘南新宿線、埼京線，到「新宿」站
2.搭乘地鐵都營大江戶線，到新宿西口站或新宿站；新宿線，到「新宿」站
新宿都廳舍(9、S1、中央西口出口)
高島屋百貨、新宿御苑(新南口出口)
懷舊橫丁(D3出口)

前往新宿東口、歌舞伎町周邊
1.搭乘JR電車山手線、中央線、總武線、湘南新宿線、埼京線，到「新宿」站
2.搭乘地鐵東京Metro丸ノ內線，到「新宿」站
3.搭乘私鐵西武新宿線，到「西武新宿」站
東口廣場(東口出口)、中村屋(A6出口)
紀伊國屋書店(B7、B8出口)
歌舞伎町(B11、B11-1出口；西武新宿站南口)

前往伊勢丹百貨、新宿御苑周邊
1.搭乘地鐵東京Metro丸ノ內線、副都心線，到「新宿三丁目」站
2.搭乘地鐵都營新宿線，到「新宿三丁目」站
伊勢丹百貨本館(B4出口)
丸井百貨本館(A1、A2、A3、A4出口)
高島屋百貨(E8出口、東南口出口)
新宿御苑(C1、C6、E5出口)

　　至於新宿除了逛街、購物、吃飯外，還有哪裡好玩呢?若你好奇東京同志的夜生活，可在逛完伊勢丹百貨後越過明治通，往東京同志勝地「新宿二丁目」前進，這裡約有上百家大大小小的Gay Bar，從深夜熱鬧到清晨，不過別忘了搭上最後一班地鐵，不然你就只能搭昂貴的計程車回飯店了！

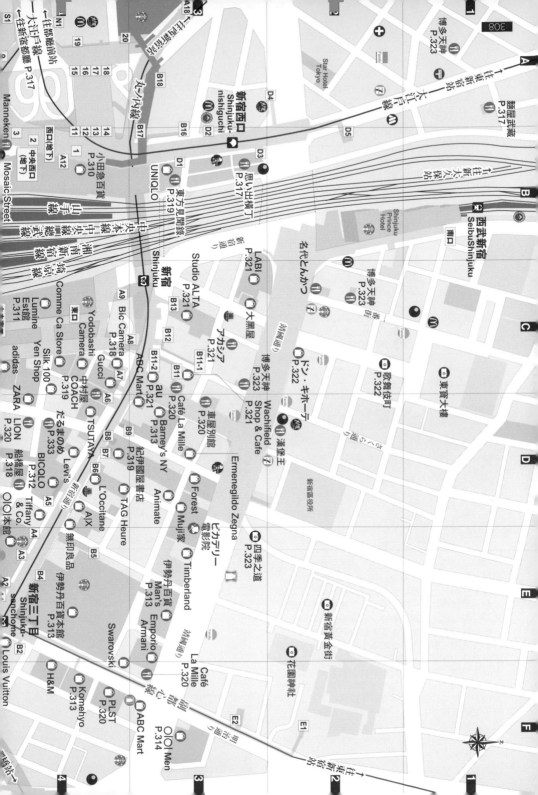

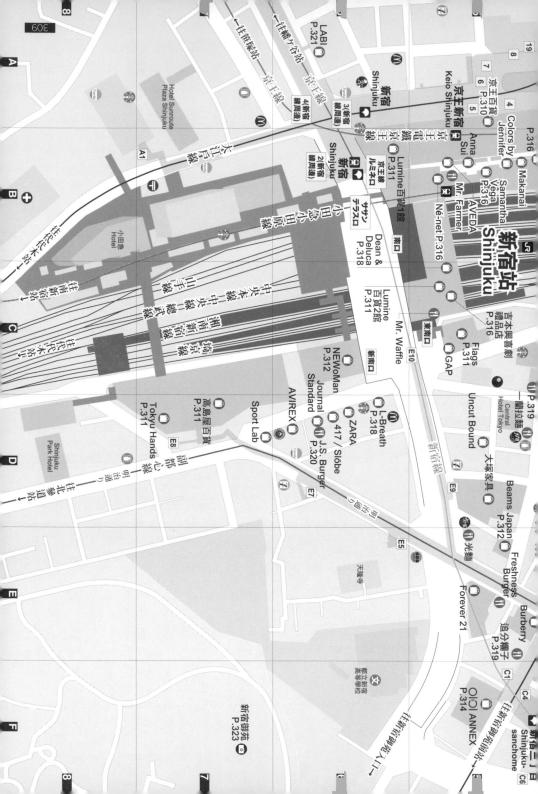

新宿站
Shinjuku
JR

新宿站
Shinjuku

Central
Hotel Tokyo

吉本興喜劇
P.316

一蘭拉麵

小田急
Hotel

Hotel Sunroute
Plaza Shinjuku

Keio Shinjuku

Shinjuku

LABI
P.321

京王百貨
P.310

Colors by
Jennifer
P.316

Anna
Sui

Samantha
Vega
P.316

Makanai

Mr. Farmer

AVEDA

Né-net P.316

新宿
Shinjuku
ルミネエ口

Lumine百貨1館
P.311

Dean &
Deluca
P.318

Lumine
百貨2館
P.311

南口

新南口

Mr. Waffle

東南口

Flags
P.311

GAP

Uncut Bound

大塚家具

Beams Japan
P.312

Freshness
Burger
P.319

Burberry
追分糰子
P.319

NEWoMan
P.312

Journal
Standard

AVIREX

Sport Lab

高島屋百貨
P.311

Tokyu Hands
P.311

Shinjuku
Park Hotel

L-Breath
P.318

ZARA

417 / Slöbe

J.S. Burger
P.320

P.319

P.318

光麵

Forever 21

都立新宿
高等學校

OIOI ANNEX
P.314

新宿御苑
P.323

天龍寺

E10

E8

E7

E5

E9

C1

C4

C6

丸イ伯二一J
Shinjuku-
sanchome

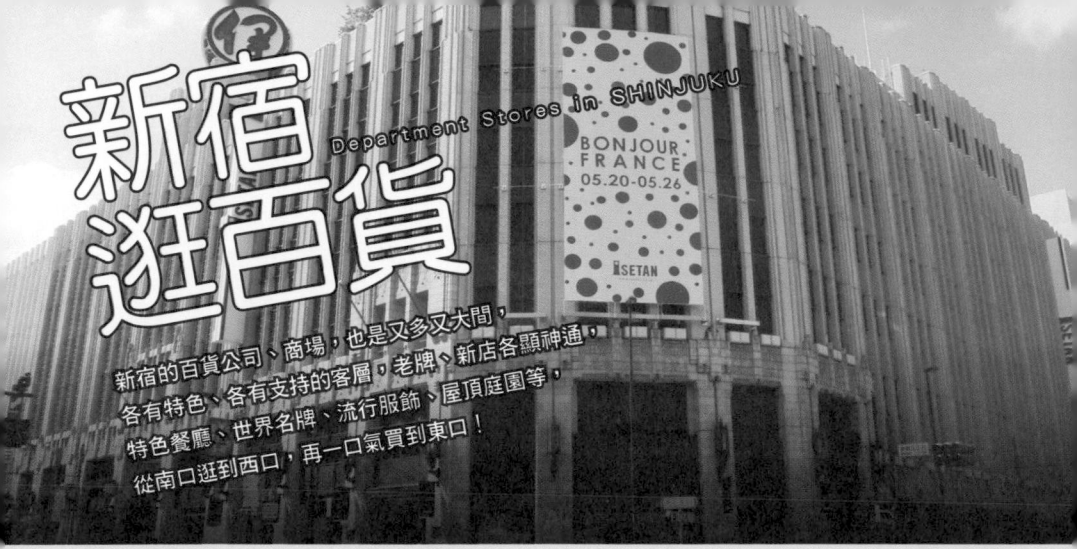

新宿逛百貨

BONJOUR
FRANCE
05.20-05.26
ISETAN

新宿的百貨公司、商場，也是又多又大間，
各有特色、各有支持的客層，老牌、新店各顯神通，
特色餐廳、世界名牌、流行服飾、屋頂庭園等，
從南口逛到西口，再一口氣買到東口！

新宿西口
京王百貨
Keio
けいおう

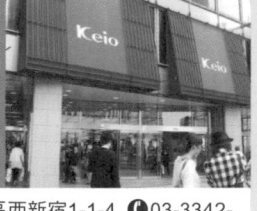

MAP P.309 / A5 新宿區西新宿1-1-4 03-3342-
2111 商店10:00〜20:30，餐廳11:00〜22:00 休
無休 http www.keionet.com

京王百貨在新宿開業將近50年，算是新
宿地區老牌的百貨公司，走大眾百貨
的路線，新潮、大型的賣場空間，曾引領風
潮過一時；但由於東口開發迅速，新穎的商
店、百貨都往東口進駐，也將年輕的消費人
口帶走大半，幾乎七成以上的消費來自於忠
實、已變成銀
髮族群的老顧
客。因此，京
王自數年前開
始改裝，進行
各種無障礙空
間規畫，及將
櫃檯、座椅等
設施更換成更
體貼銀髮族舒
適的高度等，
真的是「揪甘
心ㄟ」。

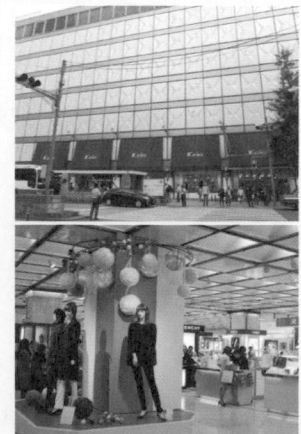

新宿西口
小田急百貨
Odakyu
おだきゅう

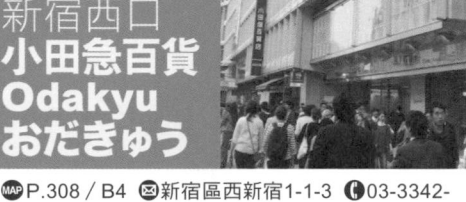

MAP P.308 / B4 新宿區西新宿1-1-3 03-3342-
1111 商店10:00〜20:00，餐廳11:00〜22:00 休
無休 http www.odakyu-dept.co.jp

要說老牌百貨店，小田急還比京王早兩
年開業，2012年喜迎50大壽，但小田
急的命運與京王差不多，年輕客層的流失造
成經營危機。與京王不同的改變是，小田急
已引進國際名牌進駐精華的1樓位置，吸引年
輕貴婦族群來逛街消費，9樓則闢有屋頂庭
園廣場；並在一旁設立別館，引進新潮生活
雜貨，以及占了6個樓層的家電、3C大牌Bic
Camera，企圖開拓新的消費客層。

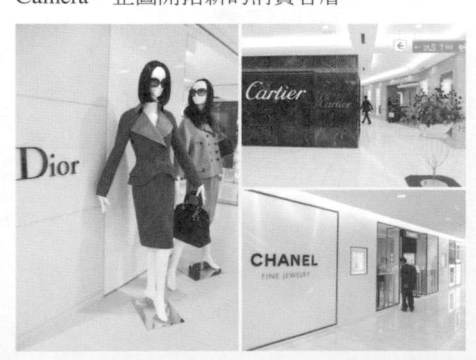

新宿新南口
高島屋百貨
Takashi-maya

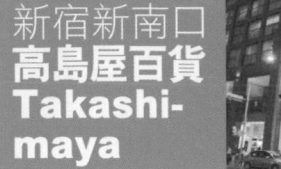
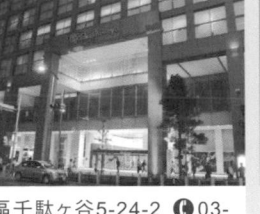

📍P.309 / D7 ✉澀谷區千駄ヶ谷5-24-2 ☎03-5361-1111 🕐商店10:00～20:00，餐廳11:00～23:00 ❌無休 🌐www.takashimaya.co.jp/shinjuku

高島屋百貨是南口一家主題多元化的大百貨公司，整個大樓群由高島屋百貨，及側館的東急手創館組成。高島屋百貨地下樓集合日本各地特色點心，是我最愛逛的樓層；1樓為化妝品；2、3樓有國際名牌，而最重要的退稅服務位在11樓。而車站天橋的另一側也有商場可逛。

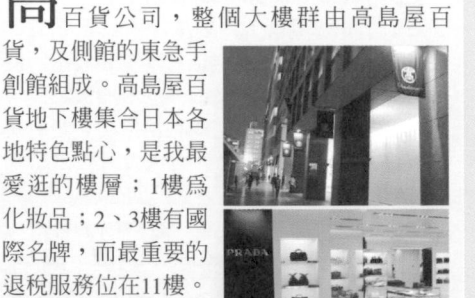

新宿新南口
東急手創館
Tokyu Hands

📍P.309 / D7 ✉澀谷區千駄ヶ谷5-24-2 ☎03-5361-3111 🕐10:00～21:00 ❌無休 🌐shinjuku.tokyu-hands.co.jp

新宿東急手創館是間大型旗艦店，與高島屋百貨是同一棟建築，兩家百貨可以互通。8個樓層的賣場，園藝、生活、戶外、修繕、文具用品等，商品應有盡有，項目最為齊全。記得兩家都挑自己喜歡的重點逛，不然可會耗上大半天在這裡噢！

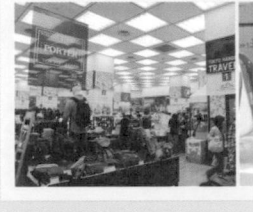
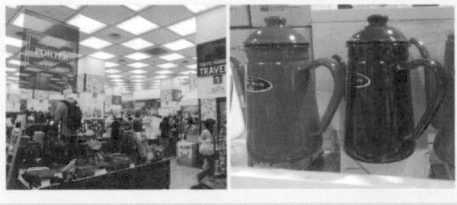
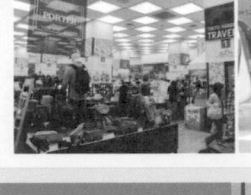
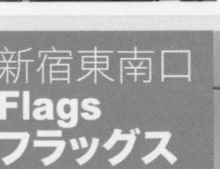
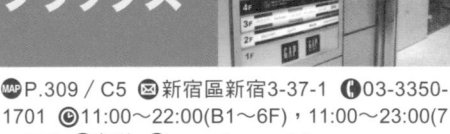

新宿南口
Lumine
ルミネ

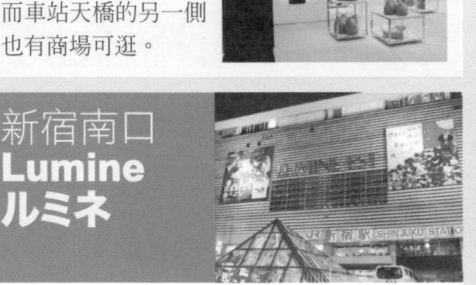

📍P.309 / B6(Lumine1)，P.309 / C5(Lumine2)，P.308 / C4(Lumine Est) ✉新宿區西新宿1-1-5 ☎03-3348-5211 🕐商店11:00～22:00，餐廳11:00～23:00 ❌無休 🌐www.lumine.ne.jp

橫跨JR車站南口的Lumine，是一家大型的綜合百貨公司，這個百貨品牌在新宿車站周圍共有3館，因為搭車人潮進進出出很多，是目前人氣最旺的百貨公司，美食街最好逛、附屬餐廳也都頗為時髦。

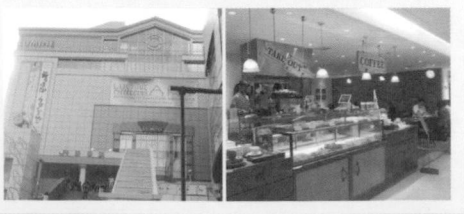

新宿東南口
Flags
フラッグス

📍P.309 / C5 ✉新宿區新宿3-37-1 ☎03-3350-1701 🕐11:00～22:00(B1～6F)，11:00～23:00(7～10F) ❌無休 🌐www.flagsweb.jp

位在JR車站東南出口的一幢玻璃帷幕大樓，逛街、搭車的人潮無時無刻都很多，11個樓層有音樂、有時尚，都是目前頗熱門的品牌，如Ships、United Arrows、Camper，以及運動大品牌Oshman's等。最主要的品牌是有兩個樓層的GAP，以及從7～10樓的Tower Records。

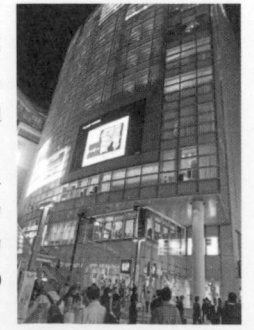

新宿東口
BICQLO
ビックロ

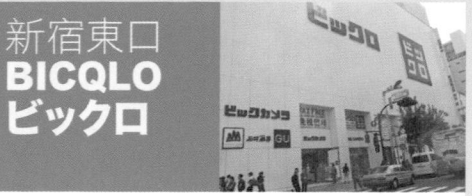

MAP P.308 / D4 　新宿區新宿3-29-1 　03-5363-5741 　10:00～22:00 　無休 　www.uniqlo.com/jp/store_news/store.php?poi=10101424

這幢純白外觀的商場，是日本平民服飾UNIQLO與家電業龍頭的Bic Camera，兩家企業所聯合經營的新商店，店名也是取自兩家企業名的結合。偌大的賣場可以買服飾、可以購家電，尤其是UNIQLO有相當多的限定商品與獨特的服務，是新宿觀光客必逛，也是最熱門的景點商店。

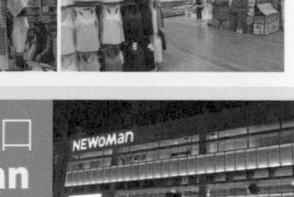

新宿三丁目
Beams
Japan

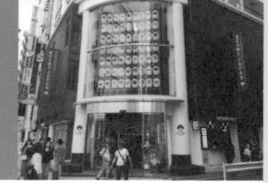

MAP P.309 / E5 　新宿區新宿3-32-6 　03-5368-7300 　11:00～20:00 　不定休 　www.beams.co.jp/beams_japan

重新改裝的Beams Japan新宿店，從只賣時尚的印象，轉變成讓人刮目相看的文化輸出，每個樓層均以日本生產製造的商品為主，地方土產、文創商品、服裝飾品、生活食器等，處處都充滿和風之美。更有小藝廊推廣新興藝術家，1樓也設有猿田彥咖啡亭，是一間來新宿不可錯過的商店。

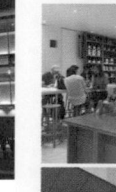
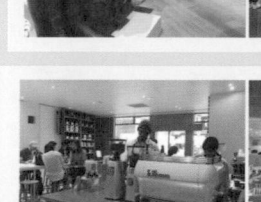

新宿新南口
NEWoMan

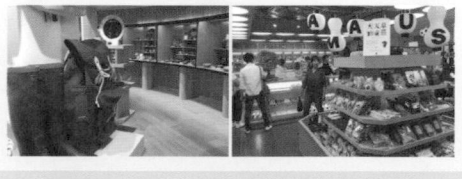

MAP P.309 / C6 　新宿區新宿4-1-6 　03-3352-1120 　商店11:00～21:30 　無休 　www.newoman.jp

經過多年重建，新宿新巴士轉運站終於在2016年3月隆重落成啓用，室內型的候車空間相當便利。而新巴士轉運站大樓與新宿車站連成一氣，要搭車、要逛街都很方便。

NEWoMan商場由Lumine百貨集團所經營，雖然商場樓層不多、空間不大，但商店、餐廳可都是經過精挑細選的品牌，如Aēsop、Converse Tokyo、Maison Kitsuné、CABaN Tomorrowland

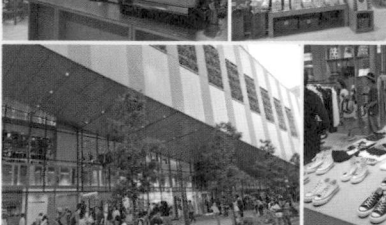

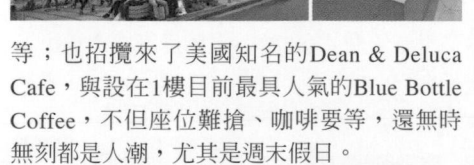

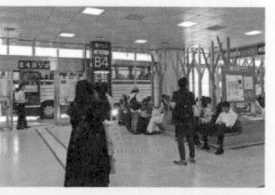

等；也招攬來了美國知名的Dean & Deluca Cafe，與設在1樓目前最具人氣的Blue Bottle Coffee，不但座位難搶、咖啡要等，還無時無刻都是人潮，尤其是週末假日。

而Blue Bottle Coffee對面的AKOMEYA TOKYO也是相當受歡迎的商店，不只買得到日本各地精選來的米，也有各種生活用品、食品；而另一個角落則有人氣一流的麵包店LE PAIN de Joël Robuchon，都值得造訪。

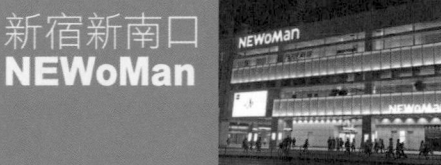

新宿東口
Barney's New York

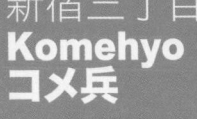

MAP P.306 / D3 新宿區新宿3-18-5 0120-137-007 12:00～20:00 不定休 www.barneys.co.jp

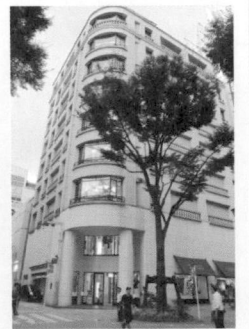

這家來自紐約品牌的精品百貨公司，在東京只有銀座與新宿兩間，規模當然是新宿的整幢最大，品牌與商品選擇性最多。逛膩了日系百貨，換逛美系的精品百貨，來看看精選的名牌精品。

新宿三丁目
Komehyo コメ兵

MAP P.308 / F4 新宿區新宿3-5-6 03-5363-9188 11:00～21:00 不定休 www.komehyo.co.jp/store/shinjuku

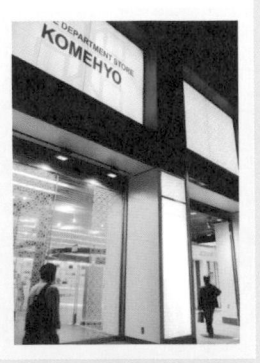

這是一家比較不一樣的百貨公司，8個樓層裡擺滿平價及高價的名牌時裝、包包、珠寶、手表等商品，但大都是精心整理的中古品、二手品，擺設得如同新品專櫃一般，歡迎前來尋寶吧！

新宿三丁目
伊勢丹百貨 ISETAN いせたん

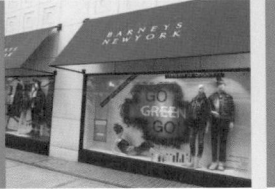

MAP P.308 / E4(本館)，P.308 / E3(男士館) 新宿區新宿3-14-1 03-3352-1111 商店10:30～20:00，餐廳11:00～22:00 無休 isetan.mistore.jp/store/shinjuku

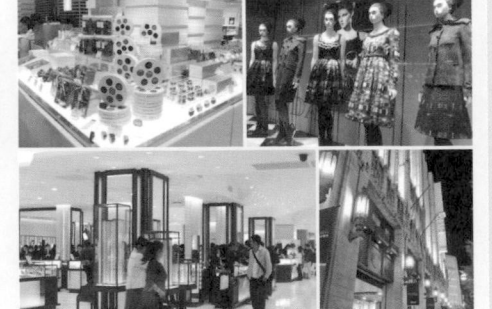

新宿東口的消費力確實吸引力十足，各大百貨、商場陸續搶攻，各有各的特色。若想選購一級名牌商品，又沒空前往銀座一間一間逛的話，不妨到網羅世界一級名牌的伊勢丹百貨來採購。

伊勢丹百貨本館位在新宿通與明治通的路口，古典形式建築極為醒目，全館10個樓層，買化妝品在1樓，2～4樓有許多高人氣時裝品牌，如Burberry、Paul Smith、Fendi、Prada、Gucci等，

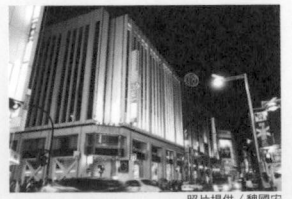

足以讓人逛到頭昏眼花，買到彈盡援絕的精彩。退稅處設於B1與6樓。

不過最值得逛的還是B1的食品部門，來自日本最頂尖的和風點心、西式糕點店鋪，將美味的商品擺設的跟珠寶、化妝品專櫃般精緻，每家都讓人想過去看看，並買來嘗嘗。

伊勢丹在本館後方開設了有9層樓的男士館，館內一次集合日本三大設計師品牌，三宅一生、山本耀司，以及川久保玲，加上國際時尚品牌，讓男士朋友們也能從頭時尚到腳。兩幢大樓的B1、3F及6F，有天橋相通。

照片提供／魏國安

新宿三丁目
丸井百貨 MARUI マルイ

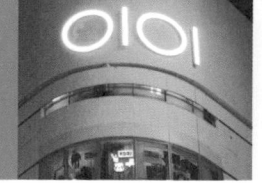

📍P.308／E4(本館) 🚇新宿區新宿3-30-3 📞03-3354-0101 🕐11:00～21:00 ⊗無休 🌐www.0101.co.jp

新宿最大的時裝百貨集團就屬〇I〇I(丸井百貨)，共有3座大樓，以不同格調詮釋當前的流行風潮，年輕消費族群或許會到伊勢丹逛名牌，但若要花錢置裝就一定是往〇I〇I跑，不僅價位合理，而且款式設計也符合當下的潮流，讓你在預算內打點最in的時尚，還能順便喝個咖啡，之後再買點摩登的生活雜貨帶回家。

本館(仕女館)

2007年開幕的本館，就在伊勢丹百貨的正對面，明亮通透的外觀跟館內的服飾一樣時尚，9個樓層都是最紅的日系品牌專櫃；國際品牌如藍標Burberry、agnès b.等，你可以在2樓找到；8樓還有目前相當熱門的咖啡品牌「猿Cafe」；只有7樓是男士商品；另外頂樓闢有英式的屋頂庭園，相當舒適，逛街購物之餘可以上去走走。

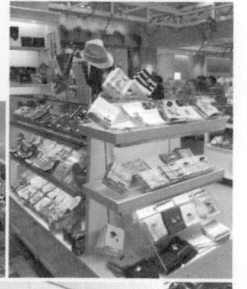

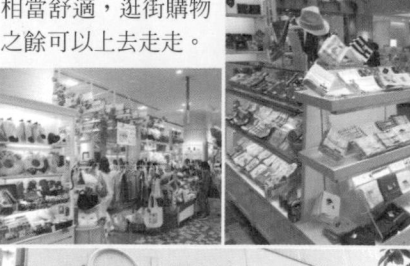

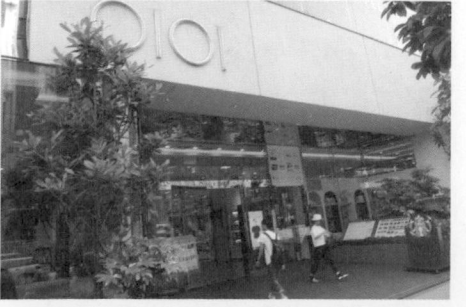

MEN(男仕館)

位在東口鬧區邊緣的男仕館，8個樓層裡匯集了當紅的日系品牌，及國際休閒名牌專櫃；如Porter、D&G、Diesel、Paul Smith，以及黑標Burberry等，從服飾、眼鏡、帽子、鞋子、襪子，到公事包、行李箱等都有，讓型男可以從頭採購到腳，將休閒、上班的行頭一次購足。(📍P.308／F3)

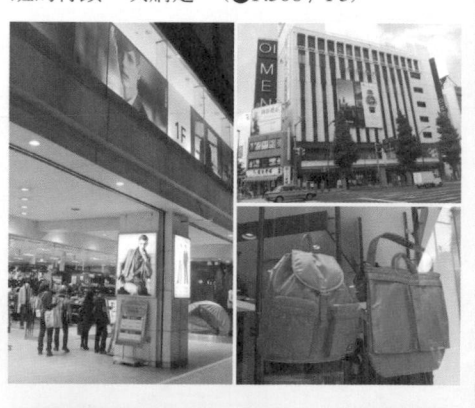

ANNEX(休閒館)

在新宿御苑旁的ANNEX館，是集合電影院、咖啡館、餐廳的綜合商場，ANNEX館的時裝以運動、休閒品牌為主，鎖定來看電影、用餐的客層。B1的休閒咖啡廳「Brooklyn Parlor」，兼賣音樂、書籍，還可以喝到來自紐約布魯克林的啤酒。(📍P.309／F5)

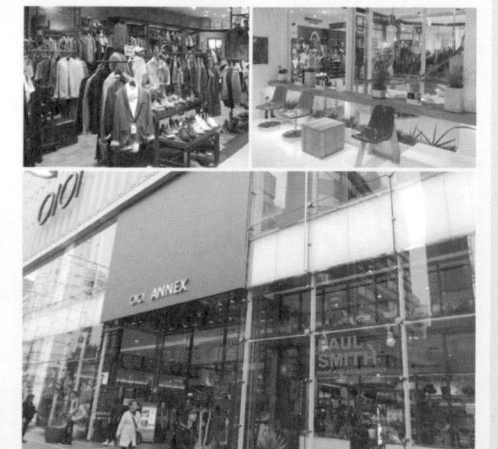

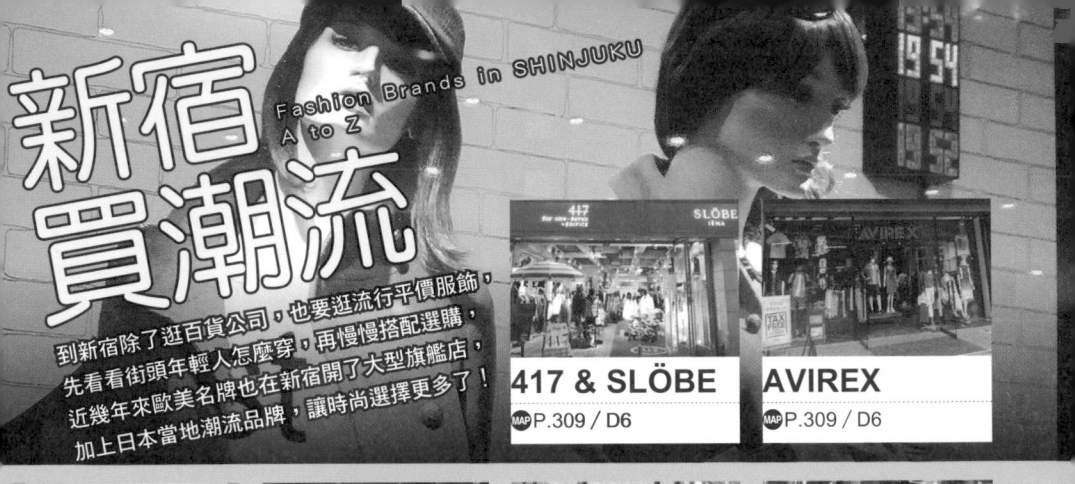

新宿買潮流

到新宿除了逛百貨公司，也要逛流行平價服飾，
先看看街頭年輕人怎麼穿，再慢慢搭配選購，
近幾年來歐美名牌也在新宿開了大型旗艦店，
加上日本當地潮流品牌，讓時尚選擇更多了！

417 & SLÖBE
MAP P.309 / D6

AVIREX
MAP P.309 / D6

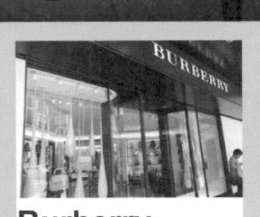

A|X
MAP P.308 / D4

Burberry
MAP P.309 / E5

COACH
MAP P.308 / C4

Comme Ca Store
MAP P.308 / C4

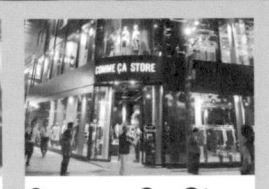

Emporio Armani
MAP P.308 / E3

Ermenegildo Zegna
MAP P.308 / D3

Forever 21
MAP P.309 / E5

GAP
MAP P.309 / C5

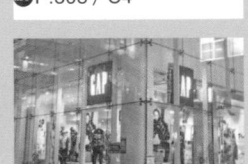
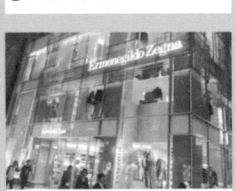

GUCCI
MAP P.308 / C4

H&M
MAP P.308 / F4

Journal Standard
MAP P.309 / D6

Levi's
MAP P.308 / D4

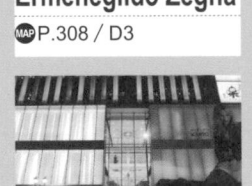
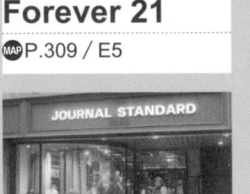

Louis Vuitton
MAP P.308 / E4

Timberland
MAP P.308 / E3

Uncut Bound
MAP P.309 / D5

ZARA
MAP P.308 / D4、P.309 / D6

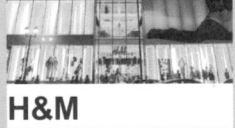
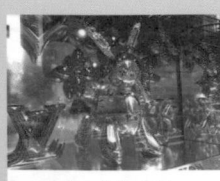
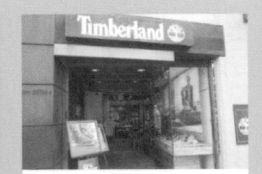
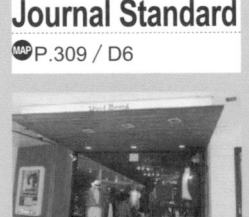

新宿西口
Mosaic Street
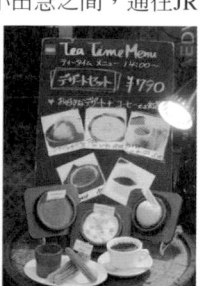
P.308 / B4 http www.odakyu-sc.com/shinjuku-mylord

西口的景點除了「新宿都廳」、「懷舊橫丁」外，只有京王及小田急兩家大型百貨公司，另外夾在京王與小田急之間，通往JR車站的小坡道「馬賽克小徑」上，也有幾家特色小店，如日本當紅國民包「Samantha Vega」專賣店，也有英國雜貨品牌「Cath Kidston」及清潔保養品牌「AVEDA」等；另外還有數家咖啡餐廳可以讓你稍作休憩。

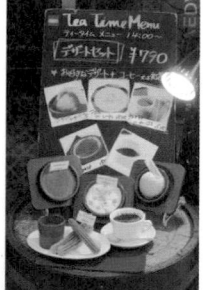

小粹
P.309 / B5 新宿區西新宿1-1-3 03-3349-5664 10:00～21:00 休無休 http www.kamawanu.co.jp

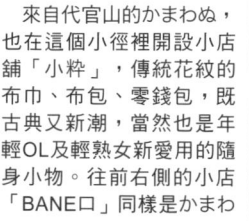

來自代官山的かまわぬ，也在這個小徑裡開設小店舖「小粹」，傳統花紋的布巾、布包、零錢包，既古典又新潮，當然也是年輕OL及輕熟女新愛用的隨身小物。往前右側的小店「BANE口」同樣是かまわぬ所開設的和風小物店。

Samantha Vega
P.309 / B5 新宿區西新宿1-1-3 03-3349-5742 10:00～21:00 休無休 http www.samantha.co.jp

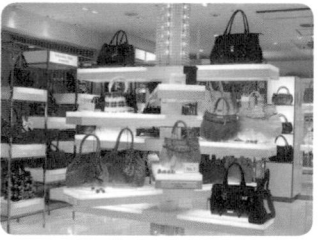

Samantha Thavasa的副牌之一，以活潑可愛為設計重點，各種愛心、星星等圖案的元素都可以在包包上看到，也較常使用漆皮或布料等的素材，相當受到日本高中女生的熱愛，比起正牌，它的價位較低。

Né-net
P.309 / B5 新宿區西新宿1-1-3 (My Lord 2F) 03-3349-5653 10:00～21:00 休無休 http nya-shop.net

以黑貓為招牌的服飾品牌，以可愛、清新的時尚風格，深受日本年輕淑女的喜愛，尤其是各種隨身小物用品，可愛到讓人非買不可。

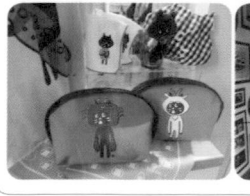
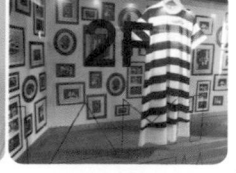

吉本興喜劇禮品店
P.309 / C5 Lumine2百貨公司7F 03-5320-1815 10:00～21:30 休無休 http www.yoshimoto.co.jp/lumine/theater.php

位在百貨公司7樓，是吉本經紀公司旗下搞笑藝人的表演劇場，若經常收看台灣播出的日本綜藝節目，這些搞笑藝人你一點都不陌生；對看不懂的喜劇相聲演出沒興趣，就在一旁的禮品店逛逛吧！

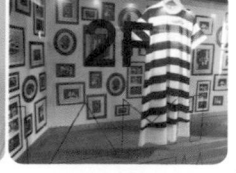
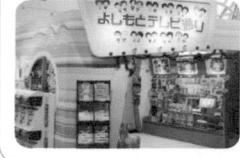
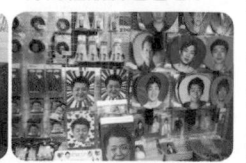

麵屋武藏總本店

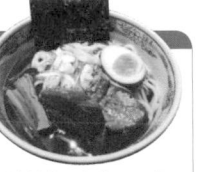

🗺 P.308 / A1　✉ 新宿區西
新宿7-2-6　📞 03-3363-4634
🕐 11:00～22:30　🏠 無休　💲 招牌拉麵(武藏ら～麵)
¥1,150，招牌沾麵(武藏つけ麵)¥1,150　🌐 men
ya634.co.jp/storelist/shinjuku

　　來新宿就一定要吃一碗得過票選冠軍的武藏拉麵，即使遇上排隊隊伍，也不要輕易放棄。濃醇的雙湯頭、Q彈有勁的麵條，加上筍乾、滷蛋、特製滷肉，再淋上香氣十足的蝦油，這就是武藏的招牌拉麵「武藏ら一麵」，排隊的食客就是為了這個美味而來。店內裝潢得像古民家，還貼有數張宮本武藏的電影海報，記得要在排隊時先買好餐券，並體驗一下站在食客身後等座位，及被跟的緊張感。

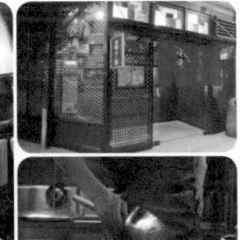

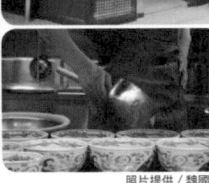

照片提供／魏國安　　　　照片提供／魏國安

思い出橫丁

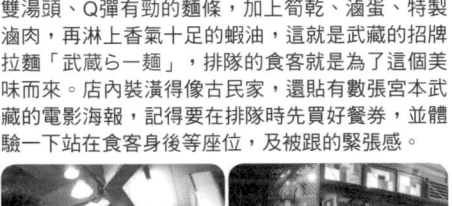

🗺 P.308 / B3
🌐 www.shinjuku-omo
ide.com

　　二次戰後保留下來的街區，在嶄新高樓林立的新宿相當特別。小小的區域裡就有約60間的小食堂、居酒屋，幾乎都是老顧客光顧的迷你店面，部分還採立食經營，穿梭在小巷弄內，別有一番懷舊的風情，如果你不在意隨處飄送的油煙味。而靠近大馬路的一側，則林立著許多票券商，什麼票都賣，連地鐵票也有，省個幾塊錢也好。

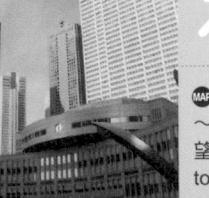

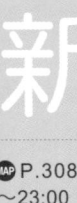

新宿都廳舍

TOKYO-TO CHOSHA

🗺 P.308 / A4　✉ 新宿區西新宿2-8-1　📞 03-5321-1111　🕐 北展望室09:30
～23:00，南展望室09:30～17:30　🏠 北展望室：每月第二、第四個週一，南展望室：每月第一、第三個週二；12/29～1/3　💲 參觀免費　🌐 www.yokoso.metro.
tokyo.jp/tenbou

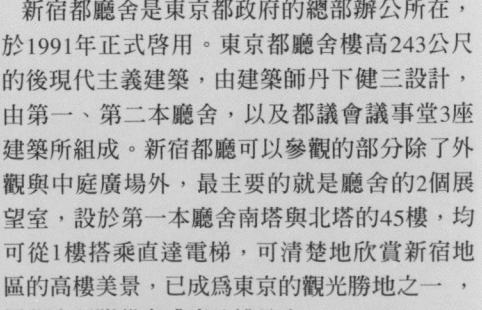

　　新宿都廳舍是東京都政府的總部辦公所在，於1991年正式啓用。東京都廳舍樓高243公尺的後現代主義建築，由建築師丹下健三設計，由第一、第二本廳舍，以及都議會議事堂3座建築所組成。新宿都廳可以參觀的部分除了外觀與中庭廣場外，最主要的就是廳舍的2個展望室，設於第一本廳舍南塔與北塔的45樓，均可從1樓搭乘直達電梯，可清楚地欣賞新宿地區的高樓美景，已成爲東京的觀光勝地之一，展望室還附設咖啡廳及禮品店。　(本單元照片提供／魏國安)

新宿南口

Dean & Deluca

🗺 P.309 / C5 📮 新宿區新宿3-38-2 📞 03-5909-3847 🕐 08:00～23:00 🈺 無休 🌐 www.deandeluca.com/japan

　　Dean & Deluca小食品店位在Lumine百貨2館的1樓，由於是在前往車站的通道上，這裡的人潮一向很多，店家的商品也都以搭車過路客的需求為主。Dean & Deluca就主打烘焙坊部分，供應早餐的三明治、午餐的餐盒等，下班後路過買麵包的客人也相當多，人潮擠滿通道、排隊結帳是正常。

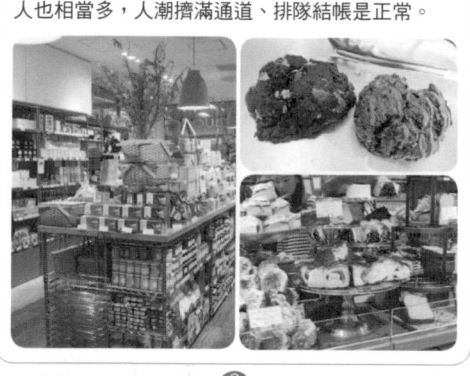

L-Breath

🗺 P.309 / D6 📮 新宿區新宿4-1-11 📞 03-3354-8951 🕐 11:00～21:00 🈺 無休 🌐 www.victoria.co.jp/13013

　　擁有9個樓層的賣場，位在人來人往的車站出入口，是東京數一數二的大型戶外用品、運動用品百貨店。不論是野餐用、露營用、登山用、單車用等，只要你想得到的，它通通都有，還包括從裡到外你應該穿什麼、怎麼穿最帥氣好看，都幫你準備好了。快來逛一逛吧！

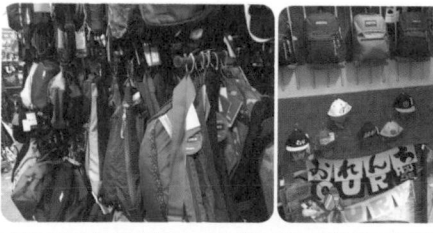

新宿東口

Bic Camera 東口站前店

🗺 P.308 / C4 📮 新宿區新宿3-26-10 📞 03-5312-1111 🕐 10:00～22:00 🈺 無休 🌐 www.biccamera.co.jp/shoplist/shop-111.html

　　前身是東口地標商店「櫻屋電氣」，但已經被新一代的電器品牌王之一的Bic Camera所取代囉！以家電用品、電腦為主，熱賣的3C商品，相機、攝影機、手機都是強打商品。而同業的競爭對手Yodobashi Camera（🗺 P.306 / C4）也在隔壁大樓開了大型賣場，均以優惠價吸引顧客上門，有計畫要購買電器、3C商品的朋友，可以比較一下哪家價格最優、最有好康可拿。

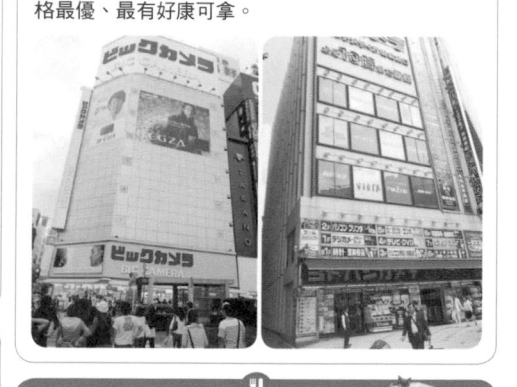

船橋屋 本店

🗺 P.308 / D4 📮 新宿區新宿3-28-14 📞 03-3354-2751 🕐 11:40～22:00 🈺 無休 💲 天丼￥1,650，天麩羅定食￥2,450起，天麩羅套餐￥5,300起 🌐 tempura-funabashiya.jimdo.com

　　天麩羅餐廳的老店家，使用清香的麻油，將新鮮的蔬菜、海鮮裹以薄薄的麵衣，炸得香酥多汁，食物以現炸分次端上桌，讓客人可以品嘗熱騰騰的新鮮美食。店內的炸茄子、炸洋蔥香甜好滋味，炸蝦、炸鰻魚則是鎮店食材，鰻魚現殺現炸最新鮮。晚餐費用高很多，建議午餐時段來品嘗。

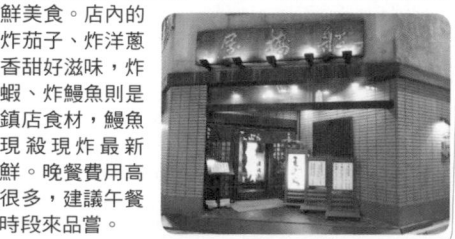

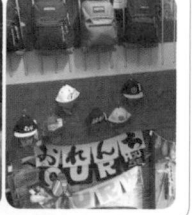

追分糰子本舖

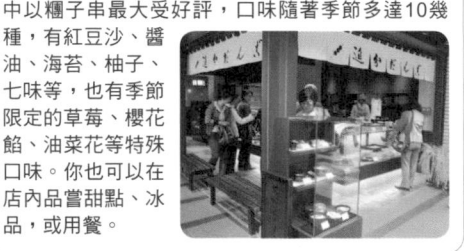

🅜P.309／E5 ✉新宿區新宿3-1-22 ☎03-3351-0101 🕙10:00～20:30 ㉡無休 💰糰子串￥194，內用點心￥800起 🌐www.oiwakedango.co.jp

日式甜點的老舖，有羊羹、糰子串、厥餅等，其中以糰子串最大受好評，口味隨著季節多達10幾種，有紅豆沙、醬油、海苔、柚子、七味等，也有季節限定的草莓、櫻花餡、油菜花等特殊口味。你也可以在店內品嘗甜點、冰品，或用餐。

東方見聞錄

🅜P.309／C5(中央東口店)，P.308／B3(新宿西口店) ✉新宿區新宿3-36-12(4F) ☎03-3354-2667 🕙16:00～00:00 ㉡無休 💰約￥2,000 🌐www.toho-kenbunroku.com

照片提供／魏國安

甚受年輕夜貓族歡迎的新潮居酒屋，屬SANKO集團，旗下有多家居酒屋品牌，東方見聞錄在新宿地區有3家分店。裝潢摩登，改良的日、韓、中式料理富創意，週末假日營業到清晨5點呢！

新宿中村屋

照片提供／魏國安

🅜P.308／C4 ✉新宿區新宿3-26-13 🌐www.nakamuraya.co.jp
咖哩餐廳Manna： ☎03-5362-7501 🕙11:00～22:00 ㉡無休 💰中村屋印度咖哩￥1,500，燉牛肉蛋包飯￥1,700 🌐www.nakamuraya.co.jp/manna
中村屋沙龍美術館： ☎03-5362-7508 🕙10:30～19:00 ㉡週二、1/1 💰依展出檔期而有不同 🌐www.nakamuraya.co.jp/museum

有上百年歷史的新宿中村屋，可以說是新宿的地標商店，曾以招牌咖哩麵包征服眾人的胃，經過幾年的重建，嶄新的中村屋大樓落成，再次成為新宿的焦點。人氣咖哩餐廳「Manna」位於B2，以日本國產雞肉、洋蔥，及20種以上的香料所熬煮的純印度風味咖哩飯，人氣No.1；8樓有另一家直營餐廳「Granna」；B1則開設有甜點店「Bonna」。

此外，這幢嶄新的大樓，1～2樓是美國名牌旗艦店COACH；3樓建設有中村屋沙龍美術館，展出日本近代藝術家的作品；4樓還有專業的按摩中心。

紀伊國屋書店

🅜P.308／D4 ✉新宿區新宿3-17-7 ☎03-3354-0131 🕙10:00～21:00 ㉡無休 🌐www.kinokuniya.co.jp

以新宿為大本營的紀伊國屋書店，創業自1946年，位於新宿通上的本店大樓，9個樓層分門別類地擺滿各種書籍。1樓有最新出刊的書籍雜誌，人潮最多；想買旅行用書請往B1；藝術書籍在7樓；手工藝用書請上6樓；新刊書本、流行雜誌在1樓。在本館後方的是別館「Forest」(🅜P.308／D3)，專營電玩、動畫、漫畫相關的商品、書籍。

若沒時間一層一層找書，不妨先上網將ISBN抄寫下來，再直接詢問服務櫃檯，會省下許多時間喔！退稅櫃檯在本館1樓及別館的M2樓層。

J.S. Burger Cafe

🗺 P.309 / D6 　✉ 新宿區新宿4-1-7 　📞 03-5367-0185 　🕐 11:00～23:00 　休 不定休 　💲 漢堡薯條套餐¥920起 　🌐 burgers.journal-standard.jp

　　潮流品牌Journal Standard開設的咖啡餐廳，新宿店就開在服飾店的3樓，半露天的頂樓設有露天座位，夏天最搶手。美式的裝潢與餐點，餐廳內還置有一部復古的美式餐車，也提供有免費上網的服務。

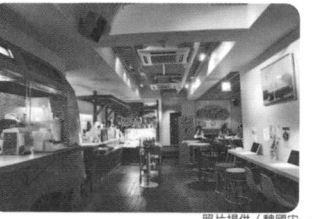

照片提供／魏國安

Café La Mille

🗺 P.308 / C3 　✉ 新宿區新宿3-25-10 　📞 03-3352-1590 　🕐 09:00～23:00 　休 無休 　💲 招牌咖啡¥715，午茶套餐(咖啡＋蛋糕)¥1,089起 　🌐 www.cafe-la-mille.com

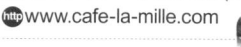

　　充滿法式風味的咖啡廳，尤其2樓在古典氣氛的裝潢下，更有歐洲咖啡館的fu，相當有氣質，週末假日可是一位難求呢！另外在伊勢丹百貨後方(🗺P.308／F3)也有分店，也可以在自由之丘找到(P.419)。

ライオン LION

🗺 P.308 / D4 　✉ 新宿區新宿3-28-9 　📞 03-3352-6606 　🕐 11:30～23:00 　休 無休 　💲 午餐預約約¥1,800，晚餐預約約¥2,500 　🌐 www.ginzalion.jp/top.html

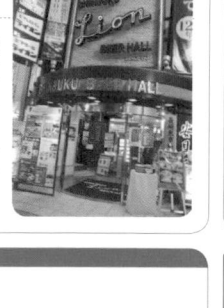

　　同樣是甚受年輕夜貓族歡迎的新潮居酒屋，以啤酒種類多為其特色。餐點料理以西洋風味為主，義大利麵、披薩、焗烤類、德國香腸拼盤等，均相當適合搭配啤酒一起爽快地吞下肚。

KURUMAYA 車屋別館

🗺 P.308 / D3 　✉ 新宿區新宿3-21-1 　📞 03-3352-5566 　🕐 11:30～22:00 　休 無休 　💲 午餐¥1,100起，鐵板燒套餐¥4,400起，和牛壽喜燒¥4,200起 　🌐 kuruma-ya.co.jp/shop/bekkan

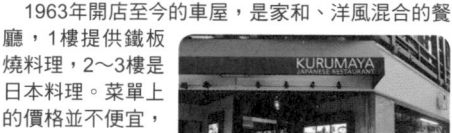
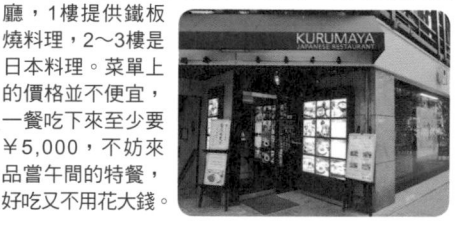

　　1963年開店至今的車屋，是家和、洋風混合的餐廳，1樓提供鐵板燒料理，2～3樓是日本料理。菜單上的價格並不便宜，一餐吃下來至少要¥5,000，不妨來品嘗午間的特餐，好吃又不用花大錢。

PLST

🗺 P.308 / F4 　✉ 新宿區新宿3-13-3 　📞 03-5919-6631 　🕐 11:00～21:00 　休 無休 　🌐 www.plst.co.jp

PLST以舒適優雅的品味，透過網路行銷與時尚雜誌的採訪，闖出休閒服飾品牌的一片天，簡單實穿好搭配的風格，極受都會型男型女的歡迎，東京都內有許多專櫃，但直營店鋪只有新宿這一間。

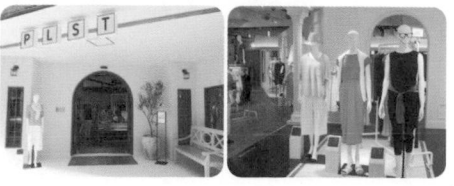

散步花絮

　　試手氣、買運氣：東京的車站附近都有這種賣彩券的小攤子，日本的彩券玩法也相當多樣，不過我從沒認真研究過就是了，若只是純好奇地想試試手氣，不妨買張刮刮樂來玩就好了，至於會不會中，這問題就交給老天爺保佑吧！

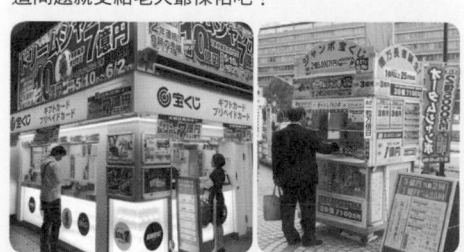

LABI

MAP P.308／C3　⊠新宿區新宿3-23-7　☎03-3359-5566　⏰11:00～23:00　休無休　http www.yamadalabi.com/shinjuku

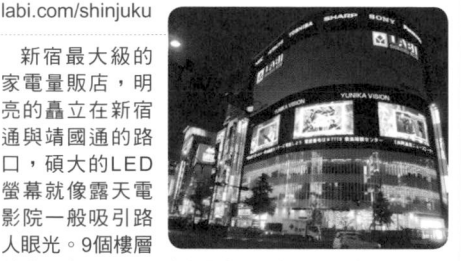

　新宿最大級的家電量販店，明亮的矗立在新宿通與靖國通的路口，碩大的LED螢幕就像露天電影院一般吸引路人眼光。9個樓層的廣大賣場，大概沒有你找不到的3C、電器商品，另外在西口還有一幢賣場大樓(MAP P.309／A6)。

Studio ALTA

MAP P.308／C3　⊠新宿區新宿3-24-3　☎03-3350-5500　⏰11:00～20:30　休無休　http www.altastyle.com/shinjuku

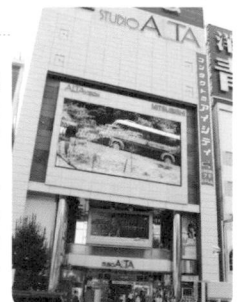

　這幢大樓一向是東口的地標，大樓前廣場總是滿滿的過路人群，大型的電視牆不時放送廣告、MV，只要你有錢，你也可以播放個人影音或訊息。大樓內約有80家店鋪，都是年輕人的服飾、用品，也有不少年輕人喜歡的餐廳。

au

MAP P.308／C3　⊠新宿區新宿3-24-3　⏰10:00～20:00　休無休　http au-shinjuku.kddi.com/?bid=we-we-tpsd-0035

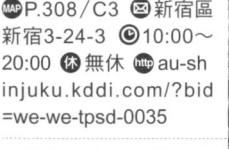

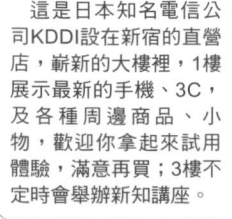

　這是日本知名電信公司KDDI設在新宿的直營店，嶄新的大樓裡，1樓展示最新的手機、3C，及各種周邊商品、小物，歡迎你拿起來試用體驗，滿意再買；3樓不定時會舉辦新知講座。

Wachifield Shop & Cafe

MAP P.308／C3　⊠新宿區新宿3-25-5　☎03-5919-2334　⏰11:00～20:00　休無休(Dayan Cafe休週二～三)　http www.wachi.co.jp

　已經30多歲的「瓦奇菲爾德」，是日本插畫家「池田晶子」筆下的貓，所延伸出來的周邊商品種類著實眾多，衣服、包包、配件、雜貨用品、文具等等，多到不勝枚舉，而且相當受到歡迎，分店也很多家，台灣也有。新宿店面不大，但2樓開有咖啡餐廳，讓瓦奇菲爾德陪你一起喝咖啡。

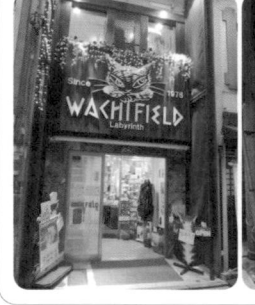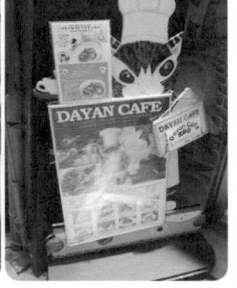

アカシア ACACIA

MAP P.308／C3　⊠新宿區新宿3-22-10　☎03-3354-7511　⏰10:00～22:00　休週二　$蛋包飯￥1,300，高麗菜肉捲定食￥780，炸蝦飯￥750　http www.restaurant-acacia.com

　1963年開店創業，是新宿老品牌的知名西餐廳，目前由第二代經營，仍秉持開店當初的品質與美味。木頭雕花的牌樓、裝潢，有南德的風味，餐點中的高麗菜肉捲、可樂餅、蛋包飯都是老顧客推薦的經典美食，店家甚至自己做火腿。啤酒也是ACACIA值得驕傲的一項，可以喝到德國空運來的生啤酒，生意好到分店開到德國去囉！

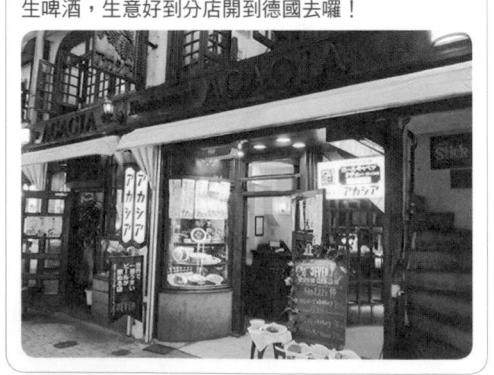

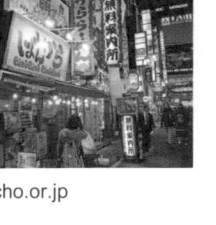

新宿東口
歌舞伎町
Kabukicho
かぶきちょう

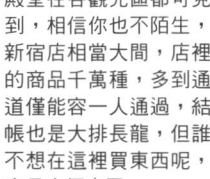

MAP P.308 / C2 http www.kabukicho.or.jp

新宿的歌舞伎町是東京有名的聲色區，發展於二次大戰後，區域內充斥著居酒屋、餐廳、酒店、遊樂場、電影院、卡拉OK等，娛樂場所包羅萬象可以說是越深夜越熱鬧，街口站的都是穿得西裝筆挺，頂著棕黃頭髮的酒店男公關，展開拉客大作戰。

歌舞伎町裡有相當多華人經營的餐館、商店，或許你遇到的都是操著捲舌中文的大陸人，但背後的經營則以台灣人最多。歌舞伎町裡有不少吃到飽餐廳，經濟實惠而且時髦多樣；另外每年10月初的週末，會舉辦熱鬧的歌舞伎町祭典，若剛好遇上了，就去玩玩吧！

歌舞伎町裡最新最in的，就是由舊電影院改建，全新落成的東寶大樓（MAPP.308 / C1），這座商業大樓結合1樓餐廳、2樓遊樂場、3～7樓東寶電影院，與8～30樓的Hotel Gracery，就是2015年春天在大樓上展示哥吉拉塑像，而造成話題的飯店，不少人還特地選擇房價較高，但能近距離欣賞哥吉拉的主題房間投宿呢！

自從東寶大樓營業以來，歌舞伎町再次讓人完全改觀，不再讓人逛得膽顫心驚了。

ドン・キホーテ 驚安的殿堂

MAPP.308 / C2 　新宿區歌舞伎町1-16-5 　03-5291-9211 　24小時營業 　休無休 　www.donki.com

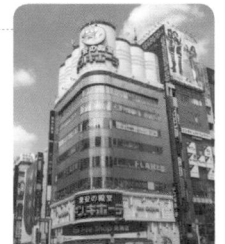

　ドン・キホーテ驚安的殿堂在各觀光區都可見到，相信你也不陌生，新宿店相當大間，店裡的商品千萬種，多到通道僅能容一人通過，結帳也是大排長龍，但誰不想在這裡買東西呢！真是太便宜了。

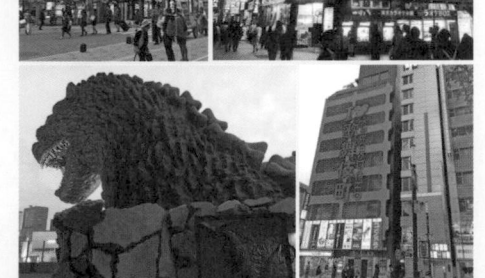

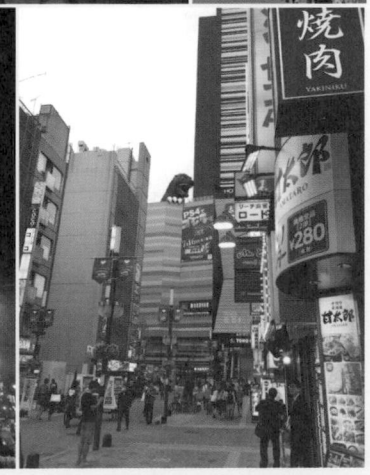

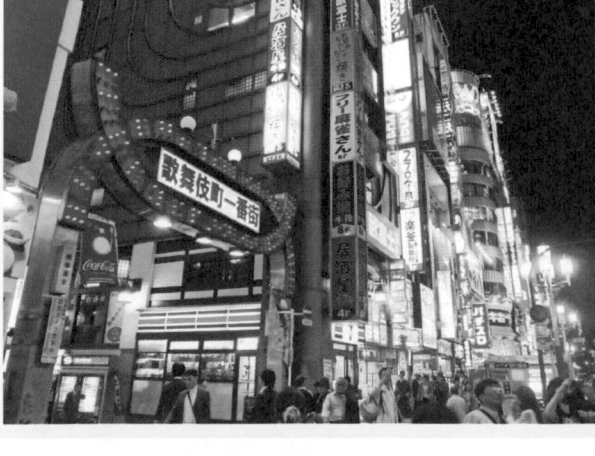

博多天神拉麵

MAP P.308 / C2，P.308 / C3(靖國通店)，P.308 / A1(西口店) ✉新宿區歌舞伎町1-11-1 ☎03-3205-1181 ⏰1:00～03:00(週日、假日至20:00) 🈵無休 💲拉麵¥500～750

　　歌舞伎町裡最出名的拉麵店就是「博多天神」，不要看它破舊的店面賣相不好，它可是以濁白的豚骨湯頭收買眾人胃袋的超美味拉麵店，近年來還拓展店面，在新宿地區就有4家，可見多熱賣。博多天神的拉麵料多味美，海苔圍滿整個碗口、青蔥一大把不手軟，博多天神使用軟Q的細麵，配上叉燒肉、芝麻、滷蛋，及少見的配料黑木耳絲，各種口感一起在口中迸發，讓人再三回味，讓我每次重遊新宿一定要前往品嘗的解饞美食之一。

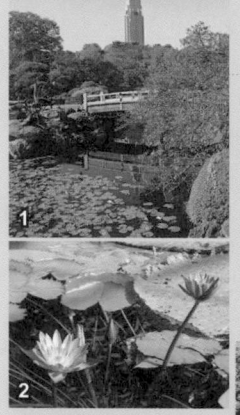

四季之道 MAP P.308 / E3

　　四季之道是一條蜿蜒的小徑公園，花木扶疏，散步起來也頗為舒適，小徑途中也有幾家咖啡食堂。在小徑中段的右手邊，有處集合了數家只有晚間營業的居酒屋、情色場所區域，稱為「新宿黃金街」(新宿ゴールデン街，MAP P.308 / E2)；你也可以繞到附近的「花園神社」(MAP P.308 / E2)參觀或參拜，在匆忙的購物行程中，沉澱放鬆一下身心靈。

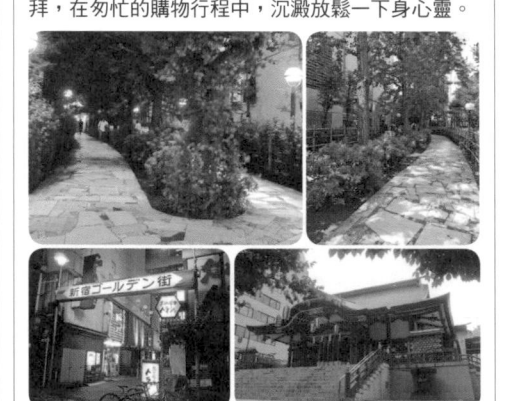
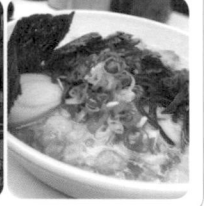

新宿御苑

SHINJUKU GYONE

MAP P.309 / F7 ✉新宿區內藤町11 ☎03-3350-0151 ⏰09:00～16:30 🈵週一，12/29～1/3 💲¥200(兒童¥50) 🌐www.env.go.jp/garden/shinjukugyoen

　　曾是皇家花園的新宿御苑，是東京都春天賞櫻的名所。從新宿門入園，首見由池塘、木橋、茶屋與涼亭所組成的「日本庭園」，這裡是園內櫻花開得最盛最美的地方，一整片淡淡的粉紅色，相當壯觀漂亮；整個新宿御苑有多處造景庭園，有溫室、英國庭園、法式花園等。每年11月還有大型的菊花展，甚至冬天的雪景也是美不勝收。

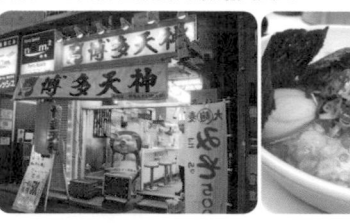
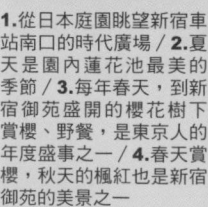

1.從日本庭園眺望新宿車站南口的時代廣場 / **2.**夏天是園內蓮花池最美的季節 / **3.**每年春天，到新宿御苑盛開的櫻花樹下賞櫻、野餐，是東京人的年度盛事之一 / **4.**春天賞櫻，秋天的楓紅也是新宿御苑的美景之一

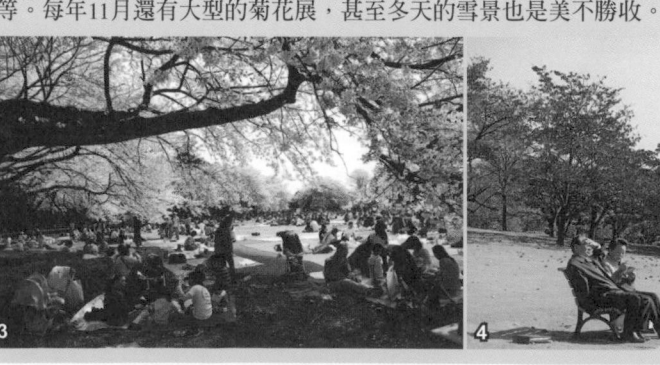
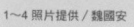

1～4照片提供 / 魏國安

14 池袋
Ikebukuro

人潮就是錢潮，百貨公司的食品部最熱鬧

繼新宿、澀谷之後，池袋是JR電車山手線上大型百貨商圈的第三名，整個池袋車站被東武、西武這兩家號稱全東京最大間的百貨公司，如三明治般給夾在中間，加上東口延伸出去的還有PARCO，以及數棟Bic Camera、LABI的賣場大樓，澀谷可是百貨業、3C業的一級戰區呢！

人潮就是錢潮，池袋的商業戰場不僅只在地面上，地底下也是戰況激烈，光是東武、西武的食品、超市賣場就已經讓人逛到腿軟外，隨著人潮，地下百貨商城Echika還像迷宮般的一路向西延伸，連接百貨店新品牌Esola、Lumine。

除了百貨公司又大又多以外，池袋的餐廳、小食堂的數量也是非常可觀，巷子裡、地下樓，無處不開店；因為是人潮往來匯集

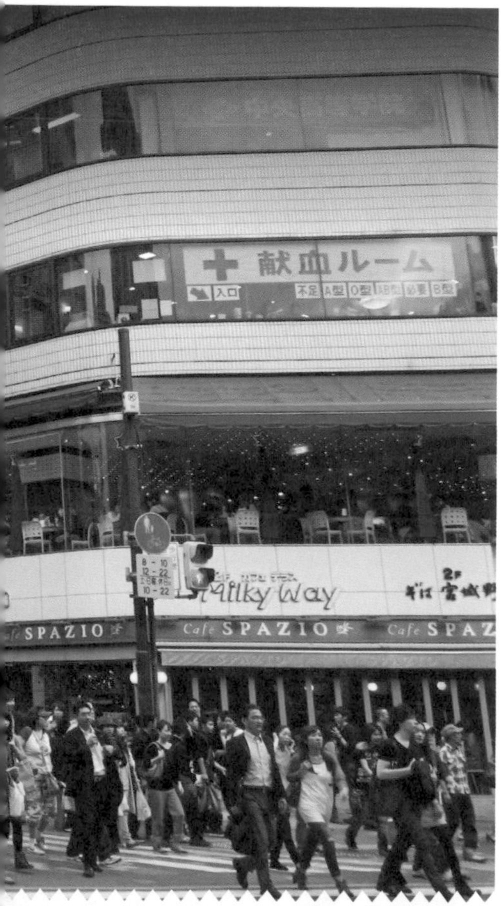

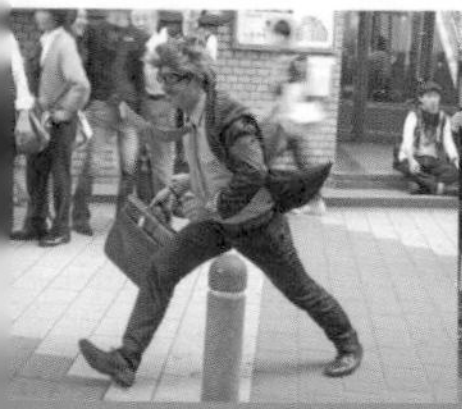

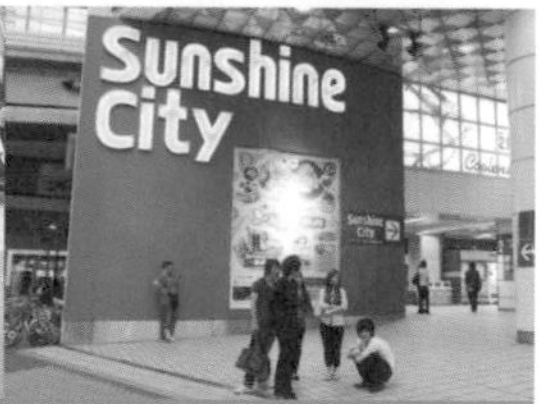

池袋的景點不多，幾乎都是電影院、遊樂場、商店、百貨公司以及平價餐廳，而且均散布在車站附近，街道簡單、逛街範圍不算太大，只有主要的大景點「Sunshine City」離車站較遠一些，但步行也只要15分鐘左右，池袋算是相當容易逛遊的區域。

池袋以車站為中心分為東、西兩邊，大型商店、熱鬧餐廳多開在東口，如無印良品、UNIQLO、Tokyu Hands等，白天、晚上都很熱鬧；配合旅行社機+酒的「池袋王子飯店」(MAP P.327／C8)也在東邊。在西口同樣有數家百貨公司，還有藝術劇場及日劇中曾出現的池袋西口公園；夜間遊池袋西口要注意的是，西口一向以情色業、遊樂業聞名，柏青哥、卡拉OK店也很多，白天或許沒什麼人氣，一入夜各個路口不乏拉客的酒店公關，不過仍很安全，當地或華人經營的旅館民宿也多位於這一邊。

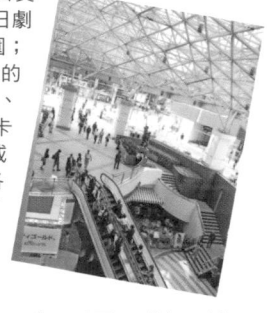

交 | 通 | 對 | 策

前往池袋車站
1. 搭乘JR電車山手線、埼京線到「池袋」站
2. 搭乘地鐵東京Metro丸之內線、副都心線、有樂町線，到「池袋」站

前往Sunshine City周邊
1. 搭乘地鐵東京Metro有樂町線，到「東池袋」站(2號出口)
2. 搭乘路面電車都電荒川線，到「東池袋四町目」站

散步花絮

讓遊客搞混的東口西武、西口東武：池袋車站是東京北方的主要交通樞紐，屬於大型的轉乘站，尤其是上下班的尖峰時間，人潮相當嚇人。由於車站面積廣大，地下通道出口複雜，加上百貨公司、地下商場遍布，也是東京數一數二容易迷路的車站，若你邊逛街而沒有特別注意方向，常會讓人不知身在何處。

另一個常讓遊客搞混的就是兩個主要出口方向、及兩個大百貨公司的位置，西出口是東武百貨、東出口是西武百貨，這一定要弄清楚，才不會老是出錯站口。

若你要從西口到東口、或東口到西口，建議不要走車站底下通道，費時又容易迷路，建議讀者可利用北口位置的地下通道(MAP P.326／B3)，在東口的PARCO百貨旁，這是當地人都知道的捷徑。

的地區，為了賺上班族、通車族的用餐費，餐廳價格都頗為平價；為迎合夜貓子，營業時間也比較長。而池袋也是我看過速食店、拉麵店、便利商店、咖啡店數量最多、最密集的地方。

另外，池袋有為數眾多的中國人，這區也有數家由華人經營的旅館民宿，許多背包客都選擇投宿這裡。

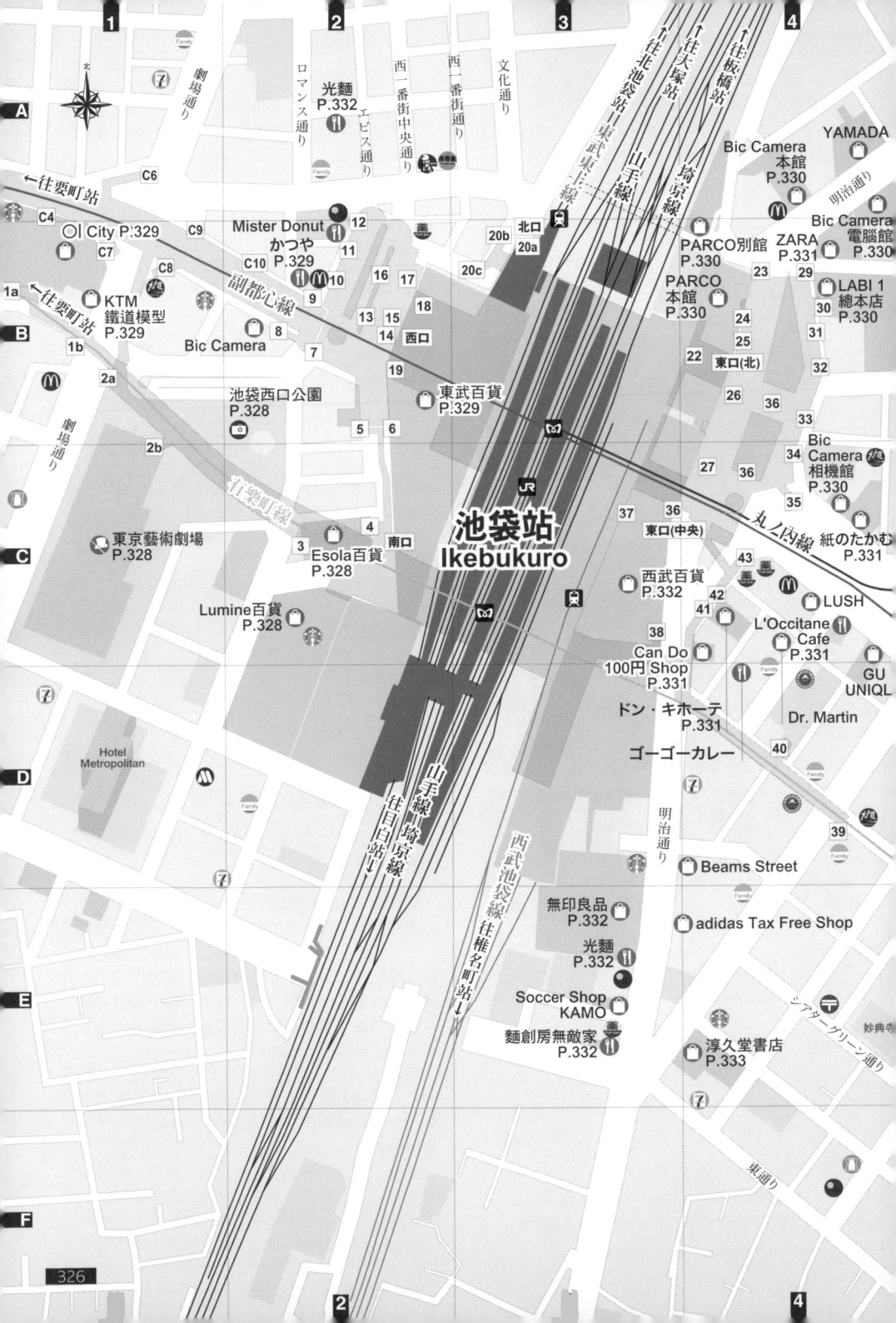

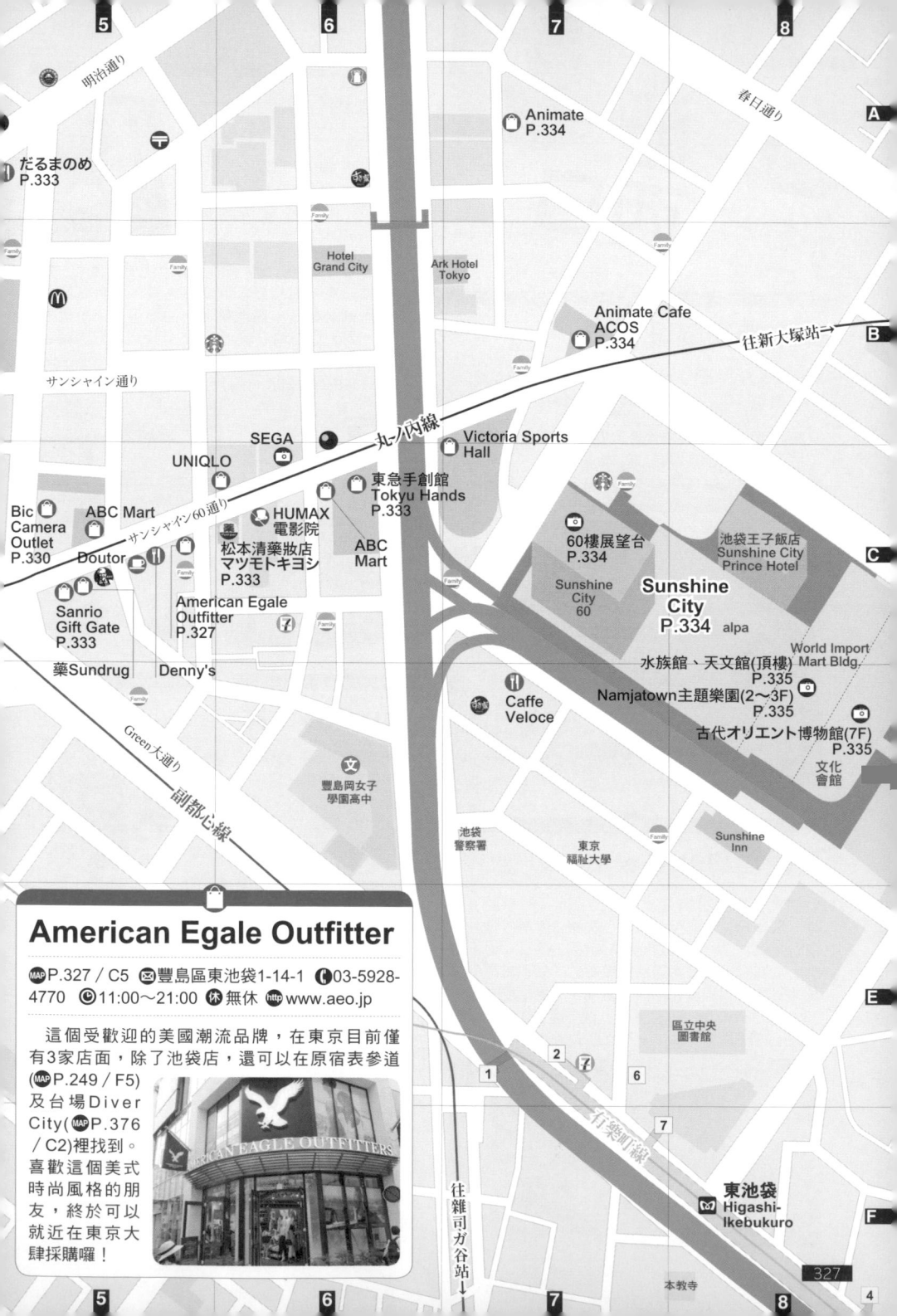

Map labels

A
B
C
E
F

5   6   7   8

明治通り

だるまのめ
P.333

サンシャイン通り

Family

Animate
P.334

春日通り

Hotel
Grand City

Ark Hotel
Tokyo

Animate Cafe
ACOS
P.334

往新大塚站→

丸ノ内線

SEGA

UNIQLO

Victoria Sports
Hall

東急手創館
Tokyu Hands
P.333

サンシャイン60通り

ABC Mart

Bic
Camera
Outlet
P.330

HUMAX
電影院

Doutor

松本清藥妝店
マツモトキヨシ

ABC
Mart

Sanrio
Gift Gate
P.333

American Egale
Outfitter
P.327

60樓展望台
P.334

池袋王子飯店
Sunshine City
Prince Hotel

Sunshine
City 60

**Sunshine
City**
P.334   alpa

藥Sundrug

Denny's

水族館、天文館(頂樓)
P.335

World Import
Mart Bldg.

Namjatown主題樂園(2〜3F)
P.335

Green 大通り

副都心線

Caffe
Veloce

古代オリエント博物館(7F)
P.335

文化
會館

豐島岡女子
學園高中

池袋
警察署

東京
福祉大學

Sunshine
Inn

區立中央
圖書館

有樂町線

1   2   7   6

7

往雜司ガ谷站↓

本教寺

東池袋
Higashi-
Ikebukuro

American Egale Outfitter

MAP P.327 / C5   ✉豐島區東池袋1-14-1   ☎03-5928-4770   ⏰11:00〜21:00   休無休   http www.aeo.jp

這個受歡迎的美國潮流品牌,在東京目前僅有3家店面,除了池袋店,還可以在原宿表參道(MAP P.249 / F5)及台場Diver City(MAP P.376 / C2)裡找到。喜歡這個美式時尚風格的朋友,終於可以就近在東京大肆採購囉!

4

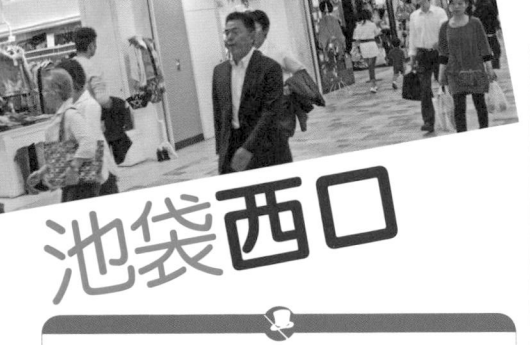

池袋西口

東京藝術劇場

MAP P.326 / C1 ✉豐島區西池袋1-8-1 ☎03-5391-2111 🕐09:00～22:00 🈺無休 🌐www.geigeki.jp

　　館內大小劇場共有4個，主廳置有精美的管風琴，不過遊客只有買票欣賞表演，才能一窺音樂廳內部，一般只能在劇場大廳裡走走逛逛，欣賞挑高的中庭，垂掛著藝術品，搭乘筆直而上的手扶梯；而館中也有商店、小吃店，還有小型的展覽。

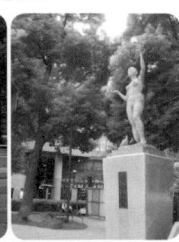

池袋西口公園 **MAP** P.326 / B2

　　這個公園是日劇《池袋西口公園》故事的發展地，劇裡描述一群少年幫派、失學少女等在池袋公園駐足的故事。著名的演員如阪口憲二、山下智久、長瀨智也、渡邊謙、小雪等等，以目前這些演員的聲勢來說，真是巨星雲集啊！不過這部日劇是2000年拍攝製作的，許多演員當年還是青澀的年輕新人，時間真是「咻」一下就過去了。

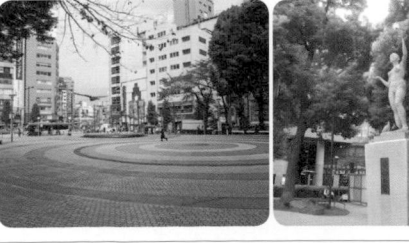

Esola百貨

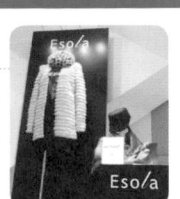

MAP P.326 / C2 ✉豐島區西池袋1-12-1 ☎03-5952-0333 🕐商店10:30～21:30，餐廳11:00～23:00 🈺無休 🌐www.esola-ikebukuro.com

　　賣場面積相當小巧精緻的百貨公司，逛起來一點負擔都沒有，客層以年輕女性為主，集合多家日本品牌的服飾店。由池袋車站的地下通道可直接抵達，雨天也不怕淋溼。店名Esola取自日文讀音「いいそら」，有顧客從車站地下通道出來看見陽光，有感而發地說出「看見天空真棒」之意味。

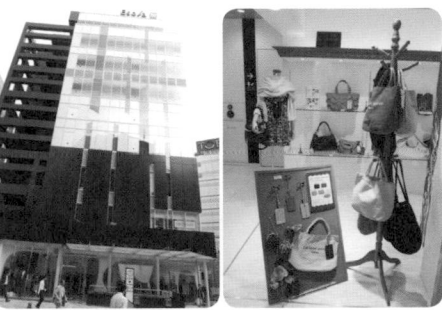

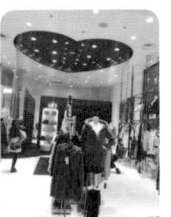

Lumine百貨

MAP P.326 / C2 ✉豐島區西池袋1-11-1 ☎03-5954-1111 🕐商店11:00～21:30，餐廳11:00～23:00 🈺無休 🌐www.lumine.ne.jp/ikebukuro

　　Lumine是以車站商圈為主的百貨公司，許多大車站上都可以看到它，客層同樣以年輕男女為主，多為年輕品牌。池袋店與東武百貨相鄰，共有11個樓層，其中3～7樓有互相連絡的通道。1～4樓以年輕的服飾品牌為主；5～7樓有許多生活雜貨專櫃，7樓「三愛水著樂園」是女性泳裝、海灘穿著的專賣店，也有無印良品專屬賣場；8～9樓則有許多主題餐廳。

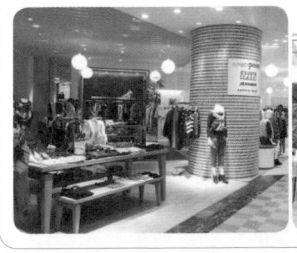

かつや 炸物餐廳

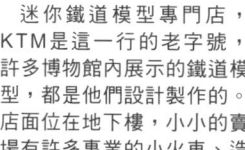 P.326 / B2 ✉豐島區西池袋1-19-1 ☎03-5949-5136 🕐07:00～03:00 🈂無休 💲炸蝦蓋飯￥690，炸豬排定食￥690 🌐www.arclandservice.co.jp/katsuya

炸物簡餐的連鎖餐廳，炸蝦、炸豬排炸得外香酥、內多汁，一點也不油膩，加上用餐價格相當平民化，就算點最貴的定食也是￥800有找，相當受上班族、學生歡迎，用餐時間生意興隆；在東京都內有相當多分店，可上網查詢。

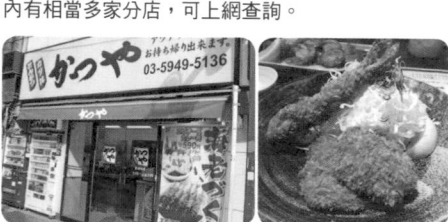

OI City 丸井百貨

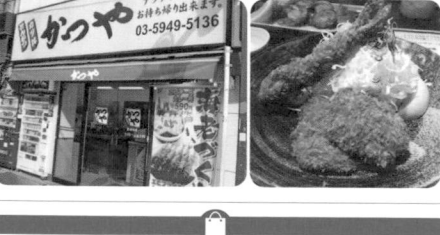 P.326 / B1 ✉豐島區西池袋3-28-13 ☎03-3989-0101 🕐11:00～20:30 🈂無休 🌐www.0101.co.jp

丸井百貨在池袋也算是老字號了，由於商圈競爭大，它坐落的位置人潮也較少，前幾年經營得算滿辛苦的。不過近年來池袋丸井陸續引進UNIQLO、GAP、Francfranc、Village Vanguard，還有綜合運動品牌Firld，把人潮、錢潮再一次拉回籠。

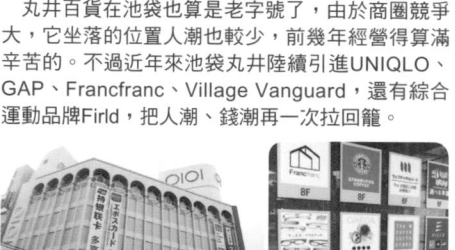

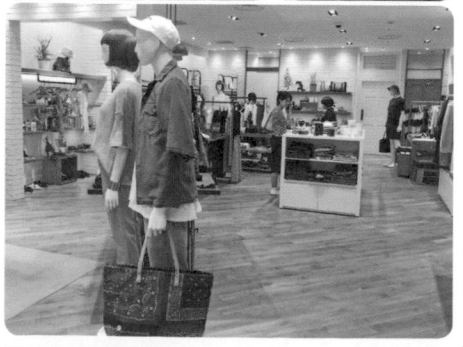

KTM鐵道模型

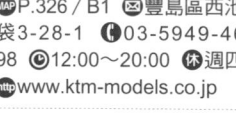 P.326 / B1 ✉豐島區西池袋3-28-1 ☎03-5949-4698 🕐12:00～20:00 🈂週四 🌐www.ktm-models.co.jp

迷你鐵道模型專門店，KTM是這一行的老字號，許多博物館內展示的鐵道模型，都是他們設計製作的。店面位在地下樓，小小的賣場有許多專業的小火車、造景小物等等，是讓許多鐵道模型玩家流連忘返的小店。

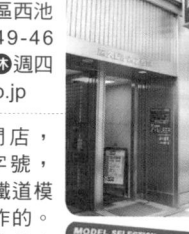

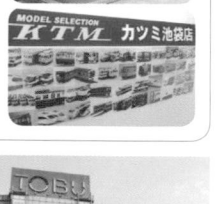

池袋西口 東武百貨 TOBU

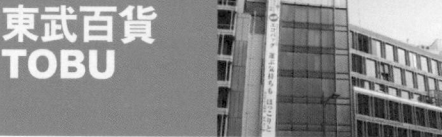

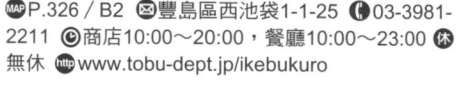

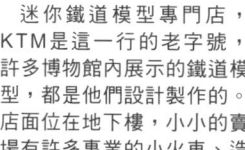 P.326 / B2 ✉豐島區西池袋1-1-25 ☎03-3981-2211 🕐商店10:00～20:00，餐廳10:00～23:00 🈂無休 🌐www.tobu-dept.jp/ikebukuro

由3棟相連的建築所組成，中間均有通道互通，主要賣場有9個樓層，這間東武百貨的本店面積真的非常廣大，一天也逛不完。來自國內外的各大品牌專櫃、專賣店都不會缺席，連UNIQLO都有兩層樓的獨立賣場空間，其中我最愛逛的就是B1的甜點、食品賣場，以及B2的生鮮超市，這兩個樓層也是人潮最多的。

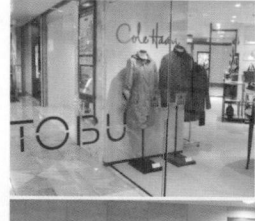

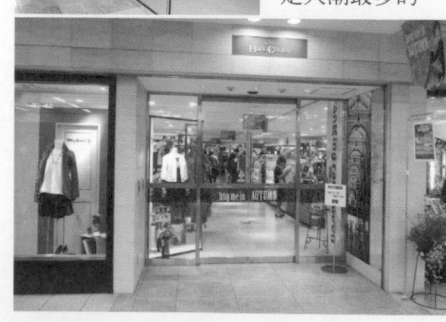

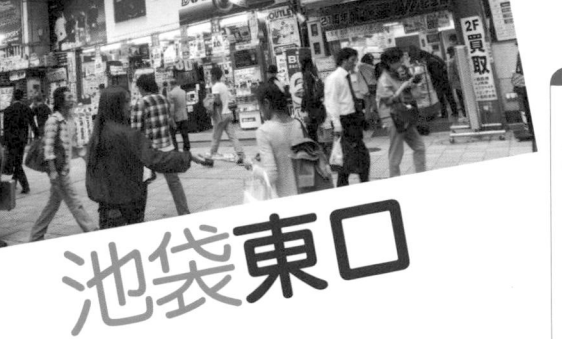

池袋東口

PARCO百貨本館

MAP P.326 / B4 ✉豐島區南池袋1-28-2 ☎03-5391-8000 ⏰本館10:00～21:00，別館11:00～21:00 休無休 http www.parco-ikebukuro.com

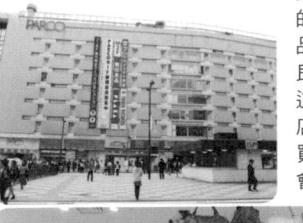

PARCO本館與西武百貨相連結，樓層裡有通道可以互通，所以常常讓我逛到不知身在PARCO還是西武。不過比起百貨老品牌的西武，駐店PARCO的都是日本年輕的潮流品牌，如Ships、Abahouse、UnitedArrows、Journal Standard等，價位也算中上，來逛街的年齡層比西武年輕許多。

本館一旁開有另一棟別館P'PARCO(MAP P.326 / B4)，以街頭潮服品牌為主，如X-Large、Stussy、Candy Stripper、WEGO等，而5～6樓有Tower Records的超大賣場。這2棟PARCO可說是集合當下最熱門的各大年輕潮流品牌，也有無印良品及PLAZA這兩家生活雜貨店，相當好逛好買，一不小心就會讓人刷爆卡。

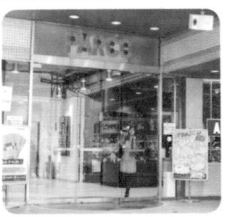

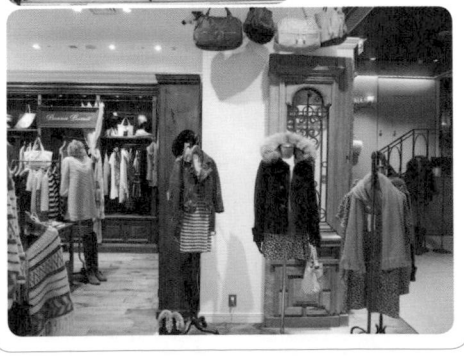

Bic Camera池袋本館

MAP P.326 / A4，P.326 / C4(相機館) ✉豐島區東池袋1-41-5 ☎03-5396-1111 ⏰10:00～22:00 休無休 http www.biccamera.com

池袋向來是3C商品激戰區，以往有許多同業競爭，近年來只存留兩大品牌Bic Camera與LABI。Bic Camera在池袋就有4幢商場，白色外觀以販售家電製品為主的是本館，任何大品牌的家電製品應有盡有；開設在本館對面的是電腦館，專營電腦及手機的周邊商品；位在Green大通口的是數位相機館，1樓展示各廠牌最新款的相機；相機館附近則有Outlet(MAP P.327 / C5)。

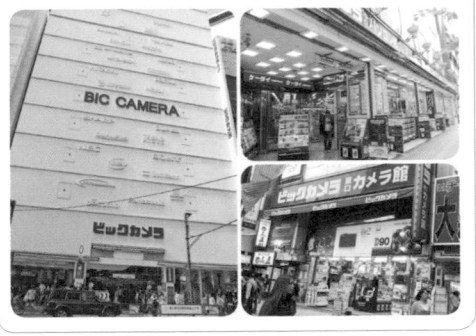

LABI 1 池袋總本館

MAP P.326 / B4 ✉豐島區東池袋1-5-7 ☎03-5958-7770 ⏰10:00～22:00 休無休 http www.yamadalabi.com/i-souhonten/index.html

才說Bic Camera大間，但池袋這間LABI的總本館就更大間了，不但家電、手機、電腦、遊戲軟體等營業項目全包了，連書籍、藥品、化妝品、食品等也不放過。更別說7樓有餐廳，頂樓更有adidas的露天足球場呢！而另一間分館「YAMADA」(MAP P.324 / A4)則以手機、電腦、遊戲軟體為主，7樓是「機動戰士鋼彈」的專賣區喔！鋼彈迷們不要錯過了。

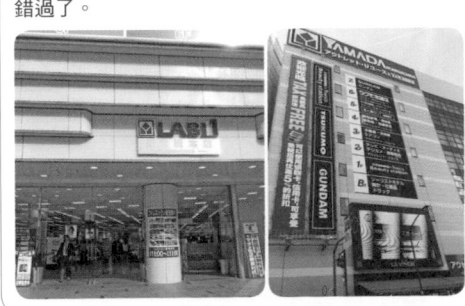

ドン・キホーテ

 P.326 / C4 　✉豊島區南池袋1-22-5　☎03-5957-
3311　🕐24小時營業　休無休　🌐www.donki.com

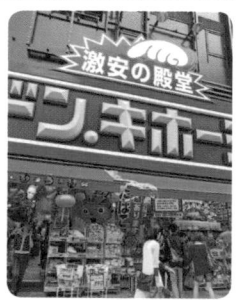

　　要在有限的預算裡打
發所有的伴手禮，這家
店相當適合逛它一圈，
各種生活雜貨、禮品、
食品，甚至名牌商品都
有，有如批發店般便
宜。光看店門口的招牌
「激安」兩字，就非常
吸引人進去看看，順手
買個襪子、零食、假睫
毛之類的小東西。

Can Do 100円 Shop

 P.326 / C4　✉豊島區南池袋1-22-2　☎03-5952-
5355　🕐10:00～22:00　休無休　🌐www.cando-
web.co.jp

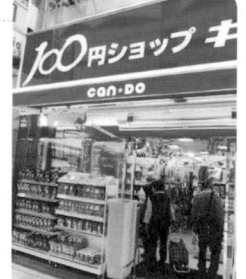

　　要比便宜，這家百元
商店比上面那一家更便
宜，雖然商品種類沒有
它多，但店裡的各種生
活雜貨、文具、餅乾糖
果、飲料等，你看到的
都只要￥100。沒錯，
兩層樓裡眾多的商品，
每樣都是不二價￥100
真是太划算了啦！

紙のたかむら

 P.326 / C4　✉豊島區東池袋1-1-2　☎03-3971-
7111　🕐11:00～19:00　休不定休　🌐www.wagami-
takamura.com/top.html

　　日本手工和紙禮品專門店，一張張手工抄製或印
製的和紙，質感、美感與機器生產的大大不同。把
和紙的用途發揮到極
致，紙扇、紙藝品、
文具等，商品相當多
樣，印在和紙上的浮
世繪或傳統千代紙，
都非常值得購買，店
內的小物都相當適合
當伴手禮送人。

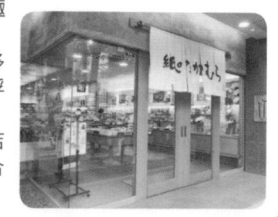

L'Occitane Café

 P.326 / C4　✉豊島區南池袋1-26-6　☎03-5979-
6648　🕐10:00～23:00　休無休　💲套餐￥1,600～
2,000,午茶套餐￥1,550　🌐jp.loccitane.com

　　喜歡用法國的歐舒丹保養品嗎？也來品嘗歐舒丹
的美食、甜點，外敷內服，裡外一起自然又美麗。
歐舒丹咖啡餐廳相當受歡迎，隨時都座無虛席，
精緻優雅的法式甜點、清爽健康的沙拉，讓女性朋
友趨之若鶩。另有新宿店(P.308／D4)及澀谷店
(P.231／D7)。

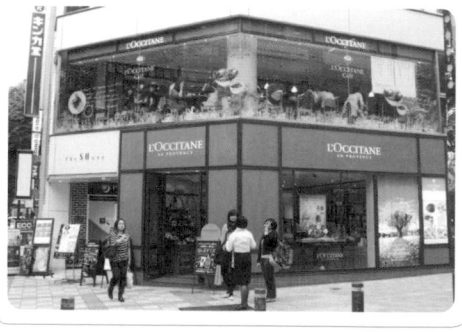

ZARA池袋店

 P.326 / B4　✉豊島區東
池袋1-6-4　☎03-5957-5010
🕐10:00～21:00　休無休
🌐www.zara.co.jp

　　ZARA在東京各大商圈幾
乎都有大型分店，雖然
每家店的商品種類幾乎一
樣，但總是讓人還是不自
主地會走進去逛一逛，畢竟每家店多少都有一些特
定商品，也是找折扣品、斷貨品尺碼的方法之一，
多看幾家碰碰運氣，說不定會撈到寶喔！

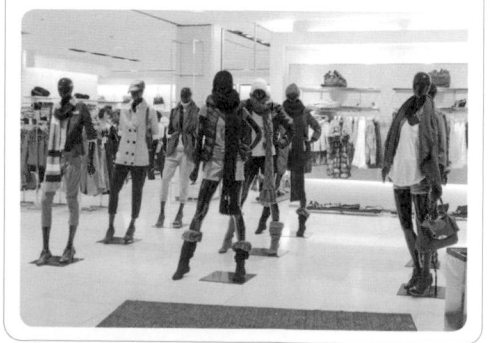

池袋東口 西武百貨 SEIBU

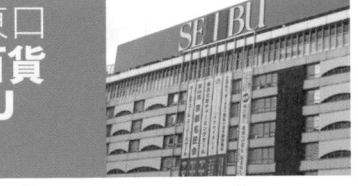

📍P.326／C3 ✉豐島區南池袋1-28-1 📞03-3981-0111 🕐商店10:00〜21:00，餐廳11:00〜23:00 🈔無休 🌐www.sogo-seibu.jp/ikebukuro

西武百貨是日本賣場面積最大的百貨公司，由主館、別館與書店大樓串連組成，西武百貨更與車站連成一體，車站出口直接與地下食品樓層相通，由於主館相當大，還分成北區、中央區、南區三部分，退稅處設在6樓的中央區。所有樓層以B1食品

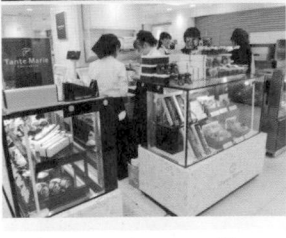

部、甜點區最熱鬧，熟食區約19:00過後會有特價，且越晚價格越便宜，可直接買回飯店享用，划算又美味。持用台灣SOGO Happy Go卡、廣三SOGO聯名卡消費，享有特別優惠喔！

MUJI 無印良品

📍P.326／E3 ✉豐島區南池袋1-28-1 📞03-3989-1171 🕐10:00〜21:00 🈔無休 🌐www.muji.net

屬於東京都內大型的賣場之一，位在西武百貨別館的1、2樓，商品種類最為齊全，由於就開在車站出入口，購物的人潮一向很多，尤其是下班尖峰時段。這也是我最常逛的一家MUJI。

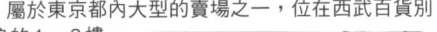

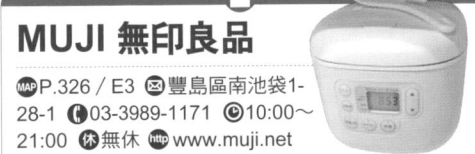

光麵 池袋本店

📍P.326／E3 ✉豐島區南池袋1-18-22 📞03-3971-3008 🕐10:30〜03:00 🈔無休 💲拉麵¥780〜1,100，甜點¥190，煎餃¥350 🌐www.kohmen.com

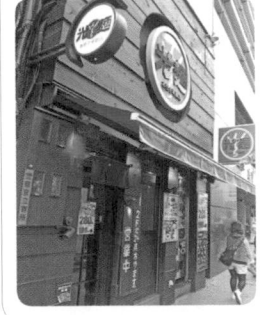

1995年創業的東京本地拉麵店，目前共有9家分店，東口這家光麵是本店，空間狹小，但是人潮滿滿。光麵有豚骨、醬油、鹽巴及豚骨+魚片，4種風味的湯頭，人氣No.1的「熟成光麵」（¥780，全配料¥1,000），就是以豚骨為湯底；而現在最流行的沾麵，這裡也有推出（¥830，全配料¥1,000）；若你喜歡重口味，可點加了黑色麻油的「焦かし擔擔麵」（¥930，全配料¥1,100）；特製甜點也是相當受歡迎。麵條Q彈、湯頭濃郁，保證好吃，光麵在西口也開有分店（📍P.326／A2），其他分店在原宿、秋葉原、六本木、上野、惠比壽等地區都找得到。

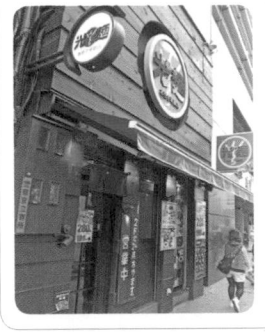

麵創房 無敵家

📍P.326／E3 ✉豐島區南池袋1-17-1 📞03-3982-7656 🕐10:30〜04:00 🈔12/31〜1/3 💲拉麵¥750〜1,130 🌐www.mutekiya.com

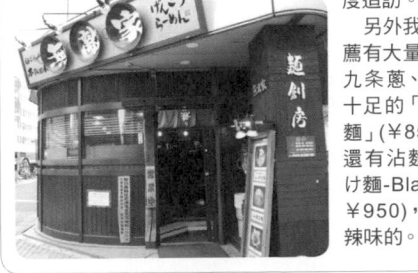

這是一家用餐時段絕對需要排隊的拉麵店，即使下雨天仍照排不誤，可見好吃的魅力有多大；另一個造成排隊的原因是座位有限，只有17個座位。無敵家以豚骨醬油湯底為口味，濃郁的口感裡有大豆的香氣，問了一起排隊的老顧客，他們推薦「無敵家肉玉麵」（ニクタマ，¥1,100），切得厚厚的叉燒加上煙薰味道濃郁的雞蛋，果真齒頰留香，讓我數度造訪。

另外我也推薦有大量京都九条蔥、蔥香十足的「ねぎ麵」（¥850），還有沾麵「つけ麵-Black」（¥950），也有辣味的。

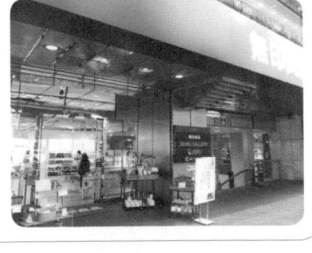

淳久堂書店

📍P.326／E4 ✉豐島區南池袋2-15-5 ☎03-5956-6100 🕐10:00～23:00 休無休 🌐www.junkudo.co.jp

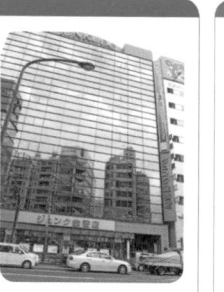

東京大型書店之一，另一家大型書店「丸善」是它的姊妹店，淳久堂池袋店的藏書量及客戶服務都相當優，9個樓層裡各類書籍均具備，你可以一趟全部買足所要書籍。書店5樓設有咖啡廳，可以坐下來休息看書，而最新的雜誌均擺設在1樓，一整列的結帳櫃檯相當有效率，即使隊伍再長，也不會讓顧客花太多時間排隊。

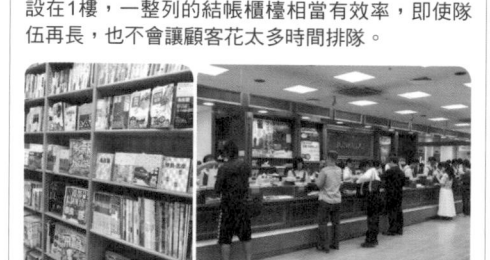

Sanrio Gift Gate

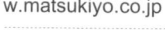

📍P.327／C5 ✉豐島區東池袋1-12-10 ☎03-3985-6363 🕐11:00～20:30 休無休 🌐www.sanrio.co.jp

三麗鷗直營的禮品店，隨時都有最新、最可愛的各類商品擺在最顯眼的櫃檯上，你熟悉的Sanrio巨星，一個也不會缺席，但還是Hello Kitty的商品最多樣、最豐富。這家店最主要的顧客還是年輕女生、女學生及小朋友，平價的小飾品、文具賣得最好，衣服、包包也是賣得嚇嚇叫，沒辦法，誰叫她長得這麼可愛。

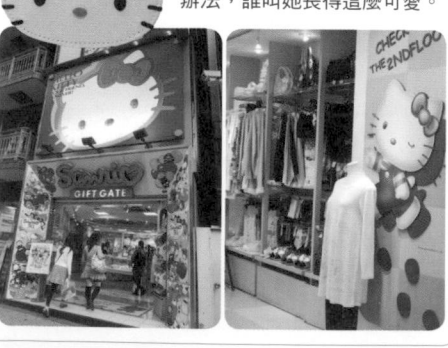

だるまのめ 豚骨拉麵店

📍P.327／A5 ✉豐島區西池袋1-20-4 ☎03-3984-8474 🕐11:30～翌日03:30(週日10:30～23:00) 休無休 💲￥650～1,120 🌐usingroup.jp/darumanome

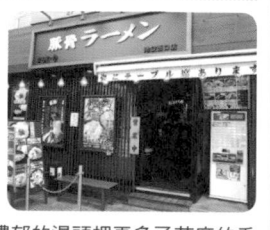

採用道地九州風味豚骨湯頭，濁白的顏色是它的特色，搭配特地開發以遠紅外線熟成的麵條。這家拉麵店自2009年開幕就一直非常受歡迎，以加了黑麻油的拉麵賣得最好，原本就濃郁的湯頭裡更多了芝麻的香氣。在新宿東口也有分店(📍P.308／D4)。

松本清藥妝店 マツモト キヨシ

📍P.327／C6 ✉豐島區東池袋1-22-8 ☎03-5951-0051 🕐24小時營業(週日至22:00) 休無休 🌐www.matsukiyo.co.jp

鮮黃色看板的Matsumoto Kiyoshi，是日本最大的藥妝連鎖店，幾乎在各大車站周邊都找得到，各類商品一應俱全，成藥、維他命、生活雜貨、美妝品、食品等都有，折扣商品的售價也比別家便宜。池袋店是我最常光顧的一家。

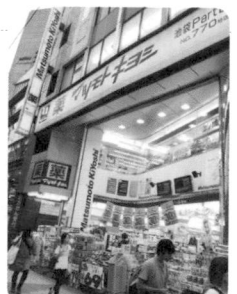

東急手創館 Tokyu Hands

📍P.327／C6 ✉豐島區東池袋1-28-10 ☎03-3980-6111 🕐10:00～21:00 休無休 🌐ikebukuro.tokyu-hands.co.jp

Tokyu Hands池袋店的賣場面積相當廣闊，涵蓋的商品種類非常齊全，尤其是新奇的文具、禮品一直推出，經常讓我一逛就幾個小時出不來，實在是全部都想買回家啊！1樓經常有主題商品展、文創商品展等，而退稅服務也設在1樓櫃檯，要記得帶著護照。

池袋東口
Sunshine City
サンシャインシティ

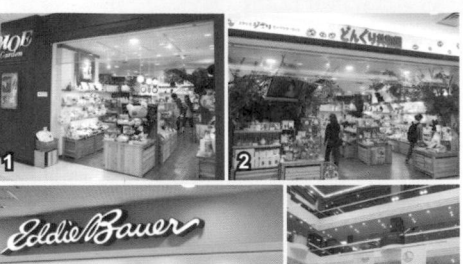
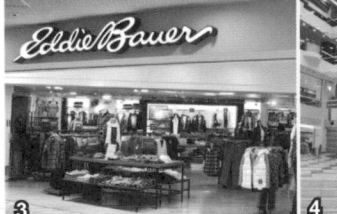
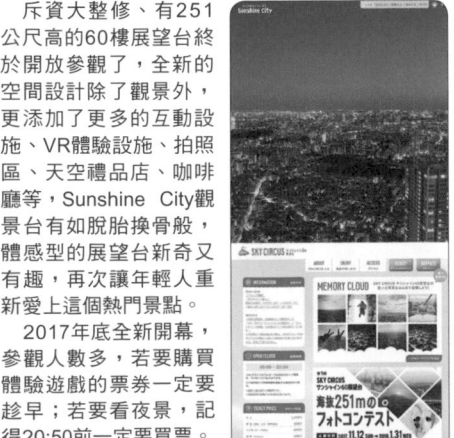

📍P.327／C8 ✉豐島區東池袋3-1 ☎03-3989-3331 🕐商店10:00～20:00，餐廳11:00～22:00 ㊡無休 🌐www.sunshinecity.co.jp

池袋最主要的景點Sunshine City（台灣稱太陽城），由5個相連的區域所組成。

Sunshine City 60：主要爲辦公大樓使用，1樓設有美食街；58～59樓則有高級餐廳Sky Restaurant，可邊用餐邊居高賞景；60樓及屋頂設置展望台供參觀使用。

alpa：是主要的逛街購物區，有4個樓層。

World Import Mart Bldg.：以國外進口品牌爲主的商店街，2～3樓是主題樂園，頂樓則有天文館與水族館，相當熱鬧。

Sunshine City Prince Hotel：太陽城王子

1.知名插畫雜誌「MOE Garden」所開設的生活禮品店，有各種受歡迎插畫主角的周邊商品　2.宮崎駿動畫周邊商品的專賣店　3.進口流行服飾品牌這裡也很齊全　4.Sunshine City「alpa」購物中心的中庭噴泉廣場

飯店是國人比較熟悉的，許多機+酒的行程都有配合這家飯店，逛街購物相當便利。

文化會館：樓層多爲活動會場，4樓有劇場，7樓則有一間古文物博物館可以參觀。

Animate
照片提供／魏國安

📍P.327／A7 ✉豐島區東池袋1-20-7 ☎03-3988-1351 🕐10:00～20:30 ㊡無休 🌐www.animate.co.jp/shop/ikebukuro，ACOS：www.acos.me/blog/store/ikebukuro

Animate是東京都內首屈一指的漫畫、動漫專門店。各種與動漫相關的雜誌、漫畫書、同人誌、CD、DVD、食玩等，分層別類應有盡有，整理得相當齊全。Animate Cafe大樓（📍P.327／B7）則設有咖啡餐廳，以及活動場所，不時舉辦相關活動吸引忠實顧客；Animate Cafe的2～3樓有以Cosplay爲主題的商店「ACOS」，化妝用品、服裝、假髮、道具等，相當專業，提供玩家購買或租借。

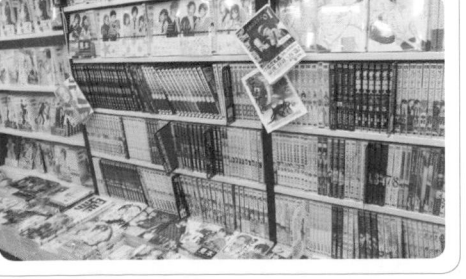

Sky Circus
Sunshine 60 展望台

📍P.327／C7 ✉Sunshine City(60樓，購票在B1) ☎03-3989-3491 🕐10:00～22:00 ㊡無休 💲成人￥1,200、兒童￥600 🌐www.skycircus.jp

斥資大整修、有251公尺高的60樓展望台終於開放參觀了，全新的空間設計除了觀景外，更添加了更多的互動設施、VR體驗設施、拍照區、天空禮品店、咖啡廳等，Sunshine City觀景台有如脫胎換骨般，體感型的展望台新奇又有趣，再次讓年輕人重新愛上這個熱門景點。

2017年底全新開幕，參觀人數多，若要購買體驗遊戲的票券一定要趁早；若要看夜景，記得20:50前一定要買票。

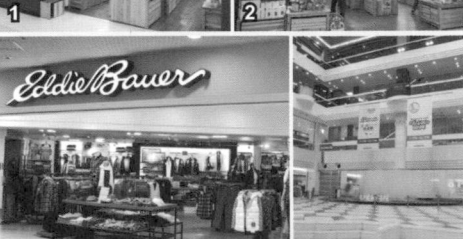

＊網頁畫面擷取自Sky Circus官方網站

古代オリエント博物館

📍 P.327 / D8 ✉ Sunshine City(文化會館7樓)
📞 03-3989-3491 🕐 10:00～17:00 🚫 換展期間
💲 成人￥600、兒童￥200 🌐 aom-tokyo.com

這個古代東方博物館以展出亞洲、中東的考古、文物為主，也不時更新最新的考古動態。除了年代規畫的文物常設展外，也會舉辦精采的特展，如舉辦過的埃及文物展、古代美索不達米亞文明展等，都相當具可看性。

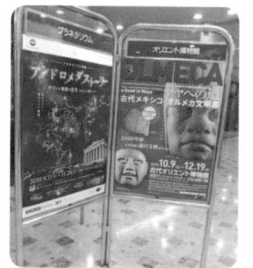

Namjatown 主題樂園

📍 P.327 / D8 ✉ Sunshine City(World Import Mart Bldg. 2樓) 📞 03-5950-0765 🕐 10:00～22:00 🚫 無休 💲 入園券￥500，一日券￥3,500，星光券￥1,800(17:00後入園) 🌐 www.namja.jp

由日本電玩開發商Namco所開設的室內主題遊樂園，場景設計以昭和時代的下町為主題，有射擊遊戲、捉蚊大戰、地獄廁所、怨念旅館等，扮演偵探、勇闖鬼屋的有趣遊戲，喜歡這類主題樂園的，不妨買張一日券或星光券，把全部設施玩過一遍。

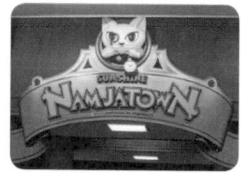

另外也有主題美食區，如集合十多家餃子店的「餃子スタジアム」；來自日本各地名店的甜點區「福袋デザート横丁」。這個主題遊樂園不僅讓你玩得開心，也吃得過癮，也有禮品店收服你的荷包！

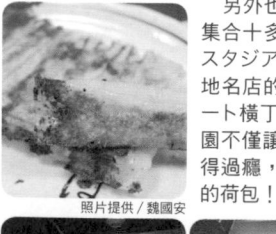
照片提供／魏國安

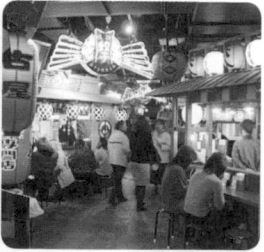
照片提供／魏國安　　照片提供／魏國安

Sunshine City國際水族館

📍 P.327 / D8 ✉ Sunshine City(World Import Mart Bldg.頂樓) 📞 03-3989-3466 🕐 4～10月10:00～20:00，11～3月10:00～18:00 🚫 無休 💲 成人￥2,200、兒童￥1,200 🌐 www.sunshinecity.co.jp/aquarium

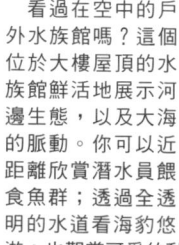

看過在空中的戶外水族館嗎？這個位於大樓屋頂的水族館鮮活地展示河邊生態，以及大海的脈動。你可以近距離欣賞潛水員餵食魚群；透過全透明的水道看海豹悠遊；也觀賞可愛的動物趣味表演，是個相當適合全家同遊的景點。之後可以順道參觀隔壁的天文館。

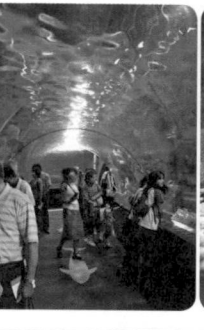
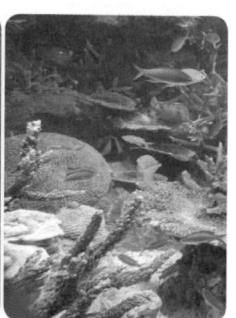
水族館照片提供／魏國安

Konica天文館「滿天」

📍 P.327 / D8 ✉ Sunshine City(World Import Mart Bldg.頂樓) 📞 03-3989-3546 🕐 11:00～20:00 🚫 不定休 💲 一般座椅：成人￥1,500、兒童￥900／草地座椅：￥3,500(2人券)／白雲座椅：￥3,800(2人券) 🌐 planetarium.konicaminolta.jp/manten

數部關於自然、星空、星座的故事、宇宙的天文學等的影片，每個整點輪番播映，製作生動的影片，相當具有臨場感，讓人讚歎連連。新館「天空」於2012年5月也隨著「東京晴空塔」(Tokyo Skytree)全新開幕，上映精采的天文影片。兩館的詳情可參考官方網站。

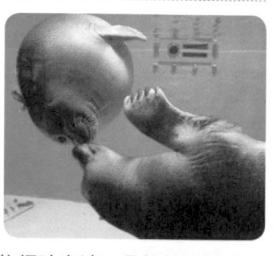
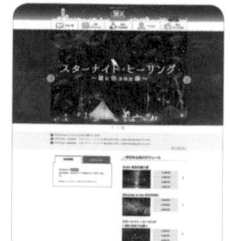
＊網頁畫面擷取自滿天天文館官方網站

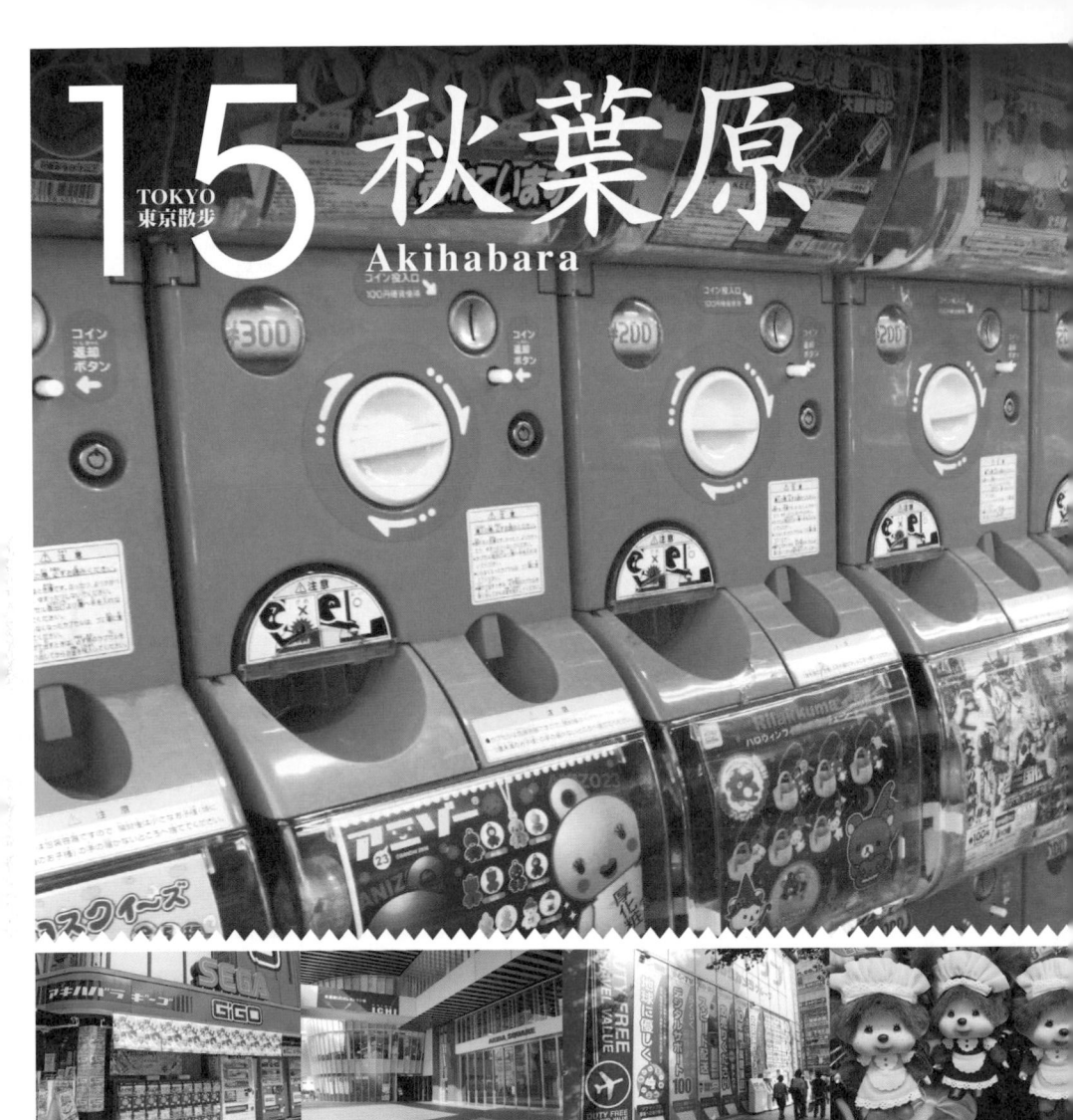

動漫女僕新勢力，AKB48引爆御宅族

要買日本最新款的3C商品、玩日本最熱門遊戲機、體驗女僕咖啡廳最「萌」的貼身服務，你非得要到「秋葉原」不可。秋葉原電器商場大樓比鄰，比氣派、比齊全、比最新，也比服務；而超大型的遊戲場更是競爭，誰的場地大、誰的遊戲最新、最多樣，看看人潮就知道了，各種遊戲軟體、模型公仔也是多到無從選擇起，就連秋葉原發祥的女僕咖啡廳服務種類，也是家家各有所長、各有特色。

秋葉原地區發展相當早，但在二次大戰後才逐漸成為東京、全日本、或全球首屈一指的家電、3C賣場集中地區，電器、相機、電腦、電玩等數位產品，都是這裡的主要商品；秋葉原也成為觀光客來東京的必訪之處，電鍋、隨身聽等更是受歡迎。

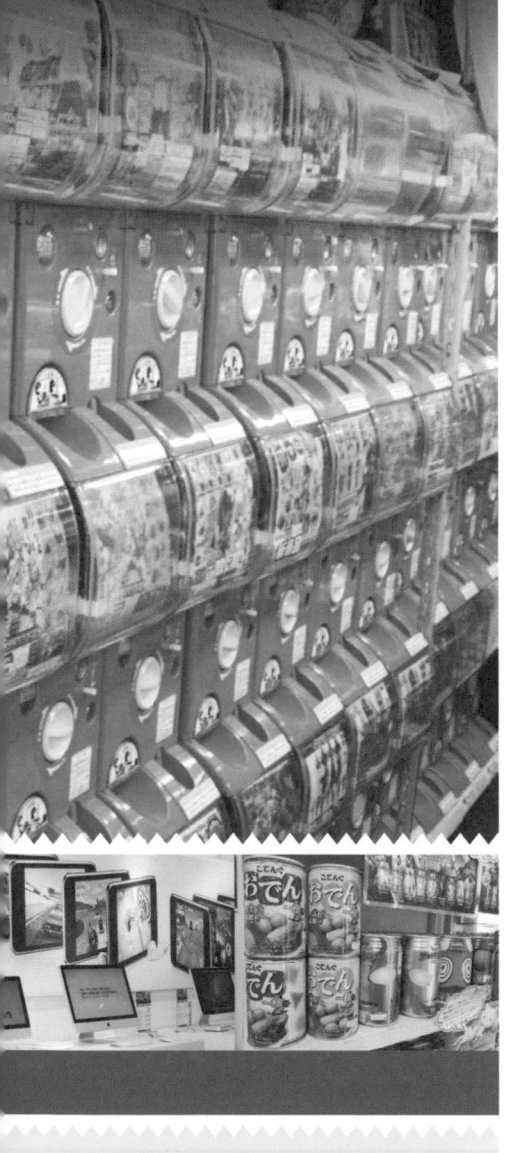

秋葉原的大型商業區以中央通為主，最熱鬧的區段為萬世橋與藏前橋通之間，而位於車站與中央通之間的「秋葉原UDX」，這座新穎的商業大樓集中了不少知名餐廳，比起中央通悠閒安靜許多，不失為用餐、休息的好去處。來到秋葉原車站，以「電氣街口」出口(MAP P.339／C6)最方便好認，離中央通最近，周邊的商店也多。

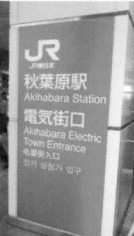

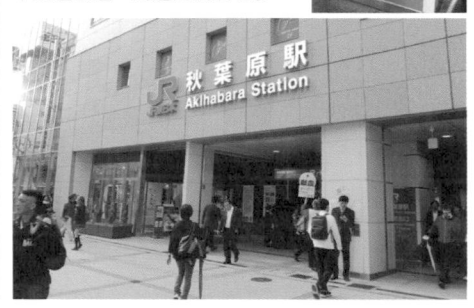

交｜通｜對｜策

1. 搭乘JR電車山手線、京濱東北線、總武線，到「秋葉原」站(電氣街口出口)
2. 搭乘地鐵東京Metro日比谷線，到「秋葉原」站(2號、3號出口)；銀座線，到「末廣町」站(1號、3號出口)

散步花絮

講中文嘛ㄟ通喔：由於來自中國觀光客的消費力與日俱增，各大型店家為了搶生意，店內無不設有中文標示、中文廣播、Duty Free，以及能說流利中文的服務人員。讓你從找商品、問問題，到結帳、退稅，都如同在國內購物一般的方便，再也沒有雞同鴨講、買錯商品的困擾囉！

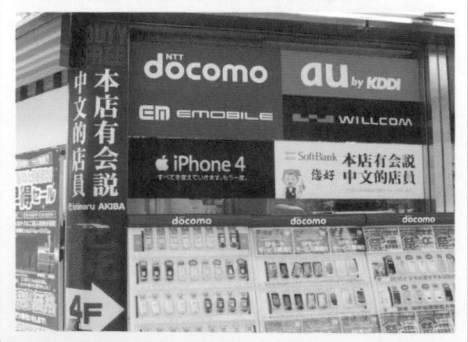

如今，秋葉原儼然成為次文化的發源集中地，商業目標無不鎖定御宅族，卡通、漫畫、電玩、女僕咖啡廳的賣場、店家逐漸擴大，占領最熱鬧的區段，順勢拿下秋葉原一哥的地位。反觀大型的家電、電腦、零件專賣店，漸漸地被推往巷子裡，或朝鬧區的邊緣推擠過去，風光不再，真是時不我與啊！

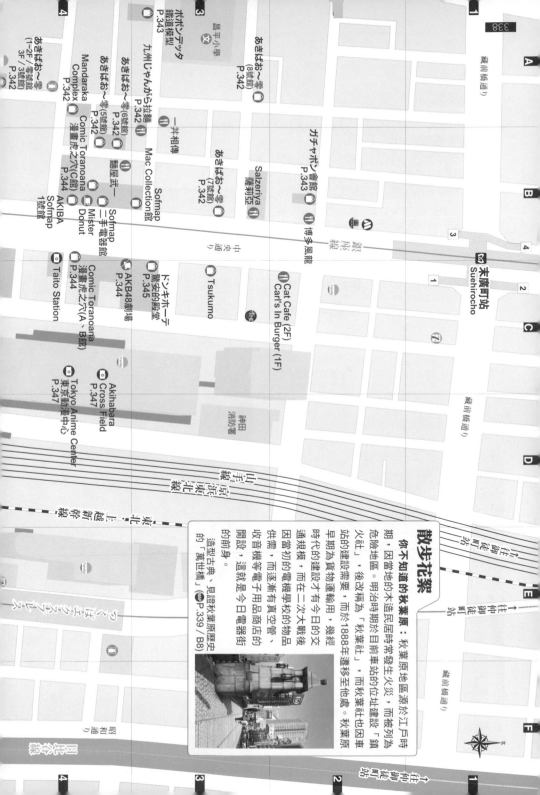

藏前橋通り

A　B　C　D　E　F

1　2　3　4

昌平小學 文

あきばお～零（8號館）P.342

九州じゃんがら拉麵 P.342

あきばお～零（6號館）P.342

あきばお～零（5號館）P.342

ポポンデッタ 鐵道模型 P.343

Mandaraka Complex P.342

Comic Toranoana 漫畫虎之穴(C館) P.344

AKIBA Softmap 1號館

あきばお～零（1~2F／零號館 3F／3號館）P.342

一手相傳

麵屋武一

Softmap Mac Collection館

Softmap 二手電器館

Mister Donut

ガチャポン會館 P.343

Saizeriya 薩莉亞

博多風龍

あきばお～零（7號館）P.342

銀座線

末廣町站 Suehirocho

Cat Cafe (2F) / Carl's In Burger (1F)

Tsukumo

中央通り

ドンキホーテ 驚安的殿堂 P.345

AKB48劇場 P.344

Taito Station

Comic Toranoana 漫畫虎之穴(A、B館) P.344

Akihabara Cross Field P.347

Tokyo Anime Center 東京動漫中心 P.347

神田消防署

山手線　京浜東北線　東北線　上越新幹線

昭和通り

藏前橋通り

散步花絮

你不知道的秋葉原：秋葉原地區源於江戶時期，因當地的木造民居時常發生火災，為危險地區。明治時期於目前車站的位址建設「鎮火社」，後改稱為「秋葉社」，而秋葉社也因車站的建設需要，而於1888年遷移至其他處。秋葉原早期為貨物運輸用，幾經時代的建設才有今日的交通規模，而在二次大戰後因當初的電機學校的物品供需，而逐漸有真空管、收音機等電子用品商店的開設，這就是今日電器街的前身。

造型古典、見證秋葉原歷史的「萬世橋」。（見 P.339／B8）

仲御徒町站

御徒町站

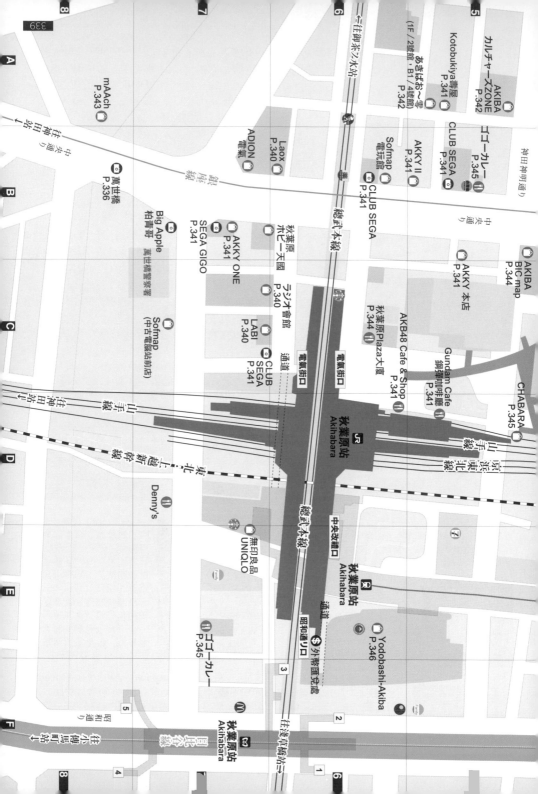

LABI

MAP P.339 / C7　千代田區外神田1-15-8　03-5207-6711　10:00～22:00　無休　www.yamadalabi.com/akihabara/index.html

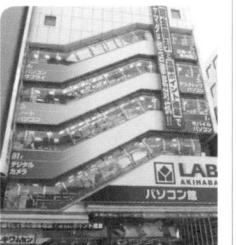

　　LABI是日本大型的電器銷售賣場，在各大車站周遭都可以找到，但秋葉原店最特殊的就是有著透明的外露電扶梯，但是比起巴黎龐畢度中心就少了那個藝術美感。LABI秋葉原店共6層樓賣場，主要樓層以販售電腦及周邊機器為主，數位相機則在B1。

Laox

MAP P.339 / B6　千代田區外神田1-2-9　03-3255-9410　10:00～19:00　無休　www.laox.co.jp/stores/akihabara

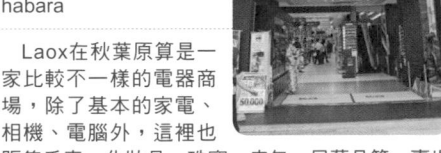

　　Laox在秋葉原算是一家比較不一樣的電器商場，除了基本的家電、相機、電腦外，這裡也販售手表、化妝品、珠寶、皮包、民藝品等，賣場也比較亮麗、精緻，宛如一家百貨公司般。除了有中文服務外，更有法語、俄語、西班牙語、菲律賓語等服務，以國際化為經營導向的電器百貨。

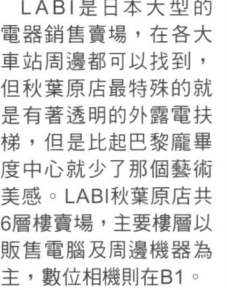

秋葉原 ラジオ會館 Radiokaikan

MAP P.339 / C6(本館)　千代田區外神田1-15-16　各店家不同　各店家不同　各店家不同　akihabara-radiokaikan.co.jp

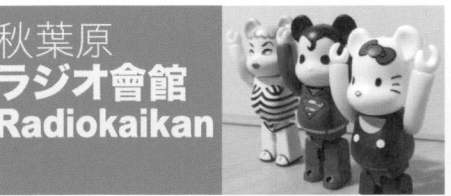

鮮黃色的外觀是ラジオ會館最醒目的招牌，集合數十家趣味商店的商業大廈，是漫畫迷、模型迷、娃娃迷、食玩迷、卡通迷們絕對不能錯過的地方，商店形式與台北西門町的萬年大樓頗為相似，只是賣的都是模型、玩具、娃娃、漫畫、卡通等周邊商品。記得荷包裝滿再來逛，入寶山而空手回，可是會讓人握拳飲恨啊！

　　ラジオ會館於2011年夏天進行大規模的改建工程，明亮整齊的商場落成讓人耳目一新，可以容納更多的來店人潮：

B1：有知名的大眾食堂「銀座ライオン」。

1F：除了有便利商店、手機配件店、眼鏡店外，還有以秋葉原為主題的伴手禮品店。

3、4F：以販售漫畫、同人誌、動畫等周邊商品知名的「K-BOOKS」。

5、6F：有「海洋堂」「宇宙船」「TRIO」「Yellow Submarine」等公仔、模型玩具店。

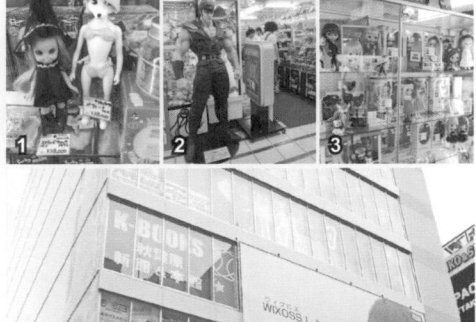

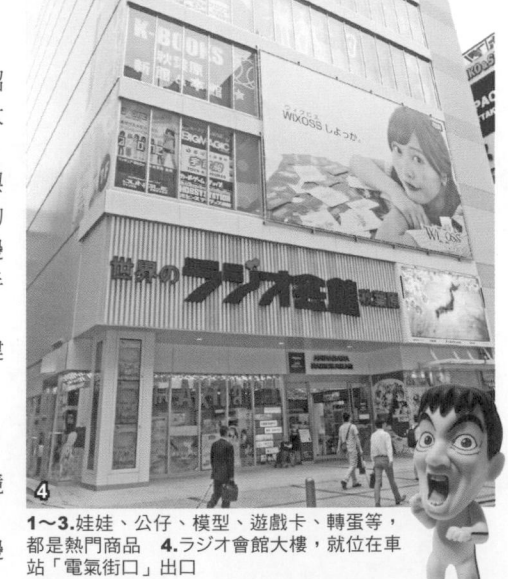

1～3.娃娃、公仔、模型、遊戲卡、轉蛋等，都是熱門商品　4.ラジオ會館大樓，就位在車站「電氣街口」出口

7F：動漫人形、娃娃專賣店「AZONE」。

8F：BJD娃娃專賣店「VOLKS」。

SEGA GIGO

📍 P.339／B7　✉ 千代田區外神田1-15-1　📞 03-3252-7528　🕐 10:00～23:40　🈂 無休　🌐 tempo.sega.jp/am/akiba-gigo

橘色的外觀，整整6層樓都是最新的遊戲機台。1～3樓擺滿大大小小的UFO夾娃娃機，從玩偶到枕頭，夾什麼都不奇怪；4～6樓有最熱門的遊戲機台，隨時新機入替。另外還開有3間SEGA系列的大型遊戲場，有轉蛋機、有大型螢幕遊戲，還不定時地推出活動，以鞏固SEGA在秋葉原的遊戲龍頭地位（📍 P.339／B6，P.339／B5，P.339／C7）。

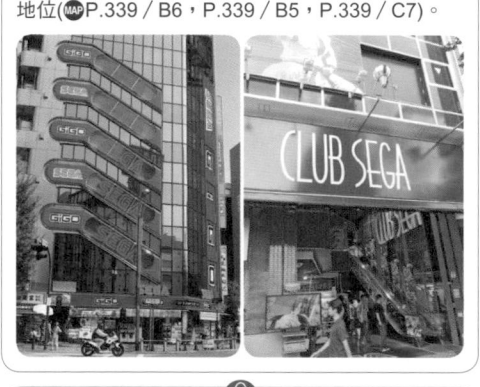

AKB48 Cafe & Shop

📍 P.339／D6　✉ 千代田區神田花岡町1-1　📞 03-5297-4848　🕐 11:00～22:00　🈂 無休　🍴 餐點￥1,000，甜點￥800，飲料￥480～1,000　🌐 akb48cafeshops.com/akihabara

AKB48唯一官方開設的商店與餐廳，滿足追星族購買周邊商品與偶像照片，更可以在被偶像氣氛包圍的咖啡廳裡，慢慢品嘗由人氣團員所推薦的可愛餐點。咖啡廳採預約限定，每天只開放2個時段(14:00～15:30，19:30～21:00)各3組(2～6人／組)客人，外頭還有可以外帶小點心的窗口。

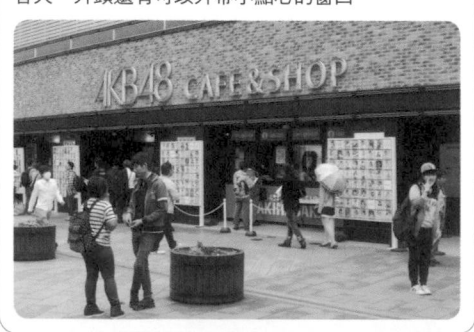

Gundam Cafe 鋼彈咖啡廳

📍 P.339／D5　✉ 千代田區神田花岡町1-1　📞 03-3251-0078　🕐 10:00～22:30　🈂 無休　🍴 餐點￥950～1,296，甜點￥324～1,080，飲料￥270～810　🌐 g-cafe.jp

位在車站旁的鋼彈咖啡廳，店裡店外鋼彈氣氛滿點，是鋼彈迷必訪的朝聖地。咖啡廳整體以白色裝潢，將動漫中的未來

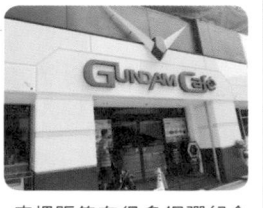

感場景直接搬到店裡，店裡販售有很多鋼彈紀念品，吃的、用的、穿的都有。除了買紀念品，你也可以在鋼彈咖啡廳內用餐、喝下午茶。

AKKY 免稅店

📍 P.339／B5、B7　✉ 千代田區外神田1-10-5　📞 03-5297-6192　🕐 09:00～20:00　🈂 無休　🌐 www.akky-jp.com/store_akky2

秋葉原的大型免稅商店，一口氣開了3家，商品項目包山包海，就是要掏光觀光客的荷包。1樓入口主要都是和風紀念品，最吸引老外駐足購買。

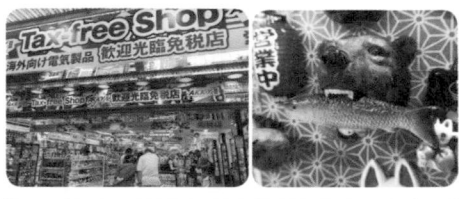

Kotobukiya 壽屋

📍 P.339／A5　✉ 千代田區外神田1-8-8　📞 03-5298-6300　🕐 10:00～20:00　🈂 無休　🌐 www.kotobukiya.co.jp/store/akiba

秋葉原另一家模型、卡通動漫、食玩餅乾專門店，當下最搶手、最新的火熱商品，這家店總是一馬當先，進貨又快又齊全，讓人逛到流連忘返。

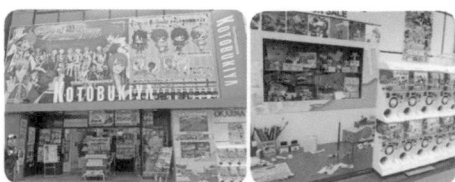

あきばお～零

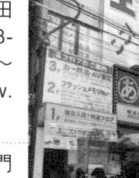

MAP P.338／A4　千代田區外神田3-1-12　03-3257-0235　11:00～20:00　休無休　http www.akibaoo.co.jp

「秋葉王」除了專門販售特價或二手電腦用品外，還有許多雜貨玩意，像是玩具、電子零件、整人道具、跟動漫相關的小物、精品等等，以及秋葉原特有的即食關東煮罐頭、炒飯罐頭、拉麵罐頭等，相當有意思，可以買回台灣當作趣味的小禮物送給朋友。

秋葉王在秋葉原共有8家分店喔！(MAP 2、4號店P.339／A5，3號店P.338／A4，5、6號店P.338／B4，7號店P.338／B3，8號店P.338／A3)

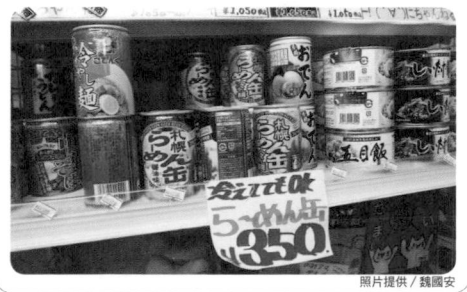

照片提供／魏國安

AKIBA カルチャーズ ZONE

MAP P.339／A5　千代田區外神田1-7-6　各樓層、店鋪不同　11:00～關門時間各樓層、店鋪不同　休無休　http akibacultureszone.com

到秋葉原除了購買動漫商品外，還真想不出還能買什麼，這棟重新整理再出發的大樓，集合多家動漫商店，DVD、漫畫、玩偶、遊戲卡等，吃的、用的一應俱全，3樓有全球最具規模的溜溜球專賣店，5樓還有動漫咖啡廳呢！此外，6樓開設有偶像養成學園，B1樓也有提供表演的劇場，供動漫、偶像相關的活動場地，可說是相當熱鬧。

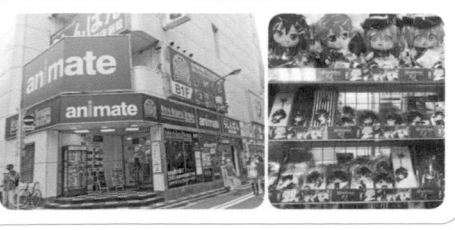

Mandarake Complex

MAP P.338／A4　千代田區外神田3-11-12　03-3252-7007　12:00～20:00　休無休　http www.mandarake.co.jp/shop/cmp/index.html

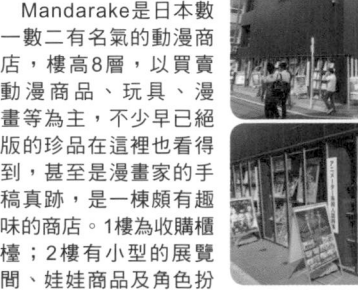

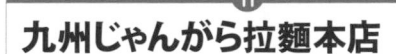

Mandarake是日本數一數二有名氣的動漫商店，樓高8層，以買賣動漫商品、玩具、漫畫等為主，不少早已絕版的珍品在這裡也看得到，甚至是漫畫家的手稿真跡，是一棟頗有趣味的商店。1樓為收購櫃檯；2樓有小型的展覽間、娃娃商品及角色扮演的相關產品；3～5樓有漫畫、同人誌；6樓主要為CD、DVD及遊戲；7～8樓則為動漫玩具專區。

九州じゃんがら拉麵本店

MAP P.339／B3　千代田區外神田3-11-6　03-3251-4059　10:30～23:30(週末、假日09:30～23:30)　休無休　拉麵￥730～1,230　http www.kyusyujangara.co.jp/shops/akihabara

1984年開店至今的著名拉麵店，秋葉原本店門外，經常都是排著等候座位品嘗拉麵的隊伍，在東京共有8家分店，除了歷史悠久的本店外，國人比較熟悉的就是位在原宿的表參道分店。九州じゃんがら拉麵店給人的第一印象就是，門口總是貼滿手寫風格的廣告菜單，相當熱鬧。

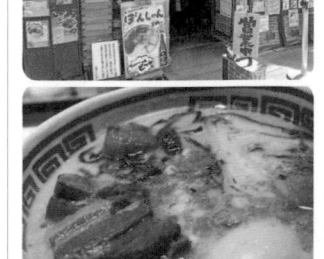

店裡最受歡迎的拉麵不外乎是與店名相同的創店招牌拉麵「九州じゃんがら」(￥1,080)，7種豐富的配料：紅燒扣肉、溫泉蛋、明太子、黑木耳、叉燒肉、筍乾，與青蔥，視覺、口感與味道都是一流，讓人直吞口水啊！

照片提供／魏國安

ポポンデッタ鐵道模型店

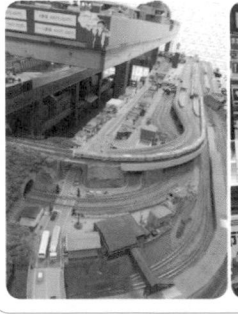

MAP P.338 / A3 千代田區外神田3-3-3 03-5297-5530 10:00～20:30(週末、假日10:00～20:00) 每月第三個週三 www.popondetta.com

　　在日本鐵道模型界裡頗為知名的專賣店，4個樓層裡有日本製及進口的上千種鐵道模型商品、零件、道具等，以及相關的書籍，非常的專業。外行的除了購買鐵道紀念品外，也可以跟著玩家上2樓，欣賞他們玩鐵道模型認真的模樣。店家精緻完整逼真的造景模型，讓玩家可以帶著心愛的列車，來這裡體驗駕駛火車的樂趣呢！

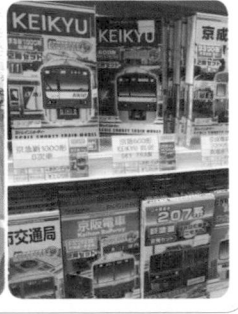

ガチャポン會館

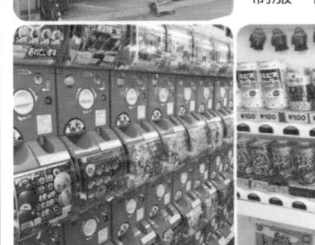

MAP P.338 / B2 千代田區外神田3-15-5 03-5209-6020 11:00～20:00(週五、六至22:00，週日至19:00) 無休 轉蛋一次¥200、300，即食罐頭¥270、300 www.akibagacha.com

　　專營轉蛋機的商店，小小的空間疊滿上百台的轉蛋機，四面的轉蛋機牆頗為壯觀，最新的轉蛋商品這裡一定都會有，常常讓人轉到欲罷不能。手邊剛好沒有百円銅板嗎？放心啦，店內設有兌幣機。

　　1樓有一台即食關東煮、拉麵、烏龍麵罐頭販賣機，各種風味的即食罐頭與紅茶、咖啡擺在一起非常有趣。樓上則有Cosplay商店，要買衣服、道具、假髮、學生制服，請往上走。

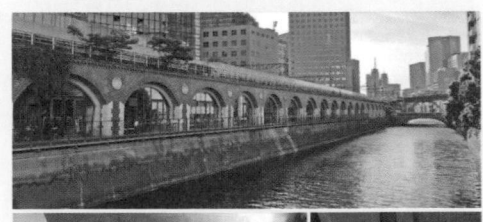

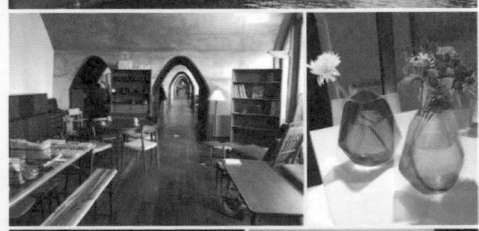

秋葉原 mAAch

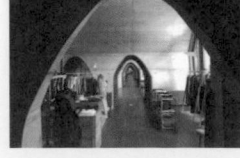

MAP P.339 / A8 千代田區神田須田町1-25-4 03-3257-8910 商店11:00～21:00，餐廳11:00～23:00 無休 www.maach-ecute.jp

　　由廢棄車站改造而成的空間，這個位在萬世橋與昌平橋之間的橋墩體，是建於1912年的「萬世橋車站」所在地，車站停用後由鐵道博物館遷入使用(1948～2006)；再隨著博物館轉移館址，曾有餐廳進駐；目前這個全新規畫的空間於2014年啓用。

　　mAAch結合了商店、餐廳、咖啡店與藝廊，而屋頂的舊車站月台也有一部分開放參觀，是一處幽靜、舒適的商場。

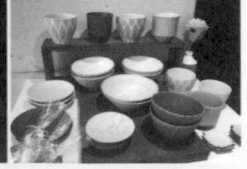

Comic Toranoana 漫畫虎之穴

MAP P.338／B4 　⊠千代田區外神田4-3-1(A、B館)
◎A、B館：10:00～22:00，C館：11:00～22:00
休無休 **http** www.toranoana.jp/shop/akihabara

漫畫虎之穴專長在銷售吸引御宅族掏出錢包的漫畫、動畫，及相關的影音產品、雜誌、同人誌等。漫畫虎之穴在秋葉原有A、B、C三館；A館主要販售商業書刊、漫畫雜誌、同人誌、小說、遊戲等，為數豐富的同人誌是這家店的特色；B館雖同樣是販售同人誌、CD、DVD、遊戲軟體，但特別取向女性客層，以清潔、輕鬆感吸引女性顧客，4～7樓專售女性向同人誌、雜誌等；C館位在對街的3、4樓，除了販售，也收購二手品。

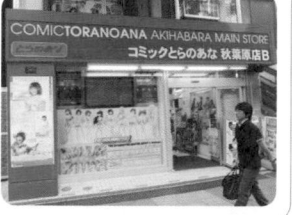

秋葉原Plaza大廈

MAP P.339／C6 　⊠千代田區外神田1-18-18 **◎**各店不同 **◎**約11:00～23:00(各店不同) **休**各店不同

一直以來，要在秋葉原這個以電器與電玩架起的區域找個好一點的餐廳吃飯，選擇性實在有限。2005年在秋葉原車站新開發的廣場旁，築起了一幢以「食」為主題的大樓，樓高9層，每一層就是一家餐廳，有中式、西式、居酒屋等，讓附近的上班族可以就近用餐的好去處。

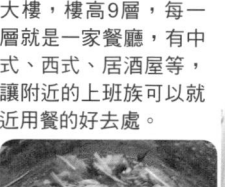

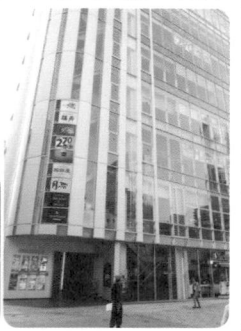

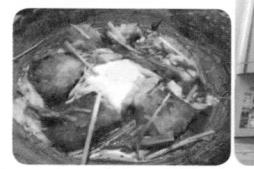

秋葉原 AKIBA BIC MAP

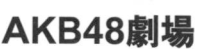

MAP P.339／B5 　⊠千代田區外神田4-1-1 **◎**03-6260-8111 **◎**10:00～21:00(週末、假日10:00～21:00) **休**無休 **http** www.biccamera.co.jp/shoplist/shop-121.html、www.sofmap.com/tenpo/contents/?id=akiba-map

秋葉原最新的話題店，就是Bic Carmera與Sofmap合體的旗艦店，兩家3C、電器龍頭的結合就是要給你最大的賣場、最多的商品選擇，以及最優惠的價格。7個樓層裡有電腦、家電、手機、文玩具、遊戲機，也有化妝品、高爾夫用品等。到東京，其他的3C小店可以不用去了，來秋葉原這家就對了。

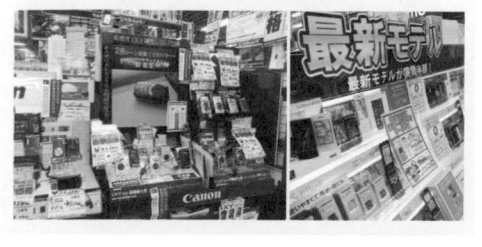

AKB48劇場

MAP P.338／C4 　⊠千代田區外神田4-3-3 **◎**03-5298-5411 **◎**時間、場次請上官網查詢 **休**無休 **◎**票價請上官網查詢 **http** www.akb48.co.jp

2005年出道，橫掃日本偶像樂壇的AKB48，不論造型、曲風，都是以御宅族最愛的「萌」系來打造，而團名「AKB」是取自於發跡的地區秋葉原(Akihabara)簡稱「アキバ」(Akiba)而來。

劇場是專為AKB48打造的，主旨在於讓AKB48能成為一支讓民眾能每日見到面的團體，AKB48從最初觀眾只有寥寥數人的演出，到目前成為最紅的團體這個劇場功不可沒。不過由於團體成員眾多，每場的表演採分組方式進行，若有屬意看哪位成員上台表演，不妨注意官網公告的演出消息，除了AKB48外，也有其他二姊妹團的演出場次。

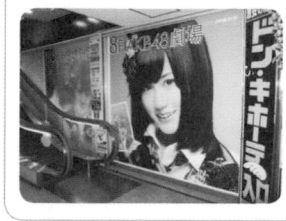

劇場在ドンキホーテ的8樓，空間不是很大，最多只能容納250人，用意是讓你可以跟偶像們以最近的距離面對面。而相關的紀念品販售在5樓。

ドンキホーテ 驚安的殿堂

🅼 P.338／C3 ✉ 千代田區外神田4-3-3 ☎ 03-5298-5411 ⏰ 10:00～05:00 休 無休 🌐 www.donki.com

以「顧客最優先主義」為創業精神，開店的目的就是要讓顧客們買得便利、買得安心、買得便宜。以販售低價的家電製品、日用雜貨、食品、流行配件、體育用品、DIY器具等為主，商品種類琳瑯滿目，只要你想得到的它大概都有賣。ドンキホーテ(Don Quijote，激安的殿堂或驚安的殿堂)，在幾個大車站周邊都可以找到，如池袋、銀座、六本木、上野等等，售價低、物品齊，絕對適合採購自用或送禮。

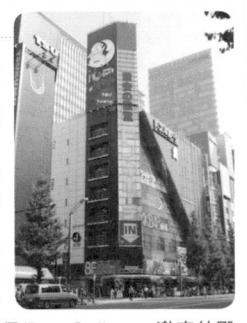

秋葉原店的1～5樓，都是將物品堆得滿滿的賣場，而與其他分店不同的最大特色，就是8樓為AKB48劇場，為店裡帶來極大的人潮；另一項特色為設有販售秋葉原系(アキバ系，2～3樓)，及顏文字君(4樓)的特設賣場；還有5樓特別開闢的角色扮演專區，有上千款的服裝道具與配件，女僕系、制服系等款款齊全；還有女僕咖啡廳、「萌」土產，以及AKB48禮品店；1樓則有可麗餅店、御飯糰店等。

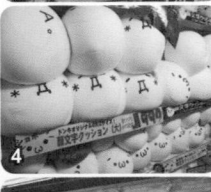
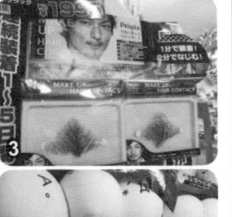
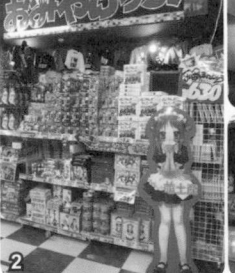
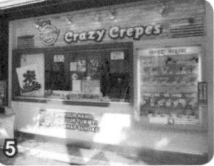

1.賣場擺得滿滿的上千款道具服裝／2.萌伴手禮最暢銷／3.有趣的假鬍子，這裡也有賣／4.顏文字商品是這家店的招牌商品／5.位於1樓的甜點店

秋葉原 ちゃばら CHABARA

🅼 P.339／D5 ✉ 車站橋墩下 ☎ ⏰ 休 各店家不同 🌐 www.jrtk.jp/chabara

日本果真是最會利用空間的國家，連橋墩下都可以搞成一間舒適的商店，這裡集合日本各縣市最知名的特產，罐頭、餅乾、農產品、飲料等，多到讓人無從選起，只好全包了，像我就帶了很多罐的辣油回家。空間內也設有咖啡廳、地方小吃店。

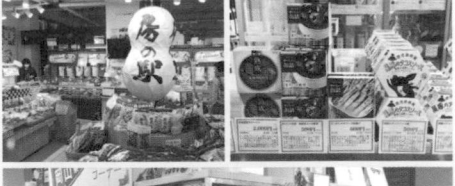
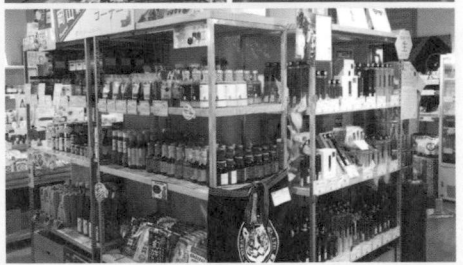

ゴゴーカレー 猩猩咖哩

🅼 P.339／B5 ✉ 千代田區外神田1-11-7 ☎ 03-6206-9855 ⏰ 10:55～21:55 休 無休 💲 各式咖哩飯¥530～1,300 🌐 www.gogocurry.com

經濟又實惠的炸物咖哩專門店，是學生、上班族的最愛，分量大碗，實在很划算。猩猩咖哩的咖哩醬色非常深，味道較濃郁，但配上炸豬排、炸蝦等，非常合口味；店家推出4種分量的咖哩餐：健康級、經濟級、商務級與頭等級；車站附近還有1家分店(🅼 P.339／E7)。

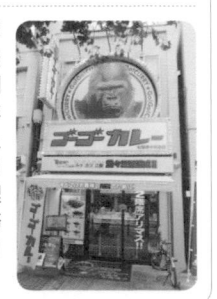

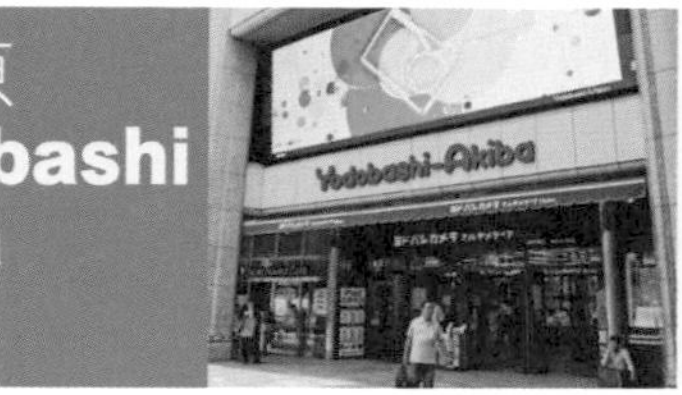

秋葉原
Yodobashi
Akiba

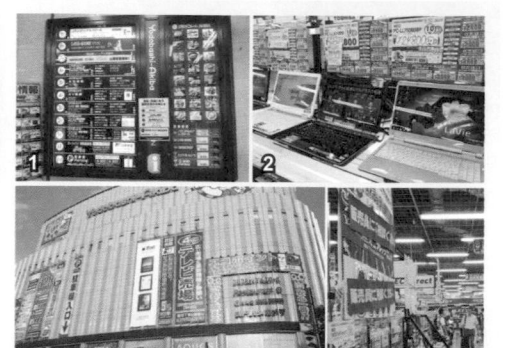

1.賣場面積非常大，記得先看一下你想購買商品的販售樓層 / **2.**最薄最快的手提電腦，多看多比較 / **3.**整棟的3C、家電百貨商場，相當壯觀 / **4.**記得多利用穿制服的工作人員，問產品也問路

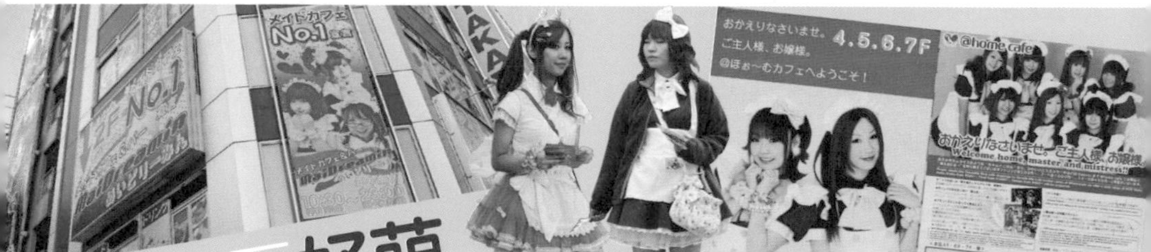

MAP P.339 / E6 　千代田區神田花岡町1-1 　03-5209-1010 　09:30～22:00 　休 無休 　http www.yodobashi-akiba.com/index.html

位在車站後方的Yodobashi電器城，是秋葉原地區賣場面積最大的一家，購物機能如同大型百貨公司般。集合世界各大廠牌的家電、3C、電腦、禮品，商品量之多，讓你有如進入迷宮，非得詢問隨時都看得到的服務人員，才能找到路、買對商品。

除了1～6樓是正常的賣場外，Yodobashi的7樓設有服裝、眼鏡、書籍、音樂CD賣場；8樓有20幾家的餐廳可以用餐休息；9樓則有高爾夫賣場及練習場。此外，大樓內竟然也有眼科及齒科診所、按摩中心、郵局等，新奇吧！而這裡當然也設有中文服務，讓來自中港台的顧客可以放心地購物、辦理退稅。

Yodobashi的斜對面有無印良品及UNIQLO（**MAP** P.339 / E7），也可順道去逛逛、掃貨。

秋葉原好萌
女僕咖啡廳正當道

說起在秋葉原最搶手的服務業就是女僕咖啡廳了，一家接著一家開，競爭相當激烈，每個路口幾乎都看得到穿著制服的少女在發廣告傳單，每家咖啡廳從服裝、餐點、主題到服務內容，無不用心，各顯神通搶客源。

除了一般陪客人聊天、喝咖啡外，也有理髮、掏耳朵、剪腳指甲之類的另類服務，服務費也不算便宜，秋葉原系的宅男似乎也吃這一套，不然這些店早就倒了。若要問我服務親切否？抱歉了，我不吃這一味，所以真的無法分享個人心得，如有讀者願意分享就太好了。

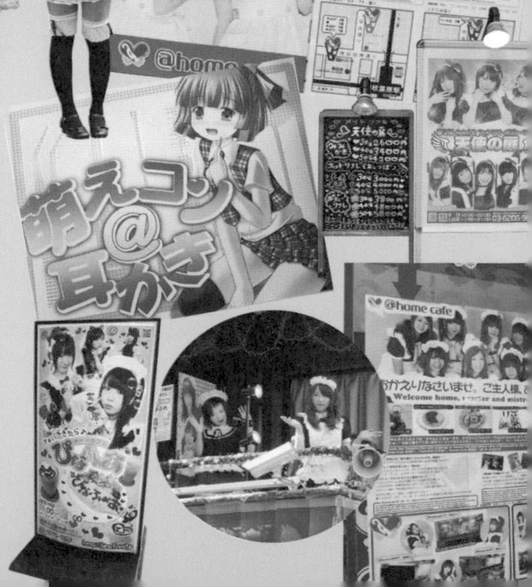

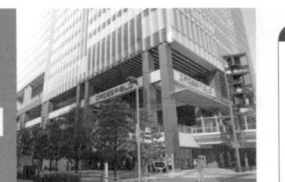

秋葉原
Akihabara Cross Field

MAP P.338 / C4 ⊠千代田區外神田1-18-13 ☎03-5256-3055 ⏰各店不同 休無休 http www.akiba-cross.jp

秋 葉原的商辦中心Akihabara Cross Field，主要是爲企業主收集資訊、分析與培育人才，並有廣大的展覽場、會議廳提供企業界做交流。Akihabara Cross Field由Daibiru與UDX兩棟玻璃帷幕辦公大樓所組成，安靜、悠閒，有廣大的大廳空間、有精緻的商店，1～3樓還集合了許多有名的美式、和式的高級餐廳，非常適合在秋葉原逛街後來此放鬆用餐。

連接到車站的手扶電梯，是另一項高科技設施，會隨著溫度變化感應而噴灑水霧，尤其是夏日炎熱季節，著實讓氣溫瞬時下降個2～3度，噴灑下的霧氣也讓人神清氣爽。

1.秋葉原「第一美食街」，擁有中、西、和式餐廳(照片提供／魏國安)／**2.**遊客資訊中心裡有秋葉原觀光資訊，及Akihabara Cross Field相關資訊／**3.**夏天會灑水氣降溫的手扶梯／**4.**UDX寬闊的大廳(照片提供／魏國安)／**5.**美食街裝潢得相當乾淨舒適，集合各地知名食堂

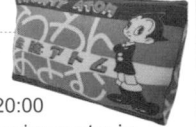

Tokyo Anime Center
東京動漫中心

MAP P.338 / C4 ⊠千代田區外神田4-14-1，UDX大廈4樓 ☎03-5298-1188 ⏰11:00～20:00 休週二 $參觀免費 http www.animecenter.jp

照片提供／魏國安

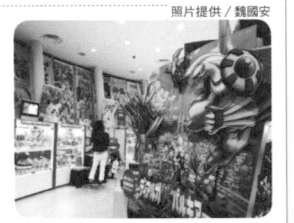

東京動漫中心用意在於藉由展覽、活動舉辦，向國內外發送傳播日本最新的動漫信息。活動中心不時舉辦聲優座談、手稿展示或新作發表會；動漫發信台有各類的動漫資訊；多媒體螢幕牆會播放動漫電影、電視節目；場地一角還設有錄音室，讓參觀者看到錄音過程，或參與錄音的親身體驗；最不能放過的還是禮品區囉，東京動漫中心限定或獨創的商品值得購買收藏，當成伴手禮也非常有特色。

照片提供／魏國安

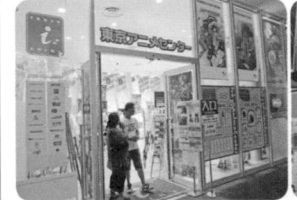
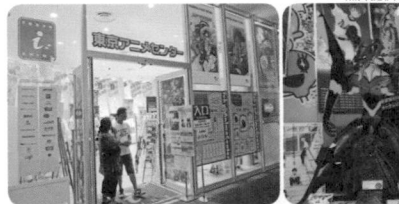

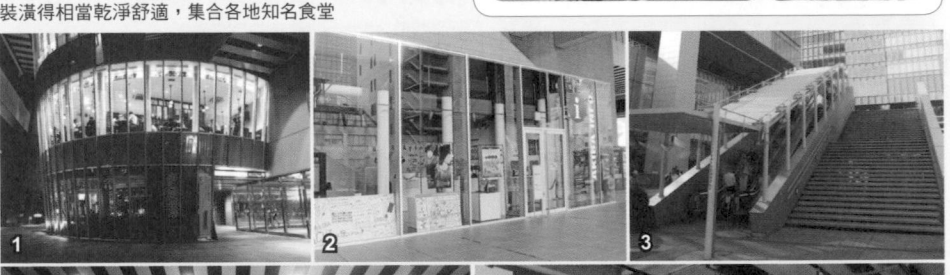

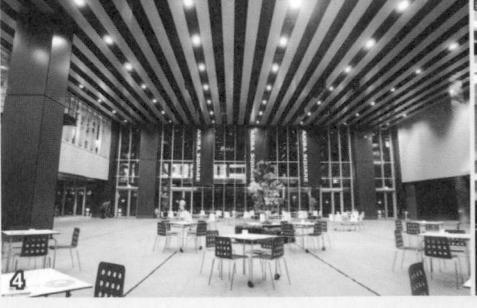
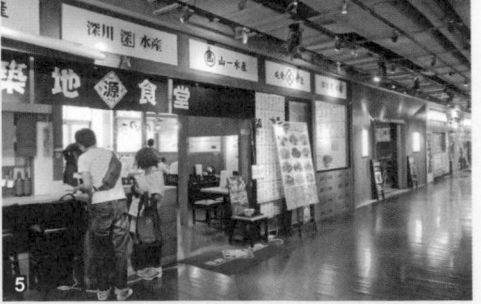

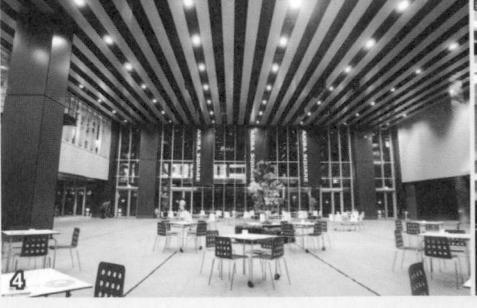

16 銀座 Ginza

TOKYO 東京散步

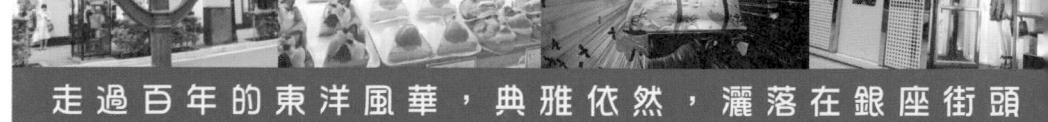

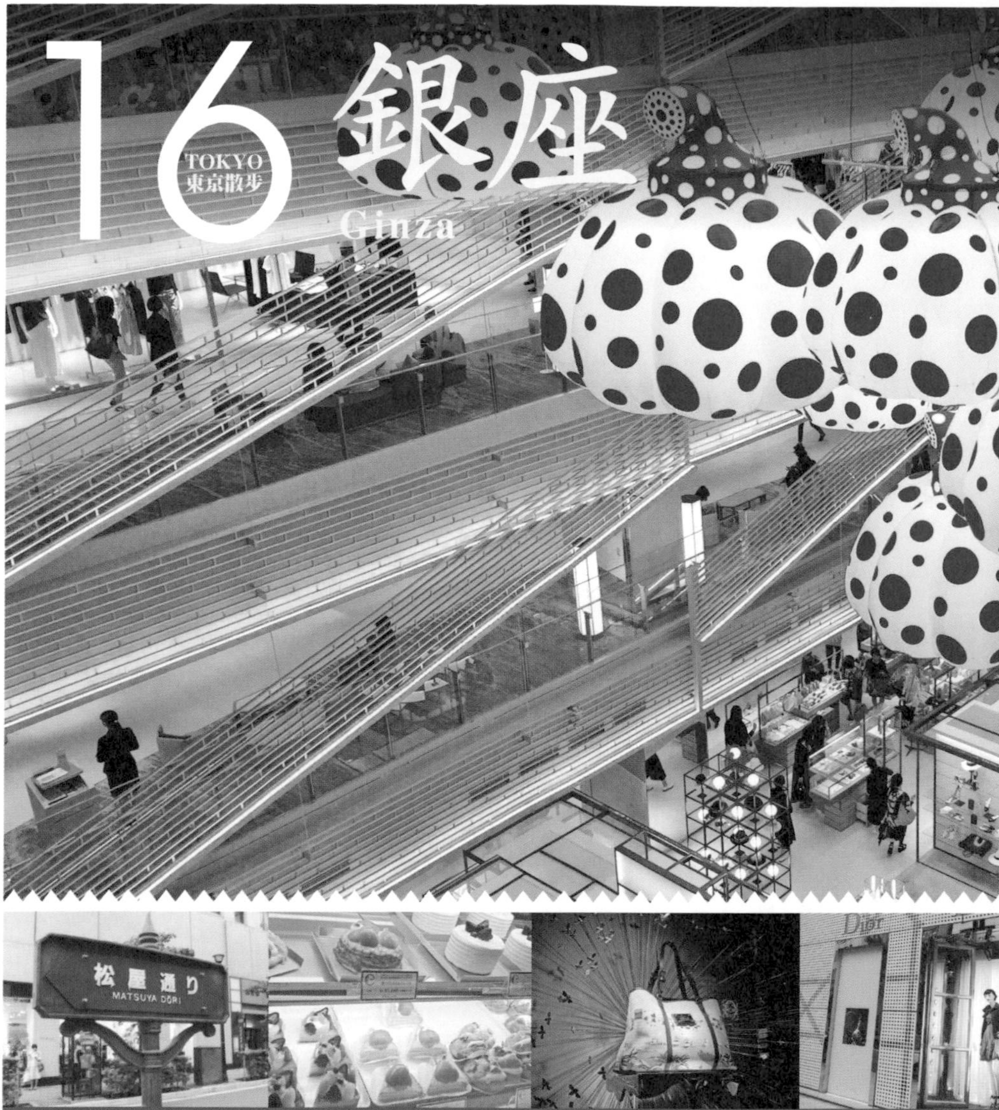

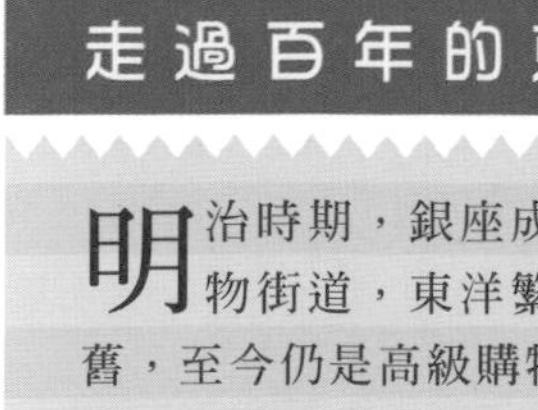

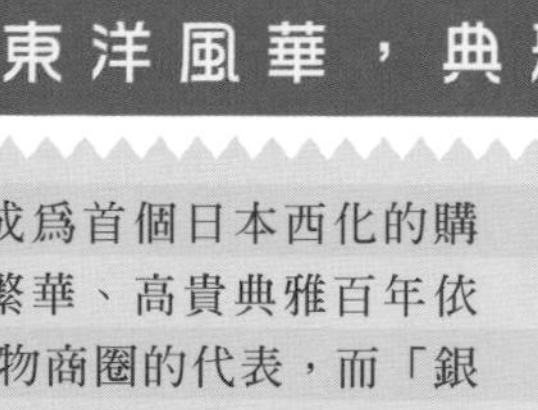

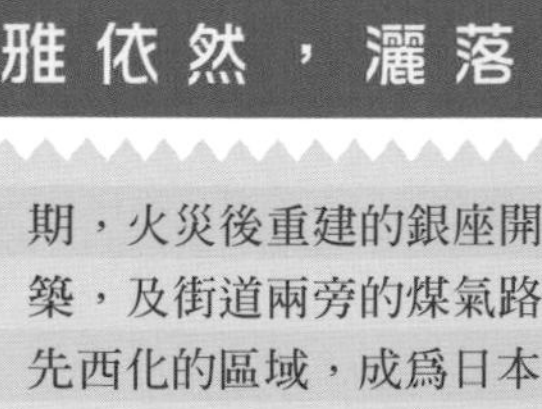

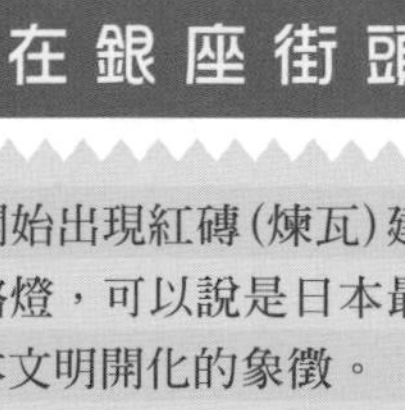

走過百年的東洋風華，典雅依然，灑落在銀座街頭

明治時期，銀座成爲首個日本西化的購物街道，東洋繁華、高貴典雅百年依舊，至今仍是高級購物商圈的代表，而「銀座」一詞更成爲日本各城鎮「商店街」的代名詞。

「銀座」一詞源自江戶時期，銀幣鑄造所的所在地而得名(至於「金座」，就是現今日本銀行的所在了)，日本的西化始於明治維新時期，火災後重建的銀座開始出現紅磚(煉瓦)建築，及街道兩旁的煤氣路燈，可以說是日本最先西化的區域，成爲日本文明開化的象徵。

今日的銀座可以說是延續百年來的繁華，高級一詞從未離開過銀座，百年老店處處皆是，不過近幾年來，國際品牌陸續強勢登陸銀座，許多傳統百年店家被迫遷往小街道裡，或直接關門大吉，或改採駐進百貨專櫃

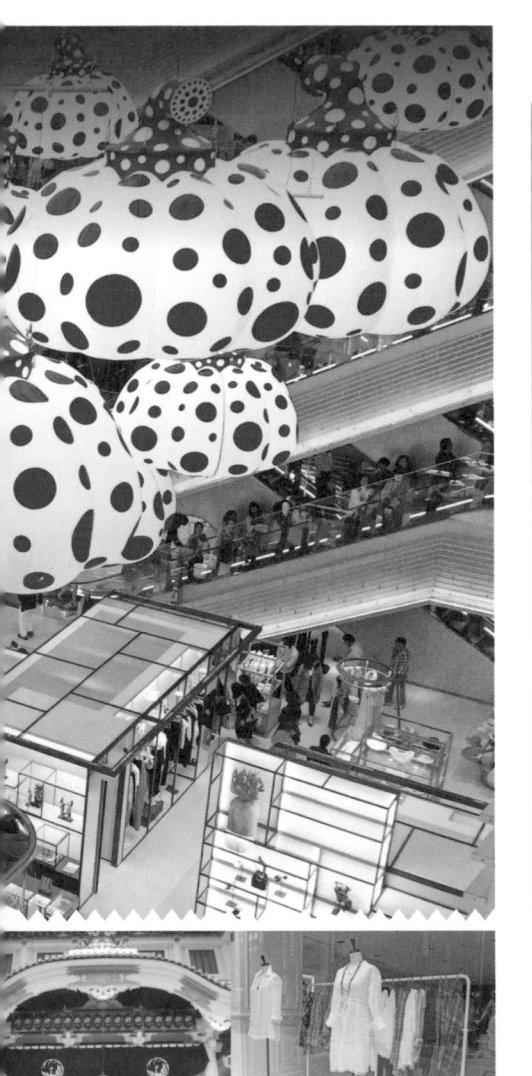

逛銀座可以從百貨公司、名牌旗艦店一家接著一家的中央通開始,而位於四丁目的十字路口,可以說是銀座的心臟地帶,鬧區從這裡擴散出去,十字路口上最醒目的就是「和光百貨」與「三越百貨」,也是最好確認位置的地標了。

而銀座的逛街重點除了中央通外,平行的西五番通り、並木通り,也是名牌店家集中的街道;橫向的街道則以資生堂總部的花椿通,往上至マロニエ通り,都是好逛好買的區域。而過了西銀座通り(外堀通り)的十字路口,就是有樂町的區域了,有樂町同樣也是商店林立的購物商圈。

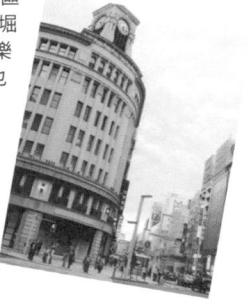

銀座說大不算大,但是百貨公司都是超級大間,花費的時間相對也較多,不妨選擇性地逛部分有興趣的樓層即可,不然會飲恨沒有更多的時間逛那些潮流服飾店喔!

交 | 通 | 對 | 策

前往銀座鬧區周邊
1. 搭乘地鐵東京Metro銀座線、日比谷線、丸ノ內線,到「銀座」站
   和光百貨(A9、A10、B1出口)
   三越百貨(A6、A7、A8、A11出口)
   松屋百貨(A12、A13出口)
   東急百貨(C2、C3出口)
   並木通り(B4、B6、C8出口)
2. 搭乘地鐵東京Metro有樂町線,到「銀座一丁目」站
   中央通り(8、9號出口),西五番街(5號出口)

前往歌舞伎座周邊
1. 搭乘地鐵東京Metro日比谷線,到「東銀座」站(3號出口)
2. 搭乘地鐵都營淺草線,到「東銀座」站(3號出口)

的方式繼續經營,實在讓人惋惜;以往銀座特色消失不少,取而代之的是一成不變的名牌店景觀,這個風潮只會有增無減。

銀座最主要道路「中央通」,每到週末、假日的下午(12:00～18:00),都會封街讓逛街行人暢行無阻,稱作「步行者天國」,這也是日本首創,把另一項創舉再次給了永遠走在先端的銀座。

散步花絮

逛街也要順便做環保: 下雨天逛街,百貨公司、商店提供的傘套少不了,但有幾家百貨公司開始採用這種更環保、不用傘套的裝置,只要將溼答答的雨傘,在洞口上下個3、4回,讓吸水力佳的材質把雨水吸乾,即使沒有傘套也不怕邊走邊滴水囉!

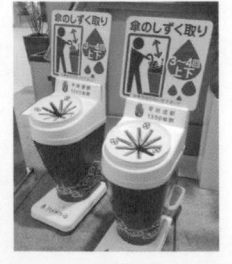

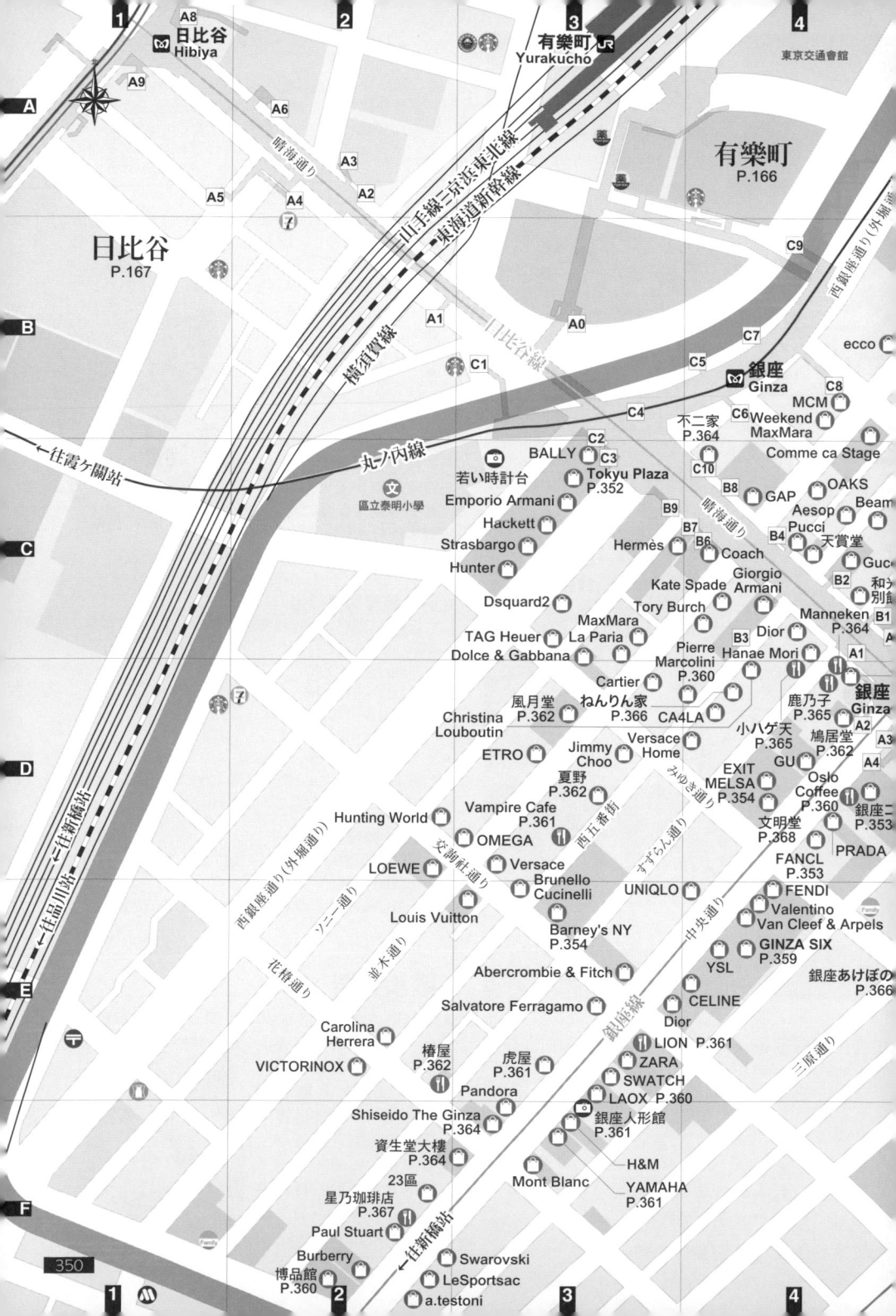

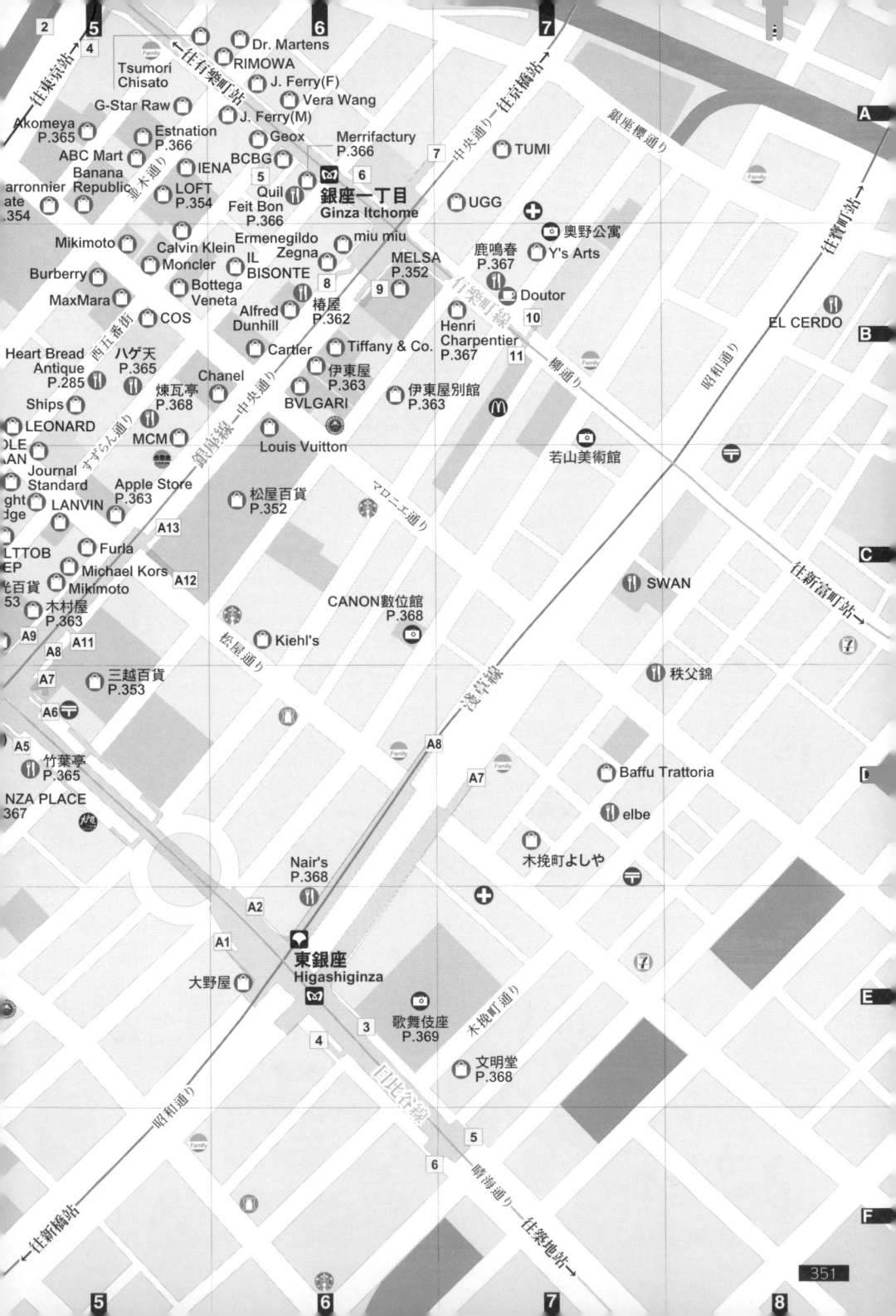

Dr. Martens
RIMOWA
Tsumori Chisato
G-Star Raw
J. Ferry(F)
Vera Wang
Akomeya P.365
Estnation P.366
Geox
Merrifactury P.366
ABC Mart
Banana Republic
IENA
BCBG
Quil
TUMI
5 6
banonnier ate .354
LOFT P.354
Feit Bon P.366
銀座一丁目
Ginza Itchome
UGG
Mikimoto
Calvin Klein
Ermenegildo Zegna
miu miu
奥野公寓
Y's Arts
鹿鳴春 P.367
Burberry
Moncler
IL BISONTE
MELSA P.352
MaxMara
Bottega Veneta
8
9
Doutor
Henri Charpentier P.367
B EL CERDO
COS
椿屋 P.362
10
Alfred Dunhill
11
Heart Bread Antique P.285
ハゲ天 P.365
Cartier
Tiffany & Co.
Ships
煉瓦亭 P.368
Chanel
伊東屋 P.363
LEONARD
MCM
BVLGARI
伊東屋別館 P.363
若山美術館
Louis Vuitton
Journal Standard
Apple Store P.363
松屋百貨 P.352
ght
LANVIN
A13
C 往新富町站→
LTTOB EP
Furla
Michael Kors
A12
CANON數位館 P.368
SWAN
53
Mikimoto
木村屋 P.363
A9
Kiehl's
A8 A11
A7
三越百貨 P.353
秩父錦
A6
A5
竹葉亭 P.365
A8
Baffu Trattoria
D
NZA PLACE 367
A7
elbe
Nair's P.368
木挽町よしや
A2
A1
東銀座
Higashiginza
大野屋
歌舞伎座 P.369
E
4 3
文明堂 P.368

5
6

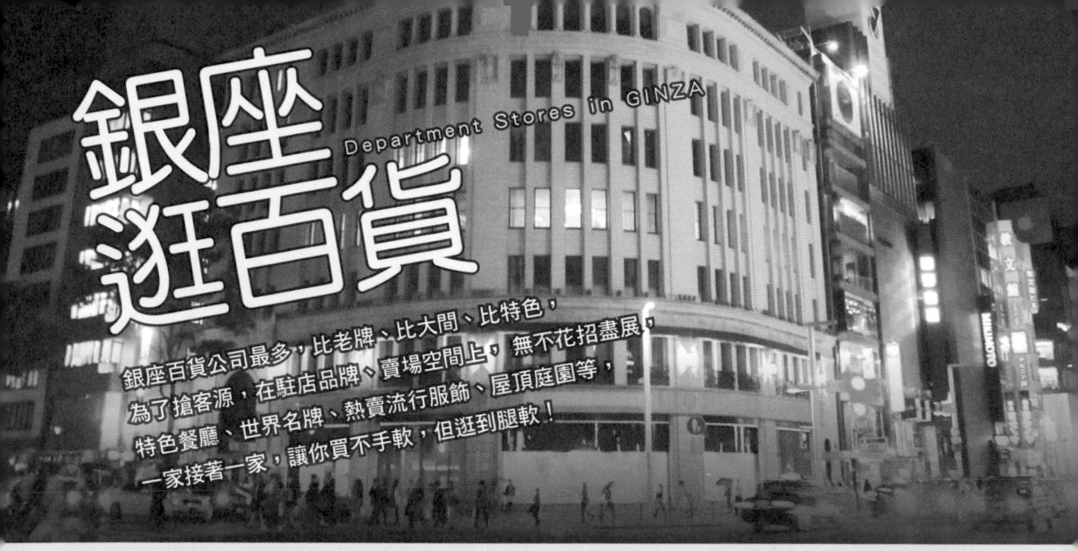

銀座逛百貨

Department Stores in GINZA

銀座百貨公司最多，比老牌、比大間、比特色，
為了搶客源，在駐店品牌、賣場空間上，無不花招盡展，
特色餐廳、世界名牌、熱賣流行服飾、屋頂庭園等，
一家接著一家，讓你買不手軟，但逛到腿軟！

銀座
松屋百貨
Matsuya
まつや

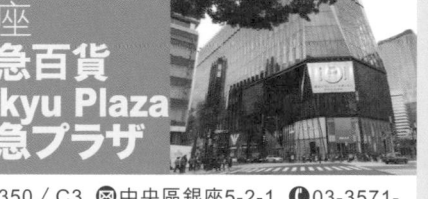

MAP P.351／C6　✉ 中央區銀座3-6-1　☎ 03-3567-
1211　🕐 商店10:00～20:00，餐廳10:00～22:00　休
無休　http www.matsuya.com/m_ginza

松屋百貨在銀座已有90年的歷史，一向
是引領銀座流行的老字號百貨，擁有
許多時尚品牌，近年來引進Louis Vuitton旗
艦店後，而更加有名氣。松屋純白的外觀由
1670萬色的LED照明組成，表現珍珠光彩的
透明潔淨，內部樓層除了地下樓美食部門熱
鬧外，最值得逛的是位於7樓的生活用品樓
層，有許多來自國內外，最新穎、設計精美
又摩登的用品，是松屋百貨最大的特色。

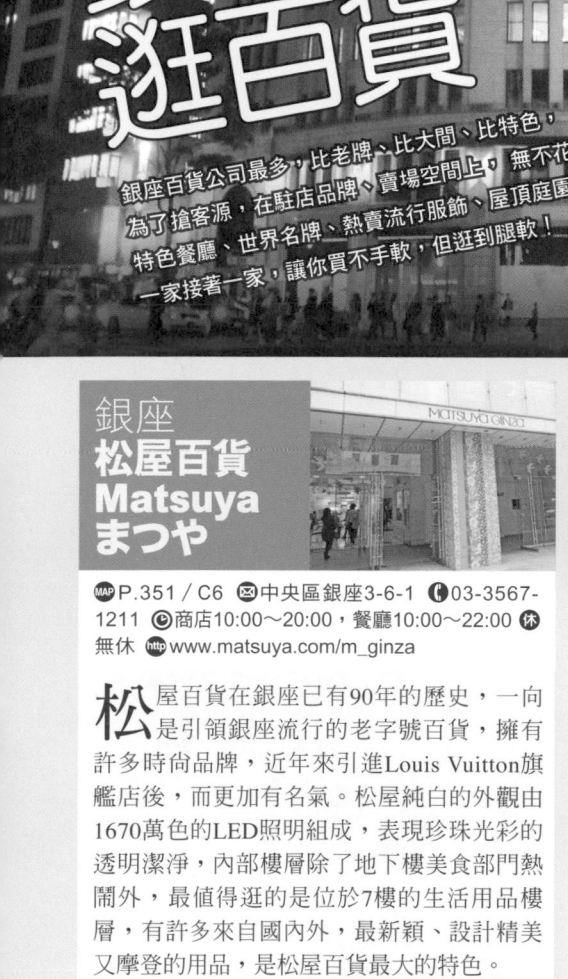

銀座
東急百貨
Tokyu Plaza
東急プラザ

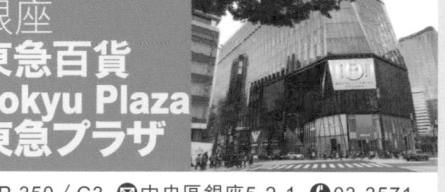

MAP P.350／C3　✉ 中央區銀座5-2-1　☎ 03-3571-
0109　🕐 商店11:00～21:00，餐廳11:00～23:00　休
無休　http ginza.tokyu-plaza.com

繼表參道店，2015年也在購物一級戰區
的銀座商圈開了新館，1樓金店面由
BALLY、Emporio Armani坐鎮，整棟13個樓
層裡有商店、有餐廳，讓你一次逛個夠。主
要餐廳位在10與11樓；6樓有日本生活品牌，
及知名咖啡餐廳；7樓是集合許多和風創意雜
貨的樓HANDS EXPO，免稅櫃檯也設在這個
樓層；8與9樓是樂天的超級免稅店。此外，
還有頂樓的露台可以喝杯咖啡、賞景休息。

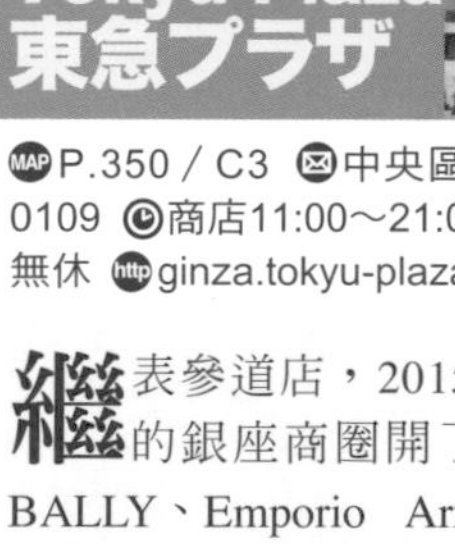

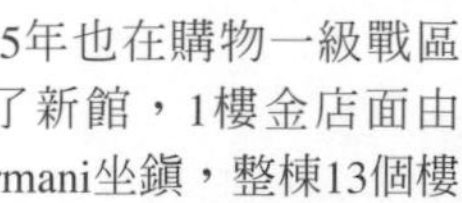

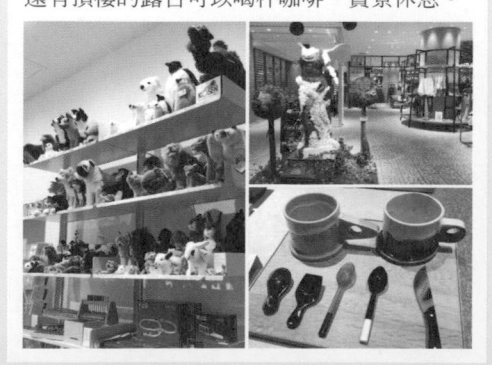

銀座
三越百貨 Mitsukoshi みつこし

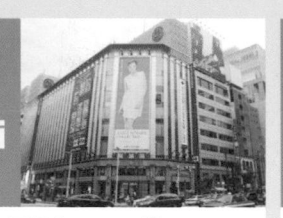

🗺️ P.351 / D5 ✉️ 中央區銀座4-6-16 📞03-3562-1111 🕙商店10:30～20:00，餐廳11:00～23:00 🈺無休 🌐mitsukoshi.mistore.jp/store/ginza

承襲三越創業精神，1930年開店的銀座三越百貨，有許多和服店進駐。與其他百貨公司比起來，三越並不特別新穎，但有傳統的氣勢，門口的獅子雕像自開業起便擔任迎賓的要角。2010年，三越於屋頂築起寬敞的空中庭園，掀起新的逛街風潮，成爲闔家大小最愛逛的百貨公司。

銀座
和光百貨 Wako わこ

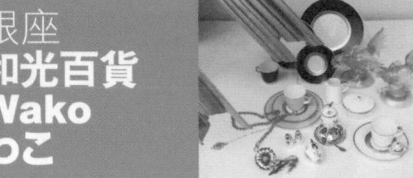

🗺️ P.351 / C5，P.348 / C4(別館) ✉️ 中央區銀座4-5-11 📞03-3562-2111 🕙10:30～19:00 🈺無休 🌐www.wako.co.jp

和光於1881年創業，以經營鐘表起家，而目前坐落於路口、弧形外觀的古典大理石建築的百貨大樓，則是落成於1932年，大樓頂部置有一座大鐘，是銀座最著名的地標，每個整點都會鳴鐘。館內幾乎都是高級時裝、鐘表、珠寶品牌，6樓設有展覽廳，更在本館周邊擴充別館。

銀座
銀座CORE 銀座コア

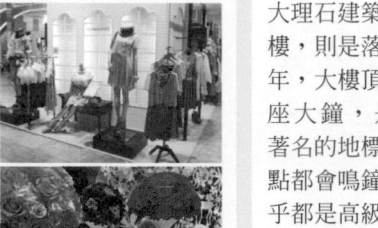

🗺️ P.350 / D4 ✉️ 中央區銀座5-8-20 📞03-3573-4761 🕙商店11:00～20:00，餐廳11:00～22:00 🈺無休 🌐www.ginza-core.co.jp

銀座コア(CORE)是一家精緻小巧的百貨公司，共有11個樓層，均爲日本品牌的服飾、雜貨專櫃。其中比較知名的老品牌爲4樓販售傳統線香、香包的「銀座香十」，以及B1的和菓子專門店「菊迺舍本店」。

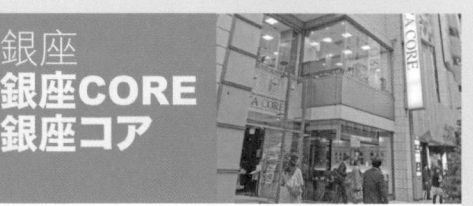

銀座
FANCL ファンケル

🗺️ P.350 / D4 ✉️ 中央區銀座5-8-16 📞03-5537-0231 🕙11:00～20:00，餐廳11:00～22:30 🈺無休 🌐www.fancl.jp/ginza-square

以美麗、健康爲主題，是女性專屬的美容大樓，自家品牌美容商品在1樓，提供你全方位的產品知識介紹及護膚保健常識。3～8樓設有各種專業的美容、保健中心，讓顧客可以兼顧外在美及內在美；餐廳「泥武士」位在9樓與B1，B1的中餐時段，附有OL最愛的自助沙拉吧。

銀座 Barney's New York バーニーズ

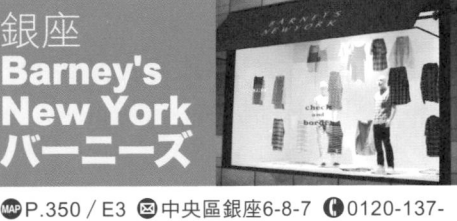

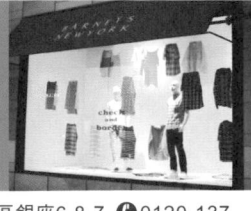

🗺 P.350／E3 ✉ 中央區銀座6-8-7 📞 0120-137-007 🕙 11:00〜20:00 ⊗ 無休 🌐 www.barneys.co.jp/stores/ginza

來自美國紐約的精品百貨公司，開始搶攻日本市場，從男女服飾、生活用品到食品雜貨，都是經過千挑萬選的極品好物，雖然只有兩個樓層，但是空間相當寬敞、明亮，整體性非常時尚。百貨公司坐落的地點佳、商品時髦亮眼、年輕的帥哥美女多，專程來逛都值得。

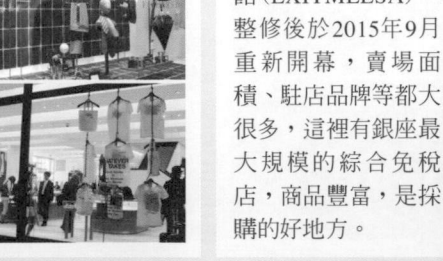

銀座 MELSA メルサ

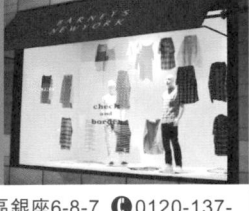

🗺 P.351／B6，P.348／D4(新館) ✉ 中央區銀座2-7-18 📞 03-3567-2131 🕙 商店11:00〜20:00，餐廳11:00〜22:00 ⊗ 無休 🌐 www.melsa.co.jp/gin2.html

從名古屋來的百貨品牌，外觀摩登，館內專櫃走日系品牌風，約有30個品牌商品，有DHC直營店。MELSA開有新館（EXITMELSA），整修後於2015年9月重新開幕，賣場面積、駐店品牌等都大很多，這裡有銀座最大規模的綜合免稅店，商品豐富，是採購的好地方。

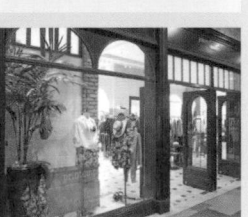

銀座 Marronnier Gate マロニエゲート

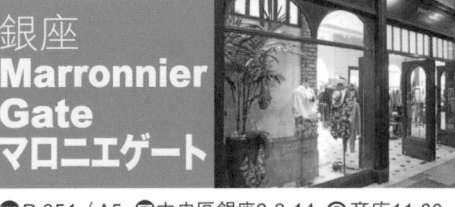

🗺 P.351／A5 ✉ 中央區銀座2-2-14 🕙 商店11:00〜21:00，餐廳11:00〜23:00 ⊗ 無休 🌐 www.marronniergate.com

外觀新穎的百貨公司，2007年與鄰近的幾個大商場在銀座與有樂町的交界處開幕，曾引起相當大的話題，近年更收編前春天百貨爲第三館。駐店的都是年輕潮服裡赫赫有名的品牌，如Journal Standard、United Arrows、PLST等；3館則有占了3個樓層的Banana Republic。

銀座 LOFT プランタン

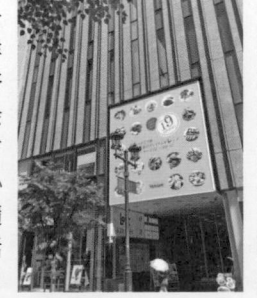

🗺 P.351／A5 ✉ 中央區銀座2-4-6 📞 03-3562-6210 🕙 商店11:00〜21:00 ⊗ 無休 🌐 www.loft.co.jp

從永樂町搬遷到銀座地區的LOFT旗艦店，位在Velvia商場的3〜6樓，比起有如倉庫大賣場的舊館，新館的每一個角落都充滿新鮮感，逛起來輕鬆舒適。LOFT銀座館除了優質賣場，還設有咖啡攤位，也設有小藝廊的活動空間，隨時都有特色的限定活動上場，相當熱鬧。

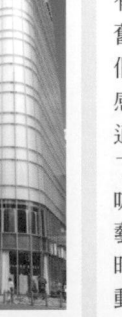

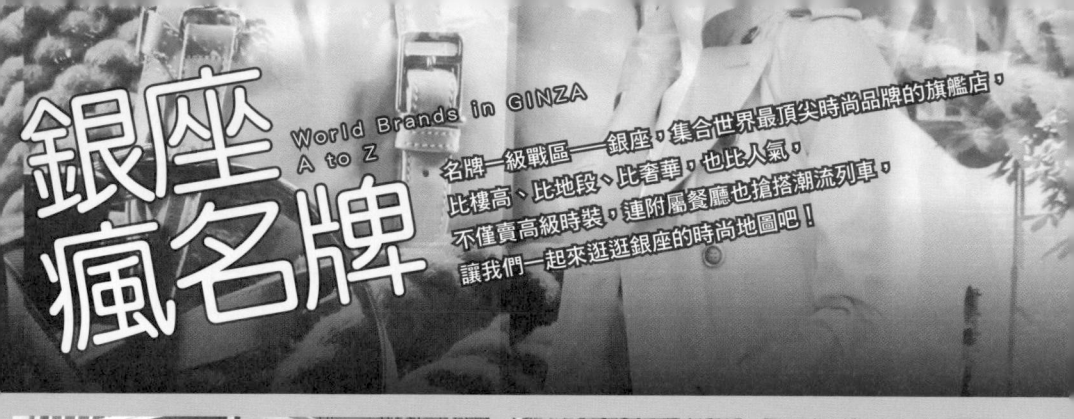

銀座瘋名牌

World Brands in GINZA
A to Z

名牌一級戰區──銀座，集合世界最頂尖時尚品牌的旗艦店，
比樓高、比地段、比奢華，也比人氣，
不僅賣高級時裝，連附屬餐廳也搶搭潮流列車，
讓我們一起來逛逛銀座的時尚地圖吧！

Alfred Dunhill
MAP P.351 / B6

BALLY
MAP P.350 / C3

BCBG Maxazria
MAP P.351 / A6

Brunello Cucinelli
MAP P.350 / E3

Bottega Veneta
MAP P.351 / B5

Burberry
MAP P.351 / B5

BVLGARI
MAP P.351 / B6

Cartier
MAP P.351 / B6、P.350 / D3

Calvin Klein
MAP P.351 / B5

CÉLINE
MAP P.350 / E4

CHANEL
MAP P.351 / B6

Christian Louboutin
MAP P.350 / D4

COACH
MAP P.350 / C4

COLE HAAN
MAP P.351 / C5

COS
MAP P.351 / B5

Dsquared2
MAP P.350 / C3

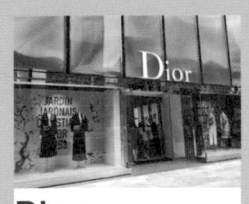

Dior
MAP P.350 / C4、E3

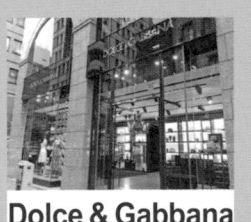

Dolce & Gabbana
MAP P.350 / C3

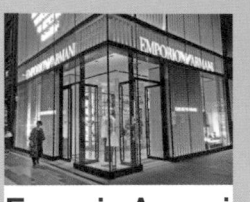

Emporio Armani
MAP P.351 / B6

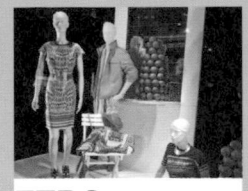

ETRO
MAP P.350 / D3

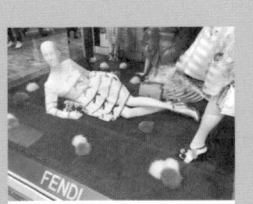

FENDI
MAP P.350 / E4

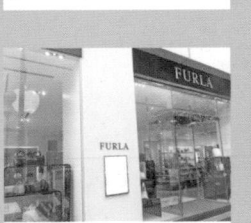

FURLA
MAP P.351 / C5

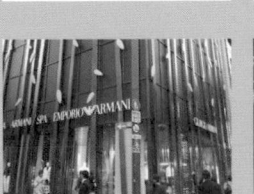

Giorgio Armani
MAP P.350 / C4

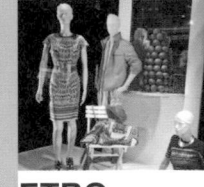

GUCCI
MAP P.350 / C4

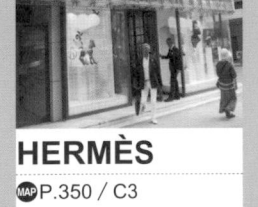

HERMÈS
MAP P.350 / C3

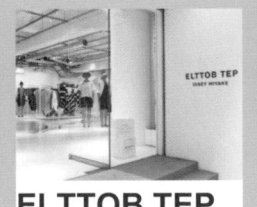

ELTTOB TEP
MAP P.351 / C5

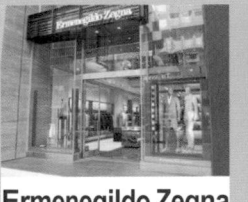

Ermenegildo Zegna
MAP P.351 / B6

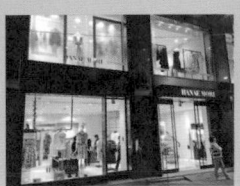

Hanae Mori
MAP P.351 / C4

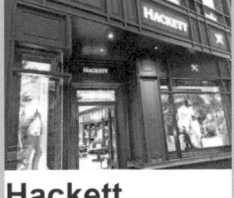

Hackett
MAP P.350 / C3

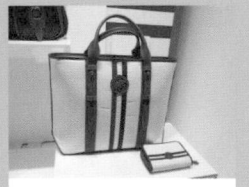

Hunting World
MAP P.350 / D2

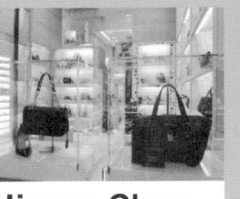

Jimmy Choo
MAP P.350 / D3

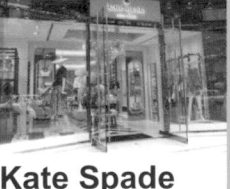

Kate Spade
MAP P.350 / C4

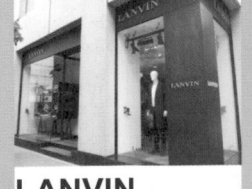

LANVIN
MAP P.351 / C5

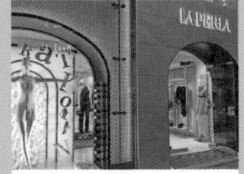

La Parla
MAP P.350 / C3

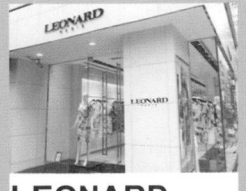

LEONARD
MAP P.351 / B5

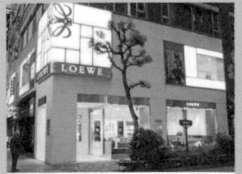

LOEWE
MAP P.350 / D2

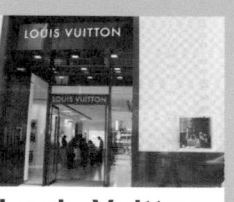

Louis Vuitton
P.351 / B6

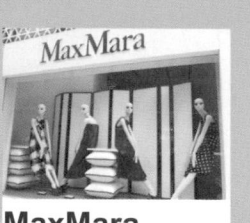

MaxMara
P.350 / C3、B4；P351 / B5

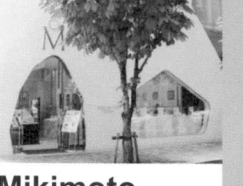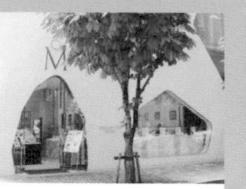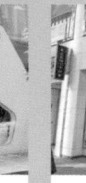

Mikimoto
P.351 / C5、B5

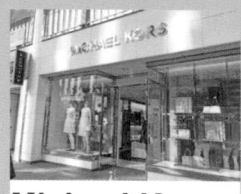

Michael Kors
P.351 / C5

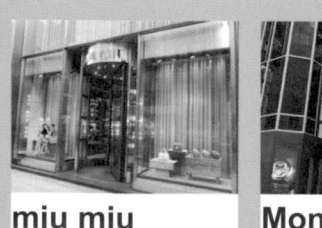

miu miu
P.351 / B6

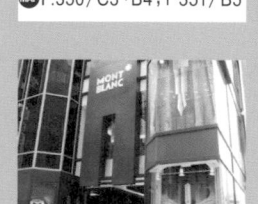

Mont Blanc
P.350 / F3

Moncler
P.351 / B5

PRADA
P.350 / D4

RIMOWA
P.351 / A6

Salvatore Ferragamo
P.350 / E3

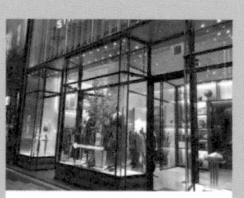

Strasburgo
P.350 / C3

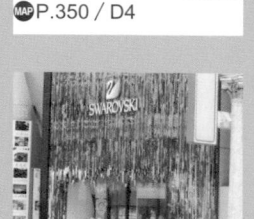

Swavrovski
P.350 / F2

Tiffany & Co.
P.350 / B6

Tory Burch
P.350 / C4

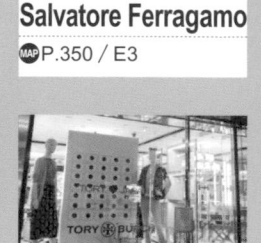

Tsumori Chisato
P.351 / A5

TUMI
P.351 / A7

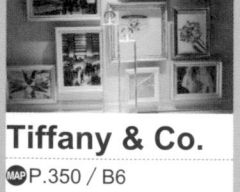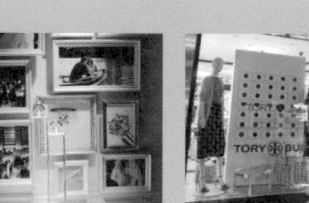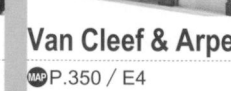

Valentino
P.350 / E4

Van Cleef & Arpels
P.350 / E4

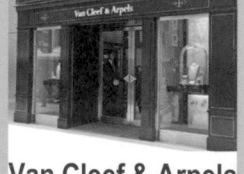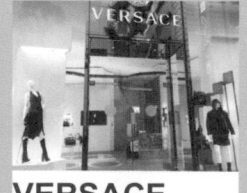

VERSACE
P.350 / D3、D4

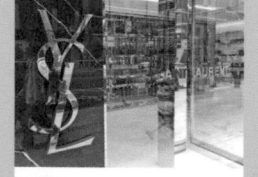

YSL
P.350 / E4

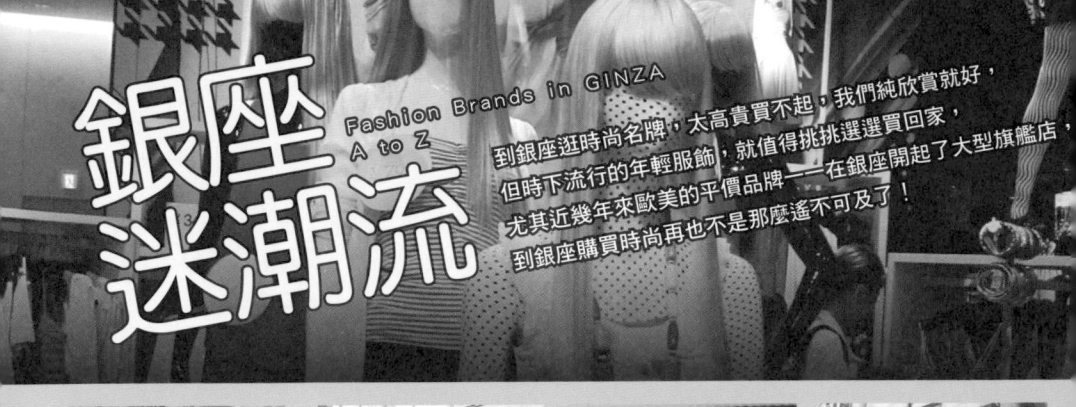

銀座迷潮流

Fashion Brands in GINZA
A to Z

到銀座逛時尚名牌，太高貴買不起，我們純欣賞就好，
但時下流行的年輕服飾，就值得挑挑選選買回家，
尤其近幾年來歐美的平價品牌——在銀座開起了大型旗艦店，
到銀座購買時尚再也不是那麼遙不可及了！

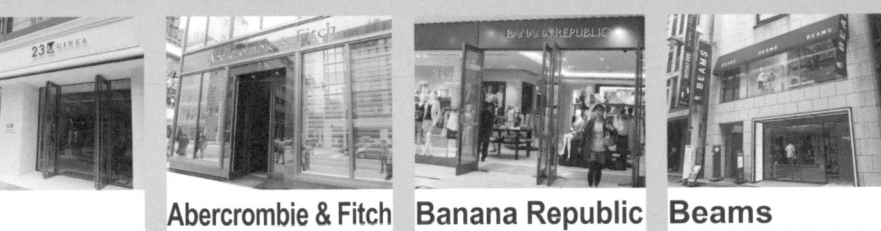

23區
MAP P.350 / F2

Abercrombie & Fitch
MAP P.350 / E3

Banana Republic
MAP P.351 / A5

Beams
MAP P.350 / C4

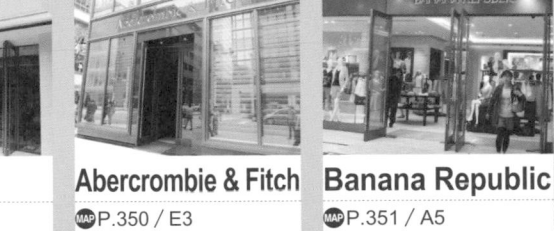

CA4LA
MAP P.350 / D4

Comme ca Stage
MAP P.350 / B4

Dr. Martens
MAP P.351 / A6

ecco
MAP P.350 / B4

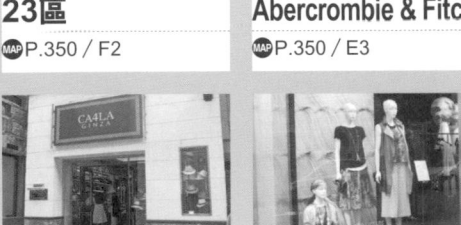

GAP
MAP P.350 / C4

GU
MAP P.350 / D4

G-Star Raw
MAP P.351 / A5

H&M
MAP P.350 / F3

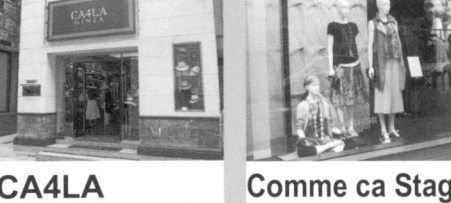

HUNTER
MAP P.350 / C3

IÉNA
MAP P.351 / A5

IL BISONTE
MAP P.351 / B6

Journal Standard
MAP P.351 / C5

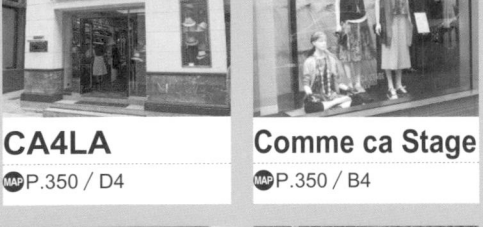
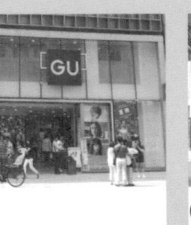
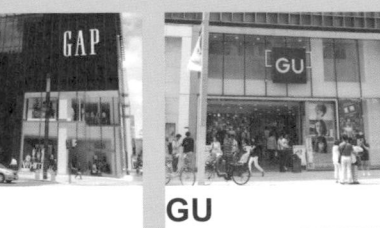
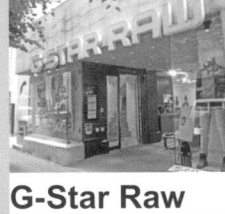
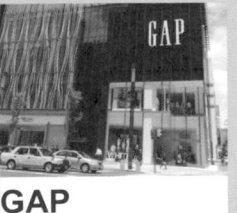
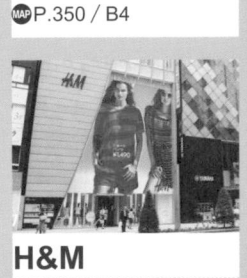
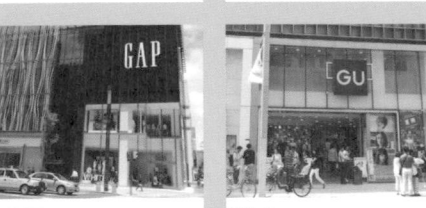
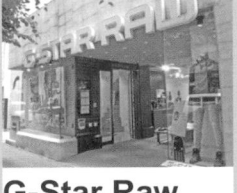
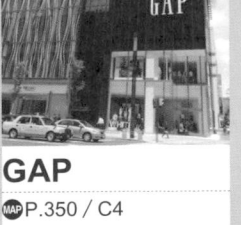
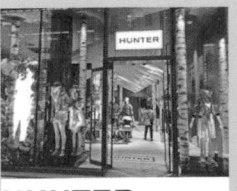
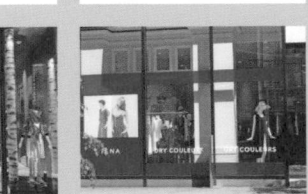
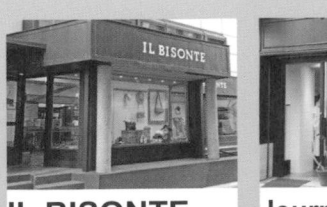
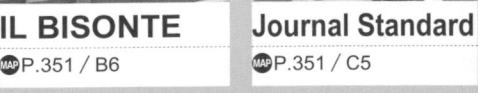

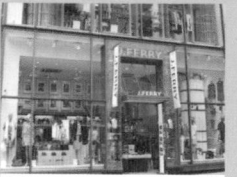

J. Ferry
MAP P.351 / A6

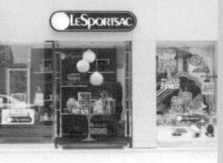

LeSportsac
MAP P.350 / F2

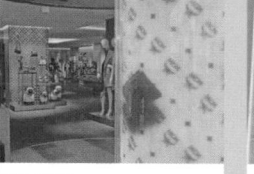

MCM
MAP P.351/B5、P.350/B4

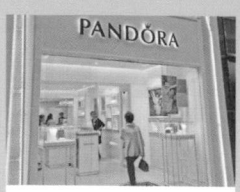

PANDORA
MAP P.350 / F3

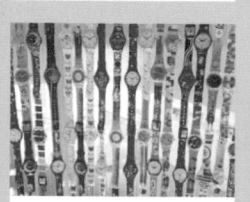

SWATCH
MAP P.350 / E3

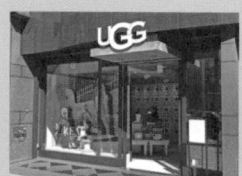

UGG
MAP P.351 / A7

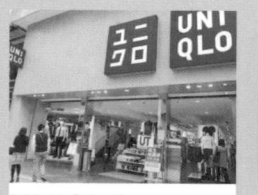

UNIQLO
MAP P.350 / E4

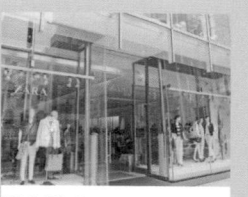

ZARA
MAP P.350 / E3

銀座
GINZA SIX

MAP P.350 / E4 ✉中央區銀座6-10-1 ☎03-68
91-3390 ⓒ商店10:30～20:30，餐廳11:00～
23:30 休無休 http ginza6.tokyo

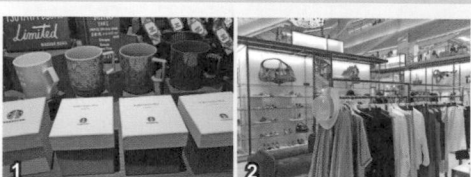

要說銀座目前最熱門的景點，就是2017
年4月才剛開幕的GINZA SIX。GINZA
SIX的前身是松坂屋百貨公司，與周邊商家聯
合開發成一整個街區的超級大商場。

　　GINZA SIX的門面由FENDI、VALENTINO
、YSL、Dior等數家名牌撐起場面，每間店
面的外牆都是一片風景，還沒進入商場內就
已經美死人了。而商場內就更不用說了，
由日本名建築師谷口吉生，及法國設計師
Gwenael　Nicolas所規畫的空間，每個角落都
是風景，更點綴著日本知名藝術家的作品。

　　GINZA SIX以4樓的和風生活用品最吸
引人，還有6樓必逛的蔦屋書店與星巴克咖
啡，也不能錯過頂樓的空中花園。若要逛化
妝品，往B1走就對了，有將近40個化妝品
牌供你選購、試用；要品嘗日本食品、甜
點，B2也有40家的食品舖誘惑你的胃。另外

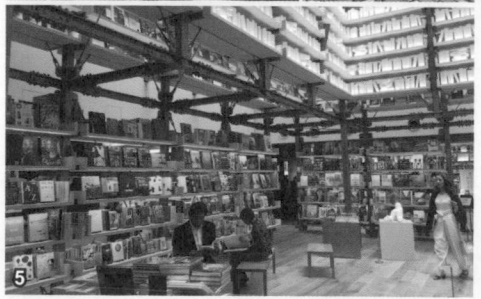

1.6樓的星巴克值得一遊，還可買到限定商品 / **2.**集合
眾多國際名牌及日本潮流服飾品牌 / **3.4**樓向國際旅客
展現日本文化力 / **4.**挑高中庭有草間彌生知名的藝術裝
置 / **5.**6樓的蔦屋書店猶如美術館一般，來銀座必訪

還有日本能劇最大的表演廳「觀世能樂堂」
，GINZA SIX可說是集文化與流行於一身。

博品館

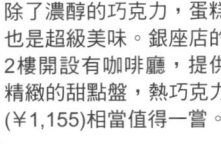

MAP P.350 / F2　✉ 中央區銀座8-8-11
📞 03-3571-8008　🕐 11:00～20:00
😊 無休　🌐 www.hakuhinkan.co.jp

　銀座專營玩具的老牌店舖，知名度無人不知曉，曾是東京地區的貴族玩具店。近年來也引進文具、雜貨類商品；B1是專門販售Licca、Jenny、Barbie娃娃的專區；8樓設有劇場；免稅櫃檯設在4樓。

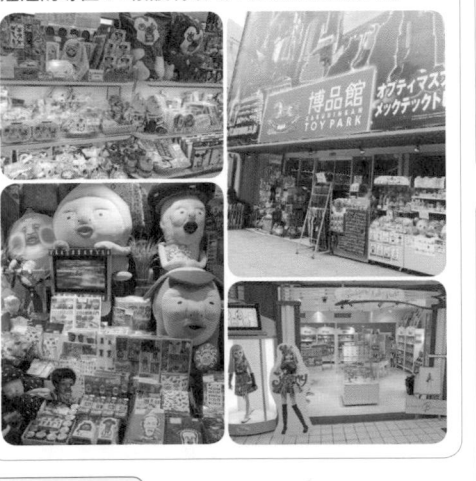

散步花絮

　來看看銀座懷舊典雅的路標：優雅的銀座，除了百年店家的招牌有看頭外，設在各個路口的路牌也各有特色，古典的造型與銀座的氣質搭配的天衣無縫，字大清晰、造型美觀，不失銀座高級美名。

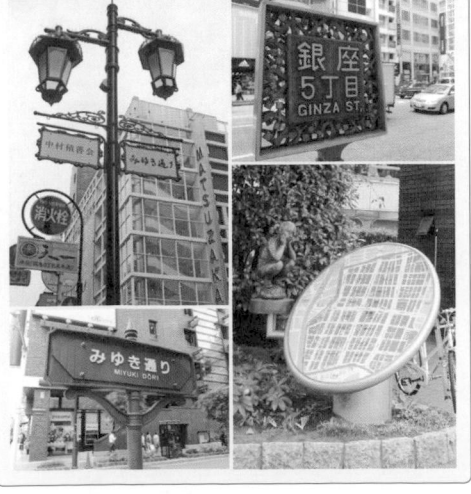

Pierre Marcolini

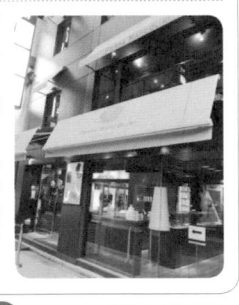

MAP P.350 / D4　✉ 中央區銀座5-5-8
📞 03-5537-0015　🕐 11:00～20:00
😊 無休　🌐 store.c-c-c.co.jp

　來自比利時，由有「巧克力之神」Pierre Marcolini所經營的頂級巧克力品牌，因是由甜點師傅轉戰專業巧克力，所以店內除了濃醇的巧克力，蛋糕也是超級美味。銀座店的2樓開設有咖啡廳，提供精緻的甜點盤，熱巧克力(¥1,155)相當值得一嘗。

Oslo Coffee

MAP P.350 / D4　✉ 中央區銀座5-8-20(位在CORE百貨1樓)　📞 03-3289-22 64　🕐 11:00～22:00　😊 無休
🌐 www.oslo-coffee.com

　喜歡北歐風格咖啡餐廳的朋友，到銀座時不妨抽空來這裡坐坐，不論餐點或咖啡，價錢都相當實惠，最主要的是享受滿滿的北歐風情。

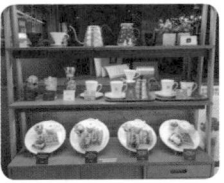

LAOX

MAP P.350 / E3　✉ 中央區銀座7-9-17　📞 03-6858-3231　🕐 10:00～20:00　😊 無休　🌐 www.laox.co.jp/tc/stores/ginza

　LAOX為因應廣大的中國遊客，終於開設了銀座首家大型免稅商店。3個樓層裡，商品樣式齊、數量多，手表、名牌包、家電、珠寶、食品等都有。一輛接著一輛的旅行團巴士、推著嶄新的行李箱逛街、擠滿陸客的名牌店，是銀座最新的風景。

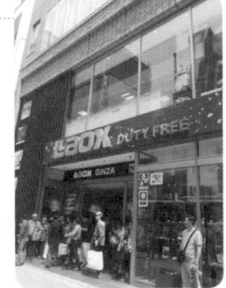

虎屋

📍 P.350 / E3 📧 中央區銀座7-8-6
📞 03-3571-3679 🕐 10:00～20:00
🚫 無休 🌐 www.toraya-group.co.jp

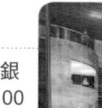

　日本老牌和菓子名店「虎屋」，在銀座中央通上也開設有直營店，虎屋以羊羹最為出名，包裝小巧精緻，是伴手禮的最好選擇。銀座店的2樓為虎屋直營的日式甜點店「虎屋菓寮」，逛街之餘不妨坐下來喝杯綠茶、品嘗虎屋傳統精緻的點心。

YAMAHA

📍 P.350 / F3 📧 中央區銀座7-9-14 📞 03-3571-8100
🕐 11:00～19:30 🚫 每月第二個週二 🌐 www.yamaha music.jp/shop/ginza

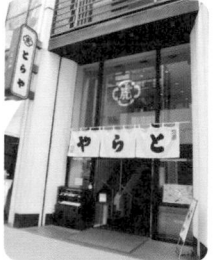

　YAMAHA大樓在銀座相當有名，是樂器、樂譜、音響、CD專門店，也是東京地價最高的地王。B1設有專業錄音室；6～9樓為兩個專業級的音樂表演廳；10～12樓甚至有音樂教室開班授課。

Vampire Cafe

📍 P.350 / D3 📧 中央區銀座6-7-6
📞 03-3289-5360 🕐 17:00～23:00 🚫 無休
💰 平均消費￥3,500 🌐 www.diamond-dining.jp/shop_info/vampire/top_flash.html

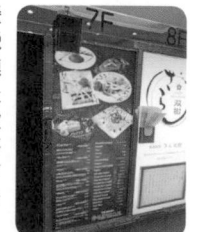

　以吸血鬼為主題的酒吧餐廳，黑、紅色的裝潢，加上蠟燭、棺材、墓碑等的造景，連餐盤、餐點、飲料都與恐怖扯上關係。餐廳雖怪誕，但喜歡這一味的人還真不少，生意好的不得了，你也上來體驗一下吧！餐廳位在7樓，1樓標示不是很清楚，要仔細找一下。

Angel Dolls 銀座人形館

📍 P.350 / F3 📧 中央區銀座7-9-16
📞 03-5537-5534 🕐 11:00～19:00
🚫 週四 🌐 www.angel-dolls.com

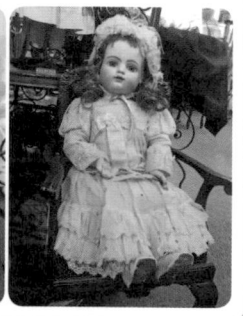

　位在大樓內的2樓，是一般遊客經常忽略的精采店家，店內展示販售許多精緻的手工創作娃娃，以及價值不斐的歐洲古董娃娃、泰迪熊等；店內也經常舉辦相關畫展、人形展，相當值得上來參觀，當然也歡迎選購心愛的娃娃回家喔！

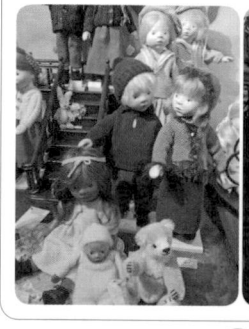
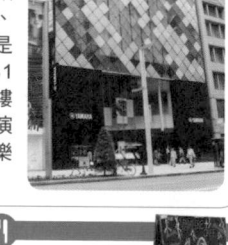

LION 銀座ライオン

📍 P.350 / E3 📧 中央區銀座7-9-20 📞 03-3571-2590 🕐 11:30～23:00(午餐11:30～14:00) 🚫 無休
💰 午餐預算約￥1,500，晚餐預算約￥2,500
🌐 www.ginzalion.jp/shop/brand/lion.html

　LION銀座七丁目店最為人所樂道的，是其已有70多年歷史的內部裝潢，整個由深褐色磚瓦築起的挑高樓頂、大理石吧檯、桃木皮革桌椅，形成如30年代昭和時期獨特的浪漫氛圍；其中最吸引顧客的是大廳堂牆上的「麥穗收割圖」，一幅以4萬6千枚玻璃，花4個月時間砌成的馬賽克鑲嵌畫。

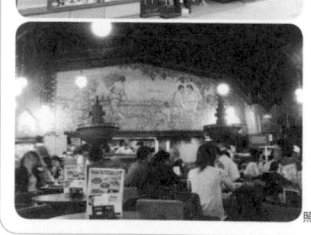

　LION對於啤酒的鮮度及服務要求都屬於高規格，保證每日工廠直送最新鮮，注杯也是要求啤酒泡與啤酒3比7的完美比例。而提供的餐點也多達幾十道，不論西式、日式，都是啤酒的絕配。

照片提供／魏國安

夏野

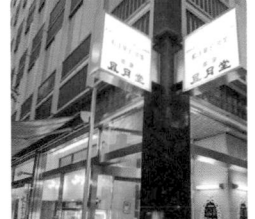

📍P.350／D3 ✉中央區銀座6-7-4 📞03-3569-0952 🕙10:00～20:00 ❌不定休 🌐www.e-ohashi.com

如果想買點和風的小物當伴手禮，專門販售筷子、筷架的夏野是個不錯的選擇，實用又美觀。夏野的筷子種類，依材質、產地不同就有上百種款式，筷架更是多采多姿，各種造型可愛到讓人猶豫不定，到底該挑哪一款好。

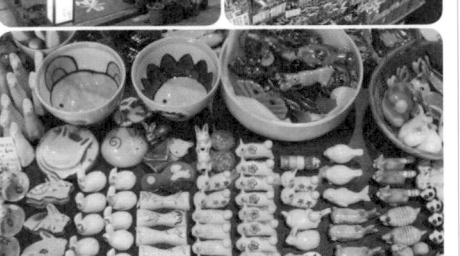

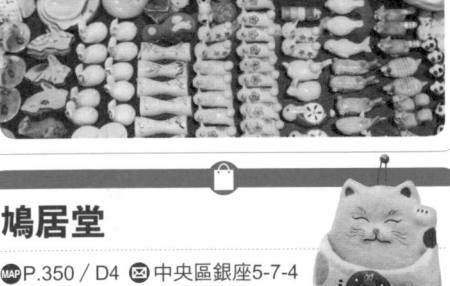

鳩居堂

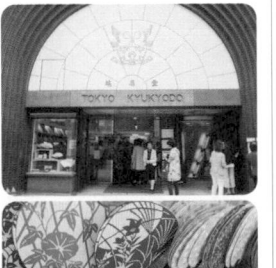

📍P.350／D4 ✉中央區銀座5-7-4 📞03-3571-4429 🕙10:00～19:00 ❌不定休 🌐www.kyukyodo.co.jp

創業自1633年的鳩居堂，是京都有名的和紙、文具、香料老店，東京店則是1880年所創設。店內有各式各樣的和紙製品，書套、明信片、信箋、扇子、書籤、賀卡，以及和風小物等，也有毛筆、硯台，物品展示充滿季節性，均以傳統圖案表現摩登的俐落，不僅好看也極為好用，吸引許多死忠老主顧。鳩居堂也在3、4樓開設藝廊，可以在購物後順道繞上去參觀一下。

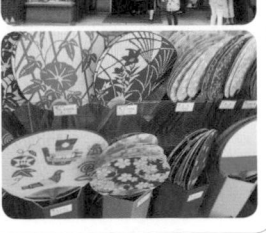

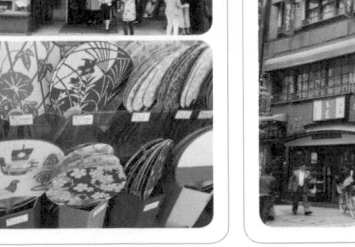

東京風月堂

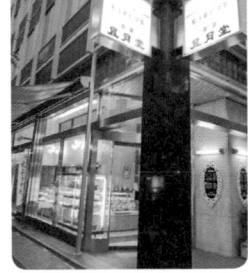

📍P.350／D3 ✉中央區銀座2-6-8 📞03-3567-3611 🕙11:00～21:00 ❌不定休 🌐www.tokyo-fugetsudo.co.jp

創業已有上百年歷史的東京風月堂，雖然以和式點心起家，但目前以洋風點心的比例較多，以法蘭酥(Gaufres)、年輪蛋糕(Baum Kuchen)最為熱賣。銀座分店設有喫茶室，可以坐下來欣賞銀座最熱鬧的區段，咖啡￥600、蛋糕￥500起。

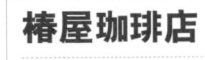

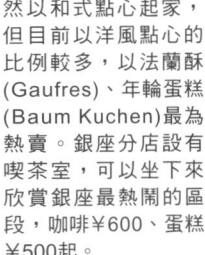

椿屋珈琲店

📍P.350／E2 ✉中央區銀座7-7-11(2～3樓) 📞03-3572-4949 🕙10:00～04:30(週末、假日至23:00) ❌無休 💲招牌咖啡￥900，特製咖哩飯￥1,200，午間特餐￥1,100起 🌐www.towafood-net.co.jp/cafe/tabid/79/Default.aspx

明治時期，銀座是東京最貴氣的地段，想重拾19世紀末、20世紀初的東洋浪漫風情，請到這家營造懷舊味道的椿屋咖啡銀座本店。爬上掛著老相片的樓梯上2樓，耳邊響起悠揚的古典音樂，穿著歐風女僕制服的服務生，穿梭於顧客之間，彷彿到了歐洲的小咖啡館般。椿屋不僅氣氛佳，連餐具都使用皇家哥本哈根最經典的唐草系列，品嘗特製咖哩飯、啜一口濃郁咖啡、享受透過蕾絲窗簾灑進來的溫暖陽光，這一幕就是你在銀座最美妙的回憶。中央通上另有分店(📍P.351／B6)。

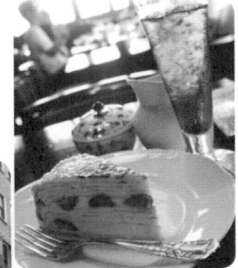

照片提供／魏國安

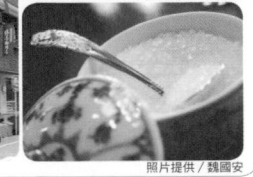

照片提供／魏國安

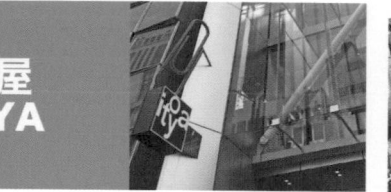

銀座
伊東屋
ITOYA

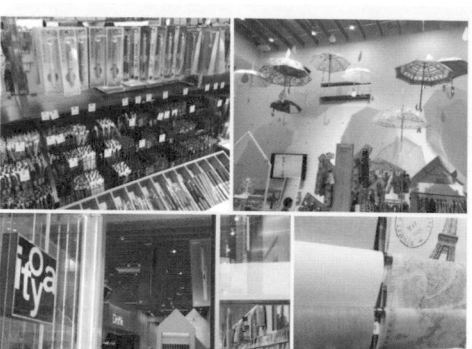

MAP P.351／B6 **⊠** 中央區銀座2-7-15 **☎** 03-3561-8311 **◎** 10:00～20:00(週日、假日至19:00)，12樓咖啡廳10:00～22:00 **休** 無休 **http** www.ito-ya.co.jp/ginza

伊東屋可以說是日本文具百貨業的代表，1904年開業，以紅色大迴紋針爲招牌，擁有總數達十幾萬種的商品，是銀座鼎鼎有名，專營文具、禮品的百年老店家，在文具迷之間可說是一間無人不知無人不曉的朝聖地之一。

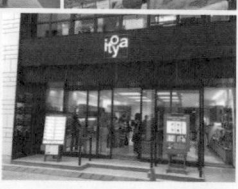

2015年，伊東屋本館以全新的大樓重新開幕，1樓是綜合廣場，任何熱銷、新推出的商品，以及伊東屋的品牌商品，都可以在這裡買到；其他樓層以使用主題分門別類，如旅行、記事、手作、商業等，12樓設有咖啡廳，B1則有藝廊空間。另外在本館後方，還開設一棟別館，以鋼筆、畫材、辦公室文具用品等爲主，7個樓層，小巧精緻。

伊東屋蒐集日本及世界各地的文具商品，任何最新的款式，伊東屋一定都是最先推出；也接受訂製個人需求的用品。如果不知道買什麼好，不妨選購印有ITOYA的製品。若拜訪銀座而沒到伊東屋逛逛，那就太可惜了！

木村屋總本店

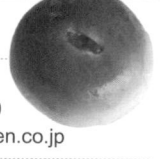

MAP P.351／C5 **⊠** 中央區銀座4-5-7 **☎** 03-3561-0091 **◎** 10:00～21:00 **休** 無休 **http** www.kimuraya-sohonten.co.jp

原名玉英堂，創業於1869年，木村屋是日本第一家麵包店，木村屋以紅豆餡麵包最受歡迎，來自各地的名紅豆，搭配酒種的麵糰，「酒種麵包」向來是木村屋的暢銷商品。除了1樓是麵包店，2～4樓開設3家餐廳，有平價三明治，也有高級牛排。

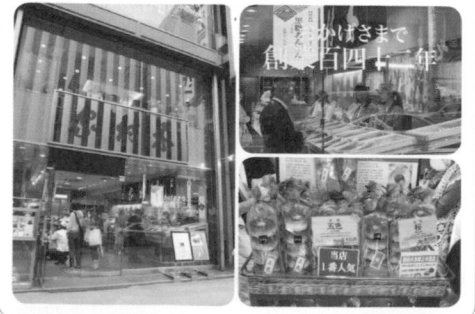

Apple Store

MAP P.351／C5 **⊠** 中央區銀座3-5-12 **☎** 03-5159-8200 **◎** 10:00～21:00 **休** 無休 **http** www.apple.com/jp/retail/ginza

從電腦到iPod、iPhone等的陸續誕生，蘋果電腦在許多年輕人的心目中已經不單是個品牌，而是追隨潮流的指標。銀座旗艦店是Apple Store在日本的第一家直營店，樓層面積不大，但該有的服務、課程講座一項都不缺。原宿表參道上也有旗艦店。

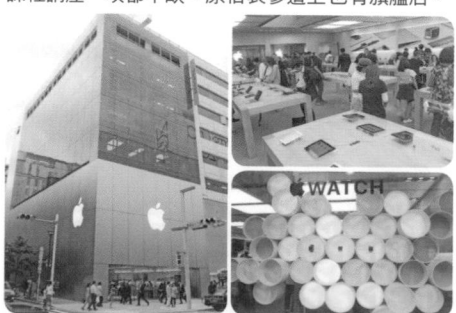

Manneken

MAP P.350 / D4 中央區銀座
5-7-19 03-3289-0141 11:00～22:00 無休
¥120～180 www.manneken.co.jp

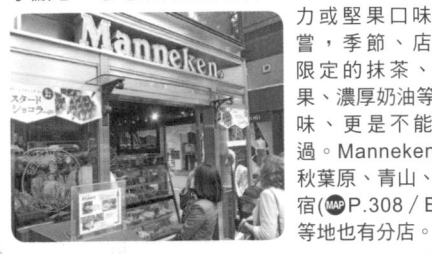

香酥美味的比利時鬆餅，是東京另一個萬人迷的小點心，想吃就得跟著排隊。經典的楓糖、巧克力或堅果口味必嘗，季節、店鋪限定的抹茶、莓果、濃厚奶油等口味、更是不能錯過。Manneken在秋葉原、青山、新宿(MAP P.308 / B4)等地也有分店。

不二家

MAP P.350 / C4 中央區銀座4-2-12
03-3561-0083 10:30～22:00
無休 www.fujiya-peko.co.jp

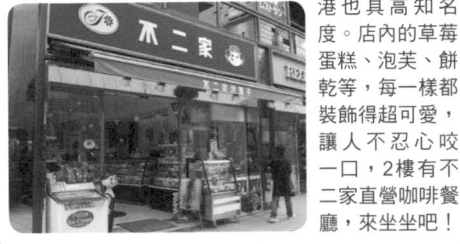

1910年創業於橫濱，專賣店遍布日本，以牛奶妹為招牌的不二家所經營的蛋糕甜點店，在台灣、香港也具高知名度。店內的草莓蛋糕、泡芙、餅乾等，每一樣都裝飾得超可愛，讓人不忍心咬一口，2樓有不二家直營咖啡餐廳，來坐坐吧！

銀座 資生堂大樓 Shiseido Building

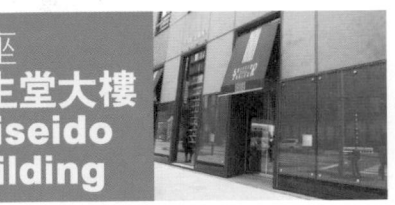

MAP P.350 / F3 中央區銀座8-8-3 03-3572-3911 依各樓層而不同 依各樓層而不同
parlour.shiseido.co.jp/ginza/index.html#/top

著名化妝品牌「資生堂Shiseido」的總部。資生堂創立於1902年，是日本第一家西式藥妝店，至今已是全球知名品牌。

資生堂大樓落成於2001年，樓高11層，有趣的是，實際作為辦公室的樓層卻不多，反而有8個樓層是以另一種同樣令女性迷戀的「甜點」與「美食」呈現，這個以化妝品征服女性的品牌總部大樓，用不一樣的面貌給人耳目一新的驚喜。其中1樓為資生堂點心專賣店「Shiseido Parlour-Shop」，時尚大方的包裝非常適合送禮；3樓是咖啡沙龍「Salon de Cafe」；4～5樓是西餐廳「Shiseido Parlour-Restaurant」；9樓是宴席廳「Word Hall」；10樓是義大利餐廳「Faro」，另外B1樓層則是精緻小巧的資生堂藝廊，相當值得參觀。

資生堂 THE GINZA

SHISEIDO THE GINZA

MAP P.350 / F3 中央區銀座7-8-10
11:00～20:00 無休 stg.shiseido.co.jp

位在總部大樓旁，3個樓層分別以遇見、發現、探索為概念。1樓為展示販售資生堂最新流行的彩妝、保養用品；2樓提供專屬空間，幫你診斷肌膚及打理造型，還有專業的沙龍攝影；3樓提供給女性身體SPA等的療程服務。The Ginza從販售流行轉變成更貼近女性的美麗空間

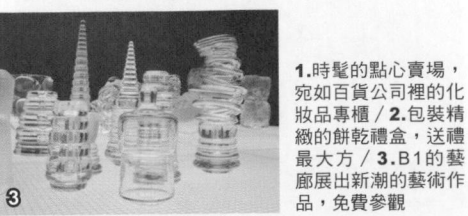

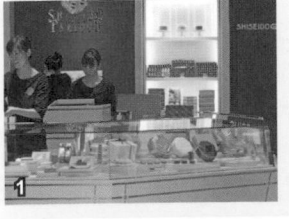

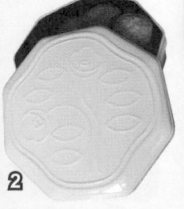

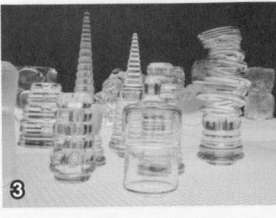

1.時髦的點心賣場，宛如百貨公司裡的化妝品專櫃 / 2.包裝精緻的餅乾禮盒，送禮最大方 / 3.B1的藝廊展出新潮的藝術作品，免費參觀

米屋 Akomeya

P.351／A5 中央區銀座2-2-6 03-6758-0270 11:00～20:00；午餐11:30～14:00、午茶14:00～17:00、晚餐17:00～22:00 午餐約￥2,000、午茶約￥1,200、晚餐約￥3,000 無休 www.akomeya.jp

以米飯為主題的商店，除了販售日本各地精選的米，還教你怎麼煮最好吃，店內還有各種日本產及進口食材，讓你的廚房色香味俱全；2樓展示販售各種生活用品，精美的廚具、圍裙、陶瓷碗盤等，增添你餐桌上的視覺效果。你也可以在店內設置的餐廳用餐或悠閒享用午茶。

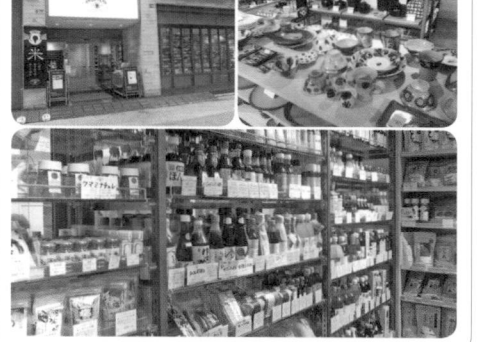

竹葉亭銀座店

P.351／D5 中央區銀座5-8-3 03-3571-0677 11:30～14:30、16:30～20:00 不定休 約￥3,500／人 www.unagi-chikuyoutei.co.jp

竹葉亭是創業於江戶後期的蒲燒鰻魚料亭，百年不變的美味傳承歷久不衰的江戶食的文化。一道完美的蒲燒鰻魚飯送到桌前，一股混著醬油香及炭燒味，撲鼻而來，叫人食指大動，只要筷子輕輕一挾，將軟嫩的鰻魚放入口中，鮮甜的鰻魚肉在口中化了開來，再吃一口淋上鹹甜醬汁的白飯，這美妙的滋味叫人回味無窮！

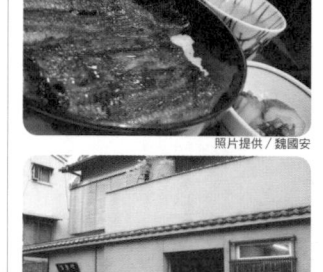

照片提供／魏國安

竹葉亭銀座店是較新、也位在鬧區的分店，可以逛街後就近用餐；不過若你想在有大正風情的料亭內享用蒲燒鰻魚飯，不妨前往離鬧區較遠的木挽町本店，實際位置可以參考網站。

竹葉亭木挽町本店 (照片提供／魏國安)

小ハゲ天

P.350／D4，P.351／B5(銀座本店) 中央區銀座5-6-7 03-3289-8910 11:00～22:00 無休 炸物蓋飯￥720～1,180 www.hageten.com

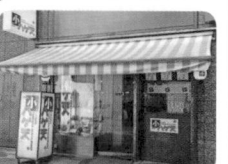

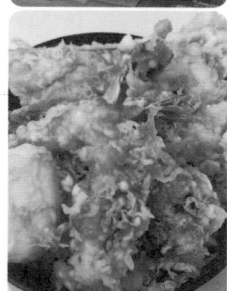

ハゲ天是銀座已有80年歷史的天婦羅名店，在許多大百貨公司都開有分店。這家ハゲ天多了個「小」字，店面、座位數都比較小，最重要的是價格也比較平民化，比起本店便宜許多，雖然食物裝盤、內部裝潢沒有本店豪華，但服務及食物的美味是一致的，不會因為便宜而隨便敷衍。若你想體驗一下高級天婦羅料亭的氣氛，不妨前往本店用餐。

鹿乃子

P.350／D4 中央區銀座5-7-19 03-3572-0013 販售10:30～19:00，喫茶11:30～19:00 無休 黑糖蜜豆沙￥980～1,540 kanoko.la.coocan.jp

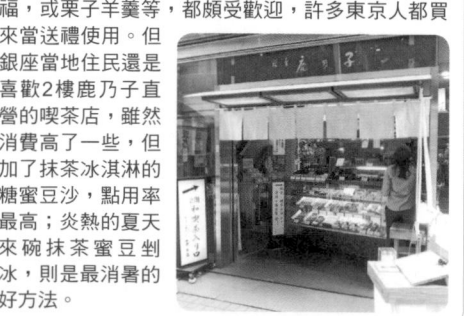

鹿乃子以豆類的和風甜點最出名，不甜不膩，而且包裝精緻，像做得有如繡球花的蜜豆球、蜜豆大福，或栗子羊羹等，都頗受歡迎，許多東京人都買來當送禮使用。但銀座當地住民還是喜歡2樓鹿乃子直營的喫茶店，雖然消費高了一些，但加了抹茶冰淇淋的糖蜜豆沙，點用率最高；炎熱的夏天來碗抹茶蜜豆剉冰，則是最消暑的好方法。

Estnation

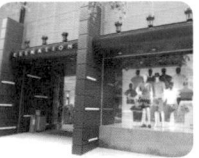

📍P.351 / A5 ✉中央區銀座2-3-6 ☎03-5159-7800 🕐11:00〜20:00 ⊘無休 🌐www.estnation.co.jp

Estnation就像是一間小型的精品百貨公司一樣，商品均採購自世界精選的服飾名牌，像是Chloé、Jason Wu、Balenciage、Givenchy、Alexander McQueen、YSL等，把精心挑選過的名品，像美術品般地擺在櫃子上。Estnation精緻小巧、人潮也不多，逛起來相當舒服。

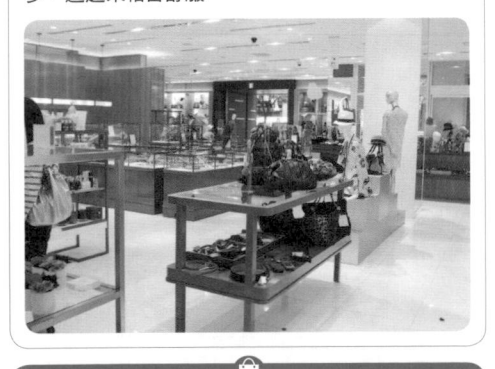

Merrifactury

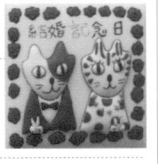

📍P.351 / A6 ✉中央區銀座2-5-4 ☎03-5579-9880 🕐11:00〜20:00 ⊘無休 🌐www.merrifactury.com

這間充滿童話風格的小店，只販售一種商品「糖霜餅乾」，而且是一片一片包裝販賣。各種造型餅乾上，以彩色的糖霜繪製各種繽紛的圖案，有吉祥圖案、有節日祝語、有生日慶賀、有勵志小語等，畫得非常細緻可愛，一片餅乾就是一張賀卡、一個祝福。不少人都直接買來當賀卡使用，除了好看，還可以讓對方把你的祝福通通吃下肚，有讓人幸福感倍增的效用呢！

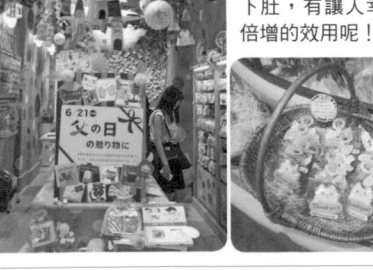
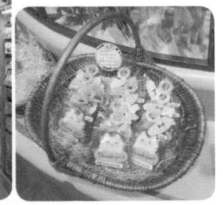

銀座あけぼの Akebono

📍P.350 / D4 ✉中央區銀座5-7-19 ☎03-3571-3640 🕐10:00〜21:00 ⊘無休 🌐www.ginza-akebono.co.jp

銀座傳統的日式甜點老鋪，以米果、羊羹、大福、葛粉等和式點心，征服老少新舊顧客，精緻的點心、高雅的裝潢，將老品牌再次翻新。

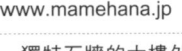
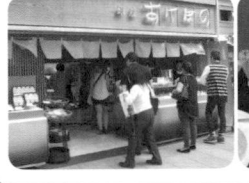
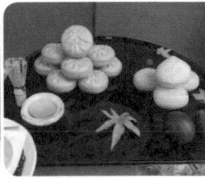

ねんりん家 Nenrinya

📍P.350 / D4 ✉中央區銀座5-6-15 ☎0120-886-660 🕐10:30〜20:00 ⊘無休 🌐www.nenrinya.jp、www.mamehana.jp

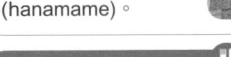

獨特石牆的大樓外觀，是家販售日本高級西式點心年輪蛋糕專門店。年輪蛋糕不便宜，卻是日本人送禮的首選，可以買個小分量的嘗嘗。店內還有販售日本小點心的鋪子「まめはな」(hanamame)。

Quil Fait Bon

📍P.351 / A6 ✉中央區銀座2-5-4 ☎03-5159-0605 🕐11:00〜20:00 ⊘無休 💲單切水果派¥768 🌐www.quil-fait-bon.com/shop/?tsp=1

比起小巧青山店，銀座店(又稱為Grand Maison銀座)的空間大又舒適，氣派十足，華麗的草莓派選擇更多。缺點就是熱門時段人多需等位，最好事前預約，不然青山店(見P.303)也是很好的選擇。

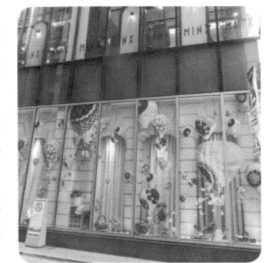

Henri Charpentier

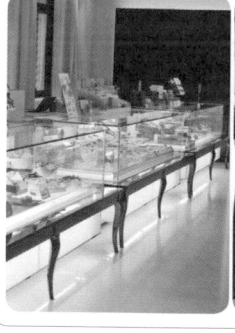

🅜P.351／B7　✉中央區銀座2-8-20
☎03-3562-2721　🕐11:00～21:00
❀無休　💲馬卡龍￥179，草莓蛋糕￥630、檸檬塔
￥473　http www.henri-charpentier.com

　　Henri Charpentier以創新的法國傳統糕點廣受青
睞，銀座本店置身於典雅的歷史建築裡，整體氣氛
像是歐洲的圖書館大廳，而甜點櫃也是擺放得跟參
觀珠寶櫃般，典雅美觀，讓人食指大動，泡芙、檸
檬塔、蒙布朗、薄餅千層等一一請服務員夾進盒子
裡，讓你肥死也甘願。B1設有咖啡廳，甜點盤約
￥1,260／人，或點個豪華雙人下午茶￥5,250，若
想在B1坐下來品嘗甜點，最好先預約喔！

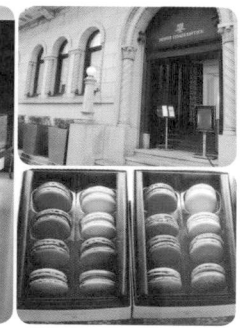

鹿鳴春

🅜P.351／B7　✉中央區銀座1-9-13　☎03-5797-
6200　🕐11:30～15:00，17:30～23:00　❀無休　💲
午餐套餐￥1,480起，晚餐套餐￥5,250起　http www.
joesshanghai.net

　　源自紐約平價的中菜餐館，登陸日本後卻整個變
得高級起來，外觀的磁磚拼花牆面、內裝都顯得豪
華無比，當然用餐費用不會太低，如果想一嘗美
味，可以挑中午的時段。最受日本人歡迎的餐點，
不外乎是小籠湯包、黑醋豬肉、乾燒大蝦等。

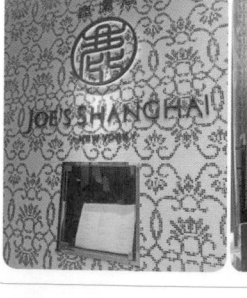

銀座 GINZA PLACE

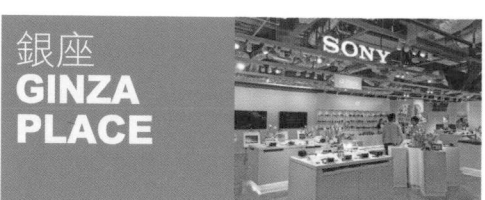

🅜P.351／D5　✉中央區銀座5-8-1　🕐NISSAN：
11:00～20:00，SONY：11:00～19:00　❀無休
http ginzaplace.jp

　　占據銀座最熱鬧十字路口的一角，純白
色的GINZA PLACE於2016年9月開幕，
不僅外觀展現日本工藝極致的設計外，內部
樓層除了有餐廳、商店外，最主要吸引人參
觀的就是NISSA的汽車展示場，以及SONY
的商品展示間，不僅有高科技車款可欣賞，
也可親手把玩款式最新的相機與眾多商品。

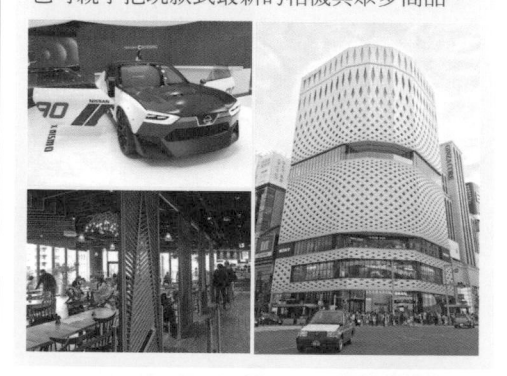

星乃珈琲店

🅜P.350／F2　✉中央區銀
座8-8-5(2樓)　☎03-6228-
5081　🕐11:00～22:00　❀無
休　http www.hoshi nocoffee.com

　　這家裝潢復古時髦的連鎖咖啡店，絕對是逛完銀
座後最適合休憩的好地方，不管是香醇的咖啡，還
是鬆軟的舒芙蕾甜點，只要是吃過的人都會說讚。
當然，它的餐點也是非常美味，最主要的是費用平
實，以連鎖咖啡店來說，我給它第一名。

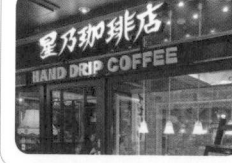
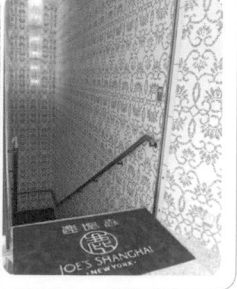

煉瓦亭

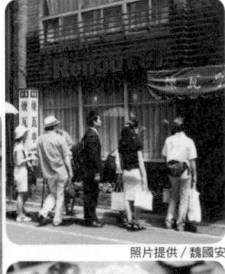

MAP P.351 / B5　中央區銀座3-5-16　03-3561-7258　11:15～15:00，16:40～21:00　休週日　$炸豬排￥1,500，元祖蛋包飯￥1,400　ginzarengatei.com/

創業於1895年，已有百年歷史的煉瓦亭，是日本第一家洋食餐廳，受歡迎程度，你可以從用餐時段在店外排隊的隊伍中看出，不少死忠的饕客就是要品嘗這個百年好滋味。煉瓦亭的餐點其實相當樸實，幾乎都是西餐廳也有的菜色，一點也不花俏，也可以說這些西餐菜色都是從煉瓦亭發展出去的也不為過，像是炸豬排、燉牛肉、蛋包飯、高麗菜捲等，都是煉瓦亭的招牌餐點，雖說用餐價位有點小高，但還是不免讓人想來吃吃看，是除了椿屋以外，另一家值得一嘗的銀座美食餐廳。

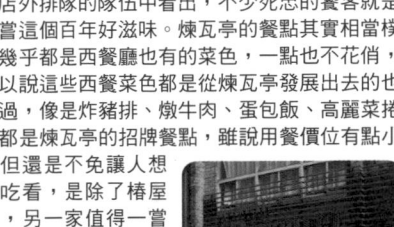

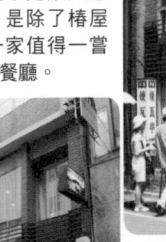
照片提供／魏國安

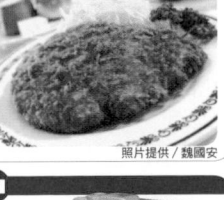
照片提供／魏國安

CANON數位館

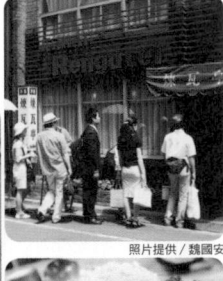

MAP P.351 / C6　中央區銀座3-9-7　03-3542-1801　10:30～18:30　休週日、假日　cweb.canon.jp/showroom/personal/ginza

「CANON控」到銀座務必造訪的地方，位在安靜的小街道裡，是CANON數位商品的展示空間，最新款的相機、攝影機，全部陳列展示、供來訪遊客試玩，不時也會舉辦體驗活動、專業講座。

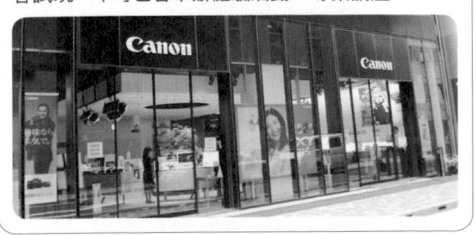

銀座文明堂

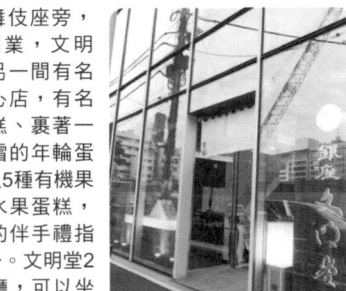

MAP P.351 / E7　中央區銀座4-13-11　03-3574-0002　10:00～19:00　休無休　$蜂蜜蛋糕￥1,250起，年輪蛋糕￥1,242起，水果乾蛋糕￥4,860　www.bunmeido.com

位在歌舞伎座旁，1900年創業，文明堂是銀座另一間有名的洋式點心店，有名的蜂蜜蛋糕、裹著一層薄透糖霜的年輪蛋糕、還有以5種有機果乾製作的水果蛋糕，都是東京的伴手禮指標名物之一。文明堂2樓設有餐廳，可以坐下來享用精緻甜點或簡單的餐點。中央通也有分店(MAP P.350 / D4)

Nair's 印度料理

MAP P.351 / E6　中央區銀座4-10-7　03-3541-8246　11:30～21:30(週日至20:30)　休週二　$招牌咖哩￥1,500，甜點￥550，豪華套餐￥2,800，印度啤酒￥700　www.ginza-nair.co.jp

1949年創業，是日本開業最久，由印度人經營的正統印度風味餐廳，頗受銀座在地人的喜愛。店家推薦有蔬菜甜味，以雞腿為主菜的招牌咖哩(ムルギーランチ)，兩人用餐則建議點豪華套餐(おまかせコース)，主要的菜色都吃得到，相當划算。

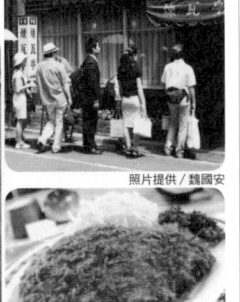

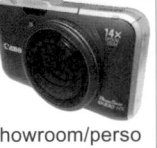

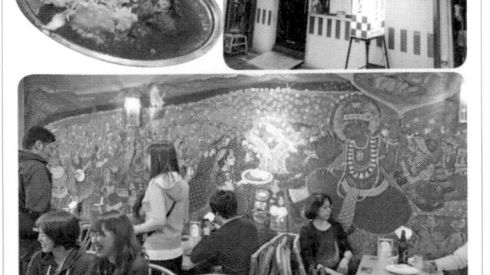

歌舞伎座

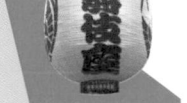

KABUKIZA

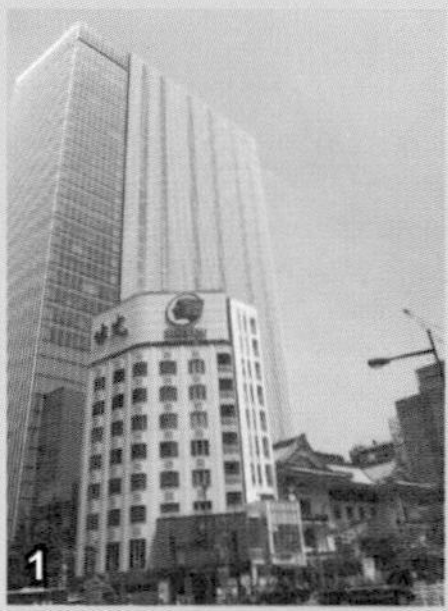

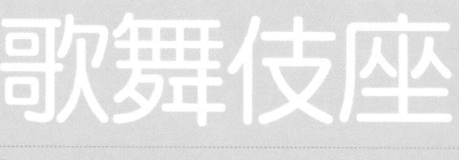

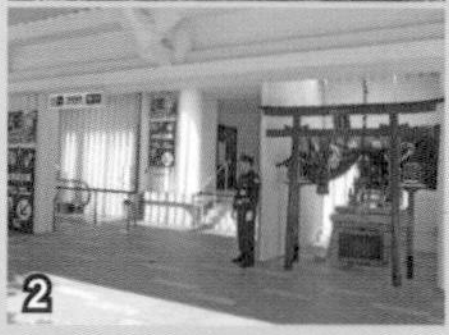

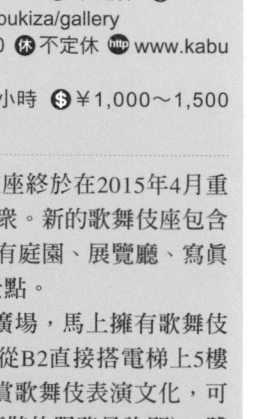

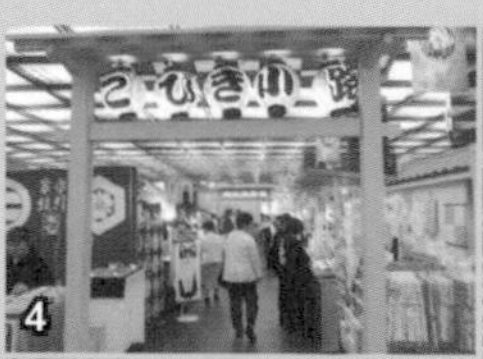

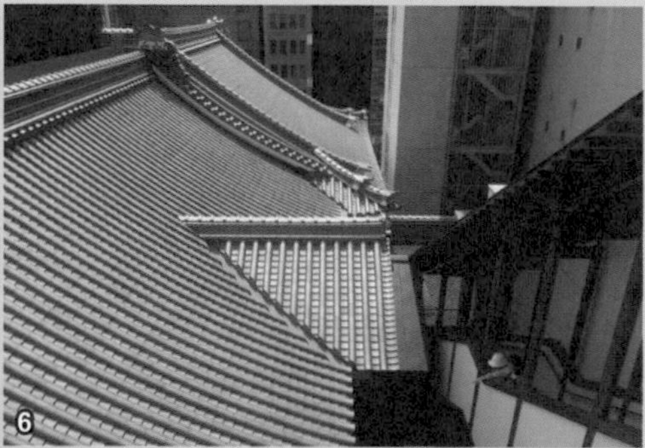

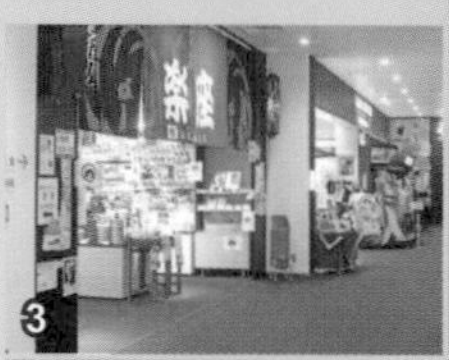

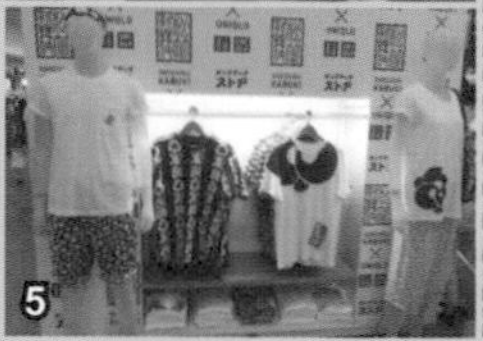

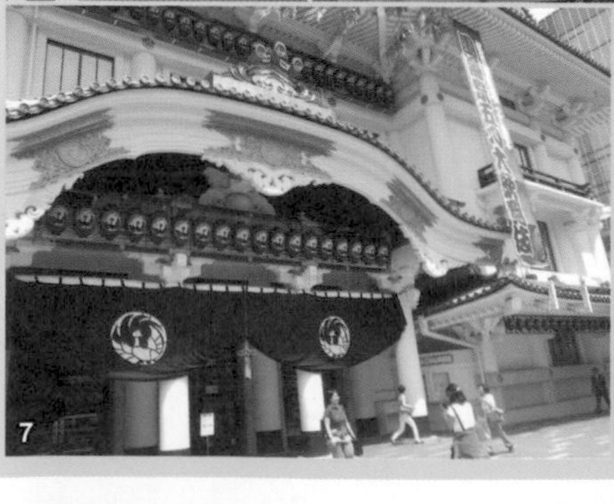

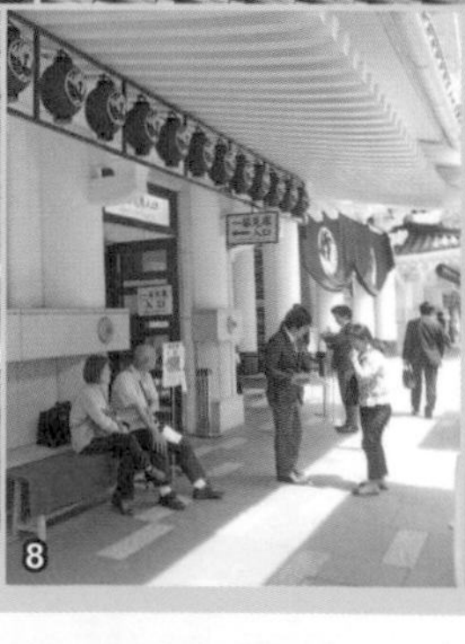

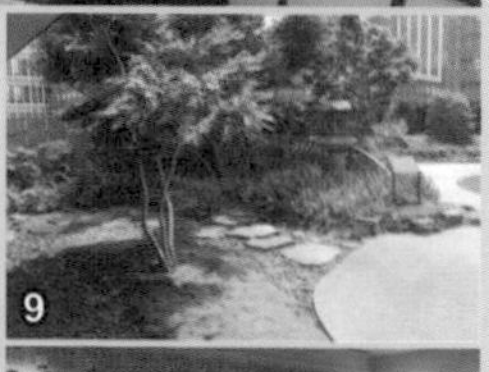

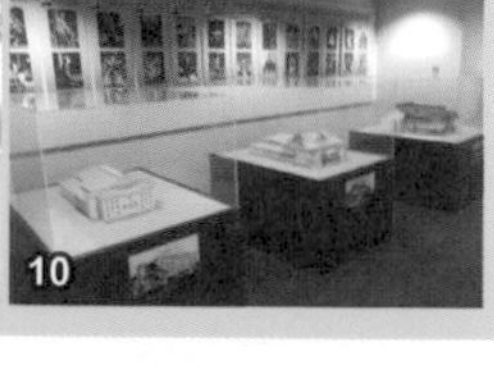

1.歌舞伎座與後方的歌舞伎大樓連接互通／**2.**歌舞伎座就在地鐵東銀座站的上方／**3.**位於大樓5樓的紀念品店／**4.**地鐵站閘口直通歌舞伎座B2「木挽町廣場」，是歌舞伎商店街與禮品店／**5.**這裡最熱賣的就是歌舞伎座與UNIQLO合作的限定商品／**6.**沿著屋上庭園旁的樓梯，可近距離欣賞歌舞伎座的屋瓦及歌舞伎座歷史展示／**7.**全新落成的第五期歌舞伎座，氣派典雅／**8.**一幕見習最適合歌舞伎表演初體驗／**9.**屋上日式庭園位在5樓／**10.**各期歌舞伎座的模型展示

MAP P.351／E6 ✉中央區銀座4-12-15 http www.kabuki-za.co.jp

屋頂花園 ✉歌舞伎座大樓5樓 ◷10:30～19:00 $免費參觀 http www.kabuki-za.co.jp/topnew/news/244

歌舞伎座展覽廳 ✉歌舞伎座大樓5樓 ◷10:00～17:30 休不定休 $¥600 http www.shochiku.co.jp/play/theater/kabukiza/ginza-kabukiza/gallery

歌舞伎紀念品店 ✉歌舞伎座大樓5樓 ◷10:00～18:00 休不定休 http www.kabuki-za.co.jp/kairou/rakuza.html

歌舞伎一幕見習 ◷見每日開演時刻，見習時間約1小時 $¥1,000～1,500 http www.shochiku.co.jp/play/theater/kabukiza/makumi

經過5年的計畫與重建，全新的第五期歌舞伎座終於在2015年4月重新啓用，桃山樣式的外觀，可容納近2千位的觀衆。新的歌舞伎座包含後方地下4樓、地上29樓的歌舞伎大樓，大樓內有庭園、展覽廳、寫眞館、餐廳，及許多禮品店，是銀座最新的觀光景點。

從地鐵「東銀座」站上來，直達B2的禮品街廣場，馬上擁有歌舞伎特色的各種特製商品，最值得購買。你也可以從B2直接搭電梯上5樓的日式庭園參觀，或購票參觀展覽廳；想要欣賞歌舞伎表演文化，可以在1樓購買「一幕見習」的參觀券(可找穿黑西裝的服務員詢問)，體驗一下日本傳統歌舞伎的表演精華。

17 御台場

TOKYO 東京散步

Odaiba

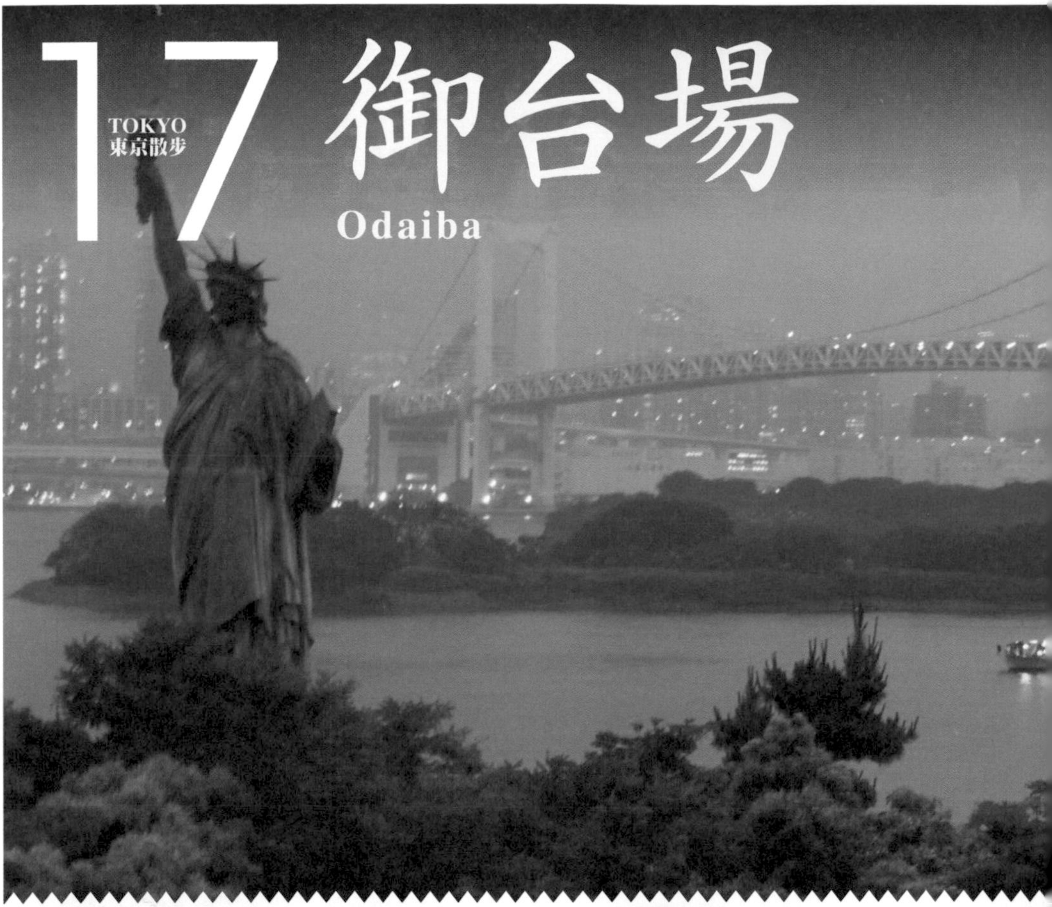

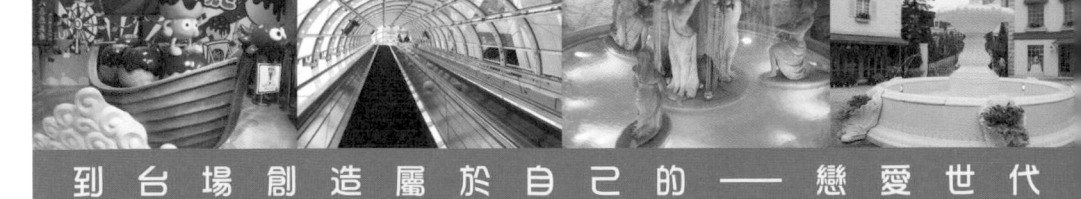

到台場創造屬於自己的——戀愛世代

台場其實發展得很早，早在江戶末期就開始規畫這個填海造地的工程，目的在於做防禦使用，而現今所見的規模與繁榮，則是要到1990年代初期發起「東京臨海副都心」的開發計畫後，才開始慢慢形成，尤其是在富士電視台落成喬遷於台場，開始帶動了人潮、錢潮，將台場推向休閒旅遊、情侶約會的勝地。

會認識台場，是從日劇《戀愛世代》中不停出現的彩虹大橋開始，浪漫的景色、經典的台詞，讓我在1997年就飛奔到台場感受聖誕節的熱鬧氣氛，只差沒有衝動地買下那顆Tiffany的水晶蘋果了，眞是好令人懷念的青春歲月啊！但當時的景點僅限於台場海濱公園，以及富士電視台周邊而已，比起現在的規模眞的是小了非常多。不過2000年過後，

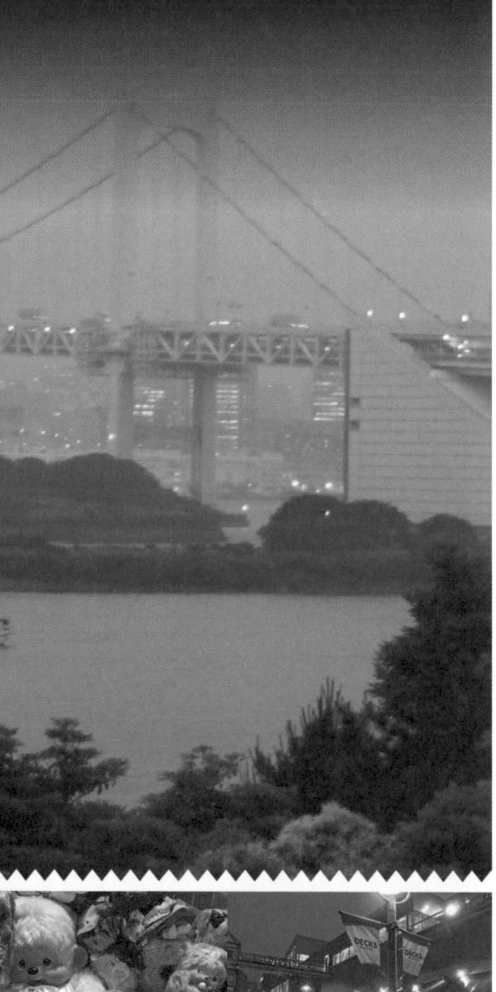

遊台場需從新橋車站開始，新橋車站周邊較值得的景點只有「日本電視台」，以及「濱離宮恩賜庭園」，均可抽空前往參觀；若時間有限，不妨在搭乘百合海鷗號前先參觀日本電視台即可。

台場的商場集中在兩個主要的車站上：「台場站」與「青海站」。建議可以從「青海站」開始，這裡吃喝玩樂都有，仿威尼斯酒店室內造景的購物中心「維納斯商場」，與台場著名的摩天輪地標，都位在這一站；接著步行前往目前台場人潮最多的「Diver City Tokyo」，1：1大小的鋼彈雕像是商場吸引人的焦點之一，商場內的商店都是經典必逛必買的品牌；然後再步行到「台場站」，必遊的「富士電視台」是首個參觀重點，之後順著3個商場、遊樂場，一路往前玩到、買到「台場海濱公園站」，再從這裡搭電車回市區。

若你的時間、預算都足夠，再將其他景點加入你的行程裡，不妨把「大江戶溫泉物語」留在最後，選擇在這裡過夜，隔天一早再搭乘免費的接駁巴士回東京市區。

交｜通｜對｜策

前往新橋站
1. 搭乘JR電車山手線、東海道線、京濱東北線、橫須賀線到「新橋」站(汐留口出口)
2. 搭乘地鐵都東京Metro銀座線，到「新橋」站(4號出口)
3. 搭乘地鐵都營淺草線，到「新橋」站(1A號出口，百合海鷗號新橋站)、(2D號出口，日本電視台)；大江戶線，到「汐留」站(2D號出口，日本電視台)、(7～10號出口，百合海鷗號汐留站)

前往台場周邊
1. 搭乘私鐵百合海鷗號(ゆりかもめ)，可從新橋站或汐留站搭乘；或從豐洲站搭乘
2. 搭乘私鐵臨海線(りんかい)，從新木場站或大崎站搭乘，到Tokyo Teleport站
2. 搭乘東京水上巴士(水上バス)，從淺草、日之出棧橋或晴海搭乘，到台場海濱公園

✱ 百合海鷗號(ゆりかもめ)、臨海線(りんかい)相關資訊請參考P.375

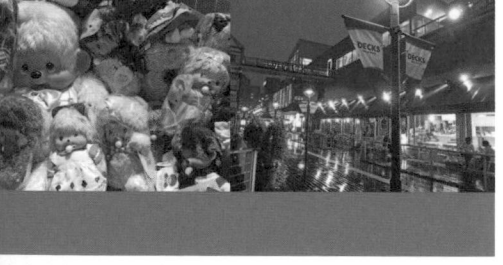

各購物中心、新景點等陸續登陸台場，台場輝煌風光的時代就此展開，尤其是維納斯城堡，當時最讓我驚豔。

近年再度重遊台場，雖然景物變化沒有太大，但人氣顯然已被六本木吸走不少，不過台場總是有又新又獨特的商店，以各種花招拉攏人潮、創造商機，讓人一再重遊也不厭倦呢！

散步花絮

搭免費巡迴巴士暢遊台場：除了搭乘百合海鷗號遊台場外，你也可以選擇搭乘由當地企業贊助的巡迴巴士。巡迴巴士共有10個停靠點(路線見地圖或網站)，均在台場主要的景點上，相當方便。

📞03-5689-0912 🕐11:30～19:30，約20分鐘一班 🈺無休 💲免費搭乘 🌐www.hinomaru.co.jp/metrolink/odaiba/index.html

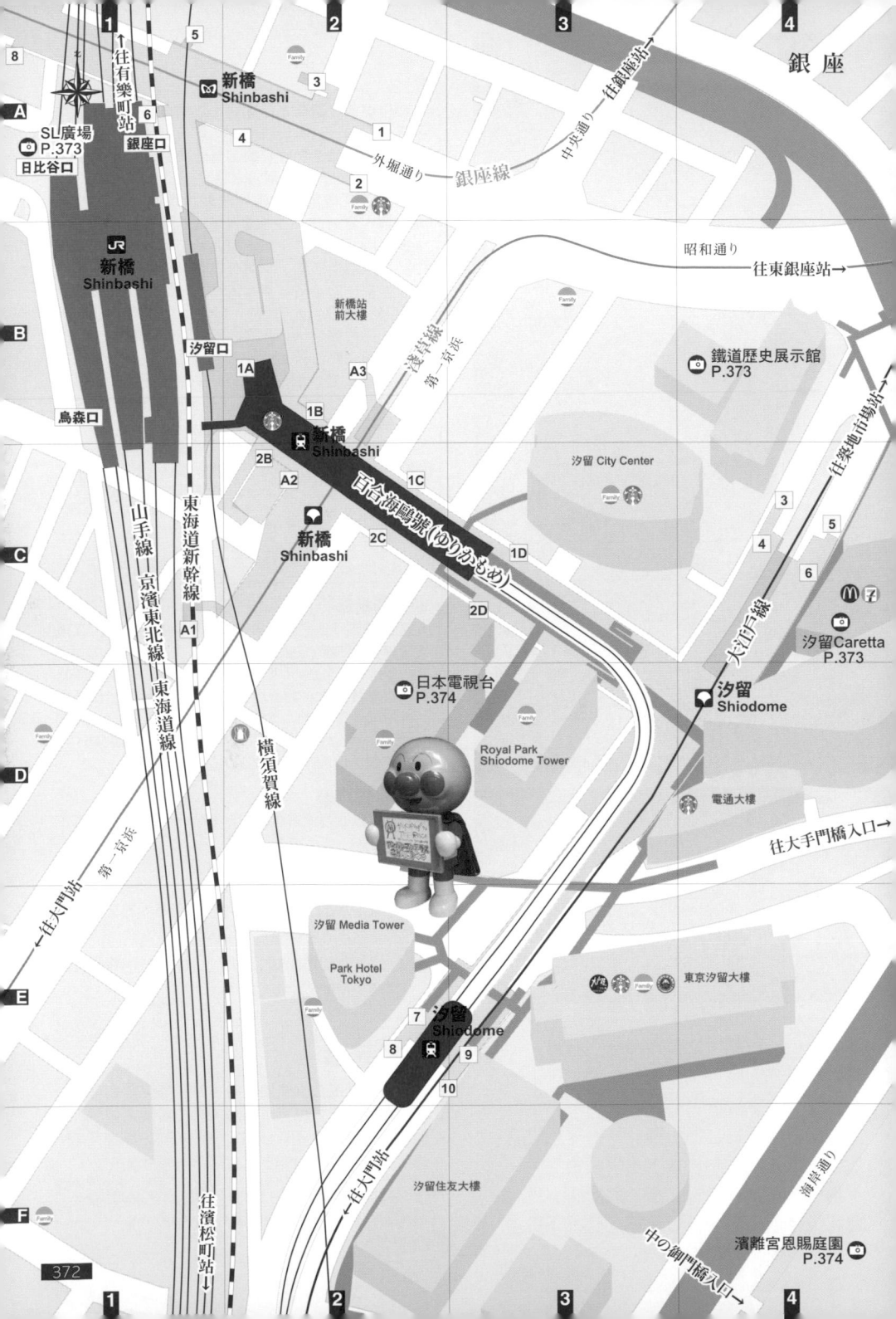

A

往有樂町站→

SL廣場
P.373
日比谷口

銀座口

新橋
Shinbashi

8

1

6

5

3

2

新橋
Shinbashi

3

4

1

2

Family

外堀通り

銀座線

中央通り
往銀座站→

銀座

往東銀座站→

昭和通り

B

JR 新橋
Shinbashi

汐留口

烏森口

1A

1B

新橋
Shinbashi

2B

A3

A2

新橋
Shinbashi

浅草線 第一京浜

新橋站前大樓

鐵道歷史展示館
P.373

往築地市場站→

C

山手線‖京濱東北線‖東海道線

東海道新幹線

A1

2B

1C

2C

新橋
Shinbashi

百合海鷗號（ゆりかもめ）

1D

2D

汐留 City Center

Family

3

4

5

6

大江戶線

汐留Caretta
P.373

D

橫須賀線

第一京浜

日本電視台
P.374

Family

Family

Royal Park
Shiodome Tower

汐留
Shiodome

電通大樓

Family

往大手門橋入口→

E

汐留 Media Tower

Park Hotel
Tokyo

Family

汐留
Shiodome

7

8

9

10

東京汐留大樓

Family

F

往大手町站←

往濱松町站↓

Family

汐留住友大樓

汐留

海岸通り

中の御門橋入口

濱離宮恩賜庭園
P.374

1　　2　　3　　4

新橋·汐留

要前往台場，大致上都會以百合海鷗號的起訖站「新橋」當作出發點，新橋算是具歷史的地區，尤其它又是日本鐵道的發源地，相當有傳統傳承的精神。不過它的新興鄰居「汐留」，卻是人氣較高的地區，商業大樓逐一蓋起，許多企業的總部也遷設於此，新鮮的景點、商店都往這裡靠攏，好玩、好吃、好看的多太多了。而從中央通往前穿過高架橋下，就是鼎鼎有名「步行者的天國」銀座地區了。

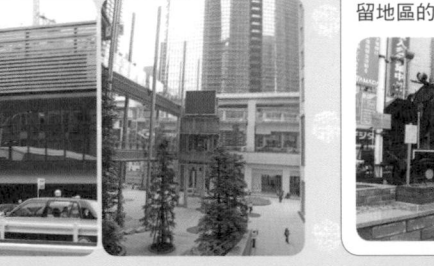

SL廣場 ⓂⒶP P.372 / A1

鐵道歷史展示館：ⓂⒶP P.372 / B4
✉港區東新橋1-5-3 ☎03-3572-1872 🕙10:00～17:00 休週一 💲免費 🌐www.ejrcf.or.jp/shinbashi

當你抵達JR新橋車站時，不妨先從日比谷口出站，出口寬闊的廣場上有一座實體的舊蒸汽火車頭，每天的12:00、16:00、18:00會鳴起蒸汽火車的汽笛聲。新橋車站是日本鐵道發祥地，蒸汽火車頭的展示造景最貼切不過了。穿過車站還有一處由舊鐵道停車場改建的「鐵道歷史展示館」，展出日本鐵道從明治時期到近代的發展過程，還有汐留地區的歷史介紹。

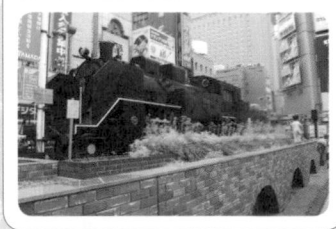

汐留
Caretta
カレッタ

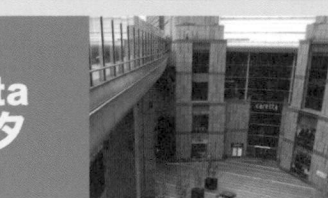

ⓂⒶP P.372 / C4 ✉港區東新橋1-8-1 ☎03-6218-2100 🌐www.caretta.jp

這是一幢兼具設計感與藝術氣息的商業大樓，由4個主題的區域所架構而成的高規格摩登大樓。大樓入口的中庭設置有一件名為「龜之噴水」的大型藝術創作，周邊則是商場；1～3樓設計有「峽谷涼廊」，舒適的空間裡有悠閒的咖啡餐廳。

位在B1的「廣告資料館」藏有約2萬冊與設計相關的書籍，是日本唯一的廣告專門圖書館（參觀免費）。另外，有日本百老匯之稱的「四季劇場」也在這裡設有一個擁有1,200個座席的大劇場，定期都有日文版的百老匯音樂劇上演。

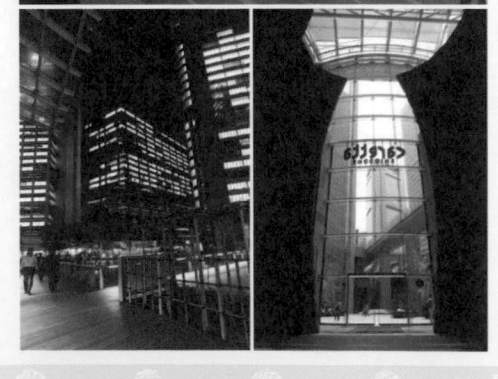

此單元4張照片提供／魏國安

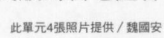

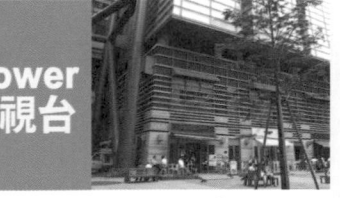

汐留
NTV Tower
日本電視台

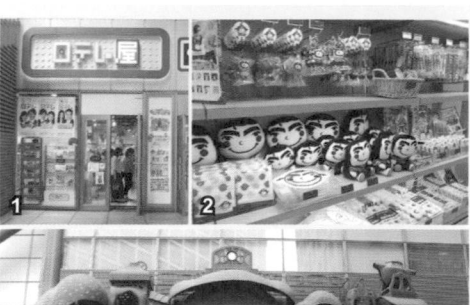
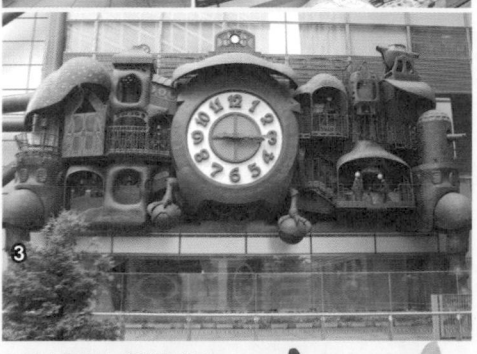

MAP P.372 / D2　⊠港區東新橋1-6-1　☎03-6215-4444　◷10:00～21:00　休無休　http://www.ntv.co.jp

這裡是日本電視台的總部，不過這裡不像NHK那樣開放參觀內部及節目拍攝，吸引遊客來訪的反倒是電視台的紀念品店以及餐廳。兩個樓層的紀念品店「日テレ屋」（10:00～19:00）裡，有各個熱門節目的周邊商品，文、玩具、飾品、食品、玩偶、衣服等，樣樣不缺，商品項目相當多樣。

　　日本電視台大樓廣場最值得參觀的就是由動畫大師宮崎駿所設計，高12公尺、寬18公尺的大時鐘，每日的12:00、15:00、18:00、20:00前的2分45秒開始，時鐘會啓動各個活動的零件。廣場裡也有多家的美食餐廳，如美國的速食連鎖餐廳Taco Bell、披薩餐廳Bacio di Giulietta、咖啡店Tully's等。

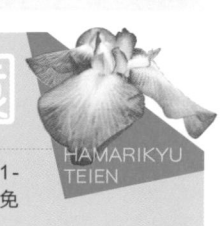

1.日本電視台直營的紀念品店 / 2.紀念品店裡的熱門商品 / 3.日本電視台的招牌之一，宮崎駿所設計的動態時鐘，有很多小細節得細細參觀 / 4.日本電視台的吉祥物有著厚厚的香腸嘴，相當可愛

濱離宮恩賜庭園

HAMARIKYU TEIEN

MAP P.372 / F4　⊠中央區濱離宮庭園1-1　☎03-3541-0200　◷09:00～17:00　休12/29～1/1　$¥300(5/4、10/1免費)　http://www.tokyo-park.or.jp/park/format/index028.html

幕府將軍及皇族昔日的狩獵地

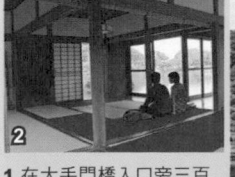

　　源自江戶時期的著名皇家庭園，由歷代將軍陸續整建完成，庭園就建在東京灣上，內有數個引進東京灣潮水而成的鴨池、魚池，園內花木扶疏，有梅林、牡丹園、櫻花等隨季節變換開花，相當美麗，是春天的賞櫻名所之一，園內也建有茶屋供遊客休憩。園內設有水上巴士搭乘口，可以從這裡前往淺草或台場等地，相當方便。

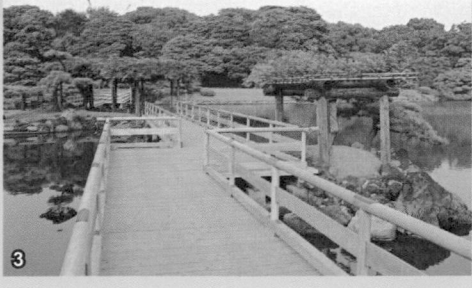

1.在大手門橋入口旁三百多歲的老松樹 / 2.可以在茶屋裡享受一下日式庭園的悠閒景致 / 3.橫跨鴨池的古典木造曲橋

1～3照片提供／魏國安

御台場

來台場玩，不外乎是逛遊5個大型購物中心，這也是台場行程當中最花時間的景點，尤其以主題造景的購物街道最有趣，讓人無法錯過；其他如富士電視台、骨董車博物館也是值得花時間好好逛遊的部分。但要只花1天的時間玩遍台場，其實很難，不過遊客時間總是極有限，有人愛展示館、有人瘋逛街購物，不管你是如何取捨台場景點，唯一的建議就是待晚一點，把無價的百萬夜景看完再回市區。

臨海線 Rinkai Line (りんかい線)

正式名稱為「東京臨海高速鐵道臨海線」，簡稱「臨海線」，與百合海鷗號的正式名稱「東京臨海新交通臨海線」相當接近，經常讓人混淆，其實這是兩家不一樣的公司。臨海線連接新木場站與大崎站，整條路線共有8個車站，停靠台場主要景點的車站為「東京テレポート」與「國際展示場」兩站，單程的票券為¥210～390，遊客可以購買一日程車券，成人¥700、兒童¥350，可在一日內隨意搭乘。 📞 03-3527-7134 🌐 www.twr.co.jp

百合海鷗號 Yurikamome (ゆりかもめ)

正式名稱為「東京臨海新交通臨海線」，一般都是使用「百合海鷗號」這個暱稱，以免跟臨海線搞混了。百合海鷗號連接新橋站與豐州站，整條路線共有16個車站，每個車站的廣播聲都不同，由經選出來的16位知名聲優(配音員)為你服務喔！整條行駛路線，以駛經芝浦ふ頭到お台場海濱公園間的「彩虹大橋」最特別，景色也最美。百合海鷗號停靠台場主要景點的車站為「お台場海濱公園」、「台場」、「船の科學館」、「電訊中心」、「青海」與「國際展示場正門」6站，單程票券為¥190～380，若需多趟搭乘，購買一日程車券較為划算。

📞 03-529-7221 💲 一日程車券成人¥820、兒童¥410 🌐 www.yurikamome.co.jp

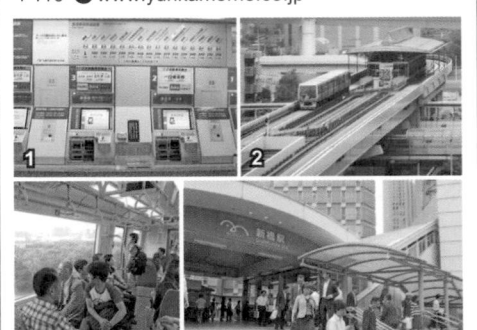
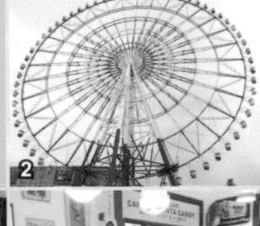
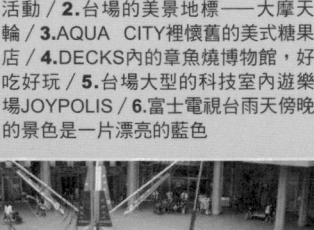

1.百合海鷗號的售票機／2.車站與列車樣貌／3.狹小的電車內部／4.百合海鷗號的主要起訖站「新橋站」

1.維納斯城堡前廣場經常有趣味的活動／2.台場的美景地標——大摩天輪／3.AQUA CITY裡懷舊的美式糖果店／4.DECKS內的章魚燒博物館，好吃好玩／5.台場大型的科技室內遊樂場JOYPOLIS／6.富士電視台雨天傍晚的景色是一片漂亮的藍色

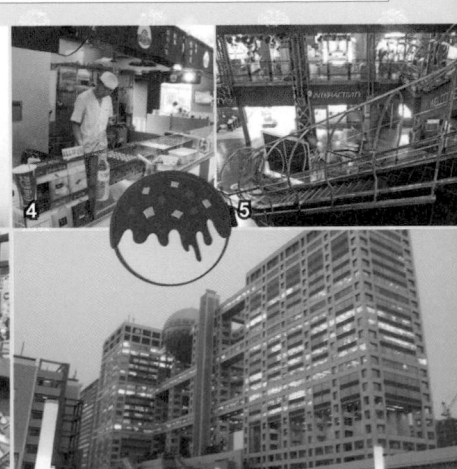
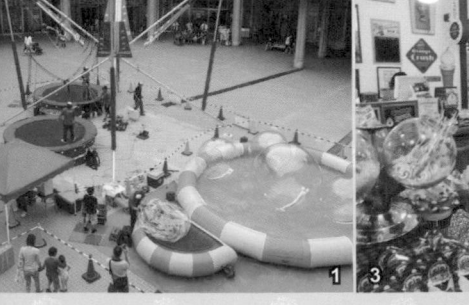

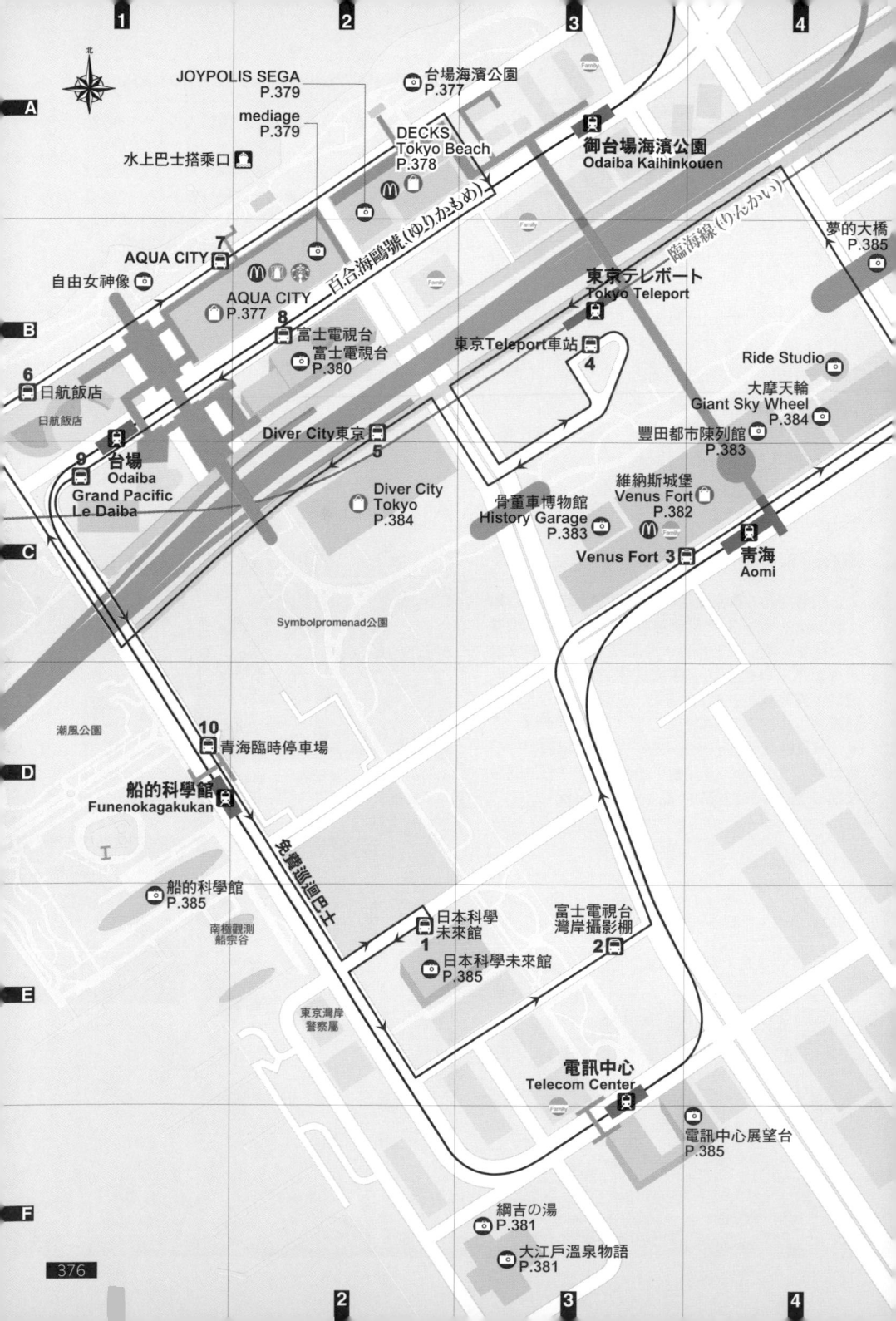

JOYPOLIS SEGA
P.379

台場海濱公園
P.377

mediage
P.379

DECKS
Tokyo Beach
P.378

御台場海濱公園
Odaiba Kaihinkouen

水上巴士搭乘口

臨海線(りんかい)

夢的大橋
P.385

AQUA CITY 7

百合海鷗號(ゆりかもめ)

東京テレポート
Tokyo Teleport

自由女神像

AQUA CITY
P.377

8

富士電視台
富士電視台
P.380

東京Teleport車站

4

Ride Studio

大摩天輪
Giant Sky Wheel
P.384

6 日航飯店

日航飯店

Diver City東京

豐田都市陳列館
P.383

9 台場
Odaiba
Grand Pacific
Le Daiba

5

Diver City
Tokyo
P.384

骨董車博物館
History Garage
P.383

維納斯城堡
Venus Fort
P.382

Venus Fort 3

青海
Aomi

Symbolpromenad公園

潮風公園

10 青海臨時停車場

船的科學館
Funenokagakukan

免費巡迴巴士

船的科學館
P.385

南極觀測
船宗谷

日本科學
未來館

1

日本科學未來館
P.385

富士電視台
灣岸攝影棚

2

東京灣岸
警察屬

電訊中心
Telecom Center

電訊中心展望台
P.385

綱吉の湯
P.381

大江戶溫泉物語
P.381

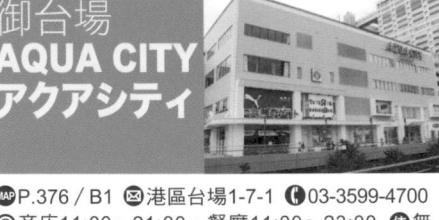

台場海濱公園

ODAIBA KAIHINKOEN

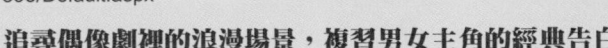

MAP P.376 / A2 **休** 無休 **$** 免費參觀 **http** www.tptc.co.jp/tabid/395/Default.aspx

追尋偶像劇裡的浪漫場景，複習男女主角的經典告白

　　以夜景聞名的台場海濱公園，有著長長的白色沙灘，別以為這是天然的，公園裡的景色都是人工精心設計規畫出來的，是週末假日東京人遛狗、賞景的去處，不時都可看到有人在慢跑。連接台場與東京的彩虹大橋，是海濱公園的招牌景色，不論從何處都看得到它的蹤影，尤其是夜間的美景最讓人心動，這個浪漫景色可是風靡1990年代，經常出現在日本偶像劇裡，當然我也是當時的朝聖者之一，還特地選擇聖誕節期間來這裡湊過熱鬧呢！

　　公園的中段建有水上巴士的碼頭（**MAP**P.376 / A2），可以從這裡往返淺草、汐留地區，不乏是另一個體驗東京交通的好機會；而整個公園最醒目的不外乎是與紐約一模一樣的「自由女神像」（**MAP**P.376 / B1），只是尺寸小了一大號，不過，這可是經過法國巴黎正宗自由女神像本尊，在1998年來台場出差返國後，所核准複製的呢！算是自由女神正統分身2號，所以當然是來台場到此一遊照的經典背景，再加上彩虹大橋，浪漫一級棒！

1.從海濱公園遠眺東京灣旁高樓天際線的景致 / 2.乾淨的白色沙灘，人狗都愛 / 3.把台場海濱公園夜間的燈海，與彩虹橋無敵夜景，全部都照進來，你看，東京鐵塔也入鏡了喔！

御台場

AQUA CITY
アクアシティ

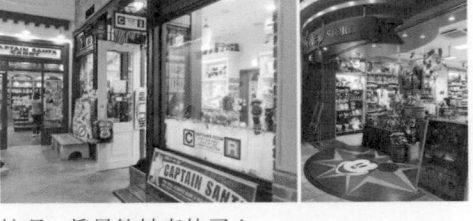

MAP P.376 / B1 **✉** 港區台場1-7-1 **☎** 03-3599-4700 **©** 商店11:00～21:00，餐廳11:00～23:00 **休** 無休 **http** www.aquacity.jp

雖同樣是綜合商場，不過台場的通常就是與眾不同，除了一般的百貨商店外，都還有一些經過設計的主題餐廳、購物區等。像是1樓設有日本伴手禮專門區、5樓有一個集合日本各地有名的拉麵店區、3樓有打造成美國50年代的復古購物街道Museum & Museum、6樓有富士電視台的兒童咖啡廳Mamatoko，甚至7樓屋頂還有自己專屬的神社呢，真是夠神奇的了！

　　AQUA CITY最值得逛的幾個旗艦店，賣場面積都很大，如玩具反斗城(1F)、GAP(3F)、Disney Store(3F)、adidas(3F)等。

御台場 DECKS Tokyo Beach デックス

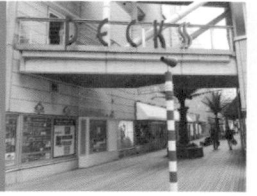

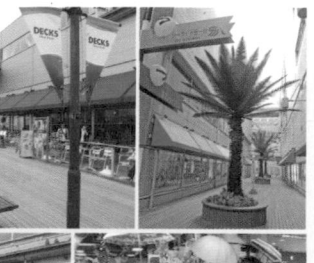

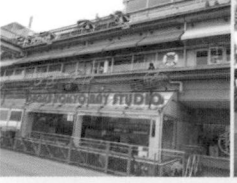

MAP P.376 / A2 　港區台場1-6-1 　03-3599-4700
商店11:00～21:00，餐廳11:00～23:00 無休 www.odaiba-decks.com

這是一家有度假郵輪風情的購物商場，讓人有如在郵輪的甲板上散心、用餐、購物的悠閒fu，就連分成兩部分的商場名稱，都有海島度假的風景出現呢！

靠電車這一側的叫Island Mall，採南方熱情島嶼為靈感架構，商店多以休閒風格服飾與生活雜貨為主；而面向海濱公園，有著郵輪甲板造景的是Seaside Mall，則是以餐廳，主題造景商店街而聞名，遊客幾乎都是衝著它而來的。你可以略過逛商店、吃餐廳，但是幾個有趣的角落你一定要去玩玩。新登場的樂高樂園、杜夫人蠟像館，也很值得一遊。

LEGOLAND

Island Mall 7F 　03-3599-2828 　10:00～20:00 不定休 ￥3,200(1名成人+1名兒童)
tokyo.legolanddiscoverycenter.jp

日本唯一室內大型樂高樂園，有各種適合兒童的遊樂設施，票價分時段而有不同，購買杜夫人蠟像館(Island Mall 6F，www.madametussauds.jp/ja)聯票更優惠。

台場一丁目商店街

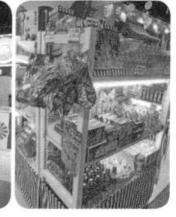

SeasideMall 4F 　11:00～21:00
無休 ww.odaiba-decks.com/news/event/daiba1chome.html

這裡是商場裡最有趣的主題商店街，整個打造成昭和時期的懷舊風景，有雜貨店、零食店、遊樂場、鐵塔廣場、新幹線劇場等等，每個角落都超有趣味，引起許多人的童年回憶呢！一旁還有間以學校為場景的鬼屋，膽子大的人可以試試。

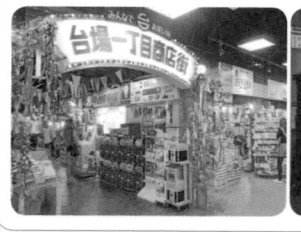

章魚燒博物館

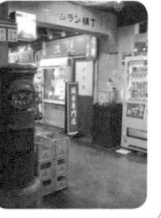

Seaside Mall 4F 　11:00～21:00 無休 約￥350起 www.odaiba-decks.com/news/event/takoyaki.html

集合日本多家有名的章魚燒店，各有各的風味，你可以每一家都買來吃吃看，評比一下哪一家最好吃。這裡還有章魚燒紀念品專賣區，吃的、用的、玩的都跟章魚燒有關係，相當特別。

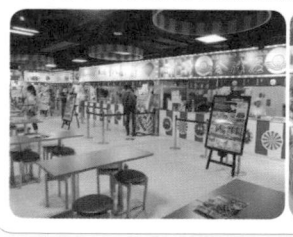

東京トリックアート迷宮館

Island Mall 4F 　03-3599-5191 　11:00～21:00 無休 ￥1,000、中學生以下￥600
www.trickart.info

中文是「東京幻視藝術館」，意思就是以視覺的盲點或錯覺所製造成的奇幻空間，所有平面的畫作都變成了3D立體的有趣畫面，最適合朋友一起拍照留念了，相當有趣。

御台場
mediage
メディアージュ

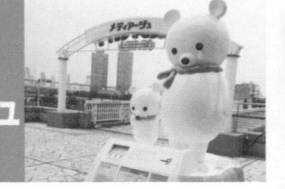

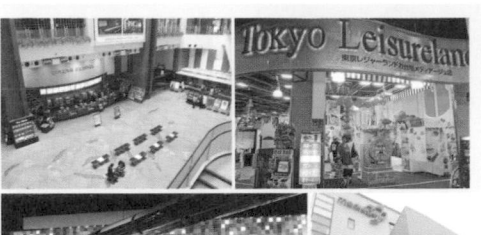

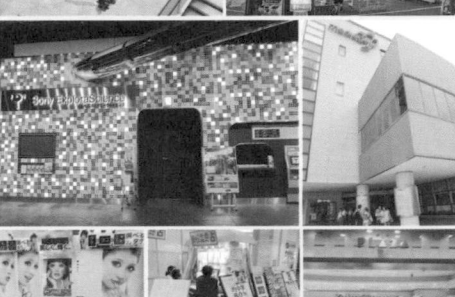

P.376／B2 ✉Sony ExplorScience：港區台場1-7-1(5F) ☎03-5531-2186 🕐11:00～19:00 休週二 💲￥500，16歲以下￥300 www.sony explorascience.jp

這是一棟以影音聲光娛樂為主題的商場建築，中庭挑高相當寬敞，與AQUA CITY互通，1樓為有13個廳院的電影院；3樓有咖啡餐廳，以及賣場頗大的生活雜貨商店PLAZA；4樓遊戲中心Tokyo Leisureland裡有最新的遊戲機台、大頭貼照相機；5樓則是台場最熱門，連中學生畢業旅行都要來的「Sony科技體驗館」（Sony ExplorScience）。

Sony科技體驗館內分為「聲」的科技體驗，與「光」的科技體驗，不只有靜態、動態的展覽，還有先端高科技設計的互動遊戲，最主要的是讓來館的大人、小孩可以親身體驗，各種遊戲都相當受到歡迎，大人小孩都玩成一團。

御台場
JOYPOLIS
SEGA
ジョイポリス

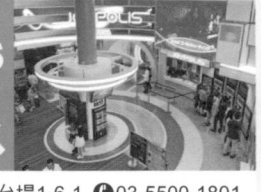

P.376／A2 ✉港區台場1-6-1 ☎03-5500-1801 🕐10:00～22:00 休無休 💲入場券￥800(遊戲費另計)；Pass一日券￥4,300、半日券￥3,300(17:00～22:00)、星光券￥2,800(20:00～22:00)，包含遊戲費用 tokyo-joypolis.com

由日本電玩界的龍頭SEGA所經營的大型室內遊樂場，讓你不用擔心下雨天，3個樓層裡有各種刺激性的大型遊戲、電玩機台、到兒童適合玩的小遊戲都有。

館內受歡迎的遊戲像是位在1樓，可以把人盪到4公尺高的「Halfpipe Tokyo」、體驗賽車甩尾快感的「頭文字D」、高空滑翔的雲霄飛車「擊音ライブコースター」；到3樓體驗驚險泛舟的「Wild River」、恐怖的3D鬼屋「The Room of Living Dolls」等等。而2樓則是以電玩遊戲機為主，你可以挑戰奧運田

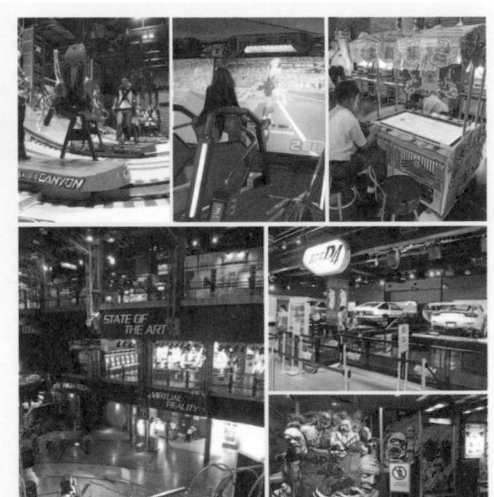

徑、體驗讓你暈頭轉向的太空艙、或是玩玩撈金魚等的小遊戲，中途休息一下。

每項遊戲￥600～800，你可一一買點數玩，或者買張通行券，一票玩到底，要玩幾次、要去逛街吃飯休息一下再回來玩，隨你高興！

御台場
富士電視台
フジテレビ

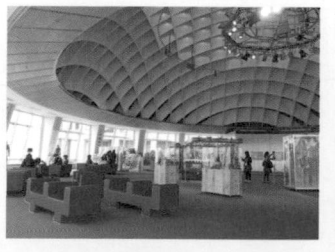
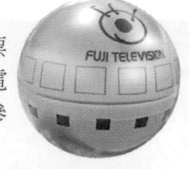

🗺 P.376 / B2　✉ 港區台場2-4-8　📞0180-933-188
🕙10:00～18:00　休週一　$球體展望室￥550(學生￥300)　🌐www.fujitv.co.jp/cn/visit_fujitv.html

開台已有50週年的富士電視台,這座於1996年落成的大樓,是台場最具有人氣的參觀景點。銀色鋼骨結構的方正建築,最突出的就是掛在25樓上空的球體展望室。富士電視台可以參觀的部分有好幾個樓層,想要順暢地玩上一圈?以下是我個人的參觀流程,讀者可參考看看:

1 3F 大階梯

搭百合海鷗號到「台場站」,出站後先別急著往地面層走,你可以順著連接各大樓的高架陸橋,直接抵達富士電視台出名的大階梯口。又寬又高的階梯,相當有氣勢,曾出現在富士電視台多部日劇裡,《庶務二課》片頭部分就是在這裡拍攝的;你可以跟著明星踏上階梯往上,前往7樓的空中廣場。

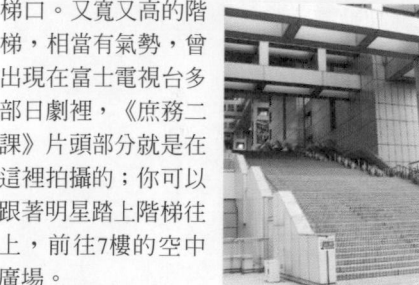

2 7F 空中廣場

從階梯走上來,映入眼簾的就是寬廣的廣場,對面的大樓裡有禮品店F-Island,有超多的卡通的周邊商品,櫻桃小丸子、鬼太郎、或球體展望室特殊造型包裝的餅乾等,應有盡有,多到讓人不知該買哪樣;還有全新開幕,人氣最旺的海賊王主題餐廳。

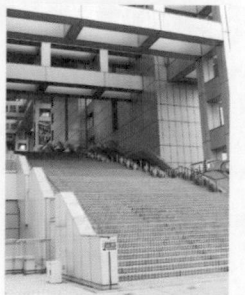
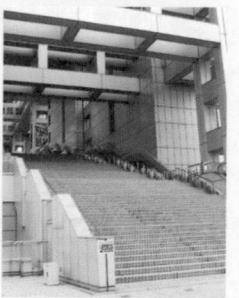

廣場一側有球體展望室的票券販售亭,買了票,專屬的電梯就會把你快速地送上25樓參觀囉!

3 25F 球體展望室

踏進有著360度景觀窗的展望室,你可以居高臨下把東京的景色盡收眼底,賞景之餘,富士電視台仍不忘掏空你的口袋,限定的商品讓你非買不可!

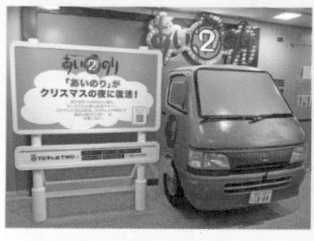
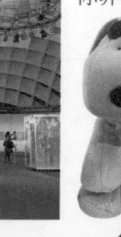

4 5F 攝影棚探險之旅

回程搭上電梯回到空中廣場,轉搭室外透明的手扶梯來到5樓攝影棚展示區,可以參觀電視台熱門節目的場景道具展示,像是櫻桃小丸子的原稿畫作、戀愛巴士裡有名的粉紅巴士等等,都是遊客聚集合照的熱點喔!

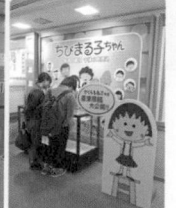

5 1F 劇場大廳

再搭上戶外手扶梯下到1樓,結束參觀行程了嗎?No!No!富士電視台才不會那麼輕易放棄掏空你的錢包的!這裡還有不一樣的禮品店、咖啡廳,尤其是這裡才有的「蠑螺太太」專賣店,從1969年一路紅到現在的蠑螺家族,是富士電視台的招牌卡通節目。

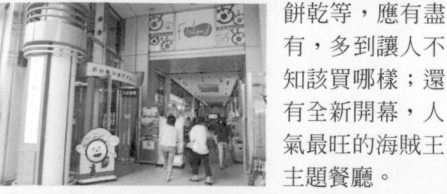
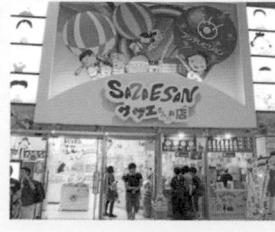
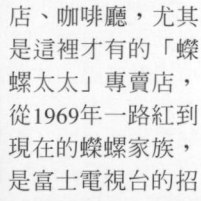

御台場 大江戸溫泉物語

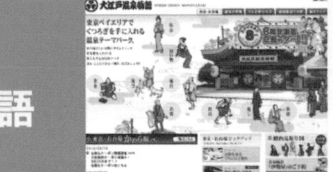

MAP P.376 / F3 ✉江東區青海2-6-3 ☎03-5500-1126 ◷11:00～翌日08:00 休無休 💲見右邊圖表 http daiba.ooedoonsen.jp

入館費用 (費用均包含泡溫泉、毛巾、浴衣的費用)

日間入場券 (18:00前入館)	成人￥2,480～2,880 4～12歲兒童￥980
夜間入場券 (18:00後入館)	成人￥1,780～2,080 4～12歲兒童￥980
深夜追加費用 (02:00後仍在館內)	￥2,000 / 人
晨間入場券 (05:00後入館)	成人￥1,300 4～12歲兒童￥980
須額外付費設施	岩鹽浴￥1,100 / 1小時

過夜費用 (費用包含深夜追加費￥2,000)

男性專用隔間通鋪	￥4,400 / 人
2人客房	￥10,000起

免費接駁巴士

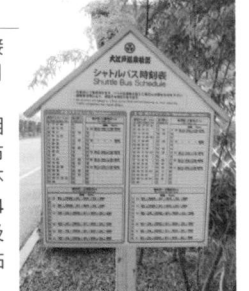

溫泉館每日皆有免費接駁巴士往返市區，如月島、築地、東京車站、品川、錦系町等地，相當便利；若你只是從市區專程前往溫泉館，不妨多加利用，巴士有4條路線，詳細停靠站及發車時間，可參考網站或門口搭乘處公告。

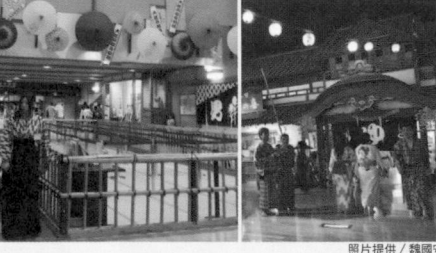

照片提供／魏國安

同樣是台場另一個受歡迎的旅遊景點，為主題造景的溫泉會館，江戶時期的傳統造景，有如搭上時光機回到過去一般，是情人出遊、夫妻蜜月、全家歡樂的最佳去處，可以泡湯兼玩樂。

館內除了有寬敞的室內、室外大眾浴池，戶外也有足湯，還提供各種SPA、按摩療程等服務，最好玩的不外乎是江戶主題造景街道，有各式各樣的懷舊商店、遊戲，就跟在逛廟會一樣熱鬧，難怪是情侶約會的熱門名所。溫泉館可過夜，若你有足夠的時間及預算，不妨白天玩過台場後，再來這裡泡湯放鬆一下，有舒適的旅館、有經濟的通鋪，沒多餘的錢睡好一點，大廳的躺椅也可將就。

除了入場費，館內用餐、購物、玩樂都是另外收費的，電子式的感應手環相當方便。

綱吉の湯

✉P.376／F3 ✉江東區青海2-6-3 ☎03-3520-2744 ◷10:00～19:00 休無休 💲依狗的體型及服務項目而各不相同 http www.tsunayoshi.jp

這就是所謂的狗比人好命，為了體恤帶狗來大江戶溫泉物語出遊的客人，特地在溫泉館旁開設這一家狗兒專屬的會館，也有不少是專程帶寶貝狗兒來的。館內有泡湯設備、游泳池、美容院、診療式、遊戲場、旅館等，課程還包括游泳療程、溫泉療程，可以說真是「好狗命」啊！

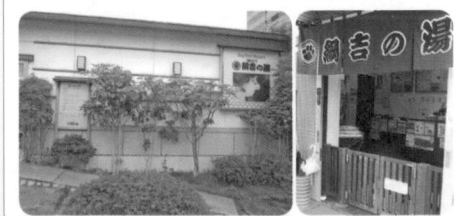

御台場 維納斯城堡 Venus Fort ヴィーナスフォート

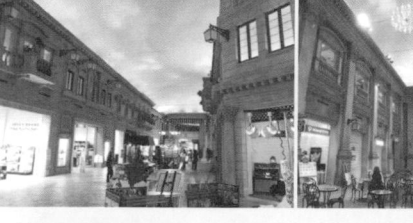

MAP P.376 / C4 ✉江東區青海1-3-15 ☎03-3599-0700 ⏰商店11:00～21:00，餐廳11:00～23:00 🚫無休 🌐www.venusfort.co.jp

維納斯城堡是台場最浪漫、最有fu的購物商場，仿造拉斯維加斯威尼斯人酒店的購物中心，將室內打造成如同在歐洲露天街道、廣場一樣浪漫，令人驚歎。倒是看美景不用錢，反而比刷卡還高興呢！

1F Venus FAMILY

1樓是為適合全家大小，以及寶貝寵物購物的樓層，主要有集合多家品牌的童裝區、家電賣場（LAOX）、百円雜貨商店（Seria）、吉卜力禮品店（どんぐり共和）、寵物用品店（WANDAWAY）、餐廳，還有賣場相當大的家用品賣場「宜得利」（NITORI）。

位在用餐區的「空海」拉麵店，好吃的不得了，你一定要來吃吃看，湯頭濃郁一吃上癮。

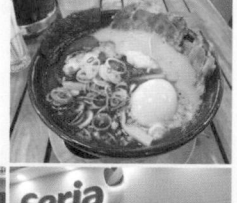

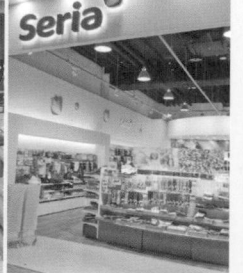

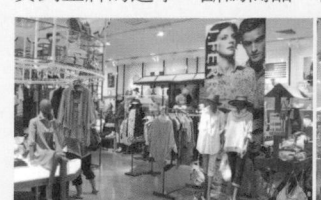

2F Venus GRAND

2樓是主要熱門品牌的購物區，有ZARA、DIESEL、NIKE、Burberry等流行品牌，2樓的街道造景也最漂亮，撇開shopping不談，光欣賞義大利風貌的古典建築就讓人賞心悅目，尤其是商場中段的「女神噴泉廣場」最是美麗，讓人忍不住猛按快門。穿過廣場大街來到「教會廣場」，這裡超有歐洲fu，尤其一旁的義大利咖啡餐廳，就如同置身羅馬。

另一個不能錯過的景點靠近出口處，就是你我都熟悉，電影《羅馬假期》裡的「眞理之口」，這個可是經過身在羅馬的本尊，所親自認證過的翻模複製品，長得一模一樣喔！

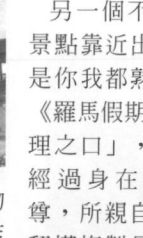

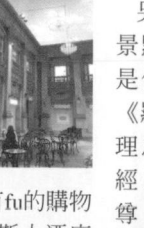

3F Venus OUTLET

3樓是集合各服飾品牌的折扣區，如Beams、Francfranc、United Arrows、Puma、Levi's、Urban Research等，可以以1～8折的優惠價格買到正牌的過季、斷碼商品，相當划算。

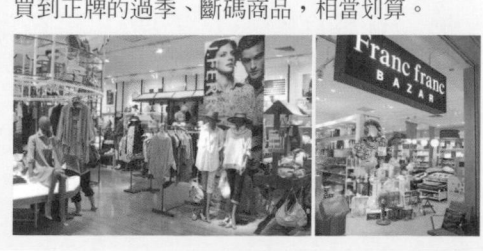

御台場
骨董車博物館
History Garage

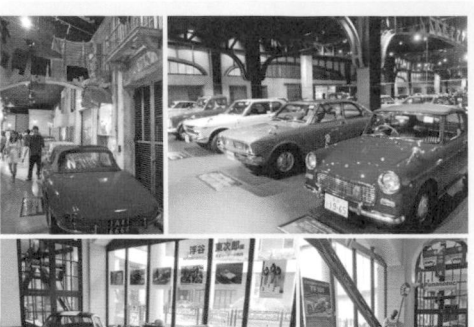

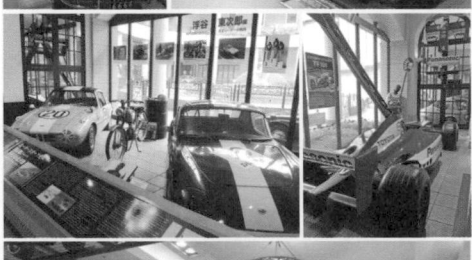

MAP P.376 / C3 　江東區青海1-3-12(入口在維納斯城堡2樓) 　03-3599-0808 　11:00～21:00 　不定休 　免費 　www.megaweb.gr.jp/area/historic

如果你也是骨董老爺車的粉絲，這個由豐田汽車所設立的骨董車博物館，你一定要撥空造訪一下。寬敞的展示空間裡收藏許多50～60年代的經典骨董車款，加上特別設計的懷舊空間造景，一下子彷彿回到了扭扭舞、可口可樂風行的歡樂年代一般。博物館整體展示相當精采，禮品店所賣的商品也相當多樣，若錯過參觀就太過可惜了！

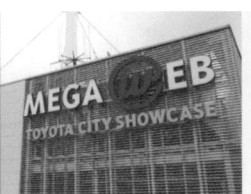

來到1樓，喜歡F1賽車的朋友一定可以逛得很開心，不僅有真正的賽車展示，也有修車工坊、以及來自義大利的F1咖啡廳，還有禮品店販售各種賽車精品、模型。

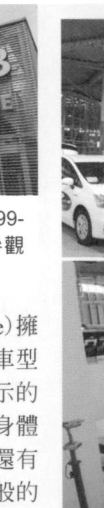

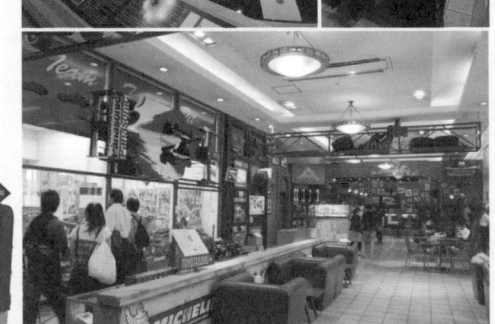

御台場
豐田都市陳列館

MAP P.376 / B4 　江東區青海1-3-12 　03-3599-0808 　11:00～21:00 　不定休 　免費參觀 　www.megaweb.gr.jp/area/csc

豐田都市陳列館(Toyota City Showcase)擁有能夠同時展示140部豐田最新款車型的大空間，但最讚的是你不僅能參觀展示的汽車，還能摸摸看、坐坐看，甚至能親身體驗試開看看呢！除了一般汽車，展場上還有一些有趣的新科技體驗設施，像是電玩般的試架機、在高速公路上奔馳的動感劇院等。摩天輪後方有兒童試駕中心(Ride Studio)，相信小朋友會玩得很開心(MAP P.376 / B4)。

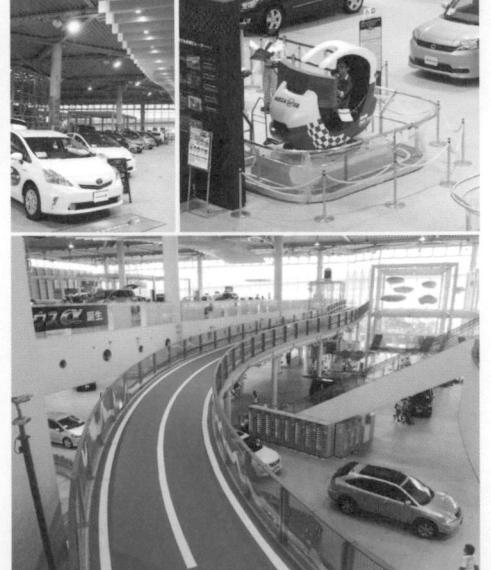

Giant Sky Wheel 大摩天輪

MAP P.376 / B4 ✉ 江東區青海1-3-15 ☎03-5500-2655 🕙10:00～22:00(週末、假日至23:00) 休無休 💲¥920/人 http www.daikanransha.com

這個直徑達100公尺的巨大摩天輪,自1999年在台場架起後,立刻搶走其他景點的風采,受歡迎的不外乎從高處欣賞東京的景色,而從東京遠遠地也可以見到它的身影,尤其是以夜景聞名,若再遇上夏日的花火大會,那更是精采絕倫。

摩天輪轉完一圈需要16分鐘,共有60台彩色吊車(可搭乘4～6人),若你們人數夠,不妨買團體票就好,只要¥3,080/台;另外還有4台是全透明的吊車(可搭乘4人),膽子大的人可以試試看。

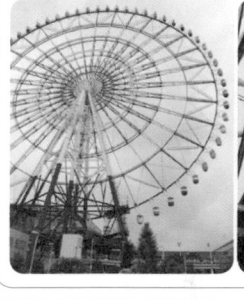
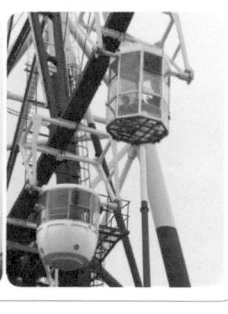

東京Big Sight

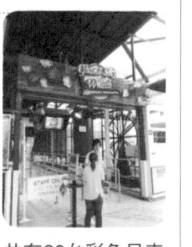

✉ 江東區有明3-11-1 ☎03-5530-1111 http www.bigsight.jp ➔搭乘百合海鷗號或臨海線到「國際展示場站」

類似台北世貿中心,寬闊的場地提供各種工商展覽、會議等活動使用,國際展示館以它獨特的建築外觀著名,除了拍照留念,館內還是有餐廳及商店,可以買展覽館造型的紀念品;另外就是那把立在公園裡的大鋸子最吸引人目光了,至於車站的另一頭幾乎都是為了商展所開設的飯店設施。

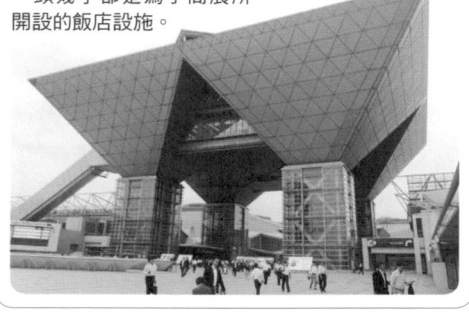

御台場 Diver City Tokyo

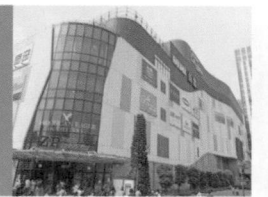

MAP P.376 / C2 ✉ 江東區青海1-1-10 ☎03-6380-7800 🕙10:00～21:00 休無休 http www.divercity-tokyo.com,gundamfront-tokyo.com/tw

台場最新、最具人氣的購物商場,就屬有著等身大鋼彈雕像站崗的「Diver City Tokyo」了。這裡集合了你想得到的熱門潮流品牌,且店面又大又明亮、商品選擇也多,若你要逛街購物,這裡是最佳首選。當然你不能錯過在入口處與鋼彈合影留念的機會,一旁還有鋼彈模型店與禮品店,滿足你的鋼彈收藏。7樓還有鋼彈博物館「Gundam Front」(🕙10:00～21:00 💲¥1,200)。

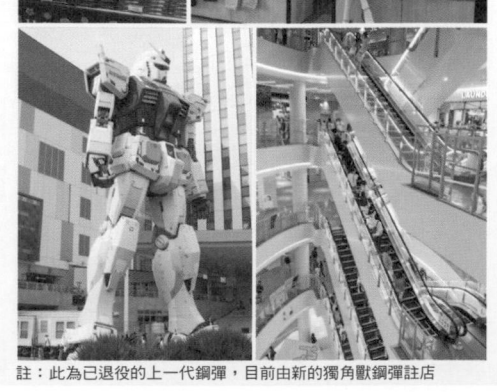

註:此為已退役的上一代鋼彈,目前由新的獨角獸鋼彈註店

船的科學館

MAP P.376／E1 ☒品川區東八潮3-1 ☎03-5500-1111 ⏰10:00～17:00 休週一，12/27～1/3 $參觀免費 http www.funenokagakukan.or.jp

　　船的科學館由船隻造型的石造本館建物，以及退役停靠於碼頭旁的「南極觀測船宗谷號」所組成。本館展示日本的航海歷史、船隻模型、以及模擬駕駛艙、船隻內部造景等，遊客可以實際體驗操作的樂趣。南極觀測船宗谷號則是退役的實際船體完整展示，宗谷號於1956年上役，是日本第一艘南極觀測船，在1978年退役後，由科學館完整永久保存展示，可以參觀實際船體的構造。

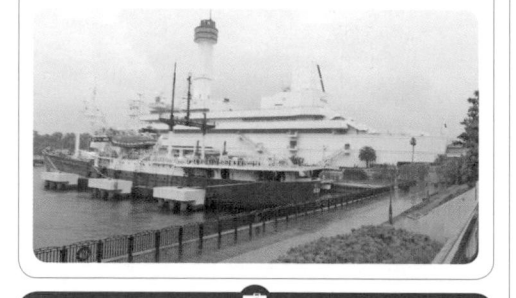

電訊中心展望台

MAP P.376／F4 ☒江東區青海2-5-10(East 21F) ☎03-5500-0021 ⏰15:00～21:00(週末、假日11:00～21:00) 休週一 $成人￥500，兒童￥300 http www.i-house5.com

　　設在21樓的展望台，最吸引遊客的不外乎絕美的百萬夜景，不僅東京灣美景一覽無遺，連台場的美景都一起包了，可說是台場最佳的賞景場所：由於實在太美了，還被選為「日本夜景遺產」的名所之一呢；一旁還開有一家高級餐廳，吃美食、配美景，好不浪漫啊！若用餐預算有限，5樓平價餐廳也不錯，午餐￥1,000有找，相當划算。

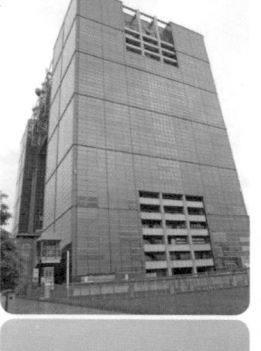

從展望台可以將富士電視台、彩虹橋、東京灣、東京鐵塔一起收入眼裡(照片提供／魏國安)

日本科學未來館

MAP P.376／E2 ☒江東區青海2-3-6 ☎03-3570-9151 ⏰10:00～17:00 休週二，12/28～1/1 $成人￥620，18歲以下￥210 http www.miraikan.jst.go.jp

　　日本科學未來館展示過去，現代與未來的科學知識。Geo-Cosmos：以地球科學為主，由高畫素LED所組成的直徑6.5公尺球體，把地球的姿態、氣候、人文、洋流等，放映在球體上，遊客循著環繞步道，可360度觀賞地球的訊息。

　　世界的探索：從極限環境、醫療進步到生物科學，甚至探討時間與空間的問題，有各種互動性的裝置。未來的發展：探討科學在未來的技術、發展與願景，有各種機械裝置、聲光科技，還假設2050年可能的科技面貌。(此單元5張照片提供／魏國安)

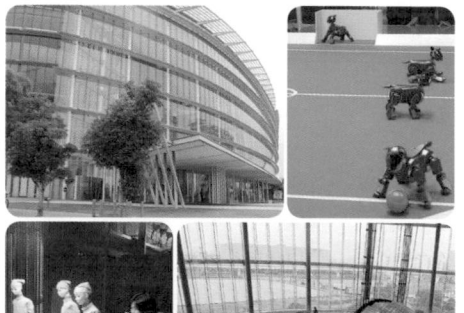

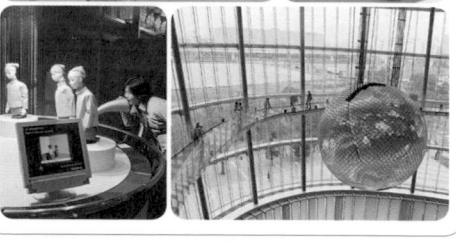

夢的大橋 MAP P.376／B4

　　1990年完工，全長360公尺，寬達60公尺，夢的大橋是日本最寬的一座步道橋，大橋屬於Symboipomenad(シンボルプロムナード)公園的一部分，基本上禁止汽車通行，只提供給行人最好的休憩空間。橋面上的鋪磚以不同的線條、圖案相互錯置，相當具有特色，而它美麗的夜景眾所皆知，尤其是夏夜時分最適合漫步兼賞景，若幸運遇上煙火秀那就更讚了，美上加美。

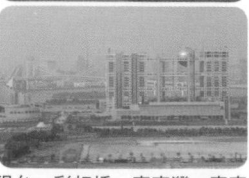

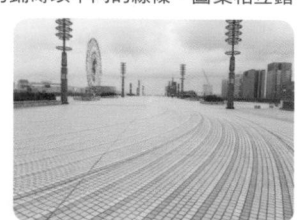

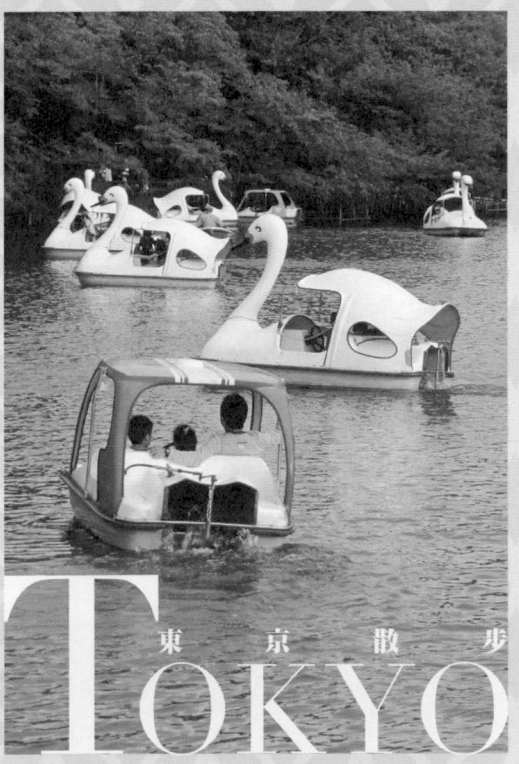

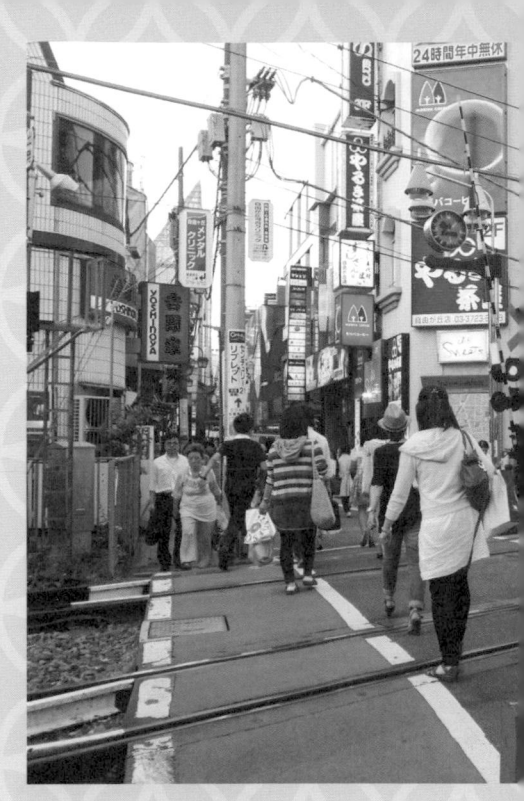

T
東 京 散 歩
OKYO

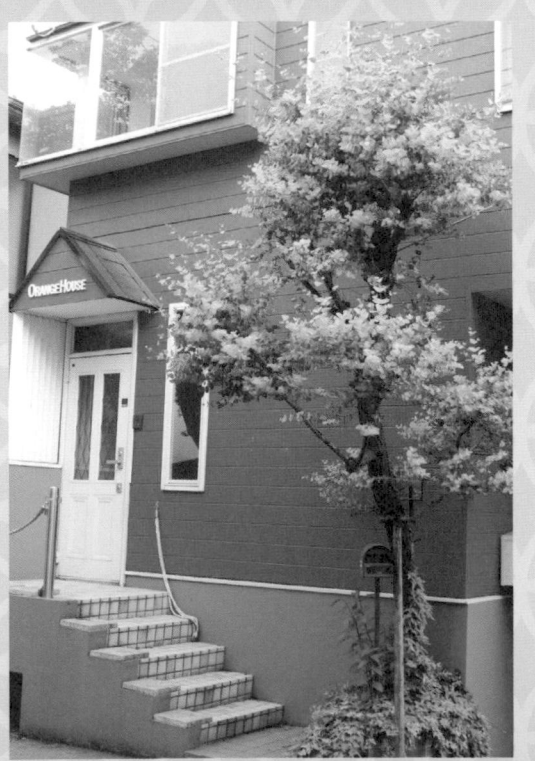

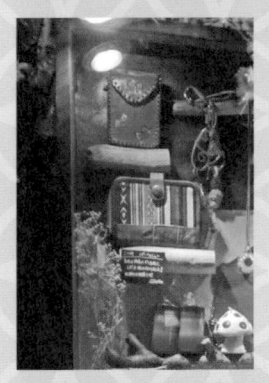

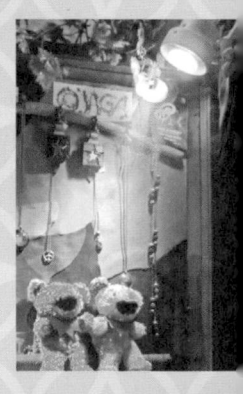

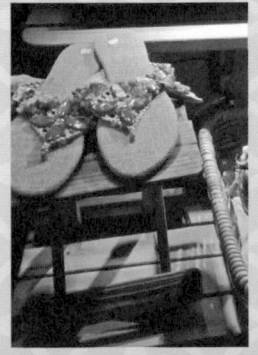

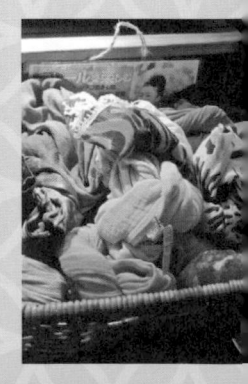

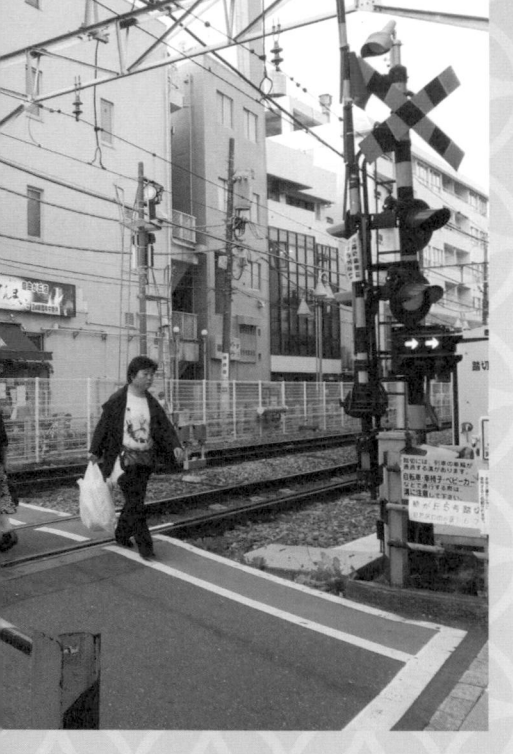

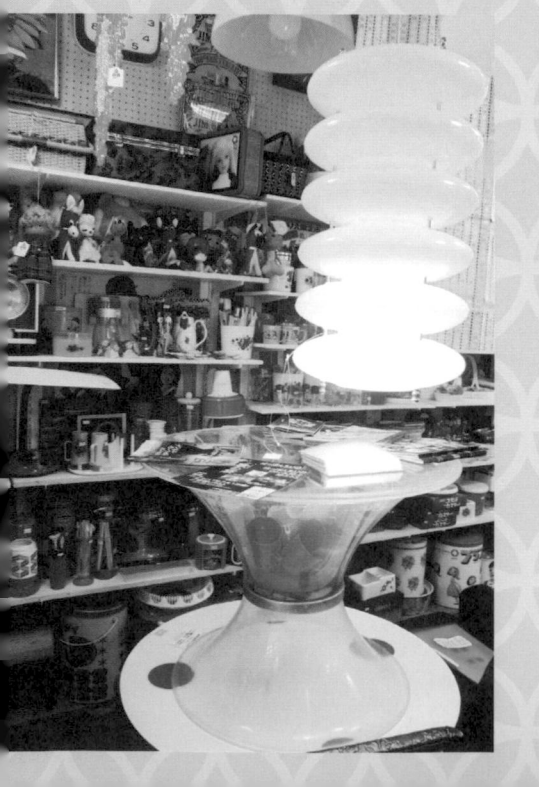

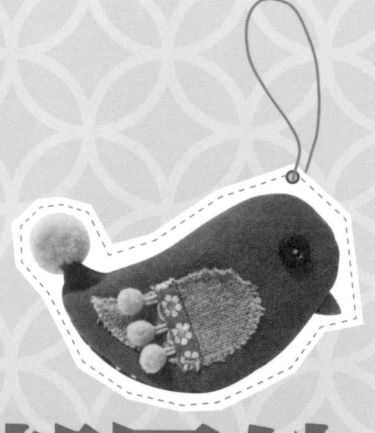

首都圈外

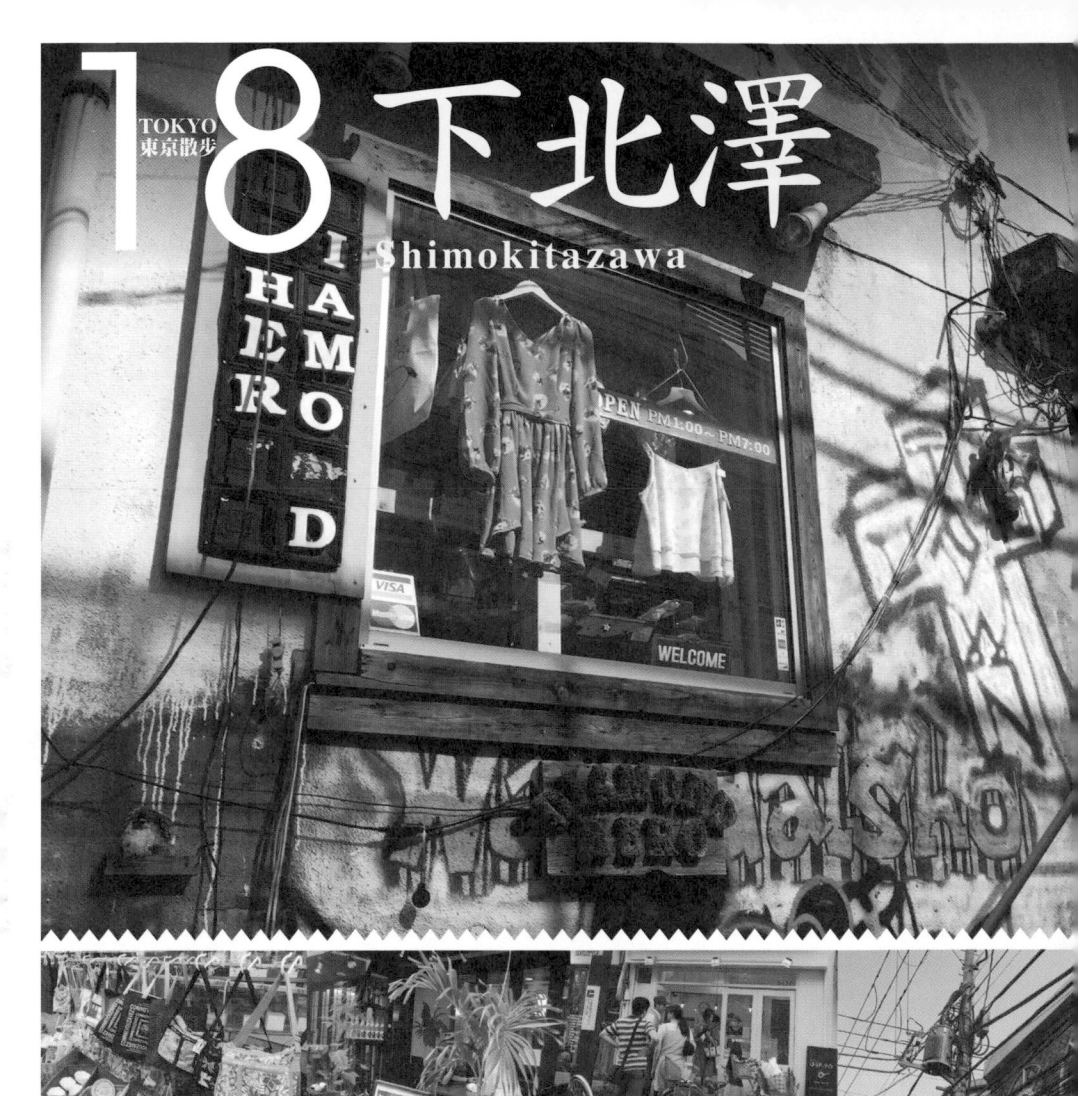

18 下北澤
Ⅰ Shimokitazawa

獨樹一格的「古著」小鎮，二手商店挖寶樂趣多

逛厭了東京一成不變的百貨公司、購物鬧區了嗎？推薦你以二手服飾及生活雜貨立下招牌的「下北澤」。距離東京鬧區不到10分鐘的車程，你就可以悠閒地在安靜的小巷中散步、品嘗出名的味噌麵包、到富個性的生活雜貨小店內購物、於不同風格的二手服飾店裡挖寶。

下北澤雖小，但生活機能樣樣不缺，文化氣息也相當濃厚，有許多手創型的小店、特色咖啡廳、懷舊家具店等，知名的大型商店不多，能看到的大概只有「無印良品」，以及車站北口出口正對面的「Peacock」商場（樓上有UNIQLO以及三省堂書店）。下北澤主要的商店街是位於鬧區北邊的「一番街」，有著許多咖啡餐廳、懷舊雜貨商店、服飾店等精緻小店。

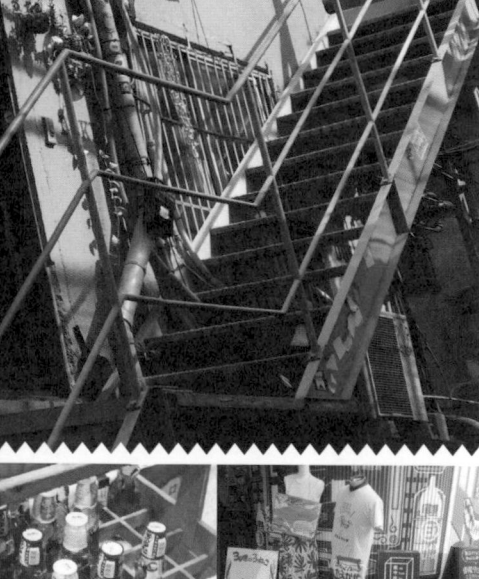

下北澤的繞區被鐵道切割成南、北兩部分，北口方向大都以生活雜貨、二手服飾、手創品、咖啡廳為主，整體氛圍比較悠閒輕鬆；而南口方向則有劇場、骨董舊店、音樂CD店、服飾店、新潮餐廳也較多，基本上是屬於夜間人多，也較熱鬧的區域。建議可以安排半天逛遊下北澤，下午先玩北口，逛逛生活雜貨、二手服飾店挖寶、吃冰淇淋、悠閒喝個咖啡，再繞到南口逛逛，順便吃晚餐；或回新宿繼續逛街購物。

注意：下北澤的生活步調較為悠閒，這裡的商店大部分都中午才開始營業，建議可以午餐時間再來。

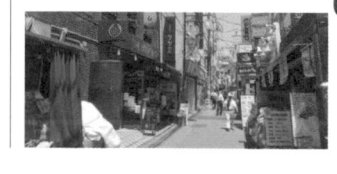

散 | 步 | 對 | 策

交 | 通 | 對 | 策

前往下北澤

1. 從新宿站搭乘私鐵小田急小田原線，到「下北澤」站(北口出站)
2. 從澀谷搭乘私鐵京王井の頭線，「下北澤」站(西口出站)
3. 搭乘地鐵東京Metro千代田線，到「下北澤」站(北口出站)；**注意：**須搭乘開往「唐木田」方向的列車，有固定班次，須參考千代田線月台上的時刻表(千代田線列車通常只開到代代木上原而已)；或在代代木上原站轉乘私鐵小田急小田原線

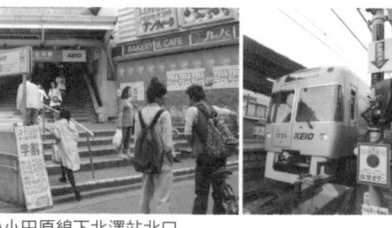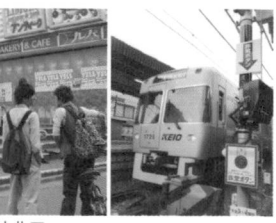

小田急小田原線下北澤站北口

對購買二手物品、二手衣、生活雜貨有上癮症的朋友，下北澤你非逛不可，店家多而且價格便宜，保證你買得呵呵笑，但下手要快、狠、準，銀兩也記得要事先準備好喔，切記「千金難買早知道」，不然只能當下飲恨沒有帶足銀兩，把這些寶物通通買回家，當然你也可以改天再多跑一趟啦！

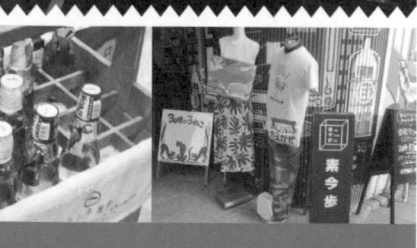

散步花絮

下北澤，咖哩餐廳一級戰區：下北澤地區有提供咖哩料理的餐廳，光車站週邊就有超過140家，密度之高令人驚歎，甚至還印製了咖哩地圖，將所有的店家資訊及位置一一標示，每年10月還會舉辦呢為期10天的咖哩慶典活動呢，有興趣的讀者可以參考官方網站的介紹。🌐 curryfes.pw

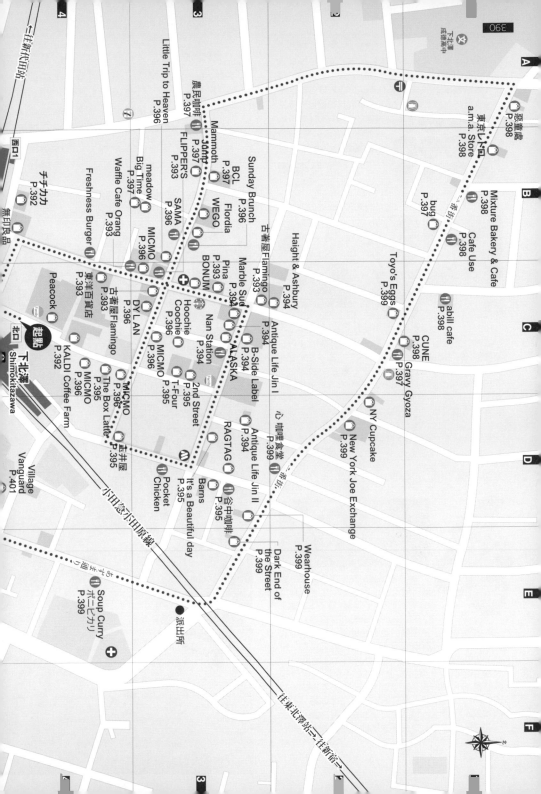

下北澤
成徳高中

←往新代田站

西口1

東京レトロ
a.m.a. Store
P.398

惡童廳
P.398

Mixture Bakery & Cafe
P.398

Cafe Use
P.398

bug
P.397

農民咖啡
P.397
Little Trip to Heaven
P.396

30m

BCL
P.397
Mammoth

FLIPPER'S
P.393

Sunday Brunch
P.396

Flordia
WEGO

古著屋Flamingo
P.393

Haight & Ashbury

Toyo's Eggs
P.399

三番街

abili cafe
P.398

CUNE
P.398

Gravy Gyoza
P.397

一番街

チチカカ
P.392

Big Time
meadow
P.397

Waffle Cafe Orang
P.397

Freshness Burger
P.393

MICMO
P.396

SAMA
P.396

Pina
P.393
BONUM

Marble Sud
P.393

古著屋Flamingo
P.396

Hoochie
Coochie
P.396

Nan Station
P.394

ALASKA

Antique Life Jin I
P.394

B-Side Label
P.394

心咖哩食堂
P.399

東洋百貨店
P.393

無印良品

Peacock

DYLAN

MICMO
P.396

MICMO
P.396

MICMO
P.396

2nd Street

T-Four
P.395

RAGTAG
P.395

Antique Life Jin II
P.394

谷中咖啡
P.395

New York Joe Exchange
P.399

NY Cupcake
P.399

起點
北口
下北澤
Shimokitazawa

KALDI Coffee Farm
P.392

The Box Latte
P.396

玉井屋
P.395

Pocket
Chicken

Barns
P.395

It's a Beautiful day

一番街

Dark End of
the Street
P.399

Wearhouse
P.399

小田急小田原線

Village
Vanguard
P.401

あずま通り

Soup Curry
ポニピリカ
P.399

派出所

←往東北澤站、往新宿→

←往新宿→

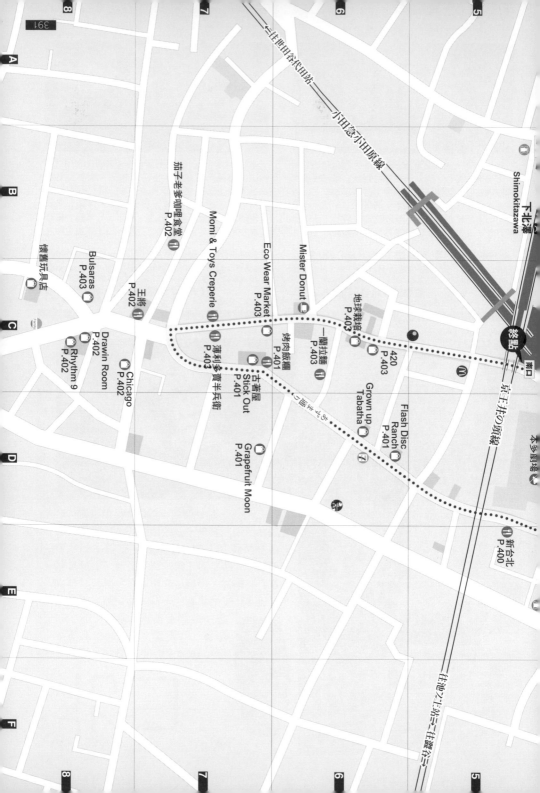

下北澤
Shimokitazawa

京王井の頭線

本多劇場

終點

南口

←三往世田谷代田站

小田急小田原線

茄子老爹咖哩食堂
P.402

懷舊玩具店

Bulsaras
P.403

Momi & Toys Creperie
P.402

Eco Wear Market
P.403

王將
P.402

Drawin Room
P.402

Rhythm 9
P.402

Chicago
P.402

薄利多賣半兵衛
P.403

Mister Donut
P.403

烤肉飯繩
P.401

一蘭拉麵
P.403

古著屋
Stick Out
P.401

Grapefruit Moon
P.401

地球裁縫
P.403

420
P.403

Grown up
Tabatha

Flash Disc
Ranch
P.401

新台北
P.400

北口

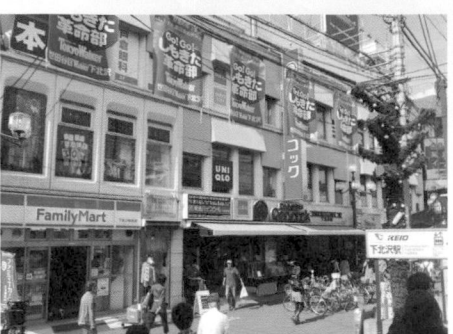

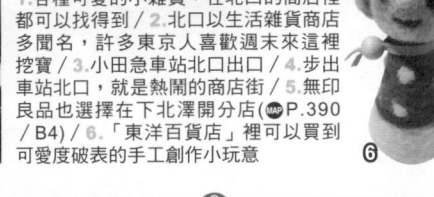

392

來下北澤就從北口逛起吧！白天的北口最熱鬧，買菜的、逛街的人潮多，也是前來下北澤的第一印象。北口向來以生活雜貨店吸引東京人來這裡採購，每家店各有特色，其中以「東洋百貨店」最具人氣，加上便宜的二手服飾店，週末總是人潮滿滿。除了在巷弄裡穿梭，北口主要的商店街「一番街」上，有數家以懷舊復古風格為主題的商店。

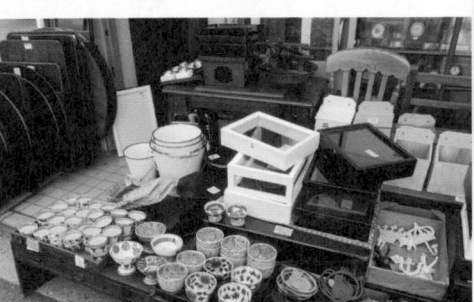

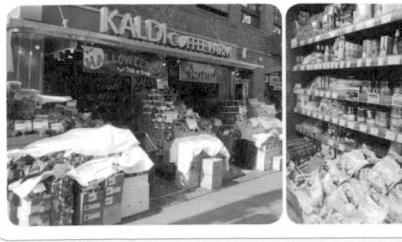

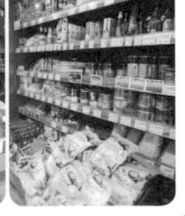

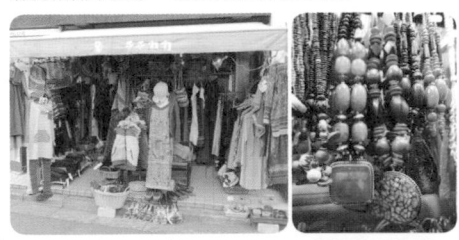

1.各種可愛的小雜貨，在北口的商店裡都可以找得到／2.北口以生活雜貨商店多聞名，許多東京人喜歡週末來這裡挖寶／3.小田急車站北口出口／4.步出車站北口，就是熱鬧的商店街／5.無印良品也選擇在下北澤開分店(MAP P.390／B4)／6.「東洋百貨店」裡可以買到可愛度破表的手工創作小玩意

KALDI Coffee Farm

MAP P.390／C4 ✉ 世田谷區北澤2-25-19 📞 03-5790-0295 🕐 10:00～22:00 休 無休 http www.kaldi.co.jp

出了車站北口，就可以看到對街右前方這一家以販售外國食材、食品、零嘴的雜貨商店，從咖啡、辣椒、香料、糖果餅乾到義大利麵等，店內堆滿來自世界各地的食品，如果來早了，不妨買包合口味的零嘴，先解饞一下，等商店、餐廳開門營業。KALDI在很多地方都有分店，可上官網查詢。

チチカカ titicaca

MAP P.390／B4 ✉ 世田谷區北澤2-26-2 📞 03-3465-7432 🕐 11:00～20:00 休 無休 http www.titicaca.jp

在下北澤開店已經有20年以上了，チチカカ以南美的手工藝品、服飾配件為主題，充滿濃郁的民俗色彩。店內大部分的手工藝品都是從南美直接帶進來的，均是當地素人創作維生的產品；而服飾則是以南美為靈感而自行設計生產的，斗篷、珠珠包、麻繩編織布鞋等，都是店裡常見的商品。

東洋百貨店

📍P.390／C4 世田谷區北澤2
-25-8 📞03-3468-7000 🕐12:00
～20:00 無休 🌐www.k-toyo.jp

這是下北澤最推薦值得一逛的集合式商場，由20
幾攤店面狹小的商家所組合而成，多以二手服飾、
手創商品為主。雖說是百貨店，但昏黃的燈光、窄
擠的走道、低矮的天花板，逛起來感覺跟台灣的傳
統菜市場一個樣。其中一家名為「素今步」的小
店，經營方式與台灣的格子趣相同，一格一店家，
不過這裡強調為素藝術人發聲，只要是純手工的創
作品，都可以在這裡找到舞台，把自己的想法、創
意分享給大家；非創作性的商品是一律無法租櫃寄
賣的。光這一點，台灣
的格子趣就顯得沒有創
意、太過商業化了。還
有一攤販售創意T恤出
名的「カミカゼスタイ
ル」，T恤上的圖、文
都相當有趣。

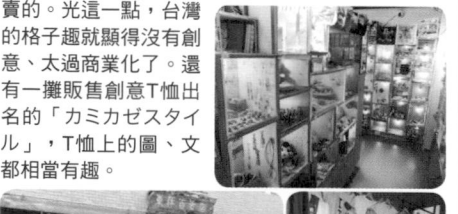

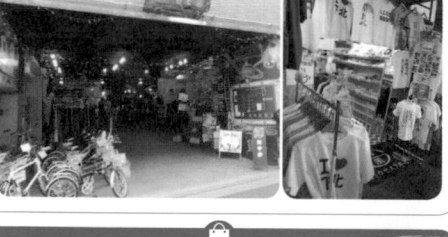

古著屋 Flamingo

📍P.390／C3 (有兩家分店) 世田谷區北
澤2-25-12 📞03-3467-7757 🕐週一～
五12:00～21:00 無休 🌐www.tippirag.com

這家美式風格的二手衣店整理得很整齊，衣物也
都完整、乾淨，有些甚至是新品，除了服飾也引
進二手的家具。Flamingo在下北澤另開有姐妹分
店Florida與meadow(📍P.390／B3)，也建議去挖
寶。Flamingo在原宿、吉祥寺也有分店。

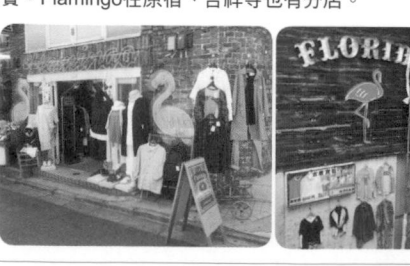

Waffle Cafe Orang

📍P.390／C4 世田谷區北澤2-26-21 📞03-532
5-2494 🕐週一～五12:30～20:30，週末11:30～
20:30 無休 💲￥682起 🌐waffle-orang.com

甚受下北澤年輕人歡迎的鬆餅咖啡廳，鬆餅口味
非常多樣，隨季節推出限定口味，有加了紅豆與抹
茶冰淇淋的和風鬆餅
(抹茶アイス＆小倉あ
ん)；有加香蕉、巧
克力與香草冰淇淋的
美式鬆餅(バナナ＆チ
ョコレート＆バニラア
イス)。不論是哪種口
味，都非常吸引人！

FLIPPER'S

📍P.390／C3 世田谷區北澤2-26-
20 📞03-5738-2141 🕐11:00～20:00 不定休
💲鬆餅、餐點￥1,000起 🌐flippers-pancake.jp

由服飾品牌Journal Standard所開設的時髦鬆餅
咖啡廳，是逛街之餘休息的好去處，也是中午用餐
不錯的選擇，鬆餅
搭配沙拉、或培根
雞蛋等，都相當美
味，若不想在店內
用餐，一旁設有外
帶窗口。另外在自
由之丘、代官山、
吉祥寺都有分店。

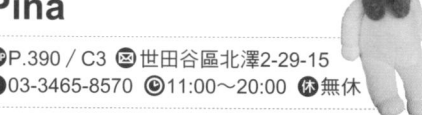

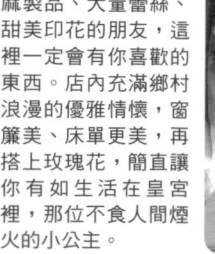

Pina

📍P.390／C3 世田谷區北澤2-29-15
📞03-3465-8570 🕐11:00～20:00 無休

喜歡自然色系、棉
麻製品、大量蕾絲、
甜美印花的朋友，這
裡一定會有你喜歡的
東西。店內充滿鄉村
浪漫的優雅情懷，窗
簾美、床單更美，再
搭上玫瑰花圈，簡直讓
你有如生活在皇宮
裡，那位不食人間煙
火的小公主。

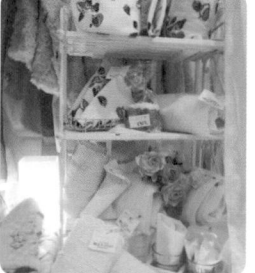

Marble Sud

MAP P.390／C3 世田谷區北澤2-30-8 03-3481-6001 12:00～20:00 無休 www.marble-sud.com

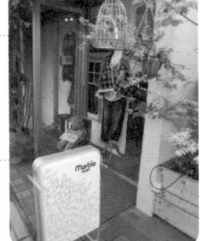

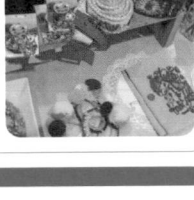

喜歡自然休閒風格服飾的女性朋友可以來逛逛，以自家設計手繪T恤、手繡裝飾風格大受歡迎，也不時與藝術家合作，推出限定服飾及周邊商品，如飾品、配件、馬克杯等。Marble Sud在原宿、惠比壽、自由之丘及吉祥寺也開設有分店。

Haight & Ashbury

MAP P.390／C2 世田谷區北澤2-37-2(2F) 03-5453-4690 13:00～21:00 無休 www.haightandashbury.com

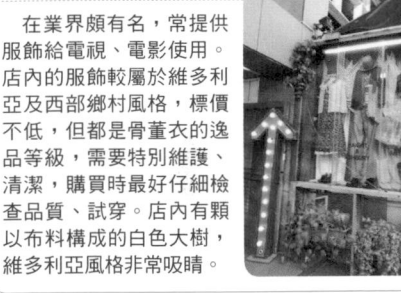

在業界頗有名，常提供服飾給電視、電影使用。店內的服飾較屬於維多利亞及西部鄉村風格，標價不低，但都是骨董衣的逸品等級，需要特別維護、清潔，購買時最好仔細檢查品質、試穿。店內有顆以布料構成的白色大樹，維多利亞風格非常吸睛。

B-SIDE LABEL

MAP P.390／C3 世田谷區北澤2-36-2 03-6796-2686 12:00～20:00 週三 bside-label.com

貼紙、別針、文具用品專門店，以另類、富創意的插圖、風趣的文字吸引消費者，貼紙尺寸有大有小，要貼手機、要貼筆電都適合。在原宿(MAP P.249／E7)、吉祥寺(MAP P.425／E6)也開有分店。

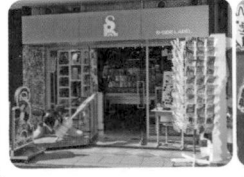

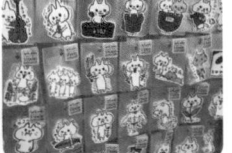

Nan Station

MAP P.390／C3 世田谷區北澤2-30-11 03-5454-3006 11:30～23:00 每月1日不定休 咖哩餐￥500～680

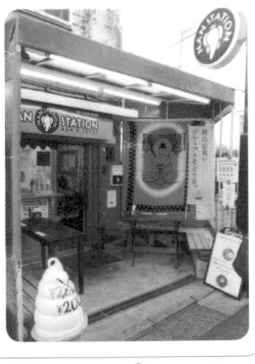

喜歡吃咖哩的朋友可以進來嘗嘗看，餐點便宜、味道也不差，咖哩口味有蔬菜、雞肉，以及主廚特製咖哩(就別為難店家強要點牛肉，純正印度餐是找不到牛肉料理的)；你可以選擇搭配白飯，我也強力推薦印度麵餅(Nan)，或者再加個￥200，就可以白飯和麵餅兩樣都上桌，保證你齒頰留香一整個下午！

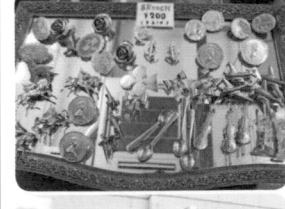

Antique Life Jin

MAP P.390／C3(1號店)，P.390／D3(2號店) 世田谷區北澤2-30-8 03-3467-3066 12:00～20:00 無休 www.antiquelife-jin.com

自1982年於現址開店自今，Antique Life Jin是下北澤生活雜貨店的老大哥，店內的雜貨商品品質高，以50～70年代的骨董雜貨、飾品、居家擺飾等為主。懷舊家飾也是這家店的重點商品，典雅實用，尤其以鍛鐵製品最值得購買，不過礙於重量，著實讓海外遊客難以打包回家；倒是精緻小巧又不貴的別針、飾品等，最受遊客歡迎。Antique Life Jin也開了2號店，離1號店不遠，2號店有懷舊、骨董家具可以選購。

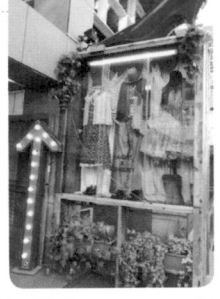

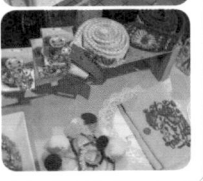

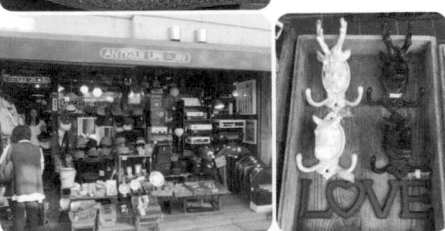

it's a Beautiful day

MAP P.390／D3　世田谷區北澤2-34-3　03-5738-8282　11:00～20:00　不定休　beautifulday.jp

　　2015年落腳下北澤的丹寧牛仔商店(位在2樓)，販售以丹寧布知名、岡山地區所製造的商品，各種生活用品都以丹寧布來製作，高品質、高質感，相當值得選購。特別推薦這間我的口袋愛店給你！

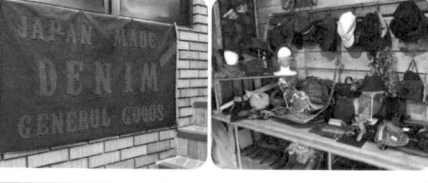

Yanaka 谷中咖啡

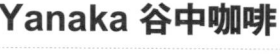

MAP P.390／D3　世田谷區北澤2-33-6　03-5738-9207　11:00～20:00　每月第二個週二　招牌熱咖啡￥220　www.yanaka-coffeeten.com

　　開設在安靜的巷弄裡，自家烘焙的香醇咖啡，叫人想不坐下來喝它一杯都難。賣咖啡、也賣咖啡豆，其實我最想要的是它的咖啡杯，樸實好用。點個簡易三明治、填個肚子、稍作休息，下北澤可是還有好多地方要逛呢！

2nd Street

MAP P.390／C3　世田谷區北澤2-30-13　03-5738-5115　11:00～22:00　無休　www.2ndstreet.jp

　　高品質的二手服飾店，整理得最為整齊，品相不錯，部分還是新品狀態，價格雖比其他二手店高一些，但基本上都是叫得出名字的品牌。若沒時間來下北澤，可去逛逛原宿的旗艦店(**MAP** P.249／E6)。

玉井屋

MAP P.390／D4　世田谷區北澤2-31-3　03-3466-9191　10:00～20:00　不定休　仙貝￥150一片

　　已有近100年歷史的仙貝老店，三角窗的好位置、傳統的和風裝潢、鹹甜的醬油香味，讓許多遊客都不免停下來看一看、嘗一嘗。玉井屋依舊使用古舊的大玻璃罐，裝著烤仙貝、日式米果等，一旁還有多款包裝精緻適合送禮的仙貝禮盒。不妨買個幾片或一小包，邊走邊吃，品嘗百年老味。

T-Four

MAP P.390／C3　世田谷區北澤2-30-14　03-3460-3647　11:00～21:00　無休

　　T-Four是下北澤的名店一，是大家口耳相傳下的一家人氣生活雜貨店，在眾多競爭下仍然屹立不搖。居家用品、餐具、玩具、文具、小擺飾等，樣樣色彩繽紛，可愛的不得了，商品之多，讓你起碼會在裡頭逛上30分鐘以上還出不來呢！

The Box Latte

MAP P.390／C4　世田谷區北澤2-24-7　03-3481-6420　11:00～20:30　無休

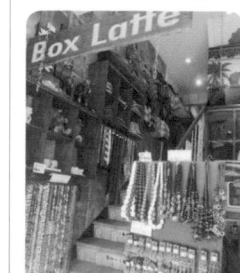

　　亞洲風味的手工藝飾品、雜貨，從桌面上擺掛到牆上，再從天花板垂墜下來，商品將店內空間整個占據。物品雖多，但一點也不雜亂，整整齊齊的，很吸引客人購買，價位不高、有不少只要一枚￥500硬幣，就可以買到的超值精美飾品喔！

396

DYLAN

📍P.390／C3 ✉世田谷區北澤2-25-13 📞03-34
69-0025 🕐11:30～21:30 休無休 🌐dylan-tokyo.jp

美國西岸休閒風格二手服飾店，裝潢乾淨舒適、
寬敞的走道可讓人輕鬆尋寶。店內有不少丹寧服
飾，也有軍裝風的外套。姐妹店ALASKA(📍P.391
／C3)走1970年代復古風味，也很值得逛逛。

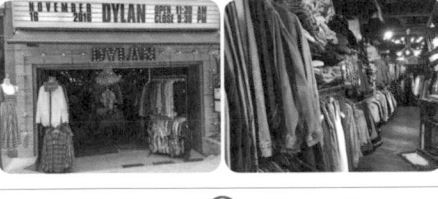

Little Trip to Heaven

📍P.390／B3 ✉世田谷區北澤2-26-19 📞050-
3385-7975 🕐11:30～21:30 休無休 🌐www.
smallchange.jp/ltth

以歐洲跳蚤市場為構想的古著服飾店，店內大多
是1950～1980年代的服飾，歐洲藝術感的色調、
古典印花、柔美
蕾絲，再加上優
雅的小禮帽與高
跟鞋，馬上讓你
變身歐洲淑女。
店內也有相當多
的別針、鈕扣及
絲巾配件。

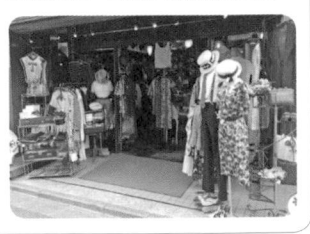

MICMO (4號店)

📍P.390／C3(1、4號店)、P.390／C4(2、3號店) ✉世
田谷區北澤2-30-2 📞03-6804-9910 🕐12:00
～21:00 休無休 🌐www.micmo.jp/shop.html

擁有4家店鋪的MICMO古著服飾店，以平價的美
式休閒風格二手衣、運動鞋，拼買氣、比人氣。要
挖到好物，除了要花時間慢慢找，也需要好運氣。

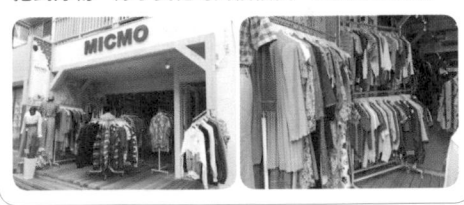

SAMA

📍P.390／B3 ✉世田谷區北澤2-26-18 📞03-64
07-9633 🕐11:30～15:30、17:00～22:30 休每月第
二個週三 💲￥1,100起 🌐www.hb-sama.com

以湯咖哩收服下北澤的
SAMA，是許多人推薦的
咖哩專門餐廳，有十多種
的主配料可以選擇，在搭
配5種獨特的咖哩湯頭，
以及不同的辣度選擇，就
可以自由變化出無數的口
味呢！而且每碗湯咖哩內
都有豐富的蔬菜，讓你吃
的美味又健康。

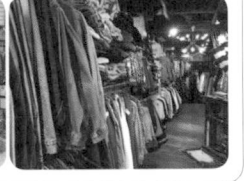

Hoochie Coochie

📍P.390／C3 ✉世田谷區北澤2-30-2 📞03-3485-
9877 🕐11:00～20:00 休無休

以歐洲軍裝風格為主的古著服飾名店，樸實的款
式與色調相當吸引人，喜歡工作服的男性朋友一定
會愛上這家店。另外，還有日本的柔道服，及以舊
柔道服改造的外套等，是在別家店看不到的品項。

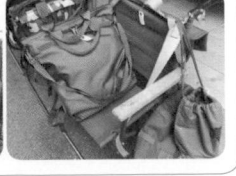

Sunday Brunch

📍P.390／B3 ✉世田谷區北澤2-29-2 📞03-5453-
3366 🕐11:00～20:00 休無休 💲午餐特餐￥800
起 🌐www.sundaybrunch.co.jp

Sunday Brunch是下北澤的時髦用餐地點，1樓
Deli & Baking Co.除了甜點出名外，餐點也相當受
歡迎；2樓則是Cafe+生活雜貨，同樣有供應餐點。

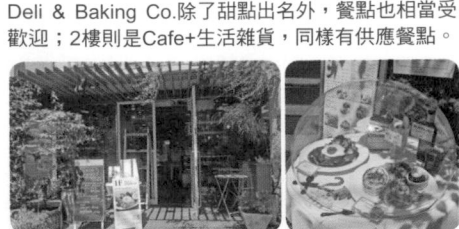

Big Time

🅜 P.390／B3 🏠 世田谷區北澤2-26-15 📞 050-38
03-2253 🕐 11:00～21:30 🈺 不定休 🌐 bigtime.jp

　　Big Time是下北澤店面大、商品整齊的進口、二
手服飾店，價位中等、物況又佳，新舊品都有，讓
人買得便宜又安心，1樓是男裝、女裝在2樓。

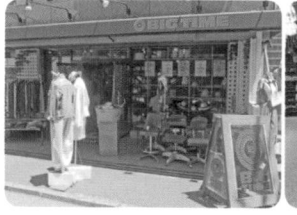

農民咖啡

🅜 P.390／A3 🏠 世田谷區北澤2-27-8 📞 03-6416-
8176 🕐 11:00～23:00(週二至17:00) 🈺 無休 💲
綜合蔬菜飯有機咖哩飯¥1,200 🌐 hyakushow.com

　　餐廳裡外都有農家的樸實味道，所有食材均採用
日本生產的有機蔬菜、米，除了提供店內餐飲烹
調，也可讓顧客買
回家呢！店內餐點
樸實，吃得安心、
健康，最受歡迎的
是「農民綜合蔬菜
飯」，以5種有機蔬
菜搭配自家品牌白
米飯，人氣第一。

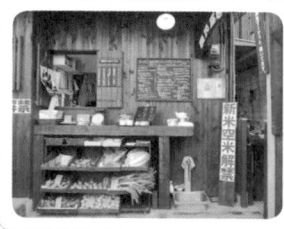

BCL Pictorial Network

🅜 P.390／B3 🏠 世田谷區北澤2-28-1 📞 03-3468-
2320 🕐 11:00～20:00 🈺 無休

　　卡片、文具與海報的專門店，明信片的主題千奇
百種，電影明星、風景、動物、名畫等，印製精
美；貼紙則是張張可愛，是家精緻有品味的小店。

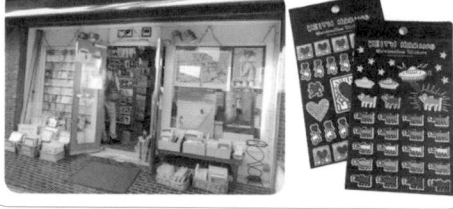

bug

🅜 P.390／B1 🏠 世田谷區北澤2-39-15 📞 03-64
07-0496 🕐 14:00～21:00 🈺 週二 🌐 bug-iz.com

　　以插畫為主角，是藝廊也是文創的一間小店。店
內經常都有小小的插畫展，也順便展售相關的文
創商品，如T
恤、明信片、
文具生活用品
等，也可以買
到原創的插畫
作品，看到心
儀的作品可別
錯過，雖然價
格高了些。

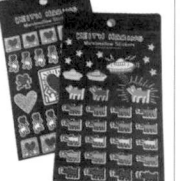

Mammoth Jump

🅜 P.390／B3 🏠 世田谷區北澤2-27-11
📞 03-3468-5051 🕐 12:00～20:00
🈺 不定休 🌐 ameblo.jp/shimokita-mammoth

　　想要找不一樣的古著，或設計別緻獨特的衣服，
就要來這一家店看看。將古著從新剪裁加工改造，
樣式復古新潮；
或是店家自有品
牌服飾，前衛大
膽的解構剪裁設
計，保證穿出不
一樣的style，一
定要試穿看看才
知道有多特別。

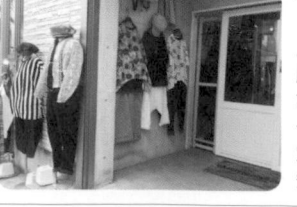

Gravy Gyoza

🅜 P.390／C2 🏠 世田谷區北澤3-30-2 📞 03-3466-
1422 🕐 18:00～00:00 🈺 週二 💲 餃子(6個)¥480
、担担麵¥800、炸雞¥780／半隻

　　目前頗具知名度的中華料理餐廳，以暴多肉汁的
煎餃最受歡迎，還有整隻雞下去炸的椒鹽炸雞，或
是麻婆豆腐，是來店必點的好味。晚上才營業喔！

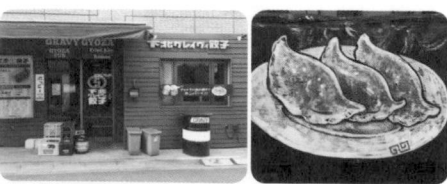

惡童處 懷舊糖果店

MAP P.390 / A1 ✉世田谷區北澤3-34-4 ☎03-3460-1739 ⏰19:00～05:00 休無休

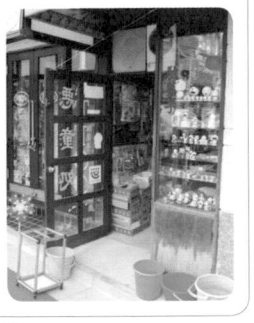

北口商店街裡一家小小的懷舊糖果店，櫥窗裡有好多大大小小可愛的哆啦A夢，店內都是只要￥20～50左右的小糖果點心，擺放在古早的糖果罐裡，不免讓人想要大唱「小時候」這首歌了。這家店最怪的就是晚上才開店營業，不知道賣給誰啊！

CUNE

MAP P.390 / C2 ✉世田谷區北澤3-30-2 ☎03-5454-9065 ⏰12:00～20:00 休無休 http www.cune.jp/dealers

日本原生品牌，可愛兔子商標讓女性朋友搶購，放在男裝上也頗有風格。設計簡單實穿具創意，有T恤、牛仔褲、包包、帽子、配件，以牛仔褲最搶手，雖售價不低，但賣得嚇嚇叫。也有推出貼紙、馬克杯等用品，甚至人字拖也在暢銷之列。

東京レトロ a.m.a. Store

MAP P.390 / B1 ✉世田谷區北澤3-34-2 ☎03-3466-8530 ⏰13:00～21:00 休無休 http www.amastore.jp

這是一家懷舊的二手家具店，從家具、家電、生活用品到玩具，都充滿昭和時代普普風的色彩、圖案。小時候流行的琺瑯鍋、漫畫鉛筆盒、電風扇、收音機等，擺滿了整間店，都是讓人一再回味的商品。雖是二手物品，但標價可比現在的新品還來得高呢！不過就是有不少人喜愛這個復古fu。

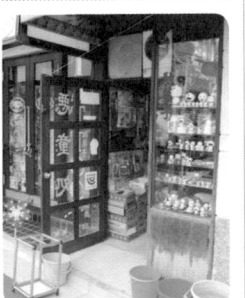

abill cafe

MAP P.390 / C1 ✉世田谷區北澤3-30-3 ☎03-6407-9294 ⏰18:00～00:00，週末假日11:00～02:00 休週二 $啤酒￥600～700，餐點￥1,200起 http www.abill.jp

這是一家有質感的酒吧餐廳，有提供啤酒、葡萄酒，也供應美味的餐點，頗受在地上班族顧客的好評。位在巷內，一不小心就讓人錯過它，週間只在晚上營業。

Mixture Bakery & Cafe

MAP P.390 / B1 ✉世田谷區北澤3-31-5 ☎03-5453-7677 ⏰07:30～22:00 休不定休 $三明治￥330起，Pizza￥900～1,100，咖啡￥300起 http www.cafe-mixture.com

烘焙麵包店也有供應簡餐，每天有3個麵包出爐時段，以各類麵包製作的三明治最受歡迎，有可頌、焙果、吐司、法國麵包等，而口味也多達十幾樣。店內也供應現烤的酥脆Pizza，是當地頗受歡迎的烘焙咖啡廳。

Cafe Use

MAP P.390 / B1 ✉世田谷區北澤3-31-3 ☎03-3466-5058 ⏰餐點供應12:00～18:00，咖啡豆販售10:00～21:00 休週一 $咖啡￥650

內外樸實溫潤的咖啡廳，昏黃的燈光、溫暖的木質感，配上手工研磨現煮、香醇濃郁的咖啡，真是絕配。Cafe Use自己烘焙咖啡豆，比其他店家使用2倍的咖啡豆煮出一杯咖啡，質感溫醇。你盡可大膽地推開日式木門，品嘗懷舊的安靜時光。

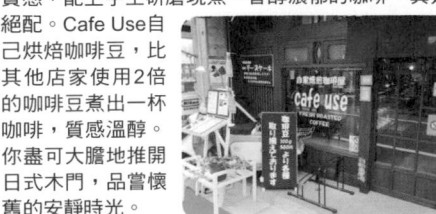
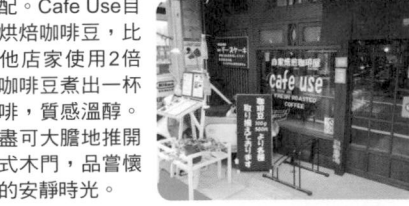

Toyo's Eggs

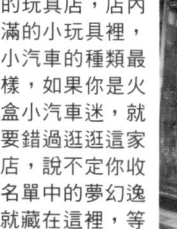

MAP P.390／C2　世田谷區北澤2-37-16　03-5790-9385　10:00～20:00　無休　年輪雞蛋糕￥189，雞蛋布丁￥268　www.toyo-tama.net

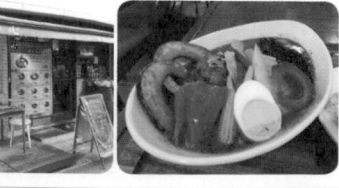

這是一家雞蛋專賣店，可以買到店家自家養雞場每日直送的新鮮雞蛋，但我們要買的不是生雞蛋，以雞蛋製作的年輪蛋糕、布丁才是購買重點，布丁香濃綿密的口感，不嘗嘗太可惜，雞蛋造型的容器也相當地討喜呢！

Wearhouse

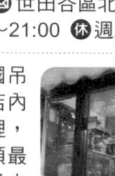

MAP P.390／D3　世田谷區北澤2-33-8　03-3467-1788　12:00～21:00　週三　whtyo.ocnk.net

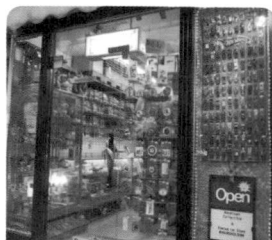

主要販售美國吊卡的玩具店，店內滿滿的小玩具裡，以小汽車的種類最多樣，如果你是火柴盒小汽車迷，就不要錯過逛逛這家商店，說不定你收藏名單中的夢幻逸品就藏在這裡，等你來帶它回家喔！

New York Joe Exchange

MAP P.390／D2　世田谷區北澤3-26-4　03-5738-2077　12:00～20:00　無休　newyorkjoeexchange.com

提供買、賣、交換的二手服飾店，可將穿不著的衣、鞋、配件帶來轉賣或交換，可找到樣式、價格都不錯的物品。吉祥寺也有分店（MAP P.425／E6）。

Dark End of the Street

MAP P.390／E3　世田谷區北澤2-33-11　03-3467-3767　12:00～21:00　不定休　www.deos55.com

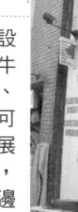

純手工的皮件工房，設計獨具風格，以高級牛皮製作出眼鏡盒、皮夾、皮帶、皮包等精美品，可接受訂製。店內前段為展售，後段是開放式工房，可以看到設計師邊工作邊顧店。其中我最喜歡的是專為美髮設計師製作的工作皮套，掛在腰間既亮眼又時髦，只是售價不低。

心 咖哩食堂

MAP P.390／D2　世田谷區北澤2-34-8　03-5452-3561　11:00～22:00　無休　咖哩餐￥980起　cocoro-soupcurry.com/ja

近年來流行配料豐富的湯咖哩，也走向健康取向的趨勢，蔬菜滿點的咖哩餐正盛行。心咖哩食堂源自北海道札幌，也已在台中展設海外店鋪。

Soup Curry ポニピリカ

MAP P.390／E4　世田谷區北澤2-8-8　03-6804-8802　11:30～22:00　不定休　咖哩餐￥900起　ponipirica.in

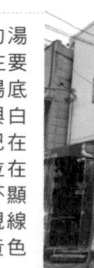

同樣來自北海道的湯咖哩餐廳，有8種的主要食材可選擇，咖哩湯底風味、辣度、配料與白飯分量也都可以自己在點餐時搭配。餐廳位在2樓，1樓入口小又不顯眼，找餐廳時記得視線往上，搜尋顯眼的黃色招牌。

南口

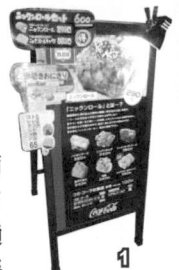

由北口跨過平交道，就屬南口的範圍，比起北口，南口的商店營業時間比較長，通常營業至21:00；南口也是餐廳、食堂、居酒屋聚集的區域，通常都營業至凌晨，越晚越熱鬧。南口也有很多家二手服飾店、家具店，讓人逛到忘我，一買就停不了。

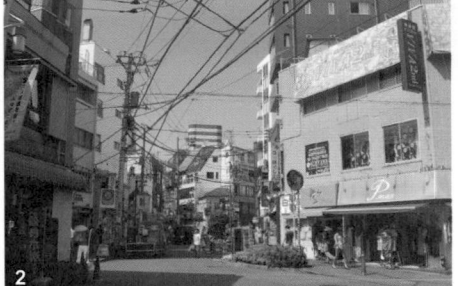

1.下北澤街頭小吃「烤肉飯糰」／2.南口區域白天的悠閒街景／3.南口有許多小巧可愛的咖啡廳／4.台灣也有開分店的可麗餅餐車「Momi & Toy's Crêperie」／5.南口有一些家舊貨店／6.下北澤是買二手衣的好去處

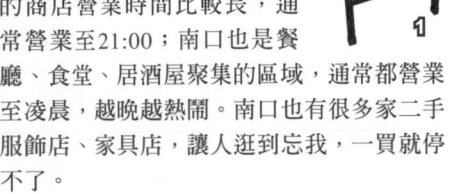

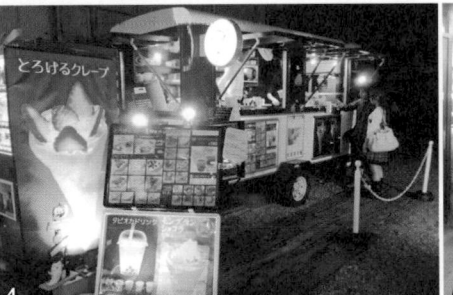

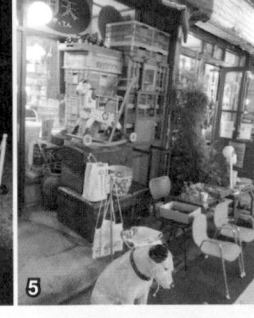

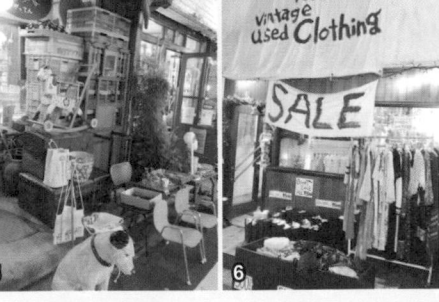

散步花絮

混亂的車站與週邊：由於下北澤車站正在進行站體更新整合，加上鐵道也進行地下化工程，所以不管是站外工程圍籬，或是站內出口通道等，都呈現紊亂的狀況，但無論如何，只要跟著指示前進就不會有太大的問題。讓我們一起期待工程全部完工後的嶄新面貌吧！

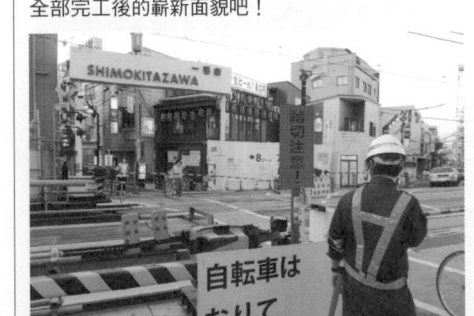

新台北

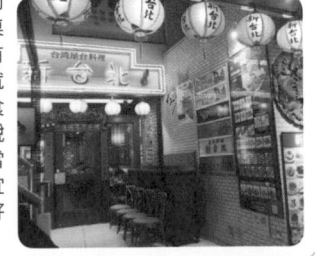

ⓂⒶⓅP.391／E5　世田谷區北澤2-6-5　☎03-3485-1626　🕐週一～五17:00～02:00，週末、假日11:30～02:00　休無休　$消費約¥2,000

如果你旅行途中突然想念起家鄉味，新台北是你一解鄉愁的一個選擇。以台灣的皮蛋豆腐、蚵仔煎、粽子、台式泡菜等小吃為招牌，生意還不惡。店內裝潢一整個台灣味，燈籠、門聯一片喜氣，店內還布置有廟門門神，不過以桌上的筷子筒最有台灣味。整體就是氣氛好吃過食物本身啦，再說「吃」在台灣當然還是比較便宜又大碗，也會好吃很多。

400

Flash Disc Ranch

📍P.391 / D6 🏠世田谷區北澤2-12-16(2F) 📞03-3414-0421 🕐週一～五12:00～22:00，週六～日14:30～21:00 🈺週三 🌐www.facebook.com/flashdiscranch

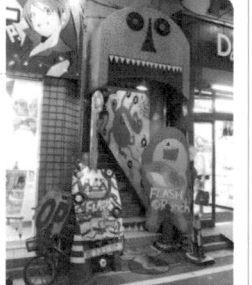

下北澤老牌的傳統唱片行，在樂迷間的口碑好，是玩LP唱盤迷的朝聖地之一。店門口設計得特別可愛、突出，就深怕樂迷們錯過這個窄小的樓梯口，錯失上樓尋寶的機會。

Village Vanguard

📍P.390 / D4 🏠世田谷區北澤2-10-15 📞03-3460-6145 🕐10:00～24:00 🈺無休 🌐www.village-v.co.jp/shop/detail/679

這是一家什麼都賣的雜貨店，多到爆的商品、狹窄的走道、爆多的人群，這家店無時無刻都處在「滿」的狀態。基本來說，商品歸類沒什麼規則，就是哪裡有空位擺哪裡，一轉身，你就有可能碰倒一疊的物品。吃的、穿的、用的、書籍、玩具等都有，包辦所有年齡層需求，大人小孩都可以買得很高興，不乏是個隨意逛隨處有驚喜的有趣商店。Village Vanguard樓上就是下北澤有名的「本多劇場」，經常有不錯的戲劇演出。Village Vanguard在東京有許多分店，可上官網查詢。

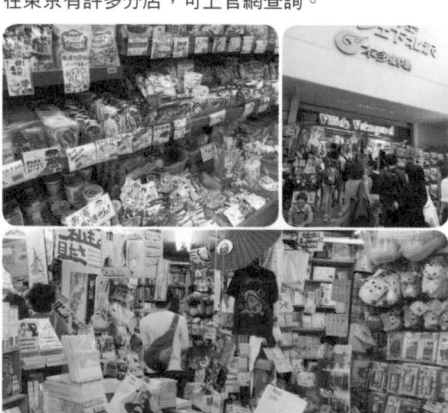

古著屋 Stick Out

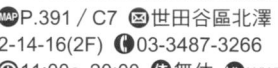

📍P.391 / C7 🏠世田谷區北澤2-14-16(2F) 📞03-3487-3266 🕐11:00～20:00 🈺無休 🌐www.stickout.co.jp

從海外大量購入的T恤、襯衫為大宗，帽子等配件也不少，有大量的二手衣褲，也有過季全新品，均一價￥700，價格相當漂亮，適合精挑細選。1樓則是以設計出名的T恤店，比起來就貴上好幾倍，但都是新銳設計師的創意，貴得有其道理。

Grapefruit Moon

📍P.391 / D7 🏠世田谷區北澤2-2-11 📞03-5803-2228 🕐12:00～21:30 🈺無休 🌐www.grapefruitmoon.jp

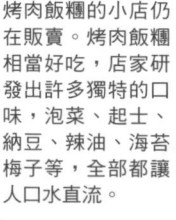

專營美式風格的二手服飾店，店內有不少皮靴可以選購，也有牛仔帽，比較屬於鄉村休閒風格。

ニックンロール 烤肉飯糰

📍P.391 / C7 🏠世田谷區北澤2-14-15 📞03-5579-9897 🕐12:00～21:30 🈺不定休 💲烤肉飯糰￥290～350 🌐nikkunroll.com

烤肉飯糰是下北澤的名物之一，曾經紅極一時，有相當多店家都在賣，如今退燒，只看得到這間烤肉飯糰的小店仍在販賣。烤肉飯糰相當好吃，店家研發出許多獨特的口味，泡菜、起士、納豆、辣油、海苔梅子等，全部都讓人口水直流。

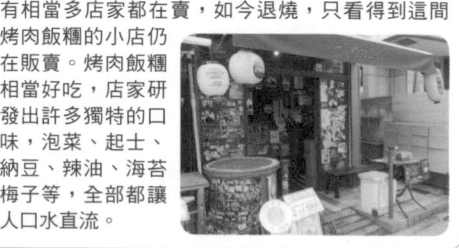

402

Chicago

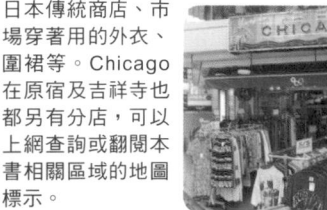 P.391 / C8 ✉世田谷區代澤5-32-5 ☎03-34 19-2890 ⏰11:00～20:00 ㊡無休 🌐www.chica-go.co.jp/store_skz.html

算是一家大型的二手衣、過季品商場，以T恤、襯衫、洋裝最多，店內整理得相當整齊，也買得到日本傳統商店、市場穿著用的外衣、圍裙等。Chicago在原宿及吉祥寺也都另有分店，可以上網查詢或翻閱本書相關區域的地圖標示。

Rhythm 9

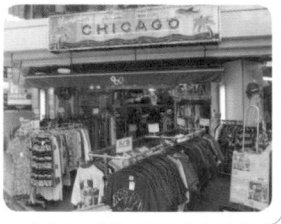 P.391 / C8 ✉世田谷區代澤5-31-8 ☎03-6805-2119 ⏰12:00～22:00 ㊡無休 🌐goslow-co.jp/rhythm9/index.html

有南美、太平洋島國風味的生活雜貨店，扎染、印花、棕櫚葉、貝殼、麻繩等素材，帶出濃濃的島國風景。店家從各地進口具環保概念的商品，衣服、配件，以及各種稀奇古怪的小玩藝，透過商品分享各地藝術家的創作情感。

Drawin Room

P.391 / C8 ✉世田谷區代澤5-31-8 ☎03-6805-2638 ⏰12:00～20:00 ㊡無休 🌐www.darwinroom.com

以培養「科學教養」為精神的趣味商店，店內展示有各種動植物標本，也販售許多科學相關禮品，小標本、實驗道具等，牆上還有大量的科學書籍，整家店的氣氛有如圖書館，附設有小咖啡廳(咖啡￥390、香蕉蛋糕￥190)，杯盤是義大利名牌。

茄子老爹咖哩食堂

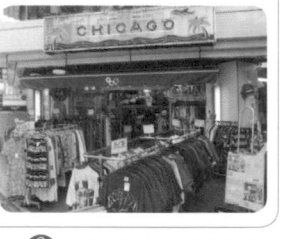 P.391 / B7 ✉世田谷區代澤5-36-8 ☎03-3411-7035 ⏰12:00～21:00 ㊡無休 💲咖哩飯￥900起 🌐twitter.com/simokitanasu

「茄子老爹(なすおやじ)」位在巷子裡，是下北澤有名的咖哩飯食堂，老闆以親自調理的獨特咖哩香料料理的咖哩飯，讓人吃完齒頰留香，真想再多吃一盤。食堂的菜單相當簡單，只有5種口味：雞肉(ちきん)、牛肉(びーふ)、蔬菜(やさい)、香菇(きのこ)、綜合(スペシャル)，每一種都美味，搭配桌上供應的醬菜一起吃更是對味。

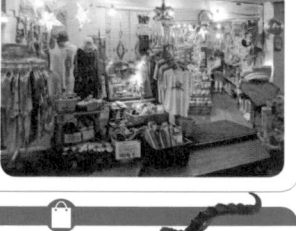

王將

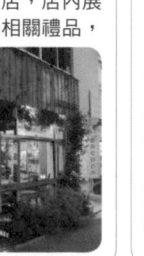 P.391 / C7 ✉世田谷區代澤5-36-16 ☎03-3419-6955 ⏰11:30～04:00 ㊡無休 💲餃子(6個)￥240，單點麵、飯、菜￥450～700 🌐www.ohsho.co.jp

「王將」是日本知名的中華料理連鎖餐館，以好吃的餃子打響名號，來王將的食客幾乎都會點餃子，就連划算的套餐也包含餃子。由於用餐價格不高、分量多，所以生意不惡，王將幾道受歡迎的料理，如韭菜炒雞肝、糖醋肉、泡菜豬肉等，炒飯也是日本人最愛點的食物。

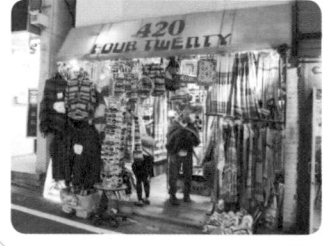

Bulsaras

🗺️P.391 / C8 ✉世田谷區代澤5-28-14 📞03-34
21-1113 🕐12:00～21:00 ㊡無休 🌐bulsaras.net

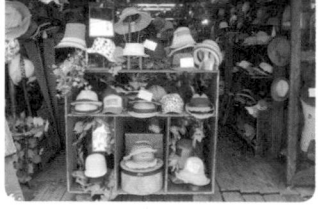

如果你喜歡戴帽子，經過這家店頭時不妨也進去逛逛，依照季節更換店裡的商品，有高價、有低價，材質顏色也多樣。老闆除了親切地介紹推薦外，也讓客人試戴到滿意，挑頂喜歡的買回家，夏天遮陽、冬天保暖。

420

🗺️P.391 / C6 ✉世田谷區代澤2-13-5 📞03-3419-
5929 🕐12:00～00:00 ㊡無休

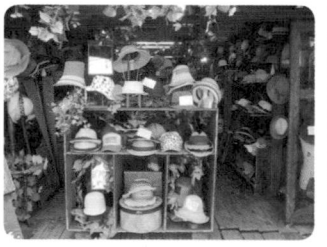

420是對大麻的暱稱，但這家店不是販賣大麻毒品喔，不要搞錯了。店裡販賣各種菸具，及以大麻葉為圖案設計與雷鬼文化等相關的商品，目前在日本開有多家分店。有各種富南美色彩的服飾、生活用品、雜貨、銀飾品。

一蘭拉麵

🗺️P.391 / C6 ✉世田谷區北澤2-14-10 📞03-
3410-8260 🕐11:00～06:00 ㊡無休 💲拉麵¥790
🌐ichiran.com/shop/tokyo/shimokitazawa

在台灣觀光客裡相當有人氣的拉麵連鎖店，在東京地區約有10家分店，一蘭拉麵就只有一種選項，你也可以買它的便利包拉麵回家重溫美味。

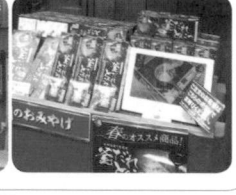

地球栽培

🗺️P.391 / C6 ✉世田谷區代澤2-13-5 📞03-5430-
1245 🕐11:00～22:00 ㊡無休 🌐www.tom-s.co.jp

帽子專門店，有各種顏色、樣式、材質的帽子，另外還有不少民族風味的飾品、手表等，歡迎入內，試戴免費。還有兩家分店，各位於南口的「Grown Up Ta-batha」（🗺️P.391 / D6），及北口近車站的東洋百貨店內「Little Taba-tha」（P.393）。

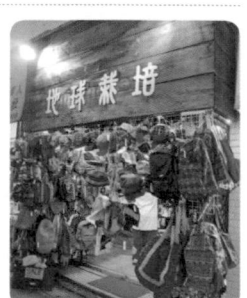

Eco Wear Market

🗺️P.391 / C7 ✉世田谷區北澤2-14-5(2F) 📞03-
3413-6606 🕐11:00～21:00 ㊡無休 🌐ameblo.
jp/natuki1004

強調回收舊衣物做環保的二手服飾店，最便宜的只要¥540，當然物況好、有品牌的就較貴了，店家位在2樓，不看路邊的招牌很容易錯過。

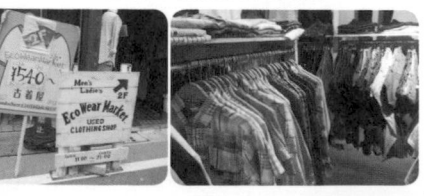

薄利多賣半兵衛

🗺️P.391 / C7 ✉世田谷區北澤2-14-2(2F) 📞03-
5779-8848 🕐17:00～01:00 ㊡無休 💲預算約
¥1,000～2,000 🌐www.hanbey.com/info

以昭和氣氛、復古電影海報裝潢的炭火串燒居酒屋，直接用店名告訴你來這裡用餐最划算，各式串燒、炸串¥50～90，酒類飲品也只要¥190～390。

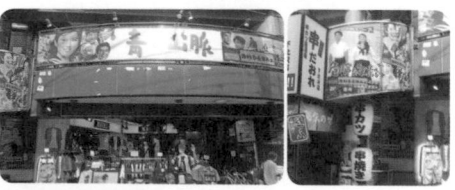

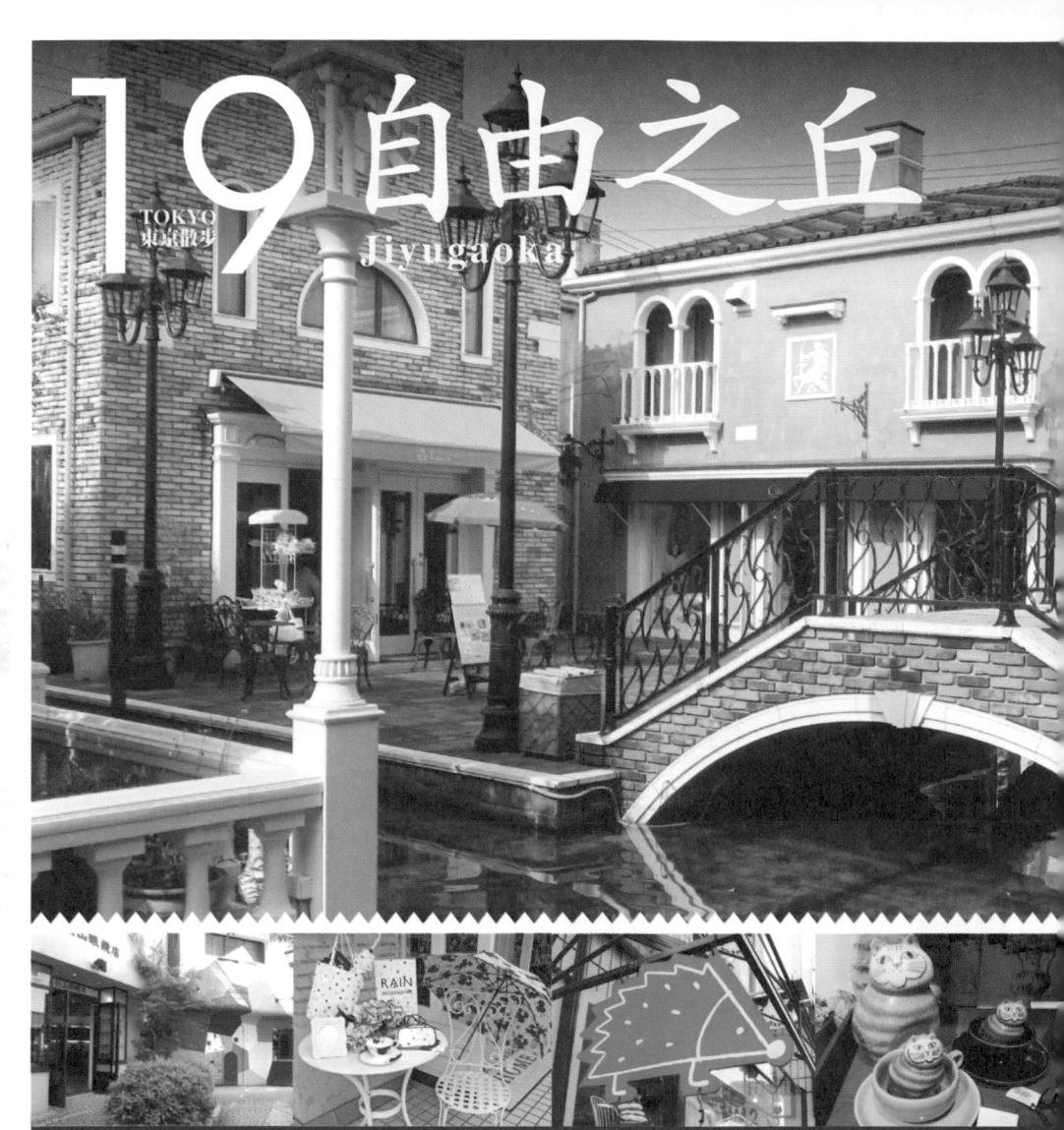

19 自由之丘

TOKYO 東京散步
Jiyugaoka

到生活雜貨天堂，逛悠閒、買精緻、享幸福

自由之丘是東京有名的高級住宅區，景色優美、交通便利、商業機能齊全、商店餐廳林立，被許多休閒雜誌不斷報導，加上離市中心又相當近，成為東京人心目中最理想的居住地區之一。自由之丘西洋風格的豪宅林立，有許多相當新潮的建築，設計都超乎你的想像，在逛街的同時，也不忘順道欣賞一下。

自由之丘是東京人週末最愛的休閒地區之一，只要離東京鬧區不到10分鐘的車程，你就可以在這個悠閒安靜的小鎮裡散步、購物、嘗美味，自由之丘向來就是以生活雜貨，以及美味的西洋甜點勝地而出名，商店數量極多，各有特色、特長；要找最新、最可愛、最有fu的生活雜貨用品，你一定要造訪自由之丘。

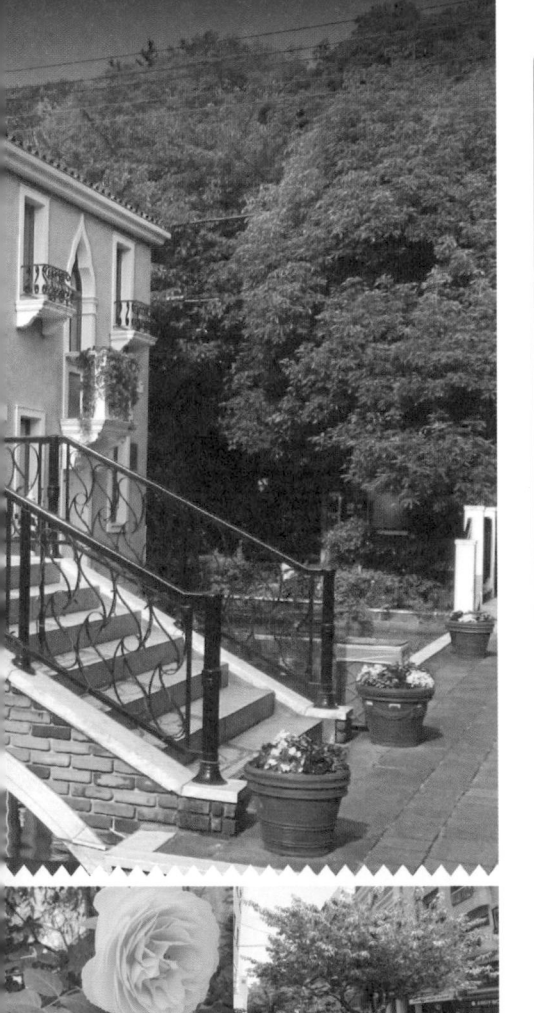

逛遊自由之丘可以車站正面出口的小廣場為出發點，鬧區以這裡為中心點擴散出去，這裡也算是自由之丘地形較平緩處，往北、往南都是上坡的地形，不過逛起街來一點都不會費力。自由之丘的生活雜貨商店、餐廳、法式蛋糕店處處都是，以北面最為熱鬧；車站另一邊，氣氛最悠閒，綠意處處。

想悠閒地逛自由之丘，可以選擇週間，不過週末人多也熱鬧，只要隨著我幫讀者規畫的逛街路線走，這些有趣的生活雜貨店、甜點店、咖啡廳你都不會錯過，在街道巷弄裡繞進繞出，也是自由之丘的逛街樂趣。

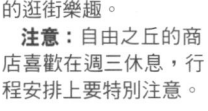

注意：自由之丘的商店喜歡在週三休息，行程安排上要特別注意。

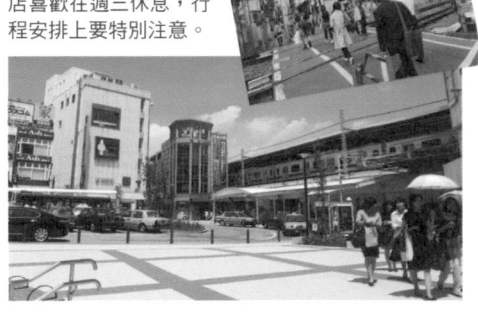

交 ｜ 通 ｜ 對 ｜ 策

前往自由之丘
1. 從澀谷搭乘私鐵東急東橫線，到「自由之丘」站(正面口出站)
2. 從品川搭乘東海道本線，到大井町車站轉搭私鐵東急大井町線，到「自由之丘」站(正面口出站)
3. 搭乘地鐵東京Metro日比谷線，到「自由之丘」站(正面口出站)；**注意：**須搭乘開往「菊名」方向的列車，有固定班次，須參考日比谷線月台上的時刻表(日比谷線列車通常只開到中目黑而已)，或在中目黑站轉乘私鐵東急東橫線(月台另一側，不需換月台)

散步花絮

鐵道底下唯美浪漫的藝術壁畫：當我遊逛綠蔭盎然的九品佛川綠道(P.418)時，在鐵道橋底下發現了這幅相當唯美，有著新藝術風格的大型壁畫(MAP P.407 / C7)，延續綠道的綠意，把被鐵道截斷的兩端完美地連接起來，只能再次讚賞日本人的美學教育，讓不起眼的角落也美不勝收。

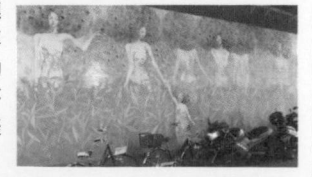

自由之丘的鬧區圍繞著畫個大╳的兩條鐵道線，當你逛街時，會不時穿越大小、高低的鐵路平交道，這也是首都圈外的特色之一。每年4月初的週末，自由之丘會舉辦熱鬧的櫻花慶典，若來東京賞櫻，不妨順道也來自由之丘賞花兼逛街。

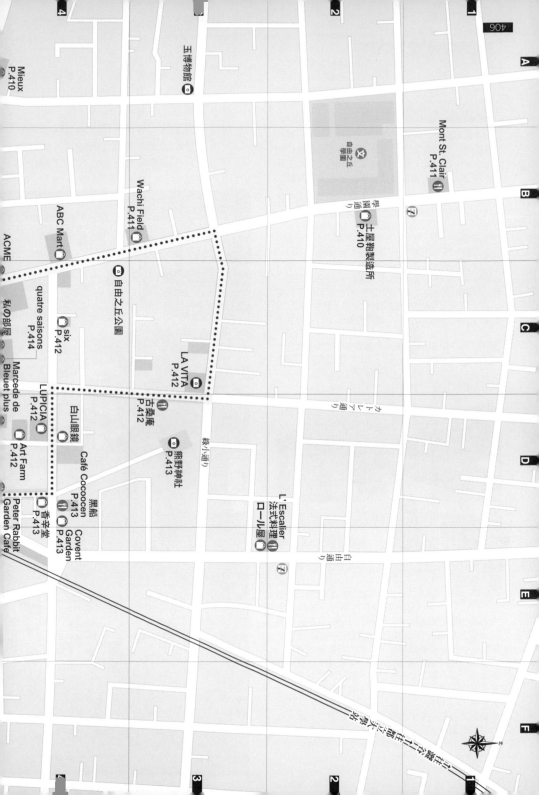

Mieux
P.410

玉博物館

Mont St. Clair
P.411

學園通り

土屋鞄製造所
P.410

自由之丘園

Wachi Field
P.411

ABC Mart

ACME

自由之丘公園

quatre saisons
P.414

私の部屋

six
P.412

LA VITA
P.412

Marcede de
Bleuet plus

LUPICIA
P.412

古桑庵
P.412

白山眼鏡

カトレア通り

Café Cocoocen
P.413

熊野神社
P.413

黒船

Art Farm
P.412

Covent
Garden
P.413

香辛堂
P.413

L'Escalier
法式料理
ロール屋

自由通り

Peter Rabbit
Garden Café

綠小通り

北

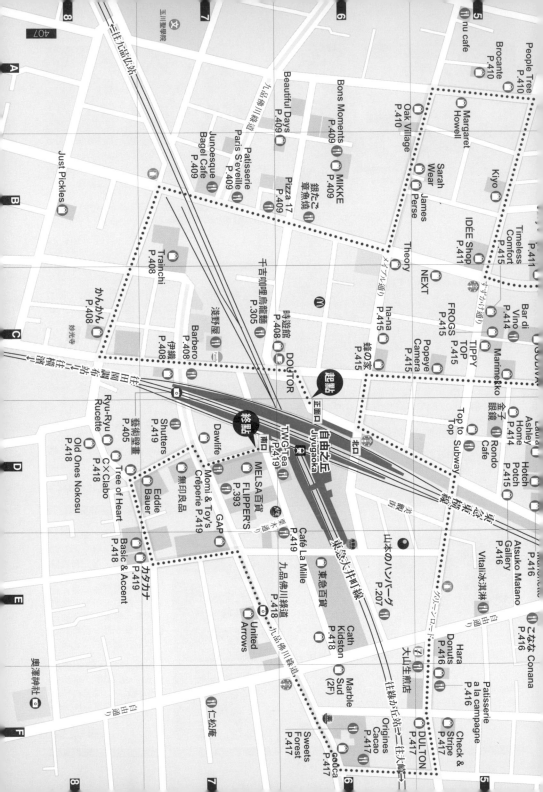

玉川聖學院 文

People Tree P.410

Brocante P.410

nu cafe

Margaret Howell

Bons Moments P.409

MIKKE P.409

Oak Village P.410

Sarah Wear

James Perse

Kiyo

Beautiful Days P.409

Just Pickles

Patisserie Paris S'eveille P.409

銀だこ草魚焼

Pizza 17 P.409

IDÉE Shop P.411

Timeless Comfort P.415

Bar di Vino P.414

Junoesque Bagel Cafe P.409

Theory

NEXT

ha-na P.415

蜂の家 P.415

Popeye Camera

FROGS P.415

TIPPY

TOP P.415

Marimekko

金子眼鏡 P.414

Laura Ashley P.416

Hotch Potch P.415

Atsuko Matano Gallery P.416

干吉咖哩鳥龍麺 P.305

時遊館 P.408

DOUTOR

Top to Subway

Rondo Cafe

Vitali水淇淋 P.416

浅野屋 P.408

Trainchi P.408

Barbero P.408

伊織 P.408

かんかん P.408

起點

正面口

北口

Ryu-Ryu Rucette P.405

Old Ones Nokosu P.418

藝術變畫 P.419

Shutters P.419

C×Ciabo P.418

Tree of Heart P.418

Eddie Bauer

無印良品

Dawlife

総點

南口

TWG Tea P.419

自由之丘 Jiyugaoka

東急大井町線

山本のハンバーグ P.207

Café La Mille P.418

Cath Kidston P.418

こなな Conana P.416

Hara Donuts P.416

MELSA百貨 P.393

FLIPPER'S P.419

Momi & Toy's Crêperie P.419

GAP

Basic & Accent P.418

カタカナ P.419

United Arrows

東急百貨

Marble Sud (2F)

Patisserie a la campagne P.416

Origines Cacao P.417

Sweets Forest P.417

Goôca P.417

DULTON P.417

Check & Stripe P.417

仁松庵

奥澤神社

時遊館

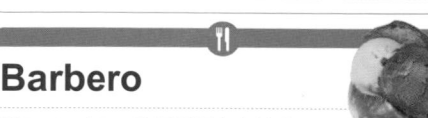

📍P.407 / C6 ✉目黑區自由が丘2-11-8 ☎03-3717-6835 🕐10:30～19:30 🚫無休 🌐jiyukan.tokyo

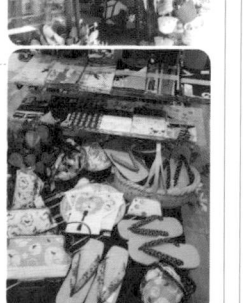

　　和風生活雜貨專門店，商品項目相當多樣，各種收納藤籃、手帕、食器、鞋襪、布巾、信箋、扇子等，還有許多飾品小物，商品五花八門，讓人看了都想買回家，尤其是精緻的和風小物，最適合買來當伴手禮了。

Barbero

📍P.407 / C7 ✉目黑區自由が丘1-31-7 ☎03-3718-2266 🕐11:00～19:00 🚫週三 💲咖啡￥280起，單顆巧克力￥290起，冰淇淋漢堡￥350(單球)、￥500(雙球) 🌐www.barbero.jp

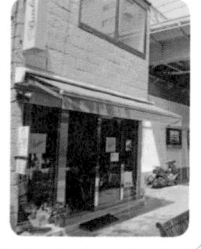

　　來自義大利的巧克力老品牌，目前在日本只有這一家直營店。除了知名的巧克力受到青睞外，用小餐包夾著義式冰淇淋的「冰淇淋漢堡」(ブリオッシュ・コン・ジェラート)也是顧客必嚐的；2樓設有咖啡廳，點杯咖啡或奶茶，搭配巧克力最對味。

伊織

📍P.409 / C7 ✉世田谷區奧澤奧5-27-11 ☎03-6459-7081 🕐11:00～20:00 🚫無休 🌐www.i-ori.jp

　　來自愛媛縣知名毛巾專門店，愛媛縣的今治毛巾純天然、柔軟舒適，向來深受日本人喜愛，不論是純棉、棉紗、棉麻材質，都鬆軟得讓人愛不釋手。

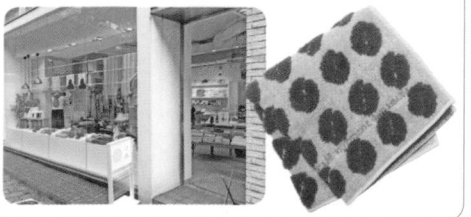

かんかん Kan Kan

📍P.407 / C8 ✉世田谷區奧澤5-29-8 ☎03-3722-5891 🕐11:00～19:30 🚫無休 🌐www.kankan.co.jp/shoplist/shop/?id=5

　　有非洲風景的生活用品店，帶有部落色彩的衣服、配件值得細細挑選，尤其以圍巾的質感最得我心，還有極細緻的藤編手提包，相當漂亮。店內也有許多東西新舊混合風格的家具。

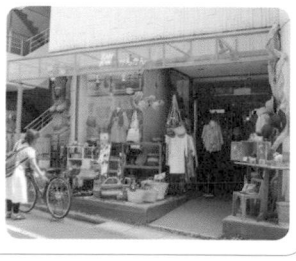

自由之丘 Trainchi トレインチ

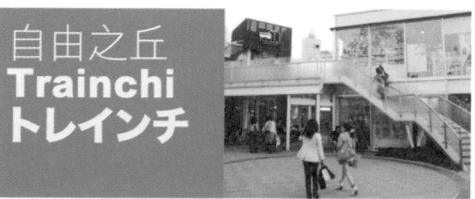

📍P.407 / B7 ✉目黑區自由が丘2-13-1 ☎03-3477-0109 🕐依店鋪而不同 🚫不定休 🌐trainchi.jp

　　蓋在鐵道旁的綜合商場，共集合有餐廳、商店13家，兩層樓露天開放式的商場，雖然占地不大，但精緻小巧，逛起來相當舒適，可以逛街順便欣賞電車進出車站。有麵包咖啡屋「淺野屋」、鬆餅餐廳「Comcrepe」、咖啡店「Yanaka Coffee」；商店則以知名的生活雜貨為主，如「One's Terrace」、「Natural Kitchen」等。商場內還有一家以繪本作家「山田詩子」的插畫為主題的可愛紅茶店「Karel Capek」。

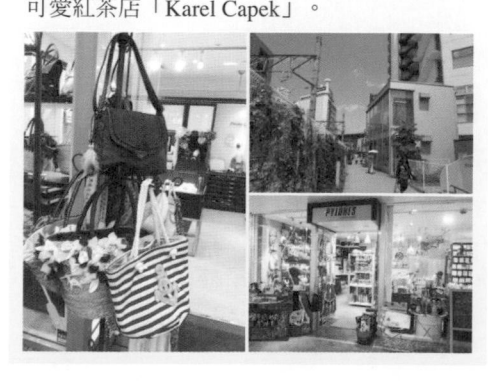

Junoesque Bagel Cafe

MAP P.407／B7 世田谷區奧澤7-2-9 03-5758-2
557 11:00～20:00 無休 焙果三明治¥270
起，焙果¥151起／個 www.junoesque.jp

難得吃到香Q有嚼勁的好吃焙果，有十多種口
味，建議可以從少見的口味先嘗，如黑豆、南瓜伯
爵茶、紅椒等。也可以點用焙果三明治餐，或特製
沙拉當午餐享用，還有可愛的周邊商品可以購買。

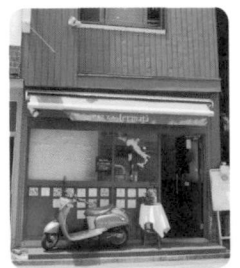

Beautiful Days

MAP P.407／B6 目黑區
自由が丘2-14-8 03-37
18-7451 11:00～19:00
休週三 www.beautiful-
days.jp

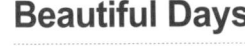

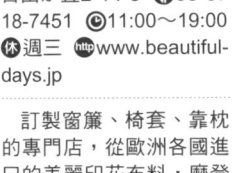
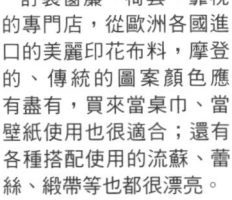

訂製窗簾、椅套、靠枕
的專門店，從歐洲各國進
口的美麗印花布料，摩登
的、傳統的圖案顏色應
有盡有，買來當桌巾、當
壁紙使用也很適合；還有
各種搭配使用的流蘇、蕾
絲、緞帶等也都很漂亮。

Patisserie Paris S'eveille

MAP P.407／B7 目黑區自由が丘7-2-9 03-5731
-3230 10:00～20:00 無休 咖啡¥480～
680，蛋糕¥380起

只要推開店門，迎面而來的就是整櫃可愛精緻
的法式甜點，要是有銀兩，還真想多點一份來嘗嘗
看；一旁木桌上則擺滿了麵包、可頌、派餅，窗
邊還有店家手工製果
醬，店內
充滿巴黎
的風景。
請帶足預
算，放縱
地吃吧！

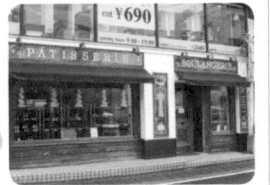

Bons Moments

MAP P.407／B6 目黑區自由が丘2-15-10 03-
6459-5315 11:00～19:00 休週一 甜派¥450
鹹派¥490，套餐¥1,250 www.pie-cafe.com

位在幽靜、花草盎然
巷弄中，飄著手工派餅
烘烤的香氣，Bons Mo-
ments是當地的人氣餐
廳之一，各種甜派、鹹
派，共約有30多種。蘋
果派、肉派是必嘗的經
典派，而隨季節推出的
水果派、鹹派等，更是
不要錯過品嘗的機會。

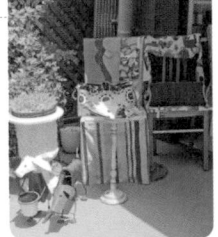

Pizza 17

MAP P.407／B7 目黑區自由が丘2-14-2 03-64
21-1724 12:00～14:30、18:00～22:30 休不定
休 披薩¥1,300～2,000，前菜¥500～1,500

採用傳統柴火窯烤的
拿坡里風味披薩，在自
由之丘非常有知名度，
店家使用拿坡里進口的
麵粉製作，烤得起士牽
絲、酥脆美味，香味撲
鼻地叫人口水直流啊！
不妨三五好友一起來，
點幾個不同口味的披
薩，分享不同的美味。

MIKKE

MAP P.407／B6 目黑區自由が丘2-15-10 03-57
31-2741 11:00～19:00 休週三 www.mikke
mikke.net

如同位在巷道內的森林小屋，以手工藝創作者寄
賣的商品為主，各種精緻的飾品、小物、生活用
品，項目非常多元，可以看見不同手作家的巧思。

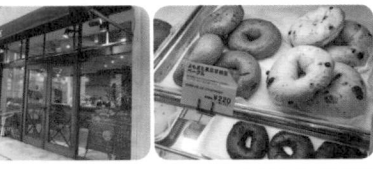

Oak Village

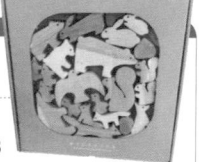

📍P.407 / A5 ✉目黑區自由
が丘2-15-22 ☎03-5731-3108
🕐11:00～19:00 ❌無休 🌐www.oakv.co.jp

　　販售橡木傢俱為主的生活雜貨店，件件製作精
良，店內瀰漫著木質的香氣，大件桌椅帶不回來沒
關係，這裡也有木製文具、水杯、餐具，或積木等
小玩意，可以讓你挑選購買帶回台灣。

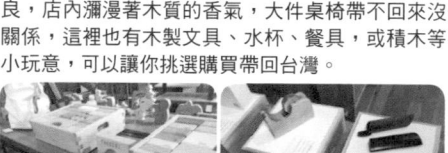

Mieux

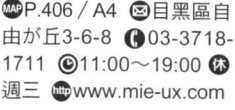
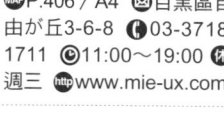

📍P.406 / A4 ✉目黑區自
由が丘3-6-8 ☎03-3718-
1711 🕐11:00～19:00 ❌
週三 🌐www.mie-ux.com

　　從網路起家的商店，販
售的是店主從法國跳蚤
市場精挑萬選來的二手商
品，物品狀況均相當完
美，以1930～1960年代風
格的雜貨為主，有各種廚
房用品，以及掛滿牆面的
鑰匙圈，雖件件吸引人，
但標價都不便宜就是了。

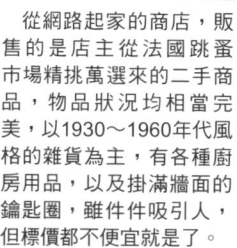

Brocante

📍P.407 / A5 ✉目黑區自由が丘3-7-7 ☎03-
3725-5584 🕐13:00～18:00 ❌週三、每月第一個
週四 🌐brocante-jp.biz

　　位在小巷子裡一家不顯
眼的骨董舊貨店，整個門
面幾乎被藤蔓植物所遮蓋
住，有南法的鄉村風景。
店內有來自歐洲的二手家
具、鏡子、餐具、畫框
等，部分有翻新，但大多
維持斑駁的原貌，相當有
味道；可以買得到回家的
舊地磚、磁磚當杯墊。

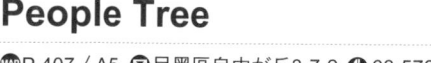

ACME

📍P.406 / C4 ✉目黑區自由が丘2-17-7 ☎03-5731-9
715 🕐11:00～20:00 ❌不定休 🌐www.acme.co.jp

　　美式鄉村風格的傢俱讓人讚不絕口，餐廳、客
廳、臥室、書房等，展示舒適精緻。店內也有相當
多的生活用品、居家裝飾小物等，都相當吸引人。

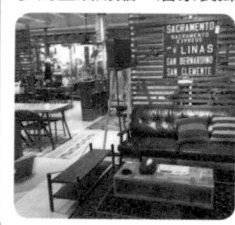
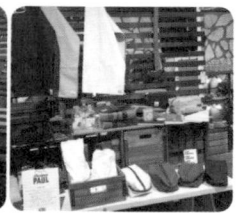

People Tree

📍P.407 / A5 ✉目黑區自由が丘3-7-2 ☎03-5701
-3361 🕐11:00～20:00 ❌無休 🌐www.people-
tree.co.jp/shop_jiyugaoka

　　以女性服飾以及生活用品為主的商店，店內大部
分的商品都是在
公平交易條件下
所生產的，深具
回收再利用的觀
念。若你喜歡台
灣的公平交易品
牌「繭裹子」，
那推薦你來這裡
逛一逛。

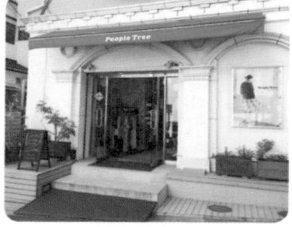

土屋鞄製造所

📍P.406 / B2 ✉目黑區
自由が丘2-6-19 ☎03-37
17-8177 🕐11:00～19:00
❌週二 🌐www.tsuchiya-
kaban.jp

　　純手工製造的皮革包專
門店，採用高級皮革製
作，一針一線都是師傅親
自縫製，設計簡單大方，
實用度100分，買回家不
會跟別人撞包，定價不便
宜，但是一分錢一分貨，
相當值得投資。

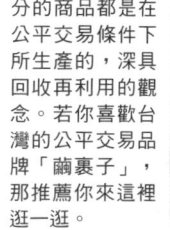
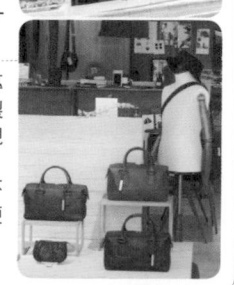

IDÉE SHOP

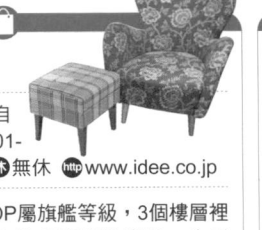

MAP P.407 / B5 ✉目黑區自由が丘2-16-29 ☎03-5701-7555 ⊙11:30～20:00 休無休 http www.idee.co.jp

　自由之丘的IDÉE SHOP屬旗艦等級，3個樓層裡的商品項目相當齊全，有許多原創的家具、生活雜貨、廚房用品等，也有骨董、藝術品、CD、書籍等，應有盡有，精緻的生活雜貨最具買氣。店面一角也開設有以綠色生活為主題的「IDÉE BOTANIQUE」，各種盆栽、植物，綠意盎然，整家店都在展示IDÉE對居家生活的態度。

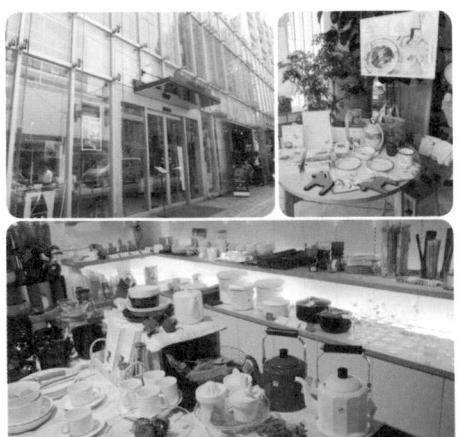

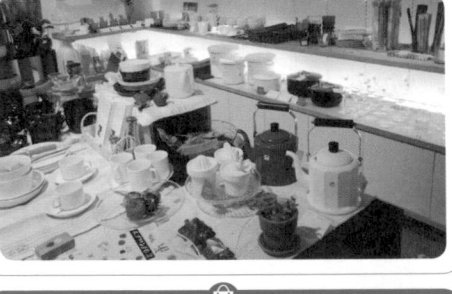

Today's Special

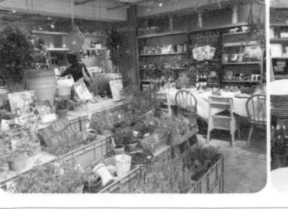

MAP P.407 / C5 ✉目黑區自由が丘2-17-8 ☎03-5729-7131 ⊙11:00～21:00 休無休 http www.todaysspecial.jp

　摩登新鮮的生活居家用品店，風格多樣，令人目不暇給，商品以日本設計生產為主，有不少藝術家創作陶瓷餐具，也有許多平價的生活小物、飾品、文具。店內也兼賣有機食品、植物，與居家設計相關的書籍雜誌，3樓還開設有咖啡餐廳。

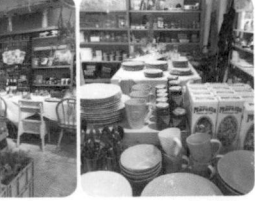

Wachi Field

MAP P.406 / B3 ✉目黑區自由が丘2-19-5 ☎03-3725-0881 ⊙11:00～19:00 休不定休 http www.wachi.co.jp

　由插畫家「池田晶子」在1988年所開設的手工藝品店，當時是為了要替此店設計Logo，因而創作出一隻眼睛細長又神祕的貓咪「Dayan」；後來，池田晶子更為Dayan創作故事，並畫出了多本的繪本發行。自由之丘本店，是Dayan誕生的地方，一間倚著兩棵大樹而建的可愛小木屋，店內有大量與繪本主角們相關的周邊商品，種類五花八門，幾乎什麼都生產、什麼都賣，貓迷們可得注意荷包啊！

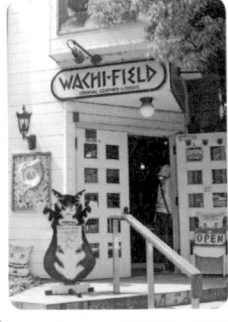
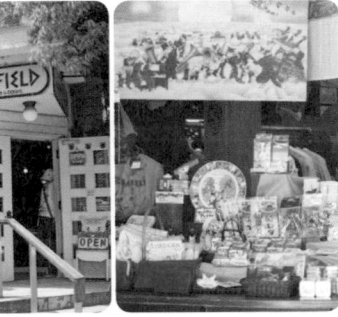
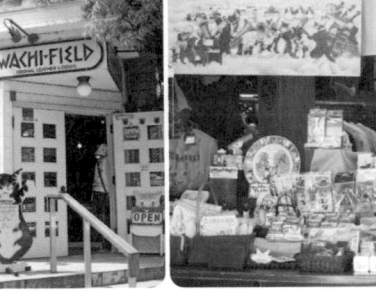

Mont St. Clair

MAP P.406 / B1 ✉目黑區自由が丘2-22-4 ☎03-3718-5200 ⊙11:00～19:00 休週三 $蛋糕￥400～550，可頌￥220～250，巧克力￥300／顆 http www.ms-clair.co.jp

　在自由之丘相當有名的法式甜點店，由甜點師父「辻口博啟」於1998年開設，店名為南法地中海邊上的一個山丘地名，所以整家店也打造得有南法的風情。每到下午，店內坐滿了自由之丘的貴婦們，排隊選購蛋糕、點心的人也不少，一整櫃精緻美麗的蛋糕，全部都吸引人，還真讓人無從選擇起，不妨從最熱賣的「蒙布朗」(モンブラン，Mont-Blanc，￥480)，或店家同名的招牌蛋糕「Mont St. Clair」(モンサンクレール，￥500)開始品嘗吧！

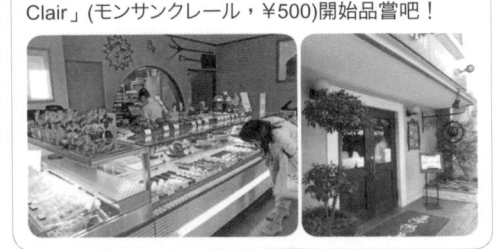

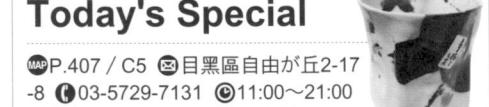

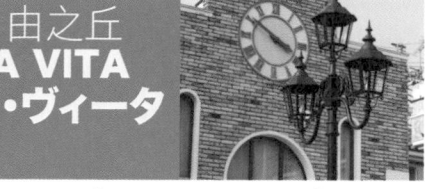

自由之丘
LA VITA
ラ・ヴィータ

<map>P.406／C3 ☒目黑區自由が丘2-8-3 ☎03-3723-1881 ◷11:00～20:00 休不定休

威尼斯廣場、運河造景的商場，建築美、氣氛佳，不過人氣低靡，原因是這裡的幾家商店，不是髮廊就是美容SPA，完全沒有逛街的人潮；不過還是值得到此一遊，畢竟這裡是拍照最有fu的地方，怎麼照怎麼美，快來留下你美麗的倩影吧！

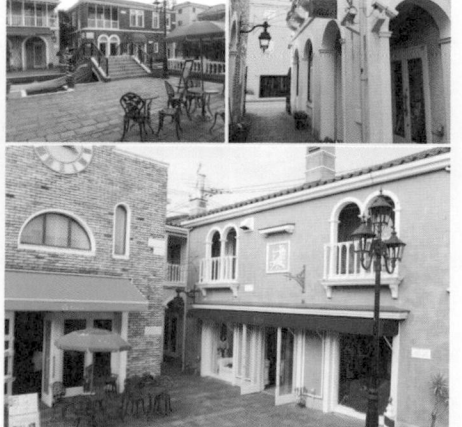

---

six

<map>P.406／C4 ☒目黑區自由が丘2-8-13 ☎03-3723-7767 ◷11:00～20:00 休無休 http sixpresssix.jp

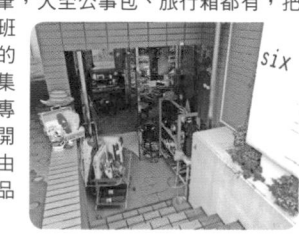

文具用品專門店，集合了國內外各文具名牌暢銷的商品，小至鉛筆，大至公事包、旅行箱都有，把做功課用、到上班用、到出差必用的物品，專門地蒐集販售。這家文具專門店自1994年開幕以來，就是自由之丘購買文具禮品的首選店家。

LUPICIA

<map>P.406／D4 ☒目黑區自由が丘1-25-17 ☎03-5731-7370 ◷08:00～21:00 休不定休 http www.lupicia.co.jp

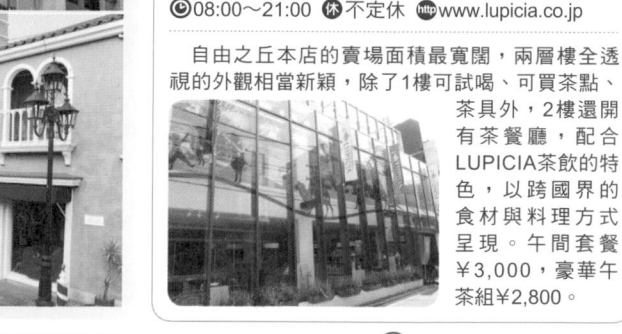

自由之丘本店的賣場面積最寬闊，兩層樓全透視的外觀相當新穎，除了1樓可試喝、可買茶點、茶具外，2樓還開有茶餐廳，配合LUPICIA茶飲的特色，以跨國界的食材與料理方式呈現。午間套餐￥3,000，豪華午茶組￥2,800。

古桑庵

<map>P.406／D3 ☒目黑區自由が丘1-24-23 ☎03-3718-4203 ◷11:00～18:30 休週三 $飲品+點心組合￥530～930 http kosoan.co.jp

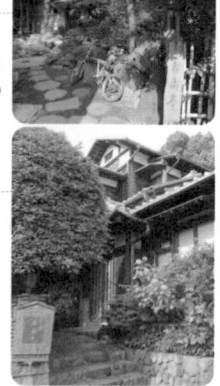

由古民家經營的骨董和式茶館，館內擺設有許多骨董字畫、娃娃，不僅能品嘗到道地的抹茶、和菓子小點心，還可以參觀傳統民家純樸的內部樣式，一舉兩得，機會難得。

Art Farm

<map>P.406／D4 ☒目黑區自由が丘1-25-9(2F) ☎03-6421-1954 ◷11:00～19:30 休週三 http www.artfarm.biz

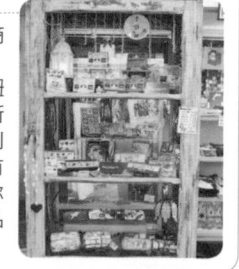

這是一家以貓畫作為商品主題的貓咪雜貨商店，是畫家「久下貴史」以紐約曼哈頓為故事背景，所畫下Manhattaner's系列的貓咪畫作，再將這些有個性的貓咪們，放到了你在店內所看到的眾多商品上，貓雜貨迷別錯過囉！

黑船 / Café Cocoocen

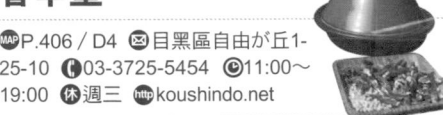

🗺️P.406 / D4 ✉目黑區自由が丘1-24-11 📞03-37
25-0038 🕐11:30～18:30 🈺週一 💲甜點￥850，
飯糰組合￥900 🌐www.quolofune.com/jiyugaoka_cafe

黑船以和洋混合風格心
打響名號，蜂蜜蛋糕、黑
船最中等都是熱銷商品，
自由之丘本電視工廠所
在，所以產品最新鮮。2樓
是茶室餐廳，可以點用精
緻甜點，抹茶加上白玉與
紅豆的「玉茶丸」最受歡
迎，提供的御飯糰簡餐也
甚受喜愛。

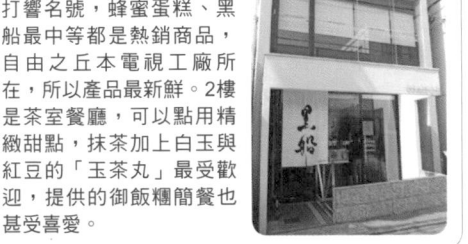

熊野神社

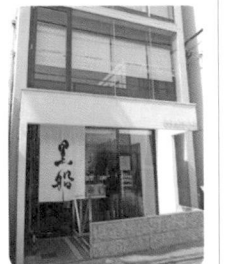

🗺️P.406 / D3 📞03-3717-7720 💲各式
御守￥500 🌐www.kumano-jinja.or.jp

每年9月的第一個週日會舉辦年度大祭典，神社
境內還有伏見稻荷神社。熊野神社的小熊圖案御守
最可愛，安全御守則是取回家諧音的可愛青蛙喔！

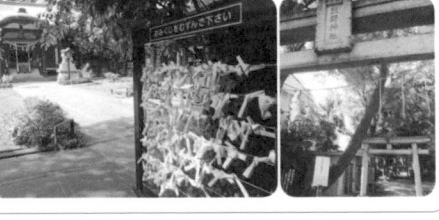

Covent Garden Bazaar

🗺️P.406 / D4 ✉目黑區自由が丘1-24-10 📞03-
6459-5061 🕐11:00～18:30 🈺週一 🌐www.cov
ent.jp/bazaar

以庭院、園藝風格生活雜貨為主題的商店，處處
是浪漫的花園小物，餐具、裝飾品、園藝工具等都
有，另有分店在吉祥寺及台場Venus Fort的2樓。

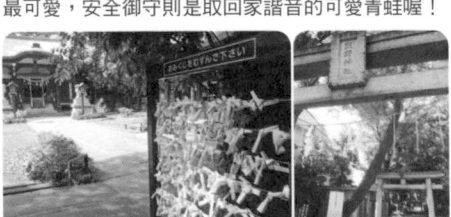

香辛堂

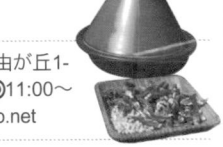

🗺️P.406 / D4 ✉目黑區自由が丘1-
25-10 📞03-3725-5454 🕐11:00～
19:00 🈺週三 🌐koushindo.net

不多見的香料專賣商
店，瓶瓶罐罐地擺得好
像中藥鋪，不過香味整
個不一樣，小小的店面
有幾十種來自世界各地
的香料，最重要的就是
新鮮，保證是愛下廚朋
友們的料理寶貝；新鮮
的綜合胡椒粒約￥500
／20公克。

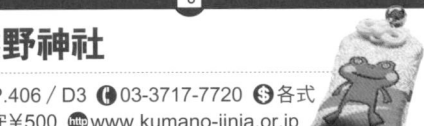

自由之丘 Ptetr Rabbit Garden Cafe

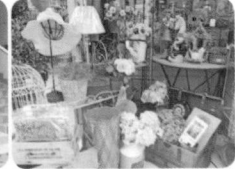

🗺️P.406／D4 ✉目黑區自由が丘1-25-20 📞03-3725
-4118 🕐11:00～22:00 🈺無休 💲餐點￥980起，
午茶組￥1,880 🌐www.peterrabbit-japan.com/cafe

來自由之丘怎能錯過可愛的彼得兔主題
餐廳呢！如同從畫本中走出來的花園
場景、鄉村氣息，加上可愛的餐點擺盤，一
切都讓人微笑了起來。等餐的時候讀畫本、
抱著彼得兔一起拍照留念，還可以把限定的
紀念品買回家，哇～好幸福啊！

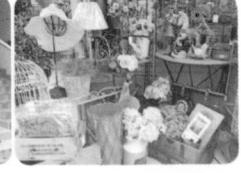
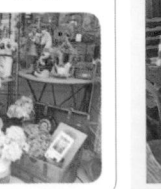

Hotch Potch

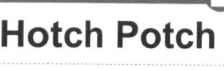

MAP P.407 / D5 目黑區自由が丘1-26-20 03-3717-6911 11:00～19:30 休無休 www.hpjiyuugaoka.jp

　自由之丘頗為有名的生活雜貨店，店內商品種類又多又廣，從小玩意到禮品、玩具、服飾、文具、燈具、小型家電都有，最大的特色就是「可愛又好用」，讓人想每一樣都買回家使用。

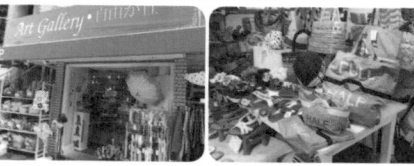
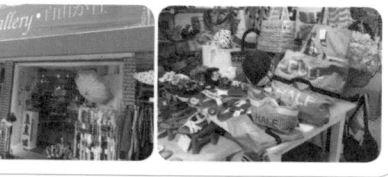

quatre saisons

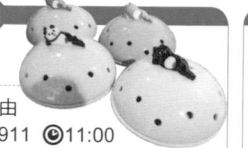

MAP P.406 / C4 目黑區自由が丘2-9-3 03-3725-8590 11:00～19:30 休無休 www.quatresaisons.co.jp

　走歐風簡約品味的生活雜貨店，流露一股優雅的生活態度。1987年開幕至今，已算是自由之丘的老品牌之一，2間相鄰的店面，分別以布類藝品、寢室用品，以及廚房用具、生活雜貨為其特色。

Laura Ashley Home

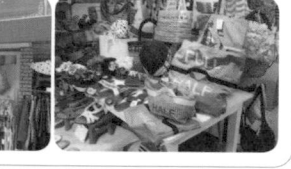

MAP P.407 / D5 目黑區自由が丘1-26-18 03-3724-0051 11:00～20:00 休無休 www.laura-ashley.co.jp

　英國知名的生活雜貨品牌，以鄉村印花風格為主，甚受日本人喜愛，商品種類相當多樣，1樓為居家生活用品，2樓是散發著英國鄉村風的寢具系列，值得收藏的是以獨家印花布所縫製的泰迪熊。

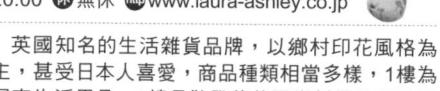
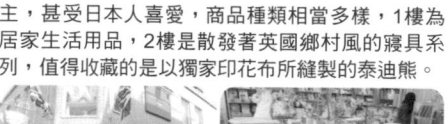

私の部屋

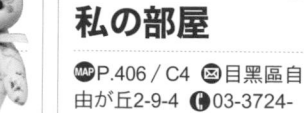

MAP P.406 / C4 目黑區自由が丘2-9-4 03-3724-8021 11:00～19:30 休不定休 www.watashinoheya.co.jp

　知名的居家生活雜誌於1972年所創立的實體店面，已經是自由之丘無人不知曉的老品牌，也是人潮一向最多的一家商店。都市田園風格的雜貨深受喜愛，園藝用具、餐具是這家店經營的重點項目。

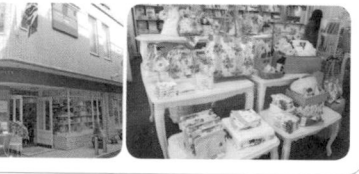
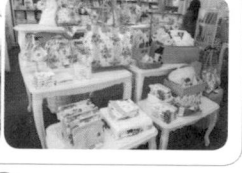
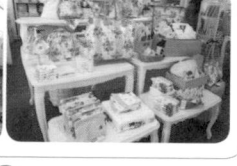

Marce de Bleuet plus

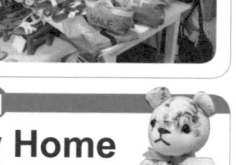

MAP P.407 / D4 目黑區自由が丘1-8-19 03-3724-0709 11:00～20:00 休不定休 bleubleuet.co.jp/brand/marche.php

　知名生活雜貨品牌Bleu Bleuet的副牌，同樣以法國風格為基調，設計上更年輕，色彩運用上也更活潑，不論服飾、生活用品、小物都相當實用，深受年輕人的喜愛，食品也是它的熱銷商品。

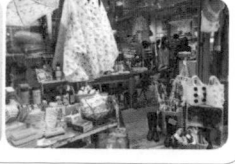
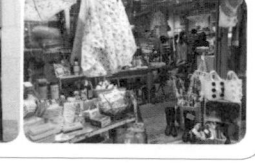

Bar di Vino

MAP P.407 / C5 目黑區自由が丘2-9-10(2F) 03-5701-8190 11:00～19:30 休無休 鬆餅￥800～1,800，午餐￥1,500 www.dear-corp.com/bar

　時尚與甜點一起經營的品牌，1樓賣衣服、2樓賣鬆餅，就先別管衣服了，把錢花在吃比較實在，更何況在品嘗奶油、糖漿、鮮奶油爆多的鬆餅餐後，你可能也不會想到1樓去試穿新衣了！

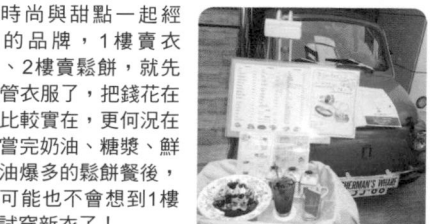

FROGS

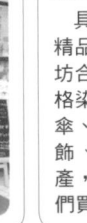

📍P.407／C5　✉️目黑區自由が丘2-9-10　📞03-5729-4399　🕐11:30～19:00　休週三　🌐www.frogs-shop.com

　店裡店外你眼睛所及的，都是綠色的蛙雜貨，小小的空間擠進了上千隻超可愛的青蛙，琳琅滿目的商品，看都看不完，光捲筒衛生紙就有好幾種不同的青蛙花色呢，鐵皮青蛙擺飾也是表情豐富；文具用品的標價不貴，送小朋友最讚了。

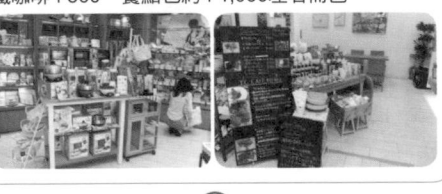

TIPPY TOP

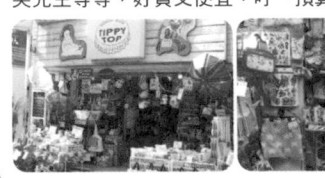

📍P.407／C5　✉️目黑區自由が丘2-9-10　📞03-3724-1771　🕐10:00～19:30　休無休　🌐ameblo.jp/tippytopj

　黃色亮眼的招牌好搶眼啊，店內也是讓人驚喜連連喔！美國進口的可愛雜貨、布偶滿滿一整間店，店頭也是爆滿，有迪士尼家族、有芝麻街家族、微笑先生等等，好買又便宜，呼～預算已超支！

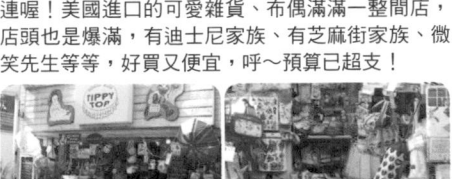

Timeless Comfort

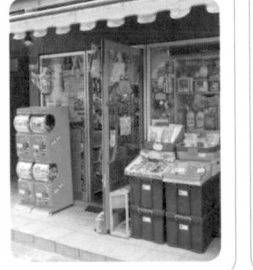

📍P.407／C5　✉️目黑區自由が丘2-9-11　📞03-5701-5271　🕐11:00～20:00　休不定休　🌐www.timelesscomfort.com

　店裡有摩登的小家電，及時髦的餐具、廚房用品，2樓有大型的沙發、家具、擺飾等。但有不少人士針對它的咖啡餐廳而來，焙果只要¥160、拿鐵咖啡¥500、餐點也約¥1,000左右而已。

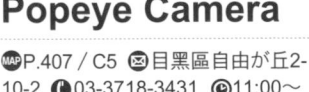

蜂の家

📍P.409／C6　✉️目黑區自由が丘2-10-6　📞03-3717-7367　🕐09:30～20:00　休無休　🌐www.hachinoya.co.jp

　自由之丘精緻的和式點心名店，讓人不免停下腳步，推門進去瞧一瞧、聞一聞濃濃的香甜味。店裡暢銷的點心不外乎蜂蜜蛋糕、抹茶紅豆蛋糕，還有隨季節才推出的春茶、秋栗點心，招牌蠶繭造型的最中當然你也不能錯過，禮盒也很可愛。

Popeye Camera

📍P.407／C5　✉️目黑區自由が丘2-10-2　📞03-3718-3431　🕐11:00～20:00　休週三　🌐www.popeye.jp

　以照相為主題的專門店，除了相機，最多的還是周邊商品、吊飾、皮套、背帶、相框、相簿等，還有很多可愛的玩具、文具等小玩意。小小的主題式商店，專心一個項目經營，卻大大地有趣呢！店內也提供數位照片沖印服務。

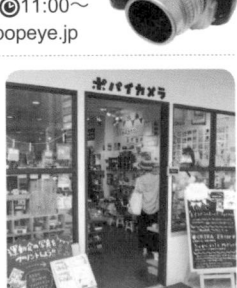

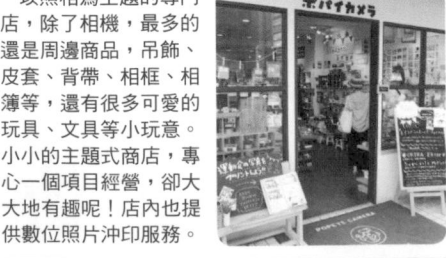

ha-na

📍P.407／C6　✉️目黑區自由が丘2-10-7　📞03-3723-8687　🕐11:30～19:30　休無休　🌐old-new.jp/ha-na/jiyugaoka/shop.html

　具有特色的原創手工藝精品店，與瑞典的染布工坊合作，推出獨家北歐風格染布所製作的包包、雨傘、沙發靠枕、錢包、燈飾、時鐘等等，限量生產，若看對眼了，就把它們買回家吧！機會難得。

上、下圖照片提供／魏國安

Atsuko Matano Gallery

🗺 P.409 / D5　✉ 目黑區自由が丘1-26-2　📞 03-5701-7751　🕐 11:00～20:00　🈺 無休　🌐 www.towel-museum.com

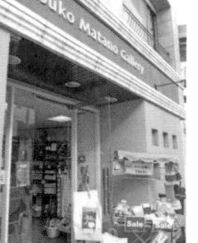

由作家兼差畫家「俁野溫子」所經營的布藝雜貨店，店內商品如毛巾、手帕、衣服、杯子等，都印有或繡上俁野溫子創作的動物插畫，貓咪、兔子、大象、猴子等，可愛的不得了，還有這些插畫也變身成布玩偶，更是讓人陷入「卡哇依」的魔咒，讓人不買都不行。只要購買毛巾或手帕，店家還有免費繡字的服務，買來送家人、朋友再適合不過了。

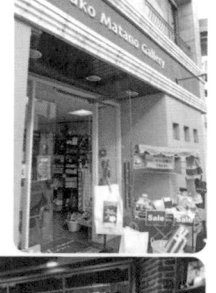

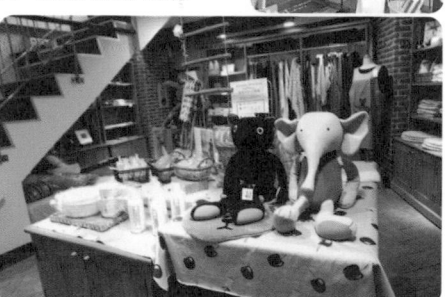

照片提供／魏國安

Marionette

🗺 P.409 / D5　✉ 目黑區自由が丘1-26-1　📞 03-3724-1343　🕐 11:00～20:00　🈺 無休　🌐 marionette-shop.com/shop/28

與下北澤的Pina(P.393)屬姐妹品牌，均以自然色系、棉麻製品、大量蕾絲、甜美印花為素材的商品，有著鄉村浪漫的優雅情懷，窗簾美、床單更美。這裡也有擺設販售一些小型的櫥櫃家具，當然同樣是走純潔的浪漫公主風格。

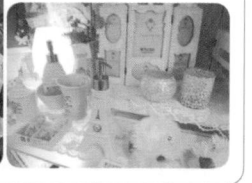

こなな Conana

🗺 P.409 / E5　✉ 目黑區自由が丘1-3-21　📞 03-6421-2180　🕐 11:00～22:00　🈺 無休　💲 甜點￥480～780，餐點￥880～1,280　🌐 www.conana-jp.com

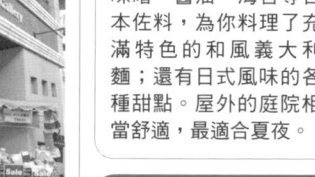

吃膩了傳統義大利麵嗎？這家小食堂使用當季新鮮食材，以豆乳、味噌、醬油、海苔等日本佐料，為你料理了充滿特色的和風義大利麵；還有日式風味的各種甜點。屋外的庭院相當舒適，最適合夏夜。

Hara Donuts

🗺 P.407 / F5　✉ 目黑區自由が丘1-3-13　📞 03-3717-8850　🕐 10:00～19:00　🈺 無休　🌐 haradonuts.jp/jiyuugaoka.html

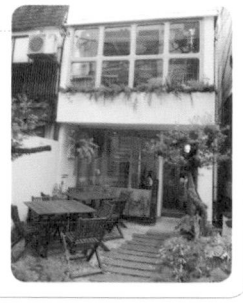

來自神戶，以豆乳為原料的Hara Dounts，和式的甜甜圈不甜不膩，隨季節還會有添加蔬菜或茶葉的限定口味，是我遊東京必定要買來解饞的點心之一，它的周邊商品也是件件可愛實用。

Patisserie a la campagne

🗺 P.407 / F5　✉ 目黑區自由が丘1-3-13　📞 03-3723-8570　🕐 11:00～21:00　🈺 週一　💲 蛋糕￥600～800，餐點￥1,000起　🌐 www.alacampagne.jp/jiyuugaoka.html

來自神戶的甜點名店，以用各種水果鋪滿整個表面的水果派最為出名，約有上百種口味的依季節輪番推出。餅乾、瑪德蓮等點心，也相當不錯呢！

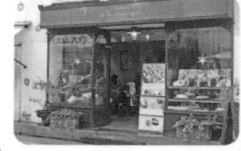
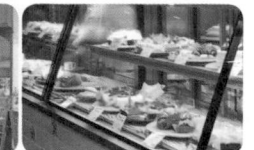

Check & Stripe

MAP P.407／F5　目黑區綠が丘2-24-13　**C**03-6421-3200　**⏰**10:00～19:00　**休**無休　**http**checkandstripe.com

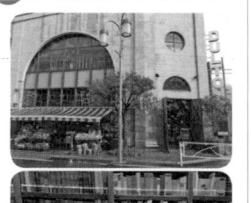

　來自神戶的人氣洋風布藝專門店，店內多得是進口印花布、造型鈕扣、精緻緞帶，是手藝玩家必造訪的商店。各種可愛圖案的刺繡小燙貼布，相當值得購買，燙在衣服上、手帕上、包包上都非常卡哇依。

DULTON

MAP P.407／F5　目黑區綠が丘2-25-14　**C**03-6421-4875　**⏰**11:00～20:00　**休**無休　**http**www.dulton.co.jp/stores/jiyugaoka

　知名生活雜貨品牌DULTON旗艦店，內部裝潢擺設如同圖書館般的有氣質，品牌辦公室用品、鑄鐵掛鉤、鑄鐵玩具等，都相當值得購買回家。

couca

MAP P.407／F6　目黑區綠が丘2-25-7　**C**03-5731-6200　**⏰**10:00～20:00　**休**無休　**http**www.cuoca.com/library2/shop/jyg

　這是一家西洋甜點用品材料行，只要是製作蛋糕需要用到的機器、道具，這裡一應俱全，連各種麵粉、砂糖等材料，這裡也都買得到。買個特殊的餅乾模送給喜歡烘焙的朋友吧！

Origines Cacao

MAP P.407／F6　目黑區綠が丘2-25-7(2F)　**C**03-5731-5071　**⏰**10:30～19:30　**休**週一　**$**巧克力一盒¥1,404(4顆)、小蛋糕點心¥183起　**http**www.kataoka.com/origines_cacao

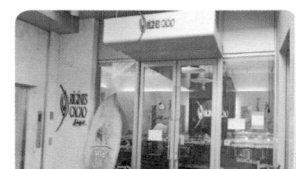

　來自法國的巧克力知名品牌，店內約有20幾種不同風味的巧克力，巧克力蛋糕(Quiza，¥540)、法式烘焙點心也都是店內的招牌商品，色香味俱全，讓人都想品嘗嘗看。

自由之丘 Sweets Forest

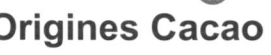

MAP P.407／F6　目黑區綠が丘2-25-7(2F)　**C**03-5731-660　**⏰**10:00～20:00　**休**無休　**$**甜點¥370～1,200　**http**www.sweets-forest.com

　自由之丘最有名的主題造景甜點森林，有7家甜點店進駐，設計得有如童話仙境般繽紛可愛，一向是情人的約會勝地之一，值得品嘗的：以草莓爲甜點主題的「Berry Berry」、法式薄餅專門店「Merci Crepe」，以及絕對要品嘗的舒芙蕾專門店「Le Souffle」。

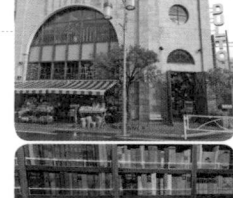

Cath Kidston

🗺 P.407／E6 📮目黑區自由が丘1-7-17 📞03-57
26-8361 🕐11:00～19:00 休無休 🔗www.cathkid
ston.jp

英國知名生活雜貨品牌，以花卉圖案印花出名，
在日本相當受到歡迎，這間旗艦店有全品項的商
品，包含服飾、包包配件都買得到。

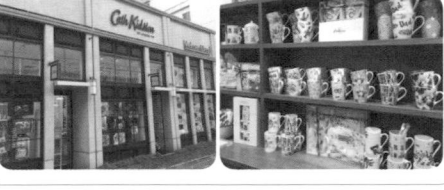

Old Ones Nokosu

🗺 P.407／D8 📮世田谷區奧澤5-20-
13 📞03-6421-2503 🕐12:00～20:00
休無休 🔗oldones-nokosu.stores.jp

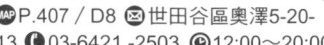

一家裡外有滿滿昭和氣氛的店家，以碗、盤、
杯、瓶等玻璃、陶瓷、漆器食器為主，此外也有不
少懷舊生活道具、文具等，相當有意思的店家。

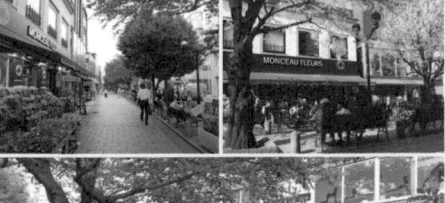

Basic & Accent

🗺 P.407／E8 📮世田谷區奧澤5-20-19 📞03-5731
-7200 🕐11:00～20:00 休無休 🔗www.facebook.
com/basic.accent

精緻的生活雜貨商店，以日本設計生產的文創、
手作物品、服飾、配件、食器等為主，是一間綜合
選品店，嶄新空間、溫暖色調，讓人逛得很舒服。

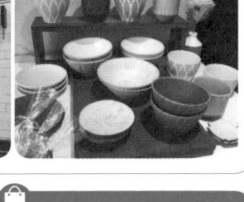

自由之丘
九品佛川綠道
グリーン
ストリート

🗺 P.407／E7
🔗jiyugaoka.jp.net/green-st.html

沿著舊九品佛川而建的綠色街道，可以
說是自由之丘的代表，一整列的櫻花
樹，在春天綻放最為美麗，夏天的綠蔭是
乘涼休憩的好去處，街道兩旁不乏知名服飾
店、咖啡餐廳。要逛優雅、逛悠閒，這條美
麗的綠色街道，你就不能錯過。

照片提供／魏國安

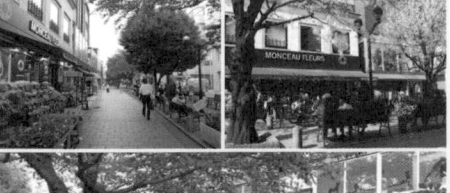

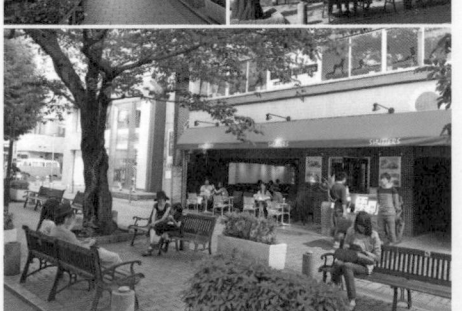

C ✕ Clabo

🗺 P.407／D8 📮世田谷區奧澤5-27-19 📞03-6421
-6525 🕐11:00～19:30 休週三 🔗cxclabo.com

小巧的皮革手作工房，皮包、皮夾、鑰匙圈、證
件套、相機背帶等生活皮件都有，也有寵物用的頸
圈等。其中以放置交通票卡的皮套(¥5,490)最深得
我心，各電車路線都有專屬的設計，可愛極了。

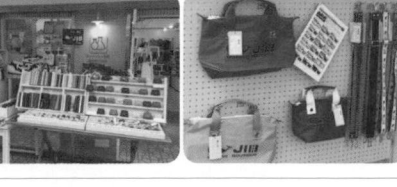

カタカナ

MAP P.407／E8 ⊠世田谷區奧澤5-20-21 ☎03-5731-0919 ⓒ11:00～20:00 休不定休 **http** katakana-net.com

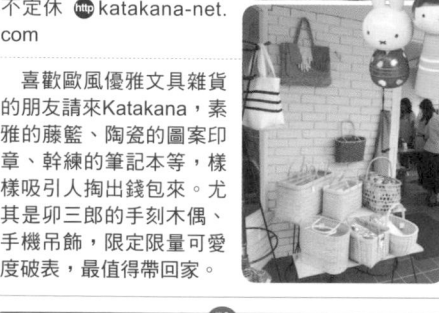

喜歡歐風優雅文具雜貨的朋友請來Katakana，素雅的藤籃、陶瓷的圖案印章、幹練的筆記本等，樣樣吸引人掏出錢包來。尤其是卵三郎的手刻木偶、手機吊飾，限定限量可愛度破表，最值得帶回家。

Momi & Toy's Crêperie

MAP P.407／D7 ⊠目黑區自由が丘1-8-19 ☎080-3751-6946 ⓒ11:00～21:00 休無休 ⑤可麗餅¥260～520，飲料¥290 **http** www.momiandtoy.com

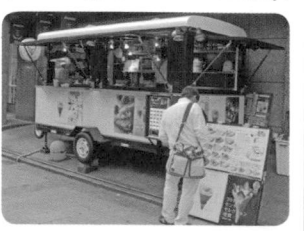

近來也進軍台灣的知名可麗餅連鎖店，以街頭餐車的方式占據各鬧區角落。除了基本鮮奶油風味，也推出了創作百匯，我覺得最好吃的是加了起士、火腿、鮪魚、溫泉蛋的沙拉風味，美味度、飽足感都有了。

Shutters

MAP P.407／D7 ⊠世田谷區奧澤5-27-15 ☎03-3717-0111 ⓒ11:00～23:00 休無休 ⑤午間套餐¥2,000～3,000，晚間套餐¥3,500～5,000，甜點¥600～900 **http** www.ys-int.com

在代官山、吉祥寺也開有分店的Shutters，提供美味的義大利料理，有多達十幾種風味的義大利麵，及與咖啡最麻吉的甜點。Shutters的知名餐點以「烤豬肋排」(スペアリブ，¥2,000)最具人氣，獨特的料理法讓豬肋排外酥脆內軟嫩，加上有8種特製的調味醬汁可以選擇，你可以一次享用2種不同風味，吮指回味樂無窮。

以下4圖照片提供／魏國安

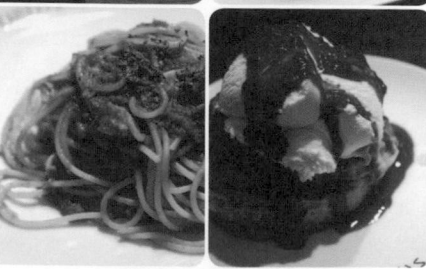

Café La Mille

MAP P.407／E6 ⊠目黑區自由が丘1-8-2(2F) ☎03-3723-4171 ⓒ11:00～23:00 休無休 ⑤招牌咖啡¥715，三明治套餐¥1,175起，甜點套餐¥1,089起 **http** www.cafe-la-mille.com

自由之丘分店的裝潢氣氛，有1920年代的風味，新藝術風格的窗花非常美麗，杯具使用北歐名牌皇家哥本哈根最經典的唐草系列，讓喝咖啡多了一分高貴感，Café la Mille在新宿有多家分店(見P.318)。

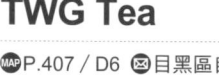

TWG Tea

MAP P.407／D6 ⊠目黑區自由が丘1-9-8 ☎03-3718-1588 ⓒ10:00～21:00 休無休 ⑤午茶套餐¥1,050～1,250，晚餐¥2,500起 **http** www.twg tea.com

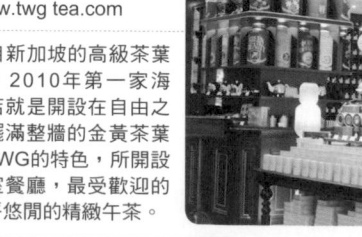

來自新加坡的高級茶葉品牌，2010年第一家海外分店就是開設在自由之丘，擺滿整牆的金黃茶葉罐是TWG的特色，所開設的茶室餐廳，最受歡迎的不外乎悠閒的精緻午茶。

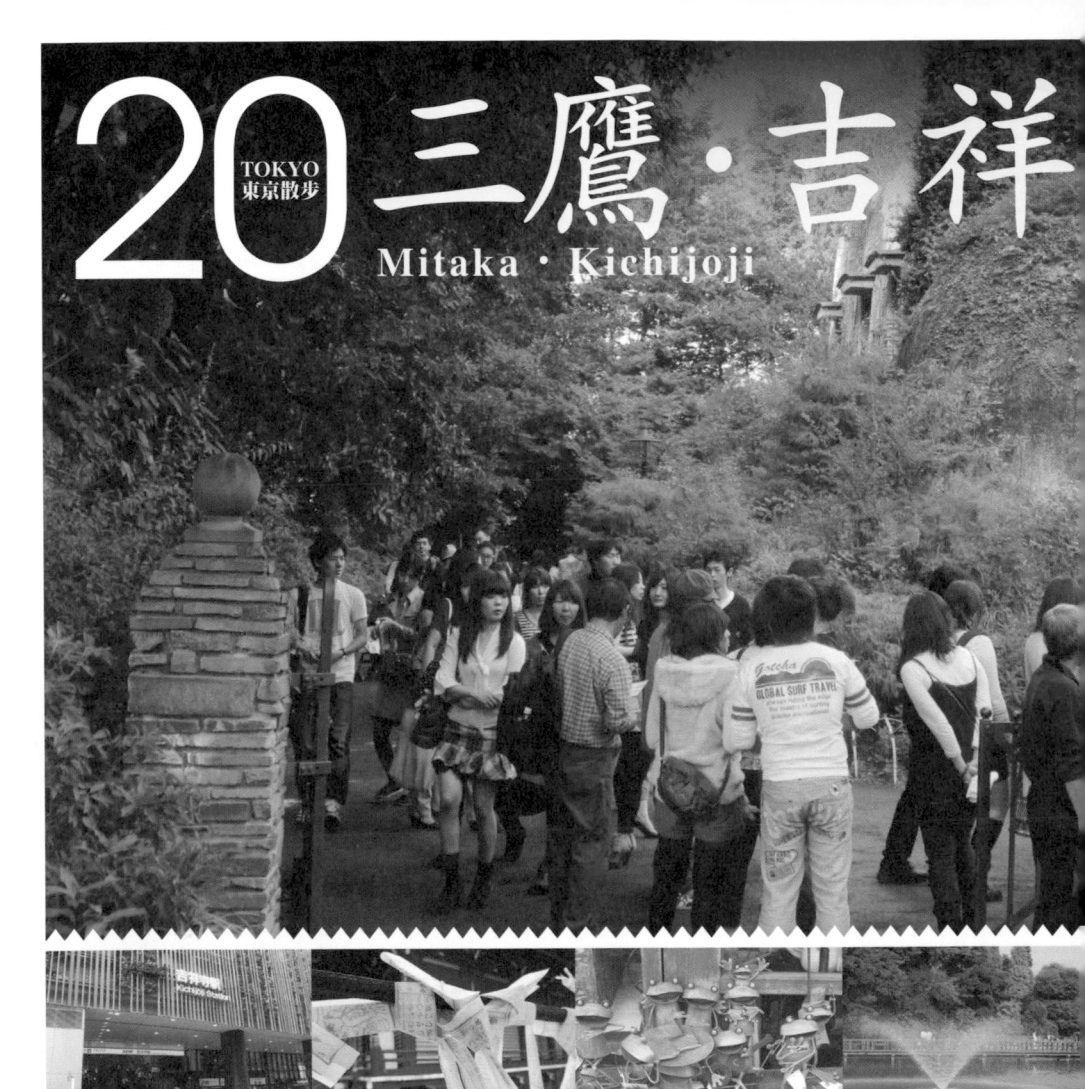

20 三鷹・吉祥

TOKYO 東京散步

Mitaka · Kichijoji

超人氣的龍貓、小魔女 PK 超買氣的生活雜貨

東京市郊的雜貨天堂，除了下北澤、自由之丘外，吉祥寺也是以生活雜貨出名的地區，雖然店家沒有前兩者的選擇多，但是擁有重要的觀光景點「三鷹之森吉卜利美術館」以及「井之頭恩賜公園」，讓你除了逛街購物也有培養氣質、悠閒養身的機會。

吉祥寺的景點、商店、餐廳都集中在車站周邊，加上百貨公司、潮流服裝旗艦店逐一開業，可以說是相當熱鬧，只需要用徒步的方式便能將吉祥寺走透透、買透透、吃透透，穿梭在小街道裡，讓逛街更有趣。近年來吉祥寺車站，以及站前的商店街也跟著改頭換面，吉祥寺一下子時髦了起來，讓人刮目相看，而且吉祥寺還被東京人票選為理想居住地的第一名呢！比起20年前我第一次造訪的吉祥寺，精采有趣太多了。

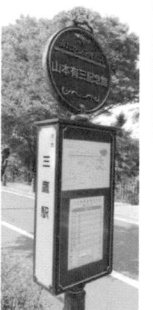

說起三鷹、吉祥寺，最熱門的景點就是宮崎駿的動畫美術館，由於位於兩個車站之間，建議可以在三鷹站轉搭美術館的接駁巴士，或沿著玉川散步過去，沿途有幾家小商店、咖啡廳，還有一間文學家的紀念館，散步起來非常地舒適；這條綠蔭還有「風的散步道」之稱，好有詩意啊！

三鷹地區比較沒有景點，所以參觀完「三鷹之森吉卜力美術館」後，就可以沿著小徑前往動物園，或漫步井之頭公園、或在池中划船賞景。

接著在公園上吃烤雞串，或品嘗正統的德國香腸，吃飽才有力氣繼續逛街。吉祥寺最好逛的就是精采的生活雜貨店，多集中在北側的中道通上，其實吉祥寺也有不少大型百貨公司，如丸井、PARCO、東急、Coppice等，不過若時間有限就放棄這些吧！

記得把車站北口的兩條商店街留在最後，可逛可買的也很多，尤其是要鑽進「口琴橫丁」裡繞繞，到食堂裡吃個在地美味後，再搭上電車返回市區。

從新宿、澀谷到吉祥寺只要10分鐘的車程，不妨抽個空，順道來看看。

散步花絮

吉祥寺沒有吉祥寺：吉祥寺的吉祥寺，早在1658年就燒毀了，重建的吉祥寺卻是在目前東京的文京區裡，所以你在吉祥寺是看不到吉祥寺的，很妙吧！

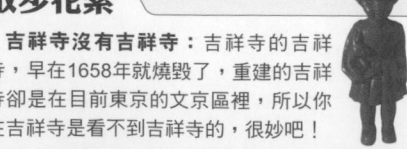

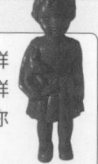

交｜通｜對｜策

前往吉祥寺、三鷹

1. 搭乘JR電車中央線、總武線，到「吉祥寺」站(公園口南口出站)、到「三鷹」站(南口出站)
2. 搭乘地鐵東京Metro東西線，到「吉祥寺」站(公園口南口出站)、到「三鷹」站(南口出站)；**注意**：須搭乘開往「三鷹」方向的列車，有固定班次，須參考東西線月台上的時刻表(東西線列車通常只開到中野站而已，或在中野站換乘JR電車)
3. 從澀谷搭乘私鐵京王井之頭線，到「吉祥寺」站(公園口出站)；或「井之頭公園」站(只有在賞櫻季節期間的週末停靠)

三鷹之森吉卜力美術館

GHIBLI MUSEUM, MITAKA

武跨頁單元照片提供/魏國安

宮崎駿的動畫世界

探險樂趣No.1

攝影/許志忠

人氣居高不下，多年來大受日本國內外遊客歡迎，來東京必定造訪的景點，就是有《龍貓》《天空之城》《魔女宅急便》等知名動畫坐鎮的「三鷹之森吉卜力美術館」。

美術館以宮崎駿創作的動畫為中心，主題式的造景裝飾也都有動畫大師的參與，從入口接待處天花板上的藤蔓壁畫開始，處處展現宮崎駿動畫裡所表現的無限幻想創作。美術館內的每個廳室都有特別的主題，有播放動畫的放映室「土星座」、有展示動畫製作過程的展示室、有以天空之城為主題的屋頂花園、有兒童最愛的龍貓巴士房間，每個角落都流露著宮崎駿天馬行空的創意。當然，咖啡廳、紀念品店也是參觀中不可錯過的地方。

由於美術館採預約制，入館票券可以在台灣購買，想要造訪的朋友一定要提前規畫喔！

MAP P.423 　**✉** 三鷹市下連雀1-1-83 　**☎** 0570-05 5777，東南旅行社以(02)2511-0519 　**⏰** 10:00〜18:00 　**休** 週二、12/27〜1/2，不定期休館(可上官網或東南旅行社網站查詢) 　**$** 19歲以上NT$660、13〜18歲NT$480、7〜12歲NT$350、4〜6歲NT$100 　**ℹ** 1.美術館採參觀日預約制，需行前購票，並每日有4梯次的入館時間10:00、12:00、14:00、16:00；**2.**預購票券方法：請向台灣「東南旅行社」洽購，訂購票券時需確定參觀日期、參觀人姓名(護照上之英文名)和護照號碼，**最好提早1個月購票**，持台灣購買的票券至美術館入口更換入場券；**3.**人數超過10人以上須以團體方式向東南旅行社以電話洽詢預約；**4.**可以從三鷹站南口巴士站，搭乘美術館專車前往，單程：成人￥210、兒童￥110，來回：成人￥320、兒童￥160 **http** www.ghibli-museum.jp/en/004513. html，東南旅行社www.settour.com.tw→旅遊票券→國外票券下的「日本主題樂園票券」→三鷹之森吉卜力美術館

龍貓接待室

龍貓巴士房間

屋頂花園

紀念品店

水井庭園

咖啡廳

2008. shin

插圖繪製／蔣文欣

美術館入口

動畫播映室

中央大堂

動畫製作展示

動畫起源展示

攝影／許志忠

中央線

井之頭通り

JR 三鷹
Mitake

吉祥寺 JR
Kichijoji

起點

觀光
案內所

玉川上水 (風的散步道)

井之頭
自然文化園
(動物園)
P.427

吉祥寺通り

井之頭恩賜公園
P.426

神林寺通り

中央通り

慶愛

むらさき橋通り

平和通り

本町通り

山本有三
記念館
P.427

いずみ通り

吉祥寺通り

三鷹之森吉卜力美術館
P.422

北

P.424〜425

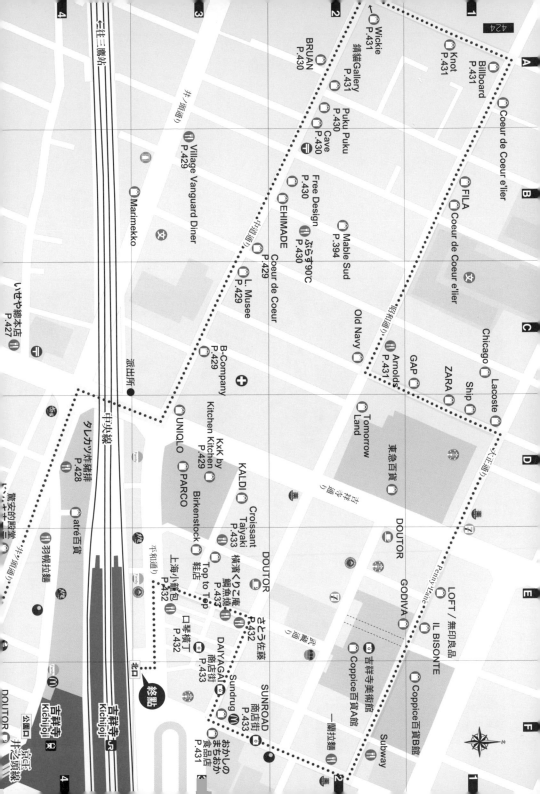

Coeur de Coeur e'lier

Billboard P.431

Knot P.431

Wickie P.431

繡繢Gallery P.431

BRUAN P.430

Puku Puku P.430

Cave P.430

Free Design P.430

Mable Sud P.394

ぶらす90C P.430

EHIMADE P.429

Coeur de Coeur P.429

Village Vanguard Diner P.429

Marimekko

FILA

Coeur de Coeur e'lier

Coeur de Coeur e'lier

昭和通り

大正通り

L. Musee P.429

Old Navy

Amolds P.431

GAP

ZARA

Tomorrow Land

Chicago

Ship

Lacoste

東急百貨

DOUTOR

GODIVA

吉祥寺通り

LOFT / 無印良品

IL BISONTE

Coppice百貨店B館

Penny lane

派出所

B-Company P.429

KxK by Kitchen Kitchen P.429

UNIQLO

PARCO

Birkenstock

KALDI

Croissant Taiyaki P.433

横濱くりこ庵

鯛魚焼 P.433

Top to Top

上海小籠包 P.432

口琴横丁 P.432

DOUTOR

さとう佐藤 P.432

DAIYAGAI P.433

吉祥寺美術館

吉祥寺商店街

Coppice百貨店A館

武藏通り

井ノ頭通り

中道通り

中央線

クレカツ咖啡 P.428

atré百貨

いせや總本店 P.427

驚安的殿堂 ドン・キホーテ

羽幌拉麵

平和通り

北口

終點

吉祥寺JR Kichijoji

吉祥寺 Kichijoji

SUNROAD 商店街 P.433

Sundrug

SUNROAD 商店街 P.433

おかしのまちおか P.431

一蘭拉麵

Subway

Coppice百貨店B館

公園口

DOUTOR

京王井之頭線

←往三鷹站

往三鷹站→

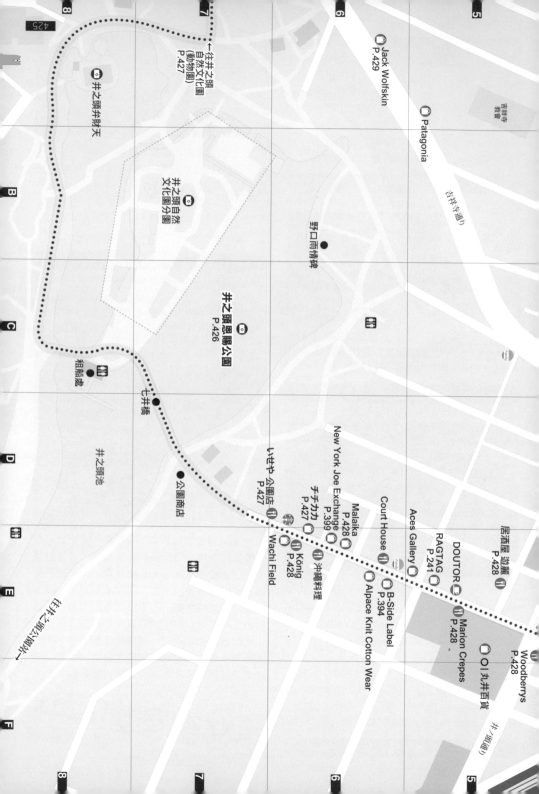

Jack Wolfskin
P.429

Patagonia

吉祥寺通り

野口雨情碑

井之頭自然
文化園分園

住井之頭
自然文化園
（動物園）
P.427

井之頭弁財天

井之頭恩賜公園
P.426

租船處

七井橋

井之頭池

公園商店

住井之頭公園線→

New York Joe Exchange
P.428

チチカカ
P.399

いせや公園店
P.427

Wachi Field

Malaika
P.428

König
P.428

沖縄料理

Court House

Aces Gallery

B-Side Label
P.394

Alpace Knit Cotton Wear

RAGTAG
P.241

DOUTOR

Marion Crepes
P.428

OI丸井百貨

居酒屋 遊麗
P.428

Woodberrys
P.428

井頭通り

散步、划船、享悠閒
井之頭恩賜公園

井之頭公園開園於1917年，是東京都都立公園，公園占地包含廣大的林地與水池，也有網球場、表演露台等設施；二次大戰時曾因為木料不足，而砍伐池邊1萬5千棵的杉木。這裡曾是江戶德川將軍的狩獵地，所以留有多處歷史文物，由於是水源地，所以也有繩文時期人類居住的遺跡，目前則是一座東京人親子同遊、賞櫻寫生、談情散心的好去處。選個好天氣，你也來走走，單獨一人或成群結隊都有趣。

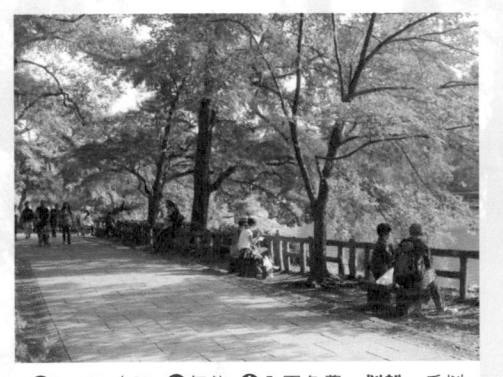

🗺 P.425／C7　㊡無休　$入園免費；**划船**：手划船￥700／60分鐘、腳踏船￥600／30分鐘、天鵝腳踏船￥700／30分鐘　🔗 www.kensetsu.metro.tokyo.jp/seibuk/inokashira

井之頭池

井之頭池為供應東京地區用水的水池之一，是一處天然的地下湧泉水池，「井之頭」據說是德川三代將軍德川家光，有感於此地為江戶用水的源頭而命名。井之頭池最受歡迎的就是划船遊池，尤其是春櫻季節由池心賞花更是愜意，費用不高，你也來踩踏一下天鵝船吧！

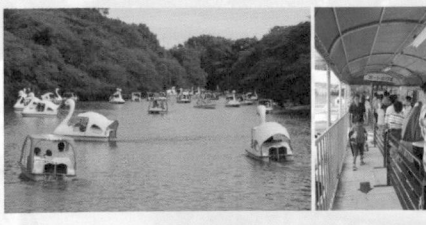
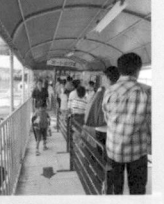

井之頭弁財天

井之頭弁財天神社的歷史相當久遠，可追溯到西元789年，具有較大的規模還是在江戶時期，尤其是1636年失火重建之後。弁財天是日本神話中的七福神之一，形象源自於印度教女神辯才天女（Sarasvati），是印度的河神，衍生出藝能神、音樂神、福德神等豐富的神格。神社境內有造型優美的小拱橋、石燈籠，也有歷史文物；井之頭弁財天也曾出現在日本浮世繪大師「安藤廣重」的畫作上。

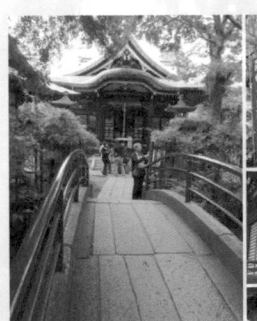
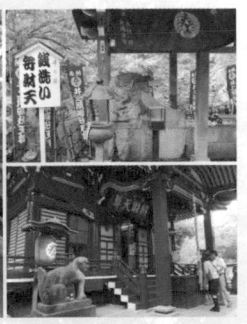

七井橋

七井橋是橫跨井之頭池的寬闊陸橋。是欣賞池畔風景、划船景致的好地點，人潮一向很多，週末假日或春櫻季節更是熱門。

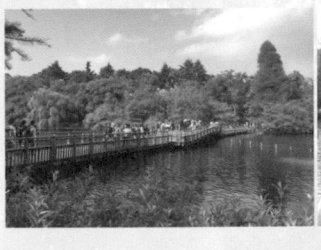
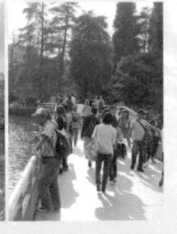

野口雨情碑

石塊上刻著詩人、童謠作家野口雨情暫居井之頭時為「井之頭音頭」一曲所創作的歌詞。日本的石碑有大部分都是詩歌詞曲，或立志短句，具有文學氣質，與台灣的標語、名人語錄相當不同。

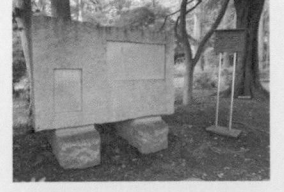

山本有三記念館

📷 **MAP** P.423 ✉三鷹市下連雀2-12-27 📞0422-42-6233 🕐09:30～17:00 🚫週一、12/29～1/4 💲門票￥300 🌐mitaka.jpn.org/yuzo

這裡是日本大正時期的文學家、劇作家山本有三，1936～1946所興建居住的石造洋式建築。房舍躲過二次大戰的轟炸，也曾被軍方所接收使用，內部仍保持得相當完整，是三鷹市的指定文化財之一，屋外的洋式、和式庭院，美不勝收。

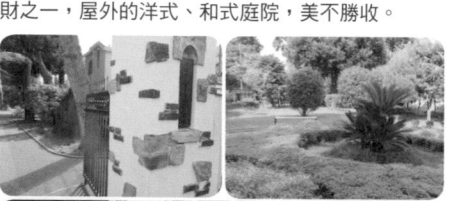

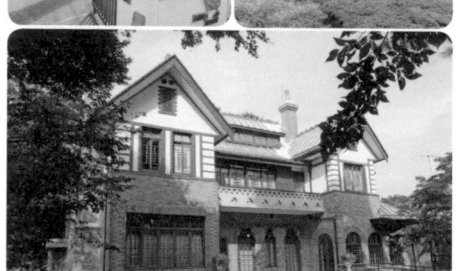

いせや公園店、總本店

🍴 **MAP** P.425 / D6(公園店)、P.424 / C4(總本店) ✉武藏野市御殿山1-2-1(總本店) 📞0422-47-1008(總本店) 🕐12:00～22:00 🚫公園店休週一，總本店休週二 💲綜合烤雞串(4串)￥320，啤酒￥500 🌐www.kichijoji-iseya.jp

吉祥寺老牌的炭烤雞肉串燒店，從1928年經營，商業至今，已有90年歷史，是當地知名食堂，在煙霧夾雜香氣瀰漫的店裡，總是座無虛席，烤雞肉串、特製燒賣等，都是人氣料理。總本店B1是和牛壽喜燒餐廳，新館「北口店」可上網查詢。

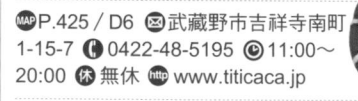

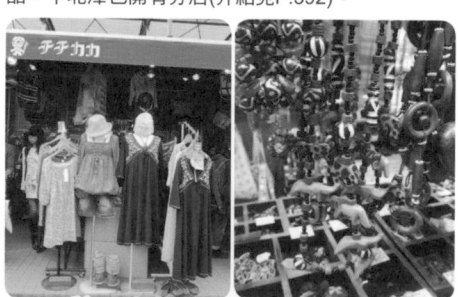

井之頭自然文化園(動物園)

📷 **MAP** P.423 ✉武藏野市御殿山1-17-6 📞0422-46-1100 🕐09:30～17:00 🚫週一(遇假日休週二)、12/29～1/1 💲成人￥400，兒童￥150(5/4、5/17、10/1免費入園) 🌐www.tokyo-zoo.net/zoo/ino

井之頭自然文化園緊鄰井之頭恩賜公園，是東京郊區最受親子歡迎的動物園，除了擁有多種大小動物，溫室熱帶鳥園等，園裡也設有遊樂場、資料館、美麗的日本庭園，還有展示兩百多件雕刻藝術品的雕刻館。位在井之頭恩賜公園內還有一處分園，以水生的動植物、昆蟲為主，不須另外買票。

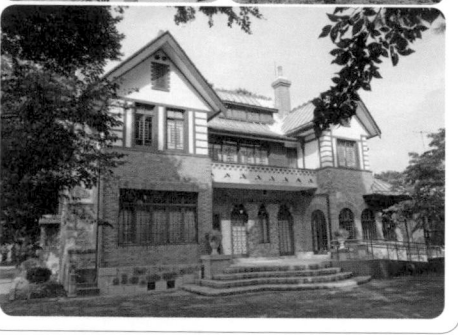

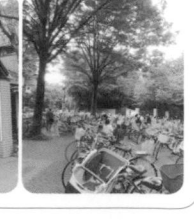

チチカカ titicaca

🛍 **MAP** P.425 / D6 ✉武藏野市吉祥寺南町1-15-7 📞0422-48-5195 🕐11:00～20:00 🚫無休 🌐www.titicaca.jp

チチカカ以南美的手工藝品、服飾配件為主題，充滿濃郁的民俗色彩。店內大部分的手工藝品都是從南美直接帶進來，均是當地素人創作維生的產品，下北澤也開有分店(介紹見P.392)。

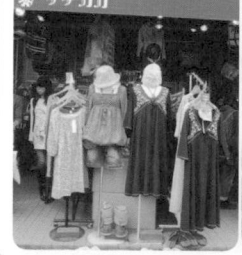

Malaika

🗺️P.425／E6 ✉武藏野市吉祥寺南町1-15-14 ☎0422-26-9226 🕐11:00～20:00 🈂無休 🌐www.malaika.co.jp

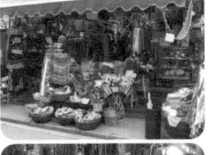
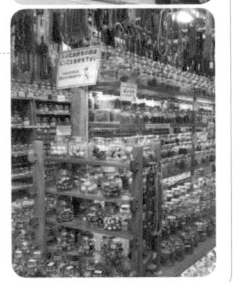

專營從亞洲、中南美、非洲各國進口的服飾、生活雜貨，還有不少手工鈕扣、珠珠，都具有民俗色彩。店內小物品非常多，加上售價也不高，200日圓也可買到可愛的小飾品，所以生意不差。

幽靈居酒屋 遊麗

🗺️P.425／E5 ✉武藏野市吉祥寺南町1-8-11 ☎0422-41-0194 🕐17:00～23:30 🈂無休 🈂幽靈界2人套餐¥2,300 🌐www.yurei.jp

以日本的幽靈鬼怪為主題的餐廳，頗受年輕人歡迎，服務生一律幽靈打扮，神主牌當訂位名牌，各種新奇古怪的餐點更是讓人驚嚇連連。

König

🗺️P.425／E6 ✉武藏野市吉祥寺南町1-17-10 ☎0422-49-4186 🕐10:00～20:00 🈂無休 🈂肉腸堡¥600，肉腸¥400 🌐www9.plala.or.jp/KOENIG

曾在德國香腸比賽獲得優勝，你就可以想像這個連肉腸的故鄉都「さ樂」的香腸有多好吃了。肉腸Q脆有咬勁，直接吃或用麵包夾著吃都美味，英國馬芬夾厚切火腿也是讓人想大咬一口；隔壁賣的是珍珠奶茶。

Woodberrys

🗺️P.425／E5 ✉武藏野市吉祥寺南町1-4-1 ☎0422-48-3315 🕐12:00～22:00 🈂無休 🈂優格鮮果冰沙¥320(S)、390(M)、530(L) 🌐woodberrys.co.jp

純正自然的新鮮水果，加上日本國產高等優格，就是一杯冰心透涼、自然酸甜好吃的冰沙。你可以選單一水果口味，或點2、3種水果來個綜合風味，都相當美味；店面非常小，但人氣可不小喔！

Marion Crêpes

🗺️P.425／E5 🕐10:00～20:00 🈂無休 🈂可麗餅¥370起 🌐www.marion.co.jp

東京到哪裡都會看到可麗餅攤，而且都是要加入排隊的隊伍，Marion鼎鼎有名，始祖店在原宿，不用¥500，就有鮮甜可口的水果捲餅，誰不愛呢！

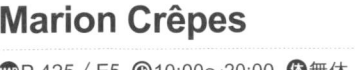
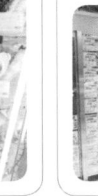

タレカツ炸豬排

🗺️P.424／D4 ✉武藏野市吉祥寺南町1-1-9 ☎0422-43-0429 🕐11:00～22:00 🈂無休 🈂炸豬排丼¥830起，炸蝦丼¥1,030 🌐tarekatsu.jp

新潟風味的炸豬排，使用和豚的腿肉，沾以甜甜辣辣的醬油，相當下飯，搭配使用的當然是新潟有名的白米飯，中野、澀谷、神保町也有分店。

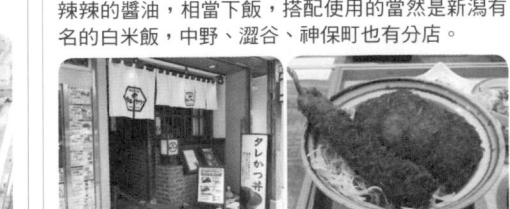
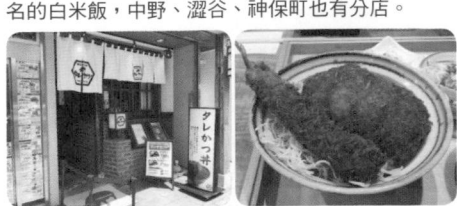

Jack Wolfskin

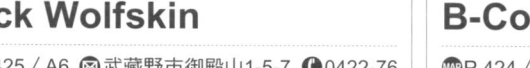

MAP P.425 / A6 武藏野市御殿山1-5-7 0422-76-0711 11:30～20:00 無休 wolfhouse.jp

知名的高科技防水透氣戶外用品品牌，在東京只有這一間直營門市。你知道嗎，Jack Wolfskin其實是台德合作的品牌，世界第一家專賣店就成立在台北。另一戶外用品名牌Patagonia，就開在隔壁。

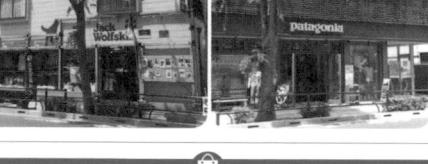

B-Company

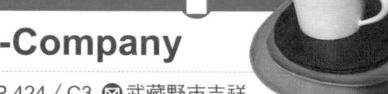

MAP P.424 / C3 武藏野市吉祥寺本町2-2-3 0422-23-6166 11:00～20:00 無休 onlineshop.b-company.co.jp

相當知名的生活雜貨品牌，在東京地區有許多分店，以鄉村風格的商品為主，集合許多知名雜貨，也有木製櫥櫃或沙發等，餐具、飾品樣式也多。

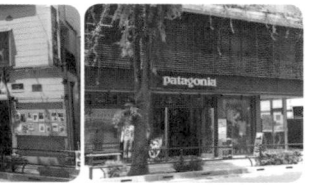

K×K by Kitchen kitchen

MAP P.424 / D3 武藏野市吉祥寺本町1-5-1(PARCO百貨B1樓層) 0422-22-4300 10:00～21:00 不定休 www.kitchen-kitchen.jp

這家以廚房雜貨為主角的生活雜貨品牌，商品精緻實用外，最重要就是便宜，大部分都只要100日圓呢，簡約自然又好看，錯過購買的機會太可惜。

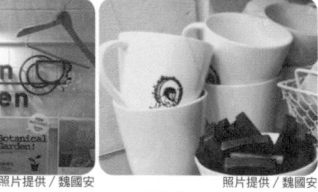

照片提供／魏國安

L. Musee

MAP P.424 / C3 武藏野市吉祥寺本町2-12-2 0422-20-6710 12:00～18:00 不定休 www.l-musee.com
照片提供／魏國安

這家珠珠、鈕扣專門店，小小的店面好比鈕扣博物館，一瓶瓶整齊地整牆整櫃排列，五顏六色、造型、素材千奇百怪，數百瓶一字排開真是壯觀。

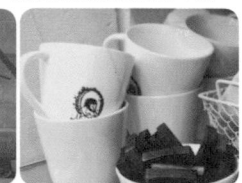

照片提供／魏國安

照片提供／魏國安

Village Vanguard Diner

MAP P.425 / B3 武藏野市吉祥寺本町2-20-1 0422-22-1003 11:30～23:00 無休 漢堡¥980起，餐點¥580起 www.village-v.co.jp/diner

由賣什麼都不奇怪的Village Vanguard所經營的美式餐廳，改用肉汁噴發的漢堡來征服顧客，來征服顧客，加了酪梨的酪梨堡是我最愛的口味，另外，鐵鍋餐也是特色餐點之一，沙拉丼飯同樣爆好吃的。

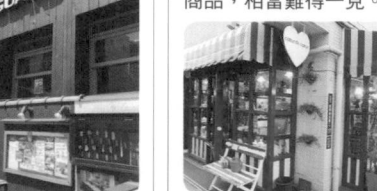

Coeur de Coeur

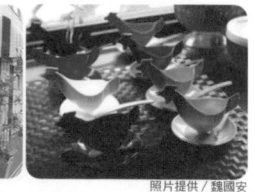

MAP P.424 / B3 武藏野市吉祥寺本町2-17-14 0422-22-6472 11:00～21:00 無休

藍白線條相間的小店，淡淡地散發南歐風情，是吉祥寺生活雜貨店的老字號，專門進口歐洲的精緻商品，相當難得一見。另有2號店(MAP P.424 / A1)。

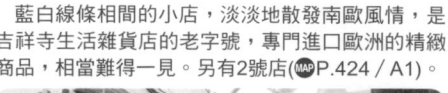

照片提供／魏國安

Free Design

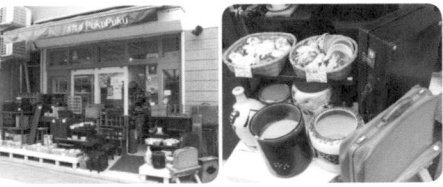

MAP P.424 / B2 ✉武藏野市吉祥寺
本町2-18-2(2F) ☎0422-21-2070
🕐11:00～20:00 休無休 http freedesign.jp

　店開在2樓，蒐羅各知名國際設計品牌的商品，將不大的店面，弄得像美術館的禮品店，高級新奇的文具、生活用品、食器、擺飾等，隨處可見。

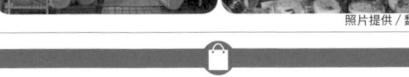

Puku Puku

MAP P.424 / A2 ✉武藏野市吉祥
寺本町2-26-2 ☎0422-27-1636 🕐11:30～19:30
休無休 http pukupukukichi.blogspot.com

　以販售大正、明治，以及昭和初期的古物、家具為主，店內有大量的早期陶瓷碗盤、小碟，可以用相當優惠的價格，買到樸拙的百年歷史餐具。

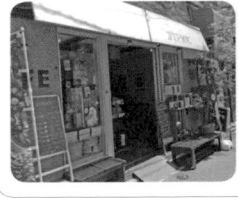

Cave

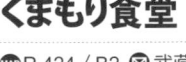

MAP P.424 / A2 ✉武藏野市吉祥寺本町
2-26-1 ☎0422-20-4321 🕐11:30～
20:00 休週四 http www.cave-frog.com

　1999年開業至今，店裡90%的商品都跟青蛙有關，文具、生活雜貨、包包等，都是綠色青蛙的圖案，想必老闆愛蛙成痴，蛙迷們必訪。

照片提供／魏國安

ぷらす90℃

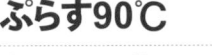

MAP P.424 / B2 ✉武藏野市吉祥寺
本町2-17-2 ☎0422-27-1182 🕐11:00～20:00
休週二 💲咖啡￥350～600 http plus90.coffee

　藏身巷子裡的小小咖啡館，上門的大都是當地居民，使用自家烘焙的咖啡豆手工沖煮，簡單又香醇。巷子裡也有幾家時髦的商店可以逛逛。

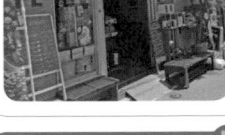
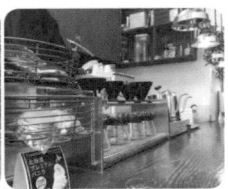

BRUAN

MAP P.424 / A2 ✉ 武藏野市吉祥寺本町2-34 ☎042
2-20-9548 🕐11:00～19:00 休週三

　有許多實用的木製家具飾品、漆器餐具，以及藝術家手作的陶瓷餐具，件件精緻，以貓咪圖案的創作最多，店家外頭掛有許多有趣的動物造型風鈴。

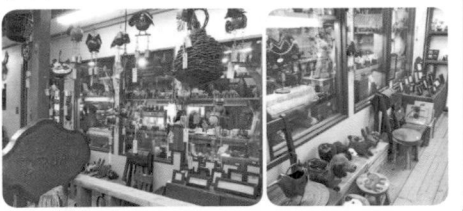

くまもり食堂

MAP P.424 / B2 ✉武藏野市吉祥寺本町2-20-7 ☎04
22-23-2533 🕐11:30～22:00 休週二 💲午餐套
餐￥1,250，加￥200附甜點 http tokyo.pegaschool.
com/sakuhin/seito/pega16

　商店街內的小食堂，家庭式的洋食餐點，保證可以吃飽的分量，好評的甜點也絕不能錯過，深受當地居民及上班族青睞。店內裝潢非常有氣氛，除了懷舊的古典風情，還有水晶吊燈呢。

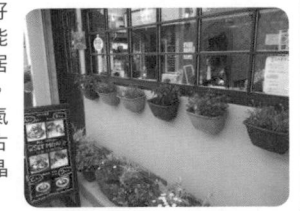

錆貓Gallery

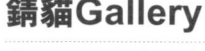

MAP P.424／A2 　武藏野市吉祥寺本町2-33-1 　04
22-23-5107 　12:00～19:00 　休週二、換展期間
http sabineko-gallery.com

　　位在街角小小的藝廊商店，以貓咪為主題，不時
都有不同的展覽在店內舉辦，同時也有販售許多貓
咪造型的各
類飾品、
小物。

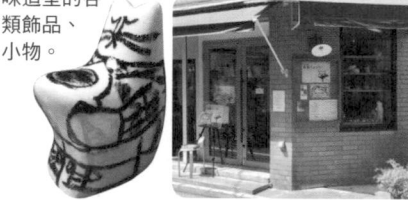

Billboard

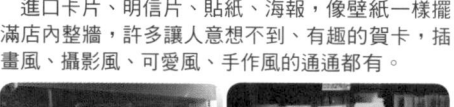

MAP P.424／A1 　武藏野市吉祥寺
本町2-33-11 　0422-22-8119 　10:30
～20:00 　休週二 http www.billboard-kj.com

　　進口卡片、明信片、貼紙、海報，像壁紙一樣擺
滿店內整牆，許多讓人意想不到、有趣的賀卡，插
畫風、攝影風、可愛風、手作風的通通都有。

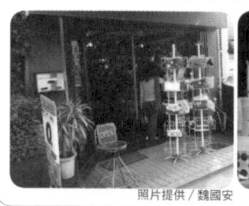

照片提供／魏國安　　　　　照片提供／魏國安

Wickie

MAP P.424／A2 　武藏野市吉祥寺本町3-2-9 　04
22-26-8792 　12:00～20:00(週三11:00～18:00)
休無休 http www.wickie69.com

　　店內商品不多，有舊貨、有新品，都是店主親手
找來的生活用品，以懷舊風格的北歐生活雜貨占大
多數，讓人有逛歐洲跳蚤市場的氣氛。

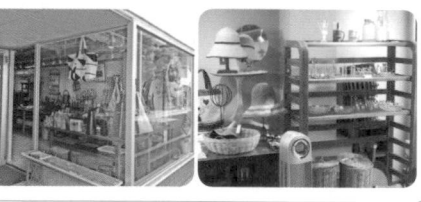

Arnolds

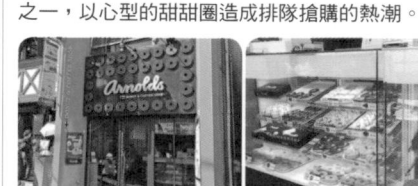

MAP P.424／C2 　武藏野市吉祥
寺本町2-13-1 　0422-20-5550
10:00～21:00 　休無休 　甜
甜圈￥150～240 http www.arnolds.jp

　　來自芬蘭的甜甜圈品牌，是吉祥寺知名的甜點店
之一，以心型的甜甜圈造成排隊搶購的熱潮。

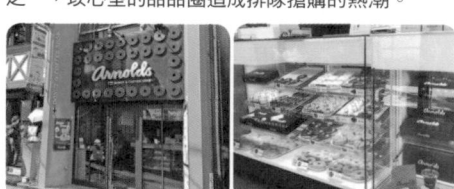

Knot

MAP P.424／A1，原宿店P.251／A7 　武藏野市
吉祥寺本町2-33-8 　0422-27-6360 　11:00
～19:00 　休無休 http knot-design.com

　　手錶專門店，可以客製自己想要的手錶，從選錶
面、形狀、顏色、錶帶到材質等，定製一隻與眾不
同的專屬手錶。Knot也有專門店落腳在台北。

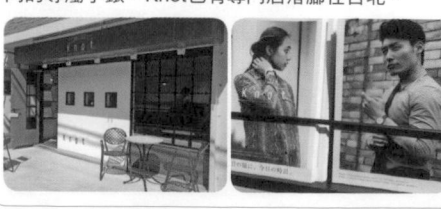

おかしのまちおか休閒食品店

MAP P.424／F3 　武藏野市吉祥寺本町1-15-1 　04
22-21-1559 　10:00～21:00 　休無休 http www.ma
chioka.co.jp

　　要買送給同事、朋友的日本糖果餅乾，找這家店
就對了，不僅選擇多，價錢也相當不錯，在東京有
不少分店，可以上網查詢。

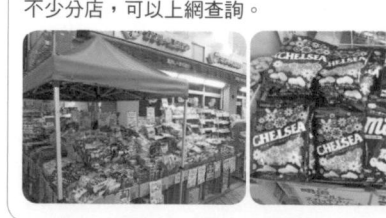

Maruruzoro

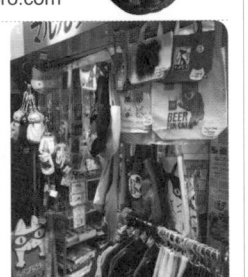

✉武藏野市吉祥寺本町1-28-3
📞0422-27-576 🕐11:00～19:00
休週一、四 http maruruzoro.com

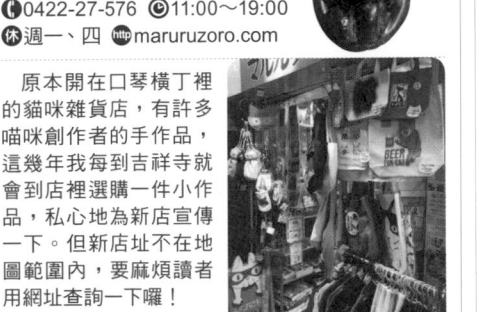

原本開在口琴橫丁裡的貓咪雜貨店，有許多喵咪創作者的手作品，這幾年我每到吉祥寺就會到店裡選購一件小作品，私心地為新店宣傳一下。但新店址不在地圖範圍內，要麻煩讀者用網址查詢一下囉！

註：照片為狹小的舊店址

上海小籠包

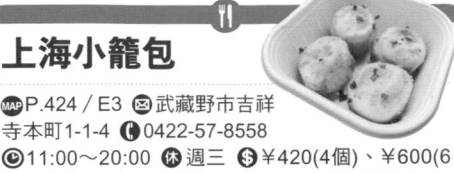

MAP P.424／E3 ✉武藏野市吉祥寺本町1-1-4 📞0422-57-8558
🕐11:00～20:00 休週三 $¥420(4個)、¥600(6個)，杏仁豆腐¥210 http www.yaki-syouronpo.com

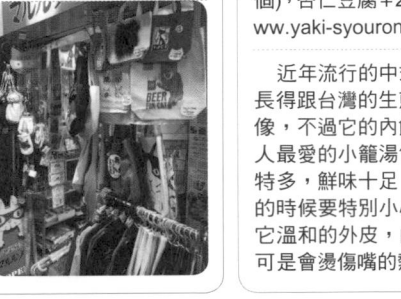

近年流行的中式小吃，長得跟台灣的生煎包非常像，不過它的內餡採日本人最愛的小籠湯包，湯汁特多，鮮味十足。不過吃的時候要特別小心，別看它溫和的外皮，內餡湯汁可是會燙傷嘴的熱度。

吉祥寺 佐藤肉鋪 さとう

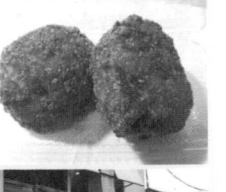

MAP P.424／E3 ✉武藏野市吉祥寺本町1-1-8 📞0422-22-3130 🕐10:00～19:00 休無休 $可樂餅(激うまコロッケ)¥150，炸肉餅(元祖丸メンチカツ)¥240 http www.shop-satou.com/shop/kichijouji1

日本炸肉餅的創始店家，經營高級肉品即炸肉排熟食的生意，經由媒體不斷地報導，店前無時無刻都有人排隊等著購買知名的現炸炸肉餅，還限定購買數量呢！另外，可樂餅、炸牛排，也是佐藤的招牌商品。2樓還開設有牛排餐廳，提供高級和牛料理。

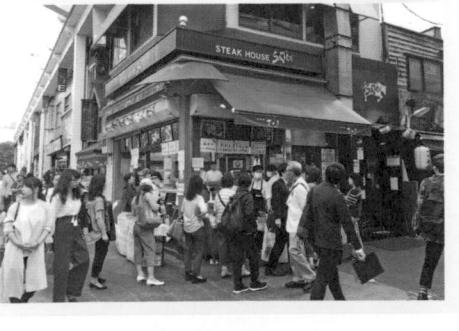

吉祥寺 口琴橫丁 ハーモニカ

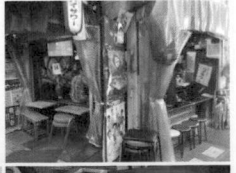

MAP P.424／E3
http hamoyoko.jp/hamonika_kichijoji

巷道狹小、有著許多熱鬧小食堂的區域，這裡就是吉祥寺車站前有名的「口琴橫丁」（ハーモニカ橫丁），二次大戰後開始發展成形的小巷道裡，有許多的小吃攤、拉麵店、居酒屋等，以濃濃的復古昭和懷舊風景，吸引外地遊客前來觀光，品嘗在地的老味道。入夜後的口琴橫丁最熱鬧了。這裡也是當地人品嘗道地家鄉味的地方。

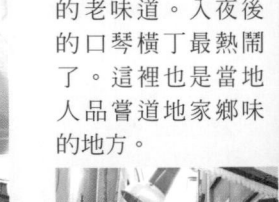

Croissant Taiyaki

⬤P.424／E3 ✉武藏野市吉祥寺本町1-7-10 ☎04
22-28-0601 ⏰10:00～21:00 休無休 ＄￥210起
🌐www.croissant-taiyaki.com

　將傳統的日式鯛魚燒變成時髦的法國風味，酥脆的焦糖餅皮讓人欲罷不能，一尾接一尾地將所有口味一次嘗盡。在東
京有相當多的分
店，可上網查詢。

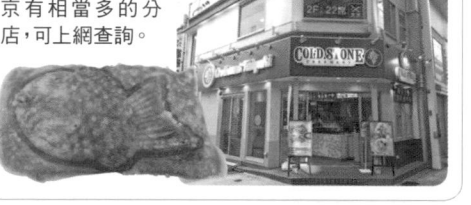
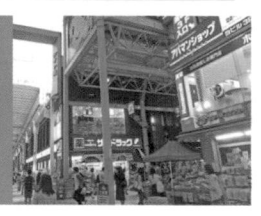

橫濱くりこ庵鯛魚燒

⬤P.424／E3 ✉武藏野市吉祥寺本町1-1-7 ☎04
22-27-6980 ⏰10:00～21:00 休無休 ＄鯛魚燒
￥136～210 🌐kurikoan.com

　知名的鯛魚燒品牌分店，位在人來人往的路口，停下腳步買來品嘗的外國遊客不少，皮厚餡飽滿，夏天還會推出夾著冰淇淋的鯛魚燒(￥210)。

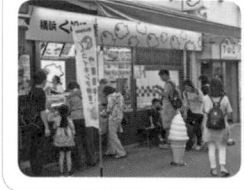
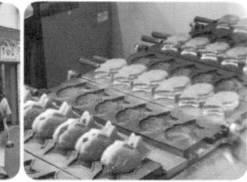

433

三鷹・吉祥寺

吉祥寺 SUNROAD 商店街 サンロード

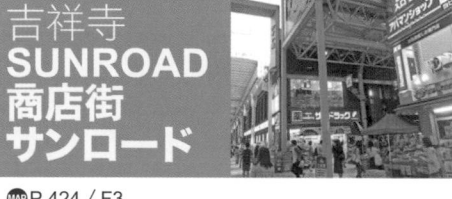

⬤P.424／F3
🌐www.sun-road.or.jp

位在吉祥寺車站北口正對面，以舊有的商店街重新改裝而成，新型態的雨遮，讓雨天也能輕鬆地逛街購物；晴天時也能打開天窗，讓空氣流通；也為銀髮族的主要顧客，鋪設了防滑地磚呢！SUNROAD商店街主要以藥妝店、服飾店、食堂、居酒屋
為主，也保有幾家
老商店、理髮廳，
甚至藏身的一座小
寺廟，感覺相當有
復古風情。

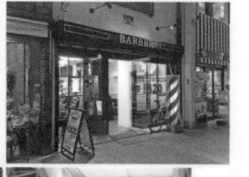

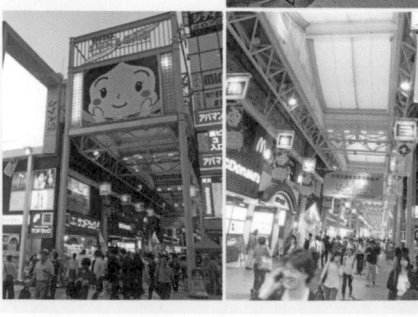
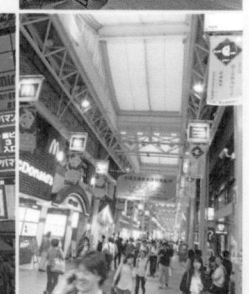

吉祥寺 DAIYAGAI 商店街 ダイヤ街

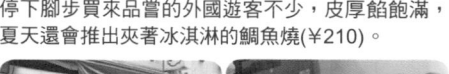

⬤P.424／F3
🌐www.daiyagai.com

同樣位在吉祥寺車站北口正對面，入口與SUNROAD商店街呈90度面對面，也同樣是以舊商店街重新改裝而成，透白的基調，設計上與SUNROAD差不多，但較具藝術性。DAIYAGAI以老字號店舖較多，服飾店也比較新潮時髦些，除了服飾店、禮品
店外，也有幾家商
店街都會有的熟食
店、小食堂，仍保
有傳統商店街親切
的精神。

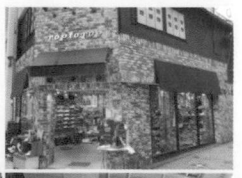

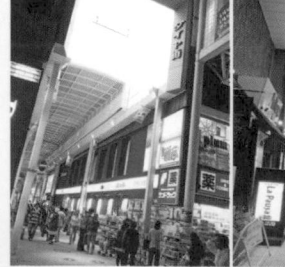
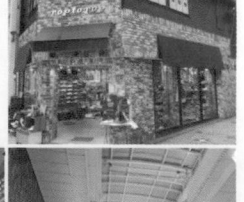

調布 Chofu

http www.csa.gr.jp

交│通│對│策

從東京→調布
搭乘京王線電車：從京王新宿站搭乘京王線，到「調布」站（各車種皆有停靠）/ 搭急行的車程約23分鐘，車資￥240 / http www.keio.co.jp

從調布車站→深大寺
搭公車：調布車站北口14號站牌，搭乘往「深大寺(調34)」路線公車（京王巴士），到終點站「深大寺」下車 / 車程約20分鐘，車資￥210 / http www1.keio-bus.com/

散│步│對│策

深大寺參道上的商店、餐廳，大部分週一休息不營業，計畫造訪時請記得避開喔！

從深大寺→吉祥寺、三鷹
調布除了深大寺外，就沒有其他重要景點了，不妨安排早上來訪，順便在這裡用午餐，午餐後再從深大寺直接搭乘公車「吉祥寺(吉06)」前往吉祥寺觀光（見P.420），或搭「三鷹(鷹56)」到三鷹的吉卜力美術館參觀（見P.422）/ http www.jindaiji.or.jp/contact

深大寺因NHK晨間小說劇「鬼太郎之妻」在這裡取景拍攝而一夕翻紅，而調布地區也正是劇中鬼太郎作者「水木茂」一家的生活居住地，所以從車站到商店街到深大寺參道上，都可看到漫畫鬼太郎裡主角們的塑像，儼然是調布的代言吉祥物，是調布的觀光特色。

深大寺：東京都內可以與淺草寺歷史比擬的就屬這座古寺了，相傳創寺於西元773年，目前寺廟本堂的樣貌是大正時代重建的，而樸實莊嚴的「元大三師堂」為1867年再建而成。寺廟境內另一樣貴重的古文物是安置在釋迦堂裡的「白鳳佛」。深大寺後方是一片廣大的植物公園，秋天紅葉的景色吸引很多人前來一遊，而每年3月3～4日這2天，寺廟境內會有「達摩市」的達摩不倒翁祈願活動，相當熱鬧。

深大寺赤駒：以稻草編成的祈福御守，因出現在電視劇裡而大受歡迎，一隻約￥1,500起。

深大寺蕎麥麵：蕎麥麵是調布的名產之一，深大寺周邊因氣候、土壤適合栽種蕎麥，所以分布有廣大的蕎麥田，食材原地自產最新鮮。蕎麥麵以參道附近的「玉乃屋」（週一休）最為有名，不妨午餐來這裡吃蕎麥麵。

鬼太郎茶屋：茶屋位於參道入口，是最顯眼的一間店鋪，店外有許多鬼太郎塑像當招牌，店內也販售許多鬼太郎的紀念品、伴手禮，茶屋的甜點也都以鬼太郎為主題，圓圓的眼珠湯圓相當可愛。茶屋2樓則設有「妖怪美術館」展出水木茂所繪製的鬼太郎畫作（鬼太郎茶屋週一休，遇假日休週二）。

草饅頭：外皮煎得香酥、內包紅豆餡，是深大寺著名的小吃之一，約￥200一個。

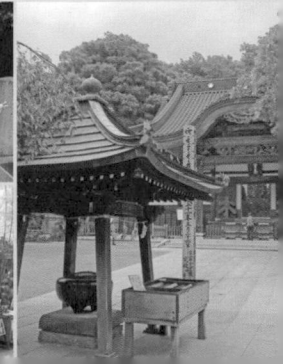

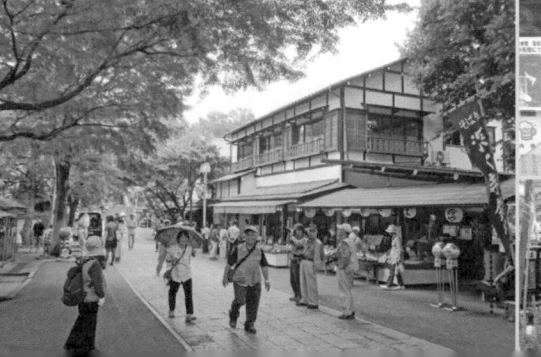

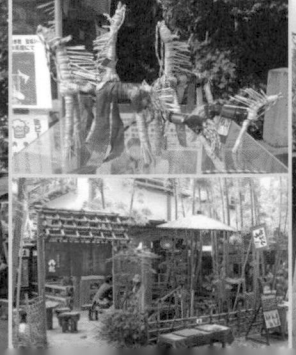

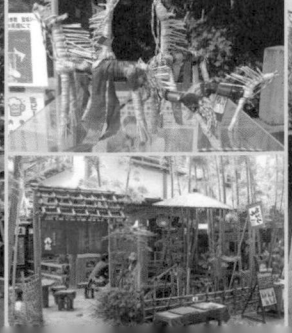

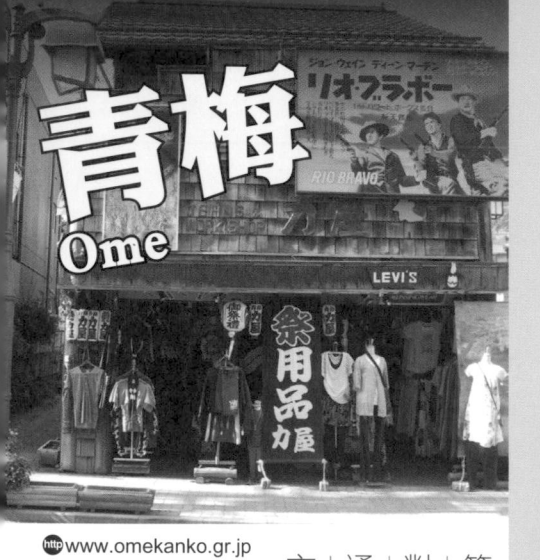

青梅 Ome

http://www.omekanko.gr.jp

青梅同樣位在東京都的範圍內，雖稍遠、交通時間較長，但仍是相當值得一遊的小市鎮。青梅已充滿懷舊的早期昭和風景，成爲它的觀光特色，從車站起到主要的商店街，處處都看得到早期手繪的電影看板，時光一下倒回50年，商店街上的幾個參觀景點也都是以此特色爲主，喜歡懷舊風景的朋友不要錯過這個小地方喔！以下介紹青梅值得參觀的景點：

青梅鐵道公園：位在車站後方的山坡上，需要有點腳力的景點，展示退役的蒸汽火車、新幹線車廂等，頗受小遊客歡迎，¥100。

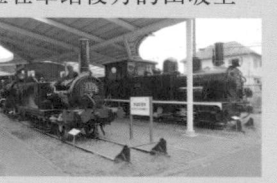

電影看板街：舊青梅街道是青梅主要的商店街與景點所在，各處都掛有手繪電影大看板，沿路的裝飾也都是濃濃的懷舊風貌。

昭和懷舊商品博物館：以古早柑仔店的樣子展示昭和時期的懷舊玩具、卡通商品，每一樣都可以讓人懷念好久呢，¥350。

昭和幻燈館：館內有許多手繪電影看板，也有許多迷你昭和街道風景的模型，搭配燈光與展場布置，非常地有味道，¥250。

青梅赤塚不二夫會館：這是漫畫大師赤塚不二夫的展示館，工作室的模樣、畫作、卡通等，將大師的生平做了完整的展示，¥450。

可以購買赤塚不二夫會館、昭和幻燈館與昭和懷舊商品博物館的3館共通參觀券，較爲划算，只要¥800。

交│通│對│策

從東京→青梅
搭乘JR電車：從JR東京站、新宿站搭乘JR電車「中央線‧青梅線快速」到「青梅」站，車程約1小時30分鐘／或搭乘「中央線快速」到「立川」站，再轉搭「青梅線」到「青梅」站，車程約1小時45分鐘／車資¥920(東京站)、¥800(新宿站)

散│步│對│策

青梅的參觀景點都在週一休息不營業，除非遇到週一是日本的假日(遇假日休週二)，否則請記得避開喔！免得花這麼多時間搭車，卻白跑一趟。

若沒有太多時間逛遊青梅，可以參觀車站周邊及商店街的景點就好，稍遠的景點都是古蹟、古宅，路程比較遠，繞一大圈需要多走個1小時左右的腳程。

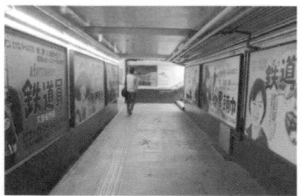

回程同樣可以在吉祥寺下車，或在中野下車，可逛逛中野有趣的百老匯商場。

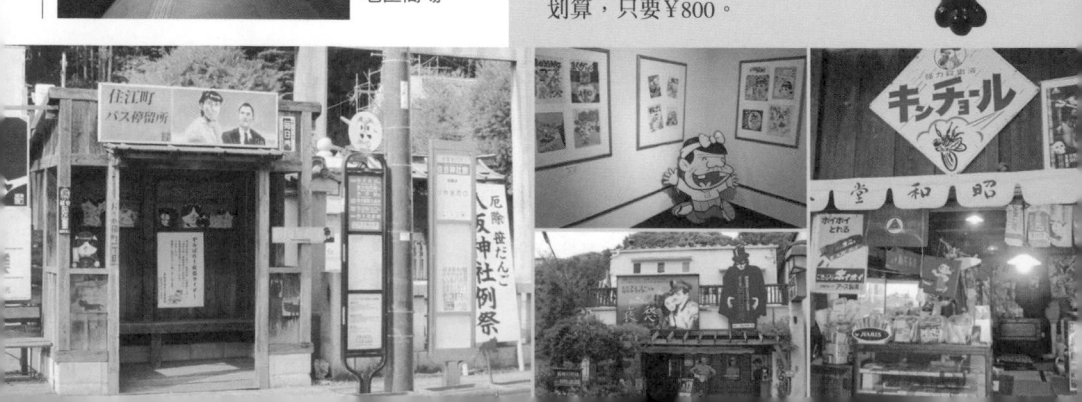

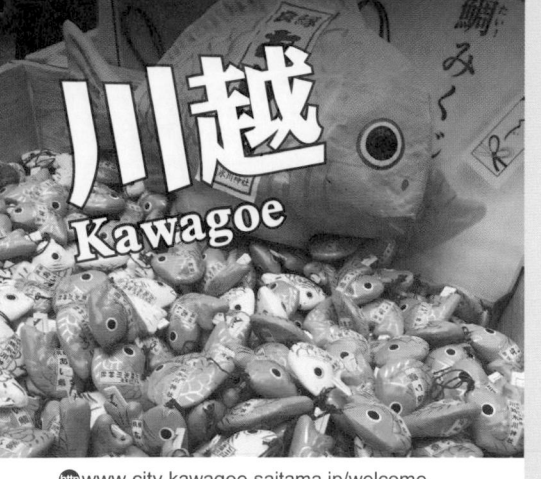

川越
Kawagoe

🌐 www.city.kawagoe.saitama.jp/welcome
🌐 www.koedo.or.jp

交 | 通 | 對 | 策

從東京→川越

1. **搭乘JR電車**：從JR池袋站搭乘JR電車埼京・川越線(快速)，至「川越」站 / 車程約需48分鐘，池袋→川越¥670
2. **搭乘東武列車**：從池袋站搭乘私鐵東武東上線(急行)，至「川越」站 / 車程約需35分鐘 / 可購買「小江戶川越クーポン」¥1,000，費用包含東武巴士1日周遊 🌐 www.tobu.co.jp/tojo/coupon/kawagoe
3. **搭乘西武列車**：從西武新宿站搭乘西武新宿線，至「本川越」站 / 車程約需60分鐘(急行)，45分鐘(特急) / 可購買「西武鐵路周遊券」(急行)¥700，或「川越悠遊車票」(特急)¥1,500 / 🌐 www.seiburailway.jp/railways/tourist/chinese/ticket/deals_kawagoe.html
4. **搭乘東京Metro副都心線**：搭至和光市站，再轉搭東武東上線至「川越」站 / 可購買「急東武東上線小江戶川越聯票」¥1,520 / 🌐 www.tokyometro.jp/tcn/ticket/value/otherline/index.html#anc11

搭乘川越觀光循環巴士

循環巴士：可在車站旅客服務櫃檯購買票券，循環巴士行經川越各主要觀光景點，可隨時上下車搭乘 / 小江戶巡迴巴士1日周遊券¥500，小江戶景點周遊巴士1日周遊券¥300 / 🌐 www.koedo.or.jp/foreign/chinese_tr/bus

散 | 步 | 對 | 策

如果你的腳力夠，可以用散步的方式仔細逛遊川越，從川越車站前的商店當起點，連接至老街區的一番街，參觀祭典會館後再逛至菓子屋橫丁，之後步行約15分鐘抵達川越城本丸御殿，若還有體力，可再走20分鐘至喜多院參觀。

　川越位在東京都的隔壁縣「埼玉縣」，離東京不到1小時的交通時間，相當適合做一日遊的行程。川越素有「小江戶」之稱，屬於江戶時期北邊的護城之一，以靠近河岸船運興盛而繁榮一時，同時又與德川家有淵源，所以名勝古蹟相當多。川越曾於1893年發生大火災，目前的建物幾乎都是火災後重建保留至今，當地以倉庫建築最為有名，都是逃過二戰防空摧毀下的歷史文化財產。以下介紹幾個必參觀的景點：

一番街：是川越主要的老商店街，街道兩旁很多都是百年老店鋪，建物也都是氣派的倉庫形式建築，老街旁還有一座木造的鐘樓，每天會敲鐘4回報時(06:00、12:00、17:00、18:00)。

川越祭典會館：每年10月中旬，川越舉辦為期約2天的熱鬧祭典，華麗的山車繞著街道遊行，相當壯觀。祭典會館就是展示山車以及祭典歷史文物的場所。

菓子屋橫丁：這個區域以懷舊的柑仔店、醬菜店、糖果店聞名，讓人有如回到小時候的童年時光般，重新品嘗懷念的小零嘴。

川越城本丸御殿：建於1848年，是江戶時期諸侯的豪華城宅，目前僅存玄關以及長廊供參觀，這裡也是電視劇「仁醫」取景的地方。

冰川神社：每年春天櫻花祭是最美的時刻，河川上佈滿粉紅花瓣的櫻花隧道；夏天則有風鈴祭典，女生喜歡穿著和服到這裡取景。

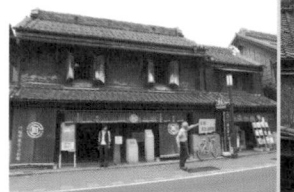

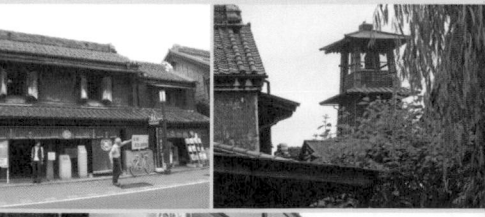

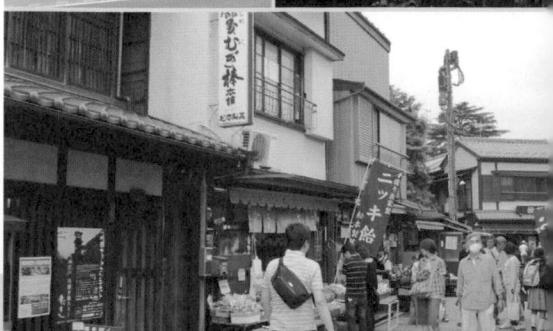

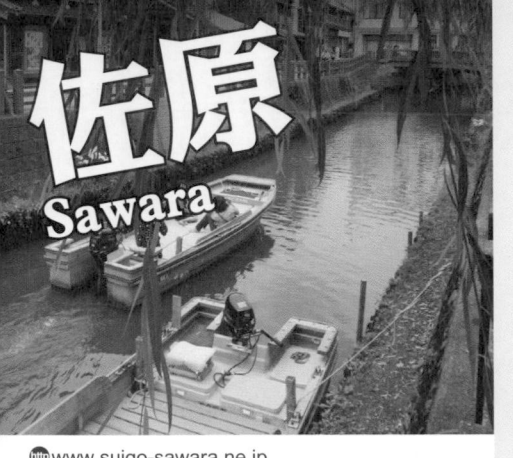

佐原
Sawara

www.suigo-sawara.ne.jp

佐原曾以釀造醬油、製酒聞名，並利用河川轉運貨物而繁榮一時，所以有水鄉佐原之稱，而與川越同樣有著「小江戶」的別名，有江戶風景的古寺、古宅才是參觀的重點，許多商店也都是有著百年以上，古色古香的傳統建物。另外香取佐原地區也以公園、花田、櫻花、水岸美景聞名，只要是賞花季節，這裡就特別熱鬧，香取神宮更是人人必訪。

香取神宮：歷史悠久的香取神宮是日本的國有文化財，境內高大的老杉木相當多，本殿、拜殿都值得參觀，境內的寶物館收藏有一面中國唐代的「海獸葡萄鏡」，列為日本國寶。

山車會館：展示每年10月9～10日，佐原秋天大祭典所使用的豪華山車，共有14台，每台都有不同的代表人物，祭典期間熱鬧遊街。

小野川：河川兩岸翠綠的垂柳與豔紫的鳶尾花最漂亮，還有數座跨河川的石橋、木橋，各有特色，以忠敬石橋與木造的樋橋最有特色。

曳舟遊野川：這是旅遊佐原最主要的活動，搭乘平底遊船，欣賞小野川兩岸的風景，尤其是花季時期最為漂亮，￥1,300／人。

www.kimera-sawara.co.jp/business/boat.html

伊能忠敬紀念館、故居：日本江戶時期地圖測繪師，日本第一張全國地圖便是出自他手。

交│通│對│策

從東京→佐原
1. 從JR東京站搭乘JR電車「Airport成田快速」或「總武本線快速‧成田線」到「成田」站，轉搭「成田(佐原－銚子)」到「佐原」站／車程約1小時50分鐘，車資￥1,660
2. 從JR上野站搭乘JR電車「常磐線快速」到「我孫子」站，轉搭「成田線(我孫子－成田)」到「成田」站，再轉搭「成田線(佐倉－銚子)」到「佐原」站／車程約2小時，車資￥1,660
3. 從JR上野站搭乘JR電車「常磐線快速‧成田線」到「成田」站，轉搭「成田線(佐倉－銚子)」到「佐原」站／車程約2小時，車資￥1,660

佐原觀光循環巴士
循環巴士只有在週末、假日行駛(12/29～1/3沒有服務)，每日有13個班次／單程￥300、一日券￥500，可在車上或觀光案內所買票／www.city.katori.lg.jp/living/kotsu_doro/kokyo_kotsu/bus/community-bus/bus005_99.html

租借一日自行車
可以在車站前的觀光案內所申請登記，使用時間09:00～16:30，普通自行車￥500、電動自行車￥700，遇雨天不租借／www.suigo-sawara.ne.jp/?p=we-page-single-entry&spot=81212&type=spot&theme=theme-5

散│步│對│策

佐原的交通時間長、車資稍高、交通也比較複雜一點，而且平日開門營業的商店不多，人潮相對少很多，不妨選擇循環巴士有服務的週末、假日來，買張一日搭乘券或租借機動性高的單車。

可以搭循環巴士先前往較遠的「香取神宮」參拜，再搭循環巴士回觀光點集中的「忠敬橋」，觀光逛街、搭船遊川。

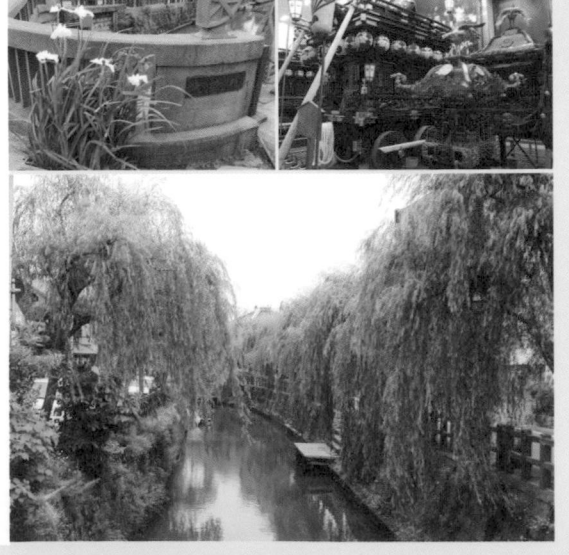

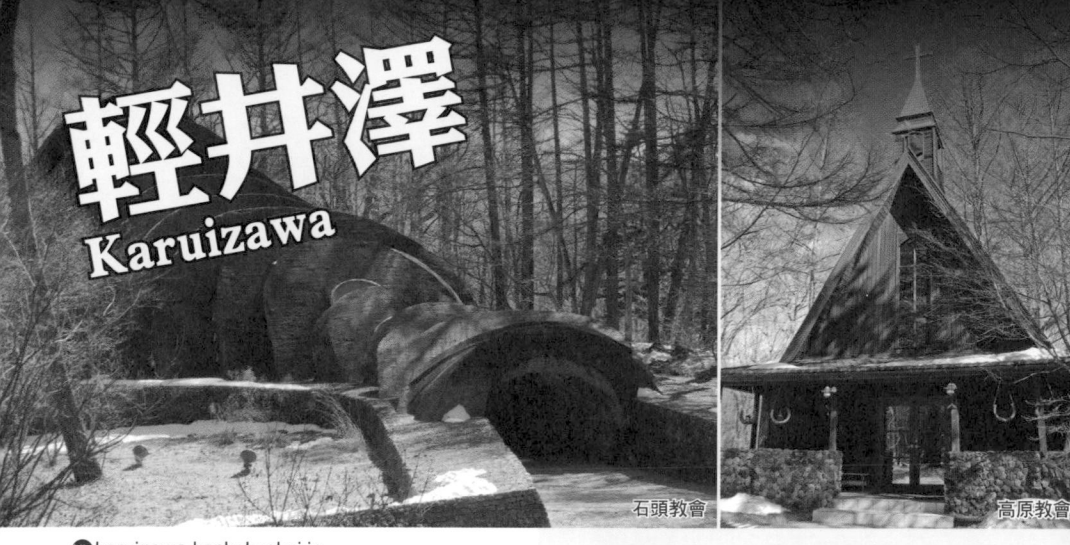

輕井澤
Karuizawa

石頭教會

高原教會

http://karuizawa-kankokyokai.jp

交│通│對│策

從東京→輕井澤

1. 從JR東京車站或上野車站出發：
搭乘JR北陸新幹線，至輕井澤車站下車(中途不需轉車) / 車程約需70～80分鐘；東京→輕井澤¥5,710(指定席)、¥5,390(自由席)、¥7,450(綠色頭等席)

2. 從JR新宿車站或池袋車站出發：
搭乘JR電車埼京‧川越線通勤快速電車，至大宮車站下車，轉乘JR北陸新幹線，至輕井澤車站下車 / 車程約需90～120分鐘；新宿→輕井澤¥5,500(指定席)、¥5,180(自由席)、¥7,240(綠色頭等席)

3. 使用JR PASS或JR東京廣域周遊券：
若持有這兩種票券其中之一，就可以免費搭乘

4. 車票購買、兌換地點：
各大車站的綠色JR新幹線窗口，都可購買或持JR PASS或JR東京廣域周遊券兌換車票

輕井澤當地交通

1. 搭町內循環巴士：
A. 要從輕井澤車站到舊輕井澤、中輕井澤，有「東‧南迴り」循環巴士可搭乘，循環巴士有分外回線及內回線，若觀光景點僅於舊輕井澤、中輕井。記得：從輕井澤車站出發要搭「內回り」路線，反之要從中輕井澤回輕井澤車站則要選擇「外回り」，才不會繞遠路
B. 循環巴士每日有6～7個班次，有固定的發車時刻表 / 輕井澤車站→舊輕井澤約需4分鐘、輕井澤車站→中輕井澤約需21分鐘、舊輕井澤→中輕井澤約需17分鐘
C. 輕井澤車站→中輕井澤¥200，若你要先在舊輕井澤下車觀光，可向司機索取「乘継券」(續乘券)，再次上車至中輕井澤時可以使用，「乘

輕井澤町位於日本長野縣東部，以夏天避暑、冬天滑雪而聞名。抵達後在遊客服務中心可以拿到豐富的旅遊簡介。以當日來回一日遊來說，主要的旅遊點可安排在舊輕井澤和中輕井澤兩個地區。

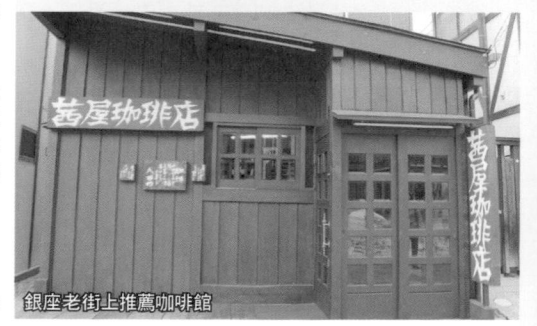

銀座老街上推薦咖啡館

継券」只限當日、一次搭乘有效
D. 網站 http://karuizawa-kankokyokai.jp/access/bus

2. 搭計程車：
若遊玩的時間有限，不妨搭乘計程車節省交通時間 / 輕井澤車站→舊輕井澤，車資約¥1,000；舊井澤→中輕井澤車站，車資約¥1,500

3. 搭鐵道電車：
要從輕井澤車站到中輕井澤，也可以選擇搭乘鐵道電車(長野方面) / 車程約4分鐘；車資¥230 / http://karuizawa-kankokyokai.jp/access/other

觀│光│對│策

輕井澤離東京有點距離，不妨起個大早，盡量在早上10點抵達，回程票買晚上19:30以後，這樣才有充裕時間觀光遊玩。

町内観光案内図

到中輕井澤下車，就會看見這張地圖

再過去一點的小徑，則是世界著名的「石頭教堂」（又稱爲內村鑑三紀念堂），是1988年由美國建築師Kendrick Kellogg所設計，以巨石群的造型與周圍的自然景觀融合在一起。參觀石頭教會要非常靠運氣，千萬別週末來，肯定碰到婚禮進不去，週間也不敢保證沒有婚禮，筆者進去過，坐在教堂內，由自然光、鳥鳴、音樂、窗外的大樹醞釀的氣氛，內心非常感動。

走回剛才的路邊，左轉是去星野蜻蜓溫泉，右轉直走就到榆樹小鎮（商品與餐廳的小集散地），遊玩到此，可能已經下午兩點，你可以在此用餐。大力推薦「川上奄」吃炸蝦喬麥麵，窗外景色美不勝收，而且餐費不貴。

小小散步之後，回頭走到「蜻蜓的湯」，用最平民的價格，泡一個最棒的戶外森林溫泉，大人約￥1,300，租用大小毛巾另加￥300。售票人員會拿出簡易的圖解與你溝通。泡湯時間請抓90分鐘到2小時，不宜太趕，而失去泡湯的悠閒心情。（「蜻蜓的湯」同一般日本溫泉，有紋身的人不能進入泡湯）

搭乘巴士回到輕井澤車站南口，已經是傍晚，自己估算上車時間，在Outlet開始血拼，打烊時間是19:00。右邊、左邊都是購物區，肯定是逛不完，最好研究好店家目錄，選自己最想要買的品牌前往。最後要提醒，車站內便當不一定有剩，建議打包餐廳或是超市裡的食物，再搭上回程的列車。

輕井澤車站南口有熱門的Outlet「Prince Shopping Plaza」但是請放在最後上車前來購物，免得提重又耽誤行程。建議先搭乘計程車去舊輕井澤銀座老街，這裡好逛好買，不要錯過果醬、蜂蜜專賣店，這是兩大特產。另外著名的麵包店「淺野屋」也等你進去品嘗人氣麵包。這條街走到一半，看見Church Street這個小購物中心，轉進去，直走可達著名的「聖保羅天主教堂」，回到銀座老街直走到底，換參觀「肖恩紀念禮拜堂」。（建議把午餐延後，留到中輕井澤去吃）

距離銀座老街不遠的地方有個「雲場池」，據說這湖相當美麗，計程車只需5分鐘即可抵達，筆者雖未親臨，但是網路上評價很好，建議早點到，安排在銀座商店營業之前前往。

從銀座老街搭計程車或是接駁公車回到輕井澤南口，有觀光巴士等候區，在此坐上「星野Hoshino Area」巴士，只要15分鐘就可到中輕井澤。這巴士是有季節性，萬一停駛，你可以搭乘電車「往中輕井澤」下車後一樣有接駁巴士到星野區域。

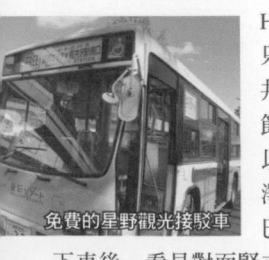
免費的星野觀光接駁車

下車後，看見對面豎立「星野溫泉」，面對這塊招牌的左邊有一條小山路，走上去有點陡，但是15分鐘後，即可抵達兩大著名教堂，左邊樹林中的是「高原教堂」，隱密在停車場

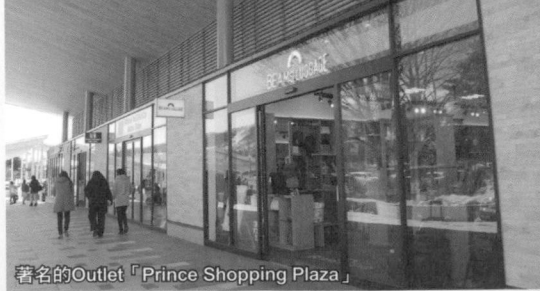
蜻蜓的湯　　川上庵喬麥麵
著名的Outlet「Prince Shopping Plaza」

横濱
Yokohama

交│通│對│策

從東京→橫濱

1.往橫濱車站、拉麵博物館周邊：

A.從JR東京站或品川站搭乘JR電車東海道線、橫須賀線、京濱東北線、上野東京線，至「橫濱」站下車／車程約需25～40分鐘，車資￥470。若要到拉麵博物館需轉乘JR電車根岸線至「新橫濱」站(車資￥550)；若持JR Pass，也可搭乘JR東海道新幹線直抵「新橫濱」站

B.或從澀谷搭乘東急電鐵東橫線至「橫濱」站／車程約需30分鐘，車資￥270

C.或從品川搭乘京急電鐵特急或特快列車，至「橫濱」站／車程約需25分鐘，車資￥300

2.往港未來21、中華街、山手周邊：

A.從JR上野站、東京站或品川站等站，搭乘JR電車京濱東北線，至「櫻木町」站或「石川町」站下車／車程約需35～50分鐘；東京→石川町￥550

B.或從澀谷搭乘東急電鐵東橫線，至「橫濱」站，轉搭港未來線(みなとみらい線)至「みなとみらい」站、「日本大通」站或「元町・中華街」下車／車程約需50分鐘，澀谷→元町・中華街￥480

橫濱當地交通

除了JR線列車可以橫濱車站與山手地區往返，橫濱市內也有市營地鐵、巴士，也有港未來線電車可以利用，橫濱市對遊客推出了許多優惠一日券，可以多加利用 http www.welcomeyokohama.com/tc/jiaotongpiao.php#b

1.東急電鐵一日券+港未來線(みなとみらい線)一日券+橫濱中華街餐券：￥2,500

2.京急電鐵一日券：從品川出發￥1,100；可搭乘京急線+港未來線+橫濱市營地鐵+橫濱市營巴士

橫濱是東京近郊交通最方便的旅遊地區，這個開放通商的貿易港，是關東地區最早西化的城市，也是推動日本明治維新的一股力量，處處都有西洋風味的美麗建築。橫濱可以分成幾個區域旅行，這些地區也都各有特色，處處都有異國風情，雅緻的、熱鬧的、好吃的、好逛的、港灣的、山坡的，總是讓人驚喜不斷，真的很好玩。

3.橫濱港灣未來一日券：從品川出發￥520；自由搭乘坐根岸線(橫濱↔新杉田)普通列車，和橫濱高速鐵道線(港未來線)

4.港灣漫遊一日券：￥500；可搭乘京橫濱市營地鐵+橫濱市營巴士

5.港未來線一日券：￥460；無限次免費搭乘港未來線(みなとみらい線)+景點、商店折扣優惠

6.Seasideline一日券：￥670；新杉田↔金澤八景，適合旅行橫濱南部

除外，也可以利用往來港灣的交通船或觀光循環巴士「紅鞋號」，除了便利也能從另一個角度欣賞橫濱港灣風景 http www.city.yokohama.lg.jp/koutuu/kankou/akaikutsu

橫濱車站

橫濱車站的規模頗大，站內、站外周邊都是百貨商場加一加也有10間以上，人來人往非常熱鬧。比較值得逛的就是在港邊連成一氣的丸井、SOGO，以及商店街，人氣也多的Bay Quarter，還可以從這裡搭上觀光交通船連接港未來21、紅磚倉庫區，及山下公園。

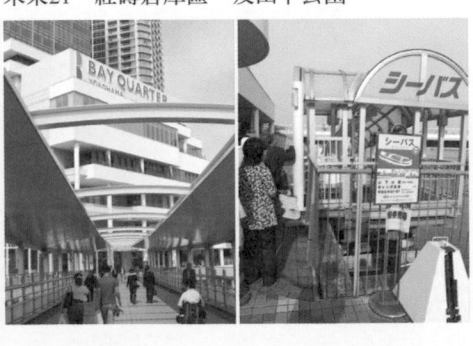

港未來21

高樓林立的港未來21，商辦複合的大樓群，造型各異其趣，這一區的範圍大，若無從計畫起，不如把重點放在從櫻木町車站連成一氣的Colette·Mare、橫濱Lamdmark、Queens Square，及國際會議中心，這一帶最具人氣，夜景也很美。而帆船日本丸、橫濱美術館、麵包超人樂園也都是值得參觀的景點。

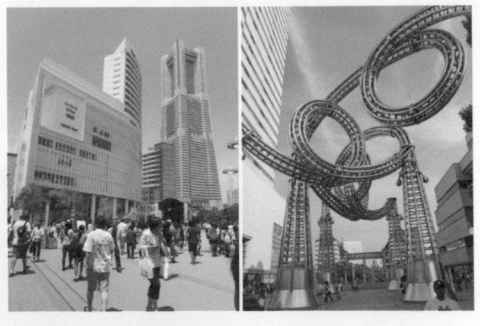

紅磚倉庫區

紅磚倉庫區是橫濱最紅的景點區，以往只有遊樂場附近比較熱鬧，近年來將荒廢已久的紅磚倉庫，重新整修改造成餐廳、藝廊、商場，這兩座剛過百週年的美麗倉庫，馬上引來無數人潮，盛況至今未減。商場內多的是生活雜貨

品牌、懷舊復古商品，有潮流餐廳、也有超人氣的炸咖哩麵包，絕對是值得一嘗，連倉庫的夜景也是一流，適合把這裡當作遊橫濱的最後一站，而車站也在不遠處，地點好到不行。

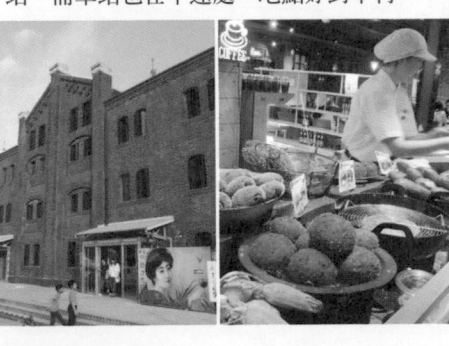

山手地區

山手地區是最有懷舊洋風、雅緻的地區，山下有悠閒歐風的元町商店街，山上有美麗公園、氣派的洋館群、古舊的洋人墓地、氣氛佳的咖啡館，還可以眺望美麗的橫濱港。

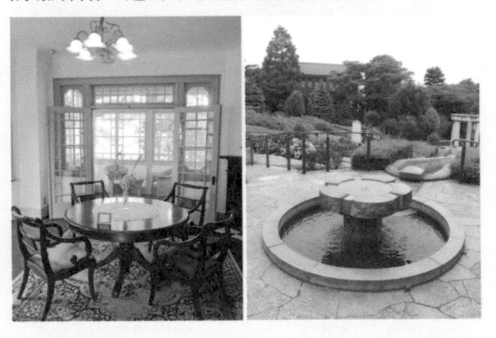

中華街

來橫濱，就不能少掉逛中華街，橫濱中華街遠近馳名，大肉包、燒賣、上海煎包、貓熊都是熱賣商品；這裡80%都是餐廳，禮品店賣的也都是中國風的商品，到處都熱鬧無比。

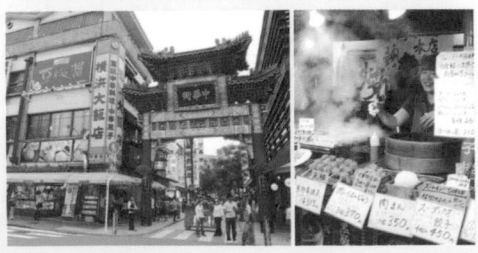

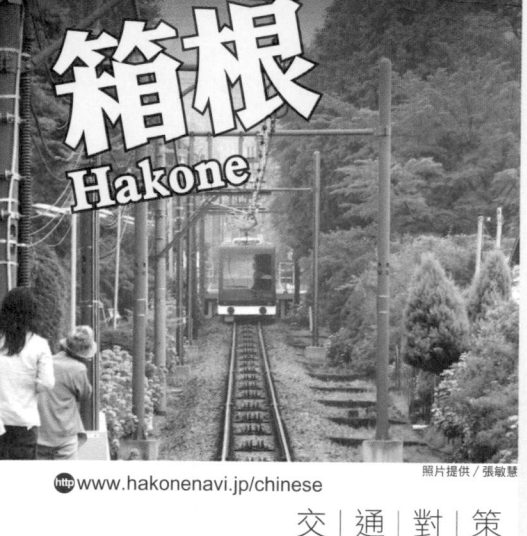

箱根
Hakone

http www.hakonenavi.jp/chinese

箱根是東京郊區著名的溫泉鄉旅遊勝地，以湖光山色來形容箱根最貼切不過，被群山環繞的山中湖、湖中悠遊的觀光海盜船，以及象徵日本精神的富士山所吸引，每年有無數的國內外旅客造訪。箱根境內除了擁有溫泉、古蹟，也有許多知名的美術館、博物館，是一處放鬆泡湯、及深入日本人文世界的好去處，不妨安排個「一泊二食」的二日遊。以下介紹幾個受歡迎的景點：

箱根小涌園：溫泉主題樂園，各式各樣有趣的溫泉池，如綠茶風呂、紅酒風呂、日本酒風呂等，都相當特別。

蘆之湖：集美景於一身的湖景，綠意環繞，絕佳天氣還能一窺富士山絕景，最重要的就是搭乘華麗的觀光海盜船，湖中漫遊。

大涌谷：這硫磺溫泉地形，跟台北陽明山類似，黑到不行的溫泉蛋人人必買必嘗。

箱根舊街道杉並木：江戶時期旅人往來要道，兩旁都是高聳入天的巨大杉林，散步兼做芬多精森林浴，相當有氣氛。

箱根雕刻之森美術館：箱根最重量級的美術館，錯過太可惜，開放的空間展示大型的名家藝術創作，以畢卡索館最熱門。

Lalique美術館：展示以裝飾藝術聞名的法國玻璃藝術家René Lalique的藝術作品，藏品精緻完整，咖啡廳、紀念品店更是不能錯過。

小王子美術館：展示小王子作者生平，以及所創作的名著「小王子」，相當受到遊客喜愛，彷如置身法國莊園，值得造訪。

交│通│對│策

從新宿→箱根湯本
1. **若持有JR Pass：**從東京站搭乘東海道新幹線列車線，至「JR小田原」下車，步行至「小田急小田原」車站轉乘小田急電鐵線，到「箱根湯本」站／車程約需60分鐘；小田原→箱根湯本¥310
2. **搭乘小田急列車：**從新宿搭乘私鐵小田急浪漫特快(ロマンスカー)直達車，至「箱根湯本」站／車程約需90分鐘；新宿→箱根湯本¥2,080

購買箱根周遊券
箱根周遊券是可在指定地區內自由上下車的周遊票，可以用它自由搭乘箱根登山電車、箱根空中纜車等7種交通工具，經濟又便利；並附有內容豐富的各項設施優惠券，在印有啄木鳥標誌的設施，只要出示周遊券，入場費等就可享受折扣。
1. **若持有JR Pass：**可以在「小田急小田原」車站購買箱根周遊券，票券包含小田原→箱根湯本的車資
2. **搭乘小田急列車：**在新宿車站西口1樓的「小田急旅遊服務中心」購買箱根周遊券套票(在小田急線各車站的自動售票機也都可購買箱根周遊票)，套票包含全部的交通費用

起站	2日周遊券		3日周遊券	
	成人票	兒童票	成人票	兒童票
新宿	¥5,140	¥1,500	¥5,640	¥1,750
小田原	¥4,000	¥1,000	¥4,500	¥1,250

箱根地區交通
箱根屬高山地區，所有的景點需要以多種交通工具連接，包括登山電車、纜車、觀光船、巴士等，搭乘起來均相當有趣，只要購買箱根周遊券，就能一票到底，自由上下搭乘。

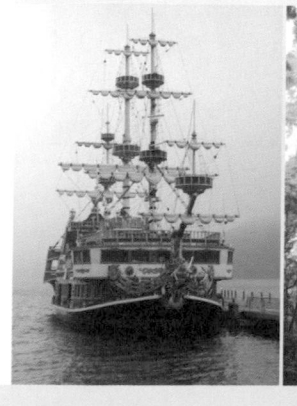

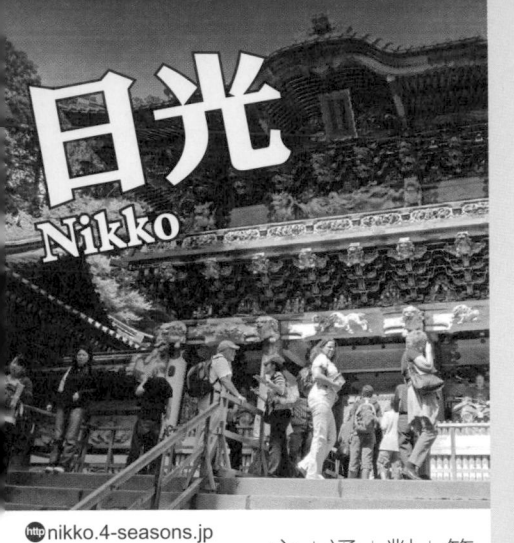

日光
Nikko

nikko.4-seasons.jp

日光是東京近郊另一個著名的旅遊勝地，也是秋天賞楓名所，最主要的是它的社寺群已被登錄為世界遺產，光是這個光環就吸引不少海外旅客造訪。日光的景點群距離遠，需要以巴士來連結，主要可以分為「二社一寺區」「華嚴瀑布」「中禪寺湖區」「霧降高原」，以及距離較遠的「戰場之原・小田代原區」「湯元區」等，而鄰近的另一個以溫泉著名的旅遊地「鬼怒川」，可看可玩的更是多，若有時間也可以計畫造訪。以下介紹日光地區幾個受歡迎的景點：

神橋：神橋跨越大谷川，鮮紅的顏色與青山翠綠相映成趣，但是沒有開放，在古代也只有祭典時才會讓將軍和重要官員通過。

東照宮：東照宮是日光境內最尊貴華麗的寺院，它是由幕府將軍德川家所興建，取得天下的德川家康就是遷葬於此。寺院內最有名的景點就是「三猿」「眠貓」與「鳴龍」，是東照宮的三大名物，慕名而來的人也最多。

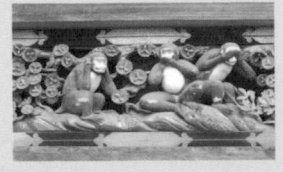

華嚴瀑布：與那智瀑布、袋田瀑布並列日本三大瀑布，可搭乘電梯深入谷底的觀瀑台，欣賞直洩而下、氣勢磅礡的華嚴瀑布。

立木觀音：11面千手觀音像的身軀由一整根木頭雕刻而成，延曆初期(西元8世紀)的作品。

交 | 通 | 對 | 策

從東京→日光

1. **若持有JR Pass：A.**從JR東京站搭乘東北新幹線列車線，到「宇都宮」車站轉乘JR日光線，到「日光」站／車程約需1小時50分鐘；沒有JR Pass的車資約¥5,380
B.或從JR新宿站、池袋站搭乘直達特快列車「日光1號」(07:30JR新宿站發車，09:28直達)，到「東武日光」站／車程約需2小時；車資¥4,000 / www.jreast.co.jp/ekitabi/nikko

2. **搭乘東武列車：A.**從東武淺草站搭乘東武鐵道晴空塔線(東武スカイツリーライン快速，Skytree Line，淺草發車)，至「東武日光」站／車程約需2小時30分鐘；車資¥1,360
B.從東武淺草站搭乘東武鐵道(特急)，至「東武日光」站／車程約需2小時；車資¥2,700

購買日光巴士周遊券

1. 可以在日光車站旅客資訊處，購買「中禪寺溫泉區域」的巴士周遊券，可2日內無限次搭乘東武巴士／成人¥2,000、兒童¥1,000 / www.tobu-bus.com/pc/service/ticket/nikko.html

2. 如果你不善於安排行程、搞定當地交通，或安排觀光時間只有1天，則可考慮參加當地的觀光巴士行程，巴士每天早上10:00從東武日光車站出發，帶你一路參觀日光主要景點，約16:45回到車站結束行程／成人¥7,500、兒童¥4,250(費用包含景點參觀的門票費用及午餐費) / www.tobu-bus.com/pc/area/nikkou_teiki.html

購買觀光優惠套票

1. 可購買直達特快列車「日光號」、「鬼怒川號」的來回觀光套票，成人¥6,680、兒童¥3,340，連續2天有效 / www.jreast.co.jp/ekitabi/nikko

2. 或購買東武鐵道旅遊通票，費用除了包含來回車票(快速、區間快速列車)；欲搭乘特急車次，需另行購買特急券，購買周遊券同時加購特急券，可享特急券8折優惠)，以及區域內東武巴士、東武鐵道自由搭乘外，還有門票折扣與購物優惠：**日光廣域周遊券：**成人¥4,520、兒童¥2,280，連續4天有效；**日光市區域周遊券：**成人¥2,670、兒童¥1,340，連續2天有效 / www.tobu.co.jp/foreign/tcn/pass

東京迪士尼度假村
Tokyo Disney Resort

✉ 千葉縣浦安市舞濱1-1　📞 0570-00-8632　🕐 2處樂園每日營業時間不同，請上官網查詢　🚫 無休　💲 參照以下表格　🌐 www.tokyodisneyresort.jp/tc

票券種類	成人票(18歲以上)	學生票(12～17歲)	兒童票(4～11歲)
1日護照	￥7,400	￥6,400	￥4,800
2日護照	￥13,200	￥11,600	￥8,600
3日護照	￥17,800	￥15,500	￥11,500
4日護照	￥22,400	￥19,400	￥14,400
星光護照A	￥5,400	￥4,700	￥3,500
星光護照B	￥4,200	￥4,200	￥4,200

＊1日護照只能單日選擇一個主題樂園玩，2日護照則可以1天玩一個主題樂園，多日護照則可以從第3天起，自由往返2個主題樂園

＊星光護照A：限週六、日、假日15:00後入園；星光護照B：限週一～五18:00後入園

＊可以當日在樂園門口購買入場券，或提前在JR各大車站、各大便利商店，或澀谷的迪士尼商店(P.235)購買護照兌換券

交 | 通 | 對 | 策

1. 從JR東京站搭乘JR電車京葉線、武藏野線，至「舞浜」，約需15分鐘
2. 搭乘地鐵東京Metro有樂町線，至「新木場」站轉乘JR電車京葉線、武藏野線，至「舞浜」站

東京迪士尼樂園
Tokyo Disneyland

　　東京迪士尼樂園是美國本土以外，第一個於海外簽約授權的樂園，遊樂設施大部分都是複製美國的迪士尼樂園，選擇以灰姑娘城堡為主題樂園的象徵。1983年4月開幕，不到半年就已經有500萬人次造訪，至2010年更高達5億總人次，至今每天仍約有2萬名遊客到此遊玩，2018年迎接開園35週年。

　　東京迪士尼樂園主要分為7個主題區：動物天地、西部樂園、探險樂園、夢幻樂園、卡通城、明日樂園，還有位於樂園中心的主角灰姑娘城堡區，共有30多項的遊樂設施；以及紀念品最多最豐富的世界市集，此外還會隨著特殊的節日推出主題活動，相當熱鬧。

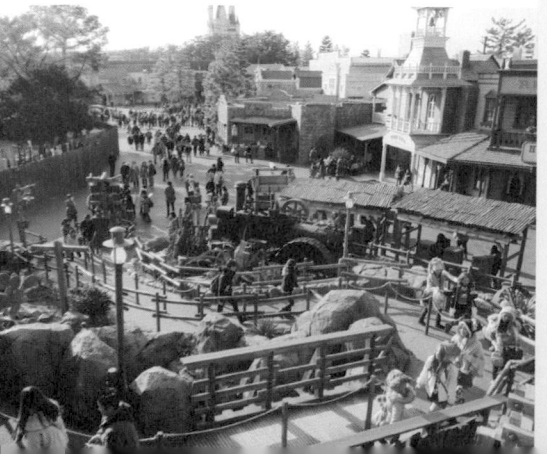

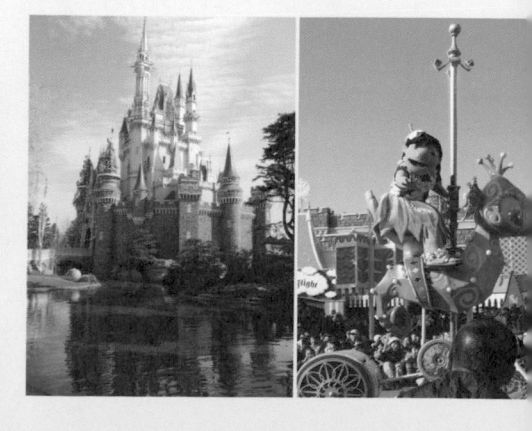

東京迪士尼海洋
Tokyo Disney Sea

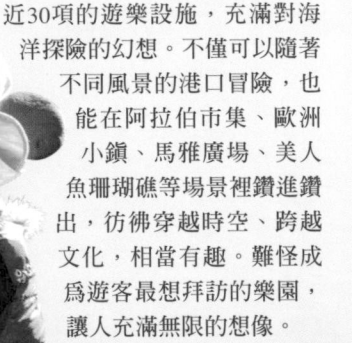

2001年開幕的東京迪士尼海洋，是日本營運公司向迪士尼取得授權並經營的樂園，以「航向冒險與幻想的大海」，將樂園場景搬到大海的冒險上，是迪士尼首創、也是全球唯一的樂園主題。開幕至今，造訪人數直線上升，成為全世界遊客最多、以及最受歡迎的迪士尼主題樂園之一。

東京迪士尼海洋同樣有7個主題園區：地中海港灣、美國海濱、發現港、失落河三角洲、阿拉伯海岸、美人魚礁湖，以及神祕島，共有近30項的遊樂設施，充滿對海洋探險的幻想。不僅可以隨著不同風景的港口冒險，也能在阿拉伯市集、歐洲小鎮、馬雅廣場、美人魚珊瑚礁等場景裡鑽進鑽出，彷彿穿越時空、跨越文化，相當有趣。難怪成為遊客最想拜訪的樂園，讓人充滿無限的想像。

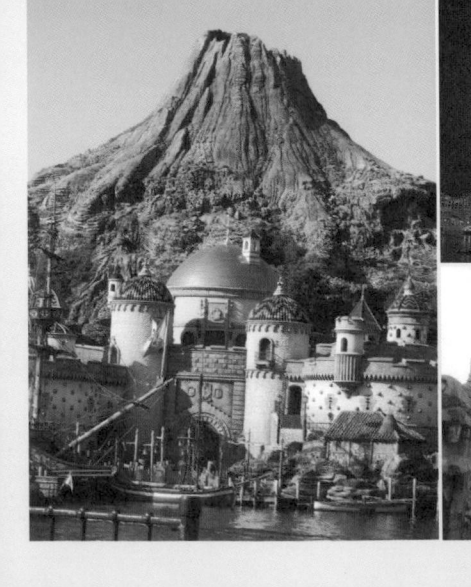

快速通行證 Fast Pass

迪士尼樂園為了解決一些受歡迎的遊樂設施，總是大排長龍的問題，推出了快速通行證。遊客只要將票卡插入快速通行發券機，就可以換取快速通行證，在通行證上印有的時間內，到預約的遊樂設施，不需排隊就可以玩。

2015/10/19
11:35～12:35

＊遊樂設施預約時間
＊下一次可換取另一張快速通行證的時間

大型遊行、表演(時間會變動，需當日查詢)

東京迪士尼樂園
＊日間遊行：每日10:40、16:15，約45分鐘
＊夜間遊行：每日19:30，約45分鐘

東京迪士尼海洋
＊A Table is Waiting：每日12:15、13:45、15:15、17:30、19:05，約30分鐘，美國海濱
＊Fantasmic!：每日20:00，約20分鐘，地中海港灣

照片提供／魏國安

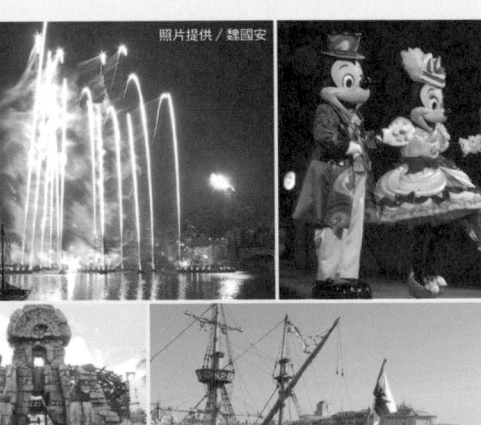

東京聖經 TRAVELLER'S

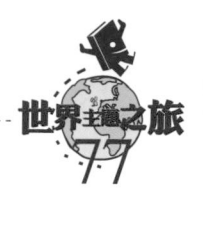

世界主題之旅 77

作　　　者	許志忠
圖文協助	魏國安

總 編 輯	張芳玲
發想企劃	taiya旅遊研究室
企劃編輯	太雅出版社
主責編輯	張敏慧
編　　　輯	許志忠
校對編輯	賴怡伶
封面設計	許志忠
美術設計	許志忠
地圖繪製	許志忠

國家圖書館出版品預行編目資料

Traveller's 東京聖經／許志忠 作．
— 三版 ． — 臺北市 ： 太雅， 2018.03
面； 公分 ． — （世界主題之旅；77）
ISBN　978-986-336-225-8（平裝）
1.旅遊　2.日本東京都
731.72609　　　　　　　　　　106022787

太雅出版社
TEL：(02)2836-0755　FAX：(02)2882-1500
E-MAIL：taiya@morningstar.com.tw
郵政信箱：台北市郵政53-1291號信箱
太雅網址：http://taiya.morningstar.com.tw
購書網址：http://www.morningstar.com.tw
讀者專線：(04)2359-5819 分機230

出 版 者　太雅出版有限公司
　　　　　台北市11167劍潭路13號2樓
　　　　　行政院新聞局局版台業字第五○○四號

總 經 銷　知己圖書股份有限公司
　　　　　台北：台北市106辛亥路一段30號9樓
　　　　　TEL：(02)2367-2044／2367-2047　FAX：(02)2363-5741
　　　　　台中：台中市407工業30路1號
　　　　　TEL：(04)2359-5819 FAX：(04)2359-5493
　　　　　E-mail：service@morningstar.com.tw
　　　　　網路書店：http://www.morningstar.com.tw
　　　　　郵政劃撥：15060393 (知己圖書股份有限公司)

法律顧問　陳思成律師

印　　　刷　上好印刷股份有限公司　TEL：(04)2315-0280
裝　　　訂　大和精緻製訂股份有限公司　TEL：(04)2311-0221
三　　　版　西元2018年03月10日
定　　　價　499元
(本書如有破損或缺頁，退換書請寄至：台中市工業30路1號　太雅出版倉儲部收)

ISBN　978-986-336-225-8
Published by TAIYA Publishing Co.,Ltd.
Printed in Taiwan

編輯室：本書內容為作者實地採訪的資料，書本發行後，開放時間、服務內容、票價費用、商店餐廳營業狀況等，均有變動的可能，建議讀者多利用書中的網址查詢最新的資訊，也歡迎實地旅行或是當地居住的讀者，不吝提供最新資訊，以幫助我們下一次的增修。聯絡信箱：taiya@morningstar.com.tw

這次購買的書名是：

TRAVELLER'S東京聖經 新第三版 (世界主題之旅 77)

＊01 姓名：＿＿＿＿＿＿＿＿＿＿＿＿＿＿＿＿＿ 性別：□男 □女 生日：民國＿＿＿＿ 年

＊02 手機(或市話)：＿＿＿＿＿＿＿＿＿＿＿＿＿＿＿＿＿＿＿＿

＊03 E-Mail：＿＿＿＿＿＿＿＿＿＿＿＿＿＿＿＿＿＿＿＿＿＿

＊04 地址：□□□□□ ＿＿＿＿＿＿＿＿＿＿＿＿＿＿＿＿＿＿

＊05 你選購這本書的原因

　　1.＿＿＿＿＿＿＿＿＿＿ 2.＿＿＿＿＿＿＿＿＿＿ 3.＿＿＿＿＿＿＿＿＿＿

06 你是否已經帶著本書去旅行了？請分享你的使用心得。

＿＿＿＿＿＿＿＿＿＿＿＿＿＿＿＿＿＿＿＿＿＿＿＿＿＿＿＿＿＿＿＿＿＿＿＿

＿＿＿＿＿＿＿＿＿＿＿＿＿＿＿＿＿＿＿＿＿＿＿＿＿＿＿＿＿＿＿＿＿＿＿＿

＿＿＿＿＿＿＿＿＿＿＿＿＿＿＿＿＿＿＿＿＿＿＿＿＿＿＿＿＿＿＿＿＿＿＿＿

＿＿＿＿＿＿＿＿＿＿＿＿＿＿＿＿＿＿＿＿＿＿＿＿＿＿＿＿＿＿＿＿＿＿＿＿

＿＿＿＿＿＿＿＿＿＿＿＿＿＿＿＿＿＿＿＿＿＿＿＿＿＿＿＿＿＿＿＿＿＿＿＿

很高興你選擇了太雅出版品，將資料填妥寄回或傳真，就能收到：1.最新的太雅出版情報 /2.太雅講座消息 /3.晨星網路書店旅遊類電子報。

填問卷，抽好書 (限台灣本島)

凡填妥問卷(星號＊者必填)寄回、或完成「線上讀者情報上傳表單」的讀者，將能收到最新出版的電子報訊息，並有機會獲得太雅的精選套書！每單數月抽出10名幸運讀者，得獎名單將於該月10號公布於太雅部落格與太雅愛看書粉絲團。

參加活動需寄回函正本(恕傳真無效)。活動時間為即日起～2018 / 12 / 30

以下3組贈書隨機挑選1組

放眼設計系列2本 (隨機)

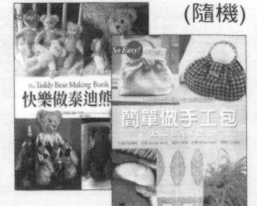

手工藝教學系列2本 (隨機)

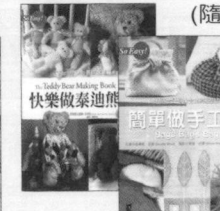

黑色喜劇小說2本

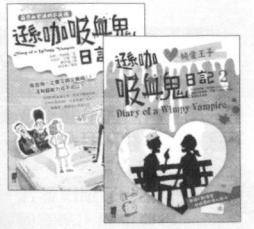

太雅出版部落格
taiya.morningstar.com.tw

太雅愛看書粉絲團
www.facebook.com/taiyafans

旅遊書王(太雅旅遊全書目)
goo.gl/m4B3Sy

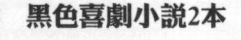

線上讀者情報上傳表單
goo.gl/kLMn6g

填表日期：＿＿＿＿年＿＿＿＿月＿＿＿＿日

(請沿此虛線裁剪)

(請沿此虛線壓摺)

| 廣　告　回　信 |
| 台灣北區郵政管理局登記證 |
| 北 台 字 第 1 2 8 9 6 號 |
| 免　貼　郵　票 |

太雅出版社　編輯部收

台北郵政53-1291號信箱
電話：(02)2882-0755
傳真：**(02)2882-1500**
(若用傳真回覆，請先放大影印再傳真，謝謝！)

(請沿此虛線壓摺)

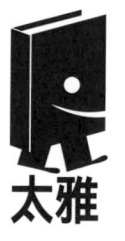

太雅部落格 http://taiya.morningstar.com.tw

有 行 動 力 的 旅 行 ， 從 太 雅 出 版 社 開 始

(請沿此虛線裁剪)

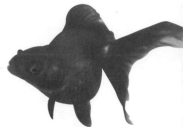

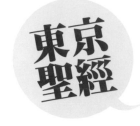

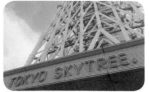

東京晴空塔　018

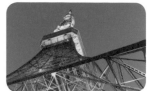

東京鐵塔　024

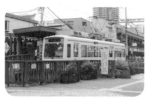

都電荒川線　025

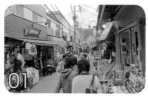

01 谷中・根津・千駄木　028

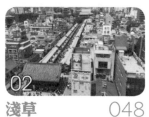

02 淺草　048

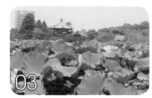

03 上野　082

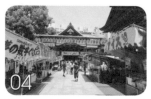

04 湯島・本郷・巨蛋　100

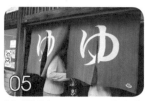

05 神樂坂　112

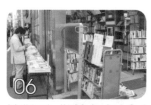

06 神保町・御茶之水　124

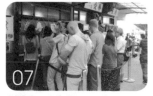

07 築地・月島　140

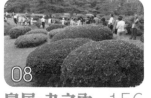

08 皇居・丸之內　156

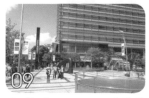

09 六本木　180

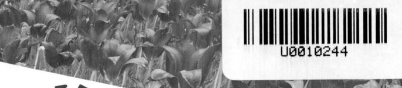

東京聖經

作者◎許志忠

郵ㄒ便
POST

太雅